| 제3판 |

인지신경과학 입문

Jamie Ward 지음 ▪ 이동훈, 김학진, 이도준, 조수현 옮김

Σ시그마프레스

인지신경과학 입문 제3판

발행일 | 2017년 9월 1일 1쇄 발행

저 자 | Jamie Ward
역 자 | 이동훈, 김학진, 이도준, 조수현
발행인 | 강학경
발행처 | (주)시그마프레스
디자인 | 송현주
편 집 | 이지선

등록번호 | 제10-2642호
주소 | 서울특별시 영등포구 양평로 22길 21 선유도코오롱디지털타워 A401~403호
전자우편 | sigma@spress.co.kr
홈페이지 | http://www.sigmapress.co.kr
전화 | (02)323-4845, (02)2062-5184~8
팩스 | (02)323-4197

ISBN | 978-89-6866-972-9

The Student's Guide to Cognitive Neuroscience, 3rd Edition

* 책값은 뒤표지에 있습니다.
* 이 도서의 국립중앙도서관 출판예정도서목록(CIP)은 서지정보유통지원시스템 홈페이지
  (http://seoji.nl.go.kr)와 국가자료공동목록시스템(http://www.nl.go.kr/kolisnet)에
  서 이용하실 수 있습니다.(CIP제어번호 : CIP2017021233)

역자 서문

이 책은 인지신경과학 분야의 탁월한 연구자이면서, 열의에 찬 젊은 교육자이기도 한 제이미 와드(Jamie Ward)가 인지신경과학 학부 강의를 위해 저술한 *The Student's Guide to Cognitive Neuroscience* 제3판을 인지신경과학 입문이라는 제목으로 번역한 것이다. 저자는 초판 서문에서 시중에 출판된 책들이 너무 백과사전식이거나, 기초적인 내용은 세밀하지만 최신 연구 동향을 담아내지 못한 점을 지적하면서, 자신이 이 책을 쓰게 된 동기를 "너무 길지 않으면서 최근의 연구 성과들과 핵심 아이디어를 담아내면서, 방법과 이론, 두 측면에서 모두 균형 잡힌 교과서를 쓰는 것"이라고 밝혔다. 그리고 이론적 토대는 인지심리학이나 신경심리학에 두고, 뇌에 대한 이해와 연구 방법론의 토대는 신경과학에 둠으로써, 최신 인지신경과학의 연구 결과를 이론적으로도 방법론적으로도 부족함이 없도록 내용을 구성하였다.

이 책의 번역은, 말하자면 저자와 유사한 입장에 있는 국내의 젊은 인지신경과학자 4인이 저자의 저술 동기와 유사한 필요성을 느껴 나름대로의 의기투합으로 시작되었다. 이 책의 번역을 처음 기획할 당시에, 국내에 번역되어 있는 생물심리학이나 인지심리학 대학 교재들이 최근의 신경과학 연구들을 포함하지 못하고 있다는 아쉬움이 있었다. 그래서 이 책에 소개되어 있는 몇 가지 신경과학 방법론들을 직접 사용하여 활발히 연구하고 있는 학자들이 모여 각자에게 친숙한 연구 분야를 중심으로 번역을 시도하였다. 이 책의 제1, 3, 8, 11, 12장은 이동훈 교수, 제2, 14, 15장은 김학진 교수, 제5, 6, 7, 9장은 이도준 교수, 제4, 10, 13, 16장은 조수현 교수가 각각 담당하였다. 4명의 역자가 가능한 통일된 용어를 사용하면서 원서에 충실하게 번역하고자 하였다. 여러 번의 교정을 거쳤으나, 번역으로 인해 문장이 어색하고, 내용이 쉽고 분명하게 전달되지 못한 부분이 계속 보이는 것 같아 마침표를 찍기에 두려움이 앞선다. 어떤 부분이든 독자들이 피드백을 준다면 정말 감사하겠다.

조금 부끄러운 고백이지만, 최초 번역은 이 책의 전판인 2판으로 시작하였으나, 번역 도중 상당히 많은 내용이 추가·변경된 3판 원서가 출판되어, 그것을 새롭게 번역하느라 많이 늦어지게 되었다. 덕분에 2판보다 100쪽가량의 더 많은 최신 연구성과들을 포함한 내용들을 번역하게 된 것도 사실이다. 조금 아쉬운 점이 있다면, 초판 서문에 있던 저자의 바램 중 '다소 길지 않으면서'라는 수식어는 이제 적절치 않게 되었고, 이 책 역시 내용이 다소 방대하게 되었다. 따라서 역자들에겐 이 책의 제목으로 '인지신경과학 입문'이 과연 적절한가 하는 뒤늦은 고민이 잠시 있었다. 원서의 제목을 존중해야 하는 점도 있지만, 무엇보다 전문가적인 입장에서 보면 이 책의 분량이 많긴 해도 여전히 '입문서' 수준이다. 그만큼 이 분야에 뛰어들기 위해서는 새롭게 학습해야 할 내용이 깊고 많은 것이 사실이다. 아무쪼록 인지신경과학의 세계로 뛰어들고자 하는 국내 학생들과 연구자들에게 이 책이 조금이나마 길잡이가 되길 바란다. 마지막으로 오랜 번역 기간 동안 역자들의 더딘 작업을 인내하고 격려하면서 잘 편집된 멋진 책으로 출판을 이끌어 준 (주)시그마프레스 여러분들께 깊은 감사를 드린다.

2017년 8월

역자 대표 이동훈(dhlee@pusan.ac.kr)

저자 서문

이 책을 쓰고자 한 동기는 인지신경과학을 가르쳤던 내 경험에서 비롯되었다. 학생들이 어떤 책을 사야 하냐고 물었을 때, 나는 현재 출판된 책들 중 그들의 욕구를 만족시킬 만한 마땅한 책이 없음을 느꼈다. 시중에 나와 있는 다른 책들은 너무 백과사전식이거나 너무 어렵거나 최신 연구 동향을 담지 않았거나 또는 어떤 분야의 방법론들은 대충 넘기는 식이었다. 간촐한 나의 목적은 너무 길지 않게 최신의 연구 성과들과 핵심 아이디어들을 담아낸, 그리고 방법과 이론 양 측면을 모두 고려한 교과서를 쓰는 것이었다. 나는 이 책이 강사나 학생들에게 모두 유용하길 바란다.

인지신경과학에 대한 책 한 권을 쓰는 과정에서 나는 이 책이 얼마만큼 '인지'적이어야 하는지, 그리고 얼마만큼 '신경과학'적이어야 하는지 결정을 해야 했다. 내 의견으로는 인지신경과학의 이론적 근거들은 인지심리학의 전통 속에 있다. fMRI와 TMS 같은 연구 방법을 사용한 가장 멋진 연구 중 몇몇은 인지심리학과 신경심리학의 선행 연구에 의해 동기화되었다. 인지신경과학의 최종적인 목표는 뇌에 기초한 인지를 설명하는 것이다. 그래서 인지신경과학의 방법들은 뇌 기능의 어떤 측면을 반드시 언급해야 한다. 그러나 나는 인지신경과학이 이론적으로 흥미로운 질문을 던지는 것에 대해서는 인지심리학으로부터 배울 것이 많다고 믿는다.

제1장에서는 내가 보고 있는 인지신경과학의 현재 상황에 대해 논하였다. 이 장에서 제기된 주제 중 몇 개는 새로운 연구 방법의 이점에 대해 회의적인 다른 연구자들을 직접적으로 겨냥한 것이다. 나는 이 분야가 생소한 학생들이 회의적인 생각보다는 열린 마음으로 이 주제에 대해 다가갈 것인지 다소 의심스럽지만, 결국에는 이런 논의로부터 무엇인가를 얻을 수 있을 것이라고 기대한다.

제2장은 책을 읽다가 다시 찾아볼 수 있는 참고자료로서 애초에 기획되었다. 그래서 의도적으로 '알아야 하는 수준'으로 맞췄다.

제3~5장은 인지신경과학의 방법론에 대해 자세하게 기술하였다. 인지신경과학의 학부 강의의 목표는 학생들로 하여금 각 연구 분야를 비판적으로 평가할 수 있는 소양을 갖게 하는 것이다. 내 생각으로는 학생들이 각 분야에서 토대가 되는 방법의 한계점들을 충분히 이해한다면 성취 가능할 것이다. 그리고 이 내용들이 이 분야에서 처음 연구를 시작하는 연구자들에게도 유용하길 바란다. 이번 제3판에서는 가장 최신의 연구 도구들(tDCS 등)과 연구 방법론(fMRI 연구에 사용되는 MVPA 등)을 추가하였다.

제6~16장까지는 각 분야에서 주된 이론과 발견을 개괄적으로 설명하였다. 그것들이 현존하는 긍정적이고 흥분에 찬 어떤 것들을 전달하기를 바란다. 비록 새로운 장은 추가되지 않았지만, 이번 제3판에서 충분한 업데이트가 있었다. 제7장은 공간적 인지(spatial cognition)보다 더욱 일반적인 주의(attention)에 관해 특히 집중하여 새롭게 저술했다. 이전에 집행 기능 장에 있던 작업기억에 대한 내용은 제9장 '기억하는 뇌'에 포함되었으며, 해마에 대한 '인지 지도(cognitive map)' 이론 역시 기억 관련 장에 합쳐졌다. 체화된 인지라는 핫 토픽은 제10장(예 : 말소리 지각의 운동 이론), 제11장(예 : 의미 자질들의 감각운동 토대화), 그리고 제15장(예 : 시뮬레이션을 통한 타인의 이해)에서 보다 자세히 소개되고 비판적으로 평가되었다. 제14장 '집행하는 뇌'는 전전두피질의 통제 시스템의 조직에 관한 새로운 이론을 고려하기 위해 상당 부분 새롭게 쓰였고 재조직되었다.

2014년 7월 영국 브라이튼에서
제이미 워드(jamiew@sussex.ac.uk)

차례

|제1장| **인지신경과학 소개**   1

역사적 조망에서 인지신경과학 3
인지심리학은 뇌를 필요로 하는가 10
신경과학은 인지심리학을 필요로 하는가 13
■ 요약 및 핵심 정리 15 | 논술 문제 15 | 더 읽을거리 15

|제2장| **뇌에 대한 소개**   17

뉴런의 구조와 기능 17
뇌의 전체적 조직 23
대뇌피질 26
피질하부 29
중뇌와 후뇌 31
■ 요약 및 핵심 정리 32 | 논술 문제 32 | 더 읽을거리 32

|제3장| **전기생리학적 뇌**   33

신경 표상들의 탐색 : 단일세포 측정법 35
EEG와 ERP 39
전기생리학과 인지심리학에서 심적 시간측정법 44
MEG 51
■ 요약 및 핵심 정리 52 | 논술 문제 52 | 더 읽을거리 52

|제4장| **영상화된 뇌**   53

구조적 영상 54
기능적 영상 57
영상에서 인지 이론으로 : 실험 설계 62
기능적 영상 자료의 분석 71
기능적 영상 자료의 해석 77
기능적 영상 자료는 왜 뇌 손상 자료와 때때로 불일치하는가 80
두뇌 읽기 : '빅브라더'가 가까이 왔는가 82

■ 요약 및 핵심 정리 87 | 논술 문제 87 | 더 읽을거리 87

|제5장| **손상된 뇌**　　　　　　　　　　　　　　　　　　　　　　89

해리와 연합　90
단일 사례 연구　95
집단 연구와 병변-결함 분석　99
신경심리학의 동물 모형　103
경두개자기자극술(TMS)　104
경두개직류자극술(tDCS)　113
■ 요약 및 핵심 정리 115 | 논술 문제 116 | 더 읽을거리 116

|제6장| **보는 뇌**　　　　　　　　　　　　　　　　　　　　　　　117

눈에서 뇌까지　118
피질맹과 '맹시'　124
V1 이후 시각피질의 기능적 전문성　126
물체 인식하기　131
얼굴 인식하기　138
상상 속의 시각　144
■ 요약 및 핵심 정리 146 | 논술 문제 147 | 더 읽을거리 147

|제7장| **집중하는 뇌**　　　　　　　　　　　　　　　　　　　　149

공간적 및 비공간적 주의 처리　150
두정엽의 주의 기능　154
주의에 관한 이론　164
무시증 : 공간 주의와 의식의 장애　173
■ 요약 및 핵심 정리 180 | 논술 문제 181 | 더 읽을거리 181

|제8장| **행동하는 뇌**　　　　　　　　　　　　　　　　　　　　183

운동과 행위에 대한 기초 인지체계　184
운동과 행위에서 전두엽의 역할　186
행위 계획 : SAS 모형　192
행위 소유권과 인식　194
행위 이해와 모방　197
물체에 대한 행위　200
행위 준비와 실행　209
■ 요약 및 핵심 정리 215 | 논술 문제 215 | 더 읽을거리 215

|제9장| **기억하는 뇌**   217

　단기기억과 작업기억　218
　장기기억의 유형　226
　기억상실증　227
　해마와 내측두엽의 기억 기능　234
　기억함, 앎, 잊음에 관한 이론　243
　장기기억에서 전전두피질의 역할　250
　■ 요약 및 핵심 정리 254 ｜ 논술 문제 255 ｜ 더 읽을거리 255

|제10장| **듣는 뇌**   257

　소리의 본질　259
　귀에서 뇌까지　260
　청각 정보의 기초적 처리　263
　음악 지각　270
　목소리 지각　276
　말소리 지각　278
　■ 요약 및 핵심 정리 285 ｜ 논술 문제 286 ｜ 더 읽을거리 286

|제11장| **말하는 뇌**   287

　음성 단어 재인　288
　의미기억과 단어의 의미　295
　문장 이해와 산출　309
　음성 단어 인출과 산출　317
　■ 요약 및 핵심 정리 324 ｜ 논술 문제 325 ｜ 더 읽을거리 325

|제12장| **글 읽는 뇌**   327

　시각 단어 재인　329
　소리 내어 읽기 : 철자로부터 소리까지의 경로　338
　스펠링과 쓰기　346
　스펠링은 읽기와 같은 기제를 사용하는가　352
　■ 요약 및 핵심 정리 353 ｜ 논술 문제 353 ｜ 더 읽을거리 353

|제13장| **셈하는 뇌**   355

　보편적 수리력?　356
　숫자의 의미　358
　수 처리의 모형　372
　■ 요약 및 핵심 정리 382 ｜ 논술 문제 382 ｜ 더 읽을거리 382

|제14장| **집행하는 뇌**　　　　　　　　　　383

전전두피질의 해부학적 그리고 기능적 분할　385
집행 기능의 실제　388
집행 기능의 조직　395
집행 기능에서 전대상피질의 역할　410
■ 요약 및 핵심 정리 412 | 논술 문제 412 | 더 읽을거리 412

|제15장| **사회적 그리고 정서적 뇌**　　　　　　413

정서 이론　414
정서 처리의 신경학적 기제　423
얼굴 읽기　435
마음 읽기　440
■ 요약 및 핵심 정리 452 | 논술 문제 452 | 더 읽을거리 452

|제16장| **발달하는 뇌**　　　　　　　　　　453

뇌의 구조적 발달　456
뇌의 기능적 발달 : 민감한 시기와 선천적 지식?　460
행동유전학　467
유전과 환경을 넘어서 : 유전자-환경의 상호작용　471
■ 요약 및 핵심 정리 477 | 논술 문제 478 | 더 읽을거리 478

참고문헌　479

찾아보기　559

제1장

인지신경과학 소개

이 장의 내용

역사적 조망에서 인지신경과학

인지심리학은 뇌를 필요로 하는가

신경과학은 인지심리학을 필요로 하는가

요약 및 핵심 정리

논술 문제

더 읽을거리

1928년부터 1947년까지 와일더 펜필드와 동료들은 400명의 살아 있는 사람의 뇌에 대한 놀라운 실험을 연속적으로 수행하였다(Penfield & Rasmussen, 1950). 문제의 환자들은 뇌전증으로 인해 뇌 수술을 받고 있었다. 운동과 감각에 관련된 뇌 영역들을 확인하고 남겨두기 위하여 펜필드는 환자가 의식이 있는 상태에서 대뇌피질 영역들을 전기적으로 자극하였다. 이 절차는 고통스럽지 않았지만(뇌의 표면에는 통각 수용기가 없다), 환자들은 때로 놀라운 경험을 보고하였다. 후두엽을 자극하였을 때 한 환자는 "별 하나가 내 코로 내려왔어요."라고 보고하였다. 중심열 가까운 부위 하나를 자극하자마자 다른 환자는 "저 손가락들과 내 엄지손가락이 불쑥 올라왔어요."라고 외쳤다. 측두엽 자극 후에 또 다른 환자는 "나는 그 음악을 다시 들었어요. 마치 라디오 같아요."라고 했다. 그 환자는 수술 후에 자신이 들은 라디오 주파수를 기억해낼 수 있었고, 수술실에 라디오가 있었을 것이라고 확신하였다. 물론 환자들은 언제 전기 자극이 주어지는지 알 수 없었고 그것을 물리적으로 느끼거나 볼 수도 없었다. 이런 경험들을 고려해볼 때 뇌에 대해 어떤 전기 자극을 주는 것은 마치 어떤 정신적/인지적 사건처럼 느껴진다는 것이다.

이 책은 생각, 기억, 그리고 지각과 같은 정신적 작용이 어떻게 뇌에 의해서 조직화되고 이행되는지에 대해 새롭게 등장하는 이야기를 전해줄 것이다. 그리고 마음과 뇌

그림 1.1 인지신경과학 연대기 : 연구 방법의 개발과 놀라운 발견들

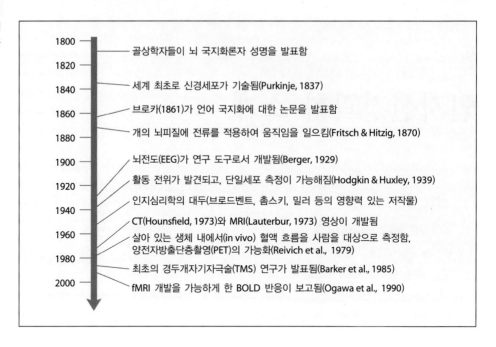

를 연구하는 것이 어떻게 가능한지, 그리고 우리가 아는 것을 어떻게 알아가는지를 고려할 것이다. 인지(cognition)라는 용어는 생각하기, 지각하기, 상상하기, 말하기, 행동하기, 계획하기와 같은 다양한 고차원적인 정신작용을 통칭한다. **인지신경과학**(cognitive neuroscience)은 한편으로는 인지과학과 인지심리학, 그리고 또 다른 한편으로는 생물학과 신경과학을 연결하는 학문이다. 최근에 독립된 학문체계로 등장하였고, 실험실에서 사람의 뇌를 안전하게 연구할 수 있는 방법론들의 발달에 의해 주도되었다. 아마도 직접적인 뇌 전기자극법과 같은 이전의 방법이 주된 연구 흐름에 진입하지 못한 것은 그리 놀랄 만한 일이 아니다.

이 장은 마음과 뇌에 관한 많은 철학적 및 과학적인 접근을 역사적인 관점에서 살펴보며 시작하고자 한다. 그 범위가 자세하지 않고 선택적이므로, 이 부분에 관해 특별히 관심 있는 학생들은 다른 책들을 더 읽어보면 좋을 것이다(Wickens, 2015). 그리고 나서 인지신경과학에서 현재 사용되는 방법들에 관한 기초적인 개관을 제공할 것이다. 보다 자세한 분석과 연구 방법에 대한 비교는 제3~5장에 제공되어 있다. 이 장의 마지막에는 인지신경과학적 접근에 대해 회자되는 몇 가지 비판을 언급하였다.

핵심 용어

인지 사고하기, 지각하기, 상상하기, 말하기, 행동하기, 계획하기와 같이 다양한 고등한 심적 과정

인지신경과학 뇌에 기초한 메커니즘들로 인지적 과정을 설명하는 것을 목적으로 하는 학문

역사적 조망에서 인지신경과학

마음과 뇌에 대한 철학적 접근

과학자들뿐만 아니라 철학자들도 뇌가 어떻게 우리의 정신세계를 창조하는지에 대해 오랫동안 관심을 가져왔다. 어떻게 물리적인 물질이 우리의 느낌, 생각, 정서를 불러일으킬 수 있을까? 이 질문은 마음-몸 문제(mind-body problem)라 일컬어져 왔다. 물론 보다 적절하게는 마음-뇌 문제라 일컬어져야 한다. 왜냐하면 이제는 뇌가 인지를 위한 몸의 핵심적인 부분이라는 점에 대부분 동의하기 때문이다. 이 문제에 대한 한 가지 입장은 마음과 몸은 서로 상호작용할지라도, 다른 종류의 재료로 만들어졌다는 것이다. 이것이 이원론(dualism)이라 알려진 것이고, 이 생각의 가장 유명한 주창자는 바로 르네 데카르트(1569~1650)이다. 데카르트는 마음은 비물리적이고 불멸하지만, 몸은 물리적이고 죽음에 이를 수 있는 것이라고 믿었다. 그는 현재는 내분비 시스템의 일부로 알려진 뇌 중심부에 위치한 송과샘(pineal gland)에서 마음과 몸이 상호작용한다고 제안하였다. 데카르트에 따르면 감각 기관을 자극하면 몸/뇌에서의 진동이 송과샘에서 수집되고, 이것이 비물리적인 의식적 감각을 만들어낸다는 것이다. 이원론이 참이라면 인지신경과학에 대한 희망은 거의 없다. 왜냐하면 물리학과 생명과학적 방법론으로는 (만약 그러한 것이 존재한다면) 비물리적 영역에 들어갈 수 없기 때문이다.

데카르트 시대에서조차 그의 견해에 대한 비판이 있었다. 현대에 재조명되고 있는 마음-몸 문제에 대한 다른 폭넓은 접근이 있다. 스피노자(1632~1677)는 마음과 뇌가 두 가지 다른 것이 아니라 같은 것에 대한 두 가지 다른 설명 수준이라고 주장하였다. 이것은 이중측면 이론(dual-aspect theory)이라고 일컬어지는데, 이 분야의 몇몇 연구자들과 함께 현대에서 매우 유명하다(Velmans, 2000). 이것은 파동-입자 이중성(wave-particle duality), 즉 같은 실체(예 : 하나의 전자)는 하나의 파동으로도, 하나의 입자로도 모두 기술될 수 있다는 물리학의 이론과 유사한 면이 있다.

많은 현대 학자들에 의해 표방되는 마음-몸 문제에 대한 대안적인 접근은 **환원론**(reductionism)이다(Churchland, 1995; Crick, 1994). 이 입장은 마음에 기초한 개념(예 : 정서, 기억, 주의)은 과학적 탐구를 위해 지금 현재에 유용하다 할지라도, 결국 순수하게 생물학적인 구성물(예 : 신경발화 패턴, 신경전달물질의 방출)로 대체될 것이라고 주장한다. 따라서 심리학은 결국 우리가 뇌에 대해서 더 많이 알게 됨에 따라 생물학으로 수렴될 것이라고 주장한다. 이러한 접근의 주창자들은 보다 나은 설명이 제시되었을 때 많은 과학적 구성 개념들이 폐기되었던 역사적 선례가 있었음을 주지시킨다. 예를 들어, 17세기 과학자들은 가연성 재료는 어떤 물질을 포함한다고 믿었고, 플로지스

핵심 용어

마음-몸 문제 어떻게 물리적인 물질(뇌)이 우리의 느낌이나 생각, 그리고 정서(우리의 마음)를 생성해내는가 하는 문제

이원론 마음과 뇌는 다른 종류의 물질로 이루어져 있다는 믿음

이중측면 이론 마음과 뇌가 같은 것을 기술하는 두 가지 다른 설명 수준이라는 믿음

환원론 마음에 기초한 개념은 결국 신경과학적 개념으로 대체될 것이라는 믿음

핵심 용어

골상학 인지의 개인차는 두
개골 형태의 차이로 위치시
킬 수 있다는 실패한 생각

기능적 특화 뇌의 다른 영
역은 다른 기능으로 특화되
어 있다는 것

톤(phlogiston)이라 불렸던 이 물질은 불에 타게 될 때 방출된다고 생각했다. 이것은 물, 공기, 토양과 함께 불이 하나의 기본 원소라는 고전적인 사고와 유사하다. 결국 이 구성물은 화학물질이 어떻게 산소와 결합하는지에 대한 이해로 대체되었다. 연소 과정은 이 특별한 화학적 반응의 한 가지 예(녹이 스는 것과 같이)일 뿐이다. 환원론자들은 마음에 기초한 개념과 특별한 의식적 경험은 뇌에 대한 미래 이론에서 플로지스톤과 같은 처지에 놓일 것이라고 생각한다. 환원론보다 이중측면 이론을 선호하는 사람들은 우리가 정서의 신경학적인 기초들을 모조리 이해할 수 있다고 해도 어떤 정서는 여전히 어떤 정서로 느껴질 것이라고 지적하면서, 인지적이고 마음에 바탕을 둔 개념들의 유용성이 결코 완전히 대체될 수 없다고 주장한다.

마음과 뇌에 대한 과학적 접근

몇 가지 중요한 통찰이 고전 시대에 있었다 할지라도 뇌에 대한 이해는 대부분 역사적으로 늦은 19세기에 이르러서야 나타났다. 아리스토텔레스(BC 384~322)는 몸의 크기와 뇌의 비율을 고려하면 보다 지적으로 발달된 종족인 인간이 가장 크다고 하였다. 아쉽게도 그는 인지가 뇌가 아닌 심장의 산물이라는 주장을 하면서 오류를 범했다. 그는 뇌가 지적 활동을 위한 냉각 시스템으로 작동한다고 믿었는데, 더 높은 지적 작용을 할수록 더 큰 냉각 시스템이 필요하다고 생각했다. 로마시대의 갈렌(AD 129~199경)은 검투사들의 손상된 뇌를 목격하고는 신경들이 뇌로부터 방사된다고 기록을 남겼다. 그럼에도 불구하고 그는 정신적 경험 그 자체는 뇌실(ventricle)에 존재한다고 믿었다. 이 생각은 본질적으로 거의 1500년이 넘는 기간 동안 도전받지 않았었다. 예를 들면, 근대 해부학의 아버지인 베살리우스(1514~1564)가 해부된 뇌의 판화를 출판하였을 때, 뇌실은 무척 까다롭고 자세하게 그린 반면, 피질은 조잡하고 대충 도식적으로 그렸다. 이러한 전통은 다른 이들로 하여금 뇌의 표면을 내장처럼 그리게도 하였다. 골과 스푸르츠하임(Gall & Spurzheim, 1810)의 그림에 이르러서야 뇌의 세부 특징들이 근대적 시각으로 인식될 수 있었다.

골(1758~1828)과 스푸르츠하임(1776~1832)은 역사적으로 **골상학**(phrenology)을 고안하고 주장하여 나쁜 평판을 받았다. 골상학은 두 가지의 핵심적인 가정을 포함한다. 첫째, 뇌의 다른 영역들은 각각 다른 기능을 실행하고, 다른 행동과 연계된다. 둘째, 이런 뇌 영역의 크기는 두개골의 변형을 가져오며, 이것이 인지와 성격의 개인차와 상관관계를 가진다. 이 가정들을 차례대로 고려하면, 첫 번째 뇌의 **기능적 특화**(functional specialization)라는 견해는 시대를 거쳐 많은 도전들을 극복해내며 근대 인지신경과학까지 효과적으로 유지되었다(Flourens, 1824; Lashley, 1929). 펜필드와 동료들의 뇌-전기

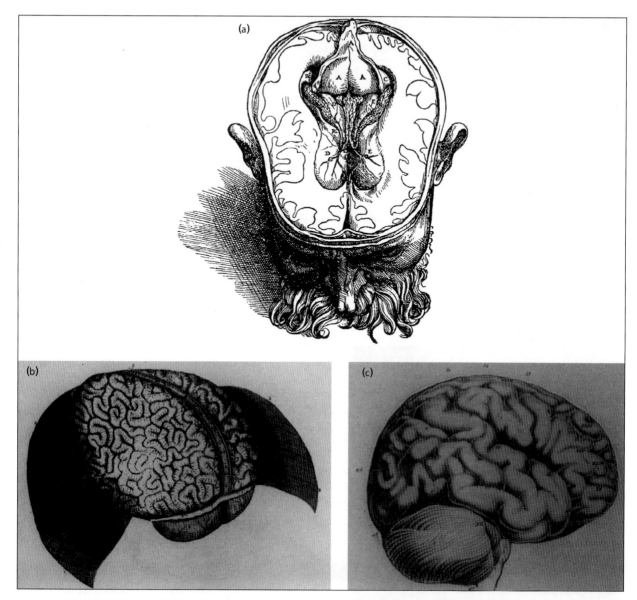

그림 1.2 뇌의 다른 그림들. (a) 베살리우스(1543), (b) 드 비상(de Viessens, 1685), (c) 골과 스푸르츠하임(1810). 초기 두 그림에서 강조된 뇌실과 잘못 표현된 대뇌피질 부분을 보라.

자극법에 의한 관찰은 이 원리의 놀라운 몇몇 사례를 제공했다. 그러나 골상학의 기능적 특화는 경험적으로 도출된 것이 아니며, 인지 이론들에 의한 제약을 받지도 않았다. 예를 들면, 파울러(Fowler)의 유명한 골상학자의 머리는 '부모의 사랑', '파괴력', '완고함'에 특별한 영역을 가지고 있다. 게다가 두개골의 형태는 인지적 기능과 아무런 관련이 없다.

핵심 용어

인지신경심리학 일반적인 인지 이론들에 정보를 제공하는 뇌 손상 환자들에 대한 연구

골상학에 치명적인 약점이 있다 할지라도 뇌의 다른 부위들이 다른 기능을 제공한다는 기본적인 생각은 19세기로 이어졌다. 가장 주목할 만한 발전은 브로카(Broca, 1861)의 뇌 손상을 입은 두 환자에 대한 보고였다. 브로카는 다른 인지적 측면은 상대적으로 괜찮게 남아 있는 반면, 말하는 능력이 손상된 후천적 뇌 손상 사례들을 기록으로 남겼다. 그는 언어가 뇌의 특정 영역에 국한될 수 있다고 결론지었다. 뒤따른 연구들은 언어 그 자체가 단일한 능력이 아니고, 말 재인, 말 산출, 그리고 개념적 지식으로 더 분화될 수 있다고 제안하였다(Lichtheim, 1885; Wernicke, 1874). 이러한 제안은 뇌 손상이 말 이해 능력은 떨어지나 말 산출 능력은 괜찮거나, 말 이해 능력은 괜찮으나 말 산출 능력은 떨어지는 두 가지 다른 사례를 만들어낼 수 있다는 관찰에 기초하였다(제11장 참조). 이것은 적어도 뇌에 두 종류의 언어 능력이 있다는 것과 각각의 능력이 뇌 손상에 의해 독립적으로 손상될 수 있다는 것을 제안하였다. 이것은 마음과 뇌에 대한 생각에 있어 놀라운 발전을 향해 한 걸음 나아간 것이었다. 첫째, 인지를 구성하는 단위들을 결정하는 데 있어(언어가 단일한 능력인가?) 애초 원리들로부터 그 단위들을 나열하는 방식이

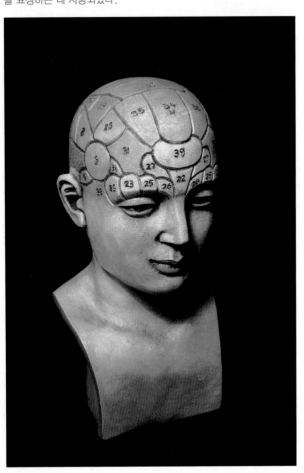

그림 1.3 골상학자의 두상은 다른 뇌 부위들의 가설적인 기능을 표상하는 데 사용되었다.

아니라, 경험적 관찰이 사용되었다는 점이다. 둘째, 뇌에 대한 직접적인 참조 없이 인지 모형을 발전시켰다는 것이다. 즉 뇌에 말 재인과 산출 기능이 어디에 위치해 있는지, 또는 뉴런들이 어떻게 이러한 과정들을 가능하게 하는지 등을 필수적으로 알지 못해도, 그 둘이 분리될 수 있다는 것을 추론할 수 있다. 일반 인지 이론들을 위해 손상된 뇌 환자들을 사용한 접근을 인지신경심리학(cognitive neuropsychology)이라 하며 오늘날에도 그 영향력이 여전히 남아 있다(이 방법론의 논리는 제5장 참조). 인지신경심리학은 이제 방법론상으로 덜 제약적인 '인지신경과학'이라는 이름하에 포함되었다.

신경과학의 발전은 19세기와 20세기를 통해 신속하게 이루어졌지만, 19세기 말 하나의 학문체계로서 형성된 심리학은 마음에 대한 연구를 그것의 생물학적 기초로부터 멀리 벗어나게 하였다. 이것은 이원론에 대한 믿음 때문은 아니었다. 그것은 부분적으로 다소 실용적인 제약들 때문이었다. 윌리엄 제임스(William James)와 지그문트 프로이트(Sigmund Freud)와 같은 심리학의 초창기 선구자들은 의식(consciousness), 주의(attention), 그

리고 성격(personality)과 같은 주제에 관심이 있었다. 신경과학은 사실상 이런 주제들에 대해 최근까지 거의 말할 거리가 없었다. 심리학과 생물학의 단절에 대한 또 다른 하나의 원인은 뇌에 대한 언급이 없이도 인지에 관한 응집적이고 검증 가능한 이론들을 발달시킬 수 있었기 때문이다. 인지심리학의 근대적 토대는 1950년대 이후부터 대중적으로 일어난 뇌를 컴퓨터에 비유한 **정보처리**(information-processing) 접근에 있다. 예를 들면, 브로드벤트(Broadbent, 1958)는 인지의 많은 부분은 일련의 처리 단계들로 이루어진다고 주장하였다. 그의 간략한 모형에서 지각적 과정들이 일어나면 연이어 주의 처리들에 의해 정보는 단기기억에 전달되고, 그러고 나서 장기기억으로 전달된다(Atkinson & Shiffrin, 1968 참조). 이러한 과정들은 종종 일련의 상자와 화살표를 포함한 도표들로 그려졌다. 이것의 함의는 뇌에 대한 참조 없이도 컴퓨터 프로그램에 의해 수행되는 일련의 단계들처럼 인지 시스템을 이해할 수 있다는 것이다. 마음을 컴퓨터 프로그램처럼 생각하는 것은 계산과학(computational science)의 시대와 함께 도래했다. 예를 들면, 많은 인지 모형들은 어떤 요소의 상호작용성과 병렬적 처리를 포함한다. **상호작용성**(interactivity)은 처리 중인 단계들이 엄격히 분리되지 않을 수 있으며, 이전 단계가 끝나기 전에 다음 단계가 시작될 수 있음을 말한다. 게다가 다음 단계는 이전 단계의 산출물에 영향을 미칠 수 있다(**하향처리**, top-down processing). **병렬처리**(parallel processing)란 많은 다른 정보들이 동시 다발적으로 처리될 수 있다는 것을 의미한다[단계적(serial) 컴퓨터들은 한 번에 하나씩 정보를 처리한다]. 이렇게 계산적으로 분명한 모형들은 초창

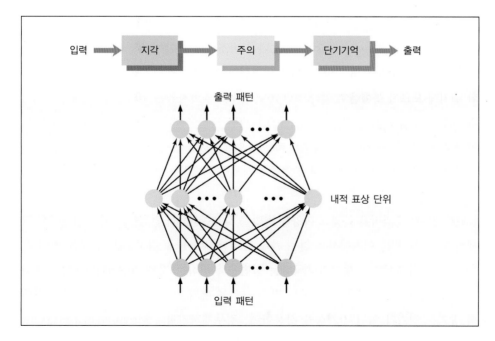

그림 1.4 상자-화살표 모형의 예와 연결주의 모형. 인지 과정을 표상하는 두 방법 모두 뇌에 대한 직접적인 참조를 필요로 하지는 않는다.

인지의 계산론적 모형과 연결주의론자의 모형

1980년대에 이전에는 상상하지 못했던 고성능 컴퓨터들이 널리 보급되었다. 이것은 인지심리학자들로 하여금 직관적이지만 불분명한 상자와 화살표를 사용한 도식적 접근보다, 계산적으로 명쾌한 인지 모형(문자 그대로, 한 세트의 입력값이 주어지면 한 세트의 출력값을 계산해내는)을 발달시키는 계기가 되었다. 계산 모형을 실행시키는 방법 중 무척 영향력 있는 것이 있었다. 이름하여 신경망(neural network), 연결주의 혹은 병렬분산처리(parallel distributed processing, PDP) 접근이다(McClelland et al., 1986). 이 모형들은 이 책의 다양한 분야, 특히 기억, 말하기, 읽기 등을 취급하는 장에서 고려될 것이다.

연결주의 모형은 많은 설계 특성을 가지고 있다. 첫째, 그들은 노드라 불리는 간단한 정보를 전달하는 단위들의 배열로 구성된다. 노드(node)는 한 세트의 입력(예 : 특정 글자나 특정 소리)에 반응하고, 제한된 세트의 출력을 생산한다는 점에서 정보를 전달한다고 할 수 있다. 어떤 하나의 노드의 반응성은 망 속에 있는 다른 노드들과 얼마나 강하게 연결되어 있는지[연결의 '가중치(weight)']

와 다른 노드들이 얼마나 활성화되어 있는지에 의존한다. 한 세트의 활성화 입력과 연결 가중치가 주어지면 어떤 노드의 출력이 어떨지는 수학적으로 계산 가능하다. 이런 형식의 모형에는 유리한 점이 많다. 예를 들면, 경험의 결과로 가중치들을 변화시킴으로써 그 모형은 학습과 발전을 거듭할 수 있다. 병렬 처리는 많은 양의 자료를 동시에 처리하는 것을 가능하게 한다. 더 논란이 되는 주장은 그 모형들이 '신경 개연성(neural plausibility)'을 가지고 있다는 점이다. 노드, 활성화, 그리고 가중치와 같은 개념은 뉴런, 발화율(firing rate) 그리고 신경 연결성(neural connectivity)과 각각 유사하다. 그러나 이러한 모형들은 실제 뇌가 학습할 수 없는 많은 것들도 학습할 수 있어 너무 강력하다는 점 때문에 비판을 받았다(예 : Pinker & Prince, 1988). 보다 온건한 관점은, 연결주의 모형으로 뇌가 아마도 주어진 인지 기능을 실행하는 방법의 예를 보여준다는 것이다. 뇌가 실제로 인지를 그런 방법으로 실행하는지, 혹은 그렇지 않은지는 인지신경과학 경험적 연구의 궁극적인 질문이 될 것이다.

기 상자-화살표 도표들에 비해 훨씬 더 복잡해졌지만, 이전과 마찬가지로 신경과학적 문헌들과 항상 관련을 맺는 것은 아니었다(Ellis & Humphreys, 1999).

인지신경과학의 탄생

오늘날의 인지신경과학을 주도하는 힘은 영상 기술의 괄목할 만한 진보에서 나왔다. 라이클(Reichle, 1998)은 뇌 영상이 "1970년대 신경과학 분야에서 전혀 관심받지 못하고 애매모호한 상태"였으며, 1980년대에 인지심리학자들의 참여가 없었더라면 결코 탁월한 위치에 오르지 못했을 것이라고 말했다. 인지심리학자들은 이미 실험 설계와 정보처리 모형을 수립해왔고, 그것들은 새롭게 나타난 방법론들과 잘 맞아떨어질 수 있었다. 영상 기술의 진보는 기능적 영상법의 개발을 이끌어냈을 뿐만 아니라, 이전에는 결코 가능하지 않았던 방식으로 뇌 손상 부위들을 상세히 기술하는 것을 가능하게 하였다(사후 부검은 예외).

현재 인지신경과학은 폭넓고 다양한 방법을 사용한다. 이 방법들은 이후 장들에서 자세히 다룰 것이다. 여기에서는 일부 가장 유력한 방법들을 비교, 대조해보는 것이 유용하다. 먼저 기록하는 방법과 자극하는 방법을 분리하는 것은 필수적이다. 이제 인간의 뇌에 전기적인 자극을 직접 주는 것은 거의 수행되지 않는다. 이에 해당하는 현대적 방법은 전기가 아닌 자기장을 사용하며, 경두개자기자극술(transcranial magnetic

핵심 용어

신경망 모형 많은 상호연결된 노드를 사용하여 정보처리를 수행하는 계산 모형

노드 신경망 모형의 기초 단위들로서 망 내의 다른 부분들의 활동에 반응하여 활성화되는 것

stimulation, TMS)과 경두개직류자극술(transcranial direct current stimulation, tDCS)이라고 불린다. 이 방법은 뇌에 직접 작용하는 것이 아니라 외부에서 두개골을 통해 작용하는 것이다. 이 방법은 제5장에서 자연적인 뇌 손상의 효과와 함께 다룰 것이다. 전기생리학적 방법(EEG/ERP, 그리고 단일세포 측정법)과 자기생리학적 방법(MEG)은 뉴런들 그 자체의 전기적·자기적 특성들을 기록한다. 이 방법들은 제3장에서 다룰 것이다. 이에 대조적으로 기능적 영상법들(PET과 fMRI)은 시간적으로 훨씬 천천히 변화하는 뇌의 혈액 공급과 관련된 생리학적 변화를 기록한다. 혈역동적 방법(hemodynamic method)이라 불리는 이 방법들은 제4장에서 다룰 것이다.

인지신경과학의 방법은 여러 차원으로 분리해볼 수 있다.

인지신경학에서 사용되는 다른 방법들			
방법	방법론 종류	침습성	사용된 뇌 속성
뇌전도(EEG)/사건관련전위(ERP)	기록	비침습	전기
단일세포 (그리고 다단위) 측정법	기록	침습	전기
경두개자기자극술(TMS)	자극	비침습	전자기
경두개직류자극술(tDCS)	자극	비침습	전기
뇌자도(MEG)	기록	비침습	자기
양전자방출단층촬영법(PET)	기록	침습	혈역동
기능적 자기공명영상(fMRI)	기록	비침습	혈역동

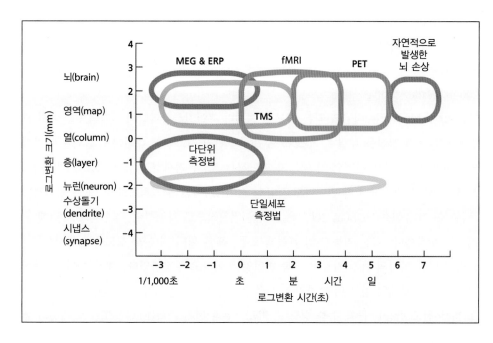

그림 1.5 인지신경과학 방법들은 시간해상도와 공간해상도에 따라 분류할 수 있다.

출처 : Adapted from Churchland and Sejnowski, 1988.

- 시간해상도(temporal resolution)란 어떤 사건이 언제 일어났는지를 측정할 수 있는 정확도를 말한다. 뇌 손상의 효과는 고정적이어서 이와 같은 시간해상도를 따질 수 없다. 뇌전도(EEG), 뇌자도(MEG), 경두개자기자극술(TMS), 그리고 단일세포 측정법은 1,000분의 1초 단위의 해상도를 가진다. fMRI는 상대적으로 천천히 일어나는 혈역동적 반응을 반영하는 수 초(second) 단위 이르는 시간해상도를 가진다.

- 공간해상도(spatial resolution)란 어떤 사건이 어디에서 일어났는지를 측정할 수 있는 정확도를 말한다. 뇌 손상과 기능적 영상 방법들은 수 밀리미터 수준에 해당하는 해상도를 가지며, 단일세포 측정법은 뉴런 수준의 높은 공간해상도를 가진다.

- 어떤 방법의 침습성(invasiveness)이란 기록 도구가 뇌 안에 위치하는지, 혹은 밖에 위치하는지 여부에 달려 있다. PET은 침습적인데, 왜냐하면 이것은 방사선 동위 원소의 주입을 필요로 하기 때문이다. 단일세포 측정법은 뇌에 바로 작용하지만 일반적으로 사람이 아닌 동물을 대상으로 한다.

인지심리학은 뇌를 필요로 하는가

이미 언급한 바와 같이 인지심리학은 뇌에 대한 직접적인 참조 없이 정보처리 모형들을 사용하여 1950년대부터 점진적으로 발달해왔다. 만약 이 방법들이 성공적으로 남아 있었다면, 왜 변화할까? 물론 이것들이 변화해야만 하는 이유는 없다. 이 주장은 인지신경과학이 인지심리학을 대체한다는 것이 아니라(이것을 지지하는 사람들도 있겠지만), 인지심리학적 이론들이 신경과학의 실험이나 이론에 정보를 줄 수 있고, 또 반대로도 정보 수급이 가능하다는 것이다. 그러나 혹자들은 정보처리 이론이 뇌에 대해 어떤 명시적인 언급을 하지 않는다면 이러한 정보수급은 사실상 불가능하다고 주장한다(Coltheart, 2004b; Harley, 2004).

콜트허트(2004b)는 다음과 같은 질문을 던졌다. "인지신경과학이 인지적 수준에서 완전히 이론적인 결정을 내릴 수 있도록(예 : 어떤 인지 시스템에 대하여 대립되는 정보처리 모형이 있을 경우 어떤 것이 맞는지 판단하는 것) 인지신경 영상 자료들을 성공적으로 사용해왔는가? 아니 한 번이라도 사용한 적이 있는가?(원칙적으로든, 또는 경험적으로든)"(p.21). 헨슨(Henson, 2005)은 그것은 원칙적으로 가능하며, 경험적으로 진행 중이라고 주장했다. 그는 기능적 영상(혈액 흐름, 혹은 혈액 내 산소 정도를 기록하는) 자료들은 다른 하나의 측정 가능한 종속 변인일 뿐이라고 주장하였다. 예를 들어, 표준적인 반응시간 과제의 경우 여러 가지를 측정할 수 있다. 반응시간, 오류율, 땀이 나는 정도(피부 전도 반응), 근육 수축 정도(근전도), 두피 전기 기록(EEG), 또는 뇌에서의 혈류 변화(fMRI)가 그것이다. 각 측정치는 어떤 방식으로든 그 과제와 관련이 있고, 그 과제와 관련된 이론들에 대해 정보를 제공할 수 있을 것이다.

이 점을 도식화하기 위해 한 가지 예를 들어보자. 다음과 같은 간단한 질문을 던질 수 있다. "단어와 낱자들의 시각적 재인은 대/소문자 여부와 상관없는 표상 계산에 관여하는가? 예를 들어, 읽기 시스템이 'E'와 'e'를 초기 처리 단계에서 동일하게 처리하는가? 혹은 어떤 후기 단계(예 : 소리 내어 읽기) 전까지 다른 낱자들로서 처리하는가? 반응시간 측정법을 사용해 이 질문을 탐구하는 방법은, 같은 단어를 같은 활자로 혹은 다른 활자(예 : radio-RADIO, RADIO-RADIO)로 제시하고 이를 다른 단어들이 제시된 경우와 비교하는 것이다(예 :

그림 1.6 정해진 선택 반응 과제에서 많은 다른 측정치들을 얻을 수 있다. 행동 반응[반응시간(RT), 오류율], 또는 생물학적 반응 근전도(EMG), 대측 준비전위(LRP), 대측 BOLD 반응(LBR). 모든 측정치들은 인지 이론에 정보를 제공하는 데 사용될 수 있다.

출처 : Adapted from Henson, 2005. By kind permission of the Experimental Psychology Society.

mouse-RADIO, MOUSE-RADIO). 반응시간 연구들에서 일반적인 발견은 같은 자극이 최근에 제시되면, 그 자극에 대한 처리가 빨라진다는 것이다. 예를 들면, RADIO에 대해 가능한 빨리 어떤 판단을 내리라고 한다면(예 : 그것이 생물인지 무생물인지 판단하라고 하면), 그 자극을 이전에 한 번 본 적이 있다면 그 반응은 빨라질 것이다. 드앤 등(Dehaene et al., 2001)은 이 메커니즘을 반응시간 측정법과 기능적 영상(fMRI) 측정법을 비교하여 연구하였다. 이 과제에서 각 쌍의 자극 중 첫 번째 것은 아주 빨리 제시되었고, 바로 시각적 차폐가 뒤따랐다(역치하 점화 방법). 이러한 절차는 실험 참가자로 하여금 첫 번째 자극을 의식적으로 지각하지 못하도록 방해하므로, 그 단어를 읽을 수 없다는 것을 확인할 수 있다. 두 번째 단어는 분명히 볼 수 있으며, 어떤 반응을 요구한다. 드앤과 동료들은 두 번째 단어가 첫 번째 단어와 같은 경우 대문자인지 소문자인지와 상관없이 반응시간이 빨라진 것을 확인하였다. 중요한 것은 좌측 방추상 피질에서 이와 같은 효과(반응시간이 아니라 '활성화'와 관련하여)를 보인 영역이 있었다는 것이다. 이 뚜렷한 예를 생각해볼 때, 인지 이론에 어떤 정보를 제공하느냐 하는 점에서 어떤 측정 방법이 더 '좋은' 것인지를 따지는 것은 (콜트허트의 질문으로 다시 돌아가서) 같은 것의 다른 두 측면을 측정하고 있다는 점에서 무의미하다. 어떤 이는 이 효과의 본질을 좀 더 깊숙이 알아볼 수 있는데, 예를 들면 다른 언어에서 같은 단어를 제시하거나(이중언어화자에게), 화면에 다른 위치에 같은 단어들을 제시하거나 하는 방식 등으로 말이다. 이것은 이 메커니즘의 본질을 밝히는 데 더 나은 통찰을 제공할 것이다(예 : 그것은 시각의 어떤 특성들을 필요로 하는가? 그것은 단어의 의미에 의존하는가?). 그러

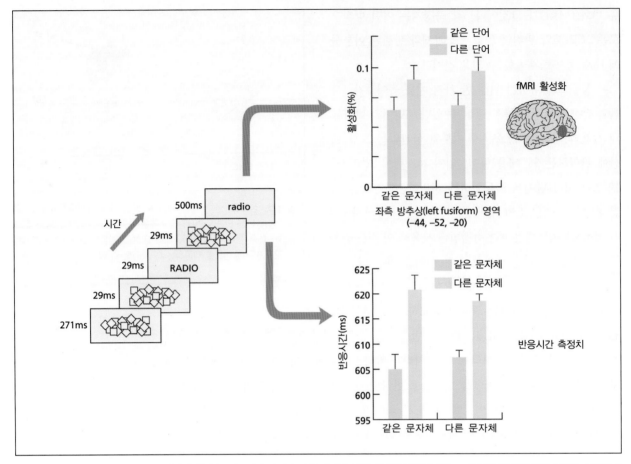

그림 1.7 반응시간과 좌측 방추상 영역의 활성화 모두 어떤 단어가 같은 단어에 의해 역치하 점화된다면 그 단어의 문자체(대문자 혹은 소문자)에 상관없이 보다 효과적인 처리가 가능하다는 것을 보여준다.

출처 : Adapted from Dehaene et al., 2001.

나 반응시간 측정치와 뇌 기반 측정치들 모두 잠재적으로 정보가 있다. 기능적 영상은 단순히 어디에서 인지가 일어나는지 알려줄 뿐이지, 그것이 어떻게 일어나는지를 알려주지 못한다는 것은 아니다.

인지심리학과 인지신경과학을 대비하기 위해 사용하는 또 다른 하나의 구분은 소프트웨어와 하드웨어의 구분이다(Coltheart, 2004b; Harley, 2004). 이것은 친숙한 컴퓨터를 통한 유추에서 온 것으로, 어떤 이는 뇌(하드웨어)에 대한 지식 없이 정보처리(소프트웨어)에 대해 배울 수 있을 것이라는 점에서 뇌와 정보처리는 구분된다는 것이다. 이것은 이미 언급한 바와 같이 어느 정도 사실이다. 그러나 컴퓨터를 통한 유추는 약간 오도하는 점이 있다. 컴퓨터 소프트웨어는 컴퓨터 프로그래머(결국 인간의 뇌를 갖고 있는)에 의해 작성된다. 그러나 정보처리란 어떤 제삼자에 의해 쓰여져서 뇌에 각인되어 있는 것이 아니다. 뇌는 정보처리의 본질에 원천적인 제약들을 부과한다. 이는 컴퓨터에서 소프트웨어와 하드웨어 사이의 연계는 프로그래머에 의해 완전히 임의로 결정되는 것을 생각하면 전혀 유사하지 않다. 간단한 예를 들면, 어떤 단어 재인 모형은 맞아떨어지는 하나의 단어가 발견될 때까지 심적 사전에 존재하는 단어들을 하나씩 하나씩 찾는 과정으로 단어들이 재인된다고 한다(Forster, 1976). 인지심리학으로부터의 증거들은 이러한 계열적 탐색 모형보다 단어들이 병렬적으로 탐색된다(즉 모든 후보 단어들이 한꺼번에 고려된다)는 점에 보다 많은 비중을 두었다. 그러나 왜 인간의 인지는 이렇게 작동하는 것일까? 컴퓨터 프로그램들은 계열적 탐색과 병렬적 탐색 모두를 사용해서 단어들을 적절히 재인할 수 있도록 만들 수 있다. 인간의 정보처리 과정이 계열적 처리보다 병렬적 처리를 사용하는 이유는 상대적으로 느린 신경 반응 때문일 것이다. 이러한 제약은 컴퓨터의 빠른 처리 과정에는 적용되지 않는다. 따라서 인지심리학은 정보처리의 구조에 대해 우리에게 충분한 이야기를 전해줄 수 있는지 몰라도, 왜 정보처리가 그러한 특수한 방식으로 이루어지는가 하는 보다 심도 있는 질문들에 대해서는 정확한 답을 제공하기 힘들 것이다.

신경과학은 인지심리학을 필요로 하는가

기능적 영상법과 같은 기술적인 진보가 뇌과학에 혁명을 가져왔다고 해도 전혀 과장이 아니다. 예를 들면, 최근 몇 년간 신문의 헤드라인을 장식한 것들을 생각해보라. 물론 19세기 이후로 고통, 기분, 지능, 성적 욕망 등이 대부분 뇌에 일어나는 어떤 처리 과정들의 산물이라는 점이 잘 알려져 왔다. 그런데 이러한 헤드라인이 특별한 이유는 이제 살아 있는 생체 내에서 이러한 과정들을 연구할 수 있는 기술이 존재하기 때문이다. 물론 뇌 속을 본다는 것은 기억, 생각, 지각 등의 인지심리학적 대상 그 자체를 보는 것이 아니다. 그 대신 우리가 보는 것은 회백질, 백질, 혈관, 즉 신경과학적 대상들이다. 어떤 이가 기능적 영상 실험을 할 때 관찰하는 것은 전자가 아니라 바로 후자이다. 이 둘을 연결시키기 위한 이론적 틀을 개발하는 것은 마음-몸 문제를 암묵적으로든, 명시적으로든 반드시 다루는 것이 요구된다. 이것은 매우 벅찬 도전거리이다.

　기능적 영상이 골상학자들이 성취한 것보다 마음과 뇌에 대해 보다 세밀한 이해를 이끌 수 있을까? 몇몇 신문들은 아마도 아닐 것이라고 주장하기도 한다. 골상학이 실패한 이유 중 하나는 그 방법에 전혀 실질적인 과학적 토대가 없었기 때문이다. 그러나 이것은 기능적 영상법에 해당되지 않는다. 골상학이 실패한 또 다른 이유는 사용된 심리학적 개념들이 미성숙한 것이었기 때문이다. 이는 기능적 영상이나 또 다른 신경과학의

그림 1.8 방송매체들은 인지신경과학의 발견들을 단순화하기 좋아한다. 많은 신문 글들은 성, 고통, 기분 등이 뇌의 산물이라는 점이 직관에 반하는 것으로 종종 묘사한다.

출처 : *Sunday Times*, 21 November 1999; *Metro*, 5 January 2001; *The Observer*, 12 March 2000; *The Independent*, 27 May 1999.

핵심 용어

단원성 특정 인지 과정(혹은 뇌의 특정 부분)은 그것이 처리하는 정보의 종류에 의해 제약을 받는다는 것

영역 특수성 어떤 인지 과정(혹은 뇌 영역)이 특정 종류의 정보(예 : 색상, 얼굴, 단어)를 처리하는 데 완전히 특화되었다는 생각

뇌는 단원적인가?

뇌가 기능적인 특수성을 가진 영역들을 가지고 있다는 표현은 다양한 모습으로 약 200년 동안 등장했었다. 그러나 이 주제에 대해 특별한 관심과 논쟁을 불러일으킨 예외적인 경우가 있었는데, 그것이 바로 포더의 단원성(modularity) 이론이다(Fordor, 1983, 1998). 첫째, 포더는 중앙 시스템과 단원이라는 두 가지 다른 그룹의 인지적 과정에 대해 구분을 지었다. 이 둘의 핵심적인 차이는 그것이 각각 처리할 수 있는 정보의 종류와 관계된다. 단원들은 한 가지 특정한 종류의 정보만을 처리한다(예 : 색상, 형태, 단어, 얼굴)는 점에서 **영역 특수성**(domain specificity)을 가지며, 이에 반해 중앙 시스템은 처리되는 정보의 종류가 특수하지 않다(후보 군으로는 기억, 주의, 집행 기능)는 점에서 영역 독립적이다. 포더에 따르면 단원적 시스템의 한 가지 장점은 제한된 종류의 정보를 처리함으로써 빠르고 효율적으로, 그리고 다른 인지 시스템들과 분리되어 작동할 수 있다는 점이다. 추가적인 주장은 이러한 단원들이 아마도 유전적 코드에 의해 선천적으로 특화되었을 것이라는 점이다.

이러한 생각의 많은 부분은 경험적·이론적 근거에 대해 비판을 받았다. 예를 들면, 영역 특수성은 그것이 획득되는 방법은 그러할지 몰라도 선천적이지 않다(Karmiloff-Smith, 1992). 게다가 읽기와 같은 시스템은 어떤 측면에서는 단원적이지만 그것은 결코 선천적일 수는 없다. 왜냐하면 그것은 진화적으로 최근의 일일 것이기 때문이다. 다른 학자들은 상호작용성의 증거를 들면서 단원들은 다른 인지적 과정과 분리되어 있지 않다고 주장한다(Farah, 1994).

균형을 잡자면 경험적 증거들은 단원성 이론에 그렇게 우호적이지 않다. 그러나 뇌에 기능적 특수성을 가지고 있는 영역이 있다는 점에서 영역 특수성은 여전히 활발히 논의되고 있는 주제이다.

기술적 진보가 또 하나의 골상학이 되지 않고, 적절한 연구주제들을 형성하는 과정에서 인지심리학으로부터 영감을 받아야 하는 이유이기도 하다(Uttal, 2001).

인지적이고 마음에 기초한 개념들이 결국 장황한 수사에 불과하게 될 것인지(환원론

자들의 입장), 혹은 신경에 기초한 개념들과 함께 존속할 것인지(이중측면 이론의 입장)
는 앞으로 결정될 문제이다. 그러나 현재로서는 인지적이고 마음에 기초한 개념들은 인
지신경과학에서 필수적인 역할을 하고 있다.

요약 및 핵심 정리

- 마음-몸 문제란 "어떻게 물리적인 물질(뇌)이 정신적인 경험을 만들어낼 수 있는가?"라는 질문을 말하며,
  이는 인지신경과학에서 풀어야 할 숙제로 남아 있다.
- 어느 정도의 범위에서 뇌의 다른 영역은 다른 기능에 특화되어 있다.
- 기능적 신경 영상은 인지신경과학의 많은 발전의 원동력을 제공했다. 그러나 인지 기능들이 어떻게 작동하
  는지에 대한 이해 없이, 그것들을 어떤 뇌 영역에 국지화시키는 것에만 이 방법을 사용하는 것은 위험하다.
- 인지심리학은 뇌에 대한 명시적인 참조 없이 하나의 독립적인 학문체계로 발전해왔다. 그러나 생물학 측정
  치들은 인지심리학적 이론을 증명할 수 있는 또 다른 원천을 제공할 수 있고, 뇌는 인지과학의 정보처리 모
  형들의 개발과 본질에 제약적인 요인을 제공할 것이다.

논술 문제

- '마음-몸 문제'는 무엇이며, 그것을 풀기 위하여 어떤 이론적 체계들이 제시되었는가?
- 인지신경과학은 새로운 골상학인가?
- 인지심리학은 뇌가 필요한가? 신경과학은 인지심리학을 필요로 하는가?

더 읽을거리

- Henson, R. (2005). What can functional neuroimaging tell the experimental psychologist? *Quarterly
  Journal of Experimental Psychology*, 58A, 193-233. 심리학에서 기능적 영상의 역할에 대한 훌륭한 요약
  및 일반적인 비판에 대한 반박. 이 논의는 Cortex(2006, 42, 387-427)에 발표된 일련의 논문들에서도 계
  속됨
- Shallice, T. & Cooper, R. P. (2011). *The organisation of mind*. Oxford, UK : Oxford University Press. '개
  념적 기초(conceptual foundation)'에 있는 몇 개의 장에서 본문에서 다루고 있는 많은 이슈들을 보다 깊이
  다루고 있음
- Uttal, W. R. (2001). *The new phrenology : The limits of localizing cognitive processes in the brain.*
  Cambridge, MA : MIT Press. 인지신경과학의 방법론과 한계에 대한 흥미로운 개관
- Wickens, A. P. (2015). *A history of the brain : How we have come to understand the most complex
  object in the universe.* New York : Psychology Press. 신경과학의 역사에 대한 좋은 출발점

제2장

뇌에 대한 소개

이 장의 내용

뉴런의 구조와 기능

뇌의 전체적 조직

대뇌피질

피질하부

중뇌와 후뇌

요약 및 핵심 정리

논술 문제

더 읽을거리

뇌에 관한 이야기는 항상 감상적으로 시작한다. 뇌는 우리의 모든 정신적 삶을 가능하게 하는 신체 기관이다. 뇌는 우리로 하여금 단어를 읽을 수 있게 해주고, 이전에 한 번도 해본 적 없는 생각을 하도록 만들어주며, 심지어 인류가 한 번도 해본 적이 없는 아이디어를 창조해내기도 한다. 이 책은 어떻게 이런 일들이 가능한지에 대해 수박 겉핥기식으로나마 다루어볼 예정이지만, 이 장에서는 이보다는 약간 덜 재미있는 내용을 이야기해보려고 한다. 뇌의 구조에 대한 기본적인 가이드를 제공하는 이 장은 신경세포(뉴런)에 대한 설명부터 시작하여 어떻게 이 뉴런들이 각기 다른 신경해부학적 체계들로 조직화되어 있는지에 대한 설명으로 이어질 것이며, 다른 종보다는 인간의 뇌에 특별히 더 초점을 맞출 것이다.

뉴런의 구조와 기능

모든 뉴런(neuron)들은 기본적으로 동일한 구조를 가지고 있다. 뉴런들은 세포체(cell body 또는 soma), 수상돌기(dendrite), 그리고 축색돌기(axon)라는 3개의 요소로 구성되

인간의 뇌에 관한 흥미로운 사실

(1) 인간의 뇌에는 860억 개의 뉴런이 존재한다(Azevedo et al., 2009).

(2) 개별 뉴런은 약 1만 개의 다른 뉴런과 연결될 수 있다.

(3) 개별 뉴런이 다른 모든 뉴런과 연결된다면, 우리의 뇌의 지름은 약 20km에 이를 것이며(Nelson & Bower, 1990), 이는 맨하탄 섬의 길이와 같다. 다시 말해서 뉴런들은 극히 일부 다른 뉴런들과 연결되어 있다. 뉴런들은 자신과 가까운 근처의 이웃하고만 주로 소통을 하며 긴 연결은 규칙이라기보다는 예외에 가깝다.

(4) 뉴런들은 우리 뇌의 전체 세포 중 약 10%에 불과하며 이러한 사실은 우리가 뇌의 10%만을 사용한다는 잘못된 상식을 만들어냈을 수 있다(Beyerstein, 1999). 교세포(glia)라 불리는 이 다른 세포들은 조직복구와 수초생성 등과 같은 다양한 필수적 지원 기능을 담당한다.

(5) 뇌의 무게는 체중의 2%에 불과하다.

(6) 뇌 속의 세포들이 재생산되지 못한다는 믿음은 더 이상 받아들여지지 않는다. 예전에는 우리가 전체 뉴런을 모두 가지고 태어나며 새로운 뉴런은 생성되지 않는다고 믿었지만, 이러한 생각은 적어도 치회(dentate gyrus)라 불리는 영역에서만큼은 더 이상 정확하지 않다(Gross, 2000 참조).

(7) 평균적으로 우리는 매 초당 하나 정도의 대뇌피질 뉴런을 잃고 있다. 한 연구에 따르면 대뇌피질 뉴런 중 약 10% 정도가 20~90세 사이에 사라진다고 하며, 이는 하루에 약 85,000개의 뉴런에 해당한다(Pakkenberg & Gundersen, 1997).

(8) 일란성 쌍둥이는 해부학적으로 동일한 뇌를 가지고 있지 않다. 일란성 쌍둥이와 이란성 쌍둥이를 비교해보면, 뇌 크기는 유전적인 영향을 많이 받는 반면에 대뇌피질회의 3차원적 패턴은 주로 비유전적 요인에 의해 결정되는 것으로 보인다(Bartley et al., 1997).

(9) 자폐증 환자들은 정상인보다 큰 뇌와 두개골을 가지고 있다(Abell et al., 1999). 뇌의 크기와 지능 간에 단순한 상관은 존재하지 않을 가능성이 크며(대부분의 자폐증 환자들은 낮은 IQ를 지님) 뇌의 효율성은 크기와 관련이 없는 것으로 보인다.

(10) 남성은 여성보다 더 큰 뇌를 가지지만, 여성의 뇌가 더 많은 주름을 보인다. 여성의 뇌가 가진 더 많은 주름은 표면적을 증가시키고 이는 크기에서의 차이를 상쇄시키는 것으로 보인다(Luders et al., 2004). 대뇌피질 뉴런들의 전체 수는 성별과 관련되지만 신장이나 체중과는 관련이 없다(Pakkenberg & Gundersen, 1997).

핵심 용어

뉴런 신경계를 구성하고 특히 인지적 기능을 지원하는 특정 유형의 세포

세포체 뉴런에서 핵과 그외 세포소 기관들을 포함하는 부분

수상돌기 다른 뉴런들로부터 정보를 받는 가지 형태의 구조

축색돌기 다른 뉴런들로 정보를 전달하고 활동전위를 전송하는 가지 형태의 구조

시냅스 신경전달물질이 방출되고 뉴런들 간의 신호전달이 발생하는 뉴런들 사이에 위치한 작은 공간

어 있다. 여기서 강조할 점은, 동일한 기본 구조와 기능을 가진 뉴런들이라도 수상돌기와 축색돌기의 공간적 배열에 따라 각기 다른 유형으로 구분될 수 있다는 점이다.

세포체는 핵과 그 외 세포소 기관을 포함하고 있다. 핵은 유전부호를 포함하고 있으며 이는 신경전달물질과 같은 단백질의 합성에 관여한다. 뉴런은 다른 뉴런들로부터 정보를 받아서 이 정보를 다른 뉴런들로 전달할 것인지를 (자신의 활성화 수준을 변화시킴으로써) '결정(decision)'한다. 세포체에 돌출해 있는 수상돌기라 불리는 많은 가지처럼 생긴 구조들이 다른 뉴런들과의 소통을 가능하게 한다. 수상돌기들은 가까운 곳에 위치한 다른 뉴런들로부터 정보를 받는다. 수상돌기 가지의 숫자와 구조는 뉴런의 유형(즉 뇌 속에 위치하는 지점)에 따라 매우 다양할 수 있다. 이와는 대조적으로 축색돌기는 다른 뉴런들로 정보를 보내는 역할을 담당한다. 개별 뉴런은 다수의 수상돌기들과 단 하나의 축색돌기로 구성된다[물론 축색돌기는 곁가지(collateral)라 불리는 몇 개의 가지들로 나뉘어질 수 있다].

한 축색돌기의 끝(축색종말)은 마치 디스크처럼 평평한 구조를 보인다. 바로 이 부분에서 시냅스(synapse)라는 작은 틈을 거쳐 전달되는 화학적 신호에 의해 뉴런들 간의 소

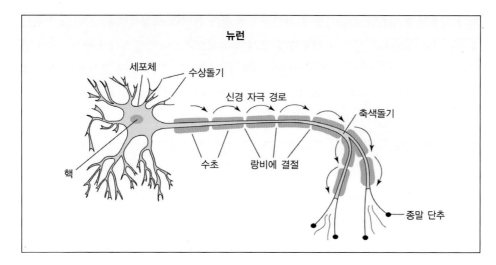

뉴런

세포체
수상돌기
신경 자극 경로
축색돌기
핵
수초
랑비에 결절
종말 단추

그림 2.1 뉴런은 세포체, 정보를 받는 수상돌기, 그리고 정보를 보내는 축색돌기라는 세 가지 기본적 특징을 지닌다. 이 그림에서 축색돌기는 전송시간을 단축시키기 위해 수초화되어 있다.

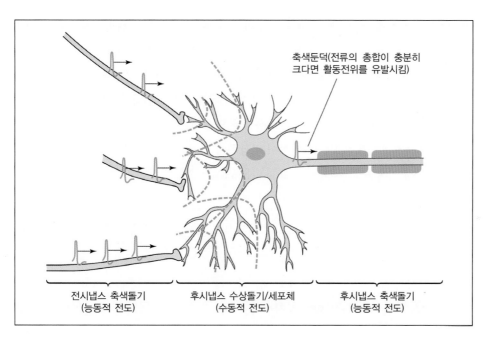

축색둔덕(전류의 총합이 충분히 크다면 활동전위를 유발시킴)

전시냅스 축색돌기
(능동적 전도)

후시냅스 수상돌기/세포체
(수동적 전도)

후시냅스 축색돌기
(능동적 전도)

그림 2.2 전류는 활동전위에 의해 축색돌기를 따라 능동적으로 전송된다. 전류는 수상돌기들과 세포체를 통해서 수동적으로 이동하지만 이러한 전류들의 총합이 축색돌기의 시작점(축색둔덕이라 불림)에 도달할 정도로 충분히 강하다면 활동전위를 촉발시킬 것이다.

통이 이루어진다. 시냅스를 통해 연결된 두 뉴런들은 정보가 흐르는 방향(축색돌기에서 수상돌기로)에 따라 각각 **전시냅스**(presynaptic)와 **후시냅스**(postsynaptic) 뉴런으로 불린다. 전시냅스 뉴런이 활동하면 전류[**활동전위**(action potential)]는 축색돌기를 따라 전달되게 된다. 이 활동전위가 축색종말에 도착하면 화학물질이 시냅스 간극으로 방출되며 이 화학물질들이 바로 **신경전달물질**(neurotransmitter)이다[극히 소수지만 주로 망막에서 관찰되는 **간극결합**(gap junction)이라는 시냅스 부위에서는 화학적 신호가 아닌 전기적 신호로 뉴런들 간에 소통이 이루어진다]. 신경전달물질은 후시냅스 뉴런의 수상돌

핵심 용어

활동전위 뉴런의 축색돌기 세포막이 지닌 전기적 속성의 갑작스러운 변화(탈분극과 재분극)

신경전달물질 한 뉴런에서 방출되어 다른 뉴런의 속성에 영향을 미치는 화학적 신호

기나 세포체에 위치한 수용체들에 결합하여 시냅스 전위를 생성시킨다. 시냅스 전위는 수상돌기와 후시냅스 뉴런의 세포체를 통해 수동적으로 (즉 활동전위의 생성 없이) 전달된다. 이러한 수동적 전류가 후시냅스 뉴런의 축색돌기 시작지점에 도달했을 때 충분히 강력하다면 이 뉴런에서는 활동전위(능동적 전류)가 촉발된다. 여기서 강조할 점은, 개별 후시냅스 뉴런이 서로 멀리 떨어진 각기 다른 수상돌기 부위들을 통해 생성된 많은 양의 시냅스 전위들을 통합한다는 점이며, 이는 한 세포에서 다른 세포로의 단순한 연쇄반응과는 다르다. 전기적 신호는 주변 물질들의 저항에 의해 방해받기 때문에 수동적 전류는 짧은 거리만 이동이 가능하지만, 능동적 전류는 활동전위를 전파시킴으로써 뉴런들 간에 장거리 신호전달을 가능하게 한다.

활동전위와 전기적 신호

각 뉴런은 특정 화학물질의 통행을 가로막는 마치 장벽처럼 작동하는 세포막에 의해 둘러싸여 있다. 세포막 위에는 특정 조건하에서 특정 화학물질들만 통과를 허가해주는, 마치 문지기와 같은 역할을 담당하는 단백질 분자들이 존재한다. 이런 화학물질들 중에는 이온화된 나트륨(Na^+)과 칼륨(K^+) 이온이 포함된다. 세포막의 안쪽과 바깥쪽에 위치한 이온들 간 분포가 균형을 이루었을 때 세포막을 가로질러 정상적으로 $-70mV$의 휴지전위가 유지된다(안쪽이 바깥쪽에 비해 더 음극성을 띰).

전압의존성 이온통로(voltage-gated ion channel)는 활동전위를 생성시키는 데 특히 중요하다. 이 통로들은 축색돌기에서만 발견되는데, 이는 왜 축색돌기가 활동전위를 생성할 수 있는지를 설명해준다. 활동전위는 다음과 같은 순서를 따르는 일련의 과정들을 거쳐 발생한다.

1. 충분한 강도의 수동적 전류가 축색돌기 세포막을 따라 흐르게 되면 이는 전압의존성 Na^+ 이온통로들을 열기 시작한다.
2. 통로들이 열리면 Na^+이 세포 내로 들어오게 되며 정상적인 상태에서 음극성을 띤 세포막 안쪽 전위가 감소하게 되며, 이를 세포의 탈분극(depolarization)이라 부른다. 약 $-50mV$ 지점에 이르게 되면 세포막은 완전히 투과가 가능해지며 세포 안쪽의 전위는 순간적으로 역전하게 된다. 이렇게 세포막 간 전위차에서 발생하는 갑작스러운 탈분극, 그리고 그 뒤에 나타나는 재분극(repolarization) 현상을 활동전위라 한다.
3. 전압의존성 K^+ 통로들을 통해 세포 내에 있던 K^+들이 방출되고 역시 전압의존성 Na^+ 통로들이 폐쇄됨으로써 세포의 음극전위는 다시 복구된다.

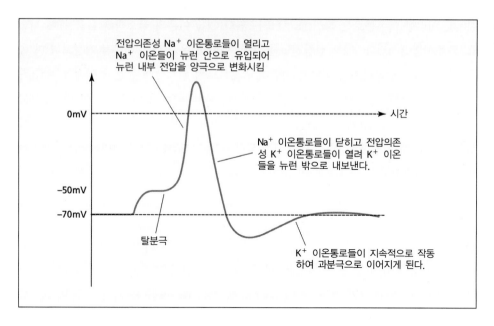

4. 잠깐 동안 세포내 전위가 휴지기 때보다 더 음극화되는 과분극(hyperpolarization) 이 나타난다. 과분극이 발생하면 축색돌기는 곧바로 이어서 다시 탈분극되기 어려워지며, 이는 활동전위가 반대 방향으로 전달되는 것을 막아준다.

축색돌기 일부에서 발생한 활동전위는 그 주변에 위치한 전압의존성 Na^+ 통로들을 열게 되며, 이를 통해 활동전위는 세포체로부터 축색종말 끝부분까지 축색돌기를 따라 전달된다. 축색돌기를 따라 전달되는 활동전위의 전파속도는 축색돌기가 수초로 싸여 있을 경우 훨씬 빨라진다. 수초(myelin)는 일부 뉴런(특히 운동 관련 신호를 전달하는 뉴런)의 축색돌기 주위에 붙어 있는 지방물질이다. 수초는 정상적인 Na^+ 또는 K^+ 이온의 이동을 가로막음으로써 활동전위가 수동적으로 축색돌기를 따라 전파되면서 랑비에 결절(nodes of Ranvier)이라 불리는 수초가 없는 지점들에서 점프하도록 만든다. 다발성 경화증(multiple sclerosis)과 같은 여러 형태의 병리적 현상에서는 수초들이 파괴된 것이 발견되곤 한다.

화학적 신호와 후시냅스 뉴런

활동전위가 축색종말에 도착하면 이 전기적 신호는 신경전달물질들을 시냅스 간극으로 방출시키는 일련의 과정들을 촉발시킨다. 후시냅스 뉴런의 세포막에 위치한 단백질 수용기들은 신경전달물질들과 결합하게 된다. 대부분의 수용기는 신경전달물질의존성 (transmitter-gated) 이온통로들이다(축색돌기에 위치한 전압의존성 이온통로들과는 구

핵심 용어

수초 일부 뉴런들의 축색돌기를 둘러싸고 있는 지방물질이며, 전기전도를 촉진시킴

분됨). 이러한 이온통로는 Na^+, K^+, 또는 염화(Cl^-) 이온의 국소적 흐름을 통해 시냅스 전위를 발생시킨다. 일부 신경전달물질(예 : GABA)은 뉴런의 내부를 정상보다 더 음극으로 만들어 탈분극이 일어나기 어렵게 만듦으로써 후시냅스 뉴런에 억제성 효과(즉 뉴런의 발화확률을 낮춤)를 미치며(예 : 신경전달물질의존성 Cl^- 통로들이 열렸을 때) 이 외의 신경전달물질(예 : 아세틸콜린)은 후시냅스 뉴런에 흥분성 효과(즉 뉴런의 발화확률을 높임)를 미친다. 그다음 이렇게 발생한 시냅스 전위는 앞서 설명한 바와 같이 수동적으로 전파된다.

뉴런은 어떻게 정보를 부호화하는가

활동전위의 강도는 고정되어 있지만 초당 전파되는 활동전위의 발생빈도는 연속선상에서 다양한 값을 가질 수 있다. 이러한 반응비율 혹은 '발화율(spiking rate)'은 해당 뉴런에 의해 전달되는 정보가 가진 '부호(code)'라 할 수 있다. 예를 들어, 일부 뉴런들은 다른 상황(예 : 시각 자극 제시 시)에 비해 특정 상황(예 : 말하는 동안)에서만 높은 발화율을 보이지만 다른 뉴런들은 이와 반대되는 패턴을 보일 수 있다. 유사한 형태의 정보에 공통적으로 반응하는 뉴런들은 서로 함께 그룹을 이루기 쉽다. 이러한 사실은 앞서 제1장에서 소개된 뇌 영역들이 보이는 기능적 전문화의 기초가 될 수 있다.

뉴런의 반응률에 의해 정보가 전달된다면 뉴런이 반응하는 정보의 유형은 어떻게 결정되는가? 특정 뉴런이 전달하는 정보의 유형은 그 뉴런이 받는 입력신호들과 다른 뉴런들로 보내는 출력신호들과 관련된다. 예를 들어, 일차청각피질에 위치한 뉴런들이 소리에 대한 정보를 전달한다고 볼 수 있는 이유는, 그 뉴런들이 달팽이관으로부터 시작되는 입력신호들을 받아서 보다 고등 단계의 청각 정보처리 과정(예 : 말소리 지각)에 관여하는 다른 뉴런들로 출력신호를 보내기 때문이라 할 수 있다. 하지만 일차청각피질이 청각 경로가 아닌 망막 경로로부터 입력신호를 받도록 누군가 뇌를 재연결시킬 경우(예 : Sur & Leamey, 2001), 일차청각피질 자체는 직접적으로 변화되지 않았지만(단지 이 영역으로 들어오는 입력신호만 바뀌었음) 기능적으로는 변화되었다고 볼 수 있다(이 영역이 받는 정보의 유형이 변한 것으로 생각해볼 수 있음). 이러한 사실은 일반적으로 특정 뇌 영역의 기능을 고려할 때 유념해야 할 사항이며, 특정 뇌 영역의 기능은 해당 영역의 입력신호와 출력신호에 의해 결정된다는 것을 보여준다. 따라서 어떤 기능이 특정 뇌 영역에 국한되어 있는 정도에 관한 논쟁은 무의미하다고 볼 수 있다.

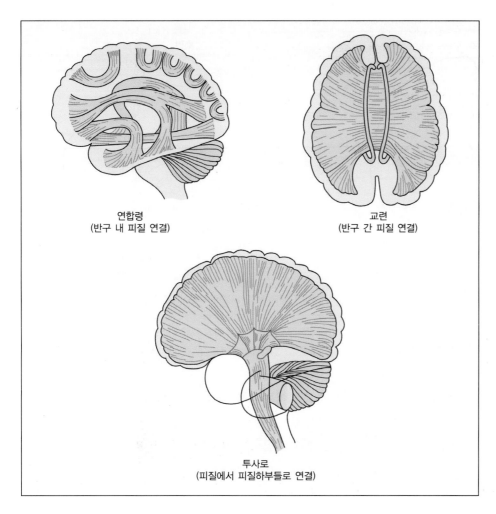

연합령
(반구 내 피질 연결)

교련
(반구 간 피질 연결)

투사로
(피질에서 피질하부들로 연결)

그림 2.4 백질은 연결부위들 간의 성질에 따라 세 가지 종류가 있다.

출처 : Adapted from Diamond et al., 1986. ⓒ 1986 by Coloring Concepts, Inc. Reprinted by permission of HarperCollins Publishers.

뇌의 전체적 조직

회백질, 백질, 뇌척수액

뉴런들은 뇌 속에서 회백질과 백질 부분을 구성하는 부분으로 나누어진다. **회백질**(gray matter)은 신경세포체들로 구성되며, **백질**(white matter)은 축색돌기와 보조세포들[교세포(glia)]로 구성되어 있다. 뇌는 굴곡이 심하고 접혀 있는 회백질의 층(대뇌피질)으로 구성되어 있으며 그 아래에는 백질이 자리 잡고 있다. 백질섬유 덩어리 아래 뇌의 중심에는 기저핵, 변연계, 그리고 간뇌를 포함하는 또다른 회백질 구조들이 있다(피질하부).

백질다발들은 같은 반구 내(연합로, association tract) 혹은 두 반구 간[교련(commissure), 가장 중요한 교련은 **뇌량**(corpus callosum)]에 피질 영역들 사이를 연결할 수 있으며, 피질과 피질하구조들[투사로(projection tract)]을 연결하기도 한다.

핵심 용어

회백질 주로 뉴런의 세포체들로 구성된 물질

백질 주로 축색돌기와 지지세포들로 구성된 신경계 조직

교세포 조직의 복구와 수초의 형성에 관여하는 신경계의 지지세포들

뇌량 좌우반구를 연결하는 거대한 백질

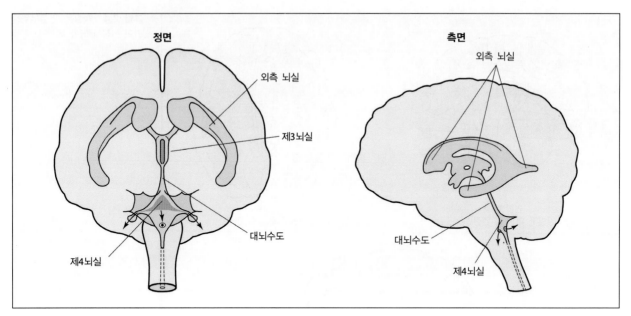

그림 2.5 뇌는 뇌척수액(CSF)으로 찬 4개의 뇌실로 구성된다. 외측 뇌실들은 각 반구에 하나씩 있고, 제3뇌실은 피질하부구조들 근처의 중심 부위에 위치하고 있으며, 제4뇌실은 뇌간(후뇌)에 위치한다.

또한 뇌는 뇌실(ventricle)이라고 불리는 움푹 파인 방을 여러 개 포함하고 있다. 뇌실은 과거 1500년 동안 마치 정신적 삶의 근원인 것으로 숭배되어 왔다. 뇌실들은 뇌척수액(cerebrospinal fluid, CSF)으로 채워져 있는데, 이들은 인지적인 기능은 아니지만 유용한 기능을 담당한다. 뇌척수액은 뇌 내 대사폐기물질들을 전달하고, 메신저 신호를 전달하며, 뇌를 보호하는 쿠션 기능을 제공한다.

중추신경계의 계층적 구조 이론

뇌의 진화는 좀 더 오래된 구조들을 새 구조들로 대체시킨다기보다는 그 위에 추가적인 구조들을 더해가는 과정으로 볼 수 있다. 예를 들어, 인간의 주요 시각 경로는 망막으로부터 시작하여 후두엽으로 진행하지만 이보다 더 오래된 수많은 시각 경로들이 존재하며 모두 시각 정보처리에 영향을 미치고 있다(제6장 참조). 이러한 오래된 시각 경로들은 새나 파충류들과 같은 다른 종들에서는 주요 시각 정보처리 기능을 담당한다.

기준 및 단면 관련 용어

지도에서 특정 지역의 위치를 찾기 위해 동서남북과 같은 방향을 알아야 하는 것처럼 뇌 속에서 특정 구조의 위치를 찾기 위해 관습처럼 사용하는 방향들이 존재한다. 전측(anterior)과 후측(posterior)은 각각 뇌의 앞쪽과 뒷쪽을 향한 방향들을 말한다. 특히 꼬

핵심 용어

뇌실 뇌척수액을 포함하는 뇌 속의 움푹파인 공간들

전측 앞쪽 방향

후측 뒤쪽 방향

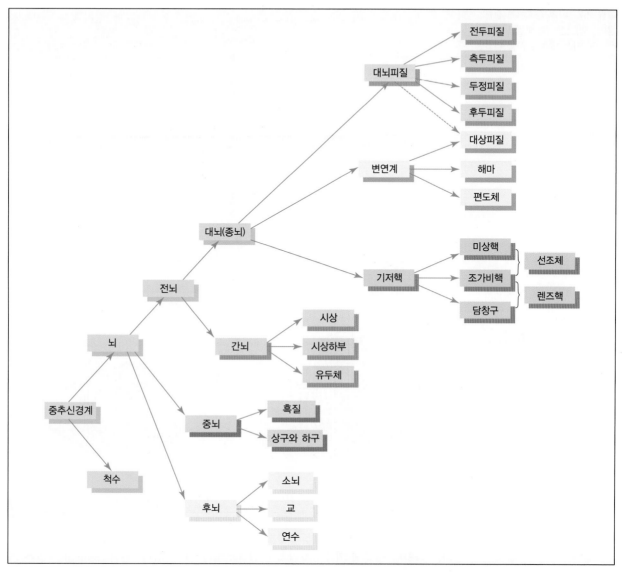

그림 2.6 중추신경계(CNS)는 계층적으로 조직되어 있다. 계층구조의 상위 수준(다이어그램의 위쪽에 위치한 가지들)은 진화적 관점에서 최근에 나타난 구조들이다.

리를 가진 다른 종들에 대해서는 이 대신 부리 쪽(rostral)과 꼬리 쪽(caudal)이라는 용어가 사용되기도 한다(caudal은 꼬리 끝을 가리킴). 위쪽과 아래쪽을 가리키는 방향은 각각 상측(superior)와 하측(inferior) 혹은 배측(dorsal)과 복측(ventral)이라 불린다. 전측, 후측, 상측, 그리고 하측 방향들은 2차원적 이동(앞-뒤, 위-아래)을 가능하게 하지만, 당연히 뇌는 3차원 구조이므로 또 다른 차원이 추가로 필요하다. 외측(lateral)과 내측(medial)이라는 용어는 각각 뇌의 바깥쪽 표면과 중심을 향한 방향을 가리킨다.

핵심 용어	
상측	위를 향한
하측	아래를 향한
배측	위를 향한
복측	아래를 향한
외측	바깥 쪽을 향한
내측	중심을 향한

그림 2.7 뇌의 참조체계 관련 용어. 외측은 뇌의 바깥쪽 표면을 가리키며 내측은 중심 영역 쪽을 가리킨다.

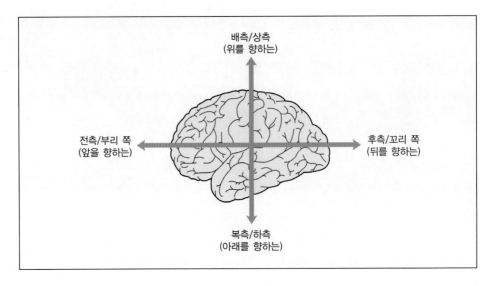

그림 2.8 뇌의 절개면 관련 용어

출처 : Adapted from Diamond et al., 1986. © 1986 by Coloring Concepts Inc. Reprinted by permission of HarperCollins Publishers.

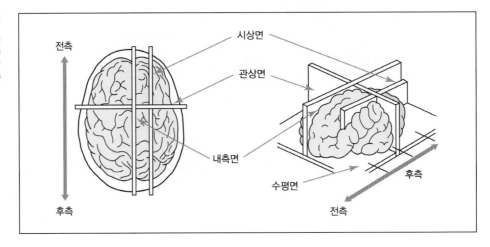

　　뇌는 다양한 방식에 의해 2차원의 단면들로 절단될 수 있다. 관상(coronal) 단면은 좌우반구 모두를 관통하는 수직면의 조각을 가리킨다(이 단면에서 뇌는 동그란 형태를 보임). 시상(sagittal) 단면은 두 반구 중 하나만을 관통하는 수직면의 조각을 말한다. 시상 단면이 두반구 사이에 위치할 때 이 단면을 정중선(midline) 혹은 내측 단면이라 부른다. 축방향(axial) 또는 수평적(horizontal) 단면은 수평면으로 절단된 면을 말한다.

대뇌피질

대뇌피질은 2개의 반구(좌반구와 우반구)로 나누어진 두 장의 접힌 형태의 회백질 시트로 구성된다. 대뇌피질의 표면은 진화적 발달과 함께 점점 더 심한 굴곡을 갖게 되었다.

많은 굴곡을 가지는 구조는 높은 단위면적당 부피비율을 지니게 되며, 따라서 보다 효율적인 공간 활용이 가능하다. 대뇌피질의 돌출한 표면을 회(gyrus, 복수형은 gyri)라고 부르며 들어간 부분 혹은 접힌 부분을 구(sulcus, 복수형은 sulci)라고 부른다.

　대뇌피질은 단지 3mm 정도의 두께를 가지며 단면에서만 관찰이 가능한 여러 층들로 나누어져 있다. 각각의 층들은 다른 유형의 세포들이 모여 있으며 각기 다른 층의 밀도는 대뇌피질의 부위에 따라 차이를 보인다. 대부분 대뇌피질은 6개의 주요 피질 층들을 포함하며 이를 신피질(neocortex)이라 부른다('새로운 피질'을 의미). 이 밖에 다른 피질

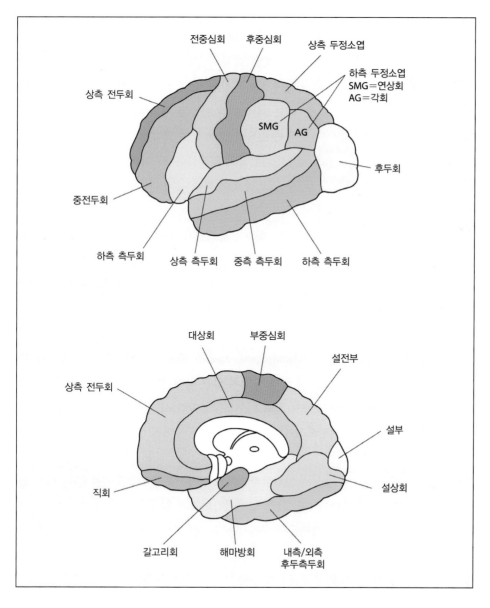

그림 2.9 뇌의 외측 그리고 내측 표면의 주요 회들. 피질의 구들에는 주로 뇌의 참조체계 용어들이 붙은 명칭이 부여된다. 예를 들어, 상측 측두구는 상측 측두회와 중측 측두회 사이에 놓여 있다.

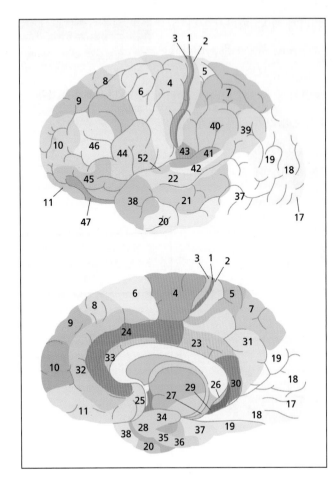

그림 2.10 뇌의 외측(위)과 내측(아래) 표면의 브로드만 영역

영역들로는 대상회(cingulate cortex)와 뇌섬엽(insula)을 포함하는 중간피질(mesocortex)과 일차후각피질(primary olfactory cortex) 및 해마(hippocampus)를 포함하는 이종피질(allocortex)이 있다.

각 반구의 대뇌피질의 외측 표면은 전두엽, 두정엽, 측두엽, 그리고 후두엽이라는 네 가지 엽으로 나누어진다. 각기 다른 엽들을 구분하는 경계선은 때로는 전두엽과 측두엽 사이[실비안 열(sylvian fissure)로 나뉨]처럼 매우 뚜렷하기도 하지만 경계선이 쉽게 관찰되지 않는 경우(예 : 측두엽과 후두엽 사이)도 있다. 또한 대상피질과 같은 대뇌피질 영역은 내측 단면에서만 관찰될 수 있으며, 뇌섬엽(라틴어로 '섬'이라는 의미)이라 불리는 대뇌피질 영역은 측두엽의 아래쪽 깊숙한 곳에 놓여 있다.

대뇌피질의 영역들은 세 가지 다른 방식으로 나눌 수 있으며 이에 따라 각기 다른 명칭이 사용된다.

1. **회와 구의 패턴에 따른 구분** : (비록 정확한 형태와 크기에서는 큰 차이가 있을 수 있지만) 거의 모든 사람에게서 동일한 패턴의 회와 구를 관찰할 수 있다. 따라서 이러한 패턴에 따라 각기 다른 뇌 영역에 명칭을 붙일 수 있다.

2. **세포구조(cytoarchitecture)에 따른 구분** : 대뇌피질을 구분하는 가장 영향력 있는 방법 중 하나는 브로드만 영역(Brodmann's area)을 따르는 방식이다. 브로드만은 특정 세포 유형이 각기 다른 피질 층에 걸쳐 있는 상대적인 분포에 따라 피질을 대략 52개의 영역(BA1~BA52까지)으로 나누었다. 파리 시 외곽지역의 주소배정 방식처럼 중심으로부터 시작해서 나선형으로 명칭이 주어진 이 뇌지도는 그 후 몇 년에 걸쳐 수정되었다.

3. **기능에 따른 구분** : 이 방식은 일차감각영역과 일차운동영역에만 적용된다. 예를 들어, 브로드만 영역 17과 6은 각각 일차시각피질과 일차운동피질로 불린다. 이보다 좀 더 고등 대뇌피질 영역들에 대해서는 고유한 기능을 부여하기가 훨씬 어렵다.

피질하부

대뇌피질과 중간의 백질 아랫부분에 또 다른 회백질핵들의 덩어리가 존재하는데, 이 부분을 피질하부라 부른다. 전통적으로 피질하부는 각기 다른 신화적·기능적 변화 과정을 거친 여러 다른 체계로 나누어진다.

기저핵

기저핵(basal ganglia)은 각 반구 안에 자리 잡은 큰 둥근 형태의 덩어리이다. 기저핵은 뇌의 중심부에 있는 시상을 감싸고 있으며 그 위로 돌출되어 있다. 이 부위는 운동활동 조절, 행동 프로그래밍, 그리고 행동 종료 등에 관여한다(제8장 참조). 기저핵의 결함은 파킨슨병과 같은 운동저하증(운동 기능의 감퇴)이나 헌팅턴병 같은 과잉운동증(운동 기능의 과다)으로 나타날 수 있다(제8장 참조). 기저핵은 또한 기술이나 습관을 학습하는 데 있어서도 밀접하게 관련된다(제9장 참조). 기저핵을 구성하는 주요 구조들은 미상핵(caudate nucleus, 길게 늘여진 꼬리 형태의 구조), 조가비핵(putamen, 기저핵의 바깥쪽에 위치), 그리고 담창구(globus pallidus, 기저핵의 안쪽에 위치)가 있다. 미상핵과 조가비핵은 담창구로 가는 대뇌피질의 입력신호를 모아 통합시키며 담창구로부터 오는 신호는 시상으로 전달된다. 이 부위들을 통과하는 여러 다른 신경회로들은 운동의 확률과 강도를 증가시키거나 혹은 감소시킨다.

변연계

유기체로 하여금 현재 욕구와 주변 상황, 그리고 이전 경험에 기초하여 환경과 상호작용하도록 하는 데 있어 변연계(limbic system)는 중요한 역할을 담당한다. 변연계는 정서적 반응을 탐지하고 이를 표현하는 데 관여한다. 예를 들어, 편도체(amygdala)는 공포스러운 자극이나 위협적인 자극을 탐지하는 데 관여하고(제15장 참조) 일부 대상회(cingulate gyrus) 영역은 정서적·인지적 갈등을 탐지하는 데 관여한다(제14장 참조). 해마(hippocampus)는 학습과 기억에 특히 중요하며(제9장 참조), 참신성(novelty) 탐지 기제로 고려되기도 한다. 편도체와 해마는 좌측과 우측 측두엽

핵심 용어

기저핵 운동 통제와 기술 학습 등에 관여하는 피질하부의 회백질 영역으로, 미상핵, 조가비핵, 그리고 담창구와 같은 구조들로 구성됨

변연계 유기체를 현재와 과거의 환경에 연결시키는 데 관여하는 하부피질 영역으로, 편도체, 해마, 대상회, 유두체를 포함함

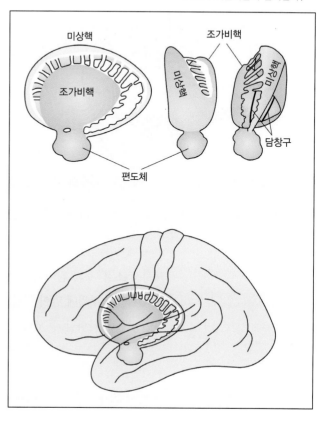

그림 2.11 기저핵은 운동 프로그램과 기술학습에 관여한다.

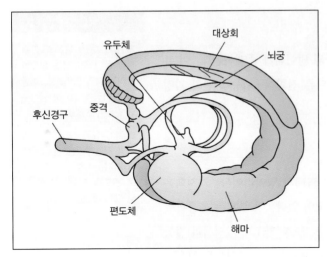

그림 2.12 변연계

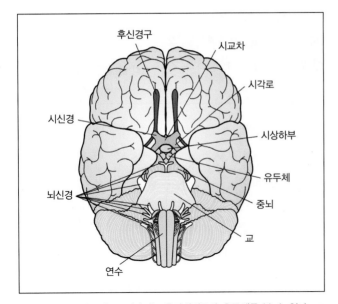

그림 2.13 뇌의 복측 표면에서는 후각신경구와 유두체를 볼 수 있다. 그 외에 관찰되는 구조로는 해마, 시신경, 교, 연수 등이 있다.

에 각 하나씩 위치하고 있으며, 이 밖에 다른 변연계 구조들은 뇌의 아래쪽(복측 표면)에서 좀 더 뚜렷하게 관찰된다. 그 예로, 유두체(mamillary body)는 2개의 조그만 돌출부위들인데 전통적으로 기억에 관여하는 것으로 알려져 있으며(Dusoir et al., 1990), 후신경구(olfactory bulb)는 전두엽의 아래 표면에 위치한다. 이 부위들과 변연계 간에 존재하는 연결은 후각이 환경에서 중요한 자극(예 : 음식, 다른 동물)을 탐지하는 데 얼마나 중요하며 또한 감정과 기억에 미치는 영향력이 얼마나 큰지를 강조하고 있다.

간뇌

간뇌(diencephalon)를 구성하는 두 가지 주요 구조는 시상과 시상하부이다.

뇌의 내측벽에서 뚜렷하게 관찰되는 시상(thalamus)은 뇌의 중심부에 위치하고 있으며 상호 간에 연결된 달걀 형태의 물질이다. 시상은 감각 기관들(눈, 귀, 등)과 대뇌피질 사이를 연결하는 모든 감각 정보(다만 후각은 제외)의 주요 중계소라 할 수 있다. 시상은 대뇌피질과 기저핵의 거의 모든 부위와 연결되어 있다. 시상의 후측 끝부분에는 외측 슬상핵(lateral geniculate nucleus)과 내측 슬상핵(medial geniculate nucleus)이 있으며, 이 부위들은 각각 일차시각피질과 일차청각피질로 신호를 전달하는 감각 중계소들이다.

시상 밑에 위치한 **시상하부**(hypothalamus)는 체온, 배고픔, 갈증, 성적 활동, 그리고 내분비 기능(예 : 신체성장 조절) 등과 같이 주로 신체와 관련된 다양한 기능에 전문화된 신경핵들로 구성되어 있다. 이 부위에 암이 생기면 섭식장애와 물 마시기 장애, 성조숙증, 왜소증, 그리고 거인증 등이 나타날 수 있다.

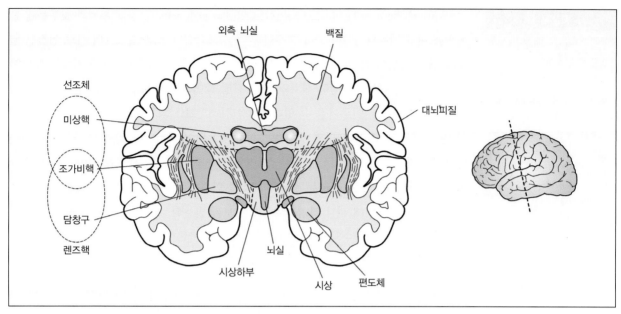

그림 2.14 편도체와 기저핵을 관통하는 관상면을 통해 정중면에 위치한 시상과 시상하부를 뚜렷하게 볼 수 있다.

중뇌와 후뇌

중뇌 부위는 여러 구조들로 구성되지만 여기에서는 그중에 몇 가지만 소개할까 한다. 상구(superior colliculi)와 하구(inferior colliculi)는 회백질의 핵이며, 상구는 여러 감각 정보(시각, 청각, 그리고 촉각)를 통

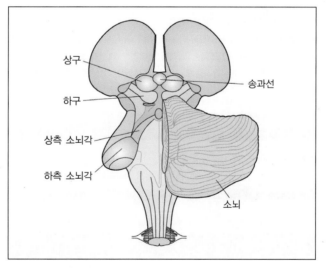

그림 2.15 중뇌와 후뇌의 후측면. 시상, 송과선, 상구, 하구, 소뇌, 소뇌각, 연수 등을 관찰할 수 있다.

핵심 용어

시상 주요 하부피질 중계센터로, 예를 들어 후각을 제외한 모든 감각 기관들과 대뇌피질을 연결시켜주는 중계소라 할 수 있음

시상하부 신체와 이에 대한 조절을 담당하는 여러 가지 전문화된 기능을 가진 신경핵들을 포함하는 부위

상구 빠른 시각운동을 프로그래밍하는 데 관여하는 하부피질 감각 경로의 일부인 후뇌에 위치한 신경핵

하구 하부피질 청각 경로의 일부인 후뇌에 위치한 신경핵

합하는 반면에 하구는 청각 정보처리에 전문화되어 있다. 이러한 감각 경로들은 주요 대뇌피질 감각 경로들과는 구분되며 진화적으로 훨씬 오랜 역사를 지닌다. 이러한 경로들은 자극들(빛이나 소리)이 제시될 때 이를 의식적으로 지각하기도 전에 빠르게 주의를 전환할 수 있도록 돕는 급행 경로를 제공해줄 수 있다(Sparks, 1999). 중뇌는 흑질(substantia nigra)이라 불리는 기저핵과 연결된 영역을 포함한다. 이 부위의 세포들이 손실되면 파킨슨병이 발생하기도 한다.

핵심 용어

소뇌 신체적 기민함과 부드
러운 운동 수행에 중요한 후
뇌에 부착된 구조

뇌교 후뇌의 일부로, 소뇌
와 대뇌를 연결하는 주요 연
결부위

연수 후뇌의 일부로, 호흡,
삼키기, 심장박동, 그리고 수
면주기 등과 같은 생존에 필
수적인 신체 기능을 조절

소뇌(cerebellum, '작은 뇌')는 소뇌각(cerebellar peduncles)을 통해 후뇌의 뒷부분에 붙어 있으며 회백질의 구불구불하게 접힌 면들을 포함한다. 소뇌는 2개의 서로 연결된 엽(lobe)들로 나뉘어 있으며 기민한 손재주와 부드러운 운동 수행에 중요한 기능을 담당한다. 이러한 기능은 운동명령 신호와 현재 진행 중인 행동으로부터 오는 감각피드백 정보를 통합함으로써 이루어질 수 있다(제8장 참조). 소뇌의 한쪽 부분이 손상되면 손상된 면과 같은 면(즉 동측면)의 신체를 조정하는 능력이 저하된다. 양쪽이 모두 손상되면 넓은 갈지자걸음이나 마비성 말장애, 그리고 위아래나 옆으로 빠르게 눈이 움직이는 안진증이 나타난다. 뇌교(pons)는 소뇌와 대뇌를 연결하는 주요 연결부위이며 눈과 신체의 운동을 통제하기 위해 시각 영역들로부터 정보를 받는다. 연수(medulla oblongata)는 뇌교로부터 돌출되어 척수와 합쳐지며 호흡, 삼키기, 심장박동, 그리고 수면주기 등과 같은 생존에 필수적인 기능을 조절한다.

요약 및 핵심 정리

- 뉴런은 인지 기능을 지원하는 기초적 세포 유형이다. 뉴런들은 서로 간에 복잡한 연결망을 형성한다. 축색돌기는 다른 세포들로 신호를 보내고 수상돌기는 신호를 받는다.
- 뉴런들은 반응률의 형태로 신호를 부호화한다. 이 세포들은 특정 상황하에서만 반응한다(다른 곳으로부터 오는 입력정보들에 의해 결정됨).
- 뉴런들은 회백질(세포체)과 백질(축색돌기와 다른 세포들)이라는 서로 구분되는 물질들을 형성한다.
- 피질하부에 위치한 또다른 회백질 덩어리는 기저핵(운동을 조절하는 기능 담당), 변연계(감정과 기억 기능 담당), 간뇌(시상은 감각중계소이며 시상하부는 항상성 조절 기능에 관여함)를 포함한다.

논술 문제

- 뉴런들은 어떻게 서로 소통하는가?
- 뉴런들에 의해 생성되는 전기적 · 화학적 신호들을 설명하라.
- 전뇌, 중뇌, 후뇌가 담당하는 기능을 비교하고 대조하라.

더 읽을거리

- Bear, M. F., Connors, B. W., & Paradiso, M. A. (2006). *Neuroscience : Exploring the brain* (3rd edition). Baltimore, MA : Lippincott Williams & Wilkins. 신경과학의 모든 측면을 다룬 상세한 책. 신경과학을 깊이 있게 공부하고자 하는 학생들에게 한하여 추천. 일반적인 심리학과 학생들이 필요한 수준을 능가함
- Crossman, A. R. & Neary, D. (2010). *Neuroanatomy : An illustrated colour text* (4th edition). Edinburgh : Harcourt Publishers. 너무 상세하지 않으면서 명쾌한 가이드북
- Pinel, J. P. J. & Edwards, M. (2007). *A colorful introduction to the anatomy of the human brain : A brain and psychology coloring book* (2nd edition). New York : Pearson. 뇌 해부학을 능동적으로 배울 수 있는 좋은 방법을 제공

제3장

전기생리학적 뇌

이 장의 내용

신경 표상들의 탐색 : 단일세포 측정법

EEG와 ERP

전기생리학과 인지심리학에서 심적 시간측정법

MEG

요약 및 핵심 정리

논술 문제

더 읽을거리

'**저**기 바깥'에 있는 세상이 어떻게 '여기 안'에서 작동하는 한 묶음의 뉴런들에 의해서 지각되고 이해되고 행위의 대상이 될 수 있을까? 제2장에서는 뉴런의 반응 빈도(활동전위의 수 혹은 '발화 수')가 그 뉴런의 정보가를 반영하는 연속변인이라는 사실을 포함하여 뉴런의 몇몇 기본적인 특성을 소개하였다. 몇몇 뉴런들은 어떤 동물이 물체를 볼 때 반응하고, 소리를 들을 때는 반응하지 않을 수 있다. 다른 뉴런들은 소리를 들을 때는 반응하고, 물체를 볼 때는 반응하지 않을 수 있고, 또 다른 뉴런들은 어떤 소리와 물체가 동시에 존재할 때 반응할 수 있다. 이와 같이 '저기 바깥'에 있는 세상에 대한 어떤 감각은 '여기 안'의 시스템의 특성들에 의해 반영된다는 의미가 된다. 인지적 신경 시스템들은 때로 세상에 대한 **표상**(representation)을 만들어낸다고 한다. 표상은 세상의 물리적 특성(예 : 소리, 색상)만을 고려하는 것이 아니라 보다 추상적인 형태의 지식과도 관련이 있다(예 : 다른 사람들의 신념에 대한 지식, 사실적 지식).

인지심리학자들은 얼굴 처리에 대한 정보처리 모형을 언급하면서, 소위 당신의 할머니에 대한 심적 표상(mental representation)을 지칭하기도 한다. 그러나 심적 표상을 신경적 표상(neural representation)과 구분하는 것은 중요하다. 어떤 가설적인 심적 표상과 단일 뉴런들의 반응 특성 사이에는 일대일 대응 관계가 있는 것처럼 보이지 않는다. 문자

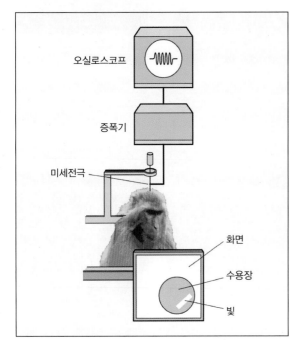

그림 3.1 단일세포 측정을 위한 실험장치의 일반적인 모습

(이미지 라벨) 오실로스코프 / 증폭기 / 미세전극 / 화면 / 수용장 / 빛

그대로든 비유적으로든 외부 세계는 머릿속에 복사된 채로 있다고 보는 것은 옳지 않다. 그보다는 뉴런(또는 뇌 영역)의 반응 특성이 실제 세상의 어떤 특성과 관계가 있다고 보는 것이 나을 것이다. 따라서 어떤 심적 표상과 어떤 한 뉴런의 관계가 그리 단순 명료하지는 않다. **단일세포 측정법**(single-cell recording)과 같은 전기생리학적 방법은 신경적 표상과 관련된 질문을 탐구하기 위해 사용되어 왔는데, 이것을 이 장에서 처음으로 다룰 것이다.

이 장에서 다룰 다른 하나의 전기생리학적 방법은 **뇌전도**(electroencephalography, EEG)이다. 이것은 두피 위에 여러 곳에 부착시킨 전극들을 통해서 측정한 뇌에서 생성된 전기신호들을 기반으로 한다. 전기신호의 변화는 순식간에 두피로 전도되므로 이 방법은 어떤 신경 활동이나 인지적 사건의 상대적인 시점(timing)을 측정하는 데 매우 유용하다. 사건관련전위(event-related potential, ERP)는 두피 전압의 변화량을 특정 인지적 사건(예 : 자극과 반응)에 관련시키는 방법이다. EEG는 시간해상도가 좋기 때문에, EEG 신호의 변화율을 인지 처리에 연결시키는 것도 점차 대중적인 연구 방법이 되고 있다.

ERP 측정법은 인지심리학의 주된 연구 방법인 **반응시간**(reaction time) 측정법과 유사한 점이 많다. 기억해야 할 것은 어떤 과제를 수행하는 데 걸리는 절대적인 시간 그 자체가 인지심리학에서 일반적으로 흥미로운 대상은 아니라는 것이다. 어떤 이가 'HOUSE'라는 단어를 500ms(ms＝밀리세컨드) 안에 읽을 수 있다는 것은 거의 이론적으로 관심거리가 아니다. 그러나 상대적인 시간 차이는 인지 시스템에 대한 추론에 사용될 수도 있다. 예를 들어, 대문자와 소문자를 혼합하여 쓴 'HoUsE'를 읽을 때 속도가 느려진다면, 아마도 시각적 단어에 대한 심적 표상은 활자체에 특화되어 있다고 추론할 수 있다(예 : Mayall et al., 1997). 'HOUSE'에 비해 'HoUsE'에 대한 추가적인 처리시간은 아마도 이 표상을 보다 표준적인 표상으로 바꾸는 데 필요한 시간일 수 있다. 인지신경과학의 다른 방법들은 시간보다 다른 측면에 민감하다. 예를 들어, 기능적 영상 방법들(fMRI와 같은)은 시간해상도보다 공간해상도가 높다(제4장 참조). 뇌 손상 연구법은 반응시간보다 오류율을 측정하는 것에 의존한다(제5장 참조). 경두개자기자극술(TMS)과 같은 방법은 공간·시간 해상도 모두 좋다(제5장 참조). 이 모든 방법은 "어떻게 인지적 처리가 뇌에서 일어나는가?"에 대한 질문으로 수렴된다는 것을 강조하고 싶다. 어떤 방법은 시간적 차이에 민감하고, 어떤 방법은 공간적인 차이에 민감하다는 것이 그 방법들이 우리에게 언제 그리고 어디서 뇌 활동이 있었다는 정보만 주는 것은 아니다. '언제'와 '어디서'는 자료를 형성할 뿐이고, 그 자료를 설명하는 '어떻게'는 바로 이론이 된다.

신경 표상들의 탐색 : 단일세포 측정법

어떻게 단일세포 측정을 얻는가

인지 과정을 구성하는 기초 단위에 대한 추론은 어떤 과제의 변화 혹은 어떤 자극의 변화에 대한 어떤 뉴런의 반응성의 변화를 측정함으로써 가능해졌다. 뉴런의 활동전위는 단일세포(그리고 다중 단위) 측정법을 통해 직접적으로 측정된다. 단일세포 측정은 아주 작은 전극을 뉴런 그 자체(세포 내 기록), 또는 세포막 바깥(세포 외 기록)에 삽입한 다음 제시하는 자극(예 : 얼굴)에 대한 반응으로 활동전위가 발생되는 횟수(초당 발화수)를 세는 방법으로 획득된다. 이것은 침습적(invasive) 방법이다. 따라서 이 방법은 일반적으로 실험용 동물들에 한해서 진행된다. 전극은 전신마취 후에 삽입되므로, 기록 자체가 동물에게 고통을 주는 것은 아니다. 세포 외 기록은 척추동물의 뇌를 대상으로 하는 경우 일반적인데, 그 이유는 뉴런의 크기가 무척 작기 때문이다. 이 방법은 간헐적으로 뇌 수술 중인 사람을 대상으로 진행되기도 한다(Engel et al., 2005 참조). 단일 뉴런의 활동전위를 비침습적으로(즉 두피로부터) 측정하는 것은 그 신호가 너무 약하고 다른 뉴런들로부터의 잡음이 무척 많기 때문에 거의 불가능하다.

하나의 전극은 주변의 여러 뉴런의 활동을 수집할 수 있는데, 이런 방법으로 사용될 때 이를 다중세포(다중 단위) 측정법(multi-cell recording)이라 한다. 이렇게 수집된 신호는 특별한 알고리즘을 적용하여 혼합된 신호를 다른 뉴런들의 개별적인 신호로 분리할 수도 있다. 이제 기술의 발전으로 다전극 배열을 통해 100개의 뉴런으로부터 동시에 활동전위를 측정하는 것이 가능해졌다.

분산된 코딩 대 성긴 코딩

허블과 비젤(Hubel & Wiesel, 1959)은 초기 시각피질 영역에 대한 선구적인 연구를 진행하였다(자세한 논의는 제6장 참조). 그들은 가장 기초적인 시각 요소들(예 : 밝고 어두운 작은 조각)로부터 보다 복잡한 요소(예 : 선분과 모서리)가 구성되고, 그것들은 다시 더 복잡한 요소(예 : 형태)로 구성된다고 하면서, 시지각이 위계적으로 이루어진다고 주장하였다. 그러나 이 위계의 최상위는 무엇인가? 어떤 특정 자극에만 반응하는 뉴런이 있을까? 예를 들어, 어떤 사람의 할머니에만 반응하는 이론적인 뉴런을 할머니 세포(grandmother cell)라고 한다(Bowers, 2009). 이 뉴런은 할머니의 모습뿐만 아니라 목소리에도 반응하고 생각만 해도 반응할 것이라는 점에서 원래 다중감각적일 것이라 상정하였다. 하지만 요즘에는 일반적으로 그녀의 모습(어떤 각도에서든)에 반응하는 세포를 말한다.

롤스와 데코(Rolls & Deco, 2002)는 신경 수준에서 세 가지 다른 종류의 표상을 구분하였다.

1. 국소 표상(local representation) : 어떤 자극/사건에 대한 모든 정보가 하나의 뉴런에 의해 전달되는 것(할머니 세포처럼)
2. 완전 분산 표상(fully distributed representation) : 어떤 자극/사건에 대한 모든 정보가 주어진 집단의 모든 뉴런에 의해 전달되는 것
3. 성긴 분산 표상(sparse distributed representation) : 어떤 자극/사건에 대한 정보가 작은 비율의 뉴런에 의해 분산적으로 표상되는 것

몇몇 연구들이 이 이론들을 구분해보려 하였다. 베일리스 등(Bayliss et al., 1985)은 원숭이의 측두엽에 있는 뉴런이 몇 가지 다른 종류의 얼굴(5개의 얼굴 중)에 다른 정도로 반응하는 것을 발견하였다. 유사한 결과들이 훨씬 많은 세트의 얼굴을 가지고 한 원숭이 연구(Rolls & Tovee, 1995)와 뇌전증으로 인해 뇌 수술 중인 사람을 대상으로 한 연구에서도 발견되었다(Quiroga et al., 2005). 그 뉴런들은 같은 범주에 포함되는 몇 가지 다른 자극에 일반적으로 반응하였다(예 : 물체에는 반응하지 않으나, 몇몇 얼굴에 반응). 이것은 할머니 세포의 엄격한 정의와는 일치하지 않는다. 하지만 놀라울 정도의 특수성이 있었다. 사람을 대상으로 한 연구에서 키로가 등(2005)은 전통적으로 지각보다는 기억과 관계된 영역(즉 내측 측두엽)에 있는 뉴런들의 반응을 측정하였다. 그들은 어떤 뉴런들이 제니퍼 애니스톤 또는 할리 베리와 같은 연예인의 얼굴에 최대로 반응하는 것을 발견하였고, 이것은 사용된 특정 사진이나 입고 있는 옷 등에는 관계없이 나타났다. 그 '할리 베리 뉴런'은 단지 그녀의 이름만 보여줘도 반응하였고, 캣우먼 복장을 하였을 때도 반응하였지만, 같은 캣우먼 복장을 한 다른 연예인에 대해서는 반응하지 않았다. 그러나 무한한 수의 자극을 사용하지 않는 이상 이 뉴런이 오로지 할리 베리에만 반응한다고 결론짓는 것은 불가능하다. 이러한 연구들은 개인의 정체성에 대한 완전 분산 표상 입장에 반하며, 시각적 정보처리 위계의 마지막 단계에서는 '성긴' 부호화가 일어난다는 입장과 보다 일치한다.

어떤 뉴런들은 얼굴 정체성보다 어떤 자극의 다른 특성들을 부호화한다. 예를 들어, 짧은꼬리원숭이의 상측두열(superior temporal sulcus, STS)에 있는 어떤 특별한 뉴런의 반응 패턴을 고려해보자(Perrett et al., 1992). 얼굴의 네 가지 다른 모습을 보여줬을 때

그림 3.2 우리 뇌에는 우리 할머니처럼, 단 하나의 자극에 반응하는 단일 뉴런이 존재할까? 이러한 가설적인 세포들을 '할머니 세포'라고 부른다.

이 뉴런의 활동을 얼굴을 보여주지 않았을 때의 간헐적인 활성화와 비교하였다. 이 뉴런은 두 눈을 내리깔거나 머리를 숙여 시선을 아래로 한 경우에 모두 강하게 반응하였으나, 눈을 치켜뜨거나 정면을 보는 경우에는 반응하지 않았다. 이 예에서 강한 반응을 일으킨 두 자극(머리를 아래로 숙인 자극과 눈만 아래로 한 정면 얼굴)은 개념적으로 관련되어 있을지 몰라도, 물리적으로 전혀 유사하지 않다. 시선 방향을 부호화하는 것은 사회적 단서들을 해석하는 데 관여하는 인지적 처리에 중요할 수 있으며(많은 생물학적 종에서 눈 마주침은 일종의 위협으로 지각됨), 주의와 행동 체계를 바꾸는 데도 중요할 수 있다. 주의를 받아야만 하는 뭔가 흥미로운 것이 아래에 있을 수도 있다.

앞에서 언급한 연구들은 어떤 주어진 자극/사건이 신경 발화 비율의 증가와 관계된다는 점에서 뉴런들의 정보 **발화율 부호화**(rate coding)로 모두 분류될 수 있다. 뉴런들이 자극/사건에 대한 정보를 표상하는 또 다른 방법은 **시간적 부호화**(temporal coding)인데, 이것은 다른 뉴런들의 발화의 높은 **동조**(synchronization)와 관계가 있다. 엥겔 등(Engel et al., 1991)은 일차시각피질에 있는 뉴런들로부터 다중세포 측정치를 얻었다. 이 영역은 망막상 이미지의 공간적인 지도를 포함한다(제6장 참조). 만약 두 영역이 하나의 불빛 막대에 의해 자극되면, 두 영역의 신경발화는 동조화된다. 그러나 두 영역이 서로 다른 2개의 불빛 막대에 의해 자극되면, 두 영역의 발화는 증가되었지만 동조화되

핵심 용어

발화율 부호화 어떤 뉴런이 전달하는 정보의 내용이 초당 활동전위의 수(즉 발화율)에 관계된 경우, 그 정보를 발화 비율로서 부호화했다고 할 수 있음

시간적 부호화 일정 집단의 뉴런들이 같은 자극이나 사건을 부호화에 사용할 수 있는 발화시간의 동조화

그림 3.3 4개의 뉴런(a, b, c, d)은 다른 얼굴(A~E)에 반응하지만, 다른 사물(F~J)에는 반응하지 않는다. 이것들은 일반적으로 몇 가지 얼굴에 대해 반응하지만 특정 얼굴에 보다 선택적인 반응을 보인다.

출처 : Reprinted from Bayliss et al., 1985. ⓒ 1985, with permission from Elsevier.

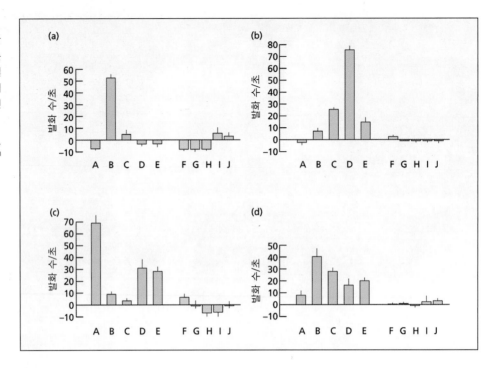

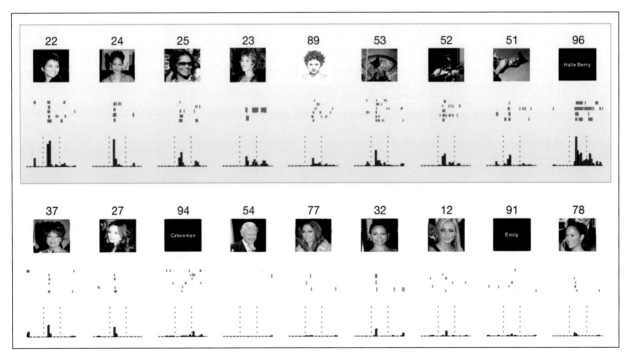

그림 3.4 사람의 내측 측두엽에서 기록한 이 뉴런은 다른 비교 자극들(아래 패널)보다 할리 베리(위 패널)에 반응한다. 이 뉴런의 반응은 두 가지 방식으로 묘사되었다. 점 도표(파란색)는 이 뉴런이 발화할 때마다 점을 찍어 시간에 따른 뉴런의 발화를 묘사한다(좌-우 수평적 방향). 각 가로 행은 그 자극에 대한 다른 측정을 의미한다. 히스토그램(빨간색)은 각 시점에서 그 뉴런이 발화한 횟수를 합산한 것이다.

출처 : Quiroga et al., 2005.

지 않은 것이다. 시간적 부호화는 공간적으로 분리된 뉴런들의 집단들 사이의 정보를 통합하기 위한 하나의 메커니즘일 수 있다.

평가

정보는 주어지는 자극 또는 사건에 대해 반응 비율로, 또 어떤 경우에는 발화의 동조로서 뉴런들에 의해 표상된다. 이것은 단일세포 측정법이나, 다중세포 측정법에 의해 실험적으로 측정될 수 있다. 정보를 표상하는 두 가지 방법은 여러 개 뉴런의 활성화가 어떤 하나의 자극(예 : 어떤 특정 얼굴)을 표상하는 데 요구된다는 성긴 분산 부호화(sparse distributed coding) 가설을 받아들일 때 가능하다. 부호화가 성

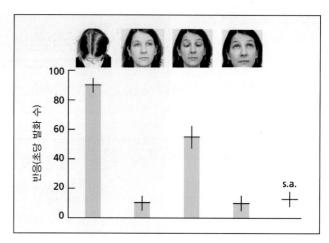

그림 3.5 이 뉴런은 아래쪽으로 응시할 때 반응한다. 이 그래프는 네 가지 얼굴이 제시되었을 때 이 뉴런의 활동(초당 발화 수)과 자극 없이 자발적 발화 수준을 보여준다.

출처 : Perrett et al., 1992.

기다는 것은 뇌로 하여금 기억 용량을 높게 하고, 에너지를 절약할 수 있게 할 것이다. 분산된 표상은 시냅스나 뉴런들의 손상으로 인한 정보의 손실을 막을 수 있을 것이다. 이것은 또한 인지 시스템으로 하여금 일반화와 범주화를 가능하게 할 것이다(예 : 어떤 새로운 자극이 저장된 표상과 유사하다면, 그 표상을 부분적으로 활성화시킬 것이다).

EEG와 ERP

이제 뇌전도(EEG)라 알려진 전기생리학적 방법의 기초 원리들을 살펴보도록 하자. 다음 단락에서는 현재 인지신경과학에서 EEG를 어떻게 사용하고 있는지를 알려줄 몇 가지 분명한 예를 보여줄 것이며, 인지심리학과 인지신경과학에서 사용되었던 다른 방법(주로 반응시간 측정법)과 비교할 것이다.

EEG는 어떻게 작동하는가

EEG의 생리학적 기초는 활동전위와 관련된 축색의 전류보다 후시냅스 수상돌기 전류에 기인한다(Nunez, 1981). 이는 제2장에서 각각 능동적 전류와 수동적 전류로 기술되었다. EEG는 뇌에 의해서 발생된 전기적 신호를 두피의 여러 지점들에 위치시킨 전극을 통해 기록한다. 이 절차는 비침습적이고 단지 측정만 하는 것이므로(자극을 주는 것이 아님), 방법적으로 완전히 무해하다. 두피에서 탐지될 수 있는 전기적 신호가 되기 위해서는, 그 기저에 있는 신경 발화와 관계하여 몇 가지 기본적인 요구 사항이 있다.

그림 3.6 EEG 실험에 참가하고 있는 실험 참가자

출처 : AJ Photo/HOP AMERICAN/Science Photo Library

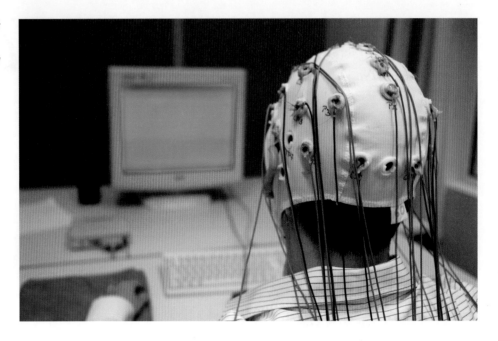

첫째, 충분히 큰 전기장을 형성할 만한 어떤 전체 집단의 뉴런들의 동조된 발화가 있어야 한다. 둘째, 이 집단의 뉴런들은 가지런히 옆으로 배열되어, 전기신호들은 서로 상쇄되지 않고 합해질 수 있어야 한다. 다행스럽게도 대뇌피질에 있는 뉴런들은 이런 식으로 배열되어 있다. 그러나 뇌의 모든 영역이 그렇다는 것은 아니다. 예를 들면, 시상에 있는 뉴런들의 방향은 이 측정법으로 그 활동을 볼 수 없다.

EEG 측정치를 얻기 위해서는 최소 두 지점, 혹은 그보다 많은 지점의 전력(voltage)이 비교되어야 한다. 참조점은 종종 연구와 관련된 변인에 의해 상대적으로 영향을 받지 않는 곳에 정해진다. 가장 흔한 참조점은 귀 뒤의 유양돌기(mastoid)나 콧등이다. 다른 대안은 모든 전극의 평균값을 참조로 취하는 것이다. 실험용 전극들은 두피의 다양한 위치에 놓이는데, 그 위치는 제스퍼(Jasper, 1958)가 개발한 소위 10-20 시스템을 참고하여 기술된다. 전극은 위치에 따라 명명되며 [F=frontal(전두), P=parietal(두정), O=occipital(후두), T=temporal(측두), C=central(중심)], 좌우 반구 위치가 부과된다(홀수는 좌측, 짝수는 우측, 'z'는 가운데). 예를 들어, O_2 전극은 좌측 후두엽에 위치하고, F_z 전극은 전두엽의 중심선에 위치한다. 각 위치에서 측정된 활동이 그

그림 3.7 전형적인 EEG/ERP 실험에 사용되는 10-20 전극 시스템

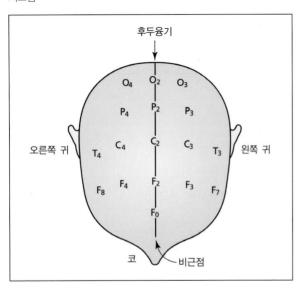

영역에 가까운 신경 활성화를 필수적으로 반영한다고 하기는 어렵다는 것을 명심해야 한다. 한 영역에서의 전기적 활동은 떨어진 다른 지점들에서도 탐지될 수 있다. 일반적으로 EEG/ERP는 신경 활동의 위치를 탐지하는 가장 좋은 방법은 아니다(보다 깊은 논의는 다음 내용 참조).

EEG 신호에서 리듬 파동

EEG 신호는 시간적으로 충분한 범위로 관찰될 때 어떤 파형 구조를 지닌다. EEG 신호는 그리스 알파벳 철자로 이름 붙인 다른 비율(주파수 대역으로 불림)로 진동하는 성격을 지닌다. 예를 들어 알파파는 7~14Hz 범위의 진동을 반영하며, 베타파는 15~30Hz, 감마파는 30Hz, 그 이상의 진동을 반영한다(기타 등등). 이러한 파동은 큰 그룹의 뉴런이 그들의 발화(활동전위들)나 보다 느린 수상돌기의 전위들(EEG의 기초를 이룸)과 관련하여 서로 시간적인 동조를 이루기 때문에 발생한다. 진동의 다른 비율들은 수면-각성 주기의 다른 국면들을 나타낸다는 것은 오래전부터 알려져 왔다(보다 자세한 것은 McCormick & Bal, 1997 참조).

최근 수십 년간, 다른 주파수 대역 진동들의 상대적인 양('파워')을 일반적인 각성 상태의 다른 종류의 인지 기능들에 연결시키는 시도들이 있어 왔다(Ward, 2003). 이 단락에서는 그 일반적인 원리를 묘사하기 위해 문헌들로부터 몇 가지 예만 제공하도록 하겠다. 예를 들어, 알파파의 증가는 증가된 주의(attention)로 연결되어 왔다. 보다 구체적으로, 그것은 관련 없는 정보들을 배제시키는 것과 연관이 있다. 만약 실험 참가자로 하여금 이후에 나타날 무관련 자극(소위 방해 자극)의 공간적 위치를 배제하라고 요청하면, 그 공간적 위치를 표상하는 전극 위치에서 알파파가 증가되는 것이 발견되었다(Worden et al., 2000). 알파파는 외부 시각 입력에 주의를 기울이지 말고, 내적으로 생성한 이미지에 주의를 기울일 때 또한 증가되었다(Cooper et al., 2003). '알파 밴드의 증가'는 뉴런들이 그들의 전기적 활동에서 특별하게 7~14Hz 범위에서 더욱 동조화되는 것을 의미한다. 아직 분명하지 않은 것은 다른 어떤 주파수 대역의 변화가 아닌 이 특별한 신경 부호화가 이런 종류의 인지적 기제에 연결되는가 하는 것이다.

대조적으로 감마파의 증가는 부분들의 전체로의 지각적 통합과 관련되어 왔다. 이러한 종류의 기제는 물체 지각(예 : 손잡이와 움푹 패인 실린더를 하나의 머그컵으로 인식하는 것)에서 중요하며, 이러한 일반적인 과정을 지각 체제화(binding) 또는 집단화(grouping)라 부른다. 로드리게즈 등(1999)은 실험 참가자들에게 얼굴(부분이 전체로 묶이면), 또는 의미 없는 시각적 패턴(분리된 부분들의 집합)으로 지각될 수 있는 모호한 시각 자극을 제시하였다. 그들은 증가된 감마파의 동조가 얼굴 지각과 관련된다는 것을 발견하였다(Rodriguez et al., 1999).

감마파와 델타파가 서로 다른 기능들과 연결된다 할지라도(다른 주파수 대역들과 마찬가지로), 특정 주파수 대역과 특정 인지 기능과 일대일 대응이 있을 것이라고 생각하기는 힘들다. 알파파, 감마파 등의 동조화(또는 탈동조화)는 넓은 범위의 인지 기능들과 연결되고, 뇌의 다른 영역들로부터 출현할 것이다. 그러나 이것은 인지를 구성하는 다른 기제들을 이해하는 범위 내에서 또 다른 하나의 도구로서 작용할 것이다. 무엇보다 중요한 것은 아마도 이것은 단지 뇌의 '활성화' 양(fMRI 자료의 일반적인 해석)보다 더 많은 것이 인지에 있다는 것을 알려주며, 뇌 활동의 동조화(높은 시간해상도를 가진 EEG로 측정 가능한)는 인지에서 중요한 역할을 한다는 것이다.

ERP

인지신경과학에서 가장 흔한 EEG의 사용은 신경 진동의 측정에 있지 않고, 사건관련전위 또는 ERP라고 알려진 방법에 있었다. EEG 파형은 뇌의 모든 부분들로부터 오는 신경 활동을 반영한다. 이 활동 중 어떤 것들은 현재 수행하는 과제(예 : 읽기, 듣기, 계산하기)와 특별히 관련이 있을 수 있지만, 대부분은 이 과제에 직접적인 기여하는 바가 없는 다른 뉴런들의 자발적인 활동과 관계된다. 따라서 EEG의 단일 시행의 잡음 대 신호비(signal-to-noise ratio)는 매우 낮다(어떤 사건에 대한 전기 반응으로서의 신호와 전기 활동의 배경 수준으로서의 잡음). 이 비율은 자극을 많이 반복적으로 제시하여(예 : 50~100회) 자극의 개시부터 상대적인 차이에 대한 평균을 냄으로써 높일 수 있다. 일반적으로 배경 진동(알파, 베타 등)은 사건의 개시와 동조화지 않음으로써, 이러한 변화들은 평균에서 축출된다. 결과는 x축에 시간을 1,000분의 1초 단위(ms)로 표시하고, y축에 전위를 마이크로볼트(microvolt) 단위로 표시한 그래프로서 제시된다. 이 그래프는 0μV(마이크로 볼트)를 중심으로 일련의 정적·부적 파형으로 이루어진다. 이러한 작업은 각각의 전극에 대하여 이루어지며, 각각은 조금씩 다른 프로파일을 가진다. 정적·

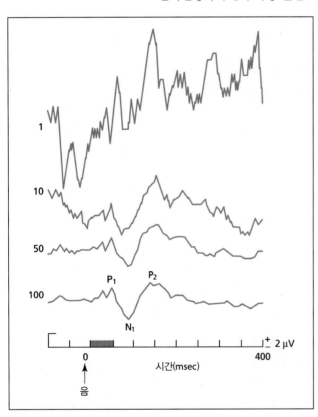

그림 3.8 어떤 자극(예 : 하나의 음)의 제시에 따른 여러 다른 EEG들을 평균할 때, 잡음 대 신호비가 높아지고, 보다 분명한 ERP가 관찰된다. 그림은 1개, 10개, 50개, 그리고 100개의 시행의 평균 신호를 보여준다.

출처 : Kolb and Whishaw, 2002. © 2002 by Worth Publishers. Used with permission.

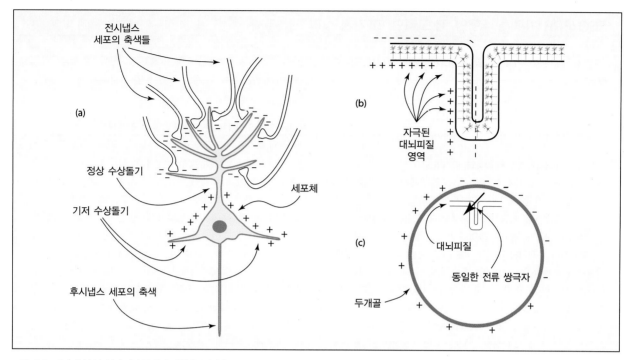

그림 3.9　(a) 흥분성 신경전달물질의 방출은 양이온들의 후시냅스 뉴런으로 흘러 들어가게 한다(그리고 세포 바깥 부분은 음극이 된다). (b) 이것은 하나의 쌍극자를 이루고, 이는 주변의 다른 뉴런들의 쌍극자(같은 방식으로 배열된)와 합산될 수 있다. (c) 이것은 양극과 음극의 전류 분포로서 두피로 전도된다. 주어진 전극 위치의 부적/정적 전위의 시간에 따른 변화가 ERP 신호의 신경적 기초이다.

출처 : Luck & Girelli, 1998.

부적 정점들은 'P' 또는 'N'과 해당하는 숫자를 붙여 이름을 붙인다. 따라서 P1, P2, P3는 첫 번째, 두 번째, 세 번째 정적 파형을 각각 지칭한다. 다른 방법으로 'P'와 'N' 다음 그 파형이 나온 대략적인 시간을 붙이기도 한다. 따라서 P300과 N400은 300ms에 나타난 정적인 파형과, 400ms 정도에 나타난 부적인 파형을 지칭한다(300번째의 정적인 파형과 400번째의 부적 파형이 아니다!).

어떤 정점이 정적이냐 부적이냐 하는 것(즉 극성)은 인지적인 용어로서 전혀 실질적인 의미를 지니지 않으므로, 정적 정점이 촉진을 나타내거나 부적 정점이 억제를 나타내지 않는다. 그 극성은 시각적으로 어떤 특별한 순간에 신호를 발생시키는 뉴런들의 공간적 배열에 의존한다. 흥분성 신경전달물질이 분비되었을 때, 양이온들은 수상돌기 안으로 침투하여 세포 외부에는 음이온이 많아져 부적 전압으로 남게 된다. 이것이 쌍극자(dipole)라는 것을 형성한다. 다른 영역의 다른 뉴런들의 쌍극자들은 합쳐져 두개골로 전도되며, 이것들이 ERP 파형의 정점과 바닥곡선을 형성한다. ERP 파형에서 중요한 것은 이러한 정점들이 나타나는 시간(timing)과 강도(amplitude)이다. 다음 단락에서 이

핵심 용어

쌍극자　양전하와 음전하를 띤 두 극이 약간의 거리를 두고 분리되어 있는 쌍

EEG/ERP 연구를 수행할 때 고려할 몇 가지 실질적인 문제

ERP 실험을 수행하거나 보고할 때 필요한 지침은 어디서 찾을 수 있는가?

픽턴(Picton et al., 2000)은 이 분야의 선도적인 11개의 연구실 합의를 바탕으로 자세한 지침을 제공하였다. 이것은 이 분야의 모든 초보 연구자들에게 추천하는 읽을거리이다.

어떤 행동 측정치가 반드시 획득되어야 하는가?

거의 모든 ERP 실험에서, 실험 참가자들은 명시적인 행동 반응(예 : 버튼 누르기)을 요구하는 과제를 수행하도록 지시받는다. 그리고 이 행동 반응은 독립적으로 분석될 수 있다(예 : 반응시간, 또는 오류율). 한 가지 예외는 주의를 받지 않은 자극(예 : 무시된 자극, 역치 이하로 제시된 자극)에 대한 ERP 반응이다. ERP 실험에서 음성 발화 반응(예 : 그림 명명)을 기록하는 것은 불가능하다. 왜냐하면 턱의 운동이 EEG 신호를 교란시키기 때문이다. ERP 연구를 진행할 때 처음 가설에 관심 있는 ERP 요인에 제약을 두는 것(예 : 이 실험적 조작은 P300 요인의 지연시간에 영향을 줄 것이다)이 불특정적인 ERP의 변화를 예측하는 것(예 : 실험적 조작은 어떻게든 ERP에 영향을 줄 것이다)보다 중요하다. 전형적인 ERP 실험에서 생성되는 자료들은 무척 방대해서, 이론적으로 타당하지 않고 반복에 의한 신뢰성도 없는 어떤 '유의한' 결과를 우연히 발견할 확률이 높기 때문이다.

눈 움직임에 의한 간섭은 어떻게 없앨 수 있는가?

두피에서 측정되는 전기적인 신호가 모두 신경적인 처리를 반영하는 것은 아니다. 간섭을 일으키는 중요한 원인 중 하나는 눈과 눈꺼풀의 움직임이다. 이러한 움직임들은 EEG 신호에서 중요한 요인들과 같은 주파수로 나타나기도 한다. 이러한 효과를 제거하거나 감소시킬 수 있는 여러 가지 방법이 있다. 한 가지 방법은 실험 참가자로 하여금 실험 진행 중에 특정 시간에 눈을 깜빡이거나, 깜빡이지 않게 통제하는 것이다(예 : 행동 반응을 한 후에 눈을 깜빡이게 지시하는 것). 이 방법의 문제점은 실험 참가자로 하여금 부수적인 과제(눈을 움직이지 않는 과제)를 요구하기 때문에 주된 과제 수행에 영향을 미칠 수도 있다는 것이다. 또 다른 방법으로써 눈 움직임이 일어난 시행들을 버리거나, 필터를 사용하여 눈 움직임에 대한 효과를 제거할 수도 있다(Luck, 2005).

부분을 살펴보자.

전기생리학과 인지심리학에서 심적 시간측정법

심적 시간측정법(mental chronometry)은 인간의 신경계에서 정보가 처리되는 시간의 흐름에 대한 연구로 정의될 수 있다(Posner, 1978). 기본적인 아이디어는 정보처리의 본질 혹은 효율성의 변화가 어떤 과제를 완료하는 데 걸리는 시간으로 나타난다는 것이다. 예를 들어, 실험 참가자들이 4+2=6이라는 것을 확인하는 것이 4+3=7이라는 것을 확인하는 것보다 빠르고, 이는 또 4+4=8임을 확인하는 것보다 빠르다고 한다면(Parkman & Groen, 1971), 여기서 결론지을 수 있는 것은 무엇일까? 먼저 이것은 수학적 합산이 하나의 사실로서 단순히 저장되어 있는 것이 아니라는 것이다. 만약 그렇게 저장되는 것이라면, 모든 진술이 동일하게 참이므로 모든 조건의 반응시간은 같을 것으로 기대된다. 그게 아니라면 큰 수를 합산하는 것은 정보처리의 효율성에 보다 많은 부담을 준다는 가정과 함께, 그 과제는 수리적인 크기를 부호화하는 단계와 관련되어 있다는 것을 나타낸다(더 느린 확인 시간으로 나타난 것처럼). 이것은 시간 측정치들로부

핵심 용어

심적 시간측정법 인간의 신경계에서 정보처리 시간의 흐름에 대한 연구

터 인지 과정들의 속성에 대한 추론이 가능하다는 것을 보여주는 예를 제공한다.

수의 합을 확인하는 것과 같은 과제는 숫자들의 시각적 재인, 합 계산, 그리고 반응 생성과 같은 일련의 단계들로 이루어진다. 반응시간 측정치는 이 모든 단계들의 최종 결과물이다. 스턴버그(Sterberg, 1969)는 반응시간을 몇 가지 다른 단계들로 나눌 수 있는 가산요인법(additive factors method)이라 불리는 일반적 방법을 발선시켰다. 그의 실험은 실험 참가자들이 주어진 1개, 2개, 또는 4개의 숫자(예 : 5, 9, 3, 2)를 머릿속에 파지하는 작업기억 과제로 구성되었다. 그리고 나서 하나의 탐침 숫자(예 : 9)를 보여주고 이것이 앞서 제시한 숫자 목록에 있었는지를 두 가지의 버튼('예', '아니요'로 이름 붙여진) 중 하나를 누르도록 지시하였다. 스턴버그는 이 과제가 다음과 같이 분리할 수 있는 여러 단계로 나누어질 수 있다고 제안하였다.

1. 탐침 숫자를 부호화하기
2. 그 탐침 숫자를 기억 속에 파지하고 있는 항목들과 비교하기
3. 어떤 반응을 할 것인지 결정하기
4. 버튼 누르기를 실행함으로써 반응하기

그는 더 나아가 각각의 단계가 이 과제에 영향을 미치는 다른 요인에 의해 독립적으로 영향을 받을 수 있다고 주장하였다. 예를 들면 부호화 단계는 탐침 숫자의 지각용이성(예 : 어떤 패턴이 있는 바탕에 탐침 숫자를 제시하기)에 의해 영향을 받을 것이다. 비교하기 단계는 비교해야 할 항목들의 개수에 영향을 받을 수 있다(항목의 개수가 많을수록 과제 수행은 느려질 것임). 그는 다른 요인들이 다른 처리 단계에 영향을 준다면 그 효과들은 분명히 최종 반응시간에 가산적인 효과를 가져올 것이라고 생각하였고, 반면

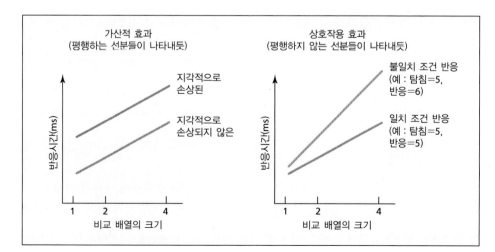

그림 3.10 스턴버그의 가산요인법은 다음과 같은 가정에 바탕을 두고 있다. 만약 두 변인이 다른 처리 단계에 영향을 준다면, 전체 반응시간에 가산적인 효과를 가져야 하지만(왼쪽), 두 변인이 같은 처리 단계에 영향을 준다면, 상호작용 효과를 가져야 한다(오른쪽). 이 경우 과제는 어떤 탐침 숫자(예 : 5)가 마음속에 파지하고 있는 1, 2 또는 4개의 숫자 배열과 비교하는 과정을 포함한다.

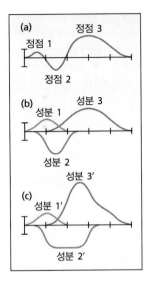

그림 3.11 (a) 그래프는 관찰된 ERP 파형을 보여준다. (b)와 (c)는 나타날 수 있는 감춰진 구성성분들의 다른 조합을 보여준다. 이것은 ERP 구성성분들과 내재된 인지적/신경적 구성성분의 활동이 일대일 대응 관계에 있지 않다는 것을 나타낸다.

출처 : Luck, 2005. ⓒ 2004 Massachusetts Institute of Technology by permission of the MIT Press.

에 그 요인들이 같은 처리 단계에 영향을 미친다면 상호작용 효과를 가져올 것이라고 추측하였다. 이 방법은 무척 강력한데, 예를 들어 어떤 연구자가 잘 알려지지 않은 어떤 요인(예 : 수면 박탈, 파킨슨병, 읽기 능력)을 고려할 때, 이 요인이 자극의 지각 용이성과 상호작용하는지(이 새로운 요인이 지각적 부호화 단계에 영향을 미침을 암시), 아니면 기억 항목의 숫자들과 상호작용하는지(비교 단계에 영향을 미친다는 것을 암시), 또는 두 단계 모두에 영향을 미치는지(그 요인이 다양한 수준에 영향을 미친다는 것 암시)를 판단할 수 있게 해준다.

가산요인법은 인지심리학 연구에 매우 큰 영향을 끼쳤다. 물론 그 방법의 가정들이 항상 지켜지는 것은 아니지만 말이다. 예를 들어, 그 모형에서 각 단계들은 엄격히 계열적이라고 가정하는데(즉 이전 단계들이 완전히 끝나기 전에 다음 단계는 시작되지 않음), 이 가정은 항상 유효한 것은 아니다.

이쯤에서 심적 시간측정 접근법이 어떻게 ERP 자료의 해석과 분석에 적용되는지를 고려해보자. 반응시간이 다른 단계들/성분들을 반영하는 단일 측정치인 반면에, ERP 파형은 시간에 따라 연속적으로 변화하는 일련의 정점(peaks)들과 골짜기들(thoughs)로 이루어진다. 이러한 정점들과 골짜기들은 인지 처리의 다른 단계들과 어느 정도 대응된다. 예를 들어, 앞서 언급한 과제에서 초기 정점들은 지각적 부호화를 반영하고, 후기 정점들은 비교 단계를 반영할 수 있다. 그리고 비교되는 항목들의 수와 관련하여 이러한 정점들의 강도가 어떻게 변화하는지 관찰할 수 있다. 어떤 새로운 변인(예 : 수면 박탈)이 초기 혹은 후기 정점들에게 영향을 미치는지 관찰할 수도 있다. ERP 신호의 다른 정점들과 골짜기들을 묶어 ERP 성분(ERP component)이라 부른다(Donchin, 1981). 하나의 ERP 성분과 어떤 과제의 인지적 성분을 단순하게 연결하는 것은 바람직하지 않다. 예를 들어, 하나의 인지적 성분이 공간적으로 분리된 여러 신경세포 집단의 활동을 반영할 수 있으며(즉 하나의 인지적 성분이 여러 개의 ERP 성분에 영향을 미칠 수 있다), 여러 개의 인지적 성분들이 동시에 활성화되거나, 합쳐지거나, 또는 서로 효과가 상쇄되어 ERP 파형에는 단순하게 나타날 수도 있다(즉 여러 개의 인지적 성분들이 하나의 ERP에 영향을 줄 수 있다). 따라서 어떤 연구자들은 ERP 성분(component)이라는 용어보다 더욱 중립적인 ERP 변위(deflection)라는 용어를 사용하는 것을 선호하기도 한다.

ERP와 반응시간으로 얼굴 처리 과정 연구하기

이 장에서 이미 단일세포 측정법으로 측정한 얼굴의 신경학적 표상에 대해서 다루었다. ERP 연구들 또한 얼굴이 처리되는 방법을 조사하였다. 얼굴 처리의 전체 모형은 제6장에 논의되어 있지만, 현재 논의를 위해 몇 가지 기본적인 단계들을 고려해보자. 시작 단계는 얼굴 이미지에 대한 지각적 부호화(예 : 눈, 코, 입의 위치 파악)로 구성되고, 얼굴의 정체성(identity)이 계산되는 다음 단계로 연결된다. 이 단계는 그 지각적 부호를 알고 있는 얼굴들의 저장소에 연결시켜, 얼굴을 보는 조건들(예 : 밝기, 보는 각)과 상관없는 어떤 얼굴을 표상하게 된다고 가정한다(이것을 위해 꼭 할머니 세포를 상정할 필요는 없다. 왜냐하면 얼굴의 정체성은 한 집단의 뉴런들에 의해 계산될 수 있기 때문이다). 마지막으로 어떤 특정 양상에 얽매이지 않는(예 : 얼굴과 이름에 모두 반응) 그 사람의 정체성에 대한 표상이 있을 것이고, 이는 다른 종류의 지식(예 : 그 사람의 직업)의 인출을 가능하게 할 것이다.

단일세포 측정법의 결과와 마찬가지로 다른 종류의 시각적 물체들에 비해 얼굴 처리와 관련하여 상대적으로 선택적인 ERP 성분이 있다는 증거가 있다. N170(얼굴 제시 후 170ms 정도에 나타나는 부적 파형)이라 불리는 이 성분은 우측 후측두엽 부위의 전극들에서 가장 강한 신호를 낸다(Bentin et al., 1996). 이 성분은 그 얼굴이 유명한지 여부에 의해 영향을 받지 않았고(Bentin & Deouell, 2000), '웃고 있는' 만화 얼굴에 대해서도 나타났다(Sagiv & Bentin, 2001). 그러나 얼굴이 지각적으로 손상된다면 그 반응은 줄어든다(Schweinberger, 1996). 이와 달리 N250 성분은 친숙하지 않은 얼굴에 비해, 유명하거나 개인적으로 친숙한 얼굴에 대해 반응이 더욱 크고(Herzmann et al., 2004), 같은 사람의 다른 이미지를 제시해도 반응하였다(Schweinberger et al., 2002b). 이것은 이 성분이 특정 이미지보다 특정 얼굴의 특성들을 부호화한다는 것을 암시한다. 그 이후 정적으로 진행되는 성분들(300ms 이후부터 시작되는) 또한 특정 인물의 친숙성과 반복 여부에 민감하게 변화하였으나, 그 효과들은 얼굴뿐만 아니라 이름에도 일반화되었다(Schweinberger et al., 2002a).

ERP 파형의 다른 성분들과 다른 인지적 처리들 사

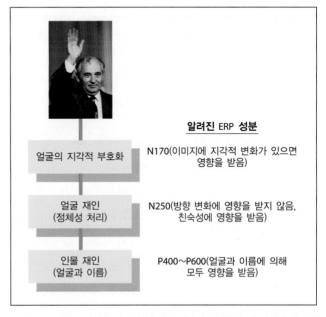

그림 3.12 얼굴 처리에 관계된 몇 가지 이론적 단계들과 각 단계에 관계된 것으로 알려진 EPR

출처 : Photo © Bernard Bisson and Thierry Orban/Sygma/Corbis.

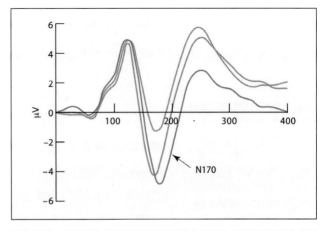

그림 3.13 N170은 인간의 얼굴(보라색)과 동물의 얼굴(파란색)에 대해 관찰되지만, 다른 물체들(초록색)에 대해 관찰되지 않는다.

출처 : Rousselet et al., 2004. With permission of ARVO.

그림 3.14 (a)에 있는 두 점처럼 나란히 사이가 떨어져 있는 기호는 N170을 산출하지 않지만, 만약 그것들이 얼굴 맥락(b)에서 먼저 제시되었다면 N170을 산출한다. 실험 참가자가 해야 하는 과제는 단지 꽃(c)을 헤아리는 것이었다. 따라서 얼굴과 '두 눈'은 과제와 상관없었다.

출처 : Bentin et al., 2002. Reprinted by permission of Blackwell Publishing.

이의 있을 법한 관계성을 파악함과 동시에, 얼굴 처리에 관한 여러 이론을 판가름할 때 이러한 전기생리학적 지표들을 사용하는 것도 가능하다. 인지심리학 저술에서 쟁점 중 하나는 연합 점화의 위치이다. **연합 점화**(associative priming)란 어떤 자극에 대한 반응시간이 그 자극과 유사한 의미를 지닌 자극이 선행될 때 빨라지는 사실을 말한다. 예를 들어, 미하일 고르바초프(구 소련연방의 마지막 대통령)의 얼굴이 유명한지 판단하는 것은 보리스 옐친의 얼굴이나, 또는 옐친의 이름이 제시된 직후에 그 자극(즉 고르바초프)이 나오면 빨라진다는 것이다(Young et al., 1988). 연합 점화가 이름과 얼굴 사이에서 발견된다는 사실은 그 효과가 처리 후반부에 발생한다는 것을 암시할 수 있다. 그러나 이 암시와 일치하지 않는 증거가 존재한다. 스턴버그(1969)의 방법을 사용했을 때, 연합 점화는 자극의 질적 저하(degradation)와 상호작용하였고(Bruce & Valentine, 1986), 어떤 얼굴이 얼마나 뚜렷이 구별되는지 여부와도 상호작용하였다(Rhodes & Tremewan, 1993). 이것은 연합 점화가 지각 수준에 위치해 있음을 암시할 수 있는데, 즉 고르바초프의 얼굴을 지각하는 것은 옐친의 지각적 얼굴 표상을 활성화시킨다는 것이다. 슈바인베르거(Schweinberger, 1996)는 얼굴과 이름 사이의 연합 점화의 위치를 결정짓기 위해 ERP를 사용하였다. ERP는 시간적으로 초기와 후기 시점들을 분리하여 측정하는 것을 가능하게 하기 때문에 이 질문에 적절한 대답을 줄 수 있었다. 그는 연합 점화의 위치가 지각 이후라는 주장과 보다 일치하는 결과를 얻었는데, 연합 점화는 ERP 파형에서 다소 후기 효과(300ms 이후)로 나타나는 것을 발견하였다. 이 예에서 슈바인베르거(1996)는 스턴버그 방법이 분리된 단계들을 가정하였기 때문에 잘못된 결론을 유도할 수 있다고 주장하였다.

내인성 그리고 외인성 ERP 성분

전통적으로 ERP 성분들은 두 가지 범주 중 하나에 속하는 것으로 분류되어 왔다. 외인성(exogenous) 성분은 자극의 물리적 특성(예 : 감각 양상, 크기, 강도)에 의존하여 나타나는 것이다. 이것들은 유발 전위(evoked potential)라고도 불린다. 반면 내인성(endogenous) 성분들은 과제 특성들(예 : 자극에 대해 실험 참가자가 수행하도록 요구받는 것)에 의존해서 나타난다. 이들은 때로 외부 자극이 없는 경우에도 발생할 수 있다(예 : 만약 어떤 기대한 자극이 나타나지 않을 때; Sutton et al., 1967). 외인성 성분은 내인성 성분보다 빨리 나타나는 경향이 있다.

비록 외인성-내인성 구분이 유용하지만, 그것이 진짜 범주적인 구분이라기보다는 하나의 차원으로 고려되어야 한다. 현재 얼굴 처리의 예와 관련하여, 수평적으로 배열된 2개의 반복된 기호(예: + +)를 보는 경우에 나타나는 ERP의 속성을 고려해보자. 전형적으로 이러한 기호들은 얼굴 처리에 관한 N170 반응을 유발하지 않을 것이다(Bentin et al., 2002). 그러나 만약 이러한 기호들이 이전에 어떤 얼굴 맥락에 포함되어 보여졌다면(눈과 같이), 이 기호 쌍은 N170 반응을 산출한다(Bentin et al., 2002). 이것은 내인성 성분인가? 아니면 외인성 성분인가? 정확히 구분하기 힘들다. N170은 일반적으로 지각적 처리의 표지(외인성 성분)로 고려되지만, 이 경우에는 주어진 해석 편향에 전적으로 의존한다고 할 수 있다.

핵심 용어

역문제 ERP 연구에서, 두피에서 획득한 측정치를 가지고 역으로 전기적인 활동의 근원의 위치를 결정하는 것의 어려움

쌍극자 모델링 여러 개의 전류원 쌍극자들(두피에서 측정한 신호에 기여하는 전기적인 활동이 일어나는 영역)을 가정함으로써 ERP 연구의 역문제를 해결하려는 시도

ERP의 공간해상도

지금까지의 논의는 인지의 시간적 측면에서 ERP의 중요성을 강조하였다. 이 방법의 공간해상도가 좋지 않은 이유는 소위 **역문제**(inverse problem)와 관련이 있다. 만약 주어진 과제를 수행하는 동안 두뇌의 전기적 활동의 세 가지 원천이 있고, 그 활동의 강도와 위치가 알려져 있다고 하면, 어느 정도의 거리를 가지면서 두피에서 관찰될 것으로 기대하는 전위를 계산할 수 있을 것이다. 그러나 이것은 일반적인 ERP 연구에서 마주치는 상황이 아니다. 그 반대이다. 어떤 ERP 연구에서, 두피에서의 전위는 알고 있다(왜냐하면 측정되었기 때문이다). 그러나 두뇌의 전기적 원천들의 숫자와 위치, 그리고 강도는 알려져 있지 않다. 수학적으로 이 문제의 해법은 무한개가 존재한다.

이 역문제를 풀려고 하는 가장 흔한 방법은 **쌍극자 모델링**(dipole modeling)이라는 절차이다. 이 방법은 관찰된 두피전위의 패턴을 발생시키는 데 얼마나 많은 뇌 영역들이 필수적인지에 대한 가정을 요구한다. 얼굴 처리에 의해 발생하는 N170과 N250에 대한 쌍극자 모델링 시도는 각각 방추상회(fusiform gyrus)와 후측 후두엽 영역에 원천의 위치가 있음을 밝혔다(Schweinberger et al., 2002b). 그러나 좋은 공간해상도 확보의 가장 흔한 방법은 fMRI(제4장 참조), 혹은 뇌자도(MEG)를 함께 사용하는 것이다(얼굴 처리에 관계된 유사한 fMRI 연구 결과는 Eger et al., 2004 참조).

평가

인지 처리의 시간적 과정을 조사하는 것은 인지심리학과 인지신경과학에서 매우 중요한 방법이다. ERP는 훌륭한 시간해상도를 갖고 있다. 이 방법은 반응시간 측정치보다 더 나은 이점을 갖고 있다. 이것은 시간에 따른 변화에 대해 (단일 시간 측정치라기보다)

왜 캐리커처(만화)는 재인하기 쉬울까?

얼굴 캐리커처는 일반적으로 우스꽝스럽게 생각되며 고의적인 조롱이나 선전을 위해 사용된다. 리처드 닉슨에 대한 좋지 않은 평판은 워터게이트 사건 시기에 증폭되었으며, 그것은 그 기간 동안 발행된 캐리커처에서 그의 코와 턱이 과장된 점에서도 나타난다(Rhodes, 1996 참조). 캐리커처의 역설은 얼굴이 지각적으로 잘못된 것임에도 불구하고, 순식간에 인식될 수 있다는 것이다. 사실상 사람들은 왜곡되지 않은 얼굴에 비해 캐리커처로 표현된 얼굴을 2배 정도 빠르게 인식할 수 있다(Rhode et al., 1987). 즉 실제 얼굴보다 캐리커처는 더 얼굴처럼 여겨진다는 것이다. 이는 얼굴이 처리되고 표상되는 방법에 대해 무엇을 알려주는가?

첫째, 캐리커처가 어떻게 제작되는지를 분명히 하는 것이 중요하다. 캐리커처는 어떤 개인의 특성을 과장한다. 이제 개인의 코 크기와 평균적인 코 크기를 비교해주는 컴퓨터 프로그램이 개발되어 있다. 만약 어떤 사람이 평균보다 큰 코를 가지고 있다면, 캐리커처에서는 보다 더 크게 묘사될 것이다. 평균보다 작다면 캐리커처에서는 더 작게 묘사될 것이다. 또한 어떤 얼굴을 보다 평균적으로 보이게끔 변형하는 것도 가능하며(소위 역캐리커처), 이런 경우 실제 얼굴이나 캐리커처 얼굴보다 더욱 매력적이라는 평가를 받기도 한다. 캐리커처의 효과에 대한 설명 중 하나는 얼굴에 대한 우리의 기억 표상이 그 자체로 캐리커처와 같다는 것이다. 즉 우리가 얼굴 그 자체를 있는 그대로 기억하는 것이 아니라 독특한 특징을 위주로 저장한다는 것이다. 그러나 이러한 설명은 무엇이 독특한 특징인지를 결정할 수 있는 '기준'이 되거나 원형적인 얼굴을 가지고 있다는 가정이 필수적이다. 또 다른 가설은 캐리커처의 독특함 그 자체가 재인을 돕는다는 것인데, 왜냐하면 그것은 경쟁의 대상이 되는 유사한 얼굴이 적기 때문이다(Valentine, 1991). 이 설명은 원형적인 얼굴의 존재나 캐리커처 그 자체에 대한 기억 표상의 존재를 필수적으로 가정하지 않는다. ERP를 사용한 연구는 이 관점과 일치

그림 3.15 이 캐리커처는 상당한 왜곡에도 불구하고 (오바마 대통령이라는 것을) 쉽게 재인할 수 있다. 우리는 때로 사실적인 묘사보다 캐리커처를 더 빨리 재인할 수 있다. 왜 그럴까?

한다. 친숙하지 않은 사람의 사진 캐리커처는 변형하지 않은 사진이나 역캐리커처에 비해 보다 높은 N170 파형을 산출하게 하였다(Kaufmann & Schweinberger, 2008). 이 파형은 일반적으로 얼굴 기억보다는 얼굴의 지각적 부호화와 관련되어 왔기 때문에, 그 효과는 얼굴이 기억에 표상되는 방식에 의해 나타난다기보다 지각적 독특성 때문일 것이라고 설명한다.

연속적인 측정치를 제공하고, 적어도 이론적으로 두뇌의 신경처리들에 쉽게 연결된다. 반응시간 측정치는 항상 명백한 행동 반응을 요구하는 반면, ERP는 주의를 받지 않은 자극(즉 반응하지 않아도 되는)과 관련된 전기생리학적 변화도 측정 가능하게 해준다.

MEG

전기적인 것들과 달리 두뇌에서 발생되는 자기(mag-netic)신호의 측정은 인지신경과학에서 훨씬 짧은 역사를 갖고 있으며, 여전히 걸음마 단계에 머물러 있다(개관을 위해서 Papanicolaou, 1995; Singh, 2006 참조). 두뇌에 의해 생성되는 것을 포함한 모든 전류들은 잠재적으로 측정 가능한 연관된 자기장을 갖고 있다. 그러나 이 자기장의 크기는 지구를 둘러싼 자기장에 비해 매우 작다. 그렇기 때문에 뇌자도(magnetoencephalography, MEG)의 개발은 지속 가능한 사업이 되기 위해서 적절한 기술적 진보를 기다려 왔다. 이 기술적 진보는 SQUIDs(Superconducting Quantum Interference Device)라는 이름의 초전도 장치라는 형태로 다가왔다. 전체 두뇌용 MEG는 200~300개의 이 장치로 구성된다. 이 장치를 사용하기 위해서는 액상 헬륨을 사용한 초냉방 시스템과 외부 자기를 차단할 수 있는 고립된 방이 필요하다. 따라서 MEG와 관련된 시설과 비용은 EEG에 요구되는 것보다 훨씬 많다. 그러나 EEG를 능가하는 MEG의 가장 큰 잠재적 이점은 훨씬 높은 공간해상도를 갖고 있다는 것이다.

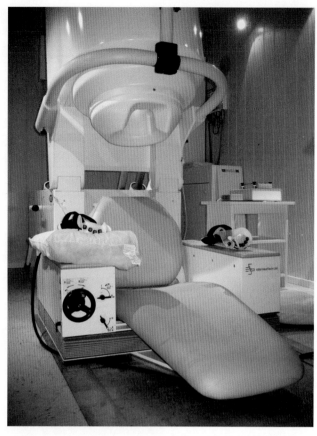

그림 3.16 MEG 스캐너. 이 굉장한 기계는 뇌의 전기적인 활동에 의해 생기는 자기장을 측정한다.

MEG	EEG/ERP
• 신호가 두개골, 뇌수막 등에 의해 영향을 받지 않음	• 신호가 두개골, 뇌수막 등에 의해 영향을 받음
• 깊은 영역의 쌍극자 탐지가 힘듦	• 깊고 얕은 영역의 쌍극자 모두 탐지
• 뇌구에서 활동에 보다 민감함	• 뇌구와 회의 활동에 모두 민감
• 1/1000초 단위의 시간해상도	• 1/1000초 단위의 시간해상도
• 강력한 공간해상도(2~3mm)	• 낮은 공간해상도
• 가격이 무척 높고 사용이 제한적임	• 가격이 낮고 쉽게 이용 가능함

핵심 용어

뇌자도(MEG) 두피에서 뇌에서 생성되는 자기장을 측정하는 비침습적 방법

요약 및 핵심 정리

- 두뇌의 전기장과 자기장을 생성시키는 신경 활동은 침습적으로(예 : 단일세포 측정법) 또는 비침습적으로 (예 : EEG) 측정할 수 있다.
- 단일세포 측정법을 사용한 연구들은 생성된 활동전위의 수를 측정하는 것을 기반으로 외부 자극에 대해 뉴런들의 반응의 특수성을 측정하여 신경세포들이 정보를 어떻게 부호화하는지에 대한 단초들을 제공한다.
- 뉴런들의 집단이 동기화되어 활동할 때, 두피에서 탐지될 수 있는 전기장(즉 EEG)을 발생시킨다. 이러한 많은 EEG들이 합산되고 어떤 자극(혹은 반응)의 개시시간에 연계되어 ERP가 획득된다.
- ERP 파형은 어떤 자극 처리에 관여하는 다른 모든 인지적 요소들의 전기적인 신호이다. 자극 또는 과제의 어떤 특징들을 체계적으로 변화시키는 것은 ERP 파형의 특징적인 요소를 체계적으로 변화시킬 수 있다. 이 것은 인지적 처리의 시간적 흐름과 독립적인 요소를 추론해낼 수 있게 한다.

논술 문제

- 두뇌는 어떻게 전기적인 신호를 발생시키는가? 그리고 이것들은 어떻게 전기생리학적인 기술에 의해 사용 되는가?
- 뉴런들이 어떻게 정보를 부호화하는가?
- ERP는 무엇인가? 그리고 이것을 인지 이론을 설명하는 데 어떻게 사용할 수 있는가?
- 얼굴들이 뇌에 의해 어떻게 표상되고 처리되는지에 대한 우리의 이해에 대해 전기생리학적인 연구들이 기여 한 것은 무엇인가?

더 읽을거리

- Dickter, C. L., & Kieffaber, P. D. (2014). *EEG methods for the psychological sciences*. London : Sage. ERPLAB의 사용과 주파수-기반 분석법 등 Luck의 책에서 빠진 몇몇 자료들을 포함하고 있음
- Luck, S. J. (2005). *An introduction to the event-related potential technique*. Cambridge, MA : MIT Press. 처음 EEG/ERP를 사용하여 연구를 수행하고자 할 때 보아야 할 책
- Senior, C., Russell, T., & Gazzaniga, M. S. (2006). *Methods in mind*. Cambridge, MA : MIT Press. 단일세 포 측정법, EEG와 MEG에 대한 챕터들을 포함하고 있음

제4장

영상화된 뇌

이 장의 내용

구조적 영상

기능적 영상

영상에서 인지 이론으로 : 실험 설계

기능적 영상 자료의 분석

기능적 영상 자료의 해석

기능적 영상 자료는 왜 뇌 손상 자료와 때때로 불일치하는가

두뇌 읽기 : '빅브라더'가 가까이 왔는가

요약 및 핵심 정리

논술 문제

더 읽을거리

만약 조지 오웰이 오늘날 1984를 집필하였다면 진리부에 MRI 기기를 들여놓았을까? 우리는 기능적 영상 기술을 통해 언젠가 다른 사람의 생각을 정말로 알 수 있게 될까? 이번 장은 특히 기능적 자기공명영상(fMRI)을 위주로 기능적 영상 방법의 원리를 살펴볼 것이다. 이 단원은 크게 세 부분으로 나뉘어 있다. 첫 번째 부분은 구조적·기능적 뇌 영상 기법의 원리, 특히 그 기저의 신경생리에 대한 내용을 다룰 것이다. 두 번째 부분은 획득한 뇌 영상 자료를 인지 이론과 연결지어 해석하는 것을 가능하게 하는 주요한 방법론적 요인을 다룰 것이다. 세 번째 부분은 활성화된 뇌 부위를 찾아내는 뇌 영상 분석 방법과 결과 해석 시 주의할 점에 대해 다룰 것이다. 마지막 부분에서는 기능적 뇌 영상이 조지 오웰의 책에서와 같은 마음을 읽는 도구로 사용될 수 있는지에 대한 물음으로 되돌아갈 것이다.

핵심 용어

구조적 영상 뇌의 서로 다른 종류의 조직들의 공간적 배열에 대한 측정치(주로 CT 나 MRI)

기능적 영상 인지 처리와 연합된 뇌의 일시적인 생리적 변화를 측정하며, 가장 보편적인 방법인 fMRI는 혈역동 측정에 기초함

구조적 영상

뇌 영상에 대해 이해하려면 먼저 **구조적 영상**(structural imaging)과 **기능적 영상**(functional imaging) 기법을 구별하는 것이 중요하다. 구조적 영상은 조직의 종류(예 : 두개골, 회백질, 백질, 뇌척수액)에 따라 물리적 특성이 다르다는 원리에 기초한다. 이러한 물리적 특성의 차이를 이용하여 뇌의 물리적 구조에 대한 자세한 정적(static) 지도를 만들 수 있다. 가장 흔히 사용되는 구조적 뇌 영상 기법은 컴퓨터 단층촬영(computerized tomography, CT)과 자기공명영상(MRI)이다. 기능적 뇌 영상은 신경 활동이 뇌의 특정 부위에 국소적인 생리적 변화를 일으킨다는 가정에 기초한다. 이 원리를 이용하여 인지 과제를 수행하는 동안 뇌 활동의 순간순간 변화에 대한 **역동적 지도**를 만들 수 있다.

컴퓨터 단층촬영

컴퓨터 단층촬영(CT)은 서로 다른 종류의 조직이 흡수한 X-선의 양에 따라 구성된다. 흡수되는 X-선의 양은 조직의 밀도와 관련된다. 뼈 조직이 흡수하는 X-선의 양이 가장 많고(따라서 두개골이 가장 밝게 보임), 뇌척수액이 흡수하는 X-선의 양이 가장 적으며(따라서 뇌실은 검게 보임), 뇌 조직은 그 중간 정도이다(따라서 회색으로 보임). 컴퓨터 단층촬영은 X-선을 사용하기 때문에, 촬영 시 소량의 방사능에 노출된다.

    컴퓨터 단층촬영은 예를 들어, 종양의 진단, 혹은 출혈이나 다른 거시적 뇌의 이상을 발견하기 위해 임상 장면에서 주로 사용된다. 컴퓨터 단층촬영은 MRI처럼 회백질과 백질을 구별하지 못하며, 기능적 영상의 목적으로는 사용할 수 없다.

자기공명영상

자기공명영상(MRI)은 20세기에 의학 분야에서 이루어진 가장 중요한 발명 중의 하나이다. 그 중요성을 인정받아 자기공명영상의 발명가인 피터 맨스필드(Peter Mansfield)와 폴 로터버(Paul Lauterbur)에게 2003년도에 노벨상이 수여되었다. 자기공명영상은 컴퓨터 단층촬영과 비교하여 다음과 같은 장점을 지닌다.

- 이온화 방사능을 사용하지 않기 때문에 인체에 무해하다(반복적 촬영 가능).
- 공간해상도가 월등히 높아 개별 회(gyrus) 간의 구별도 가능하다.
- 회백질과 백질 간의 구별이 더 명확하여 어떤 질병의 초기 진단을 가능하게 하고, 인지적 능력의 개인차와 관련된 뇌 구조의 일반적인 변산을 탐구하는 데 사용될 수 있다.
- 신경 활동과 관련한 혈중 산소포화도의 변화를 탐지하는 용도로 사용 가능하다는 의미에서 기능적 자기공명영상(fMRI)으로 명명된다.

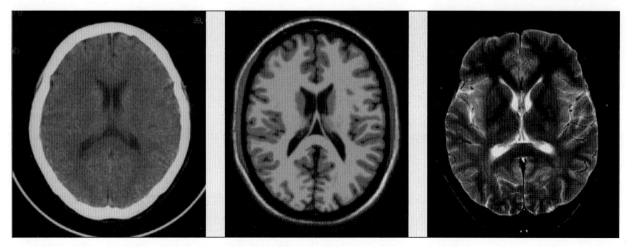

그림 4.1 CT(왼쪽), T1-가중 MRI 영상(가운데), T2-가중 MRI 영상(오른쪽)의 예. MRI 영상에서는 백질과 회백질을 구별할 수 있다. T1-가중 MRI 영상(구조적 영상에서 주로 사용)에서 회백질은 회색으로, 백질은 더 밝게 나타난다.

비물리학자를 위한 MRI 물리학

MRI는 X-선을 그대로 통과시키는 인체의 연한 조직에 대한 영상을 만드는 데 사용된다. 인체 조직은 대부분은 수분을 함유하고 있으며 조직의 종류에 따라 수분 함유량이 다르다. 조직의 종류에 따라 자극이 주어졌을 때 나타나는 반응이 다르며 이와 같은 성질을 이용하여 조직의 배열에 대한 3차원 영상을 구현할 수 있다(보다 자세한 설명은 Savoy, 2002 참조).

MRI 영상을 획득하기 위한 연쇄적 절차는 다음과 같다. 먼저, 영상을 얻고자 하는 신체 부위(예 : 뇌)에 강한 자기장을 가한다. 몸속의 물 분자가 지니는 단일 양성자(H_2O의 수소 원자)는 약한 자기장을 지닌다. [다른 원자와 핵들도 자기 모멘트(magnetic moment)를 지니지만, MRI에서는 물을 구성하는 수소 원자가 신호의 원천이 된다.] 원래는 이러한 자기장의 방향이 무선적이지만, 강한 외부 자기장이 가해지면 이들 중 일부가 이 강한 자기장의 방향대로 정렬된다. 자기공명영상을 찍는 동안 이 외부 자기장은 지속적으로 가해진다. 자기장의 강도는 테슬라(tesla, T)라고 불리는 단위로 측정한다. 흔히 사용하는 영상 기기는 1.5~3T의 자기장 강도를 지닌다. 참고로 지구의 자기장 강도는 대략 0.0001T이다.

양성자들이 외부 자기장에 정렬되어 있을 때, 그 방향성을 90도로 회전시키는 무선주파수 펄스(radio frequency pulse)를 짧게 발생시킨다. 이 자극에 의해 양성자들이 회전(precess)을 하게 되면서 자기장에 탐지 가능한 변화가 유발된다. 이 변화가 자기공명영상 신호의 근원이 된다. 양성자들은 시간이 지남에 따라 원래의 상태로 돌아가 외부 자

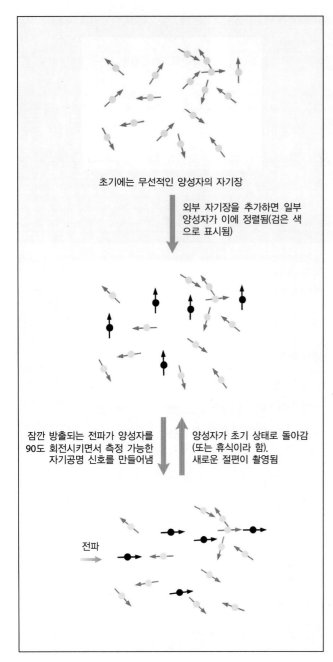

초기에는 무선적인 양성자의 자기장

외부 자기장을 추가하면 일부 양성자가 이에 정렬됨(검은 색으로 표시됨)

잠깐 방출되는 전파가 양성자를 90도 회전시키면서 측정 가능한 자기공명 신호를 만들어냄

양성자가 초기 상태로 돌아감 (또는 휴식이라 함). 새로운 절편이 촬영됨

전파

그림 4.2 MRI 영상의 획득 과정의 사건 연쇄

MR스캐너는 왜 이렇게 시끄러운가?

코일을 관통하여 흐르는 전류에 의해 아주 강한 자기장이 생성되는데, 이것이 빠른 속도로 켜지고 꺼지는 과정이 반복된다. 전류가 켜졌을 때, 그것은 갑작스럽게 코일을 아주 조금 확대시키고 이것이 쾅하는 큰 소음을 만들어낸다. 대부분 MR 스캐너는 100dB이 넘는 소음을 생성한다.

기장과 다시 정렬(relax)된다. 자기공명영상 기기는 뇌의 각 단층을 순서대로 자극하기 위해 이러한 전파발생 과정을 연쇄적으로 반복한다. 에코 평면(echo planar) 영상과 같은 새로운 영상 획득(acquisition) 기술이 발명됨에 따라 약 2초 만에 뇌 전체를 3mm 두께의 단층으로 나누어 촬영할 수 있게 되었다.

자기공명 신호를 구성하는 다른 성분들을 이용하여 다양한 종류의 영상을 만들어낼 수 있다. 무선주파수 펄스가 발생한 이후 양성자들이 외부 자기장에 재정렬되는 시간(T1 정렬 시간)의 차이를 이용하여 서로 다른 종류의 조직을 구별할 수 있다. 이러한 T1-가중(T1-weighted) 영상은 보통 뇌의 구조적 영상을 만드는 데 사용된다. T1-가중 영상에서는 회백질은 회색으로, 백질은 흰색으로 표현된다. 양성자들은 무선주파수 펄스에 의해 90도로 회전된 상태에서도 주변 분자들과의 상호작용으로 인해 자기공명 신호가 쇠퇴(decay)한다. 이를 T2 성분이라 부른다. 탈산화 헤모글로빈(deoxyhemoglobin)은 이 성분에 왜곡(distortion)을 유발하는데, 이는 기능적 자기공명영상 실험을 통해 구성되는 영상(T2* 영상이라 불림)의 근간이 된다.

기능적 영상

구조적 영상이 뇌의 영구적 특징을 측정하는 반면, 기능적 영상은 인지 처리의 변화와 연합된 뇌의 매 순간 변하는 특성을 측정하도록 고안되었다.

기능적 영상의 근간이 되는 기초생리학

뇌는 우리 몸이 받아들인 산소의 20%를 소비하는데, 뇌는 산소를 저장해두지 않으며 포도당도 거의 저장하지 않는다. 뇌가 필요로 하는 산소와 에너지의 대부분은 국소 혈류로부터 공급받는다. 뇌세포들의 대사 활동이 증가하면 이에 따른 수요를 충족하기 위해 그쪽으로 혈류 공급이 증가한다(단, Attwell & Iadecola, 2002 참조; 개관은 Raichle, 1987 참조). 양성자 방출 단층 영상과 같은 기술은 특정 뇌 영역으로의 혈류 변화를 직접적으로 측정하지만, 자기공명영상은 혈액 속의 산소 농도에 민감하다. 따라서 이 방법을 혈역동 방법(hemodynamic method)이라고도 한다.

뇌는 항상 생리적으로 활동 중이다. 뇌 세포들은 몇 분 이상 산소를 공급받지 못하면 죽는다. 이러한 사실은 기능적 영상 실험에서 생리적 지표를 신경 '활동'의 근간으로 사용하는 데 중요한 영향을 미친다. 인지를 이해하기 위한 목적으로, 피험자를 영상 기기 안에 눕히고 뇌의 어느 영역이 혈액을 공급받고 산소를 사용하고 있는지를 단순하게 관찰하는 것은 전혀 의미가 없다. 왜냐하면 모든 뉴런은 항상 혈액과 산소 공급을 필요로 하기 때문이다. 따라서 기능적 영상 연구자들이 특정 뇌 영역이 '활성화'되어 있다고 말하는 것은, 생리적 반응이 다른 조건과 비교할 때 특정 조건에서 상대적으로 더 강하다는 것을 의미한다. 모든 기능적 영상 연구에서 생리적 반응은 하나 이상의 기저 반응과 비교되어야 한다. 기저 과제가 실험 과제와 적절하게 맞추어지기 위해 올바른 실험 설계가 필요하며, 그렇지 못할 경우 실험 결과를 해석하기 매우 어려워진다.

또 한 가지 강조해야 할 점은, 혈역동적 방법에서는 뉴런의 활동을 직접적으로 측정하는 것이 아니라 신경 활동의 결과(필요를 충족하기 위한 혈류/산소의 변화)를 측정한다는 점이다. 이는 뉴런의 활동 그 자체에 의해 발생하는 전자기장을 측정하는 EEG나 MEG와 대조된다.

양성자 방출 단층촬영

양성자 방출 단층촬영(positron emission tomography, PET)은 사람들이 fMRI를 주된 영상 연구법으로 선택하면서 점차 fMRI로 대체되었다. 그러나 PET은 여전히 몇 가지 이점이 있다. 특정한 세부 경로들을 추적하기 위해 방사능표지 약물 조영제를 사용할 수

회백질과 백질의 촬영을 통해 해부학적 구조와 기능 연결하기

MRI를 이용하여 비침습적인 방식으로 백질과 회백질의 미세한 (mm 간격) 구조와 밀도를 분석하는 것이 가능해졌다. 이는 뇌 구조의 개인차가 인지 기능의 개인차와 어떻게 관계되는지에 대한 중요한 단서를 제공한다. 두 가지 중요한 방법으로 **부피소 기반 계측법**(voxel-based morphometry, VBM)과 **확산 텐서 영상**(diffusion tensor imaging, DTI) 기법이 있다.

부피소 기반 계측법(VBM)은 구조적 MRI가 회색질과 백질 간의 차이를 탐지할 수 있다는 점을 이용한다(Ashburner & Friston, 2000). VBM은 뇌를 수만 개의 mm^3 크기의 작은 영역(부피소라고 함)으로 나누고 각 부피소 안의 회색질과 백질의 밀도를 추정한다. 예를 들어 다음과 같은 질문들을 연구함으로써 개인 간 차이를 측정하는 것이 가능해진다. 제2외국어와 같은 새로운 능력을 습득하게 되면, 뇌의 특정 영역에서 회색질의 밀도가 증가할까? 또 다른 영역에서는 반대로 회색질의 밀도가 감소할까? 특정 유전적 변이가 뇌 발달에 어떻게 영향을 미칠까? 사회적 기술이 좋은 사람은 그렇지 못한 사람에 비해 어떠한 뇌 영역이 더 크거나 작을까? 카나이와 리스(Kanai & Rees, 2011)는 인지적 차이와 관련하여 이 연구법에 대한 개관을 제공하였다.

확산 텐서 영상(DTI)은 영역 간 백질의 연결성을 측정한다는 면에서 VBM과 구별된다(Le Bihan et al., 2001). (VBM은 백질의 연결성과는 무관하게 백질의 양만을 측정한다.) DTI는 세포의 축색 안의 물 분자가 특정 방향으로만 확산하는 원리를 이용하기 때문에 이러한 것이 가능하다. 물 분자들은 축색의 길이 방향을 따라 자유롭게 이동할 수 있으나, 지방질로 구성된 축색 막을 투과하여 밖으로 나가기 어렵다. 한 방향으로 뻗어나가는 여러 축색이 다발을 이룰 경우, MRI를 이용하여[분할 이등방성(fractional anisotropy, FA)이라는 측정치를 이용함] 이러한 효과를 측정할

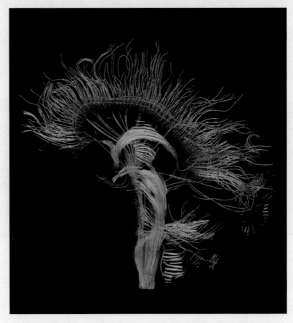

그림 4.3 사람 뇌에 대한 DTI 측정의 예. 뇌의 중심 평면을 지나가는 섬유들을 재구성한 그림

출처 : Image by Thomas Schultz from http://upload.wikimedia.org/wikipedia/commons/8/82/DTI-sagittal-fibers.jpg.

수 있다. DTI를 이용한 한 연구의 예로 벵트손 등(Bengftsson et al., 2005)은 피아노를 배우는 것이 특정 백질 섬유를 발달시킨다는 것을 발견하였다. 그러나 그 학습이 일어나는 시기가 아동기, 청소년기, 성인기인지에 따라 다른 섬유들이 발달한다.

핵심 용어

부피소 기반 계측법(VBM) 백질과 회백질의 농도 차이를 변별하고 측정하는 기법

확산 텐서 영상(DTI) MRI를 이용하여 뇌 영역 간 백질의 연결성을 측정

분할 이등방성(FA) 확산이 다른 어떤 방향보다 특정 방향으로 더 많이 이루어지는 정도에 대한 측정치

있고, fMRI에 비해 공기가 들어 있는 공간(예 : 비강이나 구강) 주변에서 신호 왜곡이 적다. 기능적 영상 연구들 중 많은 고전적 연구들이 이 방법을 사용하였으므로, 여기에 간단히 소개한다.

PET는 혈류로 주입하는 방사성 추적 물질(tracer)을 이용한다. 혈류량이 많은 영역일수록 그 곳에서 추적 물질로부터 방출되는 신호가 강하다. 가장 흔하게 사용되는 추적 물질은 액체 형태로 주입하는 산소-15, 포도당 형태로 주입하는 불소-18이다. 물론 다른 물질도 사용 가능하다. 예를 들어, 특정 신경 경로를 연구하거나 뇌에 작용하는 약물의 효과를 연구하기 위해 방사능을 띤 신경전달물질을 사용할 수 있다. 볼코프 등

(Volkow et al., 1997)은 예를 들어, 코카인과 유사한 성분의 추적 물질을 사용하여 코카인의 남용과 관계되는 다양한 증상(예 : 희열, 갈망, 초조함)이 서로 다른 뇌 시스템에 의해 나타난다는 것을 연구할 수 있었다.

추적 물질이 혈류에 주입되면 불안정한 방사성 상태에서 다시 원래의 안정적인 상태로 되돌아간다. 그 과정에서 입자(양성자라 함)가 방출되는데, 이 입자는 전자와 충돌하면서 2개의 광자를 방출한다. 이 광자들이 머리 주변의 탐지기에 의해 탐지되어 공간적 영상을 획득할 수 있게 된다. 양성자는 전자와 충돌하기 전에 2~3mm 정도의 거리를 이동한다. 그러므로 PET의 공간해상도가 2~3mm 정도일 것이라고 생각하기 쉬우나, 일반적으로 여러 피험자의 영상을 모아 평균을 내는 작업이 필요하기 때문에 실질 공간해상도는 이보다 낮아져 대략 10mm 정도가 된다. 공간해상도란, 어떤 인지적 사건(더 정확하게 말하면 생리적 변화)이 어디서 일어나는지를 측정할 수 있는 정확도를 말한다.

PET에서는 추적 물질이 뇌에 도달하기까지 30초가 걸리고 그 이후 방사능이 최고조에 이르기까지 30초가 더 소요된다. 이 시간이 인지 활동과 관련한 혈류의 변화를 측정할 수 있는 결정적인 시구간(time window)이다. 따라서 PET의 시간해상도는 30초 정도이다. 시간해상도는 어떤 인지적 사건이 일어나는 시점을 측정하는 정확도를 의미한다. 인지적 사건은 대체로 1초 이내에 일어난다는 것을 고려할 때 30초의 시간해상도는 매우 느리다고 할 수 있다.

기능적 자기공명영상

fMRI는 일반 MRI 기기를 사용하며, PET와 달리 방사능을 사용하지 않는다. 따라서 피험자들은 필요하다면 여러 차례에 걸쳐 fMRI 촬영을 할 수 있다. 일반적으로 한 피험자에 대하여 실험 종료까지 30~40분 정도 소요되며, 고해상도 구조적 영상을 획득하는 데 10분 정도 소요되어 총 1시간 이내로 촬영을 마칠 수 있다.

fMRI에서 사용하는 자기공명 신호의 성분은 혈중 탈산화 헤모글로빈의 양에 민감하다. 뉴런들이 산소를 소비할 때 산화 헤모글로빈을 탈산화 헤모글로빈으로 전환시킨다. 탈산화 헤모글로빈은 매우 강한 상자성(paramagnetic)을 띠어 국소 자기장을 변형시킨다. 이 변형을 측정함으로써 혈중 탈산화 헤모글로빈의 농도를 측정할 수 있다. 이러한 이유로 이 기술은 BOLD(blood oxygen-level-dependent contrast)라는 용어로 기술한다(Ogawa et al., 1990). 신경

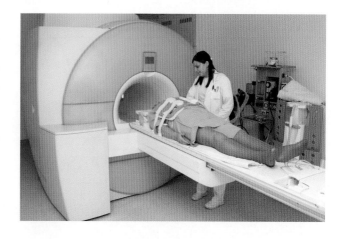

그림 4.4 지난 10년 동안 기능적 영상 실험에서 fMRI가 PET을 대체해왔다.

핵심 용어

혈역동 반응 함수(HRF) 시
간에 따른 BOLD 신호의 변화

PET	fMRI
• 혈량(blood volume)에 기초함	• 혈중 산소농도에 기초함
• 방사능을 사용(신호가 방사성 추적 물질을 필요로 함)	• 방사능을 사용하지 않음(신호는 탈산화 헤모글로빈 수준에 기초함)
• 피험자들은 한 번만 촬영 가능	• 피험자들은 여러 번 촬영 가능
• 시간해상도=30초	• 시간해상도=1~4초
• 실질 공간해상도=10mm	• 실질 공간해상도=1mm
• 블록 설계를 사용해야 함	• 블록 혹은 사건 관련 설계를 모두 사용할 수 있음
• 모든 뇌 영역을 촬영할 수 있음	• 일부 영역(예 : 뇌 안의 공간 주변)은 촬영하기 어려움
• 추적 물질로 약물도 사용 가능	

활동의 증가에 의한 반응으로서 시간에 따른 BOLD 신호의 변화를 혈역동 반응 함수 (hemodynamic response function, HRF)라 부른다. HRF는 다음과 같이 세 가지 단계를 거친다(Hoge & Pike, 2001 참조).

1. 초기 하강 : 뉴런들이 산소를 소비함에 따라 일시적으로 탈산화 헤모글로빈의 양이 소폭 증가한다. 이에 따라 BOLD 신호 강도가 낮아진다(1.5T 기기에서는 이러한 현상이 항상 관찰되는 것은 아니다).

2. 과보상 : 산소 소비가 증가하는 영역으로 혈류가 증가한다. 소비량의 증가보다 혈류에 의한 공급이 많기 때문에 BOLD 신호 강도가 유의미하게 증가한다. 이것이 fMRI 신호로 주로 측정되는 성분이다.

3. 언더슛 : 마지막으로 혈류와 산소 소비가 원래 수준으로 돌아가기 전에 일시적으로 기저선 이하로 하락한다. 이는 정맥계의 이완으로 인하여 일시적으로 탈산화 헤모

그림 4.5 혈역동 반응 함수는 몇 가지 구별 가능한 단계로 구성된다.

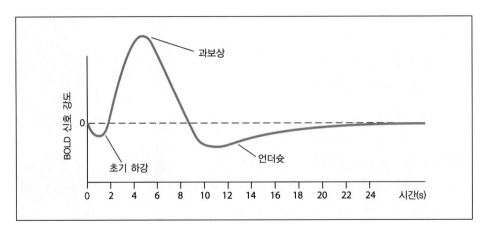

글로빈이 다시 증가하는 것을 반영하는 현상일 수 있다.

혈역동 신호 변화량은 일반적인 크기의 기기(1.5T)로 측정할 경우 약 1~3% 정도로 매우 적다. 혈역동 반응 함수는 한 피험자의 동일한 뇌 영역 내에서는 서로 다른 회기 간에 상대적으로 안정적이지만, 같은 피험자라 하더라도 서로 다른 뇌 영역 간에는 차이가 있으며 서로 다른 피험자 간에는 더 큰 차이가 있다(Aguirre et al., 1998).

fMRI의 공간해상도는 부피소의 크기에 의해 결정되는데, 보통 1mm 정도이다. fMRI의 시간해상도는 수 초 정도이며 더딘 혈역동 반응과 관계된다. 이는 사건 관련(event-related, 이후 설명 참조) 설계의 사용을 가능하게 하나, 인지 과정이 일어나는 속도를 고려하면 여전히 느리다고 할 수 있다. fMRI에서 측정하는 혈역동 반응이 정점에 올랐다가 다시 기저 수준으로 떨어지는 데 시간이 걸리기 때문에, 뇌 영상 촬영 환경에서 자극을 제시하는 방법에 다소 제한을 주어 동일한 과제를 스캐너 밖에서 진행하는 때와 달라진다. 그러나 이러한 특성 때문에 다음 시행이 제시되기 전에 BOLD 반응이 기저선으로 떨어질 때까지 항상 기다려야 되는 것을 의미하지는 않는다. 왜냐하면 HRF들은 서로 겹쳐서 더해지기 때문이다(Dale & Buckner, 1997). 일반적으로 fMRI에서는 표준적인 인지 과제에 비해 보다 적은 수의 시행들이 시간적으로 띄엄띄엄 배열되고, '무자극 사건(null events)'(예 : 빈 화면)을 포함하고 있는 것이 일반적이다. 이 무자극 사건들은 BOLD 신호가 기저 수준으로 떨어지는 것을 허용하며, 분석을 위해 필요한 필수적인 변산들을 제공한다. 표준적인 인지심리학적 실험(예 : 반응시간 측정치를 사용하는 실험)에서 자료의 양은 시행과 반응 수와 같다. 동일한 fMRI 실험에서 자료의 양은 시행과 반응 수보다 촬영된 뇌 영상(brain volume)의 수와 관계된다.

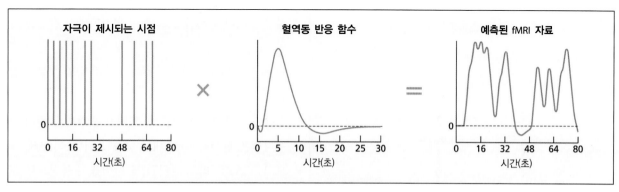

그림 4.6 만약 자극들이 시간적으로 충분히 떨어져서(예 : 16초마다 한 번 제시) 제시되지 않는다면, 예측되는 BOLD 반응의 변화는 단일 혈역동 반응 함수(HRF)를 따라가지 않을 것이며, 여러 개의 HRF가 겹쳐진 형태를 닮을 것이다. 통계적으로 분석은 주어진 실험 디자인과 추정된 HRF 형태에 기초하여 시간에 따라 예측된 BOLD 반응의 변화를 보이는 뇌의 부피소를 찾는 과정이다. 이를 위해서는 예측된 BOLD 반응에 충분한 변산이 있어야만 한다.

영상에서 인지 이론으로 : 실험 설계

인지 감산법의 예

인지에 관한 기능적 영상법의 사용을 정착시키는 돌파구가 된 연구 중의 하나는 피터슨 등(Peterson et al., 1988)에 의해 이루어진, 단어의 독해와 청해 능력에 특화된 뇌 영역을 찾기 위해 수행한 연구였다. 이 연구는 인지 감산법의 원리를 이해할 수 있는 좋은 예시이다. 인지 감산법(cognitive subtraction)의 논리는 다음과 같다. 특정 인지적 성분 (예 : 시각적 어휘사전)을 사용하는 과제 수행 중의 뇌 활동을, 그 인지 과정을 사용하지 않는 기저 조건의 뇌 활동과 비교함으로써 그 인지 과정을 뒷받침하는 뇌 영역을 추론할 수 있다. 앞서 언급하였듯이, 뇌는 생리학적인 의미에서 항상 '활성' 상태이기 때문에 하나의 과제 수행 동안 뇌 활동을 측정하는 것만으로는 과제의 특정 구성 요소가 어떠한 뇌 활동과 관련되는지 추론할 수 없다. 즉 항상 두 가지 이상의 과제나 실험 조건을 비교하는 과정이 필요하다.

예를 들어, 개별 단어를 읽는 것 및 이해하는 것과 관계된 서로 다른 처리 과정에 대해 생각해보자. 다음에는 곧 이어 설명될 영상 연구의 동기가 된 글로 적힌 단어 이해에 대한 간단한 모델이 제시되어 있다. 피터슨과 동료들(1988)의 연구는 (1) 글로 적힌 단어 재인, (2) 단어 읽기, (3) 단어의 뜻 인출하기와 관련된 뇌 영역을 찾는 것이 목적이었다. 이를 위해 몇 번에 걸쳐 인지 감산법을 사용하였다.

글로 적힌 단어를 재인하는 것과 관련된 뇌 영역을 관찰하기 위해 피터슨과 동료들은 단어(예 : CAKE)를 수동적으로 보는 조건에서의 뇌 활동과 십자 표시(+)를 수동적으로 보고 있는 조건의 뇌 활동을 비교하였다(그림 4.7 참조). 이 분석의 논리는 실험 과제와 기저 과제가 모두 시각적 처리 과정을 필요로 하지만(따라서 감산을 하면 이 성분은 상쇄됨), 실험 과제만이 시각적 단어 재인 과정을 필요로 한다는 것이다(따라서 이 성분은 감산 이후에 남게 됨).

단어 말하기와 관계된 뇌 영역을 관찰하기 위해 연구자들은 단어를 소리 내어 읽는 조건(예 : CAKE를 보고 "CAKE"라고 말하기)과 단어를 수동적으로 보는 조건(예 : CAKE를 보기)을 비교하였다. 이 경우 실험 과제와 기저 과제 모두 단어를 시각적으로 처리하고 재인하는 과정을 공통적으로 요구하나(따라서

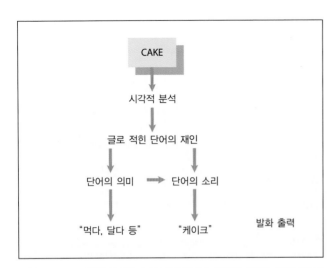

그림 4.7 글로 적힌 단어를 소리 내어 읽기와 연관된 단어를 말하기에 관련된 기본적 인지적 정보처리 단계

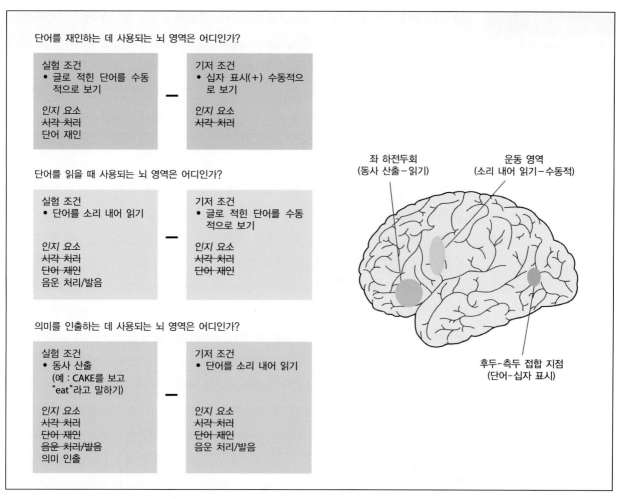

단어를 재인하는 데 사용되는 뇌 영역은 어디인가?

실험 조건	기저 조건
• 글로 적힌 단어를 수동 적으로 보기	• 십자 표시(+) 수동적으 로 보기
인지 요소 시각 처리 단어 재인	인지 요소 시각 처리

단어를 읽을 때 사용되는 뇌 영역은 어디인가?

실험 조건	기저 조건
• 단어를 소리 내어 읽기	• 글로 적힌 단어를 수동 적으로 보기
인지 요소 시각 처리 단어 재인 음운 처리/발음	인지 요소 시각 처리 단어 재인

의미를 인출하는 데 사용되는 뇌 영역은 어디인가?

실험 조건	기저 조건
• 동사 산출 (예 : CAKE를 보고 "eat"라고 말하기)	• 단어를 소리 내어 읽기
인지 요소 시각 처리 단어 재인 음운 처리/발음 의미 인출	인지 요소 시각 처리 단어 재인 음운 처리/발음

좌 하전두회
(동사 산출−읽기)

운동 영역
(소리 내어 읽기−수동적)

후두−측두 접합 지점
(단어−십자 표시)

그림 4.8 인지 감산법은 소수의 인지 요소에 대해 차이가 나는 2개의 과제(실험 과제와 기저 과제)를 고안할 수 있다는 가정에 기초한다. 연구 결과 몇몇 영역이 활성화되었으나 그림에는 뇌의 좌측 표면에서의 결과만 표현되어 있다.

감산을 할 경우 이 성분이 상쇄됨), 실험 과제만이 단어 말하기를 요구한다(따라서 이와 관련된 뇌 활동은 감산 후에도 남음).

단어의 의미와 관계된 뇌 영역을 관찰하기 위해 연구자들은 동사 산출(verb generation)하기 조건(예 : CAKE를 보고 "EAT"라고 말하기)을 단어 읽기 조건(예 : CAKE 를 보고 "CAKE"라고 말하기)과 비교하였다. 이 경우 실험 과제와 기저 과제 모두 단어 를 시각적으로 처리하고 재인하고 말하는 과정을 공통적으로 요구하나(따라서 감산을 할 경우 이 성분들이 상쇄됨), 실험 과제만이 의미적으로 연관된 단어를 산출하기를 요 구한다(따라서 이와 관련된 뇌 활동은 감산 후에도 남음).

이러한 감산의 결과 여러 뇌 영역에서 활동성이 나타났다. 그림 4.8에는 외측 좌반구

핵심 용어

순수 삽입(순수 삭제) 과제에 다른 요소를 추가할 때 다른 요소들에 변화를 가져오지 않는다는 가정

상호작용 한 변수가 다른 변수에 미치는 영향

의 주요 영역만이 표시되었다. 글로 적힌 단어를 재인하는 것은 양반구의 시각피질뿐 아니라 좌반구의 후두-측두 접합(occipito-temporal junction) 영역을 활성화시켰다. 소리 내어 단어 읽기 조건은 양반구의 감각운동피질을 활성화시켰고, 동사 산출하기는 좌반구의 하측 전두회(inferior frontal gyrus)를 활성화시켰다. 이 마지막 결과는 뇌 병변 자료와 불일치하였기 때문에 논란을 야기하였다. 후에 이에 대해 논의할 것이다.

인지 감산법의 문제점

이 연구에는 기저선 과제 선택과 관련한 문제 등을 포함한 몇 가지 어려움을 수반한다. 그러나 인지 감산법 자체가 가지는 더 일반적인 문제점들도 지니고 있다(Friston et al., 1996). 글로 적힌 단어를 재인하는 것과 관련된 뇌 영역을 찾는 인지 감산법에 대해 생각해보자. 여기서의 가정은 양쪽 과제 모두 시각적 정보처리를 공통적으로 포함하나, 하나의 과제에서만 추가적인 단어 재인의 요소를 지닌다는 것이다. 다시 말해 추가적인 요소를 더하는 것이 기존 정보처리에 영향을 주지 않는다고 가정하고 있는 것이다. 이를 순수 삽입(pure insertion) 혹은 순수 삭제(pure deletion)의 가정이라 한다. 그러나 글로 적힌 단어를 처리할 때의 시각적 처리는 비언어적 시각 정보처리와 그 종류나 양의 측면에서 동일하지 않을 수도 있다. 이 연구의 기저선 과제에서 제시된 시각 정보(+, 십자 표시를 보는 것)가 실험 과제보다 더 단순했다는 사실은 이러한 가능성을 실재화한다. 그러나 이러한 방법론을 쓰는 모든 기능적 자기공명영상 실험에 공통으로 적용되는 더 근본적인 문제가 있다. 과제에 추가적 요소를 넣는 것은 과제 내 다른 요소들의 수행을 변화시킬 가능성이 있다. 다시 말해 요소 간 상호작용(interaction)의 가능성은 기능적 자기공명영상 자료를 불분명하게 만들 수 있다. 다음 단락에서는 이러한 상호작용과 관련한 문제를 제거하거나 상호작용을 직접적으로 관찰하는 실험 설계에 대해 다룰 것이다.

기저선의 선택은 기능적 자기공명영상 실험에서 매우 중요한 문제로서 수집된 자료에 중대한 영향을 미칠 수 있다. 이상적으로 기저선 과제는 실험 과제와 최대한 유사하게 맞추어져야 한다. 예를 들어, 단어 읽기와 관련된 뇌 영역을 찾기 위해서 피터슨 등(1988)은 단어를 소리 내어 읽는 조건과 보고 읽는 조건을 비교하였다. 사실 이 과정은 여러 단계의 처리 과정을 포함할 것이다. 머릿속의 단어 저장소(심성어휘집, mental lexicon)에서 단어를 인출하고, (말을 하기 위한) 운동 명령을 준비하고 실행하기, 그리고 말소리 듣기 등의 과정을 포함할 것이다. 그렇기 때문에 관찰된 뇌 활동이 반영하는 처리 과정이 모호하여 특정 인지적 기능을 뇌 구조와 명확하게 연합시킬 수는 없다. 기저선으로 사용 가능한 또 다른 과제로 단어가 제시될 때마다 어떤 일반적인 구두 반응(예: "네")을 하도록 요구하는 것을 고려해볼 수 있다(Price et al., 1996a). 이 기저선 과

제는 단어 인출과 관련된 요소를 발음하기와 청각적 피드백 요소로부터 구별하여 연구할 수 있게 한다.

요약하면 뇌는 생리적으로 항상 활동 중이기 때문에 기능적 자기공명영상은 서로 다른 조건 간의 비교를 필요로 한다. '활동' 중인 뇌 영역은 기저선과의 비교를 통해서만 의미 있게 해석될 수 있으며, 적절한 기저선의 선택은 과제를 구성하고 있는 요소들에 대한 올바른 인지 이론을 필요로 한다. 이를 위한 가장 단순한 방법은 실험 과제 중의 뇌 활성화를 잘 맞추어진 기저선 과제 중의 활동성과 비교하는 인지 감산법이다. 그러나 인지 감산법의 주된 문제점은 인지 요소를 추가할 때 과제 내의 다른 요소들에 변화를 주지 않는다고 가정한다는 점이다(순수 삽입의 문제). 과제에 새로운 요소를 추가하는 것은 기존의 요소들과 상호작용을 일으킬 수도 있고, 그 상호작용이 뇌 활성화로 나타날 수 있다. 이러한 문제를 완화할 수 있는 다른 실험 설계가 개발되었으며, 다음 단락에서는 이에 대해 논의할 것이다.

인지적 결합법과 요인 설계

인지적 결합법(cognitive conjunction)을 사용하기 위해서는 특정 요소를 공통적으로 지니고 있는 과제들을 찾을 수 있어야 한다. 그래야만 한 번의 감산이 아닌 여러 번의 서로 다른 감산법을 통해 공통적으로 나타나는 활성화 영역을 찾을 수 있다. 이 경우 하나(혹은 그 이상)의 기저선 과제는 여전히 필요하지만, 상호작용으로 인한 문제는 완화된다. 왜냐하면 각각의 감산과 관련한 상호작용 성분이 다를 것이기 때문이다.

구체적인 예를 통해 생각해보자. 우리는 왜 스스로를 간지럼 타게 할 수 없을까? 피부에 가해지는 간지러운 자극은 다른 사람에 의한 것일 때보다 스스로에 의해 가해졌을 때 덜 간지럽게 느껴진다. 이 현상을 설명할 수 있는 핵심은 스스로의 행동으로 인해 발생된 감각 정보는 예측 가능하다는 사실이다. 우리 스스로 만들어내는 운동 명령은 언제 어디서 촉각 자극이 어떠한 방식(예 : 강한 혹은 약한 간지럼)으로 주어질지에 대한 구체적인 정보를 제공한다. 이 정보는 그 행동이 어떤 감각적 경험을 야기할지를 예측하는 데 사용될 수 있다. 따라서 운동 명령의 표상[소위 원심성 복사(efference copy)]이 관련된 감각 영역에 전해져(이 경우 피부 감각 영역), 지각체계가 어떤 일이 일어날지 예측할 수 있게 한다. 이러한 기제는 뇌가 주위 환경의 가장 중요한 자극을 우선적으로 처리할 수 있도록 도와줄 것이다. 스스로에 의한 피부 감각을 느끼는 것보다 외부로부터 발생하는 피부 감각을 제대로 감지하는 것이 잠재적인 위협을 탐지하는 데 더 필수적일 것이기 때문이다.

이 현상에 대해 연구하기 위해 블레이크모어 등(Blakemore et al., 1998)은 두 가지 요

핵심 용어

원심성 복사 어떤 행동의 감각적 결과를 예측하기 위해 사용되는 운동신호

그림 4.9 우리는 왜 자신을 간지럼 타게 할 수 없을까? 스스로 만들어낸 촉각 자극(조건 A)은 운동 명령의 '원심성 복사'를 사용하여 감각적 결과를 예측할 수 있기 때문에 덜 간지럽다.

출처 : Bottom diagram adapted from Blakemore et al., 1998. ⓒ 1998 Elsevier. Reproduced with permission.

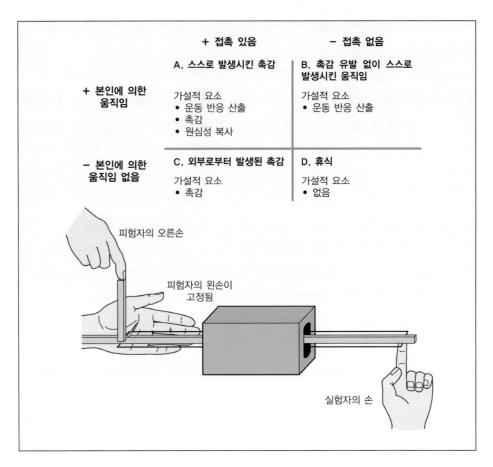

인을 사용한 요인 설계를 사용하였다. 첫 번째 요인은 촉각 자극을 느꼈는지 못 느꼈는지에 대한 요인이었으며, 두 번째 요인은 피험자들이 팔을 움직였는지, 움직이지 않았는지에 대한 요인이었다. 연구자들은 손바닥을 간지럽히는 막대를 이동시키는 실험을 실시하였다. 막대는 실험자 혹은 피험자에 의해 이동될 수 있었다. 막대는 손바닥에 닿거나 전혀 닿지 않거나 하였다. 종합하면 총 4개의 실험 조건이 만들어지며, 이들은 각기 앞의 그림에 A~D로 표기되어 있다.

덜 간지러운 감각과 관련된 조건 A(가설적으로 원심성 복사 때문)의 신경학적 토대를 고려하기 전에, 먼저 운동 반응의 산출과 피부 감각 자체와 관련된 뇌 영역을 알아내기 위한 두 번의 인지적 결합법을 수행할 수 있다. A–B와 C–D라는 두 가지의 감산에 대해 생각해보자. "이 두 가지 감산[즉 (A–B)와 (C–D)]을 통해 어떤 뇌 영역이 공통으로 관찰되는가?"라는 질문은 촉각과 관련된 영역을 찾아낼 수 있다. 실험 결과, 자극을 받은 손과 반대쪽 반구의 일차·이차 체감각피질(somatosensory cortex)이 활성화되었다. A–C와 B–D라는 두 가지 감산에 대해 생각해보자. "이 두 가지 감산[즉 (A–

C)와 (B−D)]을 통해 어떤 뇌 영역이 공통으로 관찰되는가?"라고 질문한다면, 운동 반응의 산출과 관련된 영역이 선별된다. 실험 결과, 운동피질(motor cortex), 전운동피질(premotor cortex) 그리고 전전두엽 영역을 포함한 몇몇 영역이 활성화되었다. 방법론적인 측면에서 중요한 점은 이러한 결과가 서로 다른 2개의 과제와 기저선 쌍 간의 결합을 기반으로 하였기 때문에, 한 번의 감산만을 사용했을 때 발생하는 순수 삽입의 문제를 완화하였다는 점이다.

그러나 위의 결합 분석을 통해서는 '원심성 복사' 혹은 본인이 스스로를 간지럽힐 때는 별로 간지럼을 타지 않는 현상과 관련한 신경적 기반을 분석하지 못한다. 이를 위해서는 [(A−B)−(C−D)]를 분석함으로써 상호작용을 직접적으로 분석할 수 있다. 이는 "A와 B 간의 차이가 C와 D 간의 차이보다 더 큰가(또는 작은가)?"라고 묻는 것과 같다 (상호작용은 두 차이 값의 차이를 의미함). 이번 예에서는 스스로 자극을 준 경우보다 외부에서 자극이 주어진 경우에 자극의 영향이 더 큰지를 묻는 것이다. 블레이크모어 등(1998)은 체감각피질에서 활성화 정도가 낮아진다고 보고했다. 이것이 간지러운 느낌이 약해지는 것과 관계되는 신경학적 신호일 것이다. 또한 다른 조건에서는 관찰되지 않았던 소뇌 활성 수준의 변화가 보고되었는데, 이는 스스로를 간지럽히는 운동 반응과 촉각을 연합시키는 원심성 복사와 상관된 신경학적 신호로 해석되었다.

파라메트릭 설계

파라메트릭 설계(parametric design)와 범주 설계(categorical design) 간의 주요한 차이는 파라메트릭 설계에서는 관심 변인이 범주로 구분되지 않고 연속적인 차원으로서 다뤄진다는 것이다(Friston, 1997). 직관적으로 말해서 파라메트릭 설계에서는 2개 이상의 조건 간의 뇌 활성화 차이를 비교하기보다는, 관심 변인 값의 변화와 뇌 활성화 간의 연합(association)을 분석한다. 따라서 파라메트릭 설계를 이용하여 수집된 자료를 분석하기 위해서는 궁극적으로 상관 분석(혹은 그와 유사한 방법)을 사용하게 된다.

프라이스 등(Price et al., 1992)은 피험자에게 단어를 1분에 0개(즉 휴식 조건)에서부터 90개까지 6단계의 속도로 들려주는 영상 연구를 시행하였다. 따라서 다양한 영역에서 나타난 활성화의 변화와 단어를 제시한 속도와의 상관관계를 분석할 수 있었다. 이와 같은 파라메트릭 설계에서는 별도의 기저선 조건이 필요하지 않다(변인의 효과는 요인의 모든 수준에 걸쳐 포괄적으로 분석한다). 이 연구에서는 여러 흥미 있는 결과가 관찰되었다. 청각적 지각과 관련된 영역들(예 : 일차청각피질)에서는 단어 제시 속도가 빠를수록 더 높은 활동성이 나타났다. 반면 비음향적 언어 처리를 하는 영역(예 : 베르니케 영역)에서는, 그 활동성이 단어의 존재 유무에 따라 결정되었으며 단어 제시 속도와

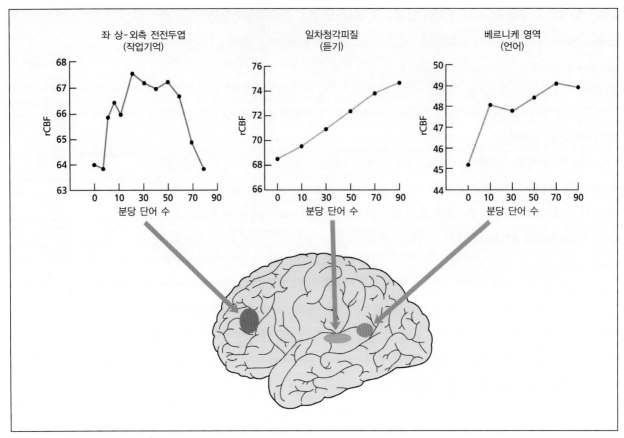

그림 4.10 말하는 속도(분당 단어 수)에 따라 서로 다른 뇌 영역들이 서로 다른 방식으로 반응을 보인다. 1분에 0개 단어를 말하는 속도는 휴식 조건이다. rCBF=국지 대뇌 혈류(regional cerebral blood flow).

출처 : Price et al., 1992, and Friston, 1997.

는 무관하였다. 언어적 작업기억(verbal working memory)과 관련된 영역[좌 상-외측 전전두엽 피질(left dorsolateral prefrontal cortex)]에서는 더 복잡한 양상의 결과가 나타났다 (Friston, 1997). 이 영역에서의 활동성은 단어 제시 속도와 역U자 모양의 함수와 같은 양상을 보였다. 이러한 결과는 이 영역에 기능하기에 최적화된 수준이 존재하며, 그 수준을 초과하면 제대로 기능하지 못함을 의미한다. 이는 작업기억의 용량에 한계가 있다는 개념과 일맥상통한다. 한 가지 흥미로운 점은, 만약 연구자들이 인지 감산 혹은 요인 설계로 1분에 각기 20개와 50개의 단어를 제시하는 두 실험 조건을 비교했다면, 좌 상-외측 전전두엽이 언어적 작업기억과 관계된다는 것을 알아내지 못했을 것이라는 점이다.

기능적 통합

이 책에 기술되어 있는 대부분의 기능적 자기공명영상 연구들은 기능적 전문화에 대한 연구라 볼 수 있다. 기능적 전문화는 특정 뇌 영역이 제한된 범위의 자극/조건에 반응하며 인접 영역의 반응과는 구별된다는 것을 의미한다. 이는 엄밀히 말해 국지화와 동일한 의미는 아니다. 왜냐하면 특정 영역이 기능적으로 전문화되었다고 해서 그 영역만이 그 기능을 홀로 전담한다거나 다른 영역이 그 기능에 전혀 관여되지 않는다고 가정할 필요가 없기 때문이다(Phillips et al., 1984). 한편 **기능적 통합**(functional integration)은 서로 다른 영역들이 상호 간에 정보를 주고받는 방식을 의미한다. 기능적 통합은 인지적 기능이 어떻게 뇌와 관계되는가에 대해 완전하게 이해하고 기능적 영상이 새로운 골상학이라는 주장을 일축하기 위해서도 필수적일 것이다(Friston, 2002; Horwitz et al., 1999).

기능적 통합의 기본은 서로 다른 영역의 활동 간의 상호 의존성에 대한 모형을 구축하는 것이다. 기능적 통합은 과제를 수행하는 동안 영역들 간의 **유효 연결성**(effective connectivity) 또는 **기능적 연결성**(functional connectivity)을 추론할 때 사용된다(이러한 방법들은 구조 방정식 모형과 주성분 분석 등을 이용하나 이들 방법에 대한 설명은 이 책의 범위를 벗어나므로 생략함). 파라메트릭 설계가 어떤 인지/행동적 측정치와 뇌 활동 간의 상관관계를 분석하는 것이라면, 기능적 통합을 관찰하는 실험 설계는 서로 다른 뇌 영역의 활동성 간의 상관관계를 분석한다. 구체적인 예로, 프리스턴과 프리스(Friston & Frith, 1995)는 2×2 요인 설계에 기초한 영상 연구를 수행하였는데, 과제의 종류('A'로 시작하는 단어 산출하기 대 특정 글자 반복하여 말하기)가 첫째 요인이었고, 피험자 집단(조현병 진단을 받은 환자 집단 대 정상인 집단)이 두 번째 요인이었다. 두 집단에서 모두 전두엽과 측두엽의 활성화 정도는 유사하게 나타났지만, 통제 집단에서는 이들 영역의 활동성 간의 강한 상관관계가 발견되었으나 놀랍게도 조현병 집단에서는 이와 같은 상관관계가 전혀 나타나지 않았다. 프리스턴과 프리스는 조현병을 뇌 영역 간의 연결성의 장애로 특징지을 수 있다고 주장하였다(즉 기능적 단절).

기능적 통합을 측정하기 위해 가장 흔히 쓰는 방법 중 하나는 그 어떤 과제도 사용하지 않는 것이다. 이러한 방법들을 **휴지기 패러다임**(resting state paradigm)이라 한다. 실험 참가자는 단지 누워서 쉬도록 요구받는다. 과제가 없기 때문에 뇌 활동의 증감은 거의 무의미한 신호(noise)와 다르지 않다. 그러나 기능적으로 연결된 뇌 영역들에서 휴지기 동안 뇌 활동은 서로 상관관계를 보이는 경향이 있다. 이는 연구들로 하여금 뇌에 존재하는 네트워크 세트들, 즉 공간적으로 분리된 영역들이지만 활동의 증감은 공유하는 영역들로 연결된 네트워크를 파악할 수 있도록 한다(Damoiseaux et al., 2006). 예를 들어, 가장 빈번하게 연구된 네트워크 중 하나는 **디폴트 모드 네트워크**(default mode

---

핵심 용어

기능적 통합 서로 다른 영역들이 서로 의사소통을 하는 방식

휴지기 패러다임 실험 참가자가 어떤 과제도 수행하지 않고 있을 때, 몇몇 영역 사이의 상관관계를 파악하여 기능적 연결성을 측정하는 기법

디폴트 모드 네트워크 과제 기간보다 휴지기에 혈역동적으로 더욱 활발한 일련의 뇌 영역

핵심 용어

블록 설계 동일한 조건의 자극들이 연달아 제시되는 설계

사건 관련 설계 2개 이상의 조건에 속하는 자극이 무선적으로 혹은 번갈아 제시되는 설계

network)라고 불리며, 내적인 생각들과 관련된 것으로 보인다. 이 신경망은 실험 과제를 수행하지 않을 때 더욱 활성화되는 경향이 있다(Raichle et al., 2001). 이러한 네트워크들이 작동하고 구성되는 방법의 차이는 조현병이나 자폐증과 같은 다양한 질병에서 발견되었다(Buckner et al., 2008).

사건 관련 설계 대 블록 설계

실험 설계(예 : 범주 설계 대 파라메트릭 설계)에 대한 선택의 문제와 별도로, 자극을 어떠한 순서로 제시할 것인가도 중요한 문제이다. 일반적으로 두 가지 방법이 있다. 첫 번째 방법은 한 조건에 속한 자극들을 묶어서 제시하며 이러한 방법을 **블록 설계**(block design)라고 한다. 두 번째 방법은 서로 다른 자극 또는 조건의 순서가 섞여서 제시되는 방법이며, 이를 **사건 관련 설계**(event-related design)라고 한다. 사건 관련 설계에서는 분석을 위해 서로 다른 조건에 해당하는 시행들이 분리된다.

fMRI 실험에서 사건 관련 설계에 비해 블록 설계는 방법론적인 측면에서 통계적 검증력이 우수하다는 장점이 있다. 다시 말해 블록 설계는 작지만 유의미한 효과를 더 잘 탐지할 수 있다(예 : Josephs & Henson, 1999). 블록 설계에 비해 사건 관련 설계의 장점은 더 넓은 범위의 실험 설계에 적용 가능하다는 것과 대부분의 전형적인 인지심리학 실험의 일반적인 설계 구조와 더 유사하다는 것이다. 특정 연구 문제들은 사건 관련 설계를 통해서만 연구 가능하다. 어떤 경우에는 사건들을 어떻게 묶어야 할지 미리 알 수 없기 때문에 블록 설계를 사용할 수 없다. 예를 들어, 한 연구는 피험자들이 설단(tip-of-the-tongue) 상태를 경험하는 것을 사건 관련 fMRI 방법으로 연구하였다(Maril et al., 2001). 설단 상태에서 사람들은 말로 표현할 수는 없지만(예 : 페루의 수도는 어디인가?), 그 답을 알고 있다는 확신은 매우 강하다. 이 실험에서 피험자의 반응은 세 가지 범주(답을 알고 있음, 답을 모름, 설단 상태)로 분류할 수 있다. 이러한 사건들은 각 피험자의 반응에 의해 결정되기에 자료 수집 전에 블록으로 나누는 것이 불가능하다. 피험자에 의해 사건이 결정되는 또 다른 예로, 피체 등(Ffytche et al., 1998)은 점진적으로 시력 상실이 진행 중인 환자들에게서 자연적으로 일어나는 환시를 연구하였다. 이 실험에서 피험자들은 환시가 일어날 때 손가락을 올리고 환시가 사라질 때는 손가락을 내리도록 지시받았다. 이 실험의 경우 환시가 일어나는 동안의 뇌 활동과 환시가 일어나고 있지 않은 동안의 뇌 활동을 대조하는 분석을 하게 된다. 마지막 예로 어떤 사건들은 예측할 수 없는 시점에 드물게 일어나기 때문에 블록화할 수 없는 경우가 있다.

기능적 영상 연구의 안전성과 윤리에 관한 쟁점

각 연구자는 기능적 영상 연구를 수행하고 있는 해당 연구소의 규정을 숙지하는 것이 매우 중요하다. 다음에 제시된 사항들은 어느 연구소에서든 공통적으로 적용되는 사항이다.

기능적 영상 실험 참가 시 어떤 위험 요인이 있을까?

위험은 적거나(PET) 혹은 무시해도 될 정도(fMRI)이다. PET의 위험성은 미량의 방사능을 사용한다는 점이다. 한 번의 PET 촬영에 의해 피험자에게 노출되는 방사능의 양은 약 1~3년 동안 접하게 되는 자연 방사능의 양과 유사하다. fMRI는 방사능을 사용하지 않기 때문에 같은 피험자가 반복적으로 실험에 참가할 수 있다. 피험자는 fMRI 기기의 소음이 매우 심하기 때문에 귀마개를 사용해야 한다. 높은 세기의 자기장(>3T)을 사용하는 기기는 현기증과 메스꺼움을 유발할 수 있으므로, 이를 방지하기 위해 피험자는 자기장에 서서히 접근할 필요가 있다.

어떤 사람들이 기능적 영상 실험의 참가에서 제외되는가?

촬영 기기에 들어가기 전, 모든 피험자들은 현재와 과거의 건강 상태에 대해 점검하는 체크리스트를 작성해야 한다. PET은 방사능을 사용하기 때문에 임신한 여성과 아이들은 참가할 수 없다. 몸 안에 금속 장치가 있는 사람, 인공 달팽이관을 지닌 사람, 탄환의 파편이 박혀 있거나 심박 조율기(pacemaker)를 지닌 사람은 fMRI실험에 참가하는 것이 허용되지 않는다. 센 자기장을 사용하는 기기의 경우 피험자들이 눈 화장을 하는 것도 피해야 한다(햇볕에 그을리는 것과 비슷하게 열이 발생할 수 있음). 몸 안에 피임 기구를 장착한

여성들도 실험에 참여할 수 없다. 연구자와 피험자 모두 영상 기기에 들어가기 전에 자기장으로 인해 망가질 수 있는 신용카드뿐만 아니라 열쇠, 귀금속, 동전 같은 모든 금속성 물체를 제거해야 한다. 지퍼나 금속성 단추는 대체로 괜찮으나, 금속성 안경테는 조심해야 한다. 일정 시간 동안 좁은 공간 안에 들어가 있어야 하므로 폐소공포증이 있는 피험자는 참가하지 않는 것이 좋다. 피험자는 필요할 때 쥐면 경보를 발생시켜 실험을 중단할 수 있도록 해주는 고무공을 지니고 실험에 참여한다.

촬영 중 뇌에 이상이 발견되면 어떻게 되는가?

아주 낮은 확률이지만 연구 중에 뇌 종양이나 다른 예상치 못했던 뇌의 이상이 발견될 수 있다. 이런 경우에 실험자는 후속 촬영을 위해 피험자를 다시 방문하게 하여 재확인할 의무가 있다. 잠재적인 이상은 신경과 의사(혹은 임상적으로 자격을 갖춘 직원)에 의해 관찰되어야 하며, 필요한 경우 피험자와 의사에게 알려야 한다. 울프 등(Wolf et al., 2008)은 비임상적 촬영을 하는 동안 우연히 뇌의 이상이 발견될 경우의 윤리 규정을 제안한다.

안전한 fMRI 실험을 위한 자세한 최신의 정보를 어디서 찾을 수 있을까?

쉘록(Shellock, 2014)은 표준 안전 참고서를 저술하였고, 갱신 정보는 웹사이트(www.magneticresonancesafetytesting.com)에서 찾을 수 있다.

평가

기능적 영상 실험을 구성하기 위해 사용 가능한 방법은 여러 가지가 있다. 가장 중요하게 고려해야 할 점은 연구 방법이 연구자의 가설 검증에 적합한지의 여부이다(물론 연구 간 가설의 구체성에 상당한 편차가 존재할 것이다). 이와 관련하여 그림 4.11은 몇 가지 일반적인 고려사항과 그에 대한 따른 제안들을 정리하고 있다. 단, 다른 연구실에서는 이와 다른 방법이 확립되어 있을 수 있으며, 이 분야 자체에서도 항상 새로운 방법이 개발되고 있음을 이해해야 한다.

기능적 영상 자료의 분석

색깔 얼룩(blob)을 입힌 뇌 영상은 여러 단계의 자료 처리 과정과 통계 분석을 통해 얻

그림 4.11 기능적 영상 실험을 준비할 때는 여러 가지 사항에 대해 고민하고, 가장 적절한 방법에 대한 가정을 세우는 것이 필요하다. 이 전개도의 내용은 정해진 규정이라기보다는 유용한 참고사항을 제시한다.

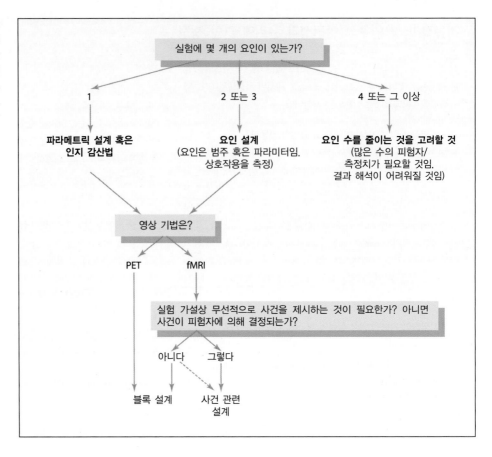

은 결과물이다. 사실 이러한 영상들은 뇌의 실제 활동 모습을 있는 그대로 보여주는 영상이 아니다. 이 영상들은 실험 설계에 기초하여 통계적으로 유의미하다고 확인된 뇌 영역을 색으로 표현한 것이다. 기능적 영상은 통계과학의 하나이기 때문에 잘못된 결론을 내리는 오류를 범하게 될 수도 있다. 연구실마다 자료 분석을 위해 각기 다른 통계 분석 프로그램을 사용할지라도, 기능적 영상 자료를 분석하고 해석하는 과정에서 공통적인 문제들에 직면하게 된다(더 자세한 논의는 Petersson et al., 1999a, 1999b 참조).

　기능적 영상 자료의 분석 중 직면하게 되는 중요한 문제 중 하나는 개인차를 어떻게 처리하는가에 관한 것이다. 전체적인 뇌 구조 자체는 사람마다 크게 다르지 않더라도, 개별 회의 크기나 접히는 부분(fold)의 위치는 개인 간에 상당한 차이가 있다. 예를 들어, 사람 간에 구의 위치가 1cm 이상 차이 날 수 있다(Thompson et al., 1996).

　개인차의 문제를 처리하는 가장 보편적인 방법은 실질적으로 개인차가 존재하지 않는다고 가정해버리는 것이다. 더 적절히 표현한다면 일반적인 뇌 기능에 대한 주장을 제시함에 있어 개인차의 문제에 의해 가로막혀야 할 이유는 없다고도 할 수 있다. 많은 피험

자들의 자료로부터 평균을 구함으로써 개인차의 문제
는 최소화되며, 이를 통해 얻은 뇌 영역의 활성화는
대부분의 사람들에게서 공통적으로 나타난 것이기 때
문이다. 평균을 구하기 전에 각 피험자의 자료는 여
러 가지 방법으로 변형되어야 한다. 첫째로, 각 뇌는
표준 참조 뇌(standard reference brain)에 맞추어진다
[이 과정을 뇌정위적 표준화(stereotactic normalization)
라고도 함]. 이 과정에 이어서 신호 대 잡음비(signal-
to-noise ratio)를 향상시키고 피험자 공통의 활동 영역
을 탐지하는 것을 돕는 평활(smoothing) 과정을 거치
게 된다. 그림 4.14는 기능적 영상 실험에서 초기 가
정부터 자료의 해석까지의 전형적인 절차를 요약하고
있다. 여기에 나타난 주요 단계들을 차례로 다루어
보자.

머리 움직임 교정

다른 방법들과 비교하여 fMRI 기법의 가장 큰 장점
은 아마도 공간해상도가 높다는 점일 것이다. 이 기
법은 몇 밀리미터 정도 떨어진 두 지점의 뇌 활동 차
이까지도 구별할 수 있다(이 정도의 높은 해상도도 단
위마다 수백만 개의 뉴런들이 포함됨). 그러나 이 기
법이 가지는 단점은 공간적인 왜곡이 조금만 일어나
더라도 거짓된 결과를 낳을 수 있다는 점이다. 이와
관련한 핵심적인 문제는 이미 언급했듯이 사람마다
뇌의 크기와 모양이 다르다는 것이다. 정위적 표준화

그림 4.13 시각적 환각의 시작과 관련한 혈역동 반응 함수(0초에
서부터 시작, 보라색 막대로 표시). 이것은 뇌의 시각 영역에서 다
수의 환각들을 모두 평균해서 도출한다. 환각의 의식적인 경험 이전
에 뇌의 활동이 약 12초나 선행된다는 점에 주목하라. 보고된 환각
의 예는 다음과 같다. "미래 자동차 또는 피라미드에서 발견된 물체
처럼 보이는 화려한 색상의 형태들. 이 형태들은 그 안에 모서리를
포함하고 있으며 실제 물체처럼 보이지 않았다."

출처 : Ffytch et al., 1998. Reprinted by permission of Macmillan
Publishers Ltd. © 1998.

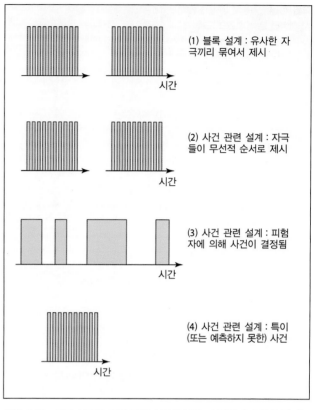

그림 4.12 블록 설계와 사건 관련 설계의 비교. 보라색과 초록색 막대는
다른 종류의 자극, 조건, 또는 과제를 의미한다.

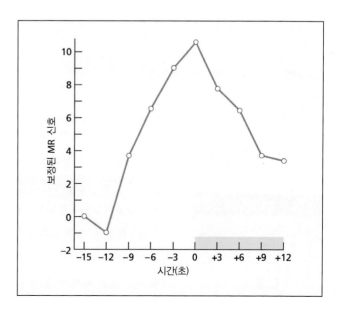

그림 4.14 기능적 영상 실험에서 데이터 분석의 주요 단계

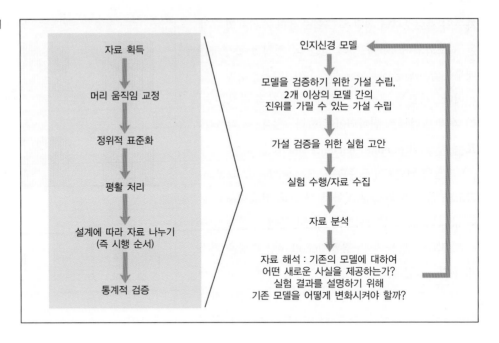

절차는 이러한 차이를 교정하기 위한 노력이다. 또 다른 문제는 각 피험자의 머리 위치가 영상 기기 안에서 시간의 흐름에 따라 약간씩 다르게 정렬될 수 있다는 것이다. 피험자가 기기 안에서 머리를 움직이게 되면 활성화된 뇌 영역의 위치 또한 이동하게 된다. 이러한 경우 활성화된 영역을 탐지하기 어렵게 되거나(활성화 영역이 확장되기 때문), 오발견(false-positive)을 하는 결과를 얻게 될 수 있다(특정 영역이 한 조건에서는 활성화되고 다른 조건에서는 활성화되지 않은 것이 조건 간 머리 움직임의 차이 때문일 경우). 이러한 이유로 인해 머리 움직임을 교정하며(Brammer, 2001), 먼저 실험 시에 피험자의 머리를 물리적으로 고정하고, 가능한 한 머리를 움직이지 않도록 지시함으로써 이 문제를 최소화한다.

뇌정위적 표준화

뇌정위적 표준화는 각 피험자의 뇌 영역을 표준 뇌로 매핑(mapping)하는 과정이다. 뇌를 수천 개의 작은 부피로 나눌 수 있는데, 이를 **부피소**(voxel, volume element)라고 부른다. 각 부피소는 3차원의 공간 좌표(x, y, z)를 할당받게 된다. 이는 한 뇌의 특정 x, y, z 좌표를 그에 대응되는 다른 뇌의 x, y, z 좌표에 매핑할 수 있게 한다. 기본적으로 각 뇌의 원형은 표준 공간에 맞추어지기 위해 (최적의 수학적 변환을 적용하여) 축소되거나 확대된다. 전 세계적으로 대부분의 연구실에서 기능적 영상 연구 결과를 보고할 때 사용하는 표준 공간은 탈레라슈와 투르누(Talairach & Tournoux, 1988)의 뇌 지도에 의

핵심 용어

부피소 부피의 단위(참고로 픽셀은 2차원)로 뇌 영상 연구에서 뇌는 수천 개의 부피소 단위로 나뉨

해 마련되었다. 뇌의 각 지점은 전측 교련(anterior commissure, 작지만 대부분의 영상에서 쉽게 관찰됨)이라 불리는 영역에 원점을 둔 3차원의 x, y, z 좌표[일반적으로 **탈레라슈 좌표**(Talairach coordinates)라 불림]가 할당된다. x좌표는 좌우 방향을 나타낸다(좌표가 음수이면 좌, 양수이면 우를 의미함). y좌표는 전후 방향을 나타낸다(좌표가 음수이면 후측, 양수이면 전측을 의미함). z좌표는 상하 방향을 나타낸다(좌표가 음수이면 하측, 양수이면 상측을 의미함). 이 뇌 지도는 한 사람의 뇌를 사후 해부하여 제작되었다. 그러나 최근 많은 연구들에서는 이처럼 단 하나의 뇌에 기초한 지도보다는 몬트리올 신경학 연구소에서 305개의 뇌를 평균하여 제작한 원형을 사용한다(Collins et al., 1994). 이 평균 원형을 사용한 후 그다음에 탈레라슈 좌표로 변환하기도 한다.

핵심 용어

탈레라슈 좌표   탈레라슈와 투르누의 뇌 지도에 의하여 정의된 위치 좌표

평활

각 뇌가 표준 공간에 맞춰지는 변환을 거친 후에도 통계 분석을 하기 전에 추가적인 전처리 과정을 거치게 마련이다. '평활' 처리로 인해 마치 중요한 정보를 잃어버릴 것으로 생각할 수 있지만, 이는 사실 자료 처리의 중요한 부분이다. 평활은 각 부피소의 활성화 수준에 대한 원 자료를 이웃하는 부피소로 확장시킨다. 이때 가까운 부피소일수록 영향을 많이 받게 된다(수학에 관심이 많은 독자라면 이때 사용하는 함수가 각 부피소에 중심을 둔 가우시안 혹은 정규 분포라는 점을 알고 싶어 할 수 있다). 그림에서 사각형이 어두울수록 더 높은 수준의 활성화가 일어났음을 의미한다. 부피소 D4를 살펴보자. 평활 처리 전에 D4는 비활성화되어 있지만, 주변의 많은 부피소들이 활성화되어 있기 때문에 평활 후에는 활성화된다. 반대로 부피소 L8을 살펴보자. 이 부피소는 처음에는 활성화된 상태이지만, 주변의 세포들이 비활성화 상태이기 때문에 평활 후에는 비활성화된다. 따라서 평활 처리는 신호 대 잡음비를 향상시킨다. 그림에 표현된 예에서 신호(즉 관심 대상)는 더 넓은 활성화 덩어리를 의미하며 잡음은 고립된 하나의 부피소에 해당한다. 평활 과정에서 서로 이웃하는 활성화된 부피소들은 서로의 활성화 수준을 강화시켜 활성화된 영역이 확장된다. 만약 뇌가 인접하지 않는 부피소들의 모자이크를 통해 인지 기능을 수행한다

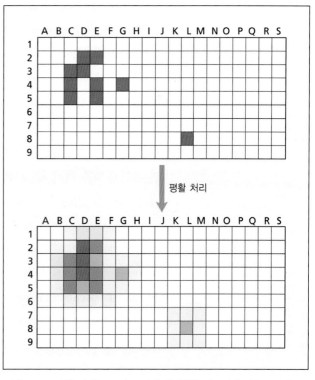

그림 4.15   평활 처리는 부피소 간에 활성화를 퍼뜨린다. 일부 부피소는 활성화 정도가 더 강해지거나(예 : D4), 감소될 수 있다(예 : L8).

면, 평활 과정은 그러한 뇌 활동을 탐지하는 데 방해가 될 것이다. 따라서 평활 과정을 거치면 탐지하지 못할 어떤 신경 세포 군집의 활동이 존재할 가능성이 있다. 그러나 어떤 통계 기법들[다중 부피소 패턴 분석(multi-voxel pattern analysis, MVPA)과 같은]은 평활 과정을 거치지 않고, 신경 표상을 분석하기도 한다(Norman et al., 2006). 이 기법에 대해서는 추후에 보다 자세히 다룰 것이다.

평활 처리는 신호 대 잡음비를 향상시킬 뿐 아니라 피험자 집단의 자료를 분석하는 데 또 다른 이점을 제공한다. 평활은 활성화된 영역을 공간적으로 확장시킨다. 그러므로 여러 피험자의 활성화 자료를 평균 낼 때 공통의 활성화 영역을 찾을 가능성이 높아진다. 물론 개인차에 관심이 있는 연구라면 평활 처리를 하지 않는 것이 정당하다.

통계적 비교

자료에 대해 정위적 표준화 및 평활 처리와 머리 움직임 교정을 하고 나면 통계 분석을 할 수 있다. 통계 분석을 하는 표준적인 방법은 "특정 부피소의 평균 활성화 수준이 기저선 조건에 비해 실험 조건에서 더 높은가?"라는 질문에 대한 답을 찾는 것이다. 심리학적 실험에서 사용되는 것과 같은 종류의 통계적 기법이 기능적 영상 연구에서도 사용될 수 있다(예 : 평균 비교를 위한 t검증). 그러나 기능적 영상 자료의 분석은 조금 더 복잡하다. 대부분의 심리학 실험에서는 대체로 비교할 수 있는 평균의 수가 많아 봤자 한 손에 꼽을 수 있는 정도이다. 기능적 영상 연구에서는 뇌의 절편마다 분석해야 할 부피소가 수만 개가 있다. 만약 심리학 연구에서 사용하는 $P < 0.05$의 유의수준을 사용한다면, 기능적 영상 연구에서는 단지 우연에 의해서 수천 개의 부피소가 활성화된 것으로 나타날 수 있다[유의수준은 통계 분석 결과의 우연수준을 나타내는 확률(P)임을 기억할 것. 유의수준 0.05의 값은 20번 중 1번 정도 발생할 수 있는 확률을 의미함]. 어떻게 하면 우연에 의해 여러 뇌 영역에서 활성화가 나타났다고 판단하는 오류를 예방할 수 있을까? 한 가지 방법은 더 보수적인 기준(즉 더 낮은 유의수준)을 정하는 것인데, 이 방법을 사용하면 중요한 영역들을 탐지하지 못할 수 있다는 문제점이 있다(이를 1종 오류라고 한다). 비유를 사용해서 이해를 돕자면, 이는 해수면의 높낮이를 조절하면서 섬의 개수를 세는 과정과 유사하다. 해수면 수준이 너무 높으면 섬을 하나도 찾을 수 없을 것이다. 반대로 해수면이 너무 낮다면 사방이 섬일 것이다. 이 경우 명목상의 P값(0.05)을 검증(즉 부피소)의 수로 나눈 유의수준을 사용하는 방법, 일명 본페로니 교정(Bonferroni correction)을 사용할 수 있다. 이 방법의 사용과 관련한 한 가지 문제점은 각 부피소의 활동 수준이 서로 독립적이지 않다는 것이다. 이웃하는 부피소들은, 특히 평활 처리를 거친 경우 서로 유사한 수준의 활동성을 보인다. 이러한 이유로 인해 공간

적인 평활의 정도를 기초로 하여 통계적 역치를 선택하는 고급 수학 모형[일명 무선 장(random field) 이론]이 발달하게 되었다. 이렇게 비교 수를 고려하여 통계적 역치를 수정하는 방법을 **실험별 1종 오류율**(Family Wise Error, FWE) 수정 방법이라 한다. 다른 연구자들은 수천 개의 무선적인 뇌 영상(예 : 데이터 치환을 통해)을 제작하여, 무선적 자료에 기초한 역치(예 : $P < 0.05$)를 선택하기도 한다. 이러한 방식의 수정을 **오발견비율**(False Discovery Rate, FDR) 수정법이라 한다. 이 방법에서는 적은 수의 부피소들이 활성화된 자료보다 많은 부피소들이 활성화된 자료에서 더욱 통계적으로 엄격한 역치가 사용된다.

기능적 영상 방법을 사용한 논문들을 읽다 보면 '수정된(corrected)' 혹은 '수정되지 않은(uncorrected)' 서로 다른 유의수준을 보고하곤 한다. 왜 이렇게 하는 것일까? 이것은 정당한 것인가? 수정된 유의수준은 더 보수적인 기준을 사용했음을 의미하며, 단지 우연으로 인해 많은 영역이 활성화된 것으로 판단하는 일을 방지한 것이다. 그러나 한 부피소에만 주목하여 분석을 하는 경우라면 수정되지 않은 유의수준(예 : 표준적인 $P < 0.05$)을 사용해도 무방하다. 왜냐하면 이 경우에는 넓은 뇌 영역에 걸쳐 여러 번의 통계검증을 한 것이 아니기 때문이다. 미리 정한 몇몇 부피소에 걸쳐진 좁은 영역의 활성화에 대한 분석 시에는 또 다른 방법이 사용되기도 한다[이를 작은 부피 교정(small volume correction)이라고 부른다].

기능적 영상 자료의 해석

기능적 영상 실험에서 뇌 영역이 '활성화'되었다고 하는 것은 무슨 의미일까? 이는 말 그대로 어떤 조건에서 해당 영역의 신호(fMRI의 BOLD 신호)가 비교 조건(범주 설계, 파라메트릭 설계 혹은 다른 그 어떤 설계 사용하였든 간에)에 비해 높다는 것을 의미한다. 한 영역이 활성화되는 이유는 여러 가지이며 그중에는 이론적으로 그다지 중요하지 않은 이유들도 포함된다. 특정 영역이 활성화되었다는 것은 그 영역이 해당 과제의 수행에 필수적임을 의미하지는 않는다는 것을 이해하는 것은 중요하다. 대안적 설명으로 활성화 수준의 증가는 피험자의 인지적인 전략 혹은 해당 과제에만 국한되지 않는 다른 일반적인 기제(예 : 주의 집중의 증가) 혹은 해당 뇌 영역이 정보를 받았으나 그에 반응하지 않는 상태[즉 억제(inhibition)]를 반영할 수도 있다. 이러한 대립된 가설들은 더 엄밀한 실험 방법을 통해서만 기각될 수 있다. 우연에 의한 결과는 반복 검증을 통해, 그리고 뇌 영역의 필수성은 뇌 손상 기법(lesion method)을 통해 확인할 수 있다. 이와 관련한 더 자세한 논의가 다음 단락에서 이어질 것이다.

핵심 용어

실험별 1종 오류율(FWE) 수행되는 검증의 수에 기초하여 다중비교에 따른 문제를 수정하는 방법

오발견비율(FDR) 획득된 긍정적인 결과의 수에 기초하여 다중비교 문제를 해결하는 방법

억제 다른 뇌 영역의 활성화/처리에 의해 한 뇌 영역에서의 활성화(혹은 인지 처리)가 감소하거나 억압받는 현상

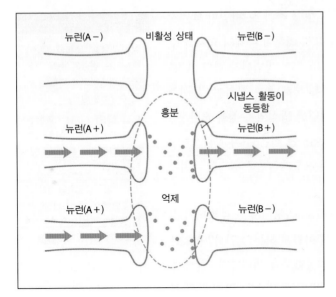

뉴런(A−)　비활성 상태　뉴런(B−)

시냅스 활동이 동등함

흥분

뉴런(A+)　　　　　뉴런(B+)

억제

뉴런(A+)　　　　　뉴런(B−)

그림 4.16 흥분성과 억제성 시냅스 연결은 모두 세포의 대사 활동을 수반하기 때문에 억제된 영역도 활동을 하고 있는 것으로 잘못 해석할 가능성이 있다.

억제 대 흥분

기능적 영상 신호는 뉴런, 특히 시냅스의 대사 활동과 상관이 있다고 가정된다(Jueptner & Weiller, 1995 참조). 그러나 뉴런은 억제적(전시냅스 뉴런이 활성화될 때 후시냅스 뉴런이 활동을 멈추는 경우)이거나 흥분적(전시냅스 뉴런이 활성화될 때 후시냅스 뉴런이 활동하기 시작하는 경우)인 상호작용 모두에서 대사 활동을 할 수 있다. 대부분의 연결은 본래 **흥분**(excitation)성 연결이다. 로고테티스 등(Loghthetis et al., 2001)은 fMRI에서 사용하는 BOLD 신호가 해당 영역에서 내보내는 신경신호보다는 들어오는 입력 정보에 더 민감하다는 것을 보여주었다. 따라서 다른 영역으로부터 입력을 받지만, 출력을 내보내지 않는 영역들도 활성화된 것으로 나타날 수 있다.

기능적 영상을 통해 유사한 생리적 변화를 수반하는 것으로 가정되고 있는 이 두 가지 종류의 신경 활동을 구별할 수 있을지는 불분명하다.

활성화 대 불활성화

활성화와 불활성화는 두 조건의 신호 간 차이에 대한 부호(+ 혹은 −)를 나타낸다. 이 용어를 뉴런 간 정보 전달과 관련한 흥분/억제의 개념과 혼동해서는 안 된다. (과제 A)−(과제 B)의 감산을 수행한다면, 과제 B에서보다 과제 A에서 활동 수준이 더 높기 때문에 유의미한 정적 효과[즉 **활성화**(activation)]를 나타내는 영역도 있을 것이고, 과제 B에서보다 과제 A에서 활동 수준이 더 낮기 때문에 유의미한 부적 효과[즉 **불활성화**(deactivation)]를 나타내는 영역도 있을 것이다. 당연히 (과제 B)−(과제 A)의 감산을 수행한다면, 똑같은 영역들이 나타나되 부호만 반대가 될 것이다. 따라서 활성화와 불활성화라는 용어는 단지 조건 간의 활동 수준의 차이와 그 방향성을 나타낸다. 조건 간 신호의 차이가 왜 발생하는지는 이론적 해석에 달린 문제이다. 만약 기저선 과제가 실험 조건과 질적으로 많이 다르다면 활성화와 불활성화에 대한 해석이 매우 어려워진다.

필요 대 충분

"뇌 영상이 답이라면 질문은 무엇일까?"라는 흥미로운 제목의 논문에서, 코슬린(Kosslyn, 1999)은 기능적 영상 연구의 한계에 대한 몇 가지 원인을 제시했다. 여기서 언

핵심 용어

흥분 다른 뇌 영역의 활성화/처리에 의해 한 뇌 영역에서의 활성화(혹은 인지 처리)가 증가하는 현상

활성화 다른 조건(들)과 비교하여 한 조건에서의 생리적 활동이 증가하는 현상

불활성화 다른 조건(들)과 비교하여 한 조건에서의 생리적 활동이 감소하는 현상

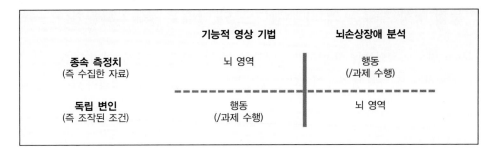

종속 측정치 (즉 수집한 자료)	**기능적 영상 기법** 뇌 영역	**뇌손상장애 분석** 행동 (/과제 수행)
독립 변인 (즉 조작된 조건)	행동 (/과제 수행)	뇌 영역

그림 4.17 기능적 뇌 영상 기법과 환자의 뇌손상장애 분석(또는 TMS, 제5장 참조)은 논리적으로 다른 유형의 방법론이다. 어느 하나가 다른 것을 대체할 가능성은 거의 없다.

급된 한 가지 중요한 점은 '활성화'된 것으로 나타난 일부 영역은 해당 과제의 수행 시 사용되나 필수적이지 않을 수도 있다는 점이다. 예를 들어, 특정 영역이 활성화된 원인이 과제 수행을 위해 사용 가능한 여러 전략 중에서 피험자가 선택한 특정 인지 전략 때문일 수 있다. 또 비교된 과제 간의 어떤 일반적인 차이 때문일 수도 있다. 예를 들어, 한 과제가 다른 과제보다 어려우면 더 많은 주의 집중을 요하고, 이러한 필요가 나름의 신경 활동을 불러일으킬 수 있다. 주의를 더 기울이는 것이 해당 과제를 수행하는 데 확실히 도움이 된다 할지라도, 그 자체가 과제를 수행하기 위해 필수적이지 않을 수 있다. 이런 맥락에서 기능적 영상 연구는 특정 과제를 수행하는 데 어떤 뇌 영역의 활동이 필요 조건이 되는가에 대한 정보를 주지만, 그 영역들이 해당 과제 수행에 대한 충분 조건이라거나 결정적인 역할을 하는 영역이라는 정보는 주지 않는다.

기능적 영상 자료는 다른 방법들과 함께 사용될 때 그 가치가 증가할 것이다. 초기에는 기능적 영상의 이점이 뇌 손상 기반 신경심리학(neuropsychology)을 대체할 수 있다고 주장되었다. 그러나 이 두 방법론에서 사용하는 추론의 논리가 다르기 때문에, 다음에 설명된 바와 같이 그럴 가능성은 적다. 뇌 손상 기반 신경심리학은 뇌 손상의 위치가 조작되고(환자 표본의 경우 손상 위치가 선택됨) 그로 인한 행동적 결과를 관찰하게 된다. 그리하여 뇌 영역과 관찰된 행동 간에 인과 관계가 가정된다. 기능적 영상 연구는 이와 반대된다. 이 경우 피험자에게 주어지는 과제가 조작되며, 그에 따른 뇌 영역의 활동이 관찰된다. 이 중 일부 영역의 활동성 변화는 과제의 수행에 필수적이겠으나, 다른 영역들의 활동성 변화는 부수적일 수 있다. 이러한 이유로 기능적 영상 연구는 전통적인 뇌 손상 기반 접근법을 대체하지 못할 것이다. 다음 단락에서는 뇌 영상 기법과 신경심리학 연구 간에 일치하지 않는 연구 결과들을 어떻게 조화시킬 수 있는지에 대해 자세히 논의할 것이다.

기능적 영상 자료는 왜 뇌 손상 자료와 때때로 불일치하는가

기능적 영상 자료와 뇌손상장애 자료가 불일치하는 경우는 크게 두 가지 범주로 나뉜다. 다음에는 두 가지 범주의 사례와 함께 불일치를 해소할 수 있는 방법이 함께 기술되어 있다.

불일치 1 : 영상 연구에서는 과제 수행을 위해 특정 뇌 영역이 활성화되었으나, 뇌 손상 연구에서는 해당 뇌 영역이 그 과제를 수행하는 데 있어 필수적인 부분이 아닌 것으로 나타남(영상 +, 뇌 손상 −).

불일치에 대한 가능한 설명

- 활성화된 영역이 과제를 수행하는 데 있어 필수적인 영역이 아니라, 특정 인지 전략의 사용을 반영할 수도 있다.
- 활성화된 영역이 일반적인 인지적 자원의 활용(예 : 과제의 난이도, 주의, 각성의 증가로 인함)을 반영할 수도 있다.
- 활성화된 영역이 흥분(즉 활동 시작)되기보다 억제(즉 활동 중단)된 것을 반영할 수도 있다.
- 뇌 손상 연구는 해당 영역의 필수성을 입증할 만큼 강한 통계적 검증력을 갖지 못했을 가능성이 있다(예 : 환자 수가 너무 적거나 병변의 위치가 다르거나 수행된 과제가 영상 연구에서와 다른 경우).

불일치 2 : 영상 연구에서는 과제 수행에 특정 뇌 영역이 활성화되지 않았으나, 뇌 손상 연구에서는 해당 뇌 영역이 그 과제를 수행하는 데 있어 필수적인 것으로 나타남(영상 −, 뇌 손상 +).

불일치에 대한 가능한 설명

- 해당 영역이 실험 과제와 기저 과제의 수행에 모두 관여하는 경우, 두 조건 간의 비교 시 해당 영역의 활성화가 상쇄되어 인위적인 무위 결과(null result)가 나타날 수 있다.
- 해당 영역의 활성화를 찾는 것이 본질적으로 어려울 수도 있다(예 : 너무 작은 영역이거나, 영역의 위치에 개인차가 크거나, 원래 해당 영역의 신호 변화량이 매우 작은 경우).
- 뇌 손상으로 인한 장애가 그 영역의 회백질에서의 시냅스 활동보다는 그 영역을 지나가는 섬유 다발의 손상을 반영할 가능성이 있다.

앞의 논의는 기능적 영상과 뇌 손상 자료 간의 불일치가 영상 기법 혹은 뇌 손상 기법 혹은 두 가지 모두에 기인할 수 있음을 강조한다. 더 엄격한 실험 방법을 사용하는 것 외에 이러한 불일치를 해결할 비법은 없다. 연구 방법마다 각기 상대적인 장점을 지닌다. 그렇기 때문에 불일치하는 결과가 나타난 경우, 이것을 무시하거나 특정 연구 방법의 실패로 간주하고 무시하기보다는 잠재적으로 매우 흥미로운 현상일 수 있다는 자세로 접근해야 한다(예 : Henson, 2005). 이것이 어떻게 가능한지에 대한 감을 잡는 것을 돕기 위해 다음 단락에서 구체적인 예를 들어 설명하겠다.

양쪽의 좋은 점만 다 취하기

핵심 용어

의미기억 사람, 장소, 사물과 단어의 의미에 대한 지식을 포함하는 세상에 관한 개념적 지식

의미기억 상실형 치매 의미기억 정보의 점차적인 손실

노년기에 들어 예전에는 알고 있었던 단어나 물체의 의미를 점차 상실하게 되는 불행한 일을 겪는 사람들이 있다. 이런 경우 적어도 발병 초기 단계에서는 사건에 대한 기억, 계산 능력, 문법 등은 정상적으로 유지될 수 있다(예 : Hodges et al., 1992). 이러한 환자들은 주로 단어나 사물의 의미를 저장하는 **의미기억**(semantic memory) 체계에 기능적 손상을 입었기 때문에 대개 **의미기억 상실형 치매**(semantic dementia) 진단이 내려진다. 이러한 환자들이 손상을 입은 뇌 부위는 어디일까? 부피소 기반 계측법(VBM)을 사용한 뇌 손상 연구들에 따르면, 의미기억 손상 정도는 좌반구 전측 측두엽의 퇴화 정도와 상관되었다(Mummery et al., 2000). 이러한 결과를 고려하면 기능적 영상 연구를 통해 건강한(뇌 손상이 없는) 피험자들이 의미기억 과제를 수행할 때 같은 영역에서 활성화가 일어난다면 매우 고무적일 것이다. 그러나 항상 이러한 결과가 나타난 것은 아니었으며, 몇몇 뇌 영상 연구에서는 다른 뇌 영역, 즉 좌 하측 전두회(하외측 전전두피질이라고도 함)의 활성화가 보고되었다. 이와 같이 불일치하는 결과를 어떻게 이해할 수 있을까? 각 연구에서 사용된 과제들을 더 정밀하게 비교함으로써 불일치에 대한 원인을 찾고 의미기억이 뇌에서 어떻게 구현되는지에 대해 더 잘 알 수 있게 될 것이다.

인지 기능에 대한 최초의 기능적 영상 연구 중 하나는 의미기억이 뇌의 어느 영역에 저장되는지에 대한 답을 찾고자 하였다. 이미 언급이 되었듯이 피터슨 등(Petersen et al., 1988)의 연구에서는 2개의 과제, 즉 동사 산출하기(예 : 피험자가 CAKE를 보면 "eat"라고 말하는 것)와 소리 내어 읽기(예 : 피험자가 CAKE를 보면 "cake"라고 말하는 것)를 수행하는 동안의 뇌 활성화 정도를 비교하였다. 동사 산출하기 과제는 소리 내어 읽기 과제와 비교하여 의미기억에 대한 의존도가 높을 것으로 가정된다. 그런데 두 과제를 비교한 결과 좌 하측 전두회의 영역들이 활성화되었는데, 이는 뇌 손상 연구에서 의미기억 상실과 관련되었던 영역이 아니다. 이 경우 우리는 기능적 영상 연구 결과와 뇌 손상 연구 결과 중 어느 것을 더 신뢰해야 할까? 좌 하측 전두회가 정말로 의미기억에 기여하는 것일까? 이 가설을 검증하기 위해서는 의미기억에 어려움을 가진 환자 집단 대신, 좌 하측 전두회에 선택적으로 뇌 손상을 입은 피험자 집단을 선정하여 기능적 영상 연구에서와 동일한 과제를 수행하도록 하는

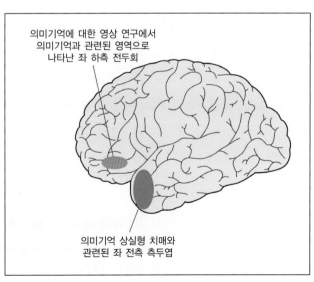

의미기억에 대한 영상 연구에서 의미기억과 관련된 영역으로 나타난 좌 하측 전두회

의미기억 상실형 치매와 관련된 좌 전측 측두엽

그림 4.18 의미기억을 상실한 뇌 손상 환자 연구와 의미기억에 대한 영상 연구는 의미기억과 관련된 주요 뇌 영역에 대하여 항상 동일한 결론을 내린 것은 아니다.

연구가 필요하다. 실제로 이러한 연구를 수행한 결과, 좌 하측 전두회 손상 환자들은 의미기억 과제 수행에 미묘하긴 하나 실제로 어려움을 겪는다는 것이 확인되었다. 톰슨-쉴 등(Thompson-Schill et al., 1998)은 이 환자들에게 동사 산출하기 과제를 수행하도록 하였는데, 동사 선택에 대한 요구가 낮은 조건과 높은 조건이 있었다. 선택에 대한 요구가 낮은 조건에서는 특정 단어(예 : '가위?')가 제시되면 대부분의 사람들이 동일한 동사를 말한다(예 : '자르다'). 선택에 대한 요구가 높은 조건에서는 제시된 단어(예 : '고양이?')에 대해 명백한 하나의 동사가 떠오르지 않는다. 환자들은 전자가 아닌 후자의 경우에만 장애를 보였다. 정상인을 대상으로 한 보다 많은 기능적 영상 연구들은 이 영역이 의미기억 인출의 난이도와 관계된다는 것을 보여주었다(Thompson-Schill et al., 1997, 1999). 따라서 지금까지 고려한 방법론 간 불일치는 실제보다 더 과장되어 보인 것일 수 있다. 좌 하측 전두회가 손상된 환자가 의미기억 장애 증상을 보이지 않는 이유는 이 영역이 명확한 답이 떠오르지 않는 상황에서의 전략적 기억 인출에 관계되기 때문일 것이다. 반대로 측두엽 영역은 의미기억의 저장소이기 때문에 의미적 지식에 더 치명적인 장애를 유발할 수 있다. 그렇다면 왜 이 기능적 영상 연구들은 의미기억의 저장소일 것으로 추정되는 이 영역을 찾아내지 못했을까? 한 가지 가능성은 사용된 기저 조건의 특성 때문일 수 있다. 피터슨 등(1998)은 동사 산출하기 과제(의미기억 과제)와 소리 내어 읽기 과제(비의미적인 과제로 간주됨)를 비교하였다. 그러나 단어 읽기가 의미적 저장소에 의존되어 있다면, 두 조건의 의미기억 관련 뇌 활동은 서로 상쇄될 것이다. 이를 지지하는 충분한 증거도 있다(Woollams et al., 2007).

이 사례의 경우 기능적 영상 자료와 뇌 손상 연구 자료 간의 불일치는 의미기억의 저장 및 인출에 관한 더 완전한 이해를 가능하게 하였다. 이는 인지신경과학에서 서로 다른 연구 방법들의 장점이 어떻게 결합될 수 있는지를 보여주는 좋은 예이다.

두뇌 읽기 : '빅브라더'가 가까이 왔는가

이번 장은 인간의 속마음을 바깥 세상에 드러내는 데 기능적 영상이 사용되는 무서운 이야기로부터 시작되었다. 따라서 이제 지금까지 언급한 내용을 바탕으로, 이 흥미로운 주제에 대한 이야기로 되돌아가는 것이 좋을 것 같다. 기능적 영상으로 획득한 자료들을 분석하고 해석하는 것이 단순한 작업이 아니라는 것은 이제 분명해졌을 것이다. 이 과정은 신호를 있는 그대로 분석하는 것이 아니라, 여러 단계의 절차로 이루어지며, 각 단계는 나름의 가정을 포함한다. 이 기술은 여전히 상대적으로 새로운 기술임에도 불구하고 이미 상당한 진보를 이루었다고 볼 수 있다. 지금과 같은 초기 단계에서도 이미 기

기능적 영상 기법을 거짓말 탐지기로 사용 가능한가?

거짓말은 인간의 사회적 상호작용의 자연스러운 일부분일 것이다. 거짓말은 몇 가지 인지적 요소로 구성된다. 예를 들어, 타인이 자신과 다른 마음 상태를 지닐 수 있다는 사실을 이해해야 한다(소위 마음 이론이라고 불림). 거짓말은 또한 진실된 대답을 억누르고 그럴 듯하게 다른 반응을 하는 능력을 필요로 한다. 이러한 복잡함을 고려할 때, 뇌 속에 거짓말을 전담하는 하나의 독립된 '거짓말 모듈'이 있을 가능성은 적다. 그럼에도 불구하고 거짓말을 만들어내는 기관이 '뇌'라는 것을 감안하면, 거짓말을 하는 동안의 뇌를 관찰하는 연구가 전통적인 거짓말 탐지기(또는 '폴리그래프')보다 더 신뢰할 만한 거짓말의 지표를 제공할 수 있을 것이다.

전통적인 폴리그래프는 거짓말을 만들어내는 사고 과정 이후에 뒤따르는 땀 배출, 호흡과 심장 박동을 포함한 여러 신체 반응을 관찰한다. 이 측정치들은 일반적으로 각성 상태의 증가(예 : 불안)와 관련한 측정치로서, 죄책감에 따른 생리적 반응을 배타적으로 구별해내지 못하기 때문에 그 신뢰성에 의문이 제기된다. 또한 거짓말 하는 사람이 죄책감을 느끼지 않는다면, 각성 반응 역시 강하게 일어나지 않을 것이다.

거짓말의 신경학적 상관(neural correlate)을 측정하기 위해 fMRI를 사용한 연구들이 있다(예 : Ganis et al., 2003; Langleben et al., 2002). 피험자들에게 질문에 대해 즉흥적으로 거짓말을 해보라고 요구하였을 때(예 : "방학 때 누구를 방문했는가?", "이 카드가 이전에 보았던 카드인가?" 등), 전 대상피질을 포함한 몇몇 뇌 영역이 활성화되었다. 이 영역은 불일치와 오류를 모니터링하고(Carter et al., 1998), 전통적인 폴리그래프의 근거

그림 4.19 모든 거짓말이 이처럼 쉽게 탐지될 수 있는 것은 아니다.

가 되는 신체 반응을 유발(Critchley et al., 2003)하는 것과 관련되기 때문에 이러한 연구들에서 주목을 받아왔다. 그러나 모든 종류의 거짓말이 이 영역을 활성화시키는 것은 아니다. 가니스 등(Ganis et al., 2003)에 따르면 피험자가 사전에 미리 암기한 거짓말을 뇌 촬영 중에 말하는 경우, 이 영역 대신 기억 인출에 관련한 영역이 활성화되었다. 요약하면 fMRI를 거짓말 탐지기로 어느 정도 활용할 수 있다 할지라도 이 복잡하고 현실적인 문제에 대해 간단한 해결책을 제시하지는 못할 것이다(Sip et al., 2007).

능적 영상 기법을 이용하여 거짓말을 탐지하거나 타인의 생각을 예측하기 위한 연구들이 진행되고 있다(개관은 Haynes & Rees, 2006 참조).

일반적으로 다른 범주의 사물(예 : 얼굴, 장소, 단어, 도구)은 뇌의 서로 다른 영역들을 활성화시킨다고 알려져 있다. 그렇다면 뇌의 활성화 패턴만을 통해 피험자가 무엇을 보았는지 추측할 수 있을까? 타인이 특정 시행에서 무엇을 관찰(Haxby et al., 2001) 혹은 상상(O'Craven & Kanwisher, 2000)하였는지를 직접 보거나 묻지 않고 당시에 일어난 뇌 활동만을 이용하여 예측하는 연구들이 수행되었다. 이 실험을 위해 각 피험자에 대하여 어떤 기저 조건(예 : 모든 나머지 다른 사물들)과 비교하여 각 범주의 사물에 대한 평균적인 뇌 반응을 측정하는 예비 실험이 필요하다. (일반적인 fMRI 분석에서와 같이) 활성화 반응의 최댓값만을 사용하기보다 분산된 여러 부피소에 걸친 활성화 패턴을 분석하는 더 정밀한 접근법을 사용할 수 있다. 이 방법은 **다중 부피소 패턴 분석**(multi-

핵심 용어

다중 부피소 패턴 분석(MVPA)
인지적 처리와 관련한 분산된 활성화 패턴을 분석하는 fMRI 분석법

그림 4.20 다중 부피소 패턴 분석(MVPA) 실험 설계에는 실험 참가자에게 어떤 과제나 자극을 주고(이 예에서는 병 또는 구두를 보는 것임), 어떤 수학적 알고리즘('분류기'라 불림)이 부피소에서 나타나는 활동의 패턴(부피소들의 실질적인 공간적 배열이 중요한 것은 아님)을 기반으로 그 둘을 최적으로 분별할 수 있도록 스스로 학습한다. 그 다음 국면(시험)에서는 실험 참가자에게 더 많은 과제나 자극들(예 : 새로운 신발 사진)을 주고, 그 알고리즘은 그들을 분류한다. 이때 실험 참가자들의 마음/뇌는 실질적으로 '읽힌다'고 할 수 있다.

출처 : Adapted from Norman et al., 2006.

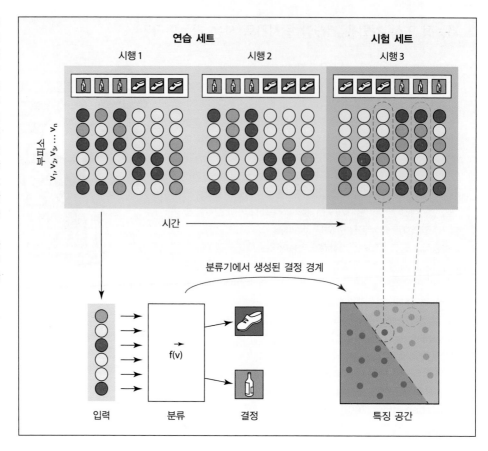

voxel pattern analysis, MVPA)이라고 불린다(개관은 Tong & Pratte, 2012 참조). 예를 들어, 핵스비 등(Haxby et al., 2001)은 피험자들에게 고양이, 집, 얼굴, 신발을 포함하는 8개의 범주의 사진을 보여주었다. 개별 시행 동안의 뇌 활성 신호는 예비 연구에서 얻은 평균 활동과의 상관관계 분석을 거쳐 각 시행 동안 보았을 가능성이 가장 높은 범주를 예측하였다. 이 절차를 통해 범주 간 쌍별 비교를 한 결과 96% 정확도로 피험자들이 본 자극의 범주를 예측할 수 있었다. 어떤 사물에 대해 생각만 할 때도 그 사물을 실제로 볼 때 사용하는 뇌 영역과 동일한 영역이 어느 정도 관여된다. 오크레이븐과 캔위셔(O'Craven & Kanwisher, 2000)는 개별 심상(imagery) 시행에서 유사한 결과를 얻었다. 다른 연구는 이 영역들의 활성화가 단어를 읽을 때나(Mitchell et al., 2008), 예전에 보았던 이미지를 회상할 때 그 단어의 의미범주를 정확히 예측하는 데 사용될 수 있음을 보여주었다(Polyn et al., 2005).

지금까지 언급한 연구들은 제한된 몇 가지 옵션 중에서 답을 선택하는 방식으로 다소 제한이 있었다(예 : 물병과 구두를 비교). 그러나 다른 연구들은 이 접근법을 무한한 수

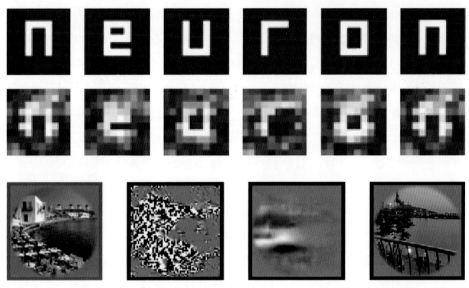

그림 4.21 뇌의 활동은 제시되는 이미지를 재구성하는 데 사용될 수 있을까? 위쪽의 예시는 실험 참가자에게 10×10 격자로 제시된 글자들이 뇌 활동 패턴으로 분명하게 읽히는 것을 보여준다. 아래쪽의 예시에서 맨 왼쪽 그림(빨간색 테두리)은 표적 이미지이고 오른쪽에 제시된 세 그림은 뇌 활동 패턴으로부터 재구성된 세 가지 시도(검은색 테두리)를 보여주고 있다. 첫 번째 재구성은 국지적인 대비 탐지 알고리즘을 사용한 것이다. 두 번째 재구성은 전역적인(흐릿한) 이미지 특성을 사용한 것이다. 마지막 시도는 6백만 개의 이미지 데이터베이스(물론 표적 이미지는 포함되지 않았음)에서 가장 유사한 것을 찾은 것이다.

출처 : Top, from Miyawaki et al., 2008. Bottom, from Naselaris et al., 2009.

의 반응들을 생성하는 데 적용하였다. 일차시각피질(V1)은 특별한 위치에 불빛이 들어온 것을 탐지하거나, 특정 방위의 선분들을 탐지하는 데 특정 작은 영역들이 모자이크처럼 짜여진 특별한 기능적 구조를 갖고 있다. fMRI에 사용된 부피소들의 격자(grid) 구조로 이러한 패턴을 측정할 수 있으므로, 실험 참가자에게 제시된 시각적 이미지를 이 영역의 활성화 패턴에 기초하여 재구성하는 시도로 이어졌다. 예를 들어, 미야와키 등(Miyawaki et al., 2008)은 10×10 픽셀 격자를 사용하여 분류기(classifier)를 학습시켰다. 분류기가 물병에 비해 구두를 '선호'하는 부피소를 찾을 수 있는 것과 마찬가지로, 예를 들어 그리드의 오른쪽 아랫부분에 비해 왼쪽 윗부분이 밝은 자극을 선호하는 부피소를 찾거나, 수직 방향보다 수평 방향을 선호하는 부피소를 찾을 수 있다. 이 간단한 훈련을 통해 실험 참가자에게 제시한 단어들과 글자들을 재구성할 수 있었다. 이 방법을 사용하여 보다 복잡한 이미지들을 산출하려는 노력은 다소 제한적인 성공을 거두었다고 할 수 있으나, 매우 큰 데이터베이스에서부터 새로운 이미지에 가까운 자극을 찾을 수 있는 정도의 성공은 이루었다(Naselaris et al., 2009).

대부분의 논의는 외부 입력들에 대한 뇌 신호의 해독(decoding)에 집중되어 왔다. 그렇다면 본질적으로 내부에서 발생되는 의도와 결정은 어떠한가? 전전두엽 활동의 패턴은 어떤 사람이 두 과제 중 어떤 것을 수행할 것인지를 예측(그 사람이 실제로 반응하기도 전에)하는 데 사용될 수 있다. 이 연구에서는 숫자들을 합할 것인지, 혹은 뺄 것인지를 결정하는 과제가 사용되었다(Haynes et al., 2007). 또한 연구에서는 일련의 물품들을 보여주었을 때의 뇌 활성화로 뒤따르는 구매 결정을 우연수준보다 높게 예측할 수 있었다(Knutson et al., 2007). 마지막으로 식물인간 상태(vegetative state)에 놓여, 언어적 또는 운동 반응을 할 수 없는 환자들을 대상으로 놀라운 연구들이 진행되었다(Monti et al., 2010; Owen et al., 2006). 이 환자들 중 일부는 "당신 집 주변을 돌아다니는 것을 상상하라." 또는 "테니스를 치는 것을 상상하라."와 같은 지시를 따르는 것으로 미루어 보아 문장을 이해할 수 있는 것으로 보인다. 이 과제는 공간과 운동의 상상과 관련된 매우 다른 신경적 기질을 갖고 있다. 더 나아가 이렇게 다른 신경신호들은 "당신의 아버지 이름이 알렉산더입니까?"와 같은 간단한 질문에 대한 답을 할 수 있는 의사소통의 방법('네'=테니스 상상, '아니요'=집 상상)으로 사용될 수 있다. 따라서 두뇌 읽기 기술은 '빅브라더'의 도구로서가 아니라 궁극적으로는 실제 임상 현장에서 유용하게 사용될 수 있을 것이다.

평가

요약하자면 뇌 영상은 처리되는 자극의 종류와 간단한 인지적 과정(예 : 더하기 혹은 빼기)을 추론하는 데 사용될 수 있다. 그러나 fMRI가 과연 생각의 특정 내용을 추론하는 데 쓰일 수 있을지는 불분명하다. 예를 들어 어떤 사람이 스캐너 안에서 자신의 고양이를 생각하는지, 또는 옆집 고양이를 생각하는지를 추론하기 위해서는 개별 자극이 뇌의 어떤 부위에, 그리고 어떻게 표상되어 있는지에 대한 지식이 필요할 것이다. 우리 모두는 삶의 과정 동안 서로 다른 고양이, 집 등에 노출되었다. 게다가 우리의 뇌는 모두 미묘한 방식으로 다르다. 이러한 사실들은 뇌 영상 기술의 진보만으로는 결코 해결할 수 없는 자연적인 한계를 제공한다.

요약 및 핵심 정리

- 구조적 영상 기법은 뇌의 정적인 물리적 특성을 드러내는(병을 진단하는 데 유용) 반면, 기능적 영상 기법은 뇌의 역동적인 생리적 변화(인지 기능과 관계될 수 있는)를 보여준다.
- 신경 활동은 혈액으로부터 공급받는 산소를 소비한다. 이는 활동 중인 영역에 혈류(PET으로 측정)를 증가시키고 혈중 탈산화 헤모글로빈의 양(fMRI로 측정)을 변화시킨다.
- 뇌는 항상 생리적으로 활동 중이므로 기능적 영상 기법은 생리적 활동의 상대적인 변화를 측정해야 한다. 기능적 영상 연구에서 가장 기본적인 실험적 설계는 한 과제를 하는 동안 뇌의 각 부분의 활성화 값으로부터 약간 다른 과제를 하는 동안 뇌의 각 부분 영역의 활성화 값을 감하는 것이다. 이를 인지 감산법이라 부른다.
- 파라메트릭 설계와 요인 설계를 포함한 다른 방법은 인지 감산법과 관련된 많은 문제를 최소화시킬 수 있다.
- 구조적·기능적 뇌 구조의 개인차로 인해, 한 뇌의 특정 지점을 다른 뇌의 동일한 지점에 조금의 오차도 없이 매핑하는 것은 불가능하다. 현행 영상 기법은 개인의 뇌 자료를 공통의 표준 뇌에 매핑(뇌정위적 표준화)하고 유의미한 활성 영역을 확장(평활)시킴으로써 이 문제를 해결하고 있다.
- '활성화'된 영역은 기저 조건에 비해 실험 과제에서 대사가 국소적으로 증가했음을 의미하지만, 해당 영역이 그 과제를 수행하는 데 있어 필수적인 영역임을 보여주는 것은 아니다. 뇌 손상 연구는 특정 과제를 수행하는 데 해당 영역의 필수성을 증명할 수 있다.
- 기능적 영상 기법은 사람이 무엇을 생각하고 느끼고 있는지에 대한 변별에 사용될 수 있으며 전통적인 거짓말 탐지기를 능가할 가능성이 있다. 그러나 타인의 사고나 기억에 대한 자세한 설명을 제공하는 것은 거의 가능하지 않을 것이다.

논술 문제

- fMRI 기술의 토대가 되는 생리학적 과정은 무엇인가? 이 방법의 시간해상도와 공간해상도를 결정하는 요인은 무엇인가?
- 기능적 영상 연구에서 '인지 감산법'은 무엇을 의미하는가? 이 방법의 문제점은 무엇인가?
- 인지 이론을 발전시키기 위한 목적으로 기능적 영상 기법이 뇌 손상 연구법을 대체할 가능성이 있는가?
- 주어진 과제에서 뇌 영역이 '활성화'된 것으로 나타난다면, 해당 영역이 그 과제의 수행에 필수적이라는 것을 의미하는가? 아니라면 그 이유는 무엇인가?
- 기능적 영상 기법이 거짓말 탐지에 사용될 수 있는가? 기능적 영상 기법이 타인의 생각이나 느낌을 읽는 데 사용될 수 있는가?

더 읽을거리

- Huettel, S. A., Song, A. W., & McCarthy, G. (2008). *Functional magnetic resonance imaging* (2nd edition). Sunderland, MA : Sinauer Associates. 깊이 있으면서도 이해하기 쉬워 일반 독자들에게 추천함
- Jezzard, P., Matthews, P. M., & Smith, S. M. (2001). *Functional MRI : An introduction to methods*. Oxford, UK : Oxford University Press. fMRI에 대해 충분한 기초적인 지식이 있거나, fMRI의 물리학과 수학에 대해 더 많이 알고 싶은 사람에게 추천함
- Poldrack, R. A., Mumford, J. A., & Nichols, T .E. (2011). *Handbook of functional MRI data analysis*. Cambridge, UK : Cambridge University Press. fMRI 연구 경험을 시작하는 사람에게 추천함

제5장

손상된 뇌

이 장의 내용

해리와 연합

단일 사례 연구

집단 연구와 병변-결함 분석

신경심리학의 동물 모형

경두개자기자극술(TMS)

경두개직류자극술(tDCS)

요약 및 핵심 정리

논술 문제

더 읽을거리

뇌 손상을 입은 불행한 사람들에 관한 연구는 인지신경과학자들에게 풍부한 정보원이 되어 왔다. 이 접근법의 기본 가정은 비정상을 연구함으로써 정상 기능에 관한 통찰을 얻을 수 있다는 것이다. 이는 일종의 '역설계'인데, 한 가지 요소(또는 영역)가 제거되었을 때 나머지 인지체계가 무엇을 할 수 있거나 없는지 관찰함으로써 그 요소(또는 영역)의 기능을 추론한다는 점에서 그렇다. 그런 면에서 뇌 손상은 "인지를 봉합선을 따라 오려낸다"(McCarthy & Warrington, 1990).

환자 기반의 신경심리학은 대략 두 가지 형태로 나뉜다. 한 가지 전통은 내가 고전신경심리학이라고 부르는데, 한 뇌 영역이 가진 기능을 알아내기 위해 그 영역에 병변이 있는 환자들을 데려다가 그들이 할 수 있거나 할 수 없는 능력들을 조사하는 것이다. 병변의 위치를 정확히 찾아내고 정량화할 수 있는 영상 기법이 발달되어 이러한 유형의 연구에 큰 도움을 주고 있다. 이 연구들 또한 기능 영상 자료의 해석을 돕는 중요한 출처가 된다. 내가 인지신경심리학이라고 부르는 두 번째 전통에서는 보존되거나 손상된 능력들의 패턴 자체가 인지의 구성 요소들을 추론하는 데 사용되어 왔다. 이 능력들이 뇌 속

핵심 용어

집단 연구 고전신경심리학에서는 서로 다른 환자들의 수행을 결합하여 집단 평균을 산출함

단일 사례 연구 인지신경심리학에서는 서로 다른 환자들의 자료를 합치지 않음

경두개자기자극술(TMS) 두피 위에 가까이 댄 코일에 빠르게 변하는 전류를 가하여 뇌를 자극하는 비침습적 방법

경두개직류자극술(tDCS) 약한 전류를 흘려 뇌를 자극하는 비침습적 방법

분리뇌 뇌량의 신경섬유 다발을 절단하는 수술 절차

뇌졸중 뇌로 가는 혈액 공급이 차단됨. 뇌혈관 사고라고도 부름

동맥류 지나치게 늘어나서 파손되기 쉬운 동맥 지점

어디에 위치하고 있는지는 상관이 없다. 이 접근은 상세한 정보처리 모형을 발전시키는 데 특히 유용하고 많은 영상 연구의 근거가 되는 인지적 이론틀을 제공한다. 두 전통의 간극은 깊다. 예를 들어, 많은 학술지들은 알게 모르게 한 가지 접근법을 다른 접근법에 비해 더 선호한다. 게다가 각 전통은 각자의 방법론에 의존하는 경향이 있다. 고전신경심리학은 집단 연구(group study)를 선호하고 인지신경심리학은 단일 사례 연구(single-case study)를 선호한다. 인지신경과학은 두 전통을 절충하면서 발전해왔고, 이 책에서도 두 접근을 모두 다룰 것이다. 염두에 두어야 하는 이번 장의 핵심은 이렇다. 집단 연구는 병변과 결함의 연합 관계를 구축하는 데 더 적합하고, 단일 사례 연구는 인지 처리들이 어떻게 나뉘는지를 이해하는 데 특히 도움이 된다.

자연 발생하는 뇌 병변은 뇌졸중, 종양, 뇌 손상 또는 다른 유형의 피해에 기인하는 '자연의 사고'이다. 이를 보완하기 위해 멀쩡한 뇌에 자기 자극을 가하여 '가상 병변'을 만들기도 하는데, 그 논리는 병변 연구와 같다(예 : Pascual-Leone et al., 1999). 이런 방법을 경두개자기자극술(transcranial magnetic stimulation, TMS)이라고 한다. 이 방법은 병변의 위치를 강조하는 고전신경심리학 전통에 부합한다. 그러나 이 방법은 인지 처리의 타이밍에 관한 정보를 제공할 수 있어서 인지 정보처리 이론들을 검증하는 데에도 활용될 수 있다. 이 방법은 전통적인 병변 연구에 비해 많은 장점을 가지고 있다. 더 새로운 방법은 전기 자극의 원리에 근거하는데, 경두개직류자극술(transcranial direct current stimulation, tDCS)이라고 한다(Nitsche et al., 2008). TMS처럼 이 방법도 잠시 동안 인지 기능을 방해하는 데 사용될 수 있다(가상 병변 접근). 그러나 이 방법은 인지 기능을 향상시키는 데 사용할 수도 있어서 재활뿐만 아니라 인지의 뇌 기반을 탐색하는 데 함의하는 바가 크다.

해리와 연합

1990년에 매우 희한한 2명의 환자가 로베르토 쿠벨리(Roberto Cubelli)의 관심을 끌었다(Cubelli, 1991). CF라는 환자는 모음을 전혀 쓸 수 없어서 그 자리를 빈칸으로 남겨 두었다('Bologna' → B L GN). CW라는 다른 환자는 선택적으로 모음에 대해서만 철자 오류를 범했다(예 : 'dietro' → diatro). 말을 할 때는 그런 오류를 범하지 않았다. 반대로 케이와 핸리(Kay & Hanley, 1994)는 선택적으로 자음에 대해서만 철자 오류를 범하는 환자를 보고하였다(예 : 'record' → recorg). 인지신경심리학의 기본 논리는 한 범주의 장애가 다른 범주의 장애 없이 발생할 수 있다면 이 범주들이 서로 독립적이라고 간주할 수 있다는 것이다. 방금 전에 논의한 환자들의 경우에서는 글로 쓴 모음과 자음을 처리

뇌 손상을 입는 경우

다음에 요약한 바와 같이 뇌 손상은 여러 이유로 발생할 수 있다.

신경외과수술

뇌전증이 심각한 경우에 간혹 수술을 통해 발작이 집중되는 곳을 제거하기도 한다. 신경심리학에서 가장 유명한 사례인 HM은 내측두엽의 일부가 수술에 의해 제거된 후부터 심각한 기억상실증을 겪게 되었다(제9장 참조). 전체 뇌로 퍼져나가는 뇌전증 발작을 줄이기 위해 예전에 사용된 또 다른 수술 절차로는 뇌량의 섬유 다발을 절제하는 것이 있다. 이러한 수술을 분리뇌(split-brain) 절차라고 한다. 이러한 처치를 받은 환자들이 일상생활에서 겪는 장애는 매우 경미하여, 실험실 환경에서 짧은 시간 동안 한반구에 자극을 제시할 때에만 무엇이 잘못되었는지를 관찰할 수 있다(이에 대한 개관으로 Gazzaniga, 2000 참조). 예전에는 정신의학적 환자들에게 수술을 가하는 일도 흔했다(제14장의 전두엽 절제술에 관한 논의 참조). 일반적으로 수술 절차는 오직 약으로 치료하기 불가능한 경우에만 실시한다.

뇌졸중 또는 뇌혈관 사고(CVA)

뇌로 가는 혈액 공급이 방해를 받으면[이를 뇌졸중(strokes) 또는 뇌혈관 사고(cerebrovascular accident, CVA)라 한다] 넓거나 좁은 영역의 신경 괴사를 유발할 수 있다. 동맥이 파열되면 출혈이 발생하여 두개골 속 압력이 증가한다(보통 수술로 압력을 줄인다). 동맥류(aneurysm)를 가지고 태어난 사람들은 혈관이 파열될 가능성이 더 높다. 동맥이 지나치게 유연하여 부풀거나 파열되는 지점들이 그렇다. 혈관들은 지방과 엉겨붙은 핏덩이가 큰 혈관으로부터 작은 혈관으로 유입되거나(색전증, embolism) 고정된 핏덩이가 지나치게 커지면(혈전증, thrombosis) 막힐 수 있다. 다른 혈관 장애로서 혈관종(angiomas, 엉키고 구불구불한 혈관이 파열됨)과 동맥경화증(arteriosclerosis, 혈관벽이 단단해짐)을 들 수 있다.

외상성 두부 손상

혈관성 장애는 주로 노인들에게 영향을 끼치는 데 비해 외상성 두부 손상(traumatic head injuries)은 40대 미만의 사람들에게서 가장 흔한 형태의 뇌 손상이다. 특히 교통사고의 결과로 인해 젊은이들에게 발생한다. 외상성 두부 손상은 두개골의 골절 여부에 따라 '개방성'과 '폐쇄성'으로 분류된다. 개방성 두부 손상에서는 부상 부위가 다소 국소적인 데 반해, 폐쇄성 두부 손상에서는 부상 부위가 다소 넓고 (뇌가 두개골 안에서 튕겨진 나머지) 종종 의식 상실을 동반한다.

종양

뇌는 (자궁 다음) 두 번째로 종양(tumors)이 흔하게 발생하는 부위이며, 뇌 종양은 종종 다른 신체 부위로부터 퍼져서 온다(전이성 종양, metastatic tumors). 종양은 새 세포가 생겨날 때 제대로 제어되지 않아서 발생한다. 뇌 종양은 뇌막이나 교세포 같은 지지 세포로부터 형성된다[각각 '수막종(meningioma)'과 '신경교종(gliomas)'이라 한다]. 종양은 뉴런을 압박하여 기능 손상이나 사멸을 유발하기 때문에 뇌 기능에 해를 끼친다.

바이러스 감염

많은 바이러스들이 뇌 속의 특정 세포를 표적으로 삼는다. 이 중에는 단순 포진 뇌염(herpes simplex encephalitis, HSE), 인체 면역 결핍 바이러스(HIV), 크로이츠펠트-야콥병(CJD)이 있다.

신경변성 장애

대부분의 서구 사회에서는 노령 인구가 큰 비중을 차지하고 있으며, 그 규모와 연령은 점점 더 증가하고 있다. 1900년에는 인구의 4%만이 65세 이상이었지만, 2030년에는 20%가 65세를 넘을 것으로 추정된다. 평균 수명이 증가함에 따라 뇌에 영향을 끼치는 퇴행성 질환도 증가하고 있다. 지금까지는 알츠하이머 유형의 치매(dementia of the Alzheimer type, DAT)가 가장 흔하다. 이 질환은 여러 뇌 영역들이 위축되는 것과 관련이 있고 가장 초기의 증상으로서 기억장애를 동반한다(기억상실, amnesia). 다른 신경변성 실환으로서는 파킨슨병과 헌팅턴병(제8장 참조), 픽병(Pick's disease, 의미기억 상실형 치매에서 자주 진단됨), 그리고 다발경색 치매(multi-infarct dementia, 다수의 소규모 발작으로 인해 생기고 DAT와 구별하기 어려움)가 있다.

하기 위해 뇌가 사용하는 신경 자원이 구분되어 있다고 추론할 수 있다. 이 신경 자원은 뇌 속에서 (적어도 밀리미터나 센티미터 규모로) 서로 다른 위치에 속한 것이 아니라 한 위치에 섞여 있는 두 집단의 뉴런들을 반영할 수도 있다. 또한 자음과(또는) 모음을 부호화하는 것이 이 뉴런들의 유일한 기능이라고 결론짓기도 어렵다. 뉴런 집단의 차이는

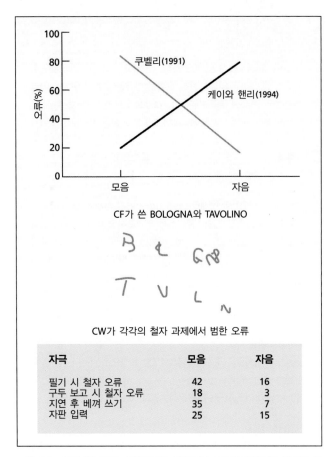

CF가 쓴 BOLOGNA와 TAVOLINO

CW가 각각의 철자 과제에서 범한 오류

자극	모음	자음
필기 시 철자 오류	42	16
구두 보고 시 철자 오류	18	3
지연 후 베껴 쓰기	35	7
자판 입력	25	15

그림 5.1 어떤 환자들은 선택적으로 자음이나 모음에 대해서만 철자를 혼동하는 실수를 범한다. 이는 자음과 모음을 부호하는 신경 자원이 분리되어 있음을 뜻한다.

출처 : Data from Cubelli, 1991.

상대적일 수 있으며, 사실 전체 범위의 다른 자극들(예 : 숫자)을 검토하지 않고서 한 집단이 기능을 독점적으로 가진다고 판단하는 것은 현명하지 못하다. 그럼에도 불구하고 주로 자음이나 모음을 적는 데만 활용되는 신경 자원이 따로 존재한다고 결론을 내리는 데는 무리가 없다.

어떤 환자가 특정 과제(과제 A)는 못하지만 다른 과제(과제 B)는 비교적 잘 수행한다면, 이를 단일 해리(single dissociation)라고 한다. 만약 그 환자가 통제 집단과 비교할 때 과제 B를 완전히 정상적으로 수행한다면, 이는 전통적(classical) 단일 해리라고 부른다. 만약 이 환자가 두 과제에 모두 서툴지만 한 과제를 다른 과제에 비해 유의미하게 못한다면, 이를 강력한(strong) 단일 해리라고 한다(Shallice, 1988). 두 사례 모두에서 과제 A와 과제 B는 서로 다른 신경 자원을 가진 서로 다른 인지 처리를 사용한다고 추론할 수 있다. 그러나 다른 추론도 가능하다.

과제 A와 B 모두 정확히 똑같은 인지/신경 자원을 사용하지만 과제 A보다 과제 B를 수행하는 데 더 많은 자원이 필요할 수 있다(예 : 과제 B가 더 어렵다). 만약 뇌 손상으로 인해 이 자원이 고갈되면, 과제 B를 수행하는 것이 상대적으로 또는 선택적으로 더 손상될 것이다. 이를 과제-자원 산물(task-resource artifact)이라 부른다(Shallice, 1988). 단일 해리는 과제-요구 산물(task-demand artifact)이라는 개념으로도 설명할 수 있다(Shallice, 1988). 과제-요구 산물은 환자가 과제들 중 하나를 적절하지 않은 방식으로 수행하여 단일 해리가 발생하는 경우이다. 예를 들어, 환자가 지시를 오해했거나 이상한 방식으로 과제를 수행했을 수 있다. 환자의 일반적인 지적 능력을 측정하여 더 명확한 지시와 연습 기회를 제공하고, 생태적으로 타당한 과제를 사용하거나, 동일한 (또는 비슷한) 과제를 여러 번 반복함으로써 과제-요구 산물을 최소화할 수 있다.

대체로 거의 모든 신경심리학 연구들은 2개 이상의 과제가 서로 다른 인지/신경 자원을 사용한다는 점을 증명하면서, 과제-자원이나 과제-요구라는 용어를 직접 사용하지는 않지만 그러한 해석을 반증하는 데 목적을 둔다. 쿠벨리의 환자들의 경우에 동일한 과제(즉 글쓰기)가 두 조건에서 모두 수행되었기 때문에 과제-요구 산물은 쉽게 제외될 수 있다. 과제-자원 산물을 배제할 수 있는 가장 강력한 방법은 이중 해리(double dissociation)를 증명하는 것인데, 이는 두 가지 단일 해리가 서로 상보적인 관계에 있는 상황을 일컫는다. 지금의 사례를 그대로 사용하자면, 케이와 핸리의 환자는 쿠벨리의 환자보다 모음을 잘 쓸 수 있는 반면, 쿠벨리의 환자는 케이와 핸리의 환자보다 자음을 더 잘 쓸 수 있었다.

지금까지의 논의는 결함들 간 해리의 중요성을 강조했지만, 결함들의 연합은 어떨까? 예를 들어, 만약 쿠벨리의 환자를 닮은 환자 한 사람당, 자음과 모

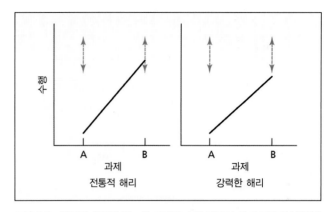

그림 5.2 전통적 해리에서는 한 과제의 수행 정도가 통제 집단의 범위(점선)에 있다. 강한 해리에서는 두 과제가 통제 집단의 범위 밖에 있지만 한 과제가 다른 과제보다 상당히 더 손상된다.

출처 : Shallice, 1988. ⓒ Cambridge University Press. Reproduced with permission.

음 모두에 대해 비슷한 정도의 실서증(dysgraphia)을 겪는 환자가 10배, 20배, 혹은 100배 더 많다면, 해리를 발견하는 것이 덜 중요해질까? 어떤 연구자들은 그렇지 않다고 생각한다. 두 가지 증상이 연합되는 데는 몇 가지 이론적으로 흥미롭지 않은 이유가 있는데, 가장 주된 이유는 두 기능이 뇌에서 근접한 곳에 위치하기 때문에 그곳에 발작이 생기면 (또는 다른 어떤 것이든 간에) 두 증상이 비슷하게 영향을 받는 것이다. 예를 들어, 얼굴을 알아보는 데 어려움을 겪는 환자들은 흔히 색을 지각하는 데도 어려움을 경험하지만, 이는 두 기능에 모두 특화된 '슈퍼 모듈'이 있다는 것을 의미하기보다는 신경해부학적인 근접성을 반영한 것이다. 이론적인 관점에서 중요한 것은 두 기능의 (이중) 해리이다.

두말할 필요도 없이, 이러한 견해는 반발을 샀다. 특정한 해리가 우연하게 발생했을 가능성을 배제하려면 그 해리가 얼마나 흔하게 발생하는지 알 필요가 있다(Robertson et al., 1993). 예를 들어, 만약 뇌 손상이 무작위로 일부 철자에만 영향을 끼친다면 모음을 쓸 때만 어려움을 겪는 환자를 발견할 수는 있겠지만, 그것은 의미 있는 해리라기보다 그저 우연히 발생한 것에 불과하다. 다른 연구자들은 해리보다 여러 증상들 간의 연합[소위 증후군(syndrome)]에 초점을 두어 왔다. 이중 해리를 사용하는 것 자체가 비판을 받아왔다(Dunn & Kirsner, 2003 참조). 어떤 이들은 이중 해리를 사용하는 것이 모듈화 개념을 지지하는 것과 같다고 생각한다(예 : Fodor, 1983, 제1장 참조). 그러나 꼭 그렇지는 않다. 셸리스(Shallice, 1988)는 다음과 같은 사고 함정을 설정하여 왜 이 주장이 틀렸는지를 논의하고 있다. 만약 모듈들이 존재한다면 이중 해리는 모듈을 찾을 때 유용한 방법이다. 이중 해리는 존재하므로 모듈들도 존재한다. 이 함정에서 빠져나오려

핵심 용어

과제-요구 산물 어떤 과제를 최적이 아닌 상태로 수행하면 (과제 수행에 필요한 요소들이 손상되지 않았더라도) 그 과제를 다른 과제보다 못하게 됨

이중 해리 서로 상보적인 패턴의 두 단일 해리

실서증 철자를 말하거나 쓰는 데 겪는 어려움

증후군 의미 있는 방식으로 관련성을 가진다고 추정되는 서로 다른 증상들의 묶음

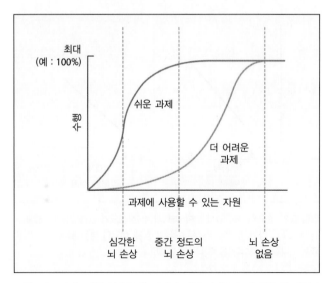

그림 5.3 과제-자원 산물은 한 과제가 다른 과제보다 더 많은 인지/신경 자원을 사용하기 때문에(즉 한 과제가 더 어려워서) 발생할 수 있다. 쓸 수 있는 자원의 양이 뇌 손상으로 인해 감소한다고 가정하자. 이 사례에서 중간 정도의 뇌 손상일 때 환자는 쉬운 과제를 여전히 정상적으로 수행할 수 있다. 단일 해리는 두 과제가 각기 다른 인지/신경 기저에 의존한다는 점을 증명하지는 않는다.

출처 : Adapted from Shallice, 1988.

면 다음과 같이 질문해야 한다. 모듈이 아닌 시스템도 이중 해리를 만들 수 있을까? 상호 연결망 모형과 같은 다른 유형의 인지 아키텍처가 이중 해리를 만들어낼 수 있다는 것이 증명되어 왔다(Plaut, 1995). 그 이유가 흥미롭다. 구성 단위들이 상호작용을 하고 다양한 범위의 자극에 (많든 적든) 반응한다 하더라도, 이 시스템들은 특정 유형의 처리/정보에 기능적으로 특화된 단위들을 포함하기 때문이다.

어떤 이들은 이중 해리에 의존하는 것이 '순수한' 사례에 관한 연구를 요구하기 때문에 문제가 된다고 주장해왔다(Dunn & Kirsner, 2003). 그러나 꼭 그렇지만은 않다(Shallice, 1979). 우선, 순수한 사례가 의미하는 바에 주의해야 한다. 예를 들어, 앞에서 언급한 실서증 환자들이 기억상실증도 가지고 있다고 가정해보자. '순수한 실서증' 환자가 아니므로 이들을 연구에서 제외해야 할까? 이론적 입장에 따라 대답이 다르다. (대부분이 그렇듯) 어떤 이의 이론적 모형이 글쓰기와 기억은 서로 독립적이라고 가정한다면 글쓰기만 따로 떼어내어 연구하는 것이 전적으로 가능하다.

두 환자가 두 가지 과제에서 이중 해리를 보이는 것을 발견하는 일은 신경심리학자들의 여러 도구들 가운데 하나일 뿐임을 일러둘 필요가 있다. 환자들이 할 수 있는 것과 할 수 없는 것을 해석하려면 다른 다양한 과제들로부터 얻은 증거들이 필요하다. 예를 들어, 실서증 환자들의 결함을 제대로 해석하려면 이들이 모음과 자음을 배껴 쓸 수 있는지 또는 이 철자들을 시각적으로 인식할 수 있는지 알아야 한다. 수행 수준과 상관없이(즉 잘하고 못하고에 상관없이) 환자들이 범하는 오류의 유형 역시 중요한 정보의 원천이 된다. 예를 들어, 자음과 모음이 독립적이라는 생각은 이중 해리의 논리에서 나온 것이 아니라 실서증이 유발하는 오류 유형으로부터 처음 유추된 것이다(Caramazza & Miceli, 1990). 이중 해리는 유용하지만 만병통치약은 아니다.

단일 사례 연구

인지신경심리학 이론을 위한 카라마짜의 가정

정상적인 인지/뇌 기능을 연구하기 위해 뇌 손상을 입은 사람들의 단일 사례를 이용하는 일은 19세기 중엽에 시작되었지만, 이러한 접근의 논리를 형식화하려는 시도는 오랫동안 드물었다. 카라마짜는 1980년대에 처음으로 이를 진지하게 시도하였다(Caramazza, 1986, 1992; Caramazza & Badecker, 1989; Caramazza & McCloskey, 1988; McCloskey & Caramazza, 1988). 그는 세 가지 근본적인 가정이 지금까지의 거의 모든 신경심리학 연구들을 드러나지 않게 뒷받침해왔다고 주장하였다.

1. 분할성 가정 : 첫 번째 가정은 뇌 손상이 선택적인 인지적 병변을 유발할 수 있다는 것이다. 병변이 특정 뇌 영역에 생기는 병변이 아니라 특정 인지 모형 안에서 생긴 병변을 가리킨다는 점에 유의해야 한다(물론 이 두 가지는 서로 관련된다). 카라마짜의 논점은 뇌 손상 환자들을 관찰하여 인지 이론을 상세화하는 데(인지신경심리학) 있으며, 뇌 안에서 인지 처리가 일어나는 위치를 찾는 데(고전신경심리학) 있지 않다.

2. 투명성 가정 : 투명성 가정(transparency assumption)은 병변이 이미 존재하는 인지체계 안에 있는 하나 또는 여러 요소에 영향을 끼치지만 완전히 새로운 인지체계가 생겨나게 하지는 않는다는 가정이다. 이 가정은 우리가 정상을 이해하고 싶어서 비정상을 연구하는 것이지, 비정상 자체를 이해하고 싶은 것이 아니기 때문에 필요하다.

3. 보편성 가정 : 보편성 가정은 모든 인지체계가 기본적으로 같다는 것이다.

카라마짜는 이 가정들이 어떤 상황에서는 틀릴 수 있다는 점을 인정한다. 각 가정이 어느 정도나 옳은지, 그리고 뇌 손상 환자로부터 얻은 추론이 얼마나 유효한지는 경험적 연구를 통해 밝혀져야 한다. 비평가들은 이 가정들의 잠재된 문제점을 지적해왔다. 코슬린과 반 클리크(Kosslyn & van Kleek, 1990)는 선택적인 인지 손상이 관찰될지 여부(분할성 가정)는 신경 시스템의 구조에 달려 있다고 주장했다. 예를 들어, 주어진 연산을 수행하는 뉴런들이 뇌 속 여기저기에 퍼져 있기보다는 한 곳에 모여 있는 경우, 그리고 그 뉴런들이 여러 연산에 관여하기보다는 하나의 연산에 전념하는 경우에 결함이 선택적으로 발생할 가능성이 높다. 그럼에도 불구하고 독특한 신경 구조로 인해 병변 연구로는 밝히기 어려운 인지 처리들이 있을 수 있다 하더라도, 선택적인 인지적 결함은 관찰될 수 있다. 따라서 분할성 가정은 대체로 유효하다고 볼 수 있다.

투명성 가정은 잠재적으로 가장 심각한 문제를 가지고 있다. 기본적으로 연구자는 뇌 손상이 한 가지 인지 요소를 제거하지만, 완전히 재구성된 또는 다른 인지 시스템을 만들지는 않는다고 가정할 필요가 있다. 뇌 가소성, 그리고 뇌 손상 후 재활 및 회복에 관한 사례들은 언뜻 투명성에 반하는 증거인 것 같다. 그러나 꼭 그런 건 아니다. 예를 들어, 뇌졸중 후에 말하는 데 어려움을 크게 겪었다가(즉 실어증) 시간이 지나면서 이러한 문제가 감소되는 환자를 생각해보자. 이 사례를 뇌가 뇌졸중 후에 스스로를 재조직화한다는 주장의 **명백한** 증거로 여길 수 있다. 그러나 이는 과제를 수행하는 방법이 완전히 새로 만들어졌다기보다는 이미 존재하던 인지 모형이 회복되었기 때문일 수 있다. 따라서 이런 사례는 투명성 가정에 반한다고 볼 수 없다. 신경 수준의 가소성은 뇌 기능에서 흔히 찾아볼 수 있는 특성이며(제9장 참조), 행동 변화나 기능 변화 없이도 발생한다. 투명성 가정은 아동기보다 성인기에 생긴 뇌 손상의 경우 더 유효하다는 점에 주목하는 것이 중요하다(Thomas & Karmiloff-Smith, 2002). 또한 투명성 가정은 인지 시스템의 인지적 구조에 관한 것이지 시스템의 위치에 관한 것이 아니라는 점을 주의해야 한다. 한 아동 뇌전증 환자가 좌반구가 제거되고도 우반구를 사용하여 말하는 것을 배웠던 사례를 생각해보라(Vargha-Khadem et al., 1997a). 이 사례는 투명성 가정을 위배하는가? 그럴 수 있지만 꼭 그런 건 아니다. 새로운 우반구 시스템이 좌반구에 있는 것과 인지적으로 동등한지에 달려 있다. 투명성 가정은 병이 생기기 전과 후의 인지 시스템 간의 비교 가능성을 말하는 것이지, 시스템이 어디에 위치하는지에 관한 것이 아니다. 비록 이 가정의 유효성에 관해 논쟁이 지속되고 있지만, 어림잡아 판단할 때 아동에 비해 어른의 사례에서, 그리고 손상이 일어나고 한참 후보다 직후에 연구를 했을 때 (또는 손상 후 인지 능력이 장기간 유지될 때) 투명성 가정이 틀렸을 가능성은 낮다.

모든 인지 시스템이 기본적으로 같다는 보편성 가정 역시 문제가 있다. 그러나 카라마짜는 인지신경과학의 다른 방법들도 똑같은 문제가 있다고 주장해왔다. 기본적으로 연구자는 정상적인 인지를 일반화하여 이해하기 위해 위해 개인(또는 개인들)이 모집단을 대표한다고 가정할 필요가 있다. 개인차는 '노이즈'(예 : 과제 수행의 시간적인 변산) 또는 인지 시스템의 효율성에 관계된 다른 요인들(예 : 전문성) 때문에 발생하는 것이지, 과제 수행 방법의 질적인 차이를 반영하는 것은 아닐 수 있다. 질적인 개인차가 존재한다면 그것은 물론 이론적으로 흥미롭다. 이러한 차이를 탐구하고 설명하는 틀을 찾아내는 것은 인지신경과학 전반에 걸쳐 어려운 문제이며, 환자에 근거한 신경심리학에만 해당하는 문제가 아니다. 그러나 캐플란(Caplan, 1988)은 개인차가 다른 방법들보다 단일 사례 연구에 더 문제가 되는데, 이 이유는 단일 사례 연구가 예외적인 발견의 중요성을 과장하기 때문이라고 주장했다. 하지만 개인차가 '노이즈' 아닌 뭔가 이론적으로 흥미로운 것 때문에 발생한다고 가정하는 면에서, 이는 단일 사례 연구법의 약점이라기보다는 장점으로 생각할 수 있다.

단일 사례 연구를 지지하는 사례

더 나아가 카라마짜와 맥클로스키(1988)는 단일 사례 연구야말로 인지신경심리학이 수용할 수 있는 유일한 방법이라고 주장했다. 이 입장에 관해 논쟁한 논문들의 제목만 봐도 흥미롭다. "단일 환자 연구를 지지하는 사례"라는 제목의 원 논문(Caramazza & McCloskey, 1988)은 집단 연구를 반박하였다. 뒤따라 나온 논문 "집단 연구를 반대하는 사례를 반대하는 사례"(Zurif et al., 1989)는 "증후군(즉 증상의 연합)은 세상이 우리에게 준 것"이라고 주장하며 집단 연구를 옹호하였다. 이 논문은 다시 "임상적 증후군은 인지신경심리학에게 주어진 신의 선물이 아니다 : 증후군 연구에 반대하는 사례에 대한 반응에 대한 대답에 대한 반박에 대한 답신"(Caramazza & Badecker, 1991)이라는 꽤 웃긴 제목의 논문이 출간되도록 자극했다. 이처럼 열띤 논쟁을 이해하려면 한 발짝 물러나서 맨 처음에 소개된 논점을 고려해야 한다.

맨 먼저 뇌 손상이 없는 모집단의 참가자들을 검사할 때의 논리를 생각해보자. 연구자는 참가자 표본($S_1 \sim S_n$)을 모집하고, 사실이든 아니든 이들이 대체로 동등한 인지 시스템(M)을 가지고 있다고 가정한다. 그다음, 모든 참가자들이 동등한 방식으로 과제를 수행할 거라 가정하고(즉 과제-요구 산물 없이) 실험(E)을 수행하여 관찰치($O_1 \sim O_n$)를 얻는다. 이 사례에서 참가자들 간의 차이(예 : 시간에 따른 수행의 변량, 속도와 능력의 차이)가 오로지 '노이즈'에 기인한다고 가정하면, 집단의 관찰치를 평균해도 괜찮다고 여길 것이다.

이번에는 한 집단의 뇌 손상 환자들($P_1 \sim P_n$)을 검사하는 상황을 생각해보자. 앞에서처럼 각 환자는 (뇌 손상이 발생하기 전에) 본질적으로 동일한 인지 시스템(M)을 가지고 있으며 동일한 실험(E)을 접하여 동일한 방식으로 수행한다고 가정한다. 그러나 각 환자는 서로 다른 인지 시스템($L_1 \sim L_n$)에 손상을 입었을 가능성이 있다. 따라서 실험 수행 과정에서 관찰된 차이는 환자 간 노이즈라기보다는 손상 부위의 차이

뇌 손상이 없는 모집단에서…					
피험자	S_1	S_2	S_3	S_4…	S_n
인지 시스템 실험	M E	M E	M E	M E	M E
관찰	O_1	O_2	O_3	O_4…	O_n

뇌 손상을 가진 모집단에서…					
피험자	P_1	P_2	P_3	P_4…	P_n
인지 시스템 실험	M L_1 E	M L_2 E	M L_3 E	M L_4 E	M L_n E
관찰	O_1	O_2	O_3	O_4…	O_n

그림 5.4 카라마짜는 뇌 손상이 없는 참가자들($S_1 \sim S_n$)이 동일한 인지 시스템(M)을 가지고 있어서 실험(E)을 동등한 방식으로 수행하기 때문에, 이들에게서 관찰한 결과들($O_1 \sim O_n$)을 평균할 수 있다고 주장했다. 뇌 손상을 입은 환자들($P_1 \sim P_n$)에게는 같은 논리가 적용될 수 없다. 각각의 환자들은 서로 다른 인지적 손상(L)을 입었을 것이고 선험적으로 이를 알 도리가 없기 때문이다.

출처 : Caramazza & McCloskey, 1988.

그림 5.5 단일 사례 연구를 신경심리학에서만 찾아볼 수 있는 것은 아니다. 예를 들어, 단일 사례 연구는 고고학과 인류학의 발전에 크게 공헌해왔다. 1974년에 도널드 요한슨은 318만 년 전에 살았던 영장류 루시의 뼈 일부를 발견했다. 루시는 직립 보행을 하고 작은 뇌를 가지고 있었다. 그전까지의 이론들은 뇌가 커진 후에 직립 보행이 가능해졌을 거라 여겼다. 이 단일 사례가 그렇지 않다는 것을 증명한 것이다. 과학자들이 요한슨의 발견을 받아들이는 데 있어서 '루시들'의 집단이 필요하지는 않았다는 점에 주목하라.

출처 : John Reader/Science Photo Library.

때문일 수 있으므로 환자들을 평균하는 것은 가능하지 않다. 어느 인지 시스템이 손상되었는지는 오로지 각각의 사례에 대한 경험적 관찰을 토대로 결정할 수 있다. (이 논의에서 중요한) 인지 시스템에 입은 손상과 해부학적 손상이 다르다는 점을 꼭 명심해야 한다. 현재로서는 (지극히 개략적인 용어를 쓰지 않는 한) 구조적 손상으로부터 환자의 인지적 상태를 이끌어낼 수 있는 마법 같은 방법이 존재하지 않는다. 따라서 인지적 손상을 확정하려면 개별 환자를 인지적으로 검사해야만 한다.

만약 한 집단의 환자들이 동일한 인지 시스템 요소에 손상을 입었다면, 이 환자들을 평균할 수 있을까? 카라마짜에 따르면 평균해도 괜찮겠지만 이 연구는 일련의 단일 사례 연구이지, 하나의 집단 연구는 아니다. 따라서 관심을 쏟아야 하는 단위는 여전히 단일 사례이다. 환자들이 동일한 손상을 입었다는 것을 확정하려면, 개별 환자에 대하여 동일한 세트의 실험들을 수행해야 할 것이다. 따라서 연구자는 환자들을 평균한다고 해서 단일 사례로부터 배우는 바 이상의 것을 배우지는 못할 것이다. 한 사람 이상의 환자를 검사하는 것에 대해 반대하는 것이 아니라, 동등하다고 가정하는(그러나 동등하지 않다고 밝혀진) 여러 환자들의 결과를 평균하는 것에 대해 반대하는 것이다.

단일 사례 연구를 이용하는 것에 반대하는 주장 중에는 아무도 단일 사례에서 발견한 것에 근거하여 이론을 만들 수 없고 단일 사례를 일반화할 수도 없다는 것이 있다. 이에 대한 재반박은 아무도 단일 사례에 근거하여 완전히 새로운 인지 이론을 만들려고 하지는 않는다는 것이다. 신경심리학이든 다른 분야든, 이론은 정상인과 뇌 손상 환자를 모두 포함하여 출처가 다른 광범위한 관찰을 설명할 수 있어야 한다. 예를 들어, 읽기에 관한 인지 모형들은 익숙하게 글을 읽는 사람들에 관한 다양한 관찰뿐만 아니라 (여러 단일 사례로부터 이끌어낸) 다양한 유형의 후천적 실독증도 설명할 수 있다. 또한 이 이론들은 수행 양상(예 : 오류 유형)과 수행 수준(즉 해리 논리를 따라)을 모두 설명해야 한다. 비록 아무도 단일 사례에 근거한 이론을 만들려고 하지는 않겠지만, 단일 사례에 대한 관찰은 이론을 검증하고 수정하고 발전시키는 데 유효한 자료가 된다. 단일 사례를 일반화할 수 없다는 주장에 대한 재반박으로서 "어디에 일반화할 것인가?"라고 질문해볼 수 있다. 단일 사례를 정상인에 관한 인지 모형에 일반화하는 것은 전적으로 가능하다. 그러나 하나의 단일 사례를 또 다른 단일 사례에 일반화하는 것은 훨씬 어렵다. 두 뇌졸중 환자는 서로 다른 인지 능력을 보이겠지만(즉 한 사례를 다른 사례에 일반화할 수 없다), 그럼에도 불구하고 각각의 독특한 사례를 정상적인 인지 기능에 일반화하는 것은 가능하다.

평가

앞에서 소개한 주장은 단일 사례 연구가 유효한 방법론이며 인지 시스템의 요소들을 결정하는 데 특별히 중요한 역할을 한다는 점을 강조하였다. 또한 뇌 조직에서 손상된 영역뿐만 아니라 인지 모형에서 손상된 요소도 '병변'으로서 이해할 수 있다는 점을 논하였다. 그렇다면 집단 연구는 아무런 역할도 못한다는 걸까? 지금부터는 집단 연구가 중요한 역할을 하고 있으며, 집단 연구가 단일 사례 접근과는 다른 유형의 질문에 대해 답할 때 특히 적합하다는 점을 설명할 것이다.

집단 연구와 병변-결함 분석

인지를 순전히 인지적인 방식으로 설명하려는 인지신경심리학과 뇌에 근거하여 설명하려는 고전신경심리학 사이의 간극을 설명하면서 이번 장을 시작했다. 두 접근 모두 인지신경과학의 체제에 잘 들어맞는다. 인지신경심리학적 전통은 개념적인 틀을 풍부하게 하고 인지의 신경 요소가 무엇인지에 관해 (비록 그것의 위치에 관한 것이 아니더라도) 검증 가능한 가설을 제공한다. 고전신경심리학적 전통은 기능 영상을 사용하여 중요한 비교 자료들을 제공한다. 몇 가지 이유로 인해 뇌 영역들은 기능 영상 과제에서 활성화되거나 비활성화된 것처럼 보일 수 있으며, 활성화되었다고 해도 이 영역들이 그 과제에서 결정적인 역할을 담당한다고 단정할 수는 없다. 이러한 결론은 해당 영역에 병변이 있는 환자에 관해 연구를 해보면 알 수 있다. 그러나 전형적으로 환자들의 병변은 크기가 크고 관심 영역에만 제한된 경우는 거의 없다. 그러므로 주어진 과제에 필수적인 영역을 찾아내려면 여러 명의 환자들을 고려해야만 한다.

환자들을 집단화하는 방법

병변 위치와 결함을 연합하기 위해 환자들을 한 집단으로 묶을 때 적용하는 원칙은 무엇일까?

1. **증후군에 따른 집단화** : 서로 다른 여러 증상을 근거로 환자들을 특정 집단에 할당한다. 이 방법은 정신의학적 연구에서 특히 흔하지만(예 : 조현병), 신경심리학에서도 같은 방법을 쓴다(예 : 실어증의 하위 유형; Goodglass & Kaplan, 1972).

2. **인지적 증상에 따른 집단화** : 하나의 특정 증상을 근거로 환자들을 특정 집단에 할당한다(예 : 환청, 비단어를 읽지 못함). 환자들에게는 다른 증상도 있을 수 있겠지만, 그 증상들이 사례마다 다르다고 가정한다. 따라서 이 방법은 관심 증상에 민감하다.

3. **해부학적 병변에 따른 집단화** : 특정한 해부학적 영역의 병변을 근거로 환자를 선택한다. 관심 영역을 설정하기 위해 이전의 기능 영상 연구를 참고할 수 있다. 환자들의 뇌에서 관심 영역만 손상되었어야 할 필요는 없다. 다른 곳에도 추가적인 손상이 있을 수 있겠지만, 그 병변들이 사례마다 다르다고 가정한다. 따라서 이 방법은 관심 영역에 대해 민감하다(Damasio & Damasio, 1989).

환자들을 집단화하는 데 있어서 옳거나 그른 방법은 없다. 어느 방법을 사용할지는 정확히 어떤 질문에 답하려는지에 따라 어느 정도 결정된다. 증후군에 따라 사례들을 집단화하는 방법은 다소 대략적인 수준의 분석을 제공하는 반면, 개별 증상에 따라 집단화하는 방법은 더 섬세한 수준의 분석을 가능하게 할 것이다. 일반적으로 증후군에 근거한 방법은 인지의 신경 기저에 관한 이론을 발전시키는 데보다는 해당 질환의 신경 상관물을 이해하는 데 더 적합하다.

증상에 따라 환자를 집단화하고(앞 목록의 2번) 이들에게서 공통적으로 손상된 영역이 무엇인지를 찾는 것은 비교적 새로운 방법이다. 이 방법은 여러 환자의 MRI를 촬영하여 부피소 대 부피소 비교를 함으로써 병변의 확률적 '핫스팟'에 관한 상세한 통계 지도를 계산하는 새 기법에 의해 가능하게 되었다(Rorden & Karnath, 2004). 예를 들어, 이 방법은 여러 집행 기능 검사들에서 전두 영역들의 역할을 구분해낼 때 활용되어 왔다(Shammi & Stuss, 1999; Stuss et al., 2002). 증상으로부터 병변 위치를 찾아가는 방법의 장점 한 가지는 증상에 관여하는 영역을 하나 이상 발견하는 것이 가능하다는 것이다. 예를 들어, 한 가지 결함이 영역 X나 영역 Y가 손상되어 발생할 수 있다고 가정하자. 만약 누군가가 처음에 영역 X에 손상을 입었는지 여부에 따라 환자들을 집단화하여 결함 여부를 검사했다면(앞 목록의 3번), 이 연구자는 영역

그림 5.6 병변-결함 분석을 하기 위해 환자를 집단화하는 방법은 적어도 세 가지가 있다.

| 독립변인
(예 : 집단화) | 행동 증후군 | 행동 증상 | 병변 위치 |
| 종속변인
(예 : 자료) | ↓
병변 위치 | ↓
병변 위치 | ↓
행동 증상(들) |

X가 이 결함을 일으키는 핵심 영역이라고 잘못 결론지을 것이며, 이 방법으로는 영역 Y의 중요성을 눈치채지 못할 것이다. 연구자가 병변 위치에 따라 환자를 집단화하여 특정 증상이 있는지 검사하는 주요 상황(앞 목록의 3번)은 그 영역이 무엇에 중요한지에 관해 구체적으로 예상할 수 있고 검증이 가능한 경우이다(예 : 그 영역의 관련성이 기능 영상 연구들에서 보고되어 왔다).

유의사항

적어도 두 가지 유의사항이 있다. 첫 번째는 병변을 찾아내기 위해 현재 사용하는 구조적 영상 기법에 관한 것이다. 두 번째는 병변-결함 연합으로부터 이끌어낼 추론에 관한 것인데, 제대로 설명하지 않으면 새로운 골상학으로 치부될 수 있다는 것이다.

다마지오와 다마지오(Damasio & Damasio, 1989)는 현재의 기법을 사용하여 병변-결함 분석을 할 때 특정 유형의 신경병리가 다른 유형들보다 적합한 이유를 논의하였다. 가장 적합한 병변은 죽은 조직의 자리에 뇌척수액이 들어차는 경우이다. 종종 뇌졸중(적어도 급성이 아닌 만성일 때)이나, 단순 포진 뇌염(HSE) 바이러스 및 그에 따른 신경외과수술로 인해 손상된 사례가 그렇다. 종양 때문에 생긴 병변의 경우, 병변의 위치는 종양이 그대로 있으면 찾기가 특히 어렵고, 종양을 제거한 후에는 덜 어렵다. 어떤 종양(예 : 신경교종)은 주변 조직에 스며들어서 경계가 분명하지 않고, 종양 주변의 물리적 변형이 뇌를 붓게 할 수 있다[부종(edema)]. 이로 인해 뇌 조직의 실제 크기와 모양이 왜곡되고, 뉴런들이 파괴되지 않았음에도 제 기능을 못하게 만든다. 뇌출혈에 의해 피가 고이거나 폐쇄성 두부 외상으로 부어오른 경우도 마찬가지이다. 일반적으로 병변에 관한 영상은 발병 후 3개월이 경과한 후에 얻은 것이 가장 신뢰할 만하고, 신경심리학적 검사는 구조 영상 촬영과 비슷한 시기에 실시되어야 한다(Damasio & Damasio, 1989).

영역 X가 손상된 후에 한 기능(F)이 중단되었다는 것을 발견했을 때, 기능 F가 영역 X에 자리를 차지하고 있다거나 영역 X가 기능 F를 수행하는 목적을 가지고 있다고 결론 내리기 쉽다. 이러한 결론들, 특히 두 번째 결론은 뇌의 구조-기능 관계에 관하여 새로

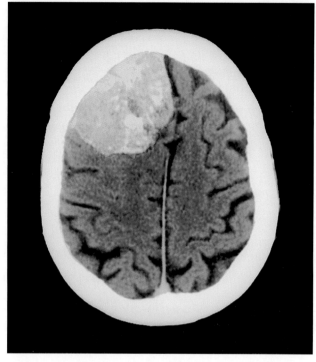

그림 5.7 종양(여기에서는 CT 스캔을 통해 보임)으로 인해 병변의 크기를 측정하기가 어려울 수도 있다. 형태가 변한 뇌는 표준 뇌에 대응시키기 어렵다.

출처 : Sovereign, ISM/Science Photo Library.

핵심 용어
부종 뇌 손상 후 뇌가 부풀어오름

운 골상학적 견해를 지지하는 것과 같다. 성급히 그러한 결론을 내리기 전에 여러 가지 다른 질문들을 고려할 필요가 있다. 기능 F가 영역 X의 유일한 기능인가? 다른 영역들도 기능 F를 수행할 때 참여하는가? 아니면 영역 X가 유일한 영역인가? 영역 X의 병변으로 인해 한 기능(F)이 중단되었다는 것을 발견했을 때, 더 신중한 결론은 영역 X가 기능 F의 일부 측면을 수행하는 데 결정적인 역할을 한다는 것이다. 이러한 판단은 영역 X가 한 가지 기능만을 가지고 있다거나 기능 F가 한 곳에만 위치한다고 가정하지 않는다. 명백히 분리된 영역에 생긴 병변조차도 멀리 떨어져 있는, 구조적으로 온전한 뇌 영역의 기능을 방해할 수 있다는 점을 명심해야 한다. 이런 현상을 **기능해리**(diaschisis)라고 한다. 예를 들어, 좌측 전두엽의 구조적 병변은 철자 판단 과제에서 멀리 떨어진 타 영역(예 : 좌측 하측두엽의 후위)의 활동을 눈에 띄게 감소시킬 수 있다(Price et al., 2001). 먼 영역들이 손상되지 않았고 다른 맥락에서는 정상적으로 기능할 때도 그런 일이 발생한다. 이를 통해 알 수 있는 사실은 두 영역이 함께 작동하여 특정 인지 기능을 수행할 때는 한 영역의 손상이 다른, 온전한 영역의 기능을 방해할 수 있다는 점이다.

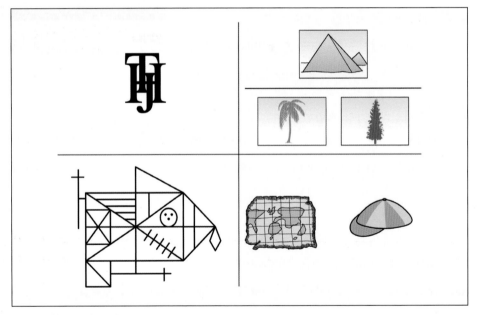

그림 5.8 신경심리학적 측정의 목적은 개별 환자의 발병 전 능력 기대치에 비해 현재의 기능 수준을 확인하는 것이다(Cipolotti & Warrington, 1995a). 몇 가지 일상적인 신경심리학적 검사들이 여기 있다. (왼쪽 상단으로부터 시계 방향으로) 시각적 재인에 문제가 있는 환자들은 겹쳐지지 않은 문자들에 비해 겹쳐진 문자들을 알아보는 데 어려움을 겪는다(BORB; Riddoch & Humphreys, 1995). 의미기억이 손상된 환자들은 야자나무를 피라미드에 대응시키는 데 어려움을 겪는다(Howard & Patterson, 1992). 실어증 환자들은 사물 명칭의 압운이 일치하는지 잘 결정하지 못한다(PALPA; Kay et al., 1992). 기억장애를 가진 환자들은 이 그림을 따라 그릴 수는 있지만 기억하지는 못한다.

출처 : Rey, 1964. ⓒ International Universities Press Inc.

평가

환자 집단에 관한 연구는 주어진 영역이 주어진 과제 또는 과제들을 수행하는 데 결정적인지 여부를 확정하는 데 중요하다. 답하고자 하는 가설에 따라서 대략 두 가지 방법이 선호된다. 첫 번째 방법은 환자가 주어진 과제를 잘못 수행하는지 (각각의 환자 사례에 대하여) 확인한 후, 병변의 위치를 결정하는 것이다. 두 번째 방법은 병변에 근거하여 환자 집단을 선택한 후, 이 집단에 어떠한 기능적 결함이 있는지 확정하는 것이다. 두 번째 방법은 기능 영상 연구에서 도출된 예측을 검증하는 데 중요하다.

신경심리학의 동물 모형

인간이 아닌 동물을 사용하는 연구 방법 가운데 이 책에서 다루는 두 가지 주요 방법은 단일세포 측정법(제3장 참조)과 손상법이다. 두 방법 모두 구조적 MRI 촬영의 도움을 크게 받음으로써 전극을 심거나 손상 부위를 결정할 때 개별 동물이 지닌 뇌 구조의 차이를 고려할 수 있고, 동물이 살아 있는 상태에서 손상의 범위를 결정할 수 있다. 이런 식으로 인간이 아닌 동물을 사용하는 연구는 인지신경과학이라기보다는 대체로 **행동신경과학**(behavioral neuroscience)이라고 부른다. 용어상의 차이가 뜻하는 바는 인간은 사고하지만 동물은 행동한다는 것이다. 또는 우리가 인간이 생각한다는 것을 알지만 동물도 그런지는 잘 모른다는 것이다.

인간을 대상으로 하는 손상법은 자연적으로 발생하는 병변에 의존하지만 다른 동물들에 대해서는 수술을 통해 훨씬 더 선택적인 손상을 가할 수 있다. 인간의 병변과 달리, 손상 전후의 수행을 비교할 수 있으므로 각 동물은 그 자체에 대한 통제 조건이 될 수 있다. 통제 집단을 정하는 것도 흔한 편이다. 통제 집단의 동물들은 수술은 받지만 뇌 손상을 입지 않거나, 관련 없는 다른 영역에 손상을 입는다. 동물들에게 실험적으로 뇌 손상을 가하는 방법은 여러 가지가 있다(Murray & Baxter, 2006).

1. 흡인 : 손상을 입히는 가장 오래된 방법은 흡착기를 이용하여 뇌 영역을 빨아들이고 강한 전류가 흐르는 전극 말단 부위를 대어 손상 부위를 봉인하는 것이다. 이 방법은 회백질만 손상시키는 것이 아니라 멀리 떨어진 영역에 정보를 전달하는 백질까지 손상시키기도 한다.

그림 5.9 짧은꼬리원숭이 가족

2. 절단 : 이 방법은 (반구를 나누는) 뇌량이나 (해마로부터 정보를 전달하는) 뇌궁처럼 구조적으로 뚜렷한 백질 신경다발을 자른다.

3. 신경화학적 손상 : 어떤 독소는 특정 신경전달 시스템(예 : 도파민이나 세로토닌 시스템)에만 선택적으로 흡수되고, 일단 세포 안에 들어가면 화학 반응을 일으켜 세포를 죽인다. 최근에 사용되는 접근법은 세포 표면의 수용기와 결합하는 독소를 사용함으로써 훨씬 더 정확하게 특정 뉴런만을 겨냥할 수 있다.

4. 가역성 '병변' : 어떤 경우에는 약학적 처치를 통해 가역성이 있는 기능적 손상을 일으킬 수 있다. 예를 들어, 스코폴라민은 약효가 유지되는 동안에 일시적으로 기억 상실을 유발할 수 있다. 뇌의 일부를 냉각시키는 것도 일시적으로 신경 활동을 억제한다.

인간이 아닌 동물을 연구함으로써 뇌를 해부학적으로 훨씬 자세히 이해할 수 있게 되었는데, 특히 영역 간 연결성에 관한 이해가 증진되었다. 서양고추냉이 과산화효소를 동물의 축색에 주입하면, 그 축색을 내보낸 세포체를 역추적할 수 있다. 추적 흔적은 검시 과정에서 눈으로 볼 수 있다. 이를 통해 한 영역에 있는 축색이 어느 영역들에서 시작되었는지 확인할 수 있다(Heimer & Robards, 1981).

대다수의 신경과학적 연구가 설치류를 대상으로 수행되지만, 어떤 연구들은 여전히 인간이 아닌 영장류를 대상으로 삼는다. 유인원(예 : 침팬지)을 대상으로 한 신경심리학 연구는 유럽연합을 포함한 많은 나라들에서 금지되어 있다. 연구에 사용하는 인간의 먼 친척들은 짧은꼬리원숭이 세 종(붉은털원숭이, 필리핀원숭이, 일본원숭이)과 신세계 영장류인 비단마모셋 한 종이다. 신경심리학에서 동물 모델을 사용할 때는 동물 복지에 대한 염려말고도 어려운 점이 많다. 영장류를 사용하려는 과학자는 왜 다른 동물이나 다른 방법을 사용하지 않고 영장류를 사용해야 하는지 근거를 대야 하고 연구에서 사용할 동물의 수를 정당화할 수 있어야 한다. 또한 야생에서 동물을 잡을 필요가 없도록 세심한 사육 프로그램을 갖추고 동물을 바이러스로부터 보호하는 것도 중요하다. 동물에게 충분한 공간과 사회적 접촉을 제공하는 것도 필요하다. 동물 모델의 또 다른 문제점은 인간에게는 다른 종에서 찾아보기 어려운 특질들이 있다는 점이다. 특히 언어는 그러한 특질인데, 의식도 그런 특질인지는 논란거리이다(Edelman & Seth, 2009 참조).

경두개자기자극술(TMS)

전기와 자기를 이용해 뇌를 자극하려는 시도에는 오랜 역사가 있다. 전류는 두피와 두개골에 의해 크게 감소되므로 수술을 받고 있는 사람들에게 사용되는 침습적 기법으로 더 적합하다. 그에 반해 자기장은 두개골에 의해 줄어들지 않는다. 그러나 이런 도구를 개발할 때의 제약 요인은 충분히 작은 자극기로 빠르게 전류를 바꾸어 강력한 자기장을 만드는 것이 기술적으로 어렵다는 것이었다(이러한 역사를 개관한 논문으로 Walsh & Cowey, 1998 참조). 초기에는 자기 자극을 통해 성공적으로 시각적 섬광을 일으킬 수 있었지만(Magnussen & Stevens, 1914), 이는 뇌보다는 망막을 자극했기 때문이었다(Barlow et al., 1947). 1985년에 이르러서야 뇌의 국소 부위를 자기적으로 자극할 수 있을 만큼 충분한 기술이 개발되었다(Barker et al., 1985). 그 이후 이 방법을 사용한 논문의 수가 급격히 증가하였다. 경두개자기자극술(TMS)은 대체로 효과가 적어 반응시간에 영향을 줄 뿐이다. 그러나 눈에 띄는 행동이 유발되는 사례도 있다. 예를 들어, 손을 표상하는 우측 운동피질 영역 위에 코일을 가져다 대면, (우측 운동피질이 신체의 좌측 부위에 운동신호를 보내기 때문에) 참가자는 왼손에서 감각을 느끼거나 자기 의지와 상관없이 왼손을 움직이게 된다. 코일을 우측 시각피질 위로 가져가면, (우측 시각피질이 공간의 좌측을 표상하므로) 참가자는 왼쪽 시야에서 '섬광' 같은 것을 볼 수도 있다. 너 구체적인 사례도 기록되어 있다. 스튜어트 등(Stewart et al., 1999)은 운동 지각에 할애된 시각피질 부위(V5/MT 영역)를 자극하면 이 독특한 섬광이 움직이는 경향이 있다고 보고하였다. 다른 시각피질을 자극하면 정지된 섬광이 생겨난다.

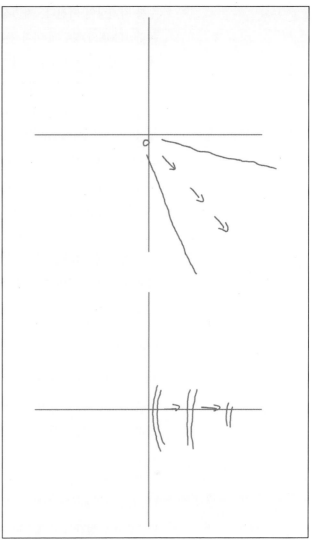

그림 5.10 V5/MT 영역을 자극했을 때 생겨나는 두 섬광의 사례. 좌반구 V5/MT를 자극하면 우측 시야에 생긴 섬광이 중심으로부터 멀리 이동한다. 처음 것은 "점 하나가 이동한다."라고 보고되었고, 그다음 것은 "우측으로 이동하는데, 연속적이 아니다."라고 보고되었다.

출처 : Stewart et al., 1999. ⓒ 1999 Elsevier. Reproduced with permission.

TMS는 어떻게 작동하는가

TMS는 마이클 페러데이(Michael Faraday)가 처음 발견한 전자 유도 원리에 따라 작동한다. 전선(자극 코일) 속 전기 흐름의 변화는 자기장을 유발한다. 전류의 **변화율**이 클수록 자기장이 커진다. 자기장은 근처에 위치한 또 다른 전선에 이차 전류가 흐르게 만든다. TMS의 경우에 이차 전류는 쇠로 만든 전선이 아니라 자극 부위 아래에 있는 뉴런에 유도된다. 뉴런에 유도된 전류는 뉴런이 환경 속 자극에 반응할 때처럼 '발화'하도록 만든다(즉 활동전위가 생긴다). 자기장이 자극 코일 속의 전류와 뇌에 유도된 전류 간의 교량 역할을 할 뿐이므로, '자기'라는 용어를 쓰는 것은 다소 부적합한 면이 있다. 파스큐얼-리오니 등(Pascual-Leone, 1999)은 '무전극, 비침습적 전기 자극'이 기억하기는 어렵지만 더 정확한 이름이라고 주장한 바 있다.

여러 가지 디자인의 자극 코일이 있는데, 코일의 모양은 유도 전류의 초점이 집중되는 방식을 결정한다. 가장 흔한 디자인 중 하나는 팔자 모양의 코일이다. 코일 자체는 매우 크지만, 자극 초점은 두 루프가 만나는 약 1센티미터 크기의 영역에 놓는다. TMS 장비를 사용할 수 있다면 팔 위에서 약간 떨어진 위치에 코일을 고정하라. 펄스가 방출되면 피부의 작은 지점에서 해가 없는 경미한 통증을 느낄 수 있을 것이다. 이 느낌은 뇌를 직접 자극했을 때와 비슷하다.

'가상 병변'

TMS는 자극 지점 아래에 위치한 뉴런들이 활동하게 만든다. 이 뉴런들이 어떤 인지 기능을 수행하는 데 관여한다면, 이 뉴런들을 자극함으로써 그 기능을 방해할 수 있다. TMS 펄스 자체는 매우 짧지만(1ms보다 짧다), 피질에 미치는 영향은 수십 밀리세컨드 동안 지속될 수 있다. 그러므로 단일 TMS 펄스의 효과는 금새 사라진다. 이 과정을 '가상 병변' 또는 '가역적 손상'이라고 표현하지만, 더욱 정확한 표현은 간섭이라 할 수 있다. 뉴런은 (과제에 의한) 내부 원천과 (TMS에 의한) 외부 원천 모두로부터 활성화되는데, 후자는 전자를 방해한다. 물론 해당 영역이 과제에 관여하지 않는다면 이런 식으로 간섭이 일어나지는 않을 것이다.

TMS는 전통적인 손상법에 비해 많은 장점을 가진다(Pascual-Leone et al., 1999). 첫 번째 장점은 실제 뇌 손상에서는 인지체계가 재조직되는 데 반해(투명성 가정의 위배), TMS의 효과는 짧고 가역적이라는 것이다. TMS에서는 참가자 내 설계(즉 손상 조건과 비손상 조건의 비교)가 가능하지만, 실제 뇌 손상에서는 그런 기회가 거의 없다(신경외과적 처치는 흥미로운 예외지만, 그 경우에도 엄밀히 볼 때 뇌가 수술 전처럼 '정상적'이라고 볼 수는 없다). TMS에서는 자극 지점의 위치를 더하거나 뺄 수 있다. 실제 병변에서 뇌 손상은 연구 대상이 되는 영역보다 크고 동시에 여러 가지 인지 처리에 영향을 줄 수 있다.

TMS가 전통적인 신경심리학적 방법을 완전히 대체하게 될까? 아마 그렇지는 않을

시각장애인의 '시각'피질은 어디에 사용되는가?

정상일 때는 한 가지 유형의 처리 과정(예 : 시각)에 전적으로 관여하는 뇌 영역 전체가 완전히 다른 기능적 특성(예 : 촉각)을 가질 수 있을까? 많은 연구들이 매우 어릴 때 시각을 잃은 사람들의 (후두엽에 있는) 시각피질이 가진 기능을 연구해왔다.

사다토 등(Sadato et al., 1996)은 어릴 때 시각을 잃고 점자를 읽을 수 있는 참가자의 시각피질(V1)이 점자를 읽을 때 활성화된다는 것을 증명하는 뇌 영상 연구를 수행하였다. 이러한 현상은 시력을 늦게 잃거나 눈을 감은 정상인에게서는 발견할 수 없었다. 그러나 기능적 영상 방법에서 드러난 신경 활동 증가가 기능적으로는 중요하지 않을 가능성이 있다. 예를 들어, 앞을 볼 수 없는 독자는 점자를 읽는 동안 시각피질을 사용하려고 노력할 수 있지만, 그 신경 활동은 실제 과제를 수행하는 데 아무런 도움이 되지 않을 수 있다. 이를 밝히려면 병변을 이용한 접근이 적합하다. 발달 초기에 시각을 읽은 후 나중에 시각 영역에 국한된 뇌 손상을 입은 환자들은 매우 희귀하므로(그러나 Hamilton et al., 2000 참조), TMS는 가장 적합한 도구가 된다.

코헨 등(Cohen et al., 1997)은 어려서 시각을 잃은 개인들이 점자를 촉각적으로 구분하는 상황과 이 시각장애인들과 (눈을 가린) 정상인들이 볼록 튀어나온 로마자를 촉각적으로 구분하는 상황을 연구하였다. 참가자들이 손가락을 철자에 가져다 대면, 일련의 TMS가 가해졌다. TMS가 가해진 위치는 후두엽 중앙 부위('시각'피질)와 감각운동 부위(촉각/운동 피질)를 포함하였고, 통제 조건에서는 '허공'에 가해졌다. 시각장애인들의 경우에 중후두 영역에 TMS를 가하면 촉각적인 철자 변별 수행이 손상되었다. 이는 초기에 시각을 잃은 참가자들의 '시각'피질이 촉각에 사용된다는 점을 의미한다. 정상 시력을 가진 참가자들은 감각운동피질에 TMS를 가했을 때 방해를 받았다. 이 경우에 시각장애인들은 추가적인 효과를 보이지 않았다는 점이 놀라울 것이다. 시각장애인들이 더 능숙하기 때문에, 더 높은 강도의 TMS를 가해야만 시각장애인들을 방해할 수 있을 것이다. 시각장애인들의 경우에 중후두 영역뿐만 아니라 체감각 영역에서도 가소성의 증거가 보고된 바 있는데, 점자를 읽는 손가락을 표상하는 뇌 영역이 2~3배가량 확장되었다(Pascual-Leone & Torres, 1993). 이와 유사한 TMS 연구들

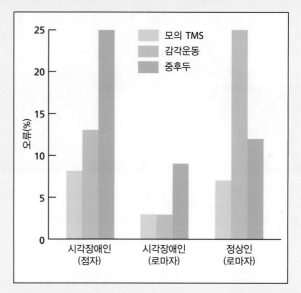

그림 5.11　중후두 '시각'피질에 대한 TMS는 시각장애인의 촉각 변별 능력을 방해하지만 눈을 가린 정상인의 촉각 변별 능력에는 효과가 없다. 그에 반해 감각운동(촉각)피질에 대한 TMS는 정상인의 촉각 변별 능력을 방해한다.

출처 : Cohen et al., 1997. Reprinted by permission of Macmillan Publishers Ltd. © 1997.

에서는 능숙한 라켓볼 선수의 피질이 확장되거나(Pearce et al., 2000) 사지 절단 환자에게서 피질이 축소되었다(Cohen et al., 1991). 이러한 결과는 사용 수준이 가소성에 매우 중요하다는 점을 시사한다.

모든 뇌 영역이 다른 영역의 기능을 대체할 수 있을까? 앞의 사례에서 한 영역은 시각에 반응하고 다른 영역은 촉각에 반응했지만 두 영역의 기능은 대체로 같았다(즉 세부적인 공간적 변별). 그러나 더 최근의 연구에서 시각장애인의 후두피질은 매우 다른 특성의 과제(예 : 단어 산출)를 지원할 수 있었다(Amedi et al., 2004).

것이다. 일단 TMS는 두개골 아래만 자극할 수 있다는 제약이 있다. 다른 곳은 TMS로 연구할 수 없다. 게다가 TMS가 변화를 유도하는 공간 범위는 아직 완전히 이해되지 않았다. 훨씬 떨어진 뇌 구조물들이 자극을 받은 위치와 연결되었기 때문에 자극을 받기도 한다(Paus, 1999). 이와 대조적으로 기질적 병변의 위치는 MRI를 사용하여 확인하고

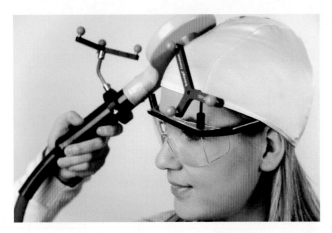

그림 5.12 코일을 참가자의 머리에 대고, 참가자가 과제를 수행하는 중에 국소 자기장을 발생시킨다.

출처 : University of Durham/Simon Fraser/Science Photo Library.

검증할 수 있다. 전통적 신경심리학의 또 다른 장점은 '자연히 생긴 사건'이 기대하지 못한 신기한 패턴을 드러낸다는 점이다. 예를 들어, 어떤 환자들은 신체 부위의 이름을 댈 수 있지만, 이름을 불러주고 자신의 신체에서 그 부위를 가리키라고 하면 하지 못한다(Semenza & Goodglass, 1985). 또 어떤 환자들은 자전거를 그릴 수 있지만, 자전거 그림을 알아보지 못한다(Behrmann et al., 1994). 아마 이런 종류의 패턴은 TMS로 관찰할 수 없을 것이고, 환자를 통한 관찰이 아니면 누구도 이런 패턴을 찾을 거라 기대하지 않을 것이다. 실제로 TMS '병변'의 효과는 반응시간이 느려지는 것을 통해서만 관찰할 수 있다. 대부분의 신경학적 결함과 달리 오류율이나 외적으로 관찰 가능한 행동을 통해 드러나지는 않는다.

기질적 병변에 비해 TMS가 가지는 장점	TMS에 비해 기질적 병변이 가지는 장점
• 재조직화가 일어나지 않고 보존된 영역이 손상된 영역을 보충하지 않는다.	• 피질하 영역의 병변을 연구할 수 있다.
• 인지의 시간적 순서를 결정할 때 사용할 수 있다.	• MRI를 사용하여 병변의 위치를 정확히 알 수 있다 (TMS의 공간적 범위를 파악하기 어렵다).
• 병변이 작다.	
• 병변의 위치를 옮길 수 있다.	• 행동/인지의 변화가 더 분명하다.
• 기능적 통합을 연구할 수 있다.	

기능적 통합을 연구하기 위해 TMS를 사용하기

지금까지는 기능적 특성화, 즉 특정 영역이 인지의 특정 측면에 기여하는 바를 이해하려는 틀에서 TMS의 용도를 기술하였다. 이를 보완하는 접근법은 기능적 통합으로서, 한 영역이 어떻게 다른 영역에 영향을 끼치는지 또는 한 인지 기능이 어떻게 다른 인지 기능에 영향을 끼치는지 이해하는 것이다. 이를 달성하는 방법 중 하나는 한 회기에서 TMS를 특정 영역에 가한 후, 그 자극이 뇌 영역들 간의 의사소통에 미치는 영향을 fMRI로 연구하는 것이다(Bestmann & Feredoes, 2013; 스캐너 안에서는 안전을 위해 TMS를 사용할 수 없다는 점에 유의할 것). 또 다른 방법은 뇌 영역들 간의 경쟁을 검사하기 위해 TMS를 사용하는 것이다. 만약 서로 다른 프로세스들이 뇌 안에서 경쟁하고 있다면, (TMS로) 한 프로세스를 경쟁에서 제거할 경우 다른 프로세스에 이득이 될 것이다.

시각 환경은 색상, 형태, 운동 등 각기 다른 특질들로 분리되고, 각 특질들은 서로 다

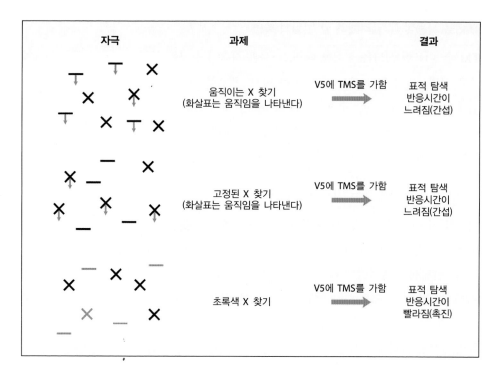

자극	과제		결과

움직이는 X 찾기
(화살표는 움직임을 나타낸다)

V5에 TMS를 가함 →

표적 탐색
반응시간이
느려짐(간섭)

고정된 X 찾기
(화살표는 움직임을 나타낸다)

V5에 TMS를 가함 →

표적 탐색
반응시간이
느려짐(간섭)

초록색 X 찾기

V5에 TMS를 가함 →

표적 탐색
반응시간이
빨라짐(촉진)

그림 5.13 참가자는 정해진 표적(예 : 움직이는 X)이 존재하는지 판단하기 위해 여러 항목으로 구성된 배열을 탐색해야 한다. TMS는 탐색이 진행되는 다양한 시간대에서 (시각적 운동 지각에 관여하는) V5/MT 영역 위에 가해진다. 운동이 시각 탐색에 필요하면 수행이 손상되었고, 운동이 탐색 과제에 필요하지 않을 때는 수행이 촉진되었다.

출처 : Adapted from Walsh et al., 1998b.

른 뇌 부위에 표상된다(제6장의 논의 참조). 이론적인 질문은 다음과 같다. "이 영역들은 서로 경쟁할까? 한 특질(예 : 운동)에 주의를 기울이면 부적절한 다른 특질(예 : 색상)에 긍정적 또는 부정적인 효과를 낳을까?" 이 질문에 답하기 위해 왈쉬 등(Walsh et al., 1998b)은 각기 다른 색상을 가진 각기 다른 형태들의 배열을 참가자들에게 제시하였다. 이 도형들은 움직이거나 고정되어 있었다. 참가자의 과제는 미리 정해진 표적(예 : 움직이는 십자가, 고정된 십자가, 초록색 십자가)이 배열 속에 있는지 없는지 가능한 한 빠르게 판단하는 것이었다. TMS는 다양한 시간 간격을 두고 (시각적 운동 지각에 특화된) V5/MT 영역에 처치되었다. 단순한 설명을 위해 여기서는 시간을 고려하지 않고 전체적인 패턴만 설명하기로 한다. 첫 두 사례에서는 표적과 방해 자극을 구별하는 데 운동이 필요하고, 형태에만 의존하는 것은 도움이 되지 않는다(어떤 X는 움직이고 다른 X는 고정되어 있다). 예상하는 바와 같이 V5/MT에 가상 병변을 유도하면 이 영역에 기질적 병변이 생겼을 때처럼 시각 탐색에 장애가 생긴다(McLeod et al., 1989). 예상하지 못했던 발견은 운동이 전혀 없어서 참가자가 색상과 형태에 근거하여 표적(초록색 X)을 찾아야 할 때 나타난다. 이 사례에서 V5/MT에 가상 병변을 유도하면 탐색 효율성이 촉진되었다. 이는 각기 다른 시각 영역들이 서로 경쟁하고 있으며, 과제에 불필요한 시각 영역을 제거함으로써 필요한 영역의 연산이 향상될 수 있음을 시사한다.

TMS를 사용할 때 고려해야 할 현실적 측면

TMS를 이용한 실험을 설계할 때(또는 다른 사람이 선택한 설계를 평가할 때) 세 가지 주요 고려사항이 있다. 펄스를 가하는 시기, 펄스를 가하는 장소, 적절한 통제 조건의 선택이 그것이다(훌륭한 개관으로 Robertson et al., 2003 참조). 마지막으로 TMS 실험을 수행할 때는 뇌를 자극한다는 점에서 안전성과 윤리적 고려사항을 항상 유념해야 한다.

타이밍 이슈 ─ 반복 또는 단일 펄스?

펄스를 가하는 시기는 TMS 실험의 성공과 실패를 결정한다. 아주 가끔은 자극이 어떤 뇌 영역에 등록되는 시점을 다른 기법을 사용한 선행 연구에 의해 알 수 있다. 예를 들어, 단일세포 측정법에 따르면 시각 자극이 일차시각피질(V1 영역)에 등록되는 데 100ms가 걸리고, TMS 연구들에서는 이 시간 범위에서 단일 펄스를 가함으로써 참가자가 그 자극을 '볼 수 없도록' 만들 수 있다(Corthout et al., 1999). 대부분의 경우에 이런 류의 정보는 알려져 있지 않다. 그런 상황에서 취할 수 있는 옵션은 여러 가지가 있다. 첫째, 펄스가 가해지는 시점을 다양하게 한다. 예를 들어, 자극이 500ms 동안 제시된다면 TMS 펄스를 각기 다른 시간 범위에서 가할 수 있을 것이다(0~50ms, 50~100ms, … 450~500ms). 이러한 실험 설계는 인지에 걸리는 시간과 해당 영역의 필요성에 관해 중요한 정보를 제공한다. 또 다른 해결책은 과제를 수행하는 동안 일련의 펄스를 가하는 것이다(즉 반복적 TMS 또는 rTMS). 이런 상황에서 실험이 영역의 필요성을 탐지할 잠재적인 가능성은 더 커지겠지만, 어느 펄스(또는 펄스들)가 중요한지 분명하지 않으므로 타이밍에 관해 결론을 내리는 것은 불가능하다. 단일 펄스와 rTMS 중에서 선택하는 것은 타이밍이 독립 변인인지 여부와 관련있을 뿐만 아니라 과제 자체의 본질과도 관련된다. 어떤 과제에서는 TMS가 간섭을 유발하기까지 여러 개의 펄스가 필요하다. 이유는 아직 완전히 알 수 없지만, 대략 지각 처리에 관한 TMS 연구들은 단일펄스 설계를 자주 사용하고 '더 상위'의 인지(예 : 기억, 언어)에 관한 연구들은 rTMS를 자주 사용해왔다(Walsh & Rushworth, 1999).

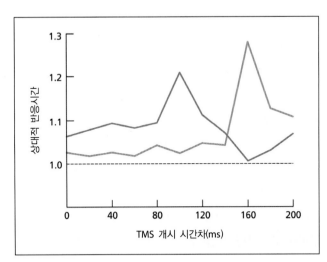

그림 5.14 TMS는 과제가 수행되는 동안 언제 해당 영역이 중요한 역할을 수행하는지 이해하는 데 사용된다. 이 실험에서 참가자들은 배열 안에 시각적 표적이 있는지 없는지 탐색해야 했다. TMS를 두정엽에 가하면 수행이 저조해졌지만, 이 결과는 특정 시간 간격에서만 발생했다. 이 시간 간격은 표적이 존재했을 때(100ms, 보라색 선)가 표적이 없었을 때(160ms, 초록색 선)보다 빨랐다. 이러한 시간적 해리는 불가역적인 기질적 뇌 손상 환자에게서는 관찰할 수 없다.

출처 : Ashbridge et al., 1997. © 1997 Elsevier. Reproduced with permission.

어떻게 자극을 가할 것인가

TMS 실험을 하려면 뇌에서 어떤 영역을 자극하는 것이 흥미로울지 가정할 필요가 있다. 어떤 경우에는 기능적 해상도만 갖추면 충분하다. 고전적 대 인지적 신경심리학에 관한 논쟁에서와 마찬가지로 연구자는 주어진 과제/행동이 선택적으로 교란될 수 있는지를 이해하려 한다(이런 경우 자극 부위의 위치는 연구에서 도출하려는 결론과 상관이 없다).

머리에서 자극할 위치는 EEG의 전극 위치 시스템에서 사용되는 것처럼 랜드마크를 기준으로 정의할 수 있다. 두개골의 랜드마크들은 뒤통수점(이니온, 두개골 뒤쪽에서 뼈가 튀어나온 지점), 미간점(애니온, 눈썹 사이에 뼈가 길게 튀어나온 지점), 정점(뒤통수점과 미간점의 사이의 정중앙이면서 두 귀 사이의 정중앙)이다. 예를 들어, 이미 게재된 한 연구에서는 (시각운동 지각에 관여하는) V5/MT 영역을 자극하기 위해 뒤통수점에서 앞으로 5cm, 위로 3cm에 위치를 정했다(Walsh et al., 1998a). 위치는 피부 위에 물리적으로 X라고 표시하거나 팽팽하게 쓴 수영모자 위에 표시할 수 있다. 연구를 하기전에 정확한 위치를 알 수 없다면 고정된 두개골 랜드마크를 기준으로 수영모자 위에, 예를 들어 2×3cm 간격의 눈금을 긋고 6개의 위치를 자극해볼 수 있다. 근처의 다른 지점들을 통제 조건으로 분석 시 고려할 수 있을 것이다.

뇌의 해부학적 구조 및 두개골 형태의 개인차를 고려하기 위해 구조 및 기능적 MRI를 사용하여 자극을 가할 후보 영역을 찾을 수 있다(이를 무프레임 입체정위법이라고 한다). 구조적 및 기능적 MRI는 TMS 전에 획득하고, (전문 소프트웨어를 사용하여) TMS를 사용할 때마다 디지털 정합을 통해 두개골 상의 위치를 찾아간다. 다른 방법으로는 구조적 MRI를 찍기 전에 TMS를 가하고 자극을 가한 부위를 뇌 영상으로 알 수 있도록 표시할 때도 있다. 전에는 대구 간유 캡슐을 머리에 붙여서 사용하기도 했다(Hadland et al., 2001).

무엇이 적절한 통제 조건인가

TMS 실험에서 가능한 두 가지 통제 조건을 이미 고려한 바 있다. 첫째, 동일한 영역을 주요 시간대와 다른 시간대에 자극하고 수행을 비교할 수 있다. 둘째, 중요한 영역과 중요하지 않은 영역을 자극하여 비교할 수 있다. 중요하지 않은 영역을 선택할 때 고려할 점이 몇 가지 있다. 중요한 영역에 인접한 영역을 자극하면 관심 영역의 공간적 크기에 관한 가외 단서들을 얻을 수 있다. 인지 기능이 편재되었다고 믿을 만한 좋은 이유가 있는 연구에서는 반대 반구의 동일 영역을 통제 조건으로 사용할 수 있다. 방금 언급한 통제 조건들을 사용할 때 얻는 추가적인 이점은 TMS의 주변 효과들을 최소화할 수 있다

TMS 연구에서 안전 및 윤리 문제

연구자들은 TMS 실험을 수행할 때 여러 가지 안전 문제들을 염두에 두어야 한다. 각자 속한 기관의 규정을 잘 알아두어야겠지만 다음 사항들이 중요할 것이다.

- 가장 최근의 안전 및 윤리 가이드라인은 선도적인 연구자들의 합의를 통해 설정되고, 펄스의 수와 강도 같은 문제에 관해 안내하고 있다(Rossi et al., 2009).
- 일반적으로 단일 펄스 TMS는 안전하며, 반복 펄스 TMS가 발작을 유발할 위험은 매우 작다(Wassermann et al., 1996). 이 위험을 감안하여 뇌전증이 있거나 뇌전증의 가족력이 있는 사람은 일반적으로 참가에서 제외된다. 심장박동기나 의학적 임플란트를 지닌 사람들도 제외된다. 신용카드, 컴퓨터 디스크 그리고 컴퓨터는 코일에서 최소 1m 떨어져 있어야 한다.
- 펄스의 강도는 보통 '운동 역치', 즉 운동피질에 펄스를 가했을 때 운동 반응을 겨우 느낄 수 있는 강도에 준하여 정한다(이와 관련된 문제에 관한 논의는 Robertson et al., 2003 참조).

- 실험 도중에 어떤 참가자들은 펄스의 소리나 얼굴의 경련 때문에 다소 불편함을 경험할 수 있다. 개별 TMS 펄스는 시끄럽지만(~100dB) 그 간격은 짧다(1ms). 그럼에도 불구하고 의무적으로 귀마개 또는 헤드폰으로 귀를 보호해야 한다. 코일이 어떤 위치에 있을 때는 (뇌 뿐만 아니라) 얼굴 근육이 자극을 받아서 불수의적인 경련이 생겨날 수 있다(눈 깜박임, 턱을 꽉 다물기). 이 점에 대해 참가자들에게 미리 경고해야 하고, 지나치게 불편할 경우에는 실험 참여를 멈출 수 있다는 점을 알려야 한다.
- 일반적으로 단일 회기의 TMS는 장기적인 효과를 유발하지는 않는다고 알려져 있다. 그러나 실험에 반복적으로 참여하면 긍정적이든 부정적이든 장기적인 효과를 경험하게 될 가능성을 생각해 볼 수 있다. 많은 연구들은 우울한 사람들이 전두엽을 반복적으로 자극받은 후 기분이 나아졌다고 보고하였다(George et al., 1995). 그러나 이 연구들에서는 매일 반복적으로 자극하였다. 치료를 위한 절차를 제외하고 동일한 참가자들을 단기간 동안 여러 차례 실험하지 않는 것이 좋다.

는 것이다. 이 효과들에는 펄스의 시끄러운 소리나 얼굴 신경과 근육이 우연히 자극받아 생겨난 경련이 포함된다. 경련은 몇 군데 뇌 영역을 자극했을 때 잘 일어나는데, 그런 경우에는 인접한 영역이나 반대 반구의 영역을 통제 조건으로 사용함으로써 그 가외 효과가 결과 해석에 미치는 효과를 최소화할 수 있다. 코일을 뇌가 아닌 공중에 가하는 '모의(Sham) TMS'는 이상적인 통제 조건이 아니며, 통제 조건으로서 TMS를 전혀 사용하지 않는 것도 역시 바람직하지 않다. 또한 TMS 실험에서 사용할 수 있는 다른 통제 조건은 과제 통제이다. 동일한 영역을 동일한 시간에 자극하지만, 과제의 특성을 바꾸는 것이다(예 : 자극이나 지시문).

평가

TMS는 인지신경과학자들에게 새롭게 주어진 흥미로운 도구이다. 과제를 수행하는 중에 이 도구로 한 영역을 자극함으로써 그 영역의 중요성을 확인할 수 있게 되었다. 해당 영역의 중요성을 이해하기 위해 사용된 바 있는 다른 손상 방법들과 비슷하지만, 기질적 손상법에 비해 분명한 장점을 가진다. 주요 장점은 간섭이 금새 사라지고 가역성이 있다는 점이다. 또한 어떻게 영역들이 서로 상호작용하는지(기능적 연결성) 탐색할 수 있고 인지 처리의 타이밍에 관해 알 수 있다.

경두개직류자극술(tDCS)

뇌를 자극하기 위해 전류를 사용한 역사는 길고도 다양한데, 그중에서 가장 악명이 높은 비침습적 방법은 정신과적 질환을 '치료'하기 위해 사용한 전기 경련 치료(electroconvulsive therapy, ECT)이다. ECT와 달리 경두개직류자극술(transcranial direct current stimulation, tDCS) 방법은 매우 약한 전류를 사용한다. 직류는 양극에서 음극으로 향하는 전하의 흐름이다. tDCS에서 자극 패드(양극 또는 음극)는 관심 영역 위에 붙이고 통제 패드는 다른 영역에 붙인다(이마에 붙일 때도 있고 어깨처럼 먼 위치에 붙일 때도 있다). 일정 기간 자극한 후(예 : 10분) 인지 과제를 수행하게 하는데, 이를 모의 자극과 비교하거나 양극 자극과 음극 자극을 직접 대조할 수도 있다. 음극 tDCS(cathodal tDCS) 자극은 수행을 방해하는 경향이 있고(즉 개념적으로 가상 병변 연구에 해당한다), 양극 tDCS(anodal tDCS) 자극은 수행을 강화하는 경향이 있다(Nitsche et al., 2008). 예를 들어, 시각피질에 양극 자극을 가하면 초기 시각 ERP 요소(N100)가 강화되고 약한 시각 자극을 탐지하는 능력이 향상되는 데 반해, 음극 자극은 정반대 효과를 가진다(Accornero et al., 2007; Antal et al., 2001).

스테그와 니체(Stagg & Nitsche, 2011)는 그 신경생리적 메커니즘을 요약하여 제시하였다. 직류 자극의 즉각적인 효과와 사후 효과를 분리하여 생각하는 것이 중요하다. 동물 모델에 대하여 직류 자극에 이어 단일세포 측정법을 실시한 연구에 따르면, 양극 자극은 뉴런의 자발적 발화율을 증가시킨 데 반해 음극 자극은 발화율을 감소시켰다. 자극의 즉각적인 효과는 시냅스의 조절보다는 휴지기 막전위에서 발생하는 것 같다. 그러나 자극의 사후 효과는 학습에 영향을 주는 시냅스 가소성의 변화 때문에 발생하는데,

핵심 용어

음극 tDCS 피질 흥분을 줄이고 수행을 감소시킴

양극 tDCS 피질 흥분을 늘리고 수행을 증가시킴

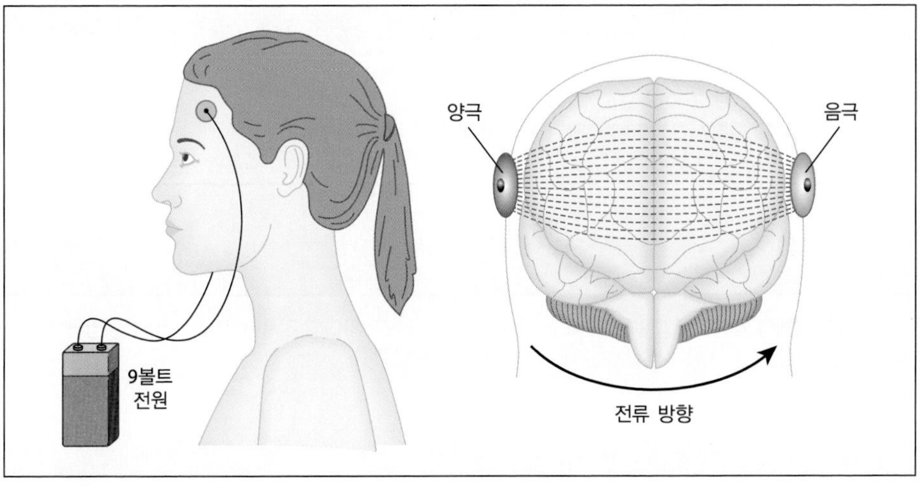

9볼트 전원

양극

음극

전류 방향

그림 5.15 tDCS 방법은 두피에 붙인 패드를 통해 매우 약한 진류로 자극한다. 직류에서는 앙극에서 음극으로 전하가 흐른다.

출처 : Adapted from George and Aston-Jones.

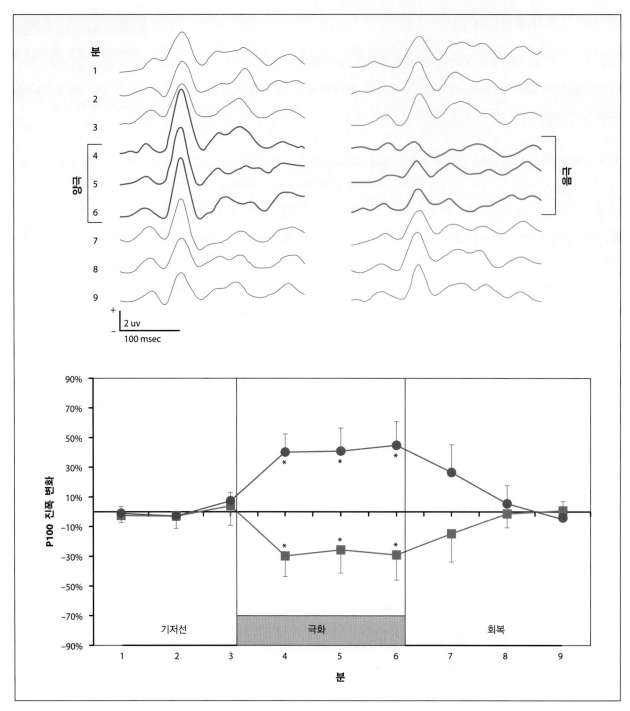

그림 5.16 시각피질에 tDCS를 (3분간) 가하면 흑백의 체크무늬 패턴을 볼 때 발생하는 ERP 요소(P100)의 진폭이 간섭을 받는다. 양극 자극은 진폭을 증가시키지만, 음극 자극은 진폭을 감소시킨다.

출처 : Accornero et al., 2007.

아마도 신경전달물질 시스템을 변화시키는 것 같다. 양극 자극은 (억제성 효과를 가지는 신경전달물질인) GABA 시스템에 영향을 끼치는 반면, 음극 자극은 (흥분성 효과를 가지는 신경전달물질인) 글루타메이트 시스템에 영향을 끼친다.

현재 안전 가이드라인은 전류 크기의 상한선과 전극으로 자극할 표면의 넓이를 규정하고 있다(Nitsche et al., 2003). 만약 전류가 작은 전극에 집중되면 피부 자극이 발생할수 있다. 그러나 TMS와 달리, 참가자는 기계가 켜졌는지 또는 모의 자극 조건이 진행되고 있는지 구분하지 못한다(소리나 근육 경련이 발생하지 않는다). 따라서 불편감이거의 없다.

반복 회기를 통한 양극 tDCS 처치가 (정상 뇌의) 인지 향상과 (손상된 뇌의) 신경재활을 위해 점차 많이 사용되고 있다. 예를 들어, 뇌졸중 후 운동장애를 경험하는 환자의 일차운동피질에 tDCS를 반복적으로 가하면 피질 흥분성이 증가하고 손의 기능이 향상된다(Hummel et al., 2005). 이 연구에서 처치 효과는 모의 자극 조건과 비교되었고절차는 이중 은폐되었다(즉 참가자와 실험자 모두 어느 조건에서 실험이 진행되는지 몰랐다). 양극 tDCS를 사용한 다른 연구들은 뇌졸중 후 손상된 언어 능력이 향상되거나(Monti et al., 2008), 파킨슨병에 걸린 환자의 작업기억 능력이 향상되었다고 보고하였다(Boggio et al., 2006).

요약 및 핵심 정리

- 두 환자 중 환자 1이 과제 A를 환자 2보다 유의미하게 더 잘하고, 환자 2가 과제 B를 환자 1보다 유의미하게 더 잘하는 상황을 이중 해리라고 한다. 이럴 때는 보통 과제 A와 과제 B가 서로 다른 신경 자원을 사용한다고 해석한다.
- 단일 사례들을 연구함으로써 인지 요소의 조직과 구조에 관해 중요한 통찰을 얻을 수 있다.
- 환자 집단을 연구함으로써 병변의 위치와 행동적 결함의 관계를 파악할 수 있고 기능 영상 자료를 뒷받침하는 수렴적 증거를 얻을 수 있다.
- 경두개자기자극술(TMS)은 전류가 흐르는 코일을 머리에 대고 바로 아래 위치한 피질 영역을 자극한다. 자극은 뇌 영역에서 진행되고 있는 인지 활동을 일시적으로 방해함으로써, 이 영역이 해당 과제를 수행하는 데 꼭 필요한지에 관해 정보를 제공한다. 이를 '가상 병변'이라 부른다.
- 경두개직류자극술(tDCS)은 TMS에 비해 시간 및 공간 해상도가 낮지만, 인지 기능을 촉진시킬 수 있다는 이점을 가진다(양극 tDCS).

논술 문제

- 뇌 손상을 입은 성인을 연구하여 정상인의 인지 기능을 이해하려면 어떠한 가정을 해야 하는가? 이 가정은 타당한가?
- 신경심리학 연구에서 집단 연구의 역할을 비판적으로 평가하라.
- 정상적인 인지 기능에 관해 추론하기 위해 단일 사례를 사용할 때의 장점과 단점은 무엇인가?
- 뇌 가소성에 관해 TMS와 tDCS 연구를 통해 새롭게 알 수 있는 것은 무엇인가?
- 기질적 뇌 손상에서 생겨난 병변을 연구하는 것과 TMS와 tDCS로 연구하는 것의 유사점과 차이점을 논하라.

더 읽을거리

- *Cognitive Neuropsychology* (1988). Vol. 5, No. 5. 신경심리학의 단일 사례와 집단 연구에 관련된 방법론적 이슈를 집중해서 다룬 특별판
- *Cortex* (2003), 39(1). 신경심리학에서 사용하는 해리 기법에 관한 논쟁을 담고 있음
- Pascual-Leone, A., Davey, N. J., Rothwell, J., Wassermann, E. M., & Puri, B. K. (2002). *Handbook of transcranial magnetic stimulation*. London : Arnold. TMS 연구 기법을 임상적 관점에서 자세히 설명함
- Walsh, V. & Pascual-Leone, A. (2003). *Transcranial magnetic stimulation : A neurochronometrics of mind*. Cambridge, MA : MIT Press. TMS 연구 기법을 인지신경과학 관점에서 자세히 설명함

제6장

보는 뇌

이 장의 내용

눈에서 뇌까지
피질맹과 '맹시'
V1 이후 시각피질의 기능적 전문성
물체 인식하기
얼굴 인식하기
상상 속의 시각
요약 및 핵심 정리
논술 문제
더 읽을거리

인지신경과학을 처음 접하는 학생은 두 눈이 보는 일을 하고 뇌는 망막에 맺힌 이미지를 해석할 뿐이라고 생각할지도 모른다. 이는 사실과 다르다. 두 눈이 시각에서 중대한 역할을 맡고 있다는 점을 부인할 수는 없지만, 뇌는 세상에 관한 시각 표상을 구성하는 데 적극적으로 관여하며, 이는 눈으로 들어오는 빛의 패턴을 그대로 재현한 것과 다르다. 예를 들어, 뇌는 연속적인 빛의 패턴을 개별적인 물체와 표면으로 나누고 2차원의 망막 이미지를 주변 환경에 관한 3차원의 상호작용 모형으로 변환한다. 실제로 뇌는 물체가 없는 장면에서도 물체를 지각하는 경향이 있다. 카니자 착시(Kanizsa illusion)를 생각해보자(그림 6.1 참조). 하나의 삼각형 대신 3개의 모퉁이를 지각하기는 매우 어렵다. 뇌는 시지각을 할 때 원래 주어진 정보를 넘어서 추론한다. 심리학자들은 감각(sensation)과 지각(perception)을 구분한다. 감각은 감각 기관에 끼치는 자극의 영향을 일컫는 반면, 지각은 물체 구조에 관한 지식에 근거하여 감각 자극을 분석하고 해석하는 데 관여한다. 이번 장에서는 색이나 운동과 같은 시각 특질의 지각에서부터 물체와 얼굴의 인식에 이르기까지, 보는 뇌의 구성적인 본질과 관련된 많은 예를 살펴볼 것이다.

눈에서 뇌까지

그림 6.1 실제로는 존재하지 않는 하얀 삼각형이 저절로 보이는가? 이를 카니자 착시라 한다.

망막(retina)은 두 눈의 내부 표면으로서 빛을 신경신호로 전환(혹은 변환)하는, 특화된 광수용기를 가지고 있다. 광수용기는 야간의 빛처럼 낮은 수준의 빛의 강도에 특화된

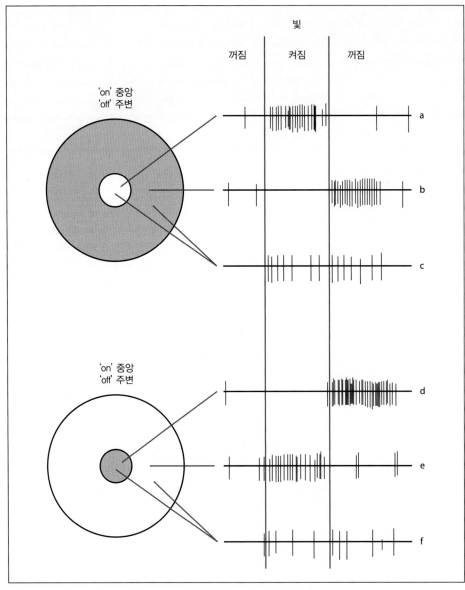

그림 6.2 두 가지 망막 신경절 세포의 수용장. 그림 상단의 세포는 중앙부가 밝고(a) 주변부가 어두울 때(b) 반응한다. 그림 하단의 세포는 중앙부가 어둡고(d) 주변부가 밝을 때(e) 반응한다. 두 세포는 중심부와 주변부의 조명이 같을 때도 반응한다(c와 f). 그러나 중심부나 주변부만 밝을 때처럼 반응이 강하지 않다.

출처 : Hubel, 1963.

간상 세포(rod cell)와 주간에 더욱 활발하고 (뇌가 색깔을 계산하기 위해 필요한) 각기 다른 파장의 빛을 탐지하는 데 특화된 원추 세포(cone cell)로 구성된다.

신경 계산 단계는 이미 망막에서부터 시작된다. 망막에 있는 양극성 세포에는 두 가지 유형의 뉴런이 있다. 이들은 어두운 배경에서 밝은 영역을 탐지하거나 밝은 배경에서 어두운 영역을 탐지한다. 더 높은 수준의 처리는 망막의 신경절 세포들에 의해 이루어지는데, 이들의 반응 특질은 더욱 복잡하다. 대부분의 망막 신경절 뉴런들은 빛에 대해 특별한 반응 특성을 가지는데, 이를 **중심-주변 수용장**이라고 한다. **수용장**(receptive field)은 어떤 뉴런의 반응을 일으키는 공간 영역을 말한다. 이 세포들 및 시각 시스템의 다른 많은 세포들의 수용장이 보여주는 흥미로운 특징은 세포들이 빛에 대해 있는 그대로 반응하지는 않는다는 점이다(Barlow, 1953; Kuffler & Barlow, 1953). 오히려 이 세포들은 각자의 수용장 안에 분포된 빛의 차이에 반응한다. 수용장의 중앙에 떨어진 빛은 뉴런을 흥분시키지만, 주변부에 떨어진 빛은 뉴런의 반응을 중단시킨다(그러나 주변부에서 빛이 제거되면 세포는 다시 흥분한다). 수용장 전체에 빛이 가해지면 중심과 주변이 서로를 억제하게 되어 전체적으로 아무런 효과가 없을 수 있다. 이러한 중심-주변 세포들이 주춧돌이 되어 뇌는 경계와 지향 탐지를 비롯한 더욱 발전된 정보처리를 할 수 있게 된다.

망막 신경절 세포의 산출물은 광신경을 통해 뇌로 전송된다. 광신경이 눈을 떠나는 지점을 **맹점**(blind spot)이라고 부르는데, 거기에는 간상체와 원추체가 없기 때문이다. 여러분이 한쪽 눈만 뜨고 있으면(그리고 눈을 고정하면), 시각 정보가 없는 지점이 생긴다. 그러나 아무도 시야에서 검은 구멍을 지각하지는 않는다. 이는 뇌가 누락된 정보를 채워넣는 또 다른 예이다. 원추체의 밀도가 가장 높은 곳을 중심와라고 하는데, 이 지점에서 시각 정보가 가장 자세히 처리된다(시력이 좋다). 간상체는 망막 전반에 걸쳐 비교적 고르게 분포되어 있다(그러나 중심와에는 없다).

일차시각피질과 슬상선조 경로

망막으로부터 뇌로 향하는 경로는 여러 가지가 있다(개관 논문은 Stoerig & Cowey,

그림 6.3 맹점을 찾으려면, 이 그림을 대략 50센티미터 정도 멀리 놓고 잡는다. 왼쪽 눈을 뜨고(오른쪽 눈을 감고) +를 보라. +를 보는 채로 그림을 (또는 머리를) 움직여서 천천히 거리를 가까이 한다. 어느 정도 가까워지면 점이 시야에서 사라질 것이다. 점이 망막의 맹점에 놓였기 때문이다. 이 과정을 거꾸로 해보자. 왼쪽 눈을 감고 오른쪽 눈으로 점을 보라. 천천히 그림을 가까이로 움직이다보면 +가 사라질 것이다.

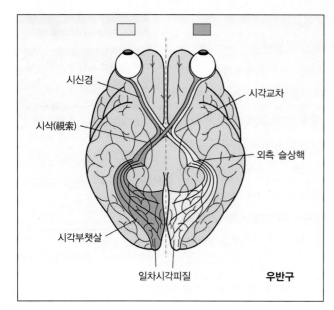

시신경

시각교차

시삭(視索)

외측 슬상핵

시각부챗살

일차시각피질　　　**우반구**

그림 6.4 망막으로부터 일차시각피질까지의 연결인 슬상선조 경로

출처 : Zeki, 1993. ⓒBlackwell Publishing. Reproduced with permission.

1997 참조). 인간 뇌에서 지배적인 시각 경로는 정보 처리의 중간 정거장인 외측 슬상핵(lateral geniculate nucleus, LGN)을 거쳐 뇌의 뒤쪽에 자리 잡은 일차시각피질(primary visual cortex)에 도달한다. LGN은 시상의 일부로서 대부분의 감각 정보를 처리하는 과정에 관여한다. LGN은 반구마다 하나씩 있다. 일차시각피질은 V1이라 부르기도 하고 선조피질이라 부르기도 한다. 선조피질이라고 하는 이유는 염색하여 현미경으로 보면 흔치 않은 큰 줄무늬가 표면을 가로지르고 있기 때문이다. 이 통로를 슬상선조 경로라고 부른다.

LGN의 신경 표상은 망막 표면의 정보를 여러 가지 흥미로운 방식으로 나눈다. 공간의 오른편(우시야)에 있는 물체들은 양쪽 눈의 망막에서 왼편에 맺히고 좌측 측면 슬상핵에 투사된다. 따라서 LGN의 표상은 왼쪽 눈과 오른쪽 눈의 정보를 모두 포함한다. 이 정보들은 LGN의 6개 뉴런층으로 분리되어 입력된다. 3개 뉴런층은 왼쪽 눈, 나머지 3개 뉴런층은 오른쪽 눈의 정보를 받는다. LGN의 뉴런층은 (왼쪽과 오른쪽) 눈의 구분을 넘어서 더 세부적으로 나뉜다. 상위의 4개 층은 작은 세포체들을 가지고 있어서 소세포층 또는 P층이라고 부르고, 하위의 2개 층은 큰 세포체들을 포함하여 대세포층 또는 M층이라고 부른다. 소세포층은 세부 정보에 반응하고 색 시각에 관여한다. 대세포층은 색보다 운동에 더 민감하고 시야의 넓은 영역에 대해 반응한다(Maunsell, 1987). 최근에는 세 번째 유형의 세포들[K 또는 과

눈과 뇌의 관계에 관한 오해 1

왼쪽 눈의 망막이 공간의 왼쪽 면만 표상하고 오른쪽 눈의 망막이 공간의 오른쪽 면만 표상한다고 믿는 실수를 저지르지 말라. (여전히 헷갈린다면 한쪽 눈을 감고 시선을 고정하라. 코 때문에 약간 가려지는 것만 빼면 공간의 양쪽 면을 다 볼 수 있을 것이다.) 왼쪽 눈의 왼편과 오른쪽 눈의 왼편은 둘 다 공간의 오른편에 있는 물체의 영상을 포함한다. 왼쪽 눈의 오른편과 오른쪽 눈의 오른편은 모두 공간의 왼편에 있는 물체의 영상을 포함한다.

눈과 뇌의 관계에 관한 오해 2

만약 망막이나 뇌의 뉴런들이 텔레비전 화면의 화소처럼 반응한다고 생각한다면 다시 생각해야 한다. 어떤 시각 뉴런들은 수용장에서 빛이 사라지거나 빛의 강도가 변할 때 반응한다. 다른 선조피질의 뉴런들은 특정 색상이나 특정 방향의 움직임에만 반응한다. 이러한 뉴런들은 종종 아주 큰 수용장을 가지며 화소처럼 매우 정확하게 위치를 표상하지는 않는다.

립세(koino)]이 LGN에서 발견되었다. 이 세포들은 대세포층과 소세포층 사이에 위치한다(Hendry & Reid, 2000). 이 세포들은 대세포나 소세포에 비해 기능적 특이성이 분명하지 않고 연결성 패턴도 다르다.

일차시각피질의 뉴런들이 지닌 특성은 데이비드 허블과 토르스텐 비셀(David Hubel & Torsten Wiesel, 1959, 1962, 1965, 1968, 1970a)의 선구적인 작업에 의해 밝혀졌다. 이들은 그 공로로 1981년 노벨의학상을 받았다. 그들이 사용한 방법은 고양이와 원숭이의 시각피질에 있는 단일 뉴런의 반응을 기록하는 것이었다. 그들의 작업을 고려하기 전에 잠시 물러나 더 넓은 질문을 던져볼 필요가 있다. "어떤 종류의 시각 정보들이 뉴런들에 의해 부호화되어야 할까?" 무엇보다도 먼저 뉴런들은 무언가가 밝은지 어두운지 표상할 수 있어야 한다. 여기에 덧붙여 뉴런들은 물체의 색깔을 표상할 필요가 있다. 말하자면 명도/암도가 같지만 색깔이 다른 과일과 잎사귀를 구분할 수 있어야 한다. 경계들도 탐지되어야 하는데, 이는 빛이나 색깔의 급격한 변화로서 정의될 수 있다. 이러한 경계들은 물체의 형태를 지각할 때 유용할 것이다. 또한 빛과 색깔의 변화는 물체의 움직임을 반영할 수도 있는데, 어떤 뉴런들은 이러한 유형의 시각 정보를 추출하는 데 특화되어 있으리라 상상해볼 수 있다. 깊이는 서로 다른 두 망막상을 비교함으로써 지각할 수 있을 것이다.

일차시각피질(V1)의 뉴런들은 이러한 모든 유형의 시각 정보들이 이후의 정보처리 단계에서 추출될 수 있도록 슬상핵의 정보를 기본적인 부호로 변환한다. 많은 위대한 발견들이 그러하듯, 여기에는 우연적인 요소가 있었다. 허블과 비셀은 프로젝터 필름의 작은 균열이 V1의 단일 세포를 미쳐 날뛰게 만들었다고, 즉 많은 활동전위를 유발했다고 언급한 바 있다(Zeki, 1993). 그들은 여기서 체계적으로 접근하여, 많은 V1 세포들이 특정 지향에만 반응한다는 사실을 보여주었다. 이 세포들을 단순 세포(simple cell)로 명명하였다. 이러한 단순 세포의 반응은 슬상핵에 있는 중심-주변 세포들의 반응을 결합함으로써 구성될 수 있다(Hubel & Wiesel, 1962). 또한 이 세포들은 양쪽 눈의 정보들을 통합하므로, 정보가 왼쪽 눈으로 입력되었든 오른쪽 눈으로 입력되었든 비슷하게 반응한다. 많은 지향 선택적 세포들은 파장에도 민감하므로(Hubel & Wiesel, 1968), 색깔의 유래가 되는 원시 부호를 제공한다.

중심-주변 세포가 단순 세포의 주춧돌인 것처럼, 허블과 비셀(1962)은 단순 세포들도 서로 연결되어 복합 세포(complex cell)를 구성한다고 추측하였다. 이 세포들도 지향 선택적이지만, 수용장이 더 크다는 면에서 단순 세포와 구별될 수 있다. 또한 복합 세포는 전체 길이에 걸쳐 자극을 받아야 하는 반면, 단순 세포는 흥분성 영역에 있는 단일 광점에 대해서도 반응한다. V1 밖에서 초복합 세포(hypercomplex cell)라고 불리는 또 다른

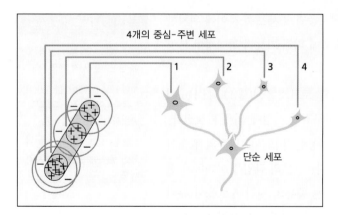

그림 6.5 V1의 단순 세포는 특정한 길이와 정향을 가진 선분들에 반응한다. 이 세포의 반응은 슬상핵에 있는 세포처럼 중심-주변 구조를 가진 여러 세포들의 반응을 조합하여 도출된다.

출처 : Zeki, 1993. ⓒ Blackwell Publishing. Reproduced with permission.

유형의 세포도 발견되었는데, 이 세포들은 여러 복합 세포들의 반응에 기초한다(Hubel & Wiesel, 1965). 이 세포들도 지향에 민감하지만 길이 역시 마찬가지로 중요하다. 초복합 세포의 수용장은 여러 개의 흥분성 복합 세포들을 더하여 만들어지지만, 각 말단에는 '종결자' 역할을 하는 억제성 복합 세포가 위치한다. 요컨대, V1 세포들의 반응 특성으로 인해 더 복잡한 시각 정보들(예 : 경계)이 더 단순한 정보들로부터 구성될 수 있다.

허블과 비셀의 연구에서 꼭 기억해두어야 할 내용은 시각 시스템의 구조가 위계적이며, 단순한 시각 특징들에 기초하여 (상향적으로) 복잡한 시각 특징들이 생긴다는 점이다. 그러나 이는 절반의 이야기일 뿐이다. 복잡한 표상으로부터 위계의 아래 방향으로 정보가 전달될 수도 있다. 예를 들어, 카니자 착시에서 착각적인 삼각형의 '흰 경계'에 반응하는 (V1이 아닌) V2 세포가 있다(Von der Heydt et al., 1984). 이 결과는 형태와 표면을 표상하는 뇌 영역으로부터 V2로 전달된 피드백 정보를 반영하는 것 같다(Kogo & Wagemans, 2013).

피질 및 비피질 시각 경로

눈에서 뇌로 향하는 경로는 지금까지 대략 10개 정도가 발견되었다. 이 중에서 외측 슬상핵을 경유하여 V1으로 향하는 경로가 가장 잘 알려져 있고 인간의 시지각에 가장 큰 공헌을 한다(Stoerig & Cowey, 1997). 다른 경로들은 진화적으로 더 오래되었다. 진화는 이러한 경로들을 '더 좋은' 것들로 대체하지 않은 채로 남겨두었고, 더 정교한 수준의 처리 능력이 있거나 다소 다른 기능을 수행하는 새 경로들을 추가해 온 듯하다. 예를 들어, 시상하부의 시교차상 핵(suprachiasmatic nucleus, SCN)으로 가는 시각 경로는 생체 시계를 설정하는 데 사용되도록 밤과 낮에 관한 정보를 제공한다(Klein et al., 1991). 상구(superior colliculus)와 하시상침(inferior pulvinar)을 경유하는 것과 같은 다른 경로들은 신체와 눈의 자동적인 움직임을 촉발하여 자극(예 : 갑자기 번쩍이는 빛)에 정향하게 하는 데 중요하다(Wurtz et al., 1982). 이러한 경로들은 V1을 경유하는 경로보다 빠르기 때문에 위협이 되거나 예상하지 못했던 자극에 관해 일찌감치 경보신호를 제공할 수 있다. 우리가 어떤 대상의 중요성을 미처 깨닫기도 전에 그것을 무의식적으로 돌아볼 수 있는 이유가 여기에 있다. 최근에는 LGN에서 (K세포를 통해) 피질로 가는 또 다

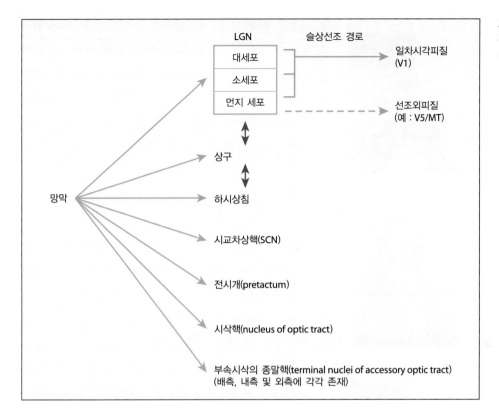

그림 6.6 연구자들은 망막에서 각기 다른 뇌 영역으로 향하는 경로가 10개 있다고 믿는다.

눈과 뇌의 관계에 관한 오해 3

망막상 및 그에 상응하는 V1 표상은 바깥 세상에 대하여 '뒤집혀져' 있다. 따라서 어떻게 뒤집혀진 상을 뇌가 바로 세우는지 궁금할 것이다. 이러한 질문은 무의미한데, 바깥 세상에 있는 사물의 방향이 어떤 식으로든 '올바르고' 뇌의 표상은 '그르다'고 미리 가정하기 때문이다. (모든 방향은 상대적이므로) '올바른' 방향이란 존재하지 않고, 적절하게 지각하기 위해 뇌가 사물을 돌릴 필요는 없다. 보는 뇌의 기능은 환경으로부터 적절한 정보를 추출하는 데 있지, 환경의 복사본을 만드는 데 있지는 않다.

른 경로가 발견이 되었는데, 이 경로는 V1을 먼저 경유할 필요 없이 시각운동을 처리하는 데 특화된 뇌 부위(V5/MT 영역)에 축색을 뻗고 있다(Sincich et al., 2004). 이를 감안하면 일부 피질맹 환자들이 여전히 운동 정보를 구분할 수 있다는 사실을 이해할 수 있다.

평가

일차시각피질(V1)에는 경계선과 같은 시각적 세부 특징들을 일차적으로 탐지하는 세포들이 있는데, 이러한 기능은 장면을 여러 물체로 구분하는 데 중요하다. 시각적 세부 특

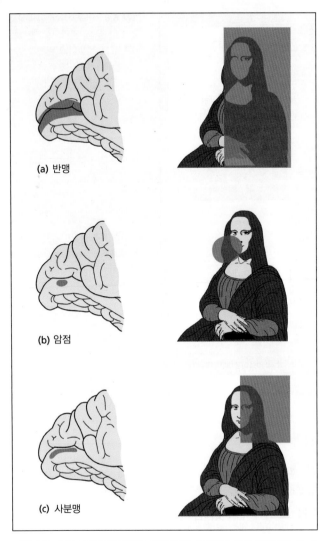

(a) 반맹

(b) 암점

(c) 사분맹

그림 6.7 일차시각피질(V1)이 부분적으로 손상되면 특정 영역만을 볼 수 없게 된다. 이는 이곳의 뇌 영역이 망막위상적으로 조직되어 있기 때문이다. V1 영역은 뇌의 뒤쪽에 있고 두 반구 중간에 있는 표면에 위치한다.

출처 : Adapted from Zeki, 1993.

징은 위계적으로 처리된다는 증거가 있다. 낮은 위계에 속한 뉴런들의 반응은 높은 위계에 속한 뉴런들이 정교한 반응을 할 수 있게 하는 주춧돌이 된다. 많은 다른 경로들이 V1을 향하는 슬상선조 경로와 병렬적으로 작동한다. 이는 무엇보다도 시각 자극을 초기에 탐지하는 데 중요하다.

피질맹과 '맹시'

한쪽 눈이나 그 눈의 시신경을 잃게 되면 그쪽으로는 아무것도 볼 수 없다. 남은 눈은 여전히 공간의 왼편과 오른편을 지각하여 좌측과 우측의 일차시각피질로 정보를 전달할 수 있을 것이다. 그러나 한쪽의 일차시각피질 자체가 완전히 손상되었다면 어떤 결과가 생길까? 이러한 사례에서는 한쪽 공간에 대한 피질맹이 생길 것이다(좌측 피질이 손상되었다면 우측 시각장을 볼 수 없고, 우측 피질이 손상되었다면 좌측 시각장을 볼 수 없다). 왼쪽 눈이나 오른쪽 눈만 쓰거나 두 눈을 다 쓰더라도 결함은 존재한다. 이러한 결함을 **반맹**(hemianopia, 또는 동측 반맹)이라 한다. 일차시각피질이 부분적으로 손상되면 공간상에서 작은 구역에 영향을 끼친다. V1의 윗부분(조거구라고 불리는 선의 위쪽)이 공간의 아래쪽을 표상하고 V1의 아랫부분이 공간의 위쪽을 표상하므로, 이곳이 손상되면 시각장의 한쪽 사분면에서만 피질맹이 발생한다[소위

사분맹(quadrantanopia)]. 공간상에서 더 작은 영역을 못 보게 되는 것을 암점(scotoma)이라 한다. V1의 시각 정보 배열은 망막상의 배열과 병렬적으로 연결되어 있다. 즉 망막상의 공간에서 근접한 점들은 V1에서도 공간적으로 가깝다. V1과 같은 영역을 **망막위상적으로 조직화**(retinotopic organization)되었다고 한다.

이전 단락에서 눈으로부터 뇌로 향하는 여러 개의 통로에 관해 기술하였다. 각 통로가 시지각에 공헌하는 바는 서로 다르다. 이를 감안하면 (눈이 아니라) 뇌가 손상되었을 때 완전히 시력을 잃게 되는 것이 가능한가 하는 궁금증이 생긴다. 이러한 시각 경로들

이 우연히도 각각 완전하게 손상되지 않는다면 말이다. 사실은 실제로도 그렇다. 일차 시각피질이 손상되면 손상 부위에 해당하는 공간 영역에 제시된 자극을 보고할 수 없는 장애가 생긴다. 그럼에도 불구하고 다른 시각 경로들이 남아 있기 때문에, 환자가 볼 수 없다고 보고한 바로 그 영역에서도 약간 다른 측면의 시지각이 만족스럽게 작동할 수 있다. 이러한 역설적인 상황을 맹시(blindsight)라고 부른다(Weiskrantz et al., 1974).

맹시 증상을 보이는 환자들은 자극을 보지 못했다고 주장하지만 그들의 행동에서는 자극을 보고 있었다는 사실이 드러난다(개관 논문은 Cowey, 2004 참조). 예를 들어, 환자 DB는 만성적인 중증 편두통을 치료하기 위해 일차시각피질(V1)의 일부분을 제거하였다(이 사례의 자세한 내용은 Weiskrantz, 1986 참조). 손상된 시야에 자극이 제시되면 DB는 아무것도 못 보았다고 보고한다. 그러나 자극을 향해 가리키거나 눈을 움직이라는 지시를 받으면, 여전히 아무것도 볼 수 없다는 주장을 견지하면서도 DB는 정확하게 지시를 따를 수 있다. DB는 방향 변별(수평, 수직 또는 대각선 방향), 운동 탐지(정지된 자극과 움직이는 자극) 및 대비 변별(검은 바탕의 회색 대 흰 바탕의 회색)과 같은 여러 다른 변별 과제들을 우연수준보다 훨씬 잘 수행할 수 있었다. 이런 모든 과제에서 DB는 자신이 어림짐작하고 있다고 느꼈지만, 이는 명백히 사실이 아니었다. 일부 모양/형태 변별은 가능했지만, 이는 행태 자체를 탐지했다기보다는 경계선이나 방향을 탐지할 수 있었기 때문인 것 같다. 예를 들어, DB는 X와 O를 구별할 수 있었지만, 비슷한 방향의 선분을 포함하고 있는 X와 △ 또는 정사각형과 직사각형을 구별할 수 없었다(이와 다른 결과는 Marcel, 1998 참조).

DB 같은 환자들의 수행을 어떻게 설명할 수 있을까? 무엇보다도 먼저, 남아 있는 일차시각피질을 사용하여 과제를 수행할 가능성을 제거할 필요가 있다. 예를 들어, 손상되었다고 가정한 영역 안에 온전한 피질이 섬처럼 남아 있을 수 있다(Campion et al., 1983). 그러나 많은 환자들이 MRI 구조 영상을 찍었을 때, '볼 수 없는' 공간에 상응하는 영역에는 피질이 전혀 남아 있지 않다는 것을 확인할 수 있었다(Cowey, 2004). 또 다른 설명은 자극의 빛이 시각장의 온전한 부위로 퍼져서 온전한 일차시각피질 부위에 의해 탐지된다는 것이다. 예를 들어, 어떤 환자들은 자신의 코 혹은 실험실의 다른 표면에 반사된 빛 때문에 손상된 시야의 자극을 탐지할 수 있을 것이다

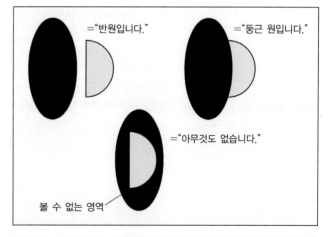

그림 6.8 시각적으로 제시된 반원이 피질 암점(어두운 영역)에 접하면 환자는 둥근 원이라고 보고할 것이다. 맹시를 가진 환자들은 시야에서 빈 공간을 보는 것이 아니라 온전한 영역의 시각 정보를 사용하여 공간을 메운다. 암점 안에서 제시된 반원을 아예 볼 수 없다. 반면 암점에서 멀리 떨어진 반원은 정상적으로 지각한다.

출처 : Adapted from Torjussen, 1976.

핵심 용어

복측 흐름 후두엽에서 측두엽으로 이어지는, 대상 재인, 기억, 의미 처리에 관여하는 시각 경로

배측 흐름 후두엽에서 두정엽으로 이어지는, 시각적으로 유도되는 행위와 주의에 관여하는 시각 경로

V4 색 지각에 관련된 선조외 피질 영역

V5(MT) 운동 지각에 관련된 선조외피질 영역

(Campion et al., 1983). 이에 반하는 증거는 (우리 모두가 가지고 있는) 자연적인 맹점보다 '맹시' 영역에서 과제 수행이 더 좋다는 사실로부터 온다. 이는 산란된 빛으로 설명할 수 없다(Cowey, 2004 참조). 그러므로 가장 만족스러운 설명은 맹시가 V1의 잔여 기능이라기보다는 눈에서 뇌로 향하는 다른 시각 경로들의 작동을 반영한다는 것이다. 예를 들어, 맹시에서 시각적 운동을 탐지하는 능력은 V1을 우회하여 LGN에서 V5/MT 영역으로 직접 투사된 정보에 기인할 가능성이 있다(Hesselmann et al., 2010).

이 설명은 의식적이거나 무의식적인 시각 정보처리들의 기능적 중요성에 관하여 중요한 질문을 제기한다. 만약 무의식적인 시각 정보처리들이 구별을 잘 할 수 있다면, 의식적인 경로는 도대체 왜 필요할까? 이는 잘못된 질문이라고 볼 수 있다. 왜냐하면 (맹시에서 사용되는) 무의식적인 경로들은 그리 효율적이지도 않고, V1에서 이루어지는 세밀한 변별 작업에 비해 투박한 변별만을 할 수 있기 때문이다(Cowey, 2004 참조). 지금 우리는 왜 어떤 신경 처리만 의식적인 시각 경험과 관련이 되어 있고 다른 신경 처리는 그렇지 않은지 완전히 이해하고 있지 않다. 그럼에도 불구하고 맹시를 가진 환자들에 관한 연구들은 각각의 시각 경로들이 가지는 상대적 역할과 기능에 관하여 중요한 단서를 제공한다.

맹시 ≠ 정상 시각 − 시각에 대한 자각

맹시 = 손상된 시각 + 시각에 대한 자각이 없음

V1 이후 시각피질의 기능적 전문성

V1의 뉴런들은 경계와 방향, 파장과 빛 강도를 탐지하는 데 특화되어 있다. 이들은 형태(예 : 모양), 색상 및 운동에 근거하여 더 복잡한 시각 표상들을 구성하기 위한 주춧돌이 된다. 시각 영역들을 잇는 중요한 연결들이 그림 6.9에 나와 있다. 나중에 더 자세히 설명하겠지만, 한 가지 중요한 구분은 (대상 재인과 기억에 관여하는) **복측 흐름**(ventral stream)과 (행위와 주의에 관여하는) **배측 흐름**(dorsal stream)에 관한 것이다. 복측 흐름은 측두엽으로 흘러가는 반면, 배측 흐름은 두정엽에서 끝난다.

V1 밖에 있는 후두피질은 선조외피질(또는 전선조피질)로 알려져 있다. 선조외 시각 영역들의 수용장은 크기가 점차 커지고 공간상에서 서로 덜 밀착된 구조를 가지게 되어서, V4와 V5 영역의 수용장은 엄청나게 넓다(Zeki, 1969). 또한 선조외피질은 색상(V4 영역)과 움직임(V5 또는 MT 영역)같이 특별한 시각 특질들을 처리하는 데 특화된 여러 영역을 포함하고 있다. 어떤 면에서 V1 밖에서 뇌의 정보처리 전략은 '분할하여 정복하

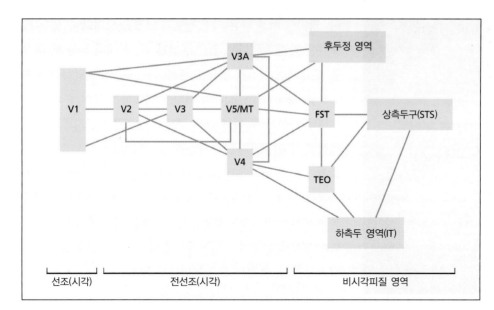

는' 것이라 할 수 있다. 예를 들어, 뇌 손상으로 인해 다른 시각 기능이 온전하면서도 색 지각[대뇌 **완전색맹**(achromatopsia)]이나 움직임 지각[대뇌 **운동맹**(akinetopsia)]만 손상될 수 있다.

V4 : 뇌의 주요 색상 중추

V4 영역은 인간의 두뇌에서 색 중추라고 알려져 있다. 이곳에 병변이 생기면 색 시각에 결함이 생겨서 세상이 회색빛 그림자들로 보인다(Heywood et al., 1998; Zeki, 1990). 이러한 증상을 대뇌 완전색맹이라 부른다. 특정 유형의 망막 세포가 부족한 사람들(정상인)이 빨간색과 초록색을 구분하지 못하는 색맹과 이 증상을 혼동하면 안 된다. 완전색맹은 드물다. 왜냐하면 뇌에는 2개의 V4 영역이 있고 뇌 손상이 양반구에 대칭적으로 영향을 끼칠 가능성이 높지 않기 때문이다. 하나의 V4 영역이 손상되면 공간의 한쪽 면만 무색으로 보인다(좌측 V4는 우측 반시야의 색을 표상하고 우측 V4는 좌측 반시야의 색을 표상한다). V4가 부분적으로 손상을 입으면 색깔이 '더럽게' 또는 '바랜 듯이' 보인다(Meadows, 1974). 뇌 손상을 입지 않은 사람들의 경우 색깔 있는 사각형들의 패턴(몬드리안의 그림과 비슷하기 때문에 몬드리안 패턴이라 함)과 이에 상응하는 회색조의 그림에 대한 기능 영상을 비교하여 V4 영역을 찾을 수 있다(Zeki et al., 1991). 회색조의 그림은 밝기가 몬드리안 패턴과 같으므로 흑백 카메라를 통해 보면 두 그림은 서로 동일하게 보일 것이다.

색깔이 얼마나 중요하길래 뇌는 하나의 영역 전체를 색 처리를 위해 할애할까? 더욱

핵심 용어

완전색맹 색상을 전혀 지각하지 못하며(세상이 회색조로 보임), 색맹(예 : 빨간색과 초록색을 구분하지 못함)과 혼동하면 안 됨

운동맹 시각 운동을 전혀 지각하지 못함

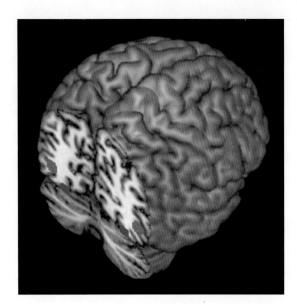

그림 6.10 V5/MT 영역(빨간색)은 양반구의 바깥 표면에 가깝게 위치하며 시각 운동을 지각하는 역할을 담당한다. V4 영역(파란색)은 각 반구의 뇌 표면 아래에 위치하며 색 지각을 담당한다. 이 그림은 뇌를 뒤에서 본 장면이다.

이, 망막이 서로 다른 가시 광선의 파장을 탐지할 수 있는 세포들을 가지고 있다는 점을 감안할 때, 도대체 뇌는 왜 색상을 전담하는 처리를 필요로 할까? 두 질문에 대답하려면 색 항등성(color constancy)의 개념을 이해하는 것이 중요하다. 색 항등성은 서로 다른 조명 조건에 놓였을 때, 그리고 표면에서 반사되는 빛의 물리적인 파장 배합이 (장비로 측정하면) 조건에 따라 변하는데도 불구하고 표면의 색이 일정하게 지각되는 현상을 일컫는다. 예를 들어, 장파장의 '빨간' 빛을 높은 비율로 반사하는 표면은 흰색, 빨간색, 초록색 또는 어떤 다른 빛으로 비추어도 빨갛게 보인다. 색 항등성은 다양한 시각 조건에서, 예컨대 빨간 토마토를 잘 인식하도록 돕는다.

색 항등성을 도출하는 것이 V4의 기능인 것 같다(Zeki, 1983). 이를 달성하기 위해 V4 뉴런들은 자신의 수용장에 있는 파장들을 그 밖의 파장들과 비교한다. 이러한 방식을 통해 조명 조건을 고려하여 표면의 색깔을 계산하는 것이 가능해진다(Land, 1964, 1983). 초기 시각 영역(예 : V1)의 세포들은 자신의 수용장에 있는 국소적인 파장에만 반응하며, 물체의 색이 바뀌지 않아도 광원이 바뀌면 세포의 반응도 변한다(Zeki, 1983). V4가 손상된 완전색맹 환자들은 색을 경험하지는 못하지만 파장 변별에 근거한 초기 시각 처리를 사용할 수 있다. 예를 들어, 환자 MS는 밝기가 같은 두 색 패치가 서로 맞닿아 있을 때는 색깔이 같은지 다른지 구별할 수 있지만, 떨어져 있을 때는 구별하지 못했다(Heywood et al., 1991). 이는 V4 밖에서 파장을 비교하는 것이 국소 수준에서만 가능하기 때문이다. 전 단계의 시각 영역들이 파장에 반응하는 데 비해, V4는 약간 특별한 특징을 가진다. V4의 뉴런들은 전 단계에서보다 더 큰 수용장을 가지는 경향이 있다. 게다가 fMRI에서 얻은 증거에 따르면, 한 가지 색(예 : 빨간색)에 민감한 부피소들은 지각적으로 인접한 색깔들(예 : 보라색, 노란색)에 대해서도 어느 정도 반응한다. 전 단계의 시각 영역들은 이렇게 반응하지 않는다(Brouwer & Heeger, 2009). 이러한 사실들은 V4가 (색 상환처럼) 색깔들의 관계를 상대적으로 부호화함으로써 색 항등성에 일조하고 있음을 시사한다.

V4가 뇌에서 색에 반응하는 유일한 영역이 아니라는 점에 주의해야 한다. 예를 들어, 제키와 마리니(Zeki & Marini, 1998)는 적절한 색깔의 물체(예 : 빨간 토마토)를 볼 때와 부적절한 색깔의 물체(예 : 파란 토마토)를 볼 때를 비교했는데, 여러 영역과 더불어, 특히 장기기억 표상을 부호화는 해마가 활성화되는 것을 발견하였다.

핵심 용어

색 항등성 표면의 색깔은 다른 조건의 조명에 비추어도 일정하게 지각됨

V5/MT : 뇌의 주요 움직임 중추

PET 스캐너 안에서 참가자가 움직이는 점들로 된 장면을 보면, 고정된 점들을 볼 때에 비해 선조외 피질의 V5(또는 MT)라고 부르는 영역이 특히 활성화된다(Zeki et al., 1991). 원숭이를 대상으로 한, 초기의 전기생리학적 연구들은 이 영역의 모든 세포들이 운동에 민감하고, 이들 중 90%가 특별한 운동 방향에만 선택적으로 반응하며 반대 방향의 운동에 대해서는 전혀 반응하지 않는다는 점을 발견하였다(Zeki, 1974). 이 세포들은 전혀 색깔에 민감하지 않았다.

환자 LM은 양반구 V5/MT 영역이 손상된 후 시각적 운동을 지각하는 능력을 잃었다(Zihl et al., 1983). 이러한 상태를 운동맹이라 한다(개관 논문은 Zeki, 1991 참조). 그녀의 시각적인 세상은 일련의 정지 영상으로 구성되었다. 물체는 갑자기 나타나거나 사라지고, 멀리 있던 자동차는 갑자기 가깝게 나타났으며, 잔에 차를 따를 때는 수면이 부드럽게 상승하지 않고 점프하듯 올라와서 늘 넘치기 일쑤였다.

더 최근의 연구들에 따르면, 다른 종류의 운동 지각은 V5/MT에 의존하지 않는다. 예를 들어, LM은 생물학적 운동과 비생물학적 운동을 구별할 수 있다(McLeod et al., 1996). 생물학적 운동(biological motion)의 지각은 관절마다 광점을 붙인 사람이 어둠 속에서 걷거나 뛰는 장면을 기록하여 측정한다. 광점들만 볼 수 있을 때도 대부분의 사람들은 (움직이는 점들을 섞어서 제시하는 조건에 비해) 여전히 신체 움직임을 탐지할 수 있다. LM은 생물학적 운동을 비생물학적 운동으로부터 구분할 수 있었지만 전체적인 움직임 방향을 지각할 수는 없었다. 이런 유형의 운동을 담당하는 별개의 경로들이 기능 영상을 통해 밝혀지고 있다(Vaina et al., 2001).

LM은 다른 감각 양식(예 : 촉각과 청각)을 통해서는 움직임을 탐지할 수 있었으므로, 그녀의 장애는 특정 유형의 시각 운동에 국한된 것임을 알 수 있다(Zihl et al., 1983). 그러나 기능 영상 연구들은 세 가지 다른 감각(시각, 촉각, 청각)에 근거하여 움직임에 반응하는 초양식적인 뇌 영역을 (두정피질에서) 찾아낸 바 있다(Bremmer et al., 2001).

평가

V1 이후 뇌 속의 시각 정보처리에 관해 제기된 한 가지 견해는 각 유형의 시각 정보가 더욱 전문화된 뇌 영역들로 나뉘어 입력된다는 것이다. 정원을 가로질러 달려가는 개를 볼 때, (몇 개만 예로 들자면) 그 색깔에 관한 정보는 한 영역에 입력되고 움직임에 관한 정보는 다른 영역에 입력되며 정체에 관한 정보(이것은 다른 개가 아니라 내 개이다)는 또 다른 영역에 입력된다. 이처럼 각기 다른 정보의 흐름이 어떻게 다시 합쳐지는지는 잘 알려져 있지 않지만, 아마도 주의와 관련된 비시각적 처리가 필요할 것이다(제7장 참조).

핵심 용어

생물학적 운동 움직임 단서들만으로도 자극이 생명체처럼 움직이는지 아닌지 탐지하는 능력

그림 6.11 이러한 점들의 배열이 움직이면, 대부분의 사람들은 생물학적 운동과 비생물학적 운동을 구분할 수 있다.

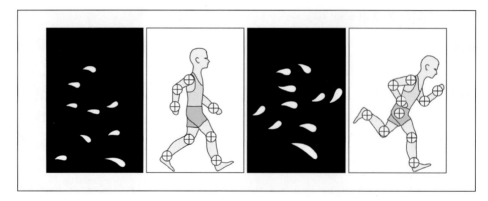

뇌는 시각 착시에 대해 어떻게 반응할까?

그림 6.12의 (a)를 볼 때 고정된 그림임에도 불구하고 운동감이 느껴지는가? 이 이미지를 이니그마 착시라고 한다. 그림 6.12의 (b)에서 하나의 화분이나 두 사람의 얼굴을 볼 수 있는가? 영상이 변하지 않는데도 불구하고 두 가지 해석이 저절로 번갈아가며 떠오르는가? 이러한 예들은 세상에 관한 뇌의 지각이 외부의 물리적 현실과 어떻게 다를 수 있는지를 드러낸다. 사실 이 현상은 본다는 것의 정상적인 측면이다. 우리가 항상 자각하고 있지 않을 뿐이지, 시각 착시는 예외적이라기보다는 여러 면에서 정상적이다.

기능적 영상 연구에 따르면 실제 운동을 탐지하는 데 특화된 뇌 부분(MT/V5 영역)이 이니그마 착시에 대해서도 반응한다(Zeki et al., 1993). 최근 연구들은 이 착시가 응시 과정에서 생기는 작은 눈 움직임 때문에 발생한다고 제안한다(Troncoso et al., 2008). 얼굴-화분 같은 쌍안정 자극을 사용한 fMRI 연구에서는 서로 다른 시각 및 비시각 뇌 구조가 지각적 안정성을 유지하기 위해 어떻게 협동하는지를 보여주었다. 이러한 영역들의 활동이 순간적으로 와해될 때마다 참가자들은 지각이 전환되었다고 보고하였다(Kleinschmidt et al., 1998). 우측 두정엽에 대한 TMS는 쌍안정 영상에 대한 전환 속도에 영향을 끼치고, 인접 영역에 대한 TMS는 지각의 안정성을 높이거나 감소시켰다(Kanai et al., 2011). 이 결과는 서로 다른 하향적 편향이 지각에 영향을 끼칠 수 있음을 의미한다.

그림 6.12 (a)에서 중심부를 응시할 때 움직임이 보이는가? (b)에서는 화분 하나 또는 얼굴 2개가 보이는가? 이러한 모호성을 뇌는 어떻게 해석하는가?

출처 : Top image by Isia Levant, 1981, www.michaelbach.de/ot/mot_enigma/index.html

물체 인식하기

핵심 용어

구조적 서술 물체의 삼차원
적 구조에 관한 기억 표상

시각 정보가 쓸모있으려면 세상에 관해 축적된 지식과 만나야 한다. 방문했던 장소와
만났던 사람을 알아봐야 하고, 다른 자극들도 예컨데 먹을 수 있는 것과 없는 것을 구분
하기 위해 알아봐야 한다. 이러한 예들은 모두 '대상 재인'의 처리 과정에 포함된다. 물
체 유형(예 : 얼굴)에 따라 어느 정도 다른 기제가 관여할 수도 있겠지만, 시각 정보로부
터 추출된다는 점을 감안할 때, 모든 대상은 어느 정도 동일한 기제를 공유할 것이다.

그림 6.13은 대상 재인의 네 가지 기본 단계를 묘사하는데, 용어가 다를 뿐 마(Marr,
1976)의 시각 이론과 매우 유사하다.

그림 6.13 시각 대상 인식에
관한 단순 모형

출처 : Riddoch and Humphreys,
2001.

1. 시각 처리의 가장 초기 단계는 다양한 길이, 대비 및 지향을 가진 경계선과 막대
   모양의 기본 요소들을 담당한다. 이 단계는 이미 앞에서 고려하였다.

2. 다음 단계는 이러한 요소들을 모아서 깊이 단서
   를 가진 고차원 단위를 구성하고 표면을 형태와
   배경으로 구분한다. 이러한 기제들 중 몇 가지
   는 게슈탈트(Gestalt) 심리학자들에 의해 처음으
   로 기술되었으며 곧 다룰 것이다. 또한 이 단계
   는 저장된 지식을 기반으로 하는 하향적 정보의
   영향을 받는다. 그러나 이러한 시각 표상들은
   관찰자의 시점에 따라 물체를 표상하므로 대상
   항등성이 없다.

3. 관찰자 중심 서술은 물체의 구조를 저장하고 있
   는 3차원적 서술[구조적 서술(structural descrip-
   tion)]에 맞대응된다. 이 저장 정보는 단지 몇
   가지 관점만을 표상하므로, 맞대응 과정에서
   대상 항등성을 계산할 필요가 있다(즉 보는 조
   건에 상관없이 물체가 일정하게 유지된다는 사
   실을 이해해야 한다). 물체 항등성은 물체를 기
   준 방향으로 회전함으로써 영상을 '정규화'할지
   여부에 따라 두 가지 서로 다른 경로를 통해 달
   성될 수 있다.

4. 마지막으로 자극에 의미가 부여되고 (이름 등

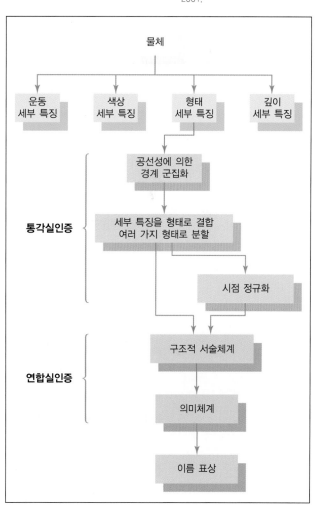

의) 다른 정보들을 사용할 수 있게 된다. 이 점은 제11장에서 주로 고려하게 될 것이다.

대상재인장애를 시각실인증이라 일컫는데, 전통적으로 **통각실인증**(apperceptive agnosia)과 **연합실인증**(associative agnosia)으로 구분해왔다. 이는 결손이 지각 처리를 담당하는 단계에서 발생하는지, 아니면 저장된 시각기억 표상을 담당하는 단계에서 발생하는지에 달려 있다(Lissauer, 1890). 아마도 이러한 분류는 너무 단순하여 현대 인지신경과학에서는 별로 쓸모가 없을 것이다. 리독과 험프리(Riddoch & Humphreys, 2001)의 것과 같은 모형은 물체의 지각과 저장된 특성 모두 훨씬 세분화된 과정으로 구분될 수 있다는 점을 인정하고 있다. 또한 현재 대부분의 대상 재인 모형들은 처리 단계들이 서로 단절되었다기보다는 서로 상호작용한다고 본다. 이는 초기 시각 영역과 후기 시각 영역 간의 연결을 보여주는 (앞서 살펴본) 신경해부학적 자료들과 대체로 일치한다.

부분과 전체 : 게슈탈트 군집화 원리

1930년대에 게슈탈트심리학자들은 시각적 세부 특징들이 합쳐져서 지각적인 전체를 이루는 이유를 설명할 수 있는 여러 원리를 찾아냈다. 이러한 연산들은 단순한 세부 특징을 세상에 관한 3차원적 서술로 전환하는 핵심 단계를 구성하는데, 이는 특히 대상 재인에 중요하다. 시각 장면을 물체와 배경 표면으로 분할하는 과정은 전경-배경 분리(figure-ground segregation)라고도 알려져 있다. 게슈탈트적 접근은 기본적인 시각적 세부 특징이 어떻게 결합하는지 설명하는 다섯 가지의 기본 원리를 구별하였다.

1. 근접성 법칙 : 시각 요소들은 서로 가까울수록 결합될 가능성이 높다. 예를 들어, 그림 6.14에서 (a)의 점들은 열보다는 행 방향으로 서로 가깝기 때문에 3개의 수평 열로 지각된다.

2. 유사성 법칙 : 시각 특질(예 : 색이나 모양)을 공유하는 요소들이 집단을 이룬다. 예를 들어, (b)는 각 열의 요소들이 형태와 색상을 공유하므로 행보다 수직 열로서 지각된다.

3. 좋은 연속성 법칙 : 경계선이 변화와 단절을 피하는 방향으로 집단을 이룬다. 그러므로 (c)는 >와 <가 아니라 두 선이 교차한 것으로 보인다.

4. 폐쇄성 법칙 : 소실된 부분들은 '채워진다.' 따라서 (d)는 빈 간격이 있어도 원형의 특성을 가진다. 좋은 연속성 법칙과 더불어, 폐쇄성 법칙을 부분적으로 가려진 물체를 인식할 때 중요하다.

5. 공통 운명 법칙 : 함께 움직이는 요소들은 서로 집단을 이루는 경향이 있다. 좋은 예

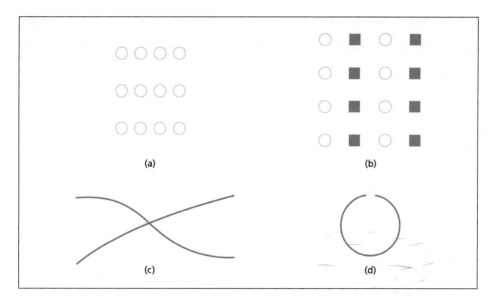

그림 6.14 게슈탈트 원리. (a) 근접성 법칙, (b) 유사성 법칙, (c) 좋은 연속성 법칙, (d) 폐쇄성 법칙

를 생물학적 운동 지각에 관한 연구들에서 찾아볼 수 있다(예 : Johansson, 1973). 신체 관절 부위에 붙인 광점은 어두운 곳에서 보면 한 사람이 움직이는 것으로 지각된다.

지각적 군집화(perceptual grouping)는 시각적 위계 내에서 여러 수준에 걸쳐 (그리고 여러 수준의 상호작용을 통해) 발생한다. 예를 들어, 사람 신체의 움직임처럼 이미 알고 있는 구조와 동역학에 근거한 광점들의 군집화는 시각 처리에서 나중 단계에 이르러서야 발생한다(Grossman et al., 2000). 다른 사례에서는 시각 처리의 가장 초기 단계에서 군집화가 일어난다는 증거도 있다. 특정 지향에 조율된 V1의 세포들은 이 지향 정보가 배경보다 전경의 일부일 때 더 많이 발화한다는 결과가 동물 단일세포 신경생리학 연구에서 보고되었다(Lamme, 1995). 인간 fMRI 연구에서는 상위 시각 영역뿐만 아니라 V1조차도 좋은 연속성 법칙에 민감하다는 결과가 보고되었다(Altmann et al., 2003). 일반적으로 대상에 관해 저장된 지식(예 : 인간 신체의 형태)이나 덜 구체적인 지식(예 : 가리거나 가려지는 것처럼 표면이 가지는 보편적 특성)에 대한 의존 여부에 따라 군집화가 초기에 일어날지 나중에 일어날지 결정된다.

HJA의 사례 : 전체를 못 보고 부분만 보기

아마도 문헌으로 기록된 가장 자세한 시각실인증 연구는 HJA의 사례일 것이다. 이 사례는 험프리와 리독이 동료들과 함께 수행한 연구들에서 여러 차례 보고된 바 있다(Humphreys & Riddoch, 1987; Riddoch et al., 1999). HJA는 회사원이었으며, 양반구

핵심 용어

통합실인증 시지각에서 부분들을 전체로 통합하지 못하는 상태

발작으로 인해 물체를 인식하는 데 심각한 어려움을 겪게 되었지만 길이, 방향, 위치에 관한 감각적 변별은 가능한 상태였다. HJA에 대해 실시한 많은 검사들이 뒷받침하는 결론은 그가 부분을 전체로 통합하는 것을 어려워한다는 것인데, 이는 그림 6.13의 단순 모형에서 통각실인증에 해당한다. 이 해석을 지지하는 증거들을 아래 표에 요약하였다. 이러한 결과들이 지지하는 결론은 HJA가 정상적으로 선분들을 지각하지만 지각적 집단화 메커니즘을 사용하지 못하기 때문에, 이 선분들을 더 복잡한 시각적 서술들로 전환하지 못할 뿐만 아니라 저장된 지식에 접근할 수도 없다는 것이다. 이러한 문제로 인해 그는 게슈탈트 원리에 입각한 군집화 기제를 사용하지 못하고 물체를 정상적으로 인식할 수 없었다. 험프리와 리독은 이를 **통합실인증**(integrative agnosia)이라고 명명하였다. 이 증상에서 군집화가 아예 일어나지 않는다는 것은 아니다. 예를 들어, 국소적인 윤곽

HJA의 보존된 능력	HJA의 손상된 능력
• 물체 그림을 따라 그릴 수 있지만 알아보지는 못한다. 이는 그가 어느 수준으로는 물체를 '볼' 수 있음을 의미한다.	• 그림을 알아볼 수 없지만 그림의 부분을 그럴싸하게 묘사할 수 있다. 예를 들어, 당근을 보면, "아래쪽은 단단해 보이고 다른 부분들은 깃털이 덮힌 것 같아요. 일종의 붓이 아닐까 해요."
• 물체를 기억해내어 그릴 수 있다. 이는 그가 시각이 아닌, 기억으로부터 구조적 서술에 접근할 수 있음을 의미한다.	• 손상된 사진들을 보았을 때, 그는 다른 사람들과 달리 게슈탈트 원리의 도움을 받지 못한다 (Boucart & Humphreys, 1992).
• 시각이 아닌 다른 감각 양식으로 물체를 인식할 수 있고 물체에 관한 훌륭한 언어적 지식을 가지고 있다.	• 실제 물체의 부분들을 결합하여 '새로운' 물체를 만들어 제시하면, 그는 이것이 실제 물체인지 아닌지 판단하지 못한다.

그림 6.15 HJA는 물체가 실제로 있는지, 아니면 만들어졌는지 판단할 수 없고 물체의 이름을 댈 수도 없다. 그러나 그는 그림을 베낄 수 있고 물체를 기억해내어 그릴 수 있다.

출처 : Adapted from Humphreys and Riddoch, 1987 and Riddoch and Humphreys, 1995.

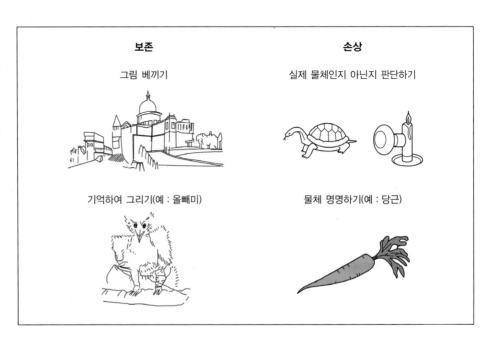

보존

그림 베끼기

기억하여 그리기(예 : 올빼미)

손상

실제 물체인지 아닌지 판단하기

물체 명명하기(예 : 당근)

이 게슈탈트 연속성 법칙에 의해 군집화될 수 있다는 증거가 있다(Giersch et al., 2000). 이 증거는 일부 군집화와 전경-배경 분리가 (HJA의 경우에 손상되지 않았던) 시각 흐름의 초기 단계에서 발생한다는 주장과 일치한다.

구조적 서술에 접근하기 : 대상 항등성

대상 재인의 가장 중요한 측면들 가운데 하나는 서로 다른 관점과 조명 조건에서도 물체를 알아볼 수 있는 것인데, 이를 **대상 항등성**(object constancy)이라 한다. 일반적인 견해에 따르면 대상 항등성은 시각 표상을 구성하여 물체의 불변 속성에 관한 정보를 담고 있는 기억 속의 물체 서술과 맞대응시킴으로써 생겨난다. 이것이 의미하는 바는 일상적이거나 주축이 보이는 규범적인 관점에서 취한 구조적 서술만을 뇌가 저장한다는 것이다. 실제로 일상적인 관점에서 제시된 물체를 명명할 때 걸리는 시간이 더 빠르다(Palmer et al., 1981). 대상 항등성에 관한 임상 검사들은 대체로 서로 다른 각도에서 그린 물체들을 알아보거나(즉 이름을 대거나) 동일한 물체의 다른 사례들을 맞대응시키게 한다.

기억에 맞대응시키는 방식에 관해 여러 가지 설명이 제기되어 왔다. 어떤 연구자들은 물체의 세부 특징과 부분을 구조적 서술에 맞대응함으로써 대상 항등성을 얻게 된다고 주장해왔다(Biederman, 1987; Warrington & Taylor, 1973). 다른 연구자들은 전체적이고 물체의 주축을 추출하는 데 관여하는 메커니즘이 가장 중요하다고 주장해왔다(Marr & Nishihara, 1978). 예를 들어, 원근법에 따라 주축을 기준으로 점차 작아 보이는 테니스 라켓은 알아보기 어렵다. 다른 연구자들은 두 가지 처리 과정 모두 역할을 담당한다고 제안해왔다(Humphreys & Riddoch, 1984; Warrington & James, 1986). 다음에서 개관할 증거들에 따르면 마지막 설명이 가장 그럴듯하다.

어떤 시각실인증 환자는 일상적인 시점에서 물체를 알아보고 명명할 수 있지만 일상적이지 않은 시점으로 물체가 제시되면 알아보지 못한다(Humphreys & Riddoch, 1984; Warrington & Taylor, 1973). 전형적으로 이러한 증상은 우측 두정엽이 손상된 후에 발생하는데, 우측 두정엽은 공간 정보처리에 특히 중요하다. 두정엽에는 물체에서 주요 축을 추출한 후에 물체를 기준 관점으로 회전시켜서 맞대응을 촉진시키는 메커니즘이 있을 것이다. 이 과정에 손상을 입

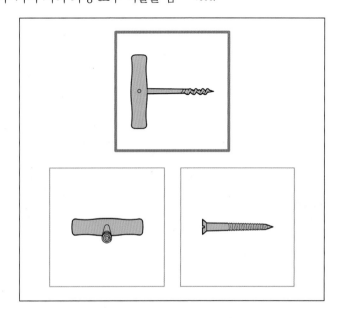

그림 6.16 물체를 비일상적인 시점으로 맞대응시켜야 하는 대상 인식 과제

출처 : Riddoch & Humphreys, 1995.

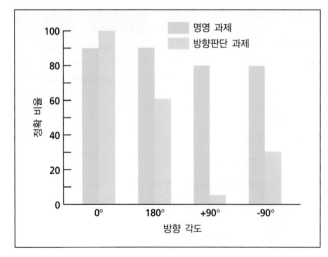

그림 6.17 대상 지향 실인증 환자인 EL은 여러 지향으로 제시된 물체들의 이름을 댈 수 있지만(초록색 막대) 어떤 물체가 올바른 방향으로 놓여 있는지에 관해서는 정확하게 판단하지 못했다(보라색 막대).

출처 : Harris et al., 2001. ⓒ The MIT Press. Reproduced with permission.

은 환자들은 물체가 제시된 방식과 상관없는 메커니즘에 의존해야만 할 것이다. 그러므로 이 환자들에서는 그림 6.13에 있는 모형의 오른쪽 경로가 손상되고 왼쪽 경로는 보존되어 있다. 다른 환자들은 이 경로에 더 미묘한 손상을 입을 수 있어서, 물체들을 명명하거나 대응시키는 과제에서는 시각실인증이 아닌 것 같지만, 여전히 물체의 방향을 판단하지 못하거나 동시에 제시된 두 물체의 방향이 같은지 결정할 수 없다(Harris et al., 2001; Turnbull et al, 2002). 이처럼 물체를 충분히 알아볼 수 있지만 지향을 추출하지 못하는 놀라운 사례를 **대상 지향 실인증**(object orientation agnosia)이라 부른다. 이러한 환자들은 물체의 지향(또는 주요 축)을 추출하지 않는 관점 독립적인 경로에 의해 대상 항등성을 달성하는 것 같다.

일상적인 관점에서 물체를 알아보기 쉬운 현상에 관한 대안적인 설명은 이 관점에서의 신경 표상이 더 친숙하고 강하다는 것으로서(Karnath et al., 2000; Perrett et al., 1998), 2개의 특화된 경로를 가정하지 않는다. 그러나 최근의 기능 영상 증거들은 두 가지 경로가 있고 각 반구가 하나씩 담당한다는 견해를 지지하는 것 같다. 이 증거를 다음에 개관하였다.

대상 항등성의 신경 기질

하측두피질(inferotemporal cortex, IT)은 슬상선조 경로로부터 입력을 받아 대상 항등성에 중요한 정보를 부호화한다. 예를 들어, 단일세포 측정법 연구들에서 밝혀진 바에 따르면 이 세포들은 매우 구체적인 물체 특징에 반응하고 중심와를 항상 포함하면서 대체로 양반구의 시야까지 포함하는 커다란 수용장을 가지고 있다(Gross, 1992; Gross et al., 1972). 그러므로 뉴런들은 특정 시각 정보를 부호화하면서도 물체의 위치에는 덜 반응한다. 이는 대상 항등성을 계산하는 데 있어서 이상적인 조건이다.

한 fMRI 연구에서는 위에 설명했던 임상 장면의 대상 항등성 검사처럼 크기, 관점, 또는 사례가 다른 한 쌍의 동일한 물체를 사용하였다(Vuilleumier et al., 2002a). 이 실험의 원리는 '동일한' 자극이 반복되면 뉴런들의 반응이 감소한다는 데 있다(점화). 따라서 fMRI 신호가 줄어드는 것과 특정 물체 특징이 반복되는 것을 연관지을 수 있다(즉 '동일하다'는 것이 동일한 관점, 동일한 크기, 혹은 동일한 유형 중 어떤 것을 말하

핵심 용어

대상 지향 실인증 대상을 충분히 인식할 수 있음에도 불구하고 지향을 파악하지 못하는 상태

는지 알 수 있다). 그 결과, 좌반구의 하측두(또는 방추) 영역은 관점이나 크기에 상관없이 반응했고, 우반구의 같은 영역은 관점에 민감하였다(크기에는 민감하지 않았다). 이는 대상 항등성이 적어도 두 가지 경로를 거쳐 달성된다는 설득력 있는 증거이다. 하나는 관점에 민감하고 다른 하나는 민감하지 않다.

시각 대상 재인의 범주 특수성?

뇌의 상위 시각 영역들은 색이나 운동같이 특정한 시각 특질을 처리하는 데 특화되어 있다고 이미 설명하였다. 그런데 동물, 얼굴, 장소, 단어 그리고 신체처럼 서로 다른 범주의 사물들을 인식하는 데 특화된 상위 시각 영역이 있을까? 제1장에서 많은 인지 기능들이 영역 특수성(domain-specificity) 모듈에 의해 수행된다는 포더의 이론(1983)를 소개하였다. '영역 특수적'이라는 용어는 모듈이 오로지 한 가지의 정보 유형만을 처리한다고 가정할 때 사용한다(예 : 얼굴만 처리하고 다른 유형의 자극은 처리하지 않는 모듈). 특정 종류의 대상만을 인식하지 못하는 해리 증상에 대한 관찰, 또는 각 뇌 영역이 특정 유형의 자극에 반응하도록 최적화되어 있다는 관찰은 이러한 가정을 강력하게 지지한다. 뇌가 각 범주들을 다른 방식으로 표상한다는 생각을 **범주 특수성**(category specificity)이라고 한다. 사물의 의미가 범주별로 표상되는지(제11장 참조), 아니면 구조적 서술로 표상되는지에 관해서도 비슷한 논쟁이 있었다. 범주 특수성 가설에 대한 대안으로서 각각의 자극 범주가 다소 다른 종류의 정보처리를 요구하며(예 : 단어는 부분들에 의해 인식되지만 얼굴은 전체적으로 인식된다) 그 차이는 절대적인 것이 아니라 상대적이라는 주장도 있다.

이번 장에서는 얼굴에 관한 범주 특수성 가설에 관해 논의한다. 제12장에서는 시각 단어 인식에 관해 비슷한 가설을 논의한다(Dehaene et al., 2002; Petersen et al., 1990). 그러나 최근에 기능적 영상 연구들에서 특정 범주를 시각적으로 인식하는 데 상대적으로 특화된 영역들이 발견되었다는 점에 주목할 필요가 있다. 물체보다는 장면에 반응하는 해마 주변 장소 영역(parahippocampal place area, PPA; Epstein & Kanwisher, 1998), 얼굴이나 장면 혹은 물체보다 인간의 신체에 반응하는 선조외 신체 영역(extrastriate body area, EBA; Downing et al., 2001)이 이러한 영역들이다. 이 연구들은 범주 특수성을 어느 정도 지지하지만, 강력한 형태의(즉 이 영역들이 오직 한 가지 범주의 자극을 인식하는 데만 관여한다는) 범주 특수성을 지지하는지는 명확하지 않다. 지금까지 대상 재인의 범주 특수성을 지지하는 강력한 증거는 얼굴 정보처리에서 나왔는데, 이를 지금부터 설명할 것이다.

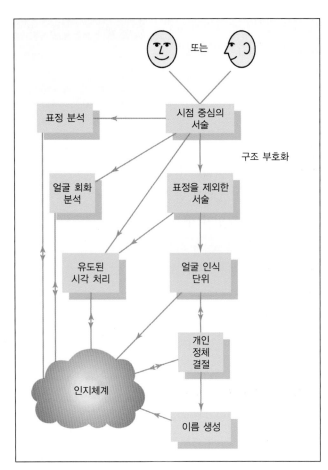

그림 6.18 브루스와 영(1986)
의 얼굴 인식 모형

출처 : Parkin, 1996.

얼굴 인식하기

얼굴은 다른 물체들과 마찬가지로 시각적 대상의 한 가지 유형이지만 얼굴 인식이 다른 대상 인식과 다를 거라고 믿을 만한 몇 가지 이유가 있다. 첫째, 보통의 경우에 얼굴 인식의 목표는 얼굴을 얼굴로서 구분하는 것이 아니라(예 : "저 물체는 얼굴이다!") 특정한 얼굴을 알아보는 데 있다(예 : "저 사람이 버락 오바마다!"). 둘째, 연구자들은 얼굴 인식에 필요한 정보처리 유형 때문에 혹은 얼굴이 독특한 범주이기 때문에 얼굴이 '특별하다'고 생각해왔다. 비록 얼굴 인식이 대부분의 다른 물체들과 구분되는 신경 기반을 가지고 있고 선택적으로 보존되거나 손상될 수 있지만 왜 그런지는 여전히 논쟁거리이다.

얼굴 처리 모형

브루스와 영(Bruce & Young, 1986)은 얼굴 인식에 관한 인지 모형을 제안하였는데, 이 모형은 오랫동안 검증되어 왔다. 이들은 일반적인 물체 인식에서 가정하듯 관점에 의존하는 구조적 서술을 계산하는 것이 가장 초기 수준의 정보처리라고 가정하였다. 그다음, 친숙한 얼굴과 친숙하지 않은 얼굴이 다르게 처리되기 시작한다. 친숙한 얼굴은 저장된 얼굴에 기초한 구조적 서술[얼굴 인식 단위(face recognition units, FRUs)]에 맞대응되어 인식된다. 그다음, **개인 정체 노드**(person identity nodes, PINs)라고 하는 더 추상적인 수준의 표상이 그 사람에 관한 의미 정보(예 : 직업)와 이름 정보에 도달한다. 친숙하지 않은 얼굴은 (유도된 시각 처리라고 하는) 다른 경로에서 담당한다고 가정한다. 여러 가지 서로 다른 얼굴 처리 경로들이 있는데, 이 경로들은 친숙한 사람들을 알아보는 데 관여하는 경로와 동시에 작동한다. 환자들을 대상으로 한 신경학적 연구에 따르면 정서적 표정, 연령대, 성별을 인식하는 것은 친숙한 얼굴을 인식하는 것과는 별개의 독립적인 과정이다(Tranel et al., 1988; 전기생리학적 자료는 Hasselmo et al., 1989 참조). 입술의 움직임을 보고 말을 알아듣는 능력도 마찬가지이다(Campbell et al., 1986).

핵스비 등(Haxby et al., 2000)의 모형은 신경해부학적 원리에서 영감을 얻은 얼굴 지

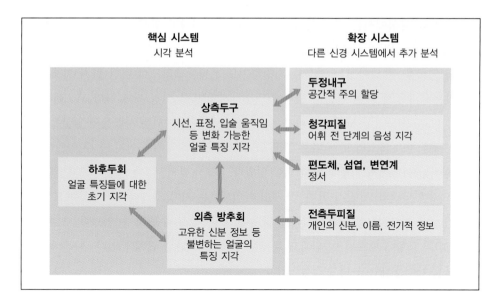

핵심 시스템
시각 분석

확장 시스템
다른 신경 시스템에서 추가 분석

상측두구
시선, 표정, 입술 움직임 등 변화 가능한 얼굴 특징 지각

하후두회
얼굴 특징들에 대한 초기 지각

외측 방추회
고유한 신분 정보 등 불변하는 얼굴의 특징 지각

두정내구
공간적 주의 할당

청각피질
어휘 전 단계의 음성 지각

편도체, 섬엽, 변연계
정서

전측두피질
개인의 신분, 이름, 전기적 정보

그림 6.19 핵스비 등(2000)의 모형은 얼굴을 처리하는 신경 기질들을 (상대적으로 얼굴에 특화된) 몇 가지 핵심 메커니즘과 (정서, 언어, 행위와 관련된) 얼굴 처리를 더욱 일반적인 인지 메커니즘에 연결하는 확장 시스템으로 구분한다.

각 모형을 제시하였다. 이 모형은 브루스와 영(1986)의 순전히 인지적인 설명과 대비를 이룬다. 핵스비 등(2000)은 얼굴 지각에 관여하는 핵심 영역이 (영장류의 하측두피질에 해당하는) 인간의 방추회에 있다고 보았다. 이 영역을 소위 **방추형 얼굴 영역**(fusiform face area, FFA)이라 하는데, 친숙한 얼굴을 알아보는 데 관여한다. 상측두구(superior temporal sulcus, STS)는 친숙하거나 낯선 얼굴 모두에게서 공통적으로 찾아볼 수 있는 역동적인 특징(표정이나 입술과 눈동자의 움직임)을 처리한다고 가정한다. 핵스비 등은 핵심 얼굴 인식 시스템으로부터 입력을 받지만 얼굴을 지각하는 데 꼭 필요한 것은 아닌 나머지 뇌 영역들을 '확장 시스템'으로 구분하였다(예 : 사람들에 관한 의미적 지식을 지원하는 영역).

핵심 용어

방추형 얼굴 영역(FFA) 하측두엽에 속하며, 다른 시각적 대상들보다 얼굴에 더 반응하고 얼굴의 정체를 파악하는 데 관여하는 영역

얼굴이 특별하다는 증거

브루스와 영(1986)의 모형은 '통각적' 단계와 '연합적' 단계를 구분하거나 시점 독립적 부호와 시점 의존적 부호를 구분한다는 면에서 대상 재인 모형과 여러 면에서 유사하다. 그러나 그밖의 측면에서 얼굴은 다른 물체들과 다르다. 대략 두 종류의 증거가 이 주장을 뒷받침한다. 첫째, 얼굴 인식은 독특한 신경 기반을 가지고 있다. 둘째, (그러므로) 얼굴 인식은 선택적으로 손상될 수 있다.

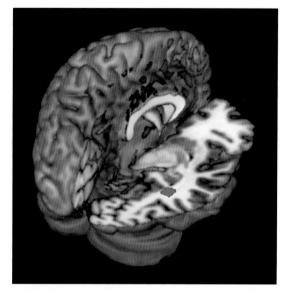

그림 6.20 우반구를 뒤에서 봤을 때 방추형 얼굴 영역의 대략적인 위치

핵심 용어

얼굴실인증 초기 시각 분석에는 문제가 없지만 얼굴을 처리하지 못하는 증상(이전에 친숙했던 얼굴을 알아보지 못하는 증상을 지칭하는 경우도 있음)

범주적 지각 모호하거나 섞인 자극을 접했을 때 동시에 여러 가지 물체를 인식하거나 물체들이 섞인 것으로 인식하지 않고, 한 가지 물체 또는 다른 물체로만 지각하는 경향

초기 시각 분석에서는 전혀 문제가 없는데 얼굴 처리만 못하는 경우를 **얼굴실인증**(prosopagnosia)이라 한다(Bodamer, 1947). 때때로 얼굴실인증이라는 용어는 이전에 친숙했던 얼굴을 못 알아보는 경우를 지칭하기도 한다. 그러므로 어떤 인지 기제가 손상되었는지 추정할 때는 단순히 명칭에 의존하지 않도록 신경 써야 한다. 드 렌지(De Renzi, 1986)가 보고한 사례에서 환자는 가족을 포함하여 가까운 사람들의 얼굴을 알아보지는 못했지만 목소리 또는 다른 얼굴 외 정보를 활용하여 누구인지 알 수 있었다. 한 번은 환자가 아내에게 이렇게 말한 적이 있었다. "당신 맞지? 집에 당신 말고 다른 여자는 없으니까 당신일 거 같긴 한데, 그래도 확인해보는 거야." 그럼에도 불구하고 이 환자는 얼굴을 지각적으로 맞대응시키는 과제를 정상적으로 수행할 수 있었다. 브루스와 영(1986)의 모형에 따르면 이 환자의 문제는 얼굴 인식 단위 단계에 있다. 다른 물체를 알아보고 이름을 대는 능력은 정상이었다.

FFA는 다른 자극들보다 얼굴에 더 많이 반응하며, 이미 알고 있는 얼굴을 인식하는 데 특별히 더 중요한 것 같다(Kanwisher et al., 1997; Kanwisher & Yovel, 2006). 이 영역이 범주 특수성의 강력한 증거라고 캔위셔와 동료들이 주장하는 이유가 여기에 있다(즉 이 영역은 특정한 한 가지 종류의 정보만 처리하는 뉴런들을 가지고 있다). FFA는 양반구에 있지만 보통은 우반구에서 더 강한 반응을 보인다. 같은 얼굴이 반복될 때 얼굴의 물리적인 특성이 바뀌어도 이 영역에서는 (반복된 자극에 대해 fMRI 신호가 감소하는) fMRI 순응이 일어난다(Kanwisher & Yovel, 2006 참조). 약간의 얼굴 특이성을 보이는 후두회 초기 영역들과 달리, FFA는 범주적 지각을 한다. **범주적 지각**(categorical perception)이란 모호하거나 섞인 자극을 접했을 때 동시에 여러 가지를 지각하거나 섞인 정보를 지각하지 않고 한 가지 대상 또는 다른 대상으로 지각하는 경향성을 뜻한다. 로트시테인 등(Rotshtein et al., 2005)은 마가렛 대처와 마릴린 먼로를 몰핑한 사진으로 fMRI 순응을 연구하였다. 사진의 물리적인 차이는 모호한 사진에 대해 참가자가 가지는 지각이 대처와 먼로 사이에서 전환된 때에만 fMRI 순응에 영향을 끼쳤다.

얼굴은 왜 특별한가

이 단락에서는 왜 얼굴이 특별한지에 관해 네 가지 설명을 다룬다. 이 설명은 서로 배타적이지 않으며, 여러 요인이 동시에 관여할 수 있다.

과제 난이도

얼굴은 복잡한 시각 자극이고 서로 상당히 유사하다(예 : 모든 얼굴은 입, 코, 눈, 등으로 구성된다). 그렇다면 얼굴 인식이 특별한 이유는 단순히 다른 종류의 물체를 알아보

는 것보다 어렵기 때문일까? 얼굴실인증 없이 시각실인증을 겪는 환자의 사례가 많다는 점은 이러한 견해를 반박한다(Rumiati et al., 1994). 파라 등(Farah et al., 1995a)은 과제 난이도라는 문제에 직접 답하기 위해 얼굴 인식 과제와 난이도가 같은 물체(안경테) 인식 과제를 만들었다(정상인들은 두 과제 모두에서 85% 정확률을 보였다). 연구자들은 얼굴실인증 환자인 LH가 얼굴 과제를 수행하지 못했지만 안경테 과제를 잘 수행했다는 결과(각 62%와 92%)를 근거로 과제 난이도가 적절한 설명이 아니라고 결론 내렸다.

부분에 기초한 지각 처리 대 전체적인 지각 처리

어쩌면 얼굴은 얼굴이라서 특별한 것이 아니라 특별한 유형의 정보처리를 요구하기 때문에 다른 물체들과 다른 취급을 받을지 모른다. 이에 관한 가장 영향력 있는 이론을 파라가 제안하였다(1990; Farah et al., 1998). 파라는 모든 대상 재인이 연속선상에 위치하며, 이 연속선의 양극단은 부분에 근거한 재인과 전체에 근거한 재인이라고 주장하였다. 얼굴 인식이 전체적인 처리에 더 많이 의존한다면, 글자 인식은 부분에 기초한 처리에 더 많이 의존한다(예 : 단어를 구성하는 철자열을 구별하기). 파라의 초기 증거는 시각실인증, 얼굴실인증, 시각적 단어 재인장애(순수실독증, 제12장 참조)의 사례들을 모은 메타분석에서 나왔다. 파라는 얼굴실인증이나 실독증 증상이 없는 물체실인증 사례가 없고, 물체실인증 증상이 없이 얼굴실증과 실독증을 동시에 겪는 사례도 없다는 사실을 발견하였다. 이는 이러한 실인증들이 연속선상에 위치한다는 주장을 뒷받침한다

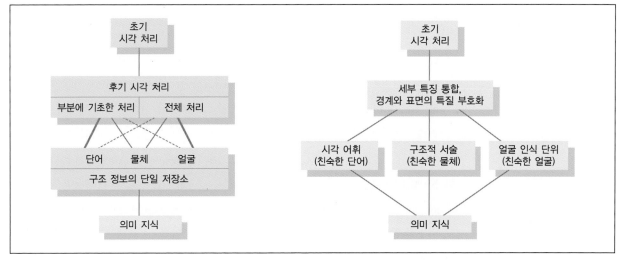

그림 6.21 파라의 모형에서 단어와 물체 그리고 얼굴 인식의 차이는 부분에 기초한 지각과 전체 지각에 대한 가중치를 반영한다(왼쪽). 다른 모형들은 물체실인증과 얼굴실인증 및 실독증 간의 해리를 근거로 하여, 이 범주들의 구조적 지식이 개별적으로 저장되어 있다고 본다(오른쪽).

(Farah, 1990).

이 연구 이후에 얼굴실인증과 실독증 증상이 없이 물체만 못 알아보는 실인증 사례 두 건(Humphreys & Rumiati, 1998; Rumiati et al., 1994)과 얼굴실인증 없이 물체실인증과 실독증을 겪는 사례 한 건(Moscovitch et al., 1997), 그리고 물체실인증 없이 얼굴실인증과 실독증을 동시에 겪는 사례 한 건(De Renzi & di Pellegrino, 1998)이 보고되었다. 이러한 사례들은 두 유형의 기저 지각 처리를 연속선의 양극단으로 보는 견해를 지지하기보다는, 물체와 얼굴과 단어들에 대한 구조적 서술이 개별적으로 저장되어 있다는 대안적인 견해를 뒷받침한다(이에 대한 재반박은 Farah, 1997 참조).

인간 fMRI(Harris & Aguirre, 2008) 및 원숭이 신경생리학(Freiwald et al., 2009)에서 얻은 증거에 따르면 얼굴 선택적인 피질 영역들은 얼굴의 전체와 부분에 모두 반응한다.

범주 내 식별의 시각적 전문성

파라와 다소 차이가 있는 설명이 고티어와 동료들(Diamond & Carey, 1986; Gauthier & Logothetis, 2000; Gauthier & Tarr, 1997; Gauthier et al., 1999)에 의해 제시되었다. 이들의 설명은 두 가지 주요 요소로 구성된다. (1) 얼굴 인식은 범주 내 식별(한 얼굴과 다른 얼굴을 구분)에 의존하는 데 비해, 대부분의 다른 대상 재인은 상위범주 수준의 식별에 의존한다(예 : 컵과 빗을 구분). 따라서 (2) 우리는 오랜 경험을 통해 수천여 개의 얼굴 사례들에 대해 세밀한 범주 내 식별을 할 수 있도록 '시각적 전문가'가 된다. 파라의 설명과 마찬가지로, 이 설명에 따르면 얼굴은 특별한 정보처리를 요구하기 때문에 특별한 것이지 그 범주 자체로 특별한 것은 아니다.

이 이론의 증거로서 '그리블(Greebles)'이라는 물체의 시각 전문가가 된 참가자들을 들 수 있다. 이들은 훈련을 통해 이 물체를 범주 내 식별할 수 있게 되었다. 참가자들이 전문가에 가까워질수록, 마치 얼굴을 처리하듯 이들의 정보처리는 부분에 기초한 처리에서 전체 처리로 바뀌었다(Gauthier & Tarr, 1997). 게다가 그리블 전문가의 FFA가 그리블에 대해 활성화되었다(Gauthier et al., 1999). 비슷한 결과가 자동차 같은 범주의 전문가에게서도 보고되었다(McGugin et al., 2012). 덧붙여서 그리블을 인식할 때 독특한 N170 ERP 신호가 나타나는데, 이 신호는 일반적으로 얼굴에 대해서만 관찰된다(Rossion et al., 2002). 고티어와 로고테티스(Gauthier & Logothetis, 2000)는 원숭이에게도 비슷한 훈련을 시켰고, (얼굴 세포에 상응한다고 알려진) 특정 세포들이 훈련의 결과로 (얼굴이 아닌) 자극의 전체 형태에 민감해진다는 점을 발견하였다.

얼굴은 독특한 범주이다

비록 다른 부류의 자극들에 비해 얼굴이 특정 지각 기제에 의존하는 정보처리를 요구한다고 해도, 지금까지의 설명들이 얼굴 인식을 모두 설명할 만큼 충분하지는 않다는 증거가 있다. 어떤 연구자들은 얼굴이 정말로 독특한 범주이며 성인의 뇌에 그렇게 표상되어 있다고 가정할 필요가 있다고 주장해왔다. 예를 들어, 얼굴과 다른 전문 범주 간의 해리를 보여주는 증거들이 ERP(Carmel & Bentin, 2002)와 인간 신경심리학(McNeil & Warrington, 1993; Sergent & Signoret, 1992) 연구에서 보고되었다. 세르장과 시뇨레(1992)는 5,000개가 넘는 자동차 모형 콜렉션을 가진 얼굴실인증 환자 RM을 보고하였다. 이 환자

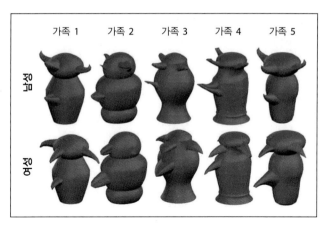

그림 6.22 '그리블'의 사례. 그리블은 두 가지 성으로 구별되고 각기 다른 가족에 속한다. 그리블들을 식별하는 것은 얼굴을 식별하는 것과 얼마만큼 닮았을까?

출처 : Images provided courtesy of Michael J. Tarr (Carnegie Mellon University, Pittsburgh), see www.tarrlab.org.

는 300명의 유명인 얼굴과 자기 자신 그리고 부인의 얼굴을 전혀 알아보지 못했고, 낯선 얼굴의 경우에는 시점이 바뀌면 다른 얼굴이라고 판단하였다. 그럼에도 불구하고 환자는 210개의 자동차 미니어처 사진을 보고 제작사의 이름을 댈 수 있었고, 172개의 사진에 대해서는 모델명과 대략적인 제작 연도까지 맞추었다. 따라서 FFA가 범주 내 사례들을 표상할 수도 있겠지만(Gauthier et al., 2000), 더 세밀한 수준에서는 범주적 해리가 존재할 수 있다. 맥닐과 워링턴(McNeil & Warrington, 1993)은 사전에 친숙했던 얼굴과 낯선 얼굴을 구분하지 못하는 환자 WJ를 보고하였다. 이 환자는 뇌졸중을 겪은 후에 36마리의 양을 얻었는데, 검사를 해보니 이 양들과 낯선 양들을 구분할 수 있었다. 이 사례는 얼굴이 지각 처리 유형에 상관없이 특별하다는 견해를 지지하는 것처럼 보인다. 그러나 회의론자들은 양을 인식하는 과제가 얼굴 인식 과제와 다른 방식으로 수행되었거나(예 : 전체 형태가 아니라 양에 새겨진 표시를 인식) 또는 과제가 요구하는 전문성 수준이 같지 않았을 가능성(예 : 36마리의 양과 수천 명의 얼굴)을 들어 반박한다.

평가

다른 물체를 인식하는 것과 비교할 때 얼굴 인식만 보존되거나 손상될 수 있다는 증거가 많다. 이를 설명하려면 부분에 기초한 처리보다는 전체적 처리와 관련된 지각 기제가 얼굴 인식에 관여하거나 또는 전문적인 범주 내 식별 능력이 관여한다고 가정할 필요가 있다. 이러한 설명들이 자료를 해석하는 데 필요할 수는 있지만 충분하지는 않을 수 있다. 친숙한 얼굴들의 구조적 서술이 따로 저장되고 있다는 증거들이 여전히 남아 있다.

마가렛 대처 착시

무엇이 잘못되었을까? 사진을 거꾸로 뒤집어보자. 이를 소위 '대처 착시'라 한다. 얼굴을 거꾸로 보면 눈과 입이 뒤집혀진 것 같은 국소적인 오류를 탐지하는 능력을 얼굴의 전체 형태가 방해한다 (Thompson, 1980). 이 착시 효과는 얼굴 인식 체계의 두 가지 특성에 근거한다. 첫째, 얼굴은 보통 똑바로 나타나므로 뇌에도 그렇게 저장되어 있다. 이 때문에 이 사진을 거꾸로 보면 무엇이 잘못되었는지 알 수 있다. 둘째, 얼굴은 대체로 조각조각 처리되기보다는 표면의 세부 특징과 전체적인 형태에 근거하여 처리된다.

대부분의 성인은 거꾸로 제시된 얼굴을 잘 알아보지 못한다(Yin, 1969). 그러나 LH 같은 얼굴실인증 환자는 똑바로 제시된 얼굴이라고 해서 거꾸로 제시된 얼굴보다 잘 알아보지는 못한다. 이는 똑바로 된 얼굴에 관한 정보를 잃어버렸음을 의미한다(Farah et al., 1995b). 그리블 전문가들은 똑바로 선 그리블을 더 잘 처리하는 경향이 있다(Gauthier & Tarr, 1997). 유아들은 태어날 때부터 얼굴처럼 '위쪽이 복잡한' 형태를 선호하지만, 부분들이 어떤 방향으로 놓여 있는지에 대해서는 큰 선호를 보이지 않는다 (Macchi Cassia et al., 2004).

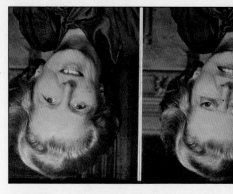

그림 6.23 이 얼굴이 뒤집어져 있다 해도 여러분은 누구인지 금새 알아보았을 것이다. 그런데 뭔가 잘못되지 않았나? 사진을 거꾸로 뒤집어 보라.

출처 : Thompson, 1980. ⓒ Pion Limited, London. Reproduced with permission.

상상 속의 시각

눈을 감고 말 한마리가 초록 들판을 왼편에서 오른편으로 가로질러 달려가다가 울타리를 뛰어넘는 장면을 상상해보라. 이러한 '시각적 심상' 과제는 물체, 색, 움직임 등을 시각적으로 지각할 때 사용되는 메커니즘에 얼마만큼 의존할까? 한 가지 극단적인 생각은 이처럼 장면을 상상하는 것은 보는 것과는 완전히 다른 기제를 사용한다는 것이다. 그러나 왜 뇌가 말을 보기 위한 메커니즘과 말의 모습을 상상하기 위한 메커니즘을 따로 갖추어야 할까? 반대 극단의 생각은 장면을 상상하는 것이 시지각과 정확히 똑같은 메커니즘을 사용한다는 것이다. 물론 이때는 지각과 상상을 구분하는 것이 어떻게 가능하고, 무엇 때문에 우리가 환각적인 정신착란에 빠지지 않는지에 관해 궁금해진다. 종종 그렇듯 진실은 두 극단적인 견해 중간 어디엔가 있을 것이다.

수많은 사례 연구들이 시지각 장애와 시각적 심상의 장애가 함께 발생한다는 결론을 지지해왔다. 색깔, 물체, 공간 등에 관한 선택적인 손상이 지각과 심상에서 함께 발견되는 경향이 있다. 예를 들어, 러바인 등(Levine et al., 1985)은 두 환자를 보고하였다. 첫 번째 환자는 얼굴실인증과 완전색맹을 모두 가지고 있었다. 이 증상은 전부터 알고 지내던 사람들의 얼굴과 물체의 색깔을 상상할 수 없는 장애를 동반하였다. 다른 환자의 시각은 공간적인 측면에서 손상되어 있었다[예 : 물체를 향해 손을 뻗을 때 시각의 도움을 받지 못함. 즉 시각실조증(optic ataxia)]. 이 증상은 공간적 심상의 장애를 동반하였다(예 : 특정 장소에 가는 경로를 잘 설명하지 못함). 또한 보부아와 사양(Beauvois & Saillant, 1985)은 색깔을 시각적 심상으로 떠올릴 수 없는 환자를 보고하였다(예 : "눈이 쌓인 아름다운 광경을 상상하세요. 어떤 색깔의 눈인가요?"). 그러나 이 환자는 지각과 상관없는 장기기억으로부터 색깔에 관한 '사실'을 인출할 수 있었다(예 : "사람들에 눈의 색깔이 무엇이냐고 물어보면 뭐라고 대답할까요?").

심상과 지각의 밀접한 관계를 보여주는 연구들과는 대조적으로 버만 등(Behrmann et al., 1994)은 환자 CK에 관한 연구를 보고하면서 시각적 심상과 시

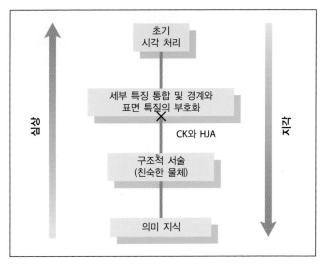

그림 6.24 심상은 몇 가지 구조를 지각과 공유하지만 반대 방향('하향적')으로 작동한다. CK와 HJA는 지각적 통합에는 서툴지만 심상 과제를 수행하기 위해 물체 구조에 관한 지식을 정상적으로 사용할 수 있다. 그러나 심상이 V1의 초기 시각 처리까지 거슬러 올라갈 필요가 있을까?

지각이 별개일 수 있다고 제안하였다. CK는 시각을 통해서는 물체를 알아보거나 명칭을 댈 수는 없었지만 다른 방식(예 : 촉각)으로는 물체들을 인식할 수 있었다. 여러 연구들을 통해 CK는 HJA처럼 통합실인증을 겪는 것으로 알려졌다. 형편없는 물체 인식과는 대조적으로, 그는 기억을 통해 물체를 자세하게 그릴 수 있었고 물체의 생김새를 묘사할 수 있었다. 이와 같은 상상과 지각의 해리는 CK가 물체의 구조적인 서술에 하향적(즉 기억으로부터)으로는 접근할 수 있지만 상향적(즉 시지각으로부터)으로는 접근할 수 없다고 가정하면 이해할 수 있다. 비슷한 발견이 처음에 HJA에게서 보고된 바 있다 (Humphreys & Riddoch, 1987). 그러나 16년 후 HJA에 관한 후속 연구에 따르면 시각과 심상이 명백히 분리되어 있다고 주장하기 어려운 측면이 있다. 비록 처음에 HJA는 기억을 통해 정확하게 그림을 그릴 수 있었지만, 이 능력은 시간이 지나면서 감퇴하였다 (그러나 전반적으로 그의 기억은 손상되지 않은 채로 남아 있었다). 아마도 구조적 서술이 오랜 시간 동안 유지되려면 시각 입력이 필요한 것 같다.

앞의 연구들에 따르면 색이나 물체 형태와 같은 특질들에 대한 시각적 상상과 시지각은 종종 분리되는 경우가 있지만 정상적인 상황에서는 서로 관련되어 있음을 알 수 있다. 심상에 관하여 더 큰 논쟁을 불러일으킨 주장은 일차시각피질(V1)이 심상에 꼭 필요하다는 것이다(Kosslyn et al., 1995, 1999, 2001). 코슬린 등(1995)은 서로 다른 크기의 물체를 시각화하는 심상 조건을 비심상 기저선에 비교하였다. 그들은 V1의 신경 활동이 일어났을 뿐만 아니라 신경 활동의 위치가 상상한 자극의 크기와 관련이 있음을 발견하

였다(V1은 망막위상적인 구조를 가지고 있으므로 망막에서 넓은 영역을 차지하는 영상은 V1에서도 넓은 영역을 차지한다는 사실을 기억하라). 심상에서 V1의 기능이 반드시 필요하다는 점을 증명하기 위해 코슬린 등(1999)은 TMS 연구를 수행하였다. 이 연구에서 참가자들은 사전에 학습한 격자 무늬(넓이, 길이, 기울기가 다른 평행선)를 상상하면서 판단을 내려야 했다. 연구자들은 V1에 TMS를 가하면 심상이 어렵다는 사실을 발견하였다.

초기 지각 처리가 심상에 중요하다는 코슬린과 동료들의 발견과 이후의 시각 처리(예 : 색과 물체 인식에 관여하는 처리)가 중요하다는 다른 연구들을 어떻게 중재할 수 있을까? 해법은 영상의 내용을 고려하는 데 있다. 코슬린은 선분이나 망막상의 크기에 대한 실험을 수행했는데, 이런 자극의 처리에는 V1이 중요하다. 반면 다른 연구들에서 사용한 얼굴, 물체, 공간적 위치와 색깔은 하향적으로 처리될 때 V1에 크게 의존하지 않는다. 그러므로 지각 영역들이 심상에 관여하는 정도는 상상하는 정보의 내용에 관련된다.

요약 및 핵심 정리

- 일차시각피질(V1)은 망막상에 근거한 공간 지도를 담고 있으며 시각 장면에서 테두리와 경계를 탐지한다.
- 일차시각피질은 시각에 대한 의식적 자각에 반드시 필요하다. 여기가 손상되면 맹시라 불리는 증상을 겪게 되어 의식적인 시각 경험을 잃는다. 그러나 '볼 수 없는' 공간의 일부 시각 처리는 V1을 우회하는 경로에서 여전히 계산된다.
- 이후의 시각 영역들은 색(V4 영역)이나 운동(V5/MT 영역) 같은 특정 시각 특질을 분석하는 데 전문화되어 있다.
- 여러 시점에서 물체를 알아보려면 시각적 세부 특징을 물체의 저장된 표상에 맞추어보거나 마음속으로 물체의 영상을 표준 시점에 맞게 회전시켜야 한다. 물체의 범주는 기본적으로 하측두 처리 과정을 통해 인식되고 지향은 두정엽에서 인식된다.
- 얼굴 처리는 어느 정도 타 물체들과는 다른 신경 기반과 인지적 자원을 사용한다. 얼굴은 전체적인 처리 방식에 많이 의존하며, 특정 사례로 개별화되는 경향이 있다. 얼굴이 특별하다는 것은 진화적으로 중요한 범주이기 때문일 것이다.
- 심상은 실제 지각하는 것과 여러 면에서 동일한 자원을 사용한다. 각각의 심상(예 : 색, 물체, 선분)은 시각에서처럼 서로 다른 신경 기반을 가지고 있을 것이다.

논술 문제

- '맹시'란 무엇인가? 우리는 맹시를 연구함으로써 정상적인 시각체계에 관해 무엇을 알 수 있는가?
- 시지각에 있어서 일차시각피질(V1)은 얼마나 중요한가?
- 시각체계의 한 가지 기능은 시시각각 변화하는 관찰 조건에서도 자극의 변하지 않는 특질을 추출하는 것이다. 뇌가 어떻게 이러한 과업을 수행하는지를 색 항등성과 물체 항등성을 예로 들어 설명하라.
- 얼굴은 '특별한가?' 특별하다면 그 이유는 무엇인가?
- 시각적 심상은 시지각과 얼마나 유사한가?

더 읽을거리

- Farah, M. J. (2000). *The cognitive neuroscience of vision.* Oxford, UK : Blackwell. 이 책은 이번 장에서 다룬 대부분의 주제들과 다른 장에서 다룰 주제들(예 : 공간과 주의, 시각 단어 재인)을 탁월하게 다루고 있음
- Peterson, M. A. & Rhodes, G. (2003). *Perception of faces, objects and scenes : Analytic and holistic processes.* Oxford, UK : Oxford University Press. 더 높은 수준의 내용을 접하고 싶은 학생들이 흥미를 느끼도록 최신 논문들을 모았음
- Zeki, S. (1993). *A vision of the brain.* Oxford, UK : Blackwell. 역사적인 관점에서부터 현대적인 관점에 이르기까지 시각 신경과학에 대한 설명들을 빈틈없이 다루고 있음. 특히 단일 세포 연구의 자료들과 초기 단계의 시각 처리에 관해 잘 설명하고 있음

제7장

집중하는 뇌

이 장의 내용

공간적 및 비공간적 주의 처리

두정엽의 주의 기능

주의에 관한 이론

무시증 : 공간 주의와 의식의 장애

요약 및 핵심 정리

논술 문제

더 읽을거리

주의(attention)는 더 처리할 필요가 있는 정보를 선택하고 그렇지 않은 정보는 버리는 과정이다. 주의는 감각적인 과부하를 피하기 위해 필요하다. 뇌는 입력받는 모든 정보를 완벽히 처리할 만한 용량을 가지고 있지 않다. 뇌가 그렇게 하는 것이 효율적인 것도 아니다. 그래서 주의는 정보처리 과정에서 필터 또는 병목에 비유되곤 한다 (Broadbent, 1958). 이러한 병목의 놀라운 사례를 일상생활에서도 찾아볼 수 있다. 비록 우리는 풍부한 정보가 넓은 시야에 골고루 펼쳐져 있다고 느끼지만, 연구자들은 우리가 한 순간에 주의를 기울이는(의식하는) 부분이 작다는 것을 증명해왔다. 만약 농구공을 주고받는 선수들을 관찰하고 있을 때, 고릴라로 변장한 누군가가 선수들 사이로 지나간다면, 당신은 그 사실을 알아챌 수 있을까? (패스 횟수를 세는 등) 게임에 집중하고 있다면 고릴라가 지나갔다는 사실을 알아채지 못할 가능성이 매우 높다(50%; Simons & Chabris, 1999). 이 현상을 **부주의맹**(inattentional blindness)이라 한다. 관련된 현상으로 **변화맹**(change blindness)을 들 수 있는데, 이때 참가자는 짧은 간격을 두고 번갈아 제시되는 두 영상에서 물체가 나타나거나 사라진다는 사실을 눈치채지 못한다(Rensink et al., 1997). 마찬가지로 가게에서 시중을 들던 종업원이 잠시 사라진 후 다른 사람이 나타나 시중을 들면, 사람들은 종업원이 바뀌었는지 눈치채지 못한다(Simons & Levin,

그림 7.1 농구 게임에서 공을 주고받는 횟수에 집중하는 동안, 많은 사람들은 고릴라의 등장을 눈치채지 못한다! 이 연구는 시각 장면의 세부 정보에 관한 우리의 의식이 매우 제한되어 있으며, 특히 우리가 어려운 과제에 집중하는 동안 더욱 그렇다는 것을 보여준다.

1998). 비록 두 사례 모두 은유적으로 '맹'이라는 명칭을 사용하지만, 시각에서의 근본적인 제약보다는 주의 시스템의 용량 제약을 반영한다. 실제로 기능 영상으로 연구하면 (시각 중추 밖에 있는) 두정 영역이 변화 탐지에 관여한다는 사실을 알 수 있다(Beck et al., 2001).

지각이 외부 환경을 이해하는 데 주안점을 두는 데 반해, 주의 처리는 외부 환경과 우리의 내적 상태(목표, 기대, 등)의 접점에 위치한다. 주의가 외부 환경에 의해 주도되거나(주의를 끄는, 상향적인) 우리의 목표에 의해 주도되는(주의가 지속되는, 하향적인) 정도는 상황에 따라 다르다. 대부분의 경우에 두 힘이 모두 작용하므로, 주의를 상향적이거나 하향적인 영향력들이 만들어내는 여러 단계의 선택 과정으로 생각해볼 수 있다.

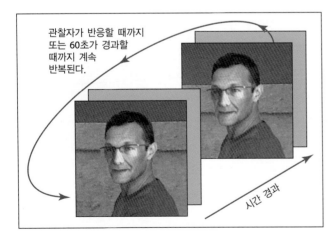

관찰자가 반응할 때까지 또는 60초가 경과할 때까지 계속 반복된다.

시간 경과

그림 7.2 변화 탐지 과제에서 2개의 다른 영상이 (짧게 제시되는 빈 화면을 사이에 두고) 빠르게 전환된다. 참가자들은 종종 두 영상이 다른 점을 못 본다(여기서는 벽의 높이). 이 현상은 주의 용량의 제약으로 인해 발생한다.

공간적 및 비공간적 주의 처리

시각적 주의에 관하여 가장 널리 알려진 비유는 주의를 조명등으로 생각하는 것이다. 조명등은 공간상의 특정 위치를 밝힐 수 있다[예 : 독특한(salient) 물체가 그곳에 있을 때]. 한 장소에서 다른 장소로 이동할 수 있으며(예 : 탐색할 때) 초점을 확대하거나 축소할 수 있다(La Berge, 1983). 주의 조명등의 위치가 반드시 시선을 고정한 위치와 같을 필요는 없다. 예를 들어, 시선을 정면에 고정한 채로 좌측과 우측에 주의를 기울일 수 있다. 그러나 응시점에서 (미세한 세부 정보를 구분할 수 있는) 시력이 가장 뛰어나기 때문에 주의와 응시점은 자연스럽게 함께 움직이는 경향이 있다. 주의의 초점을 이동시키는 것을 **정향**(orienting)한다고 하며, 보통은 **은닉 정향**(covert orienting, 눈이나 머리를 움직이지 않은 채로 주의 이동)과 **명시 정향**(overt orienting, 주의 초점과 함께 눈이나 머리를 이동)으로 구분한다. 조명등 비유를 지나치게 글자 그대로 받아들이지 않는 것이 중요하다. 예를 들어, 주의가 동떨어진 두 위치로 분리될 수 있다는 증거가 있다(Awh & Pashler, 2000). 조명등 비유에서 가장 쓸모있는 점은 용량 제약의 개념을 강조한다는 것(모든 것에 조명등을 비출 수는 없다)과 주의의 공간적인 특성들을 강조한다는 것이다. 그러나 나중에 설명하겠지만, 공간적이지 않은 주의 처리들도 있다.

포스너는 주의가 공간을 기본으로 작동한다는 것을 보여주는 고전적인 연구를 발표하였다(Posner, 1980; Posner & Cohen, 1984). 중앙과 좌, 우에 각각 하나씩 3개의 사각형을 참가자에게 제시하였다. 참가자들의 과제는 단순히 사각형 중 하나에서 표적을 탐지할

그림 7.3 주의는 특정 정보만 비추는 조명등 또는 정보처리 과정에서의 병목에 비유되어 왔다. 그러나 우리는 선택할 정보와 무시할 정보를 어떻게 결정할까?

때마다 버튼을 누르게 했다. '함정(catch) 시행'에서는 표적이 나타나지 않았다. 표적이 출현하기 직전에 세 장소 중 한 곳에 단서가 나타났다. 단서의 목적은 그 장소로 주의를 끄는 것이었다. 어떤 시행에서는 단서가 표적이 나타날 장소에 나타났고 나머지 시행에서는 다른 장소에 나타났다. 단서는 나중에 표적이 나타날 장소에 관해 아무런 정보를 제공하지 않았다. 단서가 표적보다 최대 150ms 먼저 출현하면 참가자들은 단서가 나타났던 장소에서 더 빠르게 표적을 탐지하였다. 단서는 주의 조명등을 포획함으로써, 그 장소에서 후속적인 지각 정보처리를 촉진한다. 표적이 제시되는 시간이 더 지연되면(약 300ms) 정반대의 패턴이 나타났다. 참가자들은 단서가 출현했던 장소에 나타난 표적을 오히려 더 느리게 탐지하였다. 이러한 현상을 설명하려면 조명등이 처음에는 단서의 위치로 이동했다가 표적이 나타나지 않으면 또 다른 장소로 이동한다고 가정해야 한다(소위 '이탈'). 이미 주의를 기울였던 장소에 다시 주의를 기울이려면 정보처리적 비용이 발생하며, 이는 반응시간에 반영된다. 이를 **회귀 억제**(inhibition of return)라 한다.

조명등은 비출 장소를 어떻게 결정할까? 누가 조명등을 조정할까? 포스너의 공간 단

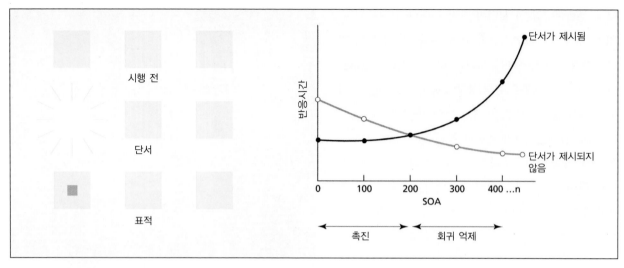

그림 7.4 처음에 참가자들은 중앙 사각형에 시선을 고정한다. 이때 양쪽 사각형 중 하나를 짧은 시간 동안 밝아지게 하여 단서로 제시한다. 지연시간[또는 자극 출현 시간차(stimulus onset asynchrony, SOA)] 이후, 단서가 나타났거나 나타나지 않았던 사각형 안에 표적이 나타난다. 참가자들의 표적 탐지 반응은 단서가 제시된 후 표적이 곧바로 나타나면 빨라지지만(촉진) 표적이 한참 후에 나타나면 느려진다(억제).

그림 7.5 얼굴과 집 중에서 무엇이 보이는가? 두 지각을 전환하는 능력은 물체 기반 주의의 사례이다.

출처 : Kanwisher & Wojciulik, 2000.

서 과제에서 주의는 주변에 발생한 갑작스러운 변화에 이끌린다. 즉 주의는 외적으로 유도되고 상향적이다. 이를 **외인성 정향**(exogenous orienting)이라 한다. 그러나 어느 정도까지는 관찰자의 목적이 주의를 유도할 수 있다. 이를 **내인성 정향**(endogenous orienting)이라 한다. 예를 들어, 라버지(La Berge, 1983)는 참가자들에게 단어를 제시하고 서로 다른 지시를 내렸다. 한 조건에서는 참가자들이 가운데 철자에 주의를 기울이게 하였고 다른 조건에서는 단어 전체에 주의를 기울이게 하였다. 가운데 철자에 주의를 기울일 때, 참가자들은 그 철자에 관해서는 빠르게 판단했지만 다른 철자에 대해서는 빠르지 않았다. 이에 비해 단어 전체에 주의를 기울여야 했던 참가자들은 모든 철자에 대해 반응이 빨랐다. 그러므로 주의 초점은 과제의 요구에 따라 조절될 수 있다(즉 상향적). 내인성 주의를 이용한 패러다임 중에 또 한 가지 널리 활용되는 패러다임은 **시각 탐색**(visual search)이다(Treisman, 1988). 시각 탐색 실험에서 참가자들은 미리 정해진 표적 자극(예 : 철자 'F')이 다른 방해 자극들(예 : 철자 'E'

와 'T')로 구성된 배열 중에 있는지 없는지 판단해야 한다. 나중에 더 자세히 설명하겠지만, 시각 탐색은 상향적 처리(물체와 세부 특징의 지각적 변별)와 하향적 처리(표적을 마음속에 떠올리고 내적으로 주의를 정향)가 섞여 있는 좋은 사례이다.

비공간인 주의 메커니즘의 사례 중에는 물체 기반 주의와 시간 기반/시간적 주의 처리가 있다. 물체 기반 주의에 의해 두 물체(예 : 집과 얼굴)가 같은 장소에 투명하게 겹쳐져 있더라도 참가자는 한 가지 물체만 선택적으로 주의를 기울일 수 있다. 이는 신경 활동에도 영향을 끼친다. 한 물체에 주의를 기울이면 그 물체에 반응하는 선조외 시각

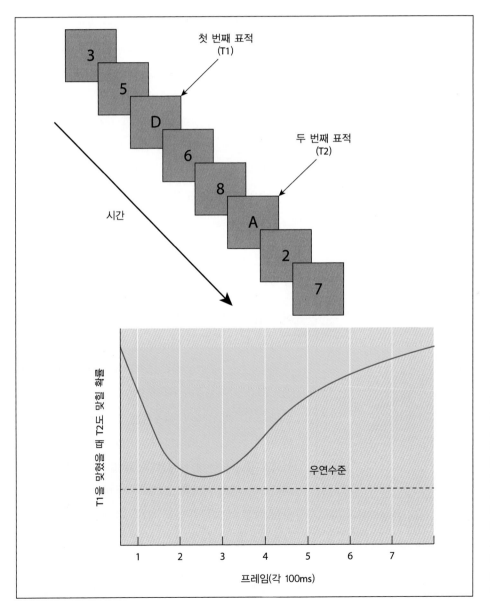

그림 7.6 주의 눈깜박임 패러다임에서는 자극들이 빠른 속도로 제시되고, 참가자는 어떤 표적이 제시되었는지 보고해야 한다(예 : 숫자들 중에서 철자를 보고하기. 이 사례에서는 'D와 A'가 바른 대답이다). 참가자들은 첫 번째 표적이 나타난 직후에 나온 두 번째 표적을 잘 보고하지 못한다. 첫 번째 표적(T1)이 우리의 제한된 주의 용량을 다 차지하여 후속 표적(T2)을 '볼 수 없게' 만든다.

핵심 용어

주의 눈깜박임 첫 번째 표적 자극이 나타난 직후에 출현한 두 번째 표적 자극을 보고하지 못하는 현상

피질 영역에서 BOLD 반응이 증가한다(O'Craven et al., 1999). 얼굴과 장소가 같은 장소에 있지만, 얼굴에 주의를 기울이면 방추형 얼굴 영역이 활성화되고 집에 주의를 기울이면 해마 주변 장소 영역이 활성화된다. 인지에도 영향을 끼친다. 예를 들어, 전에 주의를 받지 않았던 물체가 표적으로 제시되면 참가자의 반응이 느려진다(Tipper, 1985). 포스너의 단서 과제에 관해 말하자면, 회귀 억제의 일부분은 공간적 장소 자체에 대해 발생하고, 또 다른 일부분은 그 공간을 차지하는 물체에 대해 발생한다(Tipper et al., 1991). 물체가 이동하면 억제가 처음 위치에서만 전적으로 나타나는 것이 아니라 물체와 함께 이동한다.

시간 영역에서 작동하는 주의에 관하여 가장 좋은 사례는 **주의 눈깜박임**(attentional blink)이다(Dux & Marois, 2009; Raymond et al., 1992). 주의 눈깜박임 패러다임에서는 일련의 물체들(예 : 철자)이 한 장소에서 연속으로 빠르게 제시된다(초당 10회 정도). 전형적인 과제는 연속적으로 제시되는 물체 중에서 2개의 표적을 찾아 보고하는 것인데, 이 표적을 T1과 T2라고 한다(예 : 검은 철자 중에 제시된 흰 철자, 또는 숫자 중에 제시된 철자). 참가자들은 T1이 사라진 후에 출현한(보통 2~3 항목 후) T2를 잘 못본다. 이는 과제의 영향을 크게 받기 때문에 지각보다는 주의를 반영한다고 볼 수 있다. 이 효과는 참가자들이 첫 번째 표적에 주의를 기울이도록 지시했을 때 관찰되고, 첫 번째 표적을 무시하라고 지시했을 때는 관찰되지 않는다(Raymond et al., 1992).

두정엽의 주의 기능

이번 단락에서는 주의에서 두정엽이 (그리고 정도는 덜하지만 전두엽이) 담당하는 역할을 살펴본다. 전두엽은 다른 장에서 행위 선택(제8장), 작업기억(제9장), 그리고 집행 기능(제14장)의 관점에서 더 자세히 살펴볼 것이다. 이번 장에서는 첫 번째로 공간 주의의 메커니즘과 이 메커니즘이 '어디' 경로라는 개념과 어떻게 연결되는지 살펴본다. 두 번째로는 공간적 및 비공간적 주의 처리를 고려하면서 반구간 비대칭성을 살펴본다. 마지막으로는 지각, 주의, 그리고 의식의 상호작용을 살펴본다.

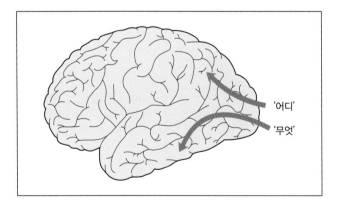

그림 7.7 시각 처리의 후기 단계는 대체로 두 가지 경로로 나뉜다. '무엇' 경로(또는 복측 흐름)는 물체 지각과 기억에 관여하고, '어디' 경로(또는 배측 흐름)는 물체에 주의를 기울이거나 행위를 가하는 데 관여한다.

'어디' 경로, 독특성 지도 및 주의 정향

후두피질의 초기 시각 정보처리에서부터 서로 다른 유형의 정보에 특화된 두 가지 주요 경로를 구분할 수 있다(Ungerleider & Mishkin, 1982). 측두엽에 도달하는 복측 노선 (또는 '무엇' 경로)은 물체를 알아보는 것과 관련이 있다. 이에 비해 두정엽에 도달하는 배측 노선(또는 '어디' 경로)은 공간에서 물체의 위치를 파악하는 데 특화되어 있다. 배측 노선은 공간적·비공간적인 주의에서도 중요한 역할을 담당한다. 배측 노선은 물체를 향한 행위를 유도하므로 어떤 연구자들은 이 노선이 '어디' 경로일 뿐만 아니라 '어떻게' 경로에도 해당한다고 본다(Goodale & Milner, 1992).

　공간 주의의 신경 메커니즘에 관한 통찰력을 원숭이 두정엽에 대한 단일세포 측정법으로부터 얻을 수 있다. 비즐리와 골드버그(Bisley & Goldberg, 2010)는 두정내구(lateral intraparietal area, LIP)라고 부르는 후측 두정엽 영역이 주의에 관여한다는 증거를 요약하였다. 이 영역은 외부의 감각(시각, 청각) 자극에 반응하고 특정 종류의 운동 반응 [도약운동(saccade)]을 일으키는 데 중요하다. 그렇다면 표면적으로 이 영역은 감각운동 연합 영역이라고 이름 붙일 수 있을 것이다. 그러나 그 반응 특성을 자세히 살펴보면 이 영역이 어떻게 주의에서 중요한 역할을 담당하는지 알 수 있다. 첫째, 이 영역은 모든 시각 자극에 반응하는 것이 아니고 다소 엉성한 반응 프로파일을 가지고 있어서, 기대하지 못했거나(예 : 갑작스럽고 예측이 불가능한 출현) 과제에 적합한 자극에 반응하는 경향이 있다. 물체 배열에서 표적(예 : 빨간 삼각형)을 탐색할 때, LIP 뉴런들은 수용장에 방해 자극(예 : 파란 정사각형)이 있을 때보다 표적이 있을 때 더 강하게 반응한다(Gottlieb et al., 1998). 따라서 뉴런의 반응은 감각적 자극 자체와 관련이 없다. 게다가 밝기의 갑작스런 변화는 이 뉴런들에게 매우 강한 자극이 되는데(Balan & Gottlieb, 2009), 이는 포스너 단서 과제에서 밝기 변화가 주의를 유도하는 것과 비슷하다. 이 영역의 뉴런들은 이런 식으로 외인성 주의와 내인성 주의 모두와 관련된 특성을 가진다. 연구자들은 LIP 영역에 공간에 관한 독특성 지도(salience map)가 있고, 이 지도에는 오직 가장 행동에 적합한 자극들만이 부호화된다고 주장한다(예 : Itti & Koch, 2001). 이 주장은 주의가 필터나 조명등처럼 작동하여 환경 속에서 일부 정보만을 선택한다는 인지 이론들을 생각나게 한다.

　시각 자극의 독특성을 표상하는 것 말고도 LIP에 있는 뉴런들은 눈의 현재 위치에도 반응한다(사실 반응하려면 두 가지 출처의 정보가 결합되어야 한다). 이 정보는 안구 도약운동, 즉 주의의 명시적 정향을 계획하는 데 사용된다. 이 정보가 은닉 정향을 위해서도 필요하다는 증거가 있다. 한쪽 반구의 LIP를 손상시키면 안구도약운동이 필요 없는 경우에도 시각장의 (동측이 아닌) 대측에서 시각 탐색이 느려진다(Wardak et al.,

핵심 용어

두정내구(LIP) 환경 속에서 두드러진 자극에 반응하는 뉴런들이 속한 영역으로서, 안구운동을 계획하는 데 사용됨

도약운동 빠르고 튀는 듯한 눈의 움직임

독특성 지도 환경 속에서 행동적으로 가장 적합한 자극들을 강조하는 공간 배열

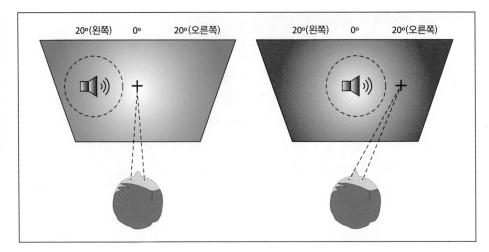

그림 7.8 눈 중심의 좌표로 '재매핑'된 소리에 반응하는 청각 뉴런의 사례. 이 뉴런들은 LIP 같은 뇌 영역과 상소구에서 발견된다. 이 뉴런은 소리 출처가 공간의 왼쪽에 있든(왼쪽 그림), 가운데 있든(오른쪽 그림) 상관없이 응시점을 기준으로 대략 20도 왼쪽에서 들리는 소리에 반응한다. 이 뉴런의 반응은 소리를 향해 눈을 돌리도록 만든다.

출처 : Stein & Stanford, 2008.

2004).

소리에 대한 공간적 주의도 LIP 뉴런들의 활동과 관련이 있으며 안구도약운동을 계획할 때 사용된다(Stricanne et al., 1996). 따라서 이 뇌 영역은 다중감각적이다. 소리와 시각 정보를 하나의 독특성 지도에서 연결하려면 서로 다른 감각이 공간적으로 정렬되거나 재매핑(remapping)되어야 한다. 왜냐하면 소리의 위치는 머리/귀의 각도를 기준으로 부호화되지만 시각의 위치는 (적어도 처음에는) 눈의 각도를 기준으로 부호화되기 때문이다. 일부 LIP 뉴런들은 소리 위치를 머리/귀가 아닌, 눈을 기준으로 변환하여 안구도약운동을 계획하는 데 사용될 수 있게 만든다(Stricanne et al., 1996).

사람의 경우 fMRI 연구에서 (공간적 정향을 위한 내인성 단서로서) 화살표를 제시하면 시각피질 영역에서 신경 활동이 잠깐 일어난 후, (LIP에 상응하는) 후두정엽과 전두 안구 영역(frontal eye field, FEF)이라고 부르는 전두 영역에서 지속적인 활동이 발생한다(Corbetta et al., 2000). 이 활동은 참가자에게 요구된 반응이 주의를 은닉 정향하는 것이든, 안구도약운동을 하는 것이든, 아니면 가리키는 것이든 상관없이 발생한다(Astafiev et al., 2003). 즉 이 신경 활동은 주의의 일반적인 정향을 반영한다. 또한 이 활동은 공간에 대해서만 발생하는 것이 아니어서, 공간적으로 중첩된 물체들 간에 주의를 정향할 때도 비슷한 영역이 활성화된다(Serences et al., 2004). 브레슬러 등(Bressler et al., 2008)은 시각 자극이 제시되기 전에 예비 정향 자극('왼쪽' 또는 '오른쪽'이라고

불러주기)이 제시되는 동안 이 네트워크의 기능적 연
결성을 검토하였고, 이런 상황에서는 하향적으로 활
성화가 발생한다고 결론 내렸다. 즉 전두엽에서 두정
엽으로, 그리고 시각후두피질로 활성화가 일어난다.
물론, 다른 상황(외인성 단서)에서는 활성화가 반대
방향으로 일어난다.

코르베타와 슐만(Corbetta & Shulman, 2002)에
따르면, 이 네트워크는 두정엽이 관련된 두 가지 주
요 주의 네트워크 중 하나일 뿐이다. 이들은 배측 흐
름을 배측-배측 부문과 복측-배측 부분으로 구분
하여 생각해야 한다고 주장했다(관련된 제안으로는
Rizzolatti & Matelli, 2003 참조). 이들은 주의에서
배측-배측 흐름의 역할이 독특성 지도에서 정향하는

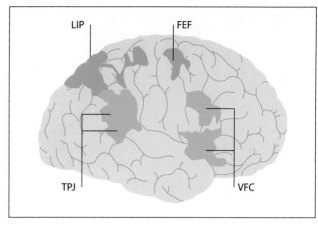

그림 7.9 코르베타와 슐만(2002)은 두정엽에 관련된 두 가지 주요 주의
관련 회로가 있다고 주장하였다. (LIP와 관련된) 배측-배측 회로는 독특성
지도에서 주의를 정향하는 데 필요하고, (우반구 TPJ와 관련된) 더 복측의
회로는 주의를 현재의 초점에서 벗어나게 하는 데 필요하다.

것이며 LIP와 FEF가 해당된다고 개념화하였다. 그에 비해 복측-배측 부문은 주의가 현
재 정보처리의 초점을 벗어나도록 하기 위해, 진행 중인 인지 활동을 중단하는 '회로 종
결자(circuit breaker)'로 볼 수 있다. 이러한 주의 이탈 메커니즘에는 측두정 영역(그리
고 복측 전전두피질)이 관여하며 우반구로 강하게 편재되어 있는 것으로 여겨진다. 예
를 들어, 이 영역의 활동은 표적을 탐지할 때 관찰된다(그러나 공간 단서를 처리할 때
는 관찰되지 않는다). 그에 비해 LIP 영역은 단서에 대해 강하게 반응한다(Corbetta et
al., 2000). 우반구 측두정 영역의 활동은 낮은 빈도의 표적을 탐지할 때 강화되는데,
특히 그 표적이 주의를 기울이지 않은 위치에 제시되었을 때 두드러진다(Arrington et
al., 2000). 도우나 등(Downar et al., 2000)은 참가자가 자극의 변화를 감시하고 있을
때, 그 변화가 청각 자극이든, 시각 자극이든, 촉각 자극이든 상관없이 측두정접합부
(temporoparietal junction, TPJ)를 비롯한 몇몇 전두 영역들이 활성화된다는 것을 발견
하였다.

두정엽 주의 기능의 반구 차이

우반구의 두정엽과 좌반구의 두정엽은 모두 (초기 시각피질과 달리) 전체 시각장을 표
상하지만, 각자 반대편 공간을 더 선호하는 점층적인 방식으로 표상한다(Pouget &
Driver, 2000). 그래서 우반구 두정엽은 가장 왼편에 나온 자극에 최대치로 반응하고,
가운데 나온 자극에는 중간 정도 반응하며, 가장 오른편에 나온 자극에 최소한으로 반
응한다. 좌반구의 두정엽은 그 반대의 반응 프로파일을 보인다. 이로 인해 한쪽 반구의

왜 연기자들은 몰래 등장할 때 무대의 오른쪽으로 들어올까?

일반적으로 인간의 우반구 두정엽은 좌반구 두정엽에 비해 공간적 주의에서 더 주도적인 역할을 맡는다. 따라서 우반구 손상은 공간적 주의에 심각한 영향을 끼치며, 그 영향은 ('무시증'의 경우에서처럼) 특히 좌측 공간에서 두드러진다. 우반구 공간 우월성에 기인하는 또 다른 현상은 뇌가 손상되지 않았더라도 공간의 왼편으로 과도하게 주의를 기울인다는 것이다(이를 '가성무시증'이라 한다). 예를 들어, 모든 사람들은 선분의 반을 가를 때 약간 왼편으로 가르는 경향이 있다(Bowers & Heilman, 1980). 이 현상은 배우들이 관객 몰래 무대에 등장하고 싶을 때 무대의 오른편으로 입장하는 이유를 설명할 수 있다(Dean, 1946). 또한 사진의 제목이 왼편에 등장하는 물체를 지칭하는 경우가 많은 이유와 사진의 왼편이 오른편보다 더 가깝게 느껴지는 이유도 설명할 수 있다(Nelson & MacDonald, 1971). 그림에서 빛은 왼쪽으로부터 오는 경우가 많고, 사람들은 광원이 왼쪽에 있을 때 조명의 방향을 더 빠르게 판단한다(Sun & Perona, 1998). 게다가 우리는 오른편보다 왼편에 있는 물체에 덜 부딪힌다(Nicholls et al., 2007). 이처럼 왼편을 향한 주의 편향은 우리 모두에게서 발견된다.

그림 7.10 어느 막대가 더 어두워 보이는가? 대부분의 사람들은 아래쪽을 더 어둡다고 지각한다. 이것은 공간/주의에 대한 우반구의 우세성 때문에 생긴 좌시야 주의 편향 때문에 그렇다. 물론 두 그림은 동일한 거울상이다.

두정엽이 손상되면 좌우 공간으로 점층적인 형태의 주의 결핍이 발생한다. 예를 들어, 우반구의 두정엽이 손상되면 가장 왼편에는 주의가 덜 할당되고 가운데 공간에는 중간 정도 주의가 할당되지만, 오른편에서는 주의 능력이 거의 정상적인 수준으로 유지된다. 이러한 장애를 편측공간 무시증(hemispatial neglect)이라 하고, 이 증상을 가진 환자는 손상된 영역의 반대편 공간에 있는 자극에 주의를 기울이지 못한다. 일반적으로 무시증은 우반구에 병변이 있을 때 더 심각하고, 왼편에 주의를 기울이지 못한다. 이러한 경향은 인간의 경우에 반구간 비대칭성이 있어서, 우반구 두정엽이 좌반구 두정엽보다 공간 주의에 더 특화되어 있음을 시사한다. 이를 개념화하는 또 다른 가능성은 우측 두정엽이 독특성 지도를 구성할 때 좌측 두정엽보다 더 크게 공헌한다는 것이다. 그로 인해 정상인의 경우에도 좌측 공간이 더 두드러지고[이를 가성무시증(pseudo-neglect)이라 함, 상자글 참조], 뇌 손상의 영향이 좌측 공간에서 더 크게 나타난다(무시증).

두정엽 손상은 비공간적인 주의 장애도 유발한다. 후세인 등(Husain et al., 1997)은 무시증 환자들이 중앙에서 자극이 제시되는 과제에서 비정상적으로 오랜 시간 동안 주

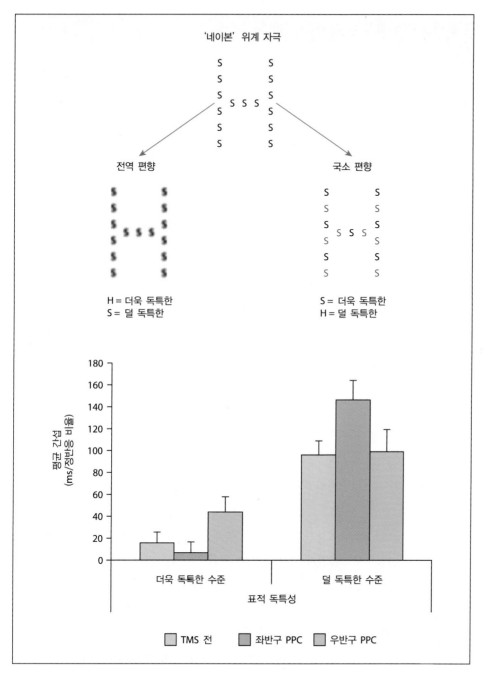

그림 7.11 국소 철자의 색깔을 교대로 바꾸면 국소 요소들이 더 두드러져 보이고, 희미하게 하면 전역적 형태가 더 분명해진다. 우반구 후두정피질에 TMS를 가하면, 더 독특한 요소를 탐지하는 능력이 방해를 받는다(예 : 오른쪽 사례에서는 국소 요소 'S', 왼쪽 사례에서는 전역 요소 'H'). 좌반구 후두정피질에 TMS를 가하면 덜 독특한 요소를 탐지하는 능력이 방해를 받는다(예 : 오른쪽 사례에서는 전역 요소 'H', 왼쪽 사례에서는 국소 요소 'S').

출처 : Graph from Mevorach et al., 2006.

감각 사이의 공간 주의 : 복화술사와 고무손 착시

복화술에서는 실제 소리의 출처(복화술사 자신)와 겉으로 보이는 소리의 출처(인형)가 일치하지 않는다. 인형은 소리에 맞추어 입술을 움직이지만 복화술사는 입술을 움직이지 않기 때문에 소리는 인형으로부터 나오는 것처럼 보인다. 즉 시각 단서의 공간적 위치가 소리의 위치를 '포획'한다.

왜 소리가 시각 자극을 포획하지 않고 시각 자극이 소리를 포획하는 걸까? 한 가지 설명은 시각이 청각에 비해 공간상에서 물체의 위치를 판단할 때 더 정확하기 때문에 뇌는 시각과 청각의 위치 정보가 일치하지 않으면 기본적으로 시각의 위치를 선택한다는 것이다. 위트킨 등(Witkin et al., 1952)은 소리와 시각 단서의 위치가 일치하지 않을 때 소리의 위치를 찾기가 어렵다는 것을 발견하였다. 드라이버와 스펜스(Driver & Spence, 1994)는 입술의 움직임과 스피커가 공간상에서 반대 측면에 있을 때보다 같은 측면에 있을 때 사람들이 스피커에서 들려나오는 대사를 더 정확하게 되풀이(또는 섀도잉)할 수 있다는 사실을 발견한 바 있다.

뇌에는 상측두구와 하두정구처럼 소리와 시각이 동시에 같은 위치에서 발생할 때만 선택적으로 반응하는 다중감각 영역들이 있다(Calvert, 2001). 예를 들어, 상측두구는 소리와 화면이 동기화

되지 않는 대화보다 동기화된 대화에 대하여 더 많이 활성화된다(Macaluso et al., 2004). 그러나 동기화된 대화에서 소리의 위치와 화면의 위치가 공간적으로 일치하지 않으면 우측 하두정엽이 활성화된다(Macaluso et al., 2004). 이러한 소리-화면 공간 불일치가 복화술사 착시에서 나타나면, 소리의 위치가 옮겨지거나 억제되기도 하고, 반대로 시각 양식이 공간 주의를 '붙잡아두는' 결과가 발생한다.

더욱 신기한 일은 복화술사 효과와 유사한 현상이 촉각 양식에도 있다는 점이다. 보트비닉과 코헨(Botvinick & Cohen, 1998)은 참가자들의 손을 책상 아래에 넣어 안 보이게 하고 고무손을 책상 위에 놓아 볼 수 있게 하였다. 자신의 (볼 수 없는) 손이 자극을 받을 때 고무손이 자극받는 장면을 보고 있으면 참가자들은 일종의 '유체이탈(out of body)'을 경험할 수 있었다. 참가자들은 "마치 고무손이 내 손이 된 것 같은 느낌이 들었다."와 같은 기이한 감각 경험을 보고하였다. 이 사례에서 (고무) 손의 시각적 위치와 진짜 손의 신체 위치 감각은 일치하지 않는다. 이때 시각이 촉각을 포획함으로써 이러한 불일치가 해소된다.

의 눈깜박임 현상을 경험한다는 것을 발견하였다. 이 결과는 양쪽 반구가 모두 작동해야만 독특한 자극(이 과제에서는 시각 흐름 속에서 등장하는 두 번째 표적)을 정상적으로 탐지할 수 있다는 관점에서 이해할 수 있다. 한쪽 반구가 손상되면 주의 자원도 소진된다.

메보락(Mevorach)과 동료들은 왼쪽과 오른쪽의 두정엽이 비공간적 주의에서 서로 다른 역할을 맡는다고 제안하였다. 구체적으로 우반구는 두드러진 자극에 주의를 기울이는 데 중요하고 좌반구는 덜 두드러진 자극을 억제하거나 '방안에 있는 코끼리를 못 본 척'하는 데 중요하다(Mevorach et al., 2010; Mevorach et al., 2006). 이들은 비공간적인 독특성을 조작하여, 화면의 특정 요소가 더 쉽게 지각되게 만들었다. 예를 들어, 작은 'S'로 구성된 'H' 그림을 조작하여 'H'가 더 두드러지거나(흐리게 하기) 'S'가 더 두드러지게 만들었다(S의 색깔을 교대로 다르게 제시하기). fMRI 실험 결과, 흐리게 만든 자극에서 국소 자극 S를 찾는 것처럼 덜 두드러진 자극에 과제의 초점을 둘 때(그리고 두드러진 자극을 무시할 때)는 좌반구 두정내구가 관여했다. TMS로 이 영역을 자극하면, 이 과제를 수행하는 능력이 간섭을 받았고 형태 분석을 담당하는 후두엽과 이 영역의 연결성이 와해되었다. 반대로 우반구 두정내구는 두드러진 세부 특징을 찾는(그리고

덜 두드러진 세부 특징들을 무시하는) 과제에서 더 많이 반응하였고, 이 영역을 TMS로 자극하면 과제가 방해를 받았다(Mevorach et al., 2006). 현재 확실하지 않은 것은 어떻게 이러한 비공간적 선택 메커니즘이 무시증의 공간 특수적 결함과 관련될 수 있는가 하는 것이다. 한 가지 가능성은 무시증이 다양한 주의 관련 결함으로 구성된다고 보는 것이다. 어떤 결함들은 공간적이고 다른 결함들은 비공간적일 수 있다. 무시증과의 관계가 무엇이든 간에, 최근 연구자들이 합의하는 바는 주의 자체가 여러 종류의 메커니즘으로 나누어진다는 것이다(Riddoch et al., 2010).

주의, 지각, 의식의 관계

일상생활에서 '주의', '지각', '의식'이라는 용어는 흔하게 사용된다. 그러나 이 용어들을 적절하게 정의하는 것은 일상생활에서든 과학 연구에서든 쉽지 않다. 처음 시작할 때는 단순한 정의만으로도 충분할 것이다(더 자세한 정의는 나중에 소개하기로 한다). 주의는 정보를 선택하는 메커니즘이다. 많은 이론들에 따르면 이 메커니즘의 산출물이 의식이다. 지각은 선택된 정보이고, 궁극적으로 의식의 내용이 된다. 두말할 필요 없이 지각과 관련없는 정보를 의식하거나 그것에 주의를 기울일 수 있다(예 : 자신의 사고와 느낌). 이때도 비슷한 메커니즘이 관여하며, 외적 환경과 내적 사고 사이에서 주의 초점을 전환하는 전전두엽의 관문 메커니즘과 함께 작동한다(Burgess et al., 2007).

먼저 지각과 주의의 관계를 살펴보자. 많은 연구들은 자극에 주의를 기울이거나 기울이지 않을 때 지각을 담당하는 뇌 영역(예 : 시각 복측 흐름)에서 어떤 일이 생기는지 탐구해왔다. 일반적으로 fMRI로 보면 물체(예 : 얼굴)나 지각적 세부 특징(예 : 움직임)에 주의를 기울이지 않은 경우에 비해 주의를 기울일 때는 그 자극들을 지각하는 데 관여하는 뇌 영역의 활동이 증가한다(Kanwisher & Wojciulik, 2000). 그러나 이러한 경향성은 주의를 요구하는 과제의 난이도에 따라 달라진다. 가령, 리스 등(Rees et al., 1997)은 참가자들에게 (언어 과제에서) 단어에 주의를 기울이고 주변시에 보이는 시각적 운동은 무시하라고 지시하였다. 운동에 민감한 V5/MT 영역의 활동은 언어 과제가 쉬울 때보다 어려울 때 줄어들었다. 이 결과는 주의를 제한된 자원으로 보는 견해와 일치한다. (하향적) 과제 요구가 높을 때 부적절한 지각 정보의 (상향적) 처리에 사용될 수 있는 자원은 줄어든다.

시각 자극이 없는 경우에도 주의가 (V1을 포함한) 시각피질의 활동에 영향을 끼칠 수 있다는 증거가 있다(Kastner et al., 1999). 이 영역들에서 증가한 신경 활동은 색이나 운동 같은 세부 특징보다는 위치에 기울인 주의와 관련이 있다(McMains et al., 2007). 감각 양식과도 관련이 있다. 자극이 시각, 청각, 또는 촉각으로 제시될 거라 기대하면, 해당 피질의 BOLD 신호가 증가하고 다른 피질의 신호는 감소한다(Langner et al., 2011). 이러한 변화는 자극이 제시되기 전에 생긴 신경 활동을 반영한다. 원숭이를 대상으로 한 실험에서 시각 자극이 없어도 주의를 기울인 장소에서 뉴런의 자발적 발화율이 증가하였다(Luck et al., 1997). 이러한 사례들에서는 지각적인 자극이 전혀 없었으므로, 주의는 지각적 자극에 대한 의식이 없어도 작동할 수 있음이 분명하다(Koch & Tsuchiya, 2007).

지금까지는 지각과 주의의 관련성을 주로 논의하였다. 지각과 의식의 관계는 어떨까?

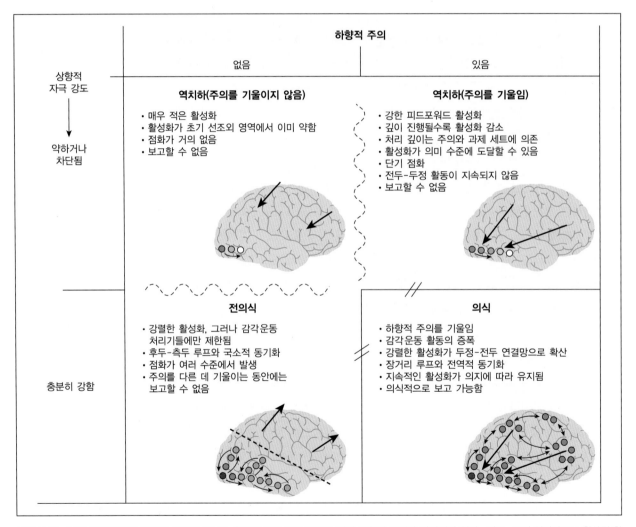

그림 7.12 드앤 등(2006)의 모형에 따르면 의식은 충분히 강한 감각 자극에 대한 하향적 주의와 관련되어 있다. 전두–두정 연결망으로 확산된 활동은 의식을 동반한다. 그에 반해 비의식 조건(예 : 매우 약한 감각신호에 주의를 기울이거나 강한 감각신호에 주의를 기울이지 않는 상황)은 감각피질에서만 일어나는 다양한 수준의 활동과 관련이 있다.

출처 : Dehaene et al., 2006.

일반적으로 정의할 때 의식은 자극이 존재한다는 것을 보고할 수 있는 참가자의 능력이다. 의식을 연구하려면 의식적으로 지각된 자극과 무의식적으로 지각된 자극을 비교해야 한다(예 : 너무 짧게 제시되어 보고하기 어려운 자극). fMRI로 그러한 연구를 해보면 전형적인 뇌 활동 패턴은 두 가지 주요 특성을 가진다. 첫째, 지각에 관여하는 영역(예 : 복측 시각체계)은 참가자가 자극을 의식하지 못했을 때보다 의식했을 때 더 많이 활성화된다. 둘째, 의식 상태에서는 신경 활동이 멀리 떨어진 뇌 영역(특히 전두-두정 연결망)으로 확산된다(Dehaene et al., 2006). 참가자가 지각한 자극을 보고하고 행위를 취할 수 있는 것은 바로 이처럼 정보가 중계되기 때문일 것이다. 게다가 이러한 전두엽과 두정엽 영역들이 주의 연구에서 전형적으로 등장하는 연결망이라는 점은 주의가 지각이 의식되게 하는 메커니즘일 가능성을 시사한다(Posner, 2012; Rees & Lavie, 2001). 구체적인 예를 들면, 주의 눈깜박임 패러다임에서 전두엽과 두정엽 영역들의 신경 활동은 두 번째 표적이 의식되었거나 의식되지 못한 경우에 따라 다르다(Kranczioch et al., 2005). 이러한 상황에서 주의는 본질적으로 연속적인(즉 여러 수준으로 지각되는) 정보로부터 실무율적인 결과(의식적으로 보이거나 안 보이는 것)를 산출하는 것으로 보인다(Vul et al., 2009).

이렇게 지각, 주의 및 의식을 이해하는 것이 표준적인 관점이지만, 모든 연구자가 그에 동의하는 것은 아니다. 한 가지 대안적인 관점에 따르면 지각적 의식은 두 가지 메커니즘으로 구분된다. 지각 경험 자체에 관한 메커니즘과 그 경험을 보고할 수 있는 능력에 관한 메커니즘이다(Block, 2005; Lamme, 2010). 가끔 이들을 각각 **현상적 의식**(phenomenal consciousness)과 **접근적 의식**(access consciousness)이라 한다. 이 모형에 따르면 경험을 보고할 가능성은 전두-두정 연결망과 관련이 있지만 실질적인 지각 경험은 지각 처리 연결망의 상호작용 자체에서 생겨난다. 예를 들어, 주의를 쏟지 않았던 자극을 볼 수 있는지 여부는 순전히 후두엽의 활동과 관련이 있다는 증거가 있다(Tse et al., 2005). 이러한 견해에 따르면 주의는 여전히 의식과 관련이 있지만, 의식의 특정 측면에 대해서만 그렇다(즉 보고 가능성).

평가

이번 단락은 주의 개념에 관한 핵심적인 개념들(예 : 불필요한 정보를 걸러내기, 조명등 비유, 눈운동과의 관련성)을 다뤘고, 이 개념들이 뇌에 어떻게 실현되는지 설명하였다. 두정엽은 실행 조절(주의의 하향적인 면)에 관여하는 영역과 지각 처리(주의의 상향적인 면)에 관여하는 영역을 연결하기 때문에 핵심적인 역할을 수행한다. 주의에 관한 문헌들에서 점차 강조되고 있는 내용 중 하나는 주의를 분리된 그러나 상호작용하는 부속 처

핵심 용어

현상적 의식 감각에 관한 '날것의' 느낌. 의식의 내용

접근적 의식 의식의 내용을 보고할 수 있는 능력

리(예 : 주의 정향, 주의 이탈, 등)의 관점에서 이해하는 것이다. 이는 대부분 신경과학적 증거들에 의해 주도되고 있다. 이는 그리 놀랄 일이 아닌데, 대부분의 다른 인지 기능(예 : 시각, 기억)도 이런 식으로 파악되고 있기 때문이다. 그러나 어떤 요소들이 주의를 구성하는지에 대해 일치된 합의는 없다고 봐야 한다. 다음 단락에서는 지금까지 설명한 일반 원리들에 부합하는 구체적인 주의 모형 몇 가지를 살펴볼 것이다.

주의에 관한 이론

이번 단락에서는 주의 연구들에 영향을 끼치는 세 가지 이론을 구체적으로 살펴본다. 트리스만(Treisman)과 동료들의 세부 특징 통합 이론, 데시몬과 던컨(Desimone & Duncan) 및 동료들의 편향된 경쟁 이론, 그리고 리졸라티(Rizzolatti)와 동료들의 전운동 이론을 소개한다.

세부 특징 통합 이론

세부 특징 통합 이론(feature integration theory, FIT)은 주의가 어떻게 지각적 물체들을 선택하고 그 물체들의 세부 특징(예 : 색과 형태)을 결합하여 보고할 수 있는 경험으로 만드는지에 관한 모형이다. 이 이론을 지지하거나 반박하는 증거들은 대부분 시각 탐색 패러다임에서 나왔다. 그림 7.13에 나오는 2개의 철자 배열을 보라. 과제는 파란색 'T'를 가능한 한 빨리 찾는 것이다.

첫 번째 배열에서는 표적을 찾기가 쉬웠지만 비교적 두 번째 배열에서는 어려운가? 두 번째 경우에 표적을 찾을 때까지 각각의 위치를 차례대로 탐색한다는 느낌을 받았는가? 첫째 배열에서 표적 물체(파란 T)는 배열에 속한 방해 물체들(빨간 T와 빨간 L)과 아무런 세부 특징을 공유하지 않았다. 그러므로 색상 탐지를 담당하는 지각 시스템을 단순히 훑어보기만 해도 물체를 찾을 수 있다.

FIT에 따르면 색상이나 형태같은 지각적 세부 특

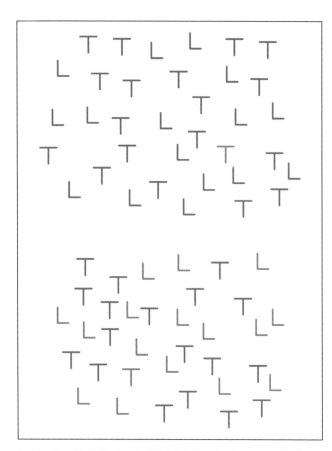

그림 7.13 가능한 한 빠르게 파란 'T'를 찾으라. 왜 어떤 조건은 다른 조건에 비해 어려울까? 세부 특징 통합 모형에 따르면, 기본적인 세부 특징은 병렬적으로 처리되지만 초점 주의는 계열적으로 탐색한다. 어떤 철자가 다른 철자들에 비해 색상처럼 단일한 세부 특징만 다르면, 이 철자는 초기 단계에서 탐지될 수 있다. 이 철자가 다른 철자들에 비해 다른 세부 특징들을 두 가지 이상 가지고 있다면, 주의가 계열적으로 탐색해야 철자를 찾을 수 있다.

징은 주의를 기울이기 전에 병렬적으로 처리된다(Treisman, 1988; Treisman & Gelade, 1980). 만약 표적이 배열에 속한 다른 물체들과 세부 특징을 공유하지 않으면, 표적은 **돌출**(pop-out)되어 보인다. 두 번째 배열에서 방해 자극은 표적을 정의하는 세부 특징들로 만들어져 있다. 그러므로 (일부 방해 자극들이 파란색이므로) 색상만 조사하거나 (일부 방해 자극들이 T 형태이므로) 형태만 조사해서는 표적을 탐지할 수 없다. 표적을 탐지하려면 여러 세부 특징들을 한데 모을 필요가 있다(즉 색상과 형태의 접합). FIT는 후보 물체의 위치에 공간 주의가 할당되었을 때 세부 특징이 통합된다고 가정한다. 만약 그 물체가 표적이 아니라면 '조명등'은 다음 후보의 위치를 조사한다. 표적을 찾게 될 때까지 이 과정이 차례대로 반복된다.

트리스만과 겔라디(Treisman & Gelade, 1980)가 수행한 것과 같은 시각 탐색 실험의 전형적인 결과가 그림 7.14에 제시되어 있다. 종속 측정치는 표적을 찾는 데 소요된 시간이다(일부 배열에는 표적이 없었지만, 그 결과는 여기에 제시하지 않았다). 조작된 변수는 방해 자극의 개수와 유형이었다. 세부 특징을 결합해야만 표적을 찾을 수 있을 때는 방해 자극 개수가 많을수록 탐색이 느려진다. 이는 각각의 후보 물체를 차례대로 하나씩 점검해야 한다는 생각과 일치한다. 단 하나의 세부 특징만으로도 표적을 찾을 수 있다면, 표적이 '돌출'하기 때문에 방해 자극의 개수가 달라도 반응시간의 차이는 거의 생기지 않는다. 만약 적절하게 주의를 기울이지 않으면, 개별 세부 특징이 부정확하게 결합된다. 이를 **착각 접합**(illusory conjunction)이라고 한다. 예를 들어, 색이 있는 철자들이 짧은 시간 동안 제시되어 초점 주의에 의한 계열 탐색이 일어나지 않게 되면, 참가자들은 파란 'H'와 빨간 'E'를 보고도 빨간 'H'를 보았다고 잘못 말할 가능성이 있다

(Treisman & Schmidt, 1982). 이런 현상은 주의를 기울임으로써 물체의 세부 특징을 올바로 결합하게 된다는 FIT의 결론을 지지한다.

TMS를 두정엽에 가하면 접합 탐색은 느려지지만 단일 세부 특징 탐색은 느려지지 않는다(Ashbridge et al., 1997, 1999). 기능적 영상 연구도 두정엽이 접합 탐색에 관여해도 단일 세부 특징 탐색에는 관여하지 않는다는 것을 보여준 바 있다(Corbetta et al., 1995). 두정엽에 병변이 있는 환자들은 짧게 제시된 자극에 대해 높은 수준의 착각 접합 오류를 범한다(Friedman-Hill et al., 1995).

FIT의 한 가지 문제점은 선험적으로 '세부 특징'을

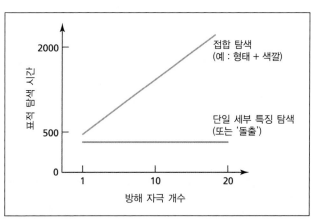

그림 7.14 FIT에 따르면 표적이 세부 특징들의 접합으로 정의될 때는 각 항목들을 계열적으로 탐색해야 하므로 항목의 개수가 많을수록 탐색이 느려진다. 표적이 단일 세부 특징에 의해 정의되면 표적은 '돌출'한다. 즉 표적을 찾는 데 드는 시간은 배열에 있는 항목 개수의 영향을 받지 않는다.

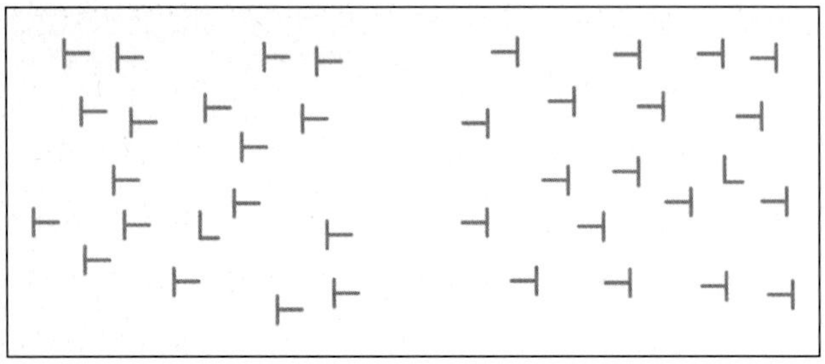

그림 7.15 여러 개의 'T' 가운데에서 'L'을 찾는 것은 'T'가 180도나 270도 회전된 경우(왼쪽)에는 어렵지만 0도나 90도 회전된 경우(오른쪽)에는 쉽다. 이러한 사례는 시각 탐색의 세부 특징들이 기울어진 선분 이상의 것들로 구성된다는 것을 뜻하거나, 또는 주의 없이도 일정한 형식의 세부 특징 통합이 일어난다는 것을 뜻한다.

정의할 방법이 없다는 것이다. 세부 특징은 돌출 여부에 따라 사후 해석을 통해 정의되는 경향이 있다. 가령, 일반적으로 세부 특징은 철자(예 : 선분의 군집)보다는 선분들(즉 수평선이나 수직선)로 구성된다. 그러나 어떤 증거들은 이러한 가정을 지지하지 않는다. 예를 들어, 여러 개의 'T' 중에서 'L'을 찾는 것은 'T'들이 180도나 270도 회전되어 있을 때는 어렵지만 0도나 90도 회전되어 있을 때는 쉽다(Duncan & Humphreys, 1989). 기본 세부 특징(수평 및 수직선)이 두 사례에 똑같이 존재하는 데도 그렇다. 던컨과 험프리(Duncan & Humphreys, 1989)에 따르면 FIT가 설명하고자 하는 대부분의 자료들은 병렬적 세부 특징 지각과 이를 뒤따르는 계열 탐색보다는 얼마나 쉽게 물체들이 군집화될 수 있는지에 따라서 설명될 수 있다. 이들은 표적과 방해 자극의 유사성뿐만 아니라 여러 방해 자극들 간의 유사성도 중요하다는 점을 발견하였다. 이는 주의를 기울이기 전에도 세부 특징들이 어느 정도 결합되고 있음을 의미하며 FIT의 기본 가정과 위배된다.

또 다른 이슈는 단순 세부 특징(예 : 빨간 글자 중 파란 글자 하나)이 FIT가 가정하듯 정말 주의가 없어도 탐색될 수 있는가 하는 것이다. 한 가지 대안적인 입장은 돌출 자극을 탐색하는 경우를 포함하여 모든 시각 탐색에 주의가 필요하다는 것이다. 울프(Wolfe, 2003)는 돌출이 전 주의적으로 처리되는 것이 아니며, 단순히 자극 주도적으로(외인성으로) 주의를 끄는 단서에 불과하다고 주장하였다.

마지막으로 FIT는 주의의 **초기 선택**(early selection) 모형 중 하나이다. 주의 기제가 필요한 주요 이유는 일부 정보를 선택하여 더 자세히 처리하고 다른 정보들을 걸러내기 위해서임을 기억하자. 초기 선택 이론들에 따르면, 정보는 지각적 특질(예 : 색 또는 음 높이)에 따라 선택된다. 이는 모든 입력된 정보들이 심도 있는 분석을 위해 선택되기 전에 의미 수준까지 처리된다는 **후기 선택**(late selection) 이론들과 대비된다. 후기 선택의 사례 중에서 가장 많이 인용되는 것은 **부적 점화**(negative priming) 효과이다(Tipper, 1985). 이 실험(그림 7.16)에서 참가자들은 파란 물체를 무시한 채로 빨간 물체의 이름을 대야 한다. N번째 시행에서 무시했던 물체가 갑자기 N+1번째 시행에서 주의를 기울여야 하는 물체가 되면, 참가자들이 이름을 대는 속도는 느려진다. 이 효과는 표적이 이전에 무시된 물체와 동일한 의미 범주에 속한 경우에도 발생한다. 이러한 결과는 무시된 물체들이 FIT 같은 초기 선택 이론들이 가정하듯 색상에 기초하여 완전히 제외되

핵심 용어

초기 선택 지각적 특질에 따라서 정보가 선택된다는 주의 이론

후기 선택 모든 입력 정보들이 의미 수준까지 처리가 된 후에 일부 정보가 추가 정보처리를 위해 선택된다는 주의 이론

부적 점화 이전에 무시했던 물체에 주의를 기울여야 할 때 참가자들은 그 물체를 느리게 처리함

기보다는 오히려 의미 수준까지 처리될 수 있음을 시사한다.

FIT를 지지하거나 반박하는 증거들을 어떻게 조화시킬 수 있을까? 자세한 분석을 위한 물체 선택은 어떤 때는 (지각적 세부 특징에 근거하여) 초기에 발생하고 어떤 때는 (의미에 기초하여) 후기에 발생하는데, 이는 과제의 요구에 따라 달라진다. 라비(Lavie, 1995)의 연구에 따르면 지각적 부담이 높을 때(즉 시각 탐색에서 전형적으로 사용되는, 항목 수가 큰 배열)는 선택이 초기에 일어나지만, (부적 점화에서처럼) 적은 수의 물체가 제시되어 부담이 적을 때는 후기 선택이 일어난다. 과제의 부담이 적은 조건에서는 용량이 남아서 모든 물체들을 의미 수준까지 처리할 수 있기 때문이다. 다른 연구 결과들은 세부 특징의 결합이 여러 수준에서 발생할 수 있고, 주의를 기울이기 전에도 특정 형태의 결합이 발생할 수 있음을 시사한다(Humphreys et al., 2000). 이러한 결과들은 던컨과 험프리(1989)의 방해 자극 유사성 효과를 설명할 수 있을 것이다.

편향된 경쟁 이론

데시몬과 던컨(Desimone & Duncun, 1995)의 편향된 경쟁 이론은 인지심리학보다는 주로 신경과학에서 나왔다. 이 이론은 (가령 세부 특징 통합 모형에서처럼) 주의를 조명

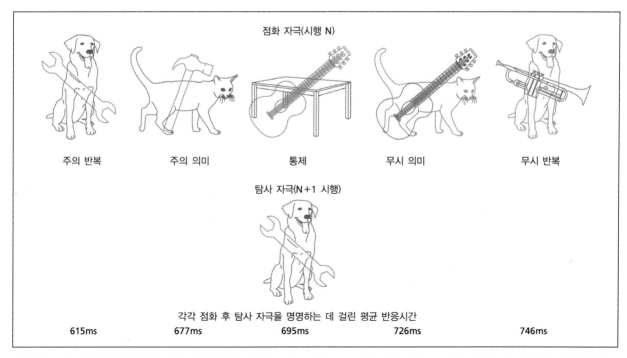

그림 7.16 이 사례에서 참가자들은 빨간 물체의 이름을 말하면서 파란 물체는 무시해야 한다. 만약 무시했던 물체가 나중 시행에서 주의를 기울여야 하는 물체가 되면 그 물체를 처리하기가 어려워지는데, 이를 부적 점화라고 한다.

등에 비유하기를 명시적으로 거부한다. 대신, "주의는 많은 신경 메커니즘들이 시각처리와 행동 조절을 위한 경쟁을 해소하기 위해 작동하는 과정에서 출현하는 속성"이다. '출현 속성(emergent property)'이라는 표현을 사용함으로써 데시몬과 던컨이 뜻하는 바는, 주의가 전용 모듈이 아니라 많은 입력 정보를 작은 수의 출력으로 줄이는 데 관여하는 광범위한 메커니즘들이며, 주의 단계와 전 주의 단계를 명확히 구분할 수 없다는 것이다. 편향된 경쟁 이론은 다른 연구자들이 보고한 최신 증거들에 의해 확장되고 갱신되어 왔다(Beck & Kastner, 2009; Knudsen, 2007).

이 이론의 한 가지 가정은 경쟁이 고정된 병목에서가 아니라 여러 단계에서 일어난다는 것이다. 즉 경쟁이 발생하는 위치는 초기나 후기 단계에 고정되지 않고 더욱 역동적으로 변한다. 경쟁은 처음에 시각적 세부 특징(색, 운동 등)과 물체를 처리하는 시각적 복측 흐름에서 일어난다. 예를 들어, 단일 세포에 대한 전기생리학적 연구에서 2개의 자극이 단일 수용장에 제시되면(예 : 2개의 색 자극이 V4 뉴런의 수용장에 제시됨) 뉴런의 반응은 자극이 따로따로 제시되었을 때의 반응을 합친 것보다 적다(Luck et al., 1997). 뉴런 수준에서 '경쟁'이 발생한 것이다.

인간의 경우 동시에 제시된 여러 자극에 대한 시각 복측 흐름 영역들의 BOLD 반응은 각 자극을 차례로 제시하는 통제 조건에서 측정한 반응보다 적다. 이 결과는 서로 다른 조건들이 얼마나 가깝게 제시되었는지에 따라 다르다(Kastner et al., 2001). 수용장이 작은 뉴런들로 구성된 뇌 영역들(예 : V1)은 경쟁하는 자극들이 서로 가까울 때만 신호가 감소하였고, 큰 수용장을 가진 영역들(예 : V4)은 경쟁하는 자극들이 서로 멀리 떨어져 있어도 신호가 감소하였다. 경쟁의 정도는 공간적 근접성뿐만 아니라 수용장에 있는 자극들의 지각적 유사성에 따라서도 다르다(Beck & Kastner, 2009). 이 결과는 초기 군집화 효과 또는 돌출성을 뒷받침하는 신경 원리일 것이다. 특정 지각 표상들은 친숙하기 때문에(예 : 사람들 속에서 친구를 찾을 때), 최근에 봤기 때문에 또는 기타 다른 이유로 인해 경쟁 과정에서 우위를 차지할 수 있다. 다시 한 번 말하지만 이 과정이 특화된 메커니즘을 필요로 하지는 않는다. 단지 자극이 표상되는 방식에 편향이 있고, 그 편향이 선택을 촉진시킬 뿐이다(예 : 뉴런이 기대했거나 자주 접한 자극에 더 많이 반응하는 경우). 뉴런은 하향적 신호에 의해서도 편향될 수 있다. 실험적으로 정의된 표적이 그와 무관한 방해 자극과 함께 수용장에 놓이면, 뉴런은 마치 표적만 있는 것처럼 반응한다. 이는 방해 자극이 걸러졌음을 의미한다(Moran & Desimone, 1985).

이 이론의 또 다른 주요 가정은 주의가 계열적으로 할당되지 않으며 지각적 경쟁은 병렬적으로 발생한다는 것이다. 계열적 처리는 반응 수준의 경쟁에서 일어나고 지각 처리에서는 일어나지 않는다(예 : 시선을 한 번에 한 곳에만 고정할 수 있다. 이 생각은 다음 단락에서 논의할 주의의 전운동 이론과 밀접하게 연관된다). 원숭이 V4에서 측정한 뉴런들은 시각 탐색 과제를 하는 동안 표적의 세부 특징(예 : 색상)이 수용장에 있을 때마다(즉 현재 주의를 기울이거나 시선을 고정했는지 여부와 상관없이) 병렬적으로 활성화된다(Bichot et al., 2005). 이 결과는 단순 세부 특징(즉 돌출)과 접합 탐색 모두에서 관찰되었다. 그러나 표적이 안구도약운동을 위해 선택되었을 때는 뉴런의 반응이 강화되었는데, 이는 계열적 처리가 운동 반응과 관련 있음을 의미한다. 세부 특징 통합 이론이 (표적의 성질에 따라) 병렬적이거나 계열적인 탐색을 가정하는 데 반해, 편향된 경쟁 이론은 두 종류의 메커니즘이 동시에 작동한다고 본다.

편향된 경쟁 이론은 공간적 주의와 비공간적 주의를 동일한 모형 안에서 설명한다. 원래 공간적 주의와 비공간적 주의의 차이는 메커니즘 자체의 차이를 반영한다기보다 편향 신호의 해부학적 출처가 다르기 때문이라고 가정한다. 후두정피질은 공간적 편향의 출처(예 : 화살표에 의한 주의 정향 효과)이고, 전전두피질은 과제와 관련된 편향(파란 X 찾기)을 처리한다고 본다. 그러나 다른 연구자들은 똑같은 전두 및 두정 영역이 공간적 및 비공간적 탐색 단서를 모두 뒷받침한다고 주장해왔다(Egner et al., 2008).

두정엽 손상은 무시증만 유발하는 것이 아니라 소거(extinction)라고 불리는 희한한 증상을 낳기도 한다(Riddoch et al., 2010). 단일 자극이 응시점의 왼편이나 오른편에 잠깐 제시되면, 두정엽 병변을 가진 환자는 정확하게 그것을 보고하는 경향이 있다. 그러나 (우반구 두정엽이 손상된 경우에) 두 자극이 동시에 제시되면 환자는 오른편에 있는 물체만 봤다고 하고 왼편의 것은 못 봤다고 보고한다. 그러므로 이 환자는 좌측 공간을 보는 능력을 상실한 것이 아니라, 오른편에 경쟁자가 있을 때 왼편 공간에 주의를 기울이는 (그리고 의식하는) 능력을 상실한 것이다.

비슷한 효과가 두정엽이 손상되었을 때 포스너 단서 과제에서 나타난다(Posner & Petersen, 1990). 우측 두정엽이 손상된 환자는 왼편이든 오른편이든 자극이 제시되기 전에 그곳에 불빛을 깜박이면 주의를 정향할 수 있다. 그러나 이 환자는 (무시된 쪽인) 왼편의 단서에서 ('좋은' 쪽인) 오른편의 표적에 주의를 옮길 수는 있어도 ('좋은' 쪽에서 무시된 쪽으로) 반대로 옮기는 것은 못 한다. 이 결과는 주의를 이탈하는 데 관여하는, 특화된 주의 메커니즘이 손상되었기 때문일 수도 있지만, 다음과 같이 편향된 경쟁으로도 설명될 수 있다. 즉 경쟁이 약할 때는 '나쁜' 쪽 공

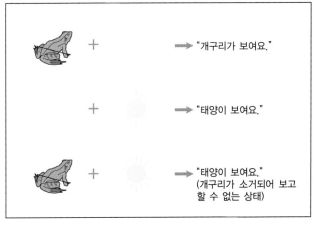

그림 7.17 무시증 환자들은 2개의 자극이 짧게 출현하면 왼쪽에 있던 자극을 알아채지 못하지만(소거), 하나씩 제시될 때는 인식할 수 있다. 이는 주의가 자극들 간의 경쟁에 의존한다는 것을 의미한다.

간에 쉽게 정향할 수 있지만, '좋은'쪽에 강렬한 시각 자극이 나온 다음에는 '나쁜' 쪽에 정향하기가 어려운 것이다.

전운동 주의 이론

전운동 주의 이론에 따르면 주의 정향은 운동 행위를 준비하는 메커니즘일 뿐이다 (Rizzolatti et al., 1987, 1994). 따라서 이 이론은 주로 공간 주의에 관한 이론이며, 실제 움직임이 발생하는 명시 정향과 은닉 정향을 모두 다룬다. 은닉 정향은 계획했지만 실행하지 않은 움직임을 반영한다.

이론의 초기 증거는 공간 단서 과제에서 나왔다(Rizzolatti et al., 1987, 1994). 실험 장면은 왼쪽에서 오른쪽으로 배열된 4개의 공간적 위치(1, 2, 3, 4)와 시선을 고정할 중앙의 사각형으로 구성되었다. 중앙 사각형에는 표적이 (80% 가능성으로) 출현할 위치를 가리키는 숫자가 나타났다. 그때 네 사각형 중 하나 안에서 불빛이 깜박였고, 참가자는 그 불빛을 탐지하자마자 버튼을 눌러야 했다. 참가자는 단서가 잘못된 위치에 나타나서 주의를 이동해야 했을 때 느리게 반응하였다. 그러나 느려진 만큼의 반응시간은 주의의 이동 여부 자체뿐만 아니라 주의가 방향을 역전해야 하는지 여부와도 관련이 있었다. 위치 2(왼쪽)에서 위치 1(가장 왼쪽)로 주의를 이동할 때는 반응이 약간만 지연되었지만, 위치 2(왼쪽)에서 오른쪽 위치(위치 3)로 이동할 때는 반응이 많이 지연되었다(마찬가지로 3에서 2로 이동할 때보다 3에서 4로 이동할 때 반응이 덜 지연되었다). 4개 사각형이 수직으로 배열되어 있을 때도 같은 결과를 관찰했으므로, 이 결과는 반구 간 처리의 차이와는 관련이 없다. 기본적으로 이러한 결과는 단순한 '조명등' 모형으로 설명할 수 없다. 두 경우에 조명등은 똑같은 거리를 이동했기 때문이다. 대신 연구자들은 이 패턴이 눈 움직임의 프로그래밍을 반영한다고(그러나 실제 움직이는 것은 허용되지 않았으므로 프로그래밍의 실행을 반영하지는 않는다고) 생각하였다. 구체적으로 말하자면 왼쪽을 향한 눈 움직임은 최소한의 추가적인 노력을 통해 더 왼쪽으로 향할 수 있지만, 왼쪽으

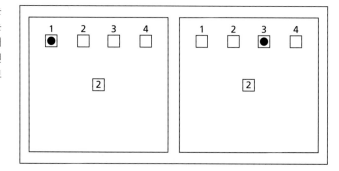

그림 7.18 리졸라티 등(1987)의 연구에서 가운데 제시된 숫자는 표적 자극이 나타날 가능성이 있는 위치를 가리키지만(이 경우에는 위치 2), 가끔 표적은 주의를 기울이지 않았던 위치에 나타난다(이 그림에서처럼 위치 1이나 3). 비록 위치 1과 3이 표적을 기대했던 위치와 같은 거리만큼 떨어져 있지만, 참가자들은 주의를 위치 3보다 위치 1에 더 빨리 이동시켰다. 그 이유는 무엇인가?

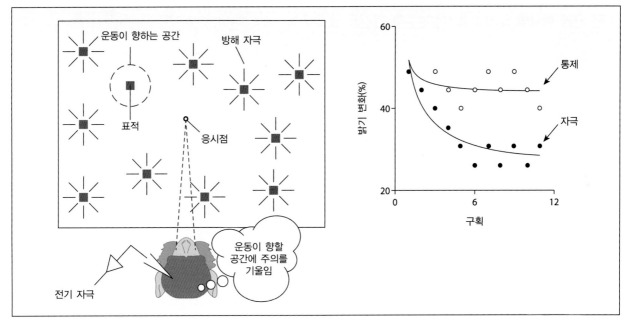

그림 7.19 무어와 팔라(2001)에서 원숭이의 과제는 자극 중 하나가 '깜박이면(밝기가 조금 변하면)' 레버를 누르는 것이었다. 눈 움직임을 생성하는 뇌 영역이 자극받고 빛 자극이 적절한 수용장 위에 떨어지면(눈 운동이 발생하지 않았음에도 불구하고), 자극이 없는 통제 조건에 비해 원숭이의 수행이 향상되었다. 이 결과는 공간상의 한 위치에 주의를 기울이는 것이 실질적으로 눈을 움직이는 것과 같다는 생각과 일치한다.

출처 : Left image from www.nature.com/neuro/journal/v5/n9/fig_tab/nn0902-819_F1.html. Right image from Moore and Fallah, 2001.

로의 움직임을 오른쪽으로의 움직임으로 바꾸려면 다른 운동 프로그램을 설정하고 원래의 프로그램은 버려야만 한다.

'전운동(premotor)'이라는 용어는 주의가 준비 단계의 운동 행위라는 주장을 반영할 뿐, (제8장에서 논의할) 뇌의 전운동피질 영역을 말하는 것은 아니다. 그러나 이 이론으로부터 신경해부학적으로 다음과 같은 예상을 도출할 수 있다. 주의의 신경 기질은 운동(특히 눈 움직임) 준비의 신경 기질과 같아야 한다. 전에 논의한 바와 같이 이 견해를 지지하는 증거는 단일세포 측정법(Bisely & Goldberg, 2010)과 인간 fMRI(Nobre et al., 2000)에서 나왔다. 뇌 자극 연구에서도 흥미로운 증거가 보고된 바 있다. 원숭이의 전두 안구 영역(FEF)에 있는 뉴런들을 전기로 자극하면 공간상의 특정 위치를 향해 눈이 움직이는 반응을 안정적으로 유발할 수 있다. 무어와 팔라(Moore & Fallah, 2001)는 그러한 뉴런들을 구별해낸 다음, (원숭이가 계속 가운데를 응시하도록) 눈 움직임을 유발할 수 없을 정도로 약하게 그 뉴런들을 자극했다. 그럼에도 불구하고 눈 움직임이 향했을 위치에 제시된 자극에 대해 원숭이의 지각 변별이 향상되었다. 이 결과는 주의가 그 위치에 배치되었음을 의미하며, 은닉적인 주의 지향이 비실행 운동 계획이라는 생각에 부합한다.

한 번에 하나씩 보기 : 동시실인증과 발린트 증후군

물체를 지각할 수 있지만 그 위치는 모를 수 있다는 생각은 직관적으로 이해하기기가 상당히 어렵다. 우리가 스스로 경험할 수 있는 영역 밖에 있기 때문이다. 그러나 뇌가 작동하는 방식이 우리의 직관에 부합할 이유는 없다. 발린트 증후군(Balint's syndrome) 환자들은 전형적으로 좌우 두정엽이 손상되어 있고 심각한 공간장애를 가진다(Balint, 1909, translated 1995). 발린트 증후군 환자들은 한 번에 하나의 물체만 인식하곤 한다. 이러한 증상을 동시실인증(simultanagnosia)이라 한다. 예를 들어, 이 환자가 창문을 인식하고 있었다면 갑자기 창문이 사라지고 목걸이를 인식하게 된다. 누구의 목걸이인지는 알 수 없다. 두 가지 시각적 흐름이 있다는 생각의 관점에서는, 마치 거기에 '거기'가 없는 것과 같다(Robertson, 2004). 편향된 경쟁 이론에 따르면 이 증상은 제한적인 공간 선택 용량 때문에 발생하는 지각적 경쟁의 극단적인 형태이다. 세부 특징 통합 이론에 따르면 이 증상은 세부 특징들을 공간에 결합하는 능력이 결여된 상태이다. 정상 참가자들에게 파란 'H'와 빨간 'E'를 매우 짧게 제시하면 착각 결합 오류(예 : 빨간 'H')가 발생한다는 점을 상기하자. 발린트 증후군 환자들은 자기가 보고 싶은 만큼 오랫동안 물체를 볼 수 있어도 이러한 오류를 범한다(Friedman-Hill et al., 1995). 동시실인증과 더불어 전형적으로 환자들은 손을 움직이는 데 시각을 활용하지 못하는 어려움도 겪

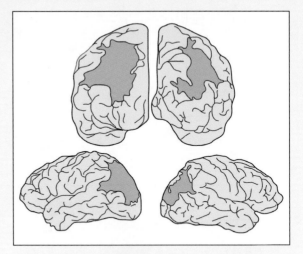

그림 7.20 RM은 양반구의 두정엽이 모두 심각하게 손상되었고 공간 관계를 지각하는 데 어려움을 겪는다(위 : 뒤에서 본 뇌의 모습, 아래 : 옆에서 본 뇌의 모습). RM은 물체의 위치를 말로 설명하지 못하고 물체를 향해 손을 뻗거나 가리키지 못했다(Robertson et al., 1997). 그러나 그의 기본적인 시각 능력은 정상이었다(정상적인 20/15 시력, 정상적인 색시각 및 대비 민감도 등). 그는 소리의 위치도 판단하지 못했다.

전운동 주의 이론에 대한 비판이 없는 것은 아니다. 스미스와 셴크(Smith & Schenk, 2012)는 이 이론이 일반적인 주의 이론으로서는 부족하고 단지 특정한 상황(예 : 깜박이는 빛에 대한 외인성 주의 정향)에서만 유효하다고 주장했다. 예를 들어, FEF에 만성적인 병변을 가진 환자들은 안구도약운동을 잘 못하지만, 가령 화살표 단서를 제시하는 은닉 정향 과제에서 내인성 주의를 기울이는 데는 어려움이 없다.

평가

많은 주의 이론이 있지만 여기서는 세 가지 유명한 이론을 다루었다. 세부 특징 통합 이론과 전운동 이론은 구체적으로 공간 주의에 관한 이론이라는 면에서 그 범위가 제약되어 있다. 반면 편향된 경쟁 이론은 더 일반적인 설명을 제공한다는 장점이 있다. 세부 특징 통합 모형은 시각 탐색에서 얻은 사람들의 행동 자료를 성공적으로 설명해왔다. 편향된 경쟁 이론은 이 자료들에 관해 더욱 신경과학적인 해석을 제공한다. 즉 경쟁은 여러 단계에서 일어나고(예 : 지각적 밀집과 반응 경쟁), 주의는 바로 시스템 전반의 선

핵심 용어

발린트 증후군 심각한 공간 처리장애로서 일반적으로 양측 두정엽이 손상된 후에 나타남. 동시실인증, 시각 운동실조, 시각실행증이 증상임

동시실인증 한 번에 하나 이상의 사물을 지각하는 능력의 결여

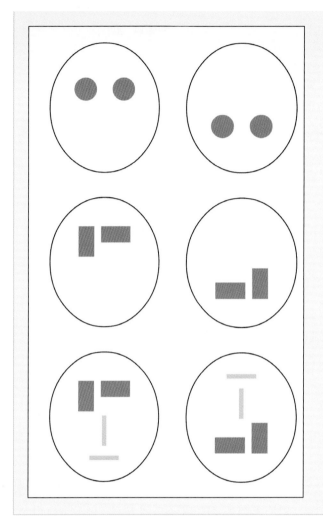

고(시각실조증, 제8장 참조) 적절하게 눈을 움직이지도 못한다[시각실행증(optic apraxia)].

발린트 증후군 환자들이 개별 물체들을 알아볼 수 있다는 말은 다소 모호하게 들린다. 얼굴을 생각해보자. 얼굴은 단일 물체인가, 아니면 특정한 공간 형태로 배열된 여러 개의 물체(눈, 코, 입 등)인가? 부분들이 군집화될지 말지는 많은 요인에 의해 결정된다. 험프리 등(2000)은 형태나 색상을 공유하거나 서로 연결되어 있는 부분들일수록 서로 군집화되어 전체를 이룰 가능성이 높다는 결과를 발린트 증후군 환자 GK에 관한 연구에서 밝혔다. 이는 주의를 기울이기 전에도 초기 단계의 세부 특징들이 어느 정도 결합될 수 있음을 뜻한다. 또 다른 요인은 자극의 친숙성과 자극을 해석하는 방식(소위 하향적 영향)이다. 샬레브와 험프리(Shalev & Humphreys, 2002)는 GK에게 왼쪽에 나오는 모호한 자극을 제시하였다. 2개의 동그라미가 타원의 위쪽과 아래쪽 가운데 어디에 있는지 물었을 때, GK의 정답률은 우연수준이었다(55%). 눈이 얼굴의 위와 아래 중 어디에 있는지 물어보면 과제를 잘 수행하였다(91%).

그림 7.21 얼굴이 하나의 전체로 지각되는 상황과 부분들의 모음으로 지각되는 상황은 어떻게 다른가? 환자 GK는 2개의 동그라미가 얼굴에 있는 두 눈에 해당한다고 들었을 때는 그 위치를 구별할 수 있었지만, 타원 안에 있는 두 도형이라고 들었을 때는 그 위치를 구별할 수 없었다. 전자의 판단이 그의 뇌 속에 보존된 복측 경로(얼굴과 물체 구별)를 사용했다면, 후자의 판단은 손상된 배측 노선(도형들의 상대적인 위치 평가)을 사용했을 것이다. 덧붙여서 GK는 얼굴에 세부 특징을 추가하면 직사각형들의 위치를 더 정확하게 판단할 수 있었다.

택 기능이다. 전운동 이론은 주의가 배측 흐름의 '어디(공간)'와 '어떻게(운동)' 기능의 조합이라는 흥미로운 해석을 제공하고 있다.

무시증 : 공간 주의와 의식의 장애

무시증(편측 무시증, 시공간 무시증, 또는 시각 무시증이라고도 함) 환자들은 병변의 반대편 공간에 있는 자극에 주의를 기울이지 못한다. 보통은 우측 병변 때문에 공간의 좌측에 주의를 기울이지 못한다.

그림 7.22 무시증을 측정하는 방법 중에는 베끼기, 기억해내서 그리기, 직선의 중점 찾기(선분 나누기), 그리고 배열 중에서 표적 찾아 줄 긋기가 있다(지우기).

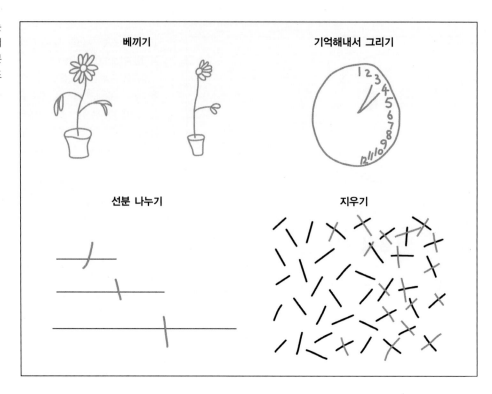

무시증의 특징

여러 가지 잘 알려진 방법들이 무시증(neglect)을 검사하는 데 사용되고 있다. 환자들은 그림을 그리거나 베낄 때 좌측의 세부 특징을 빼먹곤 한다. 선분 나누기 검사(line bisection test)를 할 때, 환자들은 (좌측의 길이를 과소평가하기 때문에) 직선의 중심을 오른편으로 잘못 두곤 한다. 이분 편향은 선분의 길이에 비례한다(Marshall & Halligan, 1990). 지우기 검사(cancellation task)는 이미 논의했던 시각 탐색 패러다임을 변형한 것인데, 환자들은 배열 속에서 표적을 찾은 후 줄을 그어 지운다. 일반적으로 환자들은 오른편의 표적들을 찾지 못한다. 어떤 무시증 환자들은 이런 과제를 잘 수행하지만 다른 무시증 환자들은 잘하지 못하는데, 그 이유는 최근에 와서야 밝혀지고 있다 (Halligan & Marshall, 1992; Wojciulik et al., 2001). 심한 경우에 무시증 환자들은 얼굴의 반쪽만 면도를 하거나 접시에 있는 음식을 절반만 먹기도 한다.

모트 등(Mort et al., 2003)은 35명에서 무시증을 유발한 뇌 영역을 검토한 후, 가장 결정적인 영역은 우측 측두정접합부(TPJ)를 포함하는 우반구 하측 두정엽의 각회라고 결론지었다. 건강한 참가자들을 대상으로 한 기능 영상 연구에서도 이 영역이 선분 나누기 검사를 수행할 때 관여하는 것으로 나타났다(Fink et al., 2000). TSM 연구에서도 같은 결과가 보고되었다(Fierro et al., 2000). 무시증과 이 영역의 관계에 대해 대체로

핵심 용어

선분 나누기 검사 직선의 중점을 판단하는 과제

지우기 검사 변형된 시각 탐색 과제로서 환자들은 배열 중에서 표적을 찾아 줄을 그어 지움

의견이 일치하지만, 오로지 이 영역만 관계된 것은 아니다. 예를 들어, 코르베타와 슐만(2011)에 따르면 독특성 지도들을 가지고 있는 오른쪽 후두정피질이 구조적으로 손상되지 않았음에도 불구하고 (손상된 우측 TPJ와 연결되어 있기 때문에) 기능적으로 기저선보다 더 낮게 활성화될 수 있다. 다른 연구자들은 무시증이 서로 다른 신경 기질을 가진 여러 종류의 공간 처리들로 쪼개질 수 있다고 주장해왔다. 이점은 나중에 논의하기로 한다.

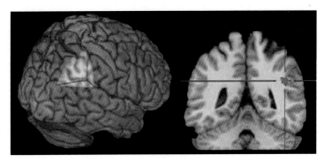

그림 7.23 무시증은 우반구 하두정엽의 손상과 관련 있다. 이 사진은 환자 14명의 손상 부위가 가장 많이 겹치는 영역을 보여주고 있다.

무시증과 주의, 지각, 의식의 관계

무시증은 저수준 시지각의 장애가 아니라는 점을 분명히 해둘 필요가 있다. 다양한 많은 증거들이 이 결론을 지지하고 있다. 무시된 시각장의 물체들이 여전히 후두피질의 시각 영역을 활성화시킨다는 사실이 기능 영상을 통해 밝혀졌다(Rees et al., 2000). 무시된 시각장에 제시된 자극은 주의가 처음부터 그쪽으로 기울여져 있다면 탐지되기도 한다(Riddoch & Humphreys, 1983). 이 사실 역시 저수준 지각의 결함 가능성을 반증한다. 무시증 환자들이 주로 어려움을 겪는 상황은 무시되고 있는 측면을 향해 자발적으로 정향하거나 여러 자극들이 주의를 받기 위해 경쟁하는 상황이다. 비록 일차적인 결핍이 지각보다는 주의와 관련되어 있지만, 무시증은 지각적 세상에 관한 의식에 결핍을 유발한다.

　무시증은 단지 시각에만 국한되는 것이 아니라 다른 감각에도 똑같이 나타날 수 있다. 이는 앞서서 제시한, 두정엽이 다감각적 특성을 가진다는 증거와 일치한다. 파바니 등(Pavani et al., 2002)은 무시증 환자들이 소리의 위치를 찾을 때도 오른쪽으로 치우친 편향을 보인다는 것을 밝혔다(그러나 그들이 좌측의 소리를 '듣지 못하는' 것이 아니라는 점을 유념해야 한다). 또한 소거는 감각 양식 간에도 발생할 수 있다. 참가자는 왼편의 시각(또는 촉각) 자극을 동반한 오른편의 촉각(또는 시각) 감각을 보고하지 못하지만, 두 자극이 따로 제시되면 보고할 수 있다(Mattingley et al., 1997).

　무시증 환자들은 무시된 영역의 정보들을 적어도 물체 인식 수준까지 처리할 수 있다. 복측의 '무엇' 경로는 의식 없이도 정보를 '조용히' 처리할 수 있지만, 두정엽의 배측 '어디' 경로는 우리를 둘러싼 세상에 관해 의식적인 경험을 만드는 데 중요하다. 빌레미에 등(Vuilleumier et al., 2002b)은 물체 사진을 왼쪽, 오른쪽, 또는 양쪽 시야에 짧게 제시하였다. 2개의 사진이 동시에 제시되면 환자들은 왼쪽 것을 소거하고 오른쪽 것을 보고

무시증에서 '의식이 없는 것'과 맹시에서 '의식에 없는 것'은 어떻게 다른가?	
무시증	**맹시**
• 의식 결핍은 시각에만 국한되지 않고 다른 감각 양식에서도 일어난다.	• 의식 결핍은 시각 양식에만 국한된다.
• 암묵적으로는 전체 물체가 처리될 수 있다.	• 암묵적 지식은 기본적인 시각 변별에만 국한된다(예 : 움직임 방향; 그러나 Marcel, 1998 참조).
• 무시된 영역으로 주의를 기울임으로써 종종 의식 결핍을 극복할 수 있다.	• '보이지 않는' 영역으로 주의를 기울인다 해도 의식 결핍을 극복할 수는 없다.
• 종종 무시증 환자는 무시된 영역을 향해 자발적으로 눈을 움직이지 못한다.	• 맹시 환자들은 '보이지 않는' 영역으로 눈을 움직일 수 있다.
• 무시된 영역은 자기중심적이다.	• 맹시 영역은 망막중심적이다.

하였다. 그리고 나중에 무시된 물체를 보여주면(외현 기억 검사) 환자들은 그것을 본 기억이 없다고 주장하였다. 그러나 나중에 그 물체의 손상된 사진을 알아보게 하면 수행이 촉진되었는데, 이는 소거된 물체가 무의식적으로 처리되었음을 의미한다. 다른 증거들도 이러한 견해를 지지한다. 마샬과 홀리건(Marshall & Halligan, 1988)은 2개의 집 그림을 환자에게 보여주었는데, 두 집은 무시되지 않은(오른) 편은 똑같았지만 왼편은 달랐다. 두 집 중 하나에서는 불꽃이 왼쪽 창문에서 새나오고 있었다. 환자들은 비록 두 집의 차이를 느낄 수 없다고 주장했지만, 강제로 선택하게 하면 불꽃이 없는 집에서 살고 싶다고 말했다! 다시 한 번 이 결과는 무시된 정보가 의미 있는 판단이 내려질 수 있을 만큼의 수준까지 암묵적으로 처리되고 있음을 시사한다.

여러 종류의 무시증과 여러 종류의 공간

뇌에 관한 한, 공간은 단일한 연속적 독립체가 아니다. 더 도움이 되는 비유는 뇌가 여러 종류의 '지도'를 만든다고 생각하는 것이다. 인지신경과학자들은 이러한 개념을 전달하기 위해 공간적 참조틀이라는 용어를 사용한다. 각각의 참조틀('지도')은 중심점(원점)과 좌표를 가진다. 마찬가지로 하나의 지도를 다른 지도에 연결하는 방법이 존재한다. 이를 재매핑이라 한다. 어떻게 뉴런들이 소리의 위치를 머리중심의 참조틀에서 (소위 망막중심 공간이라 하는) 눈중심의 참조틀로 재매핑하는지 이미 설명한 바 있다. 이를 통해 소리는 눈 움직임을 유발한다. 같은 일이 다른 조합에서도 발생할 수 있다. 예를 들어, 시각 수용장이 눈의 위치가 아니라 손의 위치를 중심으로 재매핑될 수 있다(이를 통해 손으로 작업을 할 때 손과 눈의 협응을 촉진한다). 두정엽은 청각, 시각, 촉각에 관한 감각 정보뿐만 아니라 신체의 자세 정보를 입력받기 때문에 재매핑을 수행할 수 있다(Pouget & Driver, 2000).

무시증의 주요한 임상적 특징은 **자기중심 공간**(egocentric space)과 관련이 있고, 이런 종류의 공간주의장애는 우측 측두정 영역의 뇌 손상과 연관된다(Hillis et al., 2005). 그러나 다음에 소개하는 바와 같이 무시증은 다른 종류의 공간적 참조틀과도 관련이 있다. 이러한 증상들을 특정 종류의 공간 표상이 상실된 것으로 개념화할 수도 있지만, 여러 처리 수준의 경쟁이 방해를 받으면서 생겨난 주의장애라고도 생각할 수 있다.

핵심 용어

자기중심 공간 신체의 위치를 중심으로 기록된 공간 지도

지각적 대 표상적 무시증

비시아크와 루자티(Bisiach & Luzzatti, 1978)는 무시증이 지각으로부터 직접 파생된 공간 표상에서만 발생하는 것이 아니라 공간적인 심상에서도 발생할 수 있음을 확인하였다. 환자들은 자신에게 친숙한 광장에 서서 특정 위치를 마주 보고 있다고 상상해야 했다(밀라노의 두오모 광장). 환자들은 자신이 '마음의 눈'으로 보고 있는 건물들의 이름을 말하도록 요구받았다. 이때 환자들은 성당의 왼편에 있는 광장 주변 건물들의 이름을 기술하지 못했다. 이러한 결과는 광장에 관한 공간 지식을 상실했기 때문일까? 아니면 거기에 주의를 기울이지 못해서일까? 원인을 확실히 알기 위해 이제 환자들은 광장의 반대편에 서 있다고 상상하면서 건물의 이름을 기술하라는 요구를 받았다. 이 조건에서 왼편에 있어서 무시되었던 건물은 이제 오른편에 놓여서 보고되었던 반면, 이전에는 오른편에 있어서 보고되었던 건물은 이제 왼편에 놓여 무시되었다. 그러므로 광장에 관한 공간 지식은 사용할 수 없을 뿐이지 소실된 것은 아니다. 후속 연구들에서는 이와 같은 소위 표상적 무시증이 지각 공간에 대한 무시증과 이중 해리될 수 있음이 밝혀졌다(Bartolomeo, 2002; Denis et al., 2002). 뇌는 심상을 위한 공간 참조틀과 외부 공간의

그림 7.24 밀라노의 두오모 광장이 전통적 신경심리학 연구에 등장하였다. 한 시점에서 광장을 상상하라고 했을 때, 무시증 환자는 왼편에 있는 건물을 보고하지 못했다. 반대편 시점에서 광장을 상상하라고 했을 때, 새로 왼편에 놓인 건물은 방금 전에 올바르게 보고된 건물이지만, 여전히 환자들은 왼편의 건물을 보고할 수 없었다. 이는 결함이 기억이 아니라 공간 주의에 있음을 의미한다.

출처 : Image from http://en.wikipedia.org.

핵심 용어

객체중심 공간 물체와 장소의 위치가 서로 상대적인 관점에서 기록된 공간

지각적 사건을 위한 공간 참조를을 별도로 가지고 있는 것 같다. 연구자들은 해마가 객체중심 공간(allocentric space) 지도(랜드마크와 관찰자의 공간 관계가 아니라 랜드마크들 간의 상대적인 공간 관계)를 저장하고 있지만, 지도들을 특정 시점으로 상상할 때는 두 정엽이 필요하다고 생각한다(Burgess, 2002).

가까운 공간 대 먼 공간

가까운 공간의 무시증(Halligan & Marshall, 1991)과 먼 공간의 무시증(Vuilleumier et al., 1998)이 이중 해리될 수 있다. 가깝거나 먼 공간에 있는, 시각을 동등하게 맞춘 자극과 레이저 펜을 사용한 선분 나누기 검사로 이를 측정할 수 있다. 가까운 공간은 '사지를 뻗어 닿을 수 있는 거리'의 공간으로 정의되지만, 이 공간은 확장될 수도 있다! 베르티와 프라시네티(Berti & Frassinetti, 2000)는 가까운 공간에 대해서는 무시증 결함이 있지만 먼 공간에 대해서는 정상인 환자의 사례를 보고하였다. 레이저 포인터 대신 긴 막대기를 사용했을 때는 '가까운' 결함이 확장되었다. 이는 뇌가 우리 주변 공간을 표상하는 방식에 있어서 도구가 말 그대로 신체와 융합되었음을 의미한다. 이 결과는 단일 세포 측정법을 사용한 연구 결과와 일치한다. 이 연구에서 동물이 갈퀴 도구를 사용하도록 훈련받았을 때 팔에 반응하는 시각 수용장이 공간적으로 확장되었다(Iriki et al., 1996).

개인적 공간 대 개인주변 공간

환자들이 자신의 신체 공간을 무시할 수도 있다. 왼쪽 신체를 다듬지 않는다거나 왼쪽 사지가 어디에 있는지 알지 못하는 경우가 그렇다(Cocchini et al., 2001). 이러한 증상은 시각 탐색 유형의 과제에서 보았듯이 신체 밖의 공간은 무시하지만 신체 자체는 무시하지 않는 환자의 증상과 대비된다(Guariglia & Antonucci, 1992).

신체의 지향과 세상의 지향이 무시증에 끼치는 영향은 독립적인데, 이는 두 지향 역시 따로 처리되고 있음을 시사한다. 칼바니오 등(Calvanio et al., 1987)은 컴퓨터 화면의 네 사분면에 제시된 단어를 환자에게 읽게 하였다. 똑바로 앉은 상태에서 환자들은 왼편 무시증을 보였다. 그러나 옆으로 누운 상태(90도 기울어진 상태)에서는 상황이 더 복잡했다. 실험실의 좌-우 차원과 신체의 좌-우 차원이 모두 환자들의 수행에 영향을 끼쳤다.

물체 내 대 물체 간(또는 물체 기반 대 공간 기반)

그림 7.25를 보라(from Robertson, 2004). 환자는 방에 있는 물체들을 (왼편에 있는 것

을 포함하여) 그리려고 했지만 각 물체의 왼편을 왜곡하거나 빼먹었다는 점에 주목하라. 마찬가지로 환자는 왼쪽 열의 오른편이 오른쪽 열의 왼편보다 더 왼편에 있는데도 두 철자 열의 왼편에 있는 'A'를 찾지 못한다. 이 환자는 물체 기반 무시증을 가진다고 볼 수 있다.

우리가 관심을 기울이고 있는 물체는 어느 공간 참조틀에 주의를 기울였는지에 따라 더 역동적으로 정의될 수 있다. 드라이버와 홀리건(Driver & Halligan, 1991)은 물체에 근거한 좌표와 환경에 근거한 좌표를 비교할 수 있는 과제를 고안하였다. 과제는 의미 없는 2개의 물체가 같은지 다른지를 판단하는 것이다. 물체 간 차이가 물체의 왼편에 있지만 물체가 공간의 오른편에 있는 경우에 환자들은 그 차이를 알아채지 못했다.

종이에 적어놓은 단어들은 매우 흥미로운 유형의 물체이다. 그 안에 철자의 순서가 왼쪽에서 오른쪽으로 정해져 있기 때문이다. 좌측 물체 기반 무시증을 가진 환자들은 단어와 비단어를 읽을 때 철자를 혼동하는 오류(예 : 'home'을 'come'으로 읽기)를 범하는데 비해, 공간 기반(또는 물체 간) 무시증을 가진 환자들은 개별 단어들을 올바로 읽을 수 있지만 페이지의 왼편에 나오는 단어 전체를 읽지 못한다. 한 가지 특이한 사례에서 환자 NG는 정상적으로 인쇄된 단어를 읽을 때 무시 오류를 범했을 뿐만 아니라 단어들이 세로 방향으로 인쇄되어 있거나, (단어의 무시된 부분이 반대편 공간에 놓이도록) 거울상으로 뒤집혀 있거나 심지어 철자들을 하나하나 받아쓸 때도 똑같은 오류를 범하였다(Caramazza & Hillis, 1990a). 이 결과는 물체에 내재된 틀이 무시되고 있음을 강력하게 시사한다.

그림 7.25 환자들은 물체가 공간에서 차지하는 위치에 상관없이 물체의 왼편에서 누락 오류를 범한다.

물체 내 무시증은 자기중심 공간의 무시증의 경우와는 다른 뇌 영역이 손상되었을 때 발생한다. 특히 백질을 포함하는 복측 흐름의 병변과 관련되어 있다(Chechlacz et al.,

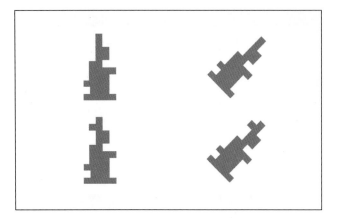

그림 7.26 이 물체들은 같은가, 다른가? 중요한 차이점은 물체의 왼쪽에 있지만, 기울어진 조건에서 이 차이점은 공간의 오른쪽에 놓인다.

2012). 이 결과는 흥미로운 가능성을 제시한다. 즉 물체 근거 지각 표상과 더 일반적인 주의 메커니즘의 연결이 단절되었을 때 이러한 형태의 무시증이 발생할 가능성이 있다.

평가

비록 무시증의 주요 증상은 지각적 자극을 의식하지 못하는 것이지만, 무시증은 지각보다는 주의의 장애라고 보는 것이 가장 정확하다. 왜냐하면 이 결함이 본질적으로 다감각적이고, 주의 부담이 높을 때 뚜렷하게 드러나며(예 : 자발적인 정향, 경쟁하는 자극의 존재), 무시된 자극이 (비록 의식을 못하고 자세히 처리되지는 않지만) 지각된다는 증거가 있기 때문이다. 그러나 무시증은 여러 종류로 이루어진 장애인데, 이는 공간이 뇌에 표상되는 방법이 다양하기 때문일 것이다. (경쟁과 선택에 관여하는) 기본적인 주의 처리가 여러 공간 참조틀에서 작동하며 여러 가지 특성을 가진 무시증을 유발하는 것 같다.

요약 및 핵심 정리

- 주의는 특정 정보를 선택하여 더 심도 있게 처리하고 감각적인 과부하를 방지하여 효율성을 최대화하는 과정이다.
- 주의는 (과제 적절성에 관한) 하향적 영향과 (자극 주도적인) 상향적 영향이 상호작용하고, 선택이 (지각적 · 의미적 · 반응 기반의) 여러 수준에서 작동하는 역동적인 시스템이다.
- 두정엽은 감각에 기반한 공간 지도들(예 : 망막중심 좌표들)을 다양한 자기중심적(신체중심적) 공간 지도로 변환한다. 지도들은 지각 환경을 대략적으로 부호화하여, (상향적이거나 하향적인 제약으로 인해) 독특한 세부 특징이 두드러지게 한다.
- (적어도 상향적, 외인성 단서에 기인한) 주의의 정향은 눈 움직임을 준비하는 데 관여하는 메커니즘과 관련이 있다.
- 자극에 주의를 기울이면 주의를 기울이지 않은 경우에 비해 그 자극을 지각하는 데 관여하는 신경 시스템(예 : 시각 복측 흐름)과 전두 – 두정 연결망의 활동이 증가한다. 보통 후자는 지각적 자극에 관한 의식적 자각과 관련이 있다.
- 두정엽에 다양한 주의 관련 메커니즘이 있다는 증거가 있다(예 : 후두정 대 측두정 피질. 또는 좌반구 대 우반구). 그러나 어떻게 이러한 다양한 메커니즘이 함께 정상 작동할 수 있는지는 불분명하다.
- 무시증에 관한 연구들은 공간이 여러 수준으로 뇌 안에 표상되어 있다는 이론을 정립하는 데 중요한 공헌을 해왔다.

논술 문제

- 신경과학적 증거들은 인지과학이 주의를 생각하는 방식을 어떻게 바꾸어왔는가?
- 이론들은 주의의 공간적 측면과 비공간적 측면을 어떻게 설명하는가?
- 주의, 지각, 의식의 관계는 무엇인가?
- 주의를 정향하는 것과 눈을 움직이는 것은 어떤 관계에 있는가?
- 인간의 뇌 손상에 관한 연구들은 주의와 그 신경 기초에 관한 우리의 이해를 어떻게 증진시켰는가?

더 읽을거리

- Mangun, G. R. (2012). *The neuroscience of attention*. Oxford, UK : Oxford University Press. 이 분야의 최고 전문가들이 쓴 훌륭한 챕터들이 있음
- Posner, M. I. (2011). *The cognitive neuroscience of attention* (2nd edition). New York : The Guilford Press. 최신 연구들에 관한 장들을 모은 책. 더 높은 수준의 주제에 관해 알고 싶은 학생들에게 추천함
- Styles, E. A. (2006). *The psychology of attention* (2nd edition). Hove, UK : Psychology Press. 이 책은 주의에 관한 훌륭한 개론서로서 어려운 아이디어들을 쉽게 풀어 썼음. 무시증을 다루고는 있지만 그 외에는 인지 신경과학적 발견에 초점을 두지 않음

제8장

행동하는 뇌

이 장의 내용

운동과 행위에 대한 기초 인지체계

운동과 행위에서 전두엽의 역할

행위 계획 : SAS 모형

행위 소유권과 인식

행위 이해와 모방

물체에 대한 행위

행위 준비와 실행

요약 및 핵심 정리

논술 문제

더 읽을거리

행위는 세상과 대면하는 방식이고, 우리의 모든 목적과 욕망을 실행에 옮기는 수단이다. 전통적으로 행위는 인지의 마지막 단계로 고려되어 왔다. 어떤 물체를 지각하고 그것으로 무엇을 할 것인가에 대한 인지적인 결정과 함께, 우리의 목적에 따라 그것을 향해 행동을 취한다. 인지신경과학의 발견들은 이러한 관점을 근본적으로 뒤흔들어 놓았다. 예를 들면, 어떤 상황에서는 의식적으로 보지 못한 물체들에 대해 정확하게 행동할 수도 있다. 게다가 우리 스스로의 행위들을 산출하기 위한 자신의 행위체계를 사회적 인지의 중요한 부분인, 타인의 행위들을 이해하는 데에도 사용할 수도 있다. 뿐만 아니라 행위들을 발생시키고 조절하는 과정들이 보다 일반적인 생각과 인지를 발생시키고 조절하는 것으로 보인다. 이 장에서는 이러한 생각들과 함께 파킨슨병, 기저핵의 역할 그리고 도구 사용과 같이 '행동하는 뇌'에 대한 전통적인 연구 주제들을 탐구할 것이다.

운동과 행위에 대한 기초 인지체계

그림 8.1에 운동과 행위에 대한 간단한 모형이 제시되어 있는데, 이 모형을 이 장을 통해서 보다 상세하게 풀어나갈 것이다. 이 모형은 위계적으로 구성되어 있다. 가장 높은 수준에서 개인의 목적과 의도에 의한 행위 계획이 있다. 가장 낮은 수준에는 외부 세계와 상호작용하는 지각 · 운동 시스템이 있다. 개인의 욕구를 현재 상황의 실제와 함께 결부하기 위해 행동은 이 모든 과정들이 함께 어우러져 작동하여 산출되는 하나의 결과물로 고려될 수 있다. 따라서 '행위(action)'라는 용어는 결과로서 일어나는 물리적인 몸의 움직임(movement)과 비교할 필요가 있다. 움직임은 인지의 부재에도 일어날 수 있다. 예를 들어, 손을 불 가까이 댔을 때 어떤 중추 신경에 의해 생성된 명령 없이도 반사적인 움직임이 일어난다.

행위를 실행할 때 마주하는 많은 계산적인 문제가 있다. 전등 스위치를 끄는 일을 생각해보자. 이 일을 완수하기 위한 운동 방법은 팔 움직임의 각도와 공간을 가로지르는 방법을 고려한다면 수없이 많을 것이다. 이것을 자유도 문제(degrees of freedom problem)라고 한다(논의는 Haggard, 2001 참조). 이 문제의 해결에는 물리적인 제약(예 : 관절의 꺾임을 최소화하는 것)이 있을 수 있지만, 인지적인 제약도 있을 수 있다(예 : 계획의 정

그림 8.1 움직임과 행위를 이해하기 위한 매우 기초적인 인지 이론틀

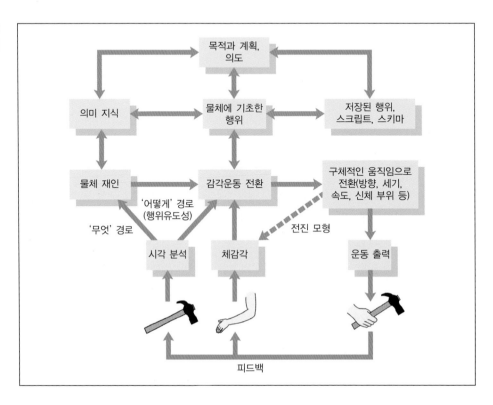

도를 최소화는 것).

아마도 모든 행위들을 매번 수행할 필요가 있을 때마다 일일이 계산하는 것은 아닐 것이다. 대부분의 행위 이론들은 일반화된 **운동 프로그램**(motor program)의 존재를 가정한다(Schmidt, 1975). 이것은 움직임의 기저에 있는 계산 과정이나 계산 속도를 단순하게 할 수 있을 것이다. 예를 들어, 테니스 서브를 만들어내기 위해서는 각기 다른 움직임 요소들이 함께 연결될 것이다. 운동 프로그램은 그 움직임을 수행하기 위한 실질적 방법(예 : 관절과 근육의 수축)을 부호화하기보다 그 움직임의 일반적인 속성(예 : 다른 요소들의 시간적 순서)을 부호화할 것이다. 가장 널리 사용되는 예로, 글씨 쓰기는 다른 신체 부위를 사용한다고 해도 바뀌지 않고(예 : 발로 글씨 쓰기) 강도가 변화할 때(예 : 칠판에 글을 적거나 노트에 글을 적는 것)도 바뀌지 않는다. 환경에 있는 물체들은 각각의 운동 프로그램과 연결되며 이는 습관을 형성한다. 예컨대, 젓가락을 사용하는 방식이나 가위를 사용하는 방식이다. 물체-행위 사이의 연합은 일반적으로 학습된 것이다. 하지만 이는 뇌 손상으로 잃어버릴 수도 있다.

대부분의 행위들은 외부에서 지각되는, 특히 시각적으로 지각되는 물체들을 향해 이루어진다. 초기 시각 분석 이후, 물체 재인('무엇', 혹은 복내측 경로)과 물체 위치('어떻게' 혹은 '어디' 또는 복외측 경로)를 위한 다른 두 가지 경로로 분리된다. 이것은 이미 제7장에서 소개되었다. 이 주제와 관련하여 한 가지 새로운 측면은 이 시각 정보들이 체감각 정보와 어떻게 합쳐지는가 하는 것이다. **체감각**(somatosensation)이란 몸과 피부와 관련된 지각적 처리 과정의 군집이며, 이는 촉각, 통각, 온각, 팔다리의 위치감 등을 포함한다. 공간 속에서 팔다리의 위치는 근육과 관절의 수용기들에 의해 계산되며, 이를 **고유감각**(proprioception)이라고 한다. 감각 수용기들(예 : 망막에 있는)의 표면에서 부호화되는 물체의 위치와 관련된 정보는 감각 수용기 그 자체의 위치(예 : 눈 응시 방향과 머리의 위치)와 통합되지 않는다면, 어떤 물체와의 상호작용을 수행하기에 불충분하다. 따라서 이러한 두 가지 다른 정보들이 같은 공간적 참조체계에 동시에 등록될 필요가 있다. 행위 맥락에서 이러한 처리를 **감각운동 전환**(sensorimotor transformation)이라 부를 것이다.

한 개인이 가지는 목표와 계획, 그리고 의도들이 뇌에 표상되어 있는 방식은 행위체계와 관련하여 최소한 이해되어야 할 부분이다. 심리학자들이 **난쟁이**(homunculus)라 부르는 것을 상정하지 않고 어떤 개인의 의도를 설명하는 것은 무척 어렵다. 우리 모두는 '내'가 어디로 갈 것인지를 결정하고, '내'가 차(tea)를 우려낸다는 느낌을 갖는다. 문제는 뇌에는 이 모든 결정들을 하는 '내'가 없다는 것이다. '나'는 결국 뉴런들의 발화의 결과일 것이다.

핵심 용어

운동 프로그램 한 행위의 운동 파라미터들을 구체화시킨 기억된 절차(예 : 기타를 연주할 때 스트로크의 상대적인 타이밍)

체감각 몸과 피부와 관련된 지각적 처리 과정의 군집으로 촉각, 통각, 온각, 팔다리의 위치감 등을 포함

고유감각 공간상에서 팔다리의 위치에 대한 지식

감각운동 전환 공간상의 물체에 대한 지각적 정보와 그 물체에 대해 행위할 수 있는 몸의 위치 정보를 서로 연결시키는 것

난쟁이 인지 과정 그 자체가 의지를 갖고 있다고 가정하지 않고 의지적인 행위를 설명하기 어려운 문제('머릿속의 난쟁이')

이 간단한 모형에는 '목표와 계획, 그리고 의도들' 사이에 양방향으로 화살표들이 존재한다는 것을 명심하라. 이는 이 시스템이 자기 자신의 행위들을 발생시키는 데도 쓰일 뿐만 아니라, 다른 사람들의 행위와 의도들을 이해하고 관찰하는 데 쓰이기도 한다는 것을 의미한다. 이러한 양방향성은 관찰에 의해 행동을 배우며, 또 이것이 행위 이해에 중요한 요소를 형성한다는 것을 의미한다.

운동과 행위에서 전두엽의 역할

전두엽은 대뇌피질의 3분의 1을 차지하며 기능적 · 해부학적으로 분리할 수 있는 많은 하위 영역들로 구성되어 있다. 전두엽의 뒷부분에서 앞쪽으로 옮겨가면서 그 기능은 운동과 행위에 보다 덜 구체적이 된다. 보다 앞쪽 부분들은 결과적으로 어떤 구체적 행위를 산출하는가에 상관없이 행동의 일반적인 조절에 관계된다(즉 계획, 추론, 작업기억과 같은 생각의 측면). 이러한 조직의 위계성을 염두에 두고 전두엽의 다른 영역들의 역할을 고려하는 것이 유용할 것이다.

일차운동피질

일차운동피질(primary motor cortex, 전중심회에 위치, BA4)은 몸의 모든 자발적인 움직임을 실행하는 역할을 한다. 대부분의 다른 전두 영역들은 실제로 행위들을 실행하는 것과 관계없이 행위 계획에 관련된다. 일차운동피질의 다른 영역들은 몸의 다른 영역들을 표상하는데, 즉 신체 부위별로 구성되어 있다. 좌반구는 몸의 오른쪽 움직임을 담당하며, 우반구는 몸의 왼쪽 움직임을 담당한다(물론 이러한 구분이 생각보다 분명하지는 않다; Tanji et al., 1998). 따라서 뇌졸중의 결과로 한쪽 반구에 손상을 입으면, 몸의 반대편 움직임이 어려워진다. 즉 반신마비(hemiplegia)가 된다. 손과 같이 정교한 수준의 운동 조절이 필요한 부분은 보다 큰 대뇌 표상을 가짐을 기억하라.

개별 뉴런들의 활동과 결과적인 팔다리 운동의 관계성은 보다 상세하게 알려져 있다. 일차운동피질의 단일 세포 발화를 살펴보면, 각 뉴런의 발화는 특정 운동 방향(선호되는 방향)에서 가장 높아지며, 그 방향에서 멀어지면 질수록 감소한다(개관 논문은 Georgopoulos, 1997; Georgopoulos et al., 1986 참조). 다른 뉴런들은 다른 방향을 '선호'하며, 그 발화는 운동 방향의 종착점이 공간상에서 어디에 있느냐보다 원칙적으로 운동의 방향에 관계된다. 따라서 하나의 뉴런은 시작점과 종착점이 다르더라도 방향이 같으면 동일하게 발화할 것이다(Georgopoulos et al., 1985).

이러한 발견에 의해 제기된 계산적인 이슈 중 다음과 같은 것이 있다. 다른 방향을 선

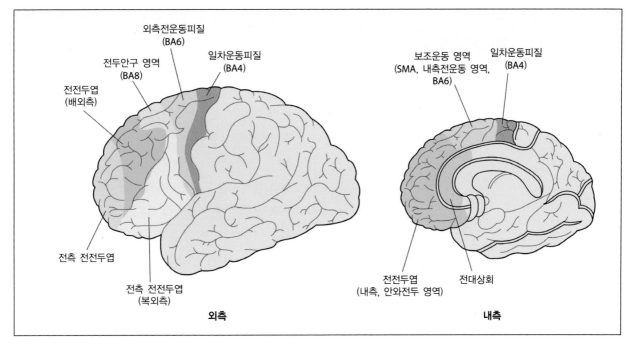

그림 8.2 전두엽의 해부학적 · 기능적 부분들. 폭넓게 말해 일차운동피질은 자발적 운동을 촉발시키고, 전운동 영역은 움직임들의 실시간적인 조정과 관계되며 전전두 영역은 계획을 세우고 목표에 따른 행동을 선택한다.

호하는 많은 다른 뉴런들이 존재하는 상황에서 어떤 한 시점에 뉴런들이 어떻게 하나의 단일 움직임을 결정하는가? 하나의 가능한 해결책은 한 시점에서 가장 많이 활성화된 뉴런(들)이 실제 움직임을 지시한다는 것이다(즉 승자독식 해결책). 이 아이디어는 불만족스럽다. 왜냐하면 선호되는 방향성을 부호화하는 것은 그 범위가 넓은 반면(예 : 70도를 선호하는 뉴런은 60~80도 사이에서 여전히 강하게 발화함), 실제 움직임은 매우 정교해야 하기 때문이다. 이 아이디어는 경험적 증거상 틀린 것으로 판명되었다. 움직임의 결과적인 방향은 뉴런들의 전체 집합의 벡터들[소위 집합 벡터

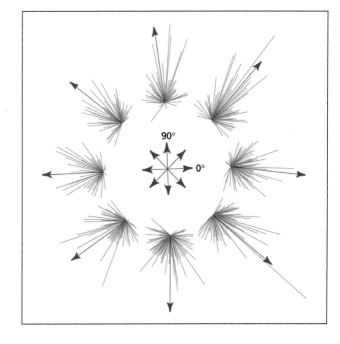

그림 8.3 각 선들은 일차운동피질에 있는 많은 뉴런들의 선호된 방향을 표상하며, 선분의 길이는 발화량을 나타낸다. 회색 화살표는 8개의 방향에 대해 계산된 집합 백터를 나타내며, 이는 움직임의 방향을 예측한다.

출처 : Georgopoulos.et al., 1983, with kind permission of Springer Science and Business Media.

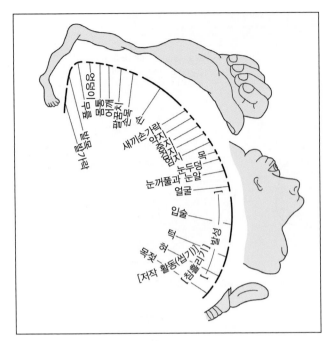

그림 8.4 일차운동피질은 몸의 각 부위의 운동을 통제한다. 몸의 각 부위에 해당하는 영역이 공간적으로 배열되어 있으나(체성국소배열), 몸의 공간적 배열과 정확히 일치하지는 않는다.

출처 : Penfield and Rasmussen, 1950.

(population vector)라고 불림)의 합계에 의해 계산되는 것으로 나타났다(즉 활성화 정도 × 선호된 방향).

전두안구 영역

눈의 자발적 운동은 일차운동피질에 의해 결정되는 것이 아니라, 전두안구 영역(FEFs, BA8)에 의해 결정된다. 미세전극으로 원숭이 뇌의 이 영역을 자극하면 눈의 움직임을 만들어낸다(Bruce et al., 1985). 몸과 눈의 분리는 운동을 유도하는 입력신호들의 다른 속성을 반영한다. 안구 움직임은 일차적으로 외부 감각들(시각과 청각)에 의해 유도되나, 골격을 바탕으로 하는 신체의 움직임은 팔다리의 위치와 관련된 고유감각 정보(두정엽에서 파생되는)에 보다 의존적이다. 원숭이 연구들은 시각적 자극이 제시되면 전두안구 영역이 빨리(100ms 안에) 발화함을 보였다(Lamme & Roelfsema, 2000). 게다가 전두안구 영역의 전기적 자극은 시각 자극이 존재할 때 일차시각피질의 활동을 강화하며, 시각 자극이 부재한 경우에도 고차시각 영역(선조외피질 영역)의 활동을 강화시킬 수 있다(Ekstrom et al., 2008).

외측 및 내측 전운동피질

일차운동피질 바로 앞 영역을 전운동피질(premotor cortex)이라 부른다. 일차운동피질과 달리 전운동피질의 전기 자극은 실제 움직임을 만들어내지 않지만, 일차운동피질의 활성화를 조절하게 된다(Shimazu et al., 2004). 많은 연구들은 외측 전운동피질과 내측 전운동피질(보조운동 영역, supplementary motor area, SMA)의 각각 다른 역할들에 관심을 두었다(Goldberg, 1985; Passingham, 1988). 외측 전운동피질은 주위 환경에 존재하는 물체에 대한 행위(예 : 커피잔에 손을 뻗는 행위)와 관련된 반면, SMA는 즉시적이고 잘 학습된 행위, 특히 외부 환경을 잘 관찰할 필요가 없는 연속된 행위(예 : 익숙한 악기를 연주하는 행위)를 처리하는 데 관계된다. 이러한 기능적 차이는 이 영역들의 다른 해부학적 연결을 반영한다. 외측 전운동피질은 두정엽을 경유한 시각신호(소위 시각의 배측 경로)를 받는 반면, 내측 전운동피질(SMA)은 팔다리의 현재 위치와 관련된 강한 고유감각 신호를 받는다.

의수족을 유도하는 데 일차운동피질의 신경 활동을 사용할 수 있는가?

팔다리의 운동 방향은 100개 이하 세포의 측정치들을 사용하여 계산될 수 있다(Salinas & Abbott, 1994). 이 정보를 사지가 절단되거나 마비된 환자들의 인공 수족을 유도하는 데 사용할 수 있다는 점은 획기적이다(Chapin, 2004). 최근 몇 년간 이 기술은 적은 수의 인간 환자들을 통해 입증되었다. 한 연구는 2명의 사지마비 환자들이 자신이 주로 사용하는 손 영역 96개 뉴런의 활동에 기초하여 컴퓨터 커서의 방향과 속도를 조절하는 데 성공하였다(Kim et al., 2008). 이 연구에 참여한 환자들은 뇌졸중으로 뇌간과 운동 뉴런이 손상되어 모든 사지를 움직일 수 없었다. 연이은 연구에서는 사지마비 환자들이 로봇팔을 움직여 물병을 쥐고, 마침내 물을 마시는 데 성공하였다(Hochberg et al., 2012).

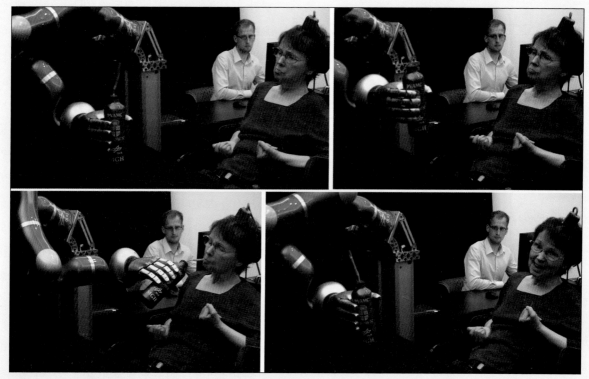

그림 8.5 한 사지마비 환자가 일차운동피질에서 측정한 전기신호를 사용하여 로봇팔을 움직여 물병에 든 음료를 마시고 있다.

출처 : Hochberg et al., 2012. © Nature.

한 실험에서는 다음과 같은 세 가지 실험 조건에서 세 가지 다른 전두 영역에 TMS를 가했다. '단순' 버튼 누르기(같은 키를 반복해서 누르는 조건), '단계적' 버튼 누르기(악기에 있는 연속적인 버튼을 순차적으로 누르는 조건), '복잡' 버튼 누르기(이미 배운 음악 한 소절을 연주하듯이 버튼을 누르는 조건)가 그것이다. SMA에 대한 TMS는 '복잡' 버튼 누르기 조건만 방해했으나, 일차운동피질에 대한 TMS는 '복잡'과 '단계적' 조건 모두를 방해했으며, 외측 전운동피질에 대한 TMS는 모든 조건에 영향을 주지 않았다

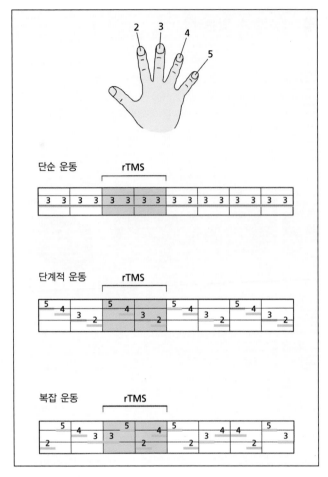

그림 8.6 겔로프 등(1997)은 같은 손가락의 반복적 운동(위), 단계가 있는 규칙적인 손가락 운동(가운데), 기억한 불규칙적 패턴의 손가락 운동(아래)의 세 가지 실험 조건을 비교하였다. 보조운동 영역에 TMS를 가했을 때, 오직 세 번째 조건의 운동을 방해하였다. 이 결과는 보조운동 영역이 학습된 복잡한 운동 패턴을 조율하는 데 필수적임을 나타낸다.

출처 : Gerloff et al., 1997. Reprinted by permission of Oxford University Press.

(Gerloff et al., 1997). 겔로프 등(1997)은 SMA가 기억을 통해 반복되며, 세밀한 시간적 순서에 맞는 일련의 복잡한 운동을 조직하는 데 특별한 역할을 한다고 주장하였다.

SMA가 내적으로 생성되는 행위들을 실행하는 데 중요하다면, 외측 전운동 영역은 외적 수반성에 기초한 움직임(예 : 파란색 신호에는 핸들을 잡아당기고, 빨간색 신호에는 돌리는 행동)을 만들어내는 데 중요한 역할을 한다. 원숭이 연구에서 이 영역을 손상시키면 기초 감각 및 운동 능력은 손상되지 않으나, 이런 종류의 연합이 일어나지 않는다(Passingham, 1988). 단일세포 측정법을 사용한 원숭이 연구들도 외측 전운동 영역의 뉴런들이 외부 단서에 대한 운동이 요구될 경우 발화하지만, 기억에 의한 자발적인 운동을 할 경우에는 발화되지 않았고, SMA는 정반대 양상을 보였다(Halsband et al., 1994). 외측 전운동 영역은 감각과 운동 요소 모두를 갖고 있는 행위의 '어휘집'(예 : 찢기, 잡기)으로도 고려된다(Rizzolatti et al., 1996). 이것은 뒤에 거울신경과 감각운동 전환과 관련하여 논의될 것이다.

행위에 대한 전전두엽의 기여

전전두 영역들은 전운동 영역의 앞에 있으며 일차적으로 행위의 계획과 고차적인 조절 측면에 관계된다. 전운동 및 운동 영역들과 달리, 전전두 영역은 구체적인 행위 그 자체보다 일반적인 고차 인지에 광범위하게 관련된다. 전운동 영역은 (내재적으로 또는 외부에서 촉발된 사건들에 대해) 행위를 일차적으로 준비하는 역할을 하는 반면, 전전두 영역은 행위의 목표 선택을 매개하고, 그것을 유지하는 역할을 한다. 예를 들어, 원숭이 전전두 영역에 있는 단일 뉴런들의 활동을 기록하면, 실제 운동이 수행되는 기계적인 측면보다 행위 규칙(예 : "삼각형을 맞춰라." 또는 "원을 맞춰라.")에 민감하게 반응한다(White & Wise, 1999). 이와 유사하게 원숭이들로 하여금 조이스틱을 사용하여 미로를 따라 커서를 이동시키는 훈련을 시키면, 전전두 영역의 뉴런들은 팔운동 자체보다 예상되는 감각적 결과(예 : 커서가 위로 올라감)에 반응한다 (Mushiake et al., 2006). 일차운동피질은 반대의 패턴을 보인다.

프리스 등(Frith et al., 1991)의 연구는 인간의 전전두엽의 기능의 좋은 예시를 제공하였다. 실험 참가자들은 사전에 결정된 손가락 운동(즉 건드린 손가락을 움직이는 것)을 하거나, 자기 마음대로 선택해서 손가락을 움직이도록 요구받았다. 두 과제에서 실제 운동 반응은 동일함에도 불구하고 배외측 전전두피질은 자유선택 과제에서 보다 많은 활성화를 보였으며, 이는 전전두피질이 '의지적인' 또는 행위의 의도적인 측면과 관계된다는 것을 암시한다(개관 논문은 Jahanshahi & Firth, 1998 참조). 이 영역의 역할은 보다 일반적으로 정해져 있지 않은 반응 선택으로 확장할 수 있다. 실험 참가자들에게 사전에 결정되어 있는 단어들을 산출하는 조건에 비해 주어진 글자로 시작하는 아무 단어나 생성하도록 요구했을 때 유사한 활성화를 관찰할 수 있었다(Frith et al., 1991).

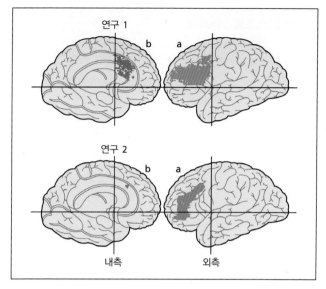

그림 8.7 (a) 배외측 전전두 영역, (b) 전대상회의 활성화. 연구 1은 주어진 단어를 읽는 조건에 비해, 어떤 글자(S 또는 F)로 시작하는 단어를 생성할 때 활성화된 부위를 보여준다(위). 연구 2는 지정된 손가락을 움직이는 조건에 비해 자기 스스로 선택하여 손가락을 움직일 때 활성화된 부위를 보여준다(아래). 이 영역들은 반응 선택과 의지적인 행위에 중요하다.

출처 : Redrawn from Frith et al., 1991. Royal Society of London.

전전두피질의 기능은 결코 행위에만 특별하지 않다. 예를 들어, 머릿속에 어떤 것들을 잠깐 담아두는 과정(작업기억)과 인지/행동의 통제(집행 기능)과 관련된다. 그럼에도 불구하고 집행 기능에 대한 가장 영향력 있는 모형[노먼과 셸리스(1986)의 SAS 모형]은 애초에 행위 오류들을 설명하기 위해서 제안되었으므로 연이어 소개하도록 하겠다.

평가

전두엽의 운동과 행위 시스템은 위계적으로 조직되어 있다. 일차운동피질은 자발적 운동의 실행에 필수적이다. 전운동피질은 행위의 준비에 중요하며, 기능적으로 외재적 단서에 의해 촉발된 행위에 관련된 영역(외측 전운동피질)과 내적으로 생성된 운동과 관련된 영역(내측 전운동피질, SMA)으로 나누어진다. 전전두엽은 행위의 선택과 목표와 관련된다.

행위 계획 : SAS 모형

전전두 영역의 손상은 실제 움직임이나 행위 실행 그 자체에 영향을 주지 않는다. 대신 행동이 제대로 조직화되지 않으며, 그 행동이 반드시 개인의 목표와 의도를 반영하지 않는다. 예를 들면, 전전두엽에 손상을 입은 한 환자는 이미 수행해서 더 이상 적절하지 않은 행동을 반복하거나[보속증(perseveration)이라는 신경학적 증상], 주변에 있는 관련 없는 물체에 대해 갑작스러운 행동[이용 행동(utilization behavior)이라는 신경학적 증상]을 보인다. 예를 위하여 셀리스 등(1989, p. 1588)이 기술한 급성 뇌졸중 사례를 보자.

그 환자는 아침 일찍 발견되었는데, 다른 사람의 신발을 신고 있었으며 말을 분명하게 하지 못하고 단순한 요구에도 반응하지 않았다. 그러나 자신의 입에 동전을 계속 집어넣었으며 상상 속의 물체를 계속 잡는 듯한 모습을 보였다. 그는 집 주위를 서성였고 가구를 이동시키고 서랍을 열었으며 스위치를 계속 껐다 켰다를 반복하였다.

노먼과 셀리스(Norman & Shallice, 1986; 또한 Cooper & Shallice, 2000 참조)는 목표 지향적 행동을 설명하기 위해 모형 하나를 제안하였다. 이 모형은 SAS(supervisory attentional system, 주의 감독 시스템)라고 불리며, 보다 일반적인 인지 통제를 설명하는 것에 적용되었다. 이 모형의 핵심적인 요소 중 하나는 자동적으로 수행되는 행위(최소한의 인식과 함께)와 주의와 어떤 형태의 실시간적인 통제가 필요한 행위를 구분하였다는 점이다. 예를 들어, 운전할 때 일종의 '자동운행' 모드로 기어를 바꾸고 신호등에서 서고 좌·우 회전을 할 수 있다. 사실 운전자는 여러 교통신호를 지나쳤다는 것을 알고 있음에도 불구하고 그것을 어떻게 지나쳐왔는지 정확히 기억하지 않는다. 이러한 행동들은 아주 잘 훈련된 스키마(schema)를 사용하며, SAS를 요구하지 않는 것으로 간주된다. 반면 좁은 공간으로 후진을 하거나 익숙하지 않은 경로로 우회하는 경우를 상상해보라. 이러한 상황들은 자동적인 행동을 중단할 것을 요구하거나 새로운 행위 과정을 설정할 것을 요구하며, 이러한 행동들은 SAS의 관여를 필요로 한다고 가정된다.

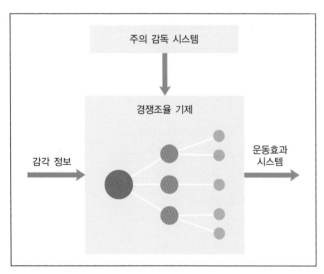

그림 8.8 주의 감독 시스템(SAS) 모형. 이 모형에서 경쟁 조율 기제는 가장 활성화된 스키마를 선택한다. 스키마의 활성화는 일부분은 환경 정보(감각 입력에서 오는)에, 일부분은 현재와 미래의 목표에 의한 편향적인 영향(SAS 요인으로부터 오는)에 의존한다.

출처 : Humphreys and Forde, 1998.

SAS 모형은 다양한 다른 구성 요소들을 포함하고 있다. 친숙한 행위들과 습관적인 행동은 스키마로 저장되어 있다. 예컨대 특정 물체(예 : 젓가락, 망치)는 그 자체의 행위 스키마(이 경우에는 운동 프로그램)를 가지고 있다. 특정적인 작업[예 : 차 우려내기]은 위계적인 스키마들의 집합(때때로 스크립트라고 일컬어짐)으로 저장될 수 있다. 많은 측면에서 추상적인 스크립트와 물체 기반 스키마를 구분하는 행위의 구조는 언어에서 구문(syntax)과 단어 기반 지식을 구분하는 점과 유사하다. 언어와 관련하여 행위 기반 의미론(action-based semantics)과 구문이 어느 정도까지 분리할 수 있는 것인지에 대한 논쟁이 있다(Patriot et al., 1996; Zanini et al., 2002).

경쟁 조율(contention scheduling)은 다양한 경쟁적인 스키마 중에서 한 가지 특별한 스키마를 선택하는 기제를 말한다. 스키마 사이의 경쟁을 상정한 것이 이 모형의 핵심이다. 주변 환경에 있는 물체들에 의해 스키마들이 활성화될 수 있다(예 : 망치는 그것과 관련된 행위 스키마를 활성화시킴). 스키마들은 사람의 필요에 대한 정보를 표상하는 SAS 시스템으로부터 하향적으로 활성화될 수도 있다. 만약 활성화의 두 가지 원인들이 합쳐진다면, 가장 적절한 스키마(즉 현재 욕구를 만족시키며 현재 환경에 실제 존재하는 대상과 일치하는)가 가장 높이 활성화될 것이다. 이러한 스키마는 경쟁 조율 기제를 통해 선택되어 특정 행위로 변환될 것이다. 이렇게 되면 스키마의 활성화 수준에 의해 직접적으로 행위를 결정하게 되므로, 의사결정력을 지닌 특별한 존재(즉 난쟁이)가 필요 없어진다.

전전두엽에 손상을 입은 환자가 산출하는 행위 오류는 이 모형의 경쟁 조율 과정에 입력되는 정보의 불균형을 가정함으로써 설명될 수 있다. 이용 행동은 SAS의 어떠한 규제도 없이 환경적인 단서에 의해 행위 스키마들이 활성화된다고 가정함으로써 설명된다. 같은 행동을 반복하는 것(보속증)은 어떤 행동이 성공적으로 수행되었음에도 불구하고 그 행위 목표가 변화되지 않거나, 활성화된 스키마가 더 이상 현재 목표와 관련이 없음에도 불구하고 비활성화되지 않음을 가정함으로써 설명된다.

전두엽의 손상은 몇몇 연구자들이 전두실행증(frontal apraxia)이라 부르는 장애 (Schwartz et al., 1995) 또는 행위 무질서 증후군(action disorganization syndrome)을 산출할 수도 있다(Humphreys & Forde, 1998). 이것은 일상적인 작업 활동[예 : 차 우려내기]에 관계된 하위 목표를 수립하거나 유지하는 과정(예 : 물 끓이기, 설탕 첨가하기)에 오류가 나타나지만, 물체 지각이나 개별 물체의 사용법에는 기본적인 결함이 없는 특징이 있다. 이 장애는 스크립트 그 자체의 손상이나(Humphreys & Forde, 1998), 스크립트의 실시간 유지보수의 손상(Sirigu et al., 1995), 또는 이러한 것들의 어떤 결합적인 손상(Schwartz et al., 1995)과 같이 다양한 방식으로 설명된다. 어떤 방식이든, 이

핵심 용어

경쟁 조율 경쟁하는 일련의 스키마 중 하나의 특정적인 스키마를 선택하는 메커니즘

전두실행증 개별적인 물체를 재인하거나 기본적으로 이용하는 데는 어려움이 없으나, 그것으로 조직적인 행동, 즉 하위 목표들을 설정하고 유지, 관리하는 행동을 못하는 증상(때로 행위 무질서 증후군이라 불림)

러한 환자들의 오류는 '주의의 시간 경과(lapses of attention)'와 관계된다. 리즌(Reason, 1984)은 일상생활에서의 많은 실수 행동(예 : 입에 성냥을 물고 담배로 불을 붙이는 행동)을 기록해놓았다.

평가

전전두엽의 손상은 운동을 방해하지는 않지만 조직화되지 않은, 부적절한, 그리고/또는 비의도적인 행동을 산출할 수 있다. 이러한 종류의 행동은 때로 무집행 증후군(dysexecutive syndrome)으로 특화될 수 있다. 이 증후군은 행위뿐만 아니라 생각의 조절에도 영향을 미치며, SAS 모형으로 설명될 수 있다. 이 모형은 자동적 행위와 실시간적인 통제와 주의를 요구하는 운동을 핵심적으로 구분하였다.

행위 소유권과 인식

우리의 자발적인 행위는 내적으로 숙고해보았을 때, 적어도 두 가지 요소가 있다. 어떤 행동을 할 의도/결정, 그리고 그 행동의 실행이 그것이다. 어떤 이가 어떤 행동을 할 의도를 품는다는 사실은 어느 정도 그 행동에 대해 소유권을 명시하는 것이다. 이것은 어떤 사람의 행동에 대한 사회적 책임을 묻는 토대가 된다. 그러나 의도라는 개념을 신경과학적 용어로 단도직입적으로 못박기 힘들다. 그리고 우리의 의식적인 의도들이 어떤 행위를 할 것인가 하는 무의식적인 결정 이후에 발생한다는 증거들이 있다.

리벳 등(Libet et al., 1983)은 실험 참가자들에게 '그들이 하고 싶을 때마다' 키를 누르게 하고, 그들의 일차운동 영역과 보조운동 영역(SMA) 두피에서 EEG 활동을 기록하였다. 키를 누르는 정확한 시간은 손목운동으로부터 나오는 전기적인 신호를 통해 잴 수 있었다. 또한 실험 참가자들은 그들이 처음으로 움직이고 싶다는 것을 인식한 시간을 보고하였다. 이것은 손으로 시계침 위치를 표시해둠으로써 획득하였다. 리벳과 동료들은 EEG 활동(혹은 준비전위)이 실험 참가자가 행동할 의도를 보고한 시점보다 수백 밀리초 전에 시작한다는 것을 관찰하였다. 이 결과는 참가자가 행동에 대한 의도를 의식적으로 경험하기 전에 뇌가 무의식적인 수행을 만든다는 것을 제안한다. 이에 대한 강한 해석은 '자유의지'(즉 '내'가 스스로 행동을 결정한다는 느낌)가 일종의 착각이라는 것이다.

해가드와 마이어(Haggard & Eimer, 1999)는 어떤 특별한 인지적 기제가 의식적인 의도와 연결되는지 확인하였다. 그들의 다양한 실험에서 실험 참가자는 왼쪽 또는 오른쪽 반응을 자유롭게 선택할 수 있었고, 그 결과 반대쪽 반구에서 편재화된 준비전위

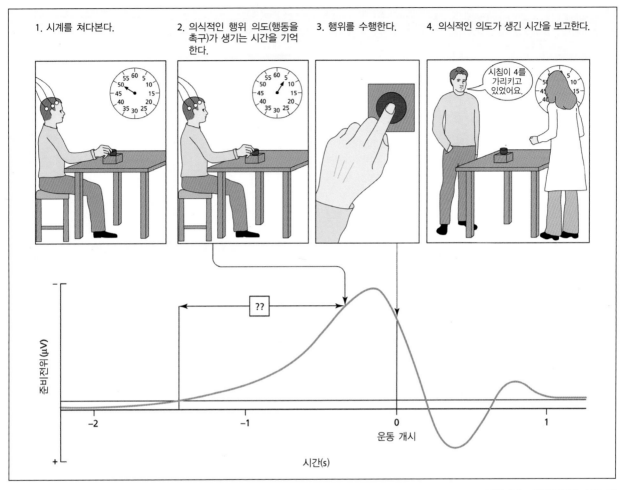

1. 시계를 쳐다본다.
2. 의식적인 행위 의도(행동을 촉구)가 생기는 시간을 기억한다.
3. 행위를 수행한다.
4. 의식적인 의도가 생긴 시간을 보고한다.

시침이 4를 가리키고 있었어요.

??

준비전위(μV)

-2   -1   0   1
운동 개시
시간(s)

그림 8.9 운동피질은 실험 참가자가 행동할 의도를 명시하기 훨씬 이전에 준비전위를 산출한다. 이것은 정신이 뇌를 통제한다는 고전적인 데카르트의 관점에 도전장을 내밀었다.

출처 : Redrawn from Haggard, 2008. Reprinted by permission of Macmillan Publishers Ltd. © 2008.

(lateralized readiness potential)를 산출하였다. 그들의 결과는 의도를 인식하는 것이 행동을 시작하려는 일반적인 의도보다 구체적으로 어떤 쪽(오른쪽 또는 왼쪽)의 행위를 선택할 것이냐와 관련이 있다는 점을 보여주었다. 이 발견은 앞에서 언급한 의지적인 행위가 자유롭게 선택 가능한 반응(예 : 어떤 단어를 말하는 것)과 또는 근본적으로 중립적인 반응(예 : 어느 쪽 손가락을 움직일 것인지) 중에서 어떤 하나를 선택하는 것과 기능적으로 관련된다는 것을 보여준 선행 연구(Frith et al., 1991; Jahanshahi & Frith, 1998)와 일치한다. 그러나 움직일 것을 촉발한 후에도 실험 참가자는 그 행동을 완전히 실행시키지 않고 여전히 그 행동을 억제할 수도 있다(Brass & Haggard, 2007). 이는 후기 점검 기제의 작동을 암시한다. 최근 리벳 등(1983)의 발견에 대한 완전히 다른 설명이 슈르거 등(Schurger et al., 2012)에 의해 제안되었다. 그들은 이 실험에서 행동을 촉발하는 것은 운동피질 활성화의 일반적인 무작위 변동이 어떤 임계치(threshold)를 우연히 넘었을

통제불능(또는 '외계인') 손 증후군

이 환자들의 병적인 손은 비자발적으로 서성거리며, 목적 없는
움직임을 수행한다. 때로 팔은 갑자기 들어올려져 촉수 모양의
손가락 움직임을 만들어낸다.

(Marchetti & Della Sala, 1998)

G.C라는 환자가 성기의 가려움을 느꼈을 때, 다른 사람들이 보
고 있는데도 자신의 의지와는 상관없이 오른손은 그곳을 격렬하
게 긁었고, 환자는 당황하여 왼손으로 자신의 오른손의 행동을
저지하려고 노력했다. … 그 환자는 자신의 왼손은 믿을 수 있
으나 … 오른손은 '항상 하고 싶은 대로 하는' 믿을 수 없는 것으
로 생각하였다.

(Della Sala et al., 1991, p.1114)

통제불능 또는 '외계인' 손 증후군을 가진 환자는 비의도적이라고
믿고 있는 한쪽 손이나 팔이 물체를 쥐거나, 다른 손의 활동을 간섭
하는 행동을 산출한다. 비록 비의도적이지만, 환자는 그 팔이나 행
동이 자신의 것임을 일반적으로 알고 있다. 어떤 학자들은 '통제불
능'이라는 용어와 '외계인'이라는 용어를 각각 환자가 그 손을 자신
의 것이라고 인식하는 상황과 그렇지 못한 상황에 따라 구분해서 사
용해야 한다고 주장한다(Della Sala et al., 1991). 일반적인 용례
는 '외계인'이라는 용어가 두 상황에 모두에 가리키는 데 사용된다.

아사이 등(Assai et al., 2007)은 fMRI를 사용하여 우측 두정
엽 손상과 왼쪽 외계인 손을 가진 환자의 자발적 움직임 및 외계인
움직임과 관련된 신경적 기저를 조사하였다. 외계인 손 움직임은

그림 8.10 통제불능(또는 외계인) 손 증후군. 영화 닥터 스트레인
지러브의 주인공은 전형적인 '미친 과학자'로, 그의 이상 행동은 심각
한 외계인 손 증후군을 포함한다. 불길한 검은색 장갑을 낀 그의 오
른쪽 손은 수시로 그의 목을 조른다.

출처 : ⓒ Sunset Boulevard/Corbis Sygma.

우측 일차운동피질의 활성화와 연결되었다. 자발적인 손 운동은 이
영역을 역시 활성화시켰지만, 이와 더불어 넓은 행위 관련 영역들
의 네트워크(우측 전운동 영역, 좌측 전전두엽)를 포함하였다. 이는
행위에 대한 의도성을 느끼는 데 이러한 영역들이 필수적임을 암시
한다.

때 일어나며, 초기의 점진적인 뇌파 증가가 무의식적인 의도나 행동을 결정하는 것을 반
영하는 것은 아니라고 주장하였다.

행동을 지배한다는 느낌을 유지하는 한 가지 방법은 우리 행동의 감각적 결과를 예측
하는 것이다. 행위 의도와 행동 결과를 서로 연결하는 영향력 있는 모형 중 하나로 전진
모형(forward model)이 있다(Wolpert et al., 1995). 체감각(다른 감각들에 대해서도 유
사한 경로가 존재할 수 있음)과 관련한 아주 단순한 예가 184쪽에 있다. 근본 가정은 운
동 명령의 표상[소위 출력 사본(efference copy)]이 행동의 감각적 결과를 예측하는 데 사
용된다는 것이다. 예를 들면, 다른 사람이 간지럼을 태우는 것에 비해 자기 자신이 간
지럼을 태울 때 덜 간지러운 이유는 우리가 그 행동의 결과로 어떤 감각이 느껴질 것이
라는 것을 예측하는 데 우리 자신의 운동 명령을 이용할 수 있기 때문이다(Blakemore et
al., 1998). 자기 스스로를 간지럽히는 운동 명령은 그 감각이 어떻게 느껴질지를 예측

핵심 용어

전진 모형 운동 명령의 표
상(소위 출력 사본)이 행위의
결과를 예측하는 데 사용될
것이라고 가정하는 모형

하는 데 사용되어 그것을 보상하는 것이 가능하다. 다른 예로 안구 움직임을 들 수 있다. 우리가 우리의 눈을 움직일 때 망막상의 이미지는 상당히 많이 변하지만, 시각적 세계는 움직이는 것처럼 보이기보다 정지된 것으로 보인다. 이 상황에서 안구에 대한 운동 명령은 시각 입력의 변화를 예측하고 그것을 보완한다. 이것은 전두엽에 기반을 둔 행위 기제들과 소뇌(Wolpert et al., 1998)와 중뇌 상구 같은 구조물들의 상호작용으로 발생될 것이다(눈 움직임의 감각적 결과들에 대해서는 Wurtz, 2008 참조).

핵심 용어

모방 관찰에 의해 다른 사람의 행동을 따라서 하는 능력

행위 이해와 모방

다른 사람의 행위를 따라 하는 방법에는 크게 두 가지가 있다. 첫 번째 방법은 얕은 수준의 분석과 관련된다. 행위자의 의도와 목적에 대한 어떤 추론도 없이 단지 감각운동 전환에 의해 행동을 따라 하는 것, 즉 단순 **흉내내기**(mimicry)가 가능하다. 두 번째 방법은 행위를 관찰하고, 행위자의 목적과 의도를 계산하고, 그 목표에 기초해 자신의 행동으로 반복하는 것이다. 이것이 적절한 **모방**(imitation)이며, 관찰된 행동을 깊은 수준으로 분석하는 것을 암시한다. 모방과 달리 개인들이 같은 목적을 공유하는 또 다른 상황, 즉 결합 행동이 있다. 예를 들어, 몇 명이 무거운 물체를 함께 들거나, 하나의 기계의 각각 다른 부분을 작동시키는 상황을 들 수 있다(Sebanz et al., 2006).

사람들은 행동이 보다 복잡할 때 단순한 흉내내기가 아니라 목표 상태를 표상함으로써 다른 사람의 행동을 따라 하는 경향이 있다는 것을 제안하는 증거가 있다. 볼슐라거 등(Wohlschlager et al., 2003)은 다른 사람들의 행동을 '복사(copy)'하라고 했을 때, 행

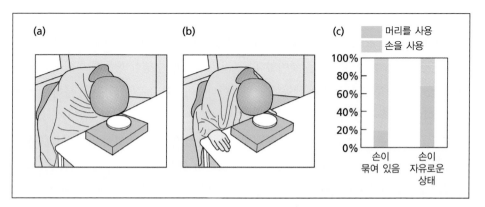

그림 8.11 유아들은 행위의 동적인 측면보다 행위의 목적을 모방한다. 만약 실험자가 팔을 사용할 수 없기 때문에 자신의 머리로 버튼을 누른다면, 유아들은 머리보다 손을 사용하여 버튼을 누르는 행동을 '복사'한다. 즉 유아들은 실험자가 손이 자유롭다면 손을 사용하여 버튼을 눌렀을 것이라고 추측하는 것으로 보인다.

동의 방법(예 : 어떤 팔을 사용하는 것)보다 그 행동의 목적(예 : 어떤 물체를 컵 안에 넣기)을 반복하는 경향을 발견했다. 유아들도 목적에 기초해서 행동을 반복한다(Gergely et al., 2002). 이 연구에서 유아들은 한 어른이 이마를 사용해서 버튼은 누르는 행동을 관찰하였다. 한 조건에서 어른의 손과 팔은 담요에 의해 묻혀 있었고, 다른 조건에서는 손이 자유로웠다. 어른의 손이 자유로울 때, 유아들은 그 행동을 똑같이 따라 하였다. 즉 그들도 이마를 사용했다. 그러나 어른의 손이 자유롭지 못할 때, 유아들은 행동의 목적을 따라 하였다. 즉 그들은 이마 대신 손을 사용해서 버튼을 눌렀다. 이는 유아들이 그 행위의 목표가 버튼을 누르는 것임을 이해하고, 어른들이 만약 손이 자유롭다면 손을 사용했을 것이라고 추측했다는 것을 암시한다.

우리가 모방과 흉내내기를 지시하기 위해 'to ape'라는 동사를 사용하는 사실에도 불구하고 다른 유인원 영장류들은 자발적으로 흉내내지 않는 경향이 있고, 오직 음식과 같은 보상이 있을 때만 한다. 상당한 훈련 후에도 붉은꼬리원숭이는 할 수 없었지만 (Mitchell & Anderson, 1993), 침팬지(Custance et al., 1995)는 복잡하고 모호한 행동 (예 : 엄지손가락을 다른 손바닥에 문지르기)을 산출하는 '나처럼 해봐' 게임을 수행할 수 있었다. 거글리 등(Gergely et al., 2002)의 인간 유아 연구를 적용한 한 연구에서 동물원에서 기른 침팬지는 단지 같은 신체 부위를 사용한 같은 행동을 반복하는 대신, 행동의 목적을 모방하는 행동을 하는 경향이 있었다(Buttelmann et al., 2007).

거울 뉴런

인지신경과학 분야에서 지난 10년간 가장 놀라운 발견 중 하나가 거울 뉴런(mirror-neuron) 시스템에 관한 것이다. 리졸라티와 동료들은 원숭이의 배측 전운동피질(F5 영역)에 있는 한 집단의 뉴런들이 같은 행위의 관찰과 수행에 모두 반응하는 것을 관찰하였다(di Pellegrino et al., 1992; Rizzolatti et al., 1996). 즉 거울 뉴런들의 반응 특성은 자신과 타인의 구분을 무시하는 것이었다. 그것은 스스로 수행한 행동뿐만 아니라 실험자 또는 다른 원숭이가 산출한 행동에도 반응한다. 이러한 뉴런들의 반응 특성은 무척 구체적이다. 이 뉴런들은 목적 지향적인 면밀한 행위(예 : 찢기, 비틀기, 잡기)에 조율되어 있다. 이것들은 물체 없이 단순히 흉내낸 행동이나, 외부 주체 없이 자동적으로 움직이는 물체에 대해서는 반응하지 않는다. 이는 행위의 시각/운동적인 상관관계보다 행위의 목적적인 속성이 보다 결정적인 단서임을 나타낸다. 이와 대조적으로 상측두열(STS)과 같은 다른 영역들은 신체 부위들의 구체적인 움직임이지만 순수하게 시각적인 요인만 갖고 있는 움직임에 반응한다(Perrett et al., 1989).

게다가 거울 뉴런들은 적절한 행동이 직접적으로 관찰될 때뿐만 아니라 암시되었을 때도 반응한다. 우밀타 등(Umiltà et al., 2001)은 전체 행위를 관찰하는 조건과 같은 행위를 관찰하되 중요한 부분(손과 물체의 상호작용 부분)이 스크린에 의해 가려진 조건을 비교하였다. 그들은 두 경우 모두 거울 뉴런들을 활성화시키는 것을 관찰하였고, 그들의 발견은 전운동피질이 다른 사람들의 행위를 해석하거나 자기 자신의 행동을 계획하는 데 모두 사용되는 행위 의도의 추상적인 표상을 담고 있음을 시사하였다.

앞에 언급된 증거들은 사람이 아닌 유인원의 연구에서 온 것이다. 사람도 그러한 시스템을 갖고 있다는 증거는 무엇일까? 인간의 뇌에서 F5 영역에 해당하는 영역은 브로카 영역(보다 세밀하게는 BA44)이 전운동 영역으로 확장되는 부분이라고 간주된다(Rizzolatti et al., 2002). 이 영역은 손 움직임의 관찰, 특히 모방이 요구될 때 활성화되고(Iacoboni et al., 1999), 입 움직임의 경우 인간이 하는 행동에 한해서 활성화된다(예 : 물기와 말하기, 그러나 짖기는 안 됨; Buccino et al., 2004). 게다가 실험 참가자들이 유사한 행동을 관찰할 때 일차운동피질에 TMS를 가하면 손과 팔에서 촉발되는 운동유발전위의 강도가 증가되었다(Strafella & Paus, 2000). 이것은 행위 관찰이 일차운동피질의 활동 그 자체를 편향시킴을 나타낸다.

후속 연구들은 원숭이 뇌의 다른 부분에서 거울 뉴런들을 보고하였는데, 그것들은 앞에서 언급한 전운동피질과 같은 기능적 특성들을 항상 갖는 것은 아니었다. 일차운동피질은 운동과 시각적 속성들을 함께 가진 뉴런들을 포함하나, 행위 목적과 같이 보다 추상적인 속성보다 특징적인 운동 방식(움직임의 특정 방향에 조율된 것으로 보임)에 반응한다(Dushanova & Donoghue, 2010). 이에 반해 두정엽에 있는 거울

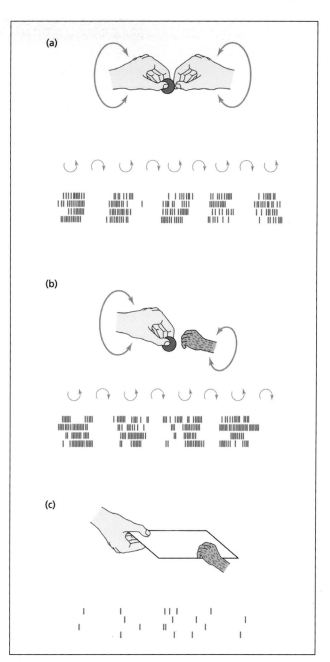

그림 8.12 이 뉴런은 실험자의 손에 있는 물체를 돌리는 행위에도 반응하고(a), 실험자의 손에 쥐어진 물체를 원숭이가 돌릴 때도 반응하지만(b), 손을 돌리지 않고 종이를 잡을 때는 반응하지 않는다(c). 이 뉴런의 반응은 손의 회전 방향에도 민감하다(시계반대 방향에는 반응하지만, 시계 방향에는 반응하지 않음).

출처 : Adapted from Rizzolatti et al., 1996.

거울 뉴런 시스템의 폭넓은 의미

- 인간의 언어는 손짓에서 진화되었는가? 원숭이 뇌의 F5 영역에 해당하는 인간의 뇌 영역은 브로카 영역이다(Rizzolatti & Arbib, 1998). 이는 전통적으로 언어와 관련된 영역이다.
- 거울 뉴런은 다른 사람의 행동을 내적으로 모사함으로 인해 공감을 일으키는 데 중요한 역할을 하는가?(Gallese, 2001)
- 다른 사람을 이해하는 데 특별히 어려움을 느끼는 사람(예 : 자폐증)은 손상된 거울 뉴런 시스템을 갖고 있는가? 다프레토 등(Dapretto et al., 2006)은 얼굴 표정을 모방하거나 관찰할 때, 자폐증 환자들은 거울 뉴런 시스템의 활성화가 낮다는 fMRI 증거를 제시하였다. 그러나 다른 학자들은 이것으로 다양한 자폐 행동을 설명하는 데 의구심을 보였다(Southgate & Hamilton, 2008).

뉴런들은 어떤 행동이 이루어지는 보다 폭넓은 맥락에 보다 민감한 것처럼 보인다. 예를 들면 무엇을 집을 때 그 목적이 먹기 위해서인지, 그릇에 담기 위해서인지에 따라 다른 반응을 보인다(Bonini et al., 2010).

물체에 대한 행위

이 장에서 지금까지는 행위 처리의 고차적 수준에서 전두엽의 역할, 즉 행위 계획과 조직, 행위의 의도, 다른 사람의 행위와 의도의 이해에 대해 보다 상세하게 다루었다. 남아 있는 절들은 어떻게 구체적인 행동이 공간상에서 펼쳐지고 실현되는지에 대한 주제들을 다룰 것이다. 이는 다른 어떤 것들보다 물체가 공간 속 어디에 있는지와 어떤 구체적인 물체(예 : 도구)가 사용될 수 있는지를 파악하는 과정에 관련된 것이다. 두정엽이 이런 종류의 정보에 특별한 것으로 보인다.

'무엇' 대 '어떻게' : 배측 그리고 복측 경로의 재고

웅거라이더와 미슈킨(Ungerleider & Mishkin, 1982)은 시각 처리의 두 경로, 이름하여 '무엇' 경로(또는 후두엽에서 측두엽으로 가는 복측 경로)와 '어디' 경로(또는 후두엽에서 두정엽으로 가는 배측 경로)를 처음으로 기술하였다. 구데일과 마일너(Goodale & Milner, 1992; Milner & Goodale, 1995)는 이 경로들을 다소 변경하여 '무엇' 경로와 '어떻게' 경로로 제안하였다. 이렇게 함으로써 그들은 입력 요구사항(정체와 위치)보다 출력 요구사항(확인과 행위)을 강조하였다. 그들이 기술하기에 우리는 공간상의 위치로 손을 뻗는 것이 아니라 물체를 향해 손을 뻗는다. 현재 논의에서 명칭은 그리 중요하지 않으며, 감각운동이라는 용어는 배측 경로의 '어떻게'와 '어디'라는 속성을 적절히 모두 포괄한다.

복측 경로와 배측 경로의 손상은 행위의 다른 결과를 가져온다. 첫째, 하측두엽을 가로지르는 복측 경로의 손상을 먼저 고려해보자. DF라는 환자는 기초 시각 처리에는 결함이 없음에도 불구하고 시각으로부터 물체를 재인하는 능력에 결함을 보이는 시각실인증을 갖고 있었다. 마일너 등(1991a)은 DF에게 편지를 집어넣는 구멍의 방향을 회전할 수 있는 우편함을 제시하였다. DF는 시각적으로 제시한 구멍의 방향을 다른 하나와 같도록 맞추는 과제를 수행하는 데 어려움을 보였다. 그러나 그녀에게 편지를 집어넣으라고 요구했을 때 그녀는 그 구멍을 향해 손을 뻗칠 수 있었으며, 손의 방향도 적절하게 돌릴 수 있었다. 이는 시지각(손상된 복측 경로)과 행위의 시각적 통제(손상되지 않은 배측 경로)의 해리를 나타낸다. DF에게 보다 복잡한 T자 형태의 물체와 구멍을 제시했을 때 그녀는 어느 정도 정확했지만, 90도 회전 오류 반응을 다소 범했다. 이는 그녀의 행동이 단일 모서리의 방향에 의해 유도됨을 시사하였다. 따라서 배측 경로는 다른 모서리들을 물체 전체로 통합시키지 못한다(Goodale et al., 1994).

다음으로 배측 경로가 손상된 경우를 고려해보자. 두정엽에 손상을 입은 어떤 환자들은 공간상에 있는 물체를 향한 행동을 취할 때 결함을 보인다. 그러나 그들은 DF와 달리 단일 물체를 지각하는 데는 문제가 없다. 시각실조증(optic ataxia)은 후두엽과 두정엽이 만나는 지점에 손상을 입을 경우 발생하는 증후군이다(Karnath & Perenin, 2005). 이 환자들은 시각적 유도하에 물체로 정확하게 뻗지 못한다. 페레닌과 비게토(Perenin & Vighetto, 1988)는 이 증상이 시지각 정보를 적절한 운동 명령으로 전환시키는 과정의 실패를 반영한다고 주장하였다. 예를 들면, 방향이 있는 구멍을 향해 손을 뻗칠 때 손의 방향이 틀렸거나 그 구멍 자체를 지나쳐버린다(시각실인증을 가진 DF 사례와 더불어 이중 해리라 할 수 있음). 이러한 결함은 때로 특정 손에 한해서 제한되기도 하지만(일반적으로 손상 부위의 반대편 손), 때로 그 손이 공간상에서 특정한 위치에 있을 때만 발생하기도 한다. 후자의 경우는 이 장애가 순수한 운동장애만도 아니고 순

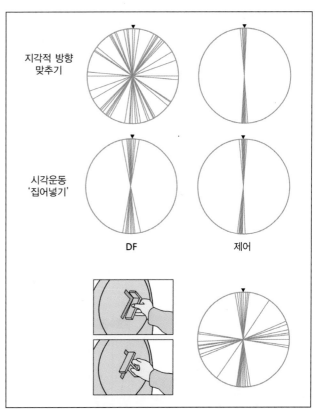

그림 8.13 손이 눈보다 더 잘 '볼' 수 있는가? DF라는 환자는 눈으로 보고 구멍의 방향을 보고할 수 없었음에도 불구하고, 물체를 정확하게 집어넣을 수 있었다. 보다 복잡한 물체(예 : T자형 물체)를 사용할 때 그녀는 행동을 유도하는 단일 방향만 사용하는 것으로 보인다.

출처 : Adapted from Milner et al., 1991a and Goodale et al., 1994.

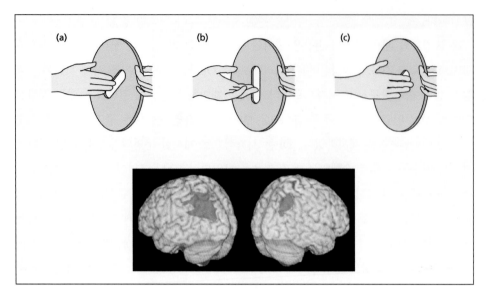

그림 8.14 시각실조증은 좌측 또는 우측 두정엽의 손상으로 발생되며(주로 반대편 손에 영향을 줌), 보여지는 물체의 방향과 다르게 접근하거나(c), 잘못된 자세를 사용한다(b). 정확한 반응은 (a)에 제시되었다. 이 증상은 시각과 운동 정보를 서로 연결시키지 못하는 장애를 반영한다.

출처 : Top – from Perenin and Vighetto, 1988. Reprinted by permission of Oxford University Press. Bottom – from Karnath and Perenin, 2005. Reprinted by permission of Oxford University Press.

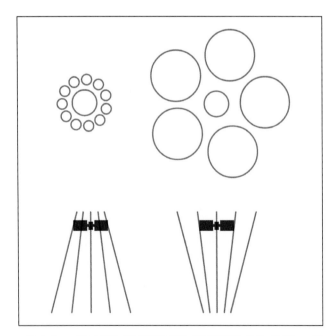

그림 8.15 티치너 원형 착시(위)와 폰조 착시(철로변 착시, 아래)는 지각에는 영향을 주지만, 행위에는 영향을 주지 않는다. 실험 참가자에게 가운데 있는 원이나 수평 막대를 집으라고 요청하면 손가락들 사이의 거리는 지각적으로 왜곡된 크기보다 실제 크기에 가깝다.

수한 시각장애도 아닌, 두 가지 경로가 통합되는 과정의 실패임을 나타낸다.

행위 손상은 요구되는 행위의 종류에 따라 다를 수 있다. 예를 들어, 물체를 쥐는 행동은 손을 뻗거나 가리키는 것보다 물체 특성에 기초한 처리를 보다 많이 요구할 수 있다(Jeannerod, 1997). 배측 경로에 손상이 있는 무시증 환자들에게 어떤 막대기의 중심부가 어딘지 표시하라고 요구하면 오른쪽으로 치우친 편향을 보이지만, 엄지와 검지로 그 막대기를 집어들어라고 요구하면 막대기의 중심 부위를 집어들기도 한다(Robertson et al., 1995). 이 경우 물체를 쥐는 행동은 손을 뻗는 것보다 물체를 조정하는 과정을 보다 효과적으로 유도하는 것을 알 수 있다.

흥미롭게도 행위를 위한 시각과 시지각의 해리는 일반적인 사람들에게도 나타난다. 폰조 착시(Ponzo illusion)나 티치너 원형 착시(Titchener circles illusion)

는 같은 물체가 다른 크기로 지각되는 것을 말한다. 어떤 사람에게 크기가 왜곡된 물체(예: 티치너 착시 속에 있는 원형칩)를 집어들어라고 하면, 엄지와 검지 사이의 거리는 착시에 의해 영향을 받지 않는다(Aglioti et al., 1995; Jackson & Shaw, 2000).

요컨대 뇌 손상 환자들로부터 온 증거들은 행위를 유도하는 특별한 시각적 기제가 있음을 암시한다. 다음의 원숭이의 뇌 단일세포 측정법 연구들은 신경 수준에서 그 기저 매커니즘의 속성을 밝혔다.

핵심 용어

전측두정내부(AIP) 조작할 수 있는 3차원 물체에 대해 특별히 반응하는 두정내구의 한 부분

감각운동 전환의 신경 기제

감각운동 전환을 가능하게 하기 위해서는 다른 종류의 정보들이 서로 연결될 필요가 있다. 이 단락에서 이 과정과 관련된 뉴런들이 정보를 부호화하는 세 가지 방법에 대해 고려할 것이다. 대부분의 증거들은 원숭이 뇌의 단일세포 측정법 연구에서 왔다.

구체적인 행위 종류를 부호화하는 뉴런

붉은꼬리원숭이의 F5 영역에 위치한 뉴런들은 거울 뉴런 특성(즉 자신과 타인의 행동 모두를 표상)뿐만 아니라, 그것들이 표상하는 행동의 구체성 때문에 매우 흥미롭다. 그것들이 반응하는 행위 레퍼토리의 크기에 따라 부호화의 구체성은 엄격하게 일치하는 경우와 대충 일치하는 경우로 나눠질 수 있다. 리졸라티와 루피노(Rizzolatti & Luppino, 2001)는 잡기, 들기, 찢기와 같은 행위 개념을 사용하여 그것들을 기술하였다. 예를 들어, 어떤 뉴런은 잡는 행위를 위해 손가락을 움직일 때 반응하지만, 긁기에는 반응하지 않았다. 다른 뉴런들은 다른 종류의 손 형태(예: 손가락으로 정밀하게 잡는 행위, 손바닥 전체로 잡는 행위)에 특화될 수 있다. 행위 레퍼토리가 저장되어 있을 것이라고 가정할 때 이점은 뇌가 행위의 어떤 특성들을 매번 계산할 필요가 없으며, 특정 종류의 행동이 친숙한 물체와 연합되는 것을 허락하기 때문이다.

물체의 행위 관련 특성을 부호화하는 뉴런

무라타 등(Murata et al., 2000)은 전측두정내부(anterior intraparietal area, AIP)라고 불리는 두정엽의 한 영역의 뉴런들을 관찰하였다. 이 영역의 뉴런들은 물체의 특정 형태(예: 원통형, 구형, 정육면체형)와 크기 그리고 방향성에 선택적으로 반응한다. 이와 같은 표상들은 전두엽에 있는 보다 일반적인 행위 개념들과 상호작용하는 적절한 인터페이스를 잠정적으로 제공한다. 이 영역은 전두엽의 운동 영역(전운동 영역 및 전두안구 영역 포함)들과 물체 재인에 관계된 복측 시각 경로인 하측두엽의 영역들과 해부학적인 연결을 갖고 있다(Borra et al., 2008). 따라서 이 영역은 물체 사용의 핵심 허브로서의

기능한다고 제안되었다.

인간인 우리가 사용하는 인공 물체의 범위는 매우 다양하고 넓기 때문에 상황은 훨씬 복잡하지만, 사람의 뇌에서도 유사한 신경 기제가 발견된다. 친숙한 물체의 사용은 두정-전두 네트워크 내에서 행위 파라미터의 학습으로 나타날 수 있다(Wolpert & Ghahramani, 2000). 사람의 뇌에 대한 fMRI 연구 역시 AIP 영역을 행위를 위한 물체의 형태를 부호화하는 영역으로 확인하였다(Culham, 2004). 이 영역은 손을 뻗치는 행위에 비해 물체를 잡는 행동에 보다 많은 활성화를 보였으나, 2차원상의 물체 이미지에는 반응하지 않았다. 일반적으로 손을 사용하는 것과 달리, 도구를 사용하여 물체를 집는 경우에도 사람의 전운동피질과 AIP 영역을 활성화시켰다(Jacobs et al., 2010). 이 신경 영역이 실제 운동 기제보다 행위의 추상적인 특성을 부호화하는 것을 고려할 때, 이 영역이 맨손에서 도구를 사용하는 기술로의 전환을 가능하게 한다고 할 수 있을 것이다.

다른 종류의 감각 정보를 부호화하는 뉴런

제7장에서 두정엽 부위에 있는 어떤 뉴런들은 공간적으로 같은 영역을 표상할 때, 다른 감각 정보들에 대해서 반응한다고 논의하였다. 행위와 관련하여 몸의 위치와 관련된 고유감각 정보와 시각 정보를 통합하는 것은 무척 중요할 것이다. 그라치아노(Graziano, 1999)는 붉은꼬리원숭이의 전운동 영역에 있는 뉴런들이 팔이 있다고 느껴지는 위치(실제로 팔이 있는 위치나 보고 있는 위치에 상관없이)와 팔의 시각적 위치(그 팔이 원숭이 자신의 팔이거나 혹은 가짜 팔이거나 상관없이) 모두에 반응하는 것을 확인하였다. 만약 그 팔이 움직이면, 시각 수용장도 함께 움직인다. 이것은 시각이 몸과 관련해서 부호화된다는 것을 나타낸다. 이것은 눈 움직임에 상관없이 외부 세계와의 상호작용을 촉진시킨다. 복측 두정내부 영역(ventral intraparietal area, VIP)으로 알려진 두정엽의 일부 영역에서 유사한 뉴런들이 발견되었다(Graziano et al., 2000).

앞에 언급한 연구들은 어떻게 감각과 운동 시스템들이 서로 상호연결되는가 하는 이론의 초석을 제공한다. 물론 물체의 의미는 언제 어떻게 그것들을 사용하는가를 결정하는 데 매우 중요할 것이다. 이것은 특히 사람에게 중요하다. 다른 동물도 자연 환경에서 발견되는 물체들을 도구로 사용할 수 있지만, 사람은 특별한 기능을 위한 도구를 제작해 왔고, 그 도구와 관련된 행동을 발전시켜 왔다. 다음 단락에서는 이러한 도구 사용이 뇌에 어떻게 표상되는지를 고려하고자 한다.

어떻게 환상사지를 움직이는가?

절단된 사지를 가진 모든 사람이 **환상사지**(phantom limb) — 사지가 여전히 있다는 생생한 느낌, 그리고 어떤 경우엔 고통까지 — 를 경험한다(훌륭한 개관은 Ramachandran & Hirstein, 1998 참조). 환상사지는 뇌의 가소성(plasticity)으로 설명될 수 있다. 그 사지의 자극에 반응하던 뇌의 뉴런들은 인접 영역의 활성화로 대신 자극될 수 있다(아마도 몸의 다른 부위를 표상하는). 이것은 그 사지가 다시 돌아온 듯한 착각적인 감각을 일으킨다.

환상사지의 특성은 환자들마다 상당히 다르다. 어떤 이들은 환상사지를 움직일 수 있다고 보고한다(예 : 마치 제스처를 하는 것처럼 느껴진다). 아마도 운동피질은 그 사지를 잃어버렸다는 사실을 '알지' 못할 것이고, 여전히 명령을 내려보낼 수 있다. 다른 환자들은 그 사지는 움직일 수 없고 고통스럽다고 느낀다(이것은 절단 전에 그 사지의 마비유무와 관련 있다). 라마찬드란과 로저스-라마찬드란(Ramachandran & Rogers-Ramachandran, 1996)은 시각 피드백을 사용해서 환자로 하여금 환상사지의 움직임을 재영하거나 때로 고통을 경감시키는 현명한 실험을 수행하였다. 환자는 손상되지 않은 팔을 거울이 붙어 있는 상자에 집어넣어, 잃어버린 팔의 위치에 반대편 팔이 반사되어 볼 수 있도록 하였다. 두 손을 움직여보라는 요청했을 때, 그들은 시각 피드백에 의해 환상사지의 움직임을 경험할 수 있었다. 이 연구는 감각(촉각과 시각)과 운동 정보가 뇌에서 합쳐진다는 사실을 잘 묘사한다.

그림 8.16 이 환자는 실제 한쪽 팔과 움직일 수 없는 환상사지(즉 절단된 팔이 여전히 있지만 마비된 것으로 느껴짐)를 가지고 있다. 환자가 거울이 비친 실제 팔을 볼 때, 절단된 팔이 다시 돌아와 다시 움직일 수 있는 착각을 만들어낸다.

도구 사용

많은 진화적 진전이 근대 인간의 기술적인 도구 사용을 촉진시킨 것으로 보인다. 첫째, 600만 년 이전에 발생한 직립 보행으로 인하여 자유로워진 손을 들 수 있다. 둘째, 손 자체의 진화, 즉 침팬지에 비해 길어진 엄지손가락을 들 수 있다. 이것은 땅콩 집어 들기와 같이 정밀한 잡기 자세를 촉진시켰다. 마지막으로 이에 해당하는 뇌의 변화—손에 해당하는 뇌 영역의 비율 확장—를 들 수 있다. 도구 사용으로 인한 효과를 사막과 극지방에 이르는 인간의 환경 정복과 관계해서 고려하면 결코 평가 절하하기는 힘들다. 도구(tool)는 망치나 정과 같은 것을 포함할 뿐만 아니라 컵이나 연필 등 다양한 것을 모두 포함한다. 다른 종류의 물체(예 : 고양이, 구름, 카펫)와 도구를 구분하는 것은 도구와 관련된 특별한 제스처와 목표가 있기 때문이다.

다른 종류의 물체처럼 도구는 뇌에서 여러 단계로 표상된다.

- 물체의 형태에 대한 시각적 표상 복측 시각 경로(또는 하측두엽, 원숭이 뇌에서는 IT)

핵심 용어
환상사지 절단된 사지가 여전히 존재하는 것 같은 느낌
도구 구체적인 목표를 위한 행동을 유도할 수 있는 것

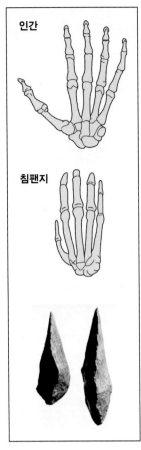

그림 8.17 인간의 엄지손가락은 정밀하게 집는 행동이 가능하도록 침팬지보다 훨씬 길게 진화되었다. 동아프리카 중부 지역에서 발견된 150만 년 전 아슐리안 석기

출처 : Stone tools – John Reader/ Science Photo Library.

에 의해 계산된다.

- 물체의 의미 표상은 내측 · 전측 측두엽과 연결된다.
- 도구의 부피 표상은 도구를 잡는 것과 관련된 시각적 · 운동적 요소들을 갖고 있다. 이 것은 두정엽의 AIP 영역에 해당한다(앞서 논의됨).
- 운동에 기초한 구성 요소는 도구와 관련된 관습적인 제스처를 저장한다.

다른 물체와 도구를 구별하는 것은 마지막 단계이다. 많은 일련의 증거들은 물체에 기초한 행위들이 좌측 하두정엽에 존재한다고 제안한다. 차오와 마틴(Chao & Martin, 2000)은 다른 범주의 물체와 도구를 보여주었을 때, 도구에 대한 fMRI 활성화를 좌측 두정엽과 브로카 영역에서 관찰하였다. 루미애티 등(Rumiati et al., 2004)은 뇌스캔 동안 실험 참가자에게 도구와 관련된 행위를 산출하도록 직접적으로 요구하였다. 그들은 다음과 같이 2요인 설계를 사용하였다. 즉 도구 그림과 (도구 없이) 행위 그림을 제시하고, 적절한 행위를 행동으로 표현(제스처)하거나, 그것의 이름을 대도록 요구하였다. 제시된 도구 그림을 보고 관련된 행위를 산출하게 한 조건(팬터마임 조건)은 다른 요소 (예 : 물체 재인)를 통제했을 때, 좌측 두정엽과 좌외측 전운동 영역의 활성화와 연계되었다.

뇌 영상 연구들과 일치하게, 좌측 두정엽 손상을 입은 환자들은 주어진 물체(예 : 다리미 사진), 이름('다리미'라는 단어), 또는 행위 명령('잘 가라는 손짓')에 해당하는 적절한 행위들을 산출하는 것에 어려움을 느낀다. 이러한 환자들을 전통적으로 **관념운동 실행증**(ideomotor apraxia)이라고 한다(Gonzalez Rothi et al., 1991; Liepmann, 1905). 관념운동 실행증을 진단할 때, 그 환자가 의미 없는 행동(예 : 왼 손바닥을 위로 유지하기)을 따라 할 수 있는지를 확인하는 것이 중요하다. 만약 이러한 과제도 실패한다면, 학습

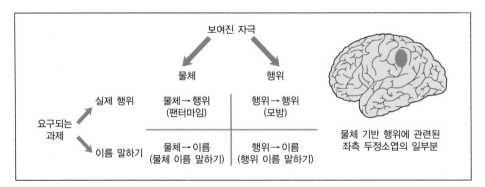

그림 8.18 루미애티 등(2004)은 실험 참가자들에게 물체 또는 행위를 제시하고, 실제로 행위를 하도록 하거나 이름을 말하라고 지시했을 때 뇌 활동을 비교하였다. 그들은 '팬터마임' 조건에서 해당하는 물체에 기초한 행위에 특별히 관련 있는 좌측 하두정소엽 영역을 발견했다.

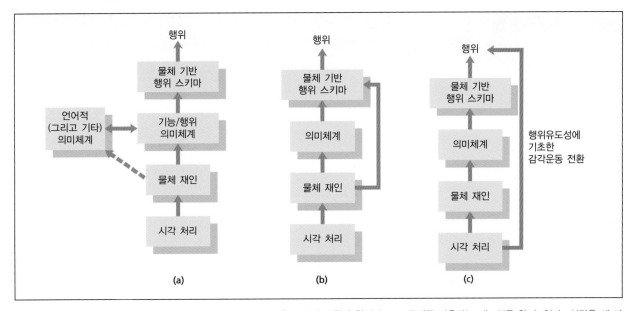

그림 8.19 어떤 환자들은 물체들에 대한 이해가 부족하고 이름을 말하지 못한다 할지라도 그 물체를 사용하는 제스처를 할 수 있다. 이것은 세 가지 방법으로 설명할 수 있다. (a) 의미 지식의 분리, (b) 재인된 물체와 행위 표상의 직접적 연결, (c) 시각 속성과 운동 명령의 비임의적 대응 관계와 관련된 행위유도성이 그것이다.

된 물체 사용에만 국한되는 것이 아니라 감각운동 전환에 대한 보다 전반적인 장애를 암시한다(Schwoebel et al., 2004).

물체의 의미 표상이 물체와 관련된 행위를 산출하는 데 어느 정도까지 관여하는지에 대한 중요한 논쟁이 있다. 의미 표상은 감각·운동 속성과 관계없는 추상적인 개념 지식을 말한다. 몇몇 연구들은 의미 지식이 부족함에도 불구하고 도구 사용과 관련된 관습적 행동을 하거나, 충분한 수준의 팬터마임을 수행할 수 있다는 것을 보였다(Beauvois, 1982; Lauro-Grotto et al., 1997). 이것은 행위의 인출이 의미 지식의 인출을 수반할 것이라는 단순 모형에 대한 도전을 의미한다. 왜냐하면 단순 모형에서는 물체에 대한 의미 지식을 잊어버리고 그 물체와 관련된 행동을 산출할 때 그에 상응하는 어려움을 야기할 것이라고 예측하기 때문이다.

이를 설명하기 위해 단순 모형을 수정하는 것은 여러 가지 방법이 있을 수 있고, 이러한 대안들이 꼭 상호 배타적일 필요는 없다. 첫째, 의미 지식을 몇 개의 분리된 저장소로 나누고, 이러한 환자들은 분리된 기능적 지식 저장소가 손상되었다고 보는 것이다(Beauvois, 1982). 두 번째 대안은 의미 지식을 거치지 않고 지나가는, 물체의 구조로부터 관련 행동으로 바로 연결되는 통로는 상정하는 것이다(Riddoch et al., 1989). 이 대안을 지지하는 증거는 다음과 같은 사실에서 왔다. TMS를 사용하여 의미기억의 핵심

핵심 용어

행위유도성 특정 용례를 암시하는 물체의 구조적 특성

적인 측면들과 관계된 영역(전측 측두엽)을 교란시켰을 때, 도구들을 어떻게 조작하는 가(예 : 어떻게 쥐고, 어떻게 움직이는가)에 대한 판단을 간섭하지 않았지만, 도구의 기능(예 : 먹기 위한 것인지, 자르기 위한 것인지)에 대한 판단은 간섭하였다. 역으로 좌측 하두정엽에 TMS를 가하면, 반대 패턴의 간섭이 관찰되었다(Ishibashi et al., 2011).

세 번째 대안은 도구의 관습적인 사용과 독립적으로 도구의 감각·운동 특성들을 함께 연결시키는 기제가 존재한다고 가정하는 것이다. 예를 들어, 반구 형태(semi-spherical shape)는 용기를 암시하고, 손잡이는 잡는 행위를 암시하고, 날카로운 단면은 자르기를 암시할 수 있다. 깁슨(Gibson, 1979)은 이를 **행위유도성**(affordance)이라고 불렀다. 의미기억 상실형 치매 환자들은 물체에 대한 의미기억을 상실했지만, 행위유도성을 통해 물체에 대한 행동이 가능할 수 있다. 의미 손상 정도(명명하기와 짝짓기 과제를 통해 진단함; 예 : 유리병과 유리잔을 짝지음)는 같은 물체를 도구로 사용하는 과정에서 나타나는 손상 정도와 상관이 있었다(Hodges et al., 2000). 하지만 관습적인 행위들을 산출하지 못했지만, 많은 오류들은 여전히 행위유도성을 나타내었다. 예를 들면, 어떤 환자는 가위를 한 손으로 사용하지 못했지만(관습적으로 정확한), 가윗날이 아닌 가위 손잡이를 두 손을 잡고 (그럴듯하게) 사용하는 오류를 보였다. 이 환자들은 새로운 도구를 사용하는 실험 진행자의 행동을 똑같이 따라 할 수 있었다(예 : Goldenberg & Hagmann, 1988의 과제). 이는 결함이 확실히 물체와 관련된 것임을 암시한다. 이러한 물체에 근거한 행위유도성은 많은 관념운동 실행증 환자들이 기억으로부터 관련 행위를 산출하는 것은 어려워하지만 실제로 도구가 주어질 때 나은 수행을 보이는 사실을 설명할 수 있다.

도구 사용의 좌반구 우세성은 언어 편재화 또는 손잡이와 관련이 있는가

물체에 기초한 행위들이 왜 사람의 좌반구에 우세하게 존재하는지에 대한 오랜 질문이 있다(이러한 편향은 다른 유인원에게서는 발견되지 않는다). 리프만(Liepmann, 1905)의 연구가 이루어지던 시대부터 대부분의 사람들이 도구 사용에 있어 오른손을 사용한다는 사실에서 한 가지 가능성을 생각해볼 수 있다. 최근에 이루어진 왼손잡이를 대상으로 한 fMRI연구는 이에 대한 혜안을 제공한다. 도구 사용에 관계된 좌반구 영역들(AIP 영역과 내측 전운동피질)은 왼손잡이이든 오른손잡이이든 무슨 손을 사용하느냐에 상관없이 그리고 행위가 도구 사용에 대한 것인지 손을 사용한 잡기 행동인지에 상관없이 유사한 정도로 활성화된다(Martin et al., 2011). 그러나 왼손잡이는 오른쪽 반구도 동등하게 활성화시켜 양반구가 유사한 활동량을 보였다. 이는 손잡이가 하나의 요인임을 암시한다. 그러나 도구 사용과 관련된 대뇌 활성화와 관련하여 왼손잡이와 오른손잡이가 서로 완벽히 반대되는 것은 아니다.

　왼손잡이의 양반구 활성화 패턴은 손잡이 그 자체보다 언어 우세 반구의 차이에서 기인할 가능성이 있다. 오른손잡이의 경우 언어 중추가 거의 항상 좌반구에 있는 반면(Rasmussen & Milner, 1977), 왼손잡이의 언어 산출의 우세 반구는 보다 다양하다(좌반구, 우반구 혹은 양쪽 모두). 왼손잡이의 언어 중추를 평가했을 때(단어생성 과제를 통해), 운동 실행과 관련된 두정엽(예 : '자르기'라는 단어에 맞는 제스처를 하는 과제) 활동이 언어 우세 반구로 편재화되는 경향이 보인다(Kroliczak et al., 2011). 따라서 손잡이 그 자체보다 언어가 도구 사용에 대한 반구 비대칭성의 주된 결정 인자로 보인다. 언어의 어떤 측면(말 산출, 개념적 지식 등)이 이러한 연합과 관련된 것인지는 분명하지 않다.

평가

인간의 뇌는 물체에 유도 행동을 저장한다. 아마도 이 저장소는 좌측 하두정엽에 존재하며, 여기가 손상되었을 때 관념운동실행증을 산출한다. 이러한 행동들은 물체의 의미 표상으로부터 일반적으로 접근되지만, 때로 도구의 구조와 그것의 기능과의 어떤 관계성(행위유도성)으로부터 추론될 수도 있다.

행위 준비와 실행

운동과 행위에 있어 피질하 구조물의 역할

지금까지 행위와 운동에 대한 피질의 역할에 집중하였다. 그러나 행위의 준비와 실행에 관계하여 피질하 구조물도 중요한 역할을 한다. 이러한 구조물들은 특히 운동의 강도와 지속시간, 그리고 점진적으로 운동을 조절하는 것과 같은 운동 파라미터를 결정하는 데 중요하다. 크람스 등(Krams et al., 1998)은 대뇌피질과 피질하 구조물의 다른 역할을 강조한 영상 연구를 수행하였다. 한 조건에서는 실험 참가자들에게 손 위치를 보여주고 3초간 준비하라고 한 다음 행동을 수행하도록 하였고(준비·수행 조건), 다른 조건에서는 손이 보이자마자 바로 수행하도록 하였으며(수행 조건), 세 번째 조건에서는 준비만 하고 수행은 하지 않도록 하였다(준비 조건). 통제 조건은 준비나 실행 없이 손의 움직임만 보는 조건이었다. 소뇌와 기저핵은 준비와 수행이 모두 요구된 조건에서 보다 많은 활성화를 보였다(준비·수행 조건-준비 조건; 준비·수행 조건-수행 조건). 반면 브로카 영역을 포함한 전전두엽은 관찰된 손의 움직임을 단지 준비하는 조건에서 더 많은 활성화를 보였다(준비 조건-준비·수행 조건; 준비 조건-수행 조건).

그림 8.20 움직임 산출에 관계된 두 종류의 주요 피질하 루프. 소뇌 루프는 감각과 운동 정보를 사용하여 움직임의 타이밍과 궤적을 조율한다. 기저핵 운동 루프(보라색)는 전두엽의 운동 기관(SMA)의 흥분을 조절하고, 움직임의 속성(예 : 힘)과 움직일 가능성을 편향시킨다.

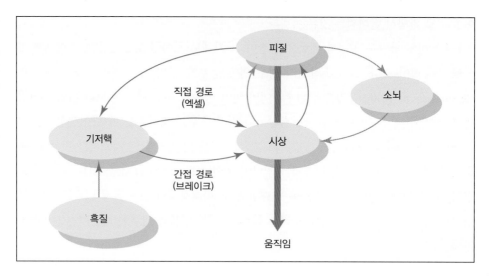

그림 8.20은 운동 산출에 관계된 피질-피질하의 주요한 두 가지 루프(loop)를 요약하고 있다. 한 루프는 기저핵을 경유하는 경로이고, 다른 루프는 소뇌를 경유하는 경로이다. 이 루프들은 다소 다른 기능들을 갖고 있다. 소뇌 루프는 운동의 순서 조절에 관계된다. 이것은 피질의 운동 명령을 복제하여 기대하는 움직임이 정확하고 원하는 시점에 발생되도록 한다(Ohyama et al., 2003). 예를 들어, 소뇌는 하나의 운동과 다른 운동을 동기화시키는 조절 과제를 수행하는 동안 생리적으로 활성화된다(Ramnani et al., 2001). 게다가 소뇌 손상이 있는 환자들은 떨리는 운동(진전증)을 산출하는데, 이는 그들이 초기 운동 계획을 점진적으로 수행함에 있어 정보를 잘 활용하지 못함을 나타낸다(Haggard et al., 1995). 이러한 역할을 고려할 때, 소뇌가 감각운동 전환에 관계된 외측 전운동피질과 두정엽 영역들과 밀접하게 연결되어 있다는 것은 그리 놀라운 사실이 아니다.

기저핵 루프는 약 5개의 다른 루프로 이루어져 있다. 각 루프들은 원천적으로 같은 구조(서로 연결된 흥분성, 억제성 경로 집합)를 갖고 있으나, 기저핵과 피질의 다소 다른 영역들로 신호를 보낸다(Alexander & Crutcher, 1990). 일차적으로 관련된 루프는 소위 운동 회로로서, 기저핵의 배측 영역들을 경유하여 전운동 영역과 보조운동 영역(SMA)에 특히 강하게 연결되어 있다. 다른 루프들은 전두엽의 다른 영역들을 목표지점으로 하고, 기저핵과 시상의 다른 구조물들을 경유한다. 예를 들어 안구운동 회로는 전두안구 영역(FEF)으로 신호를 보내며, 변연 회로는 기저핵의 보다 배측 영역을 경유하여 안와전두 영역과 편도체, 전대상회로 신호를 보내고, 다른 루프들은 외측 전전두엽으로 신호를 보낸다. 이러한 다른 회로들은 행동의 다른 측면들을 조절한다. 전전두 루프는 인지 통제와 관련 있고, 안구운동 회로는 눈 움직임의 조절과 관련이 있으며, 변연 회로는 보상 기반 학습과 관련되어 있다. 운동 회로 그 자체는 내적으로 생성된 운동의 시작과 실행(지시된 운동보다), 행위의 연결, 그리고 절차적 학습에 특히 중요한 것으로 보인다. 기저핵이 운동 실행의 신호를 산출하는 것은 아니라는 것을 기억할 필요가 있다(운동신호 산출은 일차운동피질에서부터 뇌간을 지나 척수로 내려가는 연결에 의해 이루어진다). 그 대신 기저핵은 전두운동 영역의 활성화를 조절하고, 움직일 가능성과 운동의 속성(예 : 강도)에 영향을 준다.

척수(spinal cord)는 뇌와 근육들을 연결시키고 단순반사운동을 조절한다. 지금까지 고려한 행위들과 달리, 반사 행동은 인지적으로 해석될 수 없다. 하향적인 신경섬유 다발과 함께, 척수는 몸의 상태와 실행된 운동의 결과에 대한 감각 피드백을 제공하는 상향적 신경섬유 다발을 갖고 있다. 예를 들어, GO라는 환자는 심각한 말초신경장애로 인해 경로들을 잃어버린 경우였다(Rothwell et al., 1982). 그는 정확하고 빠른 움직임을 적절한 힘으로 만들어낼 수 있었으나, 감각 피드백의 부재로 지속적인 운동 과제를 수행할 수 없었다. 예를 들어, 어떤 상자를 옮길 때 그 상자가 어디 즈음 위치하고 있는지 계속 아래를 보지 못하면 그것을 빠르게 떨어뜨렸다.

기저핵의 운동저하장애 : 파킨슨병

파킨슨병(Parkinson's disease)은 전체 인구의 약 0.15%에 영향을 주며, 평균 약 60세 정도에서 발병한다. 이 병은 제임스 파킨슨(James Parkinson)이 1817년에 저술한 '흔들림 마비에 대한 에세이(Essay on the shaking palsy)'에 처음으로 기록되었다. 어떤 경우에는 유전적 소인이 제안되기도 하였지만, 현재까지 단일 원인이 발견되지 않았다. 그러나 이 병의 신경병리학적 징후들은 꽤 잘 알려져 있다. 중뇌의 흑질(substantia nigra)과 기저핵을 연결하는 경로에 있는 도파민성 뇌 세포들이 상실된다(Brooks et al., 1990). 따라서 파킨슨병의 처치로 도파민 길항제가 주로 사용된다.

파킨슨병의 증상들을 이해하기 위해서는 기저핵의 운동 회로의 속성을 보다 자세히 이해할 필요가 있다. 무엇보다 먼저, 그 회로의 흥분성, 억제성 경로들을 기억하는 것이 중요하다. 'A'와 'B'의 뇌 구조물이 있는데, 'A'가 'B'로 연결된 경우를 상상해보자. 만약

그림 8.21 마이클 J. 폭스는 1991년 젊은 나이에 파킨슨병으로 진단받았다. 1998년 그는 자신의 상태를 대중들에게 알렸고, 그 이후 치료책을 개발하기 위한 파킨슨병 연구를 확대하기 위한 캠페인에 적극 참가했다.

출처 : ⓒ Lucas Jackson/Reuters/Corbis.

핵심 용어

파킨슨병 기저핵과 관련된 질병으로, 자발적인 움직임이 감소되는 특징을 보임

파킨슨병의 운동 증상

다음 증상을 포함한다(Beradelli et al., 2001).

- 무동증(자발적 운동의 상실)
- 완서증(운동의 느림)
- 운동 시퀀스의 붕괴(발을 질질 끄는 걸음걸이)
- 운동 세기를 위한 근육 활동 조절 실패
- 단일한 행위 계획으로 몇 가지 운동 요소의 결합 실패
- 경직
- 몸 떨림(가만히 있을 때)

그 연결이 억제성이라면 'A'의 활성은 'B'의 활성을 감소시킨다. 만약 그 연결이 흥분성이라면 'A'의 활성은 'B'의 활성을 증폭시킨다. 기저핵과 시상을 연결하는 루프는 억제성과 흥분성 연결들이 혼합되어 두 가지 상보적인 경로를 형성하고 있다. 행위를 촉진시키는 직접 경로(피질의 활동 증가)와 행위를 억제하는 간접 경로(피질의 활동 감소)이다(DeLong, 1990). 이 직접 경로와 간접 경로는 마치 행위 촉발의 엑셀과 브레이크처럼 작동한다. 파킨슨병은 흑질과 기저핵 연결의 손상으로 간접 경로(브레이크)의 증가된 결과와 직접 경로(엑셀)의 감소된 결과가 합쳐진 효과로 나타난다. 이 결과는 자발적인 운동의 결핍이다.

파킨슨병은 모든 종류의 운동과 행위에 동일하게 영향을 주지 않는다. 예를 들어, 평상시 못 움직이는 환자가 화재와 같은 위험 상황에서 평소처럼 걷거나 뛸 수도 있고, 발을 질질 끄는 걸음걸이도 환자가 발을 디뎌야 하는 위치를 알려주는 보조선을 바닥에 제공하면 좋아질 수 있다. 이는 단순한 운동 실패가 아니라 외부 단서에 의해 어느 정도 극복될 수 있는 자발적인 행위의 실패라는 점을 암시한다. 운동 프로그램 그 자체는 보존된 것을 보인다. 예를 들어, 관절운동이 손상되어 글쓰기가 매우 느리고 글씨도 매우 작지만[소글씨체(micrographia) 증상; McLennan et al., 1972], 서명과 필체는 보존된다. 파킨슨병 환자들은 자극의 특성에 따라 반응 행동을 해야 하는 과제(예 : 자극이 초록색이면 왼손, 빨간색이면 오른손)를 수행할 때는 상대적으로 문제가 없지만, 단순 반응시간 과제(예 : 단일 버튼 누르기, 또는 자극이 나타날 때마다 아무 버튼이나 누르기)를 수행할 때 상당한 장애를 보인다(Evarts et al., 1981). 어떻게 상대적으로 남아 있는 행위들을 설명할 수 있을까? 기저핵을 거치지 않고, 소뇌를 경유하는 피질하 경로를 기억하라(이것을 기저핵을 경유하는 직접 경로 및 간접 경로와 헷갈리지 않도록 유의하라). 이 경로는 외부 환경에 존재하는 단서들에 의해 구체화되는 행위들과 보다 관련 있는 반

면, 기저핵을 경유하는 경로들은 보조운동 영역(SMA) 및 연합되어 있는 자발적인 행위와 보다 많은 관련이 있다. 기능적 영상 연구들은 파킨슨병 환자들이 자발적인 행위를 하는 동안 전두선조피질 활동이 감소하지만, 외적으로 촉발된 행위에 대해서는 일반적인 활동을 보임을 나타내었다(Jahanshahi et al., 1995).

파킨슨병 환자들의 보존된 행위와 손상된 행위가 구분되는 패턴은 최소한의 운동을 요구하는 인지적인 과제에서도 나타난다. 이것은 손상된 경로(흑질에서부터 기저핵까지)가 운동 회로 외 다른 회로에도 영향을 미치기 때문에 크게 놀랄 만한 것은 아니다. 파킨슨병 환자들은 자발적인 인지 책략을 사용할 것을 요구하는 집행 기능 과제 수행에 장애를 보인다(Taylor et al., 1986). 브라운과 마스든(Brown & Marsden, 1988)은 글자의 '잉크 색'을 말하거나(예 : 빨간색 잉크로 적힌 *green*을 보고, 'red'라고 말해야 하는 과제), '색 단어'(빨간색 잉크로 적힌 *green*을 보고, 'green'을 말하는 과제)를 말하는 스트룹 과제를 사용하였다. 실험 참가자들은 잉크 색 말하기와 색 단어 말하기를 자발적으로 전환하거나, 매 시행 전에 '잉크' 또는 '단어'라고 쓰인 단서를 제시받을 수 있었다. 파킨슨병 환자들은 단서가 없는 자발적 전환 조건에는 장애를 보였지만, 단서가 주어진 조건에서는 장애를 보이지 않았다.

기저핵의 운동과부화장애 : 헌팅턴병과 투렛 증후군

파킨슨병이 자발적인 움직임의 축소[운동 저하(hypokinetic)]로 특징지어진다면, 자발적 움직임이 너무 많아지는 것[운동 과다(hyperkinetic)]으로 특징지어지는 일련의 질병이 있다. 헌팅턴병(Huntington's disease)은 신경병리학적 특성이 잘 알려진 유전적인 질병이다(MacDonald et al., 2003). 이 병은 춤을 추듯 팔다리를 마구 흔드는 증상(무도병)과 비틀어진 자세로 이루어진다. 이 증상은 성인 중기에 나타나며 시간의 흐름에 따라 점차 심해진다. 1692년 매사추세츠 주 세일럼 시에서 있었던 마녀 재판의 희생자들이 아마도 이 병을 가지고 있었던 것으로 현재 간주된다. 헌팅턴병은 기저핵과 시상을 연결하는 간접 경로의 초기 부분에 있는 억제성 뉴런들의 감소 때문으로 일어난다(Wichmann & DeLong, 1996). 이 손상의 총체적인 효과는 간접 경로의 출력(브레이크)이 줄어드는 반면, 직접 경로의 출력(엑셀)은 정상으로 남아 있기 때문이다. 이 균형이 깨어진 것이 일반적인 운동의 증가를 가져온다.

투렛 증후군(Tourette's syndrome)은 운동 경련(틱)과 발성을 과도하고 반복적으로 하는 행동이 특징이다. 투렛 증후군이 있는 아동을 대상으로 한 fMRI 연구는 인지 과제 수행 동안 경련의 심한 정도와 직접 경로(엑셀)에 있는 흑질과 피질, 선조체와 시상 영역의 활성화 수준의 상관관계를 밝혔다(Baym et al., 2008). 복잡한 운동이나 인지 과제

핵심 용어

운동 저하 움직임의 감소

운동 과다 움직임의 증가

헌팅턴병 기저핵에 영향을 주는 유전질환으로 과도한 몸의 움직임이 특징임

투렛 증후군 어릴 때 나타나는 신경병리적 장애로, 근육 경련과 급작스러운 발화가 특징임

핵심 용어

강박장애(OCD) 반복적인 생각과 행동(예 : 물건 세기, 청소)이 특징인 불안장애

투렛 증후군의 증상

다음의 증상들을 포함한다.

- 운동 경련(예 : 잦은 눈 깜박임, 목 움직임)
- 반향어(다른 사람의 말을 반복하는 것)
- 동어반복증(자신의 말을 반복하는 것)
- 외설언어증(욕설을 내뱉는 것)

를 수행하는 동안 통제 집단에 비해 투렛 증후군 집단이 전전두엽에서도 보다 많은 활성화를 보였는데(Jackson et al., 2011), 이것은 경련을 통제하려는 노력으로 인한 보상적 기제로 해석된다.

투렛 증후군은 **강박장애**(obsessive-compulsive disorder, OCD)와 유사한 병리적 특성을 갖고 있다(Sheppard et al., 1999). 강박장애는 반복적인 망상과 청소, 셈하기, 점검하기 등과 같은 충동적 행동으로 구성된다. 강박장애의 행동은 경련(틱)에 비해 보다 복잡하며, 원하지 않는 부적절한 행동임에도 불구하고, 어느 정도 자발적인 속성이 있다. 현재까지 알려진 증거들은 강박장애가 파킨슨병이나 헌팅턴병의 운동장애에 관련된 운동 회로와 달리, 기저핵에서 안와전두엽으로 신호를 보내는 변연 회로와 관련 있음을 암시한다. 강박장애가 있는 환자들은 안와전두엽과 내측 기저핵 영역 사이의 기능적 연결성(fMRI로 측정)이 증가된 것을 관찰하였다(Harrison et al., 2009). 안와전두엽은 행동의 융통성과 관계되며, 부정적인 피드백에 반응한다. 강박장애 환자들은 이전에 보상받았던 반응이 더 이상 보상받지 못할 때, 안와전두엽이 낮은 활성화를 보였다(Chamberlain et al., 2008).

평가

피질(주로 전두엽) 및 피질하 구조물들과 관련된 많은 회로들은 움직임의 촉발과 실행에 중요하다. 소뇌와 연관된 한 회로는 이미 촉발된 행동을 조정하는 데 관여한다. 기저핵과 연관된 회로는 자발적인 움직임과 관련된다. 기저핵 회로는 대뇌피질의 흥분을 증폭시키거나 축소시키는 것과 관련된 직접 경로와 간접 경로로 구성된다. 직접 경로와 간접 경로의 손상은 파킨슨병, 헌팅턴병, 그리고 투렛 증후군과 같은 많은 움직임과 관련된 질병을 발생시킨다.

요약 및 핵심 정리

- 행위는 많은 처리 과정들이 함께 협력적으로 작동한 결과로 고려할 수 있다. 이러한 과정들은 목표의 선택과 유지, 환경에 존재하는 물체의 확인과 그것의 시공간적 특성에 따라 운동 명령으로 전환하는 과정, 운동을 준비하는 과정, 운동의 실행과 실시간적인 통제를 포함한다.
- 전전두엽은 행위 계획의 가장 높은 단계들과 일반적인 인지 통제와 관련된다. SAS 모형은 행위 선택 과정과 전두엽 손상으로 인한 선택의 실패에 대한 좋은 설명을 제공한다.
- 외측 전운동피질은 행위의 준비(특히 외부 물체에 대한 행위)와 다른 사람의 행동을 관찰하는 과정('거울 뉴런' 사용)에 관련된다. 이것은 모방과 기술 학습에 중요하다.
- 물체의 시각적 처리는 복측 경로(명시적인 물체 재인과 관련된)와 배측 경로를 포함한다. 배측 경로는 물체와 관련된 행위 특성을 부호화한다(즉 자기를 중심으로 물체의 공간적 위치와 크기 같은 특성).
- 배측 경로는 두정엽에서 마무리되며, 두정-전두 네트워크는 개인의 목표와 현재의 외부 물체에 기초한 행위 계획을 수립하는 역할을 한다.
- 인간은 많은 종류의 도구를 사용한다. 도구 사용은 의미기억을 통해 물체와 관련된 지식과 행동들을 인출함으로써 달성되거나, 또는 물체의 감각운동 특성에 기초한 '행위유도성'을 사용하여 달성된다. 도구 사용의 손상을 실행증이라 부른다.
- 행위의 준비와 실행은 두 가지의 피질하 회로들에 의해 영향을 받는다. (1) 소뇌, (2) 기저핵 회로가 그것이다. 소뇌 회로는 의도한 운동 행위와 감각적 결과를 비교함으로써 실시간 운동 조율에 관련된다.
- 기저핵은 행위 촉진과 행위 억제 경로들의 균형을 통해 행동을 조절하며, 특히 자발적 행위(보조운동 영역에서 준비됨)와 관계된다. 파킨슨병과 헌팅턴병은 균형의 손상으로 설명되며, 수축된 움직임과 과도한 움직임을 야기한다.

논술 문제

- 행위에 있어 전두엽의 역할은 무엇인가?
- 거울 뉴런이란 무엇이며, 이것의 발견이 행위에 대한 사람들의 생각을 어떻게 바꾸었는가?
- 물체와 관련된 행위들은 어떻게 저장되고 인출되는가?
- 시각과 행위가 뇌에서 어떻게 통합되는가?
- 행위에 있어 소뇌와 기저핵의 역할을 비교 및 대조하라.

더 읽을거리

- Goodale, M. A. & Milner, A. D. (2004). *Sight unseen*. Oxford, UK : Oxford University Press. 행위에서 시각의 역할에 대한 매우 훌륭한 설명서
- Haggard, P., Rossetti, Y., & Kawato, M. (2008). *Sensory-motor foundations of higher cognition (Attention and performance XXII)*. Oxford, UK : Oxford University Press. 모방, 행위 의도와 같은 주제들에 대한 전문가들의 저술집
- Morsella, E., Bargh, J. A., & Gollwitzer, P. M. (2008). *Oxford handbook of human action*. Oxford, UK : Oxford University Press. 움직임보다 행위에 초점을 둔 포괄적인 저술집
- Rizzolatti, G., Sinigaglia, C., & Anderson, F. (2007). *Mirrors in the brain*. Oxford, UK : Oxford University Press. 거울 뉴런과 그 폭넓은 함의에 대한 이해하기 쉬운 설명서

제9장

기억하는 뇌

이 장의 내용

단기기억과 작업기억

장기기억의 유형

기억상실증

해마와 내측두엽의 기억 기능

기억함, 앎, 잊음에 관한 이론

장기기억에서 전전두피질의 역할

요약 및 핵심 정리

논술 문제

더 읽을거리

학 습하고 기억할 수 있으면 진화 과정에서 몇 가지 장점을 누릴 수 있다. 유기체는 경험을 근거로 미래의 결과를 예측할 수 있고 새로운 상황에 대처할 수 있다. 위협을 느꼈던 상황을 피할 수 있고 먹이를 발견했던 장소로 돌아갈 수 있다. **가소성**(plasticity)은 경험을 통해 변할 수 있는 뇌의 능력을 일컫는다. 가소성은 아동기에 최고조에 이르지만 평생 동안 지속된다. 뉴런 수준에서 가소성은 뉴런들의 시냅스 연결성 패턴을 변화시킴으로써 발생한다. 전체 뇌가 이처럼 변할 수 있으므로, 학습과 기억이 전문화된 모듈이나 기능만이 아니라 뇌 전체의 특성이라 생각해볼 수 있다. 사실 기억이 완전히 사라지거나 제거된 사례는 없다. 기억상실증 환자조차도 배우고 기억할 수 있는 것이 있다. 비록 전체 뇌가 학습과 기억에 이바지하지만, 각 영역마다 서로 다른 방식으로 이바지한다는 점을 꼭 기억해야 한다. 어떤 영역은 단어를 학습하고 기억하는 데 특화되어 있고, 다른 영역은 시각적 대상을 학습하고 기억하는 데 특화되어 있으며, 또 다른 영역은 자신의 삶에서 경험한 일화를 회상하는 데 중요하다. 마지막 사례가 전통적인 의미에서 '기억'이라고 할 수 있다. 그러나 기억해야 할 것은 그것만이 아니다.

이번 장의 일반적인 접근 방법은 기억의 여러 가지 유형과 뇌 속에 구현된 방식, 그리고 여러 기억이 상호작용하는 방식을 살펴보는 것이다. 먼저 장기기억 및 단기기억 또는 작업기억을 살펴본다. 그다음, 장기기억의 여러 유형을 살펴보고 이론적 틀에서 기억상실증을 논의한다. 그 후 해마의 역할이 시간의 제약을 받는지, 친숙감과 회상의 신경 기질 및 망각의 인지/신경 메커니즘이 서로 다른지를 논의한다. 마지막으로 전두엽의 기억 기능을 논의한다.

단기기억과 작업기억

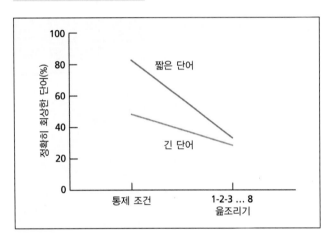

그림 9.1 단기기억에서 단어 목록을 회상하는 것은 단어가 길수록 어렵고, 조음 억제의 영향을 받는다.

출처 : Data from Baddeley et al., 1975.

'단기기억'과 '장기기억'이라는 이름은 마치 며칠 전에 일어난 일과 몇 년 전에 일어난 일이 따로 저장된다고, 즉 시기에 따라 서로 다른 유형의 기억이 사용된다고 암시하는 것 같다. 이는 흔한 오해이다. 심리학자들이 단기기억과 장기기억을 구분하는 방식은 그렇지 않다. 단기기억(short-term memory, STM)은 현재 마음 속에 떠올리고 있는 정보에 대한 기억을 말하며 용량이 제한되어 있다. 장기기억(long-term memory, LTM)은 저장된 기억이며, 현재 의식적으로 접근하지 않았거나 아예 접근할 수 없는 기억이다. 연구자들은 뇌가 거의 무제한의 장기 저장 용량을 타고났다고 본다. 이 정의에 따르면 몇 시간, 며칠, 또는 몇 년 전에 일어났다 하더라도 모든 기억은 장기기억 속에 저장된다.

이 단락에서는 제한된 용량을 가진 단기기억의 종류와 그 신경 기저를 살펴볼 것이다. 두 번째로 작업기억의 개념과 특히 정보를 유지하고 조작하는 전전두피질의 기능을 살펴볼 것이다.

음운적 단기기억

흔히 단기기억이라 하면 음운 단기기억이나 언어 단기기억을 줄여서 말한다. 일반적으로 음운 단기기억의 용량을 제약을 파악하기 위해 폭 과제(span task)를 사용하는데, 이 과제에서 참가자들은 일련의, 예를 들면, 숫자를 읽고 나서 곧바로 또는 잠시 기다린 후에 읽었던 숫자열을 보고해야 한다. 밀러(Miller, 1956)는 인간이 7개보다 2개가 적거나 많은 정도(즉 5~8개)의 단기기억 폭을 가진다고 주장했다. 그는 7개의 항목이 단어나 음절이 아니라 정보의 의미 있는 묶음(chunk)이라고 주장했다. 예를 들어, '0815'처럼 의미 있는 날짜는 하나의 묶음이지만, '5297'은 개별 숫자로 이루어진 묶음이다. 그러나 다른 연구자들은 묶는 처리가 장기기억에 의존하여 정보를 재조직하기 때문에, 진정한 용량 제약은 약 4개 정도로 더 낮다고 주장해왔다(Cowan, 2001). 밀러의 제안과 어긋나는 증거들은 용량 제한이 단순히 의미성보다는 자극의 음운적 특성과 관련 있다는 연구에서 나왔다. 기억 목록 속의 단어들이 여러 음절로 이루어졌을 때(예 : 'skeleton, binocular, …'; Baddeley et al., 1975) 또는 음운적으로 서로 비슷할 때(예 : 'map, can, cap, mat, …'; Baddeley, 1966) 폭의 길이는 짧다. 항목을 암송할 수 있는 기회는 폭에 영향을 끼치는 또 다른 요인이다. 참가자가 단어 목록을 학습하는 동안 관련 없는 소리를 조용히 읊조려야 하는 경우(예 : '더, 더, 더, …' 또는 '하나, 둘, 셋, …'이라고 말하기)에는 폭이 줄어든다. 이를 조음 억제(articulatory suppression)라고 한다.

배들리는 폭 과제들이 적어도 두 가지 요소를 포함한다고 주장하였다. 음운을 저장하는 기제와 소리 없는 조음으로 저장 정보를 환기하는 암송 기제가 이에 해당된다. 후자는 조음 억제의 방해를 받는다. 그는 저장과 암송 기제를 합쳐서 '음운 루프(phonological loop)' 또는 '조음 루프'라고 불렀다(Baddeley et al., 1984). 신경과학에서는 이러한 루프를 말을 지각하는 처리들과 말을 산출하는 기제 간의 상호 활성화의 관점에서 이해한다(Buchsbaum & D'Esposito, 2008; Jones et al., 2004). 이러한 내용은 제11장 '말하는 뇌'에서 자세히 다룬다.

핵심 용어

조음 억제 다른 과제(보통은 기억 과제)를 수행하는 동안 단어를 조용히 읊조리는 것

시각-공간적 단기기억

음운 정보에 관련된 단기기억에 용량 제약이 있는 것처럼 시각-공간적 정보에 관한 단기기억에도 용량 제약이 있다(Logie, 1995). '코르시 블록(Corsi blocks)'이라고 부르는 단순한 검사에서 검사자는 여러 개의 사각형이나 블록을 차례대로 건드린 후, 참가자에게 그 순서를 재현하라고 요구한다. 이 과제에서 참가자들은 보통 5개까지 정확히 순서를 기억할 수 있다. 또 다른 방법은 물체들의 배열을 보여준 후, 잠깐의 지연(수 초간) 후에 배열을 기억해내도록 하는 것이다. 기억 검사 방법은 재인이나(이 물체를 본 적이 있는가?), 변화 탐지(동일한 배열인가?), 또는 단서 회상(이 위치에 무슨 물체가 나왔는가?)이 있다. 럭과 보겔(Luck & Vogel, 1997)은 다양한 색깔의 정사각형 또는 기울어진 선분들로 된 배열을 제시하였다. 두 경우 모두, 4개 항목 이상을 마음속에 유지해야 했을 때 기억의 정확성이 감소하였다. 흥미로운 결과는 세부 특징의 접합(즉 색깔과 정향을 가진 선분)을 기억해야 하는 조건들을 비교했을 때 관찰되었다. 접합을 기억해야 하기 때문에 2배 많은 세부 특징을 마음속에 유지해야 했지만, 기억 수행은 반으로 감소하

지 않고 아무 문제 없이 유지되었다. 즉 대략 4개의 세부 특징 접합이 기억될 수 있었다. 연구자들은 세부 특징을 4배 늘린 조건에서도 같은 결과를 발견하였다. 4개의 물체가 가지고 있는 16가지 세부 특징을 기억하는 것은 4개의 물체가 가진 네 가지 세부 특징을 기억하는 것만큼 정확했다. 이 결과는 용량 제약이 시각적 세부 특징보다는 시각적 물체/위치와 관련깊다는 점을 의미한다.

무엇이 시각-공간적 단기기억의 신경 기저일까? 물체를 지연 기간 동안 마음속에 붙잡아두면 물체 지각을 담당하는 뇌 영역의 활동이 유지된다는 증거가 있다. 랑가나스

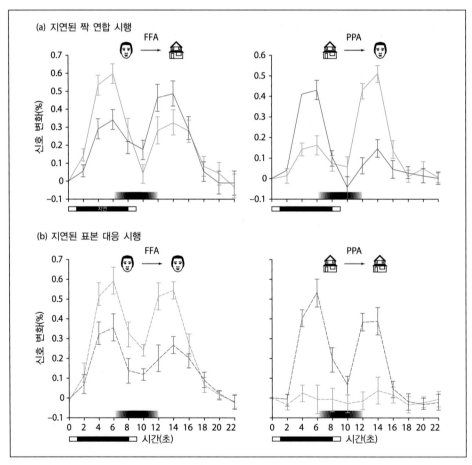

그림 9.2 이 연구에서는 시각 자극(1초 동안 제시된 얼굴이나 집)을 지연시간 동안 작업기억에 담고 있거나[지연된 표본 대응(delayed matching to sample, DMS)], 다른 범주의 연합 항목을 작업기억에 담고 있어야 했다[지연된 짝 연합(delayed paired associates, DPA)]. 얼굴(파란 선)이나 장소(빨간 선)를 보거나 마음속에 담고 있는 동안, 얼굴이나 장소에 민감하게 반응하는 뇌 영역(FFA : 방추 얼굴 영역, PPA : 해마주변 장소 영역)의 활동을 측정하였다. 그림에서 지연 기간에 주목해야 한다. 물체는 1~8초 사이에 제시되었지만, 6~12초 사이에서도 BOLD 반응을 볼 수 있다.

출처 : Ranganath et al., 2004.

등(Ranganath et al., 2004)은 얼굴과 장소 그림에 관한 시각 단기기억을 fMRI를 이용하여 검토하였다. 지연된 표본 대응 과제에서 참가자들은 얼굴이나 장면을 (1초간) 본 후, 검사 자극이 곧 나올 때까지 (7초 동안) 이를 마음속에 떠올려야 했다. 얼굴이나 장소를 떠올리는 동안 얼굴과 장소를 각각 지각하는 데 특화된 복측 흐름의 부위들이 지속적으로 활성화되었다(혈류량이 느리기 때문에 이 효과는 6초 후에 나타났다). 지연된 짝 연합 과제도 비슷한 절차를 사용하였다. 단, 참가자는 특정 장소와 얼굴 그림으로 된 쌍을 미리 학습하였다(예 : 얼굴 A는 장소 A와 짝을 이뤘다). 이때 지연 기간에 해당하는 BOLD 활동은 방금 제시된 자극이 아니라, 회상되어야 하는 자극 유형을 반영하였다. 그러나 이 시각 영역들만으로 시각적 단기기억을 설명할 수 있는 것은 아니다. 이 영역들은 지연 기간 동안 전두엽 및 두정엽의 영역들과 기능적으로 연결되었다(Gazzaley et al., 2004). 게다가 지연 기간 동안 방해 자극을 제시하면(예 : 얼굴 하나를 마음속에 떠올리는 동안 과제와 상관없는 얼굴들이 출현) 시각적 단기기억뿐만 아니라 네트워크의 연결성을 방해하였다.

럭과 보겔(1997)처럼 단순한 시각 물체(색칠된 도형)의 배열을 사용하는 기능 영상 연구들은 시각-공간적 주의에도 관여하는 후두정피질 영역(두정내구)의 중요성을 보여주었다(Todd & Marois, 2004). 이 영역들의 fMRI 활동은 시각적 지각에 관여하는 영역과 더불어 용량의 개인차를 설명할 수 있었다(Todd & Marois, 2005).

작업기억의 개념

작업기억(working memory)의 개념은 본질적으로 단기기억의 개념을 확장한 것이다. 핵심적인 차이는 작업기억이 넓은 범위의 인지(사고, 이해 등)를 강조하는 데 반해, 단기기억은 수동적으로 정보를 파지하는 것을 의미하는 데 있다. 가장 영향력 있는 모형 중 하나는 배들리와 히치(Baddeley & Hitch, 1974; Baddeley, 1986)에 의해 제안되었다. 원래의 모형은 세 가지 요소로 구성되어 있다. 음운 루프는 제한된 용량을 가진 음운 저장소와 그 내용을 (비음성적 암송에 근거하여) 환기하는 메커니즘으로 이루어져 있다. 시각에도 음운 요소와 동등한 시스템이 있는데, 이를 시공간잡기장이라 한다. 음운 루프와 시공간잡기장을 합쳐서 '하위(slave) 시스템'이라 한다. 이들은 중앙집행기라고 하는 세 번째 요소와 대비된다. 중앙집행기는 하위 시스템을 조율하고, 과제의 목표를 설정하거나 인지 작업의 루틴을 시행하고 종료하는 등 일반적인 인지 기능을 통제한다. 작업기억의 핵심적인 특성은 융통성 있는 중앙집행기와 더 구체화된 처리 루틴들 간의 상호작용에 있다. 나중에 세 번째 하위 시스템인 일화적 완충기가 모형에 추가되었다. 일화적 완충기는 일화적 장기기억에서 인출된 정보를 유지하고 조작하는 기능을 가진다

핵심 용어

작업기억 일시적으로 정보를 보관하고 조작하는 시스템

(Baddeley, 2000).

배들리와 동료들의 것과 같은 작업기억 모형은 정보(예 : 단어)가 독립적으로 특화된 시스템(예 : 음운적 단기기억 저장소)에 전달되거나 복사되고, 집행 시스템이 이 정보를 가지고 작업을 진행한다고 제안한다. 이와 대비되는 접근 방법은 '중계인을 제외하는 것'이다. 즉 단기기억 저장소라는 것은 존재하지 않으며, 작업기억이란 전전두/실행 시스템에 의해 장기기억이 일시적으로 활성화된 것에 불과하다고 보는 것이다(Cowan, 2001; D'Esposito, 2007). 이 접근 방법의 장점은 단순하다는 것이다. 모든 종류의 정보 (예 : 촉감과 냄새)에 대한 작업기억을 설명할 수 있어서, 각각의 종류를 저장하기 위해 독립된 하위 시스템이 존재한다고 가정할 필요가 없다. 장기기억의 일시적 활성화 상태로서 작업기억을 이해할 때의 문제점은 애초에 용량 제한이 왜 생겼는지를 설명하기 어렵다는 것이다. [주 : 전통적인 모형들에서 이 점은 문제가 되지 않는다. 용량 제한은 단기 저장소의 내재적 특질이기 때문이다. 예를 들어, 단기 저장소에는 4~7개의 '빈 자리 (slot)'가 있다고 가정해왔다.] 한 가지 설명은 장기기억 저장소에서 많은 항목이 동시에 활성화될수록, 이들 간의 간섭이 커져서 정확도가 낮아진다는 것이다(예 : 'mop'은 여러 개의 다른 단어와 함께 활성화되어 있을 때 'map'과 혼동될 수 있다. 그러나 이 단어 하나만 기억하고 있을 때 그런 일은 일어나지 않는다). 가령, 시각적 단기기억 과제에서 방금 제시된 배열 속에 있던 물체의 정확한 위치를 정확히 기억하는 것은 배열의 크기가 커질수록 점점 어려워진다. 그러나 배열의 크기가 '마술의 숫자'인 4개가 될 때까지는 오류가 증가하지 않는다(Bays & Husain, 2008).

인지신경과학에서 얻은 증거들은 물체, 단어 및 일화의 장기 저장소 역할을 하는 뇌 부위가 일시적으로 활성화된 상태가 작업기억이라는 견해와 일치한다(D'Esposito, 2007). 221쪽에서 설명한 랑가나스 등(2004)의 연구가 좋은 예이다. 배들리(2012)가 지적한 바와 같이 이런 류의 연구들이 추가적인 단기기억 저장소가 있다는 것을 반증하지는 않는다. 그러나 이 연구들은 작업기억과 장기기억이 완전히 별개의 것이 아니라는 생각을 지지한다.

다른 증거들은 작업기억의 통합성이 새로운 정보를 장기적으로 학습하는 데 중요하다는 견해와 일치한다. 앳킨슨과 시프린(Atkinson & Shiffrin, 1968)의 영향력 있는 모형 같은, 더 초기의 이론들은 작업기억이 장기 학습에 중요하다고 제안했지만, 당시에는 이

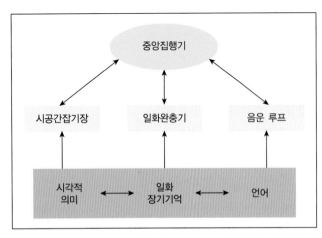

그림 9.3 배들리(2000)의 모형은 수정되어 장기기억(초록색)과 연결된 세 종류의 단기 시스템(파란색)을 가지게 되었다.

를 지지할 만한 증거가 없었다. 예를 들어, 음운 단기기억이 망가진 뇌 손상 환자들은 쌍으로 연합된 친숙한 단어들을 학습할 수 있었다(Warrington & Shallice, 1969). 후속 연구들은 (오래된 정보의 새로운 조합 대신에) 새로운 정보를 학습하는 과정에 집중되었고, 음운 단기기억이 망가진 뇌 손상 환자들이 새 단어를 학습하는 데 어려움을 겪는다는 것을 밝혔다(Baddeley, 1993; Baddeley et al., 1988). 게다가 음운 단기기억의 개인 차는 아동이 장난감 이름을 학습하는 정도를 예측할 수 있었다(Gathercole & Baddeley, 1990). 친숙한 이름(예 : 마이클, 피터)을 장난감에 부여하는 능력에서는 차이가 없었지만, 새로운 이름(예 : 피에클, 미에터)을 부여할 때는 차이가 났다. 마찬가지로 뇌 손상으로 인해 시공간 단기기억이 손상되면, 낯선 얼굴 같은 새로운 시각 정보를 학습하는 능력도 손상되었다(Hanley et al., 1991). 그러므로 단기기억의 효율성에 생긴 문제는 장기 학습에 부정적인 영향을 끼쳤다. (나중에 논의하겠지만 그 반대도 사실인 것은 아니다. 즉 장기 학습의 문제가 반드시 작업기억 용량의 감소를 동반하지는 않는다.)

작업기억과 전두엽

전두엽의 전전두피질은 작업기억에서 결정적인 역할을 한다고 널리 알려져 있다. 대부분의 모형은 정보를 저장하는 주요 위치가 전두엽 자체에 있다기보다는 뒤쪽 뇌에 있으며, 전두엽의 역할은 이 정보를 활성화된 상태로 유지하거나 활성화된 정보를 현재의 목적에 따라 조작하는 거라고 가정한다.

가령, 배들리(1986)의 모형에서 중앙집행기의 개념은 실질적으로 전전두 기능을 뜻한다. 골드만-라킥(Goldman-Rakic, 1992, 1996)의 모형도 전전두피질이 작업기억 시스템을 시행한다고 여겼는데, 주로 그 증거를 동물 뇌 손상 연구와 단일세포 측정법을 통해 얻었다. 외측 전전두피질을 손상시키면 자극/반응을 짧은 시간 동안 마음속에 담아두는 능력이 손상된다(Butters & Pandya, 1969). 지연 반응 과제에서 원숭이는 화면의 한 위치에 제시된 사각형을 주시하였다. 사각형이 곧 사라지면 원숭이는 그 위치를 '마음속'에 담아두어야 했다. 잠시 후 원숭이는 그 사각형이 있었던 장소를 쳐다봐야 했다. 단일세포 측정법으로 측정한 결과, 배외측 전전두 뉴런들 중 일부는 지연 기간 동안에만 선택적으로 반응했는데, 이것이 위치를 마음속에 붙잡아두는 신경 메커니즘이라 할 수 있다(Funahashi et al., 1989).

골드만-라킥(1996)은 배외측과 복외측 영역에서 처리되는 정보의 내용은 서로 다르지만, 그 안에서는 동일한 유형의 처리가 이루어진다고 주장하였다. 구체적으로 말하자면, 그녀는 복측 영역이 물체에 관한 작업기억을 뒷받침하고 배측 영역이 공간 작업기억을 뒷받침한다고 제안하였다(즉 배측 및 복측 시각 흐름이 집행 기능 수준에서 자

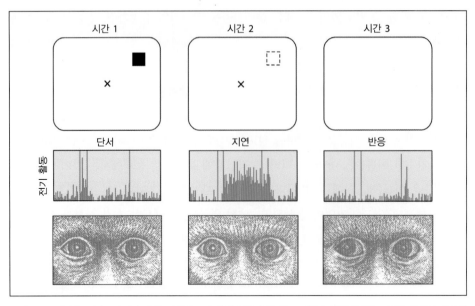

그림 9.4 배외측 전전두피질에 대한 단일세포 측정법 연구에서 서로 다른 뉴런들이 (1) 표적의 위치를 학습하거나, (2) 그 위치를 지연 기간 동안 '마음속'에 품고 있거나, 또는 (3) 단서가 사라졌을 때 그 위치로 눈을 움직이는 데 반응하였다.

출처 : Goldman-Rakic, 1992. Reprinted with permission of Patricia J. Wynne. www.patriciawynne.com.

취를 드러내는 것이다). 최근의 증거는 이 견해와 일치하지 않는다. 라오 등(Rao et al., 1997)은 개별 뉴런이 과제가 변함에 따라 물체나 위치에 근거하여 반응할 수 있다고 보고하였다. 그 뉴런이 배외측 영역에 있는지, 복외측 영역에 있는지는 상관이 없었다.

페트리디스(Petrides, 1996, 2000, 2005)는 작업기억에 관해 골드만-라킥의 설명과는 다른 설명을 제안하였다. 그는 배외측과 복외측 영역이 서로 다른 유형의 처리에 관여한다는 면에서 다를 뿐 서로 다른 정보(예 : 공간 대 물체)에 특화된 것은 아니라고 주장하였다. 이는 위계적인 작업기억 모형이다. 이 모형에서 복외측 전전두피질은 뇌의 뒤쪽 피질에 보관된 정보를 활성화하고 인출하고 유지하는 역할을 맡는다. 배외측 전전두 영역은 이런 시스템에서 유지되고 있는 정보를 적극적으로 조작하는 일을 담당한다(예 : 정보의 순서 정하기). 페트리디스와 마일너(Petrides & Milner, 1982)는 전전두 병변을 가진 환자들이 **자기 순서화 지목 과제**(self-ordered pointing task)라는 작업기억 과제를 수행하지 못하는 것을 발견하였다. 환자들은 8개의 단

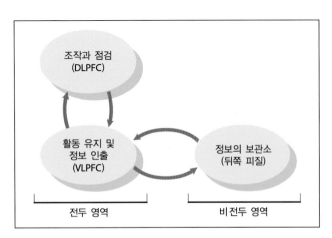

그림 9.5 복외측 전전두피질(VLPFC)은 정보를 활성화시키고 유지하고 배외측 전전두피질(DLPFC)은 그 정보를 조작하는 위계적 작업기억 모형

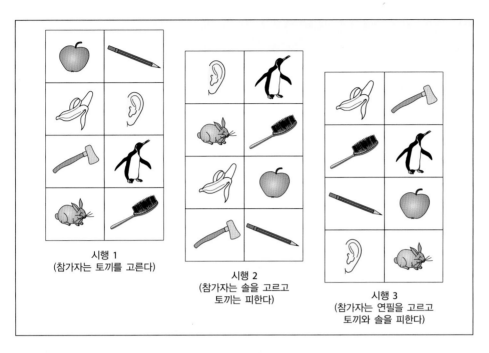

그림 9.6 페트리디스와 마일너 (1982)의 자기 순서화 지목 과제. 참가자는 각 시행마다 새로운 물체를 지목해야 하므로, 반드시 이전에 선택했던 기록을 마음속에 떠올리고 있어야 한다.

시행 1
(참가자는 토끼를 고른다)

시행 2
(참가자는 솔을 고르고
토끼는 피한다)

시행 3
(참가자는 연필을 고르고
토끼와 솔을 피한다)

어 또는 그림으로 된 배열을 제시받았고, 그중 하나를 골라야 했다. 두 번째 시행에서 환자들은 첫 번째 고른 것과 다른 것을 골라야 했다. 마찬가지로 세 번째 시행에서도 또 다른 것을 골라야 했다. 이런 식으로 반복하는 동안 환자들은 선택한 항목에 관한 기록을 유지하고 즉각적으로 갱신해야만 한다. 원숭이를 대상으로 한 비슷한 연구를 통해 배외측 전전두피질이 결정적인 영역임이 밝혀졌다(Petrides, 1995). 인간을 대상으로 한 기능적 영상 연구에서 오웬 등(Owen et al., 1996)은 공간적 위치를 단기간 파지하는 것이 복외측 활동과 관련이 있음을 발견하였다. 그러나 참가자들이 주목하거나 피할 위치에 관한 기록을 유지하고 갱신해야 했을 때는 배외측 활동이 관찰되었다.

평가

단기기억 시스템은 용량 제약이 있는 저장 시스템과 그 시스템의 활성화를 환기하고 유지하는 메커니즘으로 구성된다. 두 번째 메커니즘은 분명히 외측 전전두피질의 활동과 연관된다. 저장소의 본질에 관하여 논쟁의 여지가 남아 있는데, 독립적인 기억 시스템일 수도 있고, 장기 저장소(예 : 단어) 또는 지각적 자원(예 : 시각 패턴)이 일시적으로 활성화된 것일 수도 있다. 용량 제약은 전자의 경우에 주로 시스템의 크기 때문에 발생하고, 후자의 경우에는 활성화된 항목들 간의 간섭 때문에 발생할 것이다. 인지신경과학적 증거들은 두 번째 가능성을 지지한다. 덧붙여서 마음속에 떠올린 정보들을 단순히 유지하는 것이 아니라 조작하는 메커니즘도 있다('작업'기억의 개념). 이 메커니즘은 전전두피질의 배외측 영역의 기능에 특히 관련되어 있다.

장기기억의 유형

단기기억이 여러 요소(예 : 시공간적, 음운적)를 가지는 것처럼 장기기억도 여러 요소로 나뉠 수 있다. 이를 다중 기억 체계 접근이라 한다(Nyberg & Tulving, 1996).

한 가지 구분법은 기억에 의식적으로 접근할 수 있는지 여부에 따라 서술기억(declarative memory)과 비서술기억(non-declarative memory)으로 나누거나(Squire et al., 1993), 외현기억(explicit memory)과 암묵기억(implicit memory)으로 나누는 것이다. 비서술기억은 여러 개의 하위 요소로 구성된다.

절차기억(procedural memory)은 자전거를 타는 것처럼 기술에 관한 기억을 말한다. 이 기억은 의식적으로 접근할 수 없는데, 이는 말로 보고할 수 없다는 뜻이다. 기저핵이 절차적인 기술과 습관을 학습하는 데 중요하다는 증거가 있다(Packard & Knowlton, 2002). 지각적 표상 시스템은 소리, 단어, 물체 등을 지각하는 데 사용된다(Schacter, 1987). 이것들은 지각적 세상에 관한 지식을 저장하고 학습할 수 있다는 면에서 기억 시스템이다. 점화는 최근에 접했던 정보에 더 빨리 접근할 수 있는 현상을 말한다. 예를 들어, 사람들은 최근에 'HORSE'라는 단어를 봤다면 H__SE라는 단어 파편을 HORSE로 채울 가능성이 높다. 이는 단어의 지각 표상에 접근하는 것이 두 번째로 접근할 때 더 쉽기 때문이다(Tulving & Schacter, 1990). 색터 등(Schacter et al., 1990)은 일련의 낯선 물체들을 참가자들에게 보여주었다. 모든 물체가 낯설었지만, 어떤 것들은 3차원적으로 가능한 형태였고, 나머지 것들은 불가능한 형태였다. 두 번째로 이 물체들이 제시되었을 때, 참가자들은 각 물체의 가능성-불가능성 여부를 판단하였다. 점화는 가능한 형태에 대해서만 관찰되었고(즉 반응시간이 더 빨랐다) 불가능한 형태에 대해서는 관찰되지 않았다. 이 결과는 지각 시스템이 현실성 있는 물체들을 학습하여 구분할 수 있게 되었고, 그로 인해 암묵기억 검사에서 점화가 생겨났음을 뜻한다. 점화의 신경 지표는 첫 번째에 비해 두 번째 제시된 자극에 대해 활동이 감소하는 것이다(Schacter & Badgaiyan, 2001). 영상 연구들(Schacter & Badgaiyan, 2001)과 후두엽이 손상된 환자의 사례(Gabrieli et al., 1995)는 점화가 지각에 관여하는 뇌 영역에 관련된다는 생각과 일치한다.

털빙(Tulving, 1972)은 서술기억(또는 외현기억)을 처음으로 일화기억과 의미기억으로 구분하였다. 의미기억(semantic memory)은 사람, 장소, 물체와 단어의 의미에 관한 지식 등 세상에 관한 개념적 지식을 말한다. 그에 비해 일화기억(episodic memory)은 살

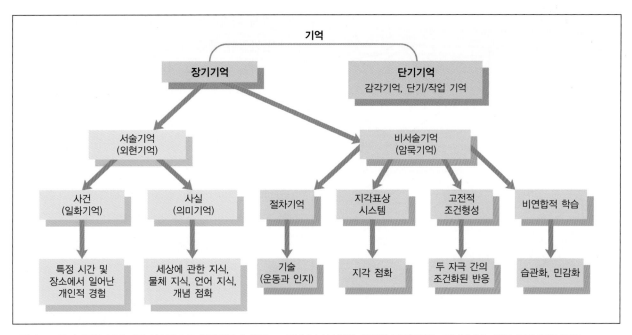

그림 9.7 장기기억을 여러 개의 시스템으로 생각해볼 수 있다. 그러나 이 시스템은 완전히 독립적일까, 아니면 어느 정도 서로 의존할까?

출처 : Gazzaniga et al., 2002. ⓒ 2002 W. W. Norton & Company, Inc. Reproduced with permission.

면서 일어난 특정 사건에 관한 기억, 즉 특정한 시간과 공간에 관한 기억을 말한다. 예를 들어, 파리가 프랑스의 수도라는 것은 의미기억이지만, 그 사실을 배웠다는 것을 기억하거나 파리를 방문했던 것을 기억하는 것은 일화기억이다. 일화기억은 일인칭의 특성을 가진다. 즉 관찰자/참가자 자신이 참여하는 기억이다. 그 때문에 일화기억은 자서전적 기억으로도 알려져 있다. 자신에 관한 사실(예 : 주소와 배우자의 이름)은 보통은 의미기억이고, 개인적 의미기억이라고 부른다.

　다중 기억 시스템을 지지하는 증거들이 있지만, 그럼에도 불구하고 시스템들은 어느 정도 겹친다. 다음 단락에서 이를 설명한다.

기억상실증

신경심리학 문헌에서 가장 유명한 환자 중 한 사람이 바로 HM이다(Corkin, 2002). HM은 열 살 때부터 뇌전증 발작을 겪기 시작해서 고등학교를 졸업할 무렵 그의 삶의 질은 의사와 가족들이 수술을 하기로 결정할 만큼 악화되어 있었다. 수술 절차는 해마를 포함한 양반구의 측두엽을 제거하는 것이었다(Scoville & Milner, 1957). 외과의사들이 예상하지 못했던 것은 HM이 기록에서 찾아보기 어려울 만큼 심각한 기억상실증

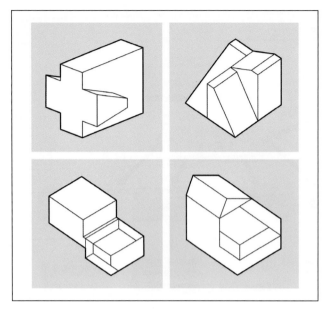

그림 9.8 색터 등(1990)의 연구에서 사용된 가능한 물체와 불가능한 물체. 가능한 물체들만 점화 효과를 보였는데, 이는 점화가 이미 알고 있는 물체에 관한 지각 저장소에 의존한다는 것을 뜻한다.

출처 : ⓒ 1990 American Psychological Association. Reproduced with permission.

을 겪게 되리라는 것이었다. 수술 후 수십 년이 지나서 관찰한 바에 따르면, HM은 "어디 사는지, 누가 자신을 돌보는지, 가장 최근에 어디서 식사를 했는지 몰랐다. 그는 올해가 43년 전에 멈춘 듯이 생각했다. 그는 1966년 마흔 번째 생일 때 찍은 자신의 사진을 1982년에 알아보지 못했다"(Corkin, 1984, p.255). 그가 사망했을 때 HM의 본명이 헨리 몰레이슨(Henry Molaison, 1926~2008)임이 알려졌고, 그의 뇌는 조직학 연구를 위해 보존되었다.

전역적 기억상실증(global amnesics)은 새로운 정보를 학습하지 못하는 장애[순행성 기억(anterograde memory) 손상]와 뇌 손상 이전의 정보를 기억하지 못하는 장애[역행성 기억(retrograde memory) 손상]를 모두 겪는 것이다. HM의 역행성 결핍은 열여섯 살까지 거슬러 올라가고, 순행성 결핍은 지극히 심각했다(Sagar et al., 1985). 기억상실증은 이질적인 증상으로 이루어진 장애임을 명심해야 한다. 환자들의 증상은 심각성의 측면뿐 아니라 질적 측면에서도 다르다(Spiers et al., 2001b). 이러한 차이는 내측두엽 안팎의 손상 부위가 다르기 때문일 수 있다. HM의 병변이 해마에만 있지 않고 다른 영역에도 있었다는 점을 염두에 두어야 한다.

HM의 기억상실증은 신경외과적 수술의 결과였다. 그러나 대부분의 환자들은 뇌졸중이나 바이러스 전염(특히 단순 포진 뇌염) 때문에 기억상실증을 겪게 된다. 특히 흔한 원인으로 만성 알코올중독으로 인한 티아민 결핍을 들 수 있다. 이를 **코르사코프 증후군**(Korsakoff's syndrome), 또는 코르사코프 기억상실증이라 한다. 코르사코프 증후군은 배내측 시상과 유두체를 비롯한 간뇌의 병리적 이상과 관련되어 있다(Parkin & Leng, 1993).

기억상실증에서 보존되는 기억과 손상되는 기억

앞에서 기술한 여러 종류의 기억 중, 기억상실증에서 손상된 기억은 무엇일까? 다른 기억 시스템에는 아무런 영향을 끼치지 않으면서 장기기억의 한 가지 측면만 손상되는 것이 정말 가능할까? 이번 단락에서는 네 가지 유형의 기억을 차례대로 살펴본다.

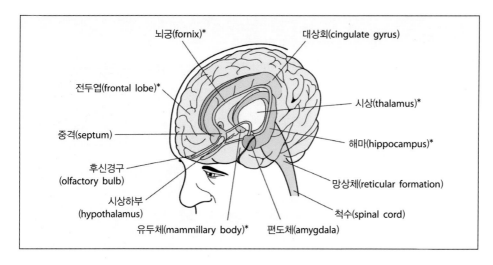

그림 9.9 내측두엽의 여러 영역과 주변 구조물(별표로 표시)이 손상되면 기억상실 증후군이 발생할 수 있다.

출처 : Parkin, 2001.

일화기억

기억상실증 환자들은 자신이 살면서 경험했던 사건(자서전적 기억)뿐만 아니라 다른 종류의 일화(예 : 단어 목록 학습)에 관한 기억 검사에서도 어려움을 겪는다. 새로운 정보를 학습하는 능력은 일반적으로 웩슬러 기억 척도(Wechsler Memory Scale; Wechsler, 1984) 같은 검사 배터리를 사용해 측정한다. 임상적으로는 기억 검사 수행이 IQ 점수에 근거하여 기대되는 수준보다 낮은 경우에 기억상실증으로 정의한다. 기억상실증 발병 이전의 생애에 관련된(즉 역행적) 사건이나 사실에 관한 지식은 자서전적 기억 인터뷰(Autographical Memory Interview; Kopelman et al., 1990) 같은 검사들로 측정할 수 있다. 역행성 기억 손실의 정도는 환자에 따라 매우 다양하다(Kapur, 1999). 기질성 기억상실증(organic amnesia)에서 순행성 장애가 전혀 없는 역행성 기억 손실이 존재할 수 있는지는 논쟁거리이다. 그러나 그러한 증상이 정신과적 질환과 '신경 쇠약' 때문에 생겨난 기억상실증에서 보고된 적이 있다(Kritchevsky et al., 2004).

단기기억

문헌에 나오는 가장 일관적인 결과 중 하나는 기억상실증 환자가 숫자폭 같은 단기기억

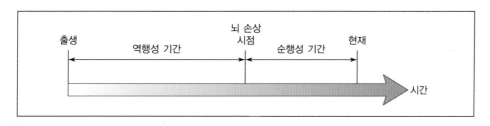

그림 9.10 기억상실증은 보통 심각한 역행성 기억 손상과 다양한 수준의 역행성 기억 손상으로 구성된다(음영은 손상의 심각성을 뜻한다).

영화 속 기억상실증

기억상실증은 영화 역사 초기부터 할리우드의 단골 메뉴였으며 (기억상실증에 관한 무성 영화가 적어도 열 편에 이른다) 지금까지도 영화 제작자들에 영감을 제공하고 있다(자세한 개관으로는 Baxendale, 2004 참조). 부자면서 사교계 명사였던 인물이 요트에서 떨어진 후 헌신적인 엄마가 되고(*환상의 커플*, 1987), 훈련받은 암살자가 자신의 직업을 잊어버리고 자신에 관해 조사하기도 하며(*본 아이덴티티*, 2002; *롱키스굿나잇*, 1996), 또 다른 경우에는 주인공이 머리에 두 번째 충격을 받고 나서 그동안 잊어버렸던 자아를 회복하기도 한다(*타잔-프랭크 메릴 편 2*, 1922).

임상적으로 기억상실증은 정도의 차이는 있더라도 손상 전에 생겼던 사건에 관한 기억(역행성 기억)과 새로운 정보를 학습하는 능력(순행성 기억)에 모두 영향을 끼친다. 영화 속에서는 깔끔하게 역행성 기억상실증이나 순행성 기억상실증 중 하나만 발생하곤 한다. 가령, *메멘토*(2000)의 레너드의 경우 순행성 기억은 완전히 손상되었지만 역행성 기억은 전혀 손상되지 않았다(그는 뇌 손상을 입게 된 사건도 기억한다). 영화는 그가 현재에서 헤어나지 못하여 전적으로 역행성 기억과 기억 보조 도구(노트, 사진, 문신)에만 의존하는 상황을 생생하게 그려낸다. 한 장면에서 그는 단서를 마음속(작업기억)에 떠올린 채로 그것을 받아적기 위해 펜을 찾는다. 그러나 그가 잠시 한눈을 팔아 암송하지 않는 사이에 단서는 애당초 알지 못했던 것처럼 마음속에서 사라져버린다. 영화적인 묘사는 대체로 정확했지만, 그가 말한 '단기기억 문제'는 아니었다.

선택적으로 역행성 기억상실증만 생긴 경우가 학술문헌에서 보고된 적이 있지만, 이 증상들의 원인이 기질성인 것인지 극심한 스트레스와 관계된 심인성인 것인지에 관해 논란이 있다(Kopelman, 2000). 할리우드 극작가들에게는 다행스러운 일일 텐데, 심인성 기억상실이 폭력적인 범죄를 저지른 후에 생겨날 수 있다(Schacter, 1986). *본 아이덴티티*(2002)는 역행성 기억상실증만 일어난 사례를 보여준다. 주인공의 기억상실증인 기질성인지 심인성인지는 분명하지 않다. 한 비평가에 따르면, "주인공은 마르세이유 해변을 표류하다가 발견되었는데, 등에는 총알 두 발이 박혀

그림 9.11 2001년의 영화 *메멘토*는 과거에 보험조사원으로 일했고 이제는 더 이상 새로운 기억을 간직할 수 없는 레너드의 이야기를 보여준다. 그는 자신에게 외상후 선행성 기억상실증을 남기고 부인을 죽음으로 몰아간 폭력 사건의 범인을 찾으려고 한다. 그 사건이 그가 회상할 수 있는 마지막 사건이다.

출처 : ⓒ Corbis Sygma.

있었고 취리히 안전금고의 번호를 보여주는 레이저가 피부 밑에 삽입되어 있었다. 그는 자신이 누구인지 몰랐지만 전광석 같은 무술 실력과 유창한 다중언어 능력, 그리고 뛰어난 스파이로서 다듬어진 본능을 지니고 있었다." 사실 이러한 기술들은 기억상실증에서 보존될 수 있다.

많은 영화에서 기억상실증은 정체성의 상실이나 성격의 변화를 동반한다. 신경학적인 원인 때문에 생긴 기억상실증인 경우에 이는 사실이 아니다. 정체성에 관한 감각은 (아마 시간상으로 고정되어 있겠지만) 보존된다. 가령, 기억상실증 환자들은 자신의 성격 특질들을 정확히 판단할 수 있는데, 이는 가족 구성원들의 판단과 일치한다(Klein et al., 2002). 성격은 실재 뇌 손상 때문에 변할 수 있지만, 기억상실증과는 다른 병리와 정신과적 질환에 관련된다.

과제는 정상적으로 수행한다는 것이다(Baddeley & Warrington, 1970). 마일너(Milner, 1971)는 HM이 숫자 하나를 계속 암송하면서 기억술 전략을 활용함으로써 15분간 기억했던 사례를 소개하였다. 그러길 멈추고 일 분여 지난 후에는 숫자를 기억하라고 요청받았던 것조차 기억하지 못했다.

최근에는 기억상실증이 한 가지 특별한 유형의 정보에 대해 단기기억 문제를 동반한

다는 주장이 제기되었다. 넓은 장면의 3차원 배치가 그러한 정보에 해당한다. 기억상실증 환자는 이러한 정보를 마음속에 유지하려 하거나 심지어 지각하려 할 때 어려움을 겪는다(Hartley et al., 2007). 이는 해마의 주요 역할이 공간적 환경을 처리하는 데 있다는 사실과 관련이 있으며, 공간에 관한 기억이 다른 기억 기능과 다소 다를 가능성을 시사한다.

절차 및 지각(암묵) 기억

거울을 통해 손을 보면서 도형의 테두리를 따라 그리는 것처럼 시각과 운동의 조율이 필요한 낯선 과제를 할 때, 참가자의 수행은 처음에는 저조해도 연습할수록 점차 나아진다. 기억상실증 환자도 마찬가지이다(Milner, 1966). 즉 절차기억은 보존된다. 운동 요소가 두드러지지 않은 암묵기억 과제의 결과도 같다. 놀튼 등(Knowlton et al., 1994)은 기하학적 도형을 보고 날씨의 패턴을 어느 정도(60~85% 예측) 예측

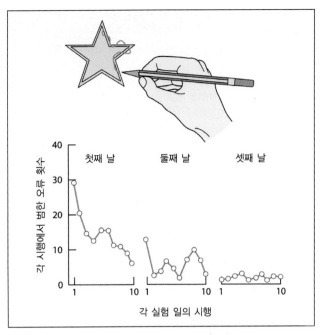

그림 9.12 HM은 거울 보고 그리기 과제를 전날 했다는 사실을 기억하지 못하면서도 사흘에 걸쳐 학습할 수 있었다.

출처 : Blakemore, 1977. © Cambridge University Press. Reproduced with permission.

할 수 있는 일기예보 게임을 고안하였다. 참가자들은 50~100시행 정도만에 이를 학습할 수 있지만 스스로는 찍어 맞춘다고 느낀다. 이는 암묵적인 학습이 일어난다는 증거이다. 기억상실증 환자들 역시 자극에 대한 서술기억은 형편없지만 정상적으로 학습한다. 그에 반해 파킨슨병 환자들은 반대 방향의 해리를 보이는데, 이는 기저핵이 습관적 반응을 학습하는 데 중요한 역할을 담당하기 때문이다.

그라프 등(Graf et al., 1984)은 단어에 대한 암묵기억을 검사하였다. 기억상실증 환자들은 단어의 목록을 읽은 후(예 : DEFEND) 검사 단계에서 단어 파편들을 제시받았다(예 : DEF___). 환자들은 전에 봤던 단어들을 회상하거나 마음속에 처음으로 떠오르는 단어로 파편을 채워야 했다. 후자는 검사 대상인 기억을 직접 참가자에게 묻고 있지 않음으로써 기억을 암묵적으로 검사한다고 할 수 있다. 연구자들은 기억상실증 환자들이 암묵적 검사 절차에서는 정상인처럼 수행하지만(즉 환자들의 기억이 점화되었지만) 외현적 기억을 지시했을 때는 그렇지 않다는 것을 발견하였다. 색터(1987)의 이론에서 보자면, 이 결과를 단어에 관한 지각 표상 시스템의 작용으로 해석할 수 있다.

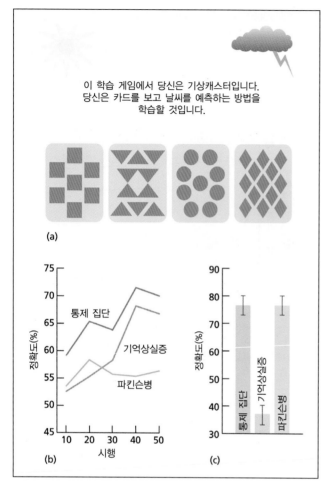

(a)

(b)

정확도(%)

75
70
65
60
55
50
45

통제 집단

기억상실증

파킨슨병

10 20 30 40 50
시행

(c)

정확도(%)

90
80
70
60
50
40
30

통제 집단

기억상실증

파킨슨병

그림 9.13 4개의 단서 카드가 다양한 조합으로 제시되면, 참가자는 비가 올지 맑을지 예상해야 한다(a). 이를 반복하면 통제 집단과 기억상실증 환자들은 학습을 통해 날씨를 예측할 수 있게 되었지만 파킨슨병 환자들은 그러지 못했다(b). 이 절차에 관한 외현적 기억을 묻는 검사를 받았을 때, 기억상실증 환자들은 거의 기억하지 못했고 파킨슨병 환자들은 정확히 기억했다(c).

출처 : Adapted from Knowlton et al., 1996.

의미기억

언뜻 보기에 기억상실증 환자는 어휘와 세상에 관한 지식을 간직하는 듯 보인다. 이 점은 처음에 기억상실증에서 의미기억이 보존된다는 증거로 여겨졌다 (Parkin, 1982). 그러나 상황은 시간이 흐를수록 복잡해졌다. 결정적인 이슈 중 하나는 기억의 나이, 즉 정보가 획득된 후 경과한 시간에 관한 것이었다. 대부분의 의미 지식은 인생 초기에 획득되는 데 반해, 일화기억은 나중에 발달하여 평생을 두고 획득된다. 기억상실증 환자들이 비교적 오래된 기억을 간직하는 경향이 있다는 점을 감안할 때(Ribot, 1882), 의미기억은 오래전에 획득되었기 때문에 보존되는 것이 아닐까? 이 질문에 답하기 위해, 여러 연구들이 기억상실증이 생기기 전에 일반인들에게 널리 알려진 어휘(Verfaellie et al., 1995)나 유명인(Parkin et al., 1990)에 관한 지식을 탐구하였다. 이 연구들은 기억상실증에서 의미기억이 손상된다는 것을 증명하였다 (Westmacott & Moscovitch, 2002 참조). 심각한 역행성 기억상실증에도 불구하고 순행성 의미기억이 정상적인 사례에 관한 기억이 최소 한 건 남아 있다 (Warrington & McCarthy, 1988). 그러나 이 환자는 배열 속에서 친숙한 이름과 얼굴을 고르는 과제를 받았을 뿐, 실제 상세한 의미 정보를 진술하지는 않았다. 그러므로 발병 이전에 획득한 의미기억과 일화기억이 모두 손상되었을 가능성이 있다.

지금까지 기억상실증 환자들이 전에 학습한 의미적 사실을 보존하는지 여부에 관해 논의하였다. 이 환자들이 기억을 상실한 후(즉 순행성 기간)에 새로운 단어를 배울 수 있을까? 환자 HM(Gabrieli et al., 1988)과 다른 많은 기억상실증 환자들(Manns et al., 2003b)의 경우에 대답은 '아니요'이다. 그러나 모든 기억상실증 환자들에게 다 해당되는 것은 아니다. 한 환자는 순행성 기억상실증이 발병한 후에 제2외국어로서 이탈리아어를 배웠다고 보고된 적이 있다(Hirst et al., 1988). 다른 환자들은 기억을 상실한 후에 유명인, 잘 알려진 사건, 새로운 어휘를 학습하였다(Kitchener et al., 1998). 그러나 이러한 연구들을 고려할 때 긴히 주의할 점이 하나 있다. 즉 의미기억과 일화기억이 모두 손상되었지만, 의미기억은 이 손상의 영향을 덜 받을 수 있다는 것이다. 의미기억은 반복 노출이나 여러 사건을 통해 학습될 수 있기 때문이다. 의미기억이 느리지만 학습될 수 있다는 증거가 있다(Holdstock et al., 2002). 내비피질(entorhinal cortex)처럼 해마를 둘러싼 조직이 보존되어 있다면, 정상 수준은 아니어도 의미 학습이 가능할 수 있다(Vargha-Khadem et al., 1997b; Verfaellie et al., 2000).

핵심 용어

공고화 매 순간의 뇌 활동 변화가 뇌 구조의 영속적인 변화로 전환되는 과정

기억상실증 증상에 대한 설명

지금까지의 내용을 요약하면 다음과 같다. 기억상실증 환자의 일화기억은 역행성 기간과 순행성 기간에서 모두 손상되어 있다. 그에 비해 일반적으로 단기기억, 절차기억 및 (암묵기억 유형 중 하나인) 지각 점화는 보존되어 있다. 털빙과 동료들(1988)은 기억상실증이 구체적으로 일화기억의 장애라고 보았다. 그러나 의미기억이 일화기억에 비해 해마 손상의 영향을 비교적 덜 받지만, 국소적인 해마 병변으로 인해 생긴 기억상실증에서 의미기억이 저하된다(Holdstock et al., 2002; Manns et al., 2003b). 의미기억은 해마에 의존하지 않고서도 반복 학습에 의해 새로 생겨날 수 있다. 이에 스콰이어와 동료들은 기억상실증이 서술기억의 결함이라고 주장하였다(Manns et al., 2003b; Squire, 1992). 이 설명은 기억상실증에서 보존되거나 손상되는 기억 패턴에 관해 가장 만족스러운 해석을 제공하고 있다.

기억체계의 손상이라는 관점으로는 기억상실증을 완전히 설명할 수 없다. 각 체계의 기능이나 기저 메커니즘에 관해 아무것도 설명하지 않기 때문이다. 메커니즘에 관한 설명 중 하나는 기억상실증을 공고화(consolidation)의 장애로 파악하는 것이다(Squire, 1992). 공고화는 매순간 일어나는 뇌 활동의 변화가 뇌 구조의 영속적인 변화로 전환되는 과정이다(예 : 새로운 신경 연결의 생성). 기억상실증을 공고화의 관점에서 해석할 때 곤란한 점은 기억상실증이 단지 새로운 학습에만 영향을 끼치는 것이 아니라 역행적인 기억 손상을 동반한다는 사실에 있다. 이에 대한 해결책으로서 공고화가 점진적으로 일어나기 때문에 해마가 손상되면 공고화되지 않은 기억이 소실된다고 가정할 수 있다. 마찬가지로 해마가 (그리고 MTL이) 공고화를 담당할 뿐만 아니라 동시에 특정 종류의 기억을 영구적으로 저장할 수 있다고 가정하기도 한다. 마지막으로 해마가 (그리고 MTL이) 서술기억에 매우 중요한 정보를 처리하는 데 특화되어 있다는 주장도 있다. 이러한 정보 중 하나는 맥락 단서일 것이다(Mayes, 1988). 맥락에 관한 기억은 일화기억과 밀접하게 관련되는데, 털빙(1972)은 일화기억이 시간("그 사건이 언제 일어났는가?")과 장소("그 사건이 어디서 일어났는가?")에서 특정화될 수 있는 기억이라고 정의한 바 있

다. 물론 맥락은 다른 유형의 상황 정보도 포함할 수 있다. 더 구체적으로 해마는 공간을 처리함으로써 과거 사건에 공간적 맥락을 부여하고 과거 경험을 사용하여 현재의 환경에서 방향을 찾는 데 관여한다(Burgess et al., 2002). 다음 단락에서는 이러한 생각을 기억상실증 환자뿐만 아니라 다른 방법론을 통해 얻은 증거들에 근거하여 자세히 설명할 것이다.

평가

기억상실증 환자들이 할 수 있는 학습과 기억에 관해 설명하는 것은 그들이 기억할 수 없는 것을 이해하는 것만큼 중요하다. 연구 결과들은 뇌가 여러 개의 기억체계를 가지고 있으며 기억상실증에서는 특히 서술기억에 문제가 있다는 견해를 대체로 지지한다. 일화기억은 풍부한 맥락적 세부사항을 가지고 있다는 면에서 특별하다고 할 수 있다. 이러한 맥락적 세부사항은 해마를 비롯한 내측두엽의 구조물들에 의해 한데 묶이고 시간을 두고 차츰 공고화된다. 새롭게 학습한 의미적 사실들은 처음에는 맥락에 의존하다가 점차 덜 의존하는 상태가 된다. 기억상실증에 관한 관점은 내측두엽 하위 구조들의 기능 및 그들과 다른 뇌 영역들의 상호작용을 알게 될수록 더욱 정교하게 발전되어 왔다. 다음 단락은 이러한 내용을 다룬다.

해마와 내측두엽의 기억 기능

이번 단락은 공고화와 기억의 영구 저장 및 대규모 공간 기억에서 해마가 (그리고 주변 영역들이) 담당하는 역할을 자세히 다룬다. 각각의 이론들이 경험적 자료를 얼마나 설명할 수 있는지 논의할 것이다.

공고화

기억이 형성되려면 먼저 후시냅스 뉴런이 전시냅스 뉴런에서 방출된 신경전달물질에 반응하여 발화될 확률이 증가해야 한다. 실험실에서는 이를 연구하기 위해 전시냅스 뉴런에 고주파 자극을 짧게 가한다. 그로 인해 후시냅스 뉴런의 반응성에 유발된 변화를 장기증강(long-term potentiation, LTP)이라 하며, 로모(Lømo, 1966)가 이를 처음으로 보고하였다. 깨어 있는 쥐의 경우 그 효과는 일주일이 넘게 지속된다. 장기증강은 시냅스에 접한 단백질들이 빠르게 변형된 후 새로운 단백질들이 합성되어 시냅스를 변화시키는 과정이다(Pittenger & Kandel, 2003). 이 과정의 시간적 경과는 학습 후 여러 단계에서 단백질 합성을 억제하는 화학물질을 주입하여 측정할 수 있는데, 한 시간 안에 일어나는 것으로 관찰되었다(Agranoff et al., 1966). 이러한 시냅스 공고화(consolidation)는 원래 해마에서 연구되었지만 신경계의 보편적인 특성으로 밝혀졌다.

두다이(Dudai, 2004)는 공고화를 두 가지 유형으로 구분했다. 빠른 시냅스 공고화는 (LTP에 근거하여) 신경계 어디서든 생길 수 있고, 느린 시스템 공고화는 특별히 해마 및 서술기억에 관련된다. 쥐를 대상으로 하는 연구에서는 학습이 일어난 후 여러 단계에서 해마에 손상을 가함으로써 시스템 공고화를 연구할 수 있다(Kim & Fanselow, 1992). 이 연구들에 따르면 쥐의 경우에 시스템 공고화가 완성되는 데 약 한 달이 걸린다. 인간의 경우에는 역행성 기억상실증의 증거를 고려할 때 시스템 공고화에 여러 해가 필요한 것 같다.

기억상실증 문헌에서 가장 일관적으로 보고되고 있

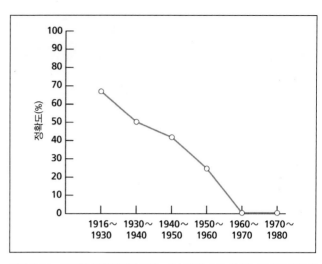

그림 9.14 유명한 과학자였던 PZ는 자서전을 쓰고 2년이 지나서 기억상실증 환자가 되었다. 살면서 겪었던 사건들을 물어보았을 때, 그의 기억 능력에서 시간적 기울기를 관찰할 수 있었다.

출처 : Butters and Cermak, 1986. © Cambridge University Press. Reproduced with permission.

는 발견들 가운데 하나는 역행성 기간의 사건에 대한 회상이 시간적 기울기를 보인다는 것이다. 예전에 일어났던 사건에 대한 기억은 나중에 일어난 사건에 비해 회상하기가 쉽다. 이를 발견자의 이름을 따서 리봇의 법칙(Ribot's law)이라 한다(Ribot, 1882). 예를 들어, 버터스와 체르막(Butters & Cermak, 1986)은 대학교수 PZ의 사례를 보고했는데, 그는 자신의 자서전을 쓴 지 2년 후에 기억상실증에 걸렸다. 그의 인생에서 일어났던 사건들을 기억할 수 있는지 검사했을 때, 먼 사건일수록 더욱 정확하게 기억하는 시간적

기억상실증의 시간적 기울기에 대한 여러 가지 설명

1. 시간적 기울기는 시대별로 동등한 자극을 사용하지 않았기 때문에 발생할 수 있다(즉 오래된 기억일수록 그 기억을 검사하는 데 사용된 자극이 쉬웠을 수 있다; Sanders & Warrington, 1971).

2. 역행성 지식을 상실한 것으로 보이지만 사실 순행성 기억상실증일지도 모른다. 나중에 코르사코프 기억상실증에 걸리게 되는 알코올중독자들은 애초에 기억을 완전하게 부호화하지 못했을 수 있다. 물론, 이 가능성이 모든 사례를 설명하지는 못하지만 일부 사례는 설명할 수 있을 것이다.

3. 오래된 기억일수록 더 자주 마음속으로 되뇌게 되므로 시간이 흐를수록 더 의미기억에 가깝게 되고 일화기억의 특징을 덜 가지게 된다. 오래된 경험일수록 기억이라기보다 이야기에 가깝게 된다(Cermak & O'Connor, 1983).

4. 예전의 사건을 기억할 때마다 그 사건에 관한 새로운 기억이 생겨난다. 사건이 오래될수록 이러한 흔적의 수가 더 많아지고 뇌 손상에 더 저항할 수 있게 된다(Nadel & Moscovitch, 1997).

5. 해마는 시간적으로 제한된 역할을 가지고 있다. 공고화가 많이 된 기억일수록 해마에 덜 의존하게 된다(Squire, 1992).

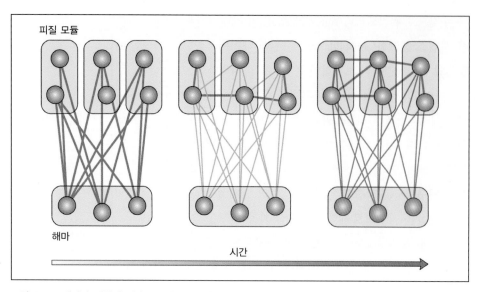

그림 9.15 해마가 제한된 시간 동안에만 기억을 공고화한다고 가정하는 모형에 따르면, 처음에 해마는 여러 뇌 영역들에 표상된 기억 요소(예 : 지각적 · 정서적 · 언어적 요소)를 한데 묶는 작업을 한다. 시간이 지나면 기억 흔적의 여러 요소는 서로 이어져서 피질 간 연결망의 일부를 이루고 해마의 영향을 받지 않게 된다. 활성화된 단위와 연결들은 빨간색으로 표시되었다.

출처 : Frankland and Bontempi, 2005. Reprinted by permission from Macmillan Publishers Ltd. ⓒ 2005.

기울기가 분명하게 드러났다. 이 현상에 대해 가장 보편적인 설명은 공고화 이론에 근거한다. 즉 오래된 사건일수록 공고화가 많이 진행되어 해마에 덜 의존하게 되었을 것이다(Squire, 1992; Squire & Bayey, 2007). 사실상 기억은 천천히 해마로부터 피질로 옮겨간다. 그러나 시간적 기울기를 다른 방식으로 설명할 수도 있다.

이렇게 정보를 전환하는 메커니즘은 잘 알려져 있지 않지만, 해마가 시냅스를 통해 신피질 뉴런에 메시지를 전달함으로써 신피질 자체의 공고화 체계를 촉진하는 것으로 파악되고 있다. 이 과정에서 기억들은 수면 중에 (그리고 깬 채로 쉬고 있을 때) '재생'되는 것으로 보인다. 쥐를 대상으로 하는 신경기록술 연구에 따르면, 깨어 있는 동안의 사건에서 발생한 해마와 시각피질의 활동 패턴이 특정 수면 단계에서 동일한 시간 순서에 따라 재활성화된다(Ji & Wilson, 2007).

서술기억의 장기 공고화를 흉내내는 연결주의 모형이 많이 개발되었다. 맥클러랜드 등(McClelland et al., 1995)의 모형은 전환 기제가 느린 이유를 모형을 통해 제시하였다. 그들에 따르면 새로운 기억을 신피질에 즉각적으로 삽입하게 되면 대재앙적 간섭(catastrophic interference)이라고 하는 과정에 의해 오래된 기억들이 심각하게 왜곡된다. 그들의 모델에서 해마는 빠르게 학습한 후에 그 정보를 조금씩 통합시킴으로써 이미 존재하던 기억 구조를 망가뜨리지 않고서도 효율적인 학습을 도모할 수 있다. 가령, 모형

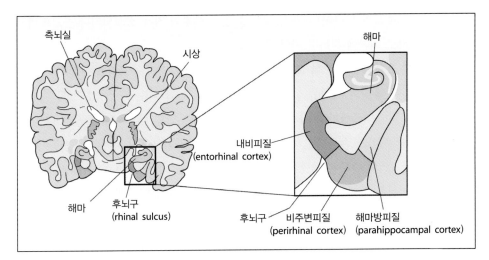

그림 9.16 내측두엽의 여러 영역

이 "펭귄은 날지 않는 새이다."와 같은 새로운 개념적 지식을 학습하려면, 이 정보는 개별적으로 ('일화'로서) 저장되어 기존의 지식 구조("새는 난다.")에 지장을 주지 않아야 한다. 연결망을 조금씩 발전시킴으로써 보편적인 법칙과 그 예외 조항들이 장기기억 안에서 공존할 수 있다.

표준적인 공고화 모형을 지지하는 다른 증거는 의미기억 상실형 치매 환자들을 통해 관찰할 수 있다. 이들은 측두엽 앞부분에 병변을 가지고 있지만, 전형적으로 해마는 온전히 남아 있다(Mummery et al., 2000). 손상된 영역은 기억이 공고화된 후에 저장되는 영역에 속한다. 그러나 이 환자들은 모든 시간대에서 온전한 일화기억을 가지지 못하고 기억상실증에서 발견되는 것과 반대되는 시간적 기울기를 보인다. 즉 이들은 오래된 경험보다 최근 경험을 더 정확히 기억한다(Nestor et al., 2002). 비록 이 환자들은 기억뿐만 아니라 언어 능력도 많이 잃어버렸지만, 동일한 단서 단어를 사용하거나(예 : "2000~2005년, 그리고 1960~1970년에 갔던 식당에 관한 기억을 생각해보세요.") 유명인의 얼굴을 사용하여 각기 다른 시기의 기억을 측정할 수 있다(Hodges & Graham, 1998). 거꾸로 된 기울기에 대한 설명은 다음과 같다. 이 환자들의 경우 최근 사건에 관한 기억은 해마로부터 신피질로 아직 완전히 전환되지 않아서 비교적 온전히 남아 있다. 반대로

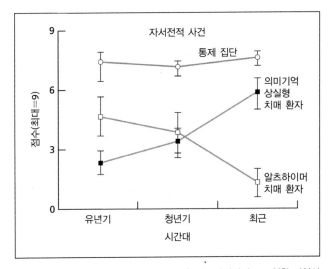

그림 9.17 의미기억 상실형 치매 환자들은 알츠하이머병으로 인한 기억상실증 환자에게서 관찰되는 것과 반대되는 시간적 기울기를 보인다. 이 결과는 해마가 기억 공고화에 관여하는 시간이 제한되어 있다는 증거로 사용되어 왔다.

출처 : Reprinted from Nestor et al., 2002. © 2002, with permission from Elsevier.

(알츠하이머 치매를 비롯하여) 해마에 손상을 입은 환자의 경우 소실되거나 공고화되지 않은 기억은 바로 최근에 획득한 기억이다.

주목할 점은 표준적인 공고화 모형이 일화기억과 의미기억의 공고화를 구분하지 않는 다는 점이다. 두 유형의 기억을 합쳐서 서술기억으로 취급하고, 모두 (초기에) 해마와 (나중에) 신피질에 의존한다고 가정한다. 그러나 내측두엽의 다른 구조물들은 다른 역할을 수행한다. 해마가 손상되었지만 내비피질이 보존된 환자들의 사례에서 봤듯이, 내비피질은 의미기억의 습득을 뒷받침한다(Vargha-Khadem et al., 1994; Verfaellie et al., 2000). 내비피질은 해마와 신피질 간의 입출력 신호를 연결하는 핵심 연결부이다. 각기 다른 시기에서 뽑은 얼굴들을 건강한 노인들에게 보여준 fMRI 연구에 따르면, 해마가 기억을 수년간에 걸쳐 공고화하는 데 비해 내비피질은 수십 년에 걸쳐 공고화한다(Haist et al., 2001). 다른 연구에서 역행성 기억상실증의 정도는 내비피질과 해마방피질(parahippocampal cortex)에 있는 병변의 크기와 관련이 있지만 해마의 병변과는 관련이 없었다(Yoneda et al., 1994). 이러한 발견들을 감안할 때 표준적인 공고화 모형은 좀더 정교화되어야 한다. 그러나 다른 연구자들은 단순히 정교화하는 것을 넘어서 해마와 MTL 기능에 관해 완전히 다른 이론이 필요하다고 주장해왔다.

다중 흔적 이론

공고화에 관한 표준 모형과 달리 다른 연구자들은 해마가 기억 저장소의 영구적인 특성에 계속 관여한다고 주장해왔다(Nadel & Moscovitch, 1997). '영구적'이라는 표현은 망각되지 않는다는 말이 아니라 해마가 제한된 시간 동안만 기억에 영향을 끼치는 것은 아니라는 점을 의미한다. 네이델과 모스코비치(Nadel & Moscovitch, 1997)에 따르면, 기억상실증의 시간적 기울기는 사건이 인출될 때마다 (그리고 내측두엽의 여러 영역에 전달될 때마다) 생겨난 여러 기억 흔적을 반영한다. 이들은 시간 기울기가 모든 기억상실증 환자들에게서 나타나는 것이 아니고 어떤 환자들은 오래된 기억 전부를 잃어버린다는 사실을 자신들의 이론을 지지하는 증거로서 인용한다(Cipolotti et al., 2001). 이들에 따르면 뇌 속에서 기억을 평생 동안 공고화하는 메커니즘이 진화되었을 가능성은 낮기 때문에 이 증거는 해마가 기억을 보관하는 데 영구적으로 관여한다는 생각과 부합한다. 다른 초기 증거는 fMRI 연구들에서 나왔다. 이 연구들은 가까운 과거와 먼 과거의 자서전적인 사건을 회상하는 조건들을 비교했을 때 내측두엽의 활동에서 차이를 발견할 수 없었다. 만약 해마의 역할이 시간적으로 제약된다면 다른 결과가 나왔어야 한다(Gilboa et al., 2004). 더 최근의 fMRI 연구에서는 해마의 하위 영역들을 구분하여 분석했는데, 일부 영역들은 최근 기억(2주)과 먼 기억(10년)을 회상할 때 모두 반응했고 또 다른 영역들은 먼 기억에는 반응했지만 최근 기억에는 반응하지 않았다. 먼 기억보다 최근 기억에 더 많이 반응하는 영역은 찾을 수 없었다(Bonnici et al., 2013).

다중 흔적 이론(multiple-trace theory)은 처음 기술된 후 상당한 수정을 거쳐 정교하게 다듬어져 왔다(Winocur et al., 2010 참조). 특히 지지자들은 어떤 종류의 기억이 해마에 의존하는지를 더 명료하게 설명하였다. 즉 맥락화된 기억은 해마에 의존하지만 도식적 기억은 해마에 의존하지 않는다. 이러한 설명은 일화기억(=맥락화) 및 의미기억(=도식적)의 개념과 관련이 있지만 정확히 일치하지는 않는다. 예를 들어, 최근에 습득한 의미기억은 학습이 일어난 맥락(예 : 교실에 대한 기억)과 연결되어 있으므로 해마에 의존한다. 반대로 어떤 일화적 사건은 너무 많이 회상하다보니 도식화되어 원래의 맥락과 더 이상 연결되지 않을 수 있다(그러므로 해마에 의존하지 않는다). 이 모형에 따르면 도식적 기억은 (대부분의 의미기억을 뒷받침하는) 신피질이나 (절차기억을 담당하는) 기저핵, 또는 다른 영역에 의존할 수 있다. 또한 내측두엽의 여러 영역이 이 과정에 다양하게 기여할 수 있다. 한 fMRI 연구에 따르면 내비피질은 사건들 간의 (도식적, 의미 같은) 유사성을 계산하고 해마의 특정 영역은 사건을 구분하는 (맥락적, 일화 같은) 특징을 계산한다(Bakker et al., 2008).

다중 흔적 이론에 따르면 시스템 공고화 과정은 시간이 흐름에 따라 기억을 변형하는(transforming) 과정이지(맥락화된 기억에서 도식화된 기억으로; 그럼에도 불구하고 처음의 맥락기억이 소실되어야 하는 것은 아니다), 기억을 변형 없이 한 영역에서 다른 영역으로 이동시키는(transferring) 과정이 아니다. 만약 해마가 가까운 과거에 더 편향되어 있다면, 그것은 맥락적 단서들이 먼 기억들보다 최근 기억들에 더 많이 포함되어 있기 때문이다(예 : 당신이 지난 크리스마스를 어떻게 보냈는지 회상해보고, 그 기억을 6년 전 크리스마스의 기억과 비교해보라). 실제로 해마는 미래의 사건을 상상할 때도 관여하는데(Addis et al., 2007; Hassabis et al., 2007), 이는 해마가 단순히 과거 사건에 관한 기억을 공고화하는 역할보다는 맥락적 세부 특징을 합치는 보편적 역할을 수행한다는 생각과 일치한다. 해마에 의존하는 기억들이 옮겨지는 것이 아니라 변형된다는 것을 직접 증명하는 증거가 있다. 쥐의 경우 조건화된 공포 연합은 학습과 해마 손상의 시간차에 따라서 시간적 기울기를 보인다. 그러나 조건화된 연합은 시간이 흐를수록 맥락 조작에 덜 민감해진다. 이는 기억이 옮겨진 것이 아니라 그 특성이 바뀌었음을 시사한다(Winocur et al., 2007). 현재로서는 어떤 종류의 정보가 '맥락'을 구성하는지에 관해 완벽히 설명할 수 없다. 그러나 일반적으로 핵심적인 요소 중 하나는 공간적인 맥락이라고 본다(즉 사건이 일어난 장소). 이 생각은 해마가 광범위한 공간의 지도를 저장하고 있다는, 다음에 설명할 증거에 근거한다.

그림 9.18 뉴런 3개의 발화율 (어두울수록 많이 반응함). 단일 세포 측정법을 사용하여 쥐의 해마에서 측정한 자료이다.

출처 : Adapted from Chakraborty et al., 2004.

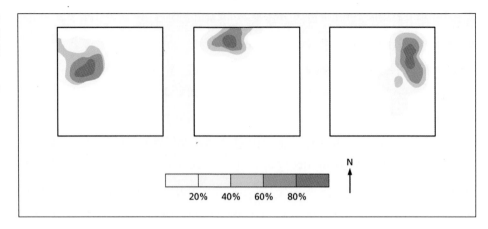

인지 지도 이론

해마가 환경의 공간 지도를 저장한다는 가설은 1970년대에 보고된 많은 증거들로부터 나왔다(O'Keefe & Nadel, 1978). 오키프(1976)는 쥐의 해마에 전극을 심은 후 폐쇄된 환경을 탐색하게 하였다. 상자 속의 여러 지점에 쥐가 있을 때 뉴런의 발화율을 측정하였다. 그 결과, 쥐가 특정 위치에 있을 때에만 강하게 반응하는 뉴런이 발견되었다. 이런 발화 패턴을 가진 뉴런을 **장소 세포**(place cell)라고 한다. 각각의 뉴런이 특정 공간에 대해 반응하므로, 이런 뉴런들의 집단은 환경에 관한 지도 역할을 할 수 있을 것이다. 후속 연구들을 통해 장소 세포들이 처음에 생각했던 것보다 더욱 복잡하다는 것이 밝혀졌다. 장소 세포의 반응은 맥락에 매우 민감하다. 예를 들어, 환경이 크게 바뀌면 (예 : 상자가 검은색에서 흰색으로 바뀌면), 뉴런이 반응하는 장소도 크게 달라질 수 있다(Anderson & Jeffery, 2003). 따라서 장소 세포는 공간만 별도로 부호화하지 않고 맥락 단서들을 공간에 통합한다고 볼 수 있다. 일반적으로 이러한 특성은 기억에 매우 중요하다.

해마가 부호화하는 지도(따라서 공간기억)는 시공간 단기기억 검사에서 측정하는 것 (예 : 화면에 등장한 색깔 도형의 배열)과는 다르다는 점에 주의해야 한다. 해마의 지도는 동물이 길을 찾아 돌아다닐 수 있는 환경(환경중심적 공간)에 관련되며, 구체적으로는 그 환경 속 지형지물들의 공간적 배치를 말한다. 다른 뇌 영역, 특히 두정엽은 지각 및 운동 기능에 사용될 수 있도록 자기중심적인(즉 관찰자의 위치와 비교된) 공간 지도를 부호화한다.

해마가 환경에 관한 공간 지도를 저장하고 있다는 추가 증거들은 모리스 수중 미로를 사용한 쥐의 뇌 손상 연구에서 나왔다(Morris et al., 1982). 우윳빛의 물이 가득 차 있고 발판이 물속에 잠겨 있는 통 안에 내려놓으면 쥐는 시행착오를 거쳐 결국은 발판을 찾는

핵심 용어

장소 세포 동물이 환경중심적 공간에서 특정 장소에 있을 때 반응하는 뉴런(주로 해마에서 발견됨)

다(쥐들은 수영을 잘한다!). 물 색깔이 우윳빛이어서 발판이 보이지 않기 때문에 쥐는 반드시 그 경로를 학습해야 한다. 같은 환경에서 물속에 다시 놓이면 쥐는 시행착오를 거치며 헤매는 일 없이 장소를 기억하고 발판을 향해 똑바로 헤엄친다. 그러나 만약 해마가 손상되면 쥐는 발판의 위치를 학습할 수 없어서 다시 한 번 시행착오에 의존하게 된다.

앞에서 인용한 대부분의 증거들은 쥐 연구에서 나왔다. 사람의 해마도 공간 지도를 가지고 있을까? 그렇다면 증거는 뭘까? 영장류(Rolls et al., 1997)와 인간(Ekstrom et al., 2003)의 해마에 대한 단일세포 측

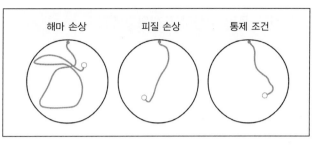

그림 9.19 전형적으로 쥐들이 모리스 수중 미로에서 지나가는 경로. 통제 집단의 쥐와 피질이 손상된 쥐는 물에 잠긴 발판의 위치를 기억하고 그곳을 향해 곧바로 나아갈 수 있지만, 해마가 손상된 쥐는 시행착오를 거쳐서 발판을 찾는다.

출처 : Morris et al., 1982. Reprinted by permission from Macmillan Publishers Ltd. © 1982.

정법을 통해 이들 종도 장소 세포를 가지고 있다는 것이 밝혀졌다. 그러나 설치류의 장소 세포에 비해 결정적으로 다른 점이 하나 있다. 설치류의 장소 세포는 동물이 물리적인 위치에 있을 때 반응한다. 인간과 영장류의 장소 세포 중 다수는 심적 공간에 대해서도 반응할 수 있다(예 : 현재 위치한 물리적 공간과는 다른 공간상의 특정 장소에 주의를 기울일 때).

기능 영상과 뇌 손상 연구들은 인간의 해마가 환경에 대해 광범위한 환경중심적 지도를 저장하고 있다는 수렴적 증거들을 제공해왔다. 인간의 경우 이러한 기능은 설치류보다 더 편재되어 있다. 우측 해마는 특별히 공간기억을 위해 중요하고, 좌측 해마는 다른 맥락적 세부사항을 기억하고 저장하는 데 더 특화된 것 같다. 하틀리 등(Hartley et al., 2003)은 가상의 마을 안에서 참가자가 스스로 자신의 길을 찾아 나아갈 때는 흔적을 쫓아가는 기저선 과제에 비해 우측 해마가 더 활성화된다는 것을 발견하였다. 스피어스 등(Spiers et al., 2001a)은 왼쪽이나 오른쪽 해마가 손상된 환자 집단을 대상으로 비슷한 패러다임을 사용하였다. 환자들은 마을 안에서 길을 찾는 법을 학습해야 했다. 탐색하는 동안 환자들은 각기 다른 장소에서 각기 다른 사람으로부터 각기 다른 물체를 모았다. 이들의 기억을 위치, 인물, 물체에 대한 강제 선택형 재인 검사와 더불어 지도 그리기를 통해 측정하였다. 우측 해마가 손상된 환자들은 길 찾기, 지도 그리기, 전경 재인을 잘 못했다. 대조적으로 좌측 해마가 손상된 환자들은 물체를 건네준 사람과 물체를 받은 순서 및 장소를 기억하는 데 애를 먹었다.

해마는 공간기억에 대해서도 (공고화 모형이 예상하는 바와 같이) 제한된 시간 동안만 관여할까? 아니면 해마는 공간 지도들을 [인지 지도 이론(cognitive map theory)과 다중 흔적 이론이 예상하듯] 영구적으로 보관할까? 어떤 증거들에 따르면 기억상실증 환자들

택시를 몰면 회질이 두꺼워질까?

런던의 택기 기사들은 ['지식(knowledge)'이라고 부르는] 시험을 치뤄야 하는데, 이 시험에서는 도시의 두 장소가 제시되면 그 둘을 잇는 경로를 답해야 한다. 매과이어 등(Maguire et al., 2000)은 (부피소 기반 계측법을 사용하여) 택시 기사들의 회질 부피를 조사하였고, 이들의 우측 해마의 부피가, IQ가 같은 사람들에 비해 더 크다는 것을 발견하였다. 이들이 원래 공간기억이 우월하기 때문에 (그리고 해마가 더 커서) 택시 기사라는 직업을 선택한 것은 아닐까? 밝혀진 바에 따르면 해마의 부피는 택시 기사 경력과 상관을 보였다. 이러한 결과는 해마가 사용될수록 커진다는 점을 시사하며 타고난 소질 때문에 그 직업을 선택했을 가능성과 배치된다. 런던의 택시 운전사들이 도시의 배치에 관해 세부적인 지식을 획득하는 과정에서 이들의 해마 부피를 측정한 장기 종단 연구에서도 같은 결론이 도출되었다(Woollett & Maguire, 2011).

그림 9.20 런던의 택시 운전사들은 두 지점을 잇는 최적의 노선을 학습해야 한다. 그것이 해마의 크기 증가와 관련이 있다.

은 전에 살던 동네에서는 길을 잃지 않고 돌아다닐 수 있지만 새로운 동네에서는 그러지 못한다(Rosenbaum et al., 2000). 이런 증거들은 표준적인 공고화 모형을 지지한다. 그러나 다른 증거들에 따르면 이런 사례에서 보존된 공간 기억은 세부 정보를 갖추지 못한 의미적인 것으로 보이기 때문에 여전히 해마가 관여할 필요가 있는 것 같다(Winocur et al., 2010). 이러한 견해와 일치하는 사례로서 양반구 해마에 손상을 입은 런던의 택시 운전사를 들 수 있다. 이 환자는 런던에 관해 개괄적인 지식(주 도로)을 가지고 있었지만 샛길을 포함한 상세한 지식은 잃어버린 상태였다(Maguire et al., 2006).

내측두엽의 다른 영역들도 공간적 환경 속에서 방향을 결정하는 데 기여한다는 증거가 있다. 내비피질에는 (적어도 쥐의 경우) 동물이 특정 환경 속 어디에 있는지에 따라 발화하는 세포들이 있는데, 이 세포들은 단일 위치에 대해 반응하는 것이 아니라 반복적인 삼각형 형태의 격자 구조를 가진 다수의 위치에 대해 반응한다(Hafting et al., 2005). 이들을 **격자 세포**(grid cell)라고 한다. 이들의 기능이 완전히 알려진 것은 아니지만 시각-공간적 신호와 이동 관련 신호를 연결할 가능성이 있다. 그에 비해 해마방 복합체(parahippocampal complex)는 풍경과 지형지물에 관한 시각 표상을 보관한다(Epstein & Kanwisher, 1998). 마지막으로 비주변피질(perirhinal cortex)은 복잡한 물체에 관한 기억과 지각에 관여하고(Murray & Bussey, 1999) 의미기억에도 관여한다(Davies et al., 2004). 바체발리에와 니마닉(Bachevalier & Nemanic, 2008)이 보고한

핵심 용어

격자 세포 동물이 환경 속 특정 위치에 있을 때 반응하는 뉴런으로서, 그 위치들이 반복적인 격자 형태의 패턴을 이룸

원숭이 뇌 손상 연구에서 해마방 손상은 배열에 있는 물체의 위치에 관한 기억을 훼손시켰고, 비주변 손상은 물체의 세부 특징에 관한 학습을 방해하였다. 비록 지금까지 해마밖 MTL 영역이 수행하는 훨씬 다양한 역할을 간단히 요약했지만, 몇 가지 핵심은 명심할 필요가 있다. 먼저, 비록 이런 모든 영역의 기능을 '서술기억'이라는 명칭하에서 적당히 이해할 수도 있겠지만, 이는 지나치게 단순화된 이해일 뿐이다. 이 영역들이 학습과 저장에 모두 관여하는지, 그리고 이 영역들이 다른 뇌 영역들과 어떻게 상호작용하는지는 아직 불분명하다.

평가

초기 연구들은 내측두엽이 손상된 기억상실증에서는 서술기억이 광범위하게 저하된다고 보았다. 이후의 연구들은 이 결론을 완전히 뒤집지는 못했지만 훨씬 더 복잡한 그림을 제시하였다. 해마 이외의 해부학적 구조물들을 더욱 자세히 분석하였고 해마의 기능을 조심스럽게 통제된 연구를 통해 검토함으로써 새로운 이해를 도모할 수 있었다. 보편적으로 받아들이는 해마 기능 중 하나는 시스템 공고화에서의 역할이다. 이 처리 과정을 어떻게 개념화해야 하는지는 아직 불분명하다(예 : 기억의 이동, 기억의 변형). 또 다른 논쟁거리로는 해마가 특정 종류의 정보(예 : 상세하게 일화를 기억하기 위해 필요한 정보)를 영구적으로 저장하는지 여부 그리고/또는 특정 기억에 중요한 정보(예 : 과거의 장면을 재현하기 위해 필요한 공간적 지도)를 처리하는 데 특화되었는지 여부 등이 있다.

기억함, 앎, 잊음에 관한 이론

회상 대 재인, 그리고 친숙감 대 상기

이번 장은 지금까지 여러 종류의 기억 시스템에 집중해왔다. 그러나 각각의 기억 과제는 여러 가지 기억 시스템을 어느 정도나 사용할까? 외현기억을 검사할 때는(즉 참가자에게 기억하는 것을 직접 물을 때는) 주로 재인기억(recognition memory) 검사와 회상(recall) 검사를 사용한다. 일반적인 회상 검사에서 참가자들은 일련의 단어들을 본 후, 그 단어들을 순서에 상관없이(자유 회상) 또는 순서대로 회상하거나 (계열 회상), 제시된 단서와 관련된 단어를 회상하였

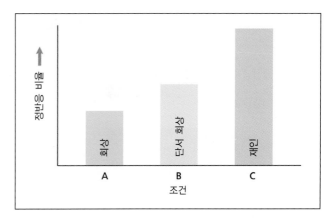

그림 9.21　여러 기억 검사의 전형적인 결과

출처 : Parkin, 1999.

다(예 : "W로 시작하는 단어는?", 단서 회상). 한편 일반적인 재인 검사의 참가자들은 일련의 단어들을 본 후, 검사 단계에서 주어진 한 단어가 목록 중에 제시된 적이 있는지(단일 탐사 재인), 2개의 단어 중 어느 것이 목록에서 제시되었는지(강제 선택 재인) 판단한다. 전형적인 결과를 그림 9.21에 제시하였다.

맨들러(Mandler, 1980)는 재인기억이 두 가지 기제로 구성되어 있으며, 재인기억 점수가 회상 검사보다 높을 이유가 거기에 있다고 제안하였다. 한 가지 기제인 친숙감(familiarity)은 맥락에 의존하지 않으며, 재인 항목에 대해 낯익다는 느낌을 받게 된다. 또 다른 기제인 상기(recollection)는 맥락에 의존하며, 학습 일화에 관해 구체적인 정보를 기억하게 된다. 회상 검사는 거의 전적으로 상기에 의존한다. 상기와 친숙감은 서로 다른 '느낌' 또는 의식 상태에 해당한다. 이러한 느낌들을 각각 '기억함(remembering)'과 '앎(knowing)'이라고 한다(Gardiner, 2000; Tulving, 1985). 상기를 특별히 '마음속 시간 여행'이라고 표현하는데, 개인이 과거를 상기할 때는 맥락적 세부사항이 떠오르기 때문이다(Wheeler et al., 1997).

만약 기억상실증이 맥락 정보가 소실된 상태를 반영한다면, 기억상실증 환자는 친숙감에 더 의존할 것이고 재인기억은 회상에 비해 덜 손상될 것이다. 그러나 대부분의 기억상실증 환자들의 경우 이는 사실이 아니다(Kopelman & Stanhope, 1998). 기억상실증 환자들이 내측두피질의 안팎 여러 군데에 병변을 가지고 있고 친숙감과 상기를 뒷받침하는 기제들이 떨어져 있더라도 가까이에 위치한다면, 두 가지 모두 손상되는 것이 일반적일 것이다. 그러나 해마만 선택적으로 손상된 환자들에 관한 여러 보고들은 특별히 상기만 손상될 수 있다는 생각을 뒷받침하고 있다(Aggleton & Brown, 1999; Bastin et al., 2004). 메이즈와 동료들은 YR이라는 환자의 놀라운 사례를 보고하였다(Mayes et al., 2001, 2002, 2004). YR은 단일 항목에 대하여 정상적인 재인기억을 보여주었고, 이전에 보았던 자극쌍 중에서 같은 종류로 구성된 자극쌍을 재인할 수 있었지만(예 : 단어-단어, 물체-물체) 다른 종류로 된 자극쌍은 재인할 수 없었다(예 : 물체-위치, 단어-물체, 얼굴-이름). 서로 다른 종류의 정보를 연합하는 것은 상기를 기반으로 하고 해마에 의

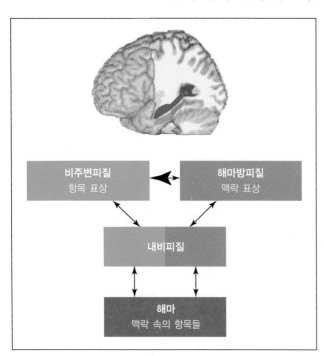

그림 9.22 아이켄바움 등(2007)의 모형에서 비주변피질은 (친숙감에 중요한) 항목의 표상들을 처리하고, 해마방피질은 (장면 지각을 포함하여) '맥락'을 처리하며, 해마가 (상기를 위해) 항목과 맥락을 합치는 역할을 수행한다.

존하지만, 같은 종류의 자극을 연합하는 것은 비주변피질에 의존하고 친숙감을 기반으로 한다(Mayes et al., 2007). 따라서 회상과 재인기억이 모두 서술기억에 해당하지만, 재인기억은 해마 손상의 영향을 덜 받는 것 같다.

친숙감과 상기가 서로 다른 처리라는 입장과 달리, 그 둘이 단지 더 세거나 약한 형태들일 뿐 결국 같은 처리라고 주장하거나 친숙감이 상기의 하위 과정이라고 보는 연구자들도 있다(Wixted & Stretch, 2004). 가령, 상기는 전두엽 기제가 추가적으로 필요하다(Manns et al., 2003a; Squire et al., 2004). 이러한 설명과 어울리지 않는 증거들이 있다. 랑가나스 등(2004)의 fMRI 연구에서 상기는 해마를 활성화시킨 데 반해 친숙감은 해마 주변의 비주변피질을 선택적으로 활성화시켰다. 더 최근에는 비주변피질이 손상되고 해마는 온전한 환자의 사례가 보고되었는데, 이 환자는 친숙감은 느낄 수 없었지만 상기를 할 수 있었다(Bowles et al., 2007). 이런 증거들은 친숙감과 상기가 개별적인 신경 처리 과정이라는 생각을 뒷받침한다.

아이켄바움 등(Eichenbaum et al., 2007)은 상기와 친숙감이 의존하는 내측두엽 영역들이 어떻게 다른지, 이 영역들이 어떤 유형의 정보에 특화되어 있는지 구체적으로 설명하였다. 이들에 따르면, 비주변피질은 (친숙감에 중요한) 항목의 표상들을 처리하고 해마방피질은 (장면 지각을 포함하여) '맥락'을 처리하며 해마가 (상기를 위해) 항목과 맥락을 합치는 역할을 수행한다.

우리는 왜 잊는가

망각은 기억을 효율적으로 사용하는 데 중요하므로 설계상의 결함이라 볼 수 없다. 접근할 수 있는 기억에는 우선순위가 매겨져 있어야 가장 적절한 정보가 인출될 수 있다. 예를 들어, 운전자는 오늘 차를 어디에 주차했는지 기억하면 될 뿐, 지난주에 주차한 장소를 기억할 필요는 없다. 어떤 일화들에 관한 정보는 잃어버리거나 하나로 합치는 것(예 : 운전자가 어디에 주로 주차하는지 기억하기 위해)이 적응에 유리하다. 우리가 왜 잊는지에 관한 설명은 부호화, 저장, 인출의 세 단계로 나누어 생각하는 경향이 있다(망각에 관해 더욱 통합적인 설명으로는 Wixted, 2004 참조). 각 단계마다 살펴볼 것들이 있다.

부호화될 때 충분히 처리되지 않은 정보는 망

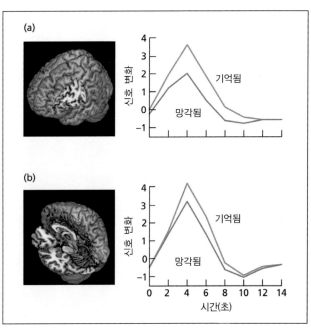

그림 9.23 부호화 단계에서 측정한 (a) 좌측 복외측 전전두피질과, (b) 좌측 해마방 영역의 신경 활동은 단어가 나중에 기억될지 또는 잊혀질지 여부를 예측한다.

각될 수 있다. 기억의 처리 수준 가설(levels-of-processing account)에 따르면 의미적으로 처리된 정보는 지각적으로 처리된 정보에 비해 기억될 가능성이 높다(Craik & Lockhart, 1972). 예를 들어, 참가자가 각 단어에 대해 관련된 형용사를 떠올렸다면 (예 : house → big) 운율이 같은 단어를 떠올리거나(house → mouse), 철자를 세는 경우 (house → 5)보다 나중에 그 단어들을 더 많이 회상할 수 있게 된다(Eysenck, 1974). 전두엽의 영역들은 부호화 과정에서 주의를 기울일 특질을 선택하는 데 중요한 역할을 한다(Kapur et al., 1994). 어떤 연구들은 부호화에 기인한 망각을 직접 연구하였다. 와그너 등(Wagner et al., 1998b)은 참가자들이 단어 목록을 학습하는 동안 뇌 영상을 촬영하고 나중에 재인기억 검사를 실시하였다. 검사 결과를 근거로 부호화 시기에 측정한 뇌 활동을 분석함으로써 이들은 다음과 같은 질문에 답하고자 하였다. 부호화 시기의 신경 활동을 통해 나중에 어떤 항목이 재인되고 어떤 항목이 잊혀질지 예측할 수 있을까? 좌반구의 외측 및 복측 전전두 영역의 부호화 신경 활동을 관찰하면 후속 기억과 망각을 예측할 수 있었다. 전두엽의 활동은 부호화할 세부 특징을 선택하는 과정과 관련이 있을 것이다. 그에 비해 내측두 활동은 실제 기억의 형성을 반영한다. 인간의 뇌에 전극을 심고, 해마와 주변 피질 영역에 있는 뉴런들의 동기화된 발화 여부를 관찰하면 후속 기억과 망각을 예측할 수 있었다(Fell et al., 2001). 기억상실증 환자들은 나중에 아무것도 기억하지 못하지만 부호화 단계에서는 정상적인 전두엽 활동을 보인다(Buckner et al., 1999 참조).

저장된 기억이 소실된 경우와 인출에 실패한 경우의 망각을 구분하는 것은 매우 어렵다. 접근이 불가능해 보이던 정보가 나중에 기억될 수도 있고(기억이 실제로는 소실되지 않았다는 뜻), 어떤 정보는 특정 검사(예 : 암묵 검사)를 썼을 때만 접근이 가능한 경우도 있다. 다중 기억 체계를 지지하는 입장이라면, 기억이 어떤 체계에서는 손상되고 다른 체계에서는 온전하게 남아 있을 가능성도 생각해야 봐야 한다.

털빙(1983)은 인출 시도와 최초 부호화 단계 간의 맥락적 유사성 정도가 기억과 망각의 가능성을 예측한다고 주장했다. 이를 부호화 특수성 가설(encoding specificity hypothesis)이라 한다. 고든과 배들리 (Godden & Baddeley, 1975)는 사람들에게 육지 또는 (다이빙한 상태로) 해저에서 단어 목록을 학습하게 한 후, 육지 또는 해저에서 회상 검사를 실시하였다.

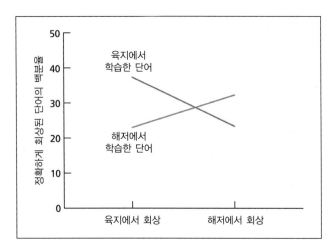

그림 9.24 단어는 동일한 맥락에서 학습하고 회상할 때 더 정확히 기억된다.

출처 : Baddeley, 1990.

그 결과, 학습과 검사가 다른 장소일 때(육지-해저, 해저-육지)보다 같은 장소일 때(육지-육지, 해저-해저) 회상이 정확했다. 마찬가지로 알코올중독자들은 취했을 때 숨긴 물체를 술이 깬 상태에서는 못 찾지만 나중에 다시 취하면 어디에 숨겼는지 기억해낼 수 있다(Goodwin et al., 1969). 이 실험들에서 관찰한 망각은 저장의 문제보다는 인출의 문제를 반영하는 것으로 보인다.

어떤 기제를 통해 이미 부호화된 정보가 잊혀지는 걸까? 두 가지 대략적인 설명이 존재한다. 흔적이 쇠퇴하는 것처럼 수동적인 기제(기억이 자발적으로 약화됨) 또는 간섭과 억제처럼 능동적인 기제(기억들이 서로 상호작용하거나 전략적인 조절 과정을 통해 약화됨)가 있다. 흔적이 소멸되는 경우를 완전히 배제하기는 어렵지만, 능동적인 망각 기제가 더 우세하다는 좋은 증거들이 있다. 앤더슨 등(Anderson et al., 1994)은 세 단계로 된 기억 패러다임을 고안하였다. 첫 단계에서 참가자들은 몇 가지 범주에 관련된 단어 목록을 학습하였다(예 : 과일-오렌지, 과일-바나나). 두 번째 단계에서 참가자들은 일부 연합(예 : 과일-오렌지)을 암송하고 다른 연합(예 : 과일-바나나)은 암송하지 않았다. 검사 단계에서 참가자들은 제시된 범주 명칭(예 : 과일)에 대하여 처음에 학습했던 단어들을 기억해내야 했다. 두 번째 단계에서 학습하지 않았던 단어(예 : 바나나)에 대한 기억은 학습했던 단어보다 저조했으며, 더 중요한 사실은, 두 번째 단계가 아예 없었을 때 기대할 수 있는 수준보다도 저조했다. 앤더슨 등(1994)은 인출 행위는 유사한 경쟁 기억을 적극적으로 억제한다고 주장했다. 이 효과를 인출-유도 망각(retrieval-induced forgetting)이라 한다. 주차 비유로 되돌아가자면, 오늘 주차한 장소를 기억하는 행위는 다른 날 주차했던 장소에 관한 기억을 적극적으로 억제한다.

지금까지는 기억이 자동적으로 억제되어 망각에 이르는 상황을 살펴보았다. 기억을 자발적으로 억제할 수 있을까? 우리가 잊고 싶으면 잊을 수 있는 걸까? 지시된 망각(directed forgetting) 패러다임을 사용한 실험들에 따르면 그것이 가능하다. 지시된 망각 실험에서 참가자들은 두 가지 단어 목록을 읽는다. 실험 조건의 참가자들은 첫 번째 목록을 읽은 후, 그것은 연습이었으며 잊어도 좋다는 말을 듣는다. 통제 조건의 참가자들은 첫 번째 목록도 기억해야 한다는 말을 듣는다. 두 목록이 모두 제시되고 나면 참가자들은 잊어도 좋다고 앞에서 들었는지 여부에 상관없이 두 목록을 모두 회상해야 한다. 일반적으로 회상은 잊으라고 지시를 받았던 단어들에 대해 저조하다(Bjork, 1998). 콘웨이와 프트나키(Conway & Fthenaki, 2003)는 우반구 전두엽이 손상되면 지시된 망각이 방해를 받지만 인출-유도 망각에는 지장이 없다는 것을 발견했다. 이 결과는 한편으로는 자율적인 망각과 전략적인 망각의 해리, 다른 한편으로는 자동적인 망각과 시연에 근거한 망각의 해리를 증명한다. 앤더슨 등(2004)의 fMRI 실험에서 참가자들은 단

핵심 용어

건설적 기억 기억을 현재 알고 있고 접근 가능한 것에 근거하여 과거에 관해 추론하는 행위로서 이해하는 것

오기억 부분 혹은 전체가 부정확하지만 기억하는 사람이 실제 일어난 일이라고 생각하는 기억

어 쌍(예 : 턱-잇몸, 증기-기차)을 학습하였다. 그다음, 참가자들은 제시된 단서 단어(예 : 턱-, 증기-)에 대하여 연합된 단어를 기억하거나 기억하지 않도록 지시받았다. 기억하라는 지시를 받았을 때에 비해 기억하면 안 된다는 지시를 받았을 때 좌우반구의 배측 전전두피질의 활동이 증가하였다. 기억하라는 지시를 받은 경우에는 상대적으로 해마의 활동이 증가하였다.

기억 왜곡과 오기억

기억하는 행위를 흔히 기억 흔적을 보관한 저장소에서 흔적을 인출하는 과정에 비유하곤 한다(Roediger, 1980 참조). 이 비유는 틀렸다. 과거는 표상하는 뇌 구조와 현재를 다루는 데 집중하는 뇌 구조는 대체로 다르지 않다. 대안적인 견해에 따르면 기억은 현재 알고 있고 접근 가능한 것에 근거하여 과거에 관해 추론하는 행위로서 해석할 수 있다. 이러한 접근법은 저장소 비유와 대조되며, 건설적 기억(constructive memory) 접근법이라고 불린다(Schacter et al., 1998). 건설적 기억 접근법에 근거한 연구들은 망각보다는 기억 왜곡 또는 오기억의 증거들에 의존하는 경향이 있다. 오기억(false memory)은 부분적으로 또는 전체적으로 정확하지 않지만 기억하는 사람이 실제 기억으로 받아들이는 기억을 말한다.

뢰디거와 맥더모트(Roediger & McDermott, 1995)는 임상적으로 문제가 없는 사람들에게서 높은 수준의 잘못된 회상과 재인을 유발할 수 있는 패러다임을 개발했다. 참가자들은 학습 단계에서 단어 목록들을 읽는데, 각 목록에 속하는 모든 단어(예 : 침대, 밤, 피곤한 등)는 제시된 적이 없는 표적 단어(예 : 수면)와 의미적으로 연결되어 있다. 참가자들은 검사 단계에서 여러 표적 단어들을 기억한다고 주장한다. 참가자들은 자신들의 결정을 매우 확신하며 오기억에 대해 (단순히 친숙감뿐만 아니라) 상기하는 듯한 경험을 한다. 만약 목록이 남성 또는 여성의 목소리로 제시되었다면, 추측해서 답하지 말라고 아무리 강조해도 참가자는 '수면'이라는 단어가 특정 목소리로 나왔다고 답할 수 있다(Payne et al., 1996).

이 결과들을 어떻게 설명할 수 있을까? 한 가지 설명은 표적 단어가 의미 연결망을 통해 부호화 단계에서 암묵적으로 활성화되었다는 것이다(Underwood, 1965). 그러나 이 과정이 왜 친숙감이 아니라 기억한다는 느낌을 일으키는지 불확실하다. 또 다른 설명은 참가자들이 부호화 단계에서 표적 단어('수면')를 의식적으로 상상하고 나중에 상상한 것과 들은 것을 헷갈린다는 것이다. 이 설명의 문제점은 학습 단계에서 추상적인 도형들을 제시해도, 제시된 적 없는 원형에 대해 오재인이 발생할 수 있다는 점이다(Koutstaal et al., 1999). 참가자들이 학습 단계에서 다른 추상적인 도형을 의식적으로

이 단어 목록을 친구들에게 소리 내어 읽어준 후, 그들에게 가능한 한 많이 회상하라고 요청하라. 그들은 '수면', '음식' 및 '빵'을 들었다고 기억하는가?(Roediger & McDermott, 1995)

침대	신발	버터
쉼	손	음식
깨어나다	발가락	먹다
피곤한	차다	샌드위치
꿈	샌들	호밀
깨우다	축구	잼
눈을 붙임	보폭	우유
담요	걷다	밀가루
졸음	발목	젤리
잠	팔	반죽
코골이	부츠	껍질
낮잠	크기	조각
평화	양말	와인
하품	냄새	덩어리
졸림	입	토스트

생각했을 것 같지는 않다. 더 만족스러운 설명은 제시된 적 없는 항목이 검사 단계에서 나왔을 때 그 항목의 세부 특징이 실제 일어난 사건에 관련된, 기억 속의 세부 특징을 재활성화시킨다는 것이다(Schacter & Slotnick, 2004). 이를 뒷받침하는 증거는 fMRI로 관찰했을 때 재인 반응이 옳은 경우와 틀린 경우 모두에서 해마가 활성화되었다는 점이다(Cabeza et al., 2001). 어떤 경우에는 해마 손상이 있는 기억상실증 환자들이 (왜곡을 유발할 만한 정보를 저장할 수 없으므로) 오기억을 덜 일으켜서 정상인들에 비해 역설적으로 더 정확하게 기억 검사를 수행하기도 한다(Mullally et al., 2012).

정확한 재인과 잘못된 재인이 수반하는 뇌신경 패턴에는 차이가 있다. 만약 단어가 처음에 왼쪽이나 오른쪽에 제시되었다면, 후속 검사에서 반측(contralateral) ERP 요소는 기억이 올바른 경우에만 나타난다(Fabiani et al., 2000). 게다가 추상적인 도형을 사용한 fMRI 연구에서 초기 시각 영역의 활동은 올바른 기억에서만 관찰되었고 오기억에서는 관찰

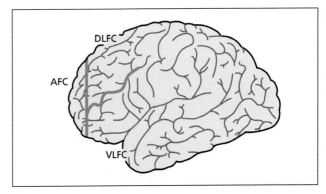

그림 9.25 많은 연구자들은 전두엽 측면의 복외측(VL), 배외측(DL), 그리고 앞부분(AF)의 기능을 구분해왔다.

출처 : Fletcher and Henson, 2001. Reproduced with permission of Oxford University Press.

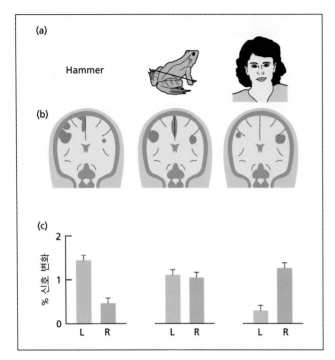

그림 9.26 기억을 부호화할 때 언어 자극에 주의를 기울일 때와 비언어 자극에 주의를 기울일 때 좌우측 전전두 활동에 서로 다른 영향을 끼친다.

출처 : Reprinted from Kelley et al., 1998. ⓒ 1998 with permission from Elsevier.

되지 않았다(Slotnick & Schacter, 2004). 왜 참가자들은 이러한 감각신호를 오재인을 피하는 데 사용하지 않을까? 정확한 기억과 오기억의 차이는 암묵기억 시스템에서만 있고, 의식적인 기억 평가에는 거의 기여하지 않는 것 같다.

장기기억에서 전전두피질의 역할

플레처와 헨슨(Fletcher & Henson, 2001)은 장기기억에서 전전두피질이 수행하는 역할을 다음과 같이 간단하면서 효과적으로 표현하였다. '기억으로 작업하기'가 그것이다. 분명히 이는 단기기억 범주에 속하는 기능, 즉 작업기억을 염두에 둔 언어유희이다. 작업기억 및 기억과 작업하기는 서로 다른 뇌 기제라고 생각하면 안 된다. 둘 다 현재 접근 가능한 정보를 유지하고 조작하는 작업이며, 그 정보가 과거 사건에 대한 것인지 아니면 현재 사건에 대한 것인지만 다를 뿐이다.

기억 부호화

복외측 PFC(VLPFC)는 장기기억의 부호화와 관련이 있는데, 이는 이 영역의 주요 기능이 정보를 선택하여 작업기억 속에 유지하는 데 있기 때문이다(좌반구 복외측 영역의 다른 이름은 브로카 영역이다). 이미 밝혔듯이, 이 영역의 활동을 관찰하면 학습한 내용이 나중에 잊혀질지 아니면 기억될지 예측할 수 있다(Wagner et al., 1998b). 이 영역은 처리 수준 조작과도 관련이 있는데, 이 조작에서는 기능 영상을 이용하여 자극을 의미적으로 처리할 때와 얕은 수준으로 처리할 때를 비교한다(Kapur et al., 1994). 좌반구는 언어 부호화에 중요하고 우반구는 그림이나 얼굴이 제시되었을 때 중요하다(Wagner et al., 1998a).

배외측 PFC(DLPFC)는 작업기억 속의 정보를 조작(예 : 순서 부여하기)하는 데 관여한다(Petrides, 2005). 기억 부후화에서 (복외측 PFC와 함께) 이 영역은 구조화되지 않은 숫자열(예 : 3972)보다 구조화된 숫자열(예 : 2468)이 제시되었을 때 더 활성화된다(Bor et al., 2004). 단어를 부호화하는 동안 DLPFC의 활동을 관찰하면, 나중에 자유 회상을 하는 동안 의미적인 군집화가 일어날지를 미리 알 수 있다(예 : 과일의 이름을 한꺼번에 회상; Long et al., 2010). 마찬가지로 참가자들이 부호화 단계에서 단어들의 순서를 재조정해야 했다면(통제 조건은 수동적으로 암송하기) DLPFC의 활동을 관찰함으로써 순서가 재조정된 항목들에 대한 후속 장기기억을 예측할 수 있었다. 그러나 VLPFC의 활동을 보면 순서가 조정된 시행들과 암송한 시행들에 관한 장기기억을 모두 예측할 수 있었다(Blumenfeld & Ranganath, 2006).

점검과 기억 인출

플레처와 헨슨(2001)은 (특히 우반구의) DLPFC가 부호화뿐만 아니라 장기기억으로부터 무엇이 인출되었는지 평가하는 데도 관여한다고 주장했다. 이러한 기능을 점검이라 하는데, 다음에 설명할 출처기억 및 상기 경험의 개념과 관계된다.

인출 단서의 유형(예 : 자유 회상, 단서 회상 또는 재인) 그리고/또는 인출되어야 하는 정보의 양(예 : 맥락 정보의 양)에 따라 인출 부담은 다양할 수 있다. 인출 단서가 적거나(예 : 자유 회상; Fletcher et al., 1998), 단순 재인에 비해 더 많은 맥락이 상기되어야 할 때(Henson et al., 1999b), 그리고 자극이 학습 단계에 나왔는지 여부와 상관없이 기억 판단에 대한 확신이 부족할 때(Henson et al., 2000) DLPFC의 활동이, 특히 우반구에서 가장 증가한다. 메릴 등(Maril et al., 2001)은 (차이나타운 + 감독, 이라크 + 수도 등의 단서를 제시받은) 참가자가 답을 모른다고 확신하거나 답을 알 때에 비해 설단 현상을 경험하는 경우에 우측 DLPFC의 활동이 증가한다는 것을 발견하였다. 이 결과를 볼 때, 우측 DLPFC의 활동은 인출의 성공과 실패보다는 (설단 현상이 반영하는) 불확실성과 관련이 있다.

체험적 상태

전에 설명했듯이 재인기억은 친숙감과 상기라는 두 가지 종류의 체험적 상태(experiential state)와 관련이 있다. 이를 내측두엽의 하위 영역들이 수행하는 기능에 연결지어 논의할 수도 있지만, 전전두 영역들도 이에 기여하는 바가 있다. 예를 들어, 전전두피질은 내측두 구조물에 있는 정보에 근거하여 (그리고 도식이나 보상 같은 다른 유형의 정보들과 연계하여) 의사결정을 내리는 역할을 담당한다. 이를 뒷받침하듯이 해마의 fMRI 신호를 알면 기억의 암묵적 측정치(학습했거나 처음 본 항목들에 대한 응시 시간의 길이)를 예측할 수 있는 반면, 전전두피질의 활동은 의식적인 상기적 판단과 관련이 있었다(Hannula & Ranganath, 2009). 재인기억 검사를 사용한 한 fMRI 연구에서 참가자는 맥락적 세부사항들을 기억하는지, 또는 전에 본 것은 알겠는데 맥락을 상기하지 못하는

그림 9.27 들었던 단어에 관한 기억과 상상했던 단어에 관한 기억을 어떻게 구별할 수 있을까? 출처 점검은 인출된 정보의 질과 내용을 능동적으로 평가하는 과정이다.

지 판단해야 했다(Henson et al., 1999a). 좌측 전두엽의 앞부분은 '기억한다'고 반응할 때 활성화되었는데, 이는 맥락적 세부사항들이 인출되었기 때문이라고 볼 수 있다. 그에 비해 우측 DLPFC는 '안다'고 반응할 때 활성화되었으며, 이는 확실성이 부족하여 기억을 점검할 필요성이 커졌기 때문이라고 해석할 수 있다.

출처 점검

출처 점검(source monitoring)은 인출된 기억의 원래 출처를 찾는 과정이다. 가령, 어떤 사건이 목격했던 것인지 아니면 상상했던 것인지, 어떤 이야기를 팀이 말했는지 아니면 밥이 말했는지, 어떤 사건이 아침에 일어났는지 아니면 저녁에 일어났는지 등에 관한 것이다. 이 과정은 앞에서 설명했던 상기 과정과 밀접한 관계에 있다. 그러나 존슨과 동료들에 따르면 사건에 맥락을 부여하려면 직접 기억의 기원을 규정하는 정보를 인출하는 것보다 더 능동적인 평가 과정이 개입되어야 한다(Johnson, 1988; Johnson et al., 1993). 게다가 평가는 인출된 정보의 질적인 특성들, 가령 지각, 시간, 공간, 의미, 정서적 정보의 수준에 근거한다. 외적 사건에는 정신적 사건에 비해 공간, 시간, 정서 및 지각적 세부사항이 풍부하다. 그에 반해 정신적 사건은 인지적 전략에 관한 정보를 포함한다.

이러한 문헌들의 사례를 살펴보자면, 존슨 등(1988)은 참가자들에게 듣거나 상상했던 단어들에 관한 기억을 비교하게 했다. 실험 집단의 참가자들은 실험자의 목소리로 일부 단어들을 들은 후, 다른 단어들을 실험자의 목소리로 들었다는 상상을 하였다. 비교 집단의 참가자들은 실험자의 목소리로 일부 단어들을 듣고, 다른 단어들은 자신의 목소리로 들었다고 상상하였다. 실험 집단은 비교 집단에 비해 단어의 출처를 더 크게 혼동하였다. 지각적으로 독특한 세부 특징을 부호화하면, 지각적 세부 특징을 상상한 경우라도 (단어를 들었는지 상상했는지 판단하는) 출처 점검에 도움이 될 수 있다.

출처에 관한 정보는 지각, 의미 및 정서적 정보를 처리하는 여러 뇌 영역 안에 포함되어 있을 것이다. 내측두엽에 대한 fMRI 연구에서 해마(그리고 해마방피질)의 활동은 출처 재인을 반영하고, 비주변피질의 활동은 항목 재인을 반영하였다(Davachi et al., 2003).

전전두피질이 손상되면 출처 점검 능력이 저하된다. 이런 환자들은 일반적으로 좋은 재인기억을 가지고 있지만 기억에 공간 및 시간적 맥락을 부여하는 데 어려움을 겪는다

핵심 용어

출처 점검 인출된 기억의 원래 출처를 찾는 과정

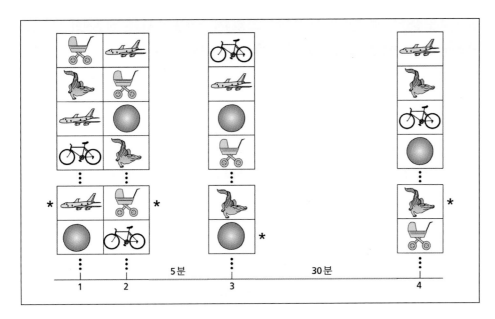

그림 9.28 슈나이더가 고안한 과제에서 참가자들은 각 항목이 현재의 목록에서 전에 제시된 적이 있는지(*표시) 기억해야 한다. 그러나 어떤 항목은 목록 간에도 반복되며(예 : 악어는 여러 목록에서 제시됨), 작화 환자는 이런 항목을 특히 어려워한다.

출처 : Schnider and Ptak, 1999. Reprinted by permission from Macmillan Publishers Ltd.

(Janowsky et al., 1989; Milner et al., 1991b). 또한 전전두피질이 손상되면 환자들이 '기억한다'는 주관적인 느낌을 보고하더라도 공간적 맥락에 대한 출처기억이 저하될 수 있다(Duarte et al., 2005). 그에 반해 두정엽이 손상되면 출처 점검이 손상되지는 않지만, 참가자는 자신의 기억 판단을 확신하지 못하는 경향이 생긴다(Simons et al., 2010). 아마도 이는 기억한 사건에 관한 심상이 풍부하지 않기 때문일 것이다.

시간적 맥락에 관한 기억

전전두피질의 각 영역은 출처기억에 서로 다른 방식으로 기여할 것이다. 예를 들어, 안와전두피질이 시각적 맥락에 특화되어 있다는 주장이 있다. 기억 속에는 시간이 잘 표시되지 않기 때문에 어떤 것이 언제 일어났는지(또는 어떤 것이 더 최근에 일어났는지) 기억하는 것은 다른 유형의 인지 기제가 필요할 것 같다. 시간적 맥락을 평가하려면 기억 강도에 의존하거나 또는 시간적으로 근접한 항목들을 연합하는 전략이 필요하다. 안와전두피질에 손상이 있는 환자들은 시간적 출처 점검에 곤란을 겪을 수 있지만, 공간적 출처 점검이나 재인기억/회상에서는 어려움을 겪지 않는다(Duarte et al., 2010). 기능적 영상 연구에 따르면 안와전두피질은 시간적인 맥락을 성공적으로 **부호화**할 때 관여하지만 인출할 때는 관여하지 않는다(Duarte et al., 2010).

안와전두엽의 손상은 **작화**(confabulation)라고 불리는 신경학적 증상과 관련이 있다 (Gilboa & Moscovitch, 2002). 작화를 하는 환자들은 오기억을 만들어내는데, 이는 자발적으로 할 수도 있고 타인에 의해 유도될 수도 있다. 예를 들어, 포클랜드 전쟁에 관

핵심 용어

작화 거짓 의도 없이 정확하지 않고 때로는 자기 모순적일 수 있는 기억

한 질문을 받았을 때, 한 환자는 자신이 그 섬에서 휴가를 보냈다는 허구적인 이야기를 자발적으로 기술하였다(Damasio et al., 1985). 그녀는 남편과 함께 산책을 하고 해변가에서 값싼 장신구를 구입하는 상황을 떠올렸다. 실험자가 거기서는 어떤 언어를 사용하냐고 묻자, 그녀는 자신 있게 "포클랜드어지요. 무슨 다른 말을 쓰겠어요?"라고 대답했다. 한 이론에 따르면, 작화는 시간적 맥락을 혼동해서 생긴다. 작화된 기억들은 (뉴스나 영화에 관한 기억을 포함하여) 실제 기억에서 나온 정보들을 섞어놓은 것이기 때문이다(Schnider, 2003; Schnider & Ptak, 1999; Schnider et al., 2000). 슈나이더는 여기서 부족한 것은 맥락 인출 자체가 아니라 부적절한 기억을 억제하는 데 필요한 기제라고 주장하였다. 이에 관한 증거들은 작화 환자와 작화를 하지 않는 기억상실증 환자와 비교한 여러 연구에서 나온다. 환자들의 과제는 단어나 그림이 현재의 목록이 제시되기 전에 제시된 적이 있는지 탐지하는 것이다. 만약 자발적으로 작화를 하는 환자에게 단어가 제시되었는데, 이 단어가 이전 목록에서 나온 적이 있지만 이번 목록에서는 처음 나왔다면, 환자는 이 단어가 현재 목록에서 나온 적이 있다고 잘못 기억한다. 이는 안와전두엽이 소거 학습(즉 전에 보상을 주었던 자극에 대해 더 이상 반응할 필요가 없다는 것을 배우는 것)에 관여한다는 사실과 일맥상통한다.

평가

전전두피질의 장기기억 기능을 비유적으로 '기억으로 작업하기'라 할 수 있다. 부호화할 때의 기능은 이 영역이 작업기억을 위해 수행한다고 알려진 기능과 밀접하다. 복외측 영역은 선택과 유지, 배외측 영역은 조작을 뒷받침한다(예 : 기억할 항목들의 순서 부여). 인출할 때 전전두피질은 확신도 판단, 체험적 상태, 출처 점검을 포함하여 기억의 내용을 점검하고 평가하는 데 관여한다.

요약 및 핵심 정리

- 전통적으로 단기기억(STM)은 장기기억(LTM)과 다르다고 생각해왔지만, 단기기억을 일시적으로 활성화된 장기기억이라고 보는 견해도 있다. 작업기억은 단기기억 속에 유지되고 있는 정보를 조작하는 과정이며 전전두피질의 배외측 영역과 관련이 있다.
- 장기기억은 기억의 내용을 의식적으로 보고할 수 있는지 여부에 따라 외현기억과 암묵기억(또는 서술기억과 비서술기억)으로 나뉜다. 외현기억은 사실(의미기억)과 사건(일화기억)에 관한 지식으로 구성된다. 암묵기억은 주로 기술과 습관(절차기억) 그리고 지각적 지식으로 구성된다.
- 해마를 포함한 내측두엽이 손상되면 기억상실증이 생길 수 있다. 기억상실증에서 서술기억은 선택적으로 손상되지만 암묵기억은 온전하게 남는다. 의미기억과 일화기억 모두 손상되지만, 의미기억이 손상되는 정도는 다양하게 나타날 수 있다.

- 일반적으로 기억상실증은 공고화의 결함(즉 영구적인 새 연결을 만들지 못함) 때문에 발생하며, 새로운 서술 기억을 획득하지 못하고(선행성 손상), 손상 시점에 완전히 공고화되지 못한 옛 기억을 인출하는 데 장애가 있다고(역행성 손상) 알려져 있다. 해마는 제한된 시간 동안만 공고화에 관여하기 때문에, 손상이 되면 시간적 기울기(오래된 기억이 최근 기억에 비해 잘 보존됨)가 생긴다.
- 재인기억의 두 요소는 맥락에 의존하는 상기와 맥락에 의존하지 않는 친숙감이다.
- 내측두엽은 전체적으로 서술기억을 뒷받침하는 역할을 하지만, 하위 구조물들의 기능은 다르다. 해마는 맥락적(특히 공간적) 연합, 비주변피질은 물체 기억, 내비피질은 요점에 관한 기억, 그리고 해마방피질은 장면 기억과 관련이 있다.
- 부호화를 할 때 깊이 처리하지 않거나 공고화에 실패한 항목들은 망각된다. 인출에 실패해도 망각이 일어난다. 기억 인출은 능동적으로 다른 기억을 억제한다는 증거가 있다.
- 전두엽의 측면은 (a) 작업기억에 정보를 유지하고, (b) 환경 속에서 주의를 집중할 정보를 선택하며(부호화에 중요), (c) 기억 인출에 필요한 단서와 전략을 제공하고, (d) ('출처 점검'에서처럼) 기억의 내용을 점검할 때 중요한 역할을 담당한다.

논술 문제

- 기억에서 해마의 역할과 내측두엽의 다른 구조물들의 역할을 대조하라.
- 단기기억을 장기기억으로부터 구분할 수 있을까? 단기기억은 장기 학습에 필요한가?
- 기억상실증에서 전형적으로 손상되는 기억의 유형은 무엇인가?
- 의미기억과 일화기억은 서로 다른 기억체계인가?
- 해마는 기억을 공고화할 때 제한된 시간 동안만 관여하는가?
- 기억에서 전두엽의 역할은 무엇인가?

더 읽을거리

- Baddeley, A., Eysenck, M. W., & Anderson, M. (2009). *Memory*. Hove, UK : Psychology Press. 시작점으로 매우 좋음. 신경과학보다 인지에 초점을 맞추었음
- Tulving, E. & Craik, F. I. M. (2005). *The Oxford handbook of memory*. Oxford, UK : Oxford University Press. 모든 영역을 포함하고 있음
- Eichenbaum, H. (2012). *The cognitive neuroscience of memory* (2nd edition). Oxford, UK : Oxford University Press. 분자에서부터 동물 모델과 인간 연구까지 최신의 자료를 상세하게 다루고 있음

제10장

듣는 뇌

이 장의 내용

소리의 본질

귀에서 뇌까지

청각 정보의 기초적 처리

음악 지각

목소리 지각

말소리 지각

요약 및 핵심 정리

논술 문제

더 읽을거리

소리는 사물의 움직임이나 진동(예 : 성대의 진동, 바이올린 현을 켜는 것, 머리 위로 비행하는 항공기 등)에 의해 생성된다. 소리는 일반적으로 공기와 같은 주변 매체에서 분자들이 압축되고 확장되는 과정이 번갈아 일어나면서 생기는 압력의 변화로 나타난다. 인간의 청각체계는 공기의 압력 변화를 0.00002~100파스칼 이상까지 광범위하게 탐지할 수 있다. 그러나 듣는 뇌의 역할은 단순히 이런 변화를 탐지하는 것이 아니다. 시각을 비롯한 다른 지각체계들과 같이 청각의 목표는 외부 세계를 있는 그대로 묘사하기보다는 해석하고 행동하는 데 도움이 되는 외부 세계에 대한 내적인 모델을 생성하는 것에 있다. 이 모델은 실시간으로 입력되는 감각 정보뿐만 아니라 과거의 감각 경험에 기초하여 구성된다. 우리의 시각체계는 토마토가 실내에서 실외 조명으로 옮겨진다 해도 색이 변화하는 것으로 지각하지 않는다(토마토로부터 반사되는 빛의 파장이 변함에도 불구하고). 청각 역시 동일한 원리로 작용한다. 듣는 뇌 또한 무한하게 변화하는 감각 입력 정보에서 '불변성'을 찾아내는 것을 중요하게 여기며, 감각 정보를 적극적으로 해석한다.

그림 10.1 소란스러운 환경에서 귀는 동시에 여러 개의 소리를 듣는 일이 많다. 그러나 얼마나 많은 음원(혹은 '흐름')이 있고, 그들이 무엇에 대응되는지를 알아내는 것은 (귀가 아니라) 뇌의 역할이다. 이는 입력되는 감각 정보와 소리에 대해 학습된 지식(예 : 음악의 선율, 목소리의 음높이 범위)에 달려 있다.

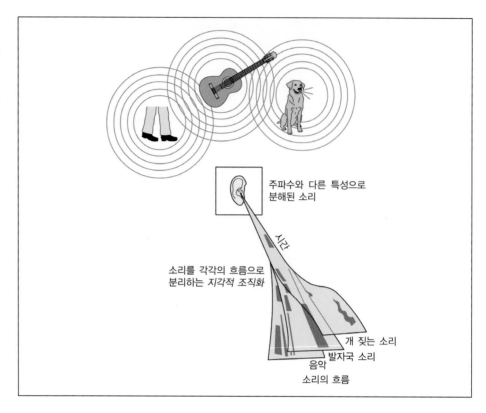

예를 들어 우리는 친근한 멜로디가 다른 음정으로 제시되어도 우리가 알고 있는 그 멜로디라는 것을 재인할 수 있으며, 친근한 목소리를 다양한 음향적 환경(대면 상황, 통화음성, 확성기를 통해)에서도 동일한 목소리로 재인할 수 있다. 듣는 뇌는 청각 입력 정보를 보충하기 위해 저장된 지식도 활용한다. 예를 들어, 롤링스톤스의 'Satisfaction'과 같은 친근한 노래를 들을 때, 이 노래의 중간에 2~5초 정도 동안 음이 소거되었을 경우("I can't get no _____"), 낯선 노래에 중간에 음이 소거된 경우와 비교할 때 청각 피질에서 더 활발한 반응이 일어난다(Kraemer et al., 2005). 음악과 가사에 대한 지식은 들리는 노래의 중간에 잠시 음이 소거된(또는 영상 기기의 배경 소음만 들리는) 부분을 채워넣을 수 있다.

청각과 시각은 시간적 · 공간적 정보에 대한 민감도에서 차이가 난다. 청각체계는 특정 말소리를 특징짓는 급격한 주파수의 변화와 같은 시간적 정보의 처리에 능숙하며 음악에서 멜로디를 추출할 때처럼 시간에 따라 정보를 묶어서 처리하는 데 특화되어 있다. 모스 부호에서 '점'과 '줄표' 부호가 표상하는 다양한 시간 간격에 대한 처리는 볼 때보다 들을 때 훨씬 쉽다(Saenz & Koch, 2008). 반대로, 사물의 위치를 파악하는 것은 들을 때보다 볼 때 훨씬 쉽다(Bertelson & Aschersleben, 1998).

이 장은 초기 청각체계에서 일차·이차 청각피질에 이르기까지 소리가 어떻게 처리되는지에 대한 내용으로 출발할 것이다. 그다음 뇌가 어떻게 청각적 장면에서 특질을 추출하고, 청각적 세상을 서로 다른 흐름(예 : 소리의 출처에 따라)과 종류(예 : '무엇'과 '어디')의 청각 정보로 분류하는지에 대해 자세하게 알아볼 것이다. 마지막 부분에서는 세 유형의 자극인 음악과 목소리, 말소리에 대한 지각을 다룰 것이다.

소리의 본질

가장 단순한 소리 중의 하나는 사인 곡선 모양의 파형(시간에 따른 압력의 변화를 표시할 때)을 가진 **순음**(pure tone)이다. 순음은 음파의 주파수에 의해 결정되는 **음높이**(pitch)를 지닌다(초당 진동 수인 Hertz로 측정). 인간의 청각체계는 20~20,000Hz의 주파수 범위의 소리에 반응한다. 소리의 강도(즉 사인 곡선의 경우 그 진폭을 말함)는 주관적으로 경험하는 **음량**(loudness)과 연관된다. 지각에서 자극의 물리적인 성질과 자극의 지각되는 특성을 구별하는 것이 매우 중요하다. 시각에서는 비록 빛의 파장(물리적인 성질)과 색깔(심리적인 성질)이 서로 밀접한 관계가 있지만, 그 관계가 그리 단순하지만은 않다. 잔상에서처럼 파장 없이도 색채 지각이 일어날 수 있고, 대뇌 색맹(cerebral achromatopsia)의 경우처럼 색채 지각이 불가능하나 빛의 파장은 처리되는 경우가 있다. 마찬가지로 청각에서 소리의 주파수가 지각된 음높이와 관계되고, 소리의 강도(혹은 진폭)가 지각된 음량과 관계되지만, 그러한 관계성이 그렇게 단순하지는 않다. 음높이와 음량은 소리의 심리적 특성인데 반해, 주파수와 강도는 물리적 특성이다. 예를 들어 낮은 주파수의 소리는 진폭을 증가시키면 음높이가 더 낮은 것으로 지각되고,

핵심 용어

순음 (시간에 따른 압력의 변화를 나타낼 때) 사인 곡선의 파형을 지닌 소리

음높이 높낮이 순서로 나열할 수 있는 소리의 지각된 특성

음량 소리의 지각된 강도

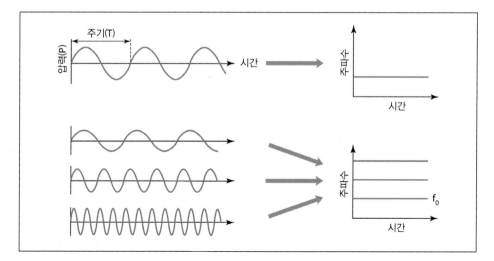

그림 10.2 순음(위)은 사인 곡선 모양으로 변하는 압력으로 표현될 수 있다. 음악(아래)과 같이 자연적으로 발생하는 많은 소리들은 여러 주파수의 사인 곡선의 규칙적인 배열로 표현될 수 있다. 지각되는 음높이는 그 배열 중 가장 낮은 주파수(기초 주파수, f_0)와 관계된다.

핵심 용어

기초 주파수 지각되는 음높이를 결정하는 복합음의 가장 낮은 주파수 요소

기초 주파수 누락 현상 복합음의 기초 주파수가 제거되더라도 음높이가 변화하는 것으로 지각되지 않음(뇌가 이를 복원시킴)

음색 서로 다른 악기 소리를 구분할 수 있게 하는 지각된 소리의 특성

달팽이관 액체를 매개로 한 소리를 신경신호로 변환시키는 내이의 일부분

기저막 신경 수용기와 연결된 작은 유모 세포를 지닌 달팽이관 속의 막

높은 주파수의 소리는 진폭을 증가시키면 음높이가 더 높은 것으로 지각된다(Stevens, 1935). 비록 진폭과 주파수는 음파의 독립적인 물리적 특성이지만, 뇌는 이들과 연관된 심리적인 특성(음높이와 음량)들은 완전하게 독립적인 방식으로 처리하지 않는다.

일상생활에서 순음은 거의 듣기 어렵다. 많은 소리들은 여러 주파수와 강도, 위상을 지닌 사인 곡선들이 중첩된 결합물로 표현할 수 있다. 예를 들어, 음악 소리는 대개 규칙적으로 배열된 일련의 사인 곡선들을 지닌다. 따라서 220Hz의 피아노 소리는 220Hz, 440Hz, 660Hz 등의 사인 곡선들로 표현할 수 있다. 이때 주파수가 가장 낮은 성분(이 예에서는 220Hz), 즉 **기초 주파수**(fundamental frequency, f_0)가 대체로 음높이의 지각을 결정한다. 그러나 주파수들의 연쇄(예 : 440Hz, 660Hz, 880Hz 등으로 만들어진 음 등)에서 기초 주파수가 제외되었을지라도 음높이는 여전히 220Hz와 똑같이 들린다. 이를 **기초 주파수 누락 현상**(missing fundamental phenomenon)이라고 하며, 이는 음높이 지각의 항상성을 보여주는 예이다. 즉 물리적 특성이 완전히 다른 2개의 음(즉 220Hz인 음 대 440Hz, 660Hz, 880Hz 등의 사인 곡선의 합으로 이루어진 음)이 같은 음높이로 지각될 수도 있다.

음악 소리를 구성하는 서로 다른 사인 곡선 성분의 상대적인 강도는 다른 악기로 연주하는 동일한 음을 구별하는 데 매우 중요하다. 즉 이를 **음색**(timbre)이라 하며, 음색은 음높이처럼 소리의 심리적인 특성이다. 백색 잡음은 모든 주파수의 사인 곡선을 무한히 합한 결과로 볼 수 있다.

귀에서 뇌까지

귀는 세 가지 주요 구조, 즉 외이, 중이 그리고 내이로 구성된다. 외이는 귓바퀴(pinna, 복수형은 pinnae)나 귓불(earlobe) 그리고 이도(auditory canal)를 포함한다. 귓바퀴의 주름과 이도 내에서 이루어지는 소리의 반사는 소리의 크기를 증가시키고 음원(sound source)을 찾아내는 데 중요하다. 중이에서는 공기에 의해 전달되는 진동을 고스란히 액체를 매개로 하는 진동으로 바꾼다. 아주 작은 3개의 뼈(추골과 침골 및 등골 또는 망치뼈와 모루뼈 및 등자뼈라고도 함)가 연결되어서, 이도의 끝에 자리잡은 고막(eardrum)에 가해진 기계적인 압력을, 액체로 차 있는 **달팽이관**(cochlea)의 난원창(oval window)이라는 작은 막에 전달한다. 내이는 청각(달팽이관)과 균형(반고리관) 감각에 중요한 방(chamber)들을 포함하고 있다. 달팽이관은 액체를 매개로 한 소리를 신경신호로 변환한다. 달팽이관 내의 **기저막**(basilar membrane)에는 수용기에 연결된 작은 유모 세포(hair cell)들이 있다. 소리는 기저막과 그 위의 유모 세포에 기계적인 움직임을 일으킨다. 이

움직임은 장력-민감성 이온 채널들을 통해 이온들의 흐름을 유발하고, 이것이 신경 활동(신경전달물질의 분비)을 촉발시킨다. 기저막은 균일하게 구조화되어 있지 않으며 양 끝부분의 기계적인 속성이 다르다(예 : von Bekesy, 1960). 난원창과 가까운 쪽의 기저막은 갸름하고 뻣뻣해서 높은 주파수의 소리에 최대로 움직이고, 나사형으로 말려 있는 달팽이관의 중앙에 가까운 쪽은 폭이 넓고 더 탄력이 있어 낮은 주파수 소리에 최대로 움직인다. 이와 같이 기저막의 다른 부분들은 소리의 다른 주파수에 민감하게 된다. 그러나 공간적으로 다른 부분에서 온 소리들이 기저막의 다른 부분들을 자극하지 않는다(빛이 눈의 광수용기를 자극하는 방식과는 다름). 소리의 출처는 다른 종류의 정보로부터 추론되어야 한다(예 : 양귀의 신호 차이).

귀로부터 뇌까지의 청각 경로에는 4~5개의 시냅스가 있다. 이 경로는 청각 신경에서 뇌간의 와우핵(cochlear nuclei)으로 신호를 전달하는 것에서 시작되어 내측 슬상핵으로부터 'A1'이나 '중추' 영역(시상으로부터 청각적 입력을 받는 주된 피질 영역)으로도 불리는 **일차청각피질**(primary auditory cortex)로 신호를 전달하는 것으로 끝난다. 일차청각피질은 측두엽의 헤슬회(Heschl's gyrus)에 위치하고 있고 이차청각피질인 **벨트 영역**(belt region)과 **벨트 주변 영역**(parabelt region)에 의해 둘러싸여 있다(예 : Kaas et al., 1999). 이차청각피질도 내측 슬상핵에서 신호를 입력받기 때문에 일차청각피질이 손상을 입더

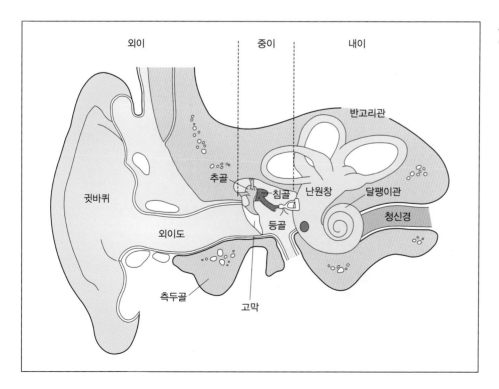

그림 10.3 외이와 중이 및 내이의 구조

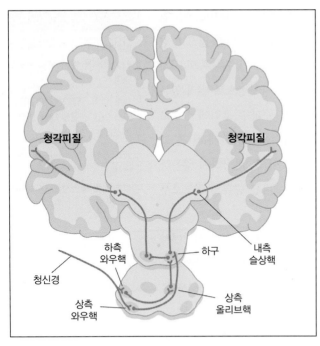

그림 10.4 상향 청각 경로는 귀로부터 수동적인 정보 전달 과정이 아니라 청각신호에서 능동적으로 정보를 추출하고 통합하는 과정이다.

출처 : Gazzaniga et al., 2002. ⓒ 2002 W. W. Norton & Company Inc. Reproduced with permission.

라도 완전하게 청각이 상실되지 않고, 소리 재인이나 소리의 위치 지각에 장애가 생긴다(Musiek et al., 2007). 이런 상향 경로는 귀로부터의 정보를 수동적으로 전달하는 것이 아니라 청각신호로부터 적극적으로 정보를 추출하고 통합한다. 예를 들어, 와우핵은 90,000개의 뉴런을 지니는 데 반해, 내측 슬상핵은 500,000개 그리고 청각피질은 100,000,000개의 뉴런을 지닌다(Worden, 1971). 이에 더하여 달팽이관까지도 거슬러 내려가는 하향 경로도 있는데(Rasmussen, 1953) 이는 청각적 주의와 관련하여 중요한 역할을 하는 것으로 보인다.

초기 청각체계는 음위상 조직(tonotopic organization)을 가졌다. 기저막의 서로 다른 부분들이 각기 다른 주파수의 소리에 최대로 반응하는 것과 같이, 청각 신경을 구성하는 뉴런들도 제각기 특정 주파수의 소리에 상대적으로 더 큰 반응을 보인다. 신경 다발의 구조에도 체계적인 질서가 있어 높은 주파수에 더 잘 반응하는 뉴런들은 가장자리에 위치하고 중앙에 위치하는 뉴런들은 낮은 주파수에 더 잘 반응한다(Kiang et al., 1965). 이러한 조직은 초기 피질 단계까지 어느 정도 유

그림 10.5 일차청각피질은 양 반구 측두엽의 내측 표면에 자리 잡고 있으며 주파수에 대응되는 구조로 조직되어 있다(즉 서로 다른 영역은 서로 다른 주파수를 처리함). 이는 이차청각피질(벨트 영역과 벨트 주변 영역)에 둘러싸여 있는데, 이차청각피질은 소리의 더 복잡한 특성을 처리하고, '무엇' 경로와 '어디' 경로가 분리되기 시작하는 지점이다.

출처 : Adapted from Goldstin, 2012.

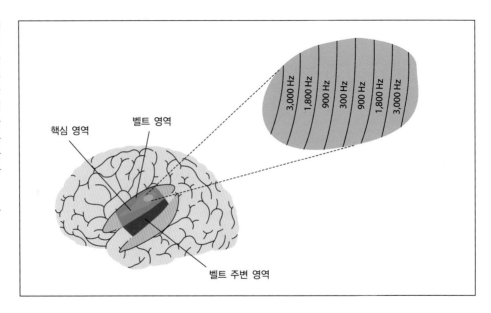

청각체계와 시각체계의 비교

	청각체계	시각체계
시상-피질 경로	내측 슬상핵이 일차청각피질로 정보를 보냄	외측 슬상핵에서 일차시각피질로 정보를 보냄
초기 신경 처리의 조직 원리	주파수 대응 조직(소리의 주파수와 피질에서의 위치가 체계적으로 연결)	망막 위상적 조직(망막상의 위치와 피질상의 위치가 체계적으로 대응됨)
시간적/공간적 민감성	시간적 > 공간적	시간적 < 공간적
특질 처리의 기능적 특화	청각에서는 연구된 바가 적음	색이나 운동에 대해 많이 밝혀짐
맥락 의존적인 상위 경로	'무엇'과 '어디/어떻게'에 대한 분리된 청각 경로에 대한 증거	'무엇'과 '어디/어떻게'에 대한 분리된 시각 경로에 대한 증거

시끄러운 자기공명영상 기기에서 청각 연구하기

자기공명영상 기기의 소음은 상당하다(130dB 이상, 즉 제트 엔진의 이륙 소리와 비슷한 수준). 스캐너 소음은 중요한 청각 자극을 차단할 뿐만 아니라 피험자로 하여금 소음을 무시하는 주의 전략을 사용하게 만듦으로써 청각 과제의 특성을 변화시킬 수도 있다. 현재 흔히 사용되는 한 가지 해결책은 간헐적 촬영(sparse scanning)이다(Hall et al., 1999). 이 방법에서는 청각 자극이 조용한 상황에서 제시될 수 있도록 촬영을 수 초간 일시적으로 중지시켰다가 다시 시작하기를 반복한다. 이 방법이 가능한 이유는 혈역동 반응 함수가 절정에 이르는 속도가 느리기 때문이다(자극 제시 후 약 6초).

지된다. 인간(Formisano et al., 2003)과 다른 동물들(Merzenich et al., 1973)의 일차청각피질 중심 영역은 더 낮은 주파수에 반응하고 양쪽 바깥 부분에서는 더 높은 주파수에 반응한다.

청각 정보의 기초적 처리

초기 청각피질 영역 외에도 청각 처리에 관여하는 경로와 뇌 영역이 많이 있다. 이 중 어떤 신경망이 관여되는지는 청각 자극의 내용(예 : 사람의 말소리, 목소리, 음악, 환경 소음)이나 현재 맥락(예 : 말소리를 이해해야 하거나 화자가 누군지 인식하거나 혹은 소리가 어디서 나는지 찾고자 하는 것 등)에 따라 결정된다. 다음 단락에서 이러한 내용에 대해 차례로 다루기로 한다.

청각피질에서의 특질 처리

시지각이 여러 특질(색, 모양, 움직임, 질감)의 처리를 포함하는 것과 같이, 청지각도 특질의 종류(예 : 음높이, 강도, 빠르기)는 다르지만 마찬가지이다. 시각과 마찬가지로, 청각 특질 정보가 위계적으로 처리된다는 증거가 있다. 즉 초기 청각피질 영역(예 : 일

핵심 용어

음위상 조직 주파수상 가까운 소리들이 뇌에서 공간적으로 가까운 위치에 있는 뉴런들에 의해 표상되는 원리

간헐적 촬영 fMRI 실험 중 조용한 가운데 소리를 제시할 수 있도록 잠시 촬영을 중단하는 방법

차청각피질을 포함한 '중추' 영역)이 더 단순한 특질을 부호화하고 후기 청각피질 영역
(예 : 벨트 영역과 벨트 주변 영역)에서 더 복잡한 정보를 부호화하는데, 여기서 더 복잡
한 정보란 단순한 특질들의 결합이라 생각할 수 있다. 시각에서와 달리 청각에서는 청
각 특질에 대한 모듈화된 조직이 있는지에 대해 별로 알려진 바가 없다. 그러나 소리의
물리적 특성(주파수 등)과는 달리 심리적 변수인 음높이(즉 음정이 어떻게 지각되는가)
에 대해 반응하는 잠재적 '음정 영역(pitch region)'에 대한 증거는 있다. 일차청각피질의
외곽에 위치한 이 영역은 실제 주파수보다 '기초 주파수 누락' 환각에서처럼 지각된 음
높이에 반응한다(Bendor & Wang, 2005).

카스 등(Kaas et al., 1999)에서는 중추 영역 → 벨트 영역 → 벨트 주변 영역의 위계적
인 순서로 정보가 처리됨에 따라 점점 더 복잡한 청각 특질이 어떻게 구성되는지를 요
약하여 발표했다. 영장류의 단일세포 측정법을 통해
중추 영역의 뉴런이 좁은 범위의 주파수(예 : 200Hz
의 순음에 최대로 반응함)에 반응하는 데 반해 벨트
영역의 세포는 더 넓은 주파수 범위(예 : 200~300Hz
사이의 소리에 최대로 반응)에 반응함을 보여주었다
(Kosaki et al., 1997). 이는 벨트 영역이 중추 영역
의 여러 주파수-선택적인 뉴런의 활동을 합한다(예 :
200Hz, 205Hz, 210Hz 등에서부터 300Hz의 주파수
에 반응하는 뉴런들의 활동을 모두 합침)는 관점과
일치하는 결과이다. 이는 시각체계에서 단순 세포가
여러 중심-주변 세포들로부터의 정보를 통합하는 것
과 유사하다고 생각할 수 있다(122쪽 참조).

보다 최근에 일차청각피질의 중심-주변 특성과 유
사한 기제를 갖고 있는 세포들이 보고되었다(Tian et
al., 2013). 시각을 다시 생각해보면, on-off 중심-주
변 세포들은 빛이 수용장의 중심 on 영역에 비춰졌을
때와 수용장의 주변부 off 영역에 빛이 없을 때도 반응
한다. 이와 유사하게 청각에서는 반응하는 주파수의
범위(공간적 위치가 아니라)에 따라 뉴런의 반응 특성
이 정의된다. 예를 들면, 어떤 뉴런이 3~6kHz에 반
응을 한다면, 6~9kHz(즉 주변 주파수 대역)의 소리
가 꺼졌을 때도 반응할 수 있다.

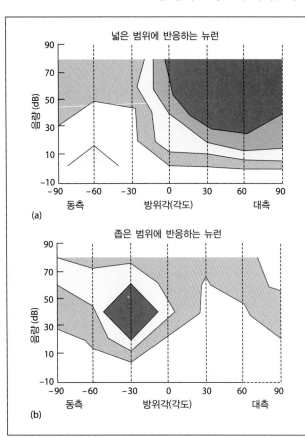

그림 10.6 음영의 밀도는 서로 다른 공간적 영역에서 제시된 다양한 음량
의 소리에 대한 2개의 청각피질 뉴런의 반응성을 보여준다. (a) 뉴런은 넓은
음량의 범위, 넓은 범위의 공간적 영역에 제시된 소리에 대해 반응하는 반
면, (b) 뉴런은 특정 음량 수준과 특정 공간적 영역에서 발생하는 소리에 대
해서 더 선택적으로 반응한다.

출처 : Clarey et al., 1994. Reprinted with permission of APS.

벨트 영역의 뉴런들은 순음보다 더 복잡한 음(예 : 발성음)에 더 강하게 반응한다 (Rauschecker et al., 1995). 이런 소리들은 갑작스러운 주파수의 변화로 특징지을 수 있는데, 예를 들어 갑작스럽게 들리기 시작하는 인간의 말소리(예 : /p/ 음소)나, 새들의 지저귐 등이 그 예이다. 실제로 몇몇 뉴런은 특정 주파수에 반응하지 않고, 주파수의 변화나 혹은 주파수가 변화하는 방향에 대해서만 반응하기도 한다(Kajikawa et al., 2008; Whitfield & Evans, 1965). 이는 시각체계에서 자극의 움직임이나 움직이는 방향에 대해 반응하는 복합 세포의 경우와 유사하다고 볼 수 있다.

청각피질의 뉴런들은 단순히 주파수 관련 정보에만 반응하는 것이 아니라, 특정 음량과 공간적 위치에도 반응한다. 클레리 등(Clarey et al., 1994)은 고양이의 일차청각피질에서 신경신호를 기록했는데, 이때 음량과 소리의 위치를 바꿔가며 잡음 파열을 들려주었다. 어떤 뉴런은 특정 음량의 수준에만 반응하고, 또 어떤 뉴런은 특정 위치에만 반응하였다(대체로 반대쪽의 소리에 대해 반응함. 즉 왼쪽의 공간에서 발생한 소리에 대해 오른쪽의 청각피질이 더 강하게 반응한다. 반대의 경우도 마찬가지). 3분의 1이 넘는 수의 뉴런은 특정 음량 수준과 위치에 반응한다. 예를 들어, 어떤 뉴런은 30~50dB의 음량으로 한쪽 공간의 20~40도 범위 내에서 발생한 소리에 대해 최대로 반응한다.

'무엇' 대 '어디'

청각피질 영역은 '무엇' 대 '어디'에 관한 정보처리에 대해 어느 정도 전문화되어 있다. 일부 뉴런/영역들은 소리의 내용(소리가 들려오는 위치와는 무관하게)을 부호화하는 데 상대적으로 더 전문화되고, 또 다른 뉴런/영역들은 소리가 어디서 들려오는 것인지(소리의 내용이 무엇인지와 무관하게)를 부호화하는 데 더 전문화되어 있다. 이것은 청각피질에서 다른 비청각 영역으로 가는 두 분리된 경로의 출발점이 될 수 있다. 로스체커와 티안(Rauschecker & Tian, 2000)은 앞쪽 벨트 영역의 신경 반응이 원숭이 소리(소리의 위치와는 무관하게)에 매우 전문화되어 있고, 뒤쪽 벨트 영역은 소리의 공간적 위치에 대해 높은 선택성을 보인다는 것을 발견했다. 연구자들은 이러한 기능적 특화는 두 가지 경로, 즉 소리의 위치 지각과 관계된 두정엽을 포함하는 배측 경로와 청각적 물체 재인과 관계되고 측두엽을 따라가는 복측 경로의 출발점이라고 생각하였다. 인간을 대상으로 한 기능적 영상 연구도 이러한 관점과 대체로 일치하는 증거를 제공한다(Barrett & Hall, 2006). 추가적으로 재현이 가능한 소리의 경우(예 : 인간의 말소리), 청각의 배측 경로는 '어떻게'에 대한 정보를 처리한다. 즉 배측 경로에서 청각 정보는 공간적인 표상보다는 두정엽 및 전두엽의 운동 표상과 상호작용한다. 최근 구조 및 기능 영상 연구들로부터 나온 증거들은 이 배측 경로가 하나의 단일 경로로 존재하는 것이 아니

핵심 용어

머리 기준 전이 함수(HRTF)
소리가 귀와 머리의 고유한
형태에 의해 어떻게 왜곡되
는지에 대한 내적 모델

측두 평면 예를 들어 소리를
공간적으로 분리할 수 있도
록 청각 정보와 비청각 정보
를 통합하는 청각피질의 한
부분(일차청각피질의 뒤쪽)

라 '어디' 경로와 '어떻게' 경로로 (적어도 부분적으로) 나누어질 수 있음을 제안하였다
(Isenberg et al., 2012).

소리가 발생한 위치를 인식하는 방법은 크게 두 가지가 있다.

1. 두 귀 간의 차이 : 소리가 한쪽 편에서 발생한다면 음원에서 더 가까운 쪽 귀에 더
먼저 도달할 것이며(두 귀 사이의 시간 차이가 발생), 음원에서 더 먼 쪽 귀는 머
리가 만드는 '그늘' 속에 위치하기 때문에 소리가 더 약하게 전해질 것이다(두 귀
사이의 강도 차이 발생). 중추 영역과 벨트 영역의 주파수 선택적인 뉴런들은 두
귀 사이의 음량 차이와 시간 차이에 따라 반응이 조절된다(Brugge & Merzenich,
1973). 예를 들어, 특정 주파수에 선택적으로 더 많이 반응하는(즉 더 많은 활동
전위를 발생시키는) 뉴런이 오른쪽 귀보다 왼쪽 귀에 더 먼저 소리가 들렸을 때는
발화율이 증가하고, 오른쪽 귀에 먼저 소리가 들렸을 경우에는 발화율이 감소할
수 있다.

2. 귓바퀴와 머리로 인한 음파의 왜곡 : 소리의 위치 탐지에 대한 귓바퀴의 역할을 알아
보기 위해서 바퇴(Batteu, 1967)는 실제 귓바퀴의 본을 떠서 만든 귀 모형의 '외이
도'에 마이크를 설치하고, 여러 위치에서 모형 귀를 향해 소리를 발생시켜 녹음하
였다. 참여자가 헤드폰을 착용하고(즉 소리가 귓바퀴로 인해 왜곡되지 않는 경우)
위와 같이 녹음된 소리를 들었을 때 소리의 위치를 파악할 수 있었다. 하지만 모형
귓바퀴를 부착하지 않은 채로 녹음된 소리를 피험자에게 들려주었을 때는 소리의
원천을 알아내지 못했다. 게다가 참여자 자신의 귀를 본뜬 인공 귀를 사용하여 소
리를 녹음했을 때, 일반적 귀 모형을 사용했을 때보다 소리의 위치 판단 수행이 향
상되었다(Wenzel et al., 1993). 뇌는 자신의 귀와 머리의 고유한 형태에 의해 소리
가 어떻게 왜곡되는지에 대한 내적인 모델[머리 기준 전이 함수(head-related transfer
function, HRTF)]을 발달시키고, 이 모델을 통해 소리의 위치를 추측할 수 있다.
그리피스와 워런(Griffiths & Warren, 2002)은 일차청각피질보다 뒤쪽에 위치한
측두 평면(planum temporale)이라는 영역이 서로 다른 공간적 위치로부터의 감각
정보와 학습된 머리 기준 전이 함수를 통합하는 일을 담당한다고 제안했다. fMRI
에서 이 영역은 마치 헤드폰을 통해 연주되는 소리를 듣는 것처럼 어떤 소리가 내
적으로 지각될 때보다 머리 바깥에서 들리는 것으로 자각될 때 더 많은 활성화를
보였다(Hunter et al., 2003). 두 귀 사이의 차이는 단지 소리의 좌우 위치(혹은 방
위각) 정보만을 제공할 뿐인 반면에, 귓바퀴를 통한 청각 입력 정보의 왜곡은 좌
우와 위아래 방향으로 소리의 위치를 찾는 데 사용될 수 있다(Batteu, 1967).

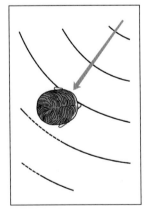

그림 10.7 소리가 왼쪽 귀에
먼저 도착(두 귀 사이의 시간 차
이)하고, 왼쪽 귀에 도착하는 소
리의 강도가 더 높다(두 귀 사이
의 강도 차이).

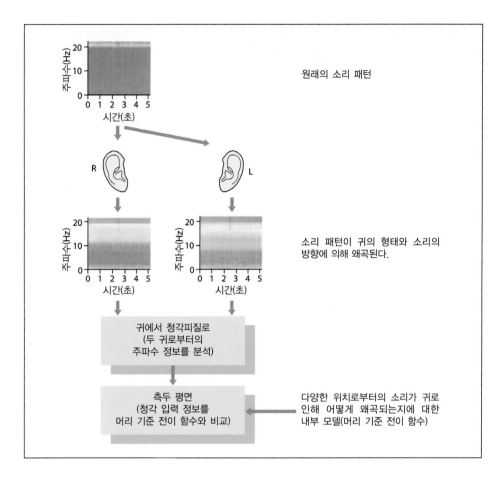

그림 10.8 귀의 형태는 소리를 음원에 따라 예측 가능한 방식으로 왜곡한다. 뇌는 소리가 어떻게 왜곡되는지에 대한 내적인 모델(머리 기준 전이 함수)을 이용하여 소리의 위치를 추측한다.

출처 : Adapted from Griffiths and Warren, 2002.

앞에 기술된 계산 과정은 머리의 위치를 기준으로 하여[즉 자기중심적(egocentric) 공간 부호화] 소리의 위치를 찾을 때 사용된다. 그러나 음원의 객관적 위치(즉 환경중심적인 공간에서의 위치)를 결정하기 위해서는 현재 머리가 향하고 있는 방향과 기울어진 각도도 알아야 한다. 머리를 기준으로 왼쪽으로 10도 방향에서 나는 소리는, 머리가 오른쪽으로 10도 치우친 방향을 향하고 있는 상태라면 실제로는 듣는 이의 정면에서 발생하는 소리가 된다. 이와 같이 청각 정보는 몸 자세 정보와 통합되어야 한다. EEG에서 온 증거들은 몸을 기준으로 한 상대적인 머리의 방향은 200ms 이내 청각 처리에 영향을 준다(Schechtman et al., 2012). 따라서 운동/고유수용성 감각 시스템으로부터 오는 하향적 정보는 초기 청각 처리에 영향을 줄 수 있다.

청각기억과 청각 정보처리의 분리

시각적 물체(object)는 대개 눈앞에 지속적으로 존재하기 때문에 다시 살펴보는 것이 가능하다. 반면에 청각적 물체(예 : 발화된 단어나 악절)는 시간이 지나면 다시 들을 수 없는 경우가 대부분이다. 대부분의 청각 모델들은 짧은 시간(수 초) 동안 청각 정보를 통합하는 감각기억 저장소가 중요한 역할을 하는 것으로 가정한다. 이 청각기억은 모든 종류의 소리 자극에 의해 이용된다. 즉 말소리에만 특화된 언어적인 단기기억 저장소와 혼동되어서는 안 된다. 청각기억에 대한 가장 발전된 모델은 이 청각기억의 일차적인 기능을 초기의 청각 흐름 분리(auditory stream segregation)로 간주하고 있는 나타넨과 동료들의 이론일 것이다(Näätänen et al., 2001). 칵테일 파티나 오케스트라 공연과 같은 복잡한 청각 장면들은 예컨대 음높이, 선율, 악기 혹은 공간적 위치 등에 따라 각기 다른 흐름(혹은 다른 '물체')으로 분리될 수 있다.

이 분야에 대한 대부분의 실험적 증거는 불일치 부적파(mismatch negativity, MMN)라고 명명되는 인간의 ERP 성분에 대한 연구를 통해 얻어졌다. 이 불일치 부적파는 이전에 제시된 청각 자극과 매우 다른 청각 자극이 제시될 때 관찰된다(Näätänen et al., 1978). 이는 이 색다른 자극이 제시된 시점으로부터 100~200ms 후에 나타나며, 주로 청각피질에서 발생하는 것으로 보인다(Alho, 1995). MMN의 가장 단순한 예로는 일련의 동일한 음 다음에 음높이가 다른 하나의 음이 섞여 제시되는 것(예 : A=1,000Hz고, B>1,000Hz라 할 때 A-A-A-A-B)이다. 이는 그림 10.9에 표현되어 있다. 어떤 의미에서 MMN은 주의를 요하지 않은 상태에서 일어나기 때문에 '하위' 현상으로 볼 수 있다. 이 현상은 혼수상태의 환자가 깨어나기 수일 전에 나타나기도 하고(Kane et al., 1993), 건강한 피험자가 주의를 주지 않은 귀에 자극을 제시할 때도 나타난다(Alho et al., 1994). 그러나 MMN은 더 복잡한 청각 패턴에 대해서도 발생하므로, 더 정교한 메커니즘에 기초할 가능성도 있다. MMN은 점차 낮아지던 음의 배열에서 갑자기 음이 올라가거나 동일하게 유지될 때(Tervaniemi et al., 1994)나, 다양한 낮아지는 음의 쌍들이 반복되어 어떤 물리적인 기준이 부재한 가운데, 뜻밖에 높아지는 음의 쌍이 제시될 때도 나타났다(Saarinen et al., 1992). 따라서 청각기억은 청각 자극의 매우 추상적인 특성도 부호화하는 것으로 보인다. 셰츠만 등(Schechtman et al., 2012)은 MMN이 공간상 다른 위치에 의해서도 촉발됨을 보여주었고, 이는 유사한 신경 기제가 주파수와 공간 영역에서 모두 초기 경로 분리를 지탱하고 있음을 지지한다(이는 fMRI와 MEG 연구 결과를 지지하는 것임). MMN이 일차청각피질 앞부분에서 생성될 뿐만 아니라 하측 전두엽이 관계된다는 증거가 있다. 이 영역들은 뜻밖의 소리를 탐지하고 주의 정향에 각각 관련된다(Tse & Penney, 2008).

청각 흐름의 분리는 청각피질에 국한되지는 않을 것이다. 두정 영역들 또한 중요하다. 비록 두정엽이 '어디' 경로의 마지막 지점으로 보이지만, 청각 흐름의 분리에 있어 그 역할은 오로지 공간적인 속성을 가지지 않고, 보다 일반적으로 주의와 결합의 역할을 한다. 쿠잭(Cusack, 2005)은 서로 다른 주파수의 두 음이 번갈아 제시되어 하나의 흐름(말이 달리는 소리인 'clip, clop, clip, clop') 혹은 2개의 흐름('clip… clip…'에 'clop … clop…'이 더해진)으로도 해석 가능한 애매한 청각 자극을 사용했다. 즉 두 조건의 자극은 물리적으로는 동일하였지만, 각기 다른 지각 경험과 관계된다. 이는 감각 단계에서 자극을 지각적으로 분리하기 쉬운 MMN 접근과는 대조적이다. 이러한 조작을 통해 하나보다는 2개의 흐름으로 지각될 때 우측 두정내구에서 활동성의 증가를 발견했다. 이 영역은 시각체계에서 다른 2개의 특질(예 : 색과 모양)을 통합할 때 활동하는 것으로 이미 알려져 있으며, 청각체계에서도 이와 유사한 역할을 수행할 가능성이 있다. 실제로 일측성 무시 증후군 환자(일반적으로 우측 두정엽 주위에 손상을 입은 환자)는 동

일한 청각 흐름 내의 두 청각적 특질에 대한 비교 수행이 가능하였으나, 자극이 각기 다른 청각 흐름으로 분리된 경우 이들 간 비교를 잘 수행하지 못하였다 (Cusack et al., 2000).

두정엽은 경쟁하는 여러 소리의 흐름(다른 음향적·공간적 특성들을 가진) 중에서 단일한 소리의 흐름(특정 화자)에 집중해야 하는 고전적인 칵테일 파티 문제(cocktail party problem)를 푸는 데 중요한 역할을 한다. 컬린 등(Kerlin et al., 2010)은 EEG를 사용하여 다중 화자가 존재하는 환경 속에서 특정 발화에 선택적으로 집중할 경우 알파파 대역에서 두정엽 뇌파의 변화와 함께 청각피질에서 저주파의 파워가 높아지는 것을 보였다. 시각적 주의에서 알파파는 무관련 정보의 억제와 연결되어 왔다(Worden et al., 2000). 힐과 밀러(Hill & Miller, 2010)는 fMRI를 사용하여 3명의 집단에서 특정 화자에게 집중할 경우 주의와 관련한 전두-두정 네트워크를 활성화시키는 것을 보였다. 그러나 화자의 음고에 주의를 주는 조건에 비해 화자의 위치에 주의를 주는 것을 비교하면 이 네트워크에서 다른 편향적 활동성이 나타났다. 즉 화자의 위치 조건에는 두정내구에서 보다 큰 활성화가, 화자의 음고 조건에는 상측 측두구의 높은 활성화가 있었다.

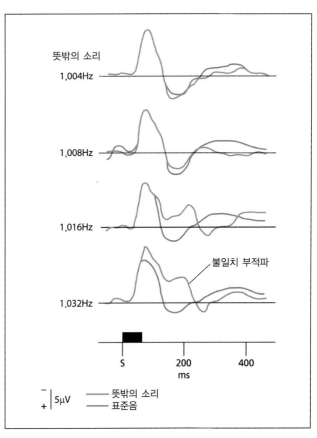

그림 10.9 1,000Hz의 표준음(보라색 선)이 반복적으로 제시되면서 때때로 1,000Hz 이상의 뜻밖의 소리(초록색 선)가 제시되는 경우 두피에서 불일치 부적파(MMN)이라는 특별한 ERP가 나타난다. 이는 청각기억 요소를 반영하며, 때때로 복잡한 청각 패턴과 관계되기도 한다.

출처 : Reprinted from Näätänen et al., 2001. ⓒ 2001, with permission from Elsevier.

음악 지각

음악은 마땅히 예술의 한 형태로 표현될 수 있지만, 이는 음악이 순수하게 문화적 학습의 산물이라는 것을 의미하지는 않는다. 언어가 선천적이라고 주장하듯이, 음악 지각은 여러 면에서 생물학적 기반을 가지고 있고 '선천적'이라고 말할 수 있다(Peretz, 2006). 다시 말해 음악은 보편적인 현상(과거, 현재의 모든 인간 문화가 음악을 포함함)이고 체계적인 훈련을 받지 않고도(다만, 적절한 환경에 노출되는 것을 통해) 어린 시절부터 자발적으로 발달한다. 이 시점에서 음악 지각과 음악 생산(production) 간의 구분이 매우 중요하다. (노래를 부르거나 손뼉치기 등으로 박자를 표현하는 등의 일에는 훈련이 필요하지 않지만) 음악 생산은 일반적으로 수년간의 체계적인 훈련이 필요하다. 반대로 '음치'의 경우(이후에 설명될 것임)를 제외하고 우리 모두는 음악을 듣고 감상할 수 있는 음악의 열렬한 소비자이다.

음악은 몇 가지 본질적인 특징을 지닌다(Dowling & Harwood, 1986). 첫째로 음악 체계는 불연속적인 음높이의 집합에 기초한다. 뇌가 지각하는 무한하게 많은 음높이들은 유한한 수의 음표들로 분류된다. 예를 들어, 서양 음악의 음계는 7개의 반복되는 음(A에서 G까지, 첫 번째 음이 반복되면 한 옥타브가 됨)과 사이사이의 반음(내림음과 올림음)들로 이루어져 있다. 둘째로, 이 음들이 통합되어 지각될 수 있는 묶음과 패턴을 형성한다. 이 음들이 묶이는 방식은 임의적이지 않고 청각 정보 흐름 분리와 같은 청각 체계의 특성을 따른다. 예를 들어 음높이나 음 길이가 비슷한 음들은 한데 묶이는 경향이 있다. 어떤 음들은 함께 연주될 때 '어울리는 소리(화음)'가 되기도 하고 어울리지 않는 소리(불협화음)가 되기도 하는데, 이는 음 간의 물리적인 관계에 의해 결정될 수 있다. 예를 들어 기초 주파수가 정확하게 2배 차이 나는 두 음(예 : 220Hz와 440Hz)을 함께 연주할 때 가장 잘 어울리는데, 이와 같은 경우는 음악체계에서 특별한 지위를 갖는다. 서양 음악 체계에서 기초 주파수가 2배 차이 나는 경우는, 한 옥타브 차이 나는 동일한 2개의 음과 같다.

좌반구가 언어 중추이고 우반구는 음악 중추인가? 비록 이 가설은 흥미롭긴 하나 음악과 언어가 단순한 한 가지의 능력이 아니기 때문에, 오해를 유발할 소지가 있다. 우반구가 좌반구보다 더 지배적으로 음높이 정보처리에 관여한다는 증거가 있다. 좌반구 또한 특정 음악적 기능에 매우 중요한 역할을 한다. 알콕과 동료들(Alcocke et al., 2000b)의 연구에서 음정과 관련된 능력은 우뇌의 병변에 의해 더 큰 영향을 받고, 박자와 관련된 기능은 좌뇌의 병변에 의해 더 큰 영향을 받는 것으로 보고했다.

페레츠와 콜트허트(Peretz & Coltheart, 2003)는 음악적 처리의 다른 요소들을 강조한

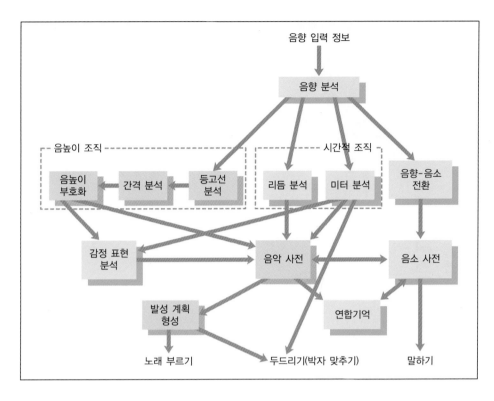

음향 입력 정보

음향 분석

음높이 조직

음높이
부호화 — 간격 분석 — 등고선
분석

시간적 조직

리듬 분석 — 미터 분석

음향-음소
전환

감정 표현
분석 → 음악 사전 → 음소 사전

발성 계획
형성 — 연합기억

노래 부르기 — 두드리기(박자 맞추기) — 말하기

그림 10.10 페레츠와 콜트허트(2003)의 음악 인지 모형은 가사 대 음악의 리듬과 선율에 대한 별도의 처리 과정을 포함할 뿐 아니라, 나아가 시간적 조직(리듬)과 음높이 조직(멜로디 포함) 처리 과정을 위한 하위 분류를 포함한다.

출처 : Peretz and Coltheart (2003), by permission of Macmillan Publishers Ltd.

음악 처리의 기초 인지 모델의 개요를 작성했다. 첫째로, 연구자들은 먼저 음악과 발화(speech) 간에 공유되는 처리(그림 10.10의 파란색 부분)와 잠재적으로 음악에만 국한되는 처리(그림 10.10의 초록색 부분)를 구분하였다. 따라서 생일 축하 노래를 들으면 최소 2개의 경로를 활성화시킬 것으로 생각할 수 있다. 하나는 단어에 대한 경로이고 다른 하나는 음악적 경로이다. 음악 경로 내에서는 음높이 구조(음정 간의 관계성을 포함)와 리듬(박자의 속도)과 미터(박자들이 묶이는 방식)를 포함하는 시간적 구조를 구분한다. 이 모델에 대한 대부분의 증거는 선천적 또는 후천적 **실음악증**(amusia) 환자들로부터 얻었다.

선율에 대한 기억

뇌 손상 환자 중에는 목소리나 주변 환경 소리가 무엇인지, 가사를 듣고 어떤 노래인지를 재인할 수 있음에도 불구하고, 익숙한 멜로디를 듣고서는 그 노래가 무엇인지 기억하지 못하는 경우가 있다. 예를 들어, CN이라는 환자는 양 측두엽이 손상된 비음악인이었다(Peretz, 1996). 그는 음높이 지각에 약간의 장애가 있었지만, 가장 심각한 장애는 친숙한 곡을 재인하지 못하는 것이었다. 따라서 그는 음악의 기억 요소(그림에 제시된 모델의 '음악 사전')에 손상이 있는 것으로 간주되었다. 후속 연구들은 CN이 말

핵심 용어

실음악증 다른 종류의 소리보다 음악 소리의 지각에 더 장애가 있는 청각적 실인증

그림 10.11 우반구 전두-측두 네트워크는 선천성 실음악증의 구조적 이상과 관계된다. 증가된 회백질은 음악적 인지 능력에 대한 6개의 검사의 통합 점수와 부적 상관관계가 있다.

출처 : Hyde et al., 2007.

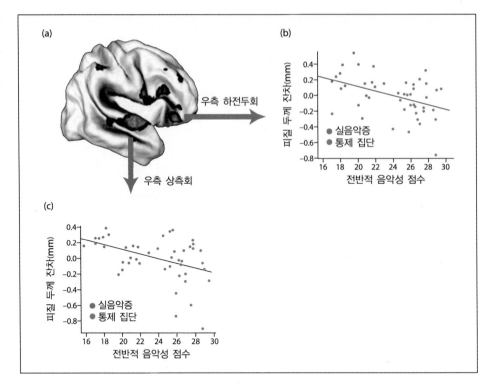

소리로부터 억양을 인식할 수 있다는 것을 발견하였다. 억양 인식은 음정에 대한 지식이 아닌 음높이가 변화하는 패턴(pitch contour)에 대한 분석을 필요로 한다(Patel et al., 1998). CN의 경우와는 대조적으로 어떤 뇌 손상 환자들은 말소리를 재인하는 능력은 상실하였으나 선율에 대한 재인은 가능하였다(Mendez, 2001).

친숙한 선율에 대한 기억이 일화기억보다 의미기억의 일부로 저장된다는 증거가 있다(물론 최근에 학습한 선율은 전자를 사용하겠지만). 의미기억에 대해 일반적인 장애가 있는 의미기억 상실형 치매 환자들은 기존에 친숙한 선율을 재인하는 것을 어려워하며, 그 손상 정도는 우측 전측 측두엽의 손상 정도에 비례한다(Hsieh et al., 2011). 반면 알츠하이머 환자(일화기억의 심각한 손상이 특징)는 단지 미미한 수준의 장애가 있을 뿐이다(Hsieh et al., 2011).

리듬

리듬장애는 음정장애와 독립적으로 일어날 수 있다. 디 피에트로 등(Di Pietro et al., 2004)은 청각 자극으로부터 음정에 기초한 멜로디를 처리할 수 있지만, 리듬은 인식하지 못하는 후천적 실음악증 환자의 사례를 보고했다. 그는 시각 정보를 이용하면 박자를 처리할 수 있었기 때문에, 그의 장애는 시간적 정보 지각의 일반적인 문제가 아님을 알 수 있다. 선천적 언어장애(제16장 참조)를 가진 KE 집안의 구성원들 또한 리듬 생성이나 리듬 지각에 문제가 있지만, 음높이에 기초하여 멜로디를 생성하거나 지각하는 능력은 정상인과 유사하다(Alcock et al., 2000a). KE 집안은 기저핵 내부에 구조적인 이상이 있는 것으로 알려졌다.

정상적인 청자에 대한 기능적 영상 연구는 리듬 지각과 산출 과정 모두 청각 시스템과 운동 시스템의 상호작용이 관련된다는 것을 보였다. 불규칙한 리듬에 비해 규칙적인 리듬을 듣는 것은 전운동피질, 보조운동피질, 그리고 소뇌의 활성화와 관계되었다(Bengtsson et al., 2009). 비트의 들리는 정도(audibility)가 변화하는 리듬에 박자를 맞추는 것은 청각 영역(후측 상측두 영역)과 전운동 영역의 기능적 연결성의 차이로 나타났다. 비트가 클수록 더 강한 청각운동(audio-motor) 기능적 연결성이 강했다(Chen et al., 2006). 기저핵의 활동은 비트를 최초로 발견할 때보다 그 비트를 유지해야 할 때 더욱 강했다.

음높이

어떤 사람들은 박자를 잘 지각하고 생성하지만, 음높이와 관련된 음악적인 처리에 장애를 보이는 경우가 있다. 뇌 손상과 같은 신경학적 원인이 없는 음치(tone deaf)나 선천적 실음악증(congenital amusia) 환자 집단에 대한 연구가 최근에 시작되었다. 이는 인구의 약 4% 이상에서 나타날 수 있고 일반 지능과 같은 다른 영역의 장애를 동반하지 않는다(Ayotte et al., 2002). 이는 비정상적인 우반구 청각피질과 하측 전두회의 백질과 회백질 밀도와 관계된다(Hyde et al., 2007). 하이드와 페레츠(2004)는 5개의 음을 연속적으로 제시하면서 네 번째의 음이 음정이나 박자 면에서 다른 음들과 어울리지 않도록 제시했다. 실음악증 환자들은 잘못된 박자는 감지했지만, 어울리지 않는 음정은 감지하지 못했다.

또 다른 방향의 연구는 선천적 실음악증의 음높이 처리 어려움이 음악에 국한되는지, 아니면 다른 소리, 특히 말(speech)의 음높이 처리에도 해당되는지 검토하였다. 음높이를 변화시킨 음절들의 섬세한 비교를 필요로 하는 실험에서 음악적 사운드만큼 심각하지는 않지만 장애가 나타났다(Tillmann et al., 2011). 그들은 문장 안에서 음높이의 변화를 변별하는 데 어려움을 느꼈지만, 흥미롭게도 문장을 따라 말할 때 음높이를 변화시키는 것을 흉내낼 수 있었다(Hutchins & Peretz, 2012). 이는 소리를 운동 명령으로 변환시키는 경로(보존됨)와 고차원적인 지각 속성들을 추출하는 경로(손상됨)가 구분된다는 주장과 일치한다. 대부분의 서양 언어에서 음높이의 변화는 이해보다 운율(예 : 강세를 더하는 것)과 억양(문장 수준의 강세 변화)과 주로 관계된다. 이에 반해 많은 동양 언어들은 본질적으로 음조적인데, 즉 음높이를 높이거나 떨어뜨림으로 서로 다른 의미를 가진 단어를 만든다. 선천적 실음악증은 공식 중국어(Mandarin Chinese) 화자들 가운데에서도 발견되고, 이들 중 많은 사람들은 음악적 사운드의 음높이뿐만 아니라 어휘의 어조(tone)를 구분하는 데에도 어려움을 느꼈다(Nan et al., 2010). 자토르와 바움(Zatorre & Baum, 2012)은 음악과 말소리가 음높이 처리에 같은 기제를 공유하지만, 중요한 차이 또한 존재한다고 주장하였다. 말소리에는 음높이가 연속적인 척도로 처리되고 음높이에서 상대적인 변화가 중요하다(예 : 음을 높이는 것은 의문문을 암시할 수 있으나 그 높이는 정도가 특정한 수준일 필요는 없다). 음악에서는 음높이는 불연속적인 키들로 배열되고, 멜로디 속에서 키의 다른 음높이는 '잘못된' 것으로 지각된다. 자토르와 바움(2012)은 대략적인 음높이의 변화(말소리에 더욱 중요)에 대한 신경 기제와 세밀한 음높이의 변화(음악에 더욱 중요)에 대한 기제가 분리되어 있다고 주장한다. 후자는 우반구 네트워크에 보다 많이 의존하고, 이것이 선천적 실음악증에서 선택적으로 손상되는 경향이 있다.

멜로디와 음악적 문법

페레츠와 콜트허트(2003)의 모델은 일반적인 상하 구조(등고선 분석)와 연속적인 음들 간의 정확한 관계성(간격 분석) 그리고 마지막으로 멜로디(melody)의 구성(음의 부호화)과 관련한 음높이 처리의 단계들을 포함한다. 대부분의 음악에서 멜로디는 몇 개의 음만이 '허용'되는 규칙성을 따른다. 주어진 멜로디에 사용 가능한 음들을 알아내는 과정이 페레츠와 콜트허트가 말하는 '음의 부호화'이다. 특정 음은 허용하고 특정 음은 허용하지 않는 것뿐만 아니라 어떤 음은 다른 시점보다 특정 시점에서 더 나올 법하다. 이러한 음악의 규칙성을 '음악적 문법'이라 한다(Koelsch & Siebel, 2005). 무선적인 음높이의 배열과 멜로디 모두 양반구의 청각피질과 주변 측두엽 영역들을 활성화시키지만(Patterson et al., 2002), 음악적 문법에 어긋나는 자극은 하측 전두엽 영역을 활성화시키는 것으로 나타났다(Maess et al., 2001). 이런 경향은 양반구 모두에서 나타나고 우반구에서 더 강하게 나타나지만, 전통적으로 언어에 특화되었다고 여겨졌던 좌반구 브로카 영역을 포함한다. 이 영역의 뇌

그림 10.12 죠스와 사이코 같은 영화의 음악들은 무서운 감정을 일으키도록 만들어졌다. 편도체에 손상을 입어 얼굴에서 두려운 감정을 알아볼 수 없는 환자가 무서운 음악을 인식할 수 있을까?

출처 : ⓒ DLILLC/Corbis.

손상은 음악적 문법 변이 처리와 연결된 EEG 사건관련전위 성분(Early Right Anterior Negativity, ERAN)을 교란시킨다(Sammler et al., 2011). 음악적 문법을 처리하는 곳은 이 영역만이 아닐 것이다. 두개골 내 전기생리학적 측정법을 사용한 연구들은 하측 전두회 외에도 좌반구 전측 상측두엽도 음악 및 언어적 문법 처리에 중요한 역할을 함을 강조하였다(Sammler et al., 2013).

음색

페레츠와 콜트허트(2003)의 모델에서 빠진 한 가지 중요한 부분은 바로 음색이다. 지각되는 소리의 질을 의미하는 음색은 서로 다른 악기 소리를 구별할 수 있게 하는 요소이다. 동일한 음이 첼로와 색소폰으로 연주될 경우 음높이와 음량이 같다 해도 음색은 매우 다르다. 시간에 따라 음이 어떻게 변하는지(예 : 음의 갑작스러운 시작과 소멸), 그리고 음의 여러 주파수 성분의 상대적 강도에 기초하여 서로 다른 악기 소리의 구별이 가능하다. 음색의 지각은 특히 우반구 측두엽의 손상에 의해 영향을 받으며, 멜로디와 같은 음높이 지각과 해리(dissociate)가 될 수 있다(예 : Samson & Zatorre, 1994).

음악과 감정

음악은 인간의 감정에 접근할 수 있는 특별한 능력이 있다. 이는, 예를 들어 즐거운 노래는 주로 슬픈 음악보다 템포가 빠르고, 즐거움은 장조로 슬픔은 단조로 표현되며, 불협화음은 긴장감을, 음악적 비문(syntactic deviation)은 '놀라움'을, 빠르면서 규칙적인 음악은 공포(죠스의 영화음악 떠올릴 것)를 만들어내는 등의 음악적 관습에 의존한다. 아프리카 마파 족은 비록 서양 음악 양식에 대한 문화적 노출이 없었음에도 불구하고 서양 음악에서 행복, 슬픔, 그리고 공포와 같은 정서를 재인할 수 있는 것으로 보인다(Fritz et al., 2009). 이런 현상들이 모든 문화권에서 공통적인지를 확인하는 것은 매우 흥미로울 것이다. 기능적 영상 연구에 의하면 감정적인 음악은 다른 감정적 자극과 동일한 신경 회로를 활성화시키며, 보상 회로까지 활성화시키는 것으로 나타났다(Bood & Zatorre, 2001; Koelsch et al., 2006). 이는 아직 진화론적인 관점에서 음악의 기능이 무엇인지 알지 못하지만, 음악이 성(sex)과 음식, 약물과 같은 강력한 동기 유발 요인이 될 수 있다는 것을 보여준다. 감정 처리에 장애가 있는 환자들(예 : 겁에 질린 얼굴을 인식하지 못함)은 무서운 음악을 알아차리는 데에도 유사한 장애를 보일 수 있다(Gosselin et al., 2007).

음악의 기능은 무엇인가?

그림 10.13 과거와 현재의 모든 인간 문화는 음악을 포함한다. 그렇다면 과연 음악의 진화론적인 기능은 무엇일까?

언어와는 달리 음악의 기능은 그다지 분명하지 않다. 음악은 인간에게 아주 큰 즐거움을 선사하고, 인간은 침묵보다는 음악 듣기를 좋아하는 반면에 다른 영장류는 그 반대이다(McDermott & Hauser, 2007). 그러나 즐거움 자체만으로는 그 존재 가치가 진화론적으로 설명될 수 없다. 즉 음악이 어떤 의미에서 우리 종의 생존에 도움이 되는가? 이 질문에 대한 다윈(Darwin, 1871)의 답은, 인간의 음악적 성향은 짝을 유혹하는 기제로부터 비롯되었다는 것이다. 또 다른 대답은 음악이 사람들을 모이게 하고, 사회적인 응집을 유도하여 생존을 도모한다는 것이다. 2개의 답 모두 생존에 유리한 점을 보여준다(Huron, 2001). 세 번째 제안은 노래하는 *네안데르탈인 : 음악과 언어로 보는 인류의 진화(The singing Neanderthals;* Mithen, 2005)에서 제기된 것으로, 음악이 언어의 전조(precursor)라는 것이다. 스티븐 핑커(Steven Pinker, 1997)는 음악이 언어의 전조라는 주장과 반대의 관점을 취하였는데, 그에 따르면 (음악이 언어의 전조가 아니라 오히려) 언어가 음악의 전조이며, 음악은 매우 즐겁긴 하지만 적응적인 기능을 가지고 있지 않다고 하였다. 그는 "음악은 청각적인 치즈케이크이다. 치즈케이크가 우리의 입안을 자극하는 것처럼, 음악은 우리 뇌의 몇몇 영역들을 자극하면서 큰 즐거움을 준다."라고 말했다. 인과 관계의 방향을 설정하기는 어렵지만, 오늘날 언어의 구조와 음악의 구조 사이에 밀접한 연결이 있다는 증거가 있다. 예를 들어, 음악에서 12개 정도의 음계가 나타나는 비교 문화적 경향성은 모음들의 음소(formant) 개수에서부터 파생되었다고 제안되었고(Schwartz et al., 2003), 장조와 단조는 인간 음성의 정서적 운율을 반영한다(Bowling et al., 2012). 다른 유인원들은 침묵에 비해 사람의 음악을 선호하는 것으로 보이지는 않으나(McDermott & Hauser, 2007), 그들은 자신의 목소리 구조에서 파생된 음악에 대해 선호를 보였다(Snowdon & Teie, 2010).

목소리 지각

목소리는 얼굴과 마찬가지로 주변 사람들에 대하여 많은 사회적 정보를 제공한다. 사람의 목소리를 통해 성별과 몸집, 나이, 감정 상태 등을 추측하는 것이 가능하다. 성별, 몸집 그리고 나이와 관련된 신체적 변화는 발성 기관에 체계적인 방식으로 영향을 준다. 몸집이 큰 사람은 성도가 더 길어서, 특정 주파수의 소리가 더 잘 퍼지게 된다(인간의 모음과 개의 으르렁 소리의 음소는 몸집이 클수록 더 잘 분산된다). 성인 남자의 성대 주름(17~25mm)이 여성의 경우(12.5~17.5mm)보다 더 길기 때문에 남자 목소리의 음높이가 더 낮아진다. 또한 목소리를 통해 발화자의 감정 상태(분노하거나 슬퍼하는 등)를 추측할 수 있는데, 이는 심지어 모르는 언어일지라도 그러하다(Scherer et al., 2001). 또한 아는 사람의 목소리만 듣고 누구인지를 알아낼 수 있는데, 이는 일반적으로 얼굴을 보고 누구인지 재인하는 것보다는 어렵다(Hanley et al., 1998). 발성 기관(치아, 입술 등)과 공명통(예 : 비강)의 크기와 모양의 개인차와 후천적인 발성 방식(예 : 강세)은 고유한 목소리의 특징(signature)을 만들게 된다. 얼굴 지각 모형들과 유사하게 목소리를 처리하는 다수의 병렬적인 경로, 즉 화자의 정체를 재인하는 경로, 감정 정보를 추출하는 경로, 말의 내용을 추출하는 것과 관련된 경로들이 존재한다고 제안되었다 (Belin et al., 2011).

벨린 등(Belin et al., 2000)은 인간의 뇌에서 목소리 선별적인 영역을 찾아냈다고 주장했다. 그들은 양반구의 상측 측두구에서 음향적으로 유사하지만 목소리가 아닌 소리와 (박수 소리처럼) 사람이 만들어내는 다른 소리 등과 비교하여 목소리(말소리와 웃음소리 등 비언어적인 소리를 모두 포함)에 더 잘 반응하는 세 가지 영역을 발견했다. 다른 연구들은 그 세 영역이 목소리가 가지는 다른 특성에 대해 민감하게 반응할 가능성을 제기하였다. 특히 우반구의 청각피질 앞의 상측 측두구 영역(즉 청각의 '무엇' 경로)은 화자 재인에 중요한 역할을 하는 것으로 보인다(Belin & Zatorre, 2003; Warren et al., 2006). 이 영역에 TMS를 가하면 짧게 들려준 목소리의 존재를 탐지하는 능력을 방해하지만, 같은 자극에 대해 소리 크기를 판단하는 과제에는 영향을 주지 않는다(Bestelmeyer et al., 2011). 최근 붉은꼬리원숭이를 대상으로 한 fMRI 연구에서 인간에서 발견된 것과 유사하게 자신과 같은 종의 음성에 반응할 뿐 아니라 발화자의 변화에도 반응하는 영역이 발견되었다(Petkov et al., 2008).

한 사례 연구에서는 지인의 얼굴을 인식하거나 목소리로부터 그들의 성별이나 감정 상태와 같은 중요한 정보는 알아낼 수 있었음에도, 목소리를 통해 지인이나 유명인을 알아보지 못하는 환자의 사례가 보고되었다(Garrido et al., 2009). 흥미롭게도 건강한

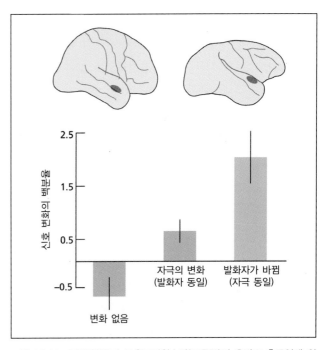

그림 10.14 인간(왼쪽)과 붉은꼬리원숭이(오른쪽)의 우반구 측두엽에 위치한 목소리 선택적 영역의 대략적인 위치. 이 영역의 BOLD 신호는 (동일한 발화자의 말소리에서) 음절이나 발성이 변하는 경우보다 (음절과 발성은 동일하나) 발화자가 바뀌는 경우 더 크게 반응한다.

출처 : Reprinted from Scott, 2008. © 2008, with permission from Elsevier.

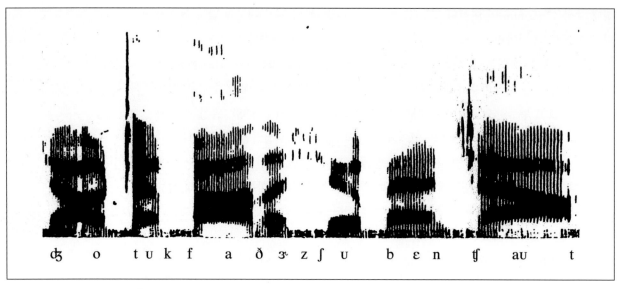

그림 10.15　스펙토그램에서 x축은 시간, y축은 주파수, 강도는 밝고 어두움의 정도로 나타나 있다. 단어 사이에는 공백이 보이지 않으나 특정 자음(예 : 'b')의 발음 시에 공기의 흐름이 막혀 공백이 생긴다. 모음은 가로 줄무늬의 띠로 표시된다(포먼트라 부름). 이 스펙토그램은 "Joe took father's shoe bench out."이라는 말소리에 대응된다.

출처 : Tartter (1986). Copyright ⓒ Vivien Tartter. Reprinted with kind permission of the author.

피험자의 기능적 영상 연구 결과, 목소리를 통해 화자를 재인했을 때 얼굴 선택적 영역이 활성화되는 것을 볼 수 있었다. 반면에 화자가 말하는 것을 해석할 때 이 영역은 활성화되지 않았다(von Kriegstein et al., 2005). 따라서 얼굴과 목소리의 정보가 이론적으로는 구별되지만, 아는 사람의 얼굴과 말소리일 경우에는 동일한 영역을 활성화시키기도 한다.

말소리 지각

뇌가 말소리를 다른 종류의 청각 자극과 다르게 구분하는 것은 (만약 존재한다면) 어느 처리 단계에서일까? 이 질문은 발화(speech)의 처리가 좌반구에 편재화(lateralized)되기 시작하는 단계를 찾는 일로 환원되곤 했었다. 이 질문에 대한 답을 연구하던 최초의 연구자 중 한 사람인 베르니케(Wernicke, 1848~1905)는 감각적 발화 처리가 양반구에서 이루어지지만 좌반구의 운동-발화 체계와의 연결성으로 인해 좌반구가 우세해진다고 믿었다(Cited in Hickok & Poeppel, 2004). 기능적 영상 연구는 양반구의 일차청각피질이 말소리와 다른 청각 자극에 대해 동등하게 반응하는 것을 보여주었다(Binder et al., 2000). 이는 이 두 가지 종류의 자극에 대한 구별이 그 이후의 단계에서 가능해

짐을 의미한다. 청각피질 이후 단계에서 인간의 좌반구 측두엽의 소위 '무엇' 경로에서
는 말소리가 아닌 자극에 비해 말소리에 더 큰 반응을 보이기 시작한다. 예를 들어, 스
콧 등(Scott et al., 2000)은 음향적 복잡성이 동일할 때 이해 불가능한 말소리에 비해 이
해 가능한 말소리가 좌측 측두엽 영역의 활동성을 증가시켰다고 보고했다. 우반구의 상
동(homologue) 영역에서는 이러한 경향이 나타나지 않고, 역동적인 음높이의 변화에 더
많이 반응하였다. 이는 좌반구가 시간에 따른 소리의 빠른 변화 처리에 특화되고, 우반
구는 선율 정보를 더 잘 추출한다는 관념과 일치한다(Zatorre et al., 2002). 더욱이 순수
단어농(pure word deafness)이라 불리는 후천적 청각실인증은 좌반구의 손상 후에 발견
된다(Takahashi et al., 1992). 순수 단어농 환자들은 주변 환경의 소리나 음악은 재인할
수 있지만 말소리는 알아듣지 못한다. 이 환자들은 말을 할 수는 있지만 말소리를 들으
면 '너무 빠르'거나 혹은 '왜곡'되게 들린다고 한다.

말소리 신호의 본질

말소리를 지각할 때 청각체계가 직면하는 어려움을 이해하기 위해서 "Joe took father's
shoe bench out."이라는 문장에 대한 전형적인 스펙토그램(spectrogram)을 살펴보자. 스
펙토그램은 소리의 주파수(세로 방향 y축)가 시간(가로 방향 x축)에 따라 어떻게 변하는
지를 나타내며, 이때 소리의 강도는 그래프의 명암 수준으로 표현된다. 스펙토그램에는
틈이 있지만, 이는 단어 사이의 간격이라기보다 특정 자음들의 발음 시 발생하는 경우
가 대부분이다. 우리는 글을 읽을 때 단어 간에 띄어쓰기가 되어 있는 것을 보는 것에 익
숙하지만, 말소리에는 단어 간에 이러한 간격이 존재하지 않는다(많이 알려진 예로, 'I
scream'과 'ice-cream'은 동일하게 발음됨). 따라서 말소리를 단어 단위로 분리하는 것은
청각적인 단서(예 : 강세 패턴)뿐만 아니라 단어에 대한 저장된 지식에도 의존한다.

또 다른 어려움은 말하는 사람에 따라서 같은 단어라 할지라도 매우 다른 음향적 성
질을 가질 수 있다는 점이다. 남성과 여성 화자는 음높이의 변화 범위가 다르며, 말하는
사람에 따라 강세, 말의 속도 등이 다르다. 이는 무한히 변화 가능한 감각 입력 정보에
서 일정한 정보를 추출해야 하는 익히 알려진 문제이다.

다시 스펙토그램을 살펴보면, 특정 말소리는 다른 말소리와 매우 다른 특징을 가
진 것처럼 보인다. 말소리의 기본 단위를 음소라 하는데, 세상의 모든 언어는 놀랍게
도 100개도 안 되는 적은 수의 음소로 모두 표현될 수 있다. 국제음성기호(International
Phonetic Alphabet, IPA)에는 각 음소마다 하나의 문자적 상징을 대응시키고 있다. 영
어는 44개 정도의 음소를 가진다. 음소와 글자를 혼동하지 않는 것이 중요하다. 예를
들어, 영어의 'thin'과 'shin'의 TH와 SH는 일반적으로 2개의 문자로 표현되지만 각

핵심 용어

이음 같은 음소에 대한 다른 발음 혹은 음향적 구현

포먼트 공기의 자유로운 흐름으로 만들어지는(예 : 모음에 의해) 스펙토그램상의 가로 줄무늬

발성 몇몇 자음 생성을 특징짓는 성대의 진동

동시 조음 한 음소의 발음이 바로 전이나 후의 음소에 의해 영향을 받는 현상

기 하나의 음소(IPA의 θ와 ʃ)이다. 정확하게 말하면 음소는 말소리의 최소 대조 단위(minimal contrastive unit)라 정의된다. 이 의미를 이해하기 위해 손을 입에 아주 가깝게 대고 'pin'과 'peg'를 발음해보라. pin의 'p' 소리가 공기를 바깥으로 더 많이 배출[대기음(aspiration)이라 함]시킨다는 것을 알아챘는가? 이들은 하나의 'p' 음소에 대한 두 가지 이음(allophone)이다. 이 둘은 물리적으로는 다르지만 이 차이는 두 단어를 재인하는 것과는 무관하다. 몇몇 언어에서 대기음의 존재나 부재는 의미의 차이를 나타내기도 한다. 태국 언어에서는 대기음과 함께 발음한 'paa'는 '나누다'를 의미하고, 반면에 대기음이 없는 'paa'는 '숲'을 의미한다. 태국에서는 이들은 서로 다른 음소로 취급되지만 영어에서는 이음의 종류로 간주된다.

음소의 음향적 특성은 음소가 발음되는 방법과 관련될 수 있다. 모음은 공기의 상대적으로 자유로운 흐름에 의해 만들어지고, 혀의 모양(고, 중, 저)이나 위치(앞, 중간, 뒤)에 따라 달라진다. 스펙토그램에서는 이러한 자유로운 흐름이 일련의 가로 줄무늬[포먼트(formant)라고 불림]로 표현된다. 자음은 일반적으로 공기의 흐름을 더 제약하며 때로는 'b'나 'd'와 같은 음소처럼 공기의 흐름을 완전히 차단하기도 한다. 다른 자음들은 발성(voicing)에 따라 달라진다. 'zzz'와 'sss'를 발음하면서 후두를 만져보아라. 전자의 경우에는 성대가 진동하는 것을 느낄 수 있을 것이다. 스펙토그램에서는 이것이 가깝게 배열된 세로 선으로 나타난다.

뇌가 청각 입력 자극의 다양성을 처리하는 방법 중 하나는 범주 지각을 사용하는 것이다. 범주 지각은 입력 정보의 연속적인 변화가 불연속적인 지각 표상에 대응되는 것을 일컫는다. 예를 들어, 음절 'da'와 'ta'는 't' 음소가 발성되지 않는다는 점을 제외하고는 동일하다('d'와 'a'는 발성된다). 실험적으로 발성이 시작되는 시점을 0ms부터('da'로 지각됨) 80ms까지('ta'로 지각됨)의 연속적으로 조작할 수 있다. 그렇다면 30ms와 같은 중간 값에서는 어떤 일이 벌어질까? 제3의 소리가 지각될까? 그렇지 않다. 확신의 정도는 달라지지만 청자는 항상 둘 중 하나의 음소로 지각한다(Eimas, 1963). 범주 지각은 또한 동시 조음(co-articulation)으로 인한 청각신호의 가변성을 다루는 방법이기도 하다. 동시 조음은 한 음소의 생성(과 그로 인한 음소의 소리)이 이전과 이후의 음소에 의해 영향을 받는 것을 의미한다.

말소리 지각의 운동 이론

이미 언급되었듯이 말소리 지각은 무한한 가변성을 지닌 음향신호를 뇌 속에 저장된 제한된 수의 표상에 대응시키는 과정을 포함한다. 그러나 저장된 표상들은 어떠한 본질을 지니며 이러한 처리는 정확히 어떻게 일어나는가? 하나의 가능성은 청각신호가 음향적

입술 움직임을 듣고, 목소리를 본다 : 맥거크 착각

우리는 다른 사람이 말할 때 입이 움직이는 모양만 보고 그 말을 잘 알아들을 수 있다고 생각하지 않을지 모르나, 실제로 우리 모두는 말소리를 들을 때 입술이 움직이는 시각적인 정보를 보충적으로 활용할 줄 안다. 입술 모양을 읽어내는 시각적 단서는 특히 소음이 심한 환경에서와 같이 청각적 입력 정보가 불완전할 때 더 중요하게 작용한다(Sumby & Pollack, 1954). 일반적으로 2개 이상의 다른 감각으로부터 정보를 통합하는 것은 유용하다. 그러나 만약 두 가지 감각으로부터의 정보가 서로 불일치한다면 뇌는 '최적의 추측'에 기초하여 잘못된 지각 혹은 착각을 만들어낼 수도 있다. 맥거크 착각(Mcgurk illusion; Mcgurk & MacDonald, 1976)이 이 현상의 놀라운 예이다. 이 착각을 만들어내기 위해서는 어떤 말소리를 만들어내는 입술 움직임(예 : 'baba')을 보여주는 동시에 그와는 다른 말소리(예 : 'gaga')를 들려주어야 한다. 이런 경우 피험자는 제3의 음절 — 이 예에서는 'dada' — 을 들었다고 보고하곤 한다. 눈을 감고 들으면 실제의 청각 자극('baba')이 들리고, 눈을 뜨고 다시 들으면 실제로 존재하지 않는 환청('dada')을 듣게 된다. 청각이나 말 지각 경로의 어느 단계에서 이런 착각이 일어날까? 현재 두 가지 주요 후보가 있다. 첫째는 말소리의 *다중감각 지각*(multisensory perception)으로부터 그 착각이 발생한다는 것이다. 좌측 상측두 영역(뒤쪽)은 말소리와 의미 있는 입술 움직임을 보는 것에 반응한다. 이 영역에 TMS를 가하면 그 착각을 일으키는 정도가 순간적으로 감소하고(Beauchamp et al., 2010), 특히 그 착각을 잘하는 경향이 있는 사람들은 그렇지 않은 사람들에 비해 fMRI 동안 잘못 짝지어진 청각-시각 자극에 대한 반응이 이 영역에서 증가하였다(Nath & Beauchamp, 2012). 대안적 설명에 의하면 그 착각이 언어 산출을 위한 운동 시스템(하전두엽/전운동 영역 그리고 뇌섬엽)을 활성화시킴으로써 발생한다는 것이다.

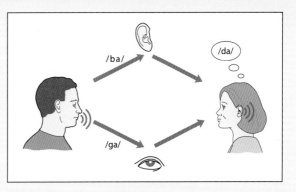

그림 10.16 맥거크 착각에서 청자는 듣는 것과 보는 것 사이의 불일치 때문에 실제 제시된 음절과 다른 소리를 지각한다. 청각 경로의 어떤 부분에서 이런 착각이 일어나는 것일까?

출처 : Reprinted from Calvert et al., 2000. © 2000, with permission from Elsevier.

스키퍼 등(Skipper et al., 2007)은 fMRI를 사용하여 착각을 일으키는 'da' 자극(청각적인 'ba'와 시각적인 'ga'로 만들어짐)과 실제의 'da' 자극(청각적인 'da'와 시각적인 'da'로 만들어짐)에 대한 반응이 운동 영역에서 유사하다는 것을 보였다. 다른 연구는 이 영역들이 모호한(오직 청각으로만 들려줌) 음절들의 범주적 지각에 관계한다고 주장하였다(Lee et al., 2012). 이 두 영역(상측두구와 하전두회)의 다른 역할들과 착각을 일으키는 데 있어 그들의 상대적인 중요성은 추후에 보다 분명히 밝혀져야 하지만, 이 영역들 사이의 연합(coupling)이 그 착각의 발생 여부를 결정하는 요인이라는 주장도 있다(Keil et al., 2012).

인 원형에 맞추어지기보다 청자 스스로 말을 할 때 사용되는 운동 표상에 대응되는 것이다. 이것이 말소리 지각의 운동 이론이다(Liberman & Mattingly, 1985; Liberman & Whalen, 2000). 이 이론에 따르면 음소들은 그와 같은 소리를 낼 때 필요한 발화운동을 추론함으로써 재인된다. 이런 운동 명령은 들리는 말소리를 실제 말로 표현하지 않고도 이해할 수 있는 만큼 추상적이라 할 수 있다.

말소리 지각의 운동 이론은 전운동피질과 하측 전두회(브로카 영역을 포함)에서 발견된 거울 뉴런 때문에 최근 몇 년간 다시 부흥의 시대를 맞고 있다. 이 뉴런들은 어떤 주체가 제스처를 취할 때 반응한다(예 : 손이나 입 움직임). 즉 그것들은 운동 속성이 있

핵심 용어

맥거크 착각 들리는 말소리와 보이는 말소리 간의 불일치에 의해 발생하는 환청 현상

다. 그러나 그것들은 또 다른 사람의 제스처를 보거나 들어도 반응한다. 따라서 그것들은 지각적인 속성도 가지고 있는 셈이다(Rizzolatti & Craighero, 2004). 이로 인해 인간의 언어가 최초에는 손 제스처(즉 현대 수화처럼 시각-운동 언어)에 의존하다가 최종적으로 목소리를 내는 제스처(즉 말, 청각-운동 언어)로 발전하면서 진화되었다는 주장이 있다(Corballis, 2002; Rizzolatti & Arbib, 1998).

말소리 지각의 운동 이론의 가장 강한 형태는 인간의 운동/거울 뉴런 영역에 손상을 입을 경우 말소리 지각(말소리 산출뿐만 아니라)에 심각한 장애가 나타날 것이라고 예측하는 것이다. 그러나 이것은 아닌 것으로 드러났다. 이 영역에 손상이 있는 환자는 음절 분별 과제와 같은 것으로 평가해봤을 때 말소리 지각에 거의 영향을 받지 않았다(Hickok et al., 2011). 이는 청각 관련 영역들만으로 충분히 말소리 지각이 가능하다는 것을 의미한다. 그럼에도 불구하고 운동 표상들이 말소리 지각에 기여를 한다는 증거가 있다. TMS를 사용하여 가상의 손상을 입힌 연구는 전운동 영역이 청각신호가 정확히 판별되지 않을 때만 작용을 한다고 주장하였다(D'Ausilio et al., 2012). 이와 유사하게 한 fMRI 연구는 하나의 음소가 노이즈와 함께 제시되었을 때, 잘못 지각되는 경우보다 정확하게 지각될 때 운동/거울 뉴런 시스템이 더욱 활성화되는 것을 보였다(Callan et al., 2010). 이 영역의 활성화 패턴은 'ba'와 'da' 음절을 섞은 자극을 제시했을 때 범주적 판단 결과와 관계되었다(Lee et al., 2012). 즉 말소리의 운동 표상은 청각적 신호가 불확실할 때 중요해진다. 이러한 경우에 운동 시스템은 복측 경로보다 배측 경로를 통해 청각 시스템과 접속할 것이다(Chevillet et al., 2013).

운동 표상은 지각적 학습에도 중요할 것이다. 다른 언어에 속하는 음소들을 듣는 것만으로 그것들을 좌반구 청각 시스템의 관할로 가져오는 것은 불충분하다. 좌측으로 국지화된 말소리 지각을 촉발하기 위해서는 그 음소들을 발성해내는 것 또한 필요하다.

'무엇'과 '어떻게'를 위한 복측과 배측의 청각 경로

복측 청각 경로('무엇')와 배측 청각 경로('어디')의 일반적인 구분에 대해서는 이 장 초반에 소개하였다. 이와 아울러 배측 경로 안에 말소리와 말소리를 산출하기 위한 운동 표상을 연결시키는 '어떻게' 경로를 구성하는 또 다른 가지가 있다는 주장이 있다(Hickok & Poeppel, 2004; Rauschecker & Scott, 2009).

'무엇' 경로는 측두엽을 따라 앞쪽으로 분포하며, 청각 자극이 말소리에 더 가깝게 들릴수록(또는 알아들을 수 있으면) fMRI로 측정할 수 있는 활성화는 더욱 앞으로 이동하는 경향이 있다(Scott & Wise, 2004). 다음 장은 말소리 처리의 언어학적 측면(즉 단어 재인, 의미론, 통사론)에 대한 신경학적 기초에 대해 보다 깊이 다룰 것이다. '어떻

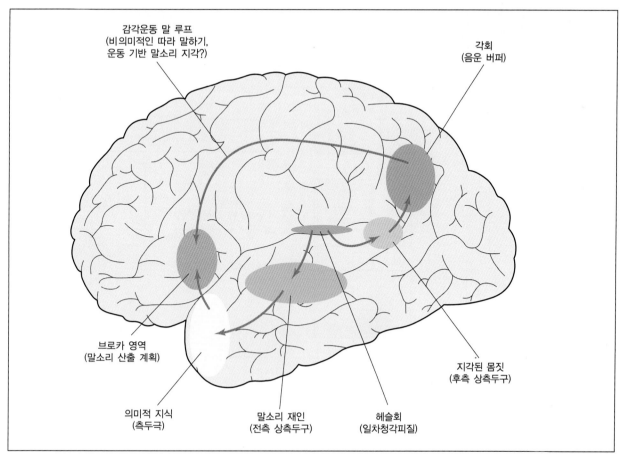

그림 10.17 말소리 지각과 따라 말하기를 담당하는 두 가지 경로가 존재하는 것으로 보인다. 한 경로는 단어-의미 처리에 기초하고, 하나는 청각-운동 간 대응에 기초한다. 이들을 각기 하측의 '무엇' 경로와 상측의 '어떻게' 경로라 부른다.

게' 경로는 상측 측두엽과 하측 두정엽(각회를 포함)을 따라서 뒤쪽으로 뻗어나간다. 이 경로의 두정-전두 부분은 **궁상다발**(arcuate fasciculus)이라는 백질 다발로 연결되어 있다고 가정한다. 상측두구(STS)의 후측 부분은 말소리를 듣는 것뿐만 아니라 말하는 장면을 보는 것에도 반응하는 것으로 알려진 다중감각 영역이다(Calvert et al., 2001). 원숭이의 이 영역에 대한 단일세포 측정은 같은 발화에 대한 소리나 시각 장면 모두에 반응하는 뉴런이 있음을 보여준다(Barraclough et al., 2005). 즉 후측 상측두구에 있는 표상은 발화 제스처와 같은 지각적인 것으로 간주된다. 이것은 지각적이면서 운동적인 속성을 가진 전운동피질의 표상과 대비될 수 있을 것이다(Kohler et al., 2002).

'무엇' 경로의 기능에 대해서는 전반적으로 합의가 이루어져 있다. 즉 말의 의미적 내용(그리고 동시에 화자의 정체성)에 대한 처리에 관여한다. '어떻게' 경로의 기능은 조금 불분명하다. 이미 기술한 바와 같이 일부 학자들은 '어떻게' 경로가 말소리 지각에

핵심 용어

궁상다발 측두-두정 영역과 전두엽을 연결하는 백질 다발

그림 10.18 단일세포 측정법은 원숭이의 상측두구가 같은 소리가 시각적으로 그리고 청각적으로 같이 제시될 때 증가된 발화를 한다는 것을 보여준다. 이는 이 영역이 단지 시각적인 것이 아니라 청각과 시각을 통합한다는 것을 나타낸다.

출처 : Barraclough et al. (2005). © 2005 by the Massachusetts Institute of Technology. Reproduced with permission.

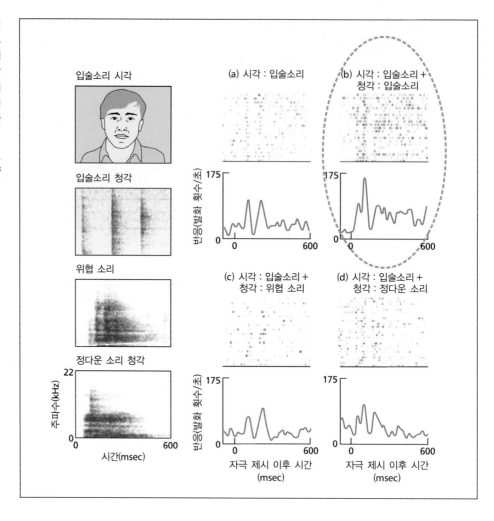

중요하다고 주장한다. 이 견해는 아직 논쟁 중이다(Lotto et al., 2009). 대중적이지 않지만 또 다른 견해는 '어떻게' 경로가 대화 중에 번갈아 말하기(turn taking)를 조절하는 기능을 한다고 주장한다(Scott et al., 2009). 보다 일반적인 동의를 얻고 있는 '어떻게' 경로의 기능이 청각-음성 자료의 학습과 기억에 관계된다는 것이다. 그것은 새로운 음소와 단어의 장기적인 학습과 그리고 음성 자료의 단기적인 파지(혹은 '재연')를 포함한다. 장기적인 학습과 관련하여 좌측 각회와 좌 하측 전두엽의 활성화가 음질이 떨어지는 말소리를 이해하는 학습과 연계된다(Eisner et al., 2010). 후측 상측두구와 좌 하측 전두회 영역도 청각적인 비단어를 외울 때 BOLD 신호의 감소를 보인다(더 적은 노력을 들임)(Rauschecker et al., 2008). 히콕과 푀펠(Hickok & Poeppel, 2004)은 '어떻게' 경로가 배들리(Baddeley, 1986; Baddeley et al., 1984)에 의해 제안된 **조음 루프**(articulatory loop, 또는 음운 루프)의 신경해부학적 기초라고 주장하였다. 이 시스템은 음성 자료에

핵심 용어

조음 루프 소리 내지 않고 발음하기를 통해 정보를 되살릴 수 있는 언어적 정보에 대한 단기기억 저장소

대한 단기기억 저장소이며, 이 저장소에 있는 정보는 마음속으로 말하는 조음 활동에 의해 다시 되살아난다. 이는 마치 전화번호부에서 번호를 찾은 후 다이얼을 누르기까지 전화번호를 머릿속에 유지할 때와 같다. 좌측 두정 영역이 음운적인 기억 저장소를 형성하고 있다는 주장이 신경심리학의 사례 연구나 기능적 영상 연구에서 모두 지지되었다 (Buchsbaum et al., 2011).

따라 말하기는 언어적 작업기억을 필요로 하는 과제로서 '어떻게' 경로에 많이 의존하게 된다. 물론 복측 '무엇' 경로는 단일 단어들과 어떤 의미 있는 구절 정도의 따라 말하기를 지원할 수 있으나, 긴 문장을 말 그대로 따라 말하는 것과 의미 없는 자료들을 따라 말하는 것은 '어떻게' 경로에 의존할 것이다. '어떻게' 경로, 특히 후측 상측두구와 각회의 손상은 따라 말하기 능력을 손상시키지만 청각적인 이해는 그대로 보존하는 경향을 보였다(Baldo et al., 2012, Kuemmerer et al., 2013). 소리로 들려주는 복잡한 비단어들을 따라 말하는 능력의 개인차는 각회(단기기억과 관련됨)와 해마(장기기억 학습과 관련됨)의 기능적 연결성과 관계된다(McGettigan et al., 2011).

요약 및 핵심 정리

- 시지각에서처럼 청각은 감각신호로부터 특질(예 : 음량이나 음높이)을 추출해내는 것을 포함하는데, 특질은 입력 정보를 서로 다른 '물체'로 분리(예 : 소란한 공간에서 서로 다른 발화자들을 구분)하는 데 유용할 수 있다.
- (이차)청각피질의 세포들은 소리의 내용('무엇') 대 위치('어디')에 대해 특화된 정도가 다른 것으로 보인다. 이는 두정엽을 향한 배측/'어디' 경로와 측두엽(언어에 대해서는 좌반구가 더 우세)을 향한 복측/'무엇' 경로의 시작점일 것이다.
- 음악 지각은 리듬/타이밍, 음높이 지각, 그리고 멜로디(음높이의 패턴 지각) 등 몇 가지 다른 기전과 관계된다. fMRI와 뇌 손상 연구들을 통해 밝혀진 바에 의하면 이런 성분들은 부분적으로 구별될 수 있는 신경적 기반을 가진다.
- 측두엽(특히 우뇌)에서 목소리 재인에 특화된 영역이 있다는 증거들이 있다.
- 말소리 재인은 무한히 변화 가능한(예 : 발화자의 음조와 강세, 조음의 차이) 감각 입력 정보에서 범주적인 정보를 추출하는 과정을 포함한다. 이는 음향적 정보처리(입력된 소리를 저장된 청각 원형과 맞춤) 혹은 운동 정보처리(소리를 저장된 조음 원형과 맞춤)를 통해서 이루어진다.
- 말소리 재인(그리고 따라 말하기)은 복측의 '무엇' 경로(의미 정보처리를 통해)와 낯선 단어의 처리나 그대로 따라 말하기(아마도 조음 루프를 사용할 것임)의 경우 배측의 '어떻게' 경로를 모두 사용하는 것으로 보인다.

논술 문제

- 청각체계가 직면한 정보처리의 문제와 시각체계가 직면한 문제 간의 유사점과 차이점은 무엇인가?
- 단일세포 측정법을 사용한 연구가 뇌에서 청각 정보가 어떻게 표상되는지에 대한 지식에 어떤 기여를 하였는가?
- 청각에서 분리된 '무엇'과 '어디', '어떻게'의 경로가 존재한다는 증거는 무엇인가?
- 음악 지각을 가능하게 하는 뇌 기전은 다른 청각 자극의 지각에서의 뇌 기전과 다른가?
- 말소리 지각은 음악 지각과 왜 다른가?
- 말소리 지각 과정에 운동 정보처리 요소가 포함된다는 증거가 무엇인가?

더 읽을거리

- Moore, B. C. J. (2003). *Introduction to the psychology of hearing* (5th edition). San Diego, CA : Academic Press. 이 책은 듣기의 기본 과정에 대한 좋은 개관서임. 그러나 신경생리학에 바탕을 둔 최근의 연구를 보기 위해서는 Kaas 등(1999)을 추천함
- 음악 지각에 관한 좋은 개관 논문으로는 Stewart, L., von Kriegstein, K., Warren, J. D., & Griffiths, T. D. (2006) 참조. Music and the brain : Disorders of musical listening. *Brain, 129,* 2533-2553. 보다 자세한 논문들은 다음 책을 참조. Peretz, I. & Zatorre, R. J. (2003). The cognitive neuroscience of music. Oxford, UK : Oxford University Press.
- Moore, B. C. J, Tyler, L. K., & Marslen-Wilson, M. (2008). The perception of speech : From sound to meaning. Special issue of *Philosophical Transactions of the Royal Society of London B, 363,* 917-921. 말소리 지각에 관한 훌륭한 논문집

제11장

말하는 뇌

이 장의 내용

음성 단어 재인

의미기억과 단어의 의미

문장 이해와 산출

음성 단어 인출과 산출

요약 및 핵심 정리

논술 문제

더 읽을거리

말을 산출하고 지각하고 이해하는 능력을 갖게 된 것은 인간의 놀라운 성취이다. 정말 간단히 말하자면 말이라는 것은 공기 속에 존재하는 분자들의 진동이라는 물리적 연결 수단을 통해 한 사람의 머리에서 다른 사람의 머리로 생각을 전달하는 것이다. 그 과정은 생각을 문장과 단어로 변환하는 과정과 궁극적으로 발성 기관으로 보내지는 일련의 조음 명령들로 이루어진다. 그리고 음파는 듣는 사람의 달팽이관(내이의 일부분)의 물리적인 변화를 만들어낸다. 그 물리적 변화는 말로 지각되고, 이러한 입력으로부터 단어와 문장의 의미가 추론된다. 말 재인(speech recognition) 과정과 말 산출(speech production) 과정은 때때로 분리되어 연구되는데, 그것들을 각각 분리해서 생각하는 것이 도움이 되기 때문이다. 그러나 인간의 언어를 이끌어가는 힘은 우리 주변의 사람들과 생각을 교환하는 것임을 인식하는 것은 매우 중요하다. 실험실 밖에서 말 산출이란 일반적으로 말을 알아듣는 사람이 주변에 존재할 때 일어난다. 언어의 사회적 측면은 언어를 통해 우리가 다른 사람이 무엇을 알고 있는지, 무엇을 믿고 있는지, 또 무엇을 모르는지를 추론할 수 있다는 것을 의미한다. 이런 의미에서 다른 동물의 발성을 '진정한 언어'라고 할 수 있을지 무척 의심스럽다.

이전 장에서 말의 초기 청각 처리 과정을 알아보았다. 이번 장에서는 어떻게 친숙한

그림 11.1 말 산출(왼쪽)과 말 이해(오른쪽) 과정의 몇 가지 주요 단계에 대한 간단한 도식

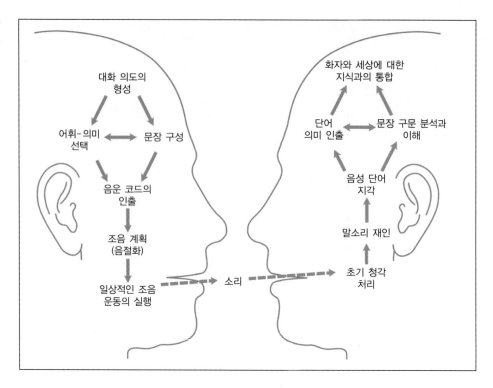

그림 11.1 말 산출(왼쪽)과 말 이해(오른쪽) 과정의 몇 가지 주요 단계에 대한 간단한 도식

음성 단어들이 재인되고, 어떻게 단어와 문장의 의미들이 파생되는지 알아보고, 그리고 마지막으로 말 산출 과정에 대해 알아볼 것이다.

음성 단어 재인

음성 단어 재인은 일반적으로 소리 형태의 어떤 측면들이 화자의 머리 속에 존재하는 단어집에 저장된 어떤 음성 단어들과 맞아 떨어지는 과정을 필요로 할 것이라고 가정한다. 이 단어들의 저장소를 음운어휘집(phonological lexicon, 또는 speech input lexicon)이라 하고, 맞추는 과정을 어휘 접근(lexical access)이라고 한다. 이 과정을 몇 가지 쟁점을 고려하여 분해할 수 있다. 첫째, 저장된 단어에 접근하기 위해 사용되는 지각적 부호의 속성은 무엇인가? 그리고 저장된 말의 형태 그 자체는 어떤 형식으로 저장되어 있는가? 둘째, 어떻게 서로 맞추는 과정이 달성되는가? 많은 다른 후보들이 한꺼번에 고려되는가? 혹은 한 번에 하나씩 고려되는가? 그 과정은 순전히 지각적인 수준에서 일어나는가, 아니면 의미 맥락이 영향을 주는가?

인간 외 다른 동물들도 언어를 갖고 있는가?

두리틀 박사처럼 다른 동물들에게 말을 할 수 있을 것이라는 생각은 매혹적이다. 다른 종의 동물들도 분명히 서로 의사소통할 수 있다. 예를 들어, 꿀벌은 꿀의 위치를 알리기 위해 춤을 추고, 긴꼬리원숭이는 위협적인 자극에 직면하면 소리를 친다. 그러나 이러한 의사소통 방식이 인간의 언어와 관련이 있는가? 동물 언어에 대한 관심은 언어가 도대체 무엇이고, 어디에서 유래되었는지에 대한 논의를 이끌기에 무척 중요하다.

다른 동물들에게 언어를 가르치려는 많은 시도는 그들이 기호나 상징을 특정 물체나 행위에 연합하도록 훈련하는 방법에 의존해왔다. 이러한 연구들의 난점은 동물들이 연합을 학습할 수 있다 할지라도 그들이 개념적인 수준의 이해를 획득했는지 분명하지 않다는 것이다. 예를 들어, 비둘기들이 나무 또는 물의 그림에 대하여 다른 방식(한 번 또는 두 번 쪼기 등)으로 반응하도록 학습시킬 수 있다(Herrnstein et al., 1977). 그러나 과연 그 비둘기들은 나무들이 식물 또는 나무 껍질과 같은 다른 개념들과 어떻게 관련 있는지 이해하는 것일까? 그리고 그림이 없을 때 나무라는 생각을 전달하기 위해 쪼는 행위를 사용할 수 있을까?

그럼 침팬지와 같이 진화적으로 가까운 이웃들은 어떨까? 워쇼라는 침팬지는 미국 수화를 배웠고, 대략 200개의 기호를 학습할 수 있었다(Gardner et al., 1989). 게다가 과잉일반화를 할 수 있다는 증거(예 : 문신에 대해 '상처'를 사용)가 있었고, 친숙하지 않은 물체들을 지칭하기 위해 단어들을 조합하기도 하였다[예 : 오리를 '물새(water bird)'로 지칭]. 워쇼의 입양된 아들은 이러한 의사

소통 체계를 즉각적으로 획득하기도 하였다. 이러한 연구들의 문제는 많은 기호들이 자의적(arbitrary)이라기보다 도상적(iconic)이었고(예 : '주다'는 앞으로 손을 뻗는 행동으로 표현됨), 와쇼가 얼마나 자주 무작위적이거나 부적절한 단어들의 조합을 만들어냈는지 확실하지 않다는 것이다. 어떤 학자들은 유한수의 단어들을 사용하여 무한수의 단어 조합들을 만들어내는 능력이 인간 언어의 독특한 요소라고 주장해왔다(Hauser et al., 2002).

새비지-럼보(Savage-Rambaugh)와 동료들은 보노보라 불리기도 하는 피그미침팬지인 칸지와 함께 다른 접근을 시도하였다(예 : Savage-Rumbaugh et al., 1986). 칸지는 대화를 위해 자의적으로 만들어진 기호들을 사용하는 방법을 배웠고, 주어진 인간의 말을 표현하기 위해 그 기호들을 선택할 수 있었다. 칸지가 그 기호들을 유연하게 사용할 수 있다는 증거들이 있었고(예 : 딸기를 원한다는 것을 표시하거나, 딸기가 있는 장소 또는 그 물체 자체를 표시하기 위해 '딸기' 기호를 선택하였음), 단어 순서를 이해한다는 증거도 있었다(예 : "칸지가 X를 쫓았다." 대 "X가 칸지를 쫓았다"). 그러나 이 연구는 칸지의 표현이 대부분 음식 요청에 관한 것이었고, 이는 아마도 보상을 통해 학습된 것일 수 있고, 자연 상황에서는 이러한 사례를 찾아보기 어렵다는 점에서 비판을 받았다(Seidenberg & Petitto, 1987). 따라서 다른 동물들이 언어를 위한 기본적인 인지 능력의 일부를 갖고 있지만, 인간의 능력과 유사한 어떤 것을 갖고 있다고 보기는 어렵다(Hauser et al., 2002).

그림 11.2 의사소통을 위해 '어휘도형'을 사용하는 칸지

출처 : Savage-Rumbaugh & Lewin, 1994.

그림 11.3 피그미침팬지인 칸지는 그려진 '어휘도형(lexigram)'을 사용하여 의사소통하는 방법을 배웠다. 이 방법은 어떤 면에서 인간의 언어와 다른가 혹은 같은가?

출처 : Based on Savage-Rumbaugh et al., 1983.

음성 단어 형태에 대한 접근 단위는 무엇인가

언어학자들은 전통적으로 언어 표상에서 음소(phoneme)의 중요성을 무척 강조해왔다. 음소는 다른 단어의 소리를 구분하는 범주적 표상이다. 따라서 /r/과 /l/은 영어에서 다른 음소이지만, 일본에서는 아니다. /r/과 /l/은 분명히 음향적으로도 조음적으로도 다른 특성을 갖지만, 이러한 음소 구분을 하는 언어에서만 분별된 범주로 간주된다. 말소리 재인 운동 이론(Liberman & Mattingly, 1985; Liberman & Whalen, 2000)의 경우와 같이 몇몇 음성 단어 재인 모형 역시 음소 부호의 중요성을 강조하고 있다. 그러나 다른 인지신경과학자들은 보다 회의적인 태도를 취해왔으며, 음소들이 실제 인지/신경 시스템에서 실제로 구현되는 것이라기보다 언어의 구조를 유용하게 기술할 수 있는 단위라고 주장했다. 예를 들면, 어떤 모형에서 말의 음향적 속성(예 : 유성음화, 폐쇄, 포먼트 주파수)[1]은 중간에 음소로 기술될 필요 없이 바로 음성 단어 형태로 접근 가능하다고 고려되었다(Marslen-Wilson & Warren, 1994).

어휘 접근에 음소 수준이 존재한다는 증거는 분명하지 않다. 후천적으로 말소리 재인에 문제가 생긴 어떤 환자들은 음성 단어들을 이해할 수 있으나, 유사한 음소들을 변별하는 과제(예 : 'ta'와 'da'는 다른가?)는 잘하지 못한다. 반면 어떤 환자들은 이와 반대되는 해리(즉 음소 변별은 잘하지만, 음성 단어를 이해하지 못함)를 보인다(Miceli et al., 1980). 말소리를 음소 분절들로 명시적으로 구분하는 능력은 글 읽기 수준(특히 알파벳 문자 언어의 경우)에 의해 예측되었으나, 음성 언어 능력 자체를 예측하는 것은 아니다(Petersson et al., 2000). 이는 명시적인 음소 인식이 음성 언어 재인에 필수적인 것은 아니라는 것을 암시한다. 물론 그러한 단위(음소)가 암묵적으로 계산되는지는 여전히 불명확하다. 히콕과 푀펠(Hickok & Poeppel, 2004)의 모형에서는 명시적 음소 분절 과정은 배측 경로에 의해 이루어지고, 발화된 단어 이해는 복측 경로에 의해 수행되는 것으로 되어 있다. 제10장의 내용을 돌이켜보면 복측 경로는 주로 말소리 이해에 관계된다. 즉 음향 입력을 의미로 전환하는 과정과 관계된다고 볼 수 있다. 이에 반해 배측 경로는 말소리의 운동적 측면(음원 위치 파악뿐만 아니라)에 관계된다. 즉 음향 입력과 운동 산출 사이는 전환 과정에 관계된다.

---

1 역자 주 : 유성음화(voicing)와 폐쇄(stop)는 조음음성학(articulatory phonetics)에서 사용되는 용어들로, 말을 만들어내는 조음 방식 중 일부를 지칭한다. 유성음화는 성대의 진동을 통해 유성음을 만들어내는 방식을 말하며, 폐쇄는 입술 또는 입천장과 혀를 통해 성도를 지나가는 공기를 차단하여 폐쇄음을 만들어내는 방식을 말한다. 예를 들어, 영어에서 [b], [d], [g]와 같은 소리는 유성음이면서 폐쇄음이며, [p], [t], [k]와 같은 소리는 무성음이면서 폐쇄음이다. 이에 반해 포먼트 주파수(formant frequency)는 음향음성학(acoustic phonetics)의 용어로, 어떤 말소리의 음향적 속성을 분석하기 위해 사용하는 소리 스펙트로그램에서 나타나는 짙은 띠들을 포먼트라고 하며, 그것들이 나타나는 주된 주파수 대역을 포먼트 주파수라고 한다.

간단한 언어학 용어

음소	단어들의 의미를 구분하는 기능을 하는 말의 최소 단위. 영어에서 /r/과 /l/은 다른 음소이다. 그러므로 이 소리의 차이는 단어의 의미 차이를 전달할 수 있다(예 : 'rip'과 'lip'의 차이). 일본어에서는 그렇지 않고, /r/과 /l/은 단일 음소의 변이일 뿐이다.
음절	모음을 중심으로 모인 음소들의 집합. 모음은 음절의 핵음(nucleus)을 형성한다. 모음 앞에 선택적으로 자음(음절의 초음)이 선행될 수 있고, 또 모음 뒤에 더 많은 자음(음절의 말음)들이 뒤따를 수 있다. 모음과 말음은 집합적으로 음절의 각운을 만든다. 'mark', 'market', 'marquetry'와 같은 단어는 각각 1음절, 2음절, 3음절이 된다.
강세	연속적인 말의 분절이 단어가 되도록 돕는 화자의 발성 기관의 활동 증가
형태소	문법상 가장 작은 의미 단위. 예를 들어, 'unladylike'라는 단어는 4음절이며, 3개의 형태소(un+lady+like)로 이루진다. 'dogs'는 1음절이지만, 2개의 형태소(dog+s)를 갖고 있다. 'unladylike'와 'dogs'는 모두 각각 한 단어이다.
단어	단어들은 크기 면에서 하나의 형태소와 하나의 어구 사이에 중간자적인 위치를 차지한다. 한 단어는 때때로 응답에서 가장 작은 가용 단위로 정의되기도 한다.
통사	어떤 언어에서 어떻게 단어들이 문장으로 조합되는지를 구체화하는 규칙(또는 문법)
의미론	넓게는 언어적 표현들의 의미로 정의되기도 하고, 또한 개별 단어들의 의미로 정의되기도 하며(어휘의미론), 사물이나 단어 그리고 다른 종류의 자극의 의미(의미기억)로 정의되기도 한다.
화용론	암시된 또는 의도된 의미처럼 언어가 실제로 사용되는 방식(예 : "can't you read?"는 실제 대답을 요구하지 않는 수사적인 질문으로 사용될 수 있다)
운율	강세와 억양(예 : 질문을 나타내기 위하여 말끝을 올리는 것), 그리고 정서(예 : 슬픔을 나타내기 위하여 천천히 그리고 낮게 말하는 것)와 같이 말의 선율적 측면
명사	'computer', 'idea'와 같이 *어떤 것들*(things)을 나타내는 단어
동사	'to buy', 'to think', 'to eat'과 같이 *어떤 행위*(action)를 나타내는 단어
형용사	'big', 'soft', 'easy'와 같이 기술적으로 사용되는 단어
대명사	어떤 명사를 대신할 수 있는 단어(예 : 'I', 'you', 'him'). "Mr. Rice spoke to Tom and offered him a job."에서 'him'은 'Tom'을 대신하는 대명사이다.
전치사	'to', 'with', 'by' 또는 'from'과 같이 말의 다른 두 부분 사이의 연결을 나타내는 단어
기능어 또는 폐쇄 유목 단어	어휘적인 의미는 거의 없지만, 문장 내에서 다른 단어들의 문법적 관계성을 표현하는 단어(예 : 대명사와 전치사, 'the', 'and')

만약 음소가 음성 단어 재인의 접근 단위가 아니라면 무엇이 대안적인 지각적 접근 부호가 될 수 있을까? 어떤 연구자들은 음절이 중요하다고 하고(Mehler et al., 1981), 또 다른 연구자들은 강세 패턴의 중요성을 강조한다(Cutler & Butterfield, 1992). 영어에서 명사들은 주로 첫 음절에 강세가 오는 경향이 있고, 이러한 경향성은 단어의 경계를 추측하기 위하여 음성 인식 시스템에서 사용될 수 있다(명사 *ENvoy*와 *DEcoy*, 그

핵심 용어

코호트 모형 어휘 접근 과정에 초기에는 많은 수의 음성 단어들이 후보로 고려되다가, 보다 증거(정보)들이 점차 축적됨에 따라 후보 단어들이 제거된다고 가정하는 모형

단어인식지점 소리 입력이 알고 있는 하나의 단어와 유일하게 일치되는 지점

리고 enJOY와 deCAY와 같이 주로 2음절에 강세가 오는 동사들을 비교해보라). 보다 신경생물학적으로 고양된 음성 인식 모형들은 다른 뉴런들이 시간 척도상 다른 범위에서 변화하는 소리 정보에 반응한다는 아이디어를 바탕으로 한다(Luo & Poeppel, 2012). 영장류 전기생리학 연구를 살펴보면, 어떤 뉴런들은 청각신호의 아주 빠른 변화(20~80ms)에 상대적으로 민감하게 반응하고, 어떤 뉴런들은 중간 수준의 변화(150~300ms), 그리고 어떤 뉴런들은 시간적으로 긴 변화(500~1,000ms)에 반응한다(DeWitt & Rauschecker, 2012 참조). 이러한 시간 범위들은 사람의 말에서 대략 음소들의 음향 특질, 음절, 그리고 강세 패턴이 나타나는 시기와 대략 일치한다. 다윗과 로스체커(DeWitt & Rauschecker, 2012)는 음성 인식에 관한 fMRI 연구들에 대한 메타분석을 기반으로, 청각 배측 흐름에서는 짧은 기간에서 긴 기간 순서로 상측두엽을 따라 뒤쪽에서 앞쪽으로 배열되어 있다고 제안하였다. 따라서 단지 음소와 같은 단일한 정보원에 의존하기보다 음향신호의 다양한 특성(시간적인 지속에서, 그리고 심리언어학적 단위 크기)이 단어 지각에 기여할 것으로 보인다.

코호트 모형

음성 단어 재인이 발생하는 메커니즘의 면밀한 속성에 대해서는 여전히 논쟁 중이지만, 적어도 유사한 음을 가진 단어들 사이의 경쟁이 이와 관련이 있을 것이라는 데 일반적으로 동의하고 있다(McQueen & Cutler, 2001). 이 분야의 가장 유력한 모형이 마슬렌 윌슨과 타일러의 **코호트 모형**(cohort model)이다(Marslen-Wilson & Tyler, 1980; Marslen-Wilson, 1987). 어떤 단어를 확인하기 위하여 요구되는 음향적 정보는 시간의 흐름에 따라 나타난다. 이 모형의 핵심적인 아이디어는 많은 수의 단어들이 병렬적으로 초기에 후보로 고려되다가 점점 정보가 누적됨에 따라 후보들이 줄어들어 간다는 것이다. 예를 들어, 'e'라는 소리를 들으면 이 소리로 시작되는 모든 단어가 활성화될 수 있다. 이렇게 활성화된 단어들의 군집을 단어의 '코호트(cohort)'라 한다. 하지만 더 많은 정보가 밝혀짐에 따라(예 : 'ele'이라는 소리까지 듣게 되면) 코호트는 보다 작은 수의 단어(예 : 'elephant', 'electricity')로 좁혀지며, 마지막에 결국 후보가 한 단어로 좁혀지는 지점까지('eleph') 이르게 된다는 것이다. 이 지점을 **단어인식지점**(uniqueness point)[2]이라 한다. 따라서 어떤 단어의 시작, 특히 첫 음절이 무척 중요하다. 사실 청자들은 발화의 왜곡이

---

[2] 역자 주 : 마슬렌 윌슨(1987)은 원문에서는 이것을 인식지점(recognition point)이라 하였으나, 이 책의 저자는 이것을 유일지점(uniqueness point)이라 하였다. 다른 후보들이 다 사라지고 유일하게 마지막 후보가 남겨지는 지점이라는 뜻에서 이런 명칭을 한 것으로 생각된다. 하지만 원 저자의 용어와 개념을 그대로 쓰는 것이 좋다고 이를 단어인식지점이라 번역하였다.

단어인식지점 전에 나타나면 그것을 보다 잘 탐지할 수 있으며, 어떤 단어를 알아채는 데 걸리는 시간도 단어인식지점이 얼마나 빨리 나타나는가에 달려 있다 (Marslen-Wilson, 1987).

단어인식지점은 그 단어의 구조적 특성이다. 하지만 단어 빈도나 상상성과 같은 언어적 요인도 단어 재인에 영향을 미칠까? 단어 빈도를 고려하면, 어떤 코호트에서 모든 후보들이 동일하게 작용하지 않을 수 있다. 예를 들면, 불확정적인 'spee'와 같은 시작은 'speed', 'speech', 'species' 등의 단어들과 일치한다. 하지만 점화 기법을 이용한 반응시간 연구들은 사용 빈도가 낮은 단어들(예 : 'species')은 덜 활성화된다는 것을 보여주었다(Zwitserlood, 1989). 이것은 단어

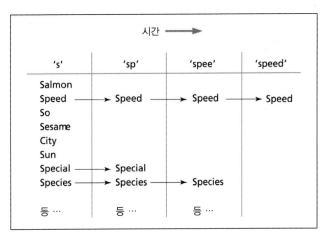

그림 11.4 음성 단어 인식에 대한 코호트 모형에서는 초기 청각 정보와 일치하는 모든 단어들이 동시에 활성화된다. 더 많은 청각 정보들이 밝혀짐에 따라 코호트의 크기는 점점 줄어들며, 최종적으로 한 단어로 일치될 때까지 줄어든다.

빈도의 초기 효과를 보여준다. 어떤 단어의 상상성 또한 음성 단어 재인에 영향을 준다 (Tyler et al., 2000). 상상성(imageability)은 어떤 단어의 의미가 감각적 이미지를 불러일으키는 정도와 관계되는 의미적인 특성이다. 한 fMRI 연구는 상상성과 코호트 경쟁의 정도가 상측두열의 후측 영역 — 초기 음성 처리가 구현되는 영역 — 에서 상호작용함을 보여주었다(Zhuang et al., 2011). 따라서 코호트로부터 선택하는 과정은 완전히 상향적 처리가 아니라는 것(즉 완전히 지각적인 입력 정보로만 결정되는 것이 아니라는 것)이다.

맥락에서의 단어 재인 : N400

코호트 모형은 주로 단일 음성 단어의 재인 과정을 설명하기 위해 개발되었다. 그러나 단어들은 개별적으로 발화되기보다 대화 맥락 속에서 일반적으로 발화된다. 이는 음성 단어 재인의 다른 측면들이 서로 어떻게 연관되는지에 관한 중요한 질문을 던지게 한다. 즉 대화의 폭넓은 의미 맥락 속에서 하나의 음성 단어 형태가 어떻게 재인되고, 그것의 의미가 어떻게 인출되고, 그리고 그것을 맥락과 어떻게 연결시킬 것인가에 대한 문제 말이다.

이 문제에 중요한 정보를 제공하는 ERP 성분이 있다. 한 단어의 개시 이후 약 400ms 전후로 나타나는 부적인 파형, 소위 **N400**이라 일컬어지는 성분이다(Kutas & Hilyard, 1980; 개관을 위해서는 Kutas & Federmeier, 2011 참조). N400의 강도는 주어진 단어가 넓은 맥락에서 얼마나 적절한가에 달려 있다. 따라서 "I take coffee with milk and dog."라는 문장을 들려준다면, 문맥적으로 이상한 'dog'를 들을 때 큰 N400 파형이

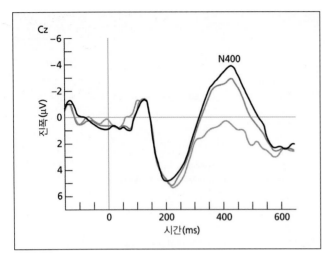

그림 11.5 세 종류의 문장에서 중요 단어에 대한 N400 반응 : 의미적으로 결합 가능하며 적절한 문장("the Dutch trains are yellow."; 초록색 파형), 의미적으로 결합 가능 응집적이나 부적절한 문장("the Dutch trains are white."; 갈색 파형), 의미적으로 결합되지 않는 문장("the Dutch trains are sour."; 검정색 파형).

출처 : Hagoort et al., 2004. Reprinted with permission from AAAS.

산출된다. 이것은 의미적으로 이상하지 않은 단어 'sugar'(또는 'dog'로 끝나지만 의미가 어색하지 않은 다른 문장)로 끝나는 문장과 비교했을 때 상대적으로 그렇다. N400은 "Dutch trains are sour."(기차는 맛볼 수 없기에)와 같이 의미적으로 이상할 때도 발견되지만, "the Dutch trains are white."(네덜란드 기차는 일반적으로 노란색이다)와 같이 사람들이 알고 있는 사실과 다를 때도 발생한다(Hagoort et al., 2004). 이는 단어에 대한 지식과 세상에 대한 지식이 다른 처리 단계를 요하는 것이 아니라 같은 처리 과정에 사용된다는 것을 암시한다. N400을 촉발시키기 위해 단어가 항상 문장 형태 속에 제시될 필요는 없다. 예를 들어, 'bank'(은행 또는 강둑)와 같이 이중적인 뜻을 가진 중의어를 포함한 세 단어의 연쇄 쌍을 제시하면, 'finance-bank-money'와 달리 'river-bank-money'에서는 마지막 단어(money)에 대해 N400이 촉발된다(Titone & Salisbury, 2004). 또한 이 결과는 N400이 전반적인 맥락 일치 여부를 반영하지(세 단어 모두 고려해서), 국지적인 맥락(마지막 두 단어 : bank-money는 동일하다)을 반영하는 것은 아니라는 것을 암시한다.

N400은 음성 단어뿐만 아니라 한 번에 하나씩 제시되는 문자 단어에 대해서도 발견된다(그리고 사실 단어 외에 다른 의미 있는 자극에 대해서 발견된다). 따라서 이것은 지각적 과정에 반드시 의존하는 것은 아니다. 그럼에도 불구하고 N400은 문자 단어에 비해 음성 단어에 대해 상대적으로 빨리 출현되는 경향이 있다(Holcomb & Neville, 1990). 이것은 음성 단어가 시간에 따라 점차적으로 들린다는 것을 감안해볼 때 다소 의외이다. 이는 음성 단어가 분명하게 분별되기 전에도 의미 맥락이 어휘 접근 과정과 상호작용함을 암시한다. 이러한 설명을 지지하는 몇몇 연구가 있다. 반 덴 브링크 등(Van den Brink et al., 2001)은 무척 자연스러운 단어로 끝나는 문장("It was a pleasant surprise to find that the car repair bill was only 17 *dollars*.")과 두 종류의 부자연스러운 단어로 끝나는 두 문장('dolphin'—dollar의 첫 음소를 공유, 그리고 'scholar'—dollar와 마지막 음소를 공유)을 비교했다. 이 예에서 'dolphin'에 비해 'scholar'가 보다 빠른 N400의 시작을 보였다. 이는 기대한 초기 음소들과 들은 것과의 차이가 빠르게 반영된다는 것을 반영한다. 마지막으로 반 덴 브링크 등(2006)은 결정적인 음성 단어의 단어

인식시점을 변화시켜 실험을 진행하였다. 빠른 단어인식시점을 가진 단어들은 다른 단어들에 비해 약 100ms 정도 빨리 인식될 수 있음에도 불구하고, N400은 시간적으로 이동하지 않았다. 언어 시스템은 단어인식지점에 도달할 때까지 '기다릴' 필요가 없이 N400을 발생시킬 수 있다는 것이며, 따라서 어휘 접근과 맥락 정보의 통합은 음성 재인 과정에서 분리된 다른 두 단계로 처리되는 것이 아니라는 것이다.

핵심 용어

범양태적 하나 또는 몇 가지 특정 지각 시스템에 국한되지 않음

의미기억과 단어의 의미

범양태적 개념 대 근거 있는 개념

'사자(lion)'와 같은 어떤 단어를 만나면 우리는 사자와 연합된 많은 속성, 즉 동물이고, 다리가 4개 있고, 아프리카 태생이고, 육식성이라는 사실을 인출할 수 있다. 이러한 속성들은 집합적으로 그 단어의 의미를 형성한다고 고려할 수 있다. 대부분의 이론에 따르면 그 단어를 듣거나 보거나, 혹은 사자 자체를 보거나 듣거나, 아니면 단지 생각하더라도 이와 같은 지식은 참조된다. 달리 말해 의미기억은 범양태적(amodal) 혹은 추상적(abstract)인 것으로 종종 간주되었다. 의미기억이 범양태적인 표상(혹은 '기호')에 기초하고 있다는 관점은 거의 한 세기 동안 인지심리학에서 주류를 이루었다. 그러나 이러한 관점은 결코 보편적으로 수용되지 않았고, 몇 가지 심각한 문제점에 직면하고 있다.

단어의 의미가 추상적인 기호로 표상된다는 것과 관련된 문제는 설(Searle, 1980, 1990)의 중국어방 논쟁에서 쉽게 찾을 수 있다. 이 철학적 사고 실험에서 설은 우리에게 어떤 컴퓨터 하나를 상상해보라고 한다. 이 컴퓨터는 중국어 원어민들을 충분히 속일 수 있을 정도로 제시된 문제에 대해 어떤 알고리즘을 사용하여 답을 중국어로 내놓을 수 있다면, 이 컴퓨터는 과연 중국어를 이해하고 있는 것일까? 설은 그렇지 않다고 주장하였다. 논의를 확장하여 닫힌 방안에서 어떤 사람이 그 알고리즘을 이용하여 중국어를 처리한다면 그 역시 중국어를 이해하는 것이 아니라는 것이다. '심성어휘집(mental lexicon)'이라는 비유도 같은 논리적 함정에 빠진다. 단어들의 발음, 문법적 용법(명사, 동사 등), 그리고 의미와 같은 내용을 저장한 사전(심성어휘집) 같은 것이 뇌에 구현되어 있다고 자주 언급된다. 사

그림 11.6 우리 뇌는 어떤 단어의 발음, 문법적 범주(예 : 명사, 동사), 그리고 의미와 같은 특성들을 구체화하는 마치 사전 같은 '심성어휘집'을 가지고 있다.

전처럼 어떤 단어를 다른 단어들로 정의하는 것은 순환적인 문제를 안고 있다. 예를 들어, 사전에서 'power'의 정의를 살펴보면, "strength or force exerted"라는 정의를 찾을 수 있다. 그런데 'force'를 찾으면 "power made operative against resistance"로, 'strength'의 정의를 찾으면 "a source of power or force"로 나와 'power'를 정의하는 'strength'나 'force'가 다시 'power'와 관계되어 정의되는 순환적인 구조를 가진다는 것이다. 간단히 말해 이미 다른 단어들의 의미를 알지 못하면 어떤 단어의 만족할 만한 정의를 알기란 불가능하다는 것이다. 이것을 언어학에서는 기호의 근거 문제(symbol grounding problem)라 한다.

이 순환성을 깰 수 있는 방법은 어떤 개념을 다른 개념에 의해 정의하지 않고, 환경에 존재하는 일반적인 것들과 우리의 상호작용(공유된 지각-운동 경험)에 '근거해서' 정의하는 것이다. 예를 들면, '잡아당기다' 또는 '(발로) 차다'라는 단어의 의미는 우리의 운동체계에 의한 행동에 근거해서, '달콤한' 또는 '초록'이라는 단어의 의미는 세계에 대한 우리의 지각적 경험에 근거할 수 있다. 따라서 우리의 '초록'에 대한 개념적 지식은 어떤 추상적인 정의(예 : 초록에 해당하는 빛의 파장을 인식하는 것)라기보다 감각 경험과 연합된 것으로부터 기인할 수 있다. 후자 역시 의미 지식 속에 표상될 수 있지만 말이다. 이론마다 입장이 조금씩 다르지만, 근거 있는 개념은 학습된 것이거나 선천적일 수 있다(Barsalou, 2008 참조). 분명히 추상적인 개념도 같은 방식으로 근거를 찾을 수 있다. 예를 들면, 숫자의 의미는 공간적인 요소들을 가지고 있다는 주장(제13장 참조)도 일종의 근거화의 예로 고려될 수 있고, 정서도 상황에 따른 몸의 느낌에 기초하여 정의될 수 있다는 제안(제15장 참조)도 그렇다. **체화된 인지**(embodied cognition)라는 용어는 의미를 표상하는 데 몸을 활용하는 것을 언급할 때 사용되는데, 근거된 인지(grounded cognition)의 하위 분야로 고려될 수 있다(Barsalou, 2008; Wilson, 2002).

의미기억에 관한 모형의 현재 지형은 범양태적인 모형에서부터 모두 근거된 것이라는 입장까지 가능한 모든 범위에 걸쳐 있다. 완전히 근거된 모형(Allport, 1985; Martin, 2007; Martin & Chao, 2001)에서 어떤 개념을 형성하는 다른 의미 자질들의 집합은 그것들이 획득된 다른 정보 채널에 각각 존재한다. 예를 들면, 전화기의 의미기억은 청각 영역(전화기에서 어떤 소리가 나는지), 시각 영역(그것이 어떻게 생겼는지), 행위 관련 영역(그것을 어떻게 사용하는지)에 각각 부분적으로 존재한다는 것이다. 각각의 다른 영역의 지식들은 서로 네트워크로 연결되어 있어서, 하나의 특성(예 : 전화기의 소리)이 이 네트워크의 다른 부분(예 : 그것의 모습과 관련된 행동)을 활성화시킬 수 있다. 이러한 입장에서는 의미기억으로부터 정보를 인출하는 것은 심상(mental imagery)과 관련된 많은 처리가 동일하게 작용한다. 이러한 견해와 일치하는 증거가 있다. 예를 들어,

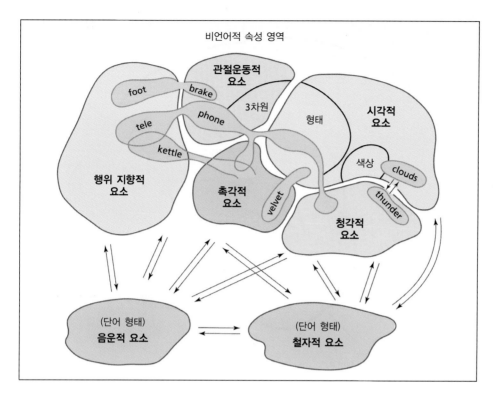

비언어적 속성 영역

관절운동적 요소

foot brake

phone 3차원

tele 형태 시각적 요소

kettle

행위 지향적 요소 촉각적 요소 velvet 색상 clouds

thunder

청각적 요소

(단어 형태) 음운적 요소 (단어 형태) 철자적 요소

그림 11.7 올포트(Allport, 1985)의 모형에서 개념은 이분법적(예 : 기능과 감각)으로 구분된다기보다 지식의 많은 다른 영역들에 걸쳐 분산되어 있다.

출처 : Reprinted from Allport, 1985. © 1985, with permission from Elsevier.

"The ranger saw the eagle in the sky."라는 문장을 보면, 실험 참가자는 뒤이어 나오는 매(eagle)의 그림을 보고 보다 빨리 매를 말할 수 있다(즉 점화되었다고 할 수 있다). 그런데 중요한 것은 그 매의 그림이 날개를 닫고 앉아 있는 경우보다, 날개를 활짝 펴서 날고 있는 그림일 때 더 빨라진다는 것이다(Zwann et al., 2002).

또 다른 극단에는 다소 약한 근거 인지(weakly ground) 이론으로 분류될 수 있는 이론이 있는데, 그들은 의미기억의 핵심 시스템은 범양태적이나, 양태 특징적인 표상들은 핵심 시스템으로부터 일종의 하위 부산물로서 활성화될 수 있다고 가정한다(Mahon & Caramazza, 2008). 따라서 앞의 예에서 '매'의 핵심 의미 표상은 그 모습의 지각적인 형상을 포함하지 않으나, 과제의 요구 특성에 따라 그러한 이미지가 발생될 수도 있다는 것이다(필연적인 것은 아니라는 것).

의미 표상이 추상적이라는 입장과 근거된 인지 이론의 중간에서 이 두 이론 모두에게 함의를 주는 모형도 있다. 허브-스포크 모형(hub-and-spoke model)[3]이 그러한 예이다 (Patterson et al., 2007). 이 모형은 의미 정보를 감각운동 처리에 관계된 다양한 영역들

핵심 용어

허브-스포크 모형 범양태적 개념(허브)과 감각 및 신체 운동 처리와 관련된 뇌 영역에 체화된 의미 속성들(스포크)을 모두 포함하는 의미기억 모형

---

3 역자 주 : 패터슨은 국제 공항에 빗대어 허브-스포크 모형을 설명하였는데, 허브(hub)는 여러 항로의 비행기들이 모이는 곳을 말하며, 스포크(spoke)는 허브에서 뻗어나가는 세부 항로를 말한다. 이 모형에서 허브는 범양태적 개념을 상징하고, 스포크는 허브에서 뻗어나가는 감각-운동 정보를 뜻한다.

그림 11.8 허브-스포크 모형은 범양태적 표상(전측두엽에 있는 것으로 가정되는 '허브')과 감각 및 신체 운동 처리와 관련된 뇌 영역에 체화된 의미 속성들('스포크')을 모두 포함하는 의미기억의 하이브리드 모형이다.

출처 : Adapted from Patterson et al., 2007.

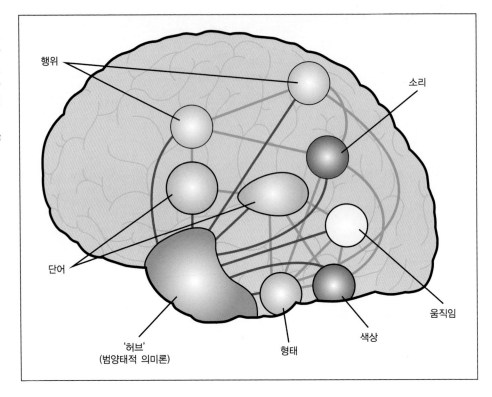

(스포크)에 저장하지만, 이 모든 스포크들은 중앙의 추상적인 의미 시스템(허브)에 연결되어 있다는 것이다. 이러한 다양한 모형은 다음에서 경험적 증거를 가지고 보다 면밀하게 논의될 것이다.

위계, 의미 속성, 그리고 범주

범양태적이든 혹은 완전히 근거주의적이든, 모든 의미기억 이론은 어떤 단어(그리고 사물 등)의 의미가 기초 의미 속성들의 집합으로 분해될 수 있다고 가정한다. 그리고 이러한 속성들은 그물망을 통해 서로 연결되어 있다고 가정한다. 예를 들어, '사자'라는 단어는 동물, 육식성 등의 속성과 연결되어 있으며, '동물'이라는 속성은 먹다, 숨쉬다, 새끼를 낳다 등과 연결되어 있고 '숨쉬다'라는 속성은 폐 등과 연결되어 있다는 것이다. 따라서 예를 들면, "기린은 신장(kidneys)을 가지고 있는가?"와 같은 질문에 대해 결코 단 한 번도 이러한 의미 명제를 만난 적이 없다고 해도 상당한 신뢰성을 가지고 답을 할 수 있을 것이다.

비록 모든 모형은 개념들이 구성 속성들의 집합으로 이루어져 있다고 제안하지만 다음의 질문에 대해 각각 다른 입장들을 취하고 있다.

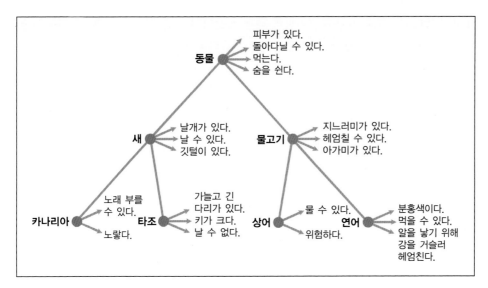

그림 11.9 콜린스와 퀸런(1969)의 모형. 의미 자질은 첫 번째로 접근되는 상위 계층 정보를 중심으로 위계적으로 조직화되어 있다. 이후 모형들은 지식이 상호 연결된 의미 자질들이 네트워크 형식으로 구성될 것이라는 생각을 포함하지만, 그것이 위계적으로 조직화되어 있다고 가정하지 않는다.

출처 : Reprinted from Collins & Quinlan, 1969. © 1969, with permission from Elsevier.

- 그 속성들은 무슨 형식을 취하고 있는가? 범양태적인가, 근거 기반인가?
- 그 속성들은 어떻게 조직화되어 있는가? 위계적인가, 그렇지 않은가?
- 범주 정보(예 : '동물'인가?)는 어떤 속성 수준의 정보(예 : '눈을 가지고 있음')에 부가되어 표상되어 있는가? 아니면 범주란 단순히 속성의 창발된 특성들인가?

구체적인 예를 들면, 콜린스와 퀸런(Collins & Quinlan, 1969)의 유력한 초창기 모형은 위계적인 조직을 가정하였다. 게다가 이 모형에서 속성들을 범양태적인 기호로 취급하였다. 따라서 연어의 속성이 '분홍색'이라는 것은 그 정보가 시각 기반 부호를 사용해서 저장되어 있다는 대안적인 주장과 달리, 색상에 대한 정보를 표상하는 것으로 해석하였다. 이 모형의 위계적인 본질을 지지하는 몇몇 증거가 있다. 사람들은 종달새를 새라고 분류하는 것을 동물이라고 분류하는 것보다 더 빨리 하는데, 이는 후자가 더 높은 상위 단계의 정보처리(추가적인 정보처리 시간을 요함)를 필요로 하기 때문이다. 하지만 이 모형에도 몇 가지 문제가 있다. 예를 들어, 모든 개념이 분명한 위계관계가 있는 것은 아니다[예 : 진실(truth), 정의(justice), 법(law)의 차이는?]. 둘째, 위계 사이의 거리에 관한 효과도 그 두 단어 혹은 개념이 얼마나 자주 함께 나타나느냐 정도에 의해 설명될 수 있다(Wilkins, 1971). 예를 들어, 종달새와 새는 종달새와 동물보다 함께 쓰이는 빈도가 높다.

이런 다른 종류의 상위 혹은 하위 정보들이 다른 신경 하위구조물에서 처리된다는 증거가 있다. 의미기억에서 중요한 역할을 하는 것으로 널리 알려진 외측 · 내측 측두엽은 언어 처리에서 '무엇' 경로를 형성한다(Hickok & Poeppel, 2004). 로저스 등(Rogers et al., 2006)은 정보의 구체성에 따라 외측 측두엽의 다른 부분들이 활성화되는 것을 관찰하였다. 외측 측두엽의 후측에서 전측으로 가면서 점진적으로 구체적이고 세밀한 정보가 표상된다고 할 수 있는데, 즉 덜 특징적인 정보(예 : 동물)는 전측, 중간 수준의 세밀한 정보(예 : 새)는 중간, 그리고 아주 구체적인 정보(예 : 종달새)는 후측에 배열되어 있다는 것이다. 이것은 어휘적인 의미론에 대한 어떤 연구들은 후측 측두엽을 강조하고(Hickok & Poeppel, 2004), 또 다른 연구들은 보다 전측 측두엽을 강조했는지(Mummery et al., 2000)를 설명할 수 있을 것이다. 즉 어떤 종류의 정보(상위 위계, 하위 위계)를 판단했느냐에 따라 둘 다 맞을 수 있다. 전측 측두엽에 손상을 입은 환자는 상위 범주화(예 : '동물', '새') 능력은 보전되어 있는 반면, 하위 범주나 특정 사례(예 : '개', '래브라도')를 처리하는 데 어려움을 보였다(Rogers & Patterson, 2007). 이것은 측두엽의 전측 영역이 보다 세밀한 의미 판단을 하는 경우에 활성화된다는 기능적 영상 연구의 증거와 일치한다(예 : Rogers et al., 2006).

콜린스와 퀸런(1969) 모형의 또 다른 특징은 범주 정보가 의미망에서 명시적으로 표상된다는 것이다[예 : '동물 마디(animal node)' 혹은 '물고기 마디(fish node)' 등]. 몇몇 현대 모형들 또한 적어도 몇몇 의미 범주는 명시적으로 표상된다는 관점을 지지하고 있다. 카라마짜와 셸턴(Caramazza & Shelton, 1998)은 진화적 입장에서 적어도 몇몇 범주들은 아주 강력하다는 주장을 내놓았다. 제안된 범주는 동물, 식물(예 : 과일과 채소), 동종물(다른 사람), 그리고 아마도 도구이다. 다른 대안은 범주를 창발적 특성으로 보는 관점인데, 이는 유사한 개념들이 유사한 속성을 가지는 경향을 근거로 한다. 예를 들어, 동물은 눈과 입과 가지고, 자기 스스로 움직일 수 있는 등 유사한 속성을 함께 가진다. 반면 사람이 만든 물체들은 그 모양과 기능에 있어 구분되는 관련성(예 : 날카로운 단면을 가지는 것과 자를 수 있는 기능)을 가지는 경향성이 있다. 사물과 동물의 의미 속성에 대한 컴퓨터 시뮬레이션은 균등한 네트워크(즉 다른 속성들이 거의 동일한 가중치를 가지면서 서로 연결됨)보다 다소 '울퉁불퉁'한 구조를 가진다. 즉 어떤 속성들은 서로 가깝게 모여 있지만, 네트워크상에 다른 속성들과 거의 모두 연결된 것은 아니다(Devlin et al., 1998; Tyler & Moss, 2001). 이것은 의미기억이 뇌에서 구현되는 방식에 대해 암시를 준다. 일반적으로 뇌에서의 연결은 가능한 먼 거리의 연결을 최소화하면서 국소적인 연결이 주축을 이루는 방식[소위 작은 세계 네트워크(small-world networks)]일 것이다(Sporns et al., 2004). 이렇게 되는 이유 중 하나는 좁은 두개골이라는 공간적 제약이 긴 연결들을 제한하기 때문일 것이다. 이 원리를 의미기억에 적용한다면, 서로 관련된 범주의 속성은 뇌 전역에 균등하게 분포되어 있다기보다 군집적으로 함께 모여 있을 것이라고 기대할 수 있다. 즉 '울퉁불퉁'한 구조는 연결성의 패턴일 뿐만 아니라 다른 종류의 의미 속성을 표상하기 위해 다른 뇌 영역이 특화된 것일 수 있다.

범주 특수성 : 생물-무생물 논쟁

이제 다른 종류의 의미 속성(그리고/혹은 범주)이 다른 뇌의 영역에 표상되어 있다는 증거를 고려해보자. 이를 위하여 뇌 손상 연구들(의미 결함의 선택적 패턴)과 기능적 영상 연구에서 온 증거들을 함께 고려할 것이다. 이 시점에서 '속성'과 '범주'의 차이를 명확히 할 필요가 있다. 일반적으로 속성이라는 용어는 어떤 본보기의 특성(예 : '초록색', '눈이 있음')을 말하며, 범주라는 용어는 본보기의 집합을 의미한다. 어느 정도 이러한 용어들 사이의 구분은 다소 모호한 측면이 있다. 예를 들어 색이라는 것을 고려해보자. 색은 일반적으로 하나의 의미 속성(예 : 과일, 채소 혹은 동물의 색)으로 간주되지만, 또한 색 자체가 하나의 범주로 간주되기도 한다.

감각 - 기능 구분

1980년대 초반에 출판된 2개의 논문이 의미 범주의 신경 조직에 대한 줄기찬 논쟁을 점화시켰다(개관을 위해 Capitani et al., 2003 참조). 워링턴과 매카시(Warrington & McCarthy, 1983)는 상대적으로 무생물 물체에 대한 지식은 손상된 반면, 동물, 음식, 그리고 꽃에 대한 지식은 보존하고 있는 뇌 손상 환자 사례를 기록했다. 그다음 해, 워링턴과 셸리스(Warrington & Shallice, 1984)는 정반대의 뇌 손상 환자 4명을 보고했다. 이들 환자들은 그림이나 단어들을 이해하는 데 장애가 있었고, 그림을 보고 이름을 대거나 그림과 단어를 짝짓는 과제도 제대로 수행할 수 없었다. 이러한 패턴을 설명하기 위해 워링턴과 셸리스(1984)는 감각-기능 구분(sensory-functional distinction)을 제안하였다. 그들은 특정 범주들이 특정 종류의 지식에 보다 많이 의존한다고 제안하였다. 동물, 과일, 그리고 채소는 주로 그것들의 감각적 특성(색, 모양, 네 다리 등)에 의해 정의되는 반면 무생물 물체들, 특히 도구들은 그것들의 기능에 의해 정의될 수 있다는 것이다.

이 이론의 원래 버전에서는 감각-기능 의미 특성들이 뇌의 지각 영역과 행위 영역에 의존할 것이라는 주장은 없었다(왜냐하면 의미 속성들이 범양태적이라고 가정했기 때문에). 그러나 다른 학자들은 이러한 주장을 뒤이어 내놓았다(예 : '감각운동' 이론; Martin & Chao, 2001). 기능적 영상 연구는 측두엽의 다른 영역들이 도구의 움직임과 인간의 움직임에 각각 선택적인 활성화를 보여주었고, 게다가 같은 영역들이 도구들과 동물의 이름을 명명하는 과정에도 관계하는 것을 보여주었다(Beauchamp et al., 2002). 이러한 결과들은 무척 흥미롭지만 사실 다른 방식으로도 설명이 가능하다. 예를 들어,

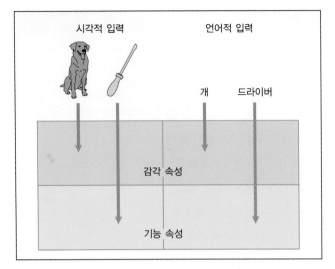

그림 11.10 의미기억은 동물, 도구, 음식 등과 같이 범주적으로 분포하기보다 기능 대 감각 세부 특질들에 따라 조직화되어 있을 것이라고 주장되어왔다.

출처 : Humphreys and Forde, 2001. ⓒ Cambridge University Press. Reproduced with permission.

감각운동 영역들은 핵심 개념 지식을 구성하는 어떤 영역에 의해 하향적으로 활성화되었을 가능성이 있고, 또는 범주 특수적인 효과는 인지 시스템 내부에서 다층적으로 나타날 수도 있다(예 : 양태 특징적인 물체 재인 단계와 범양태적인 개념 수준에서 모두 나타나는 것; Humphreys & Forde, 2001).

감각-기능 이론은 폭넓은 증거들에 의해 도전받았다. 생물 범주 특수적인 손상을 보인 뇌 손상 환자들은 동물과 사물의 기능적인 측면에 대한 질문들에 비해 감각적인 측면에 대한 질문에 필수적으로 손상을 보이는 것은 아니었다(Funnell & DeMornay Davies, 1996; Lambon Ralph et al., 1998). 반대로, 어떤 환자들은 감각 속성들을 이해하는 데 선택적으로 장애를 보이지만, 예측되는 범주 특수적인 손상을 보이지는 않았다(Coltheart et al., 1998). 이것은 감각에 대한 지식과 동물에 대한 지식이 독립적으로 손상될 수 있음을 암시한다. 이것은 의미기억이 동질적이지 않다(즉 '울퉁불퉁'하다)는 일반적인 생각을 지지하지만, 동물 범주가 감각적인 속성들에 대한 지식에 기인해서 출현한다는 구체적인 생각을 지지하지 않는다.

감각-기능 구분을 넘어서

뒤를 이은 모형들(예 : Martin, 2007; Patterson et al., 2007; Warrington & McCarthy, 1987)은 단어에 대한 의미기억이 많은 다른 영역의 지식(행동, 모양, 움직임 등에 기초하는)으로 분산되어 있다는 기본 가정을 유지하지만, 그러한 속성들이 이분법적으로 분리된다(예 : 감각-기능)는 언급을 회피하였다. 이를 지지하는 증거는 동물과 도구를 넘어서 다른 범주들에 대한 고려에서 나왔다.

음식

많은 연구들이 과일과 채소에 대한 이해의 손상(impairment)은 상대적으로 동물과 인공물에 남아 있는 이해와 해리될 수 있음을 보여왔다(Hart et al., 1985; Samson & Pillon, 2003). 삼손과 필론(2003)이 보고한 사례를 보면, 그 손상은 제조된 음식들까지 확장되었고, 모든 이해 과제들에서 발견되었으며, 다른 종류의 의미적인 특성들을 물어봤을 때도 발견되었다. 그 환자는 주어진 흑백 그림에 대해 정확한 색상을 선택할 수 있었는

데, 이는 감각 속성들에 대한 지식(적어도 색상에 대한 것)은 크게 손상이 없다는 것을 말해준다. 그들은 음식은 범주적으로 표상되어있다고 주장하면서 카라마짜와 셸턴(1998)의 주장을 뒷받침하였다.

색상

루자티와 다비도프(Luzzatti & Davidoff, 1994)는 색상의 이름을 말할 수 있으나, 흑백 그림(예 : 토마토 그림)을 보고 색상 정보를 인출할 수 없는 환자를 보고하였다. 그 환자가 실제 색상을 명명할 수 있다는 사실은 지각적인 문제나 색상 단어 그 자체를 잃어버렸을 가능성을 배제시킨다. 기능적 영상은 색상을 지각하는 것과 아는 것은 다르다는 주장을 지지한다(Chao & Martin, 1999). 다른 환자는 사물의 색상을 이해하는 데 문제가 있었으나 사물의 형태나 크기,

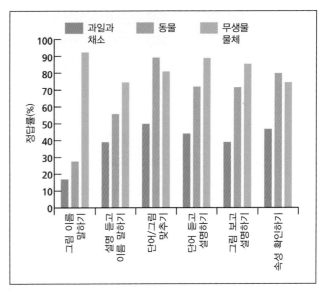

그림 11.11 RS라는 뇌 손상 환자는 광범위한 과제에서 다른 범주에 비해 특히 과일과 채소 범주에 문제가 있었다.

출처 : Samson and Pillon, 2003.

그리고 기능에 대한 지식은 보존된 상태였다(Miceli et al., 2001). 흥미롭게도 그 환자는 그 어떤 범주 특수적인 손상을 보이지 않았다(예 : 과일이나 채소 범주의 색상에만 문제가 있는 것은 아니었다). 따라서 특별한 지식 영역(예 : 색상)에 선택적인 어려움이 있을 수 있고, 그 자체가 어떤 범주의 효과임을 밝히는 것은 아니다.

신체 부위

어떤 환자들은 다른 생물 범주에 비해 신체 부위에 대한 지식을 상대적으로 보존하고 있었다(Shelton et al., 1998). 이와 반대로, 다른 환자들은 신체 부위들을 이해하는 데 문제가 있는 경우도 있었다. **신체실인증**(autotopagnosia) 환자들은 신체 부위를 그들 자신의 몸이나, 그림이나 혹은 다른 사람의 몸을 통해서도 어디에 위치하고 있는지 파악하지 못하며, 그들의 실수는 개념적인 것으로 보인다(Semenza, 1988; Semenza & Goodglass, 1985). 예를 들어, 그들은 무릎 대신에 팔꿈치를 가리키거나, 눈 대신에 귀를 가리킨다. 이 예에서 그 손상은 신체 부위에 대한 지식 중 특정 측면, 즉 그것들의 위치에 대한 지식에 관한 것이다. 이 문제는 단지 위치를 파악하는 능력 자체나 감각운동 손상 때문이 아니며(예 : 그들은 장갑이나 넥타이의 위치를 문제 없이 표시할 수 있음), 신체 범주에 대한 모든 지식의 손상도 아니다(예 : 그들은 입이 먹는 행위에 사용된다는 것을 알고 있으며, 신체 부위의 그림을 보고 명명할 수 있었음). 신체 부위의 경우에는

핵심 용어

신체실인증 자기 자신의 몸, 다른 사람의 몸, 또는 그림에 있는 신체 부위를 어디에 있다고 위치를 밝히지 못하는 장애

어떤 분리될 수 있는 범주로 작용하기보다는 다른 의미 속성이 다르게 표상되어 있는 것처럼 보인다(예 : 신체의 위치 대 기능).

행위 그리고 동사

행위 개념은 동사의 문법적인 범주와 상당히 가깝게 일치하는 경향이 있다. 논리적으로 한 단어로 부호화되지 않는 행위 개념을 가질 수 있는 것으로 보인다. 예를 들어, "주전자를 올려놓다."라는 행위 개념을 표상하는 한 단어는 없다. 게다가 동사들의 의미는 실행 방법(예 : 팔이 아닌 다리로 차다), 행위의 대상이 될 수 있는 물체의 종류(예 : 들어 올리는 행위는 어떤 물체가 있음을 암시하지만, 웃다는 그렇지 않다), 그리고 의도(intention)와 같은 다른 종류의 정보를 포함할 수 있다. 많은 동사들은 구체적인 행동을 지시하지도 않는다(예 : 공경하다, 생각하다). 그러므로 행위 개념은 의미기억을 구성하는 것으로, 동사들은 단어의 문법적 특성을 구성하는 것으로 생각하는 것이 도움이 된다. 경험적 증거는 동사/행동의 문법적 특성과 개념적 특성의 구분을 대부분 지지한다(Druks, 2002; Shapiro & Caramazza, 2003). 그러나 다른 학자들은 명사와 동사의 차이를 오직 의미적인 차이로 설명하고자 하였다. 버드 등(Bird et al, 2000)은 "왜 동사는 무생물 물체와 같은가?"라는 질문을 던졌다. 이 그룹의 학자들에 따르면 그 해답은 동사들과 도구들은 모두 감각-기능 구분에서 기능적 측면을 강조하기 때문이라고 주장한다. 이 주장을 지지하는 뇌 손상 연구들은 좌측 두정-전두 영역이 행위와 도구의 이해 과정 모두에 관련된다는 것을 보여주었다(Tranel et al., 2003). 게다가 사건 관련 기능적 자기공명영상은 '핥다', '집다', 그리고 '차다'와 같은 동사들이 운동피질에 있어 입, 손가락, 다리에 해당하는 영역과 겹치거나 그 근처의 영역들을 활성화시키는 것을 보여주었다(Hauk et al., 2004). 그러나 명사/동사 구분과 비교해 행위 개념들을 직접적으로 비교한 연구들은 영향력이 독립적임을 보여주었다. 단어의 속성(추상적인 속성, 매우 시각적인 속성, 그리고 시각과 운동 속성을 함께 가진 속성)과 문법적 범주(명사, 동

그림 11.12 어떤 실어증 환자들은 그림으로 묘사된 행위를 보고 동사를 말하는 것에 장애가 있다.

출처 : Druks and Masterson, 2000.

사)를 대조한 ERP 연구는 상호작용 없이 독립된 주 효과들을 발견하였다(Kellenbach et al., 2002). 경두개자기자극술(TMS) 연구는 행위들과 연합된 명사와 동사의 인출이 운동피질의 자극으로 인해 방해받지만, 행위와 관련 없는 단어들은 그렇지 않았다(Oliveri et al., 2004). 요약하자면 행위 개념들은 상대적으로 특화된 범주로 나타나며, 이것은 명사와 동사의 차이와 곧바로 일치되는 것은 아니다.

핵심 용어

고유명사 명칭실어증 고유명사를 인출하는 데 심각한 결함을 보이는 증세

고유명사

'마이클 잭슨', '파리', 그리고 '라씨'와 같은 고유명사는 특정 사례를 표시하는 반면, 이에 각각 해당하는 '대중가요 스타', '도시', 그리고 '개'와 같은 보통 명사들은 실체들의 집단을 가리킨다. 다른 범주들과 마찬가지로 어떤 범주 특성의 손상이 단어 인출이나 문법적인 메커니즘의 손상이라기보다 개념적 시스템의 손상을 반영하는 것인지를 분명히 하는 것이 중요하다. 어떤 환자들은 고유명사를 인출하는 데 심각한 어려움이 있다[고유명사 명칭실어증(proper name anomia)이라 불림]. 하지만 그들은 그것이 지칭하는 대상을 이해할 수 있기에 문제는 의미체계에 있는 것이 아니라는 것을 암시한다(Semenza & Zettin, 1988). 그러나 그 결함이 의미체계와 관련된 것이라는 다른 경우도 보고되었다(Bredart et al., 1997). 엘리스 등(Ellis et al., 1989)은 좌측 측두엽을 절개한 후, 유명인사나 유명한 동물, 유명한 건물, 그리고 상표 이름과 같은 '단일 물체'를 이해하거나 명명할 수 없는 환자의 사례를 보고하였다. 동물 혹은 다른 범주들 그 자체에는 어려움이 없었다. 그 반대의 해리도 보고되었다(Van Lancker, & Klein, 1990). 그렇다면 고유명사는 의미 시스템에서 범주적으로 표상되어 있는 것일까? 이 설명은 너무 간단하게 보이는데, 왜냐하면 고유명사 범주 내에서도 해리가 보고되었기 때문이다. 어떤 사례에서는 사람들에 대한 지식은 손상되었는데, 장소에 대한 것은 손상되지 않았고 (Miceli et al., 2000), 그 반대 효과를 보이는 경우도 있었다(Lyons et al., 2002).

숫자

숫자의 개념적 표상은 제12장에서 다루어진다. 그러나 현재 논의의 맥락에서 숫자와 다른 개념들 간에 이중 해리 현상, 즉 숫자 개념들은 보존된 반면 다른 개념들은 손상되거나(Cappelletti et al., 2002), 반대로 숫자 개념은 손상되었지만 다른 개념들은 보존된 사례(Cipolotti et al., 1991)가 있다는 것은 흥미로운 점이다. 수에 대한 지식 표상은 실제적인 범주적 구분이라고 종종 주장된다(Dehaene et al., 2003).

	그림	(몇 초 후) 따라 그린 그림

항목	1991년 9월	1992년 3월	1992년 9월	1993년 3월
새	-	-	-	동물
닭	-	-	새	동물
오리	-	새	새	개
백조	-	새	새	동물
독수리	오리	새	새	말
타조	백조	새	고양이	동물
공작	오리	새	고양이	탈것
펭귄	오리	새	고양이	동물의부분
수탉	닭	닭	새	개

그림 11.13 (위) 의미기억 상실형 치매 환자들에게 왼쪽 그림을 보여주고 몇 초가 지난 후에 따라 그릴 것을 요구하면, 그들은 각 동물 범주의 전형적인 특성(예 : 4개의 다리와 꼬리)은 잘 재현해내지만, 특별한 사례의 비전형적인 특징은 종종 빠뜨린다(예 : 낙타의 혹, 물갈퀴). (아래) 의미기억 상실형 치매가 진행될수록 동물들의 이름을 붙일 때 점차 대표적인 범주의 이름을 사용하는 경향이 있다.

출처 : Patterson et al., 2007.

범양태적 허브 손상으로서의 의미기억 상실형 치매?

앞에 제시된 많은 증거들은 특화된 클러스터들의 분산된 네트워크로서의 의미기억이라는 일반적 견해를 지지한다. 한 개관 논문은 그것을 다음과 같이 표현했다. "의미기억의 신경해부학적 위치에 대한 탐색은 우리를 어디에도 데려가지 못했고, 동시에 모든 곳으로 이끌었다"(Thompson-Schill, 2003). 그러나 의미기억 상실형 치매, 즉 다른 인지적인 기능들은 보존되면서 거의 모든 지식 영역에 걸쳐 의미기억만 선택적으로 손상되는 신경퇴행질환이 있다. 이것은 거의 모든 의미 범주나 자질(물론 환자들에 따라 조금씩 다르긴 하지만)에 걸쳐 영향을 미치는 경향이 있다. 이전 장들에서 언급한 대로, 이것은 측두극(temporal poles)의 퇴화와 연결된다(Mummery et al., 2000). 이것은 의미기억의 저장에 특별히 중요한 뇌의 영역이 있다는 것을 의미한다. 물론 다른 많은 영역들도 어떤 역할들을 하지만 말이다.

패터슨 등(Patterson et al., 2007)은 의미기억 상실형 치매를 다른 의미 자질('스포크'라 지칭)을 함께 묶는 역할을 하는 범양태적 의미 저장소('허브'라고 지칭)의 손상으로 설명하였다. 그런데 도대체 왜 범양태적 허브가 필요한가? 이 모형에 따르면 허브는 예외적인 사례(예 : 팽귄, 타조)를 범주화할 수 있고, 표면적으로 다른 개체들을 한 집단으로 묶는 역할을 할 수 있다(예 : 새우와 조개관자를 해산물로 묶음). 의미기억 상실형 치매가 있는 환자들은 예들이 전형적일 때는 상대적으로 정확하게 그림들을 범주화할 수 있지만(예 : 개를 동물로), 비전형적인 예들을 범주화하기 힘들어한다(예 : 타조를 새로; Patterson, 2007). 의미 속성들을 선택하라고 요구할 때 범주 전형적인 답을 선택하는 편향을 보인다. 예를 들면, 그들을 당근의 색깔을, 많은 채소들의 색깔인 '녹색'으로 선택한다(Rogers et al., 2007). 간단히 말해 의미기억 상실형 치매가 있는 환자들은 속성들의 확률에 근거하여 범주 구분을 할 수 있지만, 학습한 분류체계나 예외 규칙을 포괄하는 상식에 기초하여 범주 구분을 할 수 없다. 이는 아마도 후자를 가능하게 하는 특별한 기제의 존재를 암시하며, 그것은 내측 측두엽의 구조들(학습과 기억에 관계된)과 그 근처의 측두극(의미기억 상실형 치매에 손상된)과의 상호작용에 의존할 것이다.

평가

지금까지 의미기억에 관한 여러 가지 모형이 소개되었다. 이제 그 모형들을 직접적으로 비교하고 증거들로 다시 연결시켜보자. 첫 번째 이슈는 다른 의미 속성들이 해부학적으로 함께 집적되는 경향이 있는지, 그리고 의미 범주에 대한 지식(예 : 동물)이 다른 것들보다 어떤 확실한 속성의 통합에 의존하는지와 관련이 있다. 두 번째 이슈는 범주적 표상의 속성과 관계된다. 그것들은 범양태적인가? 아니면 감각, 운동 그리고 감정 처리에 토대를 두고 있는가?

첫 번째 이슈에 대해서 뇌 손상에 의해 손상된 의미기억 환자들에서 온 증거들은 신체 부위나 물체의 색상들과 같이 상당히 특화된 지식 영역이 손상될 수 있음을 제시한다. 동물, 음식, 그리고 행위 단어와 같은 범주들도 선택적으로 손상 가능하다. 기능적 영상과 일반인을 대상으로 한 TMS 연구로부터 온 증거들은 다른 종류의 의미 속성들이 다른 해부학적 영역을 가진다는 관점을 지지한다. 의미기억에 대한 몇몇 모형은 의미 범주가 그것이 의존하는 의미 속성의 종류로부터 파생된다고 가정한다. 가장 유력한 모형은 감각-기능을 구분한 모형이다(Farah & McClelland, 1991; Warrington & Shallice, 1984). 그러나 경험적 증거들은 의미 속성들과 범주가 각각 따로 손상될 수 있다고 제안하고 있다. 이것은 범주들이 상관된 의미 속성들에 완전히 의존한다는 관점을 지지하지 않는다. 만약 의미 속성들로부터 출현되는 특징들이 범주를 구성하지 않는다면, 의미 범주는 뇌에서 어떻게 표상되는 것인가? 한 가지 제안은 어떤 범주들은 태생적으로 존재한다는 것이다(Caramazza & Shelton, 1998). 또 다른 제안은 허브-스포크 모형 (Patterson et al., 2007)에서 나온 것으로, 범주 구조들은 학습되나 어떤 분리된 시스템 (즉 허브)에 속하면서 내용 기반 속성(스포크 끝에 있는)을 표상한다.

마지막으로 두 번째 핵심 이슈는 의미 속성들이 범양태적인가, 아니면 아니면 감각, 운동 그리고 감정 처리에 토대를 두고 있는가 하는 것이다. 아마도 기능적 영상 연구법은 지난 20년에 걸쳐 지적 지형을 바꿔놓았으므로, 신경심리학적 연구들로부터 최초 파생된 이전 모형들은 이제 이 새로운 발견을 포괄할 수 있어야 할 것이다. 특히 전통적으로 지각과 행위에 중요하다고 분류되어 온 뇌 영역들이 의미기억의 어떤 측면들을 설명하는 것으로 보인다. 예전에 완전히 범양태적 의미체계를 주창해 온 연구자들(Caramazza et al., 2008)은 이제 이러한 발견들을 수용하고 있다(Mahon &

19세기 말 모형과 실어증에 대한 회고

폴 브로카(1861)는 특별한 인지 기능이 뇌에 국지화될 수 있다는 최초의 과학적 증거를 제공했다는 점에서 공로를 인정받는다. 비록 이러한 생각은 이전부터 존재했었지만 말이다(예 : 이전의 골상학 연구). 그의 환자인 레보른은 말을 산출하는 능력을 잃어버렸고, 그의 발화는 "tan, tan, tan…"이라는 무의미한 발음으로만 구성되었다. 브로카는 뇌에 언어 센터가 있다고 결론지었다.

베르니케(1874)는 말은 유창하게 할 수 있지만 말을 이해하는 데 어려움이 있는, 다른 종류의 실어증 환자를 문서화하였다. 그는 단어들의 발화 형태를 '청각적 이미지'와 '운동 이미지'로 각각 분리된 입력과 출력 센터로 분리하였다.

청각적 이미지의 손상은 말 지각 과정을 손상시킬 것으로 추정되었고, 이는 **베르니케실어증**(Wernicke's aphasia)과 연결되었다. 운동 이미지의 손상은 말 산출 과정을 손상시킬 것으로 추정되었고, 이는 **브로카실어증**(Broca's aphasia)과 연결되었다. 전통적인 19세기 연구들로부터 도출된 가장 영향력 있는 말과 실어증 모형은 리히트하임(Lichtheim, 1885)의 모형이다. 그의 기본적 생각은 다양한 형태로 적어도 100여 년 동안 지속되었다(Goodglass & Kaplan, 1972). 리히트하임은 베르니케의 청각과 운동 센터의 구분을 유지하였고, 그것들이 두 가지 직접적인 경로와 개념 센터(의미기억과 일치함)를 경유하는 간접적인 경로에 의해 연결된다고 주장하였다. 이렇게 분리된 경로들은, 어떤 이해력은 충분하나 말하기에 장애가 있는 실어증 환자들에 대한 리히트하임의 관찰에 기초한 것이었다.

어떤 측면에서 리히트하임 모형은 여전히 현대에도 반향을 일으키고 있다. 예를 들어, 서로 분리된 말의 입력어휘집과 산출어휘집 개념은 여전히 많은 모형들 안에 포함되어 있으며(Shallice, 1988), 의미적 경로와 반복을 위한 청각-구두 경로도 상정하고 있다(Butterworth & Warrington, 1995). 리히트하임 모형에 대한 가장 큰 도전은 브로카실어증과 베르니케실어증이 각각 선택적인 산출장애와 입력장애로 잘 구분되지 않고, 브로카실어증 환자들도 말 산출뿐만 아니라 이해에도 문제가 있다는 발견이었다

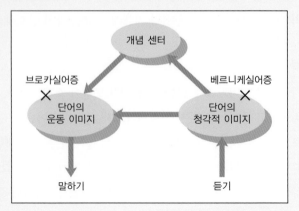

그림 11.14 베르니케 영역과 브로카 영역을 직간접적 경로들을 통해 연결한 말과 실어증에 대한 리히트하임의 모형

(Caramazza & Zurif, 1976). 이와 반대로 베르니케실어증 환자들은 입력뿐만 아니라 산출에도 어려움이 있다. 그들은 인위적으로 만든 단어들 또는 신조어들을 산출하는 경향성이 있다. "A bun, bun(BULL) … a buk(Bull) is cherching(CHASING) a boy or skert(SCOUT)…"(Ellis et al., 1983). 사실상 어떤 이들은 이러한 구분이 현대에는 더 이상 의미가 없는 증후군이라고 주장해오고 있다(Badecker & Caramazza, 1985). 더 나아가 브로카 영역과 베르니케 영역이라 불리는 뇌 부위들과 관련된 기능은 이보다 훨씬 다양하며, 실어증의 하위 분류로 기대되는 기능과 항상 일치되는 것도 아니다. 조음장애는 브로카 영역의 손상과 연결되지 않고(Dronkers, 1996), 이는 브로카 영역이 말의 운동 저장소가 아님을 제안한다. 베르니케 영역은 말소리뿐만 아니라 비언어적인 지각과도 관련이 있는 많은 기능적 영역들로 이루어져 있으며(Wise et al., 2001), 언어 이해와 관련된 영역은 청각/음운 분석에 사용되는 영역과 분리된다(Robson et al., 2012).

Caramazza, 2008). 그러나 이러한 발견들을 수용하는 것이 필수적으로 의미 개념들의 범양태적 저장소라는 생각을 포기해야 하는 것은 아니다. 마혼과 카라마짜(2008)는 범양태적 시스템이 의미기억의 핵심에 있다는 생각을 유지한다. 하지만 이 핵심 시스템에서부터 지각과 행위에 관련된 영역으로 정보들이 (아마도 양방향적으로) 확산된다고 주장하였다. 이 확산된 활성화는 개념적 처리를 더욱 풍부하게 하는 '옷을 입히는' 과정을 제공할 수 있다. 그러나 그들은 범양태적 시스템이 표면적인 세밀함 속에 존재하는 많

은 다양성을 직면하는 과정에 개념의 불변성을 유지하는 데 필요하다고 주장한다. 예를 들어, '개'라는 단어/개념은 치와와부터 로디지안리지백까지 다양한 예로부터 나타날 것이다. 정반대의 관점은 의미 개념은 고정된 것이 아니라 현존하는 정보로부터 그 시점에 역동적으로 구성된다는 관점으로, 온전히 지각, 운동, 신체의 과정들로부터 구성되나, 그 구성 개념들에 대한 이전 경험 속에서 구체화된다(Barsalou, 2008). 이러한 관점에서 분리되어 존재하는 범양태적 의미 시스템은 불필요한 것이다. 그러나 이렇게 완전히 근거된 의미론 관점은 의미기억 상실형 치매라는 신경심리학적 증거로부터 도전을 받는다(Patterson et al., 2007). 상대적으로 구분된 뇌 영역(측두극)의 손상은 거의 모든 종류의 의미 개념을 손상시킬 수 있다는 점은 의미기억이 완전히 뇌 전역에 분산된 지각, 운동, 정서 정보의 네트워크에 의존한다는 제안과 잘 맞아떨어지지 않는다. 허브-스포크 모형은 범양태적 의미 허브와 (근거된) 의미 속성의 분산된 네트워크를 함께 가정하므로 상반된 두 입장을 절충시키는 대안이 될 수 있다(Patterson, 2007). 이것은 모든 범위의 경험적 자료들을 모두 설명할 수 있는 좋은 입장이지만, 다른 입장들에 비해 덜 경제적이다.

문장 이해와 산출

전반부에서 단어들은 의미에 관한 정보(의미론)를 전달할 뿐만 아니라, 문법적인 역할(명사, 동사 등과 같은 문법적 분류)에 관한 정보도 전달한다는 점을 이미 소개하였다. 단어들의 문법적 요소는 문장 속에서 단어의 구조나 순서, 즉 구문(syntax)을 결정한다. 이것은 청자로 하여금 누가 무엇을 누구에게 하는지를 파악할 수 있게 한다. 다음의 세 문장을 고려해보자. 문장 A와 B는 다른 의미를 가지지만 같은 구문이며, 문장 A와 C는 같은 의미이지만 다른 구문이다.

A : The boy hit the girl.
B : The girl hit the boy.
C : The girl was hit by the boy.

일반적으로 경험적 증거들은 문장의 의미를 처리하는 과정이 단어들의 의미를 처리하는 데 사용되는 신경 자원을 동일하게 사용할 것이라고 제안한다(Friderici, 2012). 그러나 문장의 구문을 처리하는 것은 (적어도 일부분은) 의미 처리와 분리되며, 작업기억과 같은 일반적인 자원을 사용하는 것과도 분리되는 과정이라는 주장을 뒷받침하는 보다 강력한 증거들이 있다. 이 증거들을 다음 단락에서 고려해보자.

그림 11.15 실어증 환자들의 문장 산출 능력은 '과자 도둑질'과 같은 복잡한 그림을 보여주고 장면을 기술해보라는 과제를 통해 평가된다.

출처 : Goodglass and Kaplan, 1972.

문장 처리에 있어 브로카 영역의 역할

논쟁을 일으킨 한 가지 주장은 문장 이해와 산출에 모두 관련된 구문 처리기가 존재한다는 것과 이것이 브로카실어증 증후군(브로카 영역의 손상)과 연합된다는 것이다. 브로카실어증은 '문법의 손실'을 의미하는 **실문법증**(agrammatism)으로 불린다. 전형적인 증상은 기능어(예 : of, at, the, and), 결합형태소(예 : -ing, -s), 그리고 때때로 동사들이 생략된 채 멈칫멈칫하는 '전보식(telegraphic)' 발화이다. 예를 들어, 주어진 '과자 도둑질' 장면(그림 11.15)을 기술할 때 한 환자는 "cookie jar … fall over … chair … water … empty …."와 같이 말하였다(Goodglass & Kaplan, 1983). 브로카실어증에 대한 19세기의 일반적인 관점은 발화 운동 형태의 손상이라는 것이었다. 이것은 관찰된 실문법적 특성을 설명하기 어렵다. 게다가 추후 연구들은 조음 결함은 다른 부위의 손상에 의해서도 야기됨을 보였고(Dronkers, 1996), 브로카 자신의 사례들조차 보다 손상 부위가 광범위했음을 고려할 때, 그들은 보다 다양한 결함을 가졌을 가능성이 있다(Marie, 1906).

브로카실어증 환자들이 언어 산출에 비해 언어 이해는 괜찮다는 19세기 관점은 1970년대까지 지속되었다. 하지만 "The bicycle that the boy is holding is broken."과 같이 겉으로 복잡하게 보이는 많은 문장들은 최소한의 통사적 지식과 내용어들만 있어도 이해될 수 있다(bicycle … boy … hold … broke). 그러나 구문 이해가 필수적인 문장이 주어졌을 때 이 환자들의 장애는 분명하게 나타났다. 예를 들어, "The boy is eating the ice-cream."이라는 문장은 아이스크림이 소년을 먹을 수 없다는 사실이 의미적으로 이미 배제되지만, "The boy is chasing the girl."과 같은 문장은 구성하는 단어들의 의미만으로는 분명하게 해석되기 어렵다(소년, 소녀 모두 누군가를 쫓아갈 수 있으므로). 카라마짜와 주리프(Caramazza & Zurif, 1976)는 브로카실어증 환자들이 후자의 문장 형식에 손상이 있음을 보여주었다.

앞서 언급한 일련의 증거들은 방법론적으로 그리고 이론적으로 몇 가지 중요한 문제가 있다. 1970~1980년대 적절한 영상 기술의 부족으로 브로카실어증의 진단은 브로카 영역의 손상에 기초해서 내리기보다 증상들의 체크리스트(예 : 실문법적 발화)를 통해 이루어졌다. 이 때문에 보다 지저분한 그림이 만들어졌다. 첫째, 이것은 실문법적 증상이 반드시 그 영역의 손상으로부터 나타난다는 잘못된 가정을 이끌었다. 어떤 연구들은

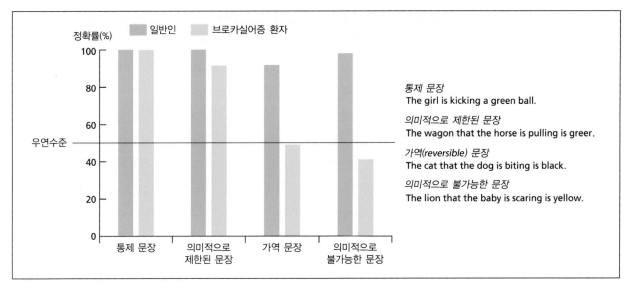

정확률(%)

일반인 □ 브로카실어증 환자

통제 문장
The girl is kicking a green ball.

의미적으로 제한된 문장
The wagon that the horse is pulling is greer.

가역(reversible) 문장
The cat that the dog is biting is black.

의미적으로 불가능한 문장
The lion that the baby is scaring is yellow.

우연수준

통제 문장 / 의미적으로 제한된 문장 / 가역 문장 / 의미적으로 불가능한 문장

그림 11.16 브로카실어증 환자 그룹 연구에서 카라마짜와 쥬리프(1976, 자료는 그림 3에서 인용)는 실험 참가자들이 그림-문장 맞추기 과제에서 동사의 주어와 목적어가 의미보다 통사에 의해 결정될 때 문장을 이해하는 데 특별한 문제가 있음을 발견했다.

브로카 영역의 부분들이 문장 이해에 중요하다는 결론을 지지했지만(Tyler et al., 2011), 문법에 중요한 뇌 영역은 이 부분만이 아니다. 측두엽 손상도 적어도 브로카 영역만큼 문장 이해에 중요한 것으로 나타났다(Dronkers et al., 2004). 이 영역에 손상이 있는 환자들은 단일 단어 이해에는 어려움이 없더라도 광범위한 문장 이해에 어려움이 있었다. 사실상 그들은 체크리스트에 기초한 브로카실어증의 진단 기준을 종종 충족시킨다. 따라서 문장 처리가 다른 영역들에 의해 수행되는 다른 기제들에 의해 구성된다는 핵심적인 사실이 초창기 연구에서는 빠져 있었던 것이다.

브로카 영역에 대한 현재 관점은 이 영역이 다양한 기능을 하며, 적어도 기능적으로 2개의 하위 부분 영역으로 나누어진다는 것이다. 뒷부분은 BA44(BA6 전운동피질까지 연장)를 구성하며, 앞부분은 BA45 (BA47까지 연장)를 구성한다.

BA44는 위계적 구조 처리와 일반적인 행동의 순서를 정하는 과정과 관련된다(Friederici, 2011, 2012; Newman et al., 2003). 이것은 문장에서 단어들의 구문 구조를 포함한다(꼭 이것에만 제한적인 것은 아니지만). 또한 이것은 음성 지각의 청각-운동 배측 경로와 연결되어 상위 수준의 말소리 운동 계획과 관

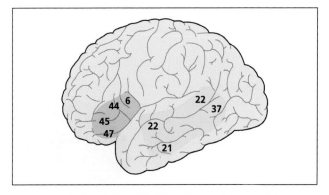

그림 11.17 문장 처리에 중요한 뇌 영역들. 브로카 영역은 전통적으로 브로드만 44, 45영역에 해당한다.

출처 : Reprinted from Friederici (2002). © 2002, with permission from Elsevier.

련되며(Hickok & Poeppel, 2004), 혹은 발화나 다른 몸짓의 거울 뉴런 시스템과도 관련이 있을 수도 있다(Rizzolatti & Arbib, 1998). 이것은 지금까지 발화를 위한 실질적인 운동 프로그램을 포함하지 않는 상위 수준으로 고려된다(브로카의 원래 제안). 물론 말소리의 운동 산출도 위계적인 의존성(음소, 음절, 어구 수준의 운율)이 있으므로, 문장 처리(이를 위한 처리 단위는 명사, 동사, 전치사와 같은 문법 범주)와 마찬가지로 유사한 계산 과정이 있을 수 있다. 구문 그 자체와 관련하여 프리데리치 등(2006b)은 구문 구조의 복잡성이 증가함에 따라 BA44 영역의 활동이 증가하는 것을 발견했다. 이때 구문 구조의 복잡성은 독일어에서 단어들의 순서가 전형적인 순서 혹은 비전형적인 순서이냐에 따라 조작되었다. 그들은 또 다른 연구에서 실제 단어들과 문법을 사용하지 않고, 의미 없는 음절과 인공적인 구문 구조를 사용한 인공적인 문법을 구성하였다 (Friederici et al., 2006a). 즉 문법적 범주(명사, 동사와 같은)를 사용하는 대신, 임의적인 범주들을 새로 만들고(예 : A 범주는 'i'를 포함하는 모음, B 범주는 'u'를 포함하는 모음), A와 B가 나타날 수 있는 순서와 관계하여 새로운 문법적 규칙(위계적 복잡성이란 관점에서 다른)을 사용했다. 문법적인 순서에 노출될 이후(학습 단계), 어떤 순서가 문법적인지, 비문법적인지를 판단하도록 했다(시험 단계). 시험 단계에서 문법적 판단은 BA44 영역의 활성화를 이끌었고, 문법적 복잡성에 따라 그 활동량은 달라졌다. 이 영역의 작동 방식에 대한 한 가지 분명한 제안은 이 영역이 어떤 종류의 단어가 올 것이라는 예측(예 : 동사가 올 것인지, 명사가 올 것인지)에 대한 신호를 뇌의 다른 영역들(문장의 경우 측두엽)에게로 보낼 뿐만 아니라, 그 예측이 맞아 떨어졌는지를 확인하는 작업을 할 것이라는 점이다(Friederici, 2012).

브로카 영역의 앞부분(BA45와 BA47까지 포함)은 종종 다소 다른 기능을 가지고 있다고 고려된다. 작업기억과 관련되거나 의미기억을 통제하는 기능들과 관련이 있다. 이러한 기능은 문장 처리에 분명히 중요하지만, 문법과 직접적인 관련이 있는 것은 아니다.

그림 11.18 실제 단어들로 구성된 문장 처리는 그 문장의 구문 복잡성이 증가할수록 브로카 영역의 활동이 증가되는 것을 보여준다.

출처 : Adapted from Friederici et al., 2006b.

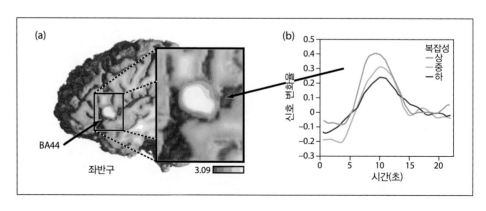

한 fMRI 연구에서 어떤 단어들의 문법적 범주를 판단하는 것은 BA44를 활성화시키지만, 그 단어들의 구체성(하나의 의미 특성)을 판단하는 것은 보다 앞쪽인 BA45 영역을 활성화시켰다(Friederici et al., 2000). 브로카 영역에 경두개자기자극술(TMS)을 적용하면 의미 처리(동의어 판단 과제)와 음운 처리(동음어 판단)의 이중 해리를 만들 수 있는데, 앞쪽 영역을 자극하면 의미 판단이 어려워진다(Gough et al., 2005).

구문은 의미와 독립적인가

뇌 손상 환자 연구로부터 나온 증거들은 구문과 의미 사이에 어떤 구분이 있음을 보여준다. 의미기억 상실형 치매 환자들은 개별 단어들의 의미를 점차 잊어버리지만, 내용이 좀 부실하더라도 여전히 문장을 문법적으로 정확하게 생성할 수 있다(예 : "I've been worried to death thinking, trying, I am going to try and think with you today … I think of things, I can't often say … er … say what to say."; Hodges et al., 1994). 의미기억 상실형 치매 환자에 대한 문장 이해 검사 결과, 그들은 어떤 문장이 그들이 이해할 수 없는 단어들을 포함하더라도 그 문장이 문법적으로 맞거나 틀리는지를 결정할 수 있었다(예 : 다음 문장이 문법적인가? "Are the boys fix the radio?"; Rochon et al., 2004). 그러나 문법의 어떤 측면들은 특정 단어의 의미의 위상에 의존적이다. 예를 들어, 어떤 단어가 문법적으로 단수이나 개념적으로 복수일 경우(예 : "the label on the bottles."는 1개 이상의 라벨을 지칭한다; Rochon et al., 2004).

일반적인 문장 이해 과정에서 단어들에게 문법적 구조를 할당하는 과정을 **구문 분석**(parsing)이라고 한다. 핵심적인 논의 중 하나는 구문 분석이 단어들의 문법적 요소들에 의해 완전히 이루어지는가(소위 구조 주도 구문 분석; Frazier & Rayner, 1982), 혹은 부가적으로 단어들의 의미적 요소에 의해 영향을 받는가(소위 담화 주도 구문 분석; MacDonald et al., 1994) 하는 것이다. 문장 구조의 단일 초기 계산을 지지하는 증거는 **오류유도 문장**(garden-path sentence)—문장의 앞부분이 잘못된 문법적 해석을 유도하는 문장—에서 왔다. 베버(Bever, 1970)가 만든 전통적인 오류유도 문장의 예는 다음과 같다.

The horse raced past the barn fell. (외양간을 지나던 말은 쓰러졌다.)

이 예에서 만약 이 문장을 "The horse {THAT} raced past the barn {WAS THE ONE THAT} fell."처럼 해석하지 않는다면, 'fell'이라는 단어는 갑작스럽게 느껴진다. 어떤 중의성이 있을 수 있다는 사실(여기서는 'raced'가 문장의 주동사가 아니라 주어를 뒤에서 꾸미는 분사가 된다)은 사용 가능한 모든 문장 형식이 고려되는 것이 아니라는 것을 제안한다(구조 주도 구문 분석과 일치). 그러나 어떤 예에서는 의미가 문장을 분석하는 방식에 영향을 주는 것처럼 보인다(담화 주도 구문 분석과 일치). 예를 들어, 합치되는 맥락 정보가 중의적인 문장 전에 제시된다면 때때로 구문 분석이 오도되는 것을 피할 수 있다(Altmann et al., 1994). 다음 문장을 고려해보자.

The fireman told the man that he had risked his life for to install a smoke detector. (소방관은 화재연기 탐지기를 설치하기 위해 자신의 목숨을 걸었다고 그 남자에게 말했다.)[4]

이 문장은 다음과 같은 맥락이 제시된다면 잘못된 해석으로 빠질 가능성이 줄어든다 (Altmann et al., 1994).

A fireman braved a dangerous fire in a hotel. He rescued one of the guests at great danger to himself. A crowd of men gathered around him. The fireman told the man that he had risked his life for to install a smoke detector. (소방관은 한 호텔의 위험한 화재 현장에서 용감했다. 그는 혼자 위험에 빠진 투숙객 한 사람을 구했다. 군중들이 그의 주변으로 모여들었다. 소방관은 자기 목숨을 걸어서 구한 그 남자에게 화재연기 탐지기를 설치하라고 말했다.)

균형을 잡자면 결국 문장 구조를 구성하는 것은 어느 정도 통사적인 요인과 맥락적인 요인 모두에게 의존하는 것으로 보인다. 어떤 연구자들은 이런 증거들을 통사적 처리와 의미적 처리가 완전히 섞여서 일어난다는 주장을 뒷받침하기 위해 사용했다(McClelland et al., 1989). 그러나 뇌 손상 환자 연구(앞에 언급된)나 뇌 영상/ERP 연구 방법을 사용한 연구들은 그런 강한 해석에 반론을 제기하였다. 분명 통사와 어휘-의미론의 어떤 측면들은 서로 분리될 수 있는 것으로 보인다.

오류유도 문장에서 예기치 않은 단어와 같은 문법적 이상과 완전히 비문법적인 문장과 관련된 ERP가 있다(Gouvea et al., 2010). 이것은 P600이라 불리는데, 그 이유는 단어가 제시되고 나서 약 600ms 전후로 나타나는 정적인 파형이기 때문이다. 이것은 앞서 소개한 N400—의미적인 이상과 관련이 있는(문장 맥락 여부와 상관없이)—과 대비된다. 일반적으로 N400과 P600의 구분은 구문과 의미가 분리될 수 있다는 생각을 지지한다. P600은 두 문장이 모두 의미론적으로 무의미함에도 불구하고, 문법적인 문장에 비해 비문법적인 문장을 비교하면 나타난다(Hagoort & Brown, 1994). 예를 들면 다음과 같다. "The boiled watering can *smokes* the telephone in the cat."(문법적) 대 "The boiled

---

4 역자 주 : 맥락 없이 이 문장을 해석할 때 that 이하를 하나의 절로 해석하면 이와 같이 해석할 수 있다.

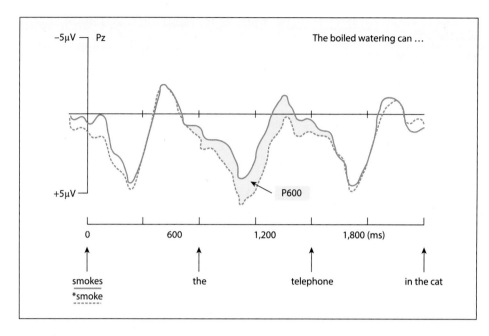

그림 11.19 P600은 문법적으로 이상한(혹은 처리하기 힘든) 단어가 제시되면 약 600ms 이후에 발견된다. "The boiling watering can smokes/ smoke the telephone in the cat."이라는 문장에서 P600은 smoke에 비해 smokes 조건에서 더 크다.

출처 : Hagoort, 2008.

watering can *smoke* the telephone in the cat."(비문법적). P600의 가장 흔한 인지적 해석은 그것이 문장 구조의 재분석을 반영한다는 것이다. 그러나 그것은 오류유도 문장이 아니더라도 구문 분석이 어려우면 발견될 수 있기 때문에 꼭 재분석에 관계된다기보다 일반적인 문법 구조 분석에 관계된다고 제안된다(Kann et al., 2000).

프리데리치(2011, 2012)는 두 단계의 통사 처리가 있다고 주장한다. 하나는 구절 수준(phrase level)에서 국소적인 문법 구조에 기초한 것(예 : 하나의 구절이 명사구인지, 동사구인지를 결정하는 것)과 보다 전역적인 문장 구조를 조작하는 것(예 : 누가 누구에게 무엇을 하는지를 결정하는 것)이 그것이다. ERP 연구에서 전자인 국소적 수준의 문법적 문제는 빠른 시간 내(150~200msec)에 탐지되나, 후자는 뒤늦게 일어나며 P600과 관련된다(Hahne & Friederici, 1999). 일반적인 실험 참가자를 대상으로 한 뇌 영상 연구는 전/후 측두엽과 브로카 영역이 의미와 통사의 구분에 해당되는 다른 역할을 하며 그 둘의 인터페이스 역할을 한다고 제안하였다. 펠리에 등(Pallier et al., 2011)은 내용어(content word)로 구성되거나, 비단어로 점진적으로 구성되는 문장(예 : "I tosieve that you should begept….")을 제시했다. 전측두엽은 의미 있는 단어의 출현에 (비단어에 비해) 반응했지만, 문법적 구조의 크기에 변화되지 않았다. 브로카 영역과 후측 상측열(posterior superior temporal sulcus)은 반대의 경향을 보였다. 그들은 후측두엽이 의미(전측두엽에 있음)와 구문(브로카 영역에 있음)의 통합이 일어나는 지점이라고 주장했다. 다른 뇌 영상 연구는 브로카 영역은 비언어적 신호들 사이의 위계적인/구문적인 관

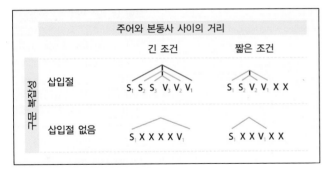

그림 11.20 마쿠우치 등(2009)의 연구 설계에서 작업기억(동사와 주어 사이의 장단을 조작)과 구문 복잡성(삽입절의 유무)이 조작되었다. 동사와 주어 사이가 길고, 삽입절이 있는 문장의 예는 다음과 같다. "Maria (S1), die (S2) Hans, der (S3) gut asussah (V3) liebte (V2) Johann geküsst hatte (V2)." (영어로 번역하면 "Maria who loved Hans who was good looking kissed Johann.") 길고 삽입절이 없는 문장의 예는 다음과 같다. "Achim (S1) den großen Mann gestern am späten Abend gesehen hatte (V1)." (영어로 번역하면 "Achim saw the tall man yesterday late at night.")

계를 처리할 때 활성화되는 것을 보였지만(Bahlmann et al., 2008), 후측두엽은 자극이 언어와 관계된 것일 때만 활성화되는 것을 보였다. 이것은 후측두엽이 통사와 의미의 통합 영역이라는 주장을 뒷받침한다(Friederici, 2012 참조).

구문은 작업기억과 독립적인가

구문 복잡성을 증가시키면 더 많은 작업기억 부하와 연결되는 경향이 있다. 따라서 구문과 작업기억을 분리하는 것은 간단하지 않다. 문장 이해에 있어 브로카 영역의 유일한 역할이 작업기억이라는 주장도 있다(Rogalsky & Hickok, 2011).

음운적 단기기억 손상(숫자폭 기억검사 점수가 대폭 감소함)을 보이는 환자들 또한 많은 문장들을 충분히 산출하거나 이해할 수 있다는 점(Caplan & Waters, 1990; Vallar & Baddeley, 1984)은 이 둘 사이에 해리가 있을 수 있음을 제안하지만, 어떤 환자들은 보다 복잡한 문장이 제시되었을 때 이해나 문법성 판단에 분명한 결함을 보였다(Romani, 1994). 로마니(1994)에 의해 보고된 환자의 경우, 글로 적힌 문장(자유롭게 문장 구조를 재분석 가능)을 이해하는 데 어려움이 없었지만, 문장을 음성으로 제시하거나 화면 가운데 한 단어씩 순서대로 제시하면(이렇게 하면 전 단어들을 다시 볼 수 없기 때문에 구문 재분석이 불가능해짐) 문장 이해에 어려움을 보였다.

한 fMRI연구에서 마쿠우치 등(Makuuchi et al., 2009)은 작업기억과 구문 복잡성을 독립적으로 조작했다. 작업기억은 문장의 주어와 동사 사이에 존재하는 단어들의 숫자로 조작하였고, 구문 복잡성은 위계적인 구문 구조가 있는지 없는지(삽입절의 유무)로 조작하였다. 구문 복잡성의 효과는 브로카 영역의 뒷부분(BA44)에서 발견되었고, 작업기억의 효과는 브로카 영역의 가깝지만 다른 부분에서 발견되었고, 두정엽의 활동과도 관련되었다. 이러한 전두-두정 시스템의 활동은 일반적인 작업기억 시스템의 특성으로 알려져 있다. 전두엽의 두 영역의 기능적 연결성(두 영역의 활동의 상관관계 정도)에 대한 분석은 삽입 문장을 처리할 때 더욱 강화됨을 보였다.

평가

브로카 영역은 문장 처리에 다양한 기능을 제공하는 것으로 보인다. 이 부분은 위계적인 의존성(즉 구문 구조 도식)을 처리하는 데 관련이 있다. 그러나 이것은 언어에 꼭 국한되는 것은 아니고 보다 일반적인 기능으로 보인다. 또한 이 부분은 보다 길고 복잡한 문장들을 처리하는 데 필요한 언어적 작업기억에 중요하다. 이것은 또한 의미기억에서 정보를 인출하거나 조작함으로써 문맥에 맞도록 단어들을 배치하는 작업에도 중요하다. 그러나 다시 한 번 말하지만 이 기능은 문장 처리에만 특별한 것은 아니다. 기억(보다 깊은 부호화)과 추론(문제해결)에도 중요하다. 브로카 영역이 문장 처리에 중요하기는 하지만 이 영역이 문장 처리를 하는 유일한 곳은 아니다. 이 영역은 단어와 문장의 의미처리에 관여되는 전/후 측두엽과 같은 뇌의 다른 영역들과 함께 일을 한다. 통사 처리와 의미 처리가 부분적으로 분리될 수 있다는 증거는 뇌 손상 환자 연구(이 능력들 간의 해리를 보임)와 두뇌의 전기생리학적 연구(N400과 P600 파형의 시간적 분리), 그리고 fMRI 연구(다르지만 중첩된 신경 기전)등이 있다.

핵심 용어

어휘화 말 산출에서 전달하고자 하는 의미에 기초하여 한 단어를 선택하는 것

음성 단어 인출과 산출

자연스러운 상황에서 말 산출은 의도된 생각을 문장 구조로 바꾸고 적절한 단어들을 인출하여 산출하는 과정을 포함한다. 연구실에서 이런 과정을 연구하기 위해서 사용하는 일반적인 방법은 그림이나 어떤 정의들을 제시하고, 거기에 해당하는 단어들을 인출하게 하는 것이다. 두 방법 모두 의미 처리를 촉발한다고 가정하고 있다. 어떤 단어가 얼마나 쉽게 인출되는지에 영향을 미치는 여러 변인들의 효과를 단어 명명 반응시간과 오류율을 사용하여 측정한다(Barry et al., 1997). 그 변인들을 319쪽 표에 요약하였다. 대부분의 변인들은 음성 단어 인출뿐만 아니라 다른 맥락들(예 : 말 재인, 읽기, 그리고 쓰기) 속에서 단어 처리에도 영향을 미치는 요인으로 이해될 수 있다. 많은 질문들이 폭넓게 이 부분에서 고려될 것이다. 발화된 단어들을 인출하는 데 얼마나 많은 단계들이 있는지, 그리고 각 단계들은 서로 분리된 것인지, 상호작용하는지? 무슨 종류의 정보들(통사적 · 의미적 · 형태적 · 음절적 · 음소적 정보)이 인출되는지 등이 그것들이다.

말 산출을 위해 인출되어야 할 정보의 종류는 일반적으로 세 가지로 구분된다. 첫째, 전달하고자 하는 의미에 기초하여 단어를 선택해야 할 것이다. 이 과정을 어휘화(lexicalization)라고 한다. 이 과정은 청자의 화용적 지식에 의해 많이 제약을 받는다. 예를 들어, 'it', 'horse', 'stallion', 'animal'과 같은 단어는 일정한 범위에서 모두 같은 개념을 전달하기 위해 사용할 수 있다. 둘째, 적어도 문장을 만들기 위해서는 어떤 단어의 문법적 특성이 인출되고 확실해져야 한다. 이것은 문법적 범주(예 : 명사, 동사, 형용사)와 많은 언어에서 단어의 성(gender)을 포함한다. 마지막으로 단어를 구성하는 음절, 음

아이리스 머독의 언어 사용에 나타난 치매의 초기 신호

아이리스 머독의 마지막 소설인 *Jackson's Dilemma*는 그녀의 이전 소설들과 매우 다른 스타일이라는 점에서 비평가들과 그녀의 가족들에게 수수께끼였다. 이것이 미학적인 동기에 의한 의도적인 변화라고 생각할 수도 있지만, 보다 가능한 시나리오는 그녀가 이미 알츠하이머병 초기에 있었다는 것이다. 이 병은 기억에 영향을 주며 결과적으로 단어를 찾는 데 어려움을 줄 수 있다. 이 소설은 그녀의 치매 진단 직전인 1995년에 출간되었다. 그 변화를 조사하기 위해 마지막 소설의 글과 그녀의 전작의 두 글과 비교되었다. 그 결과, 통사와 전체적인 구조의 사용은 변하지 않았으나, 어휘들은 변화되었다. 그녀는 훨씬 제한적인 범위의 단어들을 사용하였고, 특히 이전보다 훨씬 고빈도 단어에 의존하였다(Garrard et al., 2005). 이와 같은 편지나 일기에 기초한 글 분석은 미래에 알츠하이머 유형의 치매와 같은 질병에 대한 초기 진단 도구로 발전할 수도 있다.

그림 11.21 아이리스 머독(1919~1999)

출처 : © Sophie Bassouls/Sygma/Corbis.

소, 그리고 조음 패턴과 관계된 단어의 실질적 형태가 인출되어야 한다. 사뭇 다른 모형들이라도 이러한 정보들이 인출되어야 한다는 점에는 일반적으로 동의한다. 그러나 각각의 모형들은 메커니즘의 속성 측면에서 각각 다르다(예 : 다른 단계들이 상호작용하는지 여부).

말실수 연구

일상생활에서 말실수를 관찰하는 것은 단어 인출 이론들을 제약하는 점에서 유익하게 작용해왔다(Garett, 1992). 말실수는 어떤 단어를 다른 단어로 단어들을 바꾸거나, 형태소를 바꾸거나, 음소들을 바꾸는 경향을 말한다. 이는 이러한 단위들이 심리적인 실체라는 증거가 된다. 단어 수준에서 의미적인 오류로 고양이를 보고 '개'라고 하는 것과 같이 유사한 뜻을 가진 단어로 교체할 수도 있다. 이러한 오류들 중 하나는 프로이트 말실수(Freudian slip)이다. 프로이트는 대화 동안 화자들은 그들의 진실된 생각을 억제한다고 믿었고, 그것이 무심코 한 말실수에 의해 드러날 수 있다고 믿었다(Ellis, 1980). 예를 들어, 영국의 전 총리인 토니 블레어는 2003년 이라크 침공에 관한 논쟁에서 실수로 '대량 분열 무기(weapons of mass distraction)'라고 언급했다[대량 살상 무기(weapons of mass destruction)라고 했어야 했다]. 단어를 바꿔치기 하는 것은 동일한 문법 범주 내에서 이루어지는 경향이 있다. 예를 들어 "guess whose *mind* came to *name*?"에서와 같이 명사는 명사끼리, 동사는 동사끼리 바뀌는 경향성이 있다(Garrett, 1992). 게다가

단일 단어 처리의 효율성의 언어심리학적 예측 변인

변인	설명	가능한 해석
단어 빈도	보다 자주 사용되는 단어들이 보다 쉽게 인출되고 재인될 수 있음	단어들을 매번 만날 때마다 그 단어들에 대한 연결 강도는 증가하거나 (Jescheniak & Levelt, 1994), 그 단어를 활성화시키는 역치는 경험에 따라 낮아짐(Morton, 1969)
상상 가능성 (또는 구체성)	구체적인 단어들은 추상적인 단어보다 인출과 재인이 쉬움	구체적인 (혹은 상상 가능성이 높은) 단어들은 보다 풍부한 의미 표상을 지님(Jones, 2002)
획득 시기	생애 초기에 획득된 단어(예 : 인형)는 늦은 시기에 획득된 단어(예 : 와인)보다 상대적인 이점이 있음	초기에 두뇌 네트워크는 어떤 패턴을 만나면 그것을 수용하기 위하여 스스로 조정되지만, 점차 더 많은 패턴들이 추가되면서 점차 조력성을 상실함 (유연성이 떨어짐)(Ellis & Lambon Ralph, 2000).
최신성	보다 최근에 만난 단어들은 이점이 있음	어떤 단어에 대한 노출은 그 단어에 대한 연결 강도를 높이거나, 그 단어를 활성화시키는 역치를 낮춤. 반복 점화(repetition priming)는 어떤 단어를 먼저 볼 경우 그다음에는 훨씬 쉽게 인식된다는 사실을 가리킴
친숙성	보다 친숙한 목록들이 덜 친숙한 것들보다 이점이 있음	단어 빈도와 획득시기 변인과 관련되며, 화자의 개인적인 경험에도 의존함

"I random*ed* some sampl*y*."("I sampled some randomly." 대신)와 같은 예에서 보듯이, 어미 형태소를 붙이는 것은 단어의 어간을 인출하는 것과 독립적으로 일어날 수 있다 (Fromkin, 1971). 이 예에서 어간 형태소들(random, sample)은 교환되었지만, 접미사들 (-ed, -y)은 유지되었다.

마지막 형태의 단어 실수는 의도한 단어와 유사한 음운적 형태를 가지는 오류(예 : historical → 'hysterical')이다(Fay & Cutler, 1977). 이것들은 이러한 오류를 많이 저지른 셰리든의 연극 *The Rivals*(1775)의 등장 인물인 말라프로프 여사의 이름을 따서, 말라프로피즘 (malapropism)이라 불린다. 이러한 오류들은 단일 단어가 바로 선택되는 것이라기보다 일반적인 단어 인출 과정에서 유사한 단어들 사이에 경쟁이 있다는 주장을 지지한다. 때때로 음소들끼리의 교환도 일어나는데, 이 경우 교환되는 음소들은 단어에서 같은 위치를 차지한다(예 : 첫 자음들이 서로 바뀌거나 모음들이 서로 바뀜; Dell et al., 1997). 이것의 대표적인 예가 첫 자음이 서로 바뀌는 스푸너리즘(spoonerism) 이다(예 : "you have *h*issed all my *m*ystery lectures."). 내적 발화(inner speech, 머릿속으로 말하는 것)에서의 오류는 유사한 음절 사이에서 일어나기보다 단어 수준에서 일어나는 경향이 있는데, 이는 내적 발화

그림 11.22 타이거 우즈를 다룬 다음과 같은 신문기사를 보자. "Shortly after being exposed for having multiple affairs, Tiger Woods had to withdraw from The 2010 Players Championship because of a bulging disc in his neck." 이 신문기자는 'disk(척추 디스크)'를 'disc'로 잘못 표기했다. 이러한 실수는 어떤 인지적 기제 때문에 일어날까?

가 말 산출 과정의 완전한 심적 시뮬레이션이 아니라는 것을 나타낸다(Oppenheim & Dell, 2008).

자연스럽게 일어나는 또 다른 말 산출 오류는 **설단 현상**(tip-of-the-tongue phenomenon) 이다(Brown, 1991; Brown & McNeill, 1966). 설단 현상은 말하고자 하는 단어를 개념적으로 알고 있지만, 해당 단어가 입 밖으로 잘 나오지 않는 것을 말한다. 이것은 주로 '알고 있다는 느낌'과 함께 큰 당혹스러움을 가져온다. 이러한 상태는 사람들에게 자주 쓰이지 않는 단어의 정의나 사진을 제시하면서 촉발될 수 있다. 예를 들어, "바다에서 해와 달, 별의 고도와 같이 각도를 측정하는 데 쓰이는 항해 도구"(답은 육분의)와 같이 설명할 때이다. 그 단어를 파악하기 어렵다 할지라도 다른 종류의 정보를 활용할 수 있다. 예를 들어, 이탈리아어 화자들은 단어의 성을 알고 있고(Vigliocco et al., 1997), 어떤 화자들은 단어의 대략적인 길이나 음절 수를 알고 있다(Brown & McNeill, 1966). 이러한 결과들은 단어들이 실무율적인 방식으로 인출되는 것이 아니라 단어의 다른 정보들이 다소 독립적으로 다른 단계에서 가용한 상태가 된다는 것을 나타낸다.

명칭성 실어증(anomia) 뇌 손상 환자들은 단어를 찾는 데 심각한 어려움을 느낀다. 이것은 일반적인 설단 현상을 떠오르게 하는데, 이보다 훨씬 심한 병리적 수준이다. 이 증상은 매우 다른 두 종류의 장애로 인해 생길 수 있다. 첫째, 의미 처리의 어려움으로 다른 개념들을 구분하지 못하여 결과적으로 산출해야 하는 단어를 분명히 알지 못하는 것일 수 있다(Caramazza & Hillis, 1990b). 둘째, 다른 환자들은 산출하고자 하는 단어를 분명히 알고 있으나, 그 단어를 조음하기 위한 음운적 정보를 인출하지 못할 수 있다 (Kay & Ellis, 1987).

음성 단어 인출 과정의 단계들은 분리되었으나 혹은 서로 상호작용하는가

음성 단어 인출의 가장 영향력 있는 모형들은 개념적인 수준의 표상을 형성하는 단계와 단어의 음운 형태를 추출하는 과정을 구분한다. 이후 단계들은 추출된 음운 형태를 운동 명령(발성 기관의 움직임)으로 전환하는 것과 관계될 것이다. 르벨트와 동료들에 의해 제안된 모형을 검토해보자(개관은 Levelt, 1989, 2001 참조). 이 모형의 첫 단계는 감각 양태에 독립적인 단어 수준의 초기 값을 인출하는 과정, 그리고 그 과정은 그 단어의 통사적 요소(예 : 문법 범주)를 구체화한다. 이 항목을 **렘마**(lemma) 표상이라고 이름하였다. 따라서 이 첫 번째 단계는 통사적 속성들과 어휘화 과정을 포함한다. 두 번째 단계는 그들이 **렉심**(lexeme) 표상이라 부른 항목을 인출하는 과정이다. 렉심의 인출은 조음을 유도하는 음운 부호를 가능하게 한다. 이러한 렘마와 렉심의 구분은 말 산출 연구 분야의 몇몇 주요 발견에 대한 설명을 제공한다. 첫째, 렘마는 활성화되었지만 렉심

은 아직 활성화되지 않은 것으로 설단 현상을 설명한
다. 둘째, 형태는 같지만 뜻이 다른 말이나(예 : 은행
과 강둑을 의미하는 'bank'), 문법적 범주가 다른 단
어(the 'watch'/to 'watch'; '시계'와 '보다')를 구분할
수 있는 방법을 제공한다. 이러한 자극들은 동일한
렉심을 가지지만, 다른 렘마를 갖고 있다. 이러한 자
극들을 사용하여 예세니아크와 르벨트(Jescheniak &
Levelt, 1994)는 단어 빈도 효과가 렉심의 빈도에 관
계되지, 렘마의 빈도에 관계되는 것은 아님을 발견하
였다.

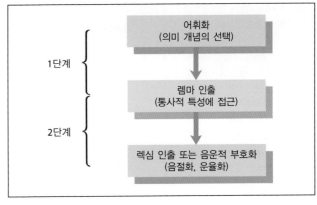

그림 11.23 르벨트의 모형에서 단어 인출은 두 단계로 이루어진다. 이 단계들은 분리되어 있어서 첫 번째 단계가 종료되기 전에 두 번째 단계가 시작되지 않는다. 따라서 음운적인 요소들은 단어 선택에 영향을 미칠 수 없다.

　이러한 단계들이 분리되는 것인지, 혹은 상호작용
하는 것인지는 특별한 논쟁의 대상이 되었다. 르벨트의 모형은 렉심의 인출이 렘마 선
택이 완전히 끝날 때까지 시작되지 않는다는 점에서는 이 두 단계가 분리된다고 제안하
였다. 이와 반대로 다른 모형들은 렘마 선택이 끝나기 전에 부분적인 음운 처리가 일어
날 수 있다고 가정하며, 아울러 이러한 정보가 렘마 선택 자체에 역으로 반영될 수 있다
고 하였다. 따라서 어떤 이가 'sheep'을 말하려고 한다면, 렘마 선택 과정은 'goat'를 포
함한 다른 의미적으로 유사한 후보 개념들을 활성화시킬 수 있다. 이러한 정보가 렉심
단계에 도달하면 의미적으로 연관된 'goat'와 음운적으로 유사한 'goal'과 같은 단어들
이 활성화될 수 있을 것이다. 그러나 렉심 단계가 시작되기 전에 만약 'sheep'이 완전히
선택되고 'goat'는 완전히 선택되지 않는다면, 'goal'과 같은 점화는 결코 일어나지 않을
것이다. 정말 'sheep'은 'goat'를 점화하였지만, 'goal'은 점화되지 않았다(Levelt et al.,
1991). 이 증거는 르벨트의 분리 단계를 지지한다(그러나 Dell & O'Seaghdha, 1991 참조).
　그러나 분리된 단계 모형보다 상호작용 모형으로 보다 쉽게 설명되는 증거들이 있다.
소위 혼합 오류(mixed error)라고 불리는 것으로서 의도한 단어와 의미적으로도 음운적으
로도 유사한 단어들을 잘못 발화하는 경우를 말한다(Dell & Reich, 1981). 이러한 예들
은 고양이(cat)를 보고, '쥐(rat)'라고 하거나, 랍스터(lobster)를 보고 '굴(oyster)'이라고
하는 것을 포함한다. 만약 우연의 일치라면 우리는 '쥐(rat)'가 고양이에 대한 의미적인
오류로 생겼지만, 단지 발음이 비슷할 뿐이라고 생각할 수 있다. 그러나 이러한 오류가
우연이라고 하기에는 너무 빈번하게 발생된다는 것이다(Dell & Reich, 1981). 델(1986)
의 상호작용 모형에서는 렘마 선택이 하향적 의미 활성화와 상향적 음운 활성화 모두에
의해 이루어지기 때문에 그와 같은 오류가 생길 수 있다고 주장한다. 분리 단계 모형이
이를 설명하기 위해서는 혼합 오류가 단지 우연에 의해 생기는 것이며, 그래서 탐지하

그림 11.24 델의 모형은 완전히 상호작용적인 세 가지 층을 포함한다. 의미속성층, 단어층(혹은 렘마층), 그리고 음운층(이 버전에서는 음절의 다른 부분들로 구성됨). cat → 'rat'과 같은 혼합된 말실수는 의미층과 음운층 모두 유사성이 있기 때문이다. 음운으로부터 단어들 사이의 상호작용을 허용하지 않는 모형들은 이러한 말실수를 설명하기 어렵다.

출처 : Reprinted from Levelt, 1999. © 1999, with permission from Elsevier.

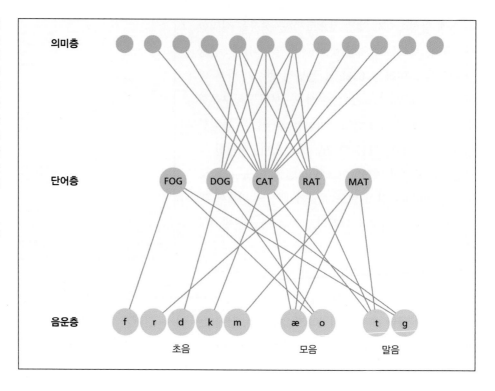

거나 수정하기가 어렵다고 가정해야 한다. 이러한 모형들은 발화 오류를 체크하는 감시 장치가 있다고 가정하며, 혼합 오류들은 그 감시 장치에서 보다 쉽게 빠져 나올 수 있다고 가정한다. 이러한 설명은 가능하지만 사실 사후적이다.

르벨트의 모형은 또 다른 방식으로 다시 비판받았다. 카라마짜와 미오초(Caramazza & Miozzo, 1997)는 설단 현상에서 첫 음운이 무엇인지 알지 못한 채 문법적인 성 정보를 때로 보고할 수 있고(렉심 정보에 대한 접근 없이 렘마 정보에 대한 접근이 일어나는 경우), 문법적인 성 정보 없이 첫 음운을 아는 것(렘마 정보에 대한 접근 없이 렉심 정보에 대한 접근이 일어나는 경우)도 가능하다는 것을 발견하였다. 만약 렘마의 인출이 음운 정보에 대한 접근에 대한 선결 조건이라면, 후자의 경우는 발견되지 말아야 한다. 이 저자들은 음운적 정보와 문법적 정보의 인출이 분리되는 것은 받아들이지만, 어느 하나가 다른 것에 수반된다는 생각에는 반대하였다. 게다가 그들은 문법적 지식의 조직(추정하건대 렘마 수준)이 감각 양식에 독립적으로 존재하는 것이 아닐 수도 있으며, 음운(청각)적인 모드와 철자(시각)적인 모드에 각각 존재한다는 신경심리학적 증거를 제시하였다(Caramazza, 1997). 예를 들어, SJD 환자는 글쓰기에서는 명사들에 비해 동사를 사용하는 데 선택적인 어려움이 있었으나, 말을 할 때는 아무런 어려움 없이 명사와 동사를 자유롭게 사용하였다(Caramazza & Hillis, 1991). 놀랍게도 그 문제는 렉심이 같은 경우에도 여전히 발견되었다. 예를 들어, SJD는 CRACK이라는 단어를 "There's a _____ in the mirror."(명사로서 crack이 필요)라는 문장 채우기에서 문제없이 적어넣을 수 있었지만, "Don't _____ the nut in here."(동사로서 crack이 필요)와 같은 문장에서는 적지 못하였다. 그들은 르벨트와 동료들이 모든 감각 양식을 아우르는 단일한 렘마를 상정한 것과 달리 문법적 정보가 말하기와 글쓰기에 각각 독립적으로 존재할 것이라고 주장하였다.

요약하면 단일 단어들의 문법적 지식과 음운적 지식은 분리되어 있다는 좋은 증거가 있지만, 이 지식들이 어떻게 조직화되어 있는지는 계속 논쟁되고 있다.

조음 : 대화의 고리 끝내기

이 장은 화자와 청자 사이에 생각들이 공유되는 음성 언어의 간단한 모형에서 시작하였다. 고리의 한쪽 끝인 음성 지각에서 시작하여 의미적·구문적 처리들을 고려하였고, 단어 재인, 그리고 이제 마지막 단계로 조음 그 자체를 고려할 차례이다.

앞서 언급한 것과 같이 음소들은 유성음화(즉 성대의 떨림)와 같은 한정된 수의 조음 방식들과 조음 위치(예 : 치조 또는 구개)를 통해 기술될 수 있다. 그럼에도 불구하고 많은 학자들은 음소가 조음의 기본 단위는 아니라고 믿는다. 다른 이들은 조음의 기본 단위는 음절 — 적어도 숙련된 운동 패턴으로 기능할 수 있는 공통적인 음절 — 이라고 주장한다(Levelt & Wheeldon, 1994). 연속적인 발화에서는 인접한 형태소와 단어의 경계를 가로지르는 음절들로 음운적인 코드를 분리하는 메커니즘이 분명히 존재한다. 이 과정을 음절화(syllabification)라고 한다. 예를 들어, "he owns it."이라는 구절은 세 음절('he', 'own', 'zit')로 구성되는데, 이때 'owns'의 마지막 자음은 다음 음절의 초성이 된다.

브로카 영역은 조음 과정에 매우 특별한 역할을 할 것이라고 생각되었었다. 하지만 이제 그 생각은 논쟁 중이다. 조음장애 환자들은 주로 기저핵이나 뇌섬엽(insula cortex)에 손상이 있는 경우가 많았고, 브로카 영역이 필수적으로 손상되어야 하는 것은 아니었다(Dronkers, 1996; 그러나 Hillis et al., 2004 참조). 뇌섬엽의 손상은 발화실행증(apraxia for speech)이라고 해서 성도(vocal track)의 모양을 만드는 데 어려움을 유발한다(Dronkers, 1996). 발화실행증 환자들은 그들이 말하고자 하는 것이 무엇인지 알고, 말 조음 기관들의 일반적인 근육력은 가지고 있지만, 자음과 모음 그리고 운율을 제대로 만들어내지 못하고 왜곡시킨다. 그들이 만들어내는 소리는 다른 사람들에게 때때로 외국어로 말하는 것처럼 지각되기도 한다(Moen, 2000). 운율의 어려움은 조음 기관의 서툰 조정을 반영하며, 이는 우반구 손상 후 때때로 관찰되는 일차적인 운율 손상과는 다르다(Pell, 1999).

핵심 용어

발화실행증 성도를 조성하는 데 어려움을 보이는 증세

핵심 용어

눌어증 손상된 조음 기관들
의 근육 수축

말 지각 과정에 비해 조음 과정을 연구한 fMRI 연구들은 브로카 영역이 아닌 뇌섬엽과 전두-운동 영역의 활성화를 관찰하였다(Wise et al., 1999). 그러나 다른 학자들은 발화에 관계된 운동 명령 그 자체가 브로카 영역에 존재하는 것이 아니라 할지라도, 브로카 영역은 소리 내어 말하든, 입 속으로 말하든 조음을 계획하는 단계에서 중요한 역할을 할 것이라고 주장하였다(Indefrey & Levelt, 2004). 브로카 영역 안의 영역들은 언어의 '거울 시스템'의 일부로, 음성 지각의 '어떻게' 경로의 일부로 말의 청각-운동 변환에 관계된다는 것을 기억하라. 이 영역은 말 산출에 다양한 방식으로 기여할 것이다. 예를 들어, 이 영역은 들은 말을 되풀이해서 말하는 과정에 기여한다. 브로카 영역에 대한 촉진적 TMS는 의미를 잘 알지 못하는 외국어를 따라 말하기 과제 수행을 더욱 정확히 할 수 있게 했다(Restle et al., 2012). 뿐만 아니라 자기 스스로 말한 것을 우리는 다시 들을 수 있는데, 청각-운동 루프는 진행되는 말 산출 과정을 점검하는 과정에 관계되는 것으로 제안되었다(Hickok, 2012).

모든 자발적인 운동이 그러하듯이 말 산출도 궁극적으로 입, 혀, 턱의 운동을 촉발시키는 일차운동피질(M1)에 의존한다. 최근에 M1의 한 영역이 다른 조음 기관들보다 성대의 성문을 열고 닫는 운동에 선택적으로 반응함을 fMRI를 통해 밝혀냈다(Brown et al., 2008).

소뇌와 좌측 기저핵은 효율적인 조음에 필수적이다. 이러한 영역들의 손상은 눌어증(dysarthria)이라고 알려진 근육 조절 기능의 장애를 가져온다(Kent et al., 2001).

요약 및 핵심 정리

- 발화된 단어들을 재인하는 것은 '코호트 모형'에서 제안한 바와 같이 유사한 발음을 가진 단어들 사이의 경쟁과 선택 과정을 포함한다.
- 단어들의 의미는 분산된 의미 속성의 네트워크로 표상될 수 있지만, 이러한 속성이 내적으로 어떻게 조직화되어 있는지, 그 속성들이 범양태적인지, 혹은 지각과 행동을 돕는 보다 넓은 네트워크의 일부분인지 등에 대해서는 의견이 분분하다.
- 구문(단어 순서)의 결함은 의미(단어 의미)의 결함들과 어느 정도 독립적으로 일어날 수 있고, 그 반대의 경우도 가능하다. 그러나 실문법증, 또는 브로카 영역의 손상으로 특수하게 발생될 수 있는 실어증 장애와 관련된 단일한 '구문 모듈'이 존재한다는 증거는 별로 없다.
- 음성 단어들을 산출하는 것은 다양한 종류의 정보들, 즉 의미, 문법, 음운적 정보들을 인출하는 것과 관련된다. 설단 현상, 명칭성 실어증, 그리고 일상생활에서의 발화 오류들은 몇몇 다른 종류의 정보가 없어도 어떤 정보들은 인출 가능하다는 것을 보여준다.
- 단어 수준(또는 '렘마') 정보와 음운 수준(또는 '렉심') 정보가 시간적으로 2개의 분리된 단계로서 인출되는지, 상호작용하는지(즉 첫 번째 단계가 종료되기 전에 두 번째 단계가 시작될 수 있는 것인지)는 논쟁 중에 있다.

논술 문제

- 어떻게 청각적 입력이 우리가 가지고 있는 음성 단어에 대한 지식에 매핑되는가?
- 말소리 지각은 말소리 산출에 관계된 메커니즘들을 사용하는가?
- N400과 P600에 대한 연구들이 언어 처리의 인지 구조에 대해 밝힌 것은?
- 의미기억은 지각과 운동에 특화된 대뇌 시스템에 의존하는가?
- 브로카 영역의 언어에 대한 역할은 무엇인가?
- 단어 인출 모형들은 의미, 문법, 음운에 해당하는 분리된 단계들을 필요로 하는가?

더 읽을거리

- Harley, T. A. (2008). *The psychology of language : From data to theory* (3rd edition). Hove, UK : Psychology Press. 뇌에 기초한 설명은 적지만 언어에 관한 인지심리학에 대해서 보다 자세한 배경 지식을 얻을 수 있는 책
- Hickok, G. & Poeppel, D. (2004). Towards a new functional anatomy of language. Special edition of *Cognition, 92,* 1-270. 특히 말소리 지각에 관한 훌륭한 논문들의 모음집
- Friederici, A. D. (2011). The brain basis of language processing : From structure to function. *Physiological Reviews, 91*(4), 1357-1392. 최근 연구들에 대한 철저한 개관 논문
- Patterson, K., Nestor, P. J., & Rogers, T. T. (2007). Where do you know what you know? The representation of semantic knowledge in the human brain. *Nature Reviews Neuroscience, 8*(12), 976-987. 의미기억 이론들과 신경적 기초에 관한 훌륭한 요약

제12장

글 읽는 뇌

이 장의 내용

시각 단어 재인

소리 내어 읽기 : 철자로부터 소리까지의 경로

스펠링과 쓰기

스펠링은 읽기와 같은 기제를 사용하는가

요약 및 핵심 정리

논술 문제

더 읽을거리

읽고 쓰는 능력은 무척 중요한 것이긴 해도 기본적으로 문화적 발명품이다. 이것으로 인해 사람들은 얼굴을 마주 보지 않고도 생각을 교환할 수 있고, 후대를 위해 영구적인 기록을 남길 수도 있다. 이전 문명에 대한 역사적 지식이 거의 문자 문명 이후부터 시작된 것은 우연의 일치가 아니다. 말하기와 달리 글쓰기는 상당한 양의 정규 교육을 필요로 한다. 따라서 글쓰기 능력은 인지신경과학에 '전문가 시스템'의 흥미로운 예를 제공한다. 읽고 쓰기를 배우는 것은 이를 위해 뇌에 신경인지 구조물을 구성하는 것과 관련이 있을 것이다. 하지만 진화를 거치며 발달한 핵심적인 다른 능력들로부터 파생되었을 가능성이 높다. 이 능력들은 시각 재인, 소리의 조작, 학습과 기억과 같은 것을 포함한다. 따라서 우리가 글쓰기를 위해 특별한 신경 구조물들을 진화시켰다든지, 읽기를 위한 특별한 유전자가 있다고 보기는 힘들다(Ellis, 1993). 문자는 약 5000년경에 처음 출현한 것임을 고려할 때, 특별한 신경 기전을 진화시키기에는 너무 최근에 나타난 발명품이다. 게다가 이것은 전혀 일반적이지 않다. 서구 사회에서 문자가 일반화된 것은 겨우 150년 전이고, 개발도상국에서 문자 사용은 지난 40년 동안 조금씩 나아지고 있을 뿐이다(UN Human Development Report, 2011). 물론 경험을 통해서 뇌는 문자에 대해 특화된 신경 구조를 획득할 수 있을 것이나, 이것은 (개인의) 개체발상학적 발달의 결

핵심 용어

표의문자 한 단어를 하나의 기호로 표시하는 표기체계

간지 표의문자 원리에 기초한 일본어 표기체계

가나 한 글자가 한 음절을 나타내는 일본어 표기체계

과이지, (인류종의) 계통발생학적 결과라고 하기 어렵다.

이 장은 성인의 습득된 문해력과 관련하여 다음과 같은 주제들을 고려할 것이다. 시각 재인이나 음성 언어와 같이 다른 인지 영역들과 어떻게 관계되는지, 읽기와 같은 복잡한 능력이 어떻게 보다 기본적인 기제들의 합으로 구성될 수 있는지, 읽기와 쓰기 능력이 어떻게 서로 관련되는지 하는 것들이다. 일차적으로 이미 읽기와 쓰기 전문가인 어른들을 대상으로 한 증거와 사후적으로 획득된 읽기와 쓰기 장애 사례를 고려할 것이다.

표기법(문자체계)의 기원과 다양성

표기법의 역사적 기원은 초기 회화적 표상(pictorial representation)에 있다. 그림이 하나의 그림이 아니라 문자 기호가 되는 시점은 하나의 사물이나 개념을 묘사하려는 시도에서 언어 표상 단위(예 : 단어, 음소, 형태소)로 전환하는 시점과 관련이 있을 것이다. 예를 들어, 이집트의 상형 문자는 친숙한 물체들(예 : 새, 손)로 이루어져 있지만, 이러한 기호들은 물체 그 자체를 나타낸다기보다 단어의 음을 표시한다. 따라서 이것은 바위에 새겨진 그림들로부터 진일보한 분명한 표기체계이다.

문화에 따라 이러한 개념적인 도약은 서로 독립적으로 진행된 것으로 보인다(Gaur, 1987). 이는 표기체계의 많은 다양성을 설명한다. 최초의 표기체계는 현재 이라크의 남쪽 지방에서 기원전 4000~3000년경에 출현한 것으로 보이며, 이 체계는 하나의 기호가 하나의 단어가 되는 원리를 따랐다. 이러한 표기를 표의문자(logographic)라 한다. 근대 중국어와 일본어 간지(Kanji)체는 중동의 표기체계와 독립적으로 발생되었으나 같은 표의문자에 해당한다. 개별 문자는 의미 또는 발음을 나타내는 여러 부분으로 이루어져 있으나, 알파벳 표기법과 같이 부분들의 배열이 항상 선형적인 것은 아니다.

다른 종류의 표기법은 단어의 음을 표상한다. 일본어의 가나(Kana)나 고대 페니키아 문자와 같은 표기법은 음절을 나타내는 기호를 사용한다. 알파벳 표기법들은 일차적으로 문자 기호와 말소리의 음소들 사이의 짝짓기에 바탕을 두고 있다. 모든 근대 알파벳 문자들은 페니키아인들이 사용한 문자에서 파생되었다. 그리스 문자는 기원전 600년경에 표기 방향을 왼쪽에서 오른쪽으로 바꾸었다.

글자소(grapheme)라는 용어는 문자 언어의 최소 의미 단위를 나타낼 때 사용되며, 음성 언어에서 '음소'에 해당한다. 영어와 같은 언어에서 이것은 개별 글자들에 해당되는데, 이 용어는 때로 하나의 음소를 지칭하는 글자들의 군집을 언급할 때도 사용된다(예 : THUMB이라는 단어는 'th', 'u', 'm'이라는 음소에 대응하는 TH,

발리 문자	
키릴 문자	Кирилица
에트루리아 문자	
일본어(간지)	日本語
일본어(가타가나)	カタカナ
한국어(한글)	한국어
마야 문자	
싱할라 문자	

그림 12.1 문자 언어의 다양성

U, MB와 같은 3개의 글자소를 가진다고 할 수 있음).

모든 알파벳 표기법이 글자소와 음소들 사이에 매우 규칙적인 대응 관계를 가지고 있는 것은 아니라는 사실을 명심할 필요가 있다. 이러한 언어를 불투명 철자법(opaque orthography)이라고 한다. 영어와 프랑스어를 예로 들 수 있다(COMB, HOME, ROAM

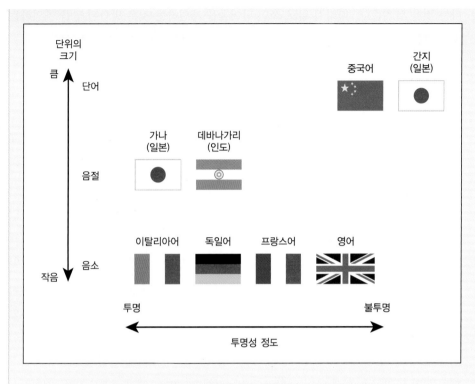

그림 12.2 문자체계는 글 형태와 음성 형태 사이의 규칙성 정도(또는 투명성)와 표시하는 언어적 단위의 크기(음소, 음절, 단어)에 따라 분류될 수 있다.

출처 : Dehaene, 2010, p.117

과 같은 단어들이 마지막 발음은 같음에도 불구하고 다른 스펠링을 사용하는 점을 생각해보라). 모든 불규칙성이 전혀 도움이 안 되는 것도 아니다. 복수와 과거형에 대해 같은 형태소를 유지하기 위해, 영어에서는 CATS와 DOGS(CATZ와 DOGZ가 아니라)라고 쓰고, PLAYED와 WALKED(PLAYED와 WALKT가 아닌)를 쓴다. 그러나 영어의 다른 불규칙들은 역사적인 변천과 관습을 반영한다(Scragg, 1974). 예를 들어, KNIFE와 SHOULD는 17세

기까지 'k'와 'l'을 발음했어야 했다. 게다가 초창기 스펠링을 손봤던 사람들은 영어의 스펠링을 그리스어나 라틴어의 해당 단어들과 유사하게 변경했다(예 : DETTE의 스펠링을 라틴어의 'debitum'을 반영하도록 DEBT로 변경되었다). 이에 반해 이탈리아어나 스페인어와 같은 다른 언어들은 소리와 스펠링 사이의 관계가 거의 완벽하게 규칙적이다. 이러한 문자체계를 투명 철자법(transparent orthography)이라 한다.

시각 단어 재인

시각 단어 재인의 인지 기제

시각 단어 재인 연구의 초창기 발견 중 하나는 짧은 단어에 비해 긴 단어들을 재인하는 과정에 거의 처리비용(반응시간에 한해)이 들지 않는다는 것이다(Cattell, 1886). 물론 긴 단어를 크게 읽는 데 걸리는 시간은 짧은 단어에 비해 길고, 그 단어를 말하기 전에 준비하는 시간도 단어 길이에 비례한다(Erikson et al., 1970). 그러나 어떤 단어가 친숙한지 알아보는 실제 시각 처리는 단어 길이에 많은 영향을 받지 않는다. 이는 시각 단어 재인의 핵심적인 원리, 즉 철자열을 하나씩 열적으로 처리하기보다 병렬적으로 처리한

핵심 용어

글자소 문자 언어의 가장 작은 의미 단위

불투명 철자법 음소와 글자소의 관계가 불규칙적인(혹은 다소 불규칙적인) 표기체계

투명 철자법 음소와 글자소의 관계가 규칙적인 표기체계

다는 것을 알려준다. 따라서 글로 쓰인 단어들을 재인하는 것은 발화된 말을 재인하는 것과 다른 종류의 기제를 사용하는 것으로 보인다. 시각 단어 재인을 위한 모든 정보는 즉시적으로 독자에게 주어지고 시간이 흘러도 계속 남아 있지만(그 단어가 비정상적으로 길어서 눈 움직임을 요구하지 않는다면), 음성 단어 재인을 위한 정보는 순차적으로 제시되기 때문에 시간의 흐름에 따라 통합되어야 한다.

시각 단어 재인은 부분들의 합 이상으로, 몇 개의 글자에 걸쳐 나타나는 패턴이 중요하다. 어떤 단일 글자(예 : R)를 탐지하라고 할 때 무작위 글자열(예 : CTRPAE)에 비해, 발음규칙에 맞지만 실제 단어가 아닌 무의미 철자열(예 : HARPOT)이나 실제 단어 속에 제시되면(예 : CARPET) 수행이 빨라진다(Carr et al., 1979; Reicher, 1969). 이를 **단어 우월 효과**(word superiority effect)라고 한다. 이것은 철자나 단어의 시각 재인에 영향을 주는 철자군(혹은 단어 그 자체를 구성하는 철자군)에 해당하는 표상 단위가 있음을 나타낸다. 두개골 내 EEG(intracranial EEG) 연구는 중방추상피질(mid-fusiform cortex)에서 약 200ms 전후로 단어와 단어처럼 보이는 자극이 자음열과 분리됨을 보였다(Mainy et al., 2008). 두피 EEG(scalp EEG) 연구는 유사한 결과를 보였으나, 시각 처리와 어휘-의미 처리의 상호작용을 제안하였다. 즉 SOSSAGE와 같이 전형적인 글자 패턴을 가진 자극은 실제 단어(SAUSAGE)에 비해 약 100ms에서 구분되지만, 전형적인 글자 패턴을 가지지 않는 비단어는 약 200ms에서 차이가 나타났다(Hauk et al., 2006). EEG의 출처를 살펴보았을 때 시각 영역이 아니라 언어 영역에서 발생되었기 때문에, 이 효과는 의미 시스템으로부터 하향적 영향으로 해석되었다.

앞에서 언급한 증거는 시각 단어 재인에 하향적 정보의 역할이 있음을 암시한다. 알고 있는 단어의 구조에 대한 저장된 지식은 초기 지각 과정에 영향을 줄 수 있다(McClelland & Rumelhart, 1981; Rumelhart & McClelland, 1982). 이러한 관점은 널리 알려져 있지만, 의미와 같은 다른 상위 수준의 처리가 어느 정도 범위까지 지각적 과정에 영향을 줄 수 있는지에 대해서는 여전히 논쟁 중이다. 단어 재인을 연구하는 데 쓰이는 가장 흔한 방법은 **어휘 판단**(lexical decision) 과제이다. 이 과제는 실험 참가자로 하여금 제시된 철자열이 단어인지 아닌지를 판단하게 하는 것이다. 비단어들(non-words)은 실제 단어들과 닮아 있지 않다면 훨씬 빨리 단어가 아니라고 판단된다(Coltheart et al., 1977). 예를 들어 BRINJ는 BRINGE보다 빨리 기각된다.

많은 모형들에 따르면 어휘 판단 과제는 지각된 철자열을 머릿속에 저장된 실제 단어를 구성하는 모든 철자열과 비교하는 과정으로 이루어진다고 한다(Coltheart, 2004a; Fera & Besner, 1992; Morton, 1969). 이 저장소를 **시각어휘집**(visual lexicon) 또는 철자어휘집(orthographic lexicon)이라 칭한다. 이러한 이론에서는 의미나 맥락이 어휘 판단

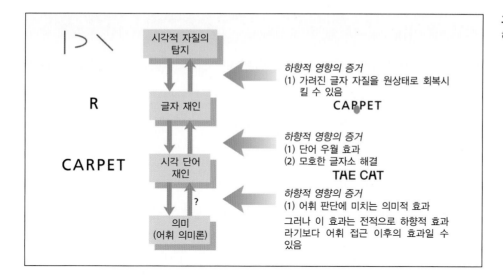

그림 12.3 하향적 영향을 강조하는 시각 단어 재인의 기본 모형

과제에 영향을 미칠 것이라고 가정할 어떤 이유도 없다. 그러나 그런 효과들은 보고되어 왔고, 단어 재인에 의미가 영향을 미친다는 증거를 제공한다.

메이어와 쉬바네펠트(Meyer & Schvaneveldt, 1971)는 2개의 쌍으로 이루어진 단어를 제시하는 수정된 어휘 판단 과제를 사용했는데, 실험 참가자들은 두 철자열이 단어인지 아닌지를 판단하는 것이었다. 의미적으로 관련된 쌍(예 : BREAD와 BUTTER)은 관련 없는 쌍(예 : DOCTOR와 BUTTER)에 비해 빨리 판단되었다. 이것에 대해 많은 잠재적인 문제점이 제기되었다. 첫째는 어휘 판단 과제의 속성 그 자체에 대한 것이다. 이 방법은 시각어휘집 접근에 대한 순수한 측정이 아니라 접근 후 점검 또는 판단 기제를 포함할 수 있다는 것이다. 시각어휘집 자체가 영향을 받는다기보다 이 기제는 의미적인 영향을 허용할 수 있다(Chumbley & Balota, 1984; Norris, 1986). 게다가 이 효과는 순수하게 의미적이지 않을 수 있다고 제안되었다. 만약 실험 참가자에게 BREAD와 관련된 단어 하나를 말해보라고 하면 BUTTER를 말할 수 있겠으나, 의미적으로 유사하게 관련되었지만 CAKE는 말하지 않을 수 있다(유사하게 ROBIN은 BIRD보다 관련된 단어로 HOOD를 촉발시킬 수 있다). 셸턴과 마틴(Shelton & Martin, 1992)은 연합된 단어들이 어휘 판단에서 서로를 점화시키지만, 의미적으로 연관된 쌍은 그렇지 않음을 발견했다. 이는 이 효과가 단어들 사이의 연합에서 오는 것이지, 하향적인 의미의 영향은 아님을 시사한다.

시각 단어 형태 영역

이미 기술한 바와 같이 많은 시각 단어 재인 모형들이 알려진 단어들을 처리하는 데 특

시각 단어 형태 영역의 특성

- 시각적 복잡성이 유사한 가짜 글자(혹은 폰트)와 비교해서 학습된 글자들에 대해 반응한다(Price et al., 1996b).
- 반복 점화 기법을 사용한 연구들은 이 영역이 시각적으로 다르게 생겼지만 대문자와 소문자에 관계없이 반응한다(예 : 'e'보다 'a'가 'A'를 점화시킨다)는 것을 보였다(Dehaene et al., 2001).
- 단어를 역치하로 제시해도 이 영역을 활성화시키는데, 이는 이

영역이 자동적으로 접근된다는 것을 나타낸다(Dehaene et al., 2001).
- 진짜 폰트와 가짜 폰트를 비교한 전기생리학적 자료는 이 영역이 자극 개시 시간 이후 150~200ms 정도에 빨리 활성화된다는 것을 나타낸다(Bentin et al., 1999).

별한 인지 기제(시각어휘집)를 상정한다. 이러한 모형들은 전적으로 인지적 용어들로 구성되어 있지만, 어떤 전용 인지 기제는 특수한 신경 구조를 가질 것이라고 가정하는 것이 논리적으로 간단하다. 이것은 오래전(Dejerine, 1892)부터 주창되어 왔지만, 그 신경 기제가 베일을 벗은 것은 최근의 일이다.

많은 기능적 영상 연구들이 소위 시각 단어 형태 영역(visual word form area, VWFA)의 존재를 지지하는 결과를 보고하고 있다(Dehaene & Cohen, 2011; Peterson et al., 1990). 이 영역은 좌측 중후두측두회(left mid occipitotemporal gyrus, 또는 방추상회)에 위치하고 있다. 이 영역의 시각 자극에 대한 반응 특성 중 몇 가지는 다음 페이지에 기술되어 있다. 글자처럼 보이는 의미 없는 형태는 이 영역을 활성화시키지 않는다. 이는 여기의 뉴런들이 알려진 글자나 일반적인 글자 패턴의 시각적 특성에 조율되어 있음을 제안한다(Cohen et al., 2002). 뇌의 이 특별한 영역은 복측 시각 경로를 따라 배열되어 있고, 이 영역의 뉴런들은 특별한 시각적 자질(예 : 형태나 연결점)에 반응하며, 상대적으로 큰 수용장을 갖고 있다(즉 물체의 위치에 면밀하게 부호화되지 않음).

시각 단어 형태 영역은 실제 단어들뿐만 아니라 자주 쓰는 글자 패턴들로 만들어진 비단어에도 반응한다. 물론 그 활성 정도는 과제 의존적이다(예 : 읽기 대 어휘 판단 과제; Mechelli et al., 2003; Fiebach et al., 2002 참조). 비단어들에 대한 반응은 이 영역이 실제 시각어휘집(즉 알려진 단어들의 집합)을 형성하고 있는가 하는 점에 몇 가지 의문을 던진다. 시각어휘집의 신경 기제가 단어뿐만 아니라 비단어에 적어도 일정 수준 반응하는 이유는 비단어들이 시각어휘집을 검색하여 맞아떨어지는 한 단어를 찾지 못했을 때 비로소 비단어로 분류될 수 있기 때문이다(Coltheart, 2004a). 따라서 시각어휘집의 신경 기제는 그 검색이 성공적이든 아니든 상관없이(즉 그 자극이 단어거나 비단어거나 상관없이), 그 검색 과정 자체만으로도 활성화될 수 있다. 드앤과 동료들(2002)은 애초에 시각 단어 형태 영역은 어휘 접근 전 글자열의 표상을 담고 있다고 주장하였다. 연이은 연구로 그들은 그것이 단어를 포함한 몇 가지 다른 크기의 철자 청크를 포함한다고 새

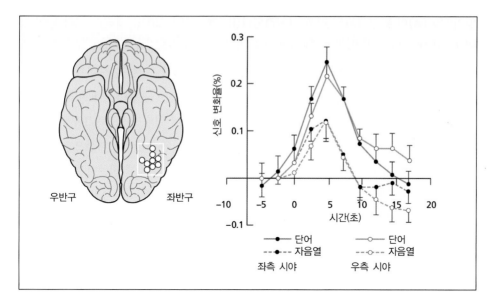

그림 12.4 시각 단어 형태 영역은 뇌의 뒷부분 아래 표면에 위치하며 좌반구에 있다. 이 영역은 자음열보다 글 단어에 반응하며, 그 단어가 우측 시야 혹은 좌측 시야에 제시되느냐에 상관없이 반응한다.

출처 : Reprinted from McCandliss et al., 2003, ⓒ 2003, with permission from Elsevier.

롭게 정의했다(Dahaene & Cohen, 2011). 예를 들어, 시각 단어 형태 영역(VWFA)의 BOLD 활성화 수준이 실제 단어 길이에 영향을 받지 않는 점은 글자 패턴이 하나의 청크로 지각되는 점을 시사한다(Schurz et al., 2010). 그러나 비단어에 대해서는 같은 반응이 나오지 않았는데, 이는 그것이 전체로 지각되지 않음을 시사한다. 게다가 시각 단어 형태 영역(VWFA)의 BOLD 활성화는 실제 단어와 실제 단어와 같은 소리를 내는 비단어에 따라 다르다(예 : taxi 대 taksi; Kronbichler et al., 2007). 이는 단어에 기초한 활성화가 철자 정보에 의한 것이지 음운 정보에 의한 것이 아니라는 것을 나타낸다.

글자와 단어의 시각 재인이 문화 의존적인 능력이라는 점을 고려할 때, 문자체계들의 차이 혹은 개인차에 상관없이 왜 같은 뇌 영역이 활자를 인식하는 데 특수화된 것일까?(Bolger et al., 2005) 이 질문에 대한 가능한 대답은 글자를 못 읽는 문맹인 사람들과 시각적으로 글을 읽지 않는 사람들(점자를 읽는 시각장애인)의 시각 단어 형태 영역(VWFA)의 기능을 검토한 연구들에서 나왔다. 드앤 등(2010)은 문맹자, 어렸을 때부터 글 읽기를 배운 사람, 그리고 어른이 되어서 글 읽기가 가능해진 사람, 이 세 그룹의 성인을 fMRI를 사용하여 비교하였다. 그들에게 단어, 얼굴, 집, 그리고 도구와 같은 다양한 시각 자극이 제시되었다. 글 읽기 능력과 시각 단어 형태 영역(VWFA)의 활성화 수준은 상관관계를 보였으며, 글 읽기 능력은 이 영역이 얼굴에 반응하는 정도를 감소시켰다(이것은 우뇌 영역으로 대치되었음). 글 읽기를 어렸을 때 배운 사람들과 어른이 되어 배운 사람들은 기초적인 패턴에서 거의 같았다. 또 다른 fMRI 연구에서는 태생적으로 시각장애인인 사람들이 다른 물체를 만질 때보다 점자를 읽을 때 시각 단어 형태 영역(VWFA)이 활성화되는 것을 관찰하였다(Reich et al., 2011). 따라서 시각 단어 형태 영역(VWFA)은 엄격히 시각적이지만은 않고, 특별한 종류의 형태(즉 글자)를 친숙하게 처리하는 것 같다. 이것이 대부분 좌측으로 편재화되는 경향을 보이는 것은 언어 기제와 밀접한 연관성을 형성할 필요가 있기 때문으로 보인다. 문맹자에 비해 글을 읽을 수 있는 사람들은 말을 처리하는 반응에서도 시각 단어 형태 영역(VWFA)의 하향적 활성화를 일으키는 것으로 보였다(Dehaene et al., 2010). 왼손잡이를 대상으로 한 연구들은 시각 단어 형태 영역(VWFA)의 편재화가 언어 기제의 위치에 의존하는 점을 보였다. 오른손잡이들은 말 산출 기제가 좌측 편재화를 보이는 반면, 왼손잡이들은 보다 높은 변이를 보인다(일부는 좌측으로, 일부는 우측 또는 양측). 왼손잡이의 시각 단어 형태 영역(VWFA)의 편재화는 전두엽에서 관찰된 말 산출 영역의 편재화와 상관되는 경

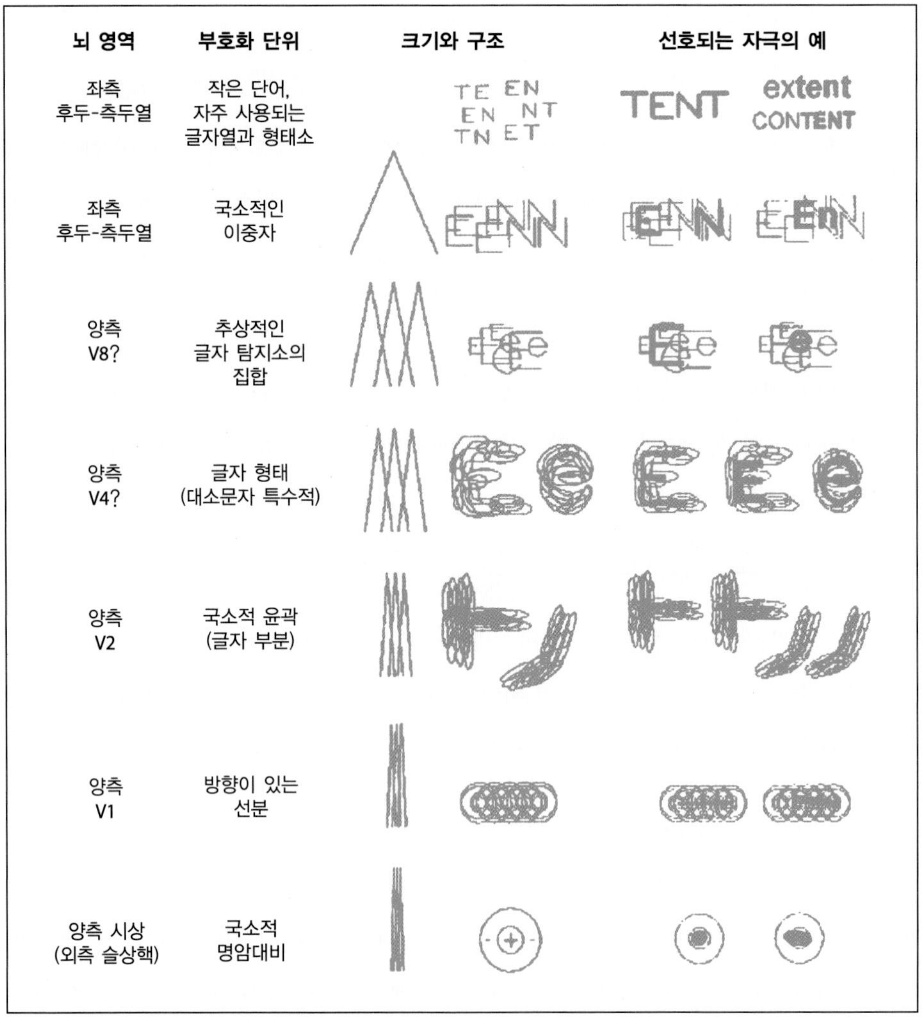
뇌 영역
부호화 단위
크기와 구조
선호되는 자극의 예
좌측 후두-측두열
작은 단어, 자주 사용되는 글자열과 형태소
TE EN
EN NT
TN ET
TENT
extent
CONTENT
좌측 후두-측두열
국소적인 이중자
양측 V8?
추상적인 글자 탐지소의 집합
양측 V4?
글자 형태 (대소문자 특수적)
양측 V2
국소적 윤곽 (글자 부분)
양측 V1
방향이 있는 선분
양측 시상 (외측 슬상핵)
국소적 명암대비

그림 12.5 시각 단어 재인은 단순한 시각적 자질(예 : 명암 대비나 선분 방향 등에 기초)에 대한 처리에서부터 형태 지각, 문화적으로 조율된 기제(예 : E와 e를 동일한 것으로 처리)에 이르기까지 위계적인 진행 과정으로 고려될 수 있다. 이 위계의 가장 높은 단계에 무엇이 있을지에 대해서는 여전히 논쟁 중이다. 전체 단어들로 구성되거나(즉 심성어휘집), 또는 자주 쓰이는 글자 패턴이 있을 것이라는 주장이 있다.

출처 : Dehaene et al., 2005. Trends in Cognitive Science.

향을 보였다(Van der Haegen et al., 2012). 이는 소위 '시각' 기제의 발달이 중요한 비시각적인 영향과 관계됨을 시사한다.

다른 연구자들은 시각 단어 형태 영역의 존재가 '미신'이라고 주장하였다. 왜냐하면 이 영역이 글자 패턴뿐만 아니라 시각적으로 제시된 사물이나 점자와 다른 종류의 친숙한 자극에도 반응하기 때문이다(Price & Devlin, 2003, 2011). 이러한 연구자들은 이 영역이 과제의 요구에 따라 다른 뇌 영역(예 : 시각과 언어 영역)을 연결하는 계산적인 허브로서 기능한다고 주장하였다. 물론 이 주장은 앞서 설명한 다른 사람들의 관점, 즉 이 영역이 다른 시각적 자극들에 비해 특별한 자극에 조율되어 있으면서 언어 기제와 (양방향적으로) 상호작용한다는 주장과 완벽히 모순적이지는 않다.

시각 단어 형태 영역(VWFA)이 언어나 시지각 일반보다 시각 단어 재인에 특별히 중요하다는 생각을 지지하는 다른 증거는 신경심리학적 연구에 있다. 이 영역의 손상은 글 읽기에 특별한 어려움, 즉 순수실독증(pure alexia) 또는 낱글자 읽기(letter-by-letter reading)을 산출한다고 종종 주장된다. 이를 다음 단락에서 고려해보자.

핵심 용어

순수실독증 단어의 길이가 길어지면 그에 따라 읽기 시간도 증가하는 읽기장애

말초성 난독증 시각 단어 형태에 대한 계산 수준까지의 손상으로 나타나는 읽기장애

중추성 난독증 시각 단어 형태에 대한 계산 이후의 과정(예 : 의미 접근 또는 말로 전환하는 과정)의 문제로 나타나는 읽기장애

순수실독증 또는 '낱글자 읽기'

한 환자가 독서에 어려움을 호소하며 신경과를 찾아온 장면을 상상해보자. CAT이라는 단어를 보여주었을 때, 그 환자는 'cat'이라는 단어를 발음하기 전에 'C', 'A', 'T'라고 낱글자를 하나씩 발음한다. CARPET이라는 글자를 보여주었을 때, 그 환자는 다시 낱자들을 하나씩 내뱉는 일을 반복하고 나서야 그 단어를 읽는다. 읽기가 때론 정확하더라도 일상생활에서 이렇게 하는 것은 너무 느리고 힘든 일이다. 역사적으로 이것은 후천성 난독증(acquired dyslexia)으로 보고된 첫 번째 유형이며, 철자 말하기, 쓰기 또는 말하기의 손상은 없으면서도 읽기에만 문제를 보여 순수실독증(pure alexia)이라 지칭되었다(Dejerine, 1892). 이후에 이 증상에 대해 '낱글자 읽기(letter-by-letter reading)'(Patterson & Kay, 1982), '단어 형태 난독증(word form dyslexia)'(Warrington & Shallice, 1980), 그리고 '철자 말하기 난독증(spelling dyslexia)'(Warrington & Langdon, 1994)과 같이 다양한 이름이 붙여졌다.

순수실독증은 **말초성 난독증**(peripheral dyslexia)의 한 종류이다. 말초성 난독증은 시각 단어 형태 계산 수준까지의 처리가 손상된 것으로 간주되어 왔고(Shallice, 1988), 시각 단어 재인에 영향을 주는 다양한 공간적 주의장애를 포함한다(Caramazza & Hillis, 1990a; Mayall & Humphreys, 2002). 이것은 시각 단어 형태의 계산 과정 이후의 처리(예 : 의미 접근 또는 말로 변환하는 과정)에 장애를 보이는 다양한 **중추성 난독증**(central dyslexia)과 대비된다. 이는 이 장의 후반부에 다룰 것이다.

순수실독증의 행동 특성은 비록 모든 환자들이 철자 이름을 소리 내어 말하지 않더라도, 단어의 길이에 비례하여 읽기시간이 증가하는 것이다(비단어도 마찬가지). 이는 시각 단어 재인에서 일반적으로 낱자들이 병렬적으로 지각되는 것이 아니라, 각 낱자들이 계열적으로 지각된다는 관점과 일치한다. 왜 환자들이 이런 특성을 보이는지에 대해 세 가지 이유가 제시되어 왔다.

1. 시지각에서 보다 기초적인 어려움과 관련이 있다(Farah & Wallace, 1991).
2. 한 번에 하나의 항목 이상을 지각하는 것과 관련된 주의/지각의 문제와 관련이 있다(Kinsbourne & Warrington, 1962a).
3. '시각어휘집' 또는 시각 단어 형태를 저장하고 있는 시스템 안에 글로 적힌 자극을 처리하는 데 특별히 관련되어 있다(Cohen & Dehaene, 2004; Warrington & Langdon, 1994; Warrington & Shallice, 1980).

순수하게 시각적 측면에서 단일 글자를 확인하는 것은 단어재인보다 쉽지만 때로 개별 글자들을 지각하는 데 어려움을 보이는 환자 사례들이 있다(Patterson & Kay, 1982). 어떤 환자들은 하위 수준의 시각적 결함은 없더라도(Warrington & Shallice, 1980) 글이 지각적으로 왜곡되면(예 : 인쇄된 글자에 비해 필기체로 연결된 글, 그림 12.6 참조) 읽기가 심각하게 어려워지는 경우가 있었다. 다수의 물체들을 동시에 지각하는 과정의 손상이 순수실독증에 항상 존재하는 것은 아니었기에 이것은 설명의 대안이 되지 않았다(Kay & Hanley, 1991). 다른 연구들은 이러한 장애가 유독 글자들과 단어 처리에만 국한된다고 주장하였다. 예를 들어, 어떤 환자들은 두 글자가 대문자인지 소문자인지(예 : 'E', 'e')를 판단하는 데 어려움을 보였으나, 실제 글자들과 만들어진 글자 또는 글자의 거울상을 구분할 수 있었다(Miozzo & Caramazza, 1998). 이는 단지 시각의 문제라기보다 더욱 추상적인 철자법에 대한 지식에 대한 문제임을 암시한다.

많은 연구자들은 시각적 결함과 철자 특수적인 결함을 연결하는 완충적인 태도를 보인다. 초기 시각 처리에서 단어 특수적인 수준까지 다양한 단계의 정보처리 흐름의 단절이 병렬적인 글자 읽기를 차단하기 때문에 한 글자씩 읽는 전략을 채택하는 것으로 보았다(Behrmann et al., 1998; Bowers et al., 1996). 이러한 보다 최근의 모형들은 상향적 처리와 하향적 처리를 모두 가정하는 '상호작용적 활성화'라는 입장을 채택한다(그림 12.3 참조). 이 모형의 상호작용적 측면은 다른 수준이 손상되었을 때 유사한 행동이 결과적으로 관찰될 수 있음을 설명한다. 그리고 하위 수준으로부터 상위 수준으로의 정보 흐름이 완전히 차단된다기보다는 줄어든다고 제안한다. 많은 순수실독증 환자들은 읽을 수 없게 짧게 제시된 단어들에 대해서 어휘 판단이나 혹은 의미 범주화(동물 대

그림 12.6 어떤 철자는 낱글자 읽기 환자들에게 특히 어렵다. 'm'자를 분리시켜 인식하는 것은 지각적으로 어렵다는 것을 확인하라.

출처 : Warrington and Shallice, 1980. Reproduced with permission of Oxford University Press.

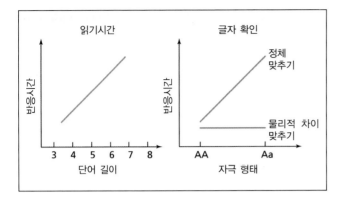

그림 12.7 순수실독증(또는 낱글자 읽기)의 경우 읽기시간은 느리고 노력이 많이 들며, 단어 길이에 영향을 많이 받는다(왼쪽 그래프). 이 환자들은 2개의 글자가 대소문자로 구분되어 있으면 이것들이 같은 것임을 파악하는 데 종종 어려움을 느낀다(예 : A-a가 같은 것임을 판단하는 데 시간이 많이 걸린다. 하지만 그것들이 물리적으로 다르다는 것을 판단하는 데는 시간이 많이 걸리지 않는다; 오른쪽 그래프). 이 장애는 추상적인 글자의 정체를 병렬적으로 처리하는 데 어려움을 야기한다. 그러나 일차적인 결함이 시각적인 것인지, 읽기에 특수한 것인지 여전히 논쟁 중이다.

출처 : Data adapted from Kay and Hanley, 1991.

안구운동 연구들이 글 읽기에 대해 밝힌 것은 무엇인가?

시각의 명료성은 중심와에서 가장 높고, 주변시에 있는 단어들은 빠르고 정확하게 인지하기 어렵기 때문에, 글을 읽는 동안 눈 움직임이 요구된다. 그러나 글 읽기 동안 눈의 움직임을 조절하는 것은 두 가지 숙련성이다. 바로 시지각과 글 이해(Rayner & Juhasz, 2004; Rayner, 2009)이다. 페이지를 넘나들며 눈 움직임은 일련의 도약(saccade)과 고정(fixation)으로 이루어진다. 이러한 눈 움직임은 움직이는 목표 자극을 쫓아가며 부드럽게 움직이는 눈 움직임과 대비된다. 이러한 과정을 보다 자세히 이해하기 위해서 우리는 두 가지 질문을 분리할 수 있다. 도약운동 후 눈을 어디에 고정할지 어떻게 결정하는가? 고정 후에 언제 눈을 움직일지 어떻게 결정하는가?

첫째, 읽기 방향은 도약운동과 고정 동안의 정보 추출에 모두 영향을 준다. 영어 화자들은 글을 읽을 때 일반적으로 좌측에서 우측으로 도약운동을 하고, 고정점의 우측에서부터 정보를 흡수한다. 이러한 움직임은 이미 처리한 정보에 기대기보다 다음에 오는 단어들을 고려하는 데 보다 효과적이며(Rayner, 1979), 고정점의 좌측에서는 3~4개의 글자, 그리고 우측에서는 15개 정도의 글자를 고려하여 정보를 취한다(Rayner et al., 1980). 히브리어 독자들은 반대이다(Pollatsek et al., 1981). 한 단어 내에 어디에 안착할지는 언어적 요소보다 지각적 요소와 보다 관련이 있다. 문맥에 의해 어떤 단어를 예측할 수 있는 정도는 그 단어 내 안착지점의 위치에 영향을 주지 않으며(Rayner et al., 2001), 형태소의 복잡성도 영향을 주지 않는다(Radach et al., 2004). 한 단어를 전부 건너뛸지는 그것이 얼마나 짧은가(지각적 요소)와(Rayner & McConkie, 1976) 그것이 얼마나 예측 가능한가(언어적 요소)에 달려 있다(Rayner et al., 2001). 단어의 빈도와 예측 가능성은 고정시간에 영향을 준다(Rayner & Duffy, 1986). 이와 유사하게 고정시간은 형태소의 복잡성에도 영향을 받는다(Niswander et al., 2000).

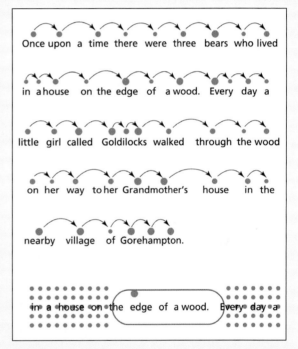

그림 12.8 읽기 과정 동안 모든 단어들에게 눈을 고정하는 것은 아니며, 눈을 고정하는 시간(고정점의 크기로 표시되어 있음)도 단어에 따라 다르다(위). 좌측에서 우측으로 읽는 독자들은 고정점의 우측에서부터 주로 정보를 얻는다(아래).

출처 : Ellis, 1993.

지각적 요소와 언어적 요소의 상호작용을 설명하기 위해 이러한 패턴의 자료를 설명하려는 몇 가지 상세한 모형이 개발되어 왔다(Pollatsek et al., 2006; Reilly & Radach, 2006).

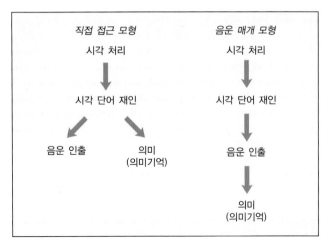

직접 접근 모형

시각 처리

↓

시각 단어 재인

↙   ↘

음운 인출   의미
(의미기억)

음운 매개 모형

시각 처리

↓

시각 단어 재인

↓

음운 인출

↓

의미
(의미기억)

그림 12.9 글로 쓰인 단어를 이해하기 위해서 단어들의 음성 정보에 접근해야 할까? 좌측 모형에 따르면 음운 인출은 소리 없이 읽는 과정을 동반하지만 꼭 필수적이지는 않다. 우측 모형에 따르면 음운 매개는 글을 이해하는 데 필수적이다.

사물)를 할 수 있다(Bowers et al., 1996; Shallice & Saffran, 1986). 이것이 일어나려면 의식적인 시각 단어 재인을 허용하기에는 불충분하지만, 의미와 어휘 표상에 접근할 수 있는 부분적인 병렬처리가 존재함을 가정해야 한다(Roberts et al., 2010).

평가

중측 방추상피질 내 한 영역이 다른 종류의 시각적 물체들보다 단어나 단어처럼 보이는 자극에 상대적으로 민감하게 반응한다는 있다는 증거가 있다. 이것은 복측 '시각' 처리 경로상에 존재하지만, 그것의 세밀한 기능이나 해부학적 위치는 엄격히 시각적이지 않다. 대신 이 영역은 시각을 보다 넓은 언어 네트워크와 다중 양상 형태 처리와 연결시킨다. 이 영역이 글자 패턴뿐만 아니라 알고 있는 단어들을 저장하는지(즉 시각어휘집)는 논쟁의 대상으로 남아 있고, 단어에 특별한 효과가 존재한다는 것은 단어 형태를 저장한다는 주장을 뒷받침한다기보다 의미 시스템으로부터 오는 하향적인 효과와 관련지어야 할 것으로 보인다.

소리 내어 읽기 : 철자로부터 소리까지의 경로

폭넓게 말해 글로 쓰인 단어와 관련해 알고 싶은 것은 두 가지이다. 그것을 어떻게 이해하는가(즉 의미기억으로부터 의미를 인출하는 과정)와 그것을 보고 어떻게 소리 내어 읽는가(즉 그것을 말로 바꾸는 과정)이다. 이 두 가지 기능은 크게 분리된 것일까? 아니면 서로 의존적인 것일까? 예를 들어, 글로 쓰인 단어를 이해하기 위해서는 먼저 말로 바꿔야 하나? 이러한 가능성을 때로 음운 매개(phonological mediation)라 한다. 대안은 글을 이해하는 것과 글을 말로 바꾸는 과정은 각각 독립적이되, 상호작용하는 병렬적 처리로 보는 것이다. 증거들은 후자의 견해를 지지하며 소위 읽기의 이중 경로 체계라는 입장으로 대두되었다.

단어의 의미와 음운 사이의 상호작용을 검토한 많은 연구들이 동음어(homophone, 같은 소리를 내나 다른 철자를 가진 단어들; 예 : ROWS와 ROSE)나 유사 동음어(실제 단어처럼 발음되는 비단어; 예 : BRANE)를 사용하였다. 반 오덴(Van Orden, 1987; Van Orden et al., 1988)은 일반 실험 참가자들이 어떤 단어가 어떤 범주의 이름과 동음어일

핵심 용어

음운 매개 단어의 소리 형태에 대한 접근이 시각적으로 제시된 단어 이해 과정에 필수적인 요소라는 주장

동음어 다른 의미(그리고 때로 다른 철자)를 가지고 있지만 같은 소리를 내는 단어

때(예 : ROWS is a FLOWER), 의미 범주화의 실수를 종종 범한다고 보고하였다. 이것은 시각 단어와 그 의미를 짝짓는 과정이 음운 매개를 필요로 한다는 증거로 채택되었다(즉 글을 이해하기 위해서는 그 단어의 소리 정보에 먼저 접근해야 한다는 것). 이것은 상호작용하지 않는 2개의 분리된 과정을 상정하는 대안적 입장과 반하는 것이다. 그러나 이것은 그 둘이 분리되었지만 상호작용한다는 입장과는 일치한다. 예를 들어, 즉시적인 발화나 명명하기, 읽기 과정에 발화 오류를 보이는 후천성 실어증 환자들은 ROWS와 ROSE가 같은 발음인지 전혀 알지 못한다고 하더라도 그것들의 의미를 이해할 수 있었다(Hanley & MacDonell, 1997). 이 사례는 글로부터 의미에 접근하는 과정은 손상이 없지만, 글로부터 발화에 이르는 과정은 손상되었다는 것을 나타낸다.

소리 내어 읽는 과정에 대해 가장 유력한 모형은 마셜과 뉴컴(Marshall & Newcombe, 1973)에 의해 최초 제안된 읽기의 이중 경로 모형에 기초하고 있다. 이 모형의 핵심 요소는 다음과 같다. (1) 시각 단어로부터 의미에 직접적으로 접속하는 의미 기반 읽기 경로, 그리고 (2) 글자 패턴과 음운 패턴의 알려진 규칙성(예 : TH라는 글자는 일반적으로 'th'로 발음됨)에 따라 읽는 음운 기반 읽기 경로이다. 두 번째 경로는 소위 글자소-음소 변환(grapheme-phoneme conversion) 경로이다.

이 모형이 뒤에 어떻게 발전되었는지 고려하기 전에 기본적이고 전통적인 이중 경로 모형의 핵심 특성을 언급하는 것이 중요하다(Morton, 1980; Patterson, 1981; Shallice et al., 1983). 전통적 모형에서 음운 기반 경로는 글자 패턴을 해당되는 음소들로 전환하는 글자소-음소 변환 과정을 담당하는 것으로 고려되었다. 이것은 비단어, 즉 정의상 어떤 의미도 없고 저장된 어휘 표상도 없는 글을 읽는 데 필수적이다. 이에 반해 의미가 있는 단어들은 의미 시스템에 직접적으로 접근하여 그 단어의 저장된 음성 정보를 경유하여 읽을 수 있다. 물론 많은 단어들은 글자소-음소 변환을 거쳐 읽는 것도 가능한데, 이 경우 불규칙 단어의 경우에는 오류를 산출할 수도 있다(예 : YACHT를 'yatched'라고 읽는 것). 어떤 경로가 사용되는가 하는 것은 처리 속도에 의존할 수 있다. 직접적인 의미 접근 경로가 일반적으로 빠를 것으로 고려된다. 왜냐하면 이것은 단어 전체를 한꺼번에 처리하지만, 글자소-음소 변환 과정은 한 단위씩 처리되기 때문이다. 또한 의미 경로는 어떤 단어가 얼마나 자주 쓰이는 정도(단어 빈도)에 민감하다. 숙련된 성인 독자들의 읽기시간 자료는 이 이론과 대략 부합한다. 고빈도 단어(자주 쓰이는 단어)는 소리와 철자 간 규칙성에 상관없이 빨리 읽힌다. 저빈도 단어의 경우에는 규칙적인 단어가 불규칙적인 단어에 비해 빨리 읽힌다(Seidenberg et al., 1984).

핵심 용어

표층난독증 비단어나 발음 규칙이 규칙적인 단어는 읽을 수 있으나 불규칙인 단어는 잘 읽지 못하는 증상

음운난독증 실제 단어들은 읽을 수 있으나, 비단어들은 읽지 못하는 증상

후천적인 중추성 난독증의 특성

이중 경로 모형은 두 경로를 구성하는 차별적인 요인에 대한 선택적인 손상이 다른 종류의 글 읽기 과정에 다른 결과를 가져올 것이라고 예측한다. 이것은 정말 그렇게 나타나는 것으로 보인다. 어떤 환자들은 비단어나 규칙적인 단어들을 잘 읽지만, 불규칙 단어들을 규칙이 있는 것처럼 발음해버린다(예 : DOVE를 마치 'move'를 읽는 것처럼 'doove'라고 발음하거나, CHAOS를 'church'의 'ch'처럼 발음한다). 이러한 환자들을 **표층난독증**(surface dyslexics)이라고 한다(Patterson et al., 1985; Shallice et al., 1983). 이는 이중 경로 시스템 내, 의미체계(Graham et al., 1994)나 시각어휘집(Coltheart & Funnell, 1987) 자체의 손상으로 글자소-음소 변환에 기대어 읽는 것을 반영한다. 그들은 그림 12.10에서 읽기 과정에 비단어와 규칙 단어들을 정확히 읽을 수 있는 빨간색 경로를 사용한다. 초록색 경로는 고빈도 단어들을 위한 기능을 일정부분 유지하고 있다. 따라서 이러한 환자들은 빈도 X 규칙성 상호작용을 보인다. 즉 고빈도 단어들은 규칙성 여부와 상관없이 정확히 읽을 수 있지만, 저빈도 단어들은 불규칙이라면 특히 오류를 보이기 쉽다(그림 12.11 참조).

후천성 난독증의 또 다른 유형은 음운난독증(phonological dyslexia)이 있다. 이 환자들은 비록 100%는 아니라 할지라도 비단어보다 실제 단어들을 잘 읽을 수 있다(Beauvois & Derouesne, 1979). 비단어를 주고 읽으라고 하면 그들은 때로 실제 단어를 답으로 산출한다(예 : CHURSE를 'nurse'라고 읽는다). 보다 세밀한 검사는 그들이 음운 처리에 문제가 있음을 보이지만(예 : 청각적인 운율 검사), 그들은 글로 쓰인 글자를 정확히 지각한다(Farah et al., 1996; Patterson & Marcel, 1992). 따라서 이 환자들은 음운 경로(글자소-음소 변환 경로) 사용에 문제가 있어 어휘-의미 경로를 주로 사용하는 것으로 보인다. 그림 12.10에서 그들은 초록색 경로를 읽기에 사용하며, 빨간색 경로를 거의 사용하지 않는다.

또 다른 유형의 후천성 난독증은 비단어에 비해 실

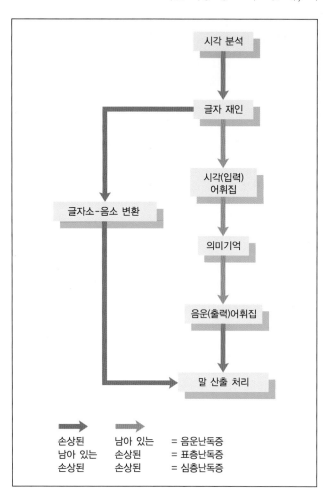

그림 12.10 읽기에 대한 이중 경로 모형. 표준적인 어휘-의미 경로와 글자소-음소 변환 경로가 초록색과 빨간색으로 각각 표시되어 있다. 글자소-음소 변환은 느린 경로로 비단어와 규칙 단어를 정확하게 읽게 할 수 있다. 어휘-의미 경로는 빠른 경로로 알고 있는 모든 단어(규칙 및 불규칙 단어)를 읽게 할 수 있지만, 자주 쓰이는 고빈도 단어들을 읽는 데 보다 효과적이다.

제 단어를 잘 읽는 점에서는 음운난독증 환자들과 비슷하지만, 실제 단어를 읽는 과정에 의미적인 오류를 보이는 경우가 있다(예 : CAT를 'dog'로 읽는 것). 이러한 환자들을 심층난독증(deep dyslexia)이라 한다 (Coltheart et al., 1980). 이 환자들은 이외에도 쉽게 이미지를 상상할 수 있는 단어(예 : wine)에 비해 그렇지 않은 단어(예 : truth)를 읽는 것을 어려워하는 등 많은 다른 특징들을 보인다. 최초 이중 경로 모형에서는 이것을 글자소-음소 변환 경로의 손상과 손상되지 않은 의미 경로의 사용으로 설명했었다(Marshall & Newcombe, 1973). 그러나 이 설명은 불충분한데, 왜냐하면 의미 경로가 정상이라면 심층난독증 환자들이 왜 글과 관련 없는 의미기억검사에서 이해에 문제를 보이는지를 설명하지 못하기 때문이다(Shallice, 1988). 심층난독증을 설명하는 가장 일반적인 방식은 두 가지 읽기 경로가 모두 손상되었다고 가정하는 것이다(Nolan & Caramazza, 1982). 어휘-의미 경로의 손상으로 유사한 개념이 혼동되어 서로 구분되지 못

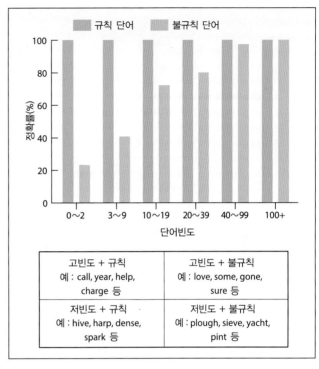

그림 12.11 의미기억 상실형 치매 환자들의 글 읽기 과정 중 빈도→규칙성 상호작용과 이러한 범주에 들어가는 단어의 예

출처 : Reprinted from Ward et al., 2000. ⓒ 2000, with permission from Elsevier.

하고, 글자소-음소 변환의 부재는 다른 방식으로 읽을 수 있는 가능성을 차단한다.

많은 연구들은 실제 단어들은 정확히 소리 내어 읽을 수 있으나 비단어 읽기 손상과 의미기억 손상을 가진 환자들을 보고해왔다(Cipolotti & Warrington, 1995b; Coslett, 1991; Funnell, 1983; Lambon Ralph et al., 1995). 그렇다면 이 환자들은 어떻게 읽는 것일까? 비단어 읽기에 문제가 있는 것은 글자소-음소 변환에 어려움이 있음을 암시하고, 이해와 의미기억에 문제가 있는 것은 어휘-의미 경로 사용에 어려움이 있는 것을 암시한다. 이 환자들은 심각한 난독증, 아마도 심층난독증이 있는 것으로 예측할 수 있다. 이러한 자료를 설명하기 위해 몇몇 연구자들은 시각어휘집에서 의미 시스템을 거치지 않고 음운어휘집으로 바로 연결되는 '제3의 경로'를 가정해야 한다고 주장하였다(Cipolotti & Warrington, 1995b; Coltheart et al., 1993; Coslett, 1991; Funnell, 1983).

의미 지식의 손상에도 불구하고 단어 읽기를 잘하는 것을 설명하기 위해 상정된 '제3의 경로'에 대한 몇 가지 대안적인 설명이 있다. 울램스 등(Woollams et al., 2007)은 의미기억 상실형 치매의 맥락에서 발견된 이러한 사례들이 그들의 의미기억이 더욱 나빠질수록 단어 읽기 문제가 어려워지는 경향성(특히 불규칙 단어)이 있음을 보고하였

핵심 용어

심층난독증 비단어들에 비해 실제 단어들은 읽을 수 있으나, 종종 의미적인 오류를 보이는 증상

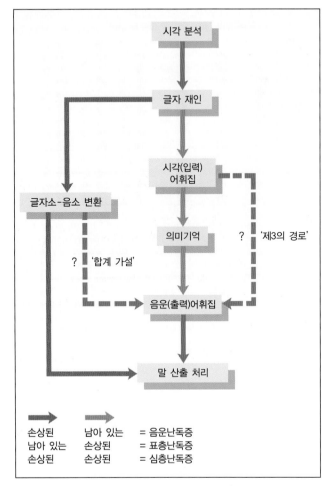

그림 12.12 수정된 이중 경로 모형. 두 가지 대안적인 경로(파란색 경로). 어떤 후천적 난독증 환자들이 그들이 이해하지 못하는 불규칙 단어들을 여전히 읽을 수 있는 것을 설명하기 위해 다른 연구자들이 제안한 두 가지 수정 방안. 이 경로들은 의미 경로를 거치지 않는다.

다. 그들은 이러한 단어들을 읽기 위해서는 손상되지 않은 의미 시스템이 항상 존재하지만, 사람들은 다른 경로 대신 하나의 경로를 사용하는 범위가 다를 수 있다고 주장하였다. 뇌 손상 이전에 의미 경로를 주로 사용한 사람들은 의미기억 상실형 치매가 진전됨에 따라 읽기 능력에 가장 많은 손상을 가져올 것이다. 제3의 경로에 대한 또 다른 대안은 합계 가설(summation hypothesis)이다(Hillis & Caramazza, 1991; Ciaghi et al., 2010). 합계 가설은 읽기 과정 중 어휘 표상은 의미 시스템과 글자소-음소 변환에서 오는 활성화를 합치는 과정에서 선택된다고 주장한다. 따라서 이 경로들 중 하나 혹은 두 경로 모두 부분적으로 손상된 환자들은 불규칙 단어라 할지라도 상대적으로 유창하게 읽을 수 있는 능력을 보존할 수 있다. 예를 들어, 불규칙 단어인 *bear*를 읽으려고 할 때, 다소 손상된 의미 시스템은 bear, horse, cow 등 여러 개의 후보를 활성화시킬 수 있다. 그러나 글자소-음소 변환 시스템은 음운적으로 유사한 다른 종류의 후보('bear', 'bare', 'bar' 등) 또한 활성화시킨다. 이러한 두 종류의 정보를 통합하여, 어느 한 과정이 불충분하더라도 환자는 'bear'라는 정확한 발음에 도달할 수 있다. 힐리스와 카라마짜(Hillis & Caramazza, 1991)는 이러한 예측을 검증하였다. 그들의 표층난독증/난서증 환자는 부분적으로 이해 가능한(예 : 상위 수준의 범주 정보는 이해 가능함) 불규칙 단어들을 읽고 쓸 수 있었으나, 완전히 이해 불가능한 불규칙 단어들은 그렇게 하지 못했다.

기능적 영상이 다양한 경로의 존재에 대해 밝힌 것은 무엇인가

글 읽기의 이중(혹은 그 이상) 경로들을 상정한 애초의 동기는 인지 이론적인 것이지 신경해부학적인것은 아니었다. 그럼에도 불구하고 기능적 영상은 이 논쟁에 적어도 원리적인 측면에서 중요한 정보를 제공한다(개관은 Fiez & Peterson, 1998 참조; Jobard et al., 2003; Cattinelli et al., 2013). 물론 기능적 영상은 특정 과제에 대한 반응으로 뇌 영역의 활성화를 측정하기 때문에 뇌 영역들 사이의 해부학적 경로에 대한 직접적인 증거를 제공하지는 않는다.

이미 언급한 중방추상 영역(혹은 VWFA) 외에도 많은 좌측을 편재된 다른 영역들이 읽기 과정과 어휘 판단과 같이 읽기와 관련된 처리에 관련된 것으로 fMRI 연구들은 보고하고 있다. 이러한 영역들은 하전두엽(브로카 영역 포함), 하두정엽, 전측 및 중측 두엽의 몇몇 영역이다. 이 영역들을 차례대로 고려해보자.

하전두엽(브로카 영역)

이 영역은 읽기뿐만 아니라 언어 처리 전반에 관한 fMRI 연구들에서 보고되었다(제11장 참조). 어떤 연구자들은 하전두엽이 단일 단어 읽기에 핵심적인 역할을 하지 않는 대신, 일반적인 과제 난이도와 관련 있다고 주장한다(Cattinelli et al., 2013). 그러나 다른 학자들은 그 영역이 글자소-음소 변환에 중요한 역할을 한다고 주장하였다(Fiebach et al., 2002). 왜냐하면 불규칙 저빈도 단어를 읽을 때 이 영역이 더 많은 활성화를 보였기 때문이다(Fiez et al., 1999). 이러한 단어들은 가장 읽기 어려운 것들인데, 더 많은 인지적 노력이 들수록 더 많은 BOLD 활성화를 가져온다는 가정을 고려하면 이러한 주장이 뒷받침된다. 저빈도 불규칙 단어들에 대해 증가된 활성화를 해석할 수 있는 대안적인 방법은 이 증가된 BOLD 활성화가 이 단어들에 대해 이 영역에서의 보다 많은 의미 처리를 반영한다고 보는 것이다(글자소-음소 변환의 어려움을 반영한다기보다). 몇몇 연구들은 이러한 대안적 주장을 지지하였다(Jobard et al., 2003). 이 영역 내 다른 하위 영역이 두 가지 읽기 경로를 담당한다면 이 두 주장은 모두 맞을 수 있다. 하임 등(Heim et al., 2005)은 BA45 영역이 의미 인출에 관계되고, BA44 영역은 글자소-음소 변환에 관계된다고 제안하였다. 하전두엽에 광범위한 손상을 입은 환자들은 규칙적인 실제 단어들에 비해 비단어 읽기에 보다 많은 오류를 보이며, 이와 더불어 저빈도 불규칙 단어들에 대해서도 어려움을 보인다(Fiez et al., 2006). 즉 이 패턴은 표층난독증이나 음운난독증 각각의 증상이 아니라 두 가지가 모두 혼재된 것이다. 이는 이 영역이 읽기의 어느 한 가지 경로와 연결된다기보다 읽기에 있어 다양한 기능을 제공함을 시사한다.

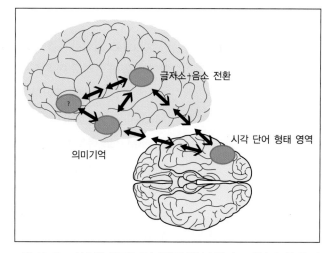

그림 12.13 뇌 영상 연구들에서 확인된 핵심 영역과 그 영역의 가능한 기능. 해부학적 경로(그리고 중간 처리 단계)는 대부분 알려지지 않았고, 여기에 묘사된 것은 가능성들을 나타낸다. 읽기 과정에 하전두엽(브로카 영역)의 역할은 불확실하지만 의미에 바탕을 둔 읽기와 음운적 해독을 통한 읽기 모두에 기여할 수 있다. 이것은 과제에 따라 채택되는 읽기 전략에 따라 달라질 것이다.

하두정엽

하두정엽은 2개의 해부학적 영역들, 즉 상측두엽과 인접한 연상회(supramarginal gyrus)와 보다 뒷부분에 있는 각회(angular gyrus)로 구성된다. 이 두 영역은 오랫동안 언어와 관련되었다. 연상회는 역사적으로 베르니케 영역(특히 음운 처리)와 연관되었다. 각회는 언어적 작업기억(Paulesu et al., 1993)과 의미 개념을 결합하는 과정(Binder & Desai, 2011)과 관련되었다. 특히 읽기와 관련해서는 좌측 연상회가 글자소-음소 변환에 관련된 것으로 제안되었다. 이 영역은 단어보다 비단어에 더욱 많은 활성화를 보이는데, 두개골 내 EEG 연구(Juphard et al., 2011)와 fMRI 연구(Church et al., 2011)는 긴 비단어를 읽을 때 EEG 활동의 시간이 길어지고, BOLD 신호도 증가함을 보였다. 이러한 발견은 글자열을 처리할 때 전체적인 재인이 일어나는 것이 아니라 점진적으로 처리되는 것을 암시한다. 이 영역에 흥분성 TMS를 가했을 때, 비단어 읽기를 촉진시켰고(Costanzo et al., 2012), 억제성 TMS는 시각적으로 제시한 단어들에 대한 음운 판단 과정을 방해하였다(Sliwinska et al., 2012). 마지막으로 의미기억 상실형 치매가 있는 환자들은 통제 집단에 비해 저빈도 불규칙 단어들을 읽을 때 이 영역을 과도하게 활성화시키는 것을 관찰하였다(Wilson et al., 2012). 이러한 환자들은 이러한 단어들을 규칙적으로 읽는 행태를 보였는데(예 : SEW를 'sue'라고 읽음), 이는 그들이 의미기억 손상으로 인해 잘 읽지 못하는 능력을 보완하기 위해 이 영역을 사용하는 것으로 해석할 수 있다.

전측 및 중측 두엽

이 영역들은 의미기억과 많은 관련이 있다. 읽기 모형 내에서 이 영역들은 의미 경로(즉 의미를 통해 철자를 음운으로 매핑)에 관계될 것으로 기대할 수 있다. 중측두엽은 fMRI 연구에서 글로 쓰인 단어의 음운 처리보다 의미 처리 과정에 보다 많은 활성화를 보인다 (Mechelli et al., 2007). 이 영역과 전측 측두극(anterior temporal pole)의 회백질의 두께를 VBM으로 측정해보았을 때, 이것은 실어증 환자들의 불규칙 단어 읽기 능력과 상관관계를 보였다(Brambatti et al., 2009). 마지막으로 표층난독증을 보이는 의미기억 상실형 치매 환자들은 이 영역에 손상이 있었다(Wilson et al., 2009).

요약하자면 기능적 영상에서 온 증거들은 다른 뇌 영역들이 글자소-음소 변환(좌 연상회)을 통한 읽기와 의미를 통한 읽기(전측 및 중측 두엽)에 관여됨을 보였다. 이러한 증거들은 일반적으로 이중 경로 모형을 지지하며, 적어도 현재까지는 다른 경로를 상정하는 모형들을 잘 구분해내지는 못하고 있다. 다른 영역들(예 : 좌하전두엽)도 읽기 과정에 중요한 역할을 하지만 그것의 기능이 무엇인지는 아직 불분명하며, 따라서 그 영역들이 현재 읽기 과정에 대한 현재 인지 모형 안에서 어떤 구성체로 매핑될 수 있는지는 분명하지 않다.

읽기 시스템은 범언어적인가

이중 경로 모형은 영어처럼 철자와 소리의 규칙성이 불분명한(규칙적인 단어와 불규칙적인 단어가 함께 섞여 있는) 언어를 읽는 과정을 이해하는 데 매력적인 이론이다. 그러나 이탈리어어나 한국어처럼 철지와 소리의 규칙성이 매우 명료한 언어나, 중국어처럼 표의문자를 사용하여 문자와 소리의 관계의 규칙성이 거의 없는 언어에 대해서는 어느 정도까지 적용될 수 있을까? 과학적 증거들은 같은 읽기 시스템이 다른 언어들에도 사용되나, 문화 특수적인 요구에 따라 다른 경로와 요인들이 다른 가중치로 작용한다고 제안한다.

기능적 영상 연구들은 다른 언어들도 글 읽기 과정에 유사한 뇌 영역을 사용하지만, 다른 정도로 사용한다고 제안한다. 이탈리아어 화자는 단어들을 읽을 때 음소 처리와 관련된 영역을 보다 강하게 활성화시키지만, 영어 화자들은 어휘 인출과 관련된 영역들을 보다 많이 활성화시킨다(Paulesu et al., 2000). 중국어 화자들을 대상한 연구들은 중국어 표의문자를 읽을 때나, 중국어의 로마-알파벳 음역어(중국어를 가르칠 때 사용하는 'pinyin'이라 불리는 한자병음 체계)를 읽을 때나 같은 뇌 영역을 사용하는 것을 보였다(Chen et al., 2002). 게다가 중국어 한자를 읽을 때, 영어를 읽을 때보다 의미와 관련된 뇌 영역을 더욱 많은 활성화를 가져왔지만, 전체적으로 유사한 뇌 영역의 활성화를 발생시켰다(Chee et al., 2000). 이것은 표의문자를 읽을 때 영어를 읽을 때보다 단어의 상상성에 더 많이 영향을 받는다는 인지심리학적 연구에 의해 지지를 받는다(Shibahara et al., 2003). 상상성이란 어떤 개념이 얼마나 구체적인지 혹은 추상적인지를 나타내는 것으로, 구체적인 단어들이 보다 분명한 의미 표상을 갖고 있는 것으로 고려된다. 따라서 중국어 독자들은 의미 표상을 사용한 읽기 과정에 보다 의존하는 것으로 보인다. 그러나 읽기 시스템은 다른 문자체계에서 사용되는 것과 크게 다르지 않아 보인다.

표층난독증 사례는 일본어(Fushimi et al., 2003)와 중국어(Weekes & Chen, 1999)에서도 보고되어 왔다. 중국어 한자와 일본어 간지를 글자소-음소 변환 경로를 사용해 읽는 것은 그 단어를 구성하는 부분에 의해 영향을 받는다. 중국어나 일본어의 발음은 같은 글자라 하더라도 맥락에 따라 다른 발음이 되는 경우가 있다. 따라서 그 일치성 정도는 상당히 변화무쌍하다. 하지만 크게 보면 글자소-음소의 규칙성의 변이가 있는 점은 알파벳 문자와 마찬가지이다. 따라서 이러한 중국어나 일본어 간지에서 어떤 글자와 소리의 대응 관계의 일치성 정도는 단어 또는 비단어 읽기에 영향을 미치고, 저빈도 단어

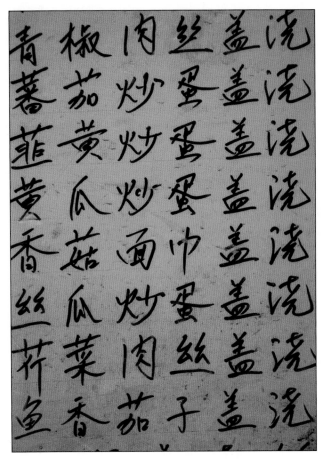

그림 12.14 비록 중국어가 알파벳 문자는 아니지만 모든 단어들과 문자들은 부분의 집합으로 해체될 수 있다. 알파벳 문자에서 글자소-음소 변환에 해당하는 부분에 기초한 중국어 한자 읽기에 민감한 분리된 경로가 있을 것이라는 증거가 있다.

인 경우 더욱 그렇다. 이러한 결과들은 알파벳 문자가 아닌 경우에도 글자로부터 소리를 연결시키는 경로(즉 음운 경로)가 존재함을 암시한다. 이러한 문자 체계를 사용하는 언어에서도 음운난독증도 관찰되었는데, 이는 이중 경로 모형이 범언어적이라는 주장에 보다 많은 무게를 실어준다(Patterson et al., 1996; Yin & Weekes, 2003). 아울러 글자와 소리와의 관계가 매우 규칙적이어서 원칙적으로 글자소-음소 변환 경로만으로 읽을 수 있는 이탈리아어의 경우에도 표층난독증(Job et al., 1983)과 음운난독증(De Bastiani et al., 1988)이 보고되었다. 영어와 중국어와 마찬가지로, 이탈리아어의 성인 독자들은 단어 빈도와 음운 규칙성의 상호작용을 보였다(Burani et al., 2006).

평가

읽기의 이중 경로 모형은 현재까지 가장 그럴듯한 모형으로 존재한다. 이 모형은 숙련된 읽기와 후천적 난독증의 사례들과 다른 종류의 단어들을 읽을 때 관찰되는 다른 뇌 영역의 활성화 패턴의 차이를 설명할 수 있다. 이 모형은 영어와 매우 다른 문자를 사용하는 언어들도 포괄적으로 설명한다. 그러나 읽기 과정의 복잡한 계산 과정들은 완벽히 알려진 것은 아니다.

스펠링과 쓰기

스펠링은 읽기에 비해 보다 적은 관심을 받아왔다. 예를 들어, 이 주제를 연구한 기능적 영상 연구는 상당히 소수이다(그러나 Beeson et al., 2003 참조). 그 이유는 분명하지 않다. 읽기에 비해 글쓰기는 상대적으로 덜 흔할 수 있고, 좀 더 어려울 수도 있다. 예를 들어, 많은 성인 선천적 난독증 환자들은 어느 정도 읽기는 가능하지만, 스펠링(받아 적기)에는 많은 어려움을 호소한다(Frith, 1985). 그러나 스펠링과 그 장애에 대한 연구는 문해력(literacy)과 관련된 인지 시스템의 조직에 중요한 통찰을 가져다주었다.

스펠링과 쓰기 모형

먼저, 어떤 글자들을 선택하고 인출하는 과정과 그것을 물리적으로 출력해내는 작업을 구분하는 것이 중요하다. 후자는 읽기, 타이핑, 그리고 철자를 말하는 것과 같은 다양한 형태의 출력으로 나타날 수 있다. '스펠링(spelling)'이라는 용어는 어떤 출력으로 나타나는가에 상관없이 중립적으로 이 모든 것을 포괄한다.

읽기와 마찬가지로 스펠링의 이중 경로 모형이 제안되었다(개관 논문은 Houghton & Zorzi, 2003 참조). 스펠링은 읽기 과정의 역으로, 들은 단어 또는 개념으로부터 철자정보를 얻는 것이다. 따라서 어떤 경로의 이름은 이를 반영하여 변경된다. 예를 들어, 읽기 모형에서 글자소-음소 변환과 같이 음소-글자소 변환은 스펠링의 가설적인 구성체가 된다.

이 모형에 대한 일차적인 증거들은 후천적 난서증(dysgraphia)으로부터 왔다. 표층난서증 환자들은 규칙적인 철자를 가진 단어와 비단어들에 대한 받아쓰기는 잘했지만, 불규칙 단어에 대해서는 잘 못했다(예 : 'yacht'를 'YOT'라고 씀)(Beauvois & Derouesne, 1981; Goodman & Caramazza, 1986a). 이는 어휘-의미 경로의 손상으로 음소-글자소 변환에 의존한 것으로 보인다. 이러한 사례들에서 환자들은 의미장애로 인해 이해를 잘 못하는 특성을 보인다(Graham et al., 2000). 이에 반해 음운난서증(phonological dysgraphia) 환자들은 비단어에 비해 실제 단어들을 스펠링할 수 있다(Shallice 1981). 이것은 음소-글자소 변환의 어려움 또는 음운 분리의 어려움으로 해석될 수 있다. 심층난서증(예 : 'cat'을 'D-O-G'라고 씀) 또한 보고되었다(Bub & Kertesz, 1982). 읽기 모형에서와 마찬가지로 여기에도 의미를 거치지 않고 음운과 철자 어휘집을 바로 연결하는 제3의 경로가 존재하는지에 대한 논쟁이 있었다(Hall & Riddoch, 1997; Hillis & Caramazza, 1991). 이 모든 스펠링장애들은 출력 양식과는 일반적으로 독립적인 것으로 보인다. 예를 들어, 표층난서증 환자들은 같은 종류의 오류를 쓰기, 타이핑, 그리고 철자를 말하는 과정 모두에 공통적으로 나타내었다.

글자소 버퍼

글자소 버퍼(graphemic buffer)는 출력 과정(글쓰기, 타이핑 등)이 진행되는 동안 추상적인 글자소들을 잠깐 보관하는 단기기억 장소이다(Wing & Baddeley, 1980). 다른 단기기억 시스템과 마찬가지로 글자소 버퍼는 전두-두정 네트워크에 의해 매개된다(Cloutman et al., 2009). 이 맥락에서 '글자소'라는 용어는 대소문자(예 : B 대 b)나, 폰트(b 대 b), 또는 출력 양상(예 : 철자를 말로 하기 대 쓰기)에 상관없는 글자의 정체(identity)를 지칭한다. 글자소 버퍼의 또 하나의 중요한 특성은 음소-글자소 경로와 어

핵심 용어

난서증 스펠링과 쓰기 장애

글자소 버퍼 글쓰기나 타이핑과 같은 과정 동안 추상적인 글자열을 유지하는 단기기억 요소

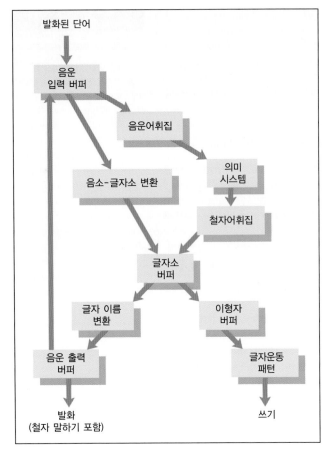

그림 12.15 스펠링의 이중 경로 모형

휘-의미 경로가 만나는 지점에 위치한다는 것이다. 따라서 글자소 버퍼는 단어와 비단어 스펠링에 모두 사용된다.

윙과 배들리(Wing & Baddeley, 1980)는 케임브리지대학교 입시에 응시한 사람들의 스펠링 실수에 대한 대용량 자료를 분석하였다. 그들은 철자법이 틀린 오류가 실제 철자에 대한 지식의 부족(어떤 단어에 대한 철자를 계속 틀리는 것이 아니라)에 의해서 생기는 것이 아니라, 산출할 때 실수에 의해서(펜을 잘못 굴려) 생긴다고 믿었다. 이러한 오류는 낱자 위치교환(예 : HORSE → HOS*RE*), 대치(예 : HORSE → HO*P*SE), 생략(예 : HORSE → HOSE), 첨가(예 : HORSE → HOR*E*SE) 등으로 이루어졌다. 이러한 오류들은 글자소 버퍼에서 잡음 또는 간섭에 의해 생기는 것으로 간주되었다. 이러한 오류들의 또 다른 특성은 이 오류가 단어의 가운데 부분에 많이 생겨 오류의 분포가 역U자 형태가 되는 경향이 있었다. 윙과 배들리는 가운데 있는 글자가 보다 많은 이웃들이 존재하기 때문에 보다 많은 간섭을 받을 수 있을 가능성이 있다고 추정하였다.

글자소 버퍼의 후천적 손상을 명시적으로 보여준 예는 LB라는 환자의 사례이다 (Caramazza et al., 1987; Caramazza & Miceli, 1990; Caramazza et al., 1996). 어떤 측면에서 LB가 보이는 오류는 윙과 배들리(1980)가 보고한 예들의 심각한 병리적 현상이다. 예를 들어, 스펠링 실수는 한 글자 오류로 단어의 가운데 글자에 집중되었다. 단어, 비단어를 가리지 않고 지속적인 오류가 나타났으며 출력 형태에 상관없이 나타났다. 이는 글자소 버퍼가 스펠링에 관한 인지 모형의 정중앙에 위치한다는 견해와 일치한다. 뿐만 아니라 단어 길이는 오류가 나타날 확률에 유의한 영향을 미쳤는데, 이는 단기기억의 제한된 용량이 작용한다는 점과 일치한다.

글자소 버퍼에 머무는 정보가 일련의 글자들의 선형적 배열 이상이라는 증거가 있다 (Caramazza & Miceli, 1990). 특히 연속적인 이중 글자(예 : RABBIT의 BB)는 특별한 위상을 갖는다. 이중 글자(때로 쌍둥이 글자로 명명됨)는 때로 그 반복이 다른 글자로 전이되는 경향을 보인다. 예를 들어, RABBIT이 RABITT으로 잘못 쓰인다. 그러나 이

중 글자가 없는 단어들에서 나타나는 위치교환(예 : BASKET을 BASEKT로 잘못 씀)과 같이 RABIBT과 같은 오류는 거의 나타나지 않는다. 이는 RABBIT이 라는 단어의 스펠링 표상이 R-A-B-B-I-T로 구성된 것이 아니라, R-A-B[D]-T으로 구성되어 있음을 나타낸다[이때 [D]는 이중(double)을 나타냄]. 왜 이러한 이중 글자가 특별한가? 한 가지 제안은 각 글자들이 산출되고 난 뒤에, 다시 그 글자가 산출되지 않고 다음 글자가 산출될 수 있도록 이미 산출된 글자를 억제해야 하는데(Shallice et al., 1995), 이중 글자의 경우 이러한 억제를 통제하는 특별한 기제가 있어야 한다.

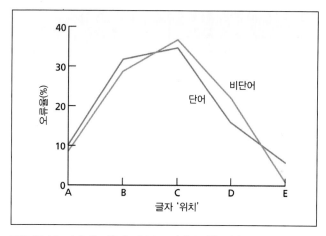

그림 12.16 LB라는 환자는 글자소 버퍼 손상을 입었고, 단어와 비단어의 스펠링에 오류를 산출한다. 이 오류는 단어의 가운데 부분에 집중되어 있다.

출처 : Reprinted from Caramazza et al., 1987. ⓒ 1987, with permission from Elsevier.

쓰기와 철자 말하기

스펠링에 있어 출력을 글쓰기로 하거나 말로 하는 과정이 분리된다는 증거가 있다. 어떤 환자들은 글로 적을 때보다 말로 할 때 스펠링 오류를 보인다(Cipolotti & Warrington, 1996; Kinsbourne & Warrington, 1965). 말로 스펠링하는 것은 음운 처리와 각별한 관계가 있다(개관 논문은 Ward, 2003 참조). 이에 반해 어떤 환자들은 말로 스펠링은 잘하지만, 글로 적을 때 오류를 보인다(Goodman & Caramazza, 1986b; Rapp & Caramazza, 1997). 이러한 말초성 난서증(peripheral dysgraphias)은 몇 가지 종류로 나눠지며, 추상적인 글자 확인에서부터 펜을 움직여 글을 쓰는 데까지 여러 단계가 관여된다.

엘리스(Ellis, 1972, 1982)는 한 글자를 묘사하는 데 세 가지 다른 수준이 있다고 언급하였다. 글자소는 글자의 정체를 기술하는 가장 추상적인 수준이며, 이형자(allograph)는 형태 특정적인 글자를 말하고(예 : 대소문자, 인쇄체나 필기체와 같이 형태에 따른 차이를 반영함), 필기(graph)는 획의 순서나 크기, 방향 등이 구체화된 것을 말한다. 뒤의 두 가지 수준에 대한 손상이 말로 스펠링하는 것에 비해 글로 쓰는 과정에 선택적으로 영향을 준다. 이형자 수준에 손상을 입은 환자는 mIxeD CaSe와 같이 쓸 수 있고, 소문자로 쓰기(Patterson & Wing, 1989)나 대문자 쓰기(Del Grosso et al., 2000)에 선택적으로 어려움이 있을 수 있다. 그들은 한 글자를 유사한 형태를 가진 글자로 대치하는 경향이 있다(Rapp & Caramazza, 1997). 이것은 시각적 형태의 혼동에 근거할 수도 있지만, 글쓰는 움직임 자체가 유사하기 때문일 수도 있다. 몇몇 연구자들은 이형자는 대소문자나 서체를 명시하는 것이지, 글자의 시각적 형태를 구체화하는 것은 아니라고 주

핵심 용어

이형자 형태(예 : 대소문자 여부, 인쇄체 혹은 필기체)가 구체화된 글자

필기 글자 쓰는 순서, 크기, 방향 등이 구체화된 글자

그림 12.17 IDT라는 환자는 글자 받아쓰기를 할 수 없었으나, 글자를 베껴쓰거나 요구되는 그림을 그릴 수는 있었다. 이 능력은 일반적인 실행장애 가능성을 배제한다.

출처 : Reproduced from Baxter and Warrington, 1986. © 1986, reproduced with permission from BMJ Publishing Group Ltd.

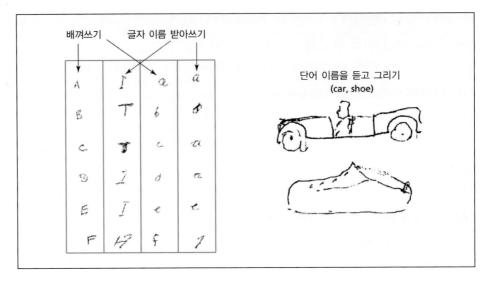

그림 12.18 VB라는 환자는 글쓰기와 같은 운동을 실행하는 과제들을 할 때 시각과 운동 피드백을 활용하지 못해 생기기는 것으로 가정되는 '구심성 난서증'으로 묘사된다. 일반적인 사람들에게 눈을 가려 시각적인 피드백을 제한하거나 관계없는 운동 반응을 산출하게끔 하면 유사한 오류들이 관찰된다.

출처 : Ellis et al., 1987.

장하였다(Del Grosso Destreri et al., 2000; Rapp & Caramazza, 1997). 라프와 카라마짜(1997)는 이형자 수준에 손상을 입은 것으로 가정되는 환자가 시각적 형태의 유사성보다 글을 쓰는 방식의 유사성에 의해 영향을 받는 것을 보였다. 다른 난서증 환자들은 글자들을 시각적으로 상상하는 것보다 훨씬 더 잘 쓸 수 있었고(Del Grosso Destreri et al., 2000), 받아쓰기는 잘하지만 시각적으로 제시한 단어들을 똑같이 베껴 그리는 것은 할 수 없었다(Cipolotti & Denes, 1989). 이는 글쓰기의 출력 코드가 시공간적인 것이라기보다 일차적으로 운동적인 것임을 나타낸다.

글쓰기의 운동 표상 그 자체가 손상될 수도 있다(앞에 정의된 필기에 해당). 어떤 환자들은 더 이상 글씨를 쓸 수 없는데, 그림이나 숫자는 베껴 그릴 수 있다. 이는 글과 관련된 운동 표상이 손상되었으나, 행위 전체가 손상된 것은 아님을 시사한다(Baxter & Warrington, 1986; Zettin et al., 1995).

비록 글쓰기를 위한 출력 코드가 시각적이라기보다 운동적이지만, 시각은 여전히 실시간으로 글쓰기를 수행할 때 중요한 역할을 한다. **구심성 난서증**(afferent

레오나르도 다 빈치의 이상한 철자와 글

레오나르도 다 빈치의 글은 내용과 형식에서 모두 이상하다. 내용에 있어서는 많은 철자 오류가 있다. 이로 인해 그가 아마도 표층 난독증/난서증이 있었을 수 있다고 주장되었다 (Sartori, 1987). 형식에 있어서는 그의 손 글씨는 매우 특이했고, 그의 방식에 친숙한 학자들이 아니면 사실상 거의 읽기 불가능하다. 다 빈치는 글을 거울에 비친 형태, 즉 반대 방향으로 적었다. 따라서 그의 글은 종이의 오른쪽에서 시작하여 왼쪽으로 옮겨가며 적혀 있다. 글자 그 자체도 거울에 비친 형태로 좌우가 뒤바뀌어 있다. 이 때문에 다양한 해석이 등장했다. 자신의 아이디어를 지키기 위해 고의적으로 비밀스러운 코드를 사용한 것이라든지, 아니면 그가 인간이 아닌 증거(천사나 악

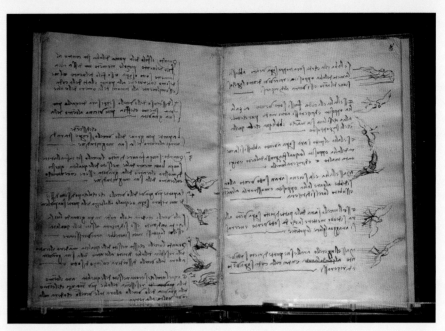

그림 12.19 레오나르도 다 빈치는 표층난서증이었을까? 왜 그는 글자를 좌우가 뒤바뀐 거울상으로 썼을까? 여기 제시된 예는 그의 *Codex on the Flight of Birds*?라는 글의 일부분이다(circa 1505).
출처 : ⓒ Luc Viatour GFDL/CC.

마)라든지, 혹은 그가 왼손잡이인 것과 관련이 있을지도 모른다는 것이다. 다 빈치가 왼손잡이인 것은 잘 알려져 있고, 왼손잡이 어린이들 중 적은 비율은 가끔 이러한 방식으로 글을 적기도 한다. 그가 원래 오른손잡이로 태어났으나, 질병으로 인해 왼손으로 글을 쓸 수밖에 없었기 때문이라는 다른 가설도 있다. 자연스러운 오른손잡이들은 만약 양손으로 동시에 글을 쓰라고 하면, 오른손은 평소와 동일하게 쓰지만, 왼손은 거울에 비친 형태로 쓰게 되는 것이 얼마나 쉬운지 알게 된다(이에 대한 논의는 McManus, 2002 참조).

그의 스펠링 오류에 대해 사르토리(Sartori, 1987)는 다 빈치가 표층난서증이 있었다고 주장한다. 이 장애의 대표적인 특징이 불규칙 단어들을 음운적으로 규칙적인 형태로 적는 것이다. 이탈리아어(다 빈치의 모국어)는 불규칙 단어들이 별로 없음에도 불구하고, 같은 음운이 다른 글자 형태로 표현될 수 있다. 예를 들어, *laradio*와 *l'aradio*는 음성학적으로 가능하다. 물론 관례상으로는 틀렸지만 말이다. 이런 종류의 오류들이 다 빈치의 글에는 빈번하게 나타나며, 이러한 오류는 현대 이탈리아인의 표층난서증의 사례로 취급된다. 그러나 일반 이탈리아인들은 이러한 스펠링 오류를 거의 보이지 않는다.

dysgraphia) 환자들은 글쓰기 과정에 많은 획을 생략하거나 더하기도 한다(Cubelli & Lupi, 1999; Ellis et al., 1987). 흥미롭게 건강한 사람들에게 눈을 감고 쓰게 하거나 운동을 제한하면(예 : 글쓰는 반대 손을 묶음), 이와 비슷한 오류 패턴들이 나타난다. 이는 구심성 난서증 환자들이 비록 기본적인 감각(예 : 시각, 고유수용성 감각)이 거의 손상되지 않았더라도 감각운동 피드백 정보를 잘 활용하지 못하는 것을 나타낸다.

핵심 용어

구심성 난서증 시각과 운동 피드백 정보를 잘못 사용하기 때문에 쓰기 과정에 획을 생략하거나 더 더하는 오류 형태

스펠링은 읽기와 같은 기제를 사용하는가

읽기와 스펠링은 원천적으로 유사하기 때문에, 어느 정도 범위에서 그 둘이 같은 인지신경학적인 기제를 공유할 것으로 기대할 수 있다. 많은 초기 모형들은 읽기와 스펠링에 대해 각각의 어휘집을 상정하였다(Morton, 1980). 그러나 이러한 분리가 약할 것이라는 증거가 있다. 사실 그것보다 읽기와 스펠링에 같은 어휘집이 사용된다는 증거가 있다(Behrmann & Bub, 1992; Coltheart & Funnell, 1987). 이 두 연구는 표층난독증과 표층난서증을 가진 환자들이 읽을 수 있거나 혹은 쓸 수 있는 단어(혹은 그렇지 못한 단어)가 항목별로 유사하다는 것을 보였다. 이 연구들은 환자들이 보이는 결과는 읽기와 쓰기 과정에 공유된 어휘집으로부터 단어 형태에 대한 정보가 손실된 것을 반영한다고 주장하였다.

읽기와 스펠링에 같은 글자소 버퍼가 관여한다는 증거도 있다(Caramazza et al., 1996; Tainturier & Rapp, 2003). 그러나 글자소 버퍼의 손상은 상대적으로 읽기보다 스펠링에 더 극심한 영향을 미칠 수 있다. 왜냐하면 스펠링은 읽기에 비해 더 느리기 때문에 시간적으로 더 많은 기억 부담을 요구하기 때문이다. 읽는 동안 글자들은 병렬적으로 단어로 매핑될 수 있고, 낱자 수준의 정보의 손실은 부분적으로 보완 가능하다. 예를 들어, EL??HANT는 글자 정보의 손실에도 불구하고 성공적으로 'elephant'를 인출 가능하다(여기서 ??는 버퍼에서 손상된 정보를 표시한다). 그러나 이렇게 손상된 표상으로부터 철자를 산출하려는 시도는 오류를 나타낼 수 있다. 글자소 버퍼 손상 환자들은 특히 비단어 읽기를 못하는데, 이는 비단어 읽기가 모든 낱자들을 분석하는 것을 요구하는 반면, 단어 읽기는 부분적 정보만으로 어느 정도 가능하기 때문이다(Caramazza et al., 1996). 게다가 그들의 오류는 읽기와 스펠링에서 단어 한 가운데에서 주로 일어나는 같은 패턴을 보인다. 이는 같은 글자소 버퍼가 읽기와 스펠링에 관여하는 것을 암시한다.

쓰기에 관한 기능적 영상 연구는 읽기와 관련된 시각 단어 형태 영역(VWFA)으로 불리는 좌측 방추상회가 활성화되는 것을 보였다. 예를 들어, 이 영역은 동그라미를 그리는 것에 비해 범주 사례에 관한 영어 단어를 쓰는 과정(Beeson et al., 2003)에 일본 간지체를 쓰는 과정(Nakamura et al., 2000)에 활성화되었다. 이 영역을 다친 뇌 손상 환자들은 단어와 비단어 읽기와 쓰기 과정 모두 손상을 보였다(Philipose et al., 2007). 이 영역의 기능적 해석은 논쟁 중이지만 읽기와 스펠링을 위한 단일 어휘집과 공통된 글자소 버퍼, 또는 다중 양상 언어 영역임을 반영한다. 어떤 경우라도 읽기와 스펠링은 해부학적으로 공통성이 있을 것이다.

평가

스펠링의 기능적 구조는 읽기와 유사할 뿐만 아니라 몇몇 인지적 요소와 대뇌 영역들은 공유된다는 증거가 있다. 시각/철자 어휘집과 글자소 버퍼를 공유한다고 제안되기도 하였다. 그러나 글쓰기에 사용되는 낱자들의 표상은 일차적으로 쓰기운동과 관련이 있고, 이는 읽기와 글자의 이미지와 관련된 시공간적 코드들과 차이점이 있다.

요약 및 핵심 정리

- 단어 안에 있는 글자들의 재인은 자동적으로 그리고 병렬적으로 일어나며, 이는 언어 구조에 대한 지식(즉 어떤 글자들이 함께 쓰인다는 지식)에 의해 도움을 받는다.
- 시각 단어 재인에 미치는 의미의 하향적 효과는 여전히 논쟁 중이다. 이 입장을 지지하는 증거들은 어휘 접근 이후에 판단 과정에서 일어나는 효과라는 입장과, 어휘–어휘 점화 효과라는 입장과도 일치한다.
- 좌측 방추상회의 한 영역은 자음열이나 틀린 글자에 비해 익숙한 글자열에 보다 많은 반응을 한다. 이 영역은 다른 종류의 자극에도 어느 정도 반응하지만, '시각 단어 형태 영역(VWFA)'이라고 불린다.
- 후천적 난독증으로부터 온 증거들은 글을 소리 내어 읽는 과정에 적어도 두 가지 경로가 존재함을 나타낸다. 글자소–음소 변환 경로(음운난독증에서 손상된 경로)와 어휘–의미 경로(표층난독증에서 손상된 경로)가 그것이다.
- 읽기에 관련된 많은 요소(예 : 글자소 버퍼)가 스펠링에도 관여한다는 증거가 있다.
- 스펠링과 쓰기에 사용되는 낱자 표상은 여러 수준으로 존재한다. 추상적인 글자소 수준, 대소문자나 필체 특징적인 수준(이형자), 추상적인 운동 명령을 구체화하는 수준(필기 수준)이 그것이다.

논술 문제

- 시각 단어 재인을 지지하는 '시각어휘집' 또는 '시각 단어 형태 영역'이 있는가?
- 시각 단어 재인에 하향적 효과가 있다는 증거는 무엇인가?
- 단어를 소리 내어 읽는 과정에 몇 개의 경로가 있는가?
- 어느 정도 범위에서 읽기와 쓰기에 대한 인지/신경 구조는 범언어적인가?
- 스펠링은 읽기와 같은 인지 기제를 사용하는가?

더 읽을거리

- Dehaene, S. (2010). *Reading in the brain : The new science of how we read*. London : Penguin Books. 이 분야를 이끌어가고 있는 인지신경과학자가 쓴 읽기 쉬운 책
- Sandak, R. & Poldrack, R. A. (2004). *The cognitive neuroscience of reading : A special issue of scientific studies of reading*. London : Taylor & Francis. 훌륭한 개관 논문집
- Snowling, M. & Hulme, C. (2005). *The science of reading : A handbook*. Oxford, UK : Blackwell. 매우 깊이 있지만 읽어볼 만함. 스펠링에 대한 챕터들을 포함하고 있음. 강력 추천함

제13장

셈하는 뇌

이 장의 내용

보편적 수리력?

숫자의 의미

수 처리의 모형

요약 및 핵심 정리

논술 문제

더 읽을거리

우리는 가격, 거리, 백분위, 버스 노선 등 어디에서나 숫자를 볼 수 있다. 문자를 사용하지 않는 문화권도 물물 교환과 셈과 관련된 체계는 발달되어 있다. 이 장에서 대수학이나 미적분을 다룰 생각은 없다. 영아부터 노인까지, 교육받지 않은 사람부터 수학 천재까지 거의 모든 인간에게서 공통적으로 발견할 수 있는 수 능력의 핵심에 대해 주로 이야기할 것이다. 거의 모든 사람은 기초적인 수준의 수학적 능력을 가지고 있다. 계산장애(dyscalculia 또는 acalculia)가 있는 사람들에게서는 수에 대한 기초적인 이해 능력이 결여되어 있다. 이러한 어려움은 뇌 손상의 결과(즉 수 능력을 잃어버림)이거나 발달적인 원인에 의한 것일 수 있다(즉 수 능력을 습득한 적이 없음). 계산장애 환자에 대한 연구는 수 인지 연구에 중요한 통찰을 제공하고 있다.

수학적 능력은 문화적인 특성이나 새로운 발명에 의해 향상되거나 지연될 수 있다. 수 표기의 자리 값 체계(place value system)는 인도 학자들에 의해 발명되어 아랍 상인에게 전해졌기 때문에(0의 표기도 마찬가지), 놀랍게도 12세기가 되어서야 유럽에 전해졌다. 자리 값 체계에서 수의 의미적 크기는 숫자 열 내의 위치에 의해 결정된다. 따라서 41, 17 그리고 185에서 '1'의 의미는 모두 다르다. 우리가 사용하는 10진법 체계에서 이는 1, 10, 100 또는 10^0, 10^1, 10^2을 가리킨다. 두 수를 더하는 것(예 : 41 + 17)은 필요한 경우 받아올림을 해야 하나, 기본적으로 각 자리 별로 숫자를 더하는 것일 뿐이다(7 + 1은 8

그림 13.1 수에 대한 이해는 일상생활의 많은 일에 필수적이다.

이고 4 + 1은 5이다. 따라서 정답은 58이다). 자리 값에 의존하지 않는 로마 숫자를 이용한 곱셈이나 덧셈을 상상해보자(예 : XXXXI + XVII = LVIII). 과학적인 진보는 자리 값 체계와 같은 수학 지식의 문화적 전수에 의해 혜택을 입은 것이 분명하나, 문화와 독립적인 수 인지의 측면도 존재하는 것으로 보인다.

이 장은 거의 모든 인간과 많은 동물이 수에 대한 기초적인 이해 능력이 있음을 보여주는 증거를 요약하는 내용으로 시작된다. 그다음에는 수들이 뇌에서 표상되며, 뇌의 어디에서 수의 의미가 표상되는지, 그리고 수 인지가 다른 인지체계(예 : 기억과 언어)에 어느 정도 의존하는지에 대해 고려할 것이다. 마지막으로 수 인지에 관한 두 가지 유력한 모형을 대조해보고 두 모형에 대한 인지신경과학적 증거를 살펴볼 것이다.

보편적 수리력?

현대 세계에서 수학에 능숙해지는 것은 임의적인 기호(예 : +, −, >, Π, $\sqrt{}$)와 그 의미, 그리고 특수한 절차(예 : 원의 둘레를 계산하는 것)의 학습을 필요로 하는 것은 분명하다. 그러나 이러한 획득한 지식에 더하여 인간과 다른 동물들은 양(quantity)을 추정하고 기본적인 계산을 수행할 수 있게 하는 근본적인 수 능력을 지니고 있는 것으로 보인다. 이러한 더 기초적인 의미에서 수학 능력은 보편적이라 말할 수 있다.

영아

영아들의 인지는 보통 **습관화**(habituation)라고 불리는 절차에 의해 연구되어 왔다. 영아들은 새로운 것을 보기 좋아하고 같은 것을 반복적으로 제시하면 곧 흥미를 잃는다(즉 습관화됨). 안텔과 키팅(Antell & Keating, 1983)은 태어난 지 하루밖에 안 된 아기들도 적은 수량을 구별할 수 있다는 것을 발견하였다. 아기들에게 점들의 배열(configuration)을 달리하여 3개의 점 자극을 연쇄적으로 보여주면 곧 흥미를 잃는다(습관화됨). 그 이후 2개의 점을 보여주면 다시 흥미

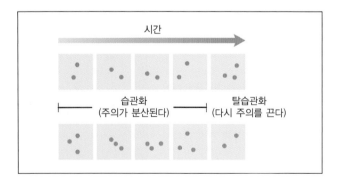

그림 13.2 아기들은 같은 수량의 점들로 구성된 여러 가지 자극을 연달아 보여줄 때 흥미를 잃지만(습관화), 다른 수량의 점들로 구성된 자극을 보여주면 바로 흥미가 증가한다(탈습관화). 이 현상은 생애 초기에도 수량에 대한 이해가 가능하다는 증거로 해석되고 있다.

가 증가한다(탈습관화됨). 마찬가지로 한 동안 2개의 점을 계속 보여준 후 3개의 점(또는 1개의 점)을 보여주어도 같은 결과가 나타난다. 이러한 결과가 나타난 것은 정말 수량의 변화 때문이었을까, 아니면 그 어떤 새로운 자극이었더라도 마찬가지였을까? 스트라우스와 커티스(Strauss & Curtis, 1981)는 좀 더 큰 영아들에게서 점 대신 다른 물체의 배열을 사용했을 때(3개의 열쇠, 3개의 빗, 3개의 오렌지 등을 2개의 물체로 바꾸었을 때 또는 반대로 2개의 물체를 3개의 물체로 바꾸었을 때)도 비슷한 결과가 나타난다는 것을 발견했다. 이는 습관화된 대상이 사물의 수량이지 사물 자체가 아님을 의미한다. 영아들의 간단한 연산 능력은 기대 위반(violation of expectancy)이라고 불리는 패러다임을 사용해 연구되어 왔다. 영아들은 기대하지 않았던 사건을 더 오래 응시한다. 윈(Wynn, 1992)은 영아들의 간단한 덧셈과 뺄셈 능력을 증명하기 위해 이러한 원리를 이용한 인형극을 고안했다. 예를 들어, 이 인형극에서는 2개의 인형이 스크린 뒤로 사라지고 그 후 스크린을 걷었을 때 하나의 인형만을 보게 되거나(기대하지 않은 사건; 1 + 1 = 1), 2개의 인형이 스크린 뒤로 사라지고 그 후 스크린을 걷었을 때 2개의 인형을 보게 되었다(기대한 사건; 1 + 1 = 2).

교육을 받지 않은 사람

누네스 등(Nunes et al., 1993)은 정규 수학 교육을 전혀 혹은 거의 받지 않은 브라질 길거리 아동들의 수 능력을 연구했다. 예를 들어, 어떤 소년은 1개에 35센타보(브라질의 화폐 단위)로 값이 매겨진 코코넛 10개의 값이 얼마냐는 질문에 대해 특이한 방법을 사용하기는 했어도 정확하게 대답하였다. "3개에 105센타보이고 여기에 3개를 더하면 210센타보이다. 4개가 더 필요하다. … 그러면 315. 내 생각에 답은 350센타보이다." 이 예시에서 소년은 곱하는 수를 분해하고(10 = 3 + 3 + 3 + 1), 기억된 사실들을 사용하고('3 × 35 = 105'), 합을 계속 추적해서 답을 얻어냈다. 코코넛의 세계에서는 10을 곱할 때 35의 뒤에 '0을 추가'하는 방법은 의미 없는 것인지도 모른다(Butterworth, 1999).

원시인

고고학적 증거는 대략 30,000년 전의 크로마뇽인이 달의 위상 변화를 뼈에 새겨 기록했다는 것을 보여준다(Marshack, 1991).

그 외 동물 종

야생 원숭이들이 1 + 1, 2 − 1을 계산할 수 있다는 것이 기대 위반 패러다임을 이용하여 증명되었다(Hauser et al., 1996). 1부터 4까지의 집합을 순서대로 나열하는 법을 훈련

그림 13.3 프랑스 도르도뉴 지방에서 발견된 뼈로 된 판에는 69개의 표식을 구성하는 구멍의 모양이 24번 변화하였다. 마샥에 따르면 구멍 모양의 변화는 달의 위상 변화를 표현하는 것 같다(예 : 초승달, 보름달, 달의 사라짐).

출처 : Drawing after Marshack, 1970. Notation dans les gravures du paléolithique supérieur. Bordeaux : Delmas.

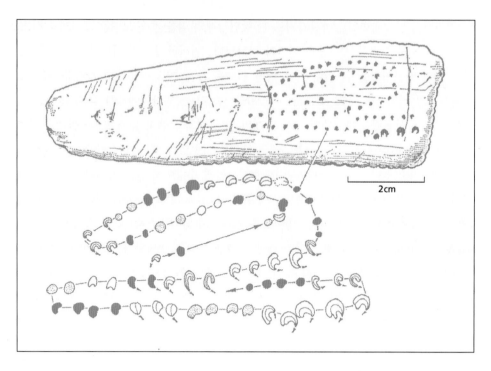

받은 원숭이들은 추가 훈련 없이 이러한 능력을 일반화시켜 5부터 9까지의 집합을 순서대로 나열할 수 있다(Brannon & Terrace, 1998). 이와 유사하게 서로 다른 수량에 반응하는 기초적인 훈련 후, 원숭이들은 대략적인 덧셈을 할 수 있다(Cantlon & Brannon, 2007). 예를 들어, 원숭이들은 3개의 점에 5개의 점이 더해지면 정확한 답과 유사한 점 집합을 가리킨다. 그러나 수에 대한 인간의 임의적인 언어 기반 상징을 배우는 데에는 많은 훈련이 요구된다(Washburn & Rumbaugh, 1991).

지금까지 대부분의 사람과 다른 동물 종들이 공통으로 가지고 있는 기초적인 수학 능력의 증거들을 요약하였다면 다음 단락에서는 수의 의미가 뇌에서 어떻게 표상되는지를 고려할 것이다.

숫자의 의미

전화번호는 수(또는 숫자를 이용한 표시)이지만 양을 나타내지는 않는다. 전화번호 683515는 전화번호 232854보다 크다고 말할 수 없다. 숫자의 의미는 크기(magnitude), 양(quantity)(Dehaene, 1997) 또는 수량(numerosity) 등으로 다양하게 일컬어지고 있다(Butterworth, 1997). 수의 의미는 추상적이다. 세 마리의 동물, 3개의 오렌지, 3개의 아이디어 그리고 세 가지 사건을 연결시키는 것은 '셋의 의미(threeness)'이다. 수의 의미는 또한 그것을 나타내는 데 사용되는 형식(예 : 3, Ⅲ, 'three', 'trois', 세 손가락)과는 독립적인 것으로 가정된다. 정수 또는 자연수(whole number)는 어떤 집합이 가지는 속성이라 할 수 있다. 2개의 집합을 더하면 다른 수로 표현되는 하나의 집합을 만들 수 있다. 유사하게 각 집합(또는 각 정수)은 더 작은 집합의 결합으로 이해할 수 있다. 셈하기(counting)는 집합 내 각 원소들을 수 또는 다른 내적/외적인 기록(tally)과 일대일 대응시키는 과정("하나, 둘, 셋, 넷, 다섯, 여섯. 6개의 오렌지가 있구나!")을 포함한다 (Gelman & Gallistel, 1978). 대부분의 분수들은 집합의 개념으로 설명할 수 있다. 그러므로 6/7은 7개로 구성된 집합 중 6개를 나타낸다. 다른 종류의 수(예 : 0, 무한대, 음수)는 이해하기 더 어려운 경우로서 더 늦게 학습되거나 전혀 학습되지 않기도 한다.

핵심 용어

셈하기 집합 내 각 물체를 수 또는 다른 내적/외적인 기록과 일대일 대응시키는 과정

비상징적 수 처리 : 집합과 수량

어떤 집합의 크기 판단에 관련된 실험적 연구들은 일반적으로 점들의 배열을 사용하며, 크게 두 연구 영역으로 분리될 수 있다. 수의 정확한 평가(예 : "8개가 있다.")가 필요한 것과 수의 상대적인 혹은 대략적인 평가를 필요로 하는 것(예 : "대략 8개가 있다.", "노란 점보다 파란 점이 더 많다.")이 그것이다. 이런 다른 종류의 과제들은 다른 종류의 인지적 처리와 다른 뇌 기제를 필요로 한다.

수의 상대적인 평가를 위한 표준적인 실험 방법으로는 두 가지 점의 배열을 제시하고, 실험 참가자로 하여금 더 크거나 작은 것에 반응하도록 지시하거나 훈련시키는 것이다. 일반적으로 점의 수는 변하되, 두 배열에서 점들의 총면적과 같은 요인은 동일하게 통제된다(즉 그 판단이 연속적인 양보다 개별 개수에 기초하도록). 이 실험 방법의 장점은 물고기(Agrillo et al., 2012)에서부터 유인원(Washburn & Rumbaugh, 1991)까지 다양한 동물을 대상으로 사용할 수 있고, 모든 발달 단계의 사람에게도 사용할 수 있다는 점이다(Xu & Spelke, 2000). 여러 연구의 공통된 결과 중 하나는 점들의 비율이 동일할 때 점의 수량이 증가할수록 과제 수행력은 떨어진다는 것이다. 즉 같은 2 : 3의 비율임에도 불구하고 점 20 : 30을 구분하는 것이 10 : 15를 구분하는 것보다 어렵다는 것이다. 이에 대한 보편적인 설명은 수를 처리하는 시스템이 집합의 크기가 커질수록 부정확(혹은 덜 효율적)해진다는 것이다. 또한 비율의 차이가 클수록 더 변별하기 쉽다(예 : 2 : 3에 비해 2 : 5가 쉽다). 이 과제 수행의 개인차(중3 학생들을 대상으로 했을 때)는 학교에서 수학 성적과 상관관계가 있었으며, 그 학생들의 유치원에서의 수학 성취도와도 상관관계가 있었다(Halberda et al., 2008). 게다가 이 능력은 발달성 계산장애(developmental dyscalculia)를 가진 아이들의 경우 더 저조한 것으로 드러났다(Piazza et al., 2010). 이

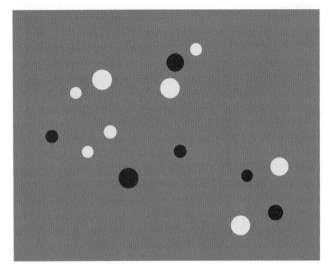

그림 13.4 파란색 혹은 노란색 중에 어떤 세트가 더 큰가? 셀 수 없도록 아주 짧게(200ms) 제시되었을 때, 학령기 아동들은 이 과제를 수행하는 능력에 차이를 보였고, 그 점수는 수학의 표준역량점수(SATs)와 상관관계를 보였다.

출처 : Adapted from Halberda et al., 2008.

런 증거들을 살펴보았을 때, 이 기본적인 수 시스템은 문화에 의해 학습되는 수학 능력의 초기 기반으로 작용하는 것으로 보인다. 이 초기 시스템의 작용이 셀 수 있는 불연속적 수량에 대해 한정적인지, 혹은 크기와 같이 셀 수 없는 연속적인 양으로까지 확장될 수 있는 것인지는 아직 확실하지 않다(Henik et al., 2012).

대안적인 접근은 실험 참가자로 하여금 점의 수량이 몇 개인지 말하라고 하거나, 정확히 N개의 점이 있을 때 반응하도록 하는 방법 등(다른 종의 동물에게는 후자가 좀 더 유용함)으로 정확한 수를 판단하라고 하는 것이다. 이러한 과제는 어떤 자극을 수에 대한 어떤 내적 표준(언어적이거나 혹은 비언어적이거나)과 비교하는 과정을 필요로 한다. 사람의 경우 실험 참가자에게 어떤 집합의 크기를 (언어적으로) 구술하도록 하였을 때, 작은 수(3 혹은 4 이하)와 큰 수(4 초과) 사이에 어떤 다른 점이 있는 것으로 보인다. 사람들은 한 배열 안에 1~4개의 항목이 있을 때는 거의 동일한 속도로 반응하지만(즉 수가 증가한다고 효율성이 떨어지지 않음), 그 이상일 경우 집합에서 항목의 수가 증가함에 따라 비례적으로 반응시간이 느려진다(Mandler & Shebo, 1982).

그림 13.5 적은 수량의 배열에서는 점의 개수에 대한 인식이 자동적으로 일어날 수 있으나(<4 ; 직산이라 함), 그보다 큰 배열에서는 점의 개수를 연쇄적으로 파악해야 한다(>4 ; 셈하기라 함). 이 실험에서는 점의 배열을 짧게 제시하였다(200ms).

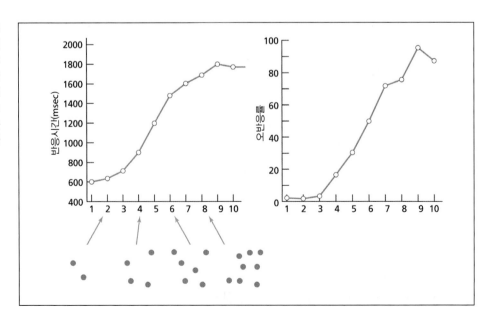

이는 2개의 분리된 시스템을 통해 설명되어 왔다. (1) 작은 수의 물체들의 수량을 병렬적으로, 빨리 파악하는 언어 독립적인 능력[직산(subitizing)이라 불림], 그리고 (2) 언어에 의존하거나(셈하기), 어림셈(approximation)에 의존하는, 느리고 순차적인 기제이다. 이 주장은 4 초과의 집합들은 언어 없이 처리될 수 없다는 것이 아니라 언어를 사용할 수 없을 때 4 초과의 수는 대략적으로 처리될 수밖에 없다는 것이다(Dehaene, 1997; 다른 관점은 Gelman & Butterworth, 2005 참조). 직산은 단지 작은 수에 대한 일반적인 우위(advantage)를 반영하는 것이 아니라(Revkin et al., 2008), 다른 신경 기반, 즉 두정피질보다 복측 시각 경로의 관계성을 반영한다(Vuokko et al., 2013).

수 기호의 처리 : 숫자와 단어

수에 대한 상징적, 혹은 언어적 표상은 숫자와 단어들로 구성된다(예 : 7 또는 '일곱'). 이것은 표면적으로 점들의 집합과는 매우 다르다 할지라도, 점들과 마찬가지로 기호들에 대해서도 유사한 인지 기제가 사용된다는 증거가 있다. 모이어와 란다우어(Moyer & Landauer, 1967)는 상징적 수의 크기가 어떻게 표상되는지에 대해 매우 영향력 있는 연구를 수행하였다. 참가자들은 제시된 두 숫자 중 더 큰 수를 선택하는 과제를 수행하였다(예 : 7 대 5). 그들은 반응시간의 패턴에서 두 가지 중요한 효과에 주목했다. 거리 효과(distance effect)는 두 수 간의 거리가 작을 때(예 : 8과 9)보다 클 때(예 : 2와 9) 숫자 비교 수행이 더 쉬워지는 현상을 나타낸다. 이것은 수의 상대적인 순서(2와 8 모두 9보다 전에 오기 때문)보다는 수의 의미적 크기 정보가 인출된다는 것을 의미한다. 크기 효과(size effect)는 두 숫자 간의 거리가 동등할 때, 수들의 절대적인 의미적 크기가 클 때(예 : 7과 9)보다 작을 때(예 : 3과 5) 숫자 비교 수행이 더 쉬워지는 현상을 나타낸다. 이것은 앞서 기술한 점 배열을 사용한 발견들과 유사하다. 이 결과는 큰 수에 대한 심적 표상은 상징적인 영역에서조차 덜 명확한(혹은 '불분명한') 점이 있다는 것을 암시한다.

다른 연구들은 상징적이거나 비상징적인 수의 표상들이 단일한 (추상적인) 수 의미 시스템으로 수렴된다고 주장한다. 쾨슐랭 등(Koechlin et al., 1999b)은 참가자들에게 자극이 5보다 큰지 작은지를 판단하도록

핵심 용어

직산 적은 수량의 물체의 수를 한눈에 파악하는 과정

거리 효과 두 수 간의 거리가 작을 때 수 비교가 더 어려워지는 현상(예 : 2와 9보다 8과 9)

크기 효과 두 수 간의 거리가 같더라도, 수들의 크기가 작은 경우(예 : 2와 4)보다 큰 경우(예 : 7과 9) 수 비교가 더 어려워지는 현상

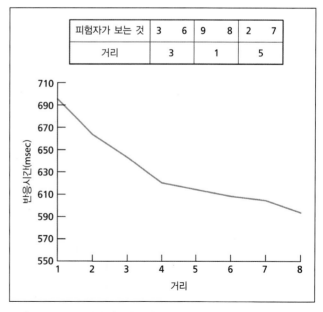

그림 13.6 두 수 간의 거리가 증가할수록 두 수 간의 변별이 쉬워진다. 소위 '거리 효과'

출처 : Butterworth, 1999. ⓒ Palgrave-Macmillan. Reproduced with permission of the author.

요청했다. 자극은 아라비아 숫자(예 : 7), 수 단어(예 : SEVEN) 또는 점 패턴(점의 개수를 세지 않고 추정하도록 요구함)으로 구성되었다. 중요한 것은, 각 시행 전에 의식적으로 보았다고 보고하지 못할 만큼 짧은 시간(66ms) 동안 점화 자극이 추가적으로 제시되었다는 것이다. 점화 자극은 5보다 크거나 작았다. 점화 자극과 표적 자극이 5를 기준으로 동일한 쪽에 있을 경우 수행은 향상되었다. 이러한 결과가 서로 다른 표기 방식(아라비아 숫자, 수 단어, 점 자극) 간에도 신속하게 나타났다는 사실은 이러한 표기 방식들이 동일한 수 의미체계를 사용한다는 것을 의미한다.

마지막으로 어떤 문화에서는 사용하는 수의 범위가 매우 제한적이다. 아마존 부족과 오스트레일리아 원주민 사회에서는 3 이상의 수를 지칭하는 단어가 없다(예 : '1, 2, 많다'). 이러한 문화권의 사람들은 상징적인 표상이 없는 큰 수를 어느 정도까지 처리할 수 있을까? 아마존의 문두루쿠 족은 물체를 한 번에 하나씩 이동시키는 방법을 이용하면 큰 집합을 2개의 더미로 나눌 수 있다(McCrink et al., 2013). 그들은 서양의 통제 집단과 같이 집합의 대략적인 크기 비교를 할 수 있고(예 : 20 대 15), 작은 수들에 대해 정확한 계산을 수행할 수 있으나(예 : 3개의 돌 빼기 1개는 2개의 돌), 단어가 없는 큰 수에 대한 정확한 계산은 하지 못했다(Pica et al., 2004). 따라서 5개의 돌과 7개의 돌을 더하면 그들은 답으로 대략적으로 12개와 유사한 묶음(예 : 11, 12, 13)을 고를 수 있었고 그것은 정답과 거리가 먼 수가 아니었다(예 : 8 또는 20). 따라서 수의 상징적·비상징적

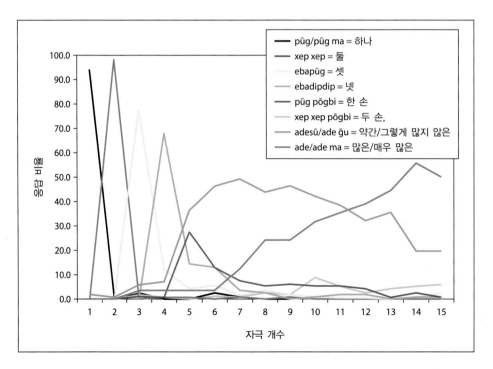

그림 13.7 아마존의 문두루쿠 족의 수 명명체계는 4보다 큰 수에 대해서는 매우 부정확하다. 이것이 그들이 수를 이해하는 능력에 어떻게 영향을 미칠까?

출처 : Pica et al., 2004.

표상들이 일반적으로 밀접한 관계에 있지만, 그것들이 정확히 일치하는 것은 아니며 수리적 인지에서 서로 다른 기능을 할 수 있다. 상징적 표상은 정확하고 대략적인 수량화를 허용한다면, 비상징적 표상은 대략적인 수량화만 허용한다(작은 수는 예외).

수 의미의 신경학적 기반

유인원을 대상으로 한 단일세포 측정법 연구는 물체의 개수에 조율된 신경 세포가 존재함을 밝혀냈다. 이 신경 표상들이 아마도 많은 종의 핵심적인 수리적 능력을 가능하게 하였을 것이고, 인간의 경우 수에 대한 상징적 표상과 관계될 뿐 아니라 상징적 표상에 의해 영향을 받을 것이다(Nieder & Dehaene, 2009). 한 종류의 뉴런은 물체들이 많으면 많을수록 더 강하게 발화한다(Roitman et al., 2007). 소위 수 뉴런(number neuron)이라고 불리는 다른 종류는 특정한 수에 선택적으로 조율된 것으로 보인다. 예를 들면 3 또는 5보다 4개의 물체에 보다 많이 반응하였다(개관은 Nieder, 2013 참조).

이러한 연구들이 사용하는 표준적인 절차는 두 가지 점 배열을 연속적으로 보여주고 같은 수의 점을 포함하고 있는지를 판단하는 수 변별 과제를 원숭이가 수행하는 동안 어떤 뉴런의 반응을 측정하는 과정을 포함한다. 중요한 발견 중 하나는 이들 뉴런의 반응 선택성은 수의 의미적 크기와 연관되며, 이는 앞에 언급된 반응시간 연구에서의 크기 효과의 신경 기저일 수 있다(Nieder & Miller, 2004). 예를 들어, 4개의 점에 최대의 반응을 보이는 뉴런은 3개 또는 5개의 점에 거의 반응하지 않지만, 10개의 점에 최대로 반응하는 뉴런은 9개 또는 11개의 점에 꽤 강하게 반응할 수 있다. 숫자 뉴런들은 붉은꼬리원숭이의 두정엽(특히 두정내구, IPS)과 전전두엽, 두 영역 모두에서 발견되는 경향이 있다. 어떤 숫자 뉴런들은 집합의 형태로 점들이 동시에 제시되든, 한 번에 하나씩 순차적으로 제시되든 상관없이 같은 선호도를 유지한다(Nieder et al., 2006). 어떤 숫자 뉴런들은 시각 자극뿐만 아니라 특정 수의 소리에도 반응하였다(Nieder et al., 2012). 디에스터와 나이더(Diester & Nieder, 2007)는 원숭이로 하여금 점 배열과 글로 적힌 숫자를 연합할 수 있도록 훈련시킨 결과 몇몇 수 뉴런이 특정한 크기의 점 배열뿐만 아니라 그것과 연합된 기호에도 반응하는 것을 관찰하였다. 흥미롭게도 이 뉴런들은 두정내구보다 전전두엽에서 발견되는 경향이 있었다. 사람을 대상으로 한 fMRI 연구에서 숫자 쌍의 크기를 비교하는 과제를 수행할 때, 아이들과 어른들을 대비하면 BOLD 활성화의 연령 증가에 따라 전두엽에서 두정엽으로 활성 영역의 전환이 나타났다(Ansari et al., 2005). 즉 아이들은 이 과제에서 전전두엽을 더 많이 활성화시키는 경향이 있었으며, 반면 어른들은 두정내구를 더 활성화키는 경향이 있었다. 한 가지 가능성은 두정내구가 핵심 숫자 의미 시스템(인생 초기부터 존재하고, 다른 종에 존재할 수 있음)이 두정내구에 존재하며, 사람의 경우 이것이 교육과 언어를 통해 점차 상징적 수 표상에 대해 조율되는 것이다.

성인을 대상으로 한 기능적 영상 연구도 두정내구의 특별한 중요성을 지적한다. 이 영역은 숫자 기호들을 읽을 때보다 계산을 수행할 때 더욱 활성화되며(Burbaud et al., 1999), 수 읽기에 비해 수 비교에서 더욱 활성화된다(Cochon et al., 1999). 이 영역의 활성화는 숫자나 수를 나타내는 단어에 대해서 거리 효과를 보여주며(Pinel et al., 2001), 자극과 '보이지 않는' 역하 자극 간이 양적으로 다를 때도 민감하게 반응하는 것으로 나타났다(Dehaene et al., 1998b). 이것은 이 영역이 앞서 언급한 많은 인지적 효과들과 관계된 해부학적 위치라는 것이다. 앞서 언급한 대부분의 연구들은 아라비아 숫자 또는 숫자 단어를 사용하였다. 점 패턴을 사용한 또 다른 연구는 유아들을 대상으로 한 행동 연구와 유사하게, 집합 내 점의 수량에 대한 신경 반응이 습관화되는 것을 보였다(Piazza et al., 2004). 같은 뇌 영역이 다른 문화나 글자체계와 상관없이 수에 대해 활성화되었다(Tang et al., 2006). 두정내구와 전두엽 모두에서 같은 수가 반복될 때, 표기 방식과 상관없이 fMRI 순응 효과를 보였다(Piazza et al., 2007).

계산장애(dyscalculia) 또한 두정엽의 기능장애로 연관되는 경향이 있다. 후천성 계산장애는 1세기 동안 좌반구 손상과 관련되어 왔고(Gertsman, 1940; Grafman et al., 1982), 보다 최근의 연구들은 그 위치를 좌반구 두정내구 영역으로 좁혔다(Dehaene et al., 1998a). 그러나 선천성 계산장애 환자의 뇌 구조적인 차이를 살펴본 연구들은 좌/우 두정내구에서 정상인과의 차이를 지적하였다(Issacs et al., 2001; Rotzer et al., 2008). 게다가 TMS(Cohen Kadosh et al., 2007) 연구와 뇌 영상 연구(Pinel et al., 2001)는 우측 두정엽 역시 일반적인 수 계산에 중요한 역할을 한다고 제안하였다. 좌반구가 손상된 후천성 계산장애 환자가 여전히 어느 정도의 수리력을 가질 수 있는 까닭은 아마도 손상되지 않은 우반구의 도움을 받기 때문일 것이다. 예를 들면, 그들은 대략적인 계산을 할 수 있었고(예: 5 + 7 = '대략 13'; Warrington, 1982), 혹은 2 + 2 = 5가 틀렸다는 것은 모르더라도 2 + 2 = 9가 틀렸다는 것을 알 수 있었다(수가 커지면 정확도가 낮아졌다; Dehaene & Cohen, 1991). 코헨과 드앤(Cohen & Dehaene, 1996)은 '분리뇌 환자(뇌량 절단 환자)'에게 각 반구에 각각 숫자를 제시하였다. 우반구에 숫자가 제시되었을 때, 환자는 제시된 숫자와 유사한 숫자를 말할 수 있었지만(예: 5를 'six'라고 읽음), 좌반구에 제시된 숫자는 정확히 읽을 수 있었다. 이 환자는 정상적인 시각 환경에서는 계산장애를 보이지 않았지만, 좌우반구 분리는 각각의 반구를 따로 연구될 수 있도록 하였다. 따라서 양반구가 모두 수 처리에 중요한 것으로 보이지만, 좌반구의 수 표상이 보다 정확한 것으로 보이며 이는 언어 시스템과의 상호작용을 반영한 것으로 보

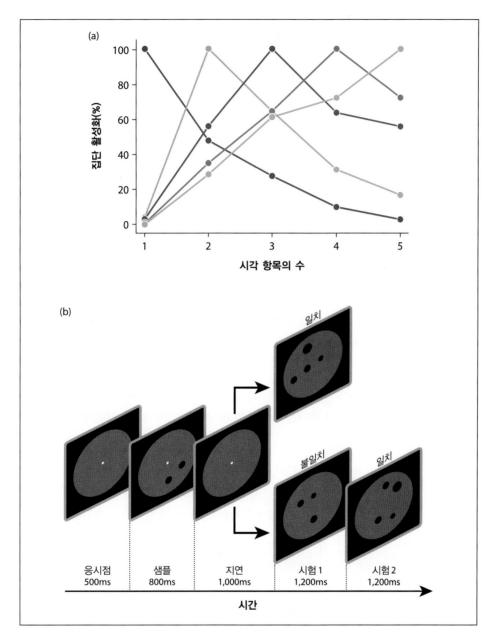

그림 13.8 1~5개 사이의 항목에 선택적으로 반응하는 숫자 뉴런의 상대적인 활성화 수준(위). 더 적은 수일수록 더 분명하게 조율되는 것(커브가 좁음)을 확인해보라. 원숭이가 두 세트의 점이 양적으로 같은지 혹은 다른지 판단하는 전형적인 실험의 예(아래). 개별 뉴런의 활동이 이 과제를 수행하는 동안 측정된다.

출처 : Nieder, 2013.

인다(Nieder & Dehaene, 2009). 좌측 상측 측두구의 언어에 대한 반응과 좌측 두정내구의 계산에 대한 반응의 편재화는 강한 상관관계를 보인다(Pinel & Dehaene, 2010). 그러나 이 연구는 오른손잡이를 대상으로 한 것이므로, 언어 편재화가 보다 분산된 왼손잡이들을 대상으로 하는 연구로 확장하여 재확인되어야 할 것이다.

숙련된 셈을 발전시키는 데 언어가 중요하다는 점에는 의심의 여지가 없지만, 그렇다고 숙련된 셈이 언어 능력에 의존한다는 것을 의미하지는 않는다. 이 역시 뇌 손상 환

그림 13.9 수 의미와 관련한 두정엽(특히 좌측 두정엽)의 역할을 뒷받침하는 증거들이 신경심리학과 기능적 뇌 영상 연구로부터 수렴되고 있다.

출처 : Left figure from Cochon et al., 1999. © 1999 MIT Press. Reproduced with permission. Right figure reprinted from Dehaene et al., 1998a. © 1998, with permission from Elsevier.

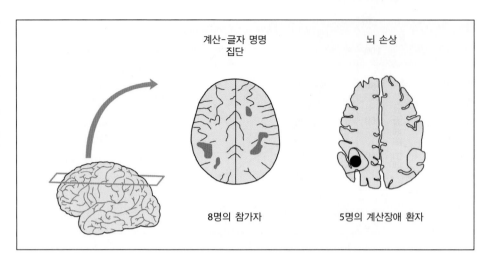

자를 통한 연구로 밝혀졌다. 로서 등(Rosser et al., 1995)은 중증 실어증 환자인 HAB에 대해 기록했는데 그는 "모르겠어요."와 같은 몇 개의 구절만을 말할 수 있었고, 대부분의 말소리와 글을 이해하지 못하였다. 반면에 그는 더하기, 빼기를 정확하게 할 수 있었고 2개의 세 자릿수 중 더 큰 수를 판단할 수 있었다. 유사하게 많은 단어의 의미를 잃어버린 의미기억 상실형 치매가 있는 환자들도 좋은 수리 인지 능력을 보존한다(Cappelletti et al., 2002). 이 장애는 측두엽의 손상과 연결되고, 이 장애에서 손상되지 않고 보존되는 경향이 있는 두정엽의 기능은 수의 의미와 연결된다. 마지막으로 의심할 여지없이 계산은 작업기억에 크게 의존하는 요소를 지닌다. 이는 과제의 복잡성(계산 단계의 수)과 '마음속'에서 어떤 것들을 유지해야 할 필요성(예 : 받아올림을 할 때)에 의존할 것이다(Furst & Hitch, 2000; Logie et al., 1994). 그러나 작업기억의 손상만으로 후천성 계산장애를 설명할 수는 없을 것이다. 버터워스 등(Butterworth et al., 1996)은 숫자 폭(digit span) 작업기억 용량이 2인 뇌 손상 환자에 대해 보고하였다. 즉 이 환자는 숫자 하나 혹은 숫자 2개를 따라 말할 수 있었으나, 3개 이상은 따라 말하지 못했다(대부분의 사람들은 숫자 폭이 7 정도이다). 그러나 그는 세 자리 수 2개를 더하는 것(예 : 백이십팔 더하기 백사십구)을 포함한 암산에 대해서는 전체 인구의 상위 37% 등수 안에 들었

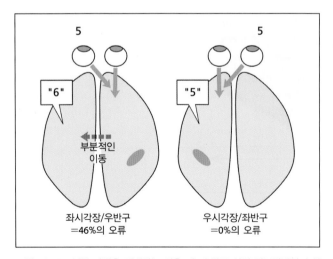

그림 13.10 뇌량 다발을 절제하는 것은 좌-우반구 사이 정보전달의 손실을 가져온다(그러나 피질하 경로들은 약간의 반구 간 정보 이동을 가능하게 한다). 시각장의 정 가운데를 응시하게 한 후, 오른쪽 또는 왼쪽에 아주 짧게 자극을 제시함으로써, 각 반구의 작용을 독립적으로 연구할 수 있다. 코헨과 드앤(1996)은 숫자들이 좌반구에 짧게 제시되면 정확하게 읽을 수 있으나 우반구에 제시되었을 때는 오류를 보이는 '분리뇌' 환자의 사례를 보고했다. 흥미롭게도 오류는 무작위적이지 않고 정답에 가까운 값이었다.

다. 이 사례는 암산이 작업기억의 조음 루프 요소에 필수적으로 의존하는 것은 아니라는 것을 제시한다.

두정내구가 수리적 인지에 중요한 역할을 하는 것으로 드러났다 해도 이는 수 인지가 이 영역의 유일한 기능이라는 것을 의미하지 않으며, 또한 뇌의 다른 영역들이 수 이해에 관여하지 않는다는 의미도 아니다. 슈만과 캔위셔(Shuman & Kanwisher, 2004)는 점 패턴 변별 과제와 색상 변별 과제를 사용하여 연구한 결과 이 영역(두정내구)이 두 과제에 모두 민감하게 반응하는 것을 발견하였다. 그들은 이러한 결과에 기초하여 두정내구가 수 정보처리에만 특화된 것은 아니라고 결론지었다. 이는 숫자들이 특화된 신경기반을 갖고 있지 않다는 것을 의미하지는 않는다. 다만, 이 영역이 다른 종류의 활동에도 관여하는 뉴런들을 포함한다는 것을 의미한다. 실제로 붉은꼬리원숭이의 자료를 보면 이 영역의 20% 정도의 뉴런만 정 수량에 조율되어 있다(Nieder & Miller, 2004).

수 의미는 불연속적인가 혹은 연속적인가

앞에 언급한 많은 증거들은 불연속적이고, 셀 수 있는 수량에 대한 것이다. 그렇다면 길이, 면적, 무게와 같이 연속적으로 셀 수 없는 양이나 또는 밝기나 소리의 크기와 같은 차원은 어떤가? 이제는 숫자 시스템이 이런 종류의 정보처리에도 관여한다는 믿을 만한 증거가 있다(적어도 크기/양에 대한 판단이 요구될 때). 그러나 아직 그 두 가지 종류의 정보처리 간 관계성의 본질은 분명하지 않다. 예를 들어, 연속적이거나 불연속적인 양의 처리 중 어느 쪽이 진화적으로 더 오랜 역사를 가진 것인지, 혹은 한 종류의 정보가 다른 종류의 정보에 매핑된 것인지(예 : 불연속적인 양이 연속적인 척도로 전환된 것인지), 혹은 어떤 것이 보다 일상적인 수학(문화에 기반을 둠)과 관계된 것인지 등에 대해 아직 명확한 답을 알지 못한다.

인지심리학 연구는 한 자리 숫자들(불연속적인 양)을 처리하는 것과 물리적 크기와 같이 연속적인 차원을 처리하는 것은 서로 상호작용한다는 증거를 보여준다(Henik & Tzelgov, 1982). 예를 들어, 5 대 7과 같이 숫자의 수리적 크기가 물리적 글자 크기와 불일치할 때 간섭 효과(반응시간이 느려짐)가 발견된다. 이러한 효과는 실험 참가자가 두 숫자 중 수리적으로 큰 것과 물리적으로 큰 것을 판단해야 할 때 모두 나타났다. 유사한 간섭 효과가 숫자와 밝기 사이에서도 발견되었고(Cohen Kadosh & Henik, 2006), 많은 다른 차원에서도 발견되었다(Bueti & Walsh, 2009). fMRI와 TMS 연구들은 숫자와 물리적 크기 사이의 간섭 효과들이 두정내구에 관계된다는 것을 보고하였다(Cohen Kadosh et al., 2012; Cohen Kadosh et al., 2008). 다른 연구들은 두정내구가 숫자뿐만 아니라 각도나 직선의 길이 등을 비교할 때도 반응한다는 것을 보고하였다(Fias et al.,

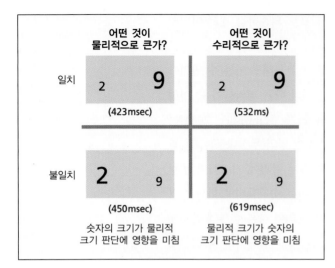

그림 13.11 만약 물리적 크기와 수리적 크기가 일치하지 않으면, 실험 참가자는 어떤 숫자가 물리적으로, 또는 수리적으로 큰가를 판단하는 것이 느려진다. 이것은 숫자의 의미가 자동적으로 접근된다는 것을 나타내는 증거이다.

출처 : Adapted from Girelli et al., 2000.

2003). 보다 최근의 fMRI 연구는 우측 두정내구와 전전두엽이 불연속적인 양(점들의 수)을 처리할 때와 시간의 길이와 같은 연속적 변인을 처리할 때 모두 활성화됨을 보고하였다(Dormal et al., 2012). 연결성 분석(connectivity analyses)은 오직 불연속적인 양에 대한 과제를 수행할 때만 우측 두정내구가 좌측 두정내구와 기능적으로 연결된다는 것을 밝힘으로써 네트워크 수준에서 불연속적인 양과 연속적인 차원 간의 차이가 존재할 수 있음을 암시하였다.

fMRI 자료는 공간해상도의 한계로 인해 같은 영역 내에 잠재적으로 두 가지 다른 집단의 뉴런들에 의해 설명될 수 있다. 즉 불연속적인 양을 코딩하는 뉴런의 집합과 연속적인 양을 코딩하는 뉴런의 집합이 공존할 가능성이 있다. 그러나 붉은꼬리원숭이의 단일 세포 측정법을 사용한 연구 결과는 이러한 설명에 지지하지 않는다. 투두슈크와 나이더(Tudusciuc & Nieder, 2007)는 원숭이에게 다른 길이를 가진 4개의 선분 또는 1에서 4까지의 점의 배열을 보여주었다. 그들은 두정내구에 있는 뉴런들이 선분의 길이를 분별할 뿐만 아니라, 점의 수량도 구분하는 것을 관찰하였다. 발렌틴과 나이더(Vallentin & Nieder, 2010)는 전전두엽에 있는 뉴런들이 절대적인 길이보다 길이의 상대적인 비율에 조율되어 있음을 발견하였다. 예를 들면, 어떤 뉴런들은 선분 길이가 1 : 4일 때, 다른 것들은 1 : 2 또는 3 : 4 비율일 때 반응하였다.

불연속적인 양과 연속적인 양 처리 사이의 관계성을 설명하는 몇 가지 이론적인 입장이 있다. 월시(예 : Bueti & Walsh, 2009; Walsh, 2003)는 ATOM('A Theory of Magnitude') 모형을 제안했다. 그는 수 처리가 시간, 공간 그리고 속도와 같은 다른 형식의 크기를 처리하는 데 관련된 초기 뇌 기제를 차용한 것이라고 주장했다. 이것들은 기능적으로 배측 시각 경로(또는 '어떻게' 경로)와 관련 있다. 유사한 맥락에서 드앤(1997)은 수 의미 시스템을 내적 수 직선(mental number line)을 통해 설명하였다(Moyer & Landauer, 1967 참조). 내적 수 직선은 로그 함수에 따라 압축된 하나의 아날로그 척도로 구성되어 있고('아날로그'라는 용어는 연속적인 척도를 의미함), 이것은 불연속적이거나 연속적인 양 모두를 비교하는 데 쓰인다. 로그 함수에 의한 압축에 따라 큰 수끼리는 양적으로 더 유사하다(즉 선상에서 '서로 가깝다'). 이와 같은 제안의 동기 중 하나는 크기 효과가 연속적이든 불연속적이든 간에 상관없이 상징적이거나 비상징적인 숫

핵심 용어

내적 수 직선 불연속적인 수와 연속적인 양을 비교하는데 사용되는 내적 척도(직선과 유사)

자에 대해 모두 공통적으로 나타나기 때문이다. 공간
적인 직선에 비유하는 것은 의도적이며, 다음 장에서
숫자와 공간의 밀접한 관계에 대한 증거를 알아볼 것
이다.

불연속적인 수의 처리와 다른 양(quantity)의 처리
가 필연적으로 서로 관계가 있다는 주장에 대해 모두
가 동의하는 것은 아니다. 연속적인 수량보다 불연
속적인 수를 처리하는 것을 직접적으로 비교했을 때,
불연속적인 수를 처리할 때 양반구 두정내구가 보다
많이 활성화되었다(Castelli et al., 2006). 그러나 이
는 두정내구가 연속적인 양 처리에 아무런 역할을 하
지 않는다는 것을 의미하지는 않는다. 후천성 계산장

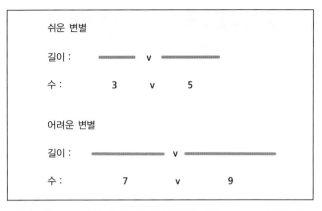

그림 13.12 어떤 수가 더 큰지에 대한 판단은 어떤 선분이 더 긴지에 대한
판단과 같을까? 두 경우 모두에서 크기 효과가 발견된다. 즉 (두 선분/수
간의 차이가 동일하더라도) 선분/수의 길이/크기가 클수록 어떤 선분/수가
긴지/큰지를 판단하는 것이 어려워진다.

애 환자들의 경우를 살펴보면 이 두 종류의 정보처리 사이에 분명한 해리가 존재한다.
예를 들어, CG라는 환자는 4 이상의 모든 수의 의미를 잃어버렸지만, 여전히 크기 판단
(어떤 물체가 더 큰가?), 척도 판단(1킬로미터가 1마일보다 긴가?), 양 판단(한 컵에 담
을 수 있는 커피콩이 소금 알갱이보다 많은가?) 등은 가능했다(Cipolotti et al., 1991).
그러나 이런 종류의 과제들은 두정내구에서 계산된다고 간주되고 있는 실시간 크기 정
보처리라기보다 의미기억(즉 어떤 물체들에 대한 장기기억)과 더 깊은 관계가 있다. 앞
으로의 연구는 계산장애 환자(후천성 및 발달성)의 결함이 연속적인 수량의 처리에서도
나타나는지를 확인해야 할 것이다.

수와 공간의 관계는 무엇인가

앞서 언급한 바와 같이 수와 공간 처리의 기전은 두정엽에서 겹쳐진 영역이 아니라면 적
어도 인접한 영역에 위치하고 있다(Hubbard et al., 2005). 어떤 강한 이론적 입장에 의
하면 수의 의미 자체가 공간적 부호를 사용하여 표상되어 있다고 한다. 내적 수 직선 이
론이 바로 이 입장의 한 예이다(Dehaene, 1997; Moyer & Landauer, 1967). 다소 약한
제안에 따르면 수와 공간은 분리된 표상이지만 서로 상호작용할 수 있는 것으로 보고한
다. 이러한 주장의 예로 ATOM 모형을 들 수 있다(Walsh, 2003). 이러한 모형들을 살
펴보기 전에 먼저 수와 공간의 연합을 나타내는 핵심적인 증거들을 요약해보자.

- 사람들이 수에 대한 판단을 할 때(예 : 홀수/짝수 판단하기), 작은 숫자는 왼손으
  로, 큰 숫자는 오른손으로 반응할 때 더 빠르다. 이를 **스나크 효과**(Spatial Numerical

핵심 용어

스나크 효과 사람들이 수에
대한 판단을 할 때(예 : 홀수/
짝수 판단하기), 작은 숫자는
왼손으로, 큰 숫자는 오른손
으로 반응할 때 더 빠름

Association of Response Codes, SNARC effect)라 한다(Dehaene et al., 1993). 수-공간의 연합의 방향은 읽기 방향과 수를 세는 습관에 의해 영향을 받는 것으로 보인다(Shaki et al., 2012). 양쪽 두정엽의 뒷부분에 TMS를 가하면 SNARC 효과가 줄어든다(Rusconi et al., 2007).

- 화면의 중앙에 나타나는 작은 수(예 : 1과 2)는 주의를 왼쪽으로 향하게 하지만 큰 수(예 : 8과 9)는 주의를 오른쪽으로 향하게 한다(Fischer et al., 2003).

- 머리를 좌우로 돌리면서 '무작위'로 숫자를 생성할 경우, 머리를 좌측으로 돌리면서 생성하는 숫자보다 평균적으로 작다(Loetscher et al., 2008).

- 문두루쿠라는 아마존의 한 원시부족은 숫자 어휘가 매우 제한적이고, 공식적인 수학 교육을 받지 않음에도 불구하고 수-공간 매핑을 이해할 수 있다(Dehaene et al., 2008). 양 끝을 1개와 10개의 점에 대응시킨 수 직선을 보여주었을 때, 중간 정도의 수(예 : 6개의 점)의 위치를 로그 함수 척도에 따라 표시하는 것을 볼 수 있다. 서양 사람들의 경우 교육에 의해 작은 수(1~10)의 수-공간 연합이 선형적으로 변화하지만, 큰 수(1~100)의 경우에는 그렇지 않다.

- 시공간 무시를 보이는 환자(그러나 계산장애는 없음)들은 마치 수 공간의 왼쪽을 무시하는 것처럼 중간 수 찾기 과제에서 공간적 편향(예 : "11과 19의 중간 수는? ⋯ 17")을 보인다(Zorzi et al., 2002).

- 어떤 사람들은 습관적으로 숫자들을 특별한 시공간적인 방식으로 시각화한다. 일반적으로 숫자들은 좌측에서 우측 방향으로 나열된다. 이를 **숫자형**(number forms) 또는 수-공간 공감각이라 부르고, 그 기능을 fMRI로 측정해보면 두정내구와 전전두엽의 활동과 연결된다(Tang et al., 2008).

앞에 언급한 대부분의 예에서 수-공간의 연합은 상당히 유동적이며, 어떤 경우에는 그 관계가 역전되는 경우도 있다. 이는 수-공간 연합이 수 크기에 대한 공간적 코딩이 고정된 것이 아니라, 현재 과제의 요구에 의해 즉흥적으로 형성될 수 있다는 것을 암시한다(글 읽기 방향과 같이 습관적 행동에 의해 영향을 받을 수 있기는 함). 예를 들면, 좌-우 공간과 작은 수-큰 수 사이의 연합은, 실험 참가자가 시계를 떠올리도록 점화되거나(이 경우 1~5까지의 숫자가 오른쪽에 위치하도록; Bachtold, et al., 1998), 공간상 오른편에 LEFT라고 반응키를 할당하고 왼편에 RIGHT라고 할당할 경우(Gevers et al., 2010) 뒤바뀌기도 한다. 중간 수 찾기 과제 동안에 나타나는 무시증(neglect)은 공간적 작업기억장애와 관련이 있으며, 좌측 전두엽 손상과 관계된다(Doricchi et al., 2005). 이는 또 숫자-공간 연합이 공간적인 코드로 저장되어 있는 것이 아니라 주의와 작업기억을 통해 구성될 수 있음을 시사한다. 건강한 실험 참가자를 대상으로 이 영역에 TMS를 가하면 왼쪽/오른쪽 반응을 사용하여 어떤 숫자를 5보다 작은 수/큰 수로 범주화할 때 숫자-공간의 대응은 손상된다 (Rusconi et al., 2011).

수-공간 연합이 수량 처리에 특별히 연관된 것이 아니라는 또 다른 증거는 유사한 효과들이 양을 표상하지 않는 다른 시퀀스, 즉 알파벳이나 달(month)의 이름에서도 나타난다는 것이다. 예를 들어, '1월 (January)'에 대해서는 좌측으로 반응할 때, '12월 (December)'에 대해서는 우측으로 반응할 때 빨라진다(Gevers et al., 2003). 무시증이 있는 환자들은 이러한 시퀀스에 대해서도 공간적 편향을 보인다(Zorzi et al., 2006). 일반적으로 달의 이름이나 알파벳과 공간의 연합은 그 과제가 순서에 기초하지 않은 판단보다 순서에 관해 생각하는 것을 요구할 때 관찰되는 경향이 있다 (Dodd et al., 2008). 이는 다시 이러한 시퀀스가 고정된 공간적 코드로 저장되어 있는 것이 아니라, 과제 그 자체에 의해 (공간적 작업기억과 주의를 통해) 창조될 수 있다는 것을 시사한다.

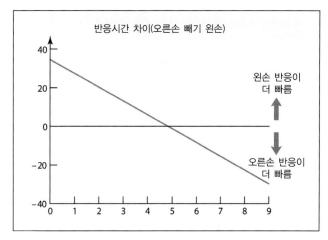

그림 13.13 사람들은 작은 수에 대한 판단은 왼손으로, 큰 수에 대한 판단은 오른손으로 반응할 때 더 빠르다.

출처 : Adapted from Dehaene et al., 1993.

평가

다른 종류의 수는 유사한 방식으로 처리되는 경향이 있다. 수의 비상징적인 처리(예 : 점 배열)는 놀랍게도 여러 종의 동물들에게서 유사한 효과를 나타냈고(거리와 크기 효과), 사람의 경우 수(예 : 숫자) 처리에서도 유사한 효과가 관찰되었다. 붉은꼬리원숭이의 두정엽과 전두엽의 단일전극 측정법 연구들은 이러한 효과에 관계될 법한 신경 기전을 제시하였다. 즉 다른 어떤 숫자들보다 특정 숫자에 반응하는 뉴런들이 발견되었으며 이러한 신경 반응은 일반적으로 큰 수에 대해서는 덜 특화되는 경향을 보였다. 연속적인 양과 불연속적인 수량은 동일하지는 않더라도 유사하게 처리된다는 증거가 있다. 유사하게 인간의 좌반구와 우반구 모두 (특히 좌우 두정내구) 수리적 인지에 관계되는 것은 분명하나 약간의 차이(예 : 정확한 수에 대해서는 좌반구가 더욱 많이 특화됨)는 존재한다. 공간과 수에 대한 처리는 서로 밀접하게 관계되지만 수가 공간적인 코드로 표상되어 있다는 강한 주장을 뒷받침할 만한 증거는 아직 없다.

손가락, 신체, 진법을 사용한 셈하기

적지 않은 수의 대상을 세기 위해서는 지금까지 몇 개를 세었는지 추적하는 방법이 필요하다. 이것을 위해 기록체계(예 : 고대의 뼈에서 발견되는 표시)와 같은 외적인 도구나 언어적 상징(글로 쓴 숫자 또는 수 명칭)과 같은 내적인 도구를 사용할 수 있다.

문화적 다양성에 비해 인간은 어느 정도 서로 독립적인 제한된 수의 셈하기 방식을 발달시켜 온 것으로 보인다. 가장 보편적인 두 가지 방식은 (1) 신체 부위의 사용과 (2) 진법(base system)의 사용이다. 많은 문화권에서는 얼마만큼 세었는지 기록하기 위해 손가락과 다른 신체 부위를 사용한다. 영어 단어 'digit'가 숫자뿐 아니라 손가락, 발가락을 의미하기도 한다는 것은 아마 우연의 일치가 아닐 것이다. 파푸아뉴기니와 같은 다른 문화권에서는 이 관계가 더 명백하게 드러난다(Lancy, 1983). 유프노 족은 특화된 수 명칭을 따로 가지고 있지 않으며, 수를 세고 표상하기 위해 신체 부위의 명칭을 사용한다. 그러므로 '일'은 왼쪽 새끼손가락이고 '삼십 삼'은 음경이다. 킬렌지라는 곳에서는 신체 부분들이 결합될 수도 있고 또한 기수(base)로서의 역할을 할 수도 있다. 따라서 5는 '손', 10은 '두 손'이고 20은 '남자'이다. 이러한 용어들은 결합되어 30은 '남자와 두 손'이다.

물물교환을 하지 않는 문화에서는 현실적으로 큰 수를 표상할 필요가 별로 없다. 그러나 신체 부위를 다 쓰고도 표상하지 못하는 큰 수는 진법을 사용하여 표상한 것으로 보인다. 진법은 문화적으로 독립적인 수의 핵심 속성으로부터 유래한다. 즉 모든 수(1과 0 제외)는 하나 이상의 집합으로 분해될 수 있다는 것이다. 우리의 10진법 체계에서 '35'라는 수는 10의 집합이 3개, 1의 집합이 5개이다. 고대 마야 문명과 근대의 바스크 언어에서는 5를 하위 단위로 한 20진법을 사용한다. 20진법 체계의 잔재는 몇몇 유럽의 언어들에서 찾아볼 수 있다(프랑스어로 77은 'soixante-dix-sept'이고 문자 그대로 '육십과 십칠'이다. 바빌로니아에서는 10을 하위 단위로 한 60진법을 사용했었고, 이는 오늘날 각도와 시간 측정에서 여전히 사용되고 있다.

셈하기를 위해 신체 부위를 사용하는 경향을 뇌에 기초하여 설명할 수 있을까? 거스트만(Gerstmann, 1940)은 좌측 두정엽

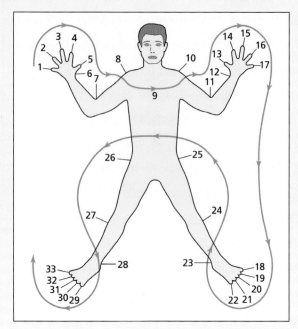

그림 13.14 토러스 해협 섬주민들의 수 체계는 신체 부위에 기초하고 있다.

출처 : Adapted from Ifrah, 1985.

의 손상이 계산장애뿐 아니라 손가락 실인증(finger agnosia), 즉 촉감만으로 손가락을 식별할 수 없는 장애(Kinsbourne & Warrington, 1962b)를 가져올 수 있다는 것을 발견했다. 이러한 증상에 쓰기 장애와 좌우 혼동의 증상이 함께 나타나는 것을 거스트만 증후군(Gerstmann's syndrome)이라고 한다. 이 증후군에 속한 서로 다른 증상들은 이제 서로 해리될 수 있는 것으로 드러나고 있다(Benton, 1977). 그럼에도 뇌에서 신체와 손가락 그리고 수 의미가 가깝게 표상되는 방식으로 진화되어 왔다는 사실은 이들이 진화론적으로 밀접한 관계에 있다는 증거일 수 있다(Rusconi et al., 2005).

수 처리의 모형

수 인지에 관한 경험적 자료를 설명하기 위한 몇 개의 상세 모형이 제안되었다. 이 단락에서는 두 가지 모형에 대해 상세하게 다룰 것이다(물론 필요하다면 다른 모형들에 대해 언급할 것이다).

첫 번째 모형은 맥클로스키와 동료들(McCloskey, 1992; McCloskey et al., 1985)에 의해 제시되었다. 이는 두 모형 중 더 먼저 발표된 것으로서 신경 기반에 대한 주장을 포함하지 않고 순수하게 인지적인 설명만을 제공한다. 이 모델의 몇 가지 핵심적인 특징이 주목할 만하다. 먼저, 이 모델에서는 (입력과 출력 모두에 대하여) 특정 수 표기 형식과 추상적인 내적 의미 표상을 구별한다. 특정 형식의 부호들은 수를 의미하는 상징들을 재인하고 산출하는 데 사용된다. 의미 표상은 양에 대한 정보를 부호화한다. 이것은 또한 부호변환(transcoding)과 모든 형태의 계산에 중요한 역할을 한다. 계산 자체도 여러 유형의 사실과 절차들로 분해될 수 있다(예 : 덧셈, 뺄셈, 곱셈과 나눗셈을 위한 개별 저장소와 절차). 부호변환은 하나의 상징이 또 다른 형태의 상징으로 바뀌는 방법을 말한다. 이러한 부호변환은 읽기(글자 상징으로부터 언어적 상징으로), 쓰기(언어적 상징으로부터 글자 상징으로) 그리고 또 다른 형태의 과정(예 : 글자 상징으로부터 손동작으로)들을 포함한다.

두 번째 모형은 드앤과 동료들(Dehaene, 1997; Dehaene & Cohen, 1995; Dehaene et al., 1998a)에 의해 제시된 3중 부호 모형(Triple-Code Model)이다. '3중 부호'는 (1) 의

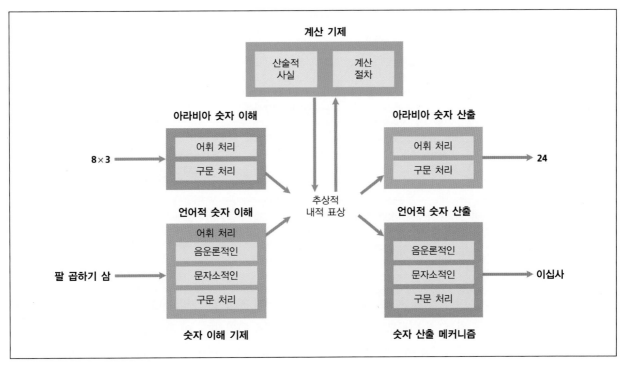

그림 13.15 맥클로스키의 모형(1992)에는 서로 다른 계산 절차와 형식 특수적인 부호(예 : 아라비아 숫자, 수 명칭)를 위한 저장소가 분리되어 있다. 이들은 감각 양상을 초월한 수의 의미 표상을 통해 서로 연결된다.

출처 : Reprinted from McCloskey, 1992. ⓒ 1992 with permission from Elsevier.

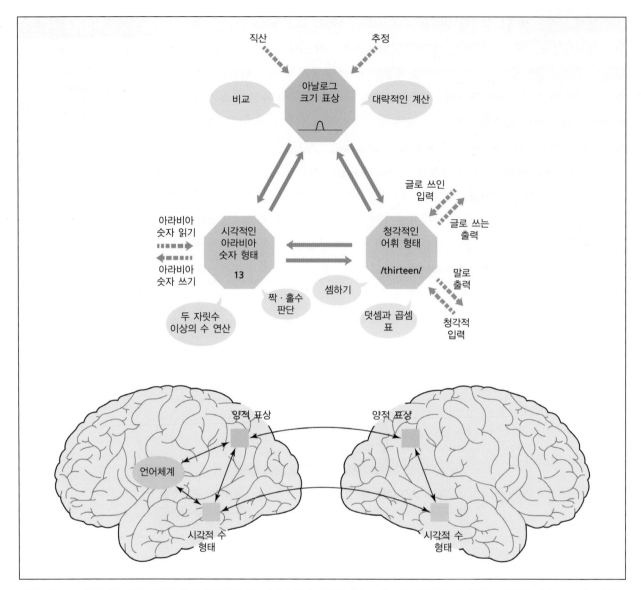

그림 13.16 드앤의 3중 부호 모형의 세 가지 구성 요소는 다음과 같다. (1) 의미적 크기 표상, (2) 산술적 사실들의 언어적 저장소, 그리고 (3) 숫자 재인을 위한 시각적 표상과 특정 계산을 수행하기 위한 '작업대'이다. (위 : 기능적 요소, 아래 : 각 요소에 대응되는 대략적 해부학적 위치)

출처 : top, Dehaene, 1992; bottom, Dehaene & Cohen, 1995.

미적 양 표상, (2) 산술적 사실의 언어적 저장소, 그리고 (3) 숫자 인식과 계산을 수행하는 '작업대'로 작용하는 시각적 표상을 가리킨다. 이 모형은 인지와 신경해부학적 수준에서의 예측을 모두 포함한다. 각 요소를 차례대로 고려해보면 의미적인 양 표상은 (양반구의) 두정내구에 존재하는 것으로 가정된다. 언어적 저장소는 수 명칭들을 이해하고 산출하는 데 사용되며 학습된 산술적 지식과 구구단 등의 표(예 : "둘에 둘을 더하면 넷이다.")를 위한 저장소이다. 이것은 좌측 각회에 기초한 것으로 가정되며(Dehaene et al., 2003), 이는 수 의미와 관련된 두정엽 영역과는 다른 영역이다. 시각적 부호는 아라비아 숫자를 인식하고 산출하기 위해 사용되며 양반구의 방추상회에 존재하는 것으로 추측된다(Dehaene, 1997). 이것은 또한 두 자릿수 이상의 수에 대한 연산(예 : 256 + 142)을 수행하는 시공간 작업장이기도 하다. 맥클로스키의 모형과는 다르게 3중 부호 모형에서는, 중심의 의미적인 병목 구간(central semantic bottle neck)을 거치지 않고 시각적인 수로부터 언어적인 수의 산출(3 → '셋')이 가능하고 그 반대('셋' → 3) 역시 가능하다. 드앤의 3중 부호 모형은 또한 모든 계산이 의미적으로 수행되는 것은 아니라고 주장한다. 특히 간단한 곱셈과 덧셈에 대한 답은 언어적 저장소로부터 '수학적 사실'로서 인출된다고 주장한다. 더 복잡한 덧셈(예 : 두 자리 이상의 수에 대한 덧셈)은 시각적인 방식이나 시각적 이미지를 사용하여 수행될 수 있다. 이러한 두 과정은 정보들이 애초에 획득된 방식에 따른 결과물이다. 그 예로, 구구단의 기계적인 반복을 들 수 있다(이러한 이론의 더 극단적인 형태는 Campbell, 1994 참조).

　이러한 두 모형을 대조하기 위해 수 인지의 세 가지 측면으로부터 증거를 검토할 것이다. 첫째, 수의 의미적 표상, 둘째, 서로 다른 측면의 계산(덧셈, 뺄셈 등)을 뒷받침하는 인지 과정의 본질, 그리고 셋째, 서로 다른 수 형식 간 부호변환의 기제이다.

10진법 단위 또는 내적 수 직선

두 모형은 모두 형식(예 : 숫자, 수 단어, 점 배열)과 독립적인 수에 대한 의미적 저장소가 있다고 가정한다. 그러나 두 모형에서 가정하는 양적 표상의 내부 구조는 서로 다르다. 맥클로스키의 모형은 의미적 수 표상이 일의 자릿수(0~9), 십의 자릿수, 백의 자릿수, 천의 자릿수 등에 대한 분리된 표상으로 구성된다고 가정한다. 그러므로 이 모델의 의미적 수 표상은 자리 값 체계에서 숫자가 표시되는 방식과 유사하다. 드앤의 3중 부호 모형에서 의미적 수 표상은 로그 함수에 따라 압축된 내적 수 직선으로 구성된다(앞서 언급됨). 여기에는 십의 자리, 백의 자리, 천의 자리 등의 구분이 없다. 이러한 모델을 뒷받침하는 몇몇 증거들은 드앤 등(1990)의 연구에서 보고되었다. 그들은 참가자들에게 두 자리의 수가 참조 수(예 : 65)보다 큰지 작은지를 판단하도록 했다. 참가자들은 59보다 51이 제시되었을 때 빠르게 판단하였고 이러한 반응시간의 차이는 로그 함수를 따랐다. 만약 이러한 판단이 단순히 십의 자리에서의 비교(즉 십의 자릿수가 5인 수와 십의 자릿수가 6인 수를 비교하는 것)를 통해 이루어졌다면 51과 59 간의 차이는 나타나지 않았을 것이다. 그러나 같은 패러다임을 사용한 더 최근 연구들은 이러한 결론에 대해 의문을 제기하였다. 누어크 등(Nuerk et al., 2001)에 따르면 51과 65를 자릿수별로 비교

맥클로스키 모형	드앤의 3중 부호 모형
• 인지적 모형	• 인지적이고 신경해부학적인 모형
• 수 크기는 10진법 단위로 표상됨(10의 자리, 100의 자리, 1,000의 자리 등)	• 수 크기는 로그 함수에 따라 압축되는 형태로 표상됨(큰 수 간의 변별이 더 어려움)
• 산술 연산을 위한 분리된 절차 또는 저장소(+, −, /, ×)	• 서로 다른 산술 연산을 위한 분리된 절차 또는 저장소가 없음(+, −, /, ×)
• 모든 계산에 추상적인(의미적) 표상이 사용됨	• 어떤 계산은 수 의미와 독립적으로 이루어짐(예 : 곱셈은 언어적 사실의 인출 과정임)
• 부호변환은 의미적으로 수행됨	• 부호변환은 의미를 떠올리지 않고 수행될 수 있음

할 때는 십의 자릿수와 일의 자릿수가 같은 판단으로 이어지는 반면(5 < 6이고 1 < 5이므로), 59와 65를 자릿수 별로 비교할 때는 십의 자릿수와 일의 자릿수가 서로 반대되는 판단으로 이어져(5 < 6이지만 9 > 5이므로) 불일치가 발생한다. 일련의 실험을 통해 이들은 십의 자릿수와 일의 자릿수에 대한 정보가 서로 독립적으로 이용 가능하다고 제안하여 맥클로스키의 모형을 지지했다. 그들은 로그 함수 모양의 압축과 자릿수별로 분리된 표상이 공존하는 혼합 모형을 제안했다.

계산 : 곱셈, 덧셈, 뺄셈과 나눗셈

드앤의 3중 부호 모형에 따르면 간단한 곱셈은 단어나 구절과 마찬가지로 언어적 저장소에 저장된 사실을 인출하는 과정에 의존한다. 한편 뺄셈은 이와 같이 기계적인 방식으로 학습되지 않고 수 의미 표상의 활용이 더 필요할 것이다. 덧셈은 두 방식으로 모두 수행될 수 있다. 간단한 덧셈은 언어적으로 암기되기도 하지만, 수 의미 표상을 이용하는 방식으로도 쉽게 수행 가능하다. 이를 지지하는 증거로서, 드레이저와 벤크(Delazer & Benke, 1997)는 좌반구 두정엽에 종양을 가진 환자의 사례를 보고하였는데, 이 환자는 구구단을 암송하고 곱셈 지식을 인출할 수 있었지만 수에 대한 지식에 심각한 장애(예 : 13 + 9를 할 수 없으며 100, 50, 10, 5, 1의 값을 가진 포커 칩을 사용하여 103을 만들 수 없었음)를 보였다. 이와 반대로 중증 실어증 환자 HAB는 여러 가지 계산을 수행할 수 있었지만 곱셈(3중 부호 모형에서 언어적 저장소에 해당)은 비정상적인 방식으로 수행되었다(Rosser et al., 1995). 예를 들어, 그는 9 × 5를 덧셈 문제 18 + 18 + 9 = 45[즉 9 × (2 + 2 + 1)]로 전환하여 수행하였다. 이러한 연구들은 곱셈 지식이 언어적 형태로 저장된다는 결론을 지지한다.

이와 관련한 논의에 다른 증거들도 더해졌다. 먼저, 곱셈과 뺄셈의 장애는 이중 해리된다. 뺄셈에 비해 곱셈에서 더 큰 장애를 보이는 환자들의 사례가 있다(Cohen & Dehaene, 2000; Dehaene & Cohen, 1997; Van Harskamp & Cipolotti, 2001). 그

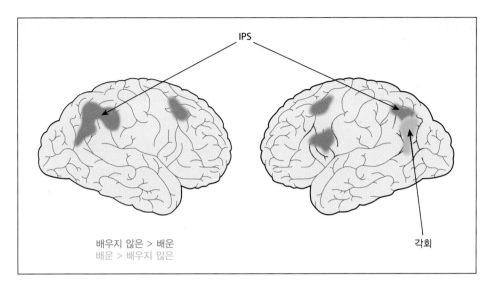

그림 13.17 새로운 곱셈 문제를 배우는 것(빨간색) 대 이미 배운 문제를 인출하는 것(초록색)에는 서로 다른 뇌 영역들이 관여한다.

출처 : Adapted from Ischebeck et al., 2006.

와 반대의 해리에 대한 사례도 보고되었다(Delazer & Benke, 1997; Van Harskamp & Cipolotti, 2001; Van Harskamp et al., 2002). 건강한 참가자들의 경우 이와 강(Lee & Kang, 2002)은 동시적 음운 시연이 뺄셈보다는 곱셈의 수행을 유의미하게 지연시키고, 시공간적 이미지를 머릿속에 유지하는 것은 곱셈이 아닌, 뺄셈 수행에만 영향을 준다는 것을 발견하였다. 기능적 뇌 영상 실험에서 좌측 각회('언어적 부호' 영역으로 추정됨)은 뺄셈 과제에서보다 곱셈 과제에서 더 활성화되는 것으로 나타났고(Cochon et al., 1999), 복잡한 덧셈(10보다 큰)보다 간단한 덧셈(10보다 작은)에 더 많이 관여하는 것으로 나타났다(Stanescu-Cosson, et al., 2000). 새로운 곱셈 사실을 학습하는 것은 하측 전두엽과 양반구 두정내구를 활성화시키는 반면, 그 사실을 인출하는 것은 두정엽의 좌측 각회를 활성화시킨다(Ischebeck et al., 2006). 이에 반해 뺄셈은 각회의 활성화를 유발하지 않았다.

맥클로스키의 모형 역시 계산의 서로 다른 측면들 간에 해리를 예측하나, 앞서 기술한 바와 다른 방식에 의한다. 산술적 지식은 절차적 지식과 수 의미로부터 분리되어 저장될 수 있으나, 어떤 유형의 연산이 더 '언어적' 또는 '의미적'인지에 대한 주장은 하지 않는다. 맥클로스키 모형에서 곱셈과 뺄셈 간의 이중 해리는 서로 다른 지식 저장소가 손상되었기 때문이라고 간주한다(Dagenbach & McCloskey, 1992). 지식과 연산의 종류만큼 많은 수의 선택적 손상 패턴이 존재할 것으로 예측된다.

부호변환 : 읽기, 쓰기 그리고 수 말하기

맥클로스키와 드앤의 모형은 모두 아라비아 숫자와 글이나 말로 된 수 명칭(8, 'eight',

EIGHT)과 같이 수를 표상하는 형식 특수적인(그리고 문화 의존적인) 부호의 존재를 가정한다. 이러한 입력과 출력 부호들은 선택적으로 손상될 수 있다. 앤더슨 등(Anderson et al., 1990)은 수를 읽고 쓸 수는 있지만 글자나 단어는 읽고 쓸 수 없는 환자에 대해 보고했고, 치폴로티(Cipolotti, 1995)는 그 반대 경우의 해리의 사례를 보고했다. 페로와 보텔료(Ferro & Botelho, 1980)는 말로 제시되었을 때(예 : '더하기')를 제외하고는 수학적 연산자(예 : +)를 읽을 수 없는(또는 사용할 수 없는) 환자에 대해 보고했다. 출력 면에서는, 맥클로스키 등(McCloskey et al., 1986)은 수 산출에서 어휘적 처리와 구문적 처리가 구분됨을 주장했다. 환자 HY의 읽기 오류에서 숫자들의 통사적 범주(즉 일의 자리, 십의 자리, 백의 자리)는 유지되었으나 각 자릿수 내에서는 숫자를 잘못 읽는 경우가 발생하였다(예 : 5를 7로 잘못 읽었으나, 15로 잘못 읽지는 않음). 반대로, 환자 JG의 읽기 오류에는 같은 자릿수 내에서 숫자가 뒤바뀌는 오류는 일어나지 않았으나, 자릿수가 바뀌곤 했다(예 : 5를 7로 읽지는 않으나, 15로 읽는 경우). 아라비아 숫자를 쓰기 위한 산출 규칙은 약간 다르다. 치폴로티 등(Cipolotti et al., 1994)은 숫자 쓰기에 있어 '구문적' 장애가 있는 환자의 사례를 보고하였다. 이 환자는 오른쪽에서 덮어쓰기(overwriting from the right) 규칙을 적용하지 못하였다. 예를 들어 '일천구백사십오'를 1000,945라고 썼다. 이러한 연구들이 수의 입력과 출력 과정이 어떻게 이루어지는지에 대해 밝히고 있지만 두 모형 간의 핵심적 차이는 이러한 과정들이 직접적으로 연결되는지(예 : 3중 부호 모델) 아니면 입·출력 과정이 의미적 병목 구간을 반드시 통과해야만 하는지(맥클로스키 모형)의 여부이다.

HY의 아라비아 숫자 읽기	JG의 아라비아 숫자 읽기
5 → 일곱	916 → 천구백십육
17 → 열셋	912 → 구백이십
317 → 삼백십사	620 → 육백이

두 모형은 부호변환(예 : 아라비아 숫자에서 말로 표현되는 수 명칭으로)에 대해 서로 다른 예측을 한다. 맥클로스키(1992)는 적어도 영어와 같은 언어 문화권에서는 아라비아 숫자와 언어적 형태 간의 관계가 너무 불규칙해서 부호변환 절차가 비의미적인 방식에 의해 이루어지기 어려울 것이라고 간주한다(다른 관점은 Power & Dal Martello, 1997 참조). 예를 들어, 숫자 2는 사용되는 맥락(예 : 2, 12, 20)에 따라 '이', '십이' 또는 '이십'으로 변환될 수 있다. 다른 언어에서도 항상 그렇다고 말할 수는 없다. 중국 아동들은 10까지의 수 명칭을 학습하고 나면 그 이후의 수는 매우 쉽게 알 수 있게 된다. 중국어에서 12는 문자 그대로 '십-이'로 변환되며, 21은 '이-십-일'로 변환된다.

셈하는 법을 배울 때 중국어를 사용하는 아동이 영어를 사용하는 아동보다 더 잘하는 것은 놀라운 일이 아니다(Miller & Stigler, 1987). 영어에서 아라비아 숫자를 읽을 때 수의 의미를 사용하는 것으로 보인다. 예를 들어, 숫자를 소리 내어 읽는 것(예 : 6)은 거리적으로 더 먼 수(예 : 9)에 비해 의미적으로 비슷한 크기의 수(예 : 5)를 읽는 것을 더 용이하게 한다(Brysbaert, 1995). 그러나 중요한 것은 부호변환이 의미(semantics)를 거쳐 이루어질 수 있는지(이는 누구도 의심하지 않음)가 아니라 부호변환이 반드시 의미를 거쳐야만 하는지에 대한 질문이다.

그림 13.18 왜 중국어권 아이들이 많은 다른 언어권 아이들에 비해 셈하기를 쉽게 배울 수 있는 것일까?

몇몇 연구들은 아라비아 숫자의 재인과 언어적 출력 간의 (수 의미를 건너뛴) 직접적인 경로에 대한 경험적 증거를 제공하고 있다(Cipolotti, 1995; Cipolotti & Butterworth, 1995; Cipolotti, Warrington, & Butterworth, 1995; Seron & Noel, 1995). 예를 들어, 치폴로티와 버터워스(1995)가 연구한 한 환자는 여섯 자릿수까지의 덧셈, 뺄셈을 98%의 정확도로 수행할 수 있었지만, 아라비아 숫자를 읽을 때는 절반밖에 제대로 읽지 못하였다. '칠만(seventy thousand)'을 쓰라고 했을 때 그는 17,000을 썼지만 '56,748+13,252'를 계산하라 했을 때 그는 70,000을 썼다. 그는 4,070을 '사십만칠십(four hundred thousand seventy)'이라고 읽었고 '사천칠십'을 1,070으로 썼다. 그렇지만 2,561+1,509에 대해 그는 4,070이라고 썼다. 이것을 설명하기 위해 치폴로티와 버터워스는 맥클로스키 모형에 직접적인 부호변환 경로를 추가했다. 이렇게 수정된 모델은 결과적으로 드앤의 3중 부호 모형에서 주장하는 바와 유사해진다.

평가

요약하면 수 처리 연구들로부터의 증거들이 맥클로스키 모형을 지지하는 경우와 드앤 모형을 뒷받침하는 경우가 공존하고 있다. 수 의미 표상과 관련하여 아날로그적인 '내적 수 직선'은 수 의미의 필수적인 부분일 수 있지만(드앤에 의해 제안된 바와 같이), 유일한 측면은 아닐 것이다. 구체적인 계산 절차(덧셈, 뺄셈, 곱셈, 나눗셈)의 표상과 관련하여 맥클로스키 모형은 이러한 서로 다른 영역들이 선택적으로 손상될 가능성을 예측하며, 이에 반해 드앤의 3중 부호 모형은 계산의 손상이 '의미적'이거나(뺄셈에 강력하게 영향을 주는), 또는 '언어적'인 (곱셈에 강력하게 영향을 주는) 경향이 있다고 예측한

그림 13.19 버터워스(1999)의 모형은 수 의미와 계산 절차들과 독립적으로 분리된 부호변환 경로를 추가함으로써 맥클로스키의 모형을 확장했다.

출처 : Butterworth, 1999. ⓒ Palgrave-Macmillan. Reproduced with permission of the author.

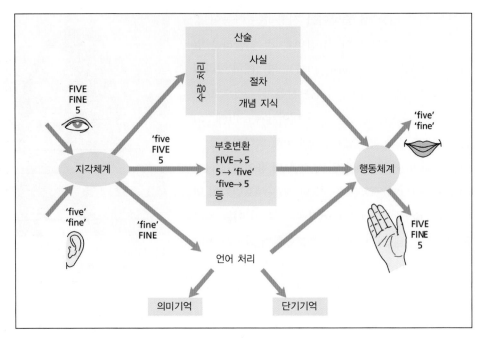

다. 두 입장은 각기 지지 증거를 지닌다. 아라비아 숫자를 언어적 형태로 부호변환하는 것과 관련하여, 증거는 의미적 경로와 비의미적인 경로의 존재를 모두 뒷받침한다(드앤 모형과 일치).

모형의 구체적인 세부사항과 예측 외에 두 모형이 수 인지에 접근하는 방식에 개념적인 차이가 있다는 점도 중요하다. 드앤의 모형은 서로 다른 종류의 수 지식들이 왜 특정 방식으로 표상되는가(예 : 곱셈이 뺄셈과 다른 이유는 서로 다른 수 기반 표상을 이용하기 때문임)를 설명하고자 한다. 반대로 맥클로스키의 모형은 수 인지의 서로 다른 측면들에 대한 더 기술적인 설명(예 : 곱셈과 뺄셈이 다른 이유는 본질적으로 서로 다른 종류이기 때문임)을 제공한다. 비록 경험적 증거들이 명백하게 어느 한 모형을 지지하는 것은 아니지만, 드앤의 보다 일반적인 접근이 이 분야에 더 많은 영향을 주어 왔다는 것은 놀라운 일은 아닐 것이다.

수학 천재 만들기

천재는 99%의 땀과 1%의 영감으로 만들어진다.
— 알베르트 아인슈타인

비록 많은 사람들이 아인슈타인에게 기꺼이 천재라는 꼬리표를 붙일지라도 천재성에 노력이나 타고난 기술이 얼마만큼 반영되었는지에 대해서는 쉽게 결론을 내릴 수 없을 것이다. '천재'는 정의하기 어렵기로 악명 높은 단어이다. 그러나 비정상적으로 우수한 능력의 신경학적 기반을 이해하는 데 과학적인 진보가 이루어지고 있다. 페젠티 등(Pesenti et al., 2001)은 감이라는 수학 영재가 엄청난 계산을 수행하는 동안 기능적 영상 연구를 수행하였다. 예를 들어, 감은 소수를 소수점 아래 60자리까지 나눌 수 있었고(예 : 31/61), 어떤 수의 5제곱근을 계산할 수 있었다(예 : $5\sqrt{8547799037}$). 감의 뇌에서 활성화된 영역들은 계산에 관여하는 영역과 기억 인출에 관여하는 영역이었다(이보다 쉬운 과제를 수행한 통제군은 계산에 관여되는 영역만을 활성화시켰다). 감은 수에 대한 많은 '지식'을 장기기억에 저장하였고(그는 6년 동안 스스로 매일 네 시간에 달하는 훈련을 했다), 계산을 하는 동안 이 지식을 사용함으로써 작업기억에 가중되는 부담을 줄일 수 있었다. 다른 계산 천재들에 대한 연구도 이와 같은 결론을 지지한다. 빔 클라인은 2분 동안에 100자릿수의 13제곱근을 구할 수 있었다. 이것이 가능했던 이유는 그가 150까지 모든 정수의 로그 값을 암기하였기 때문이었다(Smith, 1983). 또 다른 영재인 에이킨은 777^2을 더 간단한 곱셈과 제곱으로 분해하여 풀었다. $[(777+23)\times(777-23)]+23^2$. 그는 1부터 100까지의 모든 수의 제곱을 기억하고 있었다(Gardner, 1990). 감과 다른 천재들의 사례에서 천재성은 영감보다는 땀을 반영하는 것으로 보인다. 흥미로운 점은, 천재인 아인슈타인은 이러한 계산을 아마도 수행할 수 없을 것이며, 감이 '천재'인지에 대해서는 논란의 여지가 있다. 아마 아인슈타인이 보유한 종류의 능력을 설명하는 데는 다른 요소들이 필요할 것이다(Witelson et al., 1999).

수 능력에 유전적 영향이 전혀 없다고 말하기에는 아직 이르다. 유전적 요소들은 확실히 수리적 장애에 기여한다(Bruandet et

그림 13.20 알베르트 아인슈타인(1879~1955)

출처 : © Bettmann/Corbis.

al., 2003). 유전, 환경과 뇌 간의 상호 작용은 복잡할 것이다. 예를 들어, 자폐증 아동이 수에 대한 비정상적인 관심을 발달시키는 것은 수에 대한 '타고난 재능'보다 사회화장애를 반영하는 것일 수도 있다(Hermelin & O'connor, 1986). 동기의 차이(타고난 능력의 차이가 아니라)도 유전의 산물일 수도 있으며 이는 스스로를 위해 만들어가는 환경의 변화를 가져올 수 있다.

요약 및 핵심 정리

- 수에 대한 지식은 인지의 기초적이고 거의 보편적인 측면이다. 수 지식은 언어와 문화적 지식에 의해 도움을 받지만 이에 직접적으로 의존하지 않는다.
- 수 의미는 뇌 손상에 의해 선택적으로 손상될 수 있고(계산장애), 특화된 신경학적 기반(IPS를 포함)을 가질 수 있다.
- 수의 비상징적 표상(예 : 점 배열) 혹은 상징적 표상(예 : 숫자)을 사용한 크기 비교는 수의 크기가 증가할수록 어려워지며, 이는 크기 증가에 따라 수 처리에 특화된 뉴런의 보다 폭넓은 조율(broader tuning)을 반영한다.
- 뇌가 셀 수 있는 양과 셀 수 없는 양을 다루는 방식에는 유사성이 있으며, 두 가지 모두 부수적으로 동반되는 공간적 연합을 일으키는 경향이 있다.
- 뇌 손상에 의해 계산 절차의 유형(뺄셈, 덧셈, 곱셈, 나눗셈)이 선택적으로 손상될 수 있으며, 이는 아마도 그 계산 절차들은 언어적으로 배웠느냐 혹은 즉각적인 계산에 의해 배웠느냐에 따라 다른 종류의 코드를 사용할 것이다.
- 아라비아 숫자와 수 명칭 간의 부호변환은 의미적이거나 비의미적인 방식으로 모두 이루어질 수 있다.

논술 문제

- 수 지식은 얼마만큼 타고난 재능 또는 문화적 요소의 산물일까?
- 수 지식은 별도의 신경학적 기전을 가질까? 이것은 선택적으로 손상될 수 있을까?
- "수 인지는 좌반구에 의해 수행된다."에 대해 논의하라.
- 언어는 수 이해에 필수적일까 아니면 도움을 줄 뿐일까?
- 드앤과 맥클로스키에 의해 제안된 수 인지 모형을 비교, 대조하라.
- 인간이 '내적 수 직선'을 가지고 있다는 증거는 무엇인가?

더 읽을거리

- Campbell, J. I. D. (2005). *The handbook of mathematical cognition.* Hove, UK : Psychology Press. 이 주제에 대한 다양한 분야의 전문가들이 쓴 고급 논문집
- Cohen Kadosh, R. & Dowker, A. (in press). *The Oxford handbook of numerical cognition.* Oxford, UK : Oxford University Press. 가장 최근까지 연구된 선택된 주제들에 대한 고급 저술서
- Nieder, SA. & Dehaene, S. (2009). Representation of number in the brain. *Annual Review of Neuroscience, 32,* 185-208. 최근의 발견들에 대한 훌륭한 요약서

제14장

집행하는 뇌

이 장의 내용

전전두피질의 해부학적 그리고 기능적 분할

집행 기능의 실제

집행 기능의 조직

집행 기능에서 전대상피질의 역할

요약 및 핵심 정리

논술 문제

더 읽을거리

뇌의 집행 기능(executive function)은 수많은 인지적 과정들의 조작이 요구되는 상황에서 최적의 수행을 이끌어내기 위해 사용되는 복잡한 과정들로 정의될 수 있다(Baddeley, 1986). 다소 시적인 은유를 사용하자면, 집행 기능은 뇌의 여러 영역이 서로 조화를 이루기 위해 연주를 해야 할지 아니면 조용히 기다려야 할지를 지시하며 전체적으로 조율하는 뇌의 지휘자라 할 수 있다(Goldberg, 2001). 이와 같이 집행 기능은 특정 영역(기억, 언어, 지각 등)에 국한된 것이 아니라 메타인지적이고 감시적 성격을 띠며 통제적인 역할을 담당한다. 집행 기능은 전통적으로 전두엽의 기능과 동일시되어 왔으며, 집행 기능의 결함을 '전두엽 신드롬(frontal lobe syndrome)'이라 부르기도 했다. 좀 더 세부적으로 말하자면, 집행 기능은 전두엽 중에서도 전전두 영역(prefrontal region)과 관련되며, 집행 기능의 모든 측면들이 이 영역에만 국한되어 있는지는 여전히 미지수로 남아 있다.

집행 기능의 개념은 인지과학에서 긴 역사를 가진 특이점이라고 할 수 있는 자동적 행동과 통제된 행동 간의 구분과 깊은 관련이 있다(예 : Schneider & Shiffrin, 1977). 이러한 특이점은 행동의 생성과 관련된 맥락에서도 연구되어 왔다. 예를 들어, 자동차를 운전할 때 운전자는 마치 '자동항법' 모드에 있는 것처럼 엑셀을 밟거나 기어를 바꾸

핵심 용어

집행 기능 몇 가지 기초적인 인지 과정들의 조작과 조화를 요구하는 상황 속에서 최적의 수행을 이끌어내기 위한 통제적 과정

는 등의 조작을 수행할 수 있다. 하지만 익숙하지 않은 길로 들어서게 되면 운전자는 자동적 행동들을 억제하고 실시간으로 통제를 시작할 필요를 느끼게 되며, 이러한 상황은 집행 기능의 사용을 요구하는 것으로 보인다(Norman & Shallice, 1986). 전혀 행동이 이루어지지 않는 상황, 즉 실시간으로 생각과 사고만을 통제하고 있는 상황에도 동일한 논리가 적용될 수 있다. 이는 인간들에게(혹은 다른 종들에게서도) 머릿속에서만 시나리오를 시뮬레이션해보거나 반드시 실제 행동을 표출할 필요 없이 문제를 머리로만 생각해볼 수 있는 엄청난 기회를 제공한다. 따라서 집행 기능에 대한 일부 이론들이 사실상 작업기억의 측면과 유사하다는 점은 그리 놀라운 일이 아니다(Baddeley, 1996; Goldman-Rakic, 1992, 1996). 작업기억 개념은 이미 앞서 소개된 바와 같이(제9장 참조), 저장 단위(주로 대뇌 후측피질과 관련)와 통제 과정(주로 전두피질과 관련) 간의 연결망으로 구성된 것으로 볼 수 있다.

이 서두에서 언급할 필요가 있는 두 가지 요점이 있다. 첫째로, 어떤 행동이 '자동적'(즉 집행 기능을 요구하지 않음)이거나 '통제적'(즉 집행 기능을 요구함)이라고 말하는 것은 이분법적으로 분류될 수 있는 것이 아니며 단지 정도의 문제일 뿐이라는 점이다. 유창한 대화 속에서 단어를 떠올릴 때조차도 어느 정도의 집행 기능이 사용될 수 있다. 예를 들어, 가장 많이 사용되는 단어들을 사용하기보다 실용적 맥락에 따라서 '개', '개 같은', '진돌이', '진돗개'라는 단어를 사용할 것인지를 선택해야 하는 경우도 있다. 둘째로, 연구자는 통제된 행동이 자율적인 통제 기제를 요구할 것이라는 생각에 빠지지 않도록 주의해야 한다. 이를 소위 머릿속의 난쟁이(당신의 머릿속에서는 어떤 난쟁이가 있어 결정을 내리고, 다른 사람 머릿속에는 다른 난쟁이가 있어 결정을 내리는 방식으로 생각하는 것)라고 한다. 통제라는 것은 어떤 통제기가 존재한다기보다 다수의 편향들(biases) 간의 상호경쟁의 결과이다. 의사결정은 환경적 요인(상향적 과정)과 개인의 동기나 목표 등과 관련된 요인들(하향적 과정) 간의 상호작용으로부터 기인한다. 어떤 이는 크림케이크를 보는 순간 "먹자."라는 반응이 촉발되지만, 실제로 그 케이크를 먹을 것인지, 아닌지는 그가 배가 고픈 상태인지 혹은 다이어트 중인지에 달려 있다.

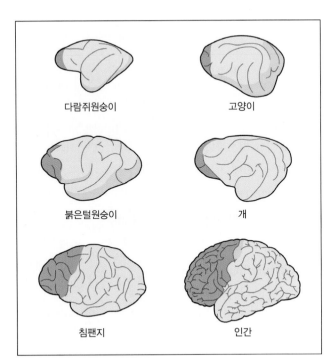

다람쥐원숭이

고양이

붉은털원숭이

개

침팬지

인간

그림 14.1 전두피질의 확장은 진화적인 진행 과정을 보여준다(그림에서 뇌 크기들의 차이는 실제 비율을 반영하지 않는다). 사람에게서 이 영역은 전체 대뇌피질 부피의 거의 3분의 1을 차지한다.

출처 : Adapted from Fuster, 1989.

이 장에서는 먼저 전전두엽 내부의 주요 해부학적 구분들을 고려할 것이다. 이후 단락에서는 전전두엽의 기능에 특히 의존하고 있다고 간주되는 주요 인지 과제들을 개략적으로 소개할 것이다. 그리고 나서 전전두엽의 기능적인 조직을 고려할 것이다. 예를 들어 안와측 대 외측 피질의 다른 기능적 역할이나 외측 피질의 전측 대 후측 부분의 다른 기능적 역할, 그리고 반구 차이 등이다. 그럼 집행 기능을 논의하기 전에 먼저 전전두피질의 해부도를 살펴보도록 하자.

전전두피질의 해부학적 그리고 기능적 분할

전전두피질의 가장 기본적인 해부학적 구분은 3개의 피질 표면 간의 구분이다. 전전두피질의 외측(lateral) 표면은 전운동 영역(premotor area, 브로드만 6영역)과 전두안구 영역(브로드만 8영역) 앞에 놓여 있다. 이 표면은 두개골에 가장 가까운 곳에 위치한다. 전전두피질의 내측 표면은 좌우반구 사이에 놓여 있으며 뇌량과 전대상회 앞부분에 위치한다. 해부학적 측면에서 전대상회는 엄밀히 말해 전전두피질에 해당되지 않지만 집행 기능에 있어 중요한 역할을 담당하므로 이 장에 포함될 예정이다. 전전두피질의 안와측(orbital) 표면은 안구와 비강 바로 위에 자리잡고 있다. 안와전두피질은 기능적으로, 또한 해부학적으로 내측 표면의 복측 부분(복내측 전전두피질이라 불리는)과 연결되어 있다(Öngür & Price, 2000). 안와-, 복내측- 전전두엽이라는 용어들은 세밀한 해부적 구분을 할 필요가 없을 때는 때로 상호교환적으로 사용되기도 한다.

전전두피질은 거의 모든 감각계, 피질과 피질하 운동 기제, 그리고 정서와 기억에 관여하는 구조와 광범위하게 연결되어 있다. 전전두피질 내 여러 하위 영역 간에도 광범위한 연결이 존재한다. 이렇게 광범위한 연결들은 다양한 신경적 과정의 조절을 가능하게 한다. 외측 전전두피질은 안와전두엽에 비해 감각적 입력 정보들과 더 강하게 연합되어 있다. 이 부위는 시각·체감각 그리고 청각적 정보를 받으며, 또한 감각 정보들 간에 통합이 이루어지는 다중감각 영역들로부터 정보를 받는다. 이와는 대조적으로 내측 그리고 안와 전전두피질은 장기기억과 정서 처리를 위해 중요한 내측 측두엽 구조들과 더 강하게 연결되어 있다.

이렇게 대략적인 해부학적 구분과는 별도로 기능적 전문화 측면에 따라 구분된 영역들로 분할하는 방법도 발전되어 왔다. 이러한 방법은 정확하지는 않지만 대략적으로 브로드만 영역과 일치한다(예 : Fletcher & Henson, 2001; Petrides, 2000; Stuss et al., 2002). 그림 14.2에 소개된 복외측(브로드만 44, 45, 47영역), 배외측(브로드만 46, 9영역), 전측 전전두피질(브로드만 10영역), 그리고 전대상회 등이 이러한 예라 할 수 있

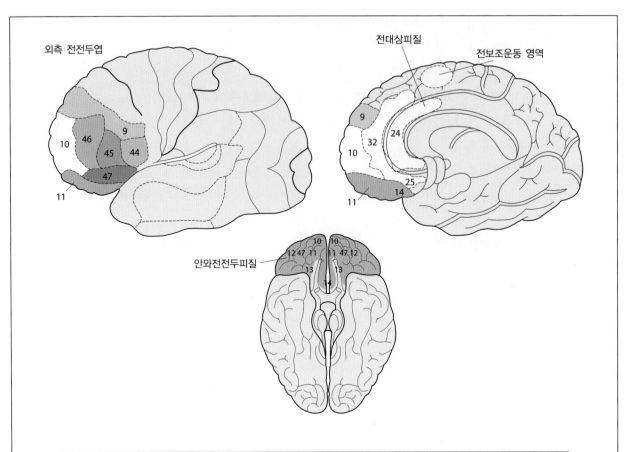

브로드만 영역	다른 명칭	가능한 기능(좌반구)	가능한 기능(우반구)
45, 47, 44	복외측 전전두피질 (VLPFC)	의미적·언어적 정보의 인출과 유지 (브로카의 영역이라 불리기도 하는 좌반구의 44 + 45 영역)	시각적 혹은 공간적 정보의 인출과 유지
46, 9	배외측 전전두피질 (DLPFC)	가능한 반응 집합의 선택과 부적절한 반응의 억제, 작업기억 내용의 조작	마음속에 있는 정보의 감시와 검토 (특히 불확실한 조건하에서), 각성과 지속된 주의집중 상태
10	전측 전전두피질, 전두극, 부리쪽 전전두피질	다중 과제, 현재 다른 과제 혹은 하위 목표를 수행 중에도 미래의 의도/목표 유지(내측 부위는 '마음 이론' 기능에 연관됨. 제15장 참조)	
24(배측) 32(배측)	전측 대상피질 (배측) 전보조운동 영역	반응충돌과 오류탐지의 상황에서 감시 기능	
11,12,13,14	안와전두피질	정서적 자극의 집행 처리(예 : 보상과 위험 평가하기)	

그림 14.2 전전두피질은 3개의 구분된 표면을 가진다. 외측 표면(왼쪽 위), 내측 표면(오른쪽 위), 그리고 안와전두 표면(아래쪽)이다. 숫자는 브로드만 영역을 가리키며 본문에서 자세히 논의된다.

놀라운 사례 : 피니어스 게이지

신경심리학 문헌들에게 가장 유명한 사례 중 하나가 피니어스 게이지의 사례이다(Harlow, 1993 ; Macmillan, 1986). 1848년 9월 13일 게이지는 러틀랜드와 벌링턴 철도에서 일하고 있었다. 그는 긴 철제 막대를 사용하여 폭발충전물을 바닥에 밀어넣고 있었다. 그 충전물이 갑자기 폭발했을 때, 그 철제 막대는 그의 두개골을 관통하여 30m 이상 날아가 떨어졌다. 기록을 살펴보면 게이지는 일시적으로 쓰러졌으나, 다시 일어나 출근부에 도장을 찍고, 호텔로 가서 의사를 기다렸다고 한다. 그는 앉아서 30분 동안 의사를 기다린 후, 의사가 오자 다음과 같이 인사를 했다고 한다. "의사 선생님, 여기 당신을 위한 충분한 일거리가 있어요!"(Macmillan, 1986).

사고 이후 게이지는 의식이 있었을 뿐만 아니라, 걷고 말할 수도 있었다. 이 자체로 충분히 놀랍지만, 게이지의 유명세를 이끈 것은 그 부상이 준 인지적 결과물이었다. 부상 이전에 게이지는 작업반장으로서 책임을 지는 위치에 있었고, 빈틈없고 영리했다. 부상 이후로 그는 회사로부터 더 이상 고용하기 힘든 사람으로 평가되었다. 그는 '더 이상 게이지가 아닌 다른 사람'이었다(Harlow, 1993). 게이지는 다음과 같이 기술되었다.

> 동료들에 대한 어떤 관용도 없이 무례하고 가장 심한 욕설을 하기도 하고, 그의 욕심과 상충하는 조언이나 제약을 전혀 참지 못하고…, 계획을 하나씩 차례로 생각해보고 폐기할 겨를도 없이 더 빨리 수많은 작업계획을 세우기도 했다.
>
> (Harlow, 1993)

그는 사건 이후 약 12년 동안 바넘박물관에서의 임시직을 포함하여 다양한 임시직들만 가질 수 있었고, 뇌전증(사고의 부산물)으로 샌프란시스코에서 사망했다.

피니어스 게이지의 뇌 손상 위치는 어디였을까? 이 질문은 게이지의 두개골을 재구성한 MRI 영상을 통해 답을 찾을 수 있었다. 손상은 전두엽에 국한되었고, 특히 좌측 안와전두/복내측 전전두 영역과 좌측 앞부분이었다(Damasio et al., 1994). 관련 연구들은 이 영역이 게이지로부터 사라진 능력, 즉 의사결정과 계획하기, 그리고 행동의 사회적 조절에 매우 중요한 역할을 한다고 제안했다. 외측 전전두엽의 다른 영역들은 보존되어 있었다.

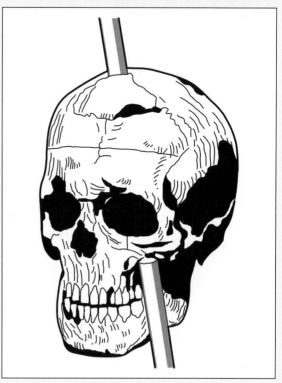

그림 14.3 최근 복원된 쇠막대기를 든 피니어스 게이지와 그의 두개골. 현대 재건술은 그의 뇌 손상 영역이 전두엽의 외측 표면 부위는 보존된 채로 복내측, 안와전두피질 부위가 손상되었음을 보여준다.

출처 : Damasio et al., 1994. From the collection of Jack and Beverly Wilgus.

핵심 용어

FAS 검사 제한된 시간에 특정 글자(예 : F)로 시작하는 단어들을 만들어내는 언어 유창성 과제

다. 이러한 용어는 이 장에서 언급될 대부분의 기능적으로 구분된 영역을 다루기에 충분하지만 전전두피질이 기능적으로 구분되는 하위 영역들로 구성되어 있다는 주장에 모든 연구자들이 동의하는 것이 아니라는 점을 강조하고 싶다.

집행 기능의 실제

이 단락에서는 집행 기능이 요구되는 구체적인 상황을 살펴볼 것이다. 이와 같은 행동을 수행하기 위해서는 전전두엽(또는 그 안의 하위 영역)이 중요한 역할을 한다는 증거들이 제시될 것이다.

과제 설정과 문제해결

문제해결이란 지능적인 행동의 다른 이름이며, 집행 기능과 전전두엽이 종의 구분 없이 지능과 연결된다는 것은 그리 놀라운 사실은 아니다. 예를 들어, 집행 기능 과제들의 수행력이 서로 상관을 보이며, 지능의 표준화된 측정치들과도 상관을 보인다(Duncan et al., 1997). 실험 상황에서는 주로 마지막 지점(목표)과 시작 지점(한 세트의 물체들)을 주고, 실험 참가자들이 스스로 해결책을 찾아야 하는 방식으로 검사된다. 이렇게 해결책이 주어지지 않는 방식을 과제 설정이라고 부르기도 한다.

전전두피질이 손상된 환자들은 계획과 의사결정에서의 결함을 보이는 임상적 증세를 보이기 쉽다. 이러한 증세를 체계적으로 검사하기 위해 수많은 검사들이 고안되었다. 셸리스(Shallice, 1982)는 '런던타워'라는 이름의 검사를 보고한 바 있는데, 이 검사에서 환자들은 특정 목표지점에 도달하기 위해 구슬들을 하나의 기둥에서 다른 기둥으로 옮겨야 한다. 좌측 전측 전두엽이 손상된 환자들은 정상인에 비해 훨씬 더 많은 구슬 움직임 횟수를 보인다. 이러한 현상은 이 환자들이 계획적으로 구슬 움직임을 결정한다기보다는 시행착오를 거쳐 과제를 수행한다는 점을 시사한다(Morris et al., 1997 참조). 기능적 영상 연구 결과들에 따르면 목표지점에 도달하기 위해 요구되는 움직임 횟수가 증가함에 따라 배외측 전전두피질의 활동이 증가하는 것으로 밝혀졌다(Rowe et al., 2001).

많은 언어 기반 검사들 역시 즉각적으로 답하기 어려운 문제들을 해결하는 과정을 포함한다. 인지적 추정 검사(Cognitive Estimates Test; Shallice & Evans, 1978)에서 전전두피질이 손상된 환자들은 정확한 답을 모르더라도, 다른 관련 지식(예 : 낙타는 오직 몇 개 안 되는 동물원에서만 살고 있음)을 통해 추측할 수 있는 질문(예 : "네덜란드에는 얼마나 많은 낙타가 있는가?")에 대해서 답을 추정하는 데 결함을 보인다. **FAS 검사**

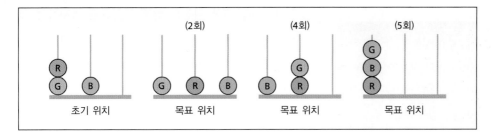

그림 14.4 '런던타워' 과제에서는 구슬들을 초기 위치에서 특정 목표지점으로 옮겨야만 한다. 수행 능력은 과제를 완수하는 데 걸리는 시간 혹은 구슬을 옮긴 횟수(최적의 움직임 횟수에 비교해서) 등을 통해 측정 가능하다.

출처 : Shallice, 1982, Royal Society of London.

(FAS Test; Miller, 1984)에서 참가자들은 1분이라는 시간 동안 특정 철자('F', 'A' 또는 'S')로 시작하는 단어들(단, 고유명사는 제외)을 열거해야만 한다. 이 검사는 생각만큼 쉽지 않으며(각자 시도해보기 바람), 새로운 전략 수립, 대안들 간 선택, 기존 반응 반복 회피 등을 포함하고 있다. 왼쪽 외측 전전두엽 손상 환자들의 경우 이 검사에서 결함을 보이는 것으로 관찰되었다(Stuss et al., 1998).

잠재적 혹은 습관적 반응 극복하기

스트룹 과제(Stroop Test; Stroop, 1935)는 습관적 반응을 극복하는 것이 무엇인지를 알수 있는 고전적인 예를 제공한다. 이 과제에서 실험 참가자는 단어(색깔 이름) 읽기를 무시하고 잉크의 색깔을 말해야 한다. 이 과제를 수행하는 동안 발생하는 반응 간섭에 대한 표준적인 설명에 의하면 단어 읽기가 자동적으로 일어나서 과제가 요구하는 반응과 불일치하는 반응을 발생시키기 때문이라고 한다(MacLeod & MacDonald, 2000). 스트룹 과제 수행은 오랫동안 전전두엽과 연결되어 왔다(Perret, 1974).

Go/No-Go 과제는 실험 참가자로 하여금 어떤 종류의 자극들에 대해서는 반응을 하고('Go' 시행), 다른 어떤 종류의 자극에 대해서는 반응을 철회하는 과정('No-Go' 또는 '멈춤' 시행)으로 이루어진다. No-Go 시행들은 흔치 않으므로 참가들은 반응하려는 습관이 형성된다. No-Go 규칙은 간단한 규칙(예 : "B라는 철자를 제외하고 모두 반응하라.")으로 정의되거나, 보다 복잡한 규칙(예 : "B가 다른 B에 뒤따라 나올 때만 제외하고 모두 반응하라.")으로 정의된다. 성공적인 No-Go 시행 동안의 대뇌 활동은 일반적으로 반응 억제를 나타내는 지표로 취해지며, No-Go 시행에 대한 오류율은 **충동성**(impulsivity)의 행동지표로 간주된다(Perry & Carrol, 2008).

스트룹 과제와 Go/No-Go 과제는 억제라는 개념으로 설명된다는 점에서 서로 관련된다. 신경과학적 관점에서 억제는 시냅스 수준에서 상대적으로 잘 규명된 기제를 토대로 매우 잘 정의되어 있다(발화율의 감소). 행동적 또는 인지적인 억제는 특정 생각이나 행동에 대한 경향성의 감소를 말하지만, 그 이면에 있는 신경 수준의 메커니즘은 분명하지

핵심 용어

스트룹 과제 글로 적힌 색깔 명칭의 잉크색을 보고할때 나타나는 반응 간섭(예 : 빨간색 잉크로 쓰여진 '파랑'이라는 단어에 대해 참가자들은 잉크색, 즉 '빨강'이라고 말해야 함)

Go/No-Go 과제 반응 억제 과제로서, 빈번하게 제시되는 어떤 자극에 대해서는 반응을 해야 하지만(Go 시행), 다른 자극에 대해서는 반응을 철회(No-Go 시행)해야 하는 과제

충동성 급작스러운 보상을 찾거나, 갑작스러운 반응을하는 행동 경향성

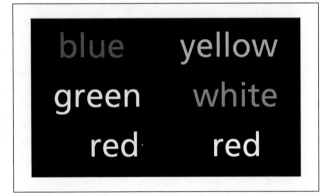

그림 14.5 스트룹 과제는 쓰인 글자의 색 이름(즉 '빨간색, 녹색, 노란색, 파란색, 노란색, 흰색')을 말하지 않고 글자의 잉크색을 말하는 과제이다.

않다. 일부 집행 기능의 현재 모형들은 억제라는 개념보다는 '이득(gain)'이라 불리는 일종의 편향을 일으키는 활성화 신호에만 의존하여 설명한다(Struss & Alexander, 2007). 스트룹이나 Go/No-Go 과제는 경쟁적인 반응들 간의 어떤 편향(이득 또는 억제를 통해)뿐만 아니라, 과제 설정이나 진행 중인 수행을 모니터링하는 기능과 같이 다양한 기능과 관계된 것은 분명하다.

최근 연구는 이러한 과제들에 대한 수행이 포괄적인 '전전두엽'이라기보다 특수한 뇌 영역과 관계된다고 제안한다. Go/No-Go 과제를 사용한 기능적 영상 연구들에 대한 메타분석은 내측전두엽의 한 영역(보다 면밀하게는 전보조운동 영역, pre-SMA)이 No-Go 자극에 대해 과제 공통적으로 관계되었고, 우뇌의 외측전전두피질이 보다 복잡한 No-Go 규칙에 관련되었다(Simmonds et al., 2008). 전전두피질에 손상을 입은 환자들을 대상으로 한 연구들 또한 전보조운동 영역과 우뇌 외측전전두 피질이 이 과제에 중요함을 밝혔다(Picton et al., 2007). 스트룹 과제와 관련해서는 전대상피질과 그 근처의 전보조운동 영역의 중요성을 강조하는 유사한 결과가 나타났다(Alexander et al., 2007).

과제 전환

위스콘신 카드분류 과제(Wisconsin Card Sorting Test)는 기준이 되는 카드를 대상으로 일련의 카드를 매치시키는 과제이다(Milner, 1963; Nelson, 1976). 그 카드들은 자극의 색깔, 수, 그리고 형태와 같이 세 가지 차원 중 하나에 매치될 수 있다. 예를 들어, 색깔 조건에서는 파란색 카드는 파란색 카드와 묶일 수 있고 빨간색 카드는 빨간색 카드와 묶여야만 한다(숫자와 형태는 무시). 매 시행 뒤에 환자들은 자신의 판단이 맞았는지 틀렸는지를 알게 된다. 결국, 그들은 자신이 틀렸고 문제를 해결(즉 숫자 또는 형태에 의거해 분류하기 시작해야 함)해야 한다는 사실을 알게 된다. 전전두피질이 손상된 많은 환자들은 이런 식의 전환에 실패하고, 이전 규칙에 따라 카드를 계속 잘못 분류하는 행동, 즉 보속증(perseveration)이라 불리는 행위를 보인다.

위스콘신 카드분류 과제는 그 과제가 요구하는 여러 가지 특징이 있다. 규칙의 전환을 예측할 수 없다는 점과 관련 차원(색, 형태, 수)이 주어지지 않고 추측해야 한다는 점 등이다. 이러한 특징들 때문에 왜 과제에서 실패했는지를 인지적인 측면에서 이해하

핵심 용어

위스콘신 카드분류 과제 규칙의 도출과 사용 등과 같은 집행 기능에 대한 과제

보속증 해오던 반응으로부터 벗어나는 데 실패하는 증상

는 것도 쉽지 않다. 다른 **과제 전환**(task switching) 실험 패러다임은 그 기저에 있는 기제들을 보다 면밀하게 분석할 수 있도록 개발되었다. 이 과제들은 뇌 손상이 없는 일반 사람들을 대상으로 하는 fMRI 또는 TMS 연구에 사용되었다. 한 예로, 당신이 컴퓨터 스크린 앞에 앉아서 가로와 세로에 각 두 칸씩 가진 격자무늬의 정사각형(a square 2 × 2 grid)을 보고 있는 실험 참가자라고 상상해보라. 숫자 혹은 글자의 쌍(예 : L9)이 정사각형의 한 사분면에 나타나고 시계 방향으로 움직이면 당신은 각 자극에 대해 반응해야만 한다. 자극이 정사각형의 윗부분에 나타나면 그 글자가 자음인지 혹은 모음인지를 판단해야만 한다. 자극이 아랫부분에 나타나면 숫자가 짝수인지 홀수인지를 판단해야만 한다(참가자들 중에는 보조 설명이 필요

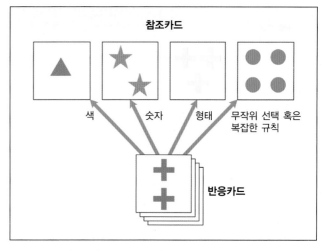

그림 14.6 위스콘신 카드분류 과제에서 환자들은 다양한 규칙(형태, 숫자, 또는 색 맞추기)에 의해 분류될 수 있는 한 장의 카드를 받는다. 규칙은 가끔씩 갑자기 변하고 환자들은 자신의 반응을 새로운 규칙에 따라 바꾸어야 한다.

출처 : Based on Milner, 1963.

한 사람들도 있다). 이 과제는 두 종류의 시행, 즉 과제가 전환되는 시행과 그렇지 않은 시행들로 구성된다. 과제전환 시행에서 반응시간은 훨씬 느리며, 이러한 차이는 전환이 예측 가능하거나 참가자들에게 자극이 나타나기 전에 1초간 준비시간이 주어지더라도 여전히 관찰된다(Rogers & Monsell, 1995). 전환과 비전환 시행들 간의 이러한 반응시간에서의 차이를 **전환비용**(switch cost)이라 부른다.

전환비용은 이전 과제를 억제하거나 새로운 과제를 설정하는 과정에 드는 노력을 반영할 수 있다. 이러한 해석은 쉬운 과제와 어려운 과제 간의 전환을 고려함으로써 확인이 가능하다. 쉬운 과제에서 어려운 과제로의 전환이 그 반대 경우보다 더 어려울까? 놀랍게도 전환비용은 어려운 과제에서 쉬운 과제로 전환할 때 더 크다. 예를 들어, 그림 이름 말하기 과제를 수행하는 동안 이중언어 화자는 제2외국어에서 모국어로 전환할 때, 반대의 경우보다 더 느려진다(Meuter & Allport, 1999). 또한 스트룹 과제에서 사람들은 색깔 말하기(어려운 과제)에서 단어 말하기(쉬운 과제)로 전환할 때보다 단어 말하기에서 색깔 말하기로 더 빠르게 전환할 수 있다(Allport et al., 1994). 전환비용은 새로운 과제 설정보다 이전 과제를 억제하는 것과 더 많이 관련된 듯하다.

기능적 뇌 영상 연구들은 전환시행과 비전환시행의 비교를 통해서(Ravizza & Carter, 2008), 또는 (자극이 나오기 전에) 과제 전환을 준비하는 시간과 자극이 나온 후 과제 전환을 수행하는 시간을 비교하는 실험을 통해서(Brass & von Cramon, 2002), 전대상피질/전보조운동 영역을 포함한 다양한 전전두피질 영역들이 과제 전환과 관련된다는

핵심 용어

과제 전환 이전 과제 스키마를 버리고 새로운 스키마를 형성하는 것

전환비용 이전 스키마를 버리고 새로운 스키마를 설정하기 때문에 느려진 반응시간

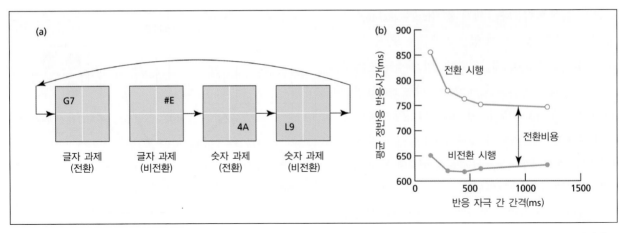

그림 14.7 숫자–글자 쌍이 위쪽 중간에 있을 때, 실험 참가자는 글자가 자음인지 모음인지 판단해야 하며, 아래쪽 중간에 있을 때는 숫자가 홀수인지 짝수인지를 판단해야 한다. 이런 과정은 두 종류의 시행을 발생시킨다. 즉 과제가 서로 바뀌거나 그렇지 않는 경우이다. 전환 시행은 유의하게 느려지는데, 전환이 예측 가능해도 자극이 보여지기 전에 1초간 준비할 시간을 주어도 느려진다.

출처 : Reprinted from Monsell, 2003. © 2003, with permission from Elsevier.

그림 14.8 이중언어 구사자들은 첫 번째 언어에서 두 번째 언어로의 전환이 반대 방향보다 더 손쉽고 빠르다. 이렇듯 명백히 역설적인 결과를 과연 어떻게 설명할 수 있을까?

사실을 밝혔다. 그러나 여러 가지 다른 유형들의 전환 기제들이 존재하기 때문에 특정 뇌 영역과 특정 인지 과정을 직접적으로 연결시킬 수는 없다. 대부분의 과제 전환 실험들은 반응규칙의 전환뿐 아니라 선택되는 자극들의 전환까지도 포함한다. 예를 들어, 앞서 소개된 전환 과제 연구에서 왼손은 자음에 대한 반응과 홀수에 대한 반응으로부터 전환되고, 선택된 자극은 글자로부터 숫자로 전환된다(즉 과제의 다양한 측면이 동시에 전환된다는 것이다). 러시워스 등(Rushworth et al., 2002)은 fMRI와 TMS를 결합함으로써 이러한 차이들을 통제하고자 하였다. 그들은 내측 전두엽(전보조운동 영역)은 자극–반응 간 연결(예 : 어느 버튼을 누를 것인지)의 재설정에 중요한 역할을 담당하는 반면, 외측 전두 영역은 현재의 규칙을 선택하는 과정(예 : 색깔 혹은 형태에 반응할 것인지)에 관여하는 것처럼 보인다.

다중 과제

다중 과제(multi-tasking) 실험은 현재 목표들을 처리하는 동안 미래의 다른 목표들을 유지하는 요소를 지 닌 것으로 간주할 수 있다. 이것은 과제 전환과 그것 의 확장으로 연관지어 볼 수 있다. 과제 전환에서 하 나의 목표는 다른 하나로 대체된다. 다중 과제에서는 여러 개의 목표가 동시에 유지된다(그러나 오직 1개 만 실행된다).

전전두엽에 손상에 있는 환자들은 개별 과제를 각 각 성공적으로 수행할 수 있고 위스콘신 카드분류 과 제나 FAS 과제와 같은 집행 기능 과제들을 일반적

그림 14.9 우리는 어떻게 다중 작업을 수행하는가? 과연 전측 전전두 영역에서 실마리를 찾을 수 있을까?

인 수준으로 수행할 수 있어도, 특히 다중 과제에는 장애를 보일 수 있다(Burgess et al., 2000; Shallice & Burgess, 1991). 이는 집행 기능의 세분화가 가능할 수 있음을 암시한 다(단순히 과제 난이도와 관련된 것이 아니라는 가정하에). 이 아이디어는 이 장에 마지 막에 다시 논의될 것이다. '여섯 요소 과제'에서 실험 참가자는 15분 안에 수행해야 하는 6개의 개방형 과제가 주어진다(예 : 산수, 그림 이름 쓰기 등). 중요한 점은 그들에게 각 과제를 시도하라고 지시하지만, 그들은 허락된 시간 안에 모든 과제를 마칠 수 없고, 빨 리 마칠수록 높은 점수를 받게 된다. 따라서 과제의 순서를 결정하는 것이 중요하다. 전 전두엽에 손상이 있는 환자들은 과제를 전환하는 데 종종 실패하며, 계획을 세우는 데 너무 시간이 오래 걸리거나, 그 계획을 실행하지도 못한다. 그 환자들은 개별 과제들은 쉽게 수행할 수 있었다. 그들이 겪는 어려움은 그들이 과제들을 잘 배치해야 할 때 분명 하게 나타났다(Shallice & Burgess, 1991).

평가

1990년대 중반까지 집행 기능의 필수적인 요소가 무엇인지에 대해 대부분 동의하는 정 의가 있었다(예 : 유동적인 또는 '지능적인' 행동을 가능하게 하는 것, 편향의 영향을 통 제하는 것). 그리고 전전두엽이 이것을 수행하는 데 결정적인 역할을 하고, 전전두엽의 기능을 잘 측정할 수 있는 흔히 쓰이는 과제들(예 : 위스콘신 카드분류 과제, 스트룹 과 제)이 존재한다고 동의했었다. 그리고 이를 설명하는 모형의 종류에 대해서도 의견일치 가 있었다. 집행 기능에 대한 한 가지 간단한 모형은 제8장에서 소개한 SAS(Supervisory Attentional System) 모형의 원래 버전이다. 이것은 개인의 현재 목표에 따라 활성화/ 억제되는 과제와 행동의 세트(스키마라 불림)와 편향 기제로 구성된다(Norman & Shallice, 1986). 스키마의 활성화는 상향처리(과제 지시, 장기적인 계획 등)와 하향처리 (환경에 존재하는 단서, 습관 등)의 균형으로 개념화될 수 있었다. 전전두엽의 손상으

로 인해 이 균형이 파괴되면 부적절하게 수행된 습관적인 혹은 최근의 반응을 산출하게 하는 경향성을 증가시키거나(예 : 스트룹 과제나 위스콘신 카드분류 과제), 계획을 잘못 세우는 것과 같은 행동을 초래한다.

이러한 핵심 아이디어와 경험적인 결과는 1990년대와 같이 오늘날에도 유효하지만, 최근 집행 기능에 관한 지적 지형도는 훨씬 더 면밀하고 복잡하다. 1990년 중반에 이미 기존 이론들로 설명하기 어려운 증거들이 존재했었다. 예를 들면, 일부 몇몇 전전두엽 손상 환자들은 전형적인 집행 기능 검사를 통과할 수 있었지만 일상생활을 조직화하거나 사회적 상호작용을 하는 데 심각한 결함을 보였다(Shallice & Burgess, 1991; Eslinger & Damasio, 1985). 이는 초기 설명체계의 오점으로 밝혀졌지만, 이러한 관찰 사례는 실험실에서 이루어지는 과제가 '실제 세계'에서 분명하게 나타나는 결함을 잘 잡아낼 만큼 충분히 민감하지 않기 때문인 것으로 설명될 수 도 있다. 비록 스트룹 과제 시 보이는 어려움과 사회적으로 부적절한 농담을 하는 것은 모두 하향적 통제작용의 영향이 약해진 것으로 개념화할 수 있지만(예 : '억제의 부족'), 보다 최근의 결과는 그것들이 전전두엽에 관련된 다소 다른 기제들과 연관된다고 제안한다(Glascher et al., 2012). 뇌 영상은 이 논의를 진전시키는 데 큰 기여를 했다. 전전두엽 내 구분된 영역들(그리고 영역들 간의 연결성)의 기능을 훨씬 면밀하게 분석하는 것이 건강한 일반 참가자들을 대상으로 한 fMRI 연구에서 가능해졌고, 환자들의 손상 부위의 위치를 보다 정교하게 파악하는

에가스 모니즈와 전전두 절개술

에가스 모니즈(Egas Moniz)의 경력은 화려했다. 정치적으로 그는 스페인에서 포르투갈 대사를 역임했고, 제1차 세계대전 이후 1918년에 있었던 파리평화회담에서는 포르투갈 대표단 단장직을 수행했다. 하지만 그가 명성과 악명 모두를 얻게 된 계기는 바로 신경학 분야와 신경외과 분야에서 공헌한 부분들 때문이다. 1920년대에 그는 방사능 추적물질을 사용하여 뇌혈관을 영상화시키는 뇌혈관 조영술을 개발하였다. 1935년에는 정신질환의 치료를 위해 전전두 절개술/백질 절단술을 개발하였다. 그때부터 1954년까지 미국에서 약 5만 명 이상(Swayze, 1995) 그리고 영국에서 1만 명 이상의 환자들이 이 수술을 받았다(Tooth & Newton, 1961). 이 일로 모니즈는 행운과 불행 모두를 얻게 되었다. 그는 노벨의학상을 받게 되었지만, 이 수술을 받았던 환자 중 1명이 쏜 총탄에 척추를 맞아 부분적 신체마비 증상을 얻게 되어 노벨상 수상식에는 휠체어를 타고 참석할 수밖에 없었다.

모니즈의 수술은 전전두피질과 다른 영역들, 특히 변연계와의 연결을 절단하는 수술이었다(Moniz, 1937, 1954). 이러한 수술 과정은 경악스러울 만큼 단순한 방법을 통해 이루어지곤 했다. 예를 들어, 얼음 깨는 송곳처럼 생긴 도구를 눈 위의 얇은 골판(bony plate)을 통해 삽입하여 좌우로 휘젓는 방법도 있었다.

그 당시에는 정신질환 치료를 위한 약물요법이 없었다. 전전두 절개술은 강박증, 우울증, 그리고 조현병 등 다양한 정신질환 치료에 사용되었다. 환자의 상태가 '호전'되었는지를 측정하는 방식은 다소 주관적이었고 이 수술을 받은 환자들이 이전보다 더 둔해지고 덜 감정적으로 변하게 된다는 사실은 이 수술을 금지시키기에 충분한 사유가 되지 못했다. 그때 인지 기능에 대한 좀 더 엄밀한 평가들이 수행되었더라면 분명히 집행 기능에서의 결함을 찾을 수 있었을 것이다.

모니즈는 1955년에 죽었지만 이미 그때 그의 외과적 혁명은 거의 퇴색되어버렸고 그의 성공은 역사의 평가 앞에 놓이게 되었다.

것도 가능해졌다. 다음 단락에서는 뇌에 조직화되어 있는 집행 기능의 여러 가지 방식을 고려할 것이다.

집행 기능의 조직

집행 기능을 설명하는 다양한 접근 방식이 있지만, 모든 집행 기능 모형들의 몇 가지 공통적 속성을 처음부터 강조할 필요가 있다. 첫째, 집행 기능의 모형이 설명해야 하는 현상들에 대해 어느 정도 의견이 모아지고 있다. 이미 앞서 언급한 바와 같이 새로운 상황에 대처하기 위해 자동적 행동을 억제하는 능력, 그리고 순간을 위해 살기보다는 미래를 위해 계획하는 능력 등이 여기에 포함된다. 둘째로, 이를 설명하기 위해 각기 다른 모형들은 보통 공통적인 핵심 특성들을 지닌다. 시시각각으로 변하는 과제에 대처하기 위해 처리 과정의 유형은 기본적으로 유연해야만 한다. 그리고 거의 무한히 이어질 수 있는 만약~ 그러면 식의 연결고리(Miller & Cohen, 2001의 예를 들면, "내가 '범블리두들'이라고 말할 때마다 윙크하기")를 구현해낼 수 있어야 한다. 뿐만 아니라 모든 모형은 집행 기능이 다른 뇌 부위에 명령을 한다기보다는 편향적인 영향(특정 행동의 경향성을 감소 혹은 증가시킴)을 행사하는 것으로 가정한다. 이는 억제(특정 자극/반응을 억제하는 것), 이득/촉진(특정 자극/반응을 활성화시키는 것), 또는 두 기제를 모두 사용하여 성취될 수 있다. 모형들 간의 차이점을 고려할 때, 가장 중요한 측면은 각각의 모형들이 집행 기능을 몇 개의 전문화된 모듈 같은 과정들로 구성되어 있다고 가정하는지, 혹은 이보다는 단일 차원의 사고 과정으로 간주하는지 여부라 할 수 있다. 이러한 구분을 단순히 이분법적 논쟁으로 볼 수 없는 이유는 일부 모형들이 상대적인 정도의 특수성을 가정하기 때문이다.

'뜨거운' 대 '차가운' 통제 과정

아마도 가장 논란의 여지가 없는 집행 기능의 조직 원리는 감정적이거나 보상과 관련된 자극에 대한 통제(즉 '뜨거운')와 순수하게 인지적인 자극에 대한 통제(즉 '차가운')를 구분하는 일일 것이다. 보상과 연관된 자극은 돈(사람의 경우)과 먹이(동물 연구의 경우)를 포함하는 반면, 순수하게 인지적인 자극이란 주로 감각적인 차원(예 : 색상이나 형태)에 관계된다. 지금까지 소개한 집행 기능 과제들은 대부분 후자에 해당한다(예 : 스트룹 과제, 위스콘신 카드분류 과제). 뜨거운 인지 통제는 일차적으로 안와전두피질(복내측 전전두피질까지 연장해서)과 관계되며, 차가운 인지 통제는 일차적으로 외측 전전두피질과 관련된다. 이러한 기능적 차이는 위의 전두 영역들이 감정 처리 혹은 감각/운동 처리 관련 후두 영역들과 해부학적으로 연결된 정도를 반영한다(Öngür & Price, 2000).

디아스 등(Dias et al., 1996)은 마모셋원숭이(영장류의 일종)들이 배울 수 있는 과제 전환 테스트를 만들었다. 앞서 기술한 대로 겉보기에 단순한 몇 가지 처리(새로운 과제 수립, 이전 과제 억제)를 포함하고 있는 과제 전환 패러다임은 다른 방식들(자극 전환, 반응 전환, 보상 전환)로도 구성할 수 있다. 그들의 연구에서 자극은 파란색 도형 위에 그려진 검은색 선으로 구성되었다. 원숭이들은 도형과 선 중 한 차원에 대해서만 반응하도록 훈련받았고, 어떤 도형 또는 선이 맞는 것인지 기억해야 했다. 예를 들어, 파란색 원은 보상이 주어지고(즉 맞음), 파란색 별은 보상이 없었다. 그다음 원숭이들은 외측 전전두피질 또는 안와전두피질에 신경독소를 사용한 실험적 손상 처리를 받은 후, 과제 전환을 포함하는 훈련 과정에 다시 참여했다. **역학습**(reversal learning) 조건에서는 같은 자극들이 제시되었지만 보상받는 자극들이 뒤바뀌었다(앞의 예에서 파란색 별에는 이제 보상이 주어지고, 파란색 원에는 보상이 주어지지 않았다). 차원 전환 조건(위스콘신 카드분류 과제와 유사)에서는 새로운 도형과 선이 제시되었고, 원숭이들은 이제 선이 보상이 따르고 도형은 보상이 따르지 않는다는 것을 배워야 했다. 안와전두피질의 손상은 보상이 전환되었다는 사실에 반응할 수 있는 능력을 저하시켰고(인지적 차원의 전환은 결함 없음), 외측 전전두피질의 손상은 관련된 인지적 차원이 도형으로부터 선들로 전환되었다는 사실에 반응하는 능력을 저하시켰다(보상 전환은 결함 없음). 연구자들은 이러한 이중 해리 현상을 2개의 분리된 억제적 통제 과정(하나는 보상 관련, 또 다른 하나는 자극 차원 관련)의 존재를 증명하는 것이라고 해석하였다.

감정과 비감정적인 자극에 대한 집행 기능들 간의 분리는 오래전 문헌에서 보고된 수수께끼 하나를 풀 수 있다. 그 수수께끼란 전두엽 손상 환자들이 표준화된 집행 기능 검사(즉 '차가운')는 통과하는데, '현실 세계'(특히 경제적 활동과 사회적 상호작용)에서는 행동이 잘 조절되지 않는다는 점이다(Eslinger & Damasio, 1985). 다마지오와 동료들은 이를 설명하기 위해 **체감각 표식 가설**(Somatic Marker Hypothesis)을 발전시켰다(Damasio, 1994, 1996). 이 이론에서 체감각 표식은 피질 전역에 저장된 이전 상황들과 정서와 관련된 뇌 영역(예 : 편도체) 및 신체 상태의 표상에 관련된 뇌 영역(예 : 뇌섬엽)에 저장된 이 상황들에 대한 '느낌(feeling)' 사이의 연결을 형성한다. 체감각 표식들은 복내측 전두피질(안와 표면 부분을 포함)에 저장되어 있고, 느낌이 중요한 상황에서(예 : 위험을 감수하거나 사회적 상호작용을 할 때) 진행 중인 행동을 통제하는 데 직접적인 역할을 하는 것으로 가정되었다. 이러한 가설을 검증하기 위해 그들은 **아이오와 도박 과제**(Iowa Gambing Task)를 고안하여, 뇌 손상 부위에 따른 차이나 인지적 능력의 개

핵심 용어

역학습 이전에는 보상을 받은 자극이나 반응이 이제 더 이상 보상받지 못함을 배우는 것

체감각 표식 가설 이전 행동과 연합된 정서적·신체적 상태를 의사결정 과정에 사용한다는 가설

아이오와 도박 과제 덜 위험한 (그래서 더 많은 보상이 가능함) 선택을 선호하고, 위험한 (결과적으로 순손실을 발생시키는) 선택을 피하는 것을 배워야 하는 과제

그림 14.10 마모셋원숭이들은 어떤 도형과 선분이 겹쳐진 쌍의 복합 자극에 대해 스크린을 눌러 반응하도록 학습되었다. 안와전두엽 또는 외측 전전두피질에 손상을 입은 이후로 몇 가지 종류의 과제 전환이 있었다. 역학습 조건에서 같은 자극이 제시되지만 이전에 보상이 주어졌던 도형/선분은 더 이상 보상이 뒤따르지 않았다(안와전두엽 손상은 이러한 과제 전환에 반응하는 것을 방해하였다). 차원 전환 조건에서 다른 도형이나 선분이 제시되었을 때, 원숭이는 도형에 반응하던 것을 선분에 반응하도록(또는 반대로) 전환해야 했다(외측 전전두엽 손상은 이러한 종류의 과제 전환을 방해하였다).

출처 : Adapted from Dias et al., 1996.

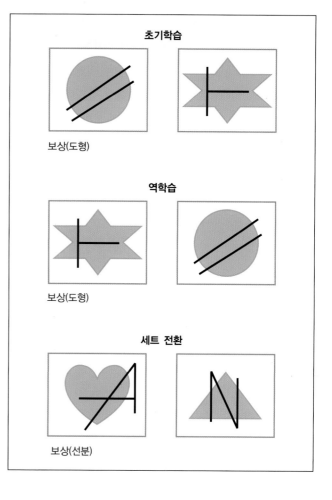

인차에 따른 차이를 구분하기 위해 사용했다(Bechara et al., 1994; Bechara et al., 1998; Bechara et al., 1999). 아이오와 도박 과제 참가자들에게는 4개의 카드 묶음(A에서 D까지)과 가상의 은행으로부터 2,000달러의 대출금이 주어지고, 최대한 적게 잃고 많이 따라는 지시문이 주어진다. 각 카드를 뒤집을 때마다 금전적인 이익 또는 손실을 받게 된다. A와 B카드 묶음을 대상으로 게임을 하면 결국 순손실(net loss)로 귀결되고, C와 D 카드 묶음을 대상으로 하면 순이익(net gain)으로 귀결된다. 뇌 손상이 없는 대조군 실험 참가자들은 C와 D 카드 묶음을 선택하고, A와 B 카드 묶음을 피하는 것을 배우게 된다. 그러나 복내측 전두피질에 손상이 있는 실험 참가자들은 학습에 실패한다(Bechara et al., 1994). 게다가 대조군 실험 참가자들은 위험한 카드 묶음(A와 B)에서 선택을 하기 전에 기대 피부전도반응(SCR)을 보이는 반면, 환자들은 보이지 않는다(행동을 조절하기 위해 정서적 상태를 이용하지 않는다는 것을 암시). 안와/복내측 전전두피질 손상 환자들은 아이오와 도박 과제를 잘 못하지만, 작업기억 과제는 별 문제없이 해내고(Bechara et al., 1998), 스트룹 또는 위스콘신 카드분류 과제도 잘 수행한다(Glascher et al., 2012). 외측 전전두피질에 손상이 있는 환자들은 정반대의 반응 패턴을 보인다.

안와/복내측 전전두피질 손상 환자들을 대상으로 실험을 할 때 다마지오와 동료들(1990)은 많은 환자들이 소시오패시(sociopathy; 혹은 이제 반사회성 성격장애로 불림)에 대한 미국정신의학회(American Psychiatric Association, APA)의 기준을 충족한다고 적었다. 후천성 소시오패시(acquired sociopathy)는 뇌 손상 이전에는 그러한 증상을 보이지 않았던 사람들을 지칭하기 위해 사용하며, 다음과 같은 행동에 의해 진단된다. 사회적

핵심 용어

소시오패시 개인적으로 유익하지 않은 무책임하고 신뢰할 수 없는 행동과 관련된 성격장애(**반사회성 성격장애**라 불림). 오래 약속을 지키거나 관계를 지속하는 능력이 부족, 자기중심적 사고, 매우 높은 충동성을 보임

기준을 따르는 데 실패함, 신경질적이고 공격적임, 충동적이거나 미리 계획을 세우는 데 실패함, 감정이 피상적이거나 거의 없는 것으로 보인다. 이러한 행동은 관습적인 사회적 기준에 대한 지식이 부족해서라기보다 사회적 · 정서적 정보를 집행, 통제하는 능력이 부족한 것으로 해석할 수 있다(Saver & Damasio, 1991).

아이오와 도박 과제를 사용한 연구 결과에 대한 약간 다른 해석은 그것이 역학습의 실패를 반영한다는 것이다(Maia & McClelland, 2004). 이는 나쁜 카드 묶음인 A와 B의 첫 번째 카드 시행에서는 100달러를 보상받고, 좋은 카드 묶음인 C와 D에서는 50달러를 보상받기 때문이다. 따라서 환자들은 처음에 이익이 되는 카드 묶음이었던 A와 B를 이후로 피해야 하는 것을 학습해야 한다. 만약 첫 시행에서 더 큰 보상이 주어지지 않는다면, 복내측 전전두엽 손상 환자들은 일반적으로 과제를 수행할 수 있었다(Fellows & Farah, 2003). 역학습의 실패와 사회적 행동의 부적절한 조절 간의 관련성을 보여준 다른 연구들도 있다(Hornak et al., 2004).

그림 14.11 게임의 참가자는 2,000달러를 받고, A에서 D까지 4개의 카드집 중 하나에서 뒤집힌 카드를 선택해야 한다. A와 B 카드집으로부터 카드를 선택하면 궁극적으로 손실이 되고, C와 D 카드집으로부터 선택하면 이득이 된다. 참가자에게 이러한 관련성을 알려주지 않았다. 그들은 A와 B를 피할 것을 학습할 수 있을까? 복내측 전전두엽을 다친 환자들은 이 과제를 수행하는 데 어려움을 겪는다.

출처 : Bechara et al., 1998. ⓒ 1998 by the Society for Neuroscience.

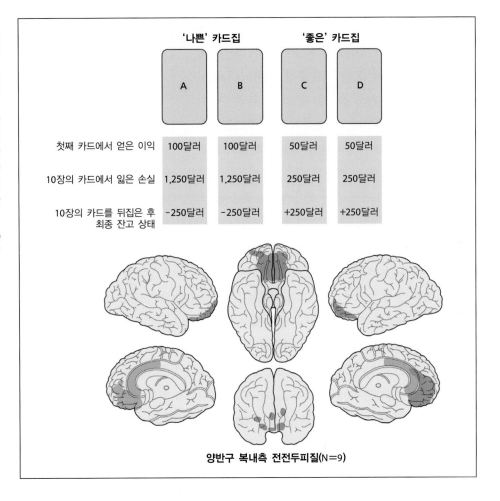

마지막으로 **지연할인**(또는 시간할인)에 대한 연구들은 외측과 안와전전두피질의 분명한 차이를 보여주었다. 지연할인이란 먼 미래에 올 보상의 가치를 동일한 현재의 보상보다 낮게 평가하는 것을 말한다(예 : 현재의 100달러는 내년의 100달러보다 더 높은 주관적 가치가 있다라고 생각하는 것). 지연할인 과제들은 시점 1에서 X를 보상받거나 시점 2에서 Y를 보상받는 것 중 하나를 결정하도록 요구한다. 현실적인 예를 들면, 올해 휴가를 가는 것과 미래에 더 근사한 휴가를 보내기 위해 돈을 저축하는 것, 또는 돈을 지금 당장 쓰는 것과 연금에 투자하는 것 등이다. 안와전두엽에 손상이 있는 환자들이 앞으로의 계획을 세우는 데 실패하고 즉각적인 보상에 의해 충동적인 행동을 보인다는 점을 기억해보라. 매클루어 등(McClure et al., 2004a)은 일반 실험 참가자들을 대상으로 한 fMRI 연구의 결과로 지연할인에 대해 즉각적인 보상이 있는 경우와 그렇지 않는 경우(미래의 다른 시기에 다른 보상을 받는 경우)에 따라 두 가지 다른 기제가 있다고 주장하였다. 전자의 경우 내측 안와전두피질과 보상회로[예 : 측핵(nucleus accumbens)]의 활성화와 연결되는 반면, 후자는 외측 전전두엽과 두정엽에 더 많이 관련된다(비감정적/차가운 집행 기능). 보상으로 음식을 사용하고 더 짧은 시간 간격을 사용했을 경우에도 동일한 패턴이 나타났다(McClure et al., 2007).

다중 수요 네트워크

앞에서 언급한 증거들은 집행 기능이 적어도 2개의 큰 부분들로 조직화되어 있다고 제안한다. 감정적인 자극들의 통제나 평가를 요구하는 것(안와전두피질과 복내측 피질 필요)과 비감정적인 자극들의 통제나 평가를 요구하는 것(외측 전전두피질 필요)이다. 그러나 외측 전전두피질 자체 내에는 더 세분화된 구조들이 과연 존재할까? 일단 이번 단락에서는 이 질문에 대해 부정적인 답을 제공하는 한 이론(다중 수요 네트워크)을 고려할 것이다. 그다음 단락에서는 다른 대안적인 관점을 상세히 살펴볼 것이다.

다중 수요 네트워크(multiple-demand network)란 기저선인 휴식기에 비해 일반적으로 과제를 수행할 때 더 활성화되거나 혹은 인지적 통제와 관련된 넓은 범위의 과제들을 사용한 fMRI 연구들에서 활성화된 주로 전전두엽에 위치한 뇌 영역들을 말한다(Duncan, 2010). 이 네트워크는 수많은 fMRI 연구들의 메타분석을 통해 확인되었다(Duncan & Owen, 2000). 이 네트워크는 외측 전전두엽(좌,우)과 전대상회를 포함하며, 두정엽의 일부, 특히 두정내구(IPS)를 둘러싼 영역도 포함한다. 그러나 안와전두피질(복내측 전전두피질 포함)과 전전두엽의 앞쪽 끝부분(전두극 또는 BA10)은 제외된다.

덩컨(Duncan, 2010)에 따르면 인지 통제는 몇 가지 요소로 구성된다. 하위 과제의 관련된 특성들에 집중하는 과정, 하위 과제들이 끝나면 지난 요소들은 버리고 새로운 요

핵심 용어

지연할인(시간할인) 지금(또는 가까운 미래) 받는 보상이 먼 미래에 주어지면 주관적인 가치가 떨어지는 경향

다중 수요 네트워크 기저선에 비해 큰 범위의 과제에 의해 활성화되는 외측 전전두엽과 두정엽 뇌 영역 세트

신경경제학

상대적으로 새로운 학문 분야인 **신경경제학**(neuroeconomics)은 경제적 의사결정을 설명하기 위해 뇌과학적 연구 방법과 이론을 사용한다(개관은 Loewenstein et al., 2008 참조). 여기서 '경제적'이라는 용어는 반드시 재정적 의사결정에만 국한되는 것이 아니라 제한된 자원(예 : 시간)을 할당하거나 '가치'를 부여하도록 요구하는 여러 다른 종류의 의사결정까지도 포함하는 매우 포괄적인 개념으로 생각해볼 수 있다. 많은 이론경제학 연구들이 이익을 극대화시키기 위해 어떻게 사람들이 의사결정을 해야 하는지를 설명하는 데 반해서, 경제심리학(그리고 신경경제학)은 사람들이 실제로 의사결정을 어떻게 하는지에 더 관심을 가진다. 예를 들어, 대부분의 사람들은 순전히 실용적인 이유(즉 추위를 피하기 위해)만으로 옷을 구매한다기보다는 그 외에 다른 이유, 즉 자신의 사회적 지위 혹은 성격을 드러내기 위한 욕구 때문에 혹은 어떤 경우는 단순히 쇼핑 그 자체를 즐기기 때문에 구매하기도 한다. 다시 말해서 가치라는 개념은 궁극적으로 얻게 될 실제 기능적 보상보다는 특정인에게 주관적으로 지각되는 보상과 더 많이 관련될 수 있다.

또한 경제적 의사결정이 만들어지는 과정에 있어서 사회적 요소의 영향을 빼놓을 수 없다. 예를 들어, **최후통첩게임**(ultimatum game; Guth et al., 1982)과 같은 재정 분배 게임을 고려해보자. 이 게임에는 2명의 참가자가 필요하다. 바로 제안자와 응답자이다. 제안자에게 돈의 전체 총액이 주어지면(예 : 20달러), 제안자는 응답자에게 얼마만큼의 돈(1~20달러까지)을 줄 것인지 결정해야 한다. 응답자는 그 제안을 받을 것인지(즉 나누어 갖는 것), 혹은 그 제안을 거절할 것인지(두 사람 모두 아무것도 받지 않는 것)를 결정해야 한다. 순수하게 금전적인 관점에서는 1회 제안 게임에서 제안자의 최적 결정은 최소액(1달러)을 주는 것이고, 응답자의 최적 결정은 얼마를 주든지 받는 것이다(아무것도 받지 않는 것보다 나으니까). 현실에서 응답자는 전체의 20%보다 적은 제안을 받으면 거절한다. 왜냐하면 그들은 그 제안이 불공평하다고 지각하고, 제안자에게 일종의 처벌을 주기 원한다. 이에 대한 다른 고려는 그들이 두 가지 다른 가치를 저울질한다는 것이다. 순수하게 금전적 가치를 고려하는 것과 공평함에 대한 사회적 가치이다.

많은 신경경제학 분야 연구자들은 사람들의 신체적 본능(직감 혹

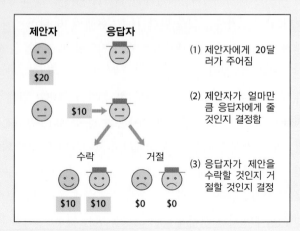

그림 14.12 샌피 등(Sanfey et al., 2003)의 연구에서는 참가자들이 이 최후통첩게임을 하면서 공평한 제안이나 불공평한 제안을 받는 동안 기능적 자기공명영상(fMRI)을 사용해서 뇌 반응을 관찰해보았다. 실제로 정서적 과정에 관여하는 것으로 알려진 뇌 부위(뇌섬엽)의 활동이 불공평한 제안의 거절 행동을 예측하는 것으로 나타났다. 그러나 우반구 외측 전전두엽에 TMS를 가하면 불공평한 제안을 받을 확률을 증가시킨다(Knoch et al., 2006). 이것은 선택을 위한 상향적 정서 반응과 어떤 반응 편향을 일으키는 통제신호(전전두엽으로부터)라는 측면에서 일치한다.

은 감정)이 목표와 신념 등과 상호작용하는 방식을 이해하는 데 주력하고 있다. 이러한 점을 고려할 때 집행 기능에 관한 이 장이 끝나고 사회적 그리고 정서적 처리 과정에 관한 다음 장이 시작되기 전에 신경경제학에 대한 소개가 등장하는 것은 결코 우연이라 할 수 없다. 예를 들어, 어떤 소비자의 브랜드 충성도(예 : 펩시콜라 대 코카콜라)는 그 사람이 눈을 가린 채 평가했을 때 드러난 실제 미각적 선호와 차이를 보일 수 있다. 배외측 전전두피질의 활동은 사람들이 어떤 브랜드를 맛보고 있는지에 대한 믿음과 주로 관련되는 반면에, 안와전두피질은 각 음료의 맛에 대한 실제 평가치들과 상관을 보이는 것으로 나타났다(McClure et al., 2004b).

소들에게 다시 집중하는 과정, 선택된 결과들이 하나의 하위 과제로부터 다음 과제로 전달되어야 하는 과정 등이다. 원숭이의 외측 전전두엽에 대한 단일세포 측정 연구들은 이러한 과정이 어떻게 이루어지는지에 대한 단서를 제공해주었다. 이 뉴런들은 특정 자극이나 반응보다 과제의 규칙에 주로 반응하였다(Asaad et al., 1998, 2000). 예를 들어

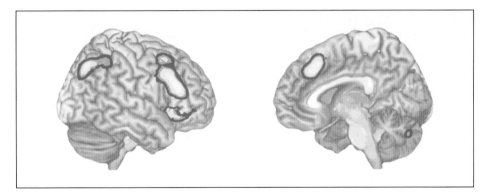

그림 14.13 다중 수요 네트워크는 어떤 형식이든 비자동적인 행동을 요구하는 광범위한 과제들에 의해 공통적으로 활성화되는 외측 전전두피질(두정엽과 전대상피질 영역과 함께)을 보여주는 fMRI 연구들의 메타분석을 통해 확인되었다.

출처 : Duncan, 2010.

이 뉴런들은 맥락 없이 특정 자극에만 반응하거나(A라는 물체를 볼 때) 다른 맥락에서 같은 반응을 하거나(B라는 물체를 볼 때 왼쪽을 보는 것) 하지 않고, 특정 자극과 반응의 조합에 반응했다(예 : A라는 물체를 왼쪽으로 볼 때). 따라서 과제 관련 속성들의 부호화는 매우 유동적이었다. 그 과제 자체를 수행하는 동안 그 부호 역시 집중된 주의를 받게 된다. 이와 같이 과제를 수행하는 동안 외측 전전두엽 내 전체 뉴런의 50%가 표적과 비표적 자극들을 구분하였고, 많은 다른 뉴런들이 과제와 무관한, 즉 하나의 비표적과 다른 하나의 비표적 자극 간의 구분을 해낼 수 있었다(Everling et al., 2002). 그러나 과제가 다수의 하위 과제들을 포함할 때, 외측 전전두엽의 다른 하위 뉴런 군집들이 하위 과제들의 다른 속성들을 분리해서 부호화하는 경향을 보였다(Sigala et al., 2008).

다중 수요 네트워크가 특히 유동지능(fluid intelligence)과 관련된다는 주장이 있다(Duncan, 2010; Woolgar et al., 2010). 유동지능은 문제해결과 관련되며 레이븐의 매트릭스(Raven, 1960)와 같은 검사로 평가된다. 이 검사는 어떤 문제의 다중 속성에 주의를 기울여야 한다. 여기에 제시된 예에서 문제의 해결책은 세 가지의 다른 하위 과제로서 방향, 크기, 그리고 형태를 처리하는 과정을 포함한다(그림 14.14 참조). 이것은 IQ 또는 WAIS(웩슬러 성인 지능검사; Wechsler, 1981)로 측정되는 경험과 지식에 과도하게 의존하는 지능, 소위 결정된 지능(crystallized intelligence; Cattell, 1971)과 대비된다. 후자는 암산, 사실 지식, 처리 속도 등을 측정한다. 유동지능을 측정하는 fMRI 과제들을 메타분석한 결과 다중 수요 네트워크와 매우 유사한 패턴이 도출되었다(Jung & Haier, 2007).

전전두엽에 손상이 있는 환자들은 다른 뇌 손상 통제군들과 비교해 WAIS와 같은 과제에서 비슷한 수준의 수행을 보였다(Warrington & James, 1986). 반면 WAIS IQ에서 좋은 점수를 받은 전전두엽 환자들(평균이 100인데, 125~130 사이의 점수를 받음)도 유동지능 점수에서는 22~38점 정도 낮은 점수를 받았다(Duncan et al., 1995). 게다가

핵심 용어

신경경제학 경제적인 의사결정을 설명하기 위해 신경과학적 방법과 이론을 사용하는 학문

최후통첩게임 한 사람은 돈을 나누는 것을 제안하고, 다른 한 사람은 그 돈을 받을지(나눈 돈만큼 획득), 혹은 거절할지(두 사람 모두 못받음)를 결정하는 게임

유동지능 가지고 있는 지식과 상관없이 새로운 상황에서 유연한 사고와 문제를 해결하는 능력

결정된 지능 선행 경험과 지식을 사용하는 능력

그림 14.14 전두엽 손상 환자들은 이와 같은 '유동지능' 검사에서 결함을 보인다.

출처 : Reprinted from Duncan et al., 1995. ⓒ 1995, with permission from Elsevier.

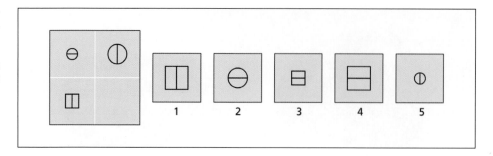

전전두엽 손상 환자들의 표준적인 집행 기능 과제 점수들은 유동지능 점수와 강한 상관관계를 보였다(Roca et al., 2010).

이러한 주장(즉 모든 집행 기능 과제는 같은 네트워크에 기초한다)은 일부 연구자들로 하여금 다중 수요 네트워크를 구분할 수 없는 하나의 총체로서 규정하도록 이끌었다. 그러나 이 네트워크 안에서도 다소 상대적인 기능의 분화는 시험적으로 용인되었지만 (Hampshire et al., 2011), 구분된 집행 요인들의 모듈화까지 이어지지는 않았다. 게다가 이 네트워크에 일반적으로 포함되지 않는 영역(예 : 전두극)은 질적으로 다른 기능적 역할을 하는 것으로 알려졌다(Roca et al., 2010).

뒤에서 앞으로 조직화?

최근까지 전두엽의 가장 앞쪽 부위[문측 전두엽(roastral prefrontal cortex) 또는 전두극]의 기능에 대해서는 거의 알려진 것이 없었다. 그러나 최근 여러 연구들과 개관 논문들은 이 영역이 다중 과제들 간의 조율이 필요할 경우 특히 관여한다고 제안하고 있다(Burgess, 2000; Christoff et al., 2001; Koechlin et al., 1999a; Ramnani & Owen, 2004). 쾨슐랭 등(1999a)은 실험 참가자들에게 하위 목표를 추구하는 동시에 주된 목표를 계속 머릿속에 떠올리는 과정을 요구하는 fMRI 연구를 진행하였다. 스스로 목표 자체를 머릿속에 유지하거나(작업기억), 대안적인 목표들 간에 번갈아 바꾸는 과정은 이 영역의 활동과 관련이 없었다. 오직 이 두 가지 요소가 결합될 경우만 이 영역의 활성화가 발견되었다. 특히 다중 과제를 수행하는 데 장애가 있지만, 개별 과제 수행이나 집행 기능을 측정하는 다른 과제들(예 : 위스콘신 카드분류 과제와 같이 과제 전환을 필요로 하지만 다중 과제는 아닌 과제)에는 문제가 없는 일부 전두엽 손상 환자들이 존재한다는 사실은 분명 분리된 신경해부학적인 기제가 존재할 것이라는 관점을 지지한다 (Burgess et al., 2000). 이는 전전두엽의 뒤쪽 부분들(덩컨이 다중 수요 네트워크라 지칭한 부분까지 포함하여)이 다른 하위 과제들 사이의 전환을 요구하는 과제를 포함하여, 단일 목표를 가진 과제들을 담당하고, 전전두엽의 앞쪽 부분은 동시에 다중 과제들을 담당한다는 일종의 집행 기능의 위계적 조직이 존재한다는 주장으로 이어졌다.

쾨슐랭과 서머필드(Koechlin & Summerfield, 2007)는 전운동피질(뒤쪽 부분)부터 전두극(앞쪽 부분)까지를 따라 어떤 위계성을 가진 특정 모형을 제안하였다. 전운동피질은 해부학적으로 전전두엽의 일부분은 아니지만, "빨간색을 보면 왼쪽 버튼을 누르고, 초록색을 보면 오른쪽 버튼을 눌러라."와 같이 아주 단순한 자극-반응 매핑을 가능하게 한다고 알려져 있다. 그러나 맥락 정보를 추가하는 것(예 : "빨간색 글자에 대해서는 자음/모음 구분을 하고, 초록색 글자에 대해서는 대/소문자 구분을 해라.")은 적어도 훈련 없이는 자동적으로 실행되지 않고, 인지적 통제가 필요하다. 게다가 실험 회기별로 지시를 바꾸는 것(예 : 빨간색에 대/소문자 구분, 초록색에 자음/모음 구분)은 쾨슐랭과 서머필드(2007)가 소위 일화적 통제라 명명한 주어진 순간에 어떤 맥락을 적용해야 하는지를 아는 능력이 필요하다. 그들의 모형에서 '분지 통제'라 불리는 가장 상위 수준의 통제는 현재 진행하고 있는 과제를 수행하는 동안 다음에 할 과제들을 머릿속에 담아두는 것이다(즉 다중 과제 수행). 한 fMRI 연구에서 쾨슐랭 등(2003)은 첫 세 종류의 상황(감각운동 규칙을 적용하는 상황, 맥락적 규칙을 적용하는 상황, 일화적 규칙을 적용하는 상황)을 앞에서 언급한 글자와 색 자극을 가지고 비교해보았다. 감각운동 규칙을 적용하는 것은 전운동피질을 활성화시키고, 맥락적 규칙을 적용하는 것은 그보다 앞에 위치한 부위에 일화적 규칙을 적용하는 것은 그보다 더 앞에 있는 부위를 활성화시켰다.

바드레와 데스포지토(Badre & D'Esposito, 2009)는 외측 전전두엽의 구성에 대해 쾨슐랭과 서머필드(2007)의 모형과 관련된 관점을 제시하였다. 가장 큰 차이점 중 하나는 그들은 외측 전전두엽에 후측에서 전측으로 가는 두 가지 다른 위계선을 상정했다는 점이다. 하나는 복측에 위치하고 다른 하나는 배측에 위치하고 있다. 이러한 주장은 외측 전전두엽의 복측 영역과 배측 영역에 다른 기능을 상정한 다른 관점(예 : Fletcher & Henson, 2001; Petrides, 2000)과도 대략 일치한다. 그들의 모형에서 배측에 위치한 후측-전측 위계선은 행위 계획과 특히 관련되고(두정엽과의 연결 덕분인 듯), 복측에 위치한 후측-전측 위계선은 다른 어떤 것들보다도 언어와 물체들(측두엽과의 연결 덕분인 듯)과 관련된다. 문헌으로부터 구체적인 예를 들자면, 한 연구에서는 실험 참가자에게 "그 물체가 13인치 박스보다 큽니까?" 또는 "그 물체가 유기농 재료로 만들어졌습니까?"와 같은 질문처럼 물체에 대한 의미 판단을 요구했을 때, 외측 전전두엽의 복측 부분에서 후측-전측 위계적인 반응을 관찰했다고 한다(Race et al., 2009). 이 연구의 설계에서 현명한 부분은 실험의 다른 측면들이 반복되었을 때 BOLD 신호가 어떻게 영향 받는지를 관찰하였다는 점이다. 같은 의미를 가진 아이템이 반복될 수도 있고(과제와 반응에 상관없이), 같은 과제가 반복될 수 있으며(예 : 크기 비교), 또는 같은 신체 반응이

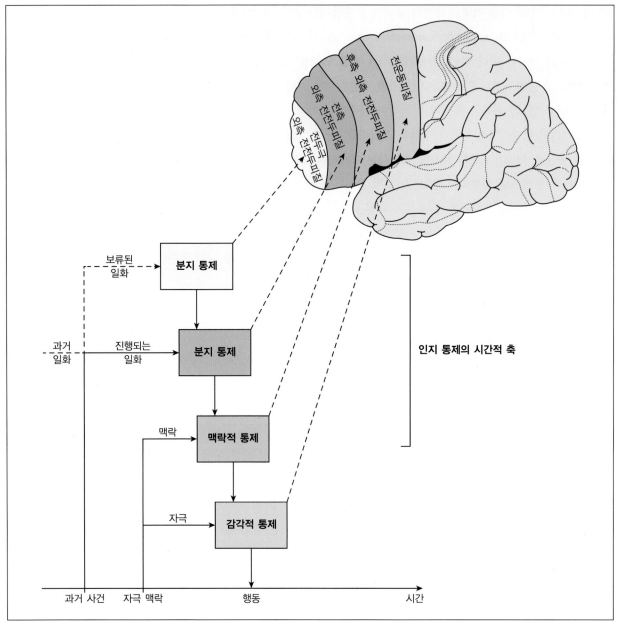

그림 14.15 쾨슐랭과 서머필드(2007)는 집행 기능의 후측–전측 위계성을 주장하였는데, 뒤로 갈수록 단순한 자극–반응 매핑을 집행하는 데 관계되고(예 : '빨간색 자극 → 좌측 버튼 누르기'), 앞으로 갈수록 보다 복잡한 매핑(예 : '빨간색 자극 → 자극이 자음일 경우에만 좌측 버튼 누르기')에 관여하는 것으로 보인다.

출처 : Koechlin & Summerfield, 2007.

반복될 수 있었다. 이러한 방식으로 외측 전전두엽의 복측 부위에서 위계적인 반응을 이끌어냈다(의미 반복에 대해서는 가장 전측, 신체 반응 반복에서는 가장 후측이 활성화).

마지막으로 버지스 등(Burgess et al., 2007)은 전두극 영역(BA10)의 기능에 관한 이론을 내놓았지만, 외측 전전두엽에 걸친 점진적 위계성에 대한 가정은 없었다. 그들이 제안한 그 영역의 역할은 자극-주도적인 인지(예 : 감각운동적인 요구와 관련된 과제에 집중하는 것)와 내적 생각('내 머릿속'의 생각) 사이의 어떤 '통로(gateway)'라는 것이다. 다중 과제하기는 외부적인 과제에 집중하면서 내적인 인지(즉 다음번에 뭘 할 것인가 하는 미래 의도)를 유지한다. 더 나아가 그들은 이 영역의 외측 표피 부분은 외부 자극/과제를 지향하는 데 관련이 있지만, 내측 표피 부분은 내적 인지를 지향하는 데 관련이 있다고 제안하였다. 이것은 내측 앞쪽 전전두엽이 사회인지(예 : 생각에 대한 생각; Amodio & Frith, 2006)와 관련된 과제들을 수행할 때 활성화되는 경향이 있고, 외측 전전두엽과 달리 내측 전두극은 과제를 수행할 때보다 '쉼' 조건에서 보다 활성화가 높아진다(Buckner et al., 2008)는 다른 폭넓은 문헌들과 그들의 이론을 연결지었다. 인지적인 용어로 '쉼'이 무엇으로 구성되는지는 불분명하지만, 인지의 부재라기보다 일종의 '내적 생각'으로 구성되어 있는 것으로 이루어지지 않을까 하고 추정하는 게 합리적이다 (Morcom & Fletcher, 2007). 전두극에 제한적으로 손상을 입은 환자들은 다중 과제와 사회인지 과제[마음이론, 사회적인 실수(무례함)를 이해하는 과제]에 결함을 보였지만 다른 집행 기능 검사들에서는 정상적인 수행을 보였다(Roca et al., 2010; Roca et al., 2011).

반구 차이

외측 전전두엽의 좌우 반구의 기능적 차이는 지금까지 논의된 다른 조직 원리들보다 더욱 논란이 되고 있다. 예를 들어, 원숭이의 전전두엽을 대상으로 한 단일세포 측정법 연구에서는 반구 차이가 발견되지 않았다(Miller & Cohen, 2001). 그러나 인간이 다른 유인원들에 비해 고차 인지 기능들의 더 많은 편측화를 가지고 있음을 고려할 때 그리 놀라운 것은 아니다(Duncan & Owen, 2000). 믿을 만한 기능적 차이를 밝힌 것은 전전두엽의 손상에 대해 신경심리학적 증거들이다(Stuss & Alexander, 2007). 그러나 중요한 것은 여기에도 그 차이가 절대적인 것이 아니라 상대적이라는 것이다. 즉 좌측, 그리고 우측 전전두엽 손상 환자들은 서로 비교할 때 다르지만, 두 그룹 모두 일반 대조군에 비해 장애가 있었다. 즉 '전통적인' 해리가 관찰되지 않는다는 것이다(Shallice, 1988의 용어를 빌리자면). 이는 기능적 영상 자료들이 왜 분명한 차이를 보여주지 않는지도 설명해준다. 두 반구 모두 활성화되는 것처럼 보이고, 반구에 따른 통계적 차이는 직접적으로 평가되지 않는다. 뿐만 아니라 fMRI 연구에서 반구의 차이가 실제 행동의 차이로 연관되는지도 분명하지도 않다(예 : fMRI 활성화가 더 열심히 일했음을 반영하는지 혹은 더 많은 기여를 반영하는지 확실하지 않음).

핵심 용어

모니터링 현재 머릿속에 유지하고 있는 정보와 과제가 요구하는 바를 연결시키는 과정

지속된 주의 일정 기간 동안 과제가 요구하는 바에 집중하는 과정

집행 기능의 반구 특성화에 관한 주요 모형 중 하나는 스터스 등(Stuss et al., 1995)의 연구에서 출발하였다. 그들의 모형에서 좌반구 외측 전전두엽은 상대적으로 과제 세팅에 특화되었고, 우반구 외측 전전두엽은 상대적으로 과제 모니터링(monitoring)에 특화되었다. 과제 세팅은 과제 자체가 개방형일 때(즉 문제해결 과제) 가장 커지는 경향이 있고, 과제를 어떻게 수행해야 하는지 명확한 지시가 있는 상황에서는 작아진다. 앞에서 언급한 바와 같이 이러한 문제해결형 과제는 자극이 언어적이건(예 : FAS 과제; Stuss et al., 1998) 시공간적이건(예 : 런던타워 과제; Shallice, 1982) 상관없이 좌반구 전두엽의 손상 이후에 보다 장애가 심해지는 경향이 있다. 과제 모니터링은 지속된 주의(sustained attention)라는 개념과 관련되며, 현재 수행 중인 과제를 지속하고 현재 목표와 관련 있는 규칙들을 유지하는 것과 관련된다. 그들은 전대상회와 전보조운동 영역을 포함한 전두엽의 내측 영역들을 다소 다른 기능적 역할('에너지 활성화')과 연합시켰다. SAS 모형의 개정판은 여러 모듈 같은 집행 기능의 요소들을 포함하고, 그 모듈들은 새로운 스키마를 형성하기 위한 과제 세팅 단계(좌측 전전두엽과 관련)와 스키마를 형성한 이후 결과를 모니터링하는 단계(우측 전전두엽과 관련)와 같은 구분된 단계들로 묶일 수 있다(Shallice & Burgess, 1996; Shallice, 2002).

위스콘신 카드분류 과제 수행의 결함은 대조군에 비해 좌반구 및 우반구 외측 전전두엽의 손상 집단에게서 나타난다(Stuss et al., 2000). 그러나 좌-우 반구 해리는 그 과제를 다른 방식으로 운영하면 발견된다. 표준적인 방식은 세 가지 규칙에 대해 어떠한 정보도 주어지지 않고, 규칙이 바뀌는 시점도 알려주지 않는 방식이다. 이러한 표준적인 방식에서는 좌반구 전전두엽 손상 환자들이 우반구 손상 환자들보다 저조한 수행을 보인다. 수정된 방식에서는 환자에게 규칙들을 말해주는데, 시작 규칙(색깔에 따라 분류)을 알려주고 규칙들이 언제 바뀌는지(10번마다) 알려주면, 우반구 환자들이 오히려 좌반구 환자들보다 저조한 수행을 보인다. 표준적인 개방형 방식에서 수행의 결함은 과제 세팅(좌반구를 주로 사용)의 어려움으로부터 기인하고, 반면 수정된 보다 제약적인 방식에서 수행의 결함은 현재 규칙을 모니터링(우반구를 주로 사용)하는 데 있어서의 어려움으로부터 기인한다.

좌우 전전두엽 둘 다의 손상이 있는 환자들도 과제 전환에 어려움을 보이지만 그 이유는 다르다(Aron et al., 2004a; Mayr et al., 2006). 애런 등(2004a)의 연구에서 좌반구 외측 전전두엽 손상이 있는 환자들은 보다 긴 전환비용(과제 세팅의 일반적인 결함과 일치)을 보이는 경향이 있었으나, 우반구 외측 전전두엽 손상이 있는 환자들은 특히 오류에 취약한 경향을 보였는데, 특히 이전 과제 세트를 계속 유지하려는 경향을 보였다(저자들은 반응 억제의 실패 때문으로 해석했으나 모니터링의 실패로도 설명이 가능).

레베르베리 등(Reverberi et al., 2005)은 전전두엽 손상의 반구 비대칭성에 민감한 것으로 보이는 규칙유도 과제를 고안하였다. 환자들에게 10개의 원이 있는 일련의 카드를 보여준다. 그 원들 중 하나만 파란색으로 색칠되어 있다. 그들이 해야 하는 과제는 다음번에 색칠될 원을 결정하는 것이다. 규칙은 예상하지 못하게 바뀌고, 규칙 그 자체는 위스콘신 카드분류 과제보다 추상적이다. 좌반구 외측 전전두엽 손상이 있는 환자들은 규칙을 유도하는 것에 결함을 보였고, 이 결함은 그들의 작업기억 손상 여부(연속적인 공간적 위치를 기억하고 있는지로 평가)와 관련이 없었다. 연구자들은 이러한 결함이 과제 스키마를 설정하는 과정에서의 어려움 때문이라고 주장하였다. 이 실험의 두 번째 국면에서는 파란색 원이 다른 규칙이 적용되는 빨간색 원과 서로 섞였다. 참가자들의 과제는 빨간색 원이 나타나면 그 원을 누르고, 파란색 원이 나타나면 다음번 원을 예측하는 것이었다. 우반구 외측 전전두엽 손상(전대상회 포함)이 있는 환자들은 과제 수행 방법에 대해 지시받았음에도 불구하고 빨간색 이후에 파란색 규칙으로 다시 돌아오는 것에 실패하였다. 레베르베리와 동료들은 이를 반응 모니터링 또는 점검의 실패로 해석하고 우반구 전두엽과 관계된다고 주장하였다.

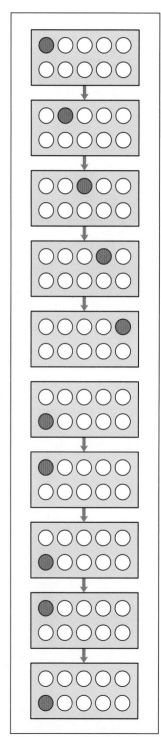

이와 관련된 리뷰 논문에서 프리스(Frith, 2000)는 좌측 DLPFC의 역할이 '반응 공간을 조각하는 일'이라 주장했으며, 이 영역이 가능한 반응의 범위를 부각시키고 부적절한 반응을 억제하는 역할을 담당한다고 제안했다. 이것은 과제 세팅의 개념과 관련된다. 이 영역은 과제 파라미터들이 강력하게 제한되어 있지 않을 때 관여할 것이라고 주장되었다(예 : 선택할 수 있는 넓은 범위의 자극-반응 매핑이 있을 때). 예를 들어, 이 영역은 실험 참가자들이 어떤 단어를 단순 반복하는 것보다 어떤 글자 단서(예 : 'F')가 주어지면 단어를 만들어내야 할 때, 그리고 움직일 손가락이 정해져 있을 때보다 자기 마음대로 움직일 손가락을 정할 수 있을 때 더 많이 활성화되었다(Frith et al., 1991). 이 영역은 또한 언제 반응을 해야 할지를 마음대로 결정해야 할 때 활동이 더 증가하였다(Jahanshahi et al., 1995). 무선적인 나열(예 : 숫자열)을 생성하는 것은 잠재적인 반응들의 집합을 세팅하고, 그속에서 '자유롭게' 선택하는 과정을 포함하는 인지적인 요구가 높은 과제이다. 어떤 참가자가 빠른 속도로 숫자나 글자들의 순서를 생성하도록 요구받는다면 무선성은 깨지게 되고 그 참

그림 14.16 이 과제에서 환자들은 10개의 번호가 붙은 원(왼쪽 위 1번부터 오른쪽 아래 10번)이 그려진 일련의 카드를 보게 된다. 이 중 하나의 원은 파란색으로 나타나는데, 환자들은 다음에 제시되는 카드에서 어느 원이 파란색일지 맞혀야 한다. 여기서 규칙은 갑자기 변경될 수 있는데, 예를 들어 오른쪽으로 한 번호씩 이동하는 규칙(+1)에서 아래위 교대로 번갈아 이동(1번과 6번 사이)하는 규칙 등이 있을 수 있다.

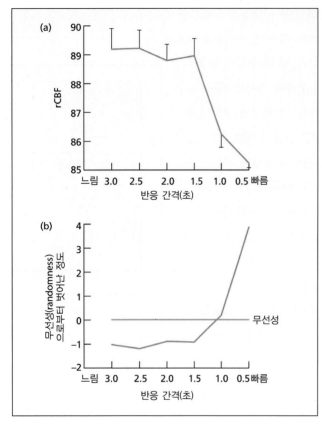

그림 14.17 좌측 배외측 전전두피질의 활동은 (a) 무선적인 숫자열을 생성하는 능력과 관련되며, (b) 좀 더 빠른 속도로 반응이 요구되면 이 부위의 활동은 점차 감소하고 이때 반응은 무선성으로부터 크게 벗어나게 된다.

출처 : Reprinted from Jahanshahi et al., 2000. © 2000 with permission from Elsevier.

가자는 연속적인 순서(4, 5, 6 또는 X, Y, Z)나 저장된 지식(예 : 약자, 'B, B, C', 전화번호)처럼 기억으로부터 익숙한 순서를 인출해내기 시작한다. 오른쪽이 아닌 왼쪽 DLPFC를 반복적 TMS를 사용해서 방해하게 되면 덜 무선적이고 좀 더 익숙한 순서들을 만들어내게 된다(Jahanshahi et al., 1998). 또 다른 연구는 좌측 배외측 전전두엽에 반복적인 TMS를 가하면 작업기억에 부담이 전혀 없는 과제라도 '자유 선택'을 방해한다는 것을 발견하였다(Hadland et al., 2001). 이전 반응이 모니터에 제시되었으므로 그들은 머릿속에 유지할 필요가 없었다.

모니터링은 현재 머릿속에 유지되고 있는 정보를 과제 요구사항들과 관련짓는 과정이다. 또한 인출되거나 지각된 정보가 타당한지 확인하는 점검 기제이기도 하다. 이러한 기제는 작업기억 또는 일화기억 내용을 모니터링하는 것과 같이 내적으로 유지된 정보를 모니터링하는 것(Habib et al., 2003)과 지속된 주의 과제들과 같이 외부적으로 제시된 정보의 내용을 모니터링하는 것(Kanwisher & Wojciulik, 2000) 모두에 중요할 수 있다. 카베짜 등(Cabeza et al., 2003)은 기억 인출 과제(단어 재인)와 비기억 과제인 지속된 주의 과제(12초 동안 자극이 한 번, 두 번 삑 소리를 내거나, 전혀 내지 않거나 하는 과제) 동안 직접적으로 fMRI 활성화를 비교하였다. 두 과제에 공통적으로 활성화된 영역은 우반구 복외측 전전두피질이었다. 그러므로 이 영역은 기억이나 지각 그 자체보다 주위를 기울이고, 모니터링하는 것에 더 관련된 것으로 보인다.

좌반구와 우반구 외측 전전두엽 뇌 손상을 비교한 연구들도 우반구 전전두피질이 모니터링에 큰 역할을 한다는 주장과 일맥상통한다. 스터스 등(2005)은 비교적 간단한 자극-반응 패러다임을 사용하였는데(예 : 'A'에 대해서 왼손으로 누르고, 다른 글자들에 대해서는 오른손으로 누르기), 한 시행이 끝난 시간(즉 반응을 한 후)과 다음 자극이 시작되는 시간(즉 다음 글자가 제시되는 시간) 사이의 간격을 변화시켰다. 건강한 대조군과 좌반구 외측 전전두엽 손상 환자들은 간격이 길어질 때 더욱 빠른 반응을 산출하였으나(자극 개시 이전에 준비가 가능하므로), 우반구 외측 전전두피질 손상 환자들은 오히

려 반대였다. 자극 개시를 오래 기다리면 오히려 반응이 늦어졌다. 이는 아마도 기다리
는 시간 동안 과제로부터 환자들의 주의가 멀어져 버렸기 때문인 것으로 보인다. 건강
한 사람들에게 좌반구가 아닌 우반구 전전두엽에 TMS를 가하면 준비시간이 길어짐으
로 인해 반응시간이 빨라지는 효과를 감소시킨다(Vallesi et al., 2017).

우반구(하부) 외측 전전두피질의 기능에 대한 다른 대안적 관점은 그 영역이 반응 억
제에 기능적으로 특화되었다는 것이다(Aron et al., 2004a). 이 관점은 Go/No-Go 과제
를 사용한 연구로부터 시작되었는데, No-Go 시행에서 좌반구보다 우반구에서 더욱 많
은 활성화를 보였고, 우반구 외측 전전두피질의 손상에 의해 과제 수행의 결함이 증가
했다(Aron et al., 2003). 억제로 설명하는 것은 모니터링 가설과 확실히 구분이 가지 않
는다. 왜냐하면 모니터링의 실패가 No-Go 시행에서 자동적인 'Go' 반응을 이끌 수 있
기 때문이다. 한 fMRI 연구가 No-Go 신호를 처리하는 동안 뇌 영역들 사이의 기능적
연결성을 조사하였는데, 우반구 외측 전전두피질은 No-Go 신호를 탐지하고(즉 모니터
링 가설과 일치), 그다음에는 전보조운동 영역에 영향을 미쳤다(Duann et al., 2009).
두안 등(Duann et al., 2009)에 따르면 전보조운동 영역은 기저핵 회로를 거쳐 운동 프
로그램의 반응 억제를 직접적으로 수행한다.

평가

집행 기능에 대한 현대 모형들은 초기 특성(즉 과제 규칙을 유연하게 적용하기, 비자동
적 반응을 통제하기)을 여전히 포함하고 있지만, 이제 이러한 특성들이 전전두엽의 어
느 부위에서 어떻게 실현되는지 훨씬 더 많은 것들을 알게 되었다. 특성별로 분명히 구
분되지 않은 일반적인 작업공간이라는 개념은 이제 더 이상 지지되지 않는다. 이와 같은
모형들로서 SAS의 초기 모형(Norman & Shallice, 1986), 밀러와 코헨(2001)의 모형,
그리고 골드만-라킥(1996)의 모형이 있다. 다중 수요 네트워크 모형(Duncan, 2010) 또
한 크게 보면 차별화되지 않은 작업공간을 가정하지만, 전체 전전두엽을 동일한 것으로
간주하지는 않는다. 비록 스트룹 과제, 다중 과제, 그리고 역학습 등과 같은 다양한 범
위의 과제들이 모두 같은 종류의 통제 기제(예 : 자극-반응 간 유연한 연합)를 요구하는
것으로 개념화할 수 있지만, 뇌는 그 과제들을 다소 다르게 취급한다는 증거들이 존재
한다. 말할 필요도 없이 가장 극단적으로 각각의 개별 과제들이 자신만의 고유한 기제
를 가지고 있다는 대안적 관점이 가능한데, 이는 행동적 유연성과 대립하므로 결코 지지
될 수 없다.

지금까지 몇 가지 수준의 조직화 원리들을 고려해보았다. 인지적 통제와 감정적 통제
간의 구분은 경험적으로 잘 지지되며, 처리되는 정보에 따라 영역 구분이 있을 것이다.

전전두엽 기능의 전측-후측 간 차이는 동시에 처리해야 하는 과제가 하나인지, 혹은 여러 개 인지에 따라 달려 있다(그리고 그 속에 더 세밀한 단계적 구분이 있을 수 있음). 외측 전전두엽의 반구 간 차이는 다른 조직화 원리와 달리 처리되는 정보의 종류보다 수행되는 작업의 종류에 따라 구분된다(좌 : 과제 세팅, 우 : 과제 모니터링). 다음 단락에서는 엄격히 말해 전전두엽은 아니지만 집행 기능의 다른 측면에 매우 중요하게 연결되어 있는 또 다른 영역, 즉 전대상피질에 대해 자세히 알아보자.

집행 기능에서 전대상피질의 역할

오랫동안 전대상피질은 전두엽보다는 변연계에 속하는 것으로 분류되어 왔다. 이 부위의 신경학적 연결에 관한 좀 더 세부적인 이해들을 통해 유추해볼 때, 이 부위는 변연계와 전두엽 간 인터페이스 기능을 담당하는 것으로 보인다. 부시 등(Bush et al., 2000)은 전대상피질을 기능적으로 다른 두 영역들로 구분하는 이론을 제시한 바 있다. 좀 더 배측에 위치한 영역은 '인지적 구획(cognitive division)'이라 불리며 집행 기능과 관련되는 것으로 보인다. 이 영역은 DLPFC와 강한 상호 연결을 보이는데, 이러한 사실은 기능적 영상 연구들에서 이 두 부위가 자주 함께 활성화되는 이유를 설명할 수 있다. 이 영역은 또한 두정, 전운동, 보조운동 영역들과도 연결되어 있다. 이보다 좀 더 부리 쪽에 위치한 영역인 '정서적 구획(affective division)'은 변연계와 안와전두엽 영역들과 연결되어 있다. 이 단락의 나머지 부분은 전대상의 인지적/집행적 영역에만 초점을 맞출 예정이며 따라서 이 장에서 앞으로 쓰일 '전대상'이라는 용어는 다른 설명이 없는 한 이 부위를 가리킨다.

집행 기능에 있어 제안된 전대상의 한 가지 역할은 바로 오류탐지 기능이다(예 : Carter et al., 1998). 인간을 대상으로 한 반응시간 실험들에서 오류 바로 뒤에 오는 시행(error+1)은 정확히 답한 시행 뒤에 오는 시행(correct+1)에 비해서 더 느리고 보다 정확할 수 있다(Rabbitt, 1966). 이러한 사실은 오류 여부를 감시하고 이에 따라서 과제 수행을 재조정하는 인지적 기제가 존재함을 보여준다(예 : 더 높은 정확성을 위해 보다 긴 시간을 사용). 전대상이 손상된 짧은꼬리원숭이들은 correct+1 시행보다 error+1 시행에서 더 오류를 범하기 쉽다(Rushworth et al., 2003). 이러한 사실은 원숭이들이 노력하더라도 수행의 조정이 어렵고 따라서 오류 뒤에도 다시 오류를 범한다는 것을 보여준다. 게다가 원숭이(Gemba et al., 1986)와 인간(Dehaene et al., 1994)이 오류를 범할 때 전대상에서 발생한 것처럼 보이는 '오류전위(error potential)'가 두피에서 탐지된다. 이러한 반응은 **오류관련 부적파형**(error-related negativity)이라 불리는데, 이 파형은 오류를 범함과 동시에 시작되어 반응 후 약 100ms 정도에서 최대치를 보인다(Gehring et al., 1993). 앞의 연구 결과로는 전대상이 단지 오류의 탐지를 위해서만 중요한 것인지 아니면 이후 행동 조정을 위해서도 중요한 역할을 담당하는지는 불확실하다. 이후 한 사건관련 fMRI 연구에서는 오류 시행에서 전대상의 활동을, 그리고 error+1 시행에서 행동 조정과 관련된 외측 전전두피질의 활동을 보고한 바 있다(Kerns et al., 2004). 이러한 결과는 전대상의 역할이 행동 조정이 아닌 오류탐지에만 국한되며 외측 전전두피질은 진행 중인 행동을 조정하는 데 관여한다는 점을 시사한다.

이와 관련된 전대상의 또다른 역할은 반응충돌(response conflict)의 평가 기능이라 할 수 있다. 반응충돌의 고전적인 예는 스트룹 과제에서 찾아 볼 수 있

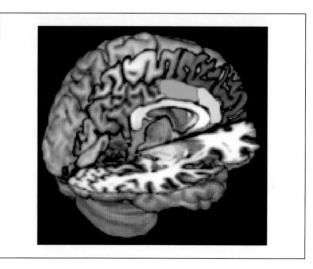

그림 14.18 전측 대상피질은 각 반구의 내측 표면의 뇌량 위에 위치해 있다. 이 영역은 크게 집행 기능을 담당하는 배측 영역(파란색)과 정서적 처리를 담당하는 복측 영역(연두색)의 두 부분으로 나누어진다.

다. 이 영역에 손상이 있는 환자들은 스트룹 과제를 잘 수행하지 못한다(Alexander et al., 2007). 건강한 사람들을 대상으로 한 fMRI 연구는 일치 시행에 비해 불일치 시행(높은 반응충돌)에서 전대상피질의 활성화를 관찰하였다(Carter et al., 2000). 이러한 반응은 오류가 없는 경우에도 일어난다. 따라서 전대상피질의 기능에 대한 가장 일반적인 설명은 실제 오류 직후나, 오류가 발생하기 쉬운 상황에서 충돌신호를 생성한다는 것이다(예 : van Veen & Carter, 2002).

전대상피질의 역할에 대한 대안적인 설명으로 이 부위를 동기와 연결시키거나 (Kouneiher et al., 2009), 에너지 활성화와 연결시키는 이론들이 있다(Stuss & Alexander, 2007). 오류들은 보상 및 처벌과 마찬가지로 동기 면에서 관심을 끄는(회피하기 위해 노력해야 할) 사건이다. 전대상피질은 습관적인 반응과 그렇지 않은 반응 사이에 충돌이 없는 경우에도 동기와 관련될 경우(즉 금전적 보상 또는 손실) 반응한다(Blair et al., 2006). 쾨네이어 등 (2009)의 fMRI 연구에서 실험 참가자들은 다른 수준의 금전적 유인가를 포함하는 과제 전환 과제를 수행하였다. 일부 블록들에서는 높은 인센티브(맞추면 더 많은 돈을 받음)를 받을 수 있었고, 나머지 블록에서

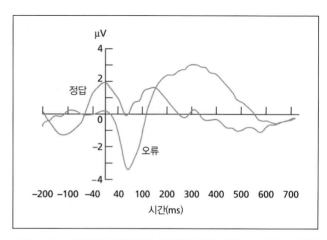

그림 14.19 오류관련 부적파형은 부정확한 반응 뒤에 두피 EEG 측정을 통해 관찰된다.

는 낮은 인센티브를 받게끔 해주었다. 이러한 실험 블록 속에는 일반적 시행들과 더 많은 상금을 획득할 수 있는 '보너스 시행'이 있었다. 높은 인센티브 블록들은 전대상피질의 높게 유지된 반응과 연결되었다. 이에 반해 보너스 시행에 대한 수행은 전보조운동영역의 활성화와 연결되었다.

요약 및 핵심 정리

- 집행 기능은 다음 상황에서 수행을 최적화시키기 위해 요구된다. 여러 개의 인지적 처리 과정들이 서로 조화를 이루어야 할 때, 새롭거나 어려운 상황, 자동적 반응을 요구하지 않는 상황(잘못된 점을 바로잡거나 문제를 해결해야 할 때)이다. 집행 기능의 역할은 전형적으로 '감시적' 혹은 '통제적'이라는 단어들로 묘사되곤 한다.
- 기능적 영상 연구들과 뇌 손상 환자 연구들은 집행 기능에 관여하는 전전두피질의 역할을 보여주고 있다. 이 부위가 손상된 환자들은 문제해결, 습관적 반응의 억제, 다중 과제 등에서 어려움을 보인다.
- 안와전두 영역과 복내측 전전두엽은 정서를 처리하는 영역들과 밀접한 연결을 맺는다. 반면 외측(그리고 배내측) 표피 부분은 감각·운동 영역들과 강한 연결을 맺는다. 이 영역들에 손상을 입으면 정서적 가치(안와전전두엽)의 변화에 따라 유연하게 행동하는 능력에 영향을 미치거나 과제와 관련 있는 자극 속성들을(외측 전전두엽)의 변화에 유연하게 행동하는 능력에 영향을 미친다.
- 집행 기능의 후측-전측 조직화에 관한 증거들이 있으며, 이는 다중 과제를 가능하게 하는 전두엽의 가장 앞쪽 부분(전두극)을 포함한다.
- 인간에게는 좌반구와 우반구의 외측 전전두피질들 간의 상대적인 기능 특화가 있다. 좌반구는 보다 과제 세팅과 관련되고, 우반구는 과제 모니터링과 관련된다.
- 배측 전대상피질은 오류탐지와 반응충돌탐지에 중요한 기능을 담당하지만, 이러한 정보에 따라 반응하거나 행동을 수정하는 데 있어서는 외측 전전두 영역이 필요하다.

논술 문제

- 집행 기능은 하위 과정들로 세분화될 수 있는가?
- 집행 기능 결함을 탐지하기 위해 고안된 임상적 검사가 지닌 문제점은 무엇인가?
- 작업기억에도 집행적인 요소가 있는가? 있다면 그 증거는 무엇인가? (제9장 참조)
- 좌측 전전두엽과 우측 전전두엽의 기능적 차이는 무엇인가?
- 한 과제에서 다른 과제로의 전환은 어떻게 일어나는가?

더 읽을거리

- Goldberg, E. (2001). *The executive brain : Frontal lobes and the civilised mind.* Oxford, UK : Oxford University Press. 초심자를 위한 입문서
- Miller, E. K. & Cohen, J. D. (2001). An integrative theory of prefrontal cortex function. *Annual Review of Neuroscience*, 24, 167–202. 신경과학적 증거들에 대한 괜찮은 개관논문
- Monsell, S. & Driver, J. (2000). *Control of cognitive processes : Attention and performance*, XVIII. Cambridge, MA : MIT Press. 상급 수준의 유용한 논문 모음집
- Stuss, D. T. & Knight, R. T. (2002). *Principles of frontal lobe function.* Oxford, UK : Oxford University Press. 상급 수준의 유용한 논문 모음집

제15장

사회적 그리고 정서적 뇌

이 장의 내용

정서 이론

정서 처리의 신경학적 기제

얼굴 읽기

마음 읽기

요약 및 핵심 정리

논술 문제

더 읽을거리

정서(emotion)는 내적인 이정표 역할을 담당한다. 우리가 어떻게 행동해야 할지, 무엇을 피해야 할지, 그리고 무엇을 찾아야 할지를 알려준다. 우리가 특정 자극들을 보다 우선적으로 적절하게 처리할 수 있도록 그 자극들에 일종의 표식을 붙이는 것과 같다고 말할 수 있다. 정서는 기본적으로 생존을 위해 가치가 있는 자극이나 상황과 관련된다. 예를 들어, 두려움은 조심할 필요가 있거나 회피해야 할 위협적인 자극과 관련될 수 있고, 혐오감은 오염과 관련된 자극과 연결될 수 있으며, 분노는 자신만의 영역과 지위를 위협하는 상황과 연결될 수 있다는 점을 들 수 있다. 기본적으로 만족감을 제공하거나(예 : 음식, 성행위) 또는 처벌을 주는(예 : 통증) 자극들도 있지만, 팝 음악이나 패션처럼 다양한 새로운 자극에 정서 상태를 할당하는 법을 학습할 수도 있으며, 공포증에서부터 페티시에 이르기까지 극단적인 형태의 자극을 만들어내기도 한다. 결국 제한된 범위의 정서 반응(싸움, 비행, 회피 등)과 정서 상태(공포, 분노 등)로 귀결될 수는 있지만, 정서와 관련될 수 있는 자극 범위는 거의 무한대에 가까울 정도로 유연성이 존재한다고 볼 수 있다.

정서는 사람과 유인원을 포함한 대부분의 사회적인 동물의 사회적 행동을 조정하는 데 중요한 역할을 한다. 무리를 지어 사는 것은 분명히 생존에 이득이 된다. 수적으로 안전하고, 협력 행동은 한정된 자원을 공유하게 한다. 그러므로 정서가 사회적인 의사결정을 조정한다는 것은 그리 놀라운 일이 아니다. 이 장은 정서적인 뇌가 사회 상황에 관여하는 많은 예들을 제공할 것이다. 예를 들어, 사회적 거부는 신체적인 고통과 같은 뇌 회로를 사용하며, 도덕적 혐오는 오염과 관련된 혐오와 같은 뇌 회로를 사용한다. 협력 없이 10달러를 획득할 때 활성화되는 뇌의 보상 회로가, 협력함으로써 10달러를 획득할 때 더 많이 활성화된다. 이것은 마치 협력 행동 그 자체가 하나의 보상과 같이 느껴지는 것이다. 우리는 항상 '기분파'로 살지 않으며, 행동을 조정하기 위해 정서적이지 않은 인지적 통제를 사용할 수 있다. 관점 취하기(perspective-taking) 혹은 **정신화**(mentalizing)를 통해 다른 사람의 의도, 욕구, 신념 등에 대해 생각하는 것은 정서적 평가와 관련된 신경 회로와 다소 다른 신경 회로와 연결된다.

이 장은 역사적인 이론뿐만 아니라 현대 정서 이론들을 살펴보는 것으로 시작하여, 이 이론들을 알려진 정서 처리의 신경과학적 기반을 배경으로 논의할 것이다. 그다음 이 장에서는 얼굴표정과 시선으로부터 어떻게 사회적 정보가 획득되는지 알아볼 것이다. 이러한 내용은 다른 사람의 정서를 지각하는 것이 어떻게 지각하는 사람으로 하여금 그 정서 상태를 시뮬레이션하게 하는지(즉 정서의 공유)에 대한 중요한 정보를 제공한다. 이 아이디어는 더 나아가 공감의 신경학적 기초와도 관련된다. 이러한 논의는 정서, 운동 및 신체 상태를 시뮬레이션하는 과정[소위 **거울 비추기**(mirroring)] 또는 정신적 상태를 추론하는 과정(정신화 또는 마음 이론)을 통해 우리가 어떻게 다른 사람들을 이해하게 되는지까지 확장될 것이다.

정서 이론

정서는 본질적으로 다면적인데, 다음의 목록은 그 핵심적인 특징들을 제시해주고 있다. 어떤 정서 이론들은 일부 특징을 다른 특징보다 강조하기도 하는데, 이는 어떤 특징들이 다른 것들보다 핵심적이라는 가정 때문이다. 정서를 측정하는 방법 또한 매우 다양한데, 그것은 정서의 주관적인 특성(예 : 설문지법), 신체 반응(예 : 피부전도율 또는 얼굴표정 기록), 혹은 행동 결과(예 : 보상을 위한 레버 누르기) 중 어느 것에 더 관심을 두느냐에 따라 달라질 수 있다.

다윈과 프로이트

정서에 관한 두 가지 초기 견해는 과학 분야에서 잘 알려진 인물인 찰스 다윈(1809~1882)과 지그문트 프로이트(1856~1939)가 제안했다. 이 두 학자의 접근 방법은 서로 매

정서의 특징

- 정서는 **보상**을 주거나(즉 이를 획득하기 위해 행동함) **처벌**을 주는(즉 이를 피하기 위해 행동함) 자극들과 연합된 상태이며, 이러한 자극들은 생득적인 생존적 가치를 가질 가능성이 높다.
- 정서는 기본적으로 일시적이지만[시간적으로 지속되는 특정 정서적 상태를 가리키는 **기분**(mood)과는 구분됨], 자극들의 정서적 위계는 장기기억 내에 저장된다.
- 정서적 자극은 주의를 끌어당겨서 더 세밀한 평가를 가능하게 하고 반응을 촉발시킨다.
- 정서는 주관적으로 선호하는지 혹은 싫어하는지와 같은 **쾌락적인 가치**를 가진다.
- 정서는 신체 내부 반응(예 : 땀흘림, 심장박동 수, 호르몬 분비 등)의 측면에서 특정한 '느낌의 상태(feeling state)'를 가진다.
- 정서는 얼굴과 신체를 통해서 특정한 외부 운동 반응을 표출하며, 이를 정서적 표현이라 한다. 이러한 반응들은 유기체를 준비시키고(예 : 싸움을 위한) 다른 이에게 신호를 보낼 수 있다(예 : 상대방과 싸울 의도가 있는지).

핵심 용어

기분 시간적으로 지속되는 특정 정서 상태(예 : 불안은 기분이고 공포는 정서임)

표현 정서적 상태와 관련하여 외부로 표출되는 얼굴과 몸의 운동 반응

우 다르지만, 인간의 정서가 동물과 연속선상에 있다는 기본적인 가정은 동일하다.

다윈은 1872년에 인간과 동물의 정서 표현(*The Expression of the Emotions in Man and Animals*; 1872/1965)을 발표했는데, 이 책의 대부분은 동물들이 두려움, 분노, 또는 행복과 같은 특정 정서를 **표현**(expression)하기 위해 얼굴과 신체의 제스처를 만들어내는 정서의 외적 표현을 기술하고 있다. 다윈은 여러 종에 걸쳐서 얼마나 많은 표현이 공통적으로 관찰되는지 주목했다. 예를 들어, 분노의 표현은 입이 벌어지고 이를 드러낸 채 직접 노려보는 시선을 포함한다. 다윈은 그러한 표현들이 선천적이고 학습되지 않은 행동이라 주장했다. 뿐만 아니라 그런 표현은 한 동물이 다른 동물의 정서 상태를 해석할 수 있게 해주는데, 어떤 동물이 공격할 가능성이 있는지 또는 성적 접근을 환영할 것인지 등과 같은 예를 들 수 있다. 정서가 여러 종에 걸쳐서 어떻게 보존될 수 있는지를 보여주는 예비 증거를 제공해주었다는 점에서 다윈의 공헌은 크다고 할 수 있다. 주로 정서의 표현에 주목했던 다윈은, 보다 현대적 접근 방식인 표정의 교차 문화적 비교(Ekman et al., 1972)를 통해 '기본적' 정서를 정의하고자 시도했던 에크만(Ekman)에 비견될 수 있다. 최근 연구들은 이러한 표정들 중 일부의 기능적인 기원을 밝혀냈다. 예를 들어, 공포 표정을 짓게 되면, 시야와 비강이 증가되고 눈의 움직임이 빨라지는 반면(위험 감지에 적합), 역겨운 표정은 이와는 반대의 효과(오염물질을 피하는 데 적합)를 보여준다(Susskind et al., 2008).

프로이트는 우리의 마음이 원초아(id), 자아(ego), 초자아(super-ego)라는 세 가지 다른 종류의 기제로 나뉠 수 있다고 보았다(예 : Freud, 1920/2010). 우리를 인간이 아닌 다른 조상들과 연결시켜주는 원초아는 섹스, 음식, 따뜻함 등 기본적인 정서적 욕구를

그림 15.1 다윈은 많은 정서적 표현들이 진화적으로 보존되어 왔다고 주장했다.

출처 : Ward 2012, p.73.

포함하는 '원시적인' 충동의 표출과 관련된다. 원초아는 무의식적인 동기와 관련될 수 있지만 때로는 자아(의식적인 마음)를 통해 의식으로 떠오를 수 있으며, 우리의 초자아(우리의 문화적 규범 및 열망)와 충돌하기도 한다. 정서가 우리의 행동을 무의식적으로 편향시킨다고 본 프로이트의 기본 생각은 현재의 이론과 매우 관련이 깊다(Tamietto & De Gelder, 2010). 다양한 정신병리적 장애(예 : 불안)가 정서의 문제로 이해될 수 있다는 개념은 프로이트의 주장으로부터 비롯되었으며, 지금까지도 여전히 받아들여지고 있다(Le Doux, 1996). 이와 같이 프로이트 이론의 일반적인 일부 내용은 오늘날까지 인정받고 있지만, 그의 이론의 구체적인 세부사항(예 : 어린 시절의 성적 환상과 관련된 주장)은 더 이상 통용되지 않는다.

제임스-랑게와 캐논-바드

제임스-랑게 이론(James-Lange theory)이라는 정서 이론에 따르면, 정서적인 경험은 신체 변화에 대한 자기 인식으로부터 기인한다(James, 1884). 따라서 신체 상태의 변화는 정서적 경험 이전에 일어난다. 우리는 슬퍼하기 때문에 우는 것이라기보다는 울기 때문에 슬픈 것이다. 이러한 관점은 현재 상식과 비교할 때 상당히 파격적이라 할 수 있다. 예를 들어, 어떤 유형의 정보처리가 신체 상태의 변화를 초래하는지, 그리고 이러한 초기 정보처리 과정 자체가 정서의 일부로 해석될 수 있는지에 대한 의문이 제기된다.

　신체의 변화는 자율신경계(ANS)가 중재하는데, 이는 내부 장기(soma)들의 활동을 조절하는 신체의 신경 세포들의 집합체이다. 신체 상태의 변화 자체가 정서를 일으키기에 충분하지 못하다는 좋은 경험적 증거가 있다. 색터와 싱어(Schacter & Singer, 1962)는 참가자들에게 심박 수와 같은 자율신경계의 변화를 유발하는 에피네프린(아드레날린이라고도 함)을 투여했다. 그들은 제임스-랑게 이론과는 달리 약물의 투여가 그 자체로 참가자들이 자기 보고한 정서 경험으로 이어지지 않는다는 것을 발견했다. 그러나 적절

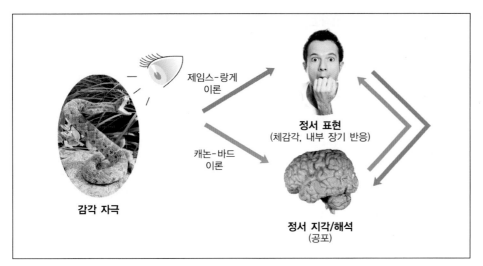

그림 15.2 제임스-랑게 이론에 의하면 신체적 반응이 먼저 일어나고 정서적 처리는 그 후에 일어난다(즉 신체적 반응들의 지각 또는 해석). 캐논-바드 이론에 의하면 정서적 지각 혹은 해석이 먼저 일어나고 신체적 반응이 뒤따른다.

출처 : Ward, 2012, p.75.

한 인지적 설정(예 : 화난 사람 또는 즐거워하는 사람이 함께 방에 있는 경우)이 존재할 경우, 참가자는 그 설정된 정서를 자기 보고했다. 에피네프린 투여가 없을 때 동일한 인지적 설정은 덜 격렬한 정서적 평가를 만들었다. 이 연구는 신체적 경험이 정서를 만들어낼 수는 없지만(제임스-랑게 이론과는 반대), 의식적인 정서 경험을 향상시킬 수는 있다는 것을 보여준다.

제임스-랑게 이론과 유사한 몇 가지 현대적 이론이 있는데, 그중에서도 정서와 관련된 신체적 반응이 의사결정을 안내한다는 다마지오(Damasio, 1994)의 가설이 특히 주목할 만하다. 체감각 표식 가설이라 불리는 이 이론은 제14장에서 더 자세하게 소개되었다. 신체적 반응이 의식적으로 감지되어야 한다고 주장하는 제임스-랑게 이론과는 대조적으로 다마지오(Damasio, 1994)는 신체적 반응이 무의식적으로 행동에 변화를 초래하는 존재임을 주장함으로써 그 견해를 달리한다.

1920년대에 등장한 캐논-바드 이론(Cannon-Bard theory)이라는 정서 이론은 신체로부터 오는 피드백신호만으로는 서로 다른 정서들 간의 차이를 설명할 수 없다고 주장했다(Cannon, 1927). 이 이론에 따르면 정서는 오직 뇌 안에서만 일어날 수 있고 신체 반응은 정서가 발생한 이후에 일어난다. 캐논-바드 이론은 신경생물학에서 영감을 받았다. 그 당시 이미 피질이 제거된 동물들도 정서 표현(예 : 분노)이 가능하다는 연구 결과들이 있었는데, 이는 대부분의 다른 운동 반응을 위해서는 대뇌피질의 운동 영역이 필요하다는 사실을 고려하면 매우 놀라운 사실이었다(Fritsch & Hitzig, 1870). 일련의 뇌 손상 연구들을 통해서 캐논과 바드는 시상하부가 정서의 중심이라고 결론지었다. 이들은 시상하부가 입력된 감각 정보들을 정서적 내용의 관점에서 평가한 후 자율신경계와

핵심 용어

캐논-바드 이론 시상하부의 정서 관련 기능을 중심으로 한 이론이며, 정서를 경험한 후 신체적 반응이 발생한다고 주장하는 이론

피질로 신호를 보내며, 전자는 제임스가 주장한 바와 같이 신체적 정서를 유발시키고 후자는 의식적인 정서 경험을 유발시킨다고 믿었다.

파페즈 회로와 변연 뇌

파페즈(Papze, 1937)는 시상하부가 정서적 처리 과정의 핵심 부분이라 주장하면서 캐논-바드의 연구를 지지했지만 이를 대상피질, 해마, 시상하부, 그리고 시상전핵들을 포함하는 신경 회로에 포함시켜 확장했다. 파페즈는 신체 조절에 관여하는 것으로 보이는 피질하부의 **파페즈 회로**(Papez circuit)에서 정서적 경험이 시작된다고 주장했다. 또한 대뇌피질을 포함하는 두 번째 회로는 자극과 연합된 기억의 인출처럼 보다 정교한 분석을 담당한다고 믿었다. 이러한 아이디어를 더 확장시킨 매클린(MacLean, 1949)의 연구는 편도체와 안와전두피질를 포함시켜 변연계라 불리는 개념을 발전시켰다. 그는 통합된 '정서적 뇌'를 만들기 위해 각기 다른 여러 영역이 함께 협력한다고 주장했다.

이러한 초기 신경생물학적 관점을 현대 인지신경과학이 더 이상 지지하지 않는 몇 가지 이유가 있다. 첫째, 파페즈 회로의 주요 영역 중 일부는 더 이상 정서에 주로 관련된 기능을 수행하지 않는 것으로 알려졌다. 예를 들어, 해마의 기억 관련 기능은 1950년대(Scoville & Milner, 1957)에 이르러서야 인정되었고, 시상하부는 신체의 항상성을 조절하지만 정서의 중추적인 연결고리는 아닌 것으로 드러났다. 둘째로, 현대 연구는 구분된 신경학적 실체를 가진 다양한 정서 유형(예 : 두려움 대 혐오감)에 더 중점을 둔다.

정서에 관한 현대적 견해 : 범주, 차원, 그리고 평가

분화되지 않은 '변연계'와는 대조적으로 최근 학계에서는 서로 다른 범주의 정서(예 : 공포, 분노, 혐오)를 가정하는 대안적 관점이 지배적이다. 그러나 이 큰 이론적 틀 안에서 그런 범주들이 출현하는 방식에 대해서는 서로 다른 견해들이 있다. **기본 정서**(basic emotion)를 가정하는 학파(Ekman, 1992)에 따르면 일부 감정은 각기 다른 진화적 요구에 의해 형성되었고, 고유한 신경학적 실체와 연결되어 있으며, 문화 보편적인 독특한 얼굴표정을 가지고 있다. 또 다른 학파에 따르면 자율신경 반응, 접근/회피 반응, 그리고 활성화된 인지 과정(예 : 신념, 평가) 등과 같은 다양한 유형의 핵심 과정을 토대로 다양한 범주의 정서가 구성된다고 주장한다. 이 이론은 질적으로 다른 유형의 정서 범주(혐오감 혹은 두려움)가 존재할 수 있음을 부정하지 않는다. 그들은 이러한 범주들이 '자연스러운 유형'이라기보다는 정서 경험이라는 넓은 공간 위의 서로 다른 곳에 위치한 점일 수 있다고 주장한다(Feldman Barrett, 2006).

정서에 관한 가장 영향력 있는 민족지학적 연구 중 하나는 문화 보편적인 여섯 가지

기초적인 정서가 존재한다고 주장했다(Ekman &
Friesen, 1976; Ekman et al., 1972). 행복, 슬픔, 혐
오, 분노, 두려움 및 놀라움이 이에 해당한다. 이 연
구는 다양한 문화에 걸쳐 얼굴표정이 범주화되고
적용되는 방식들의 비교에 근거하고 있다. 에크만
(1992)은 보편적인 얼굴표정을 기준으로 분류하는 방
법 외에도 정서를 '기본적인 정서'로 분류하는 몇 가
지 다른 특성들을 고려하였는데, 예를 들어, 그 정
서만의 고유한 신경학적 기초를 가지는지, 각기 다
른 생존적 문제를 해결하기 위해 진화해왔는지, 그리
고 자동으로 유발될 수 있는지 등을 들 수 있다. 이러
한 접근 방법은 인지신경과학 분야에 큰 영향을 미쳤
지만, 여러 문제를 가지고 있다. 예를 들어, 일부 범
주에 한해서 어느 정도의 전문화는 보이지만, 각각의
기본 정서는 자신만의 고유한 뇌 영역들이나 신경망
을 가지고 있지는 않은 것으로 보인다. 일부 정서는
어떤 면에서는 '기본적'인 것처럼 보이지만 다른 면에
서는 그렇게 보이지 않을 수 있다. 예를 들어, 사랑의
정서는 양육과 관련된 명확한 진화적 적응성을 반영
하고 일부 전문화된 신경 회로를 가지고 있으나 특정
얼굴표정과 연결되지는 않는다.

　모든 현대 이론들이 이 '구분된 정서 범주 이론'
을 지지하는 것은 아니다. 여기서는 펠드먼-배럿
(Feldman Barret, 2006)과 롤스(Rolls, 2005)의 이론
을 고려해보자. 펠드먼-배럿과 동료들(Barrett &
Wager, 2006; Feldman Barrett, 2006, Lindquist &
Barrett, 2012)은 모든 정서가 '즐거움-불쾌감' 그리
고 '고각성-저각성(활성화 수준)'이라는 두 차원에

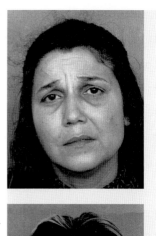

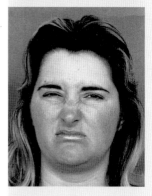
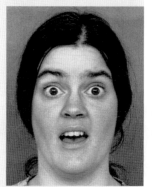
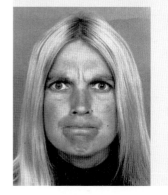

그림 15.3　폴 에크만은 광범위한 여러 문화를 조사한 뒤 얼굴로 표현되는
정서에는 6개의 기초적인 유형(슬픔, 행복함, 역겨움, 놀라움, 분노, 공
포)이 존재한다고 결론지었다.

출처 : ⓒ Paul Ekman. Reproduced with permission.

따라 조직화된 핵심 정서(core affect)라 불리는 체계 안에 포함될 수 있다고 주장한다. 정
서적 경험이 두 차원을 따라 분류될 수 있다는 증거는 즉각적인 정서를 평가한 자료들을
요인 분석을 통해 분석한 연구에서 찾을 수 있다(Yik et al., 1999). 생물학적 용어로 이
것은 정서의 신체적 느낌과 관련되며, 내측 측두엽, 대상피질, 그리고 안와전두피질과

같은 변연계 구조와 관련되어 있다(Lindquist & Barrett, 2012). 이 이론은 파페즈와 매 클린의 오래전 이론과도 일치한다. 이 모델의 새로운 점은 각기 다른 정서 범주들이 만 들어지고 서로 구분되는 이유를 핵심 정서 체계를 활용하는 방식의 차이와 이 핵심 정서 체계 바깥에서 처리되는 정보와의 연결로 설명한다는 점이다. 이렇게 핵심 정서 체계 바 깥에서 처리되는 정보에는 (정서의 조절/평가를 위한) 집행 통제, 분류 및 표시를 위한 언어, (다른 사람의 관점에서 정서를 개념화하기 위한) 마음 이론 등이 포함될 수 있다.

마지막으로 롤스(2005)의 이론은, 핵심적인 기본 정서의 집합이라는 개념에 얽매이 지 않고, 정서에 대한 구성주의적 접근법을 주장한다. 그러나 그의 설명은 펠드먼-배럿 (2006)의 이론과는 세부적인 면에서 다르다. 롤스 이론의 핵심은 각성 수준과 즐거움의 차원을 가진 '핵심 정서'의 개념 대신, 보상과 처벌의 존재 여부에 대한 차원, 그리고 이 들의 강도에 대한 차원을 가정한다는 점이다. 보상(예 : 즐거움) 또는 처벌(예 : 공포)이 주어지는지, 보상이 제거되는지(예 : 분노) 또는 처벌이 제거되는지(예 : 안도감)에 따라 각기 다른 정서 유형이 나타날 수 있다. 예를 들어, 죄책감은 보상과 처벌 학습의 조합 일 수 있다. 또한 정서적 자극이 나타나는 맥락은 중요하며 구성된 정서의 필수적인 부 분이라 할 수 있다. 예를 들어, 자극이 사회적인지 아닌지(즉 다른 사람들과 관련이 있

그림 15.4 펠드먼-배럿의 모 형에 의하면 모든 정서(그리고 기분)는 핵심적 정서 시스템을 포함하며 이 시스템은 즐거움과 각성(또는 활성화)이라는 두 차 원에 따라 조직화된다. 각기 다 른 정서 범주는 이 공간 위의 점 으로 표현되지만(그리고 언어, 기억, 지각, 마음 이론 등과 같 은 관련 인지와 연결됨), 특별한 지위를 부여받지는 않는다.

출처 : Russell and Feldman-Barrett, 1999. Journal of *Personality and Social Psychology*.

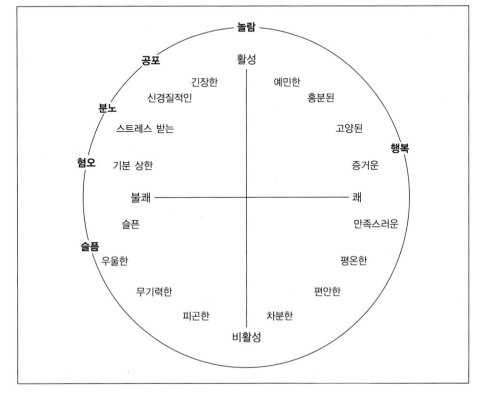

느지)는, 어떤 정서가 사랑, 분노, 질투(다른 사람을 암시하는 정서)와 같은 정서인지, 아니면 즐거움 및 좌절감 또는 슬픔(다른 사람을 암시하지 않아도 되는 정서)과 같은 정서인지 여부를 결정할 수 있다. 실제로 유발 자극은 정서 상태의 일부로 간주되므로, 대상이 다르기 때문에 한 사람에 대한 사랑은 다른 사람에 대한 사랑과는 다를 수 있다.

'기본 정서' 이론을 옹호하는 사람들은, 일부 정서들이 구성될 수 있음을 부정하지 않지만, 모든 정서가 구성되었다고 주장하는 펠드먼-배럿(2006)과 롤스(2005)의 이론과는 다르다. 기본 정서 이론은 일부 정서들이 둘 혹은 그 이상의 기본 정서로 구성될 수 있다는 가능성을 인정한다. 예를 들어, 기쁨＋공포＝죄책감, 공포＋놀라움＝경보 등을 들을 수 있다(Plutchik, 1980). 또한 일부 정서들이 기본 정서(들)와 비정서적 인지 해석(nonemotional cognitive appraisal)으로부터 구성될 가능성도 인정한다. 정서 해석에는 내용(예 : 부정적인 느낌)과 맥락에 대한 해석이 포함된다. 따라서 유사한 정서가 자기 자신(수치심) 혹은 다른 사람(죄책감)과 관련된 상황인지에 따라 부끄러움 혹은 죄책감으로 해석될 수 있다. 하이트(Haidt, 2003)는 (타인과 관련된) 자신의 행동 또는 (자신이나 타인과 관련된) 타인의 행동과 관련된 정서를 언급하기 위해 도덕 정서(moral emotion)라는 용어를 사용했다. 이는 우리의 행동을 평가할 수 있는 규범적 기준의 존재를 의미한다. 이러한 규범들은 타고난 메커니즘(예 : 다른 사람을 해치지 않는 본능적인 욕망)과 문화적으로 허용되는 규범(예 : 법률 및 종교)이 조합된 산물일 수 있다. 이러한 관점에서 볼 때 도덕 정서의 존재는, 진화적으로 오래된 일련의 정서적 과정과 진화적으로 좀 더 새로운 자신이 아닌 다른 사람들의 행동을 반추하는 능력 둘 다에 의존한다. 이러한 주장과 유사하게 스미스와 라자러스(Smith & Lazarus, 1990)는 자부심, 수치심, 감사가 인간만이 가진 정서라고 주장한다. 다윈(1872)은 또한 수치힘이나 당황스러움에 의해 얼굴이 붉어지는 것이 인간만의 독특한 표현이라고 믿었다.

평가

정서에 관한 많은 이론이 있지만(이들 중 일부는 폐기되었지만 일부는 현재도 받아들여지고 있음), 오랜 시간에 걸쳐 검증되어 온 정서에 대한 핵심적인 아이디어가 있다. 이는 바로 정서가 진화적으로 적응적인 가치를 가지고 있으며, 이러한 가치는 대부분의 종들에 걸쳐서 보존되어 왔다는 점이다. 또한 정서는 다면적이라는 사실이다. 예를 들어, 정서는 의식적(적어도 인간에서는) 그리고 무의식적 과정을 모두 포함하고, (비록 정서가 모두 신체 감각으로 환원될 수 없지만) 자율신경계를 통한 두뇌와 신체의 상호작용을 포함하며, (적어도 인간에게 있어서는) 정서는 정서 기제와 인지 기제 모두로부터 만들어진다는 점을 들 수 있다(예 : 감정 해석). 감정 해석에 대한 좋은 예로 도덕 정

핵심 용어

도덕 정서 (타인과 관련된) 자신 혹은 (자신이나 타인과 관련된) 타인의 행동과 관련된 정서

서(예 : 죄책감, 긍지)를 들 수 있다. 현대 이론은 정서(예 : 분노, 공포, 슬픔) 간의 범주적 차이를 강조하지만, 이 범주가 자연적인 종류(즉 기본 정서 이론에서 처럼 태생적으로 구체화된 범주적 차이들)인지 아니면 각기 다른 종류의 핵심 과정(예 : 보상/처벌, 쾌

뇌 속의 도덕성

도덕적 판단은 적절한 행동에 대한 특정 기준에 따라서 행위와 의도를 평가하는 것을 포함한다. 우리가 어떤 행동을 그러한 특정 기준에 대해 비교하는 순간 도덕 정서가 발생한다(Haidt, 2003). 예를 들어, 우리는 자신의 행동이 자신의 기준을 넘어서게 되면 자부심을 느끼지만, 만약 그 기준 아래로 내려가면 수치심, 죄의식, 당혹감을 느낄 수 있다. 만약 다른 사람들의 행동이 기준 밑으로 내려가면 우리는 분노와 혐오감을 느낄 수 있다. 도덕적 기준이 어디서부터 비롯되는지에 대한 질문은 매우 흥미로운 것이다. 아마도 그 기준은 자신의 가족을 향한 사랑, 애정을 받고자 하는 욕구, 공감, 그리고 공정성(불공정성에 대한 복수심도 포함) 등을 포함하는 핵심적인 본능들로부터 기인할 수 있다. 종교와 법을 포함하는 문화적 규범은 이러한 기준을 수호하는 역할을 지닌다(자신의 가족과 내가 속한 집단을 향한 사랑을 설교하지 않는 성공한 종교를 생각해낼 수 있는가?). 하지만 문화적 규범은 모두 다양한 방식으로 도덕적 규범을 확장시킬 수 있다(예 : 무엇을 먹고 입을 것인지에 대한 규범 등).

　도덕 정서의 처리는 정서와 인지적 평가 모두에 관여하는 뇌 구조를 사용한다는 견해와 일치하는 증거들이 존재한다. 몰 등(Moll et al., 2002)은 fMRI 실험 동안 참가자들에게 정서적 상황을 묘사하는 다음과 같은 세 종류의 그림을 보여주었다. 도덕적 규범 위반 상황묘사 그림(예 : 신체적 공격, 버려진 아이들의 그림), 부정적인 상황의 그림(예 : 위협적인 동물), 그리고 즐거운 그림들이다. 이 자극들은 자기 보고에 기초해서 각성 수준이 동일하도록 맞추어졌다. 참가자들은 도덕적 규범 위반과 부정적인 그림들이 다른 정서적 자극들보다 더 도덕적으로 부적절하다고 판단하였다. 모든 정서적 자극들은 (중성적 그림에 비해) 편도체와 뇌섬엽과 같은 정서 처리와 관련된 부위들을 쉽게 활성화시키지만, 도덕 정서는 (다른 정서적 자극에 비해) 안와전두피질, 내측 전전두피질, 그리고 우측 후상측 측두열과 같은 영역들을 추가적으로 활성화시켰다. 내측 전전두피질과 우측 후상측 측두열은 마음 이론과 관련되어 있으나(Amodio & Frith, 2006; Saxe, 2006), 안와전두피질은 사회적 행동의 조절과 관련된다. 예를 들어, "나는 값을 지불하지 않고 식당을 나왔다."(죄의식) 그리고 "나는 낯선 이를 친구로 착각했다."(부끄러움) 등과 같이 언어적인 글을 읽으면서 유발되는 당혹감(Berthoz

그림 15.5 가정 내 폭력과 같은 도덕적 일탈을 묘사하는 장면을 볼 때, 뇌 속의 어떤 영역들이 활성화되는가? 일탈을 포함하지 않는 다른 정서적 자극을 볼 때와 동일한 패턴의 활동이 나타날까?

et al., 2002)이나 죄의식(Takahashi et al., 2004) 등의 도덕 정서에 대해서도 유사한 결과들이 나타났다.

　안와전두피질(그리고 복내측 전전두피질)의 손상을 입은 환자들은 종종 사회적 기능의 결함을 보이곤 한다(추가 논의는 제14장 참조). 이 환자들은 가족들에 의해 공감, 부끄러움, 그리고 죄의식의 수준이 낮은 것으로 평가된다(Koenigs et al., 2007). 즉 이 환자들의 결함은 도덕 정서 이상이다. 도덕적 딜레마를 판단하는 상황에서 이 환자들은 전형적이지 않은 행동을 보인다. 예를 들어, 5명의 목숨을 살리기 위해 한 사람을 기차 밑으로 밀어 떨어뜨릴 의사가 있는지를 질문받게 되면, 이 환자들은 이 행동에 동의할 경향성이 높은 것으로 밝혀졌다(Koenigs et al., 2007). 이에 대한 설명으로 이 딜레마는 두 가지의 서로 상충하는 답을 가지고 있다고 주장한다. 5명의 희생보다는 1명의 희생이 더 낫다는, 숫자적으로 합리적인 선택이 존재한다. 또한 기차 밑으로 누군가를 밀어버리는 것은 잘못된 것이라는, 좀 더 정서적으로 부담스러운 제안이 있다. 안와전두피질이 손상된 환자들의 경우 도덕 정서와 대항하게 될 때 논리적 선택이 승리할 수 있다.

락, 각성, 해석)과 같은 구성 요소들의 서로 다른 조합으로 구성되는지에 따라 다를 수 있다. 이 부분에 대해서는 다음 단락에서 다시 논의해보기로 한다.

정서 처리의 신경학적 기제

이 단락에서는 정서 처리에 관련된 주요 뇌 부위들을 소개하고 각각의 기능에 대해서 알아보고자 한다. 여기서 우리는 사회적 자극(타인에 대한 지각과 타인과의 상호작용)과 정서를 가진 비사회적 자극(뱀, 음식, 전기쇼크 등) 모두를 처리하기 위해 어떻게 동일한 신경학적 회로가 사용되는지를 살펴볼 것이다. 이 단락의 또 다른 목표는 이러한 증거들을 활용하여 이 분야의 여러 이론 중 좀 더 타당성이 높은 이론을 찾는 것이다. 예를 들어, 구분된 신경학적 기제를 가진 기본 정서들이 과연 존재하는지 여부가 이에 해당할 수 있다.

편도체 : 공포와 그 외 정서

편도체(amygdala, 라틴어로 '아몬드'를 의미)는 좌우 측두엽의 끝부분 속에 감춰져 있는 회백질의 작은 덩어리를 말한다. 해마의 앞부분에 자리 잡은 편도체는 해마와 마찬가지로 기억(특히 기억의 정서적 내용)을 위해 중요한 기능을 담당하는 것으로 보이며(Richardson et al., 2004), 특정 행동이 보상받았는지 혹은 처벌받았는지를 학습하는 데 있어서도 중요한 역할을 가진 것으로 보인다(Gaffan, 1992). 원숭이들의 경우, 양쪽 편도체들이 손상되면 클뤼버-부시 증후군(Kluver-Bucy syndrome; Kluver & Bucy, 1939; Weiskrantz, 1956)이라 불리는 복잡한 행동 양상을 보이는 것이 관찰된 바 있다. 이 증후군은 비정상적인 온순함과 정서적인 둔감화를 포함하며, 사물을 입으로 확인하려는 행동 경향성이 증가하고 식습관의 변화 등을 보일 수 있다. 이러한 변화는 아마도 편도체 손상으로 인해 사물들에 대해 학습해 온 정서적 가치들을 잃어버리게 되었기 때문인 것으로 보인다. 또한 편도체 손상 원숭이들은 사회적 위치를 잃게 될 가능성이 매우 높다(Rosvold et al., 1954).

공포 조건화에 있어 편도체의 역할은 이미 잘 알려져 있다(LeDoux, 1996; Phelps, 2006). 만약 청각음처럼 정상적인 공포 반응을 유발하지 않는 어떤 중성적인 자극(CS−)이 전기쇼크처럼 그 자체로 공포 반응을 유발시키는 무조건 자극(UCS)과 짝지어지면, 그 청각음은 그 자체로 공포 반응을 유발시킬 수 있는 조건 자극(CS+)으로 바뀐다. 편도체, 그중에서도 특히 기저측핵 부위가 손상된 쥐는 공포 조건화 학습을 하지 못하게 되며, 손상이 학습 이후에 이루어지게 되면 이미 학습된 연합을 상실하게 된다

핵심 용어

편도체 자극의 정서적 가치를 학습(예 : 공포 조건화)하는 데 관여하는 변연계의 일부

클뤼버-부시 증후군 양쪽 편도체와 측두엽이 제거된 원숭이들은 비정상적으로 온순하고 정서 반응이 없어지며, 물건을 입으로 확인하는 경향성이 증가하고 식습관이 변함

그림 15.6 편도체는 측두엽 앞 부분 좌우 양쪽에 하나씩 위치한다.

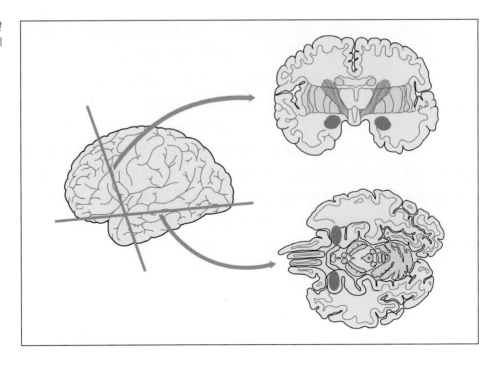

(Phillips & LeDoux, 1992). 즉 편도체는 조건화된 공포 반응을 학습하고 저장하는 데 중요하다(반대 견해에 대해서는 Cahill et al., 1999 참조). 단일세포 측정법 연구에 따르면 편도체 내 일부 신경 세포들은 연합성의 저장보다는 학습에 관여하고 있을 수 있다 (Repa et al., 2001). 편도체 손상 동물들이 전기쇼크와 같이 자연스러운 공포를 유발시키는 자극에 대해서는 여전히 공포 반응을 보인다는 사실을 고려할 때, 편도체는 원래 정서적으로 중성적인 자극들의 정서적 가치를 학습하고 저장하는 역할을 수행한다는 것을 알 수 있다.

인간들을 대상으로 한 뇌 영상 연구에서 중성적 자극(CS−)에 비해 전기쇼크와 연합된 자극에 대해 증가된 편도체의 반응이 관찰되었는데, 이 반응은 피부전도 반응처럼 조건화된 정서 반응과 상관을 보였다(LaBar et al., 1998). 피부전도 반응(skin conductance response, SCR)은 자율신경계의 각성 수준에 대한 측정치이며, 따라서 정서 처리 과정을 반영하는 신체 반응 측정치라 할 수 있다(그림 15.8 참조). 베카라 등 (Bechara et al., 1995)은 편도체 손상 환자들이 조건화 반응을 보이는 데는 결함을 보이지만, 언어적으로 연합성을 학습하는 데는 무리가 없으며("파란색 네모를 본 뒤에 전기 쇼크를 받았다."), 반면에 해마가 손상된 기억상실증 환자들의 경우는 연합성을 기억해내지는 못하지만 정상적인 조건화 반응을 보인다는 사실을 규명했다. 이는 연합성이 최소한 둘 이상의 뇌 부위에 저장된다는 것을 보여주며, 편도체는 조건화된 공포 반응

핵심 용어

피부전도 반응(SCR) 특정 자극(예 : 정서적 혹은 친숙한 자극)에 의해 유발되는 피부 위 전기전도성의 변화

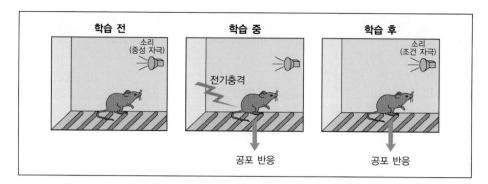

그림 15.7 공포 조건화의 기본적 절차에서는 초기에 중성적이었던 자극(CS-, 예 : 소리 자극)을 전기쇼크와 함께 제시한다. 충분한 연합이 이루어진 후 자극은 뒤따르는 전기쇼크 없이도 공포 반응을 유발시키게 된다(CS+로 변화).

출처 : Ward, 2012. p.83.

을 저장하고, 해마는 연합성의 서술적 기억을 저장하는 것으로 보인다. fMRI 연구들에 따르면 다른 사람이 전기쇼크를 받는 것을 관찰하는 것만으로도 공포 연합성을 학습할 수 있는데, 이는 편도체가 사회적 상황에서의 공포 학습에도 관여하고 있음을 보여준다(Olsson & Phelps, 2004).

인간에게서 편도체의 손상은 다른 사람의 공포를 지각할 능력의 선택적 결함으로 이어지지만, 에크만이 정의한 그 외의 정서 범주를 지각하는 데는 무리가 없는 것으로 보인다(Adolphs et al., 1994; Calder et al., 1996). 예를 들어, 양쪽 편도체가 손상된 환자인 DR은 공포 표정을 인식하는 데 특히 어려움을 보였다(Calder et al., 1996). 공포 표정보다는 다소 약하지만 DR은 분노와 혐오 표정을 인식하는 데 있어서도 결함을 보였다. DR은 유명인사들의 얼굴 특징은 상상할 수 있었지만, 그들의 얼굴표정을 상상할 수는 없었다. DR은 유명한 사람의 얼굴을 인식할 수 있었고, 처음보는 사람을 다양한 각도에 찍은 얼굴사진을 같은 사람으로 인식할 수 있었지만, 같은 사람이 다른 얼굴표정을 지을 경우는 같은 사람으로 인식하지 못했다(Young et al., 1996). DR은 또한 목소리에 담긴 정서적 표현을 인식하는 데 있어서도 비슷한 결함을 보였는데, 이는 편도체 손상에 따른 결함이 특정 감각 양상에만 국한된 지각적 과정보다는 정서적 처리와 관련되어 있음을 시사한다(Scott et al., 1997). 공포 표정 인식에 대해서만 나타나는 결함이 눈에 주의를 주는 데 실패했기 때문일 수 있다는 주장도 있었으나(Adolphs et al., 2005), 이러한 주장은 일부 환자들이 대화 속에 담긴 공포(Scott et al., 1997)나 음악에 담긴 공포감(Gosselin et al., 2007)을 인식하는 데 결함을 보이는 이유를 설명하지 못한다.

기능적 뇌 영상 연구들은 일반적으로 이러한 결론을 지지하고 있다. 모리스 등(Morris et al., 1996)은 편도체 손상 환자들에게 웃는 표정에서 중성 표정을 거쳐 공포 표정으로 변해가는 얼굴 자극을 보여주었다. 이 환자들은 제시된 얼굴들의 성별을 맞추도록 지시받았다(따라서 정서 정보처리는 부수적으로 이루어짐). 왼쪽 편도체의 활동이 공포 조건에서 관찰되었고, 웃는 얼굴 조건은 다른 신경 회로를 활성화시켰다. 윈스턴 등

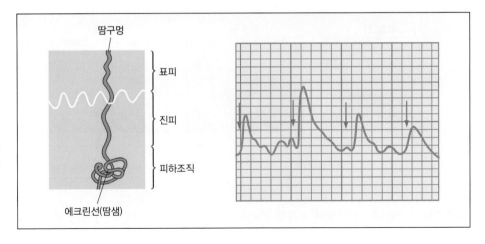

그림 15.8 피부전도반응(SCR) 기법에서는 손의 피부 위 전기전도성의 변화를 기록한다. 증가된 각성 수준은 비록 눈에 보이진 않더라도 땀의 분비를 증가시킬 수 있다. 실험 기간 동안 측정된 특정 참가자의 SCR은 연속적인 곡선으로 표현될 수 있다. 얼굴이 제시될 때 유발되는 SCR은 1~5초 사이에 최고점에 이른다.

(Winston et al., 2003)은 참가자들이 부수적으로 얼굴표정을 보고 있건 혹은 명시적으로 정서 판단을 하고 있건 편도체의 활동은 이와 상관없이 나타난다고 보고했다. 하지만 복내측 전전두엽과 같은 다른 영역들은 정서에 대한 명시적 판단을 할 때만 활동하는 것으로 나타났다. 이러한 현상은 정서의 의식적 경험 혹은 '느낌(feeling)'이라는 개념을 다시 부활시키는 것으로 해석되었다.

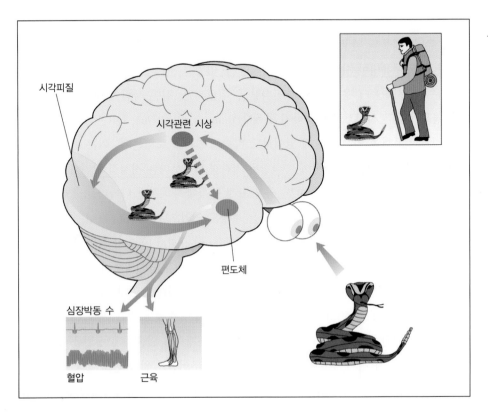

그림 15.9 르두는 편도체가 뱀과 같이 위협적인 자극의 발견에 대해 빠르게 반응한다고 주장한다.

일부 연구자들은 위협을 탐지할 능력은 진화적으로 매우 중요하기 때문에 의식적인 인식이 없이도 빠르게 이루어질 수 있다고 주장해왔다(LeDoux, 1996). 오만 등(Ohman et al., 2001)은 사람들이 꽃이나 버섯 중에 숨어 있는 뱀이나 거미를 찾을 경우 그 반대의 경우보다 더 빠르며, 이때 탐색에 걸린 시간은 주의를 주기 전 무의식중에 발생하는 '돌출' 현상을 가리키는 것으로 보고한 바 있다(제7장 참조). 거미나 뱀에 대한 공포증을 가진 사람들에게 이러한 자극들을 무의식중에 보여주게 되면, 이들은 이 자극들을 보았다고 보고하지는 않지만 정서 처리의 증거라 할수 있는 피부전도 반응을 보인다(Ohman & Soares, 1994). 이 실험에서 거미공포증을 가진 사람들은 뱀이 아닌 거미에 대해서만 반응을 보이고, 뱀공포증을 가진 사람들은 거미가 아닌 뱀에 대해서만 반응을 보인다. 이러한 현상들과 관련된 신경학적 경로에 대해서는, 시상에서 편도체로 가는 빠른 피질하 경로와 일차시각피질을 거쳐 편도체에 이르는 느린 경로가 존재하는 것으로 알려져 있다(Adolphs, 2002; Morris et al., 1999). 기능적 뇌 영상 연구들에 의하면 건강한 사람들뿐 아니라(Morris et al., 1999) 일차시각피질이 손상된 시각장애 환자들에게서도(Tamietto et al., 2012) 편도체는 무의식중에 제시되는 공포 표정에 반응하는 것으로 나타났다. 이러한 결과들은 편도체로 가는 피질하 경로 가설을 지지하지만, fMRI의 제한된 시간해상도 때문에 이러한 경로가 빠른 것인지 혹은 느린 것인지는 확인하기 어렵다.

편도체의 공포 정보처리 기능에 대해서는 충분한 증거들이 존재하지만 편도체를 '공포 중추(fear center)'로 규정하는 것은 문제가 있다. 첫째, 공포는 (편도체를 중심으로 한) 더 방대한 네트워크에 의존하고 있다. 실제로 공포는 (시상하부를 거쳐) 싸움 행동 혹은 도피 행동을 생성하는 자율신경계에 영향을 미치고(LeDoux et al., 1988), 위협에

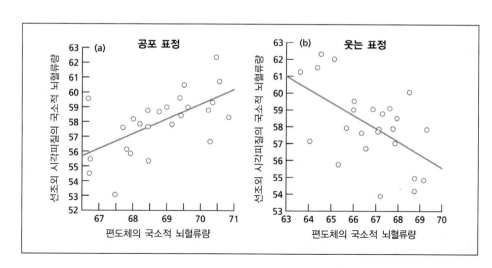

그림 15.10 공포 표정을 볼 때, 편도체의 국지 대뇌 혈류량(rCBF)은 위협 가능성을 인식하는 데 관여하는 시각 영역의 혈류량 증가와 상관을 보인다. 웃는 표정을 볼 때는 부적인 상관이 나타난다.

출처 : Morris et al., 1998. Reprinted by permission of Oxford University Press.

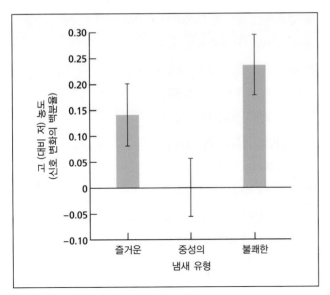

그림 15.11 편도체는 즐거운 냄새와 불쾌한 냄새에 모두 반응한다는 증거가 있다(하지만 중성적인 냄새에는 반응하지 않음). 이는 기존에 알려진 것처럼 편도체의 기능이 공포에 국한된다는 일반적인 가정과 대조되며, 이 부위의 정서 정보처리 기능이 더 광범위할 수 있음을 시사한다.

출처 : Dolan, R. J., 2007. The human amygdala and orbitofrontal cortex in behavioural regulation. *Philosophical Transactions of the Royal Society of London Series B*, 362, 787-799. Reproduced with permission.

대한 경계심을 촉진시키기 위해 시각피질의 활동을 증가시킨다(Morris et al., 1998). 둘째, 편도체가 공포 네트워크의 핵심 부위라는 사실은 이 부위가 다른 형태의 정서 처리에 관여한다는 사실과 상충하지 않는다. 자극과 정서 간의 연합이라는 관점에서 볼 때, 편도체는 공포 조건화뿐 아니라 음식과 같은 보상을 토대로 긍정적인 연합을 형성하는 데에도 관여한다는 증거들이 있다(Baxter & Murray, 2002). 하지만 긍정적 연합과 관련된 편도체의 일부 하위체계는 공포 조건화에 대해 약간 다르게 작동하며, 서로 구분된 신경핵들을 포함한다. 예를 들어, 편도체가 손상된 동물은 빛이 켜지면 음식으로 다가가는 행동을 학습하는, 빛-음식 고전적 조건화 연합 학습에서는 결함을 보이지 않지만(Hatfield et al., 1996), 빛이 전기 쇼크를 예측하는 것을 학습하는 데에는 결함을 보인다. 그러나 빛만 제시되면 음식이 나온다는 것을 학습한 뒤에 빛과 함께 청각음이 제시되면 음식이 나오

지 않음을 학습해야 하는 이차 조건화 학습 상황이나 혹은 음식의 가치가 저하되었음을 학습해야 하는 상황과 같은 다른 유형의 보상 학습에 있어서는 편도체의 손상이 영향을 미칠 수 있다(Hatfield et al., 1996). 최근에 얼굴표정 대신 맛(Small et al., 2003), 냄새(Winston et al., 2005), 그림 및 소리(Anders et al., 2008) 등과 같이 정서적으로 중성적인 자극과 긍정적 그리고 부정적으로 연합된 자극을 비교하는 기능적 영상 연구들에 의하면, 편도체는 긍정적인 정서 자극과 부정적인 정서 자극 모두에 반응하는 것으로 밝혀졌다. 하지만 대부분의 fMRI 연구들이 가진 제한된 공간해상도 때문에 편도체 내 하위 영역들 간의 해부학적 구분은 신뢰할 만한 수준은 아니다.

뇌섬엽 : 혐오와 내부감각지각

핵심 용어

뇌섬엽 측두엽 밑에 숨겨진 대뇌피질 영역의 일부로, 신체로부터의 신호 지각에 관여하며 일차미각피질을 포함하며 역겨움에 반응함

뇌섬엽[insula, 문자 그대로 '섬(island)'을 의미]은 측두엽 속에 감춰진 작은 피질 영역이다. 이 부위는 통증이나 맛을 지각하는 데 중요한 기능을 수행하는 다양한 형태의 신체 지각에 관여한다. 혐오(disgust)라는 단어는 '나쁜 맛(bad taste)'이라는 의미를 가지며, 이러한 범주의 정서는 진화적으로 음식 섭취를 통한 오염 혹은 질병 등과 관련될 수 있다.

헌팅턴병을 가진 환자들은 혐오 표정 인식에 특정적인 결함을 보이고(Sprengelmeyer et al., 1997), 혐오 표현 목소리의 지각에도 약간의 결함을 보인다(Sprengelmeyer et al., 1996). 이 환자들이 보이는 혐오 관련 결함의 정도는 뇌섬엽의 손상 정도에 비례한다(Kipps et al., 2007). 뇌섬엽의 손상은 다른 얼굴 표정에 비해 특히 혐오 표정의 지각에 영향을 미친다(Calder et al., 2000). 정상인들을 대상으로 한 fMRI 연구에서 혐오 표정은 뇌섬엽의 활동을 증가시켰지만 편도체의 반응은 증가시키지 않았다(Phillips et al., 1997). 혐오감을 직접 경험하는 것과 혐오감을 느끼는 타인을 관찰하는 것은 뇌섬엽의 동일한 영역을 활성화시켰다(Wicker et al., 2003).

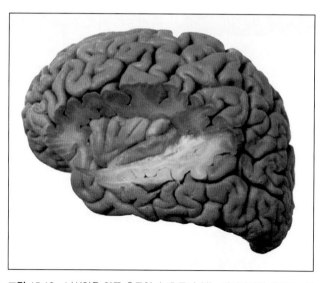

그림 15.12 뇌섬엽은 양쪽 측두엽 속에 묻혀 있는 대뇌피질의 섬이다. 이 영역은 정서와 연합된 신체 느낌의 생성, 그리고 특히 혐오감의 지각에 관여하고 있다.

출처 : Singer et al., 2009. ⓒ 2009 Elsevier. Reproduced with permission.

'혐오'라는 단어를 사용하는 또 다른 맥락은 도덕적 관습을 위반하는 사회적 행동을 언급할 때이다. 혐오스러운 행동은 은유적으로 "입 안에 나쁜 맛을 남긴다."고 표현되곤 한다. 이러한 표현이 단순한 은유가 아닐 수 있을까? 일부 학자들은 도덕적 혐오가 비사회적인 오염에 대한 혐오로부터 진화적으로 발전되어 왔다고 주장한다(Tybur et al., 2009). 도덕적 혐오는 뇌섬엽의 활동으로 이어지며(Moll et al., 2005), 혐오와 관련된 미묘한 얼굴표정과 연합되어 있다(Chapman et al., 2009).

뇌섬엽은 혐오와 관련된 역할뿐 아니라 더 넓은 범위의 정서 처리에도 관여하는 것으로 보인다. 구체적으로 이 부위는 (의식적 혹은 무의식적으로) 신체의 내부 상태를 모니터링하는 것으로 보이며, 이러한 기능을 내부감각 지각(interoception)이라 부른다. 신체적 반응은 정서의 주요 특징이며, 특정 정서의 '느낌'을 구성하는 필수 요소가 될 수 있다(Craig, 2009; Singer et al., 2009). 이러한 주장은 제임스-랑게 이론을 떠올리게 하지만, 이 이론은 정서가 신체적 상태로 환원될 수 있다고 주장하는 반면, 현대 이론들은 신체 상태가 정서의 단지 한 측면임을 가정한다.

안와전두피질 : 맥락과 관련된 정서 그리고 정서적 느낌

안와전두피질의 한 가지 일반적인 기능은 특정 자극의 현재 가치에 대한 계산, 즉 그 자극이 현재 맥락에서 얼마나 보상을 주는지를 계산하는 것이다. 예를 들어, 초콜릿은 보상을 주는 자극이지만 배가 부르거나 이것을 먹었을 때 다른 사람이 화를 낼 수 있다면

핵심 용어

소거 학습 이전에 보상받았
던 자극이 더 이상 보상받지
못한다는 것을 학습

그 자극의 현재 보상가는 그다지 높지 않을 수 있다. 스몰 등(Small et al., 2001)은 참가자들에게 기능적 뇌 영상 실험에서 두 실험들 사이에 초콜릿을 먹도록 요구했다. 처음에 이들은 초콜릿이 즐거운 대상이며 먹고 싶다고 평가했지만, 점점 많이 먹게 되면 덜 즐거워지고 덜 먹고 싶은 것으로 평가하게 되었다. 이러한 행동 변화는 안와전두피질 영역의 활동 변화와 연결되었다. 구체적으로 내측 안와전두피질(즐거움/원함)에서 외측 안와전두피질(불쾌함/원하지 않음)로의 활성화 부위의 이동이 관찰되었다. 이는 안와전두피질의 구분된 하위 영역들이 보상과 처벌을 표상하는 데 특화되어 있다는 이론과 일치한다(예 : Kringelbach, 2005). 예를 들어, 외측 안와전두피질의 활동은 보상을 주는 얼굴을 기대했지만 화난 얼굴이 대신 제시되었을 때 증가했고(Kringelbach & Rolls, 2003), 금전적 손실의 양이 클수록 증가하는 것으로 나타났다(O'Doherty et al., 2001).

안와전두피질은 일반적으로 (혹은 최근에) 보상을 주었지만 갑자기 보상을 주지 않게 된 자극들에 대해 행동을 유연하게 변화시키는 기능을 담당하는 것으로 보인다. 이는 역학습(reversal learning, 보상을 주었던 자극과 보상을 주지 않았던 자극이 서로 뒤바뀌는 학습 상황)이나 소거 학습(extinction learning, 보상을 주었던 자극이 더 이상 보상을 주지 않게 되는 학습 상황)에 있어서 이 부위의 역할을 잘 설명해줄 수 있다. 더 이상 즐겁지 않을 때까지 초콜릿을 먹는 것은 일종의 소거 학습으로 볼 수 있다. 인간에게서 이 부위가 손상되면 역학습이나 소거 학습에 어려움을 보이고, 역학습의 결함 정도는 이 환자들이 사회적으로 부적절한 행동을 보이는 정도와 관련될 수 있다(Rolls et al., 1994).

안와전두피질의 활동은 맛(McClure et al., 2004b)이나 음악(Blood & Zatorre, 2001) 같은 자극에 대해 참가자들이 보고하는 주관적 즐거움과도 관련되는 것으로 나타났다. 여기서 중요한 점은, 이러한 주관적 즐거움은 자극 자체보다는 참가자들의 믿음에 더 의존적이라는 사실이다. 예를 들어, 와인을 맛보기 전에 그 가격이 비싸다는 사실을 듣게 되면 더 맛있다고

그림 15.13 동일한 자극이 맥락(예 : 행위자의 동기 상태)에 따라 쾌감 혹은 혐오 반응을 유발할 수 있다. 초콜릿은 대부분의 경우 즐거운 자극이지만 방금 전에 2개를 먹었다면 더 원하지는 않을 것이다. 안와전두피질은 특정 자극의 현재 정서적 위계를 계산하며(즉 그것을 내가 현재 원하는지 혹은 아닌지), 이러한 기능은 보다 유연한 행동을 가능하게 한다. 다른 뇌 영역은 특정 자극의 장기적인 가치를 부호화할 수 있다(즉 그것을 내가 대부분의 경우 원하는지 혹은 아닌지를 평가).

평가하게 되며, 이때 지각된 즐거움은 내측 안와전두피질의 활동과 관련되는 것으로 나타났다(Plassmann et al., 2008). 물론 연구자들은 동일한 와인을 다른 가격으로 두 번 맛보게 해줌으로써 물리적으로는 같지만 와인의 질에 대한 믿음만 달라지도록 해주었다.

외측 전전두피질과 안와전두피질은 정서를 조절하고 이를 맥락과 연결시키는 데 있어서 다소 구분되는 기능을 담당하는 것으로 보인다. 옥스너 등(Ochsner et al., 2002)은 참가자들에게 부정적인 사진(예 : 병원에 입원한 환자 사진)을 보여주었는데 한 조건에서는 그냥 수동적으로 관찰하도록 했고, 다른 조건에서는 그 사진들이 '더 이상 부정적인 반응을 유발하지 않게끔' 재해석하도록 지시했다. 분석 결과, 두 영역 간의 기능적 차이가 관찰되었는데, 외측 전전두피질은 재해석 시 활동이 증가했고, 내측 안와전두피질과 편도체는 수동적 관찰 조건에서 활동이 증가했다. 참가자들에게 자극을 부정적으로 해석하도록, 즉 실제보다 더 나쁜 것으로 느끼도록 지시했을 때는 외측 전전두피질 내의 유사한 네트워크가 활성화되었지만, 복내측 전전두피질과 편도체의 활동이 줄어들지는 않았다(Ochsner et al., 2004).

전대상피질 : 반응의 평가, 자율신경계 반응, 그리고 통증

앞서 '집행하는 뇌'에 관한 장에서 살펴본 바와 같이, 전대상피질은 스트룹 과제에서처럼 오류탐지와 반응충돌을 감시하는 기능에 관여한다. 이러한 이론은 정서적 처리 과정을 설명하는 데 사용되지는 않지만(Carter et al., 1998), 이 역시 가능할 수 있다. 러시워스 등(Rushworth et al., 2007)에 의하면 전대상피질은 어떤 행위가 보상 혹은 처벌을 유발할 것인지 등과 같이 반응의 가치를 평가하는 기능을 가진다고 주장한다. 이는 현재 주어진 자극이 보상인지 혹은 처벌인지를 계산하는 안와전두피질의 기능과는 구분된다. 발정난 암컷 원숭이나 지위가 높은 수컷 원숭이와 같은 사회적 자극을 음식과 동시에 보여주면, 정상적인 원숭이들은 음식에 반응하는 시간이 증가하고 사회적 자극에 관심을 보이는 반면에, 전대상피질이 손상된 수컷 원숭이들은 음식을 집어드는 행동에 변화를 보이지 않는다(Rudebeck et al., 2006).

뇌섬엽과 전대상피질은 둘 다 정서의 특징을 구성하는 신체신호들을 처리하는 데 관여하지만, 뇌섬엽은 이러한 신호들의 입력 과정(그리고 인식)에 더 관련되는 반면에 전대상피질은 신체 반응의 출력 과정과 주로 관련된다. 이 부위가 손상되면 피부전도 반응이 사라지고(Tranel & Damasio, 1995), 정서적 자극에 대한 심장박동 수의 변화와 혈압의 증가도 감소된다(Critchley et al., 2003).

전대상피질은 (시상을 거쳐) 통증과 관련된 입력신호를 받고, (내인성 아편계 물질이

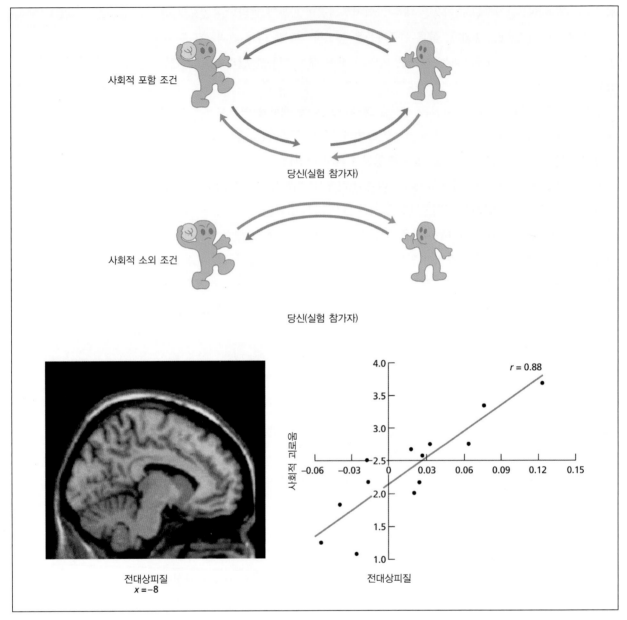

그림 15.14 사이버볼게임에서 참가자는 다른 2명의 선수 중 누구에게 볼을 던질 것인지를 결정해야 한다. 사회적 소외 조건에서는 2명의 다른 선수들이 서로에게만 공을 던지고 참가자에게는 절대 던지지 않는다. 사회적 포함 조건에서는 모든 선수들이 공을 주고받는다. 사회적 소외는 전대상피질을 활성화시킬 수 있으며 이 부위의 활성화 수준은 주관적 괴로움 수준과 상관을 보이는 것으로 나타났다.

출처 : Ward, 2012, p.195.

풍부한) 중뇌수도관 주변 회백질(periaqueductal gray)로 보내는 출력 연결을 거쳐 고통의 정서를 조절할 수 있다. 약한 전기쇼크와 같이 물리적으로 고통스러운 자극에 반응하는 것만큼, 고통받는 누군가를 보는 것 또한 같은 영역을 활성화시킬 수 있다(Singer et al., 2004). 따라서 이 부위는 자신의 고통뿐 아니라 타인의 고통을 지각하는 데에도 반응한다. 이 부분에 대해서는 뒤에 공감을 설명할 때 다시 설명하고자 한다. 사랑하는 사람과 헤어지거나 사회적으로 소외되는 것은 '고통스러운' 것으로 묘사되곤 하며, 이렇듯 좀 더 사회적인 형태의 고통은 실제로 통증 관련 신경 회로를 사용할 수 있다. 아이젠베르거 등(Eisenberger et al., 2003)은 3명의 참가자가 참여하는 사이버볼게임을 수행하는 동안 이들 중 1명을 MRI 스캐너 안에 들어가게 해서 뇌 활동을 관찰하였다. 참가자들은 2명 중 1명에게 공을 던지도록 선택할 수 있었다. 그러나 조금 뒤에 게임이 바뀌어서 스캐너 안에 있는 참가자를 소외시키고 남은 두 참가자끼리만 서로 공을 주고받게 되었다. 실험에는 또 다른 두 조건이 있었는데, 이 중 한 조건에서는 스캐너 속 참가자가 소외되지 않았고, 다른 한 조건에서는 참가자가 소외되긴 했지만 이는 '기술적인 문제' 때문이라는 거짓 정보를 받았다. 실험 결과, 사회적 소외 조건 동안에만 전대상피질의 활동은 참가자들이 지각한 주관적 괴로움 수준과 상관을 보였다. 전전두피질의 일부(우측 복외측 전전두피질)는 사회적 소외 조건에서는 활성화되었지만 기술적 문제에 의한 소외 조건에서는 활성화되지 않았는데, 이는 이 부위가 사회적 소외로부터 기인한 괴로움을 억제하는 통제적 역할을 수행하는 것으로 해석되었다.

복측 선조체와 보상

선조체의 배측 영역은 감각운동 속성(예 : 습관 형성)을 가진 반면, 복측 부위는 정서에 더 전문화된 것으로 보이지만, 이러한 구분은 상대적일 뿐 절대적인 것은 아니다(Voorn et al., 2004). 전두피질 내 영역들을 기저핵과 시상과 연결시키고 다시 전두피질로 돌아오는 몇 개의 루프들이 존재한다(Alexander & Crutcher, 1990). 이 루프들은 전두피질 구조의 활동을 조절함으로써 특정 행동의 확률을 증가시키거나 감소시킬 수 있다. 특히 보상 기반 학습과 관련된 루프(즉 변연계 회로)는 안와전두피질과 변연계 영역(편도체와 전대상피질 포함)에서 출발한 뒤 다시 돌아오며, 기저핵[복측 선조체(ventral striatum) 포함]과 시상을 통과하게 된다.

도파민 신경전달물질을 포함하는 신경세포들은 중뇌로부터 측핵이라 불리는 복측 선조체의 일부 영역으로 신호를 보낸다. 바로 이 시스템을 거쳐 암페타민과 코카인 같은 정신운동 자극제들이 효과를 보일 수 있다. 암컷 쥐들이 방 안에 들어오면 수컷 쥐들의 측핵 내 도파민 방출량이 증가하며, 교미를 하게 되면 이보다 더 증가하게 된다(Pfaus et al., 1990). 이전에 음식과 연합되었던 중성적 자극은 쥐들에게서 측핵 내 도파민 방출을 증가시킨다(Robbins et al., 1989). 사람들을 대상으로 한 fMRI 연구에서는 받게 될 보상이 증가하게 되면 복측 선조체의 활동이 증가하는 것으로 나타났다(Knutson et al.,

핵심 용어

복측 선조체 측핵을 포함하는 기저핵의 일부로, 변연계 회로에 관여하며 안와전두피질, 기저핵, 그리고 시상과 연결되어 있음

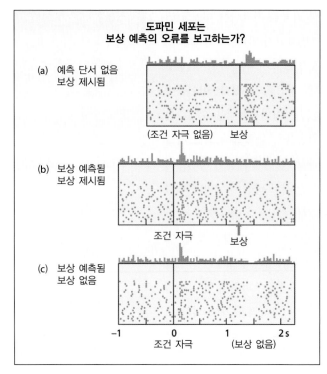

그림 15.15 원숭이들의 복측피개(Ventral tegmental area)에 위치한 도파민 세포로부터 단일세포 측정법을 통해 측정한 바에 따르면, 이 도파민 세포들은 기대하지 않았던 과일주스를 보상으로 받을 때 활동이 증가한다(a). 그러나 그 보상이 어떤 단서에 의해 예측된다면, 도파민 세포는 그 단서에만 반응하고 보상 자체에는 반응하지 않는다(b). 기대했던 보상이 제시되지 않으면(c), 도파민 세포의 활동은 기저 수준 이하로 떨어진다. 이러한 결과는, 도파민 세포들이 보상 그 자체보다는 기대되었던 보상과 실제 보상 간의 차이를 부호화한다는 것을 보여준다.

출처 : Schultz et al., 1997. ⓒ 1997 American Association for the Advancement of Science. Reproduced with permission.

2001). 사회적 자극도 보상가를 가질 수 있으며, 타인의 도움 없이 보상을 얻거나 혹은 컴퓨터와 같은 비사회적 대상과의 협력을 통해 보상을 얻었을 때보다 타인의 도움을 통해 보상을 얻게 되었을 때 복측 선조체의 활동이 증가했다(Rilling et al., 2002).

최근 한 이론은 도파민 세포들이 보상이 아니라 예상된 보상과 실제로 받은 보상 간의 차이를 부호화한다고 주장한다(예 : Schultz et al., 1997). 빛이나 소리가 제시될 때 특정 행동을 하도록 훈련받게 되면, 원숭이들의 도파민 세포는 뒤에 제시되는 보상보다는 조건화된 단서 자체에 반응하게 된다(Schultz et al., 1992). 만약 훈련받은 뒤에 보상이 주어지지 않게 되면 도파민 활동은 기저 수준 이하로 떨어지게 되며, 이는 보상을 기대했기 때문으로 볼 수 있다. 사람을 대상으로 한 일부 의사결정 관련 fMRI 연구들은 보상 자체가 클 때보다 보상이 예상보다 클 때 복측 선조체의 활동이 더 증가한다는 것을 보여준다(Hare et al., 2008). 자신을 외롭다고 평가한 사람들은 사회적인 장면의 사진을 볼 때 복측 선조체의 활동이 더 낮아지는데, 이는 이 자극들로부터 낮은 보상감을 예상하기 때문인 것으로 해석될 수 있다(Cacioppo et al., 2009).

평가

이 단락에서는 정서를 처리하는 데 핵심적으로 관여하는 영역들을 살펴보았다. 인간을 포함한 사회적 동물에게서 이러한 정서적 영역은 사회적 자극을 평가하고 판단하는 데 핵심적인 역할을 수행한다. 예를 들어, 편도체는 어떤 소리가 전기쇼크로 이어질 것인지를 평가하는 데에만 관여하는 것이 아니라 어떤 사람이 두려워하는지를 평가하는데에도 관여한다. 전대상피질은 물리적 고통뿐 아니라 이별이나 사회적 소외 등과 같은 사회적 고통에도 반응한다. 측핵은 기본적인 보상(음식이나 섹스)뿐 아니라 타인과 협력을 선택할 때도 반응한다.

정서적 뇌의 각기 다른 영역들은 서로 구분된 기능들을 수행하며 이는 초기 정서 이론

(예 : 파페즈 회로와 매클린의 '변연계 뇌')과 상충한다. 하지만 뇌 구조와 정서 범주 간 관계는, 극단적인 '기본 정서' 이론이 예측하는 것처럼 단순히 일대일 대응관계(예 : 편도체=공포, 뇌섬엽=혐오)로 설명할 수 없다. 물론 '기본 정서'는 전문화된 하위 영역들을 연결하는 신경 회로의 수준에 존재한다고 말할 수 있으며, 그 대표적인 예는 공포와 혐오라 할 수 있다. 또 다른 최근 이론들은 '핵심 정서'라는 개념을 가정하는데, 이는 지각된 신체의 상태들로 구성되며 정서 강도와 즐거움이라는 두 차원을 토대로 조직화된다. 이러한 특성을 가진 것처럼 보이는 뇌 영역(예 : 편도체의 활동이 정서의 강도에 따라 변화한다는 증거)이 발견되었기는 하지만, 이 부위들의 기능은 좀 더 깊이 들여다보면 훨씬 더 복잡하다(예 : 편도체는 공포 조건화와 보상 조건화에 있어 약간 다른 역할을 수행한다는 증거).

마지막으로 거의 모든 현대 정서 이론들은 사고, 신념, 평가, 통제 기제 등과 같은 '인지'의 역할을 포함한다. 이는 신경과학적 증거들에 의해 지지되지만, 정서가 인지와 구분된다고 주장했던 초기 이론들(리뷰는 Phelps, 2006 참조)과는 대조된다. 특정 정서는 인지와 따로 떨어져 존재한다기보다는 인지적 과정이 내적으로 깊이 각인되어 있는 복잡한 정서적 상태로 간주하는 것이 더 적절하다.

핵심 용어

동종개체 같은 종의 다른 구성원들

얼굴 읽기

얼굴의 시각적 정보처리는 이미 앞서 소개되었다(제6장 참조). 하지만 얼굴은 단순한 시각적인 대상을 넘어서 **동종개체**(conspecific)임을 알려주는 사회적인 대상이다. 얼굴은 다른 사람의 정서 상태(예 : 그들의 현재 정서)에 대한 중요한 정보를 전달하며, 그들의 의도(예 : 시선이 주는 단서), 사회적 범주의 소속 여부(예 : 인종, 성별), 그리고 성향(예 : 신뢰도)까지도 알려준다. 이 단락에서는 얼굴표정에 대해 먼저 알아보고 시선탐지에 대해 살펴볼 것이다. 얼굴을 통한 인종과 성격의 평가에 대해서는 다른 문헌들을 통해 알아볼 수 있다 (Kubota et al., 2012; Ward, 2012).

얼굴표정 인식

이미 앞서 제6장에서 살펴본 바와 같이, 얼굴 정보처리의 두 가지 모형으로는 브루스와 영(1986)의 인지적 모형과 핵스비 등(2000)의 신경해부학적 모형이 있다. 두 모형 모두 얼굴로부터 사회적으로 적절한 정보를 얻어내는 것은 얼굴의 신원을 알아보는 것(즉 그 사람이 누구인지를 아는 것)과는 구분된다고 가정한다. 하지만 어떻게 이러한 과정이 이루어지는지에 대해서는 두 모형이 서로 다른 가정을 하고 있다. 브루스와 영의 모형

(1986)에 따르면, 얼굴표정을 인식하는 데 전문화된 경로가 존재하며, 이 경로는 입술을 읽는다든가 시선탐지와 같은 과제를 위해 요구되는 기제와는 구분된다고 가정한다. 이와는 대조적으로 핵스비의 모형(2000)은 시간에 따라 변하지 않는 얼굴 표상(얼굴의 신원 인식을 위해 필요하며 방추얼굴 영역 또는 FFA와 관련됨)과 시간에 따라 변하는 얼굴 표상 간의 분리를 가정한다. 후자는 표정 인식과 시선처리 모두를 위해 필요한 것으로 간주되며, 상측 측두열(STS)과 관련된다. FFA와 STS는 모두 얼굴 정보처리의 '핵심체계'(얼굴 정보처리만을 위해 상대적으로 전문화된 체계)의 일부로 간주할 수 있지만, 얼굴표정 처리를 위해서는 정서 정보를 처리하는 '확장체계'(편도체, 뇌섬엽 등)가 추가적으로 포함된다.

얼마나 많은 증거들이 두 모형을 지지하고 있을까? 콜더와 영(Calder & Young, 2005)에 의하면 증거들은 이 모형 중 어느 하나만을 분명하게 지지하지는 않는다. 얼굴표정을 인식하는 데 있어서는 어려움을 겪지만 얼굴의 신원은 상대적으로 쉽게 인식하는 뇌 손상 환자들이 존재한다. 하지만 이 환자들의 손상 부위는 주로 안와전두피질과 복내측 전두피질(Heberlein et al., 2008; Hornak et al., 1996), 혹은 체감각 영역(Adolphs et al., 2000)을 포함하지만, 핵스비의 모형(Haxby et al., 2000)에 의해 예측된 상측 측두열은 포함하지 않는다. 상측 측두열이 시선을 탐지하고 입술을 읽는 데 중요한 역할을 담당한다는 증거(다음 단락에서 소개됨)가 있지만, 이 부위가 얼굴표정 인식에 중요하게 관여한다는 증거는 찾아보기 어렵다. 얼굴표정 인식의 결함은 얼굴뿐 아니라 일반적인 정서 정보처리에 관여하는 확장체계의 기능에 의존하는 것으로 보인다. 또한 콜더와 영(2005)은 이러한 사실이 얼굴표정 인식을 위해 단일 경로를 가정한 브루스와 영의 초기 모형(1986)과 불일치한다고 주장한다. 대신에 그들은 특정 얼굴표정의 인식은 각기 다른 정서 범주에 특화된 뇌 부위(예 : 공포에 대해서는 편도체, 혐오에 대

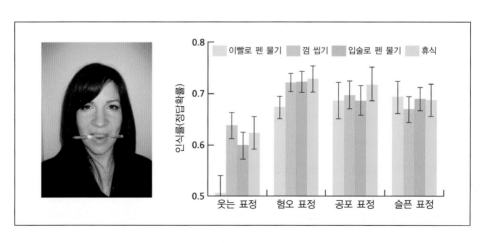

그림 15.16 입으로 펜을 가로 방향으로 물고 이빨로 잡고 있으면, 웃을 때 사용되는 대부분의 근육들을 사용하게 된다. 이 상태로 웃는 표정을 보게 되면 그 표정의 인식률만 낮아지게 될 수 있다.

출처 : Oberman et al., 2007.

"당신은 내 아내처럼 보이지만, 실은 변장한 사기꾼이야!"

캡그라스 증후군(Capgras syndrome)을 가진 사람은 자신의 친지들(배우자, 가족, 친구 등)이 '겉모습만 같은 다른 사람(body doubles)'으로 대체되었다고 보고한다(Capgras & Reboul-Lachaux, 1923; Ellis & Lewis, 2001). 이 환자들은 여러 사람 속에 있는 자신의 남편/아내를 찾을 수 있지만, 그 사람들을 변장한 사기꾼이라고 믿는다. 이 증상을 설명하기 위해 엘리스와 영(Ellis & Young, 1990)은 이 환자들이 의식적으로는 사람들을 인식할 수 있지만 그 사람들에 대해서 정서적 반응을 보이지 않는다고 주장한다. 따라서 그 사람들은 변장한 사기꾼들로 해석된다. 이러한 설명은 왜 변장한 사기꾼으로 불리는 사람들은 대부분 환자와 가장 가까운 사람들인지를 설명해줄 수 있는데, 그 이유는 이 사람들이 가장 큰 정서적 반응을 유발시킬 것으로 기대되기 때문인 것으로 볼 수 있다. 이러한 이론은 "캡그라스 환자들이 친숙한 얼굴에 대해 정상적인 피부전도 반응을 보이지 않을 것이라는 명확한 예측을 해줄 수 있다"(Ellis & Young, 1990, p.244). 정상인들을 대상으로 한 연구로부터 얻은 자료에 의하면, 친숙하지 않은 얼굴에 비해 친숙한 얼굴은 피부전도 반응으로 표출되는 정서적인 요소를 가진다(Tranel et al., 1995). 후속 연구들은 친숙한 사람들에 대해 보이는 이러한 피부전도 반응이 캡그라스 환자들에게서는 나타나지 않는다는 것을 보여주고 있다(Ellis et al., 1997).

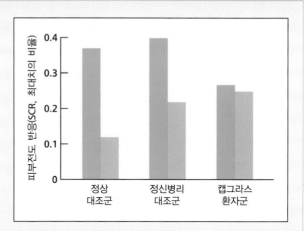

그림 15.17 대부분의 사람들은 개인적으로 친숙한 얼굴(파란색 막대)을 볼 때 증가된 피부전도 반응(SCR)을 보이지만 캡그라스 증상을 보이는 환자들은 차이를 보이지 않는다.

출처 : Reprinted from Ellis and Lewis, 2001. © 2001 with permission from Elsevier.

해서는 뇌섬엽) 혹은 일반적인 정서 경험을 위해 전문화된 뇌 부위(예 : 안와전두피질) 사이에 나누어질 수 있다고 주장한다.

콜더와 영(2005) 혹은 핵스비(2000)가 구체적으로 언급하지는 않았으나 얼굴 신원 인식이 아닌 얼굴표정 인식을 위한 보편적 시스템의 기능을 수행하는 한가지 후보 기제가 있는데, 이는 바로 감각운동 시뮬레이션이다. 시뮬레이션 이론(simulation theory)은 조금씩 다른 여러 이론의 종합판이라 할 수 있으며, 이는 우리들이 타인을 이해하기 위해 그들의 현재 상태를 우리 안에 만들어낸다는 일종의 통합적 아이디어에 기초하고 있다. 정서에 대해서 말하자면, 이 이론은 우리가 어떤 사람이 웃는 것을 볼 때, 우리 자신의 행복감을 위한 정서적 신경 경로를 활성화시킨다고 주장한다. 뿐만 아니라 우리는 우리를 웃도록 만드는 운동 프로그램을 활성화시킬 수 있으며(이는 우리를 다시 웃게 만들 수 있거나 혹은 웃는 반응을 준비시킬 수 있다), 이 반응이 초래할 감각적 결과(예 : 근육의 확장과 얼굴의 촉감각)는 어떤 느낌일지 파악하기 위해 미리 시뮬레이션해볼 수 있다. 이처럼 우리는 타인의 행복감, 공포, 그리고 혐오감 등의 정서를 시각적 정보를 통해서뿐만 아니라 지각자의 감각운동 프로그램을 활성화시키는 방식을 통해 인식할 수 있다.

핵심 용어

캡그라스 증후군 자신의 친지들(배우자, 가족, 친구 등)이 겉모습만 같은 다른 사람으로 대체되었다고 믿는 사람들의 증상

시뮬레이션 이론 우리가 타인의 현재 정서, 행위, 마음 상태 등을 직접 우리 안에 생성해냄으로써 이해한다고 주장하는 이론

특정 얼굴표정을 보게 되면 아무리 짧게 제시해서 무의식중에 지각되더라도 해당 표정에 상응하는 우리 자신의 얼굴 근육들이 미세하게 변화한다는 증거를 보여주는 근전도기법(EMG) 연구들이 있다(Dimberg et al., 2000). 하지만 이러한 반응들이 반드시 얼굴표정을 인식하기 위해 사용된다고는 볼 수 없다. 이를 알아보기 위해 오버만(Oberman et al., 2007)은 펜을 가로로 길게 물어서 웃는 표정을 위한 근육을 사용하게 되면, 웃는 표정의 인식만 방해받는다는 것을 보고했다. 뇌 손상 연구(Adolphs et al., 2000)와 체감각피질을 겨냥한 TMS 처치(Pitcher et al., 2008) 연구들도 얼굴표정을 인식하기 위해 시뮬레이션 기제가 직접 사용된다는 주장을 지지하고 있다.

얼굴표정은 타인이 무엇을 느끼는지 이해하도록 해줄 뿐 아니라(예 : 시뮬레이션을 통해서) 우리 자신의 행동을 수정하기 위해서도 사용될 수 있다. 만약 어린 아기가 새로운 물체를 접하게 되면, 그 아기의 행동은 보호자의 반응에 의해 영향받게 되는데, 이러한 현상을 사회적 참조(social referencing)라 부른다(Klinnert et al., 1983). 만약 보호자가 혐오 표정이나 공포 표정을 지으면 아기는 그 물체를 피하겠지만, 보호자가 웃는다면 그 아기는 그 물체를 가지고 놀게 될 것이다. 이는 얼굴표정이 새로운 물체와 연합하여 조건 반응(예 : 공포, 행복감)을 촉발시킨다는 425쪽에서 묘사된 고전적 조건화의 시나리오와도 유사하다.

시선 정보의 탐지와 활용

눈과 눈 주위로부터 오는 정보는 웃는 표정과 찡그린 표정처럼 많은 정서들을 구분할 수 있게 해준다. 뿐만 아니라 시선 맞추기는 일대일 소통(양자 소통)에서 중요할 수 있으며, 시선의 방향은 주변에 있는 중요한 대상들로 주의를 이동하기 위해 중요할 수 있다. 많은 유인원들에게 있어서 직접적인 시선 맞추기는 정서적 행동을 유발시키기에 충분한 조건이 될 수 있다. 붉은꼬리원숭이는 간접적이거나 회피하는 시선에 비해 직접적인 시선과 마주칠 때 상대방의 공격성을 누그러뜨리려는 행동을 보이곤 한다(Perrett & Mistlin, 1990). 우열을 가루기 위한 다툼은 종종 시선이 마주칠 때 발생하며 둘 중 하나가 시선을 피하면서 종료되곤 한다(Chance, 1967).

배런-코헨은 '시선탐지기(eye direction detector)'가 인간의 인지 기능 중 본능적이고 확연히 구분되는 요소라 주장한다(Baron-Cohen, 1995a; Baron-Cohon & Cross, 1992). 아기들이 출생부터 시선을 탐지할 수 있다는 점은 이 행동이 학습된 반응이 아니라는 것을 보여준다(Farroni et al., 2002). 시선은 대상과 행위자 간의 관계적 속성들을 부호화하기 때문에(예 : "엄마가 아빠를 본다.", "엄마가 상자를 본다."), 이러한 시선탐지 능력은 사회적 기능의 발달을 위해 중요할 수 있다. 상측 측두열은 시선의 방향에 반응하는 신경 세포들을 다수 포함하고 있으며 (Perrett et al., 1985), 이 부위가 손상되면 시선의 방향을 탐지할 능력에 결함이 발생할 수 있다(Campbell et al., 1990). 기능적 뇌 영상 연구에 따르면, 참가자들이 시선을 판단하도록 지시받을 때(지금 보는 얼굴이 방금 전에 본 얼굴과 같은 시선인지 판단하기), 상측 측두열의 반응은 증가하지만 방추얼굴 영역의 반응에는 변화가 없음을 관찰했다(Hoffman & Haxby, 2000). 반대로 참가자들이 얼굴의 신원을 판단하도록 지시받았을 때(지금 보는 얼굴이 방금 전에 본 얼굴과 같은 사람인지 판단하기)는 방추얼굴 영역의 활동은 증가하지만 상측 측두열의 반응에는 변화가 없었다.

자폐 아동은 상대방의 시선이 자신에게 향하고 있는지를 탐지할 수 있으며, 따라서 시선 지각에 결함이 있는 것처럼 보이지 않는다(Baron-Cohen et al., 1995). 하지만 이들은 행동을 예측하거나 욕구를 추론하기 위해 시선정보를 활용하는 데는 어려움을 겪는다. 4개의 간식 선택 과제에서 찰리라는 이름의 만화 캐릭터는 간식들 중 하나로 시선을 향한다. 자폐 아동들은 "어떤 초콜릿을 찰리가 선택할까?"라는 질문이나 "어떤 간식을 찰리가 원할까?"라는 질문에 답하는 데 어려움을 겪는다. 자폐증 환자들이 가진 시선 정보 활용의 결함은 그들이 타인과 사회적으로 상호작용할 때, 상대방과 주의를 공유하지 못하는 행동으로 표출될 수 있다(Sigman et al., 1986).

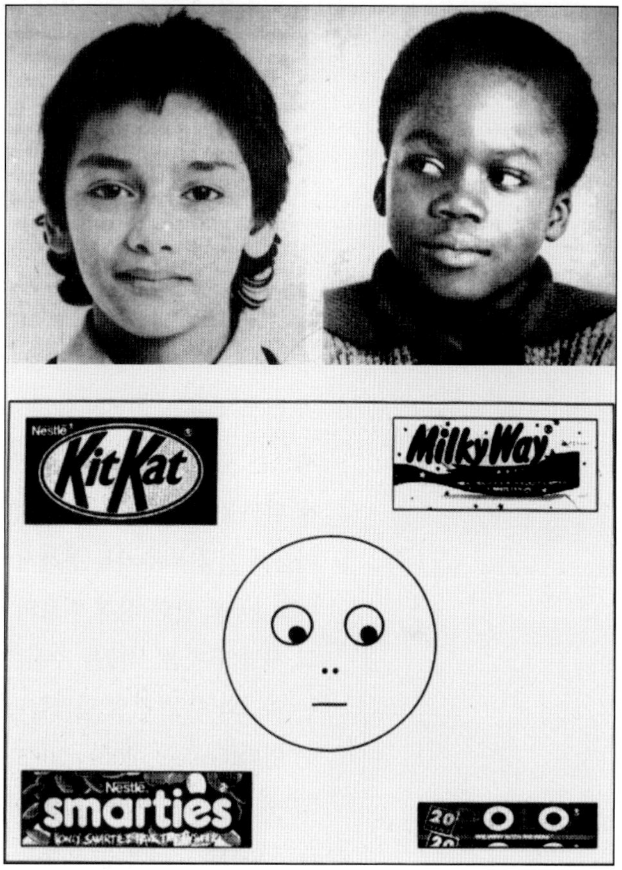

그림 15.18 자폐 아동은 어떤 사람이 자신을 보고 있는지를 탐지할 수는 있지만(위), 시선을 통해서 그 사람의 행동이나 욕구를 추론하지 못한다(아래). 예를 들어, "찰리가 어떤 초콜릿을 가질까?" 혹은 "찰리가 어떤 것을 원할까?"라는 질문에 제대로 답하지 못한다.

출처 : Top photo from Baron-Cohen and Cross, 1992. Reprinted with permission of Blackwell Publishing. Bottom panel from Baron-Cohen et al., 1995. Reproduced with permission from *British Journal of Developmental Psychology*. ⓒ British Psychological Society.

평가

얼굴표정 인식은 여러 뇌 기제들에 의존할 수 있다. 얼굴표정은 정서 처리에 특화된 뇌 영역(편도체와 안와전두피질 포함)을 사용하여 인식될 수 있다. 하지만 감각운동 시뮬레이션도 표정 인식에 기여할 수 있다. 상측 측두열은 시선인식과 얼굴/신체 인식에 중요하지만, 이 부위가 표정 인식에 결정적으로 관여하는지는 여전히 불확실하다. 시선의

핵심 용어

마음 이론 타인들의 정신 상태(예 : 신념, 욕구, 의도 등)를 표상하는 능력

공감 타인의 관점을 취하고 자신의 경험을 공유하는 능력

인식은 타인의 의도에 대한 중요한 단서를 제공해주고 심리 상태를 추론하는 데 관여하는 다른 뇌 영역들과 연결될 수 있다.

마음 읽기

얼굴표정은 어떤 이의 겉으로 볼 수 없는 마음 상태가 외부로 표출된 형태이다. 여기서 마음 상태란 지식, 믿음, 느낌, 의도, 그리고 욕구 등을 말한다. 누군가의 마음속에 담긴 내용을 파악하는 것은 그 사람의 행동을 예측하기 위해 좋은 방법이 될 수 있다. 인간과 다른 종들은 진화를 통해 이러한 기능을 위한 기제를 발전시켜왔다. 이미 밝혀진 기제로는 시뮬레이션을 들 수 있다. 시뮬레이션 이론은 우리들이 자기중심적인 접근을 통해 타인을 이해한다는 기본적인 아이디어를 공유한다. 이는 타인의 마음 상태를 자신의 마음에 거울 비추기를 통해서 이루어질 수 있다. 예를 들어, 공포에 질린 누군가를 보면 나도 (공포 관련 신경 회로의 활성화를 통해) 공포감을 느끼게 되고, 이는 나로 하여금 그 사람의 마음 상태를 추론할 수 있게 해준다. 시뮬레이션 이론의 가장 일반적인 형태는 지각과 운동 간의 연결들과 관련되고 거울 뉴런들이 이와 관련된 신경학적 기제가 될 수 있다(Gallese, 2001, 2003; Gallese & Goldman, 1998). 시뮬레이션 이론과는 구분되는 설명으로 타인의 마음 상태에 대한 추론과 추리를 위한 기제, 즉 마음 이론(theory-of-mind)을 가정하는 이론이 있다(Dennett, 1978). 마음 이론의 가장 큰 장점은 자신의 마음과 다른 마음 상태의 표상을 가능하게 한다는 것이다(예 : "너는 그것이 상자 안에 있다고 생각하지만, 나는 그것이 바구니 안에 있다는 것을 알아."). 대부분의 시뮬레이션 이론들은 이러한 현상을 설명하기 어렵다. 좀 더 극단적인 주장에 의하면, 마음 이론에 전문화된 신경학적 모듈이 존재한다. 일부 연구자들에 의해 마음 이론이라는 용어 대신에 종종 사용되는 정신화(mentalization)라는 용어는 본질적으로 같은 현상을 가리키지만, 이 기능이 특별한 기제라는 의미는 담고 있지 않다. 이보다 더 미묘한 차이들을 가진 이론들이 많지만, 거울 비추기와 정신화 간의 논쟁을 이해하는 것은 이 분야를 명확히 이해하는 데 가장 핵심이라 할 수 있다.

공감, 거울 비추기, 그리고 시뮬레이션 이론

공감(empathy)은 가장 넓은 의미로 타인의 감정에 대한 정서적 반응(혹은 이해)이라 말할 수 있다. 실험 상황에서 공감은, 누군가에게 특정 자극(예 : 고통을 겪는 누군가의 사진 혹은 이를 묘사하는 글)을 제시하고 그 사람의 반응을 (뇌 활동, 자기 보고, 신체 반응 등) 다양한 방식으로 측정함으로써 연구할 수 있다. 공감의 개인차, 즉 사람들이 공

감을 가지고 반응하는 경향성에서의 차이를 측정하는 것도 가능한데, 이는 주로 설문지를 통해 이루어진다(Davis, 1980). 공감은 거울 비추기, 정신화 기제, 혹은 이들 모두와 관련될 수 있다. 하지만 마음 이론 관련 연구는 마음 상태에 대한 지식을 직접적으로 물어보는 방식(예 : "샐리가 무슨 생각을 하고 있는가?")을 사용하는 반면에 공감 관련 연구는 그렇지 않다는 점에서 두 연구들은 다소 차이점을 보인다.

야코보니(Iacoboni, 2009)는 행위에 대한 거울 뉴런 시스템이 공감을 지원하는 다른 뇌 영역들에 의해 선택될 수 있다고 주장했다. 카 등(Carr et al., 2003)은 사람들을 대상으로 공감과 행위 지각/생성 간의 연관성을 알아보기 위해 fMRI를 사용했다. 이들은 참가자들에게 얼굴표정을 보여주면서 한 조건에서는 단순히 관찰만을 요구했고 다른 조건에서는 의도적으로 표정을 모방해볼 것을 요구했다. 그 결과, 관찰 조건에 비해 모방 조건에서 전운동피질과 같은 전통적인 거울 시스템의 활동이 증가한 것을 확인할 수 있었다. 또한 편도체와 뇌섬엽 같은 정서 관련 영역에서 증가된 활동을 관찰했다. 이 결과를 토대로 연구자들은, 모방은 자신과 타인 간에 공유된 운동 표상을 활성화시키지만, 이 정보가 뇌섬엽을 거쳐 변연계 영역들로 전달되는 두 번째 단계가 존재한다고 주장했다. 이러한 행위로부터 정서에 이르는 신경학적 경로는 공감의 기본적 요소가 될 수 있다.

시뮬레이션 이론은 거울 뉴런(제8장 참조)의 개념을 행위뿐 아니라 (고통과 촉각과 같은) 감각과 정서에까지 확장시킨다. 거울 시스템(mirror system)이라는 용어는 자신과 타인 간의 구분을 희석시키는 신경 회로를 가리키기 위해 사용되지만, 반드시 행위를 부호화하는 거울 뉴런만을 포함하는 것은 아니다. 예를 들어, 뇌섬엽은 우리 자신이 혐오감을 느낄 때와 혐오의 표정을 지으며 얼굴을 찡그리는 누군가를 볼 때 모두 활성화된다(Phillips et al., 1997). 뿐만 아니라 설문지로 측정된 공감지수가 높은 사람들은 혐오감을 느끼는 타인을 볼 때 자신의 혐오 관련 영역들의 활동이 증가한다(Jabbi et al., 2007). 이는 우리가 주변 사람들의 감정을 말 그대로 공유할 수 있음을 시사한다.

싱어 등(2004)은 고통에 대한 공감을 연구했다. 이들은 사랑하는 사람이 전기쇼크를 받는 것을 예상할 때와 이를 목격할 때 보이는 뇌 반응을 관찰하였다. 그 결과, 다른 사람의 고통을 예상할 때와 직접 자신에게 주어질 고통을 예상할 때 공통적으로 활성화되는 영역을 찾았는데, 바로 전대상피질과 뇌섬엽이 포함되었다. 또 다른 후속 연구에서 참가자들은 실험 전에 실시된 게임에서 공정하거나 불공정하게 행동했던 사람들에게 전기쇼크가 주어지는 것을 fMRI 기계 안에서 관찰하였다(Singer et al., 2006). 참가자들은 '착한 이'가 전기쇼크를 받는 것을 볼 때는 자신의 고통 관련 영역들이 활성화되는 공감 반응을 보였으나, '나쁜 이'가 쇼크를 받는 것을 볼 때는 이 반응이 줄어들었다. 실제

핵심 용어

거울 시스템 자신과 타인 간의 구분을 고려하지 않는 신경학적 회로 혹은 영역

그림 15.19 당신은 다른 사람의 상황에서 당신이 어떻게 느낄지를 시뮬레이션해봄으로써 그 사람과 공감하는가? 위와 같은 그림은 고통의 물리적 지각에 관여하는 뇌 부위를 활성화시킬 수 있다.

출처 : ⓒ Image Source/Corbis.

로 남성 참가자들에게서는 나쁜 이들이 쇼크를 받을 때 (기대보다 더 좋은 보상에 반응하는) 복측 선조체의 활동이 증가했으며, 이는 시뮬레이션 이론과는 정확히 반대의 결과로 볼 수 있다. 이러한 뇌 활동은 참가자들의 복수 욕구와 상관을 보였다. 이를 통해 유추해볼 때 시뮬레이션은 자동적으로 작동할 수 있지만, 좀 더 고차원적 믿음이 미치는 영향으로부터 자유롭지는 못하다는 것을 알 수 있다. 또 다른 연구에서는 자기중심적 혹은 타인중심적 관점에 따라 타인의 고통을 관찰할 때 나타나는 고통 관련 영역들의 반응이 달라진다는 사실을 보여주었다(Lamm et al., 2007). 이러한 결과는 거울 비추기 능력이 상당한 유연성을 지니고 있음을 보여주며, 이는 단순한 형태의 시뮬레이션 이론으로는 예측할 수 없는 현상이다.

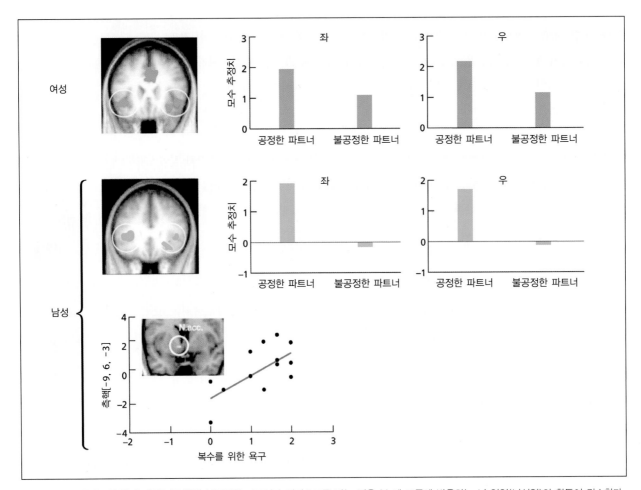

그림 15.20 여성(분홍색)과 남성(파란색)은 불공정한 파트너가 전기쇼크를 받는 것을 볼 때 고통에 반응하는 뇌 영역(뇌섬엽)의 활동이 감소한다. 남성에게서는 불공정한 파트너가 전기쇼크를 받는 동안 측핵의 활동이 증가했고, 이 반응은 복수를 위한 욕구와 정적인 상관을 보였다.

출처 : Singer et al., 2006. ⓒ 2006 Nature Publishing Group. Reproduced with permission.

거울 비추기가 항상 발생하는 것은 아니라는 사실을 보여주기 위해, 일부 연구자들은 공감이 여러 가지 다른 유형의 처리 과정들 간의 정교한 협업을 통해 이루진다고 주장한다. 일부 연구자들은 마음 이론과 유사한 인지적 공감과 시뮬레이션 이론과 유사한 정서적 공감 간의 분리를 주장하고 있다(Baron-Cohen & Wheelwright, 2004; Shamay-Tsoory et al., 2009). 데세티와 잭슨(Decety & Jackson, 2004, 2006)은 세 가지 기제로 구성된 새로운 공감 모형을 제시한다. 첫 번째 기제는 시뮬레이션과 관련되지만 (행위 기반 거울 뉴런으로 수렴한다기보다는) 많은 신경체계들의 속성을 반영하는 것으로 가정된다. 두 번째 기제는 자신과 타인을 구분하여 인식하는 기제와 관련되며, 측두-두정 접합 영역(마음 이론과 관련된 주요 영역으로 뒤에서 좀 더 논의될 예정임)과 관련된 것으로 간주한다. 이 영역의 반응은 참가자들이 자신보다는 타인의 감정과 믿음을 상상하도록 지시받았을 때 증가한다(Ruby & Decety, 2004). 세 번째 기제는 자신과 타인 간에 관점 이동을 위한 의도적 노력에 특정적으로 관련되며, 집행 기능(그리고 외측 전전두피질)과 관련된다.

핵심 용어

자폐증 사회적 상호작용 그리고 소통 능력에서의 발달이 뚜렷하게 비정상적이거나 결함을 보이고 극히 제한된 범위의 활동과 흥미만을 보이는 증상

자폐증 환자의 마음 읽기

그는 웃으면서, 손가락을 공중에서 꼬는 행동을 반복하면서 여기저기 뛰어다녔다. 그는 똑같은 세 가지 음정을 속삭이듯 흥얼거리며 머리를 좌우로 흔들었다. 그는 매우 즐거워하며 손에 잡히는 것은 닥치는 대로 모두 돌리며 놀았다. 방으로 데려가면 그는 사람들을 완전히 무시하고 물건들, 특히 돌릴 수 있는 것들을 향해 바로 달려갔다. 그는 자신의 앞을 가로막는 손과 자신의 블록을 밟고 있는 발을 화가 난 듯이 뿌리쳤다.

(이 글은 자폐증이라는 용어를 처음 사용한 레오 카너(Leo Kanner, 1943)가 5세인 도날드를 묘사하는 글이다. 이 질환은 한스 아스퍼거(Hans Asperger, 1944)에 의해서도 독자적으로 기록되었는데, 그의 이름은 현재 자폐증의 변형된 형태를 지칭하기 위해 사용되고 있다.)

자폐증(autism)의 공식적인 정의는 "다양한 맥락에서 일관성 있게 나타나는 사회적 소통과 상호작용의 결함, 그리고 행동, 관심, 또는 활동에 있어서 제한적이고 반복적인 패턴"이다(American Psychiatric Association, 2013, *Diagnostic and Statistical manual; DSM-IV*). 이 질환은 3세 이전에 나타나는 심각한 발달장애이며 일생 동안 지속된다. 자폐증을 진단하는 데는 여러 가지 이유로 어려움이 있다. 첫째, 이 질환은 행동 관찰을 통해서만 정의될 수 있는데, 그 이유는 구체적인 생물학적 지표가 알려져 있지 않기 때문이다(개관은 Hill & Frith, 2003 참조). 둘째, 행동 양상과 심각성은 발달 과정에서 달라질 수 있다. 이 질환은 여러 가지 외부 요인(예 : 교육, 기질 등)에 의해 영향받을 수

있으며 다른 질환(예 : 주의력결핍 과잉행동장애, 정신질환 등)과 함께 나타날 수도 있다. 말하자면 자폐증은 심각성 측면에서 많은 차이를 보이는 다양한 스펙트럼의 증상을 포함하는 것으로 보인다. 이 질환은 현재 전체 어린아이 중 1.2% 이상에게서 발견되는 것으로 알려져 있으며 남성에게서 발병 확률이 3배나 더 높다(Baird et al., 2006). 아스퍼거 증후군(Asperger syndrome)은 자폐증 스펙트럼에 포함되며 종종 특수한 하위 집단으로 분류되곤 한다. 아스퍼거 증후군으로 진단받기 위해서는 초기에 언어 및 인지 발달에서 지체를 보여서는 안 된다. 이 아스퍼거 증후군이라는 용어는 정상 범위의 지능을 갖춘 자폐증 환자들을 가리키기 위해 주로 사용된다. 지능지수 70 이하로 정의된 학습 장애는 전체 자폐증 환자들의 절반 정도에서 나타난다(Baird et al., 2006).

자폐 증상만이 가지는 문제점들의 핵심적 특징을 추출하기 위해 주로 고기능 자폐증 환자들로부터 상당한 양의 행동 자료들을 축적해왔다. 그중 가장 유력시되는 한 가지 결함은 정신 상태를 표상하는 능력이다(Baron-Cohen, 1995b; Fodor, 1992). 이러한 가설을 지지하는 첫 번째 경험적 증거는 위머와 페르너(Wimmer & Perner, 1983)가 고안하여 바론-코헨, 레슬리, 그리고 프리스(Baron-Cohen, Leslie, & Frith, 1985)에 의해 자폐증 아동을 대상으로 시행된 틀린 믿음(False-belief) 검사를 통해 얻을 수 있었다. 자폐증 아동에게 사용된 샐리-앤 과제(Sally-Anne task)에서 아동은 샐리와 앤이라는 두 캐릭터를 만나게 된다. 샐리는 구슬 1개를 바구니에 넣고 앤은 이를 목격한다. 앤이 방을 떠나고 나면 샐리는 구슬을 다시 상자로 옮긴다. 앤이 방으로 다시 돌아오면 아동은 "앤은 어디에서 구슬을 찾아볼까?" 혹은 "앤은 구슬이 어디에 있다고 생각할까?"라는 질문을 받게 된다. 자폐 증상을 보이는 아동은 '상자 속'이라고 답하는 반면에 정상 아동(4세 이상)과 정신지체를 보이는 통제 조건의 아동은 '바구니 속'이라고 답한다. 자폐 증상을 보이는 아동은 처음 구슬이 놓여진 장소를 기억해낼 수 있었기 때문에 이들이 오답을 제시한 이유는 기억력의 문제 때문은 아니라고 볼 수 있다. 이들은 마치 앤이 물리적인 현실과 다른 믿음을 가지고 있다는 점을 이해할 수 없는, 즉 정신 상태의 표상에 실패한 것처럼 보였다. 이러한 현상을 '정신맹(mind-blindness)'이라고도 부른다(Baron-Cohen, 1995b).

정교하게 통제된 조건들과 비교해볼 때, 자폐증 환자들이 특별히 정신화 과정에서만 어려움을 겪는다는 것을 많은 연구들이 보여주었다. 예를 들어, 자폐증 환자들은 오류가 있는 사진들은 이해할 수 있지만 틀린 믿음을 이해하지 못하고(Leekam & Perner, 1991), 행동을 묘사하는 그림의 순서는 맞출 수 있으나 생각을 묘사하는 그림들의 순서는 맞추지 못하며(Baron-Cohen et al., 1986), 파괴적인 행동은 가능하나 거짓말은 못할 뿐 아니라(Sodian & Frith, 1992), 욕구와 정서 관련 단어들은 사용할 수 있지만 믿음과

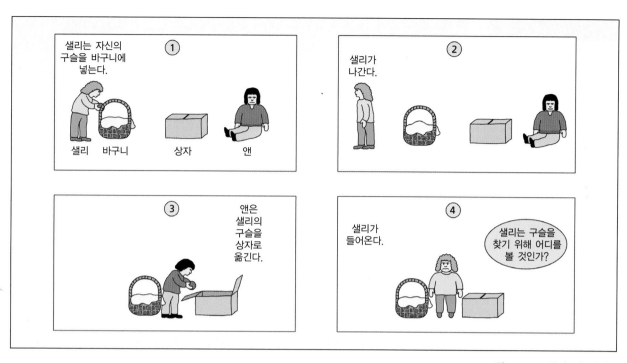

그림 15.21 샐리-앤 과제는 '틀린 믿음'의 이해를 요구하며 따라서 자폐증을 가진 아이들이 실패하기 쉽다.

출처 : Adapted from Wimmer and Perner, 1983.

생각에 관련된 단어들은 사용하지 못한다(Tager-Flusberg, 1992). 이런 연구들에서 관찰된 차이점들이 자폐 증상이 아닌 다른 일반적인 능력 수준에서의 차이 때문이 아니라는 것을 확인하기 위해 자폐증 환자들의 수행은 정신연령 수준에서 일치하는 통제 집단과 비교되었다.

정신화 혹은 마음 이론을 토대로 자폐증을 설명하는 것에 대한 비판이 없었던 것은 아니다. 이런 비판들은 대개 두 가지 유형으로 나뉘는데, 그중 하나는 행동 결과를 설명하기 위해 군이 정신화 능력에서의 결함을 가정할 필요가 없다는 주장이고(Russell, 1997; Stone & Gerrans, 2006), 다른 하나는 정신화 능력에서의 결함은 현재까지 얻은 자료들을 설명하는 데 필요 조건은 될 수 있으나 충분하지는 않다는 주장이다(Frith, 1989).

마음 이론을 통한 설명에 있어 한 가지 문제점은 바로 자폐증 환자들이 가진 인지적 강점들을 그들이 가진 결함만큼 잘 설명할 수 없다는 점이다. 자폐증 환자들에 대한 한 가지 흥미로운 점은 레인맨이라는 영화를 통해 소개된 것처럼, 이들이 독특한 재능 또는 천재적인 기술을 지닌다는 점이다. 실제로 이러한 능력은 전체 자폐증 환자 중 10% 정도에서만 발견된다(Hill & Frith, 2003). 그럼에도 불구하고 자폐증을 완전히 설명하기 위해서는 이들에 대한 어느 정도의 설명이 필요하다. 일부 자폐증 환자들의 독특한 능력은 어느 정도 이들이 가진 제한된 관심 분야의 결과일 수 있다. 아마도 일부 환자들이 날짜를 기억하는 데 탁월한 능력을 보이는 이유 중 하나는 이들이 거의 항상 그 일만 하

핵심 용어

손상된 거울 이론 자폐증 환자가 사회적으로 결함을 보이는 이유는 거울 시스템이 손상되었기 때문인 것으로 설명하는 이론

뮤파 진동 감각운동피질 위에서 발생하는 8~13헤르츠 정도의 EEG 진동이며 참가자들이 휴식을 취할 때 가장 잘 관찰됨

기 때문일 수 있다. 하지만 정보를 처리하는 방식에서 좀 더 근본적인 차이가 존재할 수 있다는 증거도 존재한다. 예를 들어, 자폐 증상을 보이는 사람들은 숨겨진 그림을 찾는 데 탁월한 능력을 보인다(Shah & Frith, 1983). 이에 대한 하나의 설명은 '약화된 중앙응집'이라는 개념을 통해 가능하다(Frith, 1989; Happe, 1999). 이는 전체(혹은 포괄적 특징)보다 부분(혹은 국소적 특징)을 처리하는 것이 우세한 인지적 유형을 말하며, 자폐증 환자들의 특징으로 보인다. 또 다른 설명에 따르면 모든 사람들은 '공감화'와 '체계화'로 명명된 두 가지 구분되는 처리 유형의 혼합된 형태를 지닌다(Baron-Cohen et al., 2003). 대부분의 정상인들은 두 유형의 가운데 근처에 위치하며 두 유형의 혼합적 형태를 가진다. 자폐증 환자들은 체계화 차원의 극단적 수준에 위치하며 공감 능력은 부족한 것으로 보인다(Baron-Cohen, 2002). 공감 능력은 다른 사람의 행동을 예측하거나 다른 사람들이 어떻게 느끼는가에 관심을 갖게 해준다. 따라서 공감 능력의 결함은 정신화 능력의 어려움을 설명해줄 수 있다. 체계화 능력은 합법적이고 규칙에 근거한 체계를 이해하고 세밀한 사실들에 집중하도록 해준다. 이러한 사실은 자폐증 환자들이 가진 독특한 능력들과 특이한 관심사들(예 : 달력체계)을 설명해줄 수 있다.

정신화 기능의 결함이나 혹은 전문화된 마음 이론 기제의 결함을 가정하지 않고도 자폐증의 사회적 결함을 설명하려 시도한 일부 이론들이 있다. 초기에 제시된 한 이론에 따르면, 자폐증의 주된 결함은 손상된 일부 집행 기능 때문이라 주장한다(Hughes et al., 1994; Ozonoff et al., 1991; Russell, 1997). 예를 들어, 틀린 믿음 과제에서는 강하게 활성화된 '물리적 현실'이라는 대안을 억누르는 데 실패함으로써 잘못된 답을 선택하게 될 수 있다. 자폐증의 **손상된 거울 이론**(broken-mirror theory)에 의하면 자폐증 환자들의 사회적 문제점은 오작동하는 거울 시스템의 결과라고 주장한다(Iacoboni & Dapretto, 2006; Oberman & Ramachandran, 2007; Ramachandran & Oberman, 2006; Rizzolatti & Fabbri-Destro, 2010). 이를 지지하는 일부 증거들이 있다. 하지카니 등(Hadjikhani et al., 2006)은 구조적 MRI 기법을 사용하여 자폐증 환자들에게서 복측 전두피질(브로카 영역)을 포함하는 일부 거울 시스템 관련 영역들의 회백질 크기가 감소해 있음을 발견했다. 다프레토 등(Dapretto et al., 2006)은 자폐 아동과 정상 아동에게 얼굴표정을 관찰하거나 모방하도록 지시한 뒤 fMRI를 사용하여 뇌 반응을 측정하였다. 모방 조건에서 정상 아동에 비해 자폐 아동은 복측 전두피질에서 낮은 수준의 활동을 보였고 이러한 경향성은 자폐 증상이 심할수록 크게 나타났다. 오버만 등(2005)은 EEG를 사용하여 고기능 자폐 아동과 정상 아동의 운동피질에서 발생하는 뮤 파형(mu wave)을 측정했다. **뮤파 진동**(mu oscillation)은 특정 주파수(8~13Hz)에서 발생하며 참가자들이 아무 과제도 수행하지 않을 때 가장 높게 나타난다. 하지만 특정 행위를 수행하게 되

면 뮤 파형의 횟수가 감소하며 이 현상을 뮤파 억제라 부른다. 여기서 중요한 점은 정상인들은 타인의 행동을 관찰하는 동안에도 뮤파 억제가 발생하며, 이는 거울 시스템의 활동에 대한 측정치로 간주되곤 했다 (Pineda, 2005). 오버만 등(2005)은 자폐 아동이 행위를 관찰하는 동안(누군가가 손가락으로 무언가를 집는 행동을 보는 것) 정상 아동들의 보이는 수준만큼의 뮤파 억제를 보이지 않지만 직접 행위를 수행하는 동안(직접 손가락으로 무언가를 집는 것)에는 정상인과 차이가 없다는 것을 발견했다. 마지막으로 어떤 이가 특정 행동을 수행하는 것을 보게 되면 자기 자신의 운동 흥분성이 증가하며, 이는 운동피질에 가한 TMS 처치에 의해 발생하는 신체의 운동유발전위 반응(motor-evoked potential, MEP)을 통해 측정될 수 있다. 하지만 이 효과는 자폐증 환자들에게서 줄어드

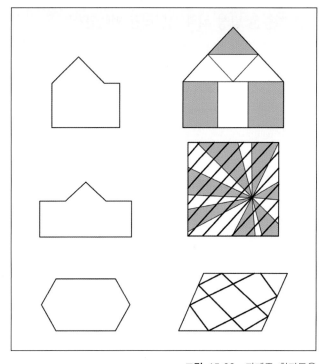

그림 15.22 자폐증 환자들은 그림에 있는 것들과 유사한 숨겨진 도형들을 찾아내는 데 정상인들보다 빠르다.

는 것으로 나타났고, 이들의 운동피질은 다른 맥락에서는 정상적으로 기능한다(Theoret et al., 2005).

요약해보면 자폐증 환자들의 거울 시스템에 기능적 결함이 있다는 믿을 만한 증거들이 있다. 하지만 이러한 거울 시스템의 결함이 과연 핵심적인 결함인지 그리고 이러한 결함이 (틀린 믿음을 포함하는) 모든 종류의 사회적 결함을 설명하기에 충분한지에 대한 부분은 여전히 불분명하다. 첫째로, 모방과 공감을 포함하는 과제들은 시뮬레이션 기제에만 의존하는 것이 아니라 의도적인 관점 이동, 사회적 규칙에 대한 지식, 그리고 인지적인 통제의 평가 시스템도 포함된다(Dinstein et al., 2008; Southgate & Hamilton, 2008). 둘째로, 다른 핵심적인 능력의 결함(예 : 마음 상태를 표상하는 능력)은 거울 시스템의 기능에 영향을 미칠 수 있고, 아마도 이 시스템 내에 구조적인 변화로까지 이어질 수 있다. 헤이즈(Heyes, 2010)는 거울 뉴런들의 속성은 사회적 상호작용의 결과로 학습될 수 있다고 주장한다. 제한된 사회적 상호작용은 거울 시스템의 기능적 결함을 야기시킬 수 있으며, 반대로 거울 시스템의 기능적 결함이 사회적 상호작용을 제한시킬 수도 있다.

마음 이론의 신경학적 기초

마음 이론의 신경학적 기초에 대한 증거들은 주로 정상인들을 대상으로 한 뇌 영상 연

자폐증은 남성 뇌의 극단적인 형태인가?

배런-코헨(2002)은 모든 개인들의 특성을 '공감화'와 '체계화'라는 두 가지 차원으로 구분할 수 있다고 주장한다. 공감화는 다른 사람의 행동을 예측하고 다른 사람이 어떻게 느끼는지에 관심을 갖도록 해준다. 체계화는 논리적이고 규칙에 의거한 체계들을 이해하고 세밀한 부분들에 주의를 기울이도록 해준다. 남성은 체계화쪽으로 편향된 뇌 유형(S>E)을 가지기 쉬운 반면에 여성은 공감화쪽으로 편향된 뇌 유형(E>S)을 가지기 쉽다. 하지만 모든 남성과 여성이 각각 '남성 유형'과 '여성 유형'을 가지는 것은 아니다. 자폐증 환자들은 극단적인 남성적 유형을 가진 것처럼 보이는데(S≫E), 바로 이들의 공감화 결함(이는 마음 읽기의 어려움을 설명해줌)과 높은 수준의 체계화 능력(이는 자폐증 환자들이 지닌 능력과 독특한 흥미를 설명해줌)이 이를 말해준다. 한 설문조사 연구가 이러한 차이점들을 지지하는 결과들을 보여주었지만(Baron-Cohen et al., 2003), 이러한 차이점들이 단순히 기술적인 측면에 국한된 것인지 아니면 실제로 인지적 혹은 신경학적 수준에서 구분된 관련 기제들을 반영하는 것인지는 여전히 모호한 상황이다.

여기서 한 가지 설명이 필요한 관찰 결과는 자폐증이 남성들에게서 더 빈번하게 나타난다는 사실이다. 이러한 현상에 대해 '남성 뇌 가설'은 단순한 설명을 제공한다. 바로 남성들은 남성 유형의 뇌를 가지기 쉽기 때문이다. 또 다른 대안적이지만 관련이 높은 설명은 유전적 요인들에 입각한 설명이다. 다양한 유전자가 자폐증 취약성을 결정하지만(Maestrini et al., 2000) 이들 중 하나는 성별과 관련된 X 염색체에 포함되어 있을 수 있다. 이러한 주장의 증거는 터너 증후군과 관련된다. 대부분의 남성은 자신의 어머니로부터 X 염색체를 받고 아버지(XY)로부터 Y 염색체를 받는다. 대부분의 여성은 각각의 부모들로부터 하나씩을 받아서 2개의 X 염색체(XX)를 가지고 있다. 터너 증후군을 가진 여성은 어머니 혹은 아버지로부터 단지 하나의 X 염색체(XO)만을 가진다. 만약 그 X 염색체가 어머니쪽으로부터 왔다면 그 여성은 자폐증 경향성을 보이게 되지만 아버지쪽으로부터 왔다면 그렇지 않다(Creswell & Skuse, 1999). 이러한 사실은 아버지쪽으로부터 오는 X 염색체가 자폐 경향성을 억제하는 효과를 가질 수 있음을 시사한다. 이러한 염색체를 가지고 있지 않은(어머니쪽으로부터 X 염색체를 받은) 일부 터너 증후군을 가진 여성과 모든 정상적인 남성은 자폐증에 취약한 경향성을 지니게 된다.

구들과 뇌 손상 환자들을 대상으로 한 행동 연구들을 통해 확인되었다. 지금까지 여러 과제들이 사용되어 왔는데 이 중에는 이야기(예 : Fletcher et al., 1995)나 만화(예 : Gallagher et al., 2000)를 읽거나 보고 정신 상태를 직접 추론하는 과제 혹은 타인과 상호작용하는 과제(McCabe et al., 2001) 등이 있다. 정신화와 관련된 세 가지 주요 뇌 영역을 규명한 프리스와 프리스(Frith & Frith, 2003)는 관련된 기능적 영상 연구들의 개관 논문과 메타분석을 제공한 바 있다.

측두극

이 부위는 언어와 의미기억 과제들에서 주로 활성화된다. 프리스와 프리스(2003)는 이 부위가 의미 이해와 관련된 기능 외에도 현재 자신이 처한 사회적 혹은 정서적인 맥락을 구체화시키는 스키마나 도식을 생성하는 데 관여할 수 있음을 주장했다. 잰 등(Zahn et al., 2007)은 이 부위가 비사회적 개념(예 : 영양가 높은-유용한)을 비교할 때보다 사회적 개념(예 : 용감한-훌륭한)을 비교할 때 더 높게 반응하는 부위임을 주장한 바 있다. 또한 이 부위를 활성화시키는 것으로 알려진 정신화 검사들 모두가 언어적 자극들을 포함했던 것은 아니다. 예를 들어, 한 연구에서는 추격하거나 격려하는 것처럼 서로 상호

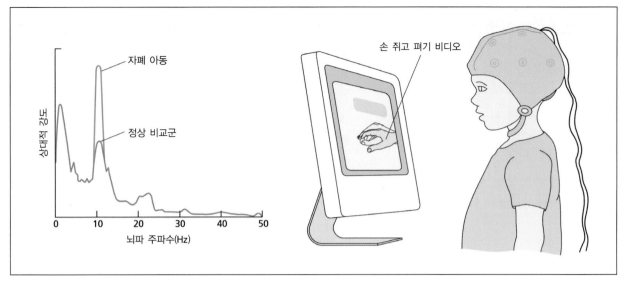

그림 15.23 8~13헤르츠 정도에서 발생하는 EEG 진동인 뮤 파형은 어떤 행동을 하거나 누군가의 행동을 관찰할 때 그 크기가 감소한다. 따라서 이 신호는 인간에게서 거울 뉴런의 신경학적 지표를 제공해줄 수 있다. 다른 사람들이 손을 움직이는 것을 관찰할 때 자폐증 아동은 정상 아동에 비해 뮤 파형의 억제 정도가 약하며, 이는 손상된 거울 이론을 지지하는 증거로 볼 수 있다.

출처 : Ramachandran and Oberman, 2006. Reproduced with permission from Lucy Reading-Ikkanda for *Scientific American Magazine*.

작용하는 삼각형들을 자극물로 사용한 바 있다(Castelli et al., 2000).

내측 전전두피질

프리스와 프리스(2003)는 이 부위가 정신화 과제를 사용한 모든 뇌 영상 연구들에서 활성화되었다고 보고한 바 있다. 여러 기능적 뇌 영상 연구들을 통해 일관성 있게 보고된 바에 따르면, 이 영역은 컴퓨터나 개와 같은 다른 대상에 대해 생각할 때보다 사람들에 대해 생각할 때 더 높은 반응을 보이며(예 : Mitchell et al., 2002, 2005), 다른 사람들의 물리적인 특징들에 대해 생각할 때보다 그들의 마음에 대해 생각할 때 더 높은 반응을 보이는 것으로 나타났다(Mitchell et al., 2005). 전두엽 손상 환자들을 대상으로 한 일부 연구들에 따르면 내측 전전두피질이 마음 이론을 위해 필요하다는 것이 밝혀졌다(예 : Stuss et al., 2001b; Roca et al., 2011). 또한 이 영역은 반어법("피터는 박식하다. 그는 셰익스피어조차 들어본 적이 있다.")이나 은유("너의 방은 돼지우리이다."; Bottini et al., 1994) 등과 같이 언어의 화용론적 측면과도 관련되어 있는 것처럼 보인다. 흥미롭게도 자폐증 환자들은 이러한 측면의 언어적 사용에서 어려움을 보인다(Happe, 1995). 이러한 상황에서는 단어들의 애매한 표면적 속성들(예 : 방은 실제로 돼지우리가 아니다)로부터 화자의 의도를 도출해내야 한다. 기능적 영상 연구들에 따르면 이 영역은 마

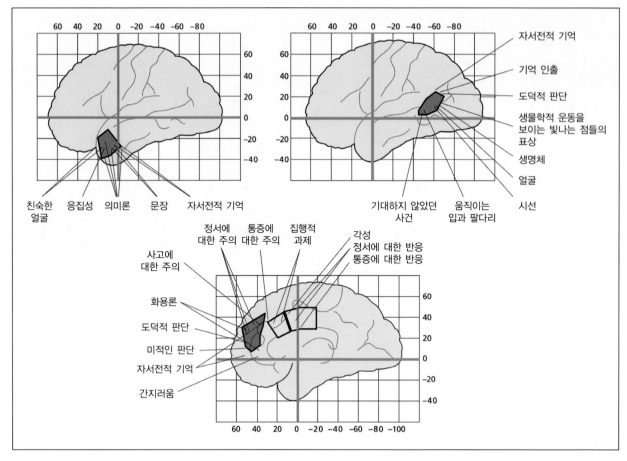

그림 15.24 기능적 뇌 영상 연구들과 뇌 손상 환자 연구들은 마음 이론과 관련된 세 가지 주요 영역(빨간색 부분)을 제안한다. 측두극(왼쪽 위), 측두-두정 접합부(오른쪽 위), 그리고 전측 대상의 일부를 포함하는 내측 전두엽(아래, 전측 대상은 기능적으로 구분되는 영역으로 나누어진 것으로 그려져 있음)이다.

출처 : Frith and Frith, 2003. Reprinted by permission of Royal Society of London and the author.

음이론 뿐 아니라 정신화와 관련 없는 생각이나 문장 간의 실용적인 응집성을 형성하는 데에도 관여하는 것으로 보인다(Ferstl & von Cramon, 2002).

크루거 등(Krueger et al., 2009)은 이 영역이 서로 다른 종류의 정보(행위, 행위자, 목표, 대상, 믿음 등)를 하나로 묶어서 이른바 '사회적 사건'을 창조해내는 기능을 담당한다고 주장한다. 이 연구자들은 이 영역 내 일부 하위 영역이 참가자들이 자기 자신에 대해 판단할 때와 자신과 유사하다고 생각되는 타인에 대해 판단할 때도 증가된 반응을 보인다는 사실을 강조한다. 이러한 사실은 이 영역이 타인에게 마음 상태를 부여하는 기능 자체보다는 타인과 관련하여 자신을 생각하는 기능과 관련되어 있다는 점을 시사한다. 내적으로 사회적 사건을 창조한다는 개념은, 특정 이야기를 이해하기 위해 생각을 연결시키는 과정에서 이 영역이 중요한 역할을 담당한다는 일부 실험 결과도 설명해 줄 수 있다(Ferstl & von Cramon, 2002).

측두-두정 접합부

이 영역은 정신화 과제뿐 아니라 일반적으로 생물학적 운동, 시선, 움직이는 입이나 살아 움직이는 것 등의 지각을 요구하는 연구들에서도 활성화되는 것으로 알려져 있다. 이러한 능력은 다른 '행위자'들을 탐지하고 그들의 관찰 가능한 행동을 처리하기 위해 분명히 중요하다. 시뮬레이션 이론에 따르면 정신화를 위해서는 행위 지각 이상의 그 어떤 것도 필요하지 않다고 주장한다. 하지만 이 영역이 단순히 관찰 가능한 행동을 처리하는 것 이상을 담당하고, 정신 상태를 표상하는 데도 관여한다고 생각해볼 수 있다. 이 부위가 손상된 환자들은 마음 이론 과제에서 실패하곤 하는데, 이는 단순히 신체 지각 능력의 결함으로는 설명될 수 없다(Samson et al., 2004). 색스와 캔위셔(Saxe & Kanwisher, 2003)는 오류 사진 과제(정신화를 요구하지는 않지만 현실과의 불일치를 포함하는 과제)와 비교해서 틀린 믿음 과제(정신화를 요구하는 과제)를 수행할 때 이 부위(오른쪽)의 활동이 증가한다는 것을 발견했다. 오류 사진도 사람들과 행위를 포함한다는 점을 고려하면, 이 결과는 측두-두정 접합 부위가 단순히 행위나 사람의 지각을 넘어 정신화에 있어서 중요한 역할을 담당한다는 주장을 지지한다. 색스와 파월(Saxe & Powell, 2006)은 이 영역이 타인에게 주관적인 상태(배고픔 또는 피곤함)보다는 내용이 충만한 마음 상태(사고와 신념)를 부여할 때 더 높게 반응한다는 것을 보여주었다.

평가

마음 이론 과제를 수행하기 위해서는 언어 처리, 집행 기능, 그리고 행위 지각 등을 포함하는 일부 비전문화된(즉 영역 일반적) 처리 과정들의 사용이 필요하다. 이러한 기제들만으로도 (일부 시뮬레이션 이론에서 주장하는 것처럼) 마음 이론을 설명하기에 충분한지 아니면 타인의 정신 상태를 표상하는 데 전문화된(즉 영역 특수적) 기제가 추가적으로 요구되는지는 여전히 논쟁거리로 남아 있다. 기능적 뇌 영상 연구들과 뇌 손상 환자 연구들이 마음 이론에 핵심적인 영역의 중요성을 강조하고 있지만, 이 영역들이 마음 이론에 어느 정도까지 전문화되어 있는가에 대해서는 여전히 논란이 있다. 그럼에도 불구하고 자폐증은 전문화된 기제가 존재할 수 있음을 시사하는 가장 유력한 증거를 제시한다.

요약 및 핵심 정리

- 현대의 정서 모형들은 몇 개의 분리된 정서들로 구분될 수 있는지 또는 정서 처리는 연속적이지만 비정서적 처리(평가, 언어)와의 상호작용을 통해 정서 범주가 생겨나는지에 따라 다른 입장을 취하고 있다.
- 정서적인 뇌의 각기 다른 영역들은 구분된 기능을 가지지만, 이러한 기능은 (공포, 행복감 등과 같이) 구분된 정서 범주와 정확하게 대응되지는 않는다. 편도체는 정서적 학습과 기억(예 : 공포 조건화)에 중요한 역할을 담당한다. 뇌섬엽과 전대상피질은 정서적 경험에서 신체와 관련된 부분에 있어서 중요한 역할을 담당한다. 안와전두피질은 사회적 그리고 정서적 자극들의 평가와 통제에 중요하게 관여한다. 그리고 복측 선조체는 보상 예측에 중요한 역할을 담당한다.
- 앞서 소개된 정서적 뇌의 기능들은 사회적(예 : 동종개체에 속하는 자극) 그리고 비사회적 영역 모두에서 작용한다.
- 얼굴표정의 인식, 시선처리, 그리고 얼굴 신원의 인식은 서로 구분된 신경 기제들에 의존한다. 상측 측두열은 시선처리에 특히 중요한 반면, 얼굴표정 인식은 적어도 부분적으로는, 그 표정을 구성하는 정서적 그리고 감각운동적 요소의 시뮬레이션 과정에 의존한다.
- 거울 비추기(그리고 시뮬레이션 이론)는 공감을 설명하기 위해 반드시 필요한 요소일 수는 있지만 충분하지는 않다. 공감은 타인에 대한 사회적 지식에 의해 조절될 수 있으며 정신화 과정을 요구할 수도 있다.
- 자폐증 환자들은 마음 이론 기제에 결함이 있을 수 있지만 손상된 마음 이론만으로는 자폐증이 가지는 장점과 단점의 모든 양상을 설명할 수는 없다. 마음 이론의 손상과 거울 시스템의 손상 중 어느 것이 자폐증을 유발하는 핵심적인 결함인지에 대해서는 여전히 불투명하다.
- 타인의 마음 상태를 생각하는 것은 일반적으로 집행 기능에 관여하는 영역 혹은 정서적 평가나 타인 지각에 관여하는 영역과는 구분되는 영역(측두-두정 접합부와 내측 전전두피질 포함)의 핵심적인 네트워크를 포함한다. 이 영역이 마음 이론 기능에만 특정적으로 관여하는지에 대해서는 아직 알려진 바가 없다.

논술 문제

- 각기 다른 정서의 구분된 범주들이 존재하는가?
- 정서 정보처리에 있어서 편도체와 안와전두피질의 구분된 역할을 비교하라.
- 자폐증은 '정신맹'으로 설명될 수 있는가?
- 공감과 마음 이론은 어느 정도까지 시뮬레이션 과정으로 설명될 수 있는가?
- 얼굴 신원 인식, 얼굴표정 인식, 그리고 시선탐지는 어느 정도까지 서로 구분된 기제에 의해 이루어지는가?
- 거울 시스템은 사회적 인지에 있어서 어떤 역할을 가지는가?

더 읽을거리

- Hill, E. L. & Frith, U. (2004). *Autism : Mind and brain*. Oxford, UK : Oxford University Press (also published as an issue of *Philosophical Transactions of the Royal Society of London* B (2003), 358, 277–427).
- Lane, R. D. & Nadel, L. (2000). *Cognitive neuroscience of emotion*. Oxford, UK : Oxford University Press. 이 장 전반부와 관련된 많은 이슈들을 다룬 논문 모음집
- Saxe, R. & Baron-Cohen, S. (2006). *Theory of mind*. Hove, UK : Psychology Press (also published as an issue of Social Neuroscience, 1, 135–416).
- Ward, J. (2012). *The student's guide to social neuroscience*. New York : Psychology Press. 이 분야의 모든 주제에 대한 입문서

제16장

발달하는 뇌

이 장의 내용

뇌의 구조적 발달

뇌의 기능적 발달 : 민감한 시기와 선천적 지식?

행동유전학

유전과 환경을 넘어서 : 유전자-환경의 상호작용

요약 및 핵심 정리

논술 문제

더 읽을거리

많은 사람들이 심리학과 같은 주제에 매료되는 이유는 "무엇이 지금 우리의 존재를 형성하는가?"에 대한 끊이지 않는 의문 때문이다. 오늘날 우리의 존재는 유전에 의해 이미 결정되었던 것일까? 만약 그렇다면 21세기 후반의 부모들은 자녀의 유전자 청사진을 보고 그들의 인지적인 강점과 약점, 성격, 그리고 기질을 알아낼 수 있을까? 아니면 일생 동안 혹은 발달 초기의 경험과 상황이 우리를 만드는 것일까? 이러한 질문들은 유전-환경 논쟁(nature-nurture debate), 즉 개인의 인지와 행동이 유전 혹은 환경에 기인하는 정도에 대한 논의에 있어서 핵심적이다. 유전-환경 논쟁이 여전히 현대 사회와 관련이 있고 과학자와 비전문가들 모두에게서 관심을 받고 있지만, 이번 장에서는 이 논쟁과 관련한 일반적인 가정에 대한 오해를 다룰 것이다. 예를 들어, 유전자는 미리 정해진 청사진을 제공하는 것이 아니라 환경에 의해 그 발현 여부가 조절된다. 그리고 현대적인 개념의 '환경'이란 흔히 알려진 것보다 훨씬 더 범위가 넓은데, 이는 생물학적 환경(예 : 식단, 독소에의 노출)뿐만 아니라 개인적 · 사회적 환경 또한 포함한다.

역사적으로 추는 이 논쟁의 양극단 사이를 오갔다. 예를 들어, 1874년에 프랜시스 골턴은 저서 *English Men of Science : Their Nature and Nurture*에서 천재는 만들어지는 것이 아니라 타고나는 것이라고 주장했다. 그는 '유전 혹은 환경'이라는 말을 만들어냈을 뿐만 아니라, 일란성과 이란성 쌍둥이를 비교함으로써 유전성을 측정할 수 있다는 것도 처음으로 발견한 사람이었다. 골턴은 환경보다 유전을 지지했는데, 이는 인지적으로 더 능력 있는 사람들끼리의 선택적 번식을 장려한(실제로는 정신지체자의 불임 시술을 통해 이행됨) 우생학 운동과 관련되게 되었다.

20세기 초에 추는 그와 반대 방향으로 치우쳤다. 예를 들어, 프로이트의 이론은 발달에서 초기 경험과 양육 방식의 중요성을 강조했다. 또 러시아의 심리학자 레프 비고츠키(Lev Vygotsky, 1896~1934)는 발달에서 문화와 대인 간 의사소통의 역할을 강조했다. 스키너(B. F. Skinner, 1904~1990)와 같은 행동주의자들은 모든 행동이 강화와 처벌에 따른 학습의 산물이라고 주장했다.

장 피아제(Jean Piaget, 1896~1980)는 현대 서양 발달심리학의 창시자로 여겨지고 있다. 피아제는 유전-환경 논쟁에 관해서 중간 입장을 취했다. 그는 발달을 아동과 환경이 상호작용하는 순환적 과정이라고 보았다. 그의 관점에서 발달에 대한 유전적 기여는 개인이 특정한 방식으로 학습하도록 준비된 뇌를 발달시키는 것이나, 발달의 단계적 진행은 환경으로부터의 정보를 동화(assimilate)시키고 피드백을 고려하여 새로운 기제를 발달시키는 과정을 통해 이루어진다. 비록 피아제의 여러 실험적 연구가 그 이후 반박되기도 하였지만(예 : 아동은 피아제가 제안한 것보다 훨씬 이른 시기에 추론을 할 수 있음), 그의 발달에 대한 근본적 접근 방식은 더 인정을 받아왔다.

발달심리학의 전통에 뒤이어 발달인지신경과학은 발달적 변화에 대하여 뇌에 기초한 설명에 초점을 맞추어왔다(Johnson, 2005). 최근의 한 접근법은 신경구성주의(neuroconstructivism)라고 불린다(Westermann et al., 2007). 이는 피아제의 접근법과 마찬가지로 환경과 유전적 요인의 간의 지속적 상호작용을 가정하며 인지체계의 성숙은 이전의 체계의 변형을 통해 이루어진다고 주장한다. 반면 피아제의 접근법과는 달리 발달의 예정된 측면은, 상대적으로 덜 명확한 개념인 예정된 '단계'보다는 뇌 발달상의 여러 제약(시냅스 형성과 수초화 등의 발달적 변화)과 관련하여 해석된다.

이 장에서는 첫째로 출생 이전과 이후의 뇌의 구조

그림 16.1 피아제의 감각운동기(0~2세)에, 아동은 대상의 본질(예 : 숨겨지더라도 여전히 존재한다)과 인과관계의 본질(예 : 행위는 주변 물체에 영향을 준다)에 대해서 학습한다. 그 이후 아동은 더 추상적인 다음 단계들(전조작기, 구체적, 형식적 조작기)을 거쳐간다. 이러한 단계들은 고정적이고 이미 정해진 것으로 간주되지만, 피아제는 다음 단계에 필요한 인지적 과정을 성공적으로 발달시키기 위해서는 환경의 역할이 중요함을 강조했다.

출처 : ⓒ Brooke Fasani/Corbis.

유아와 아동에 대하여 인지신경과학적 방법 적용하기

fMRI와 EEG 같은 방법은 일반적으로 유아와 아동에게 적합한 것으로 생각된다. 어린아이들에게 이 방법을 사용하는 데 있어서 한 가지 장점은 언어나 운동 반응을 반드시 필요로 하지 않는다는 점이다.

기능적 MRI
가이야드 등(Gaillard et al., 2001)은 몇 가지 고려사항에 대한 개관을 제시했다. 서로 다른 나이의 피험자를 비교하고자 한다면, 가장 커다란 문제점은 발달하는 동안 뇌의 구조적 특성이 변화한다는 점이다. 비록 뇌의 부피는 5세경에 안정되지만, 성인이 될 때까지 백질과 회백질의 부피가 변한다(Reiss et al., 1996). 혈역동 반응 함수는 7세 이후에 상대적으로 안정되지만, 이 시기 이전에는 변화가 크다(Marcar et al., 2004). 뇌 구조와 혈류상의 차이는 서로 다른 연령대의 사람들 간에 같은 뇌 영역 활동을 비교하는 것을 어렵게 만든다. 어린아이들은 영상 기기 안에 가만히 있는 것을 힘들어하고, 움직임은 MR 신호의 신뢰성을 저해할 수 있다.

근적외선 분광기법
발달인지신경과학에 현재 사용되는 비교적 새로운 방법 중 하나가 근적외선 분광기법(near-infrared spectroscopy, NIRS)이다(요약은 Lloyd-Fox et al., 2010 참조). 이것은 fMRI처럼 혈역동적인 방법으로 혈류 내 산호포화도를 측정한다. fMRI와 달리 어느 정도 움직임을 수용할 수 있고, 또 이동도 가능하다. 유아들은 부모의 무릎 위에 바로 앉혀서 사용할 수 있다. 그러나 공간해상도가 떨어지며, 일반적으로 전체 두뇌를 커버하지 않는다.

ERP/EEG
어린 피험자를 대상으로 ERP/EEG를 사용할 때 전극, 과제, 요구되는 시간을 아동이 참을 수 있는지에 따른 제한점이 있다(Thomas & Casey, 2003). 아동과 성인은 두 집단 모두가 쉽다고 여기는 과제에서도, 상당히 다른 ERP 패턴을 보일 수 있다(예 : 잠재기, 진폭, 두피 표면상의 분포 면에서)(Thomas & Nelson, 1996). 이는 나이와 관련된 인지적 차이(즉 같은 과제라도 다른 나이대에서 서로 다른 방식으로 수행될 수 있음) 또는 비인지적 차이(예 : 두개골 두께의 영향, 세포 밀도 혹은 수초화의 정도)를 반영할 수도 있다.

TMS
현재의 윤리, 안전 규준(Wassermann, 1996)은 부득이한 치료적 목적(예 : 우울증)이 있는 경우를 제외하고는 아동에게 반복적인 TMS 시술을 하는 것을 권하지 않는다.

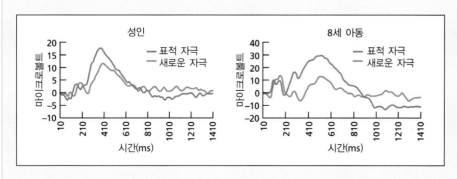

그림 16.2 성인과 아동은 동일한 행동적 수행에도 불구하고 매우 다른 시각적 ERP 파형을 보여준다.

출처 : Adapted from Thomas and Nelson, 1996.

적 발달을 다룰 것이다. 그다음에는 결정적 시기와 민감한 시기, 타고난 지식에 대한 증거 등을 포함한 발달적 변화의 본질을 살펴볼 것이다. 유전적 차이의 기원과 행동유전학에 대한 개관은 그 이후 발달 인지신경과학에 대한 유전적 영향의 몇 가지 구체적인 예들을 다룰 것이다. 분자유전학의 발전과 함께 오늘날에는 유전적 영향과 경험이 뇌의 구조와 기능에 어떻게 변화를 만들어내는지를 이해하는 것이 가능해지고 있다. 이는 유전-환경 논쟁을 재고하는 흥미로운 기회로 이어지고 있다.

핵심 용어

근적외선 분광기법(NIRS)
일반적으로 하나의 뇌 영역에서 혈류 산소포화도를 측정하는 혈역동 방법

뇌의 구조적 발달

고틀립(Gottlieb, 1992)은 발달에 대한 다른 아이디어를 논의한다. 예정된 발달(predetermined development)에서 유전자는 뇌의 구조를 결정하고, 뇌의 구조는 뇌의 특정 기능을 가능하게 하고, 뇌의 기능은 우리의 경험의 유형을 결정한다. 이것이 유전자가 인지에 영향을 미치는 방식에 대한 전통적인 관점이다. 이와 대조적으로 고틀립은 확률적 발달(probabilistic development) 관점의 개요도 제시하였는데, 경험이 뇌 구조와 유전자의 표현에도 영향을 줄 수 있고, 그 반대의 작용도 가능하다는 것이다. 이는 현대 발달인지신경과학에서 지배적인 관점을 대표한다. 임부의 식단과 자궁 내 바이러스 혹은 유독 물질과 같은 환경적 영향도 태아의 뇌 구조, 나아가 기능을 변경할 수 있다. 출생 이후에는 모든 일상적 경험들이 시냅스 연결의 패턴을 바꾸는 형태로 뇌 구조에 작은 변화들을 유발한다. 때때로 이러한 변화들은 거시적인 수준에서 관찰되기도 한다. 세 달 동안 3개의 공으로 저글링하는 법을 배운 성인은, MRI 검사 결과 시각적 운동 탐지에 특화된 뇌 영역(V5/MT)에서 회백질 밀도가 증가된 것으로 나타났다(Draganski et al., 2004). 이 사례는 이 단원의 핵심 개념인 가소성을 보여주고 있다. 가소성이란 경험 의존적인 신경 기능의 변화를 의미한다. 그러나 여기에서도 유전적 요인의 역할이 있을 수 있다. 예를 들어, 유전적 요인은 특정 시점(민감한 시기)에 특정 영역의 가소적 변화 가

고틀립(1992)의 발달에 대한 다른 관점

예정된 발달 :

유전자 → 뇌 구조 → 뇌 기능 → 경험

확률적 발달 :

유전자 ↔ 뇌 구조 ↔ 뇌 기능 ↔ 경험

그림 16.3 총 세 차례에 걸쳐 MRI 영상을 얻었다. 저글링을 배우기 전, 3개월 동안 훈련한 후, 그리고 추가적인 연습 없이 3개월 경과 후이다. 그래프는 시각운동 지각과 관련된 영역(V5/MT)에서 회백질 밀도의 증가를 보여준다.

출처 : Reprinted by permission from Macmillan Publishers Ltd : Draganski et al., 2004. ⓒ 2004.

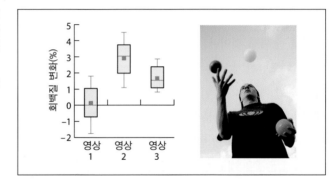

능성을 높일 수 있다.

뇌의 구조적 발달은 편의 상 출생 이전과 출생 이후(즉 각각 태내, 생후)의 시기로 나누어볼 수 있다.

태내 발달

인간의 임신 기간은 수정으로부터 약 38주이다. 새로 형성된 태아는 빠른 세포 분열의 과정을 거친 후에 각 세포들이 점점 특화되는 분화(differentiation)의 과정을 겪는다. 신경계는 신경관(neural tube)이라는 빈 원기둥처럼 배열된 세포의 집합으로부터 만들어진다. 임신 5주경, 신경관은 몇몇 볼록한 부분(bulge)과 주름들로 구성되게 되는데, 이들이 뇌의 다양한 영역을 형성하게 된다(예 : 피질, 시상과 시상하부, 중뇌, 등). 신경관의 빈 공간 가까이에는 여러 증식 지역(proliferative zone)이 있는데, 여기서 증식 세포[신경모 세포(neuroblast)와 신경교아 세포(glioblast)]의 분열에 의해 뉴런과 교세포가 생산된다. 퍼브스(Purves, 1994)는 발달 초기의 특정 시기 동안에는 태아의 뇌가 1분에 250,000개의 뉴런을 새로 만들어야 한다고 추정했다.

새로 형성된 뉴런은 바깥으로 이동해 이후에 성숙한 뇌에서 그들이 일할 곳으로 이동한다. 이는 두 가지 방법으로 나타난다. 우선 수동적인 메커니즘에 의해 오래된 세포는 뇌의 표면 쪽으로 밀려나가는 경향이 있다. 해마와 같은 구조는 이러한 방식으로 형성된다. 또한 능동적인 메커니즘에 의해 새로운 세포는 오래된 세포들을 지나쳐서 특정 위치로 이동하도록 안내를 받는다. 라킥(Rakic, 1988)은 새로 형성된 뉴런들을 최종 목적지까지 안내하여 등산용 로프와 같은 역할을 하는 방사교 세포(radial glial cell)를 발견했다. 뇌의 구불구불한 표면인 신피질은 이러한 방식으로 형성된다.

생후 발달

출생 시 신생아의 머리는 전체 키의 4분의 1을 차지한다. 비록 신생아의 뇌 크기는 어른 뇌 크기(1,400g)와 비교하여 작지만(450g), 인류의 먼 조상들과 현존하는 영장류의 머리에 비해서는 크다(신생아의 뇌는 어른 침팬지 뇌의 75% 크기이다). 대부분의 뉴런은 출생 이전에 형성되므로, 출생 이후의 뇌의 부피 확장은 시냅스, 수상돌기, 축색 다발의 증가, 교세포의 급증, 그리고 신경섬유의 수초화 등의 요인에 기인한다.

후텐로허와 다브홀카(Huttenlocher & Dabholkar, 1997)는 인간의 대뇌피질의 다양한 영역에서 시냅스 밀도를 측정했다. 이는 뉴런들이 서로 연결되어 있는 정도에 대한 측정치이며, 뉴런 그 자체의 수나 시냅스의 활성화 정도와는 관련이 없다. 지금까지 연구된 모든 피질 영역에서 시냅스 형성(synaptogenesis) 과정에는 특징적인 증가와 감소 패턴이

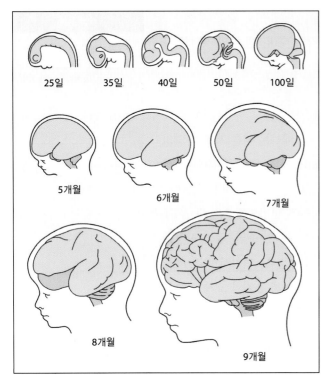

그림 16.4 인간의 배아기와 태아기의 뇌 발달. 언어 습득과 관련된 좌우 반구 간 피질의 비대칭성은 24주경에 나타난다.

관찰된다. 일차시각피질과 일차청각피질에서는 생후 4~12개월 사이에 최고로 높은 시냅스 밀도가 나타나는데, 이는 성인의 150% 수준이었다. 그러나 생후 2~4년 사이에 시냅스 밀도는 성인의 수준으로 내려간다. 전전두피질에서는 생후 12개월경에 밀도가 최고조에 달하며, 10~20세 사이가 되어서야 성인의 수준으로 내려간다. PET 연구에 따르면 발달 중인 뇌의 포도당 대사는 비록 최고조에 달하는 시기는 다소 늦은 경향이 있지만, 시냅스 형성에서와 유사한 증가와 감소를 보인다(Chugani et al, 1987). 포도당 대사는 신경 구조의 변화보다는 실제 신경 활동에 대한 측정치일 수 있다. 왜 발달의 과정 중에 시냅스의 수가 감소하는 것일까? 많은 수의 시냅스가 반드시 더 효율적인 기능을 반영하는 것은 아니다. 발달하는 동안 환경의 요구에 맞춰 뇌를 미세하게 조정하는 과정에서 어떤 시냅스들은 불필요해질 수 있다.

수초화(myelination)란 축색을 둘러싼 지방질의 피복(sheath)의 증가를 말하며 이는 정보 전달의 속도를 높여준다. 구조적 MRI에서 생후 20년 동안의 백질 밀도 증가는 이러한 수초화의 진행 과정을 반영하는 것으로 보인다(Giedd et al., 1999). 전전두피질은 시냅스 제거와 미세 조정 과정이 늦을 뿐 아니라 수초화에서도 성인 수준에 가장 늦게 도달하는 영역들 중

그림 16.5 시냅스 형성은 오르내리는 패턴을 가진다. 대개 출생 직후 최고조에 달하나 성인의 시냅스 수준으로 감소하는 데 걸리는 시간은 피질 영역에 따라 크게 차이 난다.

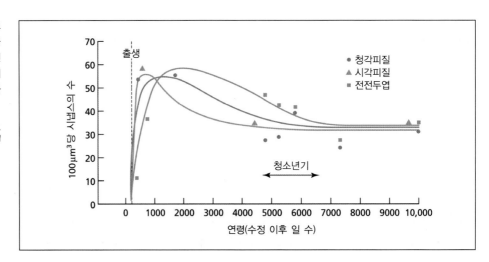

하나로서, 청소년기의 성숙한 사회적 행동의 발달과 일반적인 행동 통제에 기여할 것이다.

뇌 발달의 원초 지도과 원초피질 이론

피질의 각 영역은 구조적 차이를 보인다. 이는 서로 다른 층에서 궁극적으로 기능을 결정짓는 세포군의 종류와 입출력 연결의 패턴의 차이로 나타난다. 그런데 이러한 지역적 구조는 언제, 어떻게 발생하는가? 특히 이러한 현상이 어느 정도까지 출생 이전의 혹은 출생 이후의 뇌 발달의 산물인가? 뇌 발달의 원초 지도(protomap; Rakic, 1988), 그리고 원초피질(protocortex; O'Leary, 1989) 이론은 이와 같은 질문에 대해 서로 다른 답을 제공한다.

원초 지도 이론은 피질의 지역적 배치가 태내 발달 단계에서 이루어진다고 주장한다. 초기 증식 지역은 서로 다른 피질 영역의 최종적인 배치를 구체화하는 것으로 가정된다. 이것은 증식 지역으로부터 새로운 뉴런을 이동시키는 방사교 세포(Rakic, 1988)와 뉴런의 구조와 이주, 생존에 영향을 미치는 다양한 분자신호[전사(transcription) 요인]의 지역적 차이를 통해서 이루어질 수 있다(Sur & Rubenstein, 2005 참조). 이러한 신호의 양(dose)적 차이는 뇌의 다양한 엽(lobe)의 크기(dimension)를 결정한다. 예를 들어, 일정 수준의 역치를 넘는 양은 새로운 뉴런으로 하여금 전두엽 뉴런이 가지는 특징을 발달시키도록 지시하지만(예 : 연결성의 측면에서) 그 역치보다 낮으면 두정엽의 뉴런과 유사해질 것이다(Fukuchi-Shimogori & Grove, 2001). 이는 뇌 구조의 개인차를 발생시키거나 진화적 발달을 가능하게 하는 간단한 기제를 제안한다(예 : 양을 바꾸는 것은 전두엽의 확대에 급격한 진화적 변화를 일으킬 수 있음).

반면에 원초피질 이론은 서로 다른 피질 영역이 처음에는 동등했으나 시상으로부터의 투사(projection)에 의해 전문화된다고 주장한다(O'Leary, 1989). 이것은 생후의 감각 경험에 의해 영향을 받는다고 가정된다. 발달 중인 시각피질의 일부분이 촉각이나 청각에 전문화된 뇌의 영역으로 이식된다면 어떤 일이 일어날까? 원초피질 이론은, 피질 영역은 초기에 서로 교환될 수 있으며 이식된 시각피질은 시상에서 들어오는 신체감각적 혹은 청각적 투사에 의해 촉각 혹은 청각에 반응하게 될 것이라고 예측한다. 이것은 어느 정도 실제로 일어나는 것으로 확인되었다. 신체감각피질로 이식된 시각피질은 쥐의 수염에 대한 접촉에 반응하고 시상의 체성감각 영역에 다시 연결되었다(Schlagger & O'Leary, 1991). 흰담비의 눈으로 들어온 시각 정보가 청각피질로 경로가 변경된다면(망막에서 청각피질에 정보를 보내는 시상의 청각 영역으로 회로를 변경함으로써), 청각피질은 시각적 속성을 띠게 된다. '청각' 뉴런은 특정 시각적 방위(orientation)와 움직

핵심 용어

수초화 축색 돌기를 둘러싼 지방질 피복이 증가하는 현상으로, 정보 전달의 속도를 높여줌

임 방향에 반응한다(Sharma et al., 2000; Sur Garraghty & Roe, 1988).

이 두 이론이 어떻게 조화될 수 있을까? 수르와 루벤스타인(Sur & Rubenstein, 2005)은 그들의 개관 논문에서, "원초 지도/원초피질 논쟁은 더 이상 남아 있지 않다."고 결론지었다(p.809). 원초 지도 이론은 환경 자극의 역할을 완전히 배제한 적이 없다. 반대로 시각적으로 신경 회로가 변경된 '청각'피질도 일반적인 청각피질의 연결성의 흔적을 여전히 가지고 있으며 이 영역에서의 시각적 표상은 정상적인 시각피질에서보다 질이 떨어진다(Sharma et al., 2000). 이것은 원초피질 이론이 서로 다른 피질 영역 간의 완전한 교환 가능성을 가정해서는 안 된다는 것을 의미한다.

평가

이 단락은 고틀립(1992)의 뇌의 구조가 유전자에 의해 이미 결정되었다는 예정된 발달과 뇌의 구조가 유전자와 경험에 의해 결정되는 확률적 발달에 대한 구분으로부터 시작되었다. 뇌 발달 연구 자료들은 후자를 지지한다.

뇌의 기능적 발달 : 민감한 시기와 선천적 지식?

지금까지 발달 과정에서 뇌 구조가 어떻게 변화하는지를 알아보았다. 이번 단락에서는 발달하는 과정에서 뇌 기능(예 : 여러 종류의 능력과 지식)이 어떻게 변화하는지에 중점을 둔다. 특히 두 가지 광범위한 논제를 다루게 될 것이다. 첫째, 발달에서 결정적/민감한 시기의 역할과 둘째, 지식이나 능력이 타고나는 정도에 대해 알아볼 것이다.

발달에서 결정적 시기와 민감한 시기

1909년, 젊은 오스트리아인 콘라트 로렌츠(Konrad Lorenz)와 그의 친구(훗날의 아내) 그레틀(Gretl)은 이웃으로부터 두 마리의 갓 태어난 오리를 선물받았다. 새끼 오리는 그들을 부모로 착각하여 어디든지 따라다녔다. 새끼 각인(filial imprinting)이라고 명명된 이 과정에 대해 로렌츠는 성인이 되어 거위를 대상으로 집중적으로 연구하여, 노벨상을 받았다(Tinbergen, 1951 참조). 로렌츠는 거위가 새끼 각인을 형성할 수 있는 기간은 15시간에서 3일 정도의 짧은 기간이라는 것을 발견했다. 한 번 각인되면 새끼 거위는 다른 새로운 부모를 따르는 법을 학습하지 못한다. 새끼 거위가 어떤 물체에 각인하는지를 결정하는 과정에서 자극의 움직임이 결정적인 역할을 하는 것처럼 보였다. 포유류의 피질에 대응되는 것으로 여겨지는 IMHV(intermediate and medial of the hyperstriatum ventrale)라고 알려진 새끼 거위의 전뇌(forebrain) 영역은, 각인을 가능하게 하는 데 결정적이다(Horn & McCabe, 1984).

이 연구는 각인에 **결정적 시기**(critical period)가 있다는 것을 시사한다. 결정적 시기는 두 가지 정의적 속성을 지닌다. 첫째, 학습은 한정된 기간 내에서만 이루어질 수 있다. 둘째, 이미 학습한 것을 이후 경험을 통해 되돌리기 어렵다. 후속 증거들에 따르면 적절한 초기 경험이 부족한 경우(예 : 움직이는 대상을 초기에 경험하지 못하면) 이 기간이 연장될 수 있고, 특정 상황에서는 학습을 되돌릴 수 있다. 따라서 많은 연구자들은 **민감한 시기**(sensitive period)라는 더 완화된 표현을 선호한다. 예를 들어, 한 대상에 각인된 새끼는 종종 유사한 외형(예 : 색깔과 모양)의 다른 대상에게로 각인을 일반화시킬 수 있다. '결정적' 시기가 지났을지라도, 특징이 점차적으로 바뀌는 대상에 노출시키면 새끼의 최종 선호 대상은 맨 처음 선호했던 대상과 달라질 수도 있다(Bolhuis, 1990).

시각 능력의 발달도 민감한 시기의 증거를 보여준다. 예로, 허블과 비셀(Hubel & Wiesel, 1970b)은 생후 초기에 (한쪽 눈을 꿰맴으로써) 한쪽 눈으로부터 시각적 자극이 박탈된 고양이의 일차시각피질에서 단일세포 측정을 했다. 정상적인 고양이들은 두 눈에서 들어오는 자극에 반응하는 세포를 가진 반면, 실험 고양이들의 세포는 자극을 볼 수 있는 눈으로부터 들어온 정보에만 반응한다는 것을 발견했다. 생후 4~5주 사이의 민감한 시기 동안, 3~4일의 눈 닫힘은 양안 입력 정보에 반응하는 세포 수의 확연한 감소를 가져온다.

언어와 같은 고차원적인 인지 능력은 어떨까? 초기에 레너버그(Lenneburg, 1967)는

핵심 용어

결정적 시기 학습이 일어나기 위해 적절한 환경 자극이 필수적인 기간

민감한 시기 학습이 일어나기 위해 적절한 환경 자극이 특별히 중요한(그러나 꼭 필수적이지만은 않은) 기간

그림 16.6 이 새끼 거위들은 오스트리아 교수 콘라트 로렌츠가 마치 어미인 양 따라다닌다! 이러한 과정을 새끼 각인이라고 부른다.

출처 : © Science Photo Library.

언어 습득은 결정적 시기를 가지며, 이는 사춘기 즈음에 갑작스레 끝난다고 주장했다. 하지만 언어를 이해하고 산출하는 능력은 듣기, 운동 능력, 작업 기억 용량 등에 의존할 가능성이 높다. 이러한 각각의 기본 능력들은 제각기 다른 민감한 시기를 가질 수 있기 때문에, 언어의 여러 요소는 사춘기라는 고정된 시점이 아닌 각기 다른 민감한 시기를 가질 수 있다. 예를 들어, r과 l의 구분과 같은 음소의 변별에 대한 민감한 시기는 영아기이며, 그 이후의 노출은 효과가 없다(McCandliss et al., 2002). 이와 대조적으로 강세는 아동기 동안에는 더 유동적으로 변화 가능하지만 성인기 이후에는 고치기 매우 어렵다.

야생(feral) 아동 연구는 레너버그의 아이디어를 어느 정도 지지한다. 지니는 정신적으로 불안정한 가족에 의해 생후 20개월부터 13세까지 감금되었다가 1970년 로스앤젤레스에서 발견되었다(Curtiss, 1977). 이 기간 동안 그녀는 심하게 학대를 당했고 그녀는 말하거나 다른 사람이 그녀에게 말을 거는 것을 허락받지 못했었다. 구출 당시 그녀는 거의 벙어리 상태였고, 20개의 단어 정도만을 알고 있었다. 수양 부모 아래에서 양육받기 시작한 이후 첫 18개월 동안, 그녀의 언어는 단어와 문법을 포함한 모든 면에서 잘 발달하였다고 보고되었다. 이는 민감한 시기에 반대되는 증거로서 제시되었다(Fromkin et al., 1974). 비록 문법만이 영향을 받았는지 아니면 전반적인 언어 능력이 영향을 받은 것인지에 대해서 여전히 논란이 있지만(Jones, 1995), 그녀의 사례에 대한 후속 연구들은 민감한 시기를 지지하는 쪽에 더 가까우며, 지니의 언어 습득은 다른 어린아이들에 비해서 매우 부족하다는 점이 밝혀졌다.

다행히도 어린 시절부터 모국어 습득을 차단당한 어린이를 연구한 사례는 극히 적은 수로 제한된다. 하지만 제2외국어 습득은 민감한 시기의 존재를 검증할 수 있는 더 큰 원천이다. 제2외국어 습득 능력은 민감한 시기가 고정된 시점에서 끝나기보다는 연령에 따라 선형적으로 감소하는 것으로 보인다(Birdsong, 2006). 많은 성인은 제2외국어에 능해질 수 있지만 어린이들과는 다른 방식을 사용한다(예 : 더 외현적인 전략의 사용). 뇌 영상 연구들은 획득 연령과 숙련도 수준 모두가 성인들의 제2외국어 처리의 신경 기반을 결정한다고 밝혔다. 이탈리아어-독일어 이중언어 화자를 대상으로 한 fMRI 연구는 통사적인 과제와 의미적인 과제를 비교하였다(Wartenburger et al., 2003). 구문 판단 과제에서는 획득 연령이 중요하였다. 제2외국어를 늦게 배운 사람들은 숙련도에 상관없이 구문을 처리하는 언어 영역에서 더 큰 활성화를 보였다. 이는 신경 효율성(여기서는 더 많은 활성화가 더 낮은 효율성으로 해석됨)과 관련하여 문법에 민감한 시기가 있음을 암시한다. 반면 의미 판단 과제에서는 활성화 패턴이 획득 연령보다는 제2외국어의 숙련도 수준과 관계되었다(즉 언어 의미에 대해서는 민감한 시기의 영향이 거의 없음을 나타냄).

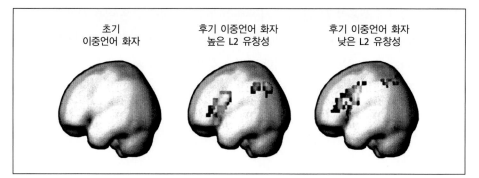

| 초기 이중언어 화자 | 후기 이중언어 화자 높은 L2 유창성 | 후기 이중언어 화자 낮은 L2 유창성 |

그림 16.7 문법 처리와 관련된 두뇌 활동을 모국어(L1)와 제2외국어(L2)에 대해 비교하면, 초기 이중언어 화자들(태어나면서부터 L2를 배운 사람)은 차이를 보이지 않는다. 그러나 후기 이중언어 화자들(태어난 지 6년 후 L2를 배운 사람)이 문법 판단을 할 때, 그 언어의 유창성과 상관없이 언어 관련 영역들에서 L2가 보다 많은 활성화를 일으킨다. 이것은 효율적인 문법 습득에 대한 민감한 시기가 있다는 것을 말해준다.

출처 : Perani & Abutalebi, 2005.

발달에서 신경계의 어떤 일반적인 속성이 민감한 시기를 만드는가? 토머스와 존슨(Thomas & Johnson, 2008)은 이 주제에 대한 개관 논문을 제시했다. 하나의 가능성에 따르면, 뉴런들은 엄격한 성숙 시간표에 따라 학습할 준비를 갖추며(예 : 시냅스 형성), 이후에는 엄격한 시간표에 따라 '화석화(fossilize)'된다(예 : 가소성 감소, 약한 연결 제거). 두 번째 가능성에 따르면, 뉴런들은 학습할 준비를 갖추지만 이 과정은 어느 정도 자기 종결적(self-terminating)이다. 즉 민감한 시기는 적절한 노출을 '기다린다'. 예를 들어, 새끼 각인에서 특정 유전자가 민감한 시기의 시작 시점에 발현되었다가 각인 이후 10시간 뒤에 종료된다는 증거가 있다(Harvey et al., 1998). 양 눈에 심한 백내장을 가지

초기 뇌 손상 이후의 기능 회복

드물긴 하나 유아기와 아동기에도 뇌졸중이 발생하는 경우가 있다. 그러나 이런 경우 인지에 미치는 장기적 영향은 성인기 뇌졸중만큼 심각하거나 구체적이지 않다. 이것은 인생 초기에 가소성이 가장 좋다는 관점과 일치한다. 여러 연구들에서 출생 즈음에 뇌졸중을 겪었던 아동들이 정상적인 범위의 지적·언어적 기술을 발달시킨다는 것을 보고했다(Aram & Ekelman, 1986; Ballantyne et al., 2008). 언어와 관련해서 fMRI로 측정한 결과 어린 시절 좌뇌에서 병변이 발생한 경우, 우뇌의 언어 기능을 유발한다는 것이 종종 발견되었다(Liegeois et al., 2004). 이 연구에서 심지어 '고전적인' 언어 영역(예 : 브로카 영역)을 벗어난 영역에 생긴 병변 또한 우뇌의 언어 기능을 유발할 가능성이 마찬가지로 높은 것으로 드

러났다. 이는 영역별 기능 분화가 점진적으로 나타나며, 완전하게 미리 결정된 것이 아니라는 관점과 일관된다. 뇌가 새로운 뉴런을 잘 성장시키지 못한다는 점을 고려해보면, 우뇌에서 언어 기능을 담당하게 되는 것이 전통적인 우뇌의 기능(예 : 시공간적 기능)에 방해가 되지 않는지에 대한 의문이 들 수 있다. 이와 관련된 몇 가지 증거가 있다. 리츠바 등(Lidzba et al., 2006)의 보고에 따르면, 초기 뇌졸중으로 인해 우뇌가 언어 기능에 관여하는 정도(fMRI로 측정)는 시공간 과제의 수행과 부적 상관이 있었다(즉 우뇌 언어 기능이 우세할수록 시공간 기능이 뒤떨어짐). 이는 초기 가소성이 뇌 손상의 회복을 도와주지만, 그것이 아무 대가 없이 이루어지는 것은 아니라는 사실을 시사한다.

고 태어난 유아가 생후 9개월이 지난 시점에서 백내장 수술을 받은 이후 시력이 매우 정확해졌다고 한다(Maurer et al., 1999). 이것은 시력의 발달이 어느 정도 적당한 환경을 '기다린다'라는 것을 시사한다. 하지만 이것은 부분적으로만 사실이다. 왜냐하면 생후 6개월에 백내장 수술을 받은 9세 아이들이 얼굴에 대한 시각적 정보처리에 어려움을 겪는다는 보고도 있기 때문이다(Le Grand et al., 2001).

선천적 지식?

아마도 발달인지신경과학에서 가장 논란이 되는 주제는 지식이나 능력이 얼마만큼 타고난 것이라 말할 수 있는지에 대한 문제일 것이다(Karmiloff-Smith, 2006; Spelke, 1998). 소위 **경험주의자**(empiricist, 마음은 백지라고 믿음)와 **선천주의자**(nativist, 적어도 어떤 유형의 지식은 타고난다고 믿음) 간의 분열은 긴 역사적·철학적 전통을 가지고 있다.

선천적이라는 단어 자체도 여러 연구자들 사이에서 다소 다른 함축적 의미를 상기시킨다. 어떤 이들에게 이 단어는 행동이 자연 선택의 산물이라는 개념과 동의어로 인식된다(Ridley, 2003). 이러한 맥락에서 **본능**(instinct)이라는 단어가 종종 사용되며 조류의 새끼 각인(Tinbergen, 1951)이나 인간의 언어(Pinker, 1994)가 이에 대한 적합한 예시이다. '선천적'이라는 단어 사용에 있어, 발달의 민감한 시기 내에서 경험의 역할이 여전히 인정된다. 새끼 새는 환경으로부터 적합한 대상에 노출되었을 때만 각인을 할 것이고, 아동은 적합한 입력 자극을 받았을 때만 정교한 언어를 학습할 수 있다. 그러나 두 예에서 특정한 행동의 내용은 타고난다고 말할 수 없다. 새끼 새는 자신의 어미뿐만 아니라 오스트리아인 교수에 대해서도 기꺼이 각인을 할 것이고, 아동은 다양한 범위의 단어와 문법을 학습할 수 있으며, 언어 산출의 방식(예 : 말하기 대 수화)조차도 미리 예정되지 않는다. 이와 같은 '타고남'의 의미는 특정 지식을 습득할 수 있도록 준비된다는 것이지, 그 지식 자체는 타고나는 것이 아니다.

이는 선천적이라는 단어가 적용되는 두 번째 방식을 고려하도록 만든다. 즉 지식이나 행동이 적절한 경험의 부재 상태에서도 나타난다면 선천적이라고 볼 수 있다는 개념이다. '타고남'의 개념을 이와 같이 정의하는 것은 많은 논쟁을 유발했다(Spelke, 1998). 이런 의미에서 고양이의 일차시각피질의 초기 발달은 그 고양이의 시각 경험 여부에 따라 차이가 나지 않으므로 타고난 것으로 볼 수 있다(Blakemore & Vansluyters, 1975). 정상적으로 발달한 고양이들과 양안이 시각적으로 박탈된 고양이들 모두 생후 약 3주까지는 특정 방향의 선에 반응하는 세포를 가지게 된다(Blakemore & Vansluyters, 1975). 그러나 성숙한 체계가 형성되기 위해서는 경험이 필요하다. 복잡한 시각 경험이 있을 때, 이 세포들은 더 미세하게 조정되어 생후 4주경에는 성인의 세포와 유사해진다. 그

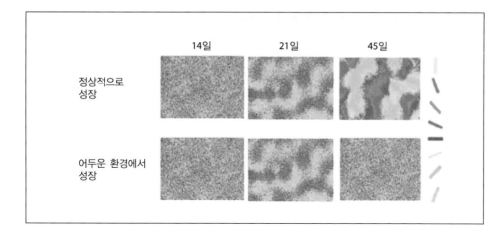

그림 16.8 생후 14일, 21일, 45일에 정상적인 시각 환경에서 자란 고양이(위)와 어두운 환경에서 자란 고양이(아래)의 일차 시각피질에서 관찰한 방위 선택성. 어두운 환경에서 자란 고양이는 21일까지는 정상적인 발달을 보였지만 이후에 감소를 보였다. 서로 다른 색상은 뉴런들이 특정한 방위에 반응한 정도를 나타낸다.

출처 : Adapted from Crair et al., 1998.

러나 적절한 시각 경험이 부재한다면, 눈이 먼 고양이는 이러한 특수성을 잃어버리게 된다.

공포증의 발달에 대해서도 유사한 결론이 나타난다. 인간은 뱀과 같은 특정 대상에 대한 공포를 쉽게 학습할 수 있다(예 : 전기충격과 연합시킴으로써). 하지만 꽃과 같은 자극에 대한 공포를 학습하는 것은 어렵다. 이러한 현상은 **준비된 학습**(prepared learning)이라고 불린다(Seligman, 1971). 일련의 연구들에서 미네카와 동료들은 원숭이의 공포 조건화를 연구했다 (개관은 Ohman & Mineka, 2001 참조). 야생 원숭이에게서 태어나 감금되어 자란 원숭이는 뱀에 대한 공포를 보인 반면, 감금되어 사육된 어미에게서 태어난 원숭이는 그렇지 않았다. 공포가 없던 원숭이는 다른 원숭이들이 뱀에 대해 두려운 반응을 나타내는 비디오를 본 뒤 뱀에 대한 공포를 학습할 수 있었다. 하지만 같은 방법으로 꽃에 대한 두려움을 학습하지는 못했다. 이 연구는, 뱀과의 실제 접촉이 아닌 간접적으로 전달된 공포일지라도 뱀에 대한 공포가 형성되기 위해서는 적절한 경험이 필요하다는 것을 시사한다. 즉 이러한 행동은 자연 선택의 결과라는 측면에서는 선천적이라 말할 수 있지만, 경험 없이도 발달한다는 의미로서 선천적이라고는 할 수 없다.

그림 16.9 할로우는 그의 유명한 논문 '사랑의 본질'에서 원숭이들이 철사 어미가 우유를 제공함에도 불구하고 철사 어미보다 부드러운 봉제 어미에 대한 선천적 선호를 가지고 있다고 주장했다.

출처 : Harlow, 1958. Reproduced with kind permission of Harlow Primate Laboratory, University of Wisconsin.

분명, 어떠한 선호도는 경험에 의존하지 않는 의미에서 선천적이라고 할 수도 있을 것이다. 신생아들은 중성적이거나 신맛보다 단맛을 선호하며(Desor et al., 1975) 어떤 시각적 패턴을 다른 것들에 비해 더 선호한다. 할로우(Harlow, 1958)는 윤리적으로 올바르다고 할 수 없는 일련의 연구 결과들을 보고했는데, 이 연구에서는 새로 태어난 원숭이들이 어미와 분리되어 봉제된 인형 원숭이나 철사로 만든 원숭이와 같은 인공 어미에 의해서 '길러졌다'. 원숭이들은 철사 어미가 우유를 제공함에도 불구하고 부드러운 털로 덮인 봉제 어미에게 붙어 있는 것을 더 선호했다. 이러한 결과는, 모성애는 단지 배고픔과 같은 기본적인 욕구 충족에 대한 학습된 보상이라고 믿었던(그것이 사실이라면 원숭이가 철사 어미에게 애정을 보였을 것임) 당시의 표준 행동주의자들의 신조에 반하는 것이었다.

몇몇 능력 또한 그것들이 경험에 의존하지 않는 것으로 보인다는 점에서 선천적이라고 할 수 있을지도 모른다. 신생아들은 혀 내밀기를 모방할 수 있다(Meltzoff & Moore, 1977, 1983). 이는 그들이 내밀어진 혀를 보면서 동일한 반응을 만들어낼 수 있는 본인의 (보이지 않는) 운동 능력에 대응시킬 수 있음을 의미한다. 멜츠호프와 무어는 "감각 양상 간 일치(intermodal equivalences)를 이용하는 능력은 인간의 선천적 능력이다."라고 결론 내렸다(1977, p.78).

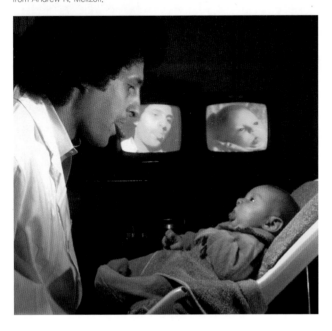

그림 16.10 생후 23일 된 이 유아는 실험자의 혀 내밀기를 모방하는데, 이는 타인이 보인 행동과 그들 자신의, 보이지 않는 행위 간의 연결을 이해하고 있음을 나타낸다.

출처 : Photo by Andrew N. Meltzoff and E. Ferorelli, with permission from Andrew N. Meltzoff.

이 연구에 따르면 특정 기질(dispositions)(예 : 특정 유형의 대상을 두려워하는 것), 선호(예 : 단맛), 능력(예 : 선 탐지, 감각 양상 간 일치시키기)은—어떤 의미에서—선천적이라고 할 수 있다. 하지만 특정 지식의 내용(소위 표상이라 함)이 선천적인지 아닌지의 여부는 입증하기가 훨씬 더 어렵다. 예를 들어, 신생아는 얼굴 부위들이 재배열된 자극보다 실제 얼굴 자극을 보는 것을 더 선호하지만 이 것은 대칭적인 패턴을 선호하는 경향성을 반영한 것일 수도 있다(Johnson et al., 1991). 그러나 뒤죽박죽 섞은 얼굴이라도 위쪽이 더 복잡한 얼굴을 더욱 선호하였다(Macchi Cassia et al., 2004). 비록 특정 유형의 패턴에 대한 선호는 진화적 적응의 결과라고 주장할 수 있지만, 이와 같은 연구들을 고려하면 얼굴이 어떻게 생겼는가에 대한 구체적인 지식은 타고나는 것이라고 주장하기 어렵다.

행동유전학

행동유전학(behavioral genetics)은 행동과 인지적 기능의 유전에 대한 연구에 중점을 둔다. 이 접근은 전통적으로 우울증, 조현병과 같은 정신질환에 적용되어 왔지만 최근에는 읽기 능력, 기억 능력과 같은 인지적 측면을 연구하는 데 사용되고 있다(Plomin et al., 2001). 행동유전학의 전형적인 방법은 쌍둥이 연구와 입양 연구이다. 이는 유전과 환경을 구분하는 방법들을 제공한다.

쌍둥이 연구와 입양 연구

대부분의 행동은 대물림되지만, 대물림되는 행동의 얼마만큼이 공유된 환경 때문이고 얼마만큼이 공유된 유전자로 인한 것인지를 알기는 어렵다. 아동이 입양 가정에 보내지면 실질적으로 두 종류의 친족을 갖게 된다. 아동이 더 이상 환경을 공유하지 않는 생물학적 친척과 유전이 아닌 환경을 공유하게 되는 입양 친족이다. 아동은 생물학적 친족(유전적 영향을 입증)과 입양 친족(환경적 영향을 입증) 중 어느 쪽을 더 닮게 될까? 많은 경우 생물학적 친족에게 연락하거나 검사를 받도록 하는 일은 가능하지 않지만 입양된 아이와 그 가정에 입양되지 않은 형제자매를 비교함으로써 유전의 기여도를 측정할 수 있다(즉 입양된 자녀와 입양되지 않은 형제자매는 가족 환경을 공유하지만 유전자는 공유하지 않음).

쌍둥이 연구 또한 유사한 논리를 따라간다. 쌍둥이들은 하나의 수정란이 둘로 분열되거나[**일란성 쌍둥이**(MZ twins)] 또는 2개의 수정란이 동시에 방출되어 각각 수정되었을 때[**이란성 쌍둥이**(DZ twins)] 만들어진다. 일란성 쌍둥이는 유전적으로 동일하다. 그들은 유전자의 100%를 공유한다. 이란성 쌍둥이들은 서로 동일하지 않으며 유전자의 50%만 공유한다(즉 쌍둥이가 아닌 형제자매의 경우와 동일). 두 경우 모두 동일한 가정 환경을 공유하므로, 일란성과 이란성 쌍둥이 사이의 차이점은 유전적 영향을 드러내는 것으로 가정된다. 따로 떨어져 자란 쌍둥이들에 대한 연구는 표준 쌍둥이 연구와 입양 연구의 장점을 모두 지닌다.

이러한 연구 설계의 유용성에는 몇 가지 가정과 한계점이 있다. 쌍둥이 연구에서는 일란성과 이란성 쌍둥이가 유사한 환경을 경험한다고 가정된다. 그러나 일란성 쌍둥이들은 타인으로부터 조금 더 유사한 대

그림 16.11 일란성 쌍둥이는 똑같이 생겼지만 생각하는 것도 똑같을까?

유전적 차이의 기원

인간의 유전자 부호는 23쌍의 **염색체**(chromosome), 즉 총 46개의 염색체에 조직화되어 있다. 각 쌍의 염색체 중 하나는 모계에서, 하나는 부계에서 온 것이다. 각 사람에게는 각 염색체에 유전자마다 2개의 사본이 존재한다. 그런데 유전자는 다른 형태로 존재할 수 있으며, 이를 **대립 형질**(allele)이라 한다. 서로 다른 대립 형질은, 자연 선택이 개입하지 않는 한 많은 세대를 걸쳐 전해지는 유전자 서열의 변화(혹은 돌연변이)를 나타낸다. 많은 경우 대립 형질 형태들은 보편적이고 무해하며, 개인차와 종 간 차이를 발생시킨다. 예를 들어, 한 유전자의 두 가지 다른 대립 형질은 귓불이 얼굴에서 떨어진 형태일지 붙은 형태일지를 결정한다. 다른 경우 헌팅턴병(제8장 참조)의 경우처럼 유전자 돌연변이가 해를 끼치는 경우도 있다. 다른 대립형질은 유전자에 의해 부호화된 최종 산물(효소와 같은)이 덜 효율적으로, 혹은 더 효율적으로 기능하거나, 혹은 전혀 기능하지 않을 수도 있다는 것을 의미한다. 대안적으로 그것은 유전자가 전적으로 새로운 방식, 예를 들어 다른 유전자의 발현을 바꾸는 방식으로 기능하게 된다는 것을 의미할 수도 있다. 대부분의 행동 특성은 많은 유전자들의 통합적으로 기능한 결과일 것이다. 특정 유전자가 적은 수의 분리된 대립 형질 유형 속에 존재할지라도 많은 유전적 변형의 효과가 결합되면 키나 IQ에서 나타나는 정규 분포처럼 연속적 차이를 만들어낼 수 있다. 자폐스펙트럼장애, 난독증, 조현병과 같은 장애 역시 본질적으로 여러 유전자에 의해 발생하는 장애인 것으로 보인다(Tager-Flusberg, 2003 참조).

대립 형질의 차이에서와 마찬가지로 염색체 내 유전자 간의 간격에서도 개인차가 있다(대부분의 게놈은 유전자가 아닌 부분을 포함함). 이것이 관찰 가능한 개인차에 기여하는지는 명확하지 않지만, 다양한 게놈의 표식들 간 간격 분석은 유전적 '지문 채취' 같은 기술과 행동적 지표(예 : 조현병의 존재)를 기반으로 유전자의 위치를 찾으려는 시도에 있어 매우 중요하다.

난자와 정자가 생산되는 동안 모친과 부친의 염색체상의 유전자들은 이리저리 '섞여져서' 두 염색체의 복합체라 할 수 있는 하나의 새로운 염색체가 만들어진다. 이 기제는 각 세대에서 염색체의 수가 2배로 증가되는 것을 방지한다. 이것은 한정된 수의 대립 형질을 다양한 방식으로 결합시킴으로써 유전적 차이를 만들어내는 한 가지 기제가 된다. 이때 DNA의 일부가 삭제되거나 추가적으로 복제된다면 장애를 유발할 수 있다. 이런 방식으로 발병하는 몇 가지 상대적으로 흔한 유전 질환들이 아래 표에 요약되어 있다.

유전질환	기원	인지발달적 특징
다운 증후군	21번 염색체의 사본의 추가적 복제	일반적 학습장애(IQ<70), 소근육 운동 기능 저하, 언어 표현의 지연과 장애
터너 증후군	X 염색체의 사본 손실(혹은 부분적 삭제)	정신지체와 관련되지 않으나 언어성 IQ가 비언어성 IQ에 비해 높음. 몇 가지 집행 기능과 사회적 기능에서 문제 발생(Ross et al., 2000)
윌리엄 증후군	7번 염색체 일부분의 삭제	일반적인 지적 손상이 있으나 공간 능력에 비해 언어적 능력이 더 나은 경향이 있음. 사교성이 높으나, 반드시 사회적 지능이 높은 것은 아님(Karmiloff-Smith, 2007)

핵심 용어

염색체 단백질과 함께 묶여 있는 DNA의 조직적 집합. 각 염색체는 많은 유전자를 포함하고 있음

대립 형질 동일한 유전자의 다른 형태

우를 받을 수 있다. 또한 일란성 쌍둥이는 대개 더 유사한 태내 환경을 공유한다. 많은 일란성 쌍둥이가 태반 내에서 같은 주머니(융모막이라 불림)를 공유하지만, 이란성 쌍둥이는 그렇지 않다. 일란성 쌍둥이는 태내에서 같은 바이러스에 노출될 가능성이 더 높다. 입양아 연구에서 선택적 입양(selective placement)은 아동들이 유사한 환경(예 : 인종이나 사회경제적 지위 면에서)으로 입양됨을 의미한다. 또 다른 쟁점은 입양을 하거나 친자 양육을 포기하고 입양을 시키는 가족이 일반적인 사람들을 대표하는지에 관한 것이다. 플로민 등(Plomin et al., 2001)은 이 논쟁에 관해 이런 잠재적인 문제점이 있다

하더라도 주요 연구 결과들은 상대적으로 견고한 발견이라고 평가했다.

유전율의 개념

쌍둥이 연구와 입양 연구는 유전적 영향의 여부를 밝히는 방법들이다. 유전율(heritability)이란 유전이 특질(trait)에 얼마만큼 기여하는지에 대한 추정치이다. 특히 유전율은 특정 모집단 내에서 개인 간의 유전적 차이에 의해 설명될 수 있는 한 특질의 분산의 비율이다. 그것은 IQ와 같은 특정 측정치에 대한 친족들 간의 상관관계에 의해 추정될 수 있다. 생물학적 부모와 입양 간 아동의 IQ 점수가 0의 상관관계를 가진다면, 유전율은 0%이다. 생물학적 부모와 입양 간 아동의 IQ 점수가 0.50의 상관관계를 가진다면, 유전율은 100%이다. 왜냐하면 생물학적 부모와 그들의 자녀는 50%의 유전자를 공유(모든 형제자매와 이란성 쌍둥이도 마찬가지)하기 때문이다. 마찬가지로 유전자의 반을 공유하는 입양 간 두 친족 간의 상관관계가 0.50이라는 것은 100%의 유전율을 의미한다.

쌍둥이 연구에서 일란성 쌍둥이가 서로 1의 상관관계를 가지고 이란성 쌍둥이가 서로 0.50의 상관관계를 가진다면, 유전율은 100%이다. 쌍둥이 연구에서 유전율의 대략적인 추정치는 일란성과 이란성 쌍둥이의 상관관계 간의 차이의 2배를 구할 수 있다(Plomin et al., 2001).

유전율의 개념은 유용하긴 하지만 잘못 이해되기 쉽다. 이것은 한 개인 내에서가 아니라 주어진 모집단 내에서 얼마만큼의 분산이 유전적 요인에 기인하는지를 측정한다. 만약 키의 유전율이 0.69라면(Hemani et al., 2013), 그것은 한 사람의 키의 69%는 그들의 유전자에서 왔고, 나머지 31%는 환경에서 왔다는 것을 의미하지 않는다. 그것은 서로 다른 사람들 간의 키 차이의 69%가 유전자의 차이 때문이라는 것을 의미한다. 또 다른 예를 들면, 대부분의 사람들은 열 손가락을 가지고 있고 이것은 유전적으로 정해진다. 그러나 손가락의 개수에 대한 유전율의 추정치는 낮다. 왜냐하면 손가락 개수의 개인차는 주로 환경적 요인(산업 사고 등)에 기인하기 때문이다(이 예는 Ridley, 2003 참조).

인지 능력의 예를 고려해보면 초등학생의 읽기 능력에 대한 유전율이 0.30이라는 사실(Thompson et al., 1991)은 한 아동의 읽기 능력의 30%가 유전 때문이고 70%가 환경 때문이라는 것을 의미하지 않는다. 읽는 것은 적절한 환경을 필요로 한다(예 : 글을 읽고 쓸 줄 아는 문화권에서 사는 것). 그렇지 않으면 글을 읽고 쓸 줄 아는 능력은 결코 존재하지 않을 것이다. 그것은 또한 읽는 것을 뒷받침해줄 적절한 뇌 구조를 필요로 한다. 두 가지 모두 동일하게 필수적이라 할 수 있다. 유전율의 측정치는 연구된 모집단에 따라 달라질 수 있다. 만약 교육이 보편적이지 않은 나라에서 읽기 능력의 유전율을 측정한다면, 유전율은 틀림없이 더 낮게 나올 것이다. 왜냐하면 이런 곳에서 읽기 능력

핵심 용어

유전율 주어진 모집단 내에서 개인 간 유전적 차이로 설명될 수 있는 한 특질의 분산의 비율

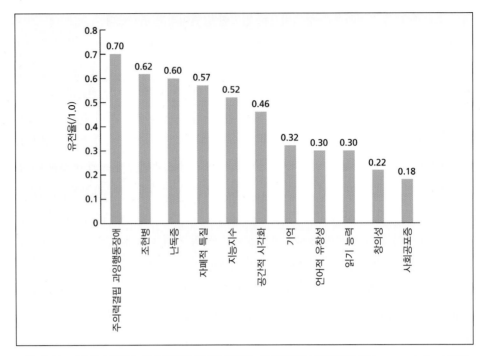

그림 16.12 다양한 심리적 능력과 장애의 대략적 유전율 : 주의력결핍 과잉행동장애(Eaves, et al., 1997), 조현병(Gottesman, 1991), 난독증(Hawke et al., 2006), 자폐적 특질(Hoekstra et al., 2007), 지능 지수(Bouchard & McGue, 1981), 공간적 시각화·기억·언어적 유창성(Nichols, 1978), 초등학교 시절 읽기 능력(Thompson et al., 1991), 창의성(Nichols, 1978), 그리고 사회공포증(Kendler, 1992)

의 개인차는 기회의 결과, 즉 환경 요인에 기인하기 때문이다. 동등한 기회를 기반으로 한 실력주의(meritocracy) 사회일수록 유전적 영향이 더 크게 나타난다는 사실은 우리를 의아하게 만들지만 사실이다. 한 가지 예로, 서양 사회에서 난독증과 같은 읽기장애에 대한 유전율은 0.60으로, 읽기 능력 그 자체에 대한 유전율보다 더 높다(Hawke et al., 2006). 이는 난독증에 대한 진단 기준이 대개 적절한 기회와 정상적인 지적 능력을 가정 하고 있기 때문에 선택 기준에 의해 환경적 요인으로 인한 분산이 최소화되기 때문이다.

평가

행동유전학은 행동과 인지의 유전적 요소를 수치화하는 것과 관계된다. 이는 입양 연 구, 쌍둥이 연구와 같은 방법을 사용한다. 이러한 방법들이 유전적 요소를 확인하는 데 는 성공적이나, 그 자체로 유전자가 인지에 영향을 미치는 기제를 설명하지는 못한다. 더욱이 특질의 '유전율'은 '유전성'의 순수한 측정치라기보다는 선택된 표본이 처한 환 경적 상황에 의존한다.

유전과 환경을 넘어서 : 유전자-환경의 상호작용

이제껏 논의된 증거들은 인지 발달이 유전과 환경 간의 양분에 딱 들어맞지는 않는다는 사실을 시사한다. *Rethinking Innateness*라는 책에서 엘먼(Elman, 1996)과 동료들은 이렇게 말했다. "답은 유전 또는 환경이 아니다. 답은 유전 그리고 환경이다. 그러나 이렇게 말하는 것은 또 하나의 진부한 표현일 뿐이다. 유전과 환경 간의 상호작용의 본질을 이해하는 것이 필요하다"(p.357). 유전자를 찾고 분자 수준에서 유전적 기제를 이해하는 분야의 발전은 발달인지신경과학의 이론을 발전시키는 데 사용되고 있다. 특히 우리는 특정 인지 기능에 대한 유전자(문법 유전자, 조현병 유전자 등)가 실제로 존재하는지를 조사할 수 있는 시대를 살고 있다. 행동유전학은 인지적 특질의 개인차에 유전이 기여한다는 것을 밝혔는데, 이제는 그러한 기여가 어떠한 기제에 의한 것인지를 더 기계적인 의미에서 탐색할 수 있다.

러터 등(Rutter et al., 2006)는 유전자-환경 상호작용의 기제에 대한 개관을 제시했다. 그들의 개관은 네 가지 유형의 기제를 강조한다.

1. 환경적 영향은 유전자의 영향을 바꿀 수 있다. 일반적으로 한 사람의 신체의 모든 세포에서 DNA 서열은 고정되어 있지만, DNA의 유전자가 기능하는 타이밍이나 강도는 환경의 영향을 받을 수 있다[소위 후성적(epigenetic) 사건]. 예를 들어, 어미 쥐의 양육 행동의 증가는 자식의 스트레스 감소 유전자 발현에 영향을 미치는데, 이 효과는 일생 동안 지속된다(Weaver et al., 2004).

2. 유전율은 환경적 상황에 따라 달라진다. 앞서 언급했듯이 모집단 내에서 유전적 요인에 기인하는 한 특질의 분산의 양은 환경적 맥락에 의존한다. '동등한 기회'가 주어지는 환경에서 유전율은 최대화되는 경향이 있으며, 환경적 위험 수준(예 : 특정 병원균)이 높거나 사회적 통제(예 : 허용되는 행동에 대한) 수준이 높은 모집단에서는 유전율이 최소화된다.

3. 유전자-환경 상관관계(gene-environment correlations, rGE)란 서로 다른 환경적 노출에 대한 유전의 영향을 말한다(Plomin et al., 1977). 예를 들어, 사람들은 자신의 유전자형에 따라 서로 다른 환경(예 : 약물 복용, 새로움 추구)을 찾게 된다(Benjamin et al., 1996; Kotler et al., 1997). 또한 부모가 자식 양육을 위해서 만들어가는 환경은 부모의 고유한 기질(지능, 성격, 정신질환)에 의존하며, 이는 부분적으로 유전에 기인한다.

4. 유전자-환경 상호작용(gene-environment interactions, G x E)은 한 특질에 대한 취

핵심 용어

유전자-환경 상관관계(rGE) 사람이 여러 다른 환경에 노출되는 데 유전이 미치는 영향

유전자-환경 상호작용(G x E) 어떤 특질에 대한 취약성은 유전자와 환경의 특정한 조합에 의존함

핵심 용어

구강 안면 운동장애 발화에 요구되는 협동적인 움직임을 수행하는 데 어려움이 있는 장애

약성이 유전자와 환경의 특정 조합에 의존할 때 나타난다. 유전자와 환경이 함께 만들어내는 효과는 각각을 더한 것보다 더 크다.

종합적으로 이 네 가지 요인은 특정 인지 능력이나 행동을 위한 하나의 유전자가 존재할 가능성을 감소시킨다. 왜냐하면 대부분의 유전자는 결정론적인(전부 또는 무) 역할을 하는 것처럼 보이지 않기 때문이다(Kendler, 2005). 다음 단락에서는 인지신경과학의 몇 가지 실례를 자세하게 다룰 것이다. 첫째, 언어 습득에서 FOXP2 유전자의 역할에 대한 증거를 논의하고 그것이 '문법을 위한 유전자'인지의 여부를 물을 것이다. 둘째, 전적으로 문화적인 기술인 읽기가 유전적 요소를 가질 수 있다는 점에 대해 다룰 것이며, 대마초 사용이 조현병의 발병에 대한 유전자-환경 상호작용을 반영할 수 있음을 살펴볼 것이다.

FOXP2, 발화와 문법

1990년, 한 가족의 놀라운 사례가 과학계의 관심을 끌게 되었다. 이른바 KE 가족의 구성원들 중 약 절반은 발화와 언어 산출에 문제를 가지고 있었으며, 유전되는 양상을 고려할 때 이 장애는 단일 유전자 돌연변이에 기인하는 것으로 추측되었다. 장애가 있는 가족 구성원은 "The boys eat four cookie.", "Carol is cry in the church."와 같은 문장을 산출하였다. 실제로 이 가족에 대한 초기 보고는 그들이 문법의 특정 측면, 즉 잠재적인 '문법 유전자'에 문제가 있다는 것을 시사했다(Gopnik, 1990; Gopnik & Crago, 1991). 그 이후로 FOXP2 유전자에서 돌연변이가 확인되었고, 발화 문제의 본질이 더욱 자세하게 기술되었으며 인간과 다른 종 모두에서 그 신경학적 기반이 탐구되었다(개관은 Vargha-Khadem et al., 2005 참조).

이 가족의 핵심적인 결함이 무엇인가에 대한 논쟁은 남아 있지만, 그들의 결함이 문법에만 국한된 것은 결코 아니다. 장애가 있는 KE 가족 구성원들은 그렇지 않은 구성원들에 비해 비록 두 집단의 점수가 겹치긴 했지만 발음, 문법, 의미, 언어성 IQ 그리고 심지어 비언어성 IQ 검사를 실시했을 때, 더 낮은 점수를 받았다(Vargha-Khadem et al., 1995). 구강 운동(oral praxis) 검사와 구강 안면 운동 검사(예 : 혀를 내밀거나 입술을 삐죽 내미는 것을 모방하기)에서는 점수가 겹치지 않았는데, 이는 **구강 안면 운동장애**(orofacial dyspraxia)가 이 가족의 핵심적인 결함이라는 것을 시사한다. 그들의 구강 안면 운동장애의 심각성과 기저핵(미상핵) 부분의 부피 감소 정도가 상관관계가 있다는 것이 확인되었다(Watkins et al., 2002). 기저핵은 자발적인 움직임의 통제에 있어서 아주 중요한 역할을 한다. 기저핵, 특히 미상핵은 인공적인 문법에서 암묵적인 규칙을 학습

하는 것과 관련이 있는 것으로 보고되어(Lieberman et al., 2004), 기저핵의 부피 감소가 이 가족의 문법적 결함과 관련될 수 있음을 시사한다. 발달성 특수 언어장애(specific language impairment, SLI)를 가진 다른 가족들은, 그들 중 일부가 구강 안면 운동장애가 없는 상태에서 문법에 장애를 보이나(Falcaro et al., 2008), FOXP2 유전자에 문제가 있는 것으로 보이지는 않는다(Newbury et al., 2002). 따라서 문법에 영향을 미치는 유전자는 여러 개일 가능성이 있으며, 현재까지 문법에만 특별히 영향을 미치는 유전자는 발견되지 않았다.

정상적인 FOXP2 유전자에 대한 연구는 그것의 기능에 대해서 무엇을 밝혀냈는가? FOXP2 유전자의 산물은 전사 인자(transcription factor)라고 불리는 것인데, 그것의 분자적 기능은 다른 유전자의 발현에 영향을 미치는 것이다(Vargha-Khadem et al., 2005 참조). 따라서 그것의 영향은 광범위할 수 있으며 뇌뿐만 아니라 신체의 다양한 조직에서 발현될 수 있다. 해슬러(Haesler et al., 2004)와 동료들은 발성을 배워야 하는 새들(예 : 카나리아)의 FOXP2 유전자는 노래를 부를 때보다 노래를 배울 때 새의 기저핵에 해당하는 영역에서 더 많이 발현된다는 것을 발견했다. 흥미롭게도 침팬지, 고릴라, 히말라야원숭이의 FOXP2 단백질은 서로 동일하지만 인간과는 두 가지 작은 서열 변화 면에서 차이가 난다. 그중 하나는 기능적일 가능성이 있으며 해부학적으로 현대적인 인간이 나타난 시기인 200,000년 전의 것으로 추정된다(Enard et al., 2002). 이 유전자의 기능과 관련된 최종적인 결론은 아직 내려지지 않았다.

발달성 난독증

읽기 능력은 문화적인 발명이다. 정의상 '양육'의 산물로 습득된 기술이 '유전'의 영향을 받을 수 있다는 것은 놀라운 일인지도 모른다. 그러나 읽기 학습은 시각적 재인, 음운 부호화 등과 같은 기본적인 인지적 과정을 요구하며 이러한 능력들에는 유전에 의해 매개되는 차이가 존재할 가능성이 매우 높다. 비록 문화는 정의상 환경적이고 비유전적이지만, 문화적 지식을 만들고 습득하는 뇌의 능력은 유전의 영향을 받으며 진화의 산물일 수 있다.

읽기와 관련해서 서로 다른 문화들은 철자와 소리를 매핑시키는 각기 다른 방법을 채택해왔다. 예를 들어, 영어와 프랑스어는 불규칙적인 매핑의 비율이 높은 반면(예 : MINT와 PINT의 서로 다른 발음을 비교해보라), 이탈리아어에는 이런 것들이 매우 적다. 이로 인한 결과 중 하나는, 이탈리아어와 비교하여 영어와 프랑스어로 읽고 쓰기를 배우는 것이 더 어렵고, 발달성 난독증의 비율이 이 두 언어를 사용하는 국가에서 더 높다는 것이다(Lindgren et al., 1985). 난독증 환자마다 각기 다른 '핵심' 장애가 다양하게

핵심 용어

전사 인자 다른 유전자들의 기능에 영향을 주는 유전 결과

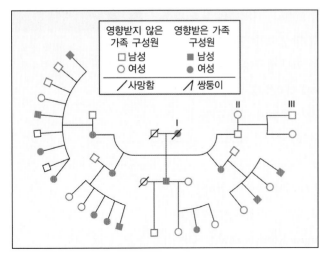

그림 16.13 KE 가족의 3대 가계도는 구성원의 약 절반이 발화와 언어에 상당한 문제가 있다는 것을 보여준다. 이러한 장애는 FOXP2라고 불리는 한 유전자의 돌연변이와 관련지어지고 있다. 이 유전자가 인류 언어 진화에 중요한 역할을 하는 것일까?

출처 : Reprinted by permission from Macmillan Publishers Ltd: Watkins et al., 2002. © 2004.

존재할 수 있지만(예 : Castles et al., 1999), 난독증의 주요 증상은 읽기체계의 문화적 차이를 초월한다. 한 가지 핵심 장애 후보는 음운 처리에 관한 것이다. 파울레수 등(Paulesu et al., 2001)은 유사한 IQ와 교육 수준을 가진 영어, 프랑스어, 이탈리아어 난독증 환자, 그리고 정상적인 읽기 통제 집단을 비교했다. 영어와 프랑스어 난독증 환자들은 공식 진단을 받은 상태였다. 이탈리아 성인이 난독증 진단을 받는 것이 매우 드물다는 점을 고려하여 큰 표본을 대상으로 여러 속독 과제에서 하위 10%에 해당된 사람들을 난독증 환자로 간주하였다(참고 : 이탈리아 '난독증 환자'들은 그들의 읽기체계의 특성을 고려할 때 영어나 프랑스어를 사용하는 피험자들에 비해 더 나은 수행을 보였으나 이탈리아어 통제 집단에 비해서는 상대적으로 읽기 능력이 뒤떨어졌다). 세 종류의 난독증 환자

그림 16.14 영어, 프랑스어 그리고 이탈리아어를 사용하는 난독증 환자 집단은 통제 집단에 비해 좌 측두엽에서 활동 감소를 보인다. 난독증 환자 집단은 점 제시에 대해 정상적인 반응시간을 보이지만, 단어와 비단어 읽기, 숫자 읽기, 두음 전환 ('lucky duck'에서 'ducky luck'으로)을 포함한 비읽기 과제와 단어 폭 과제(짧거나 긴 단어 목록을 읽는 것)에서 어려움을 보인다.

출처 : Paulesu et al., 2001. Reprinted with permission from AAAS.

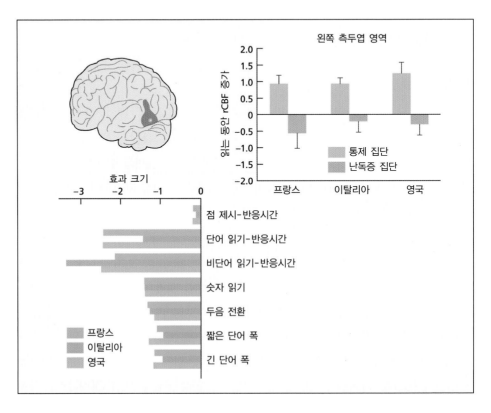

집단 모두 몇 가지 언어 기술에서 좋지 못한 수행을 보였는데, 이는 난독증의 핵심 장애가 이 영역에 있다는 것을 시사한다. PET를 사용하여 글을 읽을 때의 뇌 활동을 측정했을 때, 통제 집단에 비해 난독증 환자 집단에게서 좌뇌 후측 측두엽의 뇌 활동성이 일관되게 저조하여 읽기체계의 종류와 무관하게 난독증에 공통된 신경학적 기제가 존재함을 시사한다.

조현병과 대마초 사용

조현병(schizophrenia)은 사고와 정동의 심각한 장애로, 현실과의 접촉 상실[즉 정신증(psychosis)]로 특징지어진다. 주요 증상에는 환각(hallucination, 예 : 목소리를 듣는 것), 망상(delusion, 예 : 박해를 당하고 있다고 생각), 지리멸렬한 사고와 행동(예 : 논리에 맞지 않는 사고) 그리고 정서의 장애(예 : 감정의 둔화, 부적절한 정서 반응) 등이 포함된다. 몇몇의 증상의 심각성은 환자들 간 혹은 같은 개인 내에서도 서로 다른 시점에서 차이가 나기도 한다. 공식적인 진단을 받으려면 적어도 사회적 혹은 직업적 기능장애(예 : 일이나 인간관계를 계속 유지하는 것과 관련된 불능)가 있어야 하며, 증상이 적어도 6개월 이상 지속되어야 한다(American Psychiatric Association, 1994). 증상은 종종 초기 성인기에 나타나며, 여성과 남성의 발병 비율은 유사하지만 남성이 더 이른 시기에 발병한다(Castle et al., 1991). 일반적으로 두부 외상이나 가족적 외상과 같은 촉진 사건은 알려지지 않았다. 종단 연구들에 따르면 조현병 증상을 가진 성인은 11세의 나이에 정신병적 증상(예 : "TV나 라디오에서 너에게 보내는 메시지를 받은 적이 있니?"와 같은 질문에 대한 답에서)을 보고할 가능성이 높음을 시사한다(Poulton et al., 2000). 하지만 이른 시기에 나타나는 이러한 특징들은 조현병으로 발전할 것인지 아닌지를 독자적으로 예측할 수 없다는 의미에서 진단적 가치는 낮다.

　조현병의 원인은 다양할 수 있지만 매체에서 많이 다루어진 하나의 원인은 특정 환경 요인의 영향, 즉 대마초의 사용이다. 대부분의 대마초 사용자들에게서 조현병이 나타나지 않으며 대부분의 조현병 환자가 이전에 대마초를 사용하지 않았다는 점을 고려하면, 아마도 유전자-환경 상호작용이 발생하는 것으로 보인다. 즉 대마초 사용은 어떤 유전적 취약성을 가진 사람을 조현병으로 이끄는 경향이 있을 것이다. 카스피 등(Caspi et al., 2005)은 이러한 결론을 지지하는 증거를 제시했다. 지난 30년 동안 뉴질랜드 더니든에서 놀라운 실험이 수행되었다. 이 실험에는 연달아 출생한 1,000명 이상의 사람들을 3~38세 사이의 여러 시점에 걸쳐 체계적으로 연구하였다. 11세에 참가자들은 정신증에 대한 문항이 포함된 아동 정신질환 평가를 받았다. 그들은 13세부터 대마초 사용에 관한 질문을 받았다. 26세 때, 참가자들은 공식적으로 정신증 검사를 받았다. 몇 가

그림 16.15 대마초를 흡연하는 것이 조현병과 관련 있을까?

지 증상을 보였지만 진단 기준을 모두 만족시키지 않은(조현병) 참가자들 또한 고려되었다. 또한 COMT 유전자의 특정 변이의 유무를 평가하였다. 이 유전자의 산물은 시냅스로 방출되는 신경전달물질인 **도파민**(dopamine)의 대사와 관련된다. 오래전부터 도파민 경로상의 문제는 조현병과 관계되는 것으로 생각되어 왔다(Kapur, 2003 참조). 특히 이 유전자의 한 지점에서 흔하게 발생하는 돌연변이는 아미노산의 대체[발린(valine, Val)에서 메티오닌(methionine, Met)으로]를 유발한다. 2개의 발린 대립 형질(Val/Val)을 가진 이들은 도파민을 가장 잘 분해할 수 있고, 2개의 메티오닌 대립 형질(Met/Met)을 가진 이들은 도파민을 가장 잘 분해하지 못하며, 두 종류의 형질을 섞어서(Val/Met)을 가진 이들은 중간 정도의 분해력을 지닌다.

카스피의 연구 결과는 COMT 유전자형과 대마초 사용 사이의 유의미한 관계를 보여준다. 발린 대립 형질(즉 도파민의 효율적인 신진대사)을 가진 사람들이 대마초를 사용했다면, 조현병의 증상을 보일 가능성이 더 높았다(Caspi et al., 2005). 또한 그들은 청소년기 중 유전자-환경이 중요하게 작용하는 민감한 시기가 있음을 발견했다. 21세가 넘어서 대마초를 흡연하기 시작한 이들에서는 정신증 발생 위험이 높아지지 않았다. 참가자들이 전 아동기에 걸쳐 평가를 받아왔기 때문에, 아동기 인지장애, 이전의 다른 약물사용 그리고 학교에서의 품행장애와 같은 다른 요인을 배제하는 것이 가능하였다. 또 발린 대립 형질을 가진 사람들이 대마초를 사용할 경향이 더 높기 때문에(유전자-환경 상관관계의 가능성) 조현병으로 발달할 가능성이 높다는 가설도 배제할 수 있다. 왜냐하면 메티오닌 대립 형질을 가진 사람들은 발린 대립 형질을 가진 사람들만큼 대마초를 사용할 확률이 높았지만, 발린 대립 형질을 가진 사람들만이 조현병을 발달시킬 위험 확률이 높았다.

COMT 유전자와 대마초 사용에 관련된 설명은 조현병에 대한 유의미하나 매우 작은 부분을 설명한다. 유전 연관성(linkage) 연구는 거의 모든 염색체에서 잠재적인 '조현병 유전자'를 보고해오고 있으나, 이러한 결과들은 흔히 다른 표본에서 재확인되지 못하였다(Levinson, 2003). 이로 미루어보아 서로 다른 조현병 환자들은 동일한 증상을 가지고 있음에도 불구하고 유전과 환경의 측면에서 전적으로 다른 원인에 기인할 가능성이

핵심 용어

도파민 보상, 동기, 주의와 학습에서 중요한 역할을 하는 신경전달물질

있다. 하나의 뇌 경로가 다양한 방식으로 문제를 발생시킬 가능성 또한 여전히 존재한다. 또한 그럴 법하지는 않을지라도 엄격한 의미에서 조현병을 '유발하는 유전자'가 존재하지 않을 가능성도 있다(즉 이 유전자가 필연적으로 조현병을 유발한다는 결정론적인 의미에서). COMT의 발린 대립 형질은 조현병 유전자가 아니다. 그러나 이는 유전적 요소가 존재하지 않는다는 것을 의미하지는 않는다. COMT의 발린 대립 형질은 취약성을 만들어내는 평범한 유전자로, 많은 사람들이 가지고 있는 정상적인 유전자이다. COMT 유전자와 대마초 사용의 사례는 오랜 유전-환경 논쟁이 어떻게 한 걸음 더 나아갈 수 있는지에 대한 중요한 통찰을 제공한다. 인지의 한 측면이 "부분적으로는 유전, 부분적으로는 환경"이라고 결론 내리는 대신에, 우리는 기저의 뇌 기제의 측면에서 그것이 의미하는 바를 이해하기 시작할 수 있다.

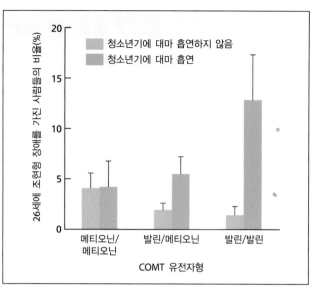

그림 16.16 COMT 유전자는 도파민 대사에 관여하며 두 가지 주요 형태(발린과 메티오닌)로 존재한다. 각 개인은 이 유전자의 두 가지 사본을 가지고 있다. 만약 당신이 발린 사본을 지니고 청소년기에 대마초를 흡연하였다면, 26세의 나이에 조현병 증상을 보일 확률이 높아진다. 이는 유전자-환경 상호작용에 해당한다.

출처 : Reprinted from Caspi et al., 2005. © 2005, with permission from Elsevier.

요약 및 핵심 정리

- 뇌의 구조적 변화는 일생 동안 일어난다. 유전자는 태내 발달(예 : 출생 시기에 많은 시냅스 형성)에 영향을 미칠 뿐만 아니라 평생 동안 영향을 미친다. 환경적 영향은 유전자의 발현 여부를 결정할 수 있으며, 뇌 구조에 영향을 미칠 수도 있다(예 : 연결의 사용 혹은 폐기 여부를 결정하는 것).

- 동물 연구와 인간 연구 모두에서 뇌가 특정 기술이나 지식을 습득하기에 최적으로 준비되어 있는 민감한 시기가 있다는 증거들이 많이 있다. 그러나 이 시기들은 처음에 생각했던 것보다 훨씬 더 유동적일 수 있다.

- '선천적'이라는 단어는 적어도 두 가지 다른 의미를 가질 수 있다. 자연 선택에 의해 만들어진 본능(아마도 언어가 이러한 경우에 속함) 또는 경험 없이 습득된 지식/기술/자원(선호도, 시각피질의 방위 선택적 세포의 존재가 이런 경우에 속할 것임)이다.

- 쌍둥이와 입양 연구는 특정 특질에 대한 유전적 기여도를 보여줄 수 있는 방법이다. 그러나 '유전율'의 개념은 순수하게 유전의 영향만을 측정하는 것이 아니다. 왜냐하면 유전적 요인으로 설명 가능한 분산의 양은 비유전적 요인에 의해 설명되는 분산의 양에도 의존하기 때문이다.

- 유전질환은 몇몇 인지적 능력에 더 많은 영향을 미칠 수 있다. 그러나 유전자가 심리적/인지적 특성에만 특화되는 경우는 극히 드물다. 이는 유전자가 다른 유전자와 상호작용하며, 유전과 환경 사이에도 복잡한 상호작용이 존재하기 때문이다. 때때로 유전자는 특정 환경을 추구할 가능성을 높이며(유전자-환경 상관관계) 환경적 상황에 결정적으로 의존하는 취약성을 유발하기도 한다(유전자-환경 상호작용).

논술 문제

- 뇌 발달에서 원초 지도와 원초피질 이론을 평가하라.
- 발달에서 민감한 시기에 대한 증거는 무엇이며, 그것을 유발할 수 있는 신경학적 기제는 무엇인가?
- 특정 행동이 타고났다고 말할 수 있는 정도는 얼마만큼인가?
- 유전율의 의미는 무엇이며, 그것은 어떻게 측정할 수 있는가?
- 유전자-환경 상호작용이 어떻게 발달장애와 정신장애에 영향을 미칠 수 있는가?

더 읽을거리

- Goswami, U. (2008). *Cognitive development : The learning brain.* Hove, UK : Psychology Press. 발달인지신경과학에서 증거들을 포함한 발달 전 과정에 대한 개론서
- Johnson, M. H. (2005). *Developmental cognitive neuroscience : An introduction* (2nd edition). Oxford, UK : Blackwell. 훌륭한 소개서
- Nelson, C. A. & Luciana, M. (2008). *Handbook of developmental cognitive neuroscience* (3rd edition). Boston, MA : MIT Press. 고급 연구주제들에 대한 광범위한 논문집

참고문헌

Abell, F., Krams, M., Ashburner, J., Passingham, R., Friston, K., Frackowiak, R., Happe, F., Frith, C., & Frith, U. (1999). The neuroanatomy of autism: A voxel-based whole brain analysis of structural scans. *NeuroReport, 10*, 1647–1651.

Accornero, N., Voti, P. L., La Riccia, M., & Gregori, B. (2007). Visual evoked potentials modulation during direct current cortical polarization. *Experimental Brain Research, 178*(2), 261–266.

Addis, D. R., Wong, A. T., & Schacter, D. L. (2007). Remembering the past and imagining the future: Common and distinct neural substrates during event construction and elaboration. *Neuropsychologia, 45*(7), 1363–1377.

Adolphs, R. (2002). Neural systems for recognizing emotion. *Current Opinion in Neurobiology, 12*, 169–177.

Adolphs, R., Tranel, D., Damasio, H., & Damasio, A. (1994). Impaired recognition of emotion in facial expressions following bilateral damage to the human amygdala. *Nature, 372*, 669–672.

Adolphs, R., Damasio, H., Tranel, D., Cooper, G., & Damasio, A. R. (2000). A role for somatosensory cortices in the visual recognition of emotion as revealed by three-dimensional lesion mapping. *Journal of Neuroscience, 20*(7), 2683–2690.

Adolphs, R., Gosselin, F., Buchanan, T. W., Tranel, D., Schyns, P., & Damasio, A. R. (2005). A mechanism for impaired fear recognition after amygdala damage. *Nature, 433*, 68–72.

Aggleton, J. P. & Brown, M. W. (1999). Episodic memory, amnesia, and the hippocampal-anterior thalamic axis. *Behavioral and Brain Sciences, 22*, 425–489.

Aglioti, S., DeSouza, J. F. X., & Goodale, M. A. (1995). Size-contrast illusions deceive the eye but not the hand. *Current Biology, 5*, 679–685.

Agranoff, B. W., David, R. E., & Brink, J. J. (1966). Chemical studies on memory fixation in goldfish. *Brain Research, 1*, 303–309.

Agrillo, C., Piffer, L., Bisazza, A., & Butterworth, B. (2012). Evidence for two numerical systems that are similar in humans and guppies. *PLoS One, 7*(2).

Aguirre, G. K., Zarahn, E., & D'Esposito, M. (1998). The variability of human BOLD hemodynamic response. *NeuroImage, 8*, 360–369.

Alcock, K. J., Passingham, R. E., Watkins, K., & Vargha-Khadem, F. (2000a). Pitch and timing abilities in inherited speech and language impairment. *Brain and Language, 75*, 34–46.

Alcock, K. J., Wade, D., Anslow, P., & Passingham, R. E. (2000b). Pitch and timing abilities in adult left-hemispheredysphasic and right-hemisphere-damaged subjects. *Brain and Language, 75*, 47–65.

Alexander, G. E. & Crutcher, M. D. (1990). Functional architecture of basal ganglia circuits: Neural substrates of parallel processing. *Trends in Neurosciences, 13*, 266–271.

Alexander, M. P., Stuss, D. T., Picton, T., Shallice, T., & Gillingham, S. (2007). Regional frontal injuries cause distinct impairments in cognitive control. *Neurology, 68*(18), 1515–1523.

Alho, K. (1995). Cerebral generators of mismatch negativity (MMN) and its magnetic counterpart (mMMN) elicited by sound changes. *Ear and Hearing, 16*, 38–51.

Alho, K., Woods, D. L., & Algazi, A. (1994). Processing of auditory-stimuli during auditory and visual attention as revealed by event-related potentials. *Psychophysiology, 31*, 469–479.

Allport, D. A. (1985). Distributed memory, modular systems and dysphasia. In S. K. Newman, & R. Epstein (Eds.), *Current perspectives in dysphasia.* Edinburgh: Churchill Livingstone.

Allport, D. A., Styles, E. A., & Hsieh, S. (1994). Shifting intentional set: Exploring the dynamic control of tasks. In C. Umiltà & M. Moscovitch (Eds.), *Attention and performance XV: Conscious and nonconscious information processing.* Cambridge, MA: MIT Press.

Altmann, C. F., Bulthoff, H. H., & Kourtzi, Z. (2003). Perceptual organization of local elements into global shapes in the human visual cortex. *Current Biology, 13*, 342–349.

Altmann, G. T., Garnham, A., & Henstra, J. A. (1994). Effects of syntax in human sentence parsing: Evidence against a structure-based parsing mechanism. *Journal of Experimental Psychology: Learning, Memory, and Cognition, 20*, 209–216.

Amedi, A., Floel, A., Knecht, S., Zohary, E., & Cohen, L. G. (2004). Transcranial magnetic stimulation of the occipital pole interferes with verbal processing in blind subjects. *Nature Neuroscience, 7*, 1266–1270.

American Psychiatric Association (2013). *Diagnostic and statistical manual of mental disorders,* 4th edition. (*DSM-IV*). American Psychiatric Association: Washington, DC.

Amodio, D. M. & Frith, C. D. (2006). Meeting of minds: the medial frontal cortex and social cognition. *Nature Reviews Neuroscience, 7*(4), 268–277.

Anders, S., Eippert, F., Weiskopf, N., & Veit, R. (2008). The human amygdala is sensitive to the valence of pictures and sounds irrespective of arousal: an fMRI study. *Social Cognitive and Affective Neuroscience, 3*(3), 233–243.

Anderson, M. C., Bjork, R. A., & Bjork, E. L. (1994). Remembering can cause forgetting: Retrieval dynamics in long-term memory. *Journal of Experimental Psychology: Learning, Memory and Cognition, 20*, 1063–1087.

Anderson, M. C., Ochsner, K. N., Kuhl, B., Cooper, J., Robertson, E., Gabrieli, S. W., Glover, G. H., & Gabrieli, J. D. E. (2004). Neural systems underlying the suppression of unwanted memories. *Science, 303*, 232–235.

Anderson, M. I. & Jeffery, K. J. (2003). Heterogeneous modulation of place cell firing by changes in context. *Journal of Neuroscience, 23*, 8827–8835.

Anderson, S. W., Damasio, A. R., & Damasio, H. (1990). Troubled letters but not numbers. *Brain, 113*, 749–766.

Ansari, D., Garcia, N., Lucas, E., Hamon, K., & Dhital, B. (2005). Neural correlates of symbolic number processing in children and adults. *NeuroReport, 16*(16), 1769–1773.

Antal, A., Nitsche, M. A., & Paulus, W. (2001). External modulation of visual perception in humans. *NeuroReport, 12*(16), 3553–3555.

Antell, S. E. & Keating, D. P. (1983). Perception of numerical invariance in neonates. *Child Development, 54*, 695–701.

Aram, D. & Ekelman, B. L. (1986). Cognitive profiles of children with unilateral brain lesions. *Developmental Neuropsychology, 2*, 155–172.

Aron, A. R., Fletcher, P. C., Bullmore, E. T., Sahakian, B. J., & Robbins, T. W. (2003). Stop-signal inhibition disrupted by damage to right inferior frontal gyrus in humans. *Nature Neuroscience, 6*, 115–116.

Aron, A. R., Monsell, S., Sahakian, B. J., & Robbins, T. W. (2004a). A componental analysis of task-switching deficits associated with lesions of left and right frontal cortex. *Brain, 127*, 1561–1573.

Aron, A. R., Robbins, T. W., & Poldrack, R. A. (2004b). Inhibition and the right inferior frontal cortex. *Trends in Cognitive Sciences, 8*, 170–177.

Arrington, C. M., Carr, T. H., Mayer, A. R., & Rao, S. M. (2000). Neural mechanisms of visual attention: Object-based selection of a region in space. *Journal of Cognitive Neuroscience, 12*, 106–117.

Asaad, W. F., Rainer, G., & Miller, E. K. (1998). Neural activity in the primate prefrontal cortex during associative learning. *Neuron, 21*, 1399–3407.

Asaad, W. F., Rainer, G., & Miller, E. K. (2000). Task-specific neural activity in the primate prefrontal cortex. *Journal of Neurophysiology, 84*, 451–459.

Ashbridge, E., Walsh, V., & Cowey, A. (1997). Temporal aspects of visual search studied by transcranial magnetic stimulation. *Neuropsychologia, 35*, 1121–1131.

Ashbridge, E., Cowey, A., & Wade, D. (1999). Does parietal cortex contribute to feature binding? *Neuropsychologia, 37*, 999–1004.

Ashburner, J. & Friston, K. J. (2000). Voxel-based morphometry: The methods. *NeuroImage, 11*, 805–821.

Asperger, H. (1944). "Autistic psychopathy" in childhood. In U. Frith (Ed.), *Autism and Asperger syndrome*. Cambridge, UK: Cambridge University Press.

Assal, F., Schwartz, S., & Vuilleumier, P. (2007). Moving with or without will: Functional neural correlates of alien hand syndrome. *Annals of Neurology, 62*(3), 301–306.

Astafiev, S. V., Shulman, G. L., Stanley, C. M., Snyder, A. Z., Van Essen, D. C., & Corbetta, M. (2003). Functional organization of human intraparietal and frontal cortex for attending, looking, and pointing. *Journal of Neuroscience, 23*(11), 4689–4699.

Atkinson, R. C. & Shiffrin, R. M. (1968). Human memory: A proposed system and its control processes. In K. W. Spence & J. T. Spence (Eds.), *The psychology of learning and motivation: Advances in research and theory* (Vol. 2). New York: Academic Press.

Attwell, D. & Iadecola, C. (2002). The neural basis of functional brain imaging signals. *Trends in Neurosciences, 25*, 621–625.

Awh, E. & Pashler, H. (2000). Evidence for split attentional foci. *Journal of Experimental Psychology-Human Perception and Performance, 26*(2), 834–846.

Ayotte, J., Peretz, I., & Hyde, K. (2002). Congenital amusia: A group study of adults afflicted with a music-specific disorder. *Brain, 125*, 238–251.

Azevedo, F.A.C., Carvalho, L.R.B., Grinberg, L.T., Farfel, J.M., Ferretti, R.E.L., Leite, R.E.P., Jacob Filho, W., Lent, R. & Herculano-Houzel, S. (2009) Equal numbers of neuronal and nonneuronal cells make the human brain an isometrically scaled-up primate brain. *Journal of Comparative Neurolology, 513*, 532–541.

Bachevalier, J. & Nemanic, S. (2008). Memory for spatial location and object-place associations are differently processed by the hippocampal formation, parahippocampal areas TH/TF and perirhinal cortex. *Hippocampus, 18*, 64–80.

Bachtold, D., Baumuller, M., & Brugger, P. (1998). Stimulus-response compatibility in representational space. *Neuropsychologia, 36*, 731–735.

Baddeley, A. D. (1966). Short-term memory for word sequences as a function of acoustic, semantic and formal similarity. *Quarterly Journal of Experimental Psychology, 18*, 334–365.

Baddeley, A. D. (1986). *Working memory*. Oxford, UK: Oxford University Press.

Baddeley, A. D. (1990). *Human memory: Theory and practice*. Hove, UK: Psychology Press.

Baddeley, A. D. (1993). Short-term phonological memory and long-term learning: A single case study. *European Journal of Cognitive Psychology, 5*, 129–148.

Baddeley, A. D. (1996). Exploring the central executive. *Quarterly Journal of Experimental Psychology, 49A*, 5–28.

Baddeley, A. D. (2000). The episodic buffer: a new component of working memory? *Trends in Cognitive Sciences, 4*(11), 417–423.

Baddeley, A. D. (2012). Working memory: theories, models, and controversies. In S. T. Fiske, D. L. Schacter, & S. E. Taylor (Eds.), *Annual Review of Psychology* (Vol. 63, pp. 1–29).

Baddeley, A. D. & Hitch, G. J. (1974). Working memory. In G. A. Bower (Ed.), *Recent advances in learning and motivation* (Vol. 8). New York: Academic Press.

Baddeley, A. D. & Warrington, E. K. (1970). Amnesia and the distinction between long-and short-term memory. *Journal of Verbal Learning and Verbal Behavior, 9,* 176–189.

Baddeley, A. D., Thomson, N., & Buchanan, M. (1975). Word length and the structure of short-term memory. *Journal of Verbal Learning and Verbal Behavior, 9,* 176–189.

Baddeley, A. D., Lewis, V., & Vallar, G. (1984). Exploring the articulatory loop. *Quarterly Journal of Experimental Psychology, 36,* 233–252.

Baddeley, A. D., Papagno, C., & Vallar, G. (1988). When long-term learning depends on short-term storage. *Journal of Memory and Language, 27,* 586–595.

Badecker, W. & Caramazza, A. (1985). On considerations of method and theory governing the use of clinical categories in neurolinguistics and cognitive neuropsychology. *Cognition, 20,* 97–125.

Badre, D. & D'Esposito, M. (2009). Is the rostro-caudal axis of the frontal lobe hierarchical? *Nature Reviews Neuroscience, 10*(9), 659–669.

Bahlmann, J., Schubotz, R. I., & Friederici, A. D. (2008). Hierarchical artificial grammar processing engages Broca's area. *NeuroImage, 42*(2), 525–534.

Baird, G., Simonoff, E., Pickles, A., Chandler, S., Loucas, T., Meldrum, D., & Charman, T. (2006). Prevalence of disorders of the autism spectrum in a population cohort of children in South Thames: The Special Needs and Autism Project (SNAP). *Lancet, 368*(9531), 210–215.

Bakker, A., Kirwan, C. B., Miller, M., & Stark, C. E. L. (2008). Pattern separation in the human hippocampal CA3 and dentate gyrus. *Science, 319*(5870), 1640–1642.

Balan, P. F. & Gottlieb, J. P. (2009). Functional significance of nonspatial information in monkey lateral intraparietal area. *Journal of Neuroscience, 29,* 8166–8176.

Baldo, J. V., Katseff, S., & Dronkers, N. F. (2012). Brain regions underlying repetition and auditory-verbal short-term memory deficits in aphasia: Evidence from voxel-based lesion symptom mapping. *Aphasiology, 26*(3–4), 338–354.

Balint, R. (1909, trans., 1995). *Cognitive Neuropsychology, 12,* 265–281.

Ballantyne, A. O., Spilkin, A. M., Hesselink, J., & Trauner, D. A. (2008). Plasticity in the developing brain: Intellectual, language and academic functions in children with ischaemic perinatal stroke. *Brain, 131,* 2975–2985.

Barker, A. T., Jalinous, R., & Freeston, I. L. (1985). Noninvasive magnetic stimulation of human motor cortex. *Lancet, 1,* 1106–1107.

Barlow, H. B. (1953). Summation and inhibition in the frog's retina. *Journal of Physiology, 119,* 69–88.

Barlow, H. B., Kohn, H. I., & Walsh, E. G. (1947). Visual sensations aroused by magnetic fields. *American Journal of Physiology, 148,* 372–375.

Baron-Cohen, S. (1995a). The Eye-Direction Detector (EDD) and the Shared Attention Mechanism (SAM): Two cases for evolutionary psychology. In C. Moore & P. Dunham (Eds.), *The role of joint attention in development.* Hillsdale, NJ: Lawrence Erlbaum.

Baron-Cohen, S. (1995b). *Mindblindness: An essay on autism and theory of mind.* Cambridge, MA: MIT Press.

Baron-Cohen, S. (2002). The extreme male brain theory of autism. *Trends in Cognitive Sciences, 6,* 248–254.

Baron-Cohen, S. & Cross, P. (1992). Reading the eyes: Evidence for the role of perception in the development of theory of mind. *Mind and Language, 6,* 166–180.

Baron-Cohen, S. & Wheelwright, S. (2004). The empathy quotient: An investigation of adults with Asperger syndrome or high functioning autism and normal sex differences. *Journal of Autism and Developmental Disorders, 34,* 163–175.

Baron-Cohen, S., Leslie, A., & Frith, U. (1985). Does the autistic child have a "theory of mind"? *Cognition, 21,* 37–46.

Baron-Cohen, S., Leslie, A. M., & Frith, U. (1986). Mechanical, behavioral and intentional understanding of picture stories in autistic children. *British Journal of Developmental Psychology, 4*, 113–125.

Baron-Cohen, S., Campbell, R., Karmiloff-Smith, A., Grant, J., & Walker, J. (1995). Are children with autism blind to the mentalistic significance of eyes? *British Journal of Developmental Psychology, 13*, 379–398.

Baron-Cohen, S., Richler, J., Bisarya, D., Gurunathan, N., & Wheelwright, S. (2003). The systemizing quotient: An investigation of adults with Asperger syndrome or high-functioning autism, and normal sex differences. *Philosophical Transactions of the Royal Society of London B, 358*, 361–374.

Barraclough, N. E., Xiao, D., Baker, C. I., Oram, M. W., & Perrett, D. I. (2005). Integration of visual and auditory information by superior temporal sulcus neurons responsive to the sight of actions. *Journal of Cognitive Neuroscience, 17*, 377–391.

Barrett, D. J. & Hall, D. A. (2006). Response preferences for "what" and "where" in human non-primary auditory cortex. *Neuroimage, 32*, 968–977.

Barrett, L. F. & Wager, T. D. (2006). The structure of emotion—Evidence from neuroimaging studies. *Current Directions in Psychological Science, 15*(2), 79–83.

Barry, C., Morrison, C. M., & Ellis, A. W. (1997). Naming the Snodgrass and Vanderwart pictures: Effects of age of acquisition, frequency and name agreement. *Quarterly Journal of Experimental Psychology, 50A*, 560–585.

Barsalou, L. W. (2008). Grounded cognition. *Annual Review of Psychology* (Vol. 59, pp. 617–645).

Bartley, A. J., Jones, D. W., & Weinberger, D. R. (1997). Genetic variability of human brain size and cortical gyral patterns. *Brain, 120*, 257–269.

Bartolomeo, P. (2002). The relationship between visual perception and visual mental imagery: A reappraisal of the neuropsychological evidence. *Cortex, 38*, 357–378.

Bastin, C., Van der Linden, M., Charnallet, A., Denby, C., Montaldi, D., Roberts, N., & Mayes, A. R. (2004). Dissociation between recall and recognition memory performance in an amnesic patient with hippocampal damage following carbon monoxide poisoning. *Neurocase, 10*, 330–344.

Batteau, D. W. (1967). The role of the pinna in human localization. *Proceedings of the Royal Society of London B, 168*, 158–180.

Baxendale, S. (2004). Memories are not made of this: Amnesia at the movies. *British Medical Journal, 329*, 1480–1483.

Baxter, M. G., & Murray, E. A. (2002). The amygdala and reward. *Nature Reviews Neuroscience, 3*(7), 563–573.

Baxter, D. M. & Warrington, E. K. (1986). Ideational agraphia: A single case study. *Journal of Neurology, Neurosurgery and Psychiatry, 49*, 369–374.

Bayliss, G. C., Rolls, E. T., & Leonard, C. M. (1985). Selectivity between faces in the responses of neurons in the superior temporal sulcus of the monkey. *Brain Research, 342*, 91–102.

Baym, C. L., Corbett, B. A., Wright, S. B., & Bunge, S. A. (2008). Neural correlates of tic severity and cognitive control in children with Tourette syndrome. *Brain, 131*, 165–179.

Bays, P. M. & Husain, M. (2008). Dynamic shifts of limited working memory resources in human vision. *Science, 321*(5890), 851–854.

Beauchamp, M. S., Lee, K. E., Haxby, J. V., & Martin, A. (2002). Parallel visual motion processing streams for manipulable objects and human movements. *Neuron, 34*, 149–159.

Beauchamp, M. S., Nath, A. R., & Pasalar, S. (2010). fMRi-guided transcranial magnetic stimulation reveals that the superior temporal sulcus is a cortical locus of the McGurk effect. *Journal of Neuroscience, 30*(7), 2414–2417.

Beauvois, M.-F. (1982). Optic aphasia: A process of interaction between vision and language. *Philosophical Transactions of the Royal Society of London, 298*, 35–47.

Beauvois, M.-F. & Derouesne, L. (1979). Phonological alexia: Three dissociations. *Journal of Neurology, Neurosurgery and Psychiatry, 42*, 1115–1124.

Beauvois, M.-F. & Derouesne, J. (1981). Lexical or orthographic agraphia. *Brain, 104*, 21–49.

Beauvois, M.-F., & Saillant, B. (1985). Optic aphasia for colours and colour agnosia: A distinction between visual and visuo-verbal impairments in the processing of colours. *Cognitive Neuropsychology, 2*, 1–48.

Bechara, A., Damasio, A. R., Damasio, H., & Anderson, S. W. (1994). Insensitivity to future consequences following damage to human prefrontal cortex. *Cognition, 50*, 7–15.

Bechara, A., Tranel, D., Damasio, H., Adolphs, R., Rockland, C., & Damasio, A. R. (1995). Double dissociation of conditioning and declarative knowledge relative to the amygdala and hippocampus in humans. *Science, 269*(5227), 1115–1118.

Bechara, A., Damasio, H., Tranel, D., & Anderson, S. W. (1998). Dissociation of working memory from decision making within the human prefrontal cortex. *Journal of Neuroscience, 18*, 428–437.

Bechara, A., Damasio, H., Damasio, A. R., & Lee, G. P. (1999). Different contributions to the human amygdala and ventromedial prefrontal cortex to decision making. *Journal of Neuroscience, 19*, 5437–5481.

Beck, D. M. & Kastner, S. (2009). Top-down and bottom-up mechanisms in biasing competition in the human brain. *Vision Research, 49*(10), 1154–1165.

Beck, D. M., Rees, G., Frith, C. D., & Lavie, N. (2001). Neural correlates of change detection and change blindness. *Nature Neuroscience, 4*, 645–650.

Beeson, P. M., Rapcsak, S. Z., Plante, E., Chargualaf, J., Chung, A., Johnson, S. C., & Trouard, T. P. (2003). The neural substrates of writing: A functional magnetic resonance imaging study. *Aphasiology, 17*, 647–666.

Behrmann, M. & Bub, D. (1992). Surface dyslexia and dysgraphia: Dual routes, single lexicon. *Cognitive Neuropsychology, 9*, 209–251.

Behrmann, M., Moscovitch, M., & Winocur, G. (1994). Intact visual imagery and impaired visual perception in a patient with visual agnosia. *Journal of Experimental Psychology: Human Perception and Performance, 20*, 1068–1087.

Behrmann, M., Plaut, D. C., & Nelson, J. (1998). A literature review and new data supporting an interactive activation account of letter-by-letter reading. *Cognitive Neuropsychology, 15*, 7–51.

Bekesy, G. von (1960). *Experiments in hearing.* New York: McGraw-Hill.

Belin, P. & Zatorre, R. J. (2003). Adaptation to speaker's voice in right anterior temporal lobe. *NeuroReport, 14*, 2105–2109.

Belin, P., Zatorre, R. J., Lafaille, P., Ahad, P., & Pike, B. (2000). Voice-selective areas in human auditory cortex. *Nature, 403*, 309–312.

Belin, P., Bestelmeyer, P. E. G., Latinus, M., & Watson, R. (2011). Understanding Voice Perception. *British Journal of Psychology, 102*, 711–725.

Bendor, D. & Wang, X. Q. (2005). The neuronal representation of pitch in primate auditory cortex. *Nature, 436*, 1161–1165.

Bengtsson, S. L., Nagy, Z., Skare, S., Forsman, L., Forssberg, H., & Ullen, F. (2005). Extensive piano practicing has regionally specific effects on white matter development. *Nature Neuroscience, 8*, 1148–1150.

Bengtsson, S. L., Ullen, F., Ehrsson, H. H., Hashimoto, T., Kito, T., Naito, E., Forssberg, H., & Sadato, N. (2009). Listening to rhythms activates motor and premotor cortices. *Cortex, 45*(1), 62–71.

Benjamin, J., Li, L., Patterson, C., Greenberg, B. D., Murphy, D. L., & Hamer, D. H. (1996). Population and familial association between the D4 dopamine receptor gene and measures of novelty seeking. *Nature Genetics, 12*, 81–84.

Bentin, S. & Deouell, L. Y. (2000). Structural encoding and identification in face processing: ERP evidence for separate mechanisms. *Cognitive Neuropsychology, 17*, 35–54.

Bentin, S., Allison, T., Puce, A., Perez, E., & McCarthy, G. (1996). Electrophysiological studies of face perception in humans. *Journal of Cognitive Neuroscience, 8,* 551–565.

Bentin, S., Mouchetant-Rostaing, Y., Giard, M. H., Echallier, J. F., & Pernier, J. (1999). ERP manifestations of processing printed words at different psycholinguistic levels. *Journal of Cognitive Neuroscience, 11,* 235–260.

Bentin, S., Sagiv, N., Mecklinger, A., Friederici, A. D., & von Cramon, Y. D. (2002). Priming visual face-processing mechanisms: Electrophysiological evidence. *Psychological Science, 13,* 190–193.

Benton, A. L. (1977). Reflections on the Gerstmann syndrome. *Brain and Language, 4,* 45–62.

Beradelli, A., Rothwell, J. C., Thompson, P. D., & Hallett, M. (2001). Pathophysiology of bradykinesia in Parkinson's disease. *Brain, 124,* 2131–2146.

Berger, H. (1929). Über das elektroenkephalogramm des menschen. *Archiv für Psychiatrie und Nervenkrankheiten, 87,* 527–570.

Bertelson, P. & Aschersleben, G. (1998). Automatic visual bias of perceived auditory location. *Psychonomic Bulletin and Review, 5,* 482–489.

Berthoz, S., Armony, J. L., Blair, R. J. R., & Dolan, R. J. (2002). An fMRI study of intentional and unintentional (embarrassing) violations of social norms. *Brain, 125,* 1696–1708.

Berti, A. & Frassinetti, F. (2000). When far becomes near: Remapping of space by tool use. *Journal of Cognitive Neuroscience, 12,* 415–420.

Best, C. T. & Avery, R. A. (1999). Left-hemisphere advantage for click consonants is determined by linguistic significance and experience. *Psychological Science, 10,* 65–70.

Bestelmeyer, P. E. G., Belin, P., & Grosbras, M.-H. (2011). Right temporal TMS impairs voice detection. *Current Biology, 21*(20), R838–R839.

Bestmann, S. & Feredoes, E. (2013). Combined neurostimulation and neuroimaging in cognitive neuroscience: past, present, and future. *Year in Cognitive Neuroscience, 1296,* 11–30.

Bever, T. G. (1970). The cognitive basis for linguistic structures. In J. R. Hayes (Ed.), *Cognition and the development of language.* New York: Wiley.

Beyerstein, B. L. (1999). Whence cometh the myth that we only use 10% of our brains? In S. D. Salla (ed.), *Mind myths.* Chichester: Wiley.

Bichot, N. P., Rossi, A. F., & Desimone, R. (2005). Parallel and serial neural mechanisms for visual search in macaque area V4. *Science, 308*(5721), 529–534.

Biederman, I. (1987). Recognition by components: A theory of human image understanding. *Psychological Review, 94,* 115–145.

Binder, J. R. & Desai, R. H. (2011). The neurobiology of semantic memory. *Trends in Cognitive Sciences, 15*(11), 527–536.

Binder, J. R., Frost, J. A., Hammeke, T. A., Bellgowan, P. S., Springer, J. A., Kaufman, J. N., & Possing, E. T. (2000). Human temporal lobe activation by speech and non-speech sounds. *Cerebral Cortex, 10,* 512–528.

Bird, H., Howard, D., & Franklin, S. (2000). Why is a verb like an inanimate object? Grammatical category and semantic category deficits. *Brain and Language, 72,* 246–309.

Birdsong, D. (2006). Age and second language acquisition and processing: A selective overview. *Language Learning, 56,* 9–49.

Bisiach, E. & Luzzatti, C. (1978). Unilateral neglect of representational space. *Cortex, 14,* 129–133.

Bisley, J. W. & Goldberg, M. E. (2010). Attention, intention, and priority in the parietal lobe. In S. E. Hyman (Ed.), *Annual Review of Neuroscience* (Vol. 33, pp. 1–21). Palo Alto, CA: Annual Reviews.

Bjork, E. L. (1998). Intentional forgetting perspective: Comments, conjectures and some directed remembering. In J. M. Golding & C. M. MacLoed (Eds.), *Intentional forgetting: Interdisciplinary approaches*. Mahwah, NJ: Lawrence Erlbaum.

Blair, K., Marsh, A. A., Morton, J., Vythilingam, M., Jones, M., Mondillo, K., Pine, D. C., Drevels, W. C., & Blair, J. R. (2006). Choosing the lesser of two evils, the better of two goods: Specifying the roles of ventromedial prefrontal cortex and dorsal anterior cingulate in object choice. *Journal of Neuroscience, 26*(44), 11379–11386.

Blakemore, C. (1977). *Mechanics of the mind*. Cambridge, UK: Cambridge University Press.

Blakemore, C. & Vansluyters, R. C. (1975). Innate and environmental factors in development of kittens' visual-cortex. *Journal of Physiology, 248*, 663–716.

Blakemore, S.-J., Rees, G., & Frith, C. D. (1998). How do we predict the consequences of our actions? A functional imaging study. *Neuropsychologia, 36*, 521–529.

Block, N. (2005). Two neural correlates of consciousness. *Trends in Cognitive Sciences, 9*, 46–52.

Blood, A. J. & Zatorre, R. J. (2001). Intensely pleasurable responses to music correlate with activity in brain regions implicated in reward and emotion. *Proceedings of the National Academy of Science, USA, 98*, 11818–11823.

Blumenfeld, R. S. & Ranganath, C. (2006). Dorsolateral prefrontal cortex promotes long-term memory formation through its role in working memory organization. *Journal of Neuroscience, 26*(3), 916–925.

Bodamer, J. (1947). Die prosopagnosie. *Archiv für Psychiatrie und Zeitschrift für Neurologie, 179*, 6–54.

Boggio, P. S., Ferrucci, R., Rigonatti, S. P., Covre, P., Nitsche, M., Pascual-Leone, A., & Fregni, F. (2006). Effects of transcranial direct current stimulation on working memory in patients with Parkinson's disease. *Journal of the Neurological Sciences, 249*(1), 31–38.

Bolger, D. J., Perfetti, C. A., & Schneider, W. (2005). Cross-cultural effect on the brain revisited: Universal structures plus writing system variation. *Human Brain Mapping, 25*, 92–104.

Bolhuis, J. J. (1990). Mechanisms of avian imprinting: A review. *Biological Reviews, 66*, 303–345.

Bonini, L., Rozzi, S., Serventi, F. U., Simone, L., Ferrari, P. F., & Fogassi, L. (2010). Ventral premotor and inferior parietal cortices make distinct contribution to action organization and intention understanding. *Cerebral Cortex, 20*(6), 1372–1385.

Bonnici, H. M., Chadwick, M. J., & Maguire, E. A. (2013). Representations of recent and remote autobiographical memories in hippocampal subfields. *Hippocampus, 23*(10), 849–854.

Bor, D., Cumming, N., Scott, C. E. L., & Owen, A. M. (2004). Prefrontal cortical involvement in verbal encoding strategies. *European Journal of Neuroscience, 19*(12), 3365–3370.

Borra, E., Belmalih, A., Calzavara, R., Gerbella, M., Murata, A., Rozzi, S., & Luppino, G. (2008). Cortical connections of the macaque anterior intraparietal (AIP) area. *Cerebral Cortex, 18*(5), 1094–1111.

Bottini, G., Corcoran, R., Sterzi, R., Paulesu, E., Schenone, P., Scarpa, P., Frackowiak, R. S. J., & Frith, C. D. (1994). The role of the right hemisphere in the interpretation of figurative aspects of language: A positron emission tomography activation study. *Brain, 117*, 1241–1253.

Botvinick, M. & Cohen, J. (1998). Rubber hands "feel" touch that eyes see. *Nature, 391*, 756.

Boucart, M. & Humphreys, G. W. (1992). The computation of perceptual structure and closure: Normality and pathology. *Neuropsychologia, 30*, 527–546.

Bouchard, T. J. J. & McGue, M. (1981). Familial studies of intelligence: A review. *Science, 212*, 1055–1059.

Bowers, D. & Heilman, K. M. (1980). Pseudoneglect: Effects of hemispace on a tactile line bisection task. *Neuropsychologia, 18*, 491–498.

Bowers, J. S. (2009). On the biological plausibility of grandmother cells: Implications for neural network theories in psychology and neuroscience. *Psychological Review, 116*(1), 220–251.

Bowers, J. S., Bub, D., & Arguin, M. (1996). A characterisation of the word superiority effect in pure alexia. *Cognitive Neuropsychology, 13*, 415–441.

Bowles, B., Crupi, C., Mirsattari, S. M., Pigott, S. E., Parrent, A. G., Pruessner, J. C., Yonelinas, A. P., & Kohler, S. (2007). Impaired familiarity with preserved recollection after anterior temporal-lobe resection that spares the hippocampus. *Proceedings of the National Academy of Sciences, USA, 104*, 16382–16387.

Bowling, D. L., Sundararajan, J., Han, S. e., & Purves, D. (2012). Expression of Emotion in Eastern and Western Music Mirrors Vocalization. *PLoS One, 7*(3).

Brambati, S. M., Ogar, J., Neuhaus, J., Miller, B. L., & Gorno-Tempini, M. L. (2009). Reading disorders in primary progressive aphasia: A behavioral and neuroimaging study. *Neuropsychologia, 47*(8–9), 1893–1900.

Brammer, M. J. (2001). Head motion and its correction. In P. Jezzard, P. M. Matthews, & S. M. Smith (Eds.), *Functional MRI*. Oxford, UK: Oxford University Press.

Brannon, E. M. & Terrace, H. S. (1998). Ordering of the numerosities 1 to 9 by monkeys. *Science, 282*, 746–749.

Brass, M. & von Cramon, D. Y. (2002). The role of the frontal cortex in task preparation. *Cerebral Cortex, 12*, 908–914.

Brass, M. & Haggard, P. (2007). To do or not to do: The neural signature of self-control. *Journal of Neuroscience, 27*, 9141–9145.

Bredart, S., Brennen, T., & Valentine, T. (1997). Dissociations between the processing of proper and common names. *Cognitive Neuropsychology, 14*, 209–217.

Bremmer, F., Schlack, A., Shah, N. J., Zafiris, O., Kubischik, M., Hoffmann, K. P., Zilles, K., & Fink, G. R. (2001). Polymodal motion processing in posterior parietal and premotor cortex: A human fMRI study strongly implies equivalencies between humans and monkeys. *Neuron, 29*, 287–296.

Bressler, S. L., Tang, W., Sylvester, C. M., Shulman, G. L., & Corbetta, M. (2008). Top-down control of human visual cortex by frontal and parietal cortex in anticipatory visual spatial attention. *Journal of Neuroscience, 28*(40), 10056–10061.

Broadbent, D. E. (1958). *Perception and communication*. London: Pergamon Press.

Broca, P. (1861). Remarques sur le siège de la faculté du langagé articule, suivies d'une observation d'aphémie. *Bulletin et Mémoires de la Société Anatomique de Paris, 2*, 330–357.

Brooks, D. J., Ibanez, V., Sawles, G. V., Quinn, N., Lees, A. J., Mathias, C. J., Banniseter, R., Marsden, C. D. & Frackowiak, R. S. J. (1990). Differing patterns of striatal 18F-dopa uptake in Parkinson's disease, multiple system atrophy, and progressive supranuclear palsy. *Annals of Neurology, 28*, 547–555.

Brouwer, G. J. & Heeger, D. J. (2009). Decoding and reconstructing color from responses in human visual cortex. *Journal of Neuroscience, 29*(44), 13992–14003.

Brown, A. S. (1991). A review of the tip-of-the-tongue experience. *Psychological Bulletin, 109*, 204–223.

Brown, R. & McNeill, D. (1966). The "tip of the tongue" phenomenon. *Journal of Verbal Learning and Verbal Behavior, 5*, 325–337.

Brown, R. G. & Marsden, C. D. (1988). Internal versus external cues and the control of attention in Parkinson's disease. *Brain, 111*, 323–345.

Brown, S., Ngan, E., & Liotti, M. (2008). A larynx area in the human motor cortex. *Cerebral Cortex, 18*(4), 837–845.

Bruandet, M., Molko, N., Cohen, L., & Dehaene, S. (2003). A cognitive characterisation of dyscalculia in Turner syndrome. *Neuropsychologia, 42*, 288–298.

Bruce, C. J., Goldberg, M. E., Bushnell, M. C., & Stanton, G. B. (1985). Primate frontal eye fields: II. Physiological and anatomical correlates of electrically evoked eye movements. *Journal of Neurophysiology*, *54*, 714–734.

Bruce, V. & Valentine, T. (1986). Semantic priming of familiar faces. *Quarterly Journal of Experimental Psychology*, *38A*, 125–150.

Bruce, V. & Young, A. W. (1986). Understanding face recognition. *British Journal of Psychology*, *77*, 305–327.

Brugge, J. F. & Merzenich, M. M. (1973). Responses of neurons in auditory cortex of the macaque monkey to monaural and binaural stimulation. *Journal of Neurophysiology*, *36*, 1138–1158.

Brysbaert, M. (1995). Arabic number reading: On the nature of the numerical scale and the origin of phonological recoding. *Journal of Experimental Psychology: General*, *124*, 434–452.

Bub, D. & Kertesz, A. (1982). Deep agraphia. *Brain and Language*, *17*, 146–165.

Buccino, G., Lui, F., Canessa, N., Patteri, I., Lagravinese, G., Benuzzi, F., Porro, C. A., & Rizzolatti, G. (2004). Neural circuits involved in the recognition of actions performed by nonconspecifics: An fMRI study. *Journal of Cognitive Neuroscience*, *16*, 114–126.

Buchsbaum, B. R. & D'Esposito, M. (2008). The search for the phonological store: From loop to convolution. *Journal of Cognitive Neuroscience*, *20*, 762–778.

Buchsbaum, B. R., Baldo, J., Okada, K., Berman, K. F., Dronkers, N., D'Esposito, M., & Hickok, G. (2011). Conduction aphasia, sensory-motor integration, and phonological short-term memory—An aggregate analysis of lesion and fMRI data. *Brain and Language*, *119*(3), 119–128.

Buckner, R. L., Kelley, W. M., & Petersen, S. E. (1999). Frontal cortex contributes to human memory formation. *Nature Neuroscience*, *2*, 311–314.

Buckner, R. L., Andrews-Hanna, J. R., & Schacter, D. L. (2008). The brain's default network: Anatomy, function, and relevance to disease. *Annals of the New York Academy of Sciences*, *1124*, 1–38.

Bueti, D. & Walsh, V. (2009). The parietal cortex and the representation of time, space, number and other magnitudes. *Philosophical Transactions of the Royal Society B-Biological Sciences*, *364*(1525), 1831–1840.

Burani, C., Barca, L., & Ellis, A. W. (2006). Orthographic complexity and word naming in Italian: Some words are more transparent than others. *Psychonomic Bulletin & Review*, *13*, 346–352.

Burbaud, P., Camus, O., Guehl, D., Biolac, B., Caille, J. M., & Allard, M. (1999). A functional magnetic resonance imaging study of mental subtraction in human subjects. *Neuroscience Letters*, *273*, 195–199.

Burgess, N. (2002). The hippocampus, space, and viewpoints in episodic memory. *Quarterly Journal of Experimental Psychology*, *55A*, 1057–1080.

Burgess, N., Maguire, E. A., & O'Keefe, J. (2002). The human hippocampus and spatial and episodic memory. *Neuron*, *35*(4), 625–641.

Burgess, P. W. (2000). Strategy application disorder: The role of the frontal lobes in human multitasking. *Psychological Research*, *63*, 279–288.

Burgess, P. W., Veitch, E., Costello, A., & Shallice, T. (2000). The cognitive and neuroanatomical correlates of multitasking. *Neuropsychologia*, *38*, 848–863.

Burgess, P. W., Dumontheil, I., & Gilbert, S. J. (2007). The gateway hypothesis of rostral prefrontal cortex (area 10) function. *Trends in Cognitive Sciences*, *11*(7), 290–298.

Bush, G., Luu, P., & Posner, M. I. (2000). Cognitive and emotional influences in anterior cingulate cortex. *Trends in Cognitive Sciences*, *4*, 215–222.

Buttelmann, D., Carpenter, M., Call, J., & Tomasello, M. (2007). Encultured chimpanzees imitate rationally. *Developmental Science*, *10*, F31–F38.

Butters, N. & Cermak, L. S. (1986). A case study of the forgetting of autobiographical knowledge: Implications for the study of retrograde amnesia. In D. C. Rubin (Ed.), *Autobiographical memory*. Cambridge, UK: Cambridge University Press.

Butters, N. & Pandya, D. N. (1969). Retention of delayed-alternation: Effect of selective lesion of sulcus principalis. *Science, 165,* 1271–1273.

Butterworth, B. (1999). *The mathematical brain.* London: Macmillan.

Butterworth, B. & Warrington, E. K. (1995). Two routes to repetition: Evidence from a case of "deep dysphasia." *Neurocase, 1,* 55–66.

Butterworth, B., Cipolotti, L., & Warrington, E. K. (1996). Short-term memory impairments and arithmetical ability. *Quarterly Journal of Experimental Psychology, 49A,* 251–262.

Cabeza, R., Rao, S. M., Wagner, A. D., Mayer, A. R., & Schacter, D. L. (2001). Can medial temporal lobe regions distinguish true from false? An event-related functional fMRI study of veridical and illusory recognition memory. *Proceedings of the National Academy of Science, USA, 98,* 4805–4810.

Cabeza, R., Dolcos, F., Prince, S. E., Rice, H. J., Weissman, D. H., & Nyberg, L. (2003). Attention-related activity during episodic memory retrieval: A cross-function fMRI study. *Neuropsychologia, 41,* 390–399.

Cacioppo, J. T., Norris, C. J., Decety, J., Monteleone, G., & Nusbaum, H. (2009). In the eye of the beholder: Individual differences in perceived social isolation predict regional brain activation to social stimuli. *Journal of Cognitive Neuroscience, 21*(1), 83–92.

Cahill, L., Weinberger, N. M., Roozendaal, B., & McGaugh, J. L. (1999). Is the amygdala a locus of "conditioned fear"? Some questions and caveats. *Neuron, 23,* 227–228.

Calder, A. J. & Young, A. W. (2005). Understanding the recognition of facial identity and facial expression. *Nature Reviews Neuroscience, 6*(8), 641–651.

Calder, A. J., Young, A. W., Rowland, D., Perrett, D. I., Hodges, J. R., & Etcoff, N. L. (1996). Facial emotion recognition after bilateral amygdala damage: Differentially severe impairment of fear. *Cognitive Neuropsychology, 13,* 699–745.

Calder, A. J., Keane, J., Manes, F., Antoun, N., & Young, A. W. (2000). Impaired recognition and experience of disgust following brain injury. *Nature Neuroscience, 3*(11), 1077–1078.

Callan, D., Callan, A., Gamez, M., Sato, M., & Kawato, M. (2010). Premotor cortex mediates perceptual performance. *NeuroImage, 51*(2), 844–858.

Calvanio, R., Petrone, P. N., & Levine, D. N. (1987). Left visual spatial neglect is both environment-centred and body-centred. *Neurology, 37,* 1179–1183.

Calvert, G. A. (2001). Crossmodal processing in the human brain: Insights from functional neuroimaging studies. *Cerebral Cortex, 11,* 1110–1123.

Calvert, G. A., Campbell, R., & Brammer, M. J. (2000). Evidence from functional magnetic resonance imaging of crossmodal binding in the human heteromodal cortex. *Current Biology, 10,* 649–657.

Calvert, G. A., Hansen, P. C., Iversen, S. D., & Brammer, M. J. (2001). Detection of audio-visual integration sites in humans by application of electrophysiological criteria to the BOLD effect. *NeuroImage, 14,* 427–438.

Campbell, J. I. (1994). Architectures for numerical cognition. *Cognition, 53,* 1–44.

Campbell, R., Landis, T., & Regard, M. (1986). Face recognition and lip reading: A neurological dissociation. *Brain, 109,* 509–521.

Campbell, R., Heywood, C., Cowey, A., Regard, M., & Landis, T. (1990). Sensitivity to eye gaze in prosopagnosic patients and monkeys with superior temporal sulcus ablation. *Neuropsychologia, 28,* 1123–1142.

Campion, J., Latto, R., & Smith, Y. M. (1983). Is blindsight an effect of scattered light, spared cortex, and near-threshold vision? *Behavioral and Brain Sciences, 6,* 423–486.

Cannon, W. B. (1927). The James-Lange theory of emotions: a critical examination and an alternative theory. *American Journal of Pschology, 39,* 106–124.

Cantlon, J. F. & Brannon, E. M. (2007). Basic math in monkey and college students. *PLoS Biology, 5,* 2912–2919.

Capgras, J. & Reboul-Lachaux, J. (1923). L'illusion des sosies dans un delire systematisé chronique. *Bulletin de la Société Clinique de Médecine Mentale, 2,* 6–16.

Capitani, E., Laiacona, M., Mahon, B., & Caramazza, A. (2003). What are the facts of semantic category-specific deficits? A critical review of the clinical evidence. *Cognitive Neuropsychology, 20*, 213–261.

Caplan, D. (1988). On the role of group studies in neuropsychological and patho-psychological research. *Cognitive Neuropsychology, 5*, 535–548.

Caplan, D. & Waters, G. S. (1990). Short-term memory and language comprehension: A critical review of the neuropsychology literature. In G. Vallar, & T. Shallice (Eds.), *Neuropsychological impairments of short-term memory*. Cambridge, UK: Cambridge University Press.

Cappelletti, M., Kopelman, M. D., & Butterworth, B. (2002). Why semantic dementia drives you to the dogs (but not to the horses): A theoretical account. *Cognitive Neuropsychology, 19*, 483–503.

Caramazza, A. (1986). On drawing inferences about the structure of normal cognitive systems from the analysis of patterns of impaired performance: The case for single-patient studies. *Brain and Cognition, 5*, 41–66.

Caramazza, A. (1992). Is cognitive neuropsychology possible? *Journal of Cognitive Neuroscience, 4*, 80–95.

Caramazza, A. (1997). How many levels of processing are there in lexical access? *Cognitive Neuropsychology, 14*, 177–208.

Caramazza, A. & Badecker, W. (1989). Patient classification in neuropsychological research. *Brain and Cognition, 10*, 256–295.

Caramazza, A. & Badecker, W. (1991). Clinical syndromes are not God's gift to cognitive neuropsychology: A reply to a rebuttal to an answer to a response to the case against syndrome-based research. *Brain and Cognition, 16*, 211–227.

Caramazza, A. & Hillis, A. E. (1990a). Levels of representation, co-ordinate frames, and unilateral neglect. *Cognitive Neuropsychology, 7*, 391–445.

Caramazza, A. & Hillis, A. E. (1990b). Where do semantic errors come from? *Cortex, 26*, 95–122.

Caramazza, A. & Hillis, A. E. (1991). Lexical organization of nouns and verbs in the brain. *Nature, 349*, 788–790.

Caramazza, A. & McCloskey, M. (1988). The case for single-patient studies. *Cognitive Neuropsychology, 5*, 517–528.

Caramazza, A. & Miceli, G. (1990). The structure of graphemic representations. *Cognition, 37*, 243–297.

Caramazza, A. & Miozzo, M. (1997). The relation between syntactic and phonological knowledge in lexical access: Evidence from the "tip-of-the-tongue" phenomenon. *Cognition, 64*, 309–343.

Caramazza, A. & Shelton, R. S. (1998). Domain-specific knowledge systems in the brain: The animate–inanimate distinction. *Journal of Cognitive Neuroscience, 10*, 1–34.

Caramazza, A. & Zurif, E. B. (1976). Dissociation of algorithmic and heuristic processes in language comprehension. *Brain and Language, 3*, 572–582.

Caramazza, A., Hillis, A. E., Villa, G., & Romani, C. (1987). The role of the graphemic buffer in spelling: Evidence from a case of acquired dysgraphia. *Cognition, 26*, 59–85.

Caramazza, A., Hillis, A. E., Rapp, B. C., & Romani, C. (1990). Multiple semantics or multiple confusions? *Cognitive Neuropsychology, 7*, 161–168.

Caramazza, A., Capasso, R., & Miceli, G. (1996). The role of the graphemic buffer in reading. *Cognitive Neuropsychology, 13*, 673–698.

Carmel, D. & Bentin, S. (2002). Domain specificity versus expertise: Factors influencing distinct processing of faces. *Cognition, 83*, 1–29.

Carr, L., Iacoboni, M., Dubeau, M. C., Mazziotta, J. C., & Lenzi, G. L. (2003). Neural mechanisms of empathy in humans: A relay from neural systems for imitation to limbic areas. *Proceedings of the National Academy of Sciences of the United States of America, 100*(9), 5497–5502.

Carr, T. H., Posner, M. I., Pollatsek, A., & Snyder, C. R. (1979). Orthography and familiarity effects in word processing. *Journal of Experimental Psychology: General*, *108*, 389–414.

Carter, C. S., Braver, T. S., Barch, D. M., Botvinick, M. M., Noll, D., & Cohen, J. D. (1998). Anterior cingulate cortex, error detection, and the online monitoring of performance. *Science*, *280*, 747–749.

Carter, C. S., MacDonald, A. M., Botvinick, M., Ross, L. L., Stenger, V. A., Noll, D., & Cohen, J. D. (2000). Parsing executive processes: Strategic vs. evaluative functions of the anterior cingulate cortex. *Proceedings of the National Academy of Science, USA*, *97*, 1944–1948.

Caspi, A., Moffitt, T. E., Cannon, M., McClay, J., Murray, R. M., Harrington, H. L., Taylor, A., Arseneault, L., Williams, B., Braithwaite, A., Poulton, R., & Craig, I. W. (2005). Moderation of the effect of adolescent-onset cannabis use on adult psychosis by a functional polymorphism in the catechol-o-methyltransferase gene: Longitudinal evidence for a gene X–environment interaction. *Biological Psychiatry*, *57*, 1117–1127.

Castelli, F., Glaser, D. E., & Butterworth, B. (2006). Discrete and analogue quantity processing in the parietal lobe: A functional MRI study. *Proceedings of the National Academy of Sciences of the United States of America*, *103*(12), 4693–4698.

Castelli, F., Happé, F., Frith, U., & Frith, C. D. (2000). Movement and mind: A functional imaging study of perception and interpretation of complex intentional movements. *NeuroImage*, *12*, 314–325.

Castle, D., Wesseley, S., Der, G., & Murray, R. M. (1991). The incidence of operationally defined schizophrenia in Camberwell 1965–84. *British Journal of Psychiatry*, *159*, 790–794.

Castles, A., Datta, H., Gayan, J., & Olson, R. K. (1999). Varieties of developmental reading disorder: Genetic and environmental influences. *Journal of Experimental Child Psychology*, *72*, 73–94.

Cattell, J. M. (1886). The inertia of the eye and brain. *Brain*, *8*, 295–312.

Cattell, R. B. (1971). *Abilities: Their structure, growth and action*. Boston, MA: Houghton Mifflin.

Cattinelli, I., Borghese, N. A., Gallucci, M., & Paulesu, E. (2013). Reading the reading brain: A new meta-analysis of functional imaging data on reading. *Journal of Neurolinguistics*, *26*(1), 214–238.

Cermak, L. S. & O'Connor, M. (1983). The anterograde and retrograde retrieval ability of a patient with amnesia due to encephalitis. *Neuropsychologia*, *21*, 213–234.

Chakraborty, S., Anderson, M. I., Chaudhry, A. M., Mumford, J. C., & Jeffery, K. J. (2004). Context-independent directional cue learning by hippocampal place cells. *European Journal of Neuroscience*, *20*, 281–292.

Chamberlain, S. R., Menzies, L., Hampshire, A., Suckling, J., Fineberg, N. A., del Campo, N., Aitken, M., Craig, K., Owen, A. M., Bullmore, E. T., Robbins, T. W., & Sahakian, B. J. (2008). Orbitofrontal dysfunction in patients with obsessive-compulsive disorder and their unaffected relatives. *Science*, *321*(5887), 421–422.

Chance, M. (1967). The interpretation of some agonistic postures: The role of "cut-off" acts and postures. *Symposium of the Zoological Society of London*, *8*, 71–89.

Chao, L. L. & Martin, A. (1999). Cortical regions associated with perceiving, naming and knowing about colours. *Journal of Cognitive Neuroscience*, *11*, 25–35.

Chao, L. L. & Martin, A. (2000). Representation of manipulable man-made objects in the dorsal stream. *NeuroImage*, *12*, 478–484.

Chapin, J. K. (2004). Using multi-neuron population recordings for neural prosthetics. *Nature Neuroscience*, *7*, 452–455.

Chapman, H. A., Kim, D. A., Susskind, J. M., & Anderson, A. K. (2009). In bad taste: Evidence for the oral origins of moral disgust. *Science*, *323*(5918), 1222–1226.

Chechlacz, M., Rotshtein, P., & Humphreys, G. W. (2012). Neuroanatomical dissections of unilateral visual neglect symptoms: ALE meta-analysis of lesion-symptom mapping. *Frontiers in Human Neuroscience*, *6*.

Chee, M. W. L., Weekes, B., Lee, K. M., Soon, C. S., Schreiber, A., Hoon, J. J., & Chee, M. (2000). Overlap and dissociation of semantic processing of Chinese characters, English words, and pictures: Evidence from fMRI. *NeuroImage, 12,* 392–403.

Chen, J. L., Zatorre, R. J., & Penhune, V. B. (2006). Interactions between auditory and dorsal premotor cortex during synchronization to musical rhythms. *NeuroImage, 32*(4), 1771–1781.

Chen, Y. P., Fu, S. M., Iversen, S. D., Smith, S. M., & Matthews, P. M. (2002). Testing for dual brain processing routes in reading: A direct contrast of Chinese character and pinyin reading using fMRI. *Journal of Cognitive Neuroscience, 14,* 1088–1098.

Chevillet, M. A., Jiang, X., Rauschecker, J. P., & Riesenhuber, M. (2013). Automatic phoneme category selectivity in the dorsal auditory stream. *Journal of Neuroscience, 33*(12), 5208–5215.

Christoff, K., Prabhakaran, V., Dorfman, J., Zhao, Z., Kroger, J. K., Holyoak, K. J., & Gabrieli, J. D. E. (2001). Rostrolateral prefrontal cortex involvement in relational integration during reasoning. *NeuroImage, 14,* 1136–1149.

Chugani, H. T., Phelps, M. E., & Mazziotta, J. C. (1987). Positron emission tomography study of human brain functional development. *Annals of Neurology, 22,* 487–497.

Chumbley, J. I. & Balota, D. A. (1984). A word's meaning affects the decision in lexical decision. *Memory and Cognition, 12,* 590–606.

Church, J. A., Balota, D. A., Petersen, S. E., & Schlaggar, B. L. (2011). Manipulation of length and lexicality localizes the functional neuroanatomy of phonological processing in adult readers. *Journal of Cognitive Neuroscience, 23*(6), 1475–1493.

Churchland, P. M. (1995). *The engine of reason, the seat of the soul.* Cambridge, MA: MIT Press.

Churchland, P. S. & Sejnowski, T. J. (1988). Perspectives on cognitive neuroscience. *Science, 242*(4879), 741–745.

Ciaghi, M., Pancheri, E., & Miceli, G. (2010). Semantic paralexias: A group-case study on the underlying functional mechanisms, incidence and clinical features in a consecutive series of 340 Italian aphasics. *Brain and Language, 115*(2), 121–132.

Cipolotti, L. (1995). Multiple routes for reading words, why not numbers? Evidence from a case of Arabic numeral dyslexia. *Cognitive Neuropsychology, 12,* 313–342.

Cipolotti, L. & Butterworth, B. (1995). Toward a multi-route model of number processing: Impaired number transcoding with preserved calculation skills. *Journal of Experimental Psychology: General, 124,* 375–390.

Cipolotti, L. & Denes, G. (1989). When a patient can write but not copy: Report of a single case. *Cortex, 25,* 331–337.

Cipolotti, L. & Warrington, E. K. (1995a). Neuropsychological assessment. *Journal of Neurology, Neurosurgery and Psychiatry, 58,* 655–664.

Cipolotti, L. & Warrington, E. K. (1995b). Semantic memory and reading abilities: A case report. *Journal of the International Neuropsychological Society, 1,* 104–110.

Cipolotti, L. & Warrington, E. K. (1996). Does recognizing orally spelled words depend on reading? An investigation into a case of better written than oral spelling. *Neuropsychologia, 34,* 427–440.

Cipolotti, L., Butterworth, B., & Denes, G. (1991). A specific deficit for numbers in a case of dense acalculia. *Brain, 114,* 2619–2637.

Cipolotti, L., Butterworth, B., & Warrington, E. K. (1994). From "one thousand nine hundred and forty-five" to 1000,945. *Neuropsychologia, 32,* 503–509.

Cipolotti, L., Warrington, E. K., & Butterworth, B. (1995). Selective impairment in manipulating Arabic numerals. *Cortex, 31,* 73–86.

Cipolotti, L., Shallice, T., Chan, D., Fox, N., Scahill, R., Harrison, G., Stevens, J., & Rudge, P. (2001). Long-term retrograde amnesia: The crucial role of the hippocampus. *Neuropsychologia, 39,* 151–172.

Clarey, J. C., Barone, P., & Imig, T. J. (1994). Functional organization of sound direction and sound pressure level in primary auditory cortex of the cat. *Journal of Neurophysiology, 72,* 2383–2405.

Cloutman, L., Gingis, L., Newhart, M., Davis, C., Heidler-Gary, J., Crinion, J., & Hillis, A. E. (2009). A neural network critical for spelling. *Annals of Neurology*, *66*(2), 249–253.

Cocchini, G., Beschin, N., & Jehkonen, M. (2001). The fluff test: A simple task to assess body representational neglect. *Neuropsychological Rehabilitation*, *11*, 17–31.

Cochon, F., Cohen, L., van de Moortele, P. F., & Dehaene, S. (1999). Differential contributions of the left and right inferior parietal lobules to number processing. *Journal of Cognitive Neuroscience*, *11*, 617–630.

Cohen, J. D., Peristein, W. M., Braver, T. S., Nystrom, L. E., Noll, D. C., Jonides, J., & Smith, E. E. (1997). Temporal dynamics of brain activation during a working memory task. *Nature*, *386*, 604–607.

Cohen, L. & Dehaene, S. (1996). Cerebral networks for number processing: Evidence from a case of posterior callosal lesion. *Neurocase*, *2*, 155–174.

Cohen, L. & Dehaene, S. (2000). Calculating without reading: Unsuspected residual abilities in pure alexia. *Cognitive Neuropsychology*, *17*, 563–583.

Cohen, L. & Dehaene, S. (2004). Specialization within the ventral stream: The case for the visual word form area. *NeuroImage*, *22*, 466–476.

Cohen, L. G., Bandinelli, S., Findley, T. W., & Hallett, M. (1991). Motor reorganization after upper limb amputation in man: A study with focal magnetic stimulation. *Brain*, *114*, 615–627.

Cohen, L. G., Celnik, P., Pascual-Leone, A., Corwell, B., Faiz, L., Dambrosia, J., Honda, M., Sadato, N., Gerloff, C., Catala, M. D., & Hallett, M. (1997b). Functional relevance of cross-modal plasticity in blind humans. *Nature*, *389*, 180–183.

Cohen, L., Lehericy, S., Chochon, F., Lemer, C., Rivaud, S., & Dehaene, S. (2002). Language-specific tuning of visual cortex functional properties of the Visual Word Form Area. *Brain*, *125*, 1054–1069.

Cohen Kadosh, R. & Henik, A. (2006). A common representation for semantic and physical properties. *Experimental Psychology*, *53*, 87–94.

Cohen Kadosh, R., Kadosh, K., Schuhmann, T., Kaas, A., Goebel, R., Henik, A., & Sack, A. T. (2007). Virtual dyscalculia induced by parietal-lobe TMS impairs automatic magnitude processing. *Current Biology*, *17*(8), 689–693.

Cohen Kadosh, R., Kadosh, K., & Henik, A. (2008). When brightness counts: The neuronal correlate of numerical-luminance interference. *Cerebral Cortex*, *18*(2), 337–343.

Cohen Kadosh, R., Bien, N., & Sack, A. T. (2012). Automatic and intentional number processing both rely on intact right parietal cortex: A combined fMRI and neuro-navigated TMS study. *Frontiers in Human Neuroscience*, *6*.

Collins, A. M. & Quinlan, M. R. (1969). Retrieval time from semantic memory. *Journal of Verbal Learning and Verbal Behavior*, *8*, 240–247.

Collins, D., Neelin, P., Peters, T., & Evans, A. (1994). Automatic 3D intersubject registration of MR volumetric data in standardized Talairach space. *Journal of Computer Assisted Tomography*, *18*, 192–205.

Coltheart, M. (2004a). Are there lexicons? *Quarterly Journal of Experimental Psychology*, *57A*, 1153–1171.

Coltheart, M. (2004b). Brain imaging, connectionism and cognitive neuropsychology. *Cognitive Neuropsychology*, *21*, 21–26.

Coltheart, M. & Funnell, E. (1987). Reading and writing: One lexicon or two? In D. A. Allport, D. Mackay, W. Prinz & E. Scheerer (Eds.), *Language perception and production: Relationships between listening, speaking, reading and writing*. London: Academic Press.

Coltheart, M., Curtis, B., Atkins, P., & Haller, M. (1993). Models of reading aloud. Dual-route and parallel distributed approaches. *Psychological Review*, *4*, 589–608.

Coltheart, M., Davelaar, E., Jonasson, J. T., & Besner, D. (1977). Access to the internal lexicon. In S. Dornic (Ed.), *Attention and performance VI*. Hillsdale, NJ: Lawrence Erlbaum.

Coltheart, M., Patterson, K. E., & Marshall, J. C. (1980). *Deep dyslexia*. London: Routledge.

Coltheart, M., Inglis, L., Cupples, L., Michie, P., Bates, A., & Budd, B. (1998). A semantic subsystem specific to the storage of information about visual attributes of animate and inanimate objects. *Neurocase, 4*, 353–370.

Conway, M. A. & Fthenaki, A. (2003). Disruption of inhibitory control of memory following lesions to the frontal and temporal lobes. *Cortex, 39*, 667–686.

Cooper, N. R., Croft, R. J., Dominey, S. J. J., Burgess, A. P., & Gruzelier, J. H. (2003). Paradox lost? Exploring the role of alpha oscillations during externally vs. internally directed attention and the implications for idling and inhibition hypotheses. *International Journal of Psychophysiology, 47*(1), 65–74.

Cooper, R. & Shallice, T. (2000). Contention scheduling and the control of routine activities. *Cognitive Neuropsychology, 17*, 297–338.

Corballis, M. C. (2002). From mouth to hand: Gesture, speech, and the evolution of right-handedness. *Behavioral and Brain Sciences*. 26, 199–208.

Corbetta, M. & Shulman, G. L. (2002). Control of goal-directed and stimulus-driven attention in the brain. *Nature Reviews Neuroscience, 3*(3), 201–215.

Corbetta, M. & Shulman, G. L. (2011). Spatial neglect and attention networks. *Annual Review of Neuroscience, 34*, 569–599.

Corbetta, M., Schulman, G., Miezin, F., & Petersen, S. (1995). Superior parietal cortex activation during spatial attention shifts and visual feature conjunctions. *Science, 270*, 802–805.

Corbetta, M., Kincade, J. M., Ollinger, J. M., McAvoy, M. P., & Shulman, G. L. (2000). Voluntary orienting is dissociated from target detection in human posterior parietal cortex. *Nature Neuroscience, 3*(3), 292–297.

Corkin, S. (1984). Lasting consequences of bilateral medial temporal lobectomy: Clinical course and experimental findings in HM. *Seminars in Neurology, 4*, 249–259.

Corkin, S. (2002). What's new with the amnesic patient HM? *Nature Reviews Neuroscience, 3*, 153–160.

Corthout, E., Uttle, B., Ziemann, U., Cowey, A., & Hallett, M. (1999). Two periods of processing in the (circum)striate visual cortex as revealed by transcranial magnetic stimulation. *Neuropsychologia, 37*, 137–145.

Coslett, H. B. (1991). Read but not write "Idea": Evidence for a third reading mechanism. *Brain and Language, 40*, 425–443.

Costanzo, F., Menghini, D., Caltagirone, C., Oliveri, M., & Vicari, S. (2012). High frequency rTMS over the left parietal lobule increases non-word reading accuracy. *Neuropsychologia, 50*(11), 2645–2651.

Cowan, N. (2001). The magical number 4 in short-term memory: A reconsideration of mental storage capacity. *Behavioral and Brain Sciences, 24*, 87–185.

Cowan, W. M. (1979). The development of the brain. *Scientific American, September*, 56–69.

Cowey, A. (2004). Fact, artefact and myth about blindsight. *Quarterly Journal of Experimental Psychology, 57A*, 577–609.

Craig, A. D. (2009). How do you feel—now? The anterior insula and human awareness. *Nature Reviews Neuroscience, 10*(1), 59–70.

Craik, F. I. M. & Lockhart, R. S. (1972). Levels of processing: A framework for memory research. *Journal of Verbal Learning and Verbal Behavior, 11*, 671–684.

Crair, M. C., Gillespie, D. C., & Stryker, M. P. (1998). The role of visual experience in the development of columns in cat visual cortex. *Science, 279*, 566–570.

Creswell, C. S. & Skuse, D. H. (1999). Autism in association with Turner syndrome: Genetic implications for male vulnerability to pervasive developmental disorders. *Neurocase, 5*, 511–518.

Crick, F. (1994). *The astonishing hypothesis: The scientific search for the soul*. New York: Charles Scribner's Sons.

Critchley, H. D., Mathias, C. J., Josephs, O., O'Doherty, J., Zanini, S., Dewar, B. K., Cipolotti, L., Shallice, T., & Dolan, R. J. (2003). Human cingulate cortex and autonomic control: Converging neuroimaging and clinical evidence. *Brain, 126,* 2139–2152.

Cubelli, R. (1991). A selective deficit for writing vowels in acquired dysgraphia. *Nature, 353,* 258–260.

Cubelli, R. & Lupi, G. (1999). Afferent dysgraphia and the role of vision in handwriting. *Visual Cognition, 6,* 113–128.

Culham, J. (2004). Human brain imaging reveals a parietal area specialized for grasping. In N. Kanwisher & J. Duncan (Eds.), *Functional neuroimaging of visual cognition.* Oxford, UK: Oxford University Press.

Curtiss, S. (1977). *Genie: A psycholinguistic study of a modern-day "wild child."* New York: Academic Press.

Cusack, R. (2005). The intraparietal sulcus and perceptual organization. *Journal of Cognitive Neuroscience, 17,* 641–651.

Cusack, R., Carlyon, R. P., & Robertson, I. H. (2000). Neglect between but not within auditory objects. *Journal of Cognitive Neuroscience, 12,* 1056–1065.

Custance, D. M., Whiten, A., & Bard, K. A. (1995). Can young chimpanzees (Pan troglodytes) imitate arbitrary actions? Hayes and Hayes (1952) revisited. *Behaviour, 132,* 837–859.

Cutler, A. & Butterfield, S. (1992). Rhythmic cues to speech segmentation: Evidence from juncture misperception. *Journal of Memory and Language, 25,* 385–400.

D'Ausilio, A., Bufalari, I., Salmas, P., & Fadiga, L. (2012). The role of the motor system in discriminating normal and degraded speech sounds. *Cortex, 48*(7), 882–887.

D'Esposito, M. (2007). From cognitive to neural models of working memory. *Philosophical Transactions of the Royal Society B-Biological Sciences, 362*(1481), 761–772.

Dagenbach, D. & McCloskey, M. (1992). The organization of arithmetic facts in memory: Evidence from a brain-damaged patient. *Brain and Cognition, 20,* 345–366.

Dale, A. M. & Buckner, R. L. (1997). Selective averaging of rapidly presented individual trials using fMRI. *Human Brain Mapping, 5*(5), 329–340.

Damasio, A. R. (1994). *Descartes' error: Emotion, reason and the human brain.* New York: G. P. Putnam & Sons.

Damasio, A. R. (1996). The somatic marker hypothesis and the possible functions of the prefrontal cortex. *Philosophical Transactions of the Royal Society of London B, 351,* 1413–1420.

Damasio, A. R., Graff-Radford, N. R., Eslinger, P. J., Damasio, H. & Kassell, N. (1985). Amnesia following basal forebrain lesions. *Archives of Neurology, 42,* 263–271.

Damasio, A. R., Tranel, D. & Damasio, H. (1990). Individuals with sociopathic behavior caused by frontal damage fail to respond autonomically to social stimuli. *Behavioral Brain Research, 41,* 81–94.

Damasio, H. & Damasio, A. (1989). *Lesion analysis in neuropsychology.* New York: Oxford University Press.

Damasio, H., Grabowski, T., Frank, R., Galaburda, A. M., & Damasio, A. R. (1994). The return of Phineas Gage: Clues about the brain from the skull of a famous patient. *Science, 264,* 1102–1105.

Damoiseaux, J. S., Rombouts, S. A. R. B., Barkhof, F., Scheltens, P., Stam, C. J., Smith, S. M., & Beckmann, C. F. (2006). Consistent resting-state networks across healthy subjects. *Proceedings of the National Academy of Sciences of the United States of America, 103*(37), 13848–13853.

Dapretto, M., Davies, M. S., Pfeifer, J. H., Scott, A. A., Sigman, M., Bookheimer, S. Y., & Iacoboni, M. (2006). Understanding emotions in others: Mirror neuron dysfunction in children with autism spectrum disorders. *Nature Neuroscience, 9,* 28–30.

Darwin, C. J. (1871). *The descent of man and selection in relation to sex.* London: John Murray.

Darwin, C. J. (1872/1965). *The expression of the emotions in man and animals*. Chicago, IL: University of Chicago Press.

Davachi, L., Mitchell, J. P., & Wagner, A. D. (2003). Multiple routes to memory: Distinct medial temporal lobe processes build item and source memories. *Proceedings of the National Academy of Sciences of the United States of America, 100*(4), 2157–2162.

Davies, R. R., Graham, K. S., Xuereb, J. H., Williams, G. B., & Hodges, J. R. (2004). The human perirhinal cortex and semantic memory. *European Journal of Neuroscience, 20*(9), 2441–2446.

Davis, M. H. (1980). A multi-dimensional approach to individual differences in empathy. *JCAS Catalog of Selected Documents in Psychology, 75*, 989–1015.

De Bastiani, P., Barry, C., & Carreras, M. (1988). Mechanisms for reading non-words: Evidence from a case of phonological dyslexia in an Italian reader. In C. Semenza & G. Denes (Eds.), *Perspectives on cognitive neuropsychology*. Hillsdale, NJ: Lawrence Erlbaum.

De Renzi, E. (1986). Prosopagnosia in two patients with CT scan evidence of damage confined to the right hemisphere. *Neuropsychologia, 24*, 385–389.

De Renzi, E. & di Pellegrino, G. (1998). Prosopagnosia and alexia without object agnosia. *Cortex, 34*, 403–415.

Dean, A. (1946). *Fundamentals of play directing*. New York: Rhinehart & Company.

Decety, J. & Jackson, P. J. (2004). The functional architecture of human empathy. *Behavioral and Cognitive Neuroscience Reviews, 3*, 71–100.

Decety, J. & Jackson, P. L. (2006). A social-neuroscience perspective on empathy. *Current Directions in Psychological Science, 15*(2), 54–58.

Dehaene, S. (1992). Varieties of numerical abilities. *Cognition, 44*, 1–42.

Dehaene, S. (1997). *The number sense*. New York: Oxford University Press.

Dehaene, S. (2010). *Reading in the brain: The new science of how we read*. London: Penguin Books.

Dehaene, S., Changeux, J.-P., Naccache, L., Sackur, J., & Sergent, C. (2006). Conscious, preconscious, and subliminal processing: A testable taxonomy. *Trends in Cognitive Sciences, 10*(204–211).

Dehaene, S. & Cohen, L. (1991). Two mental calculation systems: A case study of severe acalculia with preserved approximation. *Neuropsychologia, 29*, 1045–1074.

Dehaene, S. & Cohen, L. (1995). Towards an anatomical and functional model of number processing. *Mathematical Cognition, 1*, 83–120.

Dehaene, S. & Cohen, L. (1997). Cerebral pathways for calculation: Double dissociation between rote and quantitative knowledge of arithmetic. *Cortex, 33*, 219–250.

Dehaene, S. & Cohen, L. (2011). The unique role of the visual word form area in reading. *Trends in Cognitive Sciences, 15*(6), 254–262.

Dehaene, S., Bossini, S., & Giraux, P. (1993). The mental representation of parity and numerical magnitude. *Journal of Experimental Psychology: General, 122*, 371–396.

Dehaene, S., Dupoux, E., & Mehler, J. (1990). Is numerical comparison digital? Analogical and symbolic effects in two-digit number comparison. *Journal of Experimental Psychology: Human Perception and Performance, 16*, 626–641.

Dehaene, S., Posner, M. I., & Tucker, D. M. (1994). Localisation of a neural system for error detection and compensation. *Psychological Science, 5*, 303–305.

Dehaene, S., Dehaene-Lambertz, G., & Cohen, L. (1998a). Abstract representations of numbers in the animal and human brain. *Trends in Neurosciences, 21*, 355–361.

Dehaene, S., Cohen, L., Sigman, M., & Vinckier, F. (2005). The neural code for written words: A proposal. *Trends in Cognitive Sciences, 9*(7), 335–341.

Dehaene, S., Naccache, L., Le Clec'H, G., Koechlin, E., Mueller, M., Dehaene-Lambertz, G., Van de Moortele, P. F., & Le Bihan, D. (1998b). Imaging unconscious semantic priming. *Nature, 395*, 597–600.

Dehaene, S., Naccache, L., Cohen, L., Le Bihan, D., Mangin, J. F., Poline, J.-B., & Riviere, D. (2001). Cerebral mechanisms of word masking and unconscious repetition priming. *Nature Neuroscience, 4*, 752–758.

Dehaene, S., Le Clec'H, G., Poline, J.-B., Le Bihan, D., & Cohen, L. (2002). The visual word form area: A prelexical representation of visual words in the fusiform gyrus. *NeuroReport, 13*, 321–325.

Dehaene, S., Piazza, M., Pinel, P., & Cohen, L. (2003). Three parietal circuits for number processing. *Cognitive Neuropsychology, 20*, 487–506.

Dehaene, S., Izard, V., Spelke, E., & Pica, P. (2008). Log or linear? Distinct intuitions of the number scale in western and amazonian indigene cultures. *Science, 320*(5880), 1217–1220.

Dehaene, S., Pegado, F., Braga, L. W., Ventura, P., Nunes, G., Jobert, A., Dehaene-Lambertz, G., Kolinsky, R., Morais, J., & Cohen, L. (2010). How learning to read changes the cortical networks for vision and language. *Science, 330*(6009), 1359–1364.

Dejerine, J. (1892). Contribution a l'étude anatomoclinique et clinique des différentes variétés de cécité verbale. *Mémoires de la Société de Biologie, 4*, 61–90.

Del Grosso Destreri, N., Farina, E., Alberoni, M., Pomati, S., Nichelli, P., & Mariani, C. (2000). Selective uppercase dysgraphia with loss of visual imagery of letter forms: A window on the organization of graphomotor patterns. *Brain and Language, 71*, 353–372.

Delazer, M. & Benke, T. (1997). The arithmetic facts without meaning. *Cortex, 33*, 697–710.

Dell, G. S. (1986). A spreading activation theory of retrieval in sentence production. *Psychological Review, 93*, 283–321.

Dell, G. S. & O'Seaghdha, P. G. (1991). Mediated and convergent lexical priming in language production: A comment on Levelt *et al.* (1991). *Psychological Review, 98*, 604–614.

Dell, G. S. & Reich, P. A. (1981). Stages in sentence production: An analysis of speech error data. *Journal of Verbal Learning and Verbal Behavior, 20*, 611–629.

Dell, G. S., Burger, L. K., & Svec, W. R. (1997). Language production and serial order: A functional analysis and a model. *Psychological Review, 104*, 123–147.

Della Sala, S., Gray, C., Baddeley, A. D., Allamano, N., & Wilson, L. (1999). Pattern span: A tool for unwelding visuo-spatial memory. *Neuropsychologia, 37*(10), 1189–1199.

Della Sala, S., Marchetti, C., & Spinnler, H. (1991). Right-sided anarchic (alien) hand: A longitudinal study. *Neuropsychologia, 29*, 1113–1127.

DeLong, M. R. (1990). Primate models of movement disorders of basal ganglia origin. *Trends in Neurosciences, 13*, 281–285.

Denis, M., Beschin, N., Logie, R. H., & Della Sala, S. (2002). Visual perception and verbal descriptions as sources for generating mental representations: Evidence from representational neglect. *Cognitive Neuropsychology, 19*, 97–112.

Dennett, D. C. (1978). Beliefs about beliefs. *Behavioral and Brain Sciences, 1*, 568–570.

Desimone, R. & Duncan, J. (1995). Neural mechanisms of selective visual-attention. *Annual Review of Neuroscience, 18*, 193–222.

Desor, J. A., Maller, O., & Andrews, K. (1975). Ingestive responses of human newborns to salty, sour and bitter stimuli. *Journal of Comparative Physiological Psychology, 89*, 966–970.

Devlin, J. T., Gonnerman, L. M., Andersen, S. E., & Seidenberg, M. S. (1998). Category-specific semantic deficits in focal and widespread brain damage: A computational account. *Journal of Cognitive Neuroscience, 10*, 77–94.

DeWitt, I. & Rauschecker, J. P. (2012). Phoneme and word recognition in the auditory ventral stream. *Proceedings of the National Academy of Sciences of the United States of America, 109*(8), E505–E514.

Di Pietro, M., Laganaro, M., Leeman, B., & Schinder, A. (2004). Receptive amusia: Temporal auditory processing deficit in a professional musician following a left tempero-parietal lesion. *Neuropsychologia, 42*, 868–877.

Diamond, M. C., Scheibel, A. B., & Elson, L. M. (1986). *The human brain coloring book.* New York: HarperCollins.

Diamond, R. & Carey, S. (1986). Why faces are and are not special: An effect of expertise. *Journal of Experimental Psychology: General, 115*, 107–117.

Dias, R., Robbins, T. W., & Roberts, A. C. (1996). Dissociation in prefrontal cortex of affective and attentional shifts. *Nature, 380*(6569), 69–72.

Diester, I. & Nieder, A. (2007). Semantic associations between signs and numerical categories in the prefrontal cortex. *PLoS Biology, 5*(11), 2684–2695.

Dimberg, U., Thunberg, M., & Elmehed, K. (2000). Unconscious facial reactions to emotional facial expressions. *Psychological Science, 11*(1), 86–89.

Dinstein, I., Thomas, C., Behrmann, M., & Heeger, D. J. (2008). A mirror up to nature. *Current Biology, 18*(1), R13–R18.

Dodd, M. D., Van der Stigchel, S., Leghari, M. A., Fung, G., & Kingstone, A. (2008). Attentional SNARC: There's something special about numbers (let us count the ways). *Cognition, 108*(3), 810–818.

Dolan, R. J. (2007). The human amygdala and orbitofrontal cortex in behavioural regulation. *Philosophical Transactions of the Royal Society of London Series B, 362*, 787–799.

Donchin, E. (1981). Surprise! Surprise? *Psychophysiology, 18*, 493–513.

Doricchi, F., Guariglia, P., Gasparini, M., & Tomaiuolo, F. (2005). Dissociation between physical and mental number line bisection in right hemisphere brain damage. *Nature Neuroscience, 8*, 1663–1665.

Dormal, V., Dormal, G., Joassin, F., & Pesenti, M. (2012). A common right frontoparietal network for numerosity and duration processing: An fMRI study. *Human Brain Mapping, 33*(6), 1490–1501.

Dowling, W. J. & Harwood, D. L. (1986). *Music cognition*. Orlando, FL: Academic Press.

Downing, P. E., Jiang, Y. H., Shuman, M., & Kanwisher, N. (2001). A cortical area selective for visual processing of the human body. *Science, 293*, 2470–2473.

Downar, J., Crawley, A. P., Mikulis, D. J., & Davis, K. D. (2000). A multimodal cortical network for the detection of changes in the sensory environment. *Nature Neuroscience, 3*(3), 277–283.

Draganski, B., Gaser, C., Busch, V., Schurierer, G., Bogdahn, U., & May, A. (2004). Neuroplasticity: Changes in gray matter induced by training. *Nature, 427*, 311–312.

Driver, J. & Halligan, P. W. (1991). Can visual neglect operate in object centred coordinates? An affirmative case study. *Cognitive Neuropsychology, 8*, 475–496.

Driver, J. & Spence, C. J. (1994). Spatial synergies between auditory and visual attention. In C. Umiltà & M. Moscovitch (Eds.), *Attention and performance XV: Conscious and nonconscious information processing*, 311–331, Cambridge, MA: MIT Press.

Dronkers, N. F. (1996). A new brain region for coordinating speech articulation. *Nature, 384*, 159–161.

Dronkers, N. F., Wilkins, D. P., Van Valin, R. D., Redfern, B. B., & Jaeger, J. J. (2004). Lesion analysis of the brain areas involved in language comprehension. *Cognition, 92*, 145–177.

Druks, J. (2002). Verbs and nouns: A review of the literature. *Journal of Neurolinguistics, 15*, 289–315.

Druks, J. & Masterson, J. (2000). *An object and action naming battery*. Hove, UK: Psychology Press.

Duann, J. R., Ide, J. S., Luo, X., & Li, C. R. (2009). Functional connectivity delineates distinct roles of the inferior frontal cortex and presupplementary motor area in stop signal inhibition. *Journal of Neuroscience, 29*(32), 10171–10179.

Duarte, A., Henson, R. N. A., Knight, R. T., Emery, T., & Graham, K. S. (2010). Orbitofrontal cortex is necessary for temporal context memory. *Journal of Cognitive Neuroscience, 22*(8), 1819–1831.

Duarte, A., Ranganath, C., & Knight, R. T. (2005). Effects of unilateral prefrontal lesions on familiarity, recollection, and source memory. *Journal of Neuroscience, 25*(36), 8333–8337.

Dudai, Y. (2004). The neurobiology of consolidations, or, how stable is the engram? *Annual Review of Psychology*, *55*, 51–86.

Duncan, J. (2010). The multiple-demand (MD) system of the primate brain: Mental programs for intelligent behaviour. *Trends in Cognitive Sciences*, *14*(4), 172–179.

Duncan, J. & Humphreys, G. W. (1989). Visual search and visual similarity. *Psychological Review*, *96*, 433–458.

Duncan, J. & Owen, A. M. (2000). Common regions of the human frontal lobe recruited by diverse cognitive demands. *Trends in Neurosciences*, *23*, 475–483.

Duncan, J., Burgess, P. W., & Emslie, H. (1995). Fluid intelligence after frontal lobe damage. *Neuropsychologia*, *33*, 261–268.

Duncan, J., Johnson, R., Swales, M., & Freer, C. (1997). Frontal lobe deficits after head injury: Unity and diversity of function. *Cognitive Neuropsychology*, *14*, 713–741.

Dunn, J. C. & Kirsner, K. (2003). What can we infer from double dissociations? *Cortex*, *39*, 1–7.

Dushanova, J. & Donoghue, J. (2010). Neurons in primary motor cortex engaged during action observation. *European Journal of Neuroscience*, *31*, 386–398.

Dusoir, H., Kapur, N., Byrnes, D. P., McKinstry, S., & Hoare, R. D. (1990). The role of diencephalic pathology in human-memory disorder—evidence from a penetrating paranasal brain injury. *Brain*, *113*, 1695–1706.

Dux, P. E. & Marois, R. (2009). The attentional blink: A review of data and theory. *Attention Perception & Psychophysics*, *71*(8), 1683–1700.

Eaves, L. J., Silberg, J. L., Meyer, J. M., Maes, H. H., Simonoff, E., Pickles, A., Rutter, M., Neale, M. C., Reynolds, C. A., Erikson, M. T., Heath, A. C., Loeber, R., Truett, K. R., & Hewitt, J. K. (1997). Genetic and developmental psychopathology: 2. The main effects of genes and environment on behavioral problems in the Virginia twin study of adolescent development. *Journal of Child Psychology and Psychiatry*, *38*, 965–980.

Edelman, D. B. & Seth, A. K. (2009). Animal consciousness: A synthetic approach. *Trends in Neurosciences*, *32*(9), 476-484.

Eger, E., Schyns, P. G., & Kleinschmidt, A. (2004). Scale invariant adaptation in fusiform face-responsive regions. *NeuroImage*, *22*, 232–242.

Egner, T., Monti, J. M. P., Trittschuh, E. H., Wieneke, C. A., Hirsch, J., & Mesulam, M. M. (2008). Neural integration of top-down spatial and feature-based information in visual search. *Journal of Neuroscience*, *28*(24), 6141–6151.

Eichenbaum H., Yonelinas A. P., Ranganath C., 2007. The medial temporal lobe and recognition memory. *Annual Review of Neuroscience 30*, 123–152.

Eimas, P. D. (1963). The relation between identification and discrimination along speech and nonspeech continua. *Language and Speech*, *6*, 206–217.

Eisenberger, N. I., Lieberman, M. D., & Williams, K. D. (2003). Does rejection hurt? An fMRI study of social exclusion. *Science*, *302*(5643), 290–292.

Eisner, F., McGettigan, C., Faulkner, A., Rosen, S., & Scott, S. K. (2010). Inferior frontal gyrus activation predicts individual differences in perceptual learning of cochlear-implant simulations. *Journal of Neuroscience*, *30*(21), 7179–7186.

Ekman, P. (1992). An argument for basic emotions. *Conition and Emotion*, *6*, 169–200.

Ekman, P. & Friesen, W. V. (1976). *Pictures of facial affect*. Palo Alto, CA: Consulting Psychologists Press.

Ekman, P., Friesen, W. V., & Ellsworth, P. (1972). *Emotion in the human face: Guidelines for research and an integration of findings*. New York: Pergamon.

Ekstrom, A. D., Kahana, M. J., Caplan, J. B., Fields, T. A., Isham, E. A., Newman, E. L., & Fried, I. (2003). Cellular networks underlying human spatial navigation. *Nature*, *425*, 184–187.

Ekstrom, L. B., Roelfsema, P. R., Arsenault, J. T., Bonmassar, G., & Vanduffel, W. (2008). Bottom-up dependent gating of frontal signals in early visual cortex. *Science*, *321*(5887), 414–417.

Ellis, A. W. (1979). Slips of the pen. *Visible Language*, *13*, 265–282.

Ellis, A. W. (1980). On the Freudian theory of speech errors. In V. A. Fromkin (Ed.), *Errors in linguistic performance*. New York: Academic Press.

Ellis, A. W. (1982). Spelling and writing (and reading and speaking). In A. W. Ellis (Ed.), *Normality and pathology in cognitive functions*. London: Academic Press.

Ellis, A. W. (1993). *Reading, writing and dyslexia: A cognitive analysis*. Hillsdale, NJ: Lawrence Erlbaum.

Ellis, A. W. & Lambon Ralph, M. A. (2000). Age of acquisition effects in adult lexical processing reflect loss of plasticity in maturing systems: Insights from connectionist networks. *Journal of Experimental Psychology: Learning, Memory and Cognition*, *26*, 1103–1123.

Ellis, A. W., Miller, D., & Sin, G. (1983). Wernicke's aphasia and normal language processing: A case study in cognitive neuropsychology. *Cognition*, *15*, 111–144.

Ellis, A. W., Young, A. W., & Critchley, E. M. R. (1989). Loss of memory for people following temporal lobe damage. *Brain*, *112*, 1469–1483.

Ellis, A. W., Young, A. W., & Flude, B. M. (1987). "Afferent dysgraphia" in a patient and in normal subjects. *Cognitive Neuropsychology*, *4*, 465–486.

Ellis, H. D. & Lewis, M. B. (2001). Capgras delusion: A window on face recognition. *Trends in Cognitive Sciences*, *5*, 149–156.

Ellis, H. D. & Young, A. W. (1990). Accounting for delusional misidentifications. *British Journal of Psychiatry*, *157*, 239–248.

Ellis, H. D., Young, A. W., Quayle, A. H., & DePauw, K. W. (1997). Reduced autonomic responses to faces in Capgras delusion. *Proceedings of the Royal Society of London B*, *264*, 1085–1092.

Ellis, R. & Humphreys, G. W. (1999). *Connectionist psychology: A text with readings*. Hove, UK: Psychology Press.

Elman, J., Bates, E., Johnson, M. H., Karmiloff-Smith, A., Parisi, D., & Plunkett, K. (1996). *Rethinking innateness: A connectionist perspective on development*. Cambridge, MA: MIT Press.

Enard, W., Przeworski, M., Fisher, S. E., Lai, C. S. L., Wiebe, V., Kitano, T., Monaco, A. P., & Paabo, S. (2002). Molecular evolution of FOXP2, a gene involved in speech and language. *Nature*, *418*, 869–872.

Engel, A. K., Konig, P., & Singer, W. (1991). Direct physiological evidence for scene segmentation by temporal encoding. *Proceedings of the National Academy of Science, USA*, *88*, 9136–9140.

Engel, A. K., Moll, C. K. E., Fried, I., & Ojemann, G. A. (2005). Invasive recordings from the human brain: Clinical insights and beyond. *Nature Reviews Neuroscience*, *6*, 35–47.

Epstein, R. & Kanwisher, N. (1998). A cortical representation of the local visual environment. *Nature*, *392*, 598–601.

Erikson, C. W., Pollack, M. D., & Montague, W. E. (1970). Implicit speech: Mechanisms in perceptual encoding? *Journal of Experimental Psychology*, *84*, 502–507.

Eslinger, P. J. & Damasio, A. R. (1985). Severe disturbance of higher cognition after bilateral frontal ablation: Patient EVR. *Neurology*, *35*, 1731–1741.

Evarts, E. V., Teravainen, H., & Calne, D. B. (1981). Reaction time in Parkinson's disease. *Brain*, *104*, 167–186.

Everling, S., Tinsley, C. J., Gaffan, D., & Duncan, J. (2002). Filtering of neural signals by focused attention in the monkey prefrontal cortex. *Nature Neuroscience*, *5*(7), 671–676.

Eysenck, M. W. (1974). Age differences in incidental learning. *Developmental Psychology*, *10*, 936–941.

Fabiani, M., Stadler, M. A., & Wessels, P. M. (2000). True but not false memories produce a sensory signature in human lateralised brain potentials. *Journal of Cognitive Neuroscience*, *12*, 941–949.

Falcaro, M., Pickles, A., Newbury, D. F., Addis, L., Banfield, E., Fisher, S. E., Monaco, A. P., Simkin, Z., & Conti-Ramsden, G. (2008). Genetic and phenotypic effects of phonological short-term memory and grammatical morphology in specific language impairment. *Genes, Brain and Behavior*, *7*, 393–402.

Farah, M. J. (1990). *Visual agnosia*. Cambridge, MA: MIT Press.

Farah, M. J. (1994). Neuropsychological inference with an interactive brain: A critique of the "locality" assumption. *Behavioral and Brain Sciences*, *17*, 43–104.

Farah, M. J. (1997). Distinguishing perceptual and semantic impairments affecting visual object recognition. *Visual Cognition*, *4*, 199–206.

Farah, M. J. & McClelland, J. L. (1991). A computational model of semantic memory impairment: Modality specificity and emergent category specificity. *Journal of Experimental Psychology: General*, *120*, 339–357.

Farah, M. J. & Wallace, M. (1991). Pure alexia as a visual impairment: A reconsideration. *Cognitive Neuropsychology*, *8*, 313–334.

Farah, M. J., Levinson, K. L., & Klein, K. L. (1995a). Face perception and within-category discrimination in prosopagnosia. *Neuropsychologia*, *33*, 661–674.

Farah, M. J., Wilson, K. D., Drain, H. M., & Tanaka, L. W. (1995b). The inverted inversion effect in prosopagnosia: Evidence for mandatory, face-specific perceptual mechanisms. *Vision Research*, *35*, 2089–2093.

Farah, M. J., Stowe, R. M., & Levinson, K. L. (1996). Phonological dyslexia: Loss of a reading-specific component of the cognitive architecture? *Cognitive Neuropsychology*, *13*, 849–868.

Farah, M. J., Wilson, K. D., Drain, H. M., & Tanaka, J. W. (1998). What is special about face perception? *Psychological Review*, *105*, 482–498.

Farroni, T., Csibra, G., Simion, G., & Johnson, M. H. (2002). Eye contact detection in humans from birth. *Proceedings of the National Academy of Science, USA*, *99*, 9602–9605.

Fay, D. & Cutler, A. (1977). Malapropisms and the structure of the mental lexicon. *Linguistic Inquiry*, *8*, 505–520.

Fedorenko, E., Duncan, J., & Kanwisher, N. (2013). Broad domain generality in focal regions of frontal and parietal cortex. *Proceedings of the National Academy of Sciences of the United States of America*, *110*(41), 16616–16621.

Feldman Barrett, L. (2006). Are emotions natural kinds? *Perspectives on Psychological Science*, *1*, 28–58.

Fell, J., Klaver, P., Lehnertz, G., T., Schaller, C., Elger, C. E., & Fernandez, G. (2001). Human memory formation is accompanied by rhinal-hippocampal coupling and decoupling. *Nature Neuroscience*, *4*, 1259–1264.

Fellows, L. K. & Farah, M. J. (2003). Ventromedial frontal cortex mediates affective shifting in humans: Evidence from a reversal learning paradigm. *Brain*, *126*, 1830–1837.

Fera, P. & Besner, D. (1992). The process of lexical decision: More words about a parallel distributed processing model. *Journal of Experimental Psychology: Learning, Memory and Cognition*, *18*, 749–764.

Ferro, J. M. & Botelho, M. A. S. (1980). Alexia for arithmetical signs: A case of disturbed calculation. *Cortex*, *16*, 175–180.

Ferstl, E. C. & von Cramon, D. Y. (2002). What does the frontomedian cortex contribute to language processing: Coherence or theory of mind? *NeuroImage*, *17*, 1599–1612.

Ffytche, D. H., Howard, R. J., Brammer, M. J., David, A., Woodruff, P., & Williams, S. (1998). The anatomy of conscious vision: An fMRI study of visual hallucinations. *Nature Neuroscience*, *1*, 738–742.

Fias, W., Lammertyn, J., Reynvoet, B., Dupont, P., & Orban, G. A. (2003). Parietal representation of symbolic and nonsymbolic magnitude. *Journal of Cognitive Neuroscience*, *15*, 47–56.

Fiebach, C. J., Friederici, A. D., Muller, K., & von Cramon, D. Y. (2002). fMRI evidence for dual routes to the mental lexicon in visual word recognition. *Journal of Cognitive Neuroscience*, *14*, 11–23.

Fierro, B., Brighina, F., Oliveri, M., Piazza, A., La Bua, V., Buffa, D., & Bisiach, E. (2000). Contralateral neglect induced by right posterior parietal rTMS in healthy subjects. *NeuroReport, 11*, 1519–1521.

Fiez, J. A. & Petersen, S. E. (1998). Neuroimaging studies of word reading. *Proceedings of the National Academy of Science, USA, 95*, 914–921.

Fiez, J. A., Balota, D. A., Raichle, M. E., & Petersen, S. E. (1999). Effects of lexicality, frequency, and spelling-to-sound consistency on the functional anatomy of reading. *Neuron, 24*, 205–218.

Fiez, J. A., Tranel, D., Seager-frerichs, D., & Damasio, H. (2006). Specific reading and phonological processing deficits are associated with damage to the left frontal operculum. *Cortex, 42*, 624–643.

Fink, G. R., Marshall, J. C., Shah, N. J., Weiss, P. H., Halligan, P. W., Grosse-Ruyken, M., Ziemons, K., Zilles, K., & Freund, H. J. (2000). Line bisection judgments implicate right parietal cortex and cerebellum as assessed by fMRI. *Neurology, 54*, 1324–1331.

Fischer, M. H., Castel, A. D., Dodd, M. D., & Pratt, J. (2003). Perceiving numbers causes spatial shifts of attention. *Nature Neuroscience, 6*, 555–556.

Fletcher, P. C. & Henson, R. N. A. (2001). Frontal lobes and human memory: Insights from functional neuroimaging. *Brain, 124*, 849–881.

Fletcher, P. C., Happé, F., Frith, U., Baker, S. C., Dolan, R. J., Frackowiak, R. S. J., & Frith, C. D. (1995). Other minds in the brain: A functional imaging study of "theory of mind" in story comprehension. *Cognition, 57*, 109–128.

Fletcher, P. C., Shallice, T., Frith, C. D., Frackowiak, R. S. J., & Dolan, R. J. (1998). The functional roles of prefrontal cortex in episodic memory: II. Retrieval. *Brain, 121*, 1249–1256.

Flourens, M. J. P. (1824). *Recherches expérimentales sur les propriétés et les fonctions du système nerveux dans les animaux vertébrés*. Paris: J. B. Ballière.

Fodor, J. A. (1983). *The modularity of mind*. Cambridge, MA: MIT Press.

Fodor, J. A. (1992). A theory of the child's theory of mind. *Cognition, 44*, 283–296.

Fodor, J. A. (1998). *In critical condition: Polemical essays on cognitive science and the philosophy of mind*. Cambridge, MA: Bradford Books.

Formisano, E., Kim, D. S., Di Salle, F., van de Moortele, P. F., Ugurbil, K., & Goebel, R. (2003). Mirror-symmetric tonotopic maps in human primary auditory cortex. *Neuron, 40*, 859–869.

Forster, K. I. (1976). Accessing the mental lexicon. In R. J. Wales & C. T. Walker (Eds.), *New approaches to language mechanisms*. Amsterdam: North Holland.

Frankland, P. W. & Bontempi, B. (2005). The organization of recent and remote memories. *Nature Reviews Neuroscience, 6*, 119–130.

Frazier, L. & Rayner, K. (1982). Making and correcting errors in the analysis of structurally ambiguous sentences. *Cognitive Psychology, 14*, 178–210.

Freiwald, W. A., Tsao, D. Y., & Livingstone, M. S. (2009). A face feature space in the macaque temporal lobe. *Nature Neuroscience, 12*(9), 1187–U1128.

Freud, S. (1920/2010). *Beyond the Pleasure Principle*. New York: Bartelby.

Friederici, A. D. (2002). Towards a neural basis of auditory sentence processing. *Trends in Cognitive Sciences, 6*, 78–84.

Friederici, A. D. (2011). The brain basis of language processing: from structure to function. *Physiological Reviews, 91*(4), 1357–1392.

Friederici, A. D. (2012). The cortical language circuit: from auditory perception to sentence comprehension. *Trends in Cognitive Sciences, 16*(5), 262–268.

Friederici, A. D. & Meyer, M. (2004). The brain knows the difference: Two types of grammatical violations. *Brain Research, 1000*, 72–77.

Friederici, A. D., Opitz, B., & von Cramon, D. Y. (2000). Segregating semantic and syntactic aspects of processing in the human brain: An fMRI investigation of different word types. *Cerebral Cortex, 10*(7), 698–705.

Friederici, A. D., Bahlmann, J., Heim, S., Schubotz, R. I., & Anwander, A. (2006a). The brain differentiates human and non-human grammars: Functional localization and structural connectivity. *Proceedings of the National Academy of Sciences of the United States of America, 103*(7), 2458–2463.

Friederici, A. D., Fiebach, C. J., Schlesewsky, M., Bornkessel, I. D., & von Cramon, D. Y. (2006b). Processing linguistic complexity and grammaticality in the left frontal cortex. *Cerebral Cortex, 16*(12), 1709–1717.

Friedman-Hill, S., Robertson, L. C., & Treisman, A. (1995). Parietal contributions to visual feature binding: Evidence from a patient with bilateral lesions. *Science, 269*, 853–855.

Friston, K. J. (1997). Imaging cognitive anatomy. *Trends in Cognitive Sciences, 1*, 21–27.

Friston, K. J. (2002). Beyond phrenology: What can neuroimaging tell us about distributed circuitry? *Annual Review of Neuroscience, 25*, 221–250.

Friston, K. J. & Frith, C. D. (1995). Schizophrenia: A disconnection syndrome? *Clinical Neuroscience, 3*, 89–97.

Friston, K. J., Price, C. J., Fletcher, P., Moore, C., Frackowiak, R. S. J., & Dolan, R. J. (1996). The trouble with cognitive subtraction. *NeuroImage, 4*, 97–104.

Frith, C. D. (2000). The role of dorsolateral prefrontal cortex in the selection of action, as revealed by functional imaging. In S. Monsell & J. Driver (Eds.), *Attention and performance XVIII: Control of cognitive performance*, Cambridge, MA: MIT Press.

Frith, C. D., Friston, K., Liddle, P. F., & Frackowiak, R. S. J. (1991). Willed action and the prefrontal cortex in man: A study with PET. *Proceedings of the Royal Society of London, 244*, 241–246.

Frith, U. (1985). Beneath the surface of developmental dyslexia. In K. E. Patterson & J. Marshall (Eds.), *Surface dyslexia: Neuropsychological and cognitive studies of phonological reading*. Hillsdale, NJ: Lawrence Erlbaum.

Frith, U. (1989). *Autism: Explaining the enigma*. Oxford, UK: Blackwell.

Frith, U. & Frith, C. D. (2003). Development and neurophysiology of mentalizing. *Philosophical Transactions of the Royal Society of London B, 358*, 459–472.

Fritsch, G. T. & Hitzig, E. (1870). On the electrical excitability of the cerebrum. In: G. Von Bonin (1960) (trans.), *Some papers on the cerebral cortex*. Springfield, IL: Charles C. Thomas.

Fritz, T., Jentschke, S., Gosselin, N., Sammler, D., Peretz, I., Turner, R., Friederici, A. D., & Koelsch, S. (2009). Universal recognition of three basic emotions in music. *Current Biology, 19*(7), 573–576.

Fromkin, V. A. (1971). The non-anomalous nature of anomalous utterances. *Language, 51*, 696–719.

Fromkin, V., Krashen, S., Curtiss, S., Rigler, D., & Rigler, M. (1974). The development of language in Genie: A case of language acquisition beyond the "critical period." *Brain and Language, 1*, 81–107.

Fukuchi-Shimogori, T. & Grove, E. A. (2001). Neocortex patterning by the secreted signaling molecule FGF8. *Science, 294*, 1071–1074.

Funahashi, S., Bruce, C. J., & Goldman-Rakic, P. S. (1989). Mnemonic coding of visual space in the monkey's dorsolateral prefrontal cortex. *Journal of Neurophysiology, 61*, 1–19.

Funnell, E. (1983). Phonological processes in reading: New evidence from acquired dyslexia. *British Journal of Psychology, 74*, 159–180.

Funnell, E. & DeMornay Davies, P. (1996). JBR: A reassessment of concept familiarity and a category-specific disorder for living things. *Neurocase, 2*, 461–474.

Furst, A. J. & Hitch, G. J. (2000). Separate roles for executive and phonological components of working memory in mental arithmetic. *Memory and Cognition, 28*, 774–782.

Fushimi, T., Komori, K., Patterson, K. E., Ijuin, M., & Tanabe, H. (2003). Surface dyslexia in a Japanese patient with semantic dementia: Evidence for similarity-based orthography-to-phonology translation. *Neuropsychologia, 41*, 1644–1658.

Fuster, J. M. (1989). *The prefrontal cortex: Anatomy, physiology, and neuropsychology of the frontal lobe* (2nd edition). New York: Raven Press.

Gabrieli, J. D. E., Cohen, N. J., & Corkin, S. (1988). The impaired learning of semantic knowledge following bilateral medial temporal-lobe resection. *Brain*, *7*, 157–177.

Gabrieli, J. D. E., Fleischman, D., Keane, M., Reminger, S., & Morell, F. (1995). Double dissociation between memory systems underlying explicit and implicit memory in the human brain. *Psychological Science*, *6*, 76–82.

Gaffan, D. (1992). Amygdala and the memory of reward. In J. P. Aggleton (Ed.), *The amygdala: Neurobiological aspects of emotion, memory and mental dysfunction*. New York: Wiley-Liss.

Gaillard, W. D., Grandon, C. B., & Xu, B. (2001). Developmental aspects of pediatric fMRI: Considerations for image acquisition, analysis and interpretation. *NeuroImage*, *13*, 239–249.

Gall, F. J. & Spurzheim, J. C. (1810). *Anatomie et physiologie du système nerveux*. Paris: Schoell.

Gallagher, H. L., Happé, F., Brunswick, N., Fletcher, P. C., Frith, U., & Frith, C. D. (2000). Reading the mind in cartoons and stories: An fMRI study of "theory of mind" in verbal and nonverbal tasks. *Neuropsychologia*, *38*, 11–21.

Gallese, V. (2001). The "shared manifold" hypothesis: From mirror neurons to empathy. *Journal of Consciousness Studies*, *8*, 33–50.

Gallese, V. (2003). The manifold nature of interpersonal relations: The quest for a common mechanism. *Philosophical Transactions of the Royal Society of London B*, *358*, 517–528.

Gallese, V. & Goldman, A. (1998). Mirror neurons and the simulation theory of mind-reading. *Trends in Cognitive Sciences*, *2*, 493–501.

Ganis, G., Kosslyn, S. M., Stose, S., Thompson, W. L., & Yurgelun-Todd, D. A. (2003). Neural correlates of different types of deception: An fMRI investigation. *Cerebral Cortex*, *13*, 830–836.

Gardiner, J. M. (2000). On the objectivity of subjective experiences and autonoetic and noetic consciousness. In E. Tulving (Ed.), *Memory, consciousness and the brain: The Tallinn conference* (pp. 159–172). Philadelphia, PA: Psychology Press.

Gardner, M. (1990). *Mathematical carnival*. London: Penguin.

Gardner, R. A., Gardner, B. T., & van Cantford, T. E. (1989). *Teaching sign language to chimpanzees*. Albany, NY: SUNY Press.

Garrard, P., Maloney, L. M., Hodges, J. R., & Patterson, K. E. (2005). The effects of very early Alzheimer's disease on the characteristics of writing by a renowned author. *Brain*, *128*, 250–260.

Garrett, M. F. (1992). Disorders of lexical selection. *Cognition*, *42*, 143–180.

Garrido, L., Eisner, F., McGettigan, C., Stewart, L., Sauter, D., Hanley, R., Schweinberger, S. R., Warren, J., & Duchaine, B. (2009). Developmental phonagnosia: A selective deficit of vocal identity recognition. *Neuropsychologia*, *47*, 123–131.

Gathercole, S. E. & Baddeley, A. D. (1990). The role of phonological memory in vocabulary acquisition: A study of young children learning arbitrary names of toys. *British Journal of Psychology*, *81*, 439–454.

Gaur, A. (1987). *A history of writing*. London: British Library.

Gauthier, I. & Logothetis, N. K. (2000). Is face recognition not so unique after all? *Cognitive Neuropsychology*, *17*, 125–142.

Gauthier, I. & Tarr, M. J. (1997). Becoming a "Greeble" expert: Exploring mechanisms for face recognition. *Vision Research*, *37*, 1673–1682.

Gauthier, I., Tarr, M. J., Anderson, A. W., Skudlarski, P., & Gore, J. C. (1999). Activation of middle fusiform "face area" increases with expertise in recognizing novel objects. *Nature Neuroscience*, *2*, 568–573.

Gauthier, I., Skudlarski, P., Gore, J. C., & Anderson, A. W. (2000). Expertise for cars and birds recruits brain areas involved in face recognition. *Nature Neuroscience*, *3*, 191–197.

Gazzaley, A., Rissman, J., & D'Esposito, M. (2004). Functional connectivity during working memory maintenance. *Cognitive Affective & Behavioral Neuroscience, 4*(4), 580–599.

Gazzaniga, M. S. (2000). Cerebral specialization and interhemispheric communication: Does the corpus callosum enable the human condition? *Brain, 123,* 1293–1326.

Gazzaniga, M. S., Mangun, G., & Ivry, R. (2002). Cognitive Neuroscience: The new biology of the mind. New York: W. W. Norton.

Gehring, W. J., Goss, B., Coles, M. G. H., Meyer, D. E., & Donchin, E. (1993). A neural system for error detection and compensation. *Psychological Science, 4,* 385–390.

Gelman, R. & Butterworth, B. (2005). Number and language: how are they related? *Trends in Cognitive Sciences, 9*(1), 6–10.

Gelman, R. & Gallistel, C. R. (1978). *The child's understanding of number.* Cambridge, MA: Harvard University Press.

Gemba, H., Sasaki, H., & Brooks, V. B. (1986). "Error" potentials in limbic cortex (anterior cingulate area 24) of monkeys during motor learning. *Neuroscience Letters, 70,* 223–227.

George, M. S., Wassermann, E. M., Williams, W. A., Callahan, A., Ketter, T. A., Basse, P., Hallett, M., & Post, R. M. (1995). Daily repetitive transcranial magnetic stimulation improves mood in depression. *NeuroReport, 6,* 1853–1856.

Georgopoulos, A. P. (1997). Voluntary movement: Computational principles and neural mechanisms. In M. D. Rugg (Ed.), *Cognitive neuroscience.* Hove, UK: Psychology Press.

Georgopoulos, A. P., Caminiti, R., Kalaska, J. F., & Massey, J. T. (1983). Spatial coding of movement: A hypothesis concerning the coding of movement direction by motor cortical populations. *Experimental Brain Research, Supplement, 7,* 327–336.

Georgopoulos, A. P., Kalaska, J. F., & Caminiti, R. (1985). Relations between two-dimensional arm movements and single cell discharge in motor cortex and area 5: Movement direction versus movement endpoint. *Experimental Brain Research Supplement, 10,* 176–183.

Georgopoulos, A. P., Schwartz, A. B., & Kettner, R. E. (1986). Neuronal population coding of movement direction. *Science, 233,* 1416–1419.

Gergely, G., Bekkering, H., & Kiraly, I. (2002). Rational imitation in preverbal infants. *Nature, 415,* 755–755.

Gerloff, C., Corwell, B., Chen, R., Hallett, M., & Cohen, L. G. (1997). Stimulation over the human supplementary motor area interferes with the organization of future elements in complex motor sequences. *Brain, 120,* 1587–1602.

Gerstmann, J. (1940). Syndrome of finger agnosia, disorientation for right and left, agraphia and acalculia. *Archives of Neurology and Psychiatry, 44,* 398–408.

Gevers, W., Reynvoet, B., & Fias, W. (2003). The mental representation of ordinal sequences is spatially organized. *Cognition, 87,* B87–B95.

Gevers, W., Santens, S., Dhooge, E., Chen, Q., Van den Bossche, L., Fias, W., & Verguts, T. (2010). Verbal-spatial and visuospatial coding of number-space interactions. *Journal of Experimental Psychology-General, 139*(1), 180–190.

Gibson, J. J. (1979). *The ecological approach to visual perception.* London: Houghton Mifflin.

Giedd, J. N., Blumenthal, J., Jeffries, N. O., Castellanos, F. X., Liu, H., Zijdenbos, A., Paus, T., Evans, A. C., & Rapoport, J. L. (1999). Brain development during childhood and adolescence: A longitudinal MRI study. *Nature Neuroscience, 2,* 861–863.

Giersch, A., Humphreys, G. W., Boucart, M., & Kovacs, I. (2000). The computation of occluded contours in visual agnosia: Evidence for early computation prior to shape binding and figure-ground coding. *Cognitive Neuropsychology, 17,* 731–759.

Gilboa, A. & Moscovitch, M. (2002). The cognitive neuroscience of confabulation: A review and a model. In A. D. Baddeley, M. D. Kopelman & B. A. Wilson (Eds.), *Handbook of memory disorders.* London: Wiley.

Gilboa, A., Winocur, G., Grady, C. L., Hevenor, S. J., & Moscovitch, M. (2004). Remembering our past: Functional neuroanatomy of recollection of recent and very remote personal events. *Cerebral Cortex, 14*, 1214–1225.

Girelli, L., Lucangeli, D., & Butterworth, B. (2000). The development of automaticity in accessing number magnitude. *Journal of Experimental Child Psychology, 76*, 104–122.

Glascher, J., Adolphs, R., Damasio, H., Bechara, A., Rudrauf, D., Calamia, M., Paul, L. K., & Tranel, D. (2012). Lesion mapping of cognitive control and value-based decision making in the prefrontal cortex. *Proceedings of the National Academy of Sciences of the United States of America, 109*(36), 14681–14686.

Godden, D. & Baddeley, A. D. (1975). Context-dependent memory in two natural environments: On land and under water. *British Journal of Psychology, 66*, 325–331.

Goldberg, E. (2001). *The executive brain: Frontal lobes and the civilized mind*. Oxford, UK: Oxford University Press.

Goldberg, G. (1985). Supplementary motor area structure and function: Review and hypotheses. *Behavioral and Brain Sciences, 8*, 567–616.

Goldenberg, G. & Hagmann, S. (1998). Tool use and mechanical problem solving in apraxia. *Neuropsychologia, 36*, 581–589.

Goldman-Rakic, P. S. (1992). Working memory and mind. *Scientific American, 267*, 73–79.

Goldman-Rakic., P. S. (1996). The prefrontal landscape: Implications of functional architecture for understanding human mentation and the central executive. *Philosophical Transactions of the Royal Society of London B, 351*, 1445–1453.

Goldstein, E. B. (2012) *Sensation and perception*. Boston, MA: Cengage Learning.

Gonzalez Rothi, L. J., Ochipa, C., & Heilman, K. M. (1991). A cognitive neuro-psychological model of limb apraxia. *Cognitive Neuropsychology, 8*, 443–458.

Goodale, M. A. & Milner, A. D. (1992). Separate visual pathways for perception and action. *Trends in Neurosciences, 15*, 20–25.

Goodale, M. A., Meenan, J. P., Bulthoff, H. H., Nicolle, D. A., Murphy, K. J., & Racicot, C. I. (1994). Separate neural pathways for the visual analysis of object shape in perception and prehension. *Current Biology, 4*, 604–610.

Goodglass, H. & Kaplan, E. (1972). *The assessment of aphasia and related disorders*. Philadelphia, PA: Lea and Febiger.

Goodglass, H. & Kaplan, E. (1983). *The Boston diagnostic aphasia examination*. Philadelphia, PA: Lea and Febiger.

Goodman, R. A. & Caramazza, A. (1986a). Aspects of the spelling process: Evidence from a case of acquired dysgraphia. *Language and Cognitive Processes, 1*, 263–296.

Goodman, R. A. & Caramazza, A. (1986b). Dissociation of spelling errors in written and oral spelling: The role of allographic conversion in writing. *Cognitive Neuropsychology, 3*, 179–206.

Goodwin, D. W., Powell, B., Bremer, D., Hoine, H., & Stern, J. (1969). Alcohol and recall: State dependent effects in man. *Science, 163*, 1358.

Gopnik, M. (1990). Genetic basis of grammar defect. *Nature, 347*, 25.

Gopnik, M. & Crago, M. (1991). Familial aggregation of developmental language disorder. *Cognition, 39*, 1–50.

Gosselin, N., Peretz, I., Johnsen, E., & Adolphs, R. (2007). Amygdala damage impairs emotion recognition from music. *Neuropsychologia, 45*, 236–244.

Gottesman, I. I. (1991). *Schizophrenia genes: The origins of madness*. New York: Freeman.

Gottlieb, G. (1992). *Individual development and evolution*. New York: Oxford University Press.

Gottlieb, J. P., Kusunoki, M., & Goldberg, M. E. (1998). The representation of visual salience in monkey parietal cortex. *Nature, 391*, 481–484.

Gough, P. M., Nobre, A. C., & Devlin, J. T. (2005). Dissociating linguistic processes in the left inferior frontal cortex with transcranial magnetic stimulation. *Journal of Neuroscience, 25*(35), 8010–8016.

Gouvea, A. C., Phillips, C., Kazanina, N., & Poeppel, D. (2010). The linguistic processes underlying the P600. *Language and Cognitive Processes, 25*(2), 149–188.

Graf, P., Squire, L. R., & Mandler, G. (1984). The information that amnesic patients do not forget. *Journal of Experimental Psychology: Learning, Memory and Cognition, 10*, 164–178.

Grafman, J., Passafiume, D., Faglioni, P., & Boller, F. (1982). Calculation disturbances in adults with focal hemispheric damage. *Cortex, 18*, 37–50.

Graham, K. S., Hodges, J. R., & Patterson, K. E. (1994). The relationship between comprehension and oral reading in progressive fluent aphasia. *Neuropsychologia, 32*, 299–316.

Graham, N. L., Patterson, K. E., & Hodges, J. R. (2000). The impact of semantic memory impairment on spelling: Evidence from semantic dementia. *Neuropsychologia, 38*, 143–163.

Grahn, J. A. & Rowe, J. B. (2013). Finding and feeling the musical beat: Striatal dissociations between detection and prediction of regularity. *Cerebral Cortex, 23*(4), 913–921.

Graziano, M. S. A. (1999). Where is my arm? The relative role of vision and proprioception in the neuronal representation of limb position. *Proceedings of the National Academy of Sciences of the United States of America, 96*, 10418–10421.

Graziano, M. S., Cooke, D. F., & Taylor, C. S. R. (2000). Coding the location of the arm by sight. *Science, 290*, 1782–1786.

Griffiths, T. D. & Warren, J. D. (2002). The planum temporale as a computational hub. *Trends in Cognitive Sciences, 25*, 348–353.

Gross, C. G. (1992). Representation of visual stimuli in inferior temporal cortex. *Philosophical Transactions of the Royal Society of London B, 335*, 3–10.

Gross, C. G. (2000). Neurogenesis in the adult brain: death of a dogma. *Nature Reviews Neuroscience, 1*, 67–73.

Gross, C. G., Rocha-Miranda, C. E., & Bender, D. B. (1972). Visual properties of neurons in the inferotemporal cortex of the macaque. *Journal of Neurophysiology, 35*, 96–111.

Grossman, E., Donnelly, M., Price, R., Pickens, D., Morgan, V., Neighbor, G., & Blake, R. (2000). Brain areas involved in perception of biological motion. *Journal of Cognitive Neuroscience, 12*(5), 711–720.

Guariglia, C. & Antonucci, G. (1992). Personal and extrapersonal space: A case of neglect dissociation. *Neuropsychologia, 30*, 1001–1009.

Guth, W., Schmittberger, R., & Schwarze, B. (1982). An experimental analysis of ultimatum bargaining. *Journal of Economics, Behavior, & Organizations, 3*, 367–388.

Habib, R., Nyberg, L., & Tulving, E. (2003). Hemispheric asymmetries of memory: The HERA model revisited. *Trends in Cognitive Sciences, 7*, 241–245.

Hadjikhani, N., Joseph, R. M., Snyder, J., & Tager-Flusberg, H. (2006). Anatomical differences in the mirror neuron system and social cognition network in autism. *Cerebral Cortex, 16*(9), 1276–1282.

Hadland, K. A., Rushworth, M. F. S., Passingham, R. E., Jahanshahi, M., & Rothwell, J. (2001). Interference with performance of a response selection task has no working memory component: An rTMS comparison of the dorsolateral prefrontal and medial frontal cortex. *Journal of Cognitive Neuroscience, 13*, 1097–1108.

Haesler, S., Wada, K., Nshdejan, A., Morrisey, E. E., Lints, T., Jarvis, E. D., & Scharff, C. (2004). FoxP2 expression in avian vocal learners and non-learners. *Journal of Neuroscience, 24*, 3164–3175.

Hafting, T., Fyhn, M., Molden, S., Moser, M. B., & Moser, E. I. (2005). Microstructure of a spatial map in the entorhinal cortex. *Nature, 436*(7052), 801–806.

Haggard, P. (2001). The psychology of action. *British Journal of Psychology, 92*, 113–128.

Haggard, P. (2008). Human volition: Towards a neuroscience of will. *Nature Reviews Neuroscience, 9*, 934–946.

Haggard, P. & Eimer, M. (1999). On the relation between brain potentials and conscious awareness. *Experimental Brain Research, 126,* 128–133.

Haggard, P., Miall, R. C., Wade, D., Fowler, S., Richardson, A., Anslow, P., & Stein, J. (1995). Damage to cerebellocortical pathways after closed head injury: A behavioural and magnetic resonance imaging study. *Journal of Neurology, Neurosurgery and Psychiatry, 58,* 433–438.

Hagoort, P. (2008). The fractionation of spoken language understanding by measuring electrical and magnetic brain signals. *Philosophical Transactions of the Royal Society B-Biological Sciences, 363*(1493), 1055–1069.

Hagoort, P. & Brown, C. (1994). Brain responses to lexical ambiguity resolution and parsing *Perspectives on Sentence Processing* (pp. 45–80).

Hagoort, P., Hald, L., Bastiaansen, M., & Petersson, K. M. (2004). Integration of word meaning and world knowledge in language comprehension. *Science, 304,* 438–441.

Hahne, A. & Friederici, A. D. (1999). Electrophysiological evidence for two steps in syntactic analysis: Early automatic and late controlled processes. *Journal of Cognitive Neuroscience, 11*(2), 194–205.

Haidt, J. (2003). The moral emotions. In R. J. Davidson, K. R. Scherer, & H. H. Goldsmith (Eds.), *Handbook of Affective Sciences.* Oxford, UK: Oxford University Press.

Haist, F., Bowden Gore, J., & Mao, H. (2001). Consolidation of human memory over decades revealed by functional magnetic resonance imaging. *Nature Neuroscience, 4,* 1139–1145.

Halberda, J., Mazzocco, M. M. M., & Feigenson, L. (2008). Individual differences in non-verbal number acuity correlate with maths achievement. *Nature, 455*(7213), 665–U662.

Halit, H., de Haan, M., & Johnson, M. H. (2003). Cortical specialization for face processing: Face-sensitive event-related potential components in 3- and 12-month old infants. *NeuroImage, 19,* 1180–1193.

Hall, D. A. & Riddoch, M. J. (1997). Word meaning deafness: Spelling words that are not understood. *Cognitive Neuropsychology, 14,* 1131–1164.

Hall, D. A., Haggard, M. P., Akeroyd, M. A., Palmer, A. R., Summerfield, A. Q., Elliott, M. R., Gurney, E. M. & Bowtell, R. W. (1999). "Sparse" temporal sampling in auditory fMRI. *Human Brain Mapping, 7,* 213–223.

Halligan, P. W. & Marshall, J. C. (1991). Left neglect for near but not far space. *Nature, 350,* 498–500.

Halligan, P. W. & Marshall, J. C. (1992). Left unilateral neglect: A meaningless entity. *Cortex, 28,* 525–535.

Halsband, U., Matsuzaka, Y., & Tanji, J. (1994). Neuronal activity in the primate supplementary, pre-supplementary and premotor cortex during externally and internally instructed movement sequences. *Neuroscience Research, 20,* 149–155.

Hamilton, R., Keenan, J. P., Catala, M., & Pascual-Leone, A. (2000). Alexia for Braille following bilateral occipital stroke in an early blind woman. *NeuroReport, 11,* 237–240.

Hampshire, A., Thompson, R., Duncan, J., & Owen, A. M. (2011). Lateral prefrontal cortex subregions make dissociable contributions during fluid reasoning. *Cerebral Cortex, 21*(1), 1–10.

Hanley, J. R. & McDonnell, V. (1997). Are reading and spelling phonologically mediated? Evidence from a patient with a speech production impairment. *Cognitive Neuropsychology, 14,* 3–33.

Hanley, J. R., Young, A. W., & Pearson, N. A. (1991). Impairment of visuo-spatial sketchpad. *Quarterly Journal of Experimental Psychology, 43A,* 101–125.

Hanley, J. R., Smith, S. T., & Hadfield, J. (1998). I recognise you but I can't place you: An investigation of familiar-only experiences during tests of voice and face recognition. *Quarterly Journal of Experimental Psychology, 51,* 179–195.

Hannula, D. E. & Ranganath, C. (2009). The eyes have it: Hippocampal activity predicts expression of memory in eye movements. *Neuron, 63*(5), 592–599.

Happé, F. G. E. (1995). Understanding minds and metaphors: Insights from the study of figurative language in autism. *Metaphor and Symbolic Activity, 10*, 275–295.

Happé, F. G. E. (1999). Autism: Cognitive deficit or cognitive style? *Trends in Cognitive Sciences, 3*, 216–222.

Hare, T. A., O'Doherty, J., Camerer, C. F., Schultz, W., & Rangel, A. (2008). Dissociating the role of the orbitofrontal cortex and the striatum in the computation of goal values and prediction errors. *Journal of Neuroscience, 28*(22), 5623–5630.

Harley, T. A. (2004). Does cognitive neuropsychology have a future? *Cognitive Neuropsychology, 21*, 3–16.

Harlow, H. F. (1958). The nature of love. *American Psychologist, 13*, 673–685.

Harlow, J. M. (1993). Recovery from the passage of an iron bar through the head. *History of Psychiatry, 4*, 271–281 (original work published in 1848 in *Publications of the Massachusetts Medical Society*).

Harris, A. & Aguirre, G. K. (2008). The representation of parts and wholes in face-selective cortex. *Journal of Cognitive Neuroscience, 20*(5), 863–878.

Harris, I. M., Harris, J. A., & Caine, D. (2001). Object orientation agnosia: A failure to find the axis? *Journal of Cognitive Neuroscience, 13*, 800–812.

Harrison, B. J., Soriano-Mas, C., Pujol, J., Ortiz, H., Lopez-Sola, M., Hernandez-Ribas, R., Deus, J., Alonso, P., Yucel, M., Pantelis, C., Menchon, J. M., & Cardoner, N. (2009). Altered corticostriatal functional connectivity in obsessive-compulsive disorder. *Archives of General Psychiatry, 66*(11), 1189–1200.

Hart, J., Berndt, R. S., & Caramazza, A. (1985). Category-specific naming deficit following cerebral infarction. *Nature, 316*, 439–440.

Hartley, T., Maguire, E. A., Spiers, H. J., & Burgess, N. (2003). The well-worn route and the path less travelled: Distinct neural bases of route following and wayfinding in humans. *Neuron, 37*, 877–888.

Hartley, T., Bird, C. M., Chan, D., Cipolotti, L., Husain, M., Vargha-Khadem, F., & Burgess, N. (2007). The hippocampus is required for short-term topographical memory in humans. *Hippocampus, 17*, 34–48.

Harvey, R. J., McCabe, B. J., Solomonia, R. O., Horn, G., & Darlison, M. G. (1998). Expression of the GABA(A) receptor gamma 4-subunit gene: Anatomical distribution of the corresponding mRNA in the domestic chick forebrain and the effect of imprinting training. *European Journal of Neuroscience, 10*, 3024–3028.

Hassabis, D., Kumaran, D., Vann, S. D., & Maguire, E. A. (2007). Patients with hippocampal amnesia cannot imagine new experiences. *Proceedings of the National Academy of Sciences of the United States of America, 104*(5), 1726–1731.

Hasselmo, M. E., Rolls, E. T., & Bayliss, G. C. (1989). The role of expression and identity in the face-selective responses of neurons in the temporal visual cortex of the monkey. *Experimental Brain Research, 75*, 417–429.

Hatfield, T., Han, J. S., Conley, M., Gallagher, M., & Holland, P. (1996). Neurotoxic lesions of basolateral, but not central, amygdala interfere with pavlovian second-order conditioning and reinforcer devaluation effects. *Journal of Neuroscience, 16*(16), 5256–5265.

Hauk, O., Johnsrude, I., & Pulvermuller, F. (2004). Somatotopic representation of action words in human motor and premotor cortex. *Neuron, 41*, 301–307.

Hauk, O., Patterson, K. E., Woollams, A., Watling, L., Pulvermuller, F., & Rogers, T. T. (2006). Q: When would you prefer a SOSSAGE to a SAUSAGE? A: At about 100 ms. ERP correlates of orthographic typicality and lexicality in written word recognition. *Journal of Cognitive Neuroscience, 18*(5), 818–832.

Hauser, M. D., MacNeilage, P., & Ware, M. (1996). Numerical representations in primates. *Proceedings of the National Academy of Science, USA, 93*, 1514–1517.

Hauser, M. D., Chomsky, N., & Fitch, W. T. (2002). The faculty of language: What is it, who has it, and how did it evolve? *Science, 298*, 1569–1579.

Hawke, J. L., Wadsworth, S. J., & DeFries, J. C. (2006). Genetic influences on reading difficulties in boys and girls: The Colorado twin study. *Dyslexia, 12*, 21–29.

Haxby, J. V., Hoffman, E. A., & Gobbini, M. I. (2000). The distributed human neural system for face perception. *Trends in Cognitive Sciences, 4*(6), 223–233.

Haxby, J. V., Gobbini, M. I., Furey, M. L., Ishai, A., Schouten, J. L., & Pietrini, P. (2001). Distributed and overlapping representations of faces and objects in ventral temporal cortex. *Science, 293*, 2425–2430.

Haynes, J. D. & Rees, G. (2006). Decoding mental states from brain activity in humans. *Nature Reviews Neuroscience, 7*, 523–534.

Haynes, J. D., Sakai, K., Rees, G., Gilbert, S., Frith, C., & Passingham, R. E. (2007). Reading hidden intentions in the human brain. *Current Biology, 17*(4), 323–328.

Heberlein, A. S. & Adolphs, R. (2007). Neurobiology of emotion recognition: Current evidence for shared substrates. In E. Harmon-Jones & P. Winkielman (Eds.), *Social Neuroscience*. New York: Guilford Press.

Heberlein, A. S., Padon, A. A., Gillihan, S. J., Farah, M. J., & Fellows, L. K. (2008). Ventromedial frontal lobe plays a critical role in facial emotion recognition. *Journal of Cognitive Neuroscience, 20*(4), 721–733.

Heim, S., Alter, K., Ischebeck, A. K., Amunts, K., Eickhoff, S. B., Mohlberg, H., Zilles, K., von Cramon, D. Y., & Friederici, A. D. (2005). The role of the left Brodmann's areas 44 and 45 in reading words and pseudowords. *Cognitive Brain Research, 25*(3), 982–993.

Heimer, L. & Robards, M. J. (1981). *Neuroanatomical tract tracing methods*. New York: Plenum Press.

Hemani, G., Yang, J., Vinkhuyzen, A., Powell, J. E., Willemsen, G., Hottenga, J. J., & Visscher, P. M. (2013). Inference of the genetic architecture underlying BMI and height with the use of 20,240 sibling pairs. *American Journal of Human Genetics, 93*(5), 865–875.

Henderson, L. (1985). On the use of the term "grapheme." *Language and Cognitive Processes, 1*, 135–148.

Hendry, S. H. C. & Reid, R. C. (2000). The koniocellular pathway in primate vision. *Annual Review of Neuroscience, 23*, 127–153.

Henik, A. & Tzelgov, J. (1982). Is 3 greater than 5: The relation between physical and semantic size in comparison tasks. *Memory & Cognition, 10*, 389–395.

Henik, A., Leibovich, T., Naparstek, S., Diesendruck, L., & Rubinsten, O. (2012). Quantities, amounts, and the numerical core system. *Frontiers in Human Neuroscience, 5*.

Henson, R. N. A. (2005). What can functional neuroimaging tell the experimental psychologist? *Quarterly Journal of Experimental Psychology, 58A*, 193–233.

Henson, R. N. A., Rugg, M. D., Shallice, T., Josephs, O., & Dolan, R. J. (1999a). Recollection and familiarity in recognition memory: An event-related functional magnetic resonance imaging study. *Journal of Neuroscience, 19*, 3962–3972.

Henson, R. N. A., Shallice, T., & Rugg, M. D. (1999b). Right prefrontal cortex and episodic memory retrieval: A functional MRI test of the monitoring hypothesis. *Brain, 122*, 1367–1381.

Henson, R. N. A., Rugg, M. D., Shallice, T., & Dolan, R. J. (2000). Confidence in recognition memory for words: Dissociating right prefrontal roles in episodic retrieval. *Journal of Cognitive Neuroscience, 12*, 913–923.

Hermelin, B. & O'Connor, N. (1986). Idiot savant calendrical calculators: Rules and regularites. *Psychological Medicine, 16*, 1–9.

Herrnstein, R., Lovelend, D., & Cable, C. (1977). Natural concepts in pigeons. *Journal of Experimental Psychology: Animal Learning and Memory, 2*, 285–302.

Herzmann, G., Schweinberger, S. R., Sommer, W., & Jentzsch, I. (2004). What's special about personally familiar faces? A multimodal approach. *Psychophysiology, 41*, 688–701.

Hesselmann, G., Sadaghiani, S., Friston, K. J., & Kleinschmidt, A. (2010). Predictive coding or evidence accumulation? False inference and neuronal fluctuations. *PLoS One*, *5*(3), 5.

Heyes, C. (2010). Where do mirror neurons come from? *Neuroscience and Biobehavioral Reviews*, *34*(4), 575–583.

Heywood, C. A., Cowey, A., & Newcombe, F. (1991). Chromatic discrimination in a cortically color-blind observer. *European Journal of Neuroscience*, *3*, 802–812.

Heywood, C. A., Kentridge, R. W., & Cowey, A. (1998). Cortical color blindness is not "blindsight for color." *Consciousness and Cognition*, *7*, 410–423.

Hickok, G. (2012). Computational neuroanatomy of speech production. *Nature Reviews Neuroscience*, *13*(2), 135–145.

Hickok, G. & Poeppel, D. (2004). Dorsal and ventral streams: A framework for understanding aspects of the functional anatomy of language. *Cognition*, *92*, 67–99.

Hickok, G., Costanzo, M., Capasso, R., & Miceli, G. (2011). The role of Broca's area in speech perception: Evidence from aphasia revisited. *Brain and Language*, *119*(3), 214–220.

Hill, E. L. & Frith, U. (2003). Understanding autism: Insights from mind and brain. *Philosophical Transactions of the Royal Society of London B*, *358*, 281–289.

Hill, K. T. & Miller, L. M. (2010). Auditory attentional control and selection during cocktail party listening. *Cerebral Cortex*, *20*(3), 583–590.

Hillis, A. E. & Caramazza, A. (1991). Mechanisms for accessing lexical representations for output: Evidence from a category-specific semantic deficit. *Brain and Language*, *40*, 106–144.

Hillis, A. E., Work, M., Barker, P. B., Jacobs, M. A., Breese, E. L., & Maurer, K. (2004). Re-examining the brain regions crucial for orchestrating speech articulation. *Brain*, *127*, 1479–1487.

Hillis, A. E., Newhart, M., Heidler, J., Barker, P. B., & Degaonkar M. (2005). Anatomy of spatial attention: Insights from perfusion imaging and hemispatial neglect in acute stroke. *Journal of Neuroscience*, *25*, 3161–3167.

Hirst, W., Phelps, E. A., Johnson, M. K., & Volpe, B. T. (1988). Amnesia and second language learning. *Brain and Cognition*, *8*, 105–116.

Hochberg, L. R., Bacher, D., Jarosiewicz, B., Masse, N. Y., Simeral, J. D., Vogel, J., Haddadin, S., Liu, J., Cash, S. S., & Donoghue, J. P. (2012). Reach and grasp by people with tetraplegia using a neurally controlled robotic arm. *Nature*, *485*(7398), 372-U121. doi: 10.1038/nature11076.

Hodges, J. R. & Graham, K. S. (1998). A reversal of the temporal gradient for famous person knowledge in semantic dementia: Implications for the neural organization of long-term memory. *Neuropsychologia*, *36*, 803–825.

Hodges, J. R., Patterson, K. E., Oxbury, S., & Funnell, E. (1992). Semantic dementia. *Brain*, *115*, 1783–1806.

Hodges, J. R., Patterson, K. E., & Tyler, L. K. (1994). Loss of semantic memory: Implications for the modularity of mind. *Cognitive Neuropsychology*, *11*, 505–542.

Hodges, J. R., Bozeat, S., Lambon Ralph, M. A., Patterson, K. E., & Spatt, J. (2000). The role of conceptual knowledge in object use: Evidence from semantic dementia. *Brain*, *123*, 1913–1925.

Hoekstra, R. A., Bartels, M., Verweij, C. J. H., & Boosma, D. I. (2007). Heritability of autistic traits in the general population. *Archives of Pediatrics and Adolescent Medicine*, *161*, 372–377.

Hoffman, E. & Haxby, J. V. (2000). Distinct representations of eye gaze and identity in the distributed human neural system for face perception. *Nature Neuroscience*, *3*, 80–84.

Hoge, R. D. & Pike, G. B. (2001). Quantitative measurement using fMRI. In P. Jezzard, P. M. Matthews & S. M. Smith (Eds.), *Functional MRI*. Oxford, UK: Oxford University Press.

Holcomb, P. J. & Neville, H. J. (1990). Auditory and visual semantic priming in lexical decision—a comparison using event-related brain potentials. *Language and Cognitive Processes*, *5*(4), 281–312.

Holdstock, J. S., Mayes, A. R., Isaac, C. L., Gong, Q., & Roberts, N. (2002). Differential involvement of the hippocampus and temporal lobe cortices in rapid and slow learning of new semantic information. *Neuropsychologia*, *40*, 748–768.

Horn, G. & McCabe, B. J. (1984). Predispositions and preferences: Effects on imprinting of lesions to the chick brain. *Brain Research*, *168*, 361–373.

Hornak, J., Rolls, E. T., & Wade, D. (1996). Face and voice expression identification inpatients with emotional and behavioural changes following ventral frontal lobe damage. *Neuropsychologia*, *34*(4), 247–261.

Hornak, J., O'Doherty, J., Bramham, J., Rolls, E. T., Morris, R. G., Bullock, P. R., & Polkey, C. E. (2004). Reward-related reversal learning after surgical excisions in orbito-frontal or dorsolateral prefrontal cortex in humans. *Journal of Cognitive Neuroscience*, *16*(3), 463–478.

Horwitz, B., Tagamets, M.-A., & McIntosh, A. R. (1999). Neural modelling, functional brain imaging, and cognition. *Trends in Cognitive Sciences*, *3*, 91–98.

Houghton, G. & Zorzi, M. (2003). Normal and impaired spelling in a connectionist dual-route architecture. *Cognitive Neuropsychology*, *20*(2), 115–162.

Howard, D. & Patterson, K. E. (1992). *The pyramids and palm trees test*. Bury St Edmunds, UK: Thames Valley Test Corporation.

Hsieh, S., Hornberger, M., Piguet, O., & Hodges, J. R. (2011). Neural basis of music knowledge: Evidence from the dementias. *Brain*, *134*, 2523–2534.

Hubbard, E. M., Piazza, M., Pinel, P., & Dehaene, S. (2005). Interactions between numbers and space in parietal cortex. *Nature Reviews Neuroscience*, *6*, 435–448.

Hubel, D.H. (1963). The visual cortex of the brain. *Scientific American*, 209, 54–62.

Hubel, D. H. & Wiesel, T. N. (1959). Receptive fields of single neurones in the cat's striate cortex. *Journal of Physiology*, *148*, 574–591.

Hubel, D. H. & Wiesel, T. N. (1962). Receptive fields, binocular interaction and functional architecture in the cat's visual cortex. *Journal of Physiology*, *160*, 106–154.

Hubel, D. H. & Wiesel, T. N. (1965). Receptive fields and functional architecture of monkey striate cortex. *Journal of Neurophysiology*, *28*, 289–299.

Hubel, D. H. & Wiesel, T. N. (1968). Receptive fields and functional architecture of monkey striate cortex. *Journal of Physiology*, *195*, 215–243.

Hubel, D. H. & Wiesel, T. N. (1970a). Cells sensitive to binocular depth in area 18 of the macaque monkey cortex. *Nature*, *225*, 41–42.

Hubel, D. H. & Wiesel, T. N. (1970b). The period of susceptibility to the physiological effects of unilateral eye closure in kittens. *Journal of Physiology*, *206*, 419–436.

Hughes, C., Russell, J., & Robbins, T. W. (1994). Evidence for executive dysfunction in autism. *Psychological Medicine*, *27*, 209–220.

Hummel, F., Celnik, P., Giraux, P., Floel, A., Wu, W. H., Gerloff, C., & Cohen, L. G. (2005). Effects of non-invasive cortical stimulation on skilled motor function in chronic stroke. *Brain*, *128*, 490–499.

Humphreys, G. W. & Forde, E. M. E. (1998). Disorder action schema and action dysorganisation syndrome. *Cognitive Neuropsychology*, *15*, 771–811.

Humphreys, G. W. & Forde, E. M. E. (2001). Hierarchies, similarity, and interactivity in object recognition: "Category-specific" neuropsychological deficits. *Behavioral and Brain Sciences*, *24*, 453–509.

Humphreys, G. W. & Riddoch, M. J. (1984). Routes to object constancy: Implications from neurological impairments of object constancy. *Quarterly Journal of Experimental Psychology*, *36A*, 385–415.

Humphreys, G. W. & Riddoch, M. J. (1987). *To see but not to see: A case of visual agnosia*. Hove, UK: Psychology Press.

Humphreys, G. W. & Rumiati, R. I. (1998). Agnosia without prosopagnosia or alexia: Evidence for stored visual memories specific to objects. *Cognitive Neuropsychology*, *15*, 243–277.

Humphreys, G. W., Cinel, C., Wolfe, J., Olson, A., & Klempen, N. (2000). Fractionating the binding process: Neuropsychological evidence distinguishing binding of form from binding of surface features. *Vision Research*, *40*, 1569–1596.

Hunter, M. D., Griffiths, T. D., Farrow, T. F. D., Zheng, Y., Wilkinson, I. D., Hegde, N., Woods, W., Spence, S. A., & Woodruff, P. W. R. (2003). A neural basis for the perception of voices in external auditory space. *Brain*, *126*, 161–169.

Huron, D. (2001). Is music an evolutionary adaptation? In R. J. Zatorre, & I. Peretz (Eds.), *The biological foundations of music*. New York: New York Academy of Sciences.

Husain, M., Shapiro, K., Martin, J., & Kennard, C. (1997). Abnormal temporal dynamics of visual attention in spatial neglect patients. *Nature*, *385*(6612), 154–156.

Hutchins, S. & Peretz, I. (2012). Amusics can imitate what they cannot discriminate. *Brain and Language*, *123*(3), 234–239.

Huttenlocher, P. R. & Dabholkar, A. S. (1997). Regional differences in synaptogenesis in human cerebral cortex. *Journal of Comparative Neurology*, *387*, 167–178.

Hyde, K. L. & Peretz, I. (2004). Brains that are out of tune but in time. *Psychological Science*, *15*, 356–360.

Hyde, K. L., Lerch, J. P., Zatorre, R. J., Griffiths, T. D., Evans, A. C., & Peretz, I. (2007). Cortical thickness in congenital amusia: When less is better than more. *Journal of Neuroscience*, *27*, 13028–13032.

Iacoboni, M. (2009). Imitation, empathy, and mirror neurons. *Annual Review of Psychology*, *60*, 653–670.

Iacoboni, M. & Dapretto, M. (2006). The mirror neuron system and the consequences of its dysfunction. *Nature Reviews Neuroscience*, *7*(12), 942–951.

Iacoboni, M., Woods, R., Brass, M., Bekkering, H., Mazziotta, J. C., & Rizzolatti, G. (1999). Cortical mechanisms of human imitation. *Science*, *286*, 2526–2528.

Ifrah, G. (1985). *From one to zero: A universal history of numbers* (L. Blair trans.). New York: Viking (original work published 1981).

Indefrey, P. & Levelt, W. J. M. (2004). The spatial and temporal signatures of word production components. *Cognition*, *92*, 101–144.

Iriki, A., Tanaka, M. & Iwamura, Y. (1996). Coding of modified body schema during tool use by macaque post-central neurons. *NeuroReport*, *7*, 2325–2330.

Isaacs, E. B., Edmonds, C. J., Lucas, A., & Gadian, D. G. (2001). Calculation difficulties in children of very low birth weight. *Brain*, *124*, 1701–1707.

Ischebeck, A., Zamarian, L., Siedentopf, C., Koppelstatter, F., Benke, T., Felber, S., & Delazer, M. (2006). How specifically do we learn? Imaging the learning of multiplication and subtraction. *NeuroImage*, *30*(4), 1365–1375. doi: 10.1016/j.neuroimage.2005.11.016.

Isenberg, A. L., Vaden, K. I., Jr., Saberi, K., Muftuler, L. T., & Hickok, G. (2012). Functionally distinct regions for spatial processing and sensory motor integration in the planum temporale. *Human Brain Mapping*, *33*(10), 2453–2463.

Ishibashi, R., Ralph, M. A. L., Saito, S., & Pobric, G. (2011). Different roles of lateral anterior temporal lobe and inferior parietal lobule in coding function and manipulation tool knowledge: Evidence from an rTMS study. *Neuropsychologia*, *49*(5), 1128–1135.

Itti, L. & Koch, C. (2001). Computational modelling of visual attention. *Nature Reviews Neuroscience*, *2*(3), 194–203.

Jabbi, M., Swart, M., & Keysers, C. (2007). Empathy for positive and negative emotions in gustatory cortex. *NeuroImage*, *34*, 1744–1753.

Jackson, S. R. & Shaw, A. (2000). The Ponzo illusion affects grip-force but not grip-aperture scaling during prehension movements. *Journal of Experimental Psychology: Human Perception and Performance*, *26*, 418–423.

Jackson, S. R., Parkinson, A., Jung, J., Ryan, S. E., Morgan, P. S., Hollis, C., & Jackson, G. M. (2011). Compensatory neural reorganization in Tourette syndrome. *Current Biology*, *21*(7), 580–585.

Jacobs, S., Danielmeier, C., & Frey, S. H. (2010). Human anterior intraparietal and ventral premotor cortices support representations of grasping with the hand or a novel tool. *Journal of Cognitive Neuroscience*, *22*(11), 2594–2608.

Jahanshahi, M., Jenkins, I. H., Brown, R. G., Marsden, C. D., Passingham, R. E., & Brooks, D. J. (1995). Self-initiated versus externally triggered movements: An investigation using measurement of regional cerebral blood flow with PET and movement-related potentials in normal and Parkinson's disease subjects. *Brain*, *118*, 913–933.

Jahanshahi, M. & Frith, C. D. (1998). Willed action and its impairments. *Cognitive Neuropsychology*, *15*, 483–533.

Jahanshahi, M., Profice, P., Brown, R. G., Ridding, M. C., Dirnberger, G., & Rothwell, J. C. (1998). The effects of transcranial magnetic stimulation over dorsolateral prefrontal cortex on suppression of habitual counting during random number generation. *Brain*, *112*, 1533–1544.

Jahanshahi, M., Dirnberger, G., Fuller, R., & Frith, C. D. (2000). The role of dorsolateral prefrontal cortex in random number generation: A study with positron emission tomography. *NeuroImage*, *12*, 713–725.

James, W. (1884). What is an emotion? *Mind*, *9*, 188–205.

Janowsky, J. S., Shimamura, A. P., & Squire, L. R. (1989). Source memory impairment in patients with frontal lobe lesions. *Neuropsychologia*, *27*, 1043–1056.

Jasper, H. A. (1958). The ten-twenty system of the international federation. *Electroencephalography and Clinical Neurophysiology*, *10*, 371–375.

Jeannerod, M. (1997). *The cognitive neuroscience of action*. Oxford, UK: Blackwell.

Jescheniak, J. D. & Levelt, W. J. M. (1994). Word frequency effects in speech production: Retrieval of syntactic information and of phonological form. *Journal of Experimental Psychology: Learning, Memory and Cognition*, *20*, 824–843.

Ji, D. & Wilson, M. A. (2007). Coordinated memory replay in the visual cortex and hippocampus during sleep. *Nature Neuroscience*, *10*(1), 100–107.

Job, R., Sartori, G., Masterson, J., & Coltheart, M. (1983). Developmental surface dyslexia in Italian. In R. N. Malatesha, & M. Coltheart (Eds.), *Dyslexia: A global issue*. The Hague, The Netherlands: Martinus Njihoff Publishers.

Jobard, G., Crivello, F., & Tzourio-Mazoyer, N. (2003). Evaluation of the dual route theory of reading: A metanalysis of 35 neuroimaging studies. *NeuroImage*, *20*, 693–712.

Johansson, G. (1973). Visual perception of biological motion and a model for its analysis. *Perception and Psychophysics*, *14*, 201–211.

Johnson, M. H. (2005). *Developmental cognitive neuroscience: An introduction* (2nd edition). Oxford, UK: Blackwell.

Johnson, M. H., Dziurawiec, S., Ellis, H. D., & Morton, J. (1991). Newborns' preferential tracking of face-like stimuli and its subsequent decline. *Cognition*, *40*, 1–19.

Johnson, M. K. (1988). Reality monitoring: An experimental phenomenological approach. *Journal of Experimental Psychology: General*, *117*, 390–394.

Johnson, M. K., Foley, M. A., & Leach, K. (1988). The consequences for memory of imagining in another person's voice. *Memory and Cognition*, *16*, 337–342.

Johnson, M. K., Hashtroudi, S., & Lindsay, D. S. (1993). Source monitoring. *Psychological Bulletin*, *114*, 3–28.

Jones, D. M., Macken, W. J., & Nicholls, A. P. (2004). The phonological store of working memory: Is it phonological and is it a store? *Journal of Experimental Psychology: Learning, Memory and Cognition*, *30*, 656–674.

Jones, G. V. (2002). Predictability (ease of predication) as semantic substrate of imageability in reading and retrieval. *Brain and Language*, *82*, 159–166.

Jones, P. E. (1995). Contradictions and unanswered questions in the Genie case: A fresh look at the linguistic evidence. *Language and Communication*, *15*, 261–280.

Josephs, O. & Henson, R. N. A. (1999). Event-related functional magnetic resonance imaging: Modelling, inference and optimization. *Philosophical Transactions of the Royal Society B, 354,* 1215–1228.

Jueptner, M. & Weiller, C. (1995). Does measurement of regional cerebral blood flow reflect synaptic activity? Implications for PET and fMRI. *NeuroImage, 2,* 148–156.

Jung, R. E. & Haier, R. J. (2007). The Parieto-Frontal Integration Theory (P-FIT) of intelligence: Converging neuroimaging evidence. *Behavioral and Brain Sciences, 30,* 135.

Juphard, A., Vidal, J. R., Perrone-Bertolotti, M., Minotti, L., Kahane, P., Lachaux, J. P., & Baciu, M. (2011). Direct evidence for two different neural mechanisms for reading familiar and unfamiliar words: an intra-cerebral EEG study. *Frontiers in Human Neuroscience, 5.*

Kaan, E., Harris, A., Gibson, E., & Holcomb, P. (2000). The P600 as an index of syntactic integration difficulty. *Language and Cognitive Processes, 15*(2), 159–201.

Kaas, J. H. & Hackett, T. A. (1999). "What" and "where" processing in auditory cortex. *Nature Neuroscience, 2,* 1045–1047.

Kaas, J. H., Hackett, T. A., & Tramo, M. J. (1999). Auditory processing in primate cerebral cortex. *Current Opinion in Neurobiology, 9,* 164–170.

Kajikawa, Y., de la Mothe, L. A., Blumell, S., Sterbing-D'Angelo, S. J., D'Angelo, W., Camalier, C. R., & Hackett, T. A. (2008). Coding of FM sweep trains and twitter calls in area CM of marmoset auditory cortex. *Hearing Research, 239,* 107–125.

Kanai, R. & Rees, G. (2011). The structural basis of inter-individual differences in human behaviour and cognition. *Nature Reviews Neuroscience, 12,* 231–242.

Kanai, R., Carmel, D., Bahrami, B., & Rees, G. (2011). Structural and functional fractionation of right superior parietal cortex in bistable perception. *Current Biology, 21*(3), R106–R107.

Kane, N. M., Curry, S. H., Butler, S. R., & Cummins, B. H. (1993). Electrophysiological indicator of awakening from coma. *Lancet, 341,* 688–688.

Kanner, L. (1943). Autistic disturbances of affective contact. *Nervous Child, 2,* 217–250.

Kanwisher, N. & Wojciulik, E. (2000). Visual attention: Insights from brain imaging. *Nature Reviews Neuroscience, 1,* 91–100.

Kanwisher, N. & Yovel, G. (2006). The fusiform face area: A cortical region specialized for the perception of faces. *Philosophical Transactions of the Royal Society of London,* Series B, 361(1476), 2109–2128.

Kanwisher, N., McDermott, J., & Chun, M. M. (1997). The fusiform face area: A module in human extrastriate cortex specialized for face perception. *Journal of Neuroscience, 17,* 4302–4311.

Kapur, N. (1999). Syndromes of retrograde amnesia: A conceptual and empirical synthesis. *Psychological Bulletin, 125,* 800–825.

Kapur, S. (2003). Psychosis as a state of abnormal salience: A framework linking biology, phenomenology, and pharmacology in schizophrenia. *American Journal of Psychiatry, 160,* 13–23.

Kapur, S., Craik, F. I. M., Tulving, E., Wilson, A. A., Houle, S., & Brown, G. M. (1994). Neuroanatomical correlates of encoding in episodic memory: Levels of processing effect. *Proceedings of the National Academy of Science, USA, 91,* 2008–2011.

Karmiloff-Smith, A. (1992). *Beyond modularity: A developmental perspective on cognitive science.* Cambridge, MA: MIT Press.

Karmiloff-Smith, A. (2006). Modules, genes, and evolution: What have we learned from atypical development? *Attention and Performance XXI,* 563–583.

Karmiloff-Smith, A. (2007). Williams syndrome. *Current Biology, 17,* R1035–R1036.

Karnath, H.-O. & Perenin, M.-T. (2005). Cortical control of visually guided reaching: Evidence from patients with optic ataxia. *Cerebral Cortex, 15,* 1561–1569.

Karnath, H.-O., Ferber, S., & Bulthoff, H. (2000). Neuronal representation of object orientation. *Neuropsychologia, 38,* 1235–1241.

Kastner, S., Pinsk, M. A., De Weerd, P., Desimone, R., & Ungerleider, L. G. (1999). Increased activity in human visual cortex during directed attention in the absence of visual stimulation. *Neuron, 22*(4), 751–761.

Kastner, S., De Weerd, P., Pinsk, M. A., Elizondo, M. I., Desimone, R., & Ungerleider, L. G. (2001). Modulation of sensory suppression: Implications for receptive field sizes in the human visual cortex. *Journal of Neurophysiology, 86*(3), 1398–1411.

Kaufmann, J. M. & Schweinberger, S. R. (2008). Distortions in the brain? ERP effects of caricaturing familiar and unfamiliar faces. *Brain Research, 1228*, 177–188.

Kay, J. & Ellis, A. W. (1987). A cognitive neuropsychological case study of anomia. *Brain, 110*, 613–629.

Kay, J. & Hanley, R. (1991). Simultaneous form perception and serial letter recognition in a case of letter-by-letter reading. *Cognitive Neuropsychology, 8*, 249–273.

Kay, J. & Hanley, R. (1994). Peripheral disorders of spelling: The role of the graphemic buffer. In G. D. A. Brown & N. C. Ellis (Eds.), *Handbook of spelling: Theory, process and intervention*. London: Wiley.

Kay, J., Lesser, R., & Coltheart, M. (1992). *Psycholinguistic assessments of language processing in aphasia*. Hove, UK: Psychology Press.

Keil, J., Muller, N., Ihssen, N., & Weisz, N. (2012). On the variability of the McGurk effect: Audiovisual integration depends on prestimulus brain states. *Cerebral Cortex, 22*(1), 221–231.

Kellenbach, M. L., Wijers, A. A., Hovius, M., Mulder, J., & Mulder, G. (2002). Neural differentiation of lexico-syntactic categories or semantic features? Event-related potential evidence for both. *Journal of Cognitive Neuroscience, 14*, 561–577.

Kelley, W. M., Miezin, F. M., McDermott, K. B., Buckner, R. L., Raichle, M. E., Cohen, N. J., Ollinger, J. M., Akbudak, E., Conturo, T. E., Snyder, A. V., & Petersen, S. E. (1998). Hemispheric specialization in human dorsal frontal cortex and medial temporal lobe for verbal and nonverbal memory encoding. *Neuron, 20*, 927–936.

Kendler, K. S. (2005). "A gene for. . . ." The nature of gene action in psychiatric disorders. *American Journal of Psychiatry, 162*, 433–440.

Kendler, K. S., Neale, M. C., Kessler, R. C., Heath, A. C., & Eaves, L. J. (1992). The genetic epidemiology of phobias in women: The interrelationship of agoraphobia, social phobia, situational phobia and simple phobia. *Archives of General Psychiatry, 49*, 273–281.

Kent, R. D., Duffy, J. R., Slama, A., Kent, J. F., & Clift, A. (2001). Clinicoanatomic studies in dysarthria: Review, critique, and directions for research. *Journal of Speech, Language and Hearing Research, 44*, 535–551.

Kerlin, J. R., Shahin, A. J., & Miller, L. M. (2010). Attentional gain control of ongoing cortical speech representations in a "cocktail party." *Journal of Neuroscience, 30*(2), 620–628.

Kerns, J. G., Cohen, J. D., MacDonald, A. W., Cho, R. Y., Stenger, V. A., & Carter, C. S. (2004). Anterior cingulate conflict monitoring and adjustments in control. *Science, 303*, 1023–1026.

Kiang, N. Y.-S., Watanabe, T., Thomas, E. C., & Clark, L. F. (1965). *Discharge patterns of single fibres in the cat's auditory nerve*. Cambridge, MA: MIT Press.

Kim, J. J. & Fanselow, M. S. (1992). Modality-specific retrograde amnesia for fear. *Science, 256*, 675–677.

Kim, S. P., Simeral, J. D., Hochberg, L. R., Donoghue, J. P., & Black, M. J. (2008). Neural control of computer cursor velocity by decoding motor cortical spiking activity in humans with tetraplegia. *Journal of neural engineering, 5*(4), 455–476.

Kinsbourne, M. & Warrington, E. K. (1962a). A disorder of simultaneous form perception. *Brain, 85*, 461–486.

Kinsbourne, M. & Warrington, E. K. (1962b). A study of finger agnosia. *Brain, 85*, 47–66.

Kinsbourne, M. & Warrington, E. K. (1965). A case showing selectively impaired oral spelling. *Journal of Neurology, Neurosurgery and Psychiatry, 28*, 563–566.

Kipps, C. M., Duggins, A. J., McCusker, E. A., & Calder, A. J. (2007). Disgust and happiness recognition correlate with anteroventral insula and amygdala volume respectively in preclinical Huntington's disease. *Journal of Cognitive Neuroscience*, *19*, 1206–1217.

Kitchener, E. G., Hodges, J. R., & McCarthy, R. (1998). Acquisition of post-morbid vocabulary and semantic facts in the absence of episodic memory. *Brain*, *121*, 1313–1327.

Klein, D. C., Moore, R. Y., & Reppert, S. M. (1991). *Suprachiasmatic nucleus: The mind's clock*. Oxford, UK: Oxford University Press.

Klein, S. B., Rozendal, K., & Cosmides, L. (2002). A social-cognitive neuroscience analysis of the self. *Social Cognition*, *20*, 105–135.

Kleinschmidt, A., Buchel, C., & Zeki, S. (1998). Human brain activity during spontaneously reversing perception of ambiguous figures. *Proceedings of the National Academy of Science, USA*, *265*, 2427–2433.

Klinnert, M. D., Campos, J. J., & Source, J. (1983). Emotions as behavior regulators: Social referencing in infancy. In R. Plutchik, & H. Kellerman (Eds.), *Emotions in early development*. New York: Academic Press.

Kluver, H., & Bucy, P. C. (1939). Preliminary analysis of functions of the temporal lobes in monkeys. *Archives of Neurology and Psychiatry*, *42*, 979–1000.

Knoch, D., Pascual-Leone, A., Meyer, K., Treyer, V., & Fehr, E. (2006). Diminishing reciprocal fairness by disrupting the right prefrontal cortex. *Science*, *314*(5800), 829–832.

Knowlton, B. J., Squire, L. R., & Gluck, M. A. (1994). Probabilistic category learning in amnesia. *Learning and Memory*, *1*, 106–120.

Knowlton, B. J., Mangels, J. A., & Squire, L. R. (1996). A neostriatal habit learning system in humans. *Science*, *273*, 1399–1402.

Knudsen, E. I. (2007). Fundamental components of attention. *Annual Review of Neuroscience* (Vol. 30, pp. 57–78).

Knutson, B., Adams, C. M., Fong, G. W., & Hommer, D. (2001). Anticipation of increasing monetary reward selectively recruits nucleus accumbens. *Journal of Neuroscience*, *21*(16), art. no.-RC159.

Knutson, B., Rick, S., Wirnmer, G. E., Prelec, D., & Loewenstein, G. (2007). Neural predictors of purchases. *Neuron*, *53*(1), 147–156.

Koch, C. & Tsuchiya, N. (2007). Attention and consciousness: two distinct brain processes. *Trends in Cognitive Sciences*, *11*(1), 16–22.

Koechlin, E., Basso, G., Pietrini, P., Panzer, S., & Grafman, J. (1999a). The role of the anterior prefrontal cortex in human cognition. *Nature*, *399*, 148–151.

Koechlin, E., Naccache, L., Block, E., & Dehaene, S. (1999b). Primed numbers: Exploring the modularity of numerical representations with masked and unmasked semantic priming. *Journal of Experimental Psychology: Human Perception and Performance*, *25*, 1882–1905.

Koechlin, E. & Summerfield, C. (2007). An information theoretical approach to prefrontal executive function. *Trends in Cognitive Sciences*, *11*(6), 229–235.

Koechlin, E., Ody, C., & Kouneiher, F. (2003). The architecture of cognitive control in the human prefrontal cortex. *Science*, *302*(5648), 1181–1185.

Koelsch, S. & Siebel, W. A. (2005). Towards a neural basis of music perception. *Trends in Cognitive Sciences*, *9*, 578–584.

Koelsch, S., Fritz, T. V., von Cramon, D. Y., Muller, K., & Friederici, A. D. (2006). Investigating emotion with music: An fMRI study. *Human Brain Mapping*, *27*, 236–250.

Koenigs, M., Young, L., Adolphs, R., Tranel, D., Cushman, F., Hauser, M., & Damasio, A. (2007). Damage to the prefrontal cortex increases utilitarian moral judgements. *Nature*, *446*(7138), 908–911.

Kogo, N. & Wagemans, J. (2013). The "side" matters: How configurality is reflected in completion. *Cognitive Neuroscience*, *4*(1), 3–45.

Kohler, E., Keysers, C., Umilta, M. A., Fogassi, L., Gallese, V., & Rizzolatti, G. (2002). Hearing sounds, understanding actions: Action representation in mirror neurons. *Science, 297,* 846–848.

Kolb, B. & Whishaw, I. Q. (2002). *Fundamentals of Human Neuropsychology* (5th edition). New York: Worth/Freeman.

Koob, G. F. (1992). Dopamine, addiction and reward. *Seminars in the Neurosciences, 4,* 139–148.

Kopelman, M. D. (2000). Focal retrograde amnesia: An exceptionally critical review. *Cognitive Neuropsychology, 17,* 585–621.

Kopelman, M. D. & Stanhope, N. (1998). Recall and recognition memory in patients with focal frontal, temporal lobe and diencephalic lesions. *Neuropsychologia, 36,* 785–795.

Kopelman, M. D., Wilson, B. A., & Baddeley, A. D. (1990). *The autobiographical memory interview.* Bury St. Edmunds, UK: Thames Valley Test Company.

Kosaki, H., Hashikawa, T., He, J., & Jones, E. G. (1997). Tonotopic organization of auditory cortical fields delineated by parvalbumin immunoreactivity in macaque monkeys. *Journal of Comparative Neurology, 386,* 304–316.

Kosslyn, S. M. (1999). If neuroimaging is the answer, what is the question? *Philosophical Transactions of the Royal Society of London B, 354,* 1283–1294.

Kosslyn, S. M. & Van Kleek, M. H. (1990). Broken brains and normal minds: Why Humpty-Dumpty needs a skeleton. In E. L. Schwartz (Ed.), *Computational neuroscience.* Cambridge, MA: MIT Press.

Kosslyn, S. M., Thompson, W. L., Kim, I. J., & Alpert, N. M. (1995). Topographical representations of mental images in primary visual cortex. *Nature, 478,* 496–498.

Kosslyn, S. M., Pascual-Leone, A., Felician, O., Camposano, S., Keenan, J. P., Thompson, W. L., Ganis, G., Sukel, K. E., & Alpert, N. M. (1999). The role of area 17 in visual imagery: Convergent evidence from PET and rTMS. *Science, 284,* 167–170.

Kosslyn, S. M., Ganis, G., & Thompson, W. L. (2001). Neural foundations of imagery. *Nature Reviews Neuroscience, 2,* 635–642.

Kotler, M., Cohen, H., Segman, R., Gritsenko, I., Nemanov, L., Lerer, B., Kramer, I., ZerZion, M., Kletz, I., & Ebstein, R. P. (1997). Excess dopamine D4 receptor (D4DR) exon III seven repeat allele in opioid-dependent subjects. *Molecular Psychiatry, 2,* 251–254.

Kouneiher, F., Charron, S., & Koechlin, E. (2009). Motivation and cognitive control in the human prefrontal cortex. *Nature Neuroscience, 12*(7), 939–U167.

Koutstaal, W., Schacter, D. L., Verfaellie, M., Brenner, C., & Jackson, E. M. (1999). Perceptually based false recognition of novel objects in amnesia: Effects of category size and similarity to category prototypes. *Cognitive Neuropsychology, 16,* 317–341.

Kraemer, D. J. M., Macrae, C. N., Green, A. E., & Kelley, W. M. (2005). Musical imagery: Sound of silence activates auditory cortex. *Nature, 434,* 158–158.

Krams, M., Rushworth, M. F. S., Deiber, M. P., Frackowiak, R. S. J., & Passingham, R. E. (1998). The preparation, execution and suppression of copied movements. *Experimental Brain Research, 120,* 386–398.

Kranczioch, C., Debener, S., Schwarzbach, J., Goebel, R., & Engel, A. K. (2005). Neural correlates of conscious perception in the attentional blink. *NeuroImage, 24*(3), 704–714.

Kriegstein, K. von, Kleinschmidt, A., Sterzer, P., & Giraud, A. L. (2005). Interaction of face and voice areas during speaker recognition. *Journal of Cognitive Neuroscience, 17,* 367–376.

Kringelbach, M. L. (2005). The human orbitofrontal cortex: linking reward to hedonic experience. *Nature Reviews Neuroscience, 6,* 691–702.

Kringelbach, M. L. & Rolls, E. T. (2003). Neural correlates of rapid context-dependent reversal learning in a simple model of human social interaction. *NeuroImage, 20,* 1371–1383.

Kritchevsky, M., Chang, J., & Squire, L. R. (2004). Functional amnesia: Clinical description and neuropsychological profile of 10 cases. *Learning and Memory, 11,* 213–226.

Kroliczak, G., Piper, B. J., & Frey, S. H. (2011). Atypical lateralization of language predicts cerebral asymmetries in parietal gesture representations. *Neuropsychologia, 49*(7), 1698–1702.

Kronbichler, M., Bergmann, J., Hutzler, F., Staffen, W., Mair, A., Ladurner, G., & Wimmer, H. (2007). Taxi vs. Taksi: On orthographic word recognition in the left ventral occipitotemporal cortex. *Journal of Cognitive Neuroscience, 19*(10), 1584–1594.

Krueger, F., Barbey, A. K., & Grafman, J. (2009). The medial prefrontal cortex mediates social event knowledge. *Trends in Cognitive Sciences, 13*(3), 103–109.

Kubota, J.T., Banaji. M.R. & Phelps, E.A. (2012).The neuroscience of race. *Nature Reviews Neuroscience, 15*, 940–948

Kuemmerer, D., Hartwigsen, G., Kellmeyer, P., Glauche, V., Mader, I., Kloeppel, S., Suchan, J., Karnath, H. O., Weiller, C., & Saur, D. (2013). Damage to ventral and dorsal language pathways in acute aphasia. *Brain, 136*, 619–629.

Kuffler, S. W. & Barlow, H. B. (1953). Discharge patterns and functional organization of mammalian retina. *Journal of Neurophysiology, 16*, 37–63.

Kutas, M. & Federmeier, K. D. (2011). Thirty years and counting: Finding meaning in the n400 component of the event-related brain potential (ERP). In S. T. Fiske, D. L. Schacter & S. E. Taylor (Eds.), *Annual Review of Psychology* (Vol. 62, pp. 621–647). Palo Alto, CA: Annual Reviews.

Kutas, M. & Hillyard, S. (1980). Reading senseless sentences: Brain potentials reflect semantic incongruity. *Science, 207*, 203–205.

LaBar, K. S., Gatenby, J. C., Gore, J. C., LeDoux, J. E., & Phelps, E. A. (1998). Human amygdala activation during conditioned fear acquisition and extinction: A mixed-trial fMRI study. *Neuron, 20*(5), 937–945.

La Berge, D. (1983). Spatial extent of attention to letters and words. *Journal of Experimental Psychology: Human Perception and Performance, 9*, 371–379.

Lambon Ralph, M. A., Ellis, A. W., & Franklin, S. (1995). Semantic loss without surface dyslexia. *Neurocase, 1*, 363–369.

Lambon Ralph, M. A., Howard, D., Nightingale, G., & Ellis, A. W. (1998). Are living and non-living category-specific deficits causally linked to impaired perceptual or associative knowledge? Evidence from a category-specific double dissociation. *Neurocase, 4*, 311–338.

Lamm, C., Batson, C.D., & Decety, J. (2007). The neural substrate of human empathy: Effects of perspective taking and cognitive appraisal. *Journal of Cognitive Neuroscience, 19* (1), 42–58.

Lamme, V. A. F. (1995). The neurophysiology of figure ground segregation in primary visual cortex. *Journal of Neuroscience, 15*(2), 1605–1615.

Lamme, V. A. F. (2010). How neuroscience will change our view on consciousness. *Cognitive Neuroscience, 1*, 204–210.

Lamme, V. A. F. & Roelfsema, P. R. (2000). The distinct modes of vision offered by feedforward and recurrent processing. *Trends in Neurosciences, 23*(11), 571–579.

Lancy, D. F. (1983). *Cross-cultural studies in cognition and mathematics.* New York: Academic Press.

Land, E. H. (1964). The retinex. *Scientific American, 52*, 247–264.

Land, E. H. (1983). Recent advances in retinex theory and some implications for cortical computations. *Proceedings of the National Academy of Science, USA, 80*, 5163–5169.

Langleben, D. D., Schroeder, L., Maldjian, J. A., Gur, R. C., McDonald, S., Ragland, J. D., O'Brien, C. P., & Childress, A. R. (2002). Brain activity during simulated deception: An event-related functional magnetic resonance study. *NeuroImage, 15*, 727–732.

Langner, R., Kellermann, T., Boers, F., Sturm, W., Willmes, K., & Eickhoff, S. B. (2011). Modality-specific perceptual expectations selectively modulate baseline activity in auditory, somatosensory, and visual cortices. *Cerebral Cortex, 21*(12), 2850–2862.

Lashley, K. S. (1929). *Brain mechanisms and intelligence.* Chicago, IL: Chicago University Press.

Lauro-Grotto, R., Piccini, C., & Shallice, T. (1997). Modality-specific operations in semantic dementia. *Cortex, 33*, 593–622.

Lavie, N. (1995). Perceptual load as a necessary condition for selective attention. *Journal of Experimental Psychology: Human Perception and Performance, 21*, 451–468.

Le Bihan, D., Mangin, J. F., Poupon, C., Clark, C. A., Pappata, S., Molko, N., & Chabriat, H. (2001). Diffusion tensor imaging: Concepts and applications. *Journal of Magnetic Resonance Imaging, 13*, 534–546.

Le Doux, J. E. (1996). *The emotional brain.* New York: Simon and Schuster.

Le Doux, J. E., Iwata, J., Cicchetti, P., & Reis, D. (1988). Differential projections of the central amygdaloid nucleus mediate autonomic and behavioral correlates of conditioned fear. *Journal of Neuroscience, 8*, 2517–2529.

Le Grand, R., Mondloch, C., Maurer, D., & Brent, H. P. (2001). Neuroperception: Early visual experience and face processing. *Nature, 410*, 890.

Lee, K. M. & Kang, S.-Y. (2002). Arithmetic operation and working memory: Differential suppression in dual tasks. *Cognition, 83*, B63–B68.

Lee, Y.-S., Turkeltaub, P., Granger, R., & Raizada, R. D. S. (2012). Categorical speech processing in Broca's area: An fMRI study using multivariate pattern-based analysis. *Journal of Neuroscience, 32*(11), 3942–3948.

Leekam, S. R. & Perner, J. (1991). Does the autistic child have a metarepresentational deficit? *Cognition, 40*, 203–218.

Lenneberg, E. (1967). *Biological foundations of language.* New York: Wiley.

Levelt, W. J. M. (1989). *Speaking: From intention to articulation.* Cambridge, MA: MIT Press.

Levelt, W. J. M. (1999). Models of word production. *Trends in Cognitive Sciences, 3*, 223–232.

Levelt, W. J. M. (2001). Spoken word production: A theory of lexical access. *Proceedings of the National Academy of Science, USA, 98*, 13464–13471.

Levelt, W. J. M. & Wheeldon, L. R. (1994). Do speakers have access to a mental syllabary? *Cognition, 50*, 239–269.

Levelt, W. J. M., Schriefers, H., Vorberg, D., Meyer, A. S., Pechmann, T., & Havinga, J. (1991). The time course of lexical access in speech production: A study of picture naming. *Psychological Review, 98*, 122–142.

Levine, D. N., Warach, J., & Farah, M. (1985). Two visual systems in mental imagery: Dissociation of "what" and "where" in imagery disorders due to bilateral posterior cerebral lesions. *Neurology, 35*, 1010–1018.

Levinson, D. F. (2003). Molecular genetics of schizophrenia: A review of the recent literature. *Current Opinion in Psychiatry, 16*, 157–170.

Liberman, A. M. & Mattingly, I. G. (1985). The motor theory of speech perception revised. *Cognition, 21*, 1–36.

Liberman, A. M. & Whalen, D. H. (2000). On the relation of speech to language. *Trends in Cognitive Sciences, 4*, 187–196.

Libet, B., Gleason, C. A., Wright, E. W., & Pearl, D. K. (1983). Time of conscious intention to act in relation to onset of cerebral activity (readiness potential): The unconscious initiation of a freely voluntary act. *Brain, 102*, 623–642.

Lichtheim, L. (1885). On aphasia. *Brain, 7*, 433–484.

Lidzba, K., Staudt, M., Wilke, M., & Krageloh-Mann, I. (2006). Visuospatial deficits in patients with early left-hemispheric lesions and functional reorganization of language: Consequence of lesion or reorganization? *Neuropsychologia, 44*, 1088–1094.

Lieberman, M. D., Chang, G. Y., Chiao, J., Bookheimer, S. Y., & Knowlton, B. J. (2004). An event-related fMRI study of artificial grammar learning in a balanced chunk strength design. *Journal of Cognitive Neuroscience, 16*, 427–438.

Liegeois, F., Connelly, A., Cross, J. H., Boyd, S. G., Gadian, D. G., Vargha-Khadem, F., & Baldeweg, T. (2004). Language reorganization in children with early onset lesions of the left hemisphere: An fMRI study. *Brain, 127*, 1229–1236.

Liepmann, H. (1905). Die linke hemisphere und das handeln. *Munchner Medizinische Wochenschrift, 49*, 2322–2326.

Lindgren, S. D., De Renzi, E., & Richman, L. C. (1985). Cross-national comparisons of developmental dyslexia in Italy and the United States. *Child Development, 56*, 1404–1417.

Lindquist, K. A. & Barrett, L. F. (2012). A functional architecture of the human brain: Emerging insights from the science of emotion. *Trends in Cognitive Sciences, 16*(11), 533–540.

Lissauer, H. (1890). A case of visual agnosia with a contribution to theory. *Archiv für Psychiatrie und Nervenrankheiten, 21*, 222–270.

Lloyd-Fox, S., Blasi, A., & Elwell, C. E. (2010). Illuminating the developing brain: The past, present and future of functional near-infrared spectroscopy. *Neuroscience and Biobehavioral Review, 34*, 269–284.

Loetscher, T., Schwarz, U., Schubiger, M., & Brugger, P. (2008). Head turns bias the brain's random number generator. *Current Biology, 18*, R60–R62.

Loewenstein, G., Rick, S., & Cohen, J. D. (2008). Neuroeconomics. *Annual Review of Psychology, 59*, 647–672.

Logie, R. H. (1995). *Visuospatial working memory*. Hove, UK: Psychology Press.

Logie, R. H., Gilhooly, K. J., & Wynn, V. (1994). Counting on working memory in arithmetic problem solving. *Memory and Cognition, 22*, 395–410.

Logothetis, N. K., Pauls, J., Augath, M., Trinath, T., & Oeltermann, A. (2001). Neurophysiological investigation of the basis of the fMRI signal. *Nature, 412*, 150–157.

Lømo, T. (1966). Frequency potentiation of excitatory synaptic activity in the dentate area of the hippocampal formation. *Acta Physiologica Scandinavica* 68 (Suppl 277): 128.

Long, N. M., Oztekin, I., & Badre, D. (2010). Separable prefrontal cortex contributions to free recall. *Journal of Neuroscience, 30*(33), 10967–10976.

Lotto, A. J., Hickok, G. S., & Holt, L. L. (2009). Reflections on mirror neurons and speech perception. *Trends in Cognitive Sciences, 13*(3), 110–114.

Luck, S. J. & Girelli, M. (1998). Electrophysiological approaches to the study of selective attention in the human brain. In R. Parasuraman (Ed.), *The Attentive Brain* (pp. 71–94). Cambridge, MA: MIT Press.

Luck, S. J. (2005). Ten simple rules for designing ERP experiments. In T. C. Handy (Ed.), *Event-related potentials: A methods handbook*. Cambridge, MA: MIT Press.

Luck, S. J. & Vogel, E. K. (1997). The capacity of visual working memory for features and conjunctions. *Nature, 390*(6657), 279–281.

Luck, S. J., Chelazzi, L., Hillyard, S. A., & Desimone, R. (1997). Neural mechanisms of spatial selective attention in areas V1, V2, and V4 of macaque visual cortex. *Journal of Neurophysiology, 77*(1), 24–42.

Luders, E., Narr, K. L., Thompson, P. M., Rex, D. E., Jancke, L., Steinmetz, H., & Toga, A. W. (2004). Gender differences in cortical complexity. *Nature Neuroscience, 7*, 799–800.

Luo, H. & Poeppel, D. (2012). Cortical oscillations in auditory perception and speech: Evidence for two temporal windows in human auditory cortex. *Frontiers in psychology, 3*, 170–170.

Luzzatti, C. & Davidoff, J. (1994). Impaired retrieval of object-colour knowledge with preserved colour naming. *Neuropsychologia, 32*, 933–950.

Lyons, F., Hanley, J. R., & Kay, J. (2002). Anomia for common names and geographical names with preserved retrieval of people: A semantic memory disorder. *Cortex, 38*, 23–35.

Macaluso, E., George, N., Dolan, R., Spence, C., & Driver, J. (2004). Spatial and temporal factors during processing of audiovisual speech: A PET study. *NeuroImage, 21*, 725–732.

McCabe, K., Houser, D., Ryan, L., Smith, V., & Trouard, T. (2001). A functional imaging study of cooperation in two-person reciprocal exchange. *Proceedings of the National Academy of Sciences, USA, 98*, 11832–11835.

McCandliss, B. D., Fiez, J. A., Protopapas, A., Conway, M., & McClelland, J. L. (2002). Success and failure in teaching the [r]–[l] contrast to Japanese adults: Tests of a Hebbian model of plasticity and stabilization in spoken language perception. *Cognitive, Affective, & Behavioural Neuroscience*, *2*, 89–108.

McCandliss, B. D., Cohen, L. & Dehaene, S. (2003). The visual word form area: Expertise for reading in the fusiform gyrus. *Trends in Cognitive Sciences*, *7*, 293–299.

McCarthy, R. A. & Warrington, E. K. (1990). *Cognitive neuropsychology: A clinical introduction*. London: Academic Press.

Macchi Cassia, V., Turati, C., & Simion, F. (2004). Can a nonspecific bias toward top-heavy patterns explain new-borns face preference? *Psychological Science*, *15*, 379–383.

McClelland, J. L. & Rumelhart, D. E. (1981). An interactive activation model of context effects in letter perception: Part 1. An account of the basic findings. *Psychological Review*, *88*, 375–407.

McClelland, J. L., Rumelhart, D. E., & Group, T. P. R. (1986). *Parallel distributed processing: Volume 2. Psychological and biological models*. Cambridge, MA: MIT Press.

McClelland, J. L., St John, M., & Taraban, R. (1989). Sentence comprehension: A parallel distributed processing approach. *Language and Cognitive Processes*, *4*, 287–335.

McClelland, J. L., McNaughton, B. L., & O'Reilly, R. C. (1995). Why there are complementary learning systems in the hippocampus and neocortex: Insights from the successes and failures of connectionist models of learning and memory. *Psychological Review*, *102*, 419–457.

McCloskey, M. (1992). Cognitive mechanisms in numerical processing: Evidence from acquired dyscalculia. *Cognition*, *44*, 107–157.

McCloskey, M. & Caramazza, A. (1988). Theory and methodology in cognitive neuropsychology: A response to our critics. *Cognitive Neuropsychology*, *5*, 583–623.

McCloskey, M., Caramazza, A., & Basili, A. (1985). Cognitive mechanisms in number processing and calculation: Evidence from dyscalculia. *Brain and Cognition*, *4*, 171–196.

McCloskey, M., Sokol, S. M., & Goodman, R. A. (1986). Cognitive processes in verbal-number production: Inferences from the performance of brain-damaged subjects. *Journal of Experimental Psychology: General*, *115*, 307–330.

McClure, S., Laibson, D., Lowenstein, G., & Cohen, J. D. (2004a). Separate neural systems value immediate and delayed rewards. *Science*, *306*, 503–507.

McClure, S., Lee, J., Tomlin, D., Cypert, K., Montague, L., & Montague, P. R. (2004b). Neural correlates of behavioural preferences for culturally familiar drinks. *Neuron*, *44*, 379–387.

McClure, S. M., Ericson, K. M., Laibson, D. I., Loewenstein, G., & Cohen, J. D. (2007). Time discounting for primary rewards. *Journal of Neuroscience*, *27*(21), 5796–5804.

McCormick, D. A. & Bal, T. (1997). Sleep and arousal: Thalamocortical mechanisms. *Annual Review of Neuroscience*, *20*, 185–215.

McCrink, K., Spelke, E. S., Dehaene, S., & Pica, P. (2013). Non-symbolic halving in an Amazonian indigene group. *Developmental Science*, *16*(3), 451–462.

McDermott, J. & Hauser, M. D. (2007). Nonhuman primates prefer slow tempos but dislike music overall. *Cognition*, *104*, 654–668.

MacDonald, M. C., Pearlmutter, N. J., & Seidenberg, M. S. (1994). Lexical nature of syntactic ambiguity resolution. *Psychological Review*, *101*, 676–703.

MacDonald, M. E., Gines, S., Gusella, J. F., & Wheeler, V. C. (2003). Huntington's disease. *Neuromolecular Medicine*, *4*, 7–20.

McGettigan, C., Warren, J. E., Eisner, F., Marshall, C. R., Shanmugalingam, P., & Scott, S. K. (2011). Neural correlates of sublexical processing in phonological working memory. *Journal of Cognitive Neuroscience*, *23*(4), 961–977.

McGugin, R. W., Gatenby, J. C., Gore, J. C., & Gauthier, I. (2012). High-resolution imaging of expertise reveals reliable object selectivity in the fusiform face area related to perceptual performance. *Proceedings of the National Academy of Sciences of the United States of America, 109*(42), 17063–17068.

McGurk, H. & MacDonald, J. (1976). Hearing lips and seeing voices. *Nature, 264,* 746–748.

MacLean, P. D. (1949). Psychosomatic disease and the "visceral brain": Recent developments bearing on the Papez theory of emotion. *Psychosomatic Medicine, 11,* 338–353.

McLennan, J. E., Nakano, K., Tyler, H. R., & Schwab, R. S. (1972). Micrographia in Parkinson's disease. *Journal of Neurological Science, 15,* 141–152.

MacLeod, C. M. & MacDonald, P. A. (2000).Interdimensional interference in the Stroop effect: Uncovering the cognitive and neural anatomy of attention. *Trends in Cognitive Sciences, 4,* 383–391.

McLeod, P., Heywood, C. A., Driver, J., & Zihl, J. (1989). Selective deficits of visual search in moving displays after extrastriate damage. *Nature, 339,* 466–467.

McLeod, P., Dittrich, W., Driver, J., Perrett, D., & Zihl, J. (1996). Preserved and impaired detection of structure from motion by a "motion-blind" patient. *Visual Cognition, 3,* 363–391.

McMains, S. A., Fehd, H. M., Emmanouil, T.-A., & Kastner, S. (2007). Mechanisms of feature- and space-based attention: Response modulation and baseline increases. *Journal of Neurophysiology, 98*(4), 2110–2121.

McManus, I. C. (2002). *Right hand, left hand.* London: Weidenfield & Nicolson.

Macmillan, M. B. (1986). A wonderful journey through skull and brains: The travels of Mr. Gage's tamping iron. *Brain and Cognition, 5,* 67–107.

McNeil, J. E. & Warrington, E. K. (1993). Prosopagnosia: A face-specific disorder. *Quarterly Journal of Experimental Psychology, 46A,* 1–10.

McQueen, J. M. & Cutler, A. (2001). Spoken word access processes: An introduction. *Language and Cognitive Processes, 16,* 469–490.

Maess, B., Koelsch, S., Gunter, T. C., & Friederici, A. D. (2001). Musical syntax is processed in Broca's area: An MEG study. *Nature Neuroscience, 4,* 540–545.

Maestrini, E., Paul, A., Monaco, A. P., & Bailey, A. (2000). Identifying autism susceptibility genes. *Neuron, 28,* 19–24.

Magnussen, C. E. & Stevens, H. C. (1914). Visual sensation caused by a magnetic field. *Philosophical Magazine, 28,* 188–207.

Maguire, E. A., Gadian, D. G., Johnsrude, I. S., Good, C. D., Ashburner, J., Frackowiak, R. S. J., & Frith, C. D. (2000). Navigation-related structural change in the hippocampi of taxi drivers. *Proceedings of the National Academy of Science, USA, 97,* 4398–4403.

Maguire, E. A., Nannery, R., & Spiers, H. J. (2006). Navigation around London by a taxi driver with bilateral hippocampal lesions. *Brain, 129,* 2894–2907.

Mahon, B. Z. & Caramazza, A. (2008). A critical look at the embodied cognition hypothesis and a new proposal for grounding conceptual content. *Journal of Physiology-Paris, 102*(1–3), 59–70.

Maia, T. V. & McClelland, J. L. (2004). A re-examination of the evidence for the somatic marker hypothesis: What participants really know in the Iowa gambling task. *Proceedings of the National Academy of Science, USA, 101,* 16075–16080.

Mainy, N., Jung, J., Baciu, M., Kahane, P., Schoendorff, B., Minotti, L., Hoffman, D., Bertrand, O., & Lachaux, J. P. (2008). Cortical dynamics of word recognition. *Human Brain Mapping, 29*(11), 1215–1230.

Makuuchi, M., Bahlmann, J., Anwander, A., & Friederici, A. D. (2009). Segregating the core computational faculty of human language from working memory. *Proceedings of the National Academy of Sciences of the United States of America, 106*(20), 8362–8367.

Mandler, G. (1980). Recognising: The judgement of a previous occurrence. *Psychological Review, 27*, 252–271.

Mandler, G. & Shebo, B. J. (1982). Subitizing: An analysis of its component processes. *Journal of Experimental Psychology: General, 11*, 1–22.

Manns, J. R., Hopkins, R. O., Reed, J. M., Kitchener, E. G., & Squire, L. R. (2003a). Recognition memory and the human hippocampus. *Neuron, 37*, 171–180.

Manns, J. R., Hopkins, R. O., & Squire, L. R. (2003b). Semantic memory and the human hippocampus. *Neuron, 38*, 127–133.

Marcar, V. L., Strassle, A. E., Loenneker, T., Schwarz, U., & Martin, E. (2004). The influence of cortical maturation on the BOLD response: An fMRI study of visual cortex in children. *Pediatric Research, 56*, 967–974.

Marcel, A. J. (1998). Blindsight and shape perception: Deficit of visual consciousness or of visual function? *Brain, 121*, 1565–1588.

Marchetti, C. & Della Sala, S. (1998). Disentangling alien and anarchic hand. *Cognitive Neuropsychiatry, 3*, 191–207.

Marie, P. (1906). Révision de la question sur l'aphasie: La troisième convolution frontale gauche ne joue aucun role spéciale dans la fonction du langage. *Semaine Medicale, 21*, 241–247.

Maril, A., Wagner, A. D., & Schacter, D. L. (2001). On the tip of the tongue: An event-related fMRI study of semantic retrieval failure and cognitive control. *Neuron, 31*, 653–660.

Marr, D. (1976). Early processing of visual information. *Philosophical Transactions of the Royal Society of London B, 275*, 483–524.

Marr, D. & Nishihara, H. K. (1978). Representation and recognition of the spatial organization of three-dimensional shapes. *Proceedings of the Royal Society of London B, 200*, 269–294.

Marshack, A. (1970). *Notation dans les gravures du paléolithique supérieur*. Bordeaux, France: Delmas.

Marshack, A. (1991). *The roots of civilization* (2nd edition). London: Moyer Bell.

Marshall, J. C. & Halligan, P. W. (1990). Line bisection in a case of visual neglect: Psychophysical studies with implications for theory. *Cognitive Neuropsychology, 7*, 107–130.

Marshall, J. C. & Newcombe, F. (1973). Patterns of paralexia: A psycholinguistic approach. *Journal of Psycholinguistic Research, 2*, 175–199.

Marslen-Wilson, W. D. & Warren, P. (1994). Levels of perceptual representation and process in lexical access: Words, phonemes and features. *Psychological Review, 101*, 653–675.

Marslen-Wilson, W. D. (1987). Functional parallelism in spoken word recognition. *Cognition, 25*, 71–102.

Marslen-Wilson, W. D. & Tyler, L. K. (1980). The temporal structure of spoken language understanding. *Cognition, 8*, 1–71.

Martin, A. (2007). The representation of object concepts in the brain *Annual Review of Psychology* (Vol. 58, pp. 25–45).

Martin, A. & Chao, L. L. (2001). Semantic memory and the brain: Structure and processes. *Current Opinion in Neurobiology, 11*, 194–201.

Martin, J. P. (1967). *The basal ganglia and posture*. London: Pitman.

Martin, K., Jacobs, S., & Frey, S. H. (2011). Handedness-dependent and -independent cerebral asymmetries in the anterior intraparietal sulcus and ventral premotor cortex during grasp planning. *NeuroImage, 57*(2), 502–512.

Mattingley, J. B., Driver, J., Beschin, N., & Robertson, I. H. (1997). Attentional competition between modalities: Extinction between touch and vision after right hemisphere damage. *Neuropsychologia, 35*, 867–880.

Maunsell, J. H. R. (1987). Physiological evidence for two visual subsystems. In L. M. Vaina (Ed.), *Matters of intelligence*. Dordrecht, The Netherlands: Reidel.

Maurer, D. Lewis, T. L., Brent, H. P., & Levin, A. V (1999). Rapid improvement in the acuity of infants after visual input. *Science*, *286*, 108–110.

Mayall, K. & Humphreys, G. W. (2002). Presentation and task effects on migration errors in attentional dyslexia. *Neuropsychologia*, *40*, 1506–1515.

Mayall, K., Humphreys, G. W., & Olson, A. (1997). Disruption to word or letter processing? The origins of case-mixing effects. *Journal of Experimental Psychology: Learning, Memory and Cognition*, *23*, 1275–1286.

Mayes, A. R. (1988). *Human organic memory disorders*. Cambridge, UK: Cambridge University Press.

Mayes, A. R., Isaac, C. L., Holdstock, J. S., Hunkin, N. M., Montaldi, D., Downes, J. J., MacDonald, C., Cezayirli, E. & Roberts, J. N. (2001). Memory for single items, word pairs, and temporal order of different kinds in a patient with selective hippocampal lesions. *Cognitive Neuropsychology*, *18*, 97–123.

Mayes, A. R., Holdstock, J. S., Isaac, C. L., Hunkin, N. M., & Roberts, N. (2002). Relative sparing of item recognition memory in a patient with adult-onset damage limited to the hippocampus. *Hippocampus*, *12*, 325–340.

Mayes, A. R., Holdstock, J. S., Isaac, C. L., Montaldi, D., Grigor, J., Gummer, A., Cariga, P., Downes, J. J., Tsivilis, D., Gaffan, D., Gong, Q. Y., & Norman, K. A. (2004). Associative recognition in a patient with selective hippocampal lesions and relatively normal item recognition. *Hippocampus*, *14*, 763–784.

Mayes, A., Montaldi, D., & Migo, E. (2007). Associative memory and the medial temporal lobes. *Trends in Cognitive Sciences*, *11*(3), 126–135.

Mayr, U., Diedrichsen, J., Ivry, R., & Keele, S. W. (2006). Dissociating task-set selection from task-set inhibition in the prefrontal cortex. *Journal of Cognitive Neuroscience*, *18*, 14–21.

Meadows, J. C. (1974). Disturbed perception of colours associated with localized cerebral lesions. *Brain*, *97*, 615–632.

Mechelli, A., Gorno-Tempini, M. L., & Price, C. J. (2003). Neuroimaging studies of word and pseudoword reading: Consistencies, inconsistencies, and limitations. *Journal of Cognitive Neuroscience*, *15*, 260–271.

Mechelli, A., Josephs, O., Ralph, M. A. L., McClelland, J. L., & Price, C. J. (2007). Dissociating stimulus-driven semantic and phonological effect during reading and naming. *Human Brain Mapping*, *28*(3), 205–217.

Mehler, J., Dommergues, J. Y., Frauenfelder, U. H., & Segui, J. (1981). The syllable's role in speech segmentation. *Journal of Verbal Learning and Verbal Behavior*, *20*, 298–305.

Meltzoff, A. N. & Moore, M. K. (1977). Imitation of facial and manual gestures by human neonates. *Science*, *198*, 75–78.

Meltzoff, A. N. & Moore, M. K. (1983). Newborn infants imitate adult facial gestures. *Child Development*, *54*, 702–709.

Mendez, M. (2001). Generalized auditory agnosia with spared music recognition in a left-hander: Analysis of a case with right temporal stroke. *Cortex*, *37*, 139–150.

Merzenich, M. M., Knight, P. L., & Roth, G. L. (1973). Cochleotopic organization of primary auditory cortex in the cat. *Brain Research*, *63*, 343–346.

Mesulam, M. M. (1999). Spatial attention and neglect: Parietal, frontal and cingulate contributions to the mental representation and attentional targeting of salient extrapersonal events. *Philosophical Transactions of the Royal Society of London B*, *354*, 1325–1346.

Meuter, R. F. I. & Allport, D. A. (1999). Bilingual language-switching in naming: Asymmetrical costs of language selection. *Journal of Memory and Language*, *40*, 25–40.

Mevorach, C., Humphreys, G. W., & Shalev, L. (2006). Opposite biases in salience-based selection for the left and right posterior parietal cortex *Nature Neuroscience*, *9*(6), 740–742.

Mevorach, C., Hodsoll, J., Allen, H., Shalev, L., & Humphreys, G. (2010). Ignoring the elephant in the room: A neural circuit to downregulate salience. *Journal of Neuroscience, 30*(17), 6072–6079.

Meyer, D. E. & Schvaneveldt, R. W. (1971). Facilitation in recognizing pairs of words: Evidence of a dependence between retrieval operations. *Journal of Experimental Psychology, 90*, 227–234.

Miceli, G., Gainotti, G., Caltagirone, C., & Masullo, C. (1980). Some aspects of phono-logical impairment in aphasia. *Brain and Language, 11*, 159–169.

Miceli, G., Mazzucchi, A., Menn, L., & Goodglass, H. (1983). Contrasting cases of Italian agrammatic aphasia without comprehension disorder. *Brain and Language, 19*, 65–97.

Miceli, G., Capasso, R., Daniele, A., Esposito, T., Magarelli, M., & Tomaiuolo, F. (2000). Selective deficit for people's names following left temporal damage: An impairment of domain-specific conceptual knowledge. *Cognitive Neuropsychology, 17*, 489–516.

Miceli, G., Fouch, E., Capasso, R., Shelton, J. R., Tomaiuolo, F., & Caramazza, A. (2001). The dissociation of color from form and function knowledge. *Nature Neuroscience, 4*, 662–667.

Miller, E. (1984). Verbal fluency as a function of a measure of verbal intelligence and in relation to different types of pathology. *British Journal of Clinical Psychology, 23*, 359–369.

Miller, E. K. & Cohen, J. D. (2001). An integrative theory of prefrontal cortex function. *Annual Review of Neuroscience, 24*, 167–202.

Miller, G. A. (1956). The magical number seven, plus or minus two: Some limits on our capacity for processing information. *Psychological Review, 63*, 81–97.

Miller, K. F. & Stigler, J. W. (1987). Counting in Chinese: Cultural variation in a basic skill. *Cognitive Development, 2*, 279–305.

Milner, A. D. & Goodale, M. A. (1995). *The visual brain in action*. Oxford, UK: Oxford University Press.

Milner, A. D., Perrett, D. I., Johnston, R. S., Benson, P. J., Jordan, T. R., Heeley, D. W., Bettucci, D., Mortara, F., Mutani, R., Terazzi, E., & Davidson, D. L. W. (1991a). Perception and action in visual form agnosia. *Brain, 114*, 405–428.

Milner, B., Corsi, P., & Leonard, G. (1991b). Frontal lobe contribution to recency judgements. *Neuropsychologia, 29*, 601–618.

Milner, B. (1963). Effects of brain lesions on card sorting. *Archives of Neurology, 9*, 90–100.

Milner, B. (1966). Amnesia following operation on the medial temporal lobes. In C. W. Whitty & O. L. Zangwill (Eds.), *Amnesia*. London: Butterworth.

Milner, B. (1971). Interhemispheric differences in the location of psychological processes in man. *British Medical Bulletin, 27*, 272–277.

Miozzo, M. & Caramazza, A. (1998). Varieties of pure alexia: The case of failure to access graphemic representations. *Cognitive Neuropsychology, 15*, 203–238.

Mitchell, J. P., Heatherton, T. F., & Macrae, C. N. (2002). Distinct neural systems subserve person and object knowledge. *Proceedings of the National Academy of Sciences of the United States of America, 99*(23), 15238–15243.

Mitchell, J. P., Banaji, M. R., & Macrae, C. N. (2005). General and specific contributions of the medial prefrontal cortex to knowledge about mental states. *NeuroImage, 28*(4), 757–762.

Mitchell, R. W. & Anderson, J. R. (1993). Discrimination learning of scratching, but failure to obtain imitation and self-recognition in a long-tailed macaque. *Primates, 34*, 301–309.

Mitchell, T. M., Shinkareva, S. V., Carlson, A., Chang, K.-M., Malave, V. L., Mason, R. A., & Just, M. A. (2008). Predicting human brain activity associated with the meanings of nouns. *Science, 320*(5880), 1191–1195.

Mithen, S. (2005). *The singing Neanderthal: The origins of music, language, and body*. London: Weidenfeld and Nicolson.

Miyawaki, Y., Uchida, H., Yamashita, O., Sato, M.-a., Morito, Y., Tanabe, H. C., Sadato, N., & Kamitani, Y. (2008). Visual image reconstruction from human brain activity using a combination of multiscale local image decoders. *Neuron*, *60*(5), 915–929.

Moen, I. (2000). Foreign accent syndrome: A review of contemporary explanations. *Aphasiology*, *14*, 5–15.

Moll, J., Oliveira-Souza, R., Bramati, I. E., & Grafman, J. (2002). Functional networks in emotional, moral and nonmoral social judgments. *NeuroImage*, *16*, 696–703.

Moll, J., de Oliveira-Souza, R., Moll, F. T., Ignacio, F. A., Bramati, I. E., Caparelli-Daquer, E. M., & Eslinger, P. J. (2005). The moral affiliations of disgust—a functional MRI study. *Cognitive and Behavioral Neurology*, *18*(1), 68–78.

Moniz, E. (1937). Prefrontal leucotomy in the treatment of mental disorders. *American Journal of Psychiatry*, *93*, 1379–1385.

Moniz, E. (1954). How I succeeded in performing the prefrontal leucotomy. *Journal of Clinical and Experimental Psychopathology*, *15*, 373–379.

Monsell, S. (2003). Task switching. *Trends in Cognitive Sciences*, *7*, 134–140.

Monti, A., Cogiamanian, F., Marceglia, S., Ferrucci, R., Mameli, F., Mrakic-Sposta, S., Vergari., M., Zafo, S., & Priori, A. (2008). Improved naming after transcranial direct current stimulation in aphasia. *Journal of Neurology Neurosurgery and Psychiatry*, *79*(4), 451–453.

Monti, M. M., Vanhaudenhuyse, A., Coleman, M. R., Boly, M., Pickard, J. D., Tshibanda, L., Owen, A. M., & Laureys, S. (2010). Willful modulation of brain activity in disorders of consciousness. *New England Journal of Medicine*, *362*(7), 579–589.

Moore, T. & Fallah, M. (2001). Control of eye movements and spatial attention. *Proceedings of the National Academy of Sciences of the United States of America*, *98*(3), 1273–1276.

Moran, J. & Desimone, R. (1985). Selective attention gates visual processing in the extrastriate cortex. *Science*, *229*(4715), 782–784.

Morcom, A. M. & Fletcher, P. C. (2007). Does the brain have a baseline? Why we should be resisting a rest. *NeuroImage*, *37*(4), 1073–1082.

Morris, J. S., Frith, C. D., Perrett, D., Rowland, D., Young, A. W., Calder, A. J., & Dolan, R. J. (1996). A differential neural response in the human amygdala to fearful and happy facial expressions. *Nature*, *383*, 812–815.

Morris, R. G., Miotto, E. C., Feigenbaum, J. D., Bullock, P., & Polkey, C. E. (1997). The effect of goal-subgoal conflict on planning ability after frontal-and temporal-lobe lesions in humans. *Neuropsychologia*, *35*, 1147–1157.

Morris, J. S., Friston, K. J., Buechel, C., Frith, C. D., Young, A. W., Calder, A. J., & Dolan, R. J. (1998). A neuromodulatory role for the human amygdala in processing emotional facial expressions. *Brain*, *121*, 47–57.

Morris, J. S., Ohman, A., & Dolan, R. (1999). A sub-cortical pathway to the right amygdala mediating "unseen" fear. *Proceedings of the National Academy of Science, USA*, *96*, 1680–1685.

Morris, R. G. M., Garrud, P., Rawlins, J. N. P., & O'Keefe, J. (1982). Place navigation impaired in rats with hippocampal lesions. *Nature*, *297*, 681–683.

Mort, D. J., Malhotra, P., Mannan, S. K., Rorden, C., Pambajian, A., Kennard, C., & Husain, M. (2003). The anatomy of visual neglect. *Brain*, *126*, 1986–1997.

Morton, J. (1969). Interaction of information in word recognition. *Psychological Review*, *76*, 165–178.

Morton, J. (1980). The logogen model and orthographic structure. In U. Frith (Ed.), *Cognitive processes in spelling*. London: Academic Press.

Moscovitch, M., Winocur, G., & Behrmann, M. (1997). What is special about face recognition? Nineteen experiments on a person with visual object agnosia and dyslexia but normal face recognition. *Journal of Cognitive Neuroscience*, *9*, 555–604.

Moyer, R. S. & Landauer, T. K. (1967). Time required for judgements of numerical inequality. *Nature*, *215*, 1519–1520.

Mullally, S. L., Intraub, H., & Maguire, E. A. (2012). Attenuated Boundary Extension Produces a Paradoxical Memory Advantage in Amnesic Patients. *Current Biology*, *22*(4), 261–268.

Mummery, C. J., Patterson, K. E., Price, C. J., Ashburner, J., Frackowiak, R. S. J., & Hodges, J. R. (2000). A voxel-based morphometry study of semantic dementia: Relationship between temporal lobe atrophy and semantic memory. *Annals of Neurology*, *47*, 36–45.

Murata, A., Gallese, V., Luppino, G., Kaseda, M., & Sakata, H. (2000). Selectivity for the size, shape and orientation of objects for grasping in neurons of monkey parietal area AIP. *Journal of Neurophysiology*, *83*, 2580–2601.

Murray, E. A. & Baxter, M. G. (2006). Cognitive neuroscience and nonhuman primates: Lesion studies. In C. Senior, T. Russell, & M. S. Gazzaniga (Eds.), *Methods in mind*. Cambridge, MA: MIT Press.

Murray, E. A., & Bussey, T. J. (1999). Perceptual-mnemonic functions of the perirhinal cortex. *Trends in Cognitive Sciences*, *3*, 142–151.

Mushiake, H., Saito, N., Sakamoto, K., Itoyama, Y., & Tanji, J. (2006). Activity in the lateral prefrontal cortex reflects multiple steps of future events in action plans. *Neuron*, *50*(4), 631–641.

Musiek, F. E., Baran, J. A., Shinn, J. B., Guenette, L., & Zaidan, E. (2007). Central deafness: An audiological case study. *International Journal of Audiology*, *46*, 433–441.

Näätänen, R., Gaillard, A. W. K., & Mantysalo, S. (1978). Early selective-attention effect on evoked-potential reinterpreted. *Acta Psychologica*, *42*, 313–329.

Näätänen, R., Tervaniemi, M., Sussman, E., Paavilainen, P., & Winkler, I. (2001). "Primitive intelligence" in the auditory cortex. *Trends in Neurosciences*, *24*, 283–288.

Nadel, L. & Moscovitch, M. (1997). Memory consolidation, retrograde amnesia and the hippocampal complex. *Current Opinion in Neurobiology*, *7*, 217–222.

Nakamura, K., Honda, M., Okada, T., Hankawa, T., Toma, K., Fukuyama, H., Konishi, J., & Shibasaki, H. (2000). Participation of the left posterior inferior temporal cortex in writing and mental recall of Kanji orthography: A functional MRI study. *Brain*, *123*, 954–967.

Nan, Y., Sun, Y., & Peretz, I. (2010). Congenital amusia in speakers of a tone language: Association with lexical tone agnosia. *Brain*, *133*, 2635–2642.

Naselaris, T., Prenger, R. J., Kay, K. N., Oliver, M., & Gallant, J. L. (2009). Bayesian Reconstruction of Natural Images from Human Brain Activity. *Neuron*, *63*(6), 902–915.

Nath, A. R. & Beauchamp, M. S. (2012). A neural basis for interindividual differences in the McGurk effect, a multisensory speech illusion. *NeuroImage*, *59*(1), 781–787.

Nelson, H. E. (1976). A modified card sorting test sensitive to frontal lobe deficits. *Cortex*, *12*, 313–324.

Nelson, M. E. & Bower, J. M. (1990). Brain maps and parallel computers. *Trends in Neurosciences*, *13*, 403–408.

Nelson, T. M. & MacDonald, G. A. (1971). Lateral organization, perceived depth and title preference in pictures. *Perceptual and Motor Skills*, *33*, 983–986.

Nestor, P. J., Graham, K. S., Bozeat, S., Simons, J. S., & Hodges, J. R. (2002). Memory consolidation and the hippocampus: Further evidence from studies of autobiographical memory in semantic dementia and frontal variant frontotemporal dementia. *Neuropsychologia*, *40*, 633–654.

Newbury, D. F., Bonora, M., Lamb, J. A., Fisher, S. E., Lai, C. S. L., Baird, G., Jannoun, L., Slonims, V., Stott, C. M., Merricks, M. J., Bolton, P. F., Bailey, A. J., & Monaco, A. P. (2002). FOXP2 is not a major susceptibility gene for autism or specific language impairment. *American Journal of Human Genetics*, *70*, 1318–1327.

Newman, S. D., Just, M. A., Keller, T. A., Roth, J., & Carpenter, P. A. (2003). Differential effects of syntactic and semantic processing on the subregions of Broca's area. *Cognitive Brain Research*, *16*, 297–307.

Nicholls, M.E.R., Loftus, A., Mayer, K. & Mattingley, J.B. (2007). Things that go bump in the right: The effect of unimanual activity on rightward collisions. *Neuropsychologia, 45*(5), 1122–1126.

Nichols, R. C. (1978). Twin studies of ability, personality and interests. *Homo, 29*, 158–173.

Nieder, A. (2012). Supramodal numerosity selectivity of neurons in primate prefrontal and posterior parietal cortices. *Proceedings of the National Academy of Sciences of the United States of America, 109*(29), 11860–11865.

Nieder, A. (2013). Coding of abstract quantity by "number neurons" of the primate brain. *Journal of Comparative Physiology a-Neuroethology Sensory Neural and Behavioral Physiology, 199*(1), 1–16.

Nieder, A. & Dehaene, S. (2009). Representation of number in the brain *Annual Review of Neuroscience* (Vol. 32, pp. 185–208).

Nieder, A. & Miller, E. K. (2004). A parietofronto network for visual numerical information in the monkey. *Proceedings of the National Academy of Science, USA, 101*, 7457–7462.

Nieder, A., Diester, I., & Tudusciuc, O. (2006). Temporal and spatial enumeration processes in the primate parietal cortex. *Science, 313*(5792), 1431–1435.

Niswander, E., Pollatsek, A., & Rayner, K. (2000). The processing of derived and inflected suffixed words during reading. *Language and Cognitive Processes, 15*, 389–420.

Nitsche, M. A., Cohen, L. G., Wassermann, E. M., Priori, A., Lang, N., Antal, A., & Pascual-Leone, A. (2008). Transcranial direct current stimulation: State of the art 2008. *Brain Stimulation, 1*, 206–223.

Nitsche, M. A., Liebetanz, D., Lang, N., Antal, A., Tergau, F., & Paulus, W. (2003). Safety criteria for transcranial direct current stimulation (tDCS) in humans. *Clinical Neurophysiology, 114*(11), 2220–2222.

Nobre, A. C., Gitelman, D. R., Dias, E. C., & Mesulam, M. M. (2000). Covert visual spatial orienting and saccades: Overlapping neural systems. *NeuroImage, 11*(3), 210–216.

Nolan, K. A. & Caramazza, A. (1982). Modality-independent impairments in word processing in a deep dyslexia patient. *Brain and Language, 16*, 237–264.

Noppeney, U. & Price, C. J. (2004). An fMRI study of syntactic adaptation. *Journal of Cognitive Neuroscience, 16*, 702–713.

Norman, D. A. & Shallice, T. (1986). Attention to action. In R. J. Davidson, G. E. Schwartz, & D. Shapiro (Eds.), *Consciousness and self regulation*. New York: Plenum Press.

Norman, K. A., Polyn, S. M., Detre, G. J., & Haxby, J. V. (2006). Beyond mind-reading: Multi-voxel pattern analysis of fMRI data. *Trends in Cognitive Sciences, 10*, 424–430.

Norris, D. (1986). Word recognition: Context effects without priming. *Cognition, 22*, 93–136.

Nuerk, H.-C., Weger, U., & Willmes, K. (2001). Decade breaks in the mental number line? Putting the tens and units back in different bins. *Cognition, 82*, B25–B33.

Nunes, T., Schliemann, A. D., & Carraher, D. W. (1993). *Street mathematics and school mathematics*. Cambridge, UK: Cambridge University Press.

Nunez, P. L. (1981). *Electric fields of the brain: The neurophysics of EEG*. London: Oxford University Press.

Nyberg, L. & Tulving, E. (1996). Classifying human long-term memory: Evidence from converging dissociations. *European Journal of Cognitive Psychology, 8*, 163–183.

O'Craven, K. M., Downing, P. E., & Kanwisher, N. (1999). fMRI evidence for objects as the units of attentional selection. *Nature, 401*(6753), 584–587.

O'Craven, K. M. & Kanwisher, N. (2000). Mental imagery of faces and places activates corresponding stimulus-specific brain regions. *Journal of Cognitive Neuroscience, 12*, 1013–1023.

O'Doherty, J., Kringelbach, M. L., Rolls, E. T., Hornak, J., & Andrews, C. (2001). Abstract reward and punishment representations in the human orbitofrontal cortex. *Nature Neuroscience, 4*, 95–102.

O'Keefe, J. (1976). Place units in the hippocampus of the freely moving rat. *Experimental Neurology*, *51*, 78–109.

O'Keefe, J. & Nadel, L. (1978). *The hippocampus as a cognitive map*. Oxford, UK: Oxford University Press.

O'Leary, D. D. M. (1989). Do cortical areas emerge from a protocortex? *Trends in Neurosciences*, *12*, 400–406.

Oberman, L. M., Hubbard, E. M., McCleery, J. P., Altschuler, E. L., Ramachandran, V. S., & Pineda, J. A. (2005). EEG evidence for mirror neuron dysfunction in autism spectrum disorders. *Cognitive Brain Research*, *24*, 190–198.

Oberman, L. M. & Ramachandran, V. S. (2007). The simulating social mind: The role of the mirror neuron system and simulation in the social and communicative deficits of autism spectrum disorders. *Psychological Bulletin*, *133*(2), 310–327.

Oberman, L. M., Winklelman, P., & Ramachandran, V. S. (2007). Face to face: Blocking facial mimicry can selectively impair recognition of emotional expressions. *Social Neuroscience*, *2*(3–4), 167–178.

Ochsner, K. N., Bunge, S. A., Gross, J. J., & Gabrieli, J. D. E. (2002). Rethinking feelings: An fMRI study of the cognitive regulation of emotion. *Journal of Cognitive Neuroscience*, *14*(8), 1215–1229.

Ochsner, K. N., Ray, R. D., Cooper, J. C., Robertson, E. R., Chopra, S., Gabrieli, J. D. E., & Gross, J. J. (2004). For better or for worse: Neural systems supporting the cognitive down- and up-regulation of negative emotion. *NeuroImage*, *23*(2), 483–499.

Ogawa, S., Lee, T. M., Kay, A. R., & Tank, D. W. (1990). Brain magnetic resonance imaging with contrast dependent on blood oxygenation. *Proceedings of the National Academy of Science, USA*, *87*, 9862–9872.

Ohman, A. & Mineka, S. (2001). Fears, phobias, and preparedness: Toward an evolved module of fear and fear learning. *Psychological Review*, *108*, 483–522.

Ohman, A. & Soares, J. J. F. (1994). Unconscious anxiety: Phobic responses to masked stimuli. *Journal of Abnormal Psychology*, *102*, 121–132.

Ohman, A., Flykt, A., & Esteves, F. (2001). Emotion drives attention: Detecting the snake in the grass. *Journal of Experimental Psychology: General*, *130*, 466–478.

Ohyama, T., Nores, W. L., Murphy, M., & Mauk, M. D. (2003). What the cerebellum computes. *Trends in Neurosciences*, *26*, 222–227.

Oliveri, M., Finocchiar, C., Shapiro, K., Gangitano, M., Caramazza, A., & Pascual-Leone, A. (2004). All talk and no action: A transcranial magnetic stimulation study of motor cortex activation during action word production. *Journal of Cognitive Neuroscience*, *16*, 374–381.

Olsson, A. & Phelps, E. A. (2004). Learned fear of "unseen" faces after Pavlovian, observational, and instructed fear. *Psychological Science*, *15*(12), 822–828.

Öngür, D. & Price, J. L. (2000). The organization of networks within the orbital and medial prefrontal cortex of rats, monkeys and humans. *Cerebral Cortex*, *10*, 206–219.

Oppenheim, G. M. & Dell, G. S. (2008). Inner speech slips exhibit lexical bias, but not the phonemic similarity effect. *Cognition*, *106*(1), 528–537.

Owen, A. M., Evans, A. C., & Petrides, M. P. (1996). Evidence of a two-stage model of spatial working memory processing within lateral prefrontal cortex: A positron emission tomography study. *Cerebral Cortex*, *6*, 31–38.

Owen, A. M., Coleman, M. R., Boly, M., Davis, M. H., Laureys, S., & Pickard, J. D. (2006). Detecting awareness in the vegetative state. *Science*, *313*(5792), 1402–1402.

Ozonoff, S., Pennington, B. F., & Rogers, S. J. (1991). Executive function deficits in high-functioning autistic individuals: Relationship to theory of mind. *Journal of Child Psychology and Psychiatry*, *32*, 1081–1105.

Packard, M. G. & Knowlton, B. J. (2002). Learning and memory functions of the basal ganglia. *Annual Review of Neuroscience*, *25*, 563–593.

Pakkenberg, B. & Gundersen, H. J. G. (1997). Neocortical neuron number in humans: effect of sex and age. *Journal of Comparative Neurology*, *384*, 312–320.

Pallier, C., Devauchelle, A.-D., & Dehaene, S. (2011). Cortical representation of the constituent structure of sentences. *Proceedings of the National Academy of Sciences of the United States of America, 108*(6), 2522–2527.

Palmer, S. E., Rosch, E., & Chase, P. (1981). Canonical perspective and the perception of objects. In J. Long, & A. D. Baddeley (Eds.), *Attention and performance IX*. Hillsdale, NJ: Lawrence Erlbaum.

Papanicolaou, A. C. (1995). An introduction to magnetoencephalography with some applications. *Brain and Cognition, 27*, 331–352.

Papez, J. W. (1937). A proposed mechanism of emotion. *Archives of Neurology and Psychiatry, 38*(4), 725–743.

Parkin, A. J. (1982). Residual learning capacity in organic amnesia. *Cortex, 18*, 417–440.

Parkin, A. J. (1996). *Explorations in Cognitive Neuropsychology*. Oxford, UK: Blackwell.

Parkin, A. J. (1999) *Memory and amnesia*. Hove, UK: Psychology Press.

Parkin, A. J. (2001). The structure and mechanisms of memory. In B. Rapp (Ed.), *The handbook of cognitive neuropsychology: What deficits reveal about the human mind*. New York: Psychology Press.

Parkin, A. J. & Leng, N. R. C. (1993). *Neuropsychology of the amnesic syndrome*. Hove, UK: Psychology Press.

Parkin, A. J., Montaldi, D., Leng, N. R. C., & Hunkin, N. M. (1990). Contextual cueing effects in the remote memory of alcoholic Korsakoff patients and normal subjects. *Quarterly Journal of Experimental Psychology, 42A*, 585–596.

Parkman, J. M. & Groen, G. (1971). Temporal aspects of simple additions and comparison. *Journal of Experimental Psychology, 92*, 437–438.

Pascual-Leone, A. & Torres, F. (1993). Plasticity of sensorimotor cortex representation of the reading finger in Braille readers. *Brain, 116*, 39–52.

Pascual-Leone, A., Bartres-Faz, D., & Keenan, J. P. (1999). Transcranial magnetic stimulation: Studying the brain-behavior relationship by induction of "virtual lesions." *Philosophical Transactions of the Royal Society of London B, 354*, 1229–1238.

Passingham, R. E. (1988). Premotor cortex and preparation for movement. *Experimental Brain Research, 70*, 590–596.

Patel, A. D., Peretz, I., Tramo, M., & Labrecque, R. (1998). Processing prosodic and musical patterns: A neuropsychological investigation. *Brain and Language, 61*, 123–144.

Patriot, A., Grafman, J., Sadato, N., Flitman, S., & Wild, K. (1996). Brain activation during script event processing. *Journal of Cognitive Neuroscience, 7*, 761–766.

Patterson, K. E. (1981). Neuropsychological approaches to the study of reading. *British Journal of Psychology, 72*, 151–174.

Patterson, K. E. (2007). The reign of typicality in semantic memory. *Philosophical Transactions of the Royal Society B-Biological Sciences, 362*(1481), 813–821.

Patterson, K. E. & Kay, J. (1982). Letter-by-letter reading: Psychological descriptions of a neurological syndrome. *Quarterly Journal of Experimental Psychology, 34A*, 411–441.

Patterson, K. E. & Marcel, A. J. (1992). Phonological ALEXIA or PHONOLOGICAL alexia? In J. Alegria, D. Holender, J. J. de Morais, & M. Radeus (Eds.), *Analytic approaches to human cognition*. Amsterdam: Elsevier.

Patterson, K. E., & Wing, A. M. (1989). Processes in handwriting: A case for case. *Cognitive Neuropsychology, 6*, 1–23.

Patterson, K. E., Nestor, P. J., & Rogers, T. T. (2007). Where do you know what you know? The representation of semantic knowledge in the human brain. *Nature Reviews Neuroscience, 8*(12), 976–987.

Patterson, K. E., Marshall, J. C., & Coltheart, M. (1985). *Surface dyslexia: Neuropsychological and cognitive studies of phonological reading*. Hove, UK: Psychology Press.

Patterson, K. E., Suzuki, T., & Wydell, T. N. (1996). Interpreting a case of Japanese phonological alexia: The key is in phonology. *Cognitive Neuropsychology, 13*, 803–822.

Patterson, R. D., Uppenkamp, S., Johnsrude, I. S., & Griffiths, T. D. (2002). The processing of temporal pitch and melody information in auditory cortex. *Neuron, 36*, 767–776.

Paulesu, E., Frith, C. D., & Frackowiak, R. S. J. (1993). The neural correlates of the verbal component of working memory. *Nature, 362*, 342–345.

Paulesu, E., McCrory, E., Fazio, F., Menoncello, L., Brunswick, N., Cappa, S. F., Cotelli, M., Cossu, G., Corte, F., Lorusso, M., Pesenti, S., Gallagher, A., Perani, D., Price, C., Frith, C. D., & Frith, U. (2000). A cultural effect on brain function. *Nature Neuroscience, 3*, 91–96.

Paulesu, E., Demonet, J. F., Fazio, F., McCrory, E., Chanoine, V., Brunswick, N., Cappa, S. F., Cossu, G., Habib, M., Frith, C. D., & Frith, U. (2001). Dyslexia: Cultural diversity and biological unity. *Science, 5511*, 2165–2167.

Paus, T. (1999). Imaging the brain before, during and after transcranial magnetic stimulation. *Neuropsychologia, 37*, 207–217.

Pavani, F., Ladavas, E., & Driver, J. (2002). Selective deficit of auditory localisation in patients with visuospatial neglect. *Neuropsychologia, 40*, 291–301.

Payne, D. G., Elie, C. J., Blackwell, J. M., & Neuschatz, J. S. (1996). Memory illusions: Recalling, recognizing and recollecting events that never occurred. *Journal of Memory and Language, 35*, 261–285.

Pearce, A. J., Thickbroom, G. W., Byrnes, M. L., & Mastaglia, F. L. (2000). Functional reorganisation of the corticomotor projection to the hand in skilled racquet players. *Experimental Brain Research, 130*, 238–243.

Pell, M. D. (1999). The temporal organization of affective and non-affective speech in patients with right-hemisphere infarcts. *Cortex, 35*, 455–477.

Pellegrino, G. di, Fadiga, L., Fogassi, L., Gallese, V., & Rizzolatti, G. (1992). Understanding motor events: A neurophysiological study. *Experimental Brain Research, 91*, 176–180.

Penfield, W. & Rasmussen, T. L. (1950). *The cerebral cortex of man: A clinical study of localisation of function.* New York: Macmillan.

Perani, D. & Abutalebi, J. (2005). The neural basis of first and second language processing. *Current Opinion in Neurobiology, 15*(2), 202–206.

Perenin, M.-T. & Vighetto, A. (1988). Optic ataxia: A specific disruption in visuomotor mechanisms. I. Different aspects of the deficit in reaching for objects. *Brain, 111*, 643–674.

Peretz, I. (1996). Can we lose memories for music? The case of music agnosia in a nonmusician. *Journal of Cognitive Neuroscience, 8*, 481–496.

Peretz, I. (2006). The nature of music from a biological perspective. *Cognition, 100*, 1–32.

Peretz, I. & Coltheart, M. (2003). Modularity of music processing. *Nature Neuroscience, 6*, 688–691.

Perret, E. (1974). The left frontal lobe in man and the suppression of habitual responses in verbal categorical behavior. *Neuropsychologia, 12*, 323–330.

Perrett, D. I. & Mistlin, A. (1990). Perception of facial characteristics by monkeys. In W. Stebbins, & M. Berkley (Eds.), *Comparative perception. Volume 2: Complex signals.* New York: Wiley.

Perrett, D. I., Smith, P., Potter, D., Mistlin, A., Head, A., Milner, A. D., & Jeeves, M. (1985). Visual cells in the temporal cortex sensitive to face view and gaze direction. *Proceedings of the Royal Society of London B, 223*, 293–317.

Perrett, D. I., Harries, M. H., Bevan, R., Thomas, S., Benson, P. J., Mistlin, A. J., Chitty, A. J., Hietanen, J. K., & Ortega, J. E. (1989). Frameworks of analysis for the neural representation of animate objects and actions. *Journal of Experimental Biology, 146*, 87–113.

Perrett, D. I., Hietanen, J. K., Oram, M. W., & Benson, P. J. (1992). Organization and functions of cells responsive to faces in the temporal cortex. *Philosophical Transactions of the Royal Society London B, 335*, 23–30.

Perrett, D. I., Oram, M. W., & Wachsmuth, E. (1998). Evidence accumulation in cell populations responsive to faces: An account of generalisation of recognition without mental transformations. *Cognition, 67*, 111–145.

Perry, J. L. & Carrol, M. E. (2008). The role of impulsive behavior in drug abuse. *Psychopharmacology, 200*(1), 1–26.

Pesenti, M., Zago, L., Crivello, F., Mellet, E., Samson, D., Duroux, B., Seron, X., Mazoyer, B., & Tzourio-Mazoyer, N. (2001). Mental calculation in a prodigy is sustained by right prefrontal and medial temporal areas. *Nature Neuroscience, 4*, 103–107.

Petersen, S. E., Fox, P. T., Posner, M. I., Mintun, M., & Raichle, M. E. (1988). Positron emission tomographic studies of the cortical anatomy of single-word processing. *Nature, 331*, 585–589.

Petersen, S. E., Fox, P. T., Snyder, A. Z., & Raichle, M. E. (1990). Activation of extrastriate and frontal cortical areas by visual words and word-like stimuli. *Science, 249*, 1041–1044.

Petersson, K. M., Nichols, T. E., Poline, J.-B., & Holmes, A. P. (1999a). Statistical limitations in functional neuroimaging I: Non-inferential methods and statistical models. *Philosophical Transactions of the Royal Society of London B, 354*, 1239–1260.

Petersson, K. M., Nichols, T. E., Poline, J.-B., & Holmes, A. P. (1999b). Statistical limitations in functional neuroimaging II: Signal detection and statistical inference. *Philosophical Transactions of the Royal Society of London B, 354*, 1261–1281.

Petersson, K. M., Reis, A., Askelof, S., Castro-Caldas, A., & Ingvar, M. (2000). Language processing modulated by literacy: A network analysis of verbal repetition in literate and illiterate subjects. *Journal of Cognitive Neuroscience, 12*, 364–382.

Petkov, C. I., Kayser, C., Steudel, T., Whittingstall, K., Augath, M., & Logothetis, N. K. (2008). A voice region in the monkey brain. *Nature Neuroscience, 11*, 367–374.

Petrides, M. (1995). Impairments on nonspatial self-ordered and externally ordered working memory tasks after lesions of the mid-dorsal part of the lateral frontal cortex in monkey. *Journal of Neuroscience, 15*, 359–375.

Petrides, M. (1996). Specialised systems for the processing of mnemonic information within the primate frontal cortex. *Philosophical Transactions of the Royal Society of London B, 351*, 1455–1462.

Petrides, M. (2000). Middorsolateral and midventrolateral prefrontal cortex: Two levels of executive control for the processing of mnemonic information. In S. Monsell & J. Driver (Eds.), *Attention and performance XVIII: Control of cognitive performance.* Cambridge, MA: MIT Press.

Petrides, M. (2005). Lateral prefrontal cortex: Architectonic and functional organization. *Philosophical Transactions of the Royal Society B, 360*, 781–795.

Petrides, M. & Milner, B. (1982). Deficits on subject-ordered tasks after frontal and temporal lesions in man. *Neuropsychologia, 20*, 249–262.

Pfaus, J. G., Damsma, G., Nomikos, G. G., Wenkstern, D. G., Blaha, C. D., Phillips, A. G., & Fibiger, H. C. (1990). Sexual-behavior enhances central dopamine transmission in the male-rat. *Brain Research, 530*(2), 345–348.

Pflugshaupt, T., Gutbrod, K., Wurtz, P., von Wartburg, R., Nyffeler, T., de Haan, B., & Mueri, R. M. (2009). About the role of visual field defects in pure alexia. *Brain, 132*, 1907–1917.

Phelps, E. A. (2006). Emotion and cognition: Insights from studies of the human amygdala. *Annual Review of Psychology, 57*, 27–53.

Philipose, L. E., Gottesman, R. F., Newhart, M., Kleinman, J. T., Herskovits, E. H., Pawlak, M. A., Marsh, E. B., Davis, C., Heidler-Gary, J., & Hillis, A. E. (2007). Neural regions essential for reading and spelling of words and pseudo words. *Annals of Neurology, 62*, 481–492.

Phillips, M. L., Young, A. W., Senior, C., Brammer, M., Andrews, C., Calder, A. J., Bullmore, E. T., Perrett, D. I., Rowland, D., Williams, S. C. R., Gray, J. A., & David, A. S. (1997). A specific neural substrate for perceiving facial expressions of disgust. *Nature, 389*, 495–498.

Phillips, R. G. & Ledoux, J. E. (1992). Differential contribution of amygdala and hippocampus to cued and contextual fear conditioning. *Behavioral Neuroscience, 106*(2), 274–285.

Phillips, W. A., Zeki, S., & Barlow, H. B. (1984). Localisation of function in the cerebral cortex: past, present and future. *Brain*, *107*, 327–361.

Piazza, M., Facoetti, A., Trussardi, A. N., Berteletti, I., Conte, S., Lucangeli, D., Dehaene, S. & Zorzi, M. (2010). Developmental trajectory of number acuity reveals a severe impairment in developmental dyscalculia. *Cognition*, *116*(1), 33–41.

Piazza, M., Izard, V., Pinel, P., Le Bihan, D., & Dehaene, S. (2004). Tuning curves for approximate numerosity in the human intraparietal sulcus. *Neuron*, *44*, 547–555.

Piazza, M., Pinel, P., Le Bihan, D., & Dehaene, S. (2007). A magnitude code common to numerosities and number symbols in human intraparietal cortex. *Neuron*, *53*(2), 293–305.

Pica, P., Lemer, C., Izard, V., & Dehaene, S. (2004). Exact and approximate arithmetic in an Amazonion indigene group with a reduced number lexicon. *Science*, *306*, 499–503.

Picton, T. W., Bentin, S., Berg, P., Donchin, E., Hillyard, S. A., Johnson, R., Miller, G. A., Ritter, W., Ruchkin, D. S., Rugg, M. D., & Taylor, M. J. (2000). Guidelines for using human event-related potentials to study cognition: Recording standards and publication criteria. *Psychophysiology*, *37*, 127–152.

Picton, T. W., Stuss, D. T., Alexander, M. P., Shallice, T., Binns, M. A., & Gillingham, S. (2007). Effects of focal frontal lesions on response inhibition. *Cerebral Cortex*, *17*(4), 826–838.

Pineda, J. A. (2005). The functional significance of mu rhythms: Translating "seeing" and "hearing" into "doing." *Brain Research Reviews*, *50*(1), 57–68.

Pinel, P. & Dehaene, S. (2010). Beyond hemispheric dominance: Brain regions underlying the joint lateralization of language and arithmetic to the left hemisphere. *Journal of Cognitive Neuroscience*, *22*(1), 48–66.

Pinel, P., Dehaene, S., Riviere, D., & Le Bihan, D. (2001). Modulation of parietal activation by semantic distance in a number comparison task. *NeuroImage*, *14*, 1013–1026.

Pinker, S. (1994). *The language instinct*. London: Penguin.

Pinker, S. (1997). *How the mind works*. New York: Norton.

Pinker, S. & Prince, A. (1988). On language and connectionism: Analysis of a parallel distributed processing model of language acquisition. *Cognition*, *28*, 73–193.

Pitcher, D., Garrido, L., Walsh, V., & Duchaine, B. C. (2008). Transcranial magnetic stimulation disrupts the perception and embodiment of facial expressions. *Journal of Neuroscience*, *28*(36), 8929–8933.

Pittenger, C. & Kandel, E. R. (2003). In search of general mechanisms for long-lasting plasticity: Aplysia and the hippocampus *Philosophical Transactions of the Royal Society of London Series B*, *1432*, 757–763.

Plassmann, H., O'Doherty, J., Shiv, B., & Rangel, A. (2008). Marketing actions can modulate neural representations of experienced pleasantness. *Proceedings of the National Academy of Sciences of the United States of America*, *105*(3), 1050–1054.

Plaut, D. C. (1995). Double dissociation without modularity: Evidence from connectionist neuropsychology. *Journal of Clinical and Experimental Neuropsychology*, *17*, 291–321.

Plomin, R., DeFries, J. C., & Loehlin, J. C. (1977). Genotype-environment interaction and correlation in the analysis of human behavior. *Psychological Bulletin*, *84*, 309–322.

Plomin, R., DeFries, J. C., McClearn, G. E., & McGuffin, P. (2001). *Behavioral genetics* (4th edition). New York: Worth Publishers.

Plutchik, R. (1980). *Emotion: A psychoevolutionary synthesis*. New York: Harper & Row.

Pollatsek, A., Bolozky, S., Well, A. D., & Rayner, K. (1981). Asymmetries in the perceptual span for Israeli readers. *Brain and Language*, *14*, 174–180.

Pollatsek, A., Reichle, E. D., & Rayner, K. (2006). Tests of the E-Z Reader model: Exploring the interface between cognition and eye-movement control. *Cognitive Psychology*, *52*(1), 1–56.

Polyn, S. M., Natu, V. S., Cohen, J. D., & Norman, K. A. (2005). Category-specific cortical activity precedes retrieval during memory search. *Science*, *310*(5756), 1963–1966.

Posner, M. I. (1978). *Chronometric explorations of mind*. Hillsdale, NJ: Lawrence Erlbaum.

Posner, M. I. (1980). Orienting of attention: The VIIth Sir Frederic Bartlett Lecture. *Quarterly Journal of Experimental Psychology, 32*, 3–25.

Posner, M. I. (2012). Attentional networks and consciousness. *Frontiers in psychology, 3*.

Posner, M. I. & Cohen, Y. (1984). Components of visual orienting. In H. Bouma & D. G. Bouwhuis (Eds.), *Attention and performance X: Control of language processes*. Philadelphia: Lawrence Erlbaum.

Posner, M. I. & Petersen, S. E. (1990). The attentional system of the human brain. *Annual Review of Neuroscience, 13*, 25–42.

Pouget, A. & Driver, J. (2000). Relating unilateral neglect to the neural coding of space. *Current Opinion in Neurobiology, 10*, 242–249.

Poulton, R., Caspi, A., Moffitt, T. E., Cannon, M., Murray, R. M., & Harrington, H. L. (2000). Children's self-reported psychiatric symptoms predict adult schizophreniform disorders: A 15-year longitudinal study. *Archives of General Psychiatry, 57*, 1053–1058.

Power, R. & Dal Martello, M. F. (1997). From 834 to eighty thirty four: The reading of Arabic numerals by seven-year-old children. *Mathematical Cognition, 3*, 63–85.

Price, C. J. & Devlin, J. T. (2003). The myth of the visual word form area. *NeuroImage, 19*, 473–481.

Price, C. J. & Devlin, J. T. (2011). The interactive account of ventral occipitotemporal contributions to reading. *Trends in Cognitive Sciences, 15*(6), 246–253.

Price, C. J., Wise, R., Ramsay, S., Friston, K., Howard, D., Patterson, K. E., & Frackowiak, R. (1992). Regional response differences within the human auditory-cortex when listening to words. *Neuroscience Letters, 146*, 179–182.

Price, C. J., Moore, C. J., Humphreys, G. W., Frackowiak, R. S. J., & Friston, K. J. (1996a). The neural regions sustaining object recognition and naming. *Proceedings of the Royal Society of London B, 263*, 1501–1507.

Price, C. J., Wise, R. J. S., & Frackowiak, R. S. J. (1996b). Demonstrating the implicit processing of words and pseudowords. *Cerebral Cortex, 6*, 62–70.

Price, C. J., Warburton, E. A., Moore, C. J., Frackowiak, R. S. J., & Friston, K. J. (2001). Dynamic diaschisis: Anatomically remote and context-sensitive human brain lesions. *Journal of Cognitive Neuroscience, 13*, 419–429.

Purves, D. (1994). *Neural activity and the growth of the brain*. Cambridge, UK: Cambridge University Press.

Quiroga, R. G., Reddy, L., Kreiman, G., Koch, C., & Fried, I. (2005). Invariant visual representation by single neurons in the human brain. *Nature, 435*, 1102–1107.

Rabbitt, P. M. A. (1966). Errors and error-correction in choice-response tasks. *Journal of Experimental Psychology, 71*, 264–272.

Race, E. A., Shanker, S., & Wagner, A. D. (2009). Neural priming in human frontal cortex: Multiple forms of learning reduce demands on the prefrontal executive system. *Journal of Cognitive Neuroscience, 21*(9), 1766–1781.

Radach, R., Inhoff, A., & Heller, D. (2004). Orthographic regularity gradually modulates saccade amplitudes in reading. *European Journal of Cognitive Psychology, 16*, 27–51.

Raichle, M. E. (1987). Circulatory and metabolic correlates of brain function in normal humans. In F. Plum & V. Mountcastle (Eds.), *Handbook of physiology: The nervous system*. Baltimore, MD: Williams & Wilkins.

Raichle, M. E. (1998). Behind the scenes of functional brain imaging: A historical and physiological perspective. *Proceedings of the National Academy of Science, USA, 95*, 765–772.

Raichle, M. E., MacLoed, A. M., Snyder, A. Z., Powers, W. J., Gusnard, D. A., & Shulman, G. L. (2001). A default mode of brain function. *Proceedings of the National Academy of Science, USA, 98*, 676–682.

Rakic, P. (1988). Specification of cerebral cortical areas. *Science, 241*, 170–176.

Ramachandran, V. S. & Hirstein, W. (1998). The perception of phantom limbs. *Brain, 121*, 1603–1630.

Ramachandran, V. S. & Oberman, L. M. (2006). Broken mirrors—a theory of autism. *Scientific American, 295*(5), 62–69.

Ramachandran, V. S. & Rogers-Ramachandran, D. (1996). Synaesthesia in phantom limbs induced with mirrors. *Proceedings of the Royal Society of London B, 263*, 377–386.

Ramnani, N. & Owen, A. M. (2004). Anterior prefrontal cortex: Insights into function from anatomy and neuroimaging. *Nature Reviews Neuroscience, 5*, 184–194.

Ramnani, N., Toni, I., Passingham, R. E., & Haggard, P. (2001). The cerebellum and parietal cortex play a specific role in coordination: A PET study. *NeuroImage, 14*, 899–911.

Ranganath, C., Cohen, M. X., Dam, C., & D'Esposito, M. (2004). Inferior temporal, prefrontal, and hippocampal contributions to visual working memory maintenance and associative memory retrieval. *Journal of Neuroscience, 24*(16), 3917–3925.

Rao, S. C., Rainer, G., & Miller, E. K. (1997). Integration of what and where in the primate prefrontal cortex. *Science, 276*, 821–824.

Rapp, B. & Caramazza, A. (1997). From graphemes to abstract letter shapes: Levels of representation in written spelling. *Journal of Experimental Psychology: Human Perception and Performance, 25*, 1130–1152.

Rasmussen, G. L. (1953). Further observations of the efferent cochlear bundle. *Journal of Comparative Neurology, 99*, 61–74.

Rasmussen, T. & Milner, B. (1977). The role of early left-brain injury in determining lateralization of cerebral speech functions. *Annals of the New York Academy of Sciences, 299*.

Rauschecker, A. M., Pringle, A., & Watkins, K. E. (2008). Changes in neural activity associated with learning to articulate novel auditory pseudowords by covert repetition. *Human Brain Mapping, 29*(11), 1231–1242.

Rauschecker, J. P. & Tian, B. (2000). Mechanisms and streams for processing "what" and "where" in auditory cortex. *Proceedings of the National Academy of Science, USA, 97*, 11800–11806.

Rauschecker, J. P. & Scott, S. K. (2009). Maps and streams in the auditory cortex: nonhuman primates illuminate human speech processing. *Nature Neuroscience, 12*(6), 718–724.

Rauschecker, J. P., Tian, B., & Hauser, M. D. (1995). Processing of complex sounds in the macaque nonprimary auditory cortex. *Science, 268*, 111–114.

Raven, J. C. (1960). *Guide to the Standard Progressive Matrices*. London: H. K. Lewis.

Ravizza, S. M. & Carter, C. S. (2008). Shifting set about task switching: Behavioral and neural evidence for distinct forms of cognitive flexibility. *Neuropsychologia, 46*, 2924–2935.

Raymond, J. E., Shapiro, K. L., & Arnell, K. M. (1992). Temporary suppression of visual processing in an rsvp task—an attentional blink. *Journal of Experimental Psychology-Human Perception and Performance, 18*(3), 849–860.

Rayner, K. (1979). Eye guidance in reading: Fixation locations within words. *Perception, 8*, 21–30.

Rayner, K. (2009). Eye movements and attention in reading, scene perception, and visual search. *Quarterly Journal of Experimental Psychology, 62*(8), 1457–1506.

Rayner, K. & Duffy, S. A. (1986). Lexical complexity and fixation times in reading: Effects of word frequency, verb complexity, and lexical ambiguity. *Memory and Cognition, 14*, 191–201.

Rayner, K. & Juhasz, B. J. (2004). Eye movements in reading: Old questions and new directions. *European Journal of Cognitive Psychology, 16*, 340–352.

Rayner, K. & McConkie, G. W. (1976). What guides a reader's eye movements? *Vision Research, 16*, 829–837.

Rayner, K., Well, A. D., & Pollatsek, A. (1980). Asymmetry of the effective visual field in reading. *Perception and Psychophysics, 27*, 537–544.

Rayner, K., Binder, K. S., Ashby, J., & Pollatsek, A. (2001). Eye movement control in reading: Word predictability has little influence on initial landing positions in words. *Vision Research*, *41*, 943–954.

Reason, J. T. (1984). Lapses of attention in everyday life. In R. Parasuraman & D. R. Davies (Eds.), *Varieties of attention*. Orlando, FL: Academic Press.

Rees, G., Frith, C., & Lavie, N. (1997). Modulating irrelevant motion perception by varying attentional load in an unrelated task. *Science*, *278*, 1616–1619.

Rees, G. & Lavie, N. (2001). What can functional imaging reveal about the role of attention in visual awareness? *Neuropsychologia*, *39*, 1343–1353.

Rees, G., Wojciulik, E., Clarke, K., Husain, M., Frith, C., & Driver, J. (2000). Unconscious activation of visual cortex in the damaged right hemisphere of a parietal patient with extinction. *Brain*, *123*, 1624–1633.

Reich, L., Szwed, M., Cohen, L., & Amedi, A. (2011). A ventral visual stream reading center independent of visual experience. *Current Biology*, *21*(5), 363–368.

Reicher, G. M. (1969). Perceptual recognition as a function of meaningfulness of stimulus materials. *Journal of Experimental Psychology*, *81*, 274–280.

Reilly, R. G. & Radach, R. (2006). Some empirical tests of an interactive activation model of eye movement control in reading. *Cognitive Systems Research*, *7*(1), 34–55.

Reiss, A. L., Abrams, M. T., Singer, H. S., Ross, J. L., & Denckla, M. B. (1996). Brain development, gender and IQ in children: A volumetric imaging study. *Brain*, *119*, 1763–1774.

Reivich, M., Kuhl, D., Wolf, A., Greenberg, J., Phelps, M., Ido, T., Casella, V., Fowler, J., Hoffman, E., Alavi, A., Som, P., & Sokoloff, L. (1979). The [18F]fluorodeoxy-glucose method for the measurement of local cerebral glucose utilization in man. *Circulation Research*, *44*(1), 127–137.

Rensink, R. A., O'Regan, J. K., & Clark, J. J. (1997). To see or not to see: The need for attention to perceive changes in scenes. *Psychological Science*, *8*, 368–373.

Repa, J. C., Muller, J., Apergis, J., Desrochers, T. M., Zhou, Y., & LeDoux, J. E. (2001). Two different lateral amygdala cell populations contribute to the initiation and storage of memory. *Nature Neuroscience*, *4*(7), 724–731.

Restle, J., Murakami, T., & Ziemann, U. (2012). Facilitation of speech repetition accuracy by theta burst stimulation of the left posterior inferior frontal gyms. *Neuropsychologia*, *50*(8), 2026–2031.

Reverberi, C., Lavaroni, A., Gigli, G. L., Skrap, M., & Shallice, T. (2005). Specific impairments of rule induction in different frontal subgroups. *Neuropsychologia*, *43*, 460–472.

Revkin, S. K., Piazza, M., Izard, V., Cohen, L., & Dehaene, S. (2008). Does subitizing reflect numerical estimation? *Psychological Science*, *19*(6), 607–614.

Rey, A. (1964). *L'examen clinique en psychologie*. Paris: Presses Universitaires de France.

Rhodes, G. (1996). *Superportraits: Caricatures and recognition*. Hove, UK: Psychology Press.

Rhodes, G. & Tremewan, T. (1993). The Simon then Garfunkel effect: Semantic priming, sensitivity, and the modularity of face recognition. *Cognitive Psychology*, *25*, 147–187.

Rhodes, G., Brennan, S., & Carey, S. (1987). Identification and ratings of caricatures: Implications for mental representation of faces. *Cognitive Psychology*, *19*, 473–497.

Ribot, T. (1882). *Diseases of memory*. New York: Appleton.

Richardson, M. P., Strange, B. A., & Dolan, R. J. (2004). Encoding of emotional memories depends on amygdala and hippocampus and their interactions. *Nature Neuroscience*, *7*, 278–285.

Riddoch, M. J., Chechlacz, M., Mevorach, C., Mavritsaki, E., Allen, H., & Humphreys, G. W. (2010). The neural mechanisms of visual selection: the view from neuropsychology. In A. Kingstone & M. B. Miller (Eds.), *Year in Cognitive Neuroscience 2010* (Vol. 1191, pp. 156–181). Malden, MA: Wiley-Blackwell.

Riddoch, M. J. & Humphreys, G. W. (1983). The effect of cueing on unilateral neglect. *Neuropsychology*, *21*, 589–599.

Riddoch, M. J. & Humphreys, G. W. (1995). *Birmingham object recognition battery*. Hove, UK: Psychology Press.

Riddoch, M. J. & Humphreys, G. W. (2001). Object recognition. In B. Rapp (Ed.), *Handbook of cognitive neuropsychology*. Hove, UK: Psychology Press.

Riddoch, M. J., Humphreys, G. W., & Price, C. J. (1989). Routes to action: Evidence from apraxia. *Cognitive Neuropsychology, 6*, 437–454.

Riddoch, M. J., Humphreys, G. W., Gannon, T., Blott, W., & Jones, V. (1999). Memories are made of this: The effects of time on stored visual knowledge in a case of visual agnosia. *Brain, 122*, 537–559.

Ridley, M. (2003). *Nature via nurture*. London: Fourth Estate.

Rilling, J. K., Gutman, D. A., Zeh, T. R., Pagnoni, G., Berns, G. S., & Kilts, C. D. (2002). A neural basis for social cooperation. *Neuron, 35*(2), 395–405.

Rizzolatti, G. & Arbib, M. A. (1998). Language within our grasp. *Trends in Neuroscience, 21*, 188–194.

Rizzolatti, G. & Craighero, L. (2004). The mirror-neuron system. *Annual Review of Neuroscience, 27*, 169–192.

Rizzolatti, G. & Fabbri-Destro, M. (2010). Mirror neurons: From discovery to autism. *Experimental Brain Research, 200*(3–4), 223–237.

Rizzolatti, G. & Luppino, G. (2001). The cortical motor system. *Neuron, 31*, 889–901.

Rizzolatti, G. & Matelli, M. (2003). Two different streams form the dorsal visual system: Anatomy and functions. *Experimental Brain Research, 153*(2), 146–157.

Rizzolatti, G., Riggio, L., Dascola, I., & Umilta, C. (1987). Reorienting attention across the horizontal and vertical meridians—evidence in favor of a premotor theory of attention. *Neuropsychologia, 25*(1A), 31–40.

Rizzolatti, G., Riggio, L., & Sheliga, B. M. (1994). Space and selective attention. In C. Umilta & M. Moscovitch (Eds.), *Attention and Performance: Conscious and Nonconscious Information Processing* (Vol. 15, pp. 231–265).

Rizzolatti, G., Fadiga, L., Fogassi, L., & Gallese, V. (1996). Premotor cortex and the recognition of motor actions. *Cognitive Brain Research, 3*, 131–141.

Rizzolatti, G., Fogassi, L., & Gallese, V. (2002). Motor and cognitive functions of the ventral premotor cortex. *Current Opinion in Neurobiology, 12*, 149–154.

Robbins, T. W., Cador, M., Taylor, J. R., & Everitt, B. J. (1989). Limbic-striatal interactions in reward-related processes. *Neuroscience and Biobehavioral Reviews, 13*(2–3), 155–162.

Roberts, D. J., Ralph, M. A. L., & Woollams, A. M. (2010). When does less yield more? The impact of severity upon implicit recognition in pure alexia. *Neuropsychologia, 48*(9), 2437–2446.

Robertson, E. M., Theoret, H., & Pascual-Leone, A. (2003). Studies in cognition: The problems solved and created by transcranial magnetic stimulation. *Journal of Cognitive Neuroscience, 15*, 948–960.

Robertson, I. H., Nico, D., & Hood, B. (1995). The intention to act improves unilateral neglect: Two demonstrations. *Neuroreport, 7*, 246–248.

Robertson, L. C. (2004). *Space, objects, minds and brains*. New York: Psychology Press.

Robertson, L. C., Knight, R. T., Rafal, R., & Shimamura, A. P. (1993). Cognitive neuro-psychology is more than single-case studies. *Journal of Experimental Psychology: Learning, Memory and Cognition, 19*, 710–717.

Robertson, L. C., Treisman, A., Friedman-Hill, S., & Grabowecky, M. (1997). The interaction of spatial and object pathways: Implications from a patient with Balint's syndrome. *Journal of Cognitive Neuroscience, 9*, 295–317.

Robson, H., Sage, K., & Ralph, M. A. L. (2012). Wernicke's aphasia reflects a combination of acoustic-phonological and semantic control deficits: A case-series comparison of Wernicke's aphasia, semantic dementia and semantic aphasia. *Neuropsychologia, 50*(2), 266–275.

Roca, M., Parr, A., Thompson, R., Woolgar, A., Torralva, T., Antoun, N., & Duncan, J. (2010). Executive function and fluid intelligence after frontal lobe lesions. *Brain, 133*, 234–247.

Roca, M., Torralva, T., Gleichgerrcht, E., Woolgar, A., Thompson, R., Duncan, J., & Manes, F. (2011). The role of Area 10 (BA10) in human multitasking and in social cognition: A lesion study. *Neuropsychologia, 49*(13), 3525–3531.

Rochon, E., Kave, G., Cupit, J., Jokel, R., & Winocur, G. (2004). Sentence comprehension in semantic dementia: A longtitudinal case study. *Cognitive Neuropsychology, 21*, 317–330.

Rodriguez, E., George, N., Lachaux, J. P., Martinerie, J., Renault, B., & Varela, F. J. (1999). Perception's shadow: Long-distance synchronization of human brain activity. *Nature, 397*(6718), 430–433.

Rogalsky, C., & Hickok, G. (2011). The role of Broca's area in sentence comprehension. *Journal of Cognitive Neuroscience, 23*(7), 1664–1680.

Roediger, H. L. (1980). Memory metaphors in cognitive psychology. *Memory and Cognition, 8*, 231–246.

Roediger, H. L., & McDermott, K. B. (1995). Creating false memories: Remembering words not presented in lists. *Journal of Experimental Psychology: Learning, Memory and Cognition, 21*, 803–814.

Rogalsky, C. & Hickok, G. (2011). The role of Broca's area in sentence comprehension. *Journal of Cognitive Neuroscience, 23*(7), 1664–1680.

Rogers, R. D. & Monsell, S. (1995). Costs of a predictable switch between simple cognitive tasks. *Journal of Experimental Psychology: General, 124*, 207–231.

Rogers, T. T. & Patterson, K. E. (2007). Object categorization: Reversals and explanations of the basic-level advantage. *Journal of Experimental Psychology-General, 136*(3), 451–469.

Rogers, T. T., Patterson, K. E., & Graham, K. (2007). Colour knowledge in semantic dementia: It is not all black and white. *Neuropsychologia, 45*(14), 3285–3298.

Rogers, T. T., Hocking, J., Noppeney, U., Mechelli, A., Gorno-Tempini, M. L., Patterson, K. E., & Price, C. J. (2006). Anterior temporal cortex and semantic memory: Reconciling findings from neuropsychology and functional imaging. *Cognitive Affective & Behavioral Neuroscience, 6*, 201–213.

Roitman, J. D., Brannon, E. M., & Platt, M. L. (2007). Monotonic coding of numerosity in macaque lateral intraparietal area. *PLoS Biology, 5*(8), 1672–1682.

Rolls, E. T. (2005). *Emotion Explained*. Oxford, UK: Oxford University Press.

Rolls, E. T. & Deco, G. (2002). *Computational neuroscience of vision*. Oxford, UK: Oxford University Press.

Rolls, E. T. & Tovee, M. J. (1995). Sparseness of the neuronal representation of stimuli in the primate temporal visual cortex. *Journal of Neurophysiology, 73*, 713–726.

Rolls, E. T., Hornak, J., Wade, D., & McGrath, J. (1994). Emotion-related learning in patients with social and emotional changes associated with frontal damage. *Journal of Neurology, Neurosurgery and Psychiatry, 57*, 1518–1524.

Rolls, E. T., Robertson, R. G., & Georges-Francois, P. (1997). Spatial view cells in the primate hippocampus. *European Journal of Neuroscience, 9*, 1789–1794.

Romani, C. (1994). The role of phonological short-term memory in syntactic parsing: A case study. *Language and Cognitive Processes, 9*, 29–67.

Rorden, C. & Karnath, H. O. (2004). Using human brain lesions to infer function: A relic from a past era in the fMRI age? *Nature Reviews Neuroscience, 5*, 813–819.

Rosenbaum, R. S., Priselac, S., Kohler, S., Black, S. E., Gao, F. Q., Nadel, L., & Moscovitch, M. (2000). Remote spatial memory in an amnesic person with extensive bilateral hippocampal lesions. *Nature Neuroscience, 3*(10), 1044–1048.

Ross, J., Zinn, A., & McCauley, E. (2000). Neurodevelopmental and psychosocial aspects of Turner syndrome. *Mental Retardation and Developmental Disabilities Research Reviews, 6*, 135–141.

Rosser, M. N., Warrington, E. K., & Cipolotti, L. (1995). The isolation of calculation skills. *Journal of Neurology, 242*, 78–81.

Rossi, S., Hallett, M., Rossini, P. M., Pascual-Leone, A., & Safety TMS Consensus Group (2009). Safety, ethical considerations, and application guidelines for the use of transcranial magnetic stimulation in clinical practice and research. *Clinical Neurophysiology, 120*(12), 2008–2039.

Rossion, B., Gauthier, I., Goffaux, V., Tarr, M. J., & Crommelinck, M. (2002). Expertise training with novel objects leads to left-lateralized facelike electrophysiological responses. *Psychological Science, 13*, 250–257.

Rosvold, H. E., Mirsky, A. F., & Pribram, K. H. (1954). Influence of amygdalactomy on social behaviour in monkeys. *Journal of Comparative Physiological Psychology, 47*, 173–178.

Rothwell, J. C., Traub, M. M., Day, B. L., Obeso, J. A., Thomas, P. K., & Marsden, C. D. (1982). Manual motor performance in a deafferented man. *Brain, 105*, 515–542.

Rotshtein, P., Henson, R. N. A., Treves, A., Driver, J., & Dolan, R. J. (2005). Morphing Marilyn into Maggie dissociates physical and identity face representations in the brain. *Nature Neuroscience, 8*, 107–113.

Rotzer, S., Kucian, K., Martin, E., von Aster, M., Klaver, P., & Loenneker, T. (2008). Optimized voxel-based morphometry in children with developmental dyscalculia. *NeuroImage, 39*(1), 417–422.

Rousselet, G. A., Mace, M. J.-M., & Thorpe, M. F. (2004). Animal and human faces in natural scenes: How specific to human faces is the N170 ERP component? *Journal of Vision, 4*, 13–21.

Rowe, J. B., Owen, A. M., Johnsrude, I. S., & Passingham, R. E. (2001). Imaging the mental components of a planning task. *Neuropsychologia, 39*, 315–327.

Ruby, P. & Decety, J. (2004). How would you feel versus how do you think she would feel? A neuroimaging study of perspective-taking with social emotions. *Journal of Cognitive Neuroscience, 16*(6), 988–999.

Rudebeck, P. H., Buckley, M. J., Walton, M. E., & Rushworth, M. F. S. (2006). A role for the macaque anterior cingulate gyrus in social valuation. *Science, 313*(5791), 1310–1312.

Rumelhart, D. E. & McClelland, J. L. (1982). An interactive activation model of context effects in letter perception: Part 2. The contextual enhancement effect and some tests and extensions of the model. *Psychological Review, 89*, 60–94.

Rumiati, R. I., Humphreys, G. W., Riddoch, M. J., & Bateman, A. (1994). Visual object agnosia without prosopagnosia or alexia: Evidence for hierarchical theories of visual recognition. *Visual Cognition, 1*, 181–225.

Rumiati, R. I., Weiss, P. H., Shallice, T., Ottoboni, G., Noth, J., Zilles, K., & Fink, G. R. (2004). Neural basis of pantomiming the use of visually presented objects. *NeuroImage, 21*, 1224–1231.

Rusconi, E., Bueti, D., Walsh, V., & Butterworth, B. (2011). Contribution of frontal cortex to the spatial representation of number. *Cortex, 47*(1), 2–13.

Rusconi, E., Walsh, V., & Butterworth, B. (2005). Dexterity with numbers: rTMS over left angular gyrus disrupts finger gnosis and number processing. *Neuropsychologia, 43*, 1609–1624.

Rusconi, E., Turatto, M., & Umilta, C. (2007). Two orienting mechanisms in posterior parietal lobule: An rTMS study of the Simon and SNARC effects. *Cognitive Neuropsychology, 24*(4), 373–392.

Rushworth, M. F. S., Hadland, K. A., Gaffan, D., & Passingham, R. E. (2003). The effect of cingulate cortex lesions on task switching and working memory. *Journal of Cognitive Neuroscience, 15*, 338–353.

Rushworth, M. F. S., Hadland, K. A., Paus, T., & Sipila, P. K. (2002). Role of the human medial frontal cortex in task switching: A combined fMRI and TMS study. *Journal of Neurophysiology, 87*, 2577–2592.

Rushworth, M. F. S., Behrens, T. E. J., Rudebeck, P. H., & Walton, M. E. (2007). Contrasting roles for cingulate and orbitofrontal cortex in decisions and social behaviour. *Trends in Cognitive Sciences, 11*(4), 168–176.

Russell, J. (1997). *Autism as an executive disorder.* Oxford, UK: Oxford University Press.

Russell, J. A., & Barrett, L. F. (1999). Core affect, prototypical emotional episodes, and other things called emotion: Dissecting the elephant. *Journal of Personality and Social Psychology, 76,* 805–819.

Rutter, M., Moffitt, T. E., & Caspi, A. (2006). Gene–environment interplay and psychopathology: Multiple varieties but real effects. *Journal of Child Psychology and Psychiatry, 47,* 226–261.

Saarinen, J., Paavilainen, P., Schoger, E., Tervaniemi, M., & Näätänen, R. (1992). Representation of abstract stimulus attributes in human brain. *NeuroReport, 3,* 1149–1151.

Sadato, N., Pascual-Leone, A., Grafman, J., Ibanez, V., Deiber, M.-P., Dold, G., & Hallett, M. (1996). Activation of primary visual cortex by Braille reading in blind subjects. *Nature, 380,* 526–528.

Saenz, M. & Koch, C. (2008). The sound of change: Visually induced auditory synesthesia. *Current Biology, 18,* R650–R651.

Sagar, J. H., Cohen, N. J., Corkin, S., & Growden, J. H. (1985). Dissociations among processes in remote memory. *Annals of the New York Academy of Science, 444,* 533–535.

Sagiv, N. & Bentin, S. (2001). Structural encoding of human and schematic faces: Holistic and part based processes. *Journal of Cognitive Neuroscience, 13,* 1–15.

Salinas, E. & Abbott, L. F. (1994). Vector reconstruction from firing rates. *Journal of Computational Neuroscience, 1,* 89–107.

Sammler, D., Koelsch, S., Ball, T., Brandt, A., Grigutsch, M., Huppertz, H.-J., & Schulze-Bonhage, A. (2013). Co-localizing linguistic and musical syntax with intracranial EEG. *NeuroImage, 64,* 134–146.

Sammler, D., Koelsch, S., & Friederici, A. D. (2011). Are left frontotemporal brain areas a prerequisite for normal music-syntactic processing? *Cortex, 47*(6), 659–673.

Samson, D. & Pillon, A. (2003). A case of impaired knowledge for fruit and vegetables. *Cognitive Neuropsychology, 20,* 373–400.

Samson, D., Apperly, I. A., Chiavarino, C., & Humphreys, G. W. (2004). Left temporoparietal junction is necessary for representing someone else's belief. *Nature Neuroscience, 7,* 499–500.

Samson, S. & Zatorre, R. J. (1994). Contribution of the right temporal lobe to musical timbre discrimination. *Neuropsychologia, 32,* 231–240.

Sanders, H. I. & Warrington, E. K. (1971). Memory for remote events in amnesic patients. *Brain, 94,* 661–668.

Sanfey, A., Rilling, J., Aaronson, J., Nystron, L., & Cohen, J. (2003). Probing the neural basis of economic decision-making: An fMRI investigation of the ultimatum game. *Science, 300,* 1755–1758.

Sartori, G. (1987). Leonardo da Vinci, omo sanza lettere: A case of surface dysgraphia? *Cognitive Neuropsychology, 4,* 1–10.

Savage-Rumbaugh, E. S., & Lewin, R. (1994). *Kanzi: At the brink of the human mind.* New York: Wiley.

Savage-Rumbaugh, E. S., McDonald, K., Sevcik, R. A., Hopkins, W. D., & Rupert, E. (1986). Spontaneous symbol acquisition and communicative use by pygmy chimpanzee (*Pan paniscus*). *Journal of Experimental Psychology: General, 115,* 211–235.

Savage-Rumbaugh, E. S., Pate, J. L., Lawson, J., Smith, S. T., & Rosenbaum, S. (1983). Can a chimpanzee make a statement? *Journal of Experimental Psychology: General, 112,* 457–492.

Saver, J. L. & Damasio, A. R. (1991). Preserved access and processing of social knowledge in a patient with acquired sociopathy due to ventromedial frontal damage. *Neuropsychologia, 29,* 1241–1249.

Savoy, R. L. (2002). Functional magnetic resonance imaging fMRI. In V. Ramachandran (Ed.), *Encyclopedia of the brain*. San Diego: Academic Press.

Saxe, R. (2006). Uniquely human social cognition. *Current Opinion in Neurobiology, 16*(2), 235–239.

Saxe, R. & Kanwisher, N. (2003). People thinking about thinking people: The role of the temporoparietal junction in "theory of mind." *NeuroImage, 19*, 1835–1842.

Saxe, R. & Powell, L. J. (2006). It's the thought that counts: specific brain regions for one component of theory of mind. *Psychological Science, 17*, 692–699.

Schacter, D. L. (1986). Amnesia and crime: How much do we really know? *American Psychologist, 41*, 286–295.

Schacter, D. L. (1987). Implicit memory: History and current status. *Journal of Experimental Psychology: Learning, Memory and Cognition, 113*, 501–518.

Schacter, D. L. & Badgaiyan, R. D. (2001). Neuroimaging of priming: New perspectives on implicit and explicit memory. *Current Directions in Psychological Science, 10*, 1–4.

Schacter, D. L. & Slotnick, S. D. (2004). The cognitive neuroscience of memory distortion. *Neuron, 44*, 149–160.

Schacter, D. L., Cooper, L., & Delaney, S. (1990). Implicit memory for unfamiliar objects depends on access to structural descriptions. *Journal of Experimental Psychology: General, 119*, 5–24.

Schacter, D. L., Norman, K. A., & Koutstaal, W. (1998). The cognitive neuroscience of constructive memory. *Annual Review of Psychology, 49*, 289–318.

Schacter, S. & Singer, J. E. (1962). Cognitive, social, and physiological determinants of emotional state. *Psychology Review, 69*, 379–399.

Schadwinkel, S. & Gutschalk, A. (2010). Activity associated with stream segregation in human auditory cortex is similar for spatial and pitch cues. *Cerebral Cortex, 20*(12), 2863–2873.

Schechtman, E., Shrem, T., & Deouell, L. Y. (2012). Spatial localization of auditory stimuli in human auditory cortex is based on both head-independent and head-centered coordinate systems. *Journal of Neuroscience, 32*(39), 13501–13509.

Scherer, K. R., Banse, R., & Wallbott, H. G. (2001). Emotion inferences from vocal expression correlate across languages and cultures. *Journal of Cross-Cultural Psychology, 32*, 76–92.

Schlagger, B. L. & O'Leary, D. D. M. (1991). Potential of visual cortex to develop an array of functional units unique to somatosensory cortex. *Science, 252*, 1556–1560.

Schmidt, R. A. (1975). A schema theory of discrete motor skill learning. *Psychological Review, 82*, 225–232.

Schneider, W. & Shiffrin, R. M. (1977). Controlled and automatic human information processing: I. Detection, search and attention. *Psychological Review, 84*, 1–66.

Schnider, A. (2003). Spontaneous confabulation and the adaptation of thought to ongoing reality. *Nature Reviews Neuroscience, 4*, 662–671.

Schnider, A. & Ptak, R. (1999). Spontaneous confabulators fail to suppress currently irrelevant memory traces. *Nature Neuroscience, 2*, 677–681.

Schnider, A., Treyer, V., & Buck, A. (2000). Selection of currently relevant memories by the human posterior medial orbitofrontal cortex. *The Journal of Neuroscience, 20*, 5880–5884.

Schultz, W., Apicella, P., Scarnati, E., & Ljungberg, T. (1992). Neuronal-activity in monkey ventral striatum related to the expectation of reward. *Journal of Neuroscience, 12*(12), 4595–4610.

Schultz, W., Dayan, P., & Montague, P. R. (1997). A neural substrate of prediction and reward. *Science, 275*(5306), 1593–1599.

Schurger, A., Sitt, J. D., & Dehaene, S. (2012). An accumulator model for spontaneous neural activity prior to self-initiated movement. *Proceedings of the National Academy of Sciences of the United States of America, 109*(42), E2904–E2913.

Schurz, M., Sturm, D., Richlan, F., Kronbichler, M., Ladurner, G., & Wimmer, H. (2010). A dual-route perspective on brain activation in response to visual words: Evidence for a length by lexicality interaction in the visual word form area (VWFA). *NeuroImage*, *49*(3), 2649–2661.

Schwartz, D. A., Howe, C. Q., & Purves, D. (2003). The statistical structure of human speech sounds predicts musical universals. *Journal of Neuroscience*, *23*(18), 7160–7168.

Schwartz, M. F., Montgomery, M. W., Fitzpatrick-DeSalme, E. J., Ochipa, C., Coslett, H. B., & Mayer, N. H. (1995). Analysis of a disorder of everyday action. *Cognitive Neuropsychology*, *12*, 863–892.

Schweinberger, S. R. (1996). How Gorbachev primed Yeltsin: Analyses of associative priming in person recognition by means of reaction times and event-related brain potentials. *Journal of Experimental Psychology: Learning, Memory and Cognition*, *22*, 1383–1407.

Schweinberger, S. R., Pickering, E. C., Burton, A. M., & Kaufmann, J. M. (2002a). Human brain potential correlates of repetition priming in face and name recognition. *Neuropsychologia*, *40*, 2057–2073.

Schweinberger, S. R., Pickering, E. C., Jentzsch, I., Burton, A. M., & Kaufmann, J. M. (2002b). Event-related brain potential evidence for a response of inferior temporal cortex to familiar face repetitions. *Cognitive Brain Research*, *14*, 398–409.

Schwoebel, J., Buxbaum, L. J., & Coslett, H. B. (2004). Representations of the human body in the production and imitation of complex movements. *Cognitive Neuropsychology*, *21*, 285–298.

Scott, S. K. (2008). Voice processing in human and monkey brain. *Trends in Cognitive Sciences*, *12*, 323–325.

Scott, S. K., Blank, S. C., Rosen, S., & Wise, R. J. S. (2000). Identification of a pathway for intelligible speech in the left temporal lobe. *Brain*, *123*, 2400–2406.

Scott, S. K., McGettigan, C., & Eisner, F. (2009). A little more conversation, a little less action—candidate roles for the motor cortex in speech perception. *Nature Reviews Neuroscience*, *10*(4), 295–302.

Scott, S. K. & Wise, R. J. S. (2004). The functional neuroanatomy of prelexical processing in speech perception. *Cognition*, *92*, 13–45.

Scott, S. K., Young, A. W., Calder, A. J., Hellawell, D. J., Aggleton, J. P., & Johnson, M. (1997). Impaired auditory recognition of fear and anger following bilateral amygdala lesions. *Nature*, *385*, 254–257.

Scoville, W. B., & Milner, B. (1957). Loss of recent memory after bilateral hippocampal lesions. *Journal of Neurology, Neurosurgery and Psychiatry*, *20*, 11–21.

Scragg, D. G. (1974). *A history of English spelling*. Manchester, UK: Manchester University Press.

Searle, J. (1980). Minds, brains and programs. *Behavioral and Brain Sciences*, *3*, 417–458.

Searle, J. (1990). Is the brain's mind a computer program? *Scientific American*, *13*, 585–642.

Sebanz, N., Bekkering, H., & Knoblich, G. (2006). Joint action: Bodies and minds moving together. *Trends in Cognitive Sciences*, *10*, 70–76.

Seidenberg, M. S. & Petitto, L. A. (1987). Communication, symbolic communication, and language: Comment on Savage-Rumbaugh, McDonald, Sevcik, Hopkins and Rupert (1986). *Journal of Experimental Psychology: General*, *116*, 279–287.

Seidenberg, M. S., Waters, G. S., Barnes, M. A., & Tanenhaus, M. K. (1984). When does irregular spelling or pronunciation influence word recognition? *Journal of Verbal Learning and Verbal Behaviour*, *23*, 383–404.

Seligman, M. E. (1971). Phobias and preparedness. *Behavior Therapy*, *2*, 307–320.

Semenza, C. (1988). Impairment in localization of body parts following brain damage. *Cortex*, *24*, 443–449.

Semenza, C. & Goodglass, H. (1985). Localization of body parts in brain injured subjects. *Neuropsychologia, 23*, 161–175.

Semenza, C. & Zettin, M. (1988). Generating proper names: A case of selective inability. *Cognitive Neuropsychology, 5*, 711–721.

Serences, J. T., Schwarzbach, J., Courtney, S. M., Golay, X., & Yantis, S. (2004). Control of object-based attention in human cortex. *Cerebral Cortex, 14*(12), 1346–1357.

Sergent, J. & Signoret, J.-L. (1992). Varieties of functional deficits in prosopagnosia. *Cerebral Cortex, 2*, 375–388.

Seron, X. & Noel, M. P. (1995). Transcoding numbers from the Arabic code to the verbal one or vice versa: How many routes? *Mathematical Cognition, 1*, 215–243.

Shah, A. & Frith, U. (1983). Islet of ability in autistic-children: A research note. *Journal of Child Psychology and Psychiatry and Allied Disciplines, 24*, 613–620.

Shaki, S., Fischer, M. H., & Gobel, S. M. (2012). Direction counts: A comparative study of spatially directional counting biases in cultures with different reading directions. *Journal of Experimental Child Psychology, 112*(2), 275–281.

Shalev, L. & Humphreys, G. W. (2002). Implicit location encoding via stored representations of familiar objects: Neuropsychological evidence. *Cognitive Neuropsychology, 19*, 721–744.

Shallice, T. (1979). Case study approach in neuropsychological research. *Journal of Clinical Neuropsychology, 1*, 183–211.

Shallice, T. (1981). Phonological agraphia and the lexical route in writing. *Brain, 104*, 413–429.

Shallice, T. (1982). Specific impairment of planning. *Philosophical Transactions of the Royal Society of London B, 298*, 199–209.

Shallice, T. (1988). *From neuropsychology to mental structure*. Cambridge, UK: Cambridge University Press.

Shallice, T. (2002). Fractionation of the supervisory system. In D. T. Stuss & R. T. Knight (Eds.), *Principles of frontal lobe function*. New York: Oxford University Press.

Shallice, T. & Burgess, P. (1996). The domain of supervisory process and temporal organization of behaviour. *Philosophical Transactions of the Royal Society of London B, 351*, 1405–1412.

Shallice, T. & Burgess, P. W. (1991). Deficits in strategy application following frontal lobe damage in man. *Brain, 114*, 727–741.

Shallice, T. & Evans, M. E. (1978). The involvement of the frontal lobes in cognitive estimation. *Cortex, 14*, 294–303.

Shallice, T. & Saffran, E. (1986). Lexical processing in the absence of explicit word identification: Evidence from a letter-by-letter reader. *Cognitive Neuropsychology, 3*, 429–458.

Shallice, T., Warrington, E. K., & McCarthy, R. (1983). Reading without semantics. *Quarterly Journal of Experimental Psychology, 35A*, 111–138.

Shallice, T., Burgess, P. W., Schon, F., & Baxter, D. M. (1989). The origins of utilization behaviour. *Brain, 112*, 1587–1598.

Shallice, T., Glasspool, D. W., & Houghton, G. (1995). Can neuropsychological evidence inform connectionist modelling? *Language and Cognitive Processes, 10*, 195–225.

Shamay-Tsoory, S. G., Aharon-Peretz, J., & Perry, D. (2009). Two systems for empathy: a double dissociation between emotional and cognitive empathy in inferior frontal gyrus versus ventromedial prefrontal lesions. *Brain, 132*, 617–627.

Shammi, P. & Stuss, D. T. (1999). Humour appreciation: A role of the right frontal lobe. *Brain, 122*, 657–666.

Shapiro, K. & Caramazza, A. (2003). The representation of grammatical categories in the brain. *Trends in Cognitive Sciences, 7*, 201–206.

Sharma, J., Angelucci, A., & Sur, M. (2000). Induction of visual orientation modules in auditory cortex. *Nature, 404*, 841–847.

Shellock, F. G. (2014). *Reference manual for magnetic resonance safety, implants and devices*. Los Angeles, CA: Biomedical Research Publishing Company.

Shelton, J. R. & Martin, R. C. (1992). How semantic is automatic semantic priming? *Journal of Experimental Psychology: Learning, Memory and Cognition, 18*, 1191–1209.

Shelton, J. R., Fouch, E., & Caramazza, A. (1998). The relative sparing of body part knowledge: A case study. *Neurocase, 4*, 339–351.

Sheppard, D. M., Bradshaw, J. L., Purcell, R., & Pantelis, C. (1999). Tourette's and Comorbid syndromes: Obsessive compulsive and attention deficit hyperactivity disorder. A common etiology? *Clinical Psychology Review, 19*(5), 531–552.

Shibahara, N., Zorzi, M., Hill, M. P., Wydell, T., & Butterworth, B. (2003). Semantic effects in word naming: Evidence from English and Japanese Kanji. *Quarterly Journal of Experimental Psychology, 56A*, 263–286.

Shimazu, H., Maier, M. A., Cerri, G., Kirkwood, P. A., & Lemon, R. N. (2004). Macaque ventral premotor cortex exerts powerful facilitation of motor cortex outputs to upper limb motoneurons. *Journal of Neuroscience, 24*(5), 1200–1211.

Shuman, M. & Kanwisher, N. (2004). Numerical magnitude in the human parietal lobe: Tests of representational generality and domain specificity. *Neuron, 44*, 557–589.

Sigala, N., Kusunoki, M., Nimmo-Smith, I., Gaffan, D., & Duncan, J. (2008). Hierarchical coding for sequential task events in the monkey prefrontal cortex. *Proceedings of the National Academy of Sciences of the United States of America, 105*(33), 11969–11974.

Sigman, M., Mundy, P., Ungerer, J., & Sherman, T. (1986). Social Interactions of autistic, learning-disabled, and normal children and their caregivers. *Journal of Child Psychology and Psychiatry, 27*, 647–656.

Simmonds, D. J., Pekar, J. J., & Mostofsky, S. H. (2008). Meta-analysis of Go/No-go tasks, demonstrating that fMRI activation associated with response inhibition is task-dependent. *Neuropsychologia, 46*(1), 224–232.

Simons, D. J. & Chabris, C. F. (1999). Gorillas in our midst: Sustained inattentional blindness for dynamic events. *Perception, 28*, 1059–1074.

Simons, D. J. & Levin, D. T. (1998). Failure to detect changes to people during a real-world interaction. *Psychonomic Bulletin and Review, 5*, 644–649.

Simons, J. S., Peers, P. V., Mazuz, Y. S., Berryhill, M. E., & Olson, I. R. (2010). Dissociation Between Memory Accuracy and Memory Confidence Following Bilateral Parietal Lesions. *Cerebral Cortex, 20*(2), 479–485.

Sincich, L. C., Park, K. F., Wohlgemuth, M. J., & Horton, J. C. (2004). Bypassing V1: A direct geniculate input to area MT. *Nature Neuroscience, 7*(10), 1123–1128.

Singer, T., Critchley, H. D., & Preuschoff, K. (2009). A common role of insula in feelings, empathy and uncertainty. *Trends in Cognitive Sciences, 13*(8), 334–340.

Singer, T., Seymour, B., O'Doherty, J., Kaube, H., Dolan, R. J., & Frith, C. D. (2004). Empathy for pain involves the affective but not the sensory components of pain. *Science, 303*, 1157–1162.

Singer, T., Seymour, B., O'Doherty, J. P., Stephan, K. E., Dolan, R. J., & Frith, C. D. (2006). Empathic neural responses are modulated by the perceived fairness of others. *Nature, 439*, 466–469.

Singh, K. D. (2006). Magnetoencephalography. In C. Senior, T. Russell, & M. S. Gazzaniga (Eds.), *Methods in mind*. Cambridge, MA: MIT Press.

Sip, K., Roepstorff, A., McGregor, W., & Frith, C. D. (2007). Detecting deception: The scope and limits. *Trends in Cognitive Sciences, 12*, 48–53.

Sirigu, A., Zalla, T., Pillon, B., Grafman, J., Agid, Y., & Dubois, B. (1995). Selective impairments in managerial knowledge following pre-frontal cortex damage. *Cortex, 31*, 301–316.

Skipper, J. I., van Wassenhove, V., Nusbaum, H. C., & Small, S. L. (2007). Hearing lips and seeing voices: How cortical areas supporting speech production mediate audiovisual perception. *Cerebral Cortex, 17*, 2387–2399.

Sliwinska, M. W., Khadilkar, M., Campbell-Ratcliffe, J., Quevenco, F., & Devlin, J. T. (2012). Early and sustained supramarginal gyrus contributions to phonological processing. *Frontiers in psychology*, *3*.

Slotnick, S. D. & Schacter, D. L. (2004). A sensory signature that distinguishes true from false memories. *Nature Neuroscience*, *7*, 664–672.

Small, D. M., Gregory, M. D., Mak, Y. E., Gitelman, D., Mesulam, M. M., & Parrish, T. (2003). Dissociation of neural representation of intensity and affective valuation in human gustation. *Neuron*, *39*(4), 701–711.

Small, D. M., Zatorre, R. J., Dagher, A., Evans, A. C., & Jones-Gotman, M. (2001). Changes in brain activity related to eating chocolate: from pleasure to aversion. *Brain*, *124*, 1720–1733.

Smith, C. A. & Lazarus, R. S. (1990). Emotion and adaptation. In L. A. Pervin (Ed.), *Handbook of Personality: Theory and Research*. New York: Guilford.

Smith, D. T., & Schenk, T. (2012). The Premotor theory of attention: Time to move on? *Neuropsychologia*, *50*(6), 1104–1114.

Smith, D. T., Rorden, C., & Jackson, S. R. (2004). Exogenous orienting of attention depends upon the ability to execute eye movements. *Current Biology*, *14*(9), 792–795.

Smith, S. B. (1983). *The great mental calculators*. New York: Columbia University Press.

Snowdon, C. T. & Teie, D. (2010). Affective responses in tamarins elicited by species-specific music. *Biology Letters*, *6*(1), 30–32.

Sodian, B. & Frith, U. (1992). Deception and sabotage in autistic, retarded and normal children. *Journal of Child Psychology and Psychiatry*, *33*, 591–605.

Southgate, V. & Hamilton, A. F. C. (2008). Unbroken mirrors: Challenging a theory of autism. *Trends in Cognitive Sciences*, *12*, 225–229.

Sparks, D. L. (1999). Conceptual issues related to the role of the superior colliculus in the control of gaze. *Current Opinion in Neurobiology*, *9*, 698–707.

Spelke, E. S. (1998). Nativism, empiricism, and the origins of knowledge. *Infant Behavior and Development*, *21*, 181–200.

Spiers, H. J., Burgess, N., Maguire, E. A., Baxendale, S. A., Hartley, T., Thompson, P. J., & O'Keefe, J. (2001a). Unilateral temporal lobectomy patients show lateralised topographical and episodic memory deficits in a virtual town. *Brain*, *124*, 2476–2489.

Spiers, H. J., Maguire, E. A., & Burgess, N. (2001b). Hippocampal amnesia. *Neurocase*, *7*, 357–382.

Sporns, O., Chialvo, D. R., Kaiser, M., & Hilgetag, C. C. (2004). Organization, development and function of complex brain networks. *Trends in Cognitive Sciences*, *8*, 418–425.

Sprengelmeyer, R., Young, A. W., Calder, A. J., Karnat, A., Lange, H., Homberg, V., Perrett, D., & Rowland, D. (1996). Loss of disgust: Perception of faces and emotions in Huntington's disease. *Brain*, *119*, 1647–1665.

Sprengelmeyer, R., Young, A. W., Sprengelmeyer, A., Calder, A. J., Rowland, D., Perrett, D., Homberg, V., & Lange, H. (1997). Recognition of facial expression: Selective impairment of specific emotions in Huntington's disease. *Cognitive Neuropsychology*, *14*, 839–879.

Squire, L. R. (1992). Memory and the hippocampus: A synthesis from findings with rats, monkeys and humans. *Psychological Review*, *99*, 195–231.

Squire, L. R. & Bayey, P. J. (2007). The neuroscience of remote memory. *Current Opinion in Neurobiology*, *17*(2), 185–196.

Squire, L. R., Knowlton, B., & Musen, G. (1993). The structure and organisation of memory. *Annual Review of Psychology*, *44*, 453–495.

Squire, L. R., Stark, C. E. L., & Clark, R. E. (2004). The medial temporal lobe. *Annual Review of Neuroscience*, *27*, 279–306.

Stagg, C. J. & Nitsche, M. A. (2011). Physiological basis of transcranial direct current stimulation. *Neuroscientist*, *17*(1), 37–53.

Stanescu-Cosson, R., Pinel, P., Van de Moortele, P.-F., Le Bihan, D., Cohen, L., & Dehaene, S. (2000). Cerebral basis of calculation processes: Impact of number size on the cerebral circuits for exact and approximate calculation. *Brain, 123*, 2240–2255.

Stein, B. E. & Stanford, T. R. (2008). Multisensory integration: Current issues from the perspective of the single neuron. *Nature Reviews Neuroscience, 9*, 255–266.

Sternberg, S. (1969). The discovery of processing stages: Extensions of Donders' method. *Acta Psychologica, 30*, 276–315.

Stevens, S. S. (1935). The relation of pitch to intensity. *Journal of the Acoustical Society of America, 6*, 150–154.

Stewart, L., Battelli, L., Walsh, V., & Cowey, A. (1999). Motion perception and perceptual learning studied by magnetic stimulation. *Electroencephalography and Clinical Neurophysiology, 3*, 334–350.

Stoerig, P. & Cowey, A. (1997). Blindsight in man and monkey. *Brain, 120*, 535–559.

Stone, V. E. & Gerrans, P. (2006). What's domain-specific about theory of mind? *Social Neuroscience, 1*, 309–319.

Strafella, A. P. & Paus, T. (2000). Modulation of cortical excitability during action observation: A transcranial magnetic stimulation study. *Experimental Brain Research, 11*, 2289–2292.

Strauss, M. S. & Curtis, L. E. (1981). Infant perception of numerosity. *Child Development, 52*, 97–127.

Stricanne, B., Andersen, R. A., & Mazzoni, P. (1996). Eye-centered, head-centered, and intermediate coding of remembered sound locations in area LIP. *Journal of Neurophysiology, 76*(3), 2071–2076.

Stroop, J. R. (1935). Studies of interference in serial verbal reactions. *Journal of Experimental Psychology: General, 106*, 404–426.

Stuss, D. T. & Alexander, M. P. (2007). Is there a dysexecutive syndrome? *Philosophical Transactions of the Royal Society B-Biological Sciences, 362*(1481), 901–915.

Stuss, D. T., Shallice, T., Alexander, M. P., & Picton, T. W. (1995). A multidisciplinary approach to anterior attentional functions. *Structure and Functions of the Human Prefrontal Cortex* (Vol. 769, pp., 191–211).

Stuss, D. T., Alexander, M. P., Hamer, L., Palumbo, C., Dempster, R., Binns, M., Levine, B., & Izukawa, D. (1998). The effects of focal anterior and posterior brain lesions on verbal fluency. *Journal of the International Neuropsychological Society, 4*, 265–278.

Stuss, D. T., Levine, B., Alexander, M. P., Hong, J., Palumbo, C., Hamer, L., Murphy, K. J., & Izukawa, D. (2000). Wisconsin Card Sorting Test performance in patients with focal frontal and posterior brain damage: effects of lesion location and test structure on separable cognitive processes. *Neuropsychologia, 38*(4), 388–402.

Stuss, D. T., Floden, D., Alexander, M. P., Levine, B., & Katz, D. (2001a). Stroop performance in focal lesion patients: Dissociation of processes and frontal lobe lesion location. *Neuropsychologia, 39*, 771–786.

Stuss, D. T., Gallup, G. G., & Alexander, M. P. (2001b). The frontal lobes are necessary for 'theory of mind." *Brain, 124*, 279–286.

Stuss, D. T., Alexander, M. P., Floden, D., Binns, M. A., Levine, B., McIntosh, A. R., Rajah, N., & Hevenor, S. J. (2002). Fractionation and localization of distinct frontal lobe processes: Evidence from focal lesions in humans. In D. T. Stuss & R. T. Knight (Eds.), *Principles of frontal lobe function.* Oxford, UK: Oxford University Press.

Stuss, D. T., Alexander, M. P., Shallice, T., Picton, T. W., Binns, M. A., Macdonald, R., Borowiec, A., & Katz, D. I. (2005). Multiple frontal systems controlling response speed. *Neuropsychologia, 43*(3), 396–417.

Sumby, W. H. & Pollack, I. (1954). Visual contribution to speech intelligibility in noise. *Journal of the Acoustical Society of America, 26*, 212–215.

Sun, J. & Perona, P. (1998). Where is the sun? *Nature Neuroscience, 1*, 183–184.

Sur, M. & Leamey, C. A. (2001). Development and plasticity of cortical areas and networks. *Nature Reviews Neuroscience, 2*, 251–262.

Sur, M. & Rubenstein, J. L. R. (2005). Patterning and plasticity of the cerebral cortex. *Science*, *310*, 805–810.

Sur, M., Garraghty, P. E., & Roe, A. W. (1988). Experimentally induced visual projections into auditory thalamus and cortex. *Science*, *242*, 1437–1441.

Susskind, J. M., Lee, D. H., Cusi, A., Feiman, R., Grabski, W., & Anderson, A. K. (2008). Expressing fear enhances sensory acquisition. *Nature Neuroscience*, *11*(7), 843–850.

Sutton, S., Tueting, P., Zubin, J., & John, E. R. (1967). Information delivery and the sensory evoked potential. *Science*, *155*, 1436–1439.

Swayze, V. W. (1995). Frontal leukotomy and related psychosurgical procedures in the era before antipsychotics (1935–1954): A historical overview. *American Journal of Psychiatry*, *152*, 505–515.

Tager-Flusberg, H. (1992). Autistic children's talk about psychological states: Deficits in the early acquisition of a theory of mind. *Child Development*, *63*, 161–172.

Tager-Flusberg, H. (2003). Developmental disorders of genetic origin. In M. De Haan, & M. H. Johnson (Eds.), *The cognitive neuroscience of development*. New York: Psychology Press.

Tainturier, M.-J. & Caramazza, A. (1996). The status of double letters in graphemic representations. *Journal of Memory and Language*, *35*, 53–75.

Tainturier, M.-J. & Rapp, B. (2003). Is a single graphemic buffer used in reading and spelling? *Aphasiology*, *17*, 537–562.

Takahashi, H., Yahata, N., Koeda, M., Matsuda, T., Asai, K., & Okubo, Y. (2004). Brain activation associated with evaluative processes of guilt and embarrassment: An fMRI study. *NeuroImage*, *23*(3), 967–974.

Takahashi, N., Kawamura, M., Shinotou, H., Hirayama, K., Kaga, K., & Shindo, M. (1992). Pure word deafness due to left-hemisphere damage. *Cortex*, *28*, 295–303.

Talairach, J. & Tournoux, P. (1988). *A co-planar stereotactic atlas of the human brain*. Stuttgart, Germany: Thieme Verlag.

Tamietto, M. & De Gelder, B. (2010). Neural bases of the non-conscious perception of emotional signals. *Nature Reviews Neuroscience*, *11*, 697–709.

Tamietto, M., Pullens, P., de Gelder, B., Weiskrantz, L., & Goebel, R. (2012). Subcortical connections to human amygdala and changes following destruction of the visual cortex. *Current Biology*, *22*(15), 1449–1455.

Tang, J., Ward, J. & Butterworth, B. (2008). Number forms in the brain. *Journal of Cognitive Neuroscience*, *20*, 1547–1556.

Tang, Y., Zhang, W., Chen, K., Feng, S., Ji, Y., Shen, J., Reiman, E. M., & Liu, Y. (2006). Arithmetic processing in the brain shaped by cultures. *Proceedings of the National Academy of Science, USA*, *103*, 10775–10780.

Tanji, J., Okano, K. & Sato, K. C. (1998). Neuronal activity in cortical motor areas related to ipsilateral, contralateral and bilateral digit movements in the monkey. *Journal of Neurophysiology*, *60*, 325–343.

Tartter, V.C. (1986). *Language processes*. New York: Holt, Rinehart & Winston.

Taylor, A. E., Saint-Cyr, J. A., & Lang, A. E. (1986). Frontal lobe dysfunction in Parkinson's disease. *Brain*, *109*, 845–883.

Tervaniemi, M., Maury, S., & Näätänen, R. (1994). Neural representations of abstract stimulus features in the human brain as reflected by the mismatch negativity. *NeuroReport*, *9*, 4167–4170.

Theoret, H., Halligan, E., Kobayashi, M., Fregni, F., Tager-Flusberg, H., & Pascual-Leone, A. (2005). Impaired motor facilitation during action observation in individuals with autism spectrum disorder. *Current Biology*, *15*(3), R84–R85.

Thomas, K. M. & Casey, B. J. (2003). Methods for imaging the developing brain. In M. De Haan & M. H. Johnson (Eds.), *The cognitive neuroscience of development*. New York: Psychology Press.

Thomas, K. M. & Nelson, C. A. (1996). Age-related changes in the electrophysiological response to visual stimulus novelty: A topographical approach. *Electroencephalography and Clinical Neurophysiology*, *98*, 294–308.

Thomas, M. S. C. & Karmiloff-Smith, A. (2002). Are developmental disorders like cases of adult brain damage? Implications of connectionist modelling. *Behavioral and Brain Sciences*, *25*, 727–788.

Thomas, M. S. C. & Johnson, M. H. (2008). New advances in understanding sensitive periods in brain development. *Current Directions in Psychological Science*, *17*, 1–5.

Thompson, L. A., Detterman, D. K., & Plomin, R. (1991). Associations between cognitive abilities and scholastic achievement: Genetic overlap but environmental differences. *Psychological Science*, *2*, 158–165.

Thompson, P. (1980). Margaret Thatcher: A new illusion. *Perception*, *9*, 483–484.

Thompson, P. M., Schwartz, C., Lin, R. T., Khan, A. A., & Toga, A. W. (1996). Three-dimensional statistical analysis of sulcal variability in the human brain. *Journal of Neuroscience*, *16*, 4261–4274.

Thompson-Schill, S. L. (2003). Neuroimaging studies of semantic memory: Inferring "how" from "where." *Neuropsychologia*, *41*(3), 280–292.

Thompson-Schill, S. L., D'Esposito, M. D., Aguirre, G. K., & Farah, M. J. (1997). Role of inferior prefrontal cortex in retrieval of semantic knowledge: A reevaluation. *Proceedings of the National Academy of Science, USA*, *94*, 14792–14797.

Thompson-Schill, S. L., Swick, D., Farah, M. J., D'Esposito, M., Kan, I. P., & Knight, R. T. (1998). Verb generation in patients with focal frontal lesions: A neuropsychological test of neuroimaging findings. *Proceedings of the National Academy of Science, USA*, *95*, 15855–15860.

Thompson-Schill, S. L., D'Esposito, M. D., & Kan, I. P. (1999). Effects of repetition and competition on activity in left prefrontal cortex during word generation. *Neuron*, *23*, 513–522.

Tian, B., Kusmierek, P., & Rauschecker, J. P. (2013). Analogues of simple and complex cells in rhesus monkey auditory cortex. *Proceedings of the National Academy of Sciences of the United States of America*, *110*(19), 7892–7897.

Tillmann, B., Rusconi, E., Traube, C., Butterworth, B., Umilta, C., & Peretz, I. (2011). Fine-grained pitch processing of music and speech in congenital amusia. *Journal of the Acoustical Society of America*, *130*(6), 4089–4096.

Tinbergen, N. (1951). *The study of instinct*. Oxford, UK: Oxford University Press.

Tipper, S. P. (1985). The negative priming effect: Inhibitory priming by ignored objects. *Quarterly Journal of Experimental Psychology*, *37A*, 571–590.

Tipper, S. P., Driver, J., & Weaver, B. (1991). Object-centred inhibition of return of visual attention. *Quarterly Journal of Experimental Psychology*, *43A*, 289–298.

Titone, D. A. & Salisbury, D. F. (2004). Contextual modulation of N400 amplitude to lexically ambiguous words. *Brain and Cognition*, *55*, 470–478.

Todd, J. J. & Marois, R. (2004). Capacity limit of visual short-term memory in human posterior parietal cortex. *Nature*, *428*(6984), 751–754.

Todd, J. J. & Marois, R. (2005). Posterior parietal cortex activity predicts individual differences in visual short-term memory capacity. *Cognitive Affective & Behavioral Neuroscience*, *5*(2), 144–155.

Tong, F. & Pratte, M. S. (2012). Decoding patterns of human brain activity. In S. T. Fiske, D. L. Schacter & S. E. Taylor (Eds.), *Annual Review of Psychology, Vol 63* (Vol. 63, pp. 483–509). Palo Alto, CA: Annual Reviews.

Tooth, G. C. & Newton, M. P. (1961). *Leukotomy in England and Wales 1942–1954*. London: Her Majesty's Stationery Office.

Torjussen, T. (1976). Visual processing in cortically blind hemifields. *Neuropsychologia*, *16*, 15–21.

Tranel, D. & Damasio, H. (1995). Neuroanatomical correlates of electrodermal skin conductance responses. *Psychophysiology*, *31*, 427–438.

Tranel, D., Damasio, A. R., & Damasio, H. (1988). Intact recognition of facial expression, gender and age in patients with impaired recognition of face identity. *Neurology*, *38*, 690–696.

Tranel, D., Damasio, H., & Damasio, A. R. (1995). Double dissociation between overt and covert face recognition. *Journal of Cognitive Neuroscience, 7*, 425–432.

Tranel, D., Kemmerer, D., Adolphs, R., Damasio, H., & Damasio, A. R. (2003). Neural correlates of conceptual knowledge for actions. *Cognitive Neuropsychology, 20*, 409–432.

Treisman, A. (1988). Features and objects: The fourteenth Bartlett memorial lecture. *Quarterly Journal of Experimental Psychology, 40A*, 201–237.

Treisman, A. & Schmidt, H. (1982). Illusory conjunctions in the perception of objects. *Cognitive Psychology, 14*, 107–141.

Treisman, A. M. & Gelade, G. (1980). A feature-integration theory of attention. *Cognitive Psychology, 12*, 97–136.

Troncoso, X. G., Macknik, S. L., Otero-Millan, J., & Martinez-Conde, S. (2008). Microsaccades drive illusory motion in the Enigma illusion. *Proceedings of the National Academy of Sciences, USA, 41*, 16033–16038.

Tse, C. Y. & Penney, T. B. (2008). On the functional role of temporal and frontal cortex activation in passive detection of auditory deviance. *NeuroImage, 41*(4), 1462–1470.

Tse, P. U., Martinez-Conde, S., Schlegel, A. A., & Macknik, S. L. (2005). Visibility, visual awareness, and visual masking of simple unattended targets are confined to areas in the occipital cortex beyond human V1/V2. *Proceedings of the National Academy of Sciences of the United States of America, 102*(47), 17178–17183.

Tudusciuc, O. & Nieder, A. (2007). Neuronal population coding of continuous and discrete quantity in the primate posterior parietal cortex. *Proceedings of the National Academy of Sciences of the USA, 104*, 14513–14518.

Tulving, E. (1972). Episodic and semantic memory. In E. Tulving, & W. Donaldson (Eds.), *Organisation of memory* (pp. 381–403). New York: Academic Press.

Tulving, E. (1983). *Elements of episodic memory.* Oxford, UK: Oxford University Press.

Tulving, E. (1985). Memory and consciousness. *Canadian Psychologist, 26*, 1–12.

Tulving, E. & Schacter, D. L. (1990). Priming and human memory systems. *Science, 247*, 301–306.

Tulving, E., Schacter, D. L., McLachlan, D. R., & Moscovitch, M. (1988). Priming of semantic autobiographical knowledge: A case study of retrograde amnesia. *Brain and Cognition, 8*, 3–20.

Turnbull, O. H., Della Sala, S., & Beschin, N. (2002). Agnosia for object orientation: Naming and mental rotation evidence. *Neurocase, 8*, 296–305.

Tybur, J. M., Lieberman, D., & Griskevicius, V. (2009). Microbes, mating, and morality: Individual differences in three functional domains of disgust. *Journal of Personality and Social Psychology, 97*(1), 103–122.

Tyler, L. K., Voice, J. K., & Moss, H. E. (2000). The interaction of meaning and sound in spoken word recognition. *Psychonomic Bulletin & Review, 7*(2), 320–326.

Tyler, L. K. & Moss, H. E. (2001). Towards a distributed account of conceptual knowledge. *Trends in Cognitive Sciences, 5*, 244–252.

Tyler, L. K., Marslen-Wilson, W. D., Randall, B., Wright, P., Devereux, B. J., Zhuang, J., & Stamatakis, E. A. (2011). Left inferior frontal cortex and syntax: function, structure and behaviour in patients with left hemisphere damage. *Brain, 134*, 415–431.

Umiltà, M. A., Kohler, E., Gallese, V., Fogassi, L., Fadiga, L., Keysers, C., & Rizzolatti, G. (2001). I know what you are doing: A neurophysiological study. *Neuron, 25*, 287–295.

Underwood, B. J. (1965). False recognition produced by implicit verbal responses. *Journal of Experimental Psychology, 70*, 122–129.

Ungerleider, L. G. & Mishkin, M. (1982). Two cortical systems. In D. J. Ingle, M. A. Goodale, & R. J. W. Mansfield (Eds.), *Analysis of visual behaviour.* Cambridge, MA: MIT Press.

Uttal, W. R. (2001). *The new phrenology: The limits of localising cognitive processes in the brain.* Cambridge, MA: MIT Press.

Vaina, L. M., Solomon, J., Chowdhury, S., Sinha, P., & Belliveau, J. W. (2001). Functional neuroanatomy of biological motion perception in humans. *Proceedings of the National Academy of Sciences USA*, *98*, 11656–11661.

Valentine, T. (1991). A unified account of the effects of distinctiveness, inversion and race in face recognition. *Quarterly Journal of Experimental Psychology*, *43A*, 161–204.

Vallar, G. & Baddeley, A. D. (1984). Phonological short-term store and phonological processing, and sentence comprehension. *Cognitive Neuropsychology*, *1*, 121–141.

Vallentin, D. & Nieder, A. (2010). Representations of visual proportions in the primate posterior parietal and prefrontal cortices. *European Journal of Neuroscience*, *32*(8), 1380–1387.

Vallesi, A., Shallice, T., & Walsh, V. (2007). Role of the prefrontal cortex in the foreperiod effect: TMS evidence for dual mechanisms in temporal preparation. *Cerebral Cortex*, *17*(2), 466–474.

Valyear, K. F., Culham, J. C., Sharif, N., Westwood, D., & Goodale, M. A. (2006). A double dissociation between sensitivity to changes in object identity and object orientation in the ventral and dorsal visual streams: A human fMRI study. *Neuropsychologia*, *44*(2), 218–228.

van den Brink, D., Brown, C. M., & Hagoort, P. (2001). Electrophysiological evidence for early contextual influences during spoken-word recognition: N200 versus N400 effects. *Journal of Cognitive Neuroscience*, *13*(7), 967–985.

van den Brink, D., Brown, C. M., & Hagoort, P. (2006). The cascaded nature of lexical selection and integration in auditory sentence processing. *Journal of Experimental Psychology-Learning Memory and Cognition*, *32*(2), 364–372.

Van der Haegen, L., Cai, Q., & Brysbaert, M. (2012). Colateralization of Broca's area and the visual word form area in left-handers: fMRI evidence. *Brain and Language*, *122*(3), 171–178.

Van Harskamp, N. J. & Cipolotti, L. (2001). Selective impairments for addition, subtraction and multiplication: Implications for the organisation of arithmetical facts. *Cortex*, *37*, 363–388.

Van Harskamp, N. J., Rudge, P., & Cipolotti, L. (2002). Are multiplication facts implemented by the left supramarginal and angular gyri? *Neuropsychologia*, *40*, 1786–1793.

Van Lancker, D. & Klein, K. (1990). Preserved recognition of familiar personal names in global aphasia. *Brain and Language*, *39*, 511–529.

Van Orden, G. C. (1987). A rows is a rose: Spelling, sound, and reading. *Memory and Cognition*, *14*, 371–386.

Van Orden, G. C., Johnston, J. C., & Hele, B. L. (1988). Word identification in reading proceeds. from spelling to sound to meaning. *Journal of Experimental Psychology: Learning, Memory and Cognition*, *14*, 371–386.

Vargha-Khadem, F., Isaacs, E., & Mishkin, M. (1994). Agnosia, alexia and a remarkable form of amnesia in an adolescent boy. *Brain*, *117*, 683–703.

Vargha-Khadem, F., Watkins, K., Alcock, K., Fletcher, P., & Passingham, R. (1995). Cognitive and praxic deficits in a large family with a genetically transmitted speech and language disorder. *Proceedings of the National Academy of Science, USA*, *92*, 930–933.

Vargha-Khadem, F., Carr, L. J., Isaacs, E., Brett, E., Adams, C., & Mishkin, M. (1997a). Onset of speech after left hemispherectomy in a nine-year-old boy. *Brain*, *120*, 159–182.

Vargha-Khadem, F., Gadian, D. G., Watkins, K. E., Connelly, A., Van Paesschen, W., & Mishkin, M. (1997b). Differential effects of early hippocampal pathology on episodic and semantic memory. *Science*, *277*, 376–380.

Vargha-Khadem, F., Gadian, D. G., Copp, A., & Mishkin, M. (2005). FOXP2 and the neuroanatomy of speech and language. *Nature Reviews Neuroscience*, *6*, 131–138.

Veen, V. van & Carter, C. S. (2002). The anterior cingulate as a conflict monitor: fMRI and ERP studies. *Physiology and Behavior*, *77*, 477–482.

Velmans, M. (2000). *Understanding consciousness*. London: Routledge.

Verfaellie, M., Reiss, L., & Roth, H. L. (1995). Knowledge of new English vocabulary in amnesia: An examination of premorbidly acquired semantic memory. *Journal of International Neuropsychological Society, 1*, 443–453.

Verfaellie, M., Koseff, P., & Alexander, M. P. (2000). Acquisition of novel semantic information in amnesia: Effects of lesion location. *Neuropsychologia, 38*, 484–492.

Vesalius, A. (1543). *De humani corporis fabrica*. Basel, Switzerland: Oporinus.

Viessens, R. de (1685). *Neurographia universalis*. Lyons, France: Certe.

Vigliocco, G., Antonini, T., & Garrett, M. F. (1997). Grammatical gender is on the tip of Italian tongues. *Psychological Science, 8*, 314–317.

Volkow, N. D., Wang, G.-J., Fowler, J. S., Logan, J., Gatley, S. J., Hitzemann, R., Chen, A. D., Dewey, S. L., & Pappas, N. (1997). Decreased striatal dopamine responsiveness in detoxified cocaine-dependent subjects. *Nature, 386*, 830–835.

Von der Heydt, R., Peterhans, E., & Baumgartner, G. (1984). Illusory contours and neuron cortical responses. *Science, 224*(4654), 1260–1262.

Voorn, P., Vanderschuren, L., Groenewegen, H. J., Robbins, T. W., & Pennartz, C. M. A. (2004). Putting a spin on the dorsal-ventral divide of the striatum. *Trends in Neurosciences, 27*(8), 468–474.

Vuilleumier, P., Valenza, N., Mayer, E., Reverdin, A., & Landis, T. (1998). Near and far visual space in unilateral neglect. *Annals of Neurology, 43*, 406–410.

Vuilleumier, P., Henson, R. N. A., Driver, J., & Dolan, R. J. (2002a). Multiple levels of visual object constancy revealed by event-related fMRI of repetition priming. *Nature Neuroscience, 5*, 491–499.

Vuilleumier, P., Schwartz, S., Clarke, K., Husain, M., & Driver, J. (2002b). Testing memory for unseen visual stimuli in patients with extinction and spatial neglect. *Journal of Cognitive Neuroscience, 14*, 875–886.

Vul, E., Hanus, D., & Kanwisher, N. (2009). Attention as inference: Selection is probabilistic; responses are all-or-none samples. *Journal of Experimental Psychology-General, 138*(4), 546–560.

Vuokko, E., Niemivirta, M., & Helenius, P. (2013). Cortical activation patterns during subitizing and counting. *Brain Research, 1497*, 40–52.

Wagner, A. D., Poldrack, R. A., Eldridge, L. L., Desmond, J. E., Glover, G. H., & Gabrieli, G. D. E. (1998a). Material-specific lateralization of prefrontal activation during episodic encoding and retrieval. *Neuroreport, 9*, 3711–3717.

Wagner, A. D., Schacter, D. L., Rotte, M., Koutstaal, W., Maril, A., Dale, A. M., Rosen, B. R., & Buckner, R. I. (1998b). Building memories: Remembering and forgetting of verbal experiences as predicted by brain activity. *Science, 281*, 1188–1191.

Walsh, V. (2003). A theory of magnitude: Common cortical metrics of time, space and quantity. *Trends in Cognitive Sciences, 7*, 483–488.

Walsh, V. & Cowey, A. (1998). Magnetic stimulation studies of visual cognition. *Trends in Cognitive Sciences, 2*, 103–110.

Walsh, V. & Rushworth, M. F. S. (1999). A primer of magnetic stimulation as a tool for neuropsychology. *Neuropsychologia, 37*, 125–135.

Walsh, V., Ashbridge, E., & Cowey, A. (1998a). Cortical plasticity in perceptual learning demonstrated by transcranial magnetic stimulation. *Neuropsychologia, 36*, 363–367.

Walsh, V., Ellison, A., Battelli, L., & Cowey, A. (1998b). Task-induced impairments and enhancements induced by magnetic stimulation of human area V5. *Proceedings of the Royal Society of London B, 265*, 537–543.

Ward, J. (2003). Understanding oral spelling: A review and synthesis. *Neurocase, 9*, 1–14.

Ward, J. (2012). *The student's guide to social neuroscience*. New York: Psychology Press.

Ward, J., Stott, R., & Parkin, A. J. (2000). The role of semantics in reading and spelling: Evidence for the 'Summation Hypothesis'. *Neuropsychologia, 38*, 1643–1653.

Ward, L. M. (2003). Synchronous neural oscillations and cognitive processes. *Trends in Cognitive Sciences, 7*(12), 553–559.

Wardak, C., Olivier, E., & Duhamel, J. R. (2004). A deficit in covert attention after parietal cortex inactivation in the monkey. *Neuron, 42*(3), 501–508.

Warren, J. D., Scott, S. K., Price, C. J., & Griffiths, T. D. (2006). Human brain mechanisms for the early analysis of voices. *NeuroImage, 31,* 1389–1397.

Warrington, E. K. (1982). The fractionation of arithmetical skills: A single case study. *Quarterly Journal of Experimental Psychology, 34A,* 31–51.

Warrington, E. K. & James, M. (1986). Visual object recognition in patients with right hemisphere lesions: Axes or features? *Perception, 15,* 355–356.

Warrington, E. K. & Langdon, D. (1994). Spelling dyslexia: A deficit of the visual word-form. *Journal of Neurology, Neurosurgery and Psychiatry, 57,* 211–216.

Warrington, E. K. & McCarthy, R. (1983). Category specific access dysphasia. *Brain, 106,* 859–878.

Warrington, E. K. & McCarthy, R. A. (1987). Categories of knowledge. *Brain, 110,* 1273–1296.

Warrington, E. K. & McCarthy, R. A. (1988). The fractionation of retrograde amnesia. *Brain and Cognition, 7,* 184–200.

Warrington, E. K. & Shallice, T. (1969). The selective impairment of auditory verbal short-term memory. *Brain, 92,* 885–896.

Warrington, E. K. & Shallice, T. (1980). Word-form dyslexia. *Brain, 103,* 99–112.

Warrington, E. K. & Shallice, T. (1984). Category specific semantic impairments. *Brain, 107,* 829–854.

Warrington, E. K. & Taylor, A. M. (1973). The contribution of the right parietal lobe to object recognition. *Cortex, 9,* 152–164.

Wartenburger, I., Heekeren, H. R., Abutalebi, J., Cappa, S. F., Villringer, A., & Perani, D. (2003). Early setting of grammatical processing in the bilingual brain. *Neuron, 37*(1), 159–170.

Washburn, D. A. & Rumbaugh, D. M. (1991). Ordinal judgments of numerical symbols by macaques (Macaca mulatta). *Psychological Science, 2,* 190–193.

Wassermann, E. M., Cohen, L. G., Flitman, S. S., Chen, R., & Hallett, M. (1996). Seizures in healthy people with repeated "safe" trains of transcranial magnetic stimulation. *Lancet, 347,* 825–826.

Watkins, K. E., Vargha-Khadem, F., Ashburner, J., Passingham, R. E., Connelly, A., Friston, K. J., Frackowiak, R. S. J., Mishkin, M., & Gadian, D. G. (2002). MRI analysis of an inherited speech and language disorder: Structural brain abnormalities. *Brain, 125,* 465–478.

Weaver, I. C. G., Cervoni, N., Champagne, F. A., D'Alessio, A. C., Charma, S., Seckl, J., Dymov, S., Szyf, M., & Meaney, M. J. (2004). Epigenetic programming by maternal behavior. *Nature Neuroscience, 7,* 847–854.

Wechsler, D. (1981). *Wechsler Adult Intelligence Scale—Revised.* New York: Psychological Corporation.

Wechsler, D. (1984). *Wechsler Memory Scale—Revised.* New York: Psychological Corporation.

Weekes, B. & Chen, H. Q. (1999). Surface dyslexia in Chinese. *Neurocase, 5,* 161–172.

Weiskrantz, L. (1956). Behavioral changes associated with ablations of the amygdaloid complex in monkeys. *Journal of Comparative Physiological Psychology, 49,* 381–391.

Weiskrantz, L. (1986). *Blindsight: A case study and implications.* Oxford, UK: Oxford University Press.

Weiskrantz, L., Warrington, E. K., Sanders, M. D., & Marshall, J. (1974). Visual capacity in the hemianopic field following a restricted occipital ablation. *Brain, 97,* 709–728.

Wenzel, E. M., Arruda, M., Kistler, D. J., & Wightman, F. L. (1993). Localization using non-individualized head-related transfer functions. *Journal of the Acoustical Society of America*, *94*, 111–123.

Wernicke, C. (1874). *Der aphasiche symptomenkomplex*. Breslau, Poland: Cohen and Weigart.

Westermann, G., Mareschal, D., Johnson, M. H., Sirois, S., Spratling, M. W., & Thomas, M. S. C. (2007). Neuroconstructivism. *Developmental Science*, *10*, 75–83.

Westmacott, R. & Moscovitch, M. (2002). Temporally graded semantic memory loss in amnesia and semantic dementia: Further evidence for opposite gradients. *Cognitive Neuropsychology*, *19*, 135–163.

Wheeldon, L. R. & Monsell, S. (1992). The locus of repetition priming of spoken word production. *Quarterly Journal of Experimental Psychology*, *44A*, 723–761.

Wheeler, M. A., Stuss, D. T., & Tulving, E. (1997). Toward a theory of episodic memory: The frontal lobes and autonoetic consciousness. *Psychological Bulletin*, *121*, 331–354.

White, I. M. & Wise, S. P. (1999). Rule-dependent neuronal activity in the prefrontal cortex. *Experimental Brain Research*, *126*(3), 315–335.

Whitfield, I. C. & Evans, E. F. (1965). Responses of auditory cortical neurons to stimuli of changing frequency. *Journal of Neurophysiology*, *28*, 655–672.

Wichmann, T. & DeLong, M. R. (1996). Functional and pathophysiological models of the basal ganglia. *Current Opinion in Neurobiology*, *6*, 751–758.

Wickens, A.P. (2015). *A history of the brain: How we have come to understand the most complex object in the universe*. New York: Psychology Press.

Wicker, B., Keysers, C., Plailly, J., Royet, J. P., Gallese, V., & Rizzolatti, G. (2003). Both of us disgusted in my insula: The common neural basis of seeing and feeling disgust. *Neuron*, *40*, 655–664.

Wilkins, A. J. (1971). Conjoint frequency, category size, and categorization time. *Journal of Verbal Learning and Verbal Behaviour*, *10*, 382–385.

Wilson, M. (2002). Six views of embodied cognition. *Psychonomic Bulletin & Review*, *9*(4), 625–636.

Wilson, M. A., Joubert, S., Ferre, P., Belleville, S., Ansaldo, A. I., Joanette, Y., Rouleau, I., & Brambati, S. M. (2012). The role of the left anterior temporal lobe in exception word reading: Reconciling patient and neuroimaging findings. *NeuroImage*, *60*(4), 2000–2007.

Wilson, S. M., Brambati, S. M., Henry, R. G., Handwerker, D. A., Agosta, F., Miller, B. L., & Gorno-Tempini, M. L. (2009). The neural basis of surface dyslexia in semantic dementia. *Brain*, *132*, 71–86.

Wimmer, H. & Perner, J. (1983). Beliefs about beliefs: Representation and the constraining function of wrong beliefs in young children's understanding of deception. *Cognition*, *13*, 103–128.

Wing, A. M. & Baddeley, A. D. (1980). Spelling errors in handwriting: A corpus and a distributional analysis. In U. Frith (Ed.), *Cognitive processes in spelling*. London: Academic Press.

Winocur, G., Moscovitch, M., & Bontempi, B. (2010). Memory formation and long-term retention in humans and animals: Convergence towards a transformation account of hippocampal-neocortical interactions. *Neuropsychologia*, *48*(8), 2339–2356.

Winocur, G., Moscovitch, M., & Sekeres, M. (2007). Memory consolidation or transformation: context manipulation and hippocampal representations of memory. *Nature Neuroscience*, *10*(5), 555–557.

Winston, J. S., Gottfried, J. A., Kilner, J. M., & Dolan, R. J. (2005). Integrated neural representations of odor intensity and affective valence in human amygdala. *Journal of Neuroscience*, *25*(39), 8903–8907.

Winston, J. S., O'Doherty, J., & Dolan, R. J. (2003). Common and distinct neural responses during direct and incidental processing of multiple facial emotions. *NeuroImage*, *20*, 84–97.

Wise, R. J. S., Greene, J., Buchel, C., & Scott, S. K. (1999). Brain regions involved in articulation. *Lancet*, *353*, 1057–1061.

Wise, R. J. S., Scott, S. K., Blank, S. C., Mummery, C. J., & Warbuton, E. (2001). Identifying separate neural subsystems within Wernicke's area. *Brain*, *124*, 83–95.

Witelson, S. F., Kigar, D. L., & Harvey, T. (1999). The exceptional brain of Albert Einstein. *Lancet*, *353*, 2149–2153.

Witkin, H. A., Wapner, S., & Leventhal, T. (1952). Sound localization with conflicting visual and auditory cues. *Journal of Experimental Psychology*, *43*, 58–67.

Wixted, J. T. (2004). The psychology and neuroscience of forgetting. *Annual Review of Psychology*, *55*, 235–269.

Wixted, J. T. & Stretch, V. (2004). In defence of the signal detection interpretation of remember/know judgments. *Psychonomic Bulletin and Review*, *11*, 616–641.

Wohlschlager, A., Gattis, M., & Bekkering, H. (2003). Action generation and action perception in imitation: An instance of the ideomotor principle. *Philosophical Transactions of the Royal Society of London B*, *358*, 501–515.

Wojciulik, E., Husain, M., Clarke, K., & Driver, J. (2001). Spatial working memory deficit in unilateral neglect. *Neuropsychologia*, *39*, 390–396.

Wolfe, J. M. (2003). Moving towards solutions to some enduring controversies in visual search. *Trends in Cognitive Sciences*, *7*(2), 70–76.

Wolf, S. M., Lawrenz, F. P., Nelson, C. A., Kahn, J. P., Cho, M. K., Clayton, E. W., Fletcher, J. G., Georgieff, M. K., Hammerschmidt, D., Hudson, K., Illes, J., Kapur, V., Keane, M. A., Koenig, B. A., LeRoy, B. S., McFarland, E. G., Paradise, J., Parker, L. S., Terry, S. F., Van Ness, B., & Wilfond, B. S. (2008). Managing incidental findings in human subjects research: Analysis and recommendations. *Journal of Law, Medicine and Ethics*, *36*, 219–248.

Wolpert, D. M. & Ghahramani, Z. (2000). Computational principles of movement neuroscience. *Nature Neuroscience*, *3*, 1212–1217.

Wolpert, D. M., Ghahramani, Z., & Jordan, M. I. (1995). An internal model for sensorimotor integration. *Science*, *269*, 1880–1882.

Wolpert, D. M., Miall, R. C., & Kawato, M. (1998). Internal models in the cerebellum. *Trends in Cognitive Sciences*, *2*(9), 338–347.

Woolgar, A., Parr, A., Cusack, R., Thompson, R., Nimmo-Smith, I., Torralva, T., & Duncan, J. (2010). Fluid intelligence loss linked to restricted regions of damage within frontal and parietal cortex. *Proceedings of the National Academy of Sciences of the United States of America*, *107*(33), 14899–14902.

Woollams, A. M., Ralph, M. A. L., Plaut, D. C., & Patterson, K. E. (2007). SD-squared: On the association between semantic dementia and surface dyslexia. *Psychological Review*, *114*(2), 316–339.

Woollett, K. & Maguire, E. A. (2011). Acquiring "the Knowledge" of London's layout drives structural brain changes. *Current Biology*, *21*(24), 2109–2114.

Worden, F. G. (1971). Hearing and the neural detection of acoustic patterns. *Behavioral Science*, *16*, 20–30.

Worden, M. S., Foxe, J. J., Wang, N., & Simpson, G. V. (2000). Anticipatory biasing of visuospatial attention indexed by retinotopically specific alpha-band electroencephalography increases over occipital cortex. *Journal of Neuroscience*, *20*(6), RC63.

Wurtz, R. H. (2008). Neuronal mechanisms of visual stability. *Vision Research*, *48*(20), 2070–2089.

Wurtz, R. H., Goldberg, M. E., & Robinson, D. L. (1982). Brain mechanisms of visual attention. *Scientific American*, *246*, 124–135.

Wynn, K. (1992). Addition and subtraction by human infants. *Nature*, *358*, 749–750.

Xu, F. & Spelke, E. S. (2000). Large number discrimination in 6-month old infants. *Cognition*, *74*, B1–B11.

Yik, M. S. M., Russell, J. A., & Barrett, L. F. (1999). Structure of self-reported current affect: Integration and beyond. *Journal of Personality and Social Psychology*, *77*(3), 600–619.

Yin, R. K. (1969). Looking at upside-down faces. *Journal of Experimental Psychology*, *81*, 141–145.

Yin, W. G., & Weekes, B. S. (2003). Dyslexia in Chinese: Clues from cognitive neuropsychology. *Annals of Dyslexia*, *53*, 255–279.

Yoneda, Y., Mori, E., Yamashita, H., & Yamadori, A. (1994). MRI volumetry of medial temporal lobe structures in amnesia following herpes simplex encephalitis. *European Neurology*, *34*, 243–252.

Yoon, J. H., Curtis, C. E., & D'Esposito, M. (2006). Differential effects of distraction during working memory on delay-period activity in the prefrontal cortex and the visual association cortex. *NeuroImage*, *29*(4), 1117–1126.

Young, A. W., Hellawell, D., & De Haan, E. H. F. (1988). Cross-domain semantic priming in normal subjects and a prosopagnosic patient. *Quarterly Journal of Experimental Psychology*, *40A*, 561–580.

Young, A. W., Hellawell, D. J., Van de Wal, C., & Johnson, M. (1996). Facial expression processing after amygdalectomy. *Neuropsychologia*, *34*, 31–39.

Zahn, R., Moll, J., Krueger, F., Huey, E. D., Garrido, G., & Grafman, J. (2007). Social concepts are represented in the superior anterior temporal cortex. *Proceedings of the National Academy of Sciences, USA*, *104*, 6430–6435.

Zanini, S., Rumiati, R. I., & Shallice, T. (2002). Action sequencing deficit following frontal lobe lesion. *Neurocase*, *8*, 88–99.

Zatorre, R. J., Belin, P., & Penhune, V. B. (2002). Structure and function of auditory cortex: Music and speech. *Trends in Cognitive Sciences*, *6*, 37–46.

Zatorre, R. J. & Baum, S. R. (2012). Musical melody and speech intonation: Singing a different tune? *PLoS Biology*, *10*(7).

Zeki, S. M. (1969). Representation of central visual fields in prestriate cortex of monkeys. *Brain Research*, *14*, 733–747.

Zeki, S. M. (1974). Functional organisation of a visual area in the posterior bank of the superior temporal sulcus of the rhesus monkey. *Journal of Physiology*, *236*, 549–573.

Zeki, S. M. (1983). Colour coding in the cerebral cortex: The reaction of cells in monkey visual cortex to wavelengths and colours. *Neuroscience*, *9*, 741–756.

Zeki, S. M. (1990). A century of cerebral achomatopsia. *Brain*, *113*, 1721–1777.

Zeki, S. M. (1991). Cerebral akinetopsia (visual motion blindness): A review. *Brain*, *114*, 811–824.

Zeki, S. M. (1993). *A vision of the brain*. Oxford, UK: Blackwell.

Zeki, S. M. & Marini, L. (1998). Three cortical stages of colour processing in the human brain. *Brain*, *121*, 1669–1685.

Zeki, S. M., Watson, J. D. G., Lueck, C. J., Friston, K. J., Kennard, C., & Frackowiak, R. S. J. (1991). A direct demonstration of functional specialization in human visual cortex. *Journal of Neuroscience*, *11*, 641–649.

Zeki, S. M., Watson, D. G., & Frackowiak, R. S. J. (1993). Going beyond the information given: The relation of illusory visual motion to brain activity. *Proceedings of the Royal Society of London B*, *252*, 212–222.

Zettin, M., Cubelli, R., Perino, C., & Rago, R. (1995). Impairment of letter formation: The case of "ideomotor" apraxic agraphia. *Aphasiology*, *9*, 283–294.

Zhuang, J., Randall, B., Stamatakis, E. A., Marslen-Wilson, W. D., & Tyler, L. K. (2011). The interaction of lexical semantics and cohort competition in spoken word recognition: An fMRI study. *Journal of Cognitive Neuroscience*, *23*(12), 3778–3790.

Zihl, J., von Cramon, D., & Mai, N. (1983). Selective disturbance of movement vision after bilateral brain damage. *Brain*, *106*, 313–340.

Zorzi, M., Priftis, K., & Umiltà, C. (2002). Brain damage—neglect disrupts the mental number line. *Nature*, *417*, 138–139.

Zorzi, M., Priftis, K., Meneghello, F., Marenzi, R., & Umilta, C. (2006). The spatial representation of numerical and non-numerical sequences: Evidence from neglect. *Neuropsychologia, 44*(7), 1061–1067.

Zurif, E. B., Gardner, H., & Brownell, H. H. (1989). The case against the case against group studies. *Brain and Cognition, 10*, 237–255.

Zwaan, R. A., Stanfield, R. A., & Yaxley, R. H. (2002). Language comprehenders mentally represent the shapes of objects. *Psychological Science, 13*(2), 168–171.

Zwitserlood, P. (1989). The locus of the effects of sentential-semantic context in spoken word processing. *Cognition, 32*, 25–64.

찾아보기

【ㄱ】

가산요인법 45
가성무시증 158
가소성 217
간상 세포 119
간지 328
간헐적 촬영 263
감각 117
감각-기능 구분 301
감각운동 전환 185
강박장애 214
개인 정체 노드 138
객체중심 공간 178
거리 효과 361
거스트만 증후군 372
거울 뉴런 198
거울 비추기 414
거울 시스템 441
건설적 기억 248
격자 세포 242
결정된 지능 401
결정적 시기 461
경두개자기자극술 90
경두개직류자극술 90
경쟁 조율 193
경험주의자 464
계산장애 355
고유감각 185
고유명사 명칭실어증 305

고정 337
골상학 4
공간해상도 10
공감 440
공고화 233
과제-요구 산물 92
과제-자원 산물 92
과제 전환 391
관념운동 실행증 206
교세포 23
구 27
구강 안면 운동장애 472
구문 309
구문 분석 313
구심성 난서증 350
구조적 서술 131
구조적 영상 54
궁상다발 283
근적외선 분광기법 455
글자소 328
글자소 버퍼 347
기능적 영상 54
기능적 통합 69
기능적 특화 4
기능해리 102
기본 정서 418
기저막 260
기저핵 29
기초 주파수 260

기초 주파수 누락 현상 260
기호의 근거 문제 296

【ㄴ】

난서증 347
난쟁이 185
내인성 48
내인성 정향 152
내적 발화 319
내적 수 직선 368
내측 25
노드 8
뇌교 32
뇌량 23
뇌섬엽 428
뇌실 24
뇌자도 51
뇌전도 34
뇌정위적 표준화 73
뇌졸중 91
눌어증 324
뉴런 17

【ㄷ】

다중 과제 392
다중 부피소 패턴 분석 83
다중세포(다중 단위) 측정법 35
다중 수요 네트워크 399
단기기억 218

단순 세포   121
단어 우월 효과   330
단어인식지점   292
단원성   14
단일 사례 연구   90
단일세포 측정법   34
단일 해리   92
달팽이관   260
대립 형질   468
대상 지향 실인증   136
대상 항등성   135
도구   205
도덕 정서   421
도약운동   155
도파민   476
독특성 지도   155
독특한   150
돌출   165
동맥류   91
동시실인증   172
동시 조음   280
동음어   338
동종개체   435
두정내구   155
디폴트 모드 네트워크   69

【ㄹ】

렉심   320
렘마   320
리봇의 법칙   235

【ㅁ】

마음-몸 문제   3
마음 이론   440
말라프로피즘   319
말초성 난독증   335
망막   118

망막위상적으로 조직화   124
망상   475
맥거크 착각   281
맹시   125
맹점   119
머리 기준 전이 함수   266
멜로디   274
명시 정향   151
명칭성 실어증   320
모니터링   406
모방   197
뮤파 진동   446
민감한 시기   461

【ㅂ】

반맹   124
반복 점화   319
반신마비   186
반응시간   34
발린트 증후군   172
발성   280
발화실행증   323
발화율 부호화   37
방사교 세포   457
방추형 얼굴 영역   139
배측   25
배측 흐름   126
백질   23
범양태적   295
범주적 지각   140
범주 특수성   137
베르니케실어증   308
벨트 영역   261
벨트 주변 영역   261
변연계   29
변화맹   149
병렬처리   7

보속증   192, 390
보조운동 영역   188
복측   25
복측 선조체   433
복측 흐름   126
복합 세포   121
본능   464
부적 점화   166
부종   101
부주의맹   149
부피소   74
부피소 기반 계측법   58
부호변환   373
부호화 특수성 가설   246
분리뇌   91
분할 이등방성   58
불일치 부적파   268
불투명 철자법   328
불활성화   78
브로드만 영역   28
브로카실어증   308
블록 설계   70
비서술기억   226

【ㅅ】

사건 관련 설계   70
사건관련전위   34
사분맹   124
사회적 참조   438
상구   31
상기   244
상상성   293
상측   25
상호작용   64
상호작용성   7
새끼 각인   460
색 항등성   128

생물학적 운동 129
서술기억 226
선분 나누기 검사 174
선천적 실음악증 273
선천주의자 464
설단 현상 320
세포체 17
셈하기 359
소거 학습 430
소시오패시 397
손상된 거울 이론 446
수 뉴런 363
수상돌기 17
수용장 119
수초 21
수초화 458
순수 단어농 279
순수 삭제 64
순수 삽입 64
순수실독증 335
순음 259
순행성 기억 228
숫자형 370
스나크 효과 369
스키마 192
스트룹 과제 389
스펙토그램 279
스푸너리즘 319
습관화 356
시각실조증 201
시각어휘집 330
시각 탐색 152
시간적 부호화 37
시간할인 399
시간해상도 10
시냅스 18
시뮬레이션 이론 437

시상 30
시상하부 30
식물인간 상태 86
신경경제학 400
신경관 457
신경구성주의 454
신경망 8
신경모 세포 457
신경전달물질 19
신체실인증 303
실문법증 310
실서증 93
실음악증 271
실험별 1종 오류율 77
심적 시간측정법 44
심층난독증 341
쌍극자 43
쌍극자 모델링 49

【ㅇ】

아스퍼거 증후군 444
아이오와 도박 과제 396
암묵기억 226
암점 124
양극 tDCS 113
어휘 접근 288
어휘 판단 330
어휘화 317
억제 77
얼굴실인증 140
얼굴 인식 단위 138
역문제 49
역학습 396
역행성 기억 228
연수 32
연합실인증 132
연합 점화 48

염색체 468
영역 특수성 14
오기억 248
오류관련 부적파형 410
오류유도 문장 313
오발견비율 77
완전색맹 127
외인성 48
외인성 정향 152
외측 25
외현기억 226
운동 과다 213
운동맹 127
운동 저하 213
운동 프로그램 185
원심성 복사 65
원추 세포 119
위스콘신 카드분류 과제 390
유동지능 401
유전율 469
유전자-환경 상관관계 471
유전자-환경 상호작용 471
유전-환경 논쟁 453
은닉 정향 151
음극 tDCS 113
음높이 259
음량 259
음색 260
음운난독증 340
음운 매개 338
음운어휘집 288
음위상 조직 262
음치 273
의미기억 81, 226
의미기억 상실형 치매 81
이란성 쌍둥이 467
이용 행동 192

이원 3
이음 280
이중측면 이론 3
이중 해리 93
이형자 349
인지 2
인지 감산법 62
인지신경과학 2
인지신경심리학 6
인출-유도 망각 247
일란성 쌍둥이 467
일차시각피질 120
일차운동피질 186
일차청각피질 261
일화기억 226

【ㅈ】

자기 순서화 지목 과제 224
자기중심 공간 177
자리 값 체계 355
자유도 문제 184
자폐증 443
작업기억 221
작화 253
장기기억 218
장기증강 234
장소 세포 240
재매핑 156
재인기억 243
전경-배경 분리 132
전두실행증 193
전두 안구 영역 156
전사 인자 473
전운동피질 188
전진 모형 196
전측 24
전측두정내부 203

전환비용 391
절차기억 226
접근적 의식 163
정보처리 7
정서 413
정신증 475
정신화 414
정향 151
제임스-랑게 이론 416
조음 루프 284
조음 억제 219
조현병 475
주의 149
주의 눈깜박임 154
준비된 학습 465
중추성 난독증 335
증후군 93
지각 117
지속된 주의 406
지시된 망각 247
지연할인 399
지우기 검사 174
직산 361
집단 연구 90
집합 벡터 187
집행 기능 383

【ㅊ】

착각 접합 165
처리 수준 가설 246
청각 흐름 분리 268
체감각 185
체감각 표식 가설 396
체화된 인지 296
초기 선택 166
초복합 세포 121
최후통첩게임 400

축색돌기 17
출처 점검 252
충동성 389
측두 평면 266
친숙감 244

【ㅋ】

칵테일 파티 문제 269
캐논-바드 이론 417
캡그라스 증후군 437
코르사코프 증후군 228
코호트 모형 292
크기 효과 361
클뤼버-부시 증후군 423

【ㅌ】

탈레라슈 좌표 75
통각실인증 132
통합실인증 134
투렛 증후군 213
투명성 가정 95
투명 철자법 329
틀린 믿음 444

【ㅍ】

파킨슨병 211
파페즈 회로 418
편도체 423
편측공간 무시증 158
평활 73
포먼트 280
표상 33
표의문자 328
표층난독증 340
표현 415
프로이트 말실수 318
피부전도 반응 424

필기 349

【ㅎ】

하구 31

하측 25

하향처리 7

할머니 세포 35

행동신경과학 103

행동유전학 467

행위유도성 208

허브-스포크 모형 297

헌팅턴병 213

현상적 의식 163

혈역동 반응 함수 60

확산 텐서 영상 58

환각 475

환상사지 205

환원론 3

활동전위 19

활성화 78

회 27

회귀 억제 151

회백질 23

회상 243

후기 선택 166

후측 24

휴지기 패러다임 69

흥분 78

【기타】

BOLD 59

FAS 검사 388

Go/No-Go 과제 389

N170 47

N400 293

P600 314

V4 126

V5 126

저자 소개

제이미 워드(Jamie Ward)는 현재 영국 서식스대학교 인지신경과학 교수이다. 그는 케임브릿지대학교(1991~1994)와 버밍엄대학교(1994~1997)에서 학위과정을 마쳤다. 그리고 연이어 서식스대학교(1997~1999)에서 연구교수로 일하였으며, 유니버시티칼리지런던(1999~2007)에서 강사 및 조교수로 일하였다. 그는 전두엽의 기능, 기억, 그리고 읽기 및 쓰기 장애 등 다양한 주제에 관한 다수의 논문을 저술하였지만, 그의 주된 연구 관심은 공감각(synesthesia)의 인지신경과학에 있다. 그의 연구는 신경심리학적 방법, 기능적 영상, 뇌전도(EEG) 및 경두개자기자극술(TMS)을 포함한 인지신경과학의 다양한 방법을 사용한다. 저서로는 소리가 보이는 사람들 : 뇌과학이 풀어낸 공감각의 비밀(*The Frog who Croaked Blue : Synesthesia and the Mixing of the Senses*)과 *The Student's Guide to Social Neuroscience*가 있다. 그리고 학술지 *Cognitive Neuroscience*의 창립 편집자이다.

역자 소개

이동훈

부산대학교 심리학과 교수

연구 분야 : 체화된 인지, 언어심리학

김학진

고려대학교 심리학과 교수

연구 분야 : 사회신경과학, 의사결정

이도준

연세대학교 심리학과 교수

연구 분야 : 기억, 주의

조수현

중앙대학교 심리학과 교수

연구 분야 : 고등인지, 수학적 인지, 수학적 의사결정